汉族风俗志

徐杰舜　徐桂兰◎主编

云南出版集团
云南美术出版社

图书在版编目（CIP）数据

汉族风俗志 / 徐杰舜，徐桂兰主编. -- 昆明 ：云南美术出版社，2022.1
ISBN 978-7-5489-4648-9

Ⅰ. ①汉… Ⅱ. ①徐… ②徐… Ⅲ. ①汉族－风俗习惯史－中国 Ⅳ. ①K892.311

中国版本图书馆CIP数据核字(2021)第178545号

策　　划： 刘大伟
责任编辑： 梁　媛　洪　娜　王飞虎　肖　红　于重榕
责任校对： 赵　婧　何婷婷
装帧设计： 尹博然
封面设计： 刁正勇
封面题字： 陈顺宣
篆　　刻： 徐杰芳

汉族风俗志

徐杰舜　徐桂兰　主编

出版发行： 云南出版集团
云南美术出版社（昆明市环城西路609号）
印　　装： 云南出版印刷集团有限责任公司华印分公司
开　　本： 787mm×1092mm　1/16
印　　张： 67.25
字　　数： 950千字
印　　数： 1～2000册
版　　次： 2022年1月第1版
印　　次： 2022年1月第1次印刷
书　　号： ISBN 978-7-5489-4648-9
定　　价： 198.00元

序

我年事甚高，今年已九十有五，已不可能再广览群书，而子弟、好友、同仁的赠书赠文却在源源不断地聚集。当然，自己也时常托身边的学生去书店购书。无奈，只能阅读其中一些较优秀的著作。由于需借助放大镜，品味起来颇是费力，却不能不仔细，一目数行的岁月已一去不复返了。

现在我案头堆放着徐杰舜先生主编的《汉族民间风俗丛书》，已好长时间了，总舍不得撤去。一翻此丛书，欣喜之情即油然生起。我本不常写书评，这次实在是手痒，便握紧了笔。

汉族广大，风俗博而杂，用文字的排列组合将大江南北的风土人情跃然纸上，实属不易。但是汉族风俗的基本内涵和形态大致具有一致性或同一性。沿此思路，丛书中每本书的条目之遴选，都以民俗事象是否具有代表意义为标准，对那些仅流行于一隅，播布及影响面狭小的风俗事象，则大多弃而不录。如徐杰舜先生自己编著的《汉族民间经济风俗》，分“农林渔猎”“蚕桑畜牧”“工匠百作”及“商贾交易”四篇，面涉经济领域的各部门，而纳入各“篇”内的风俗事象，又都是为一定民众群体，甚至是整个汉族所比较普遍施行的。因此，拥有这本书，既可尽览汉族经贸风俗的整体面貌，又能比较准确地把握不同行业不同时空生产与贸易的最为显著的特征。丛书中每册的辐射面各不相同，面内的风俗形态皆大多描摹得清晰而又生动，八块辐射面拼合为一，便构成为绚丽多彩的诱人的汉族风俗全景。点面结合，是丛书的特点之一。

民俗学学者应一贯致力于“田野作业”，注重实证的研究方式。此丛书正是科学的调查与研究的结果，颇使人有厚实、凝重之感。整套丛书所引之材料，翔实可靠，表达时又无添枝加叶之弊，基本符合民俗学领域描述性著作的撰写要求。

为了充分显现风俗文化特有的审美魅力，丛书的编著者们在描述某一风俗事象时还糅入了一些民间传说、歌谣、趣味典故及文人词曲，风俗文化的美学价值得到凸现，消抹了以往一些类似著作中干燥无味、哗众取宠的瑕疵，大大拓宽了窥视、观照风俗文化的学术视角。调动诸种表现手段，多方面地散发和输出风俗文化的信息，这样，既提高了丛书的文化品位，又加浓了其文学趣味，使其在科学性、知识性的基础上，又增强了可读性。因此，这套丛书既是一般读者了解汉族风俗文化的较佳窗口，是一份可供读者细细咀嚼的民俗文化快餐；又为研究者构筑了一个内容较丰富的民俗资料库，其中洋溢着学术价值和信息功能。

风俗本身是一种生活方式，又是一种文化样式，是为人们最熟悉不过的一种文化形态。其表现的形式，应是浅显的，读者易于接受的。为此，丛书采用“篇”的方式，划全书的内容为若干块，组织编排比较简便。各篇所框定的范围明确而又具体；“篇”内的文章皆标以一个一目了然的题目，一文传达一具体民俗事象，篇幅都不长。这种体例容量大，覆盖面宽，素材的筛选和择取便当，又层次、条理清晰，便于阅读，也适宜资料的检索、查寻。

丛书的叙述风格也有可称道之处。风俗是一个民族在生产、饮食、居住、婚姻、丧葬、节庆、娱乐、礼仪、信仰等物质生活和文化生活方面广泛流行的，经常重复出现的行为方式。风俗与其他文化形态区别之一，就是具有现实的直观可感性，即便是精神风俗也是如此。将这类行为方式形象地摹写出来，使其诉诸人们的视觉，便成为编著者们的主要工作。丛书中许多具体的民俗事象栩栩如生，一招一式都很逼真。没有高深的议论，摈弃冗长的评析，即便有，也是蜻蜓点水。单个风俗程式的完整图画勾勒成形，文章即告结束。丛书更没有发人深省的高深理论观点，但其充实丰厚的资料，却是值得人们好好珍爱的。

钟敬文

1998 年 9 月 9 日

附记：此文为中国民俗学泰斗钟敬文先生，1998年为徐杰舜主编的《汉族民间风俗丛书》（广西教育出版社，1990）写的书评《一套值得推荐的风俗丛书》，作为徐杰舜主编的《汉族民间风俗》（中央民族大学出版,1998）一书的代序。

前　言

从古至今，自中而外，风俗总是一个极富魅力的迷人世界。这是因为——

风俗是一面镜子。无论哪个民族，只要展示出自己的风俗，不是像镜子一样地照出了自己的风貌，乃至风韵吗？

风俗是一个万花筒。无论哪个民族的风俗，从衣食住行到婚嫁丧葬，从农作山林到畜牧百工，从节日岁时到信仰崇拜，不是像万花筒一样丰富多彩、千变万化吗？

风俗是一部社会生活的活教材。无论谁要了解和认识一个民族，最佳的途径之一就是先了解其风俗，看一看这个民族吃什么，住什么，穿什么，用什么；看一看这个民族如何种田，如何对待天灾人祸，如何饲养牲口，如何做工，如何经商，如何对待邻里；看一看这个民族婚仪如何进行，葬仪如何举行；看一看这个民族有些什么节日，信仰什么样的宗教，从这些侧面便可知道这个民族的文化素养和社会概貌。风俗不正像一部生动的教材向世人介绍自己民族的文化和生活风姿吗？

在这个迷人的世界上，泱泱恢宏的汉族——这个世界上人口最多的民族的风俗最为丰富多彩。这是因为——

汉族的文化历史悠久，风俗源远流长。汉族开始出现于黄帝时代，历经夏商周三代、春秋战国，到秦汉时期形成，发展至今已有上下五千年连绵不绝的历史。这无可比拟的历史优势，使得汉族的风俗，无论哪一种、哪一类，都以其具有悠久的历史传承而多彩迷人。

汉族的风俗丰富多彩。汉族在长期的历史发展中，融合和同化了众多在中国历史上出现过的少数民族，同时将其风俗也吸收、融合于自己的风俗之中，又在与其他国家、其他民族的交往中，吸收、融合了他们的良风美俗，加上汉族人口众多，居住地域广大，形成了“十里不同风，百里不同俗”的区域文化的不平衡。所以，汉族风俗在传承和变异中，显得特别丰富多彩、森罗万象而令人感到神奇。

汉族的风俗具有凝聚力。汉族这么大的一个民族是如何凝聚而成的？对此，世界上有些人是百思不得其解的。其实这个问题并不难回答。汉族凝聚成为一个世界上人口最多的民族的原因固然很多，但其风俗具有凝聚力无疑是一个重要的原因。尽管汉族风俗丰富多彩，千变万化，具有明显的地域性，但是汉族风俗的基本内涵具有一致性或同一性。例如端午节吃粽子，中秋节吃月饼，元宵节吃汤圆，这无论是在北方，还是在南方；无论是在大陆，还是在港、澳、台，就是到了海外，身处西方民族包围之中的华侨华人，都是千里同俗，万里同风，无一例外。所以汉族的风俗以其独具魅力的乡音、乡情和乡土味的凝聚力而迷人。

多彩缤纷的汉族风俗，对世界上无论哪一个国家和民族来说，都是具有吸引力的。汉族的风俗在许多外国人的心目中还是一个谜一样的世界。在当今地球越来越显得缩小了的开放时代，人们日益希望认识汉族风俗的本来面貌。而在非物质文化保护在中国已形成热潮的背景下，为了向世人介绍汉族迷人而多彩的风俗，我们在《汉族民间风俗》的基础上推出了《汉族风俗志》。

风俗是一个民族在生产、服饰、饮食、居住、婚姻、丧葬、节庆、娱乐、礼仪、信仰等物质生活和文化生活方面广泛流行的、经常重复出现的行为方式。这种行为方式就是人们自觉的喜好、风气、习尚和禁忌等，它流行于民间，为大众所自觉传承。这本书所记述的风俗均来自民间，或过去曾在民间广泛流行，或现在还在民间广为播布。书中介绍的风俗，有些还带有浓厚的封建迷信色彩，为了保存历史资料的完整而未做删节；有些是新社会形成的新风尚，表现的形式虽然不变，内容却富有新的思想，读者应注意分析认识。

人们通过阅读这本书，可以借风俗这面镜子，看一看汉族这个民族的风姿、风貌和风韵，并从风俗这个侧面，探索和了解古老而文明的汉民族的生活轨迹。

目录

目录

目录

目录

目录

目录

目录

目录

目录

目录

目录

第一篇

百工百业风俗篇

一、农林渔猎风俗

◆ 插秧时节趣俗多

农谚说：“一日春耕百日粮，人人都为插秧忙。”

插秧时节，在人人都为插秧忙碌之时，汉族稻作风俗也呈现出一派趣俗纷呈的景象。汉族民间风俗有一个特点，即凡俗大都与吃有关，插秧风俗也离不开吃。浙江武义县插秧开秧门时要吃“种田保”。种田保是一种用糯米粉做成，内以红糖、芝麻，或笋丝、肉、咸菜等作馅的食品。早上起来，男人吃了稀饭下田拔秧，家妇做好种田保送到田头给插秧人吃。据说过去还要举行一个仪式，即在人吃种田保之前，要给耕牛尝几个，牛吃后知道吃力的日子到了，会流下泪来。现在，除了吃种田保以外，有些地方还以自然村为单位杀猪、做豆腐，大家会餐一次，谓之“种田饭”，餐后便投入紧张的插秧劳动。有的地方还认为吃种田饭的人越多越好。据称，多一个人吃饭，可以多收一担谷。所以村里常常欢迎外村人来吃种田饭。有的地方插秧前要吃两个鸡蛋，以示吃了两只鸡。浙江余姚一带插秧时，一天要吃六餐，即三餐酒饭，三餐点心，故当地有“小孩望过年，大人望种田”之俗语。在浙江，还有不少地方插秧吃东西还要讲究讨“彩头”，义乌一带要吃笋，以示稻像笋一样快长；永康吃粽子和年糕，以示粒粒种，年年高；嘉兴吃鲞鱼头，以示种田有“想头”；龙游要吃腌鸭蛋二个，以示将来谷子饱满；衢州吃酒时要猜拳，但忌叫“猜拳”，而称“发丛”。

湖南桃源一带插秧时的食俗却兴吃酢粑肉，即把猪肉切成四两重的大块，然后拌上用炒米粉、红曲粉、八角茴香粉和食盐调好的料子，再把拌有料子的猪肉放在钵子里，用泥封起来。几个月后就可以吃了，生吃略带酸味，又香又辣；熟吃只要蒸一下即可，据说这种风俗的兴起与唐朝的尉迟恭有关。相传，有一年尉迟恭来到桃源县境，听说乡下人正在开秧门，热闹得很。他不懂得什么叫开秧门，便向农夫打听。农夫告诉他：开秧门就是插秧人帮大户人家拔第一垅秧田时，把整块秧田像门一样地打开了。开秧门的时候，要敲锣、打鼓，燃放鞭炮。拔完最后一蔸秧时，插秧人要在田里互相糊泥巴，谓之“糊仓”，以示仓满桶满，五谷丰登。尉迟恭听了介绍后，觉得挺有意思，便去看个虚实。一看果然无比热闹，于是他问旁边的人插秧这么卖力气，有没有肉吃？一查问，不仅没有肉吃，连饭都没吃饱。于是尉迟恭大怒，回到县城，吩咐县令出告示，凡插秧大户人家，要给农夫供饱饭，每人每天要吃四两肉。发了告示后，他还下去巡视。于是，大户人家不敢不从，杀猪来不及，便把冬至过后宰杀的酢肉拿出来应急。久而久之，插秧时吃酢粑肉遂成风俗。

前已提及桃源插秧时有“糊仓”之俗，无独有偶，在江苏金坛也有与此相似的风俗，称之为“挞秧田”。金坛的挞秧田比桃源的糊仓更热闹。每年农历六月初四那天，不管男女老少，在临收之时，先由一两人“发难”，用手把水田里的烂稀泥，任意向某一对手身上、衣服上挞泥，接着大家互相追逐挞泥，直到人人头上、脸上、身上都沾了泥巴，个个都成了泥人，才高高兴兴收工回家洗刷。相传此种怪俗起源于太平天国时期，有一次忠王李秀成的部下襄王刘官芳奉命去侦察敌情，不料被守城戈登军发现，追杀不舍。刘官芳在逃跑中，眼看戈登军只差一坡之地了，突然见许多农夫正在插秧，便急中生智，跑入田中，边用泥土糊脸抹身，边对农夫说：“我是李秀成的部下，戈登军正在追杀我，请大家救我一命。”农夫们便纷纷往自己身上抹起泥来，有的你帮我涂，我帮你挞，一下子个个成了“三花脸”，人人见了都觉得好笑，索性便互相挞起泥巴来。戈登军追来见状，以为刘官芳已跑远，便头也不回地向前追去。于是挞泥巴救了刘官芳一命。这一天正好是六月初四，金坛的农民为了纪念这件事，每年的这一天都要挞泥巴，传承下来就成了风俗。

插秧是一种抢季节的农活，不少地方有互助的风俗。江苏把这种互助称为“合伴”。按俗规，合伴自愿组成，三五人一伙，七八人一帮，一般以“伴无大小一桌人正好”，伴工顺序用“拔柴”的方法确定，长者在先，短者在后。民间俗称“合得来，伴得来，亦省工夫亦省饭”的为“尖子伴”，而称“合仔伴勿来，七嘴八舌就拆散”的为“蹩脚伴”。因此，不少农村有“莳秧（即插秧）合伴粜米同船”的村风。浙江东阳农村开秧门时，乡亲邻里都要帮插一阵，以示祝贺。其夜，主人摆酒相请，席间多用饧梅[①]、麻糍和米粉。有帮过忙而未到席者，则馈之其家，以示感谢。龙游的帮工，俗称“种田虎”或“种田老师”。帮工定额，一般为自拔秧自插秧，过去稀植时是每工一石（即二亩五分）。午饭、晚饭时要请种田老师吃“种田肉”，每人四块，每块四两或半斤，有的俗定只能吃，不能带；有的则可以带回，以飨家人。吃饭时，种田老师都被请在上座。但开化县一些地方则请放牛娃坐上横头，俗云：“守牛娃子一日大”，年纪再小也要坐席首。

汉族民间过去十分重视开秧门和关秧门。每年开秧门时，必备荤腥酒菜、纸钱、香烛，在田边祭烧，并燃放鞭炮，祈求田公田婆保佑丰收。浙江嘉兴地区过去开秧门时有许多禁忌，不仅讲究插第一行田时忌开口，认为开了口以后手要伤筋。而且讲究扎秧把时两把秧合拢处要留个缺口，也谓之“秧门”，若扎秧把无秧门，则被认为不吉利。开化县农村在开始拔秧时，要先左脚下田，拔两三株秧苗，以其根须擦洗手指，否则会发“秧风”，或手指屈伸不灵，或要发痒。湖州农村开秧门那天，挑第一担秧苗下大田前，必先喊一声“老田公！”意请保佑。长兴一带开秧门插的第一株秧，必先倒插，接着拔起，再顺插，俗谓这样

① 饧梅：一种用糯米粉做的食品，形成鸡蛋状，有咸、甜两种。

可以避免秧痂疯。

在插秧中也有许多俗规。嘉兴一带在插秧时，人与人之间不可随便传递秧把，俗谓这样做会使两个人成为冤家，必须把秧丢在水田中再捡起。湖州一带在“打秧”甩秧时，忌甩在种田人身上，若被甩中，俗称“中秧”，即为遭殃。解忌的办法是，中秧者不开口，打秧者高喊讨彩话，同田干活的人也跟着说些吉利话。最有趣的是许多人同插一块田时，插得慢的人若被围在田中央，嘉兴称为“戴田枷”，浦江称为“穿长布衫”，龙游称为“摸螺蛳”，若其身后被人插上，则称为“合猪栏”，江苏称为“包麦团”，这种情况出现时，常常引起一场哄笑，江苏有首田歌就唱道：

动秧把，要赛秧。
鸟叫一声六棵秧，
莳得好的头手师傅吃肉圆。
眼红气胀，争而未胜的却要挨“包麦团”。

最后一天插秧叫关秧门。按嘉兴风俗这一天要早上岸，即必须在下午三四点钟以前把全部农活做完，如果估计来不及，要及早请人相帮。嘉善还要请田歌手来唱田歌，以求关秧门吉利。金华、衢州一带关秧门时，若有余秧，则取上一把带回家，抛于自家屋顶，俗谓此可使瓦上不生小毛虫。余秧只可抛入池塘，不可给牛吃，否则，牛就爱吃稻。总之，关秧门那天，要一切顺利，如果安排不当，甚至天黑还未完工，则被认为不吉利。关秧门当晚，家家农户摆一桌酒菜给种田人吃，俗叫“吃关秧门酒”。

关秧门后，许多农家的媳妇可以回娘家探望父母了。

◆ 耦耕遗风之丫

耦耕，就是两人用耜（古代一种农具）并耕，这是汉族民间很早以前就有的一种耕作习惯。《论语·微子》中就有“长沮、桀溺耦而耕”的记载，《诗经·周颂·载芟》中也有“载芟载柞，其耕泽泽。千耦其耘，徂隰徂畛”的描述。直到晋代，大诗人陶渊明在《辛丑岁七月赴假还江陵夜行涂口》中还曾写过“商歌非吾事，依依在耦耕”的诗句。

几千年来，随着农业技术的发展，特别是秦汉以来，牛耕的普遍推广，耦耕虽然逐渐“销声”了，但是并未“匿迹”。由于汉族风俗源远流长，耦耕之法却保留在北方汉族的民间农俗之中。

在陕西咸阳市三原县陂西乡，有一个叫雁张村的古老村庄，该村独特地称翻地为“纳地”，比喻翻地像用针纳鞋底一样。据老人们回忆，清末民初，直到中华人民共和国成立以后，纳地之风仍久盛不衰。他们怎样“纳地”呢？按传统的俗规，两人各执一耜并耕，俗称为“抬”。过去该村有人以纳地谋生，他们多两两结合，配偶并耕，雇主请纳地短工时也是雇双不雇单，一般是正手与左撇相配，以便协调一致，俗称“配对子”。有许多农民能左右开弓，倒换手脚。合作化初期，这里的农民几乎每人有一张与古代耜十分相似的“纳铣”，两人成对，数对成排，一组数排，一村数组，正是踏板声声，耦耕者队队，活现出《诗经·周颂》中“十千维耦”“千耦其耘”的农作风俗景观。直至今日，这里的农民种老苜蓿地仍用“纳地”之法。

无独有偶，在河南洛阳一带，到了20世纪70年代，温县城关镇张圪垱村的农民仍成群地用与陕西关中同样的纳铣合作耦耕。

这些耦耕遗丫成了汉族农俗的“活化石”。

◆ 北方作物栽培多古风

黄河流域是汉族最古老的摇篮之一，北方农村作物栽培习惯保留了许多古代传承下来的古风古俗。

陕西延安地区流行的“山地水平沟种植法”，俗规从坡地上部耕起，沿等高线开沟，肥料集中施于沟内，适量播种，覆土压实，外高成垄，内低成沟，形成水平沟条带状。为了适应山坡地的耕作，他们的犁、锄、锹、镢头等农具，柄都做得很短。有的则在此沟里砌起石坝，利用雨季流失下来的泥土，淤积成平整的沟田。《吕氏春秋·任地篇》中早就说过：“上田弃亩，下田弃圳”，就是比较干燥的高地，把作物的种子翻在垄沟里，而在比较低湿的土地上，则把种子翻在垄上，以利防旱保墒。可见，“山地水平沟种植法”，实际上是古代北方农民在西周垄作技术的基础上实行“圳亩法”的传承变异。

山东掖县（今莱州）、黄县流行的“窝麦法”和山西流行的“坑种法”，都是把作物种在带状低畦或方形浅穴的小区内的一种耕种习惯。这种习惯讲究深耕细作，集中施肥、灌水，适当密植，保证全苗，勤于耕。汉代的氾胜之在《氾胜之书》中就说过：“汤有旱灾，伊尹作为区田，教民粪种，负水浇稼。”可见早在商代就有了区田之法，因而山东的“窝麦法”和山西的“坑种法”，实际也都是古代“区田法”的遗风。

中原一带目前还普遍流行的“代田法”，俗规按地方确定垄幅，水肥条件好的用宽垄双行种植；水肥条件较差的用窄垄单行种植，划线开沟，垄正沟齐，加深耕作层，集中施肥，蓄墒抗旱。所以这一带地区农民使用的农具柄都较长，利于操作。而农民则绝不会像南方农民那样赤脚卷裤下地，个个穿袜着鞋劳动。这种代田法，正是汉代赵过创造的，《汉书·食货志》就有明确的记载。实际上中原一带的农民从汉代以来，大多采用代田法耕作，他们把种子播在沟里，每次中耕除草，都将垄上的土培壅到作物的根部，一直到垄平为止，可见代田法的传承在北方农村是深广的。

最有趣的是流行在西北甘肃、青海砂田地区的“砂田栽培法”。这里的农民根据当地干旱、缺水的情况，在耕地铺砂前先进行深耕，施足底肥，耙平，墩实，然后在地面上铺一层砂砾，厚6～10厘米，以提高地湿，保持水分，抑制杂草。为了使砂不与下层土壤混淆，他们一般用耧疏松砂质，播种时，耧铧不翻开土壤，但种子一定要插在土壤中，收获后要及时灭茬松砂。砂石老化后要更新，但更新一次可用20～30年。用这种方法种棉花、瓜果收获特别好，所以千百年来，甘肃、青海砂石地区的农民一直采用“砂田栽培法”种玉米、棉花、大豆，以及葡萄、哈密瓜等。

北方农村作物栽培上的悠悠古风，正好反映了汉族民间农俗的古朴特点。

◆ 植树造林风俗美

植树造林，美化环境，在汉族民间有许许多多良风美俗。农谚说：

春到人间，植树当先。
树木成行，风调雨顺。
绿树成荫，空气常新。

所以，许多地方都有传统的植树日，义乌、东阳有“正月十八，棒槌栽得活”的俗谚；浦江有“正月二十植树苗，棒槌入土也发芽”的俗谚，以正月十八前后为植树日。有的地方历来有新春插柳的习惯，每个人家要在塘边、路边、溪沿或房前屋后插一二根柳枝，俗谓“标春”。山东农村有“房前栽杏，屋后种桃”“前种榆，后种槐”的俗规，据说榆树籽叫“榆钱子”，把它种在门前，主人可望发财致富。

因为“杏”与“幸”同音，故门前种杏树，意味着幸福临门。有趣的是把桃树栽在屋后，是因为“桃”与“逃”相谐，生怕把祥瑞之气跑没了。据此，由于“桑”同“丧”相谐，故河南一带有“前不栽桑，后不种柳，门前不栽‘鬼拍手’（杨树）”之俗，江苏、浙江蚕农也有门前不种桑之俗。

有的地方民间植树有些奇特的俗规，如扦插杉木时要由小孩呼叫“千种千活，百种百活”。种棕树时，无论大人小孩都要跪着种，因为棕树长大之后，每月剥一次皮，每次都要挨一刀，跪着表示还情。不少地方旧俗上山植树，要先用猪头、鸡、鹅、鱼等祭山神，请山公山婆，然后再由族长分发树苗种植。

汉族民间植树造林还有许多富有浓郁乡土人情味的风俗。新婚夫妇造“子孙林”，以供日后维持生活，赡养老人或办白喜事之需。按俗规，造林前，婚家要整好山场。造林时，婚家邀请亲朋好友，乡邻村人，上十人或上百人，自备工具择日一齐上山植树。此间，婚家要把米饭以及猪肉和豆腐用箩挑上山，招待造林的客人，俗谓“挑饭箩栽子孙树”。有的在婚前造林，因此造林结束，举行婚礼，吃喜酒，闹新房，谓“闹快活林”。有的在婚后造林，可备“完工酒”以谢众人。

生孩子造“落地林”，以供小孩长大成人后讨亲或出嫁之用，故生男孩的人家造林，又为造“新郎林”。所谓“落地林”，是以树喻人，落地生根，根深叶茂。正如俗语所说：“十八年树木成材，十八年后生出山成人。”婴儿生下后第三日或满月前，父母要邀请亲友乡邻几十人或上百人，自带锄头为孩子造林，亲友贺生以栽树助工为礼。若栽杉树，由主家劈好浸在水里备用；若栽竹，“竹娘”由客人送三株连根竹，并负责栽好，俗谓“子孙竹”或“落地竹”。栽树的山场，一般要先用火烧过，再种一季玉米和萝卜菜，然后整好而成。造完林后，请众人吃“三旦酒”，祝贺婴儿落地成长，并封山十八年，“树成材，人出山”，便可伐用。

孩子上学造“读书林”，以供日后读书之用。孩子上学前，由主家邀请村人造林，仅供饭食，不须付酬资。

村前村后造“风景林”，以保护村庄的“风水”，故又称“风水树”，多种在村口以及靠村的山上，多种樟树、枫树、银杏等，往往与溪流、池塘、凉亭、桥梁等融为一体。旧俗为了保护这些风景林，有认最大的树为树娘娘之俗，并指某地或某石块为土地公公，逢年过节要贴红纸摆祭。有的地方还规定：村中若有人上风景林采一草，捡一柴，要罚用缸甑炊饭，豆腐桶盛肉，宴请全族一餐；若有人砍一树，拔一树苗，罚祠堂开宴，村中若遇火灾，此人要投入火堆；外村人冒犯风景林，则全村每户出一强壮劳力，上门牵牛、端锅、撬板壁，抄尽其家产。天府之国的四川风景树特别多，在人文荟萃的寺庙、祠堂、文庙、古迹胜地、坟园墓地以及宅院、行道上由于自古有种风景树的风俗，所以这些地方的风景树树龄特高，在灌县青城山天师洞道观中一棵古银杏，相传是东汉道人张陵手栽，距今有一千多年的历史了。四川的这些风景古树，枝柯苍劲，奇姿异态，树冠开阔，根系盘错，构成了别具一格的风貌景观。

有些地方造林植树还伴生出了一些传说故事。东南沿海的农村，喜欢在宅旁屋后栽种竹子，建成一座座竹园。这种种竹风俗的形成，据说是明代戚家军抗倭时传承下来的。相传戚继光在领兵与倭寇作战中，使用了粗细称手、长三四丈的竹子做成的长枪大获全胜。为此，戚继光向官兵发出了“戚家军饿死不吃竹笋”的命令，为了防止倭寇再来侵犯，又号召家家户户种竹子，于是东南沿海出现了大大小小的竹园林，并相沿成俗，传承至今。

江苏泰兴是有名的“银杏之乡”，这里的农民为什么喜欢种银杏呢？据说这与白根土与银杏姑娘的传说有关。相传很远古的时代，白根土伴随着年老瘸脚的老娘，被地主夺了租种的土地后，靠捕鱼摸虾、采集野菜为生。有一天，根土正在野地里挑菜，忽然龙卷风袭来，狂风大作，飞沙走石，眼见许多大树被刮倒，他不忍心于此，便将仅剩下的一棵小树连根带土地挖回家栽在屋前，老娘也称赞他干得对。此后，母子俩精心培育，几年之后，这棵树长得绿荫覆地，十分逗人喜爱。一天，根土挑野菜回家，正准备做饭，突然来了一位姑娘，进门叫妈，伸手烧饭做菜。一盘问，方知其名叫银杏，家住前面村上，父母双亡，无处投靠，见老妈妈无人照料，就过来帮忙了。母子俩高兴地把银杏姑娘留了下来，不久根土与银杏结成秦晋之好，一家三口日子过得热乎乎的。没想到，恶霸地主张老虎想霸占银杏，便于大年初一硬说白根土欠他的租谷，硬把银杏抢去顶租。面对这突然的变故，银杏说：“我永远是你家的人，今年秋天还能在此树下相见……”当抢人的轿子刚抬到屋前树下，晴天一声霹雳，击毁了花轿，炸死了张老虎。从此，根土更加思念银杏，对这棵树更加精心培植。到了深秋的一天傍晚，奇迹出现了，瞌睡中的根土突然听到银杏在树下叫“根土！根土！”根土惊醒后，奔出屋外一看，并不见人影，只见满树金光耀眼，挂满累累果实。根土摘了一个剥开一看，里面包着洁白的果子。老娘看后，顿时明白了：“这白果是银杏变的啊！她说今年秋天相见，不是应验了吗？”这时，四舍乡邻都来看稀奇，从此人们把这棵树叫“白果树”，为了纪念银杏姑娘，其果则称为“银杏”。好奇的人们怀着神奇的心情，纷纷把树根下抽的嫩条挖回去种植，于是相沿成习，使泰兴成了“银杏之乡”。

更有趣的是有些地方民间垦山造林之时唱山歌。地处湘鄂赣交界之处的江西幕阜山区，民间流传的野韵十足的山歌“打鼓歌”独具特色。幕阜山是油茶山区，按俗规垦锄茶山都要请鼓匠打鼓唱歌，俗称“锄山鼓”或“催工鼓”。垦山时，劳动的人们一字排开，由一二名鼓匠击鼓领唱，众人一边劳动，一边搭号相和，鼓点清脆悦耳，歌声粗犷感人。请看！早上当上山垦锄的人们一字排开后，鼓匠与众不同地肩上挂一面鼓，腰间系一条土红色腰带，向众人拱手致敬，讲几句开场白后，一阵激扬的鼓点骤然而起，鼓匠面对垦锄的人们，作蹲马状，一手敲着鼓面，一手应着鼓底，鼓点时而像溪水潺流，时而如瀑布飞溅，使得山鸣谷应，风起林动。突然，鼓匠刹住鼓点，轻巧地换了一种节奏，引歌高亢地唱了起来：

早晨来，早晨露水难得开，
露水打得郎鞋袜，要等东方日头来。

此时，人们一边按着鼓点的节奏锄起地来，一边“哟嗬，哟嗬嘿嘿”地和着唱了起来。打鼓歌，一般有两个段落。第一个段落，俗称“一拍鼓”，鼓手边敲边唱边走，从这头唱到那一头，其间，他只反复唱歌头，垦锄山的人则要轮个穿唱一首小调。当鼓手盯着一个劳动的人唱道：

钥匙娘，钥匙链锁锁链箱。
钥匙链住三须锁，情姐恋住少年郎。

那个劳动的人就得接歌。这并难不倒人，因为这里的山民个个都会唱幕阜山流行的小调。有意思的是，鼓匠不仅手上要打，口中要唱，脚下要走，眼睛还要看住每一个人，哪一个挖地慢了，他便把鼓打到其面前，人们只要一听见鼓点响到自己的面前，便赶紧猛挖一阵赶上大伙，于是谁也不敢怠工。在这个段落，参加垦锄的人都轮唱了两遍小调，时间也过了一个时辰，一拍鼓算打完，大家休息吃点心喝茶。

第二个段落，即“二拍鼓”时，主要的形式是对歌。开始时有丈夫跟妻子对，也有公公与儿媳妇对，调皮的汉子则看见过路的女人唱歌，十分自由自在。此后就是被称为“鼓撑”的对歌开始了。所谓“鼓撑”就是劳动的人跟鼓匠对歌，他们之中有一人冷不防出一怪歌去难鼓匠。请听！一个中年汉子向鼓手唱出了对歌的盘歌：

打鼓师傅老歌郎，
把只难歌你思量。
米筛团团几多眼？
蚕丝一两几多长？
油麻一斗几多双？

这时，鼓匠若被歌难住答不出来，那就是失了脸面，再难把这场鼓打下去，但鼓匠一般是不会被歌难住的。有经验的鼓匠这时重槌一响，接唱道：

唱歌师傅老歌郎，
我把难歌来思量。
米筛团团千只眼，
一两蚕丝万丈长，
油麻点斗不点双！

于是获得众人喝彩，人们就一边盘歌，一边挖地，在鼓声歌声中，不知不觉地垦锄出了一片又一片的油茶山林。

◆ 护林乡规诸俗

汉族民间护林乡规是十分严格的，早在先秦之时，就有“孟春之月……禁止伐木；孟夏之月……毋伐大树；季夏之月……树木方盛，乃命虞人入山行木，毋有斩伐；季秋之月……草木黄落，乃伐薪为炭；仲冬之月……则伐木取竹箭”[①]的俗规。传承至今，因地而异，各有千秋。

安徽山区有打锣封山之俗，每年冬令前，村或联乡派人鸣锣，口中呼唤封山场的地名，串村走乡，宣示禁戒规约。于是，家家户户，互相告诫。有的除打锣封山外，还在各要道路口以及山界边立木牌、石牌，或系稻草，用以标明封山范围。不少地方往往一个村的护林乡规制订之日，除本村人要签名盖章以外，还邀请附近村庄德高望重的人参加，以得到外村的承认和协作。

浙江山区有成立“护林会”或“禁山会”之俗，或一村独设，或几村联办，由办事公道、威信较高的人组成。护林会处理偷树案件，每年组织演禁山戏或吃禁山饭，宣布禁约，张贴公告。吃封山饭十分有意思，开化吃封山饭由族长或里长首事，划定护林封山范围，以稻草扎其周围树木为标记，然后宰猪办酒，召集全村人会餐。此后若有人侵犯封山区的一草一木，就处以封山饭全值相等的罚金。近年来，封山饭演化为吃月饼，称为吃封山饼，每人一筒，犯禁者处罚同上。过去，有的山主大户在山上建“山铺”，雇人常住看守，由山主供给伙食和工资。有的大山主则雇七八个看守员，按区巡山查看，若有人偷砍竹木，所得罚金全部归看山员。

福建、江西山区均有立碑护林之俗。福建南平市洋后乡后坪村至今还有一块清咸丰六年（1856年）立的《合乡公禁》碑，碑文中写道，“定一时之规，树百年之计”，“约竟同申，公捐囊积之金，敬演犁园之曲，普告诸君”：

① 《礼记·月令》。

“一禁猫竹不许砍伐准薪，以及破售香条，乘便盗用。一切如系缺山人等造作家器，须向主家问明，毋得私自纵砍，永远立禁。

一禁春笋定于递年二月初五起至立夏止，概不许盗挖。所留笋种，毋得斫尾，永远立禁。

一禁本境荫木暨水尾松树杂材概不许盗砍、私批、斫伐松光，以及砍荫耕种，永远立禁。

统上公同议规，原为善后美举，违者定罚演戏不徇。各宜恪遵，毋违公禁。”

江西安远县水口新虚是江西南通粤、闽之关隘，林木茂密，盛产梓油、茶树和桐油，至今仍保留于世的清代乾隆年间的护林禁山石碑上写道：

“一禁毋许梓桐内强捡梓桐梓，

一禁毋许横砍松杉竹木等物，

一禁毋许纵放六畜践踏田禾稻麦。”

前已述及，各地护林乡规中对犯禁者的处罚办法，具体执行起来也是各具特色。浦江一带，对破坏山林的人，情节较轻者，鸣锣缚禁，或放鞭炮赔礼；情节较重者要自己鸣锣示众或罚馒头、现金；情节特别严重的要罚演戏、放电影或摆酒。如果偷伐龙山或太公山的坟头树，由房头或全村出面，若是本村本族人，要削出谱；若是外村外族人，则必课以重罚，甚至捣毁其房屋。东阳、永康一带对偷伐龙山、坟山和水口树的人，则罚宰猪宰羊，伏龙敬神，或杀鸡淋鸡血于坟后，或罚购山羊刺喉后，雇四人抬着滴血之羊走遍全山，以补偿龙山龙脉的元气。

衢州一带私人山林都在树上写名字，偷树被抓者，罚分给每户二只四两重的大馒头，俗称“分肉包”。龙游地方过去旧俗实行“重罚三千六，轻罚三百六”，罚不出者则剥衣服吊打。开化地方旧俗对风景林、村庄水口村、祖坟林等保护极严，若违犯乡规，轻则宰猪请酒，重则杀人，以血祭山安村。

有意思的是，在安徽徽州流传有一个杀人封山的传说：相传清朝之时，在休宁县祖源村有项家和朱家两个姓，项家有上、中、下三门，那时候，由于树林不多，大风吹来，瓦片纷飞，村民不得安居。一日，有一门长邀请其他门长商议如何封山，众说不一。这时，东道门长提议："依我之见，想封山非得杀人不可。"众门长考虑再三，终于拟成封山乡规，即"凡上封山砍柴者，砍头惩办。"公布之后，过了数日，东道门长之子上封山砍柴，看山人发现后，即行报告。门长大怒，斥道："大胆的畜生，竟敢以身试法。"盛怒之下，门长之子当众被杀。从此之后再也没有人敢上封山动一根茅草，山也就越封越绿了。其实这个地方杀人封山只是传说，动真格的是杀猪封山。先由族长征款，买来若干头猪，宰杀后以猪血祭山，猪血涂写封山碑牌，并让全村男子喝血酒，吃封山肉，公布禁山和封山乡规。从此以后，凡违乡规者，就毫不留情地把他家的猪拖到山场，宰杀祭山，全村分食。所以这里的民谣唱道：

吃了封山肉，记住护森林。
要乱砍竹树，要拖家中猪。

◆ 伐木者与山神

伐木料，进深山，
楞垛巍巍上青天，

修筑楼阁供神仙，
木把祷告求温暖，
土仓子透风寒，
神仙不管咱。

伐木头，垛满山，
千柁万檀顶云端。

盖起大厅住官官，
木帮茅棚断梁椽，
风冷雨更寒，
雪花落枕边。

这是一首流传在大兴安岭和长白山林区的《伐木歌》。“木把”就是东北伐木者的俗称。

过去，木把的劳作十分艰苦，一年四季均可采伐，但冬天才是采伐的黄金季节，因为天寒地冻，树木休歇，树脆易砍，加上冬春积雪，便于爬犁拉木头。早些时候使用俄国斧子砍树，树楂砍成元宝形，然后用快马子锯、大肚子锯，较后使用弯把子锯。树放倒后要截断，俗称“下件子”。“件子”以五、六、七、八米为宜，并用俄国斧子在“件子”上掏眼，以备拴爬犁绳，往集材场运。此外，还要砍爬犁道，往爬犁道上浇水令其结冰修成滑道，再用橇杠、一压脚把木头抬起，用人力拖拽归拢到爬犁道边上，使大小头朝一个方向，俗称“吊卯子”。

由于伐木有很多危险，“回头棒”“飞棒”都可致伤毙命。砍伐完后树放不倒而出现“飞殿”“搭黄瓜架子”“吊死鬼”等情况，则更是容易出现伤亡事故，正如另一首“木把”歌谣所唱：

到山里大帽子一戴，
好像黑瞎子他二舅。
大斧子一抱，
好像山猫野兽。
叫小咬咬的，
两只小爪挠前挠后。

为此，旧俗木把们十分敬畏和崇拜山神，认为山林被山神主宰。有趣的是，深居密林的山神爷，既无庙宇，也没有偶像。一般是用三块木板或石头，在伐木营地附近垒个小屋。若找不到木板、石块，便可用斧子在大树上砍个“企”形图案，以作山神庙和山神爷。据说，三块石头，正中一块是虎神，祭了它才不会遇上猛虎；左右两块，一个是五道神，一个是土地爷，均能消灾免难。原来木把们心中的山神爷就是老虎。接着，砍两支松明当蜡烛，折来一把山草当香火，插于庙前，再摆上馒头、糕点、酒菜等供品。然后，由“木把的掌柜”率众跪地祷告：“山神爷老把头，木把们给你叩头了，你就保佑大伙平平安安吧。”祭毕，木把烧起臭松和骨节草，发出噼噼啪啪的爆炸声以作鞭炮鸣放。

木把还有砍“开山树”以卜祸福的风俗。每年除夕之前，在木把场附近先选好一棵树身周正，树心结实不朽，伐了能顺山倒的大红松作为开山树，于除夕之日派人先砍得差不多后，正月初一，木把们吃过早饭后，先祭拜山神，然后聚集到开山树前。仪式开始，由掌柜祷告一番，抡斧砍几下，随着“吱——轰”一声巨响，开山树果然顺山倒了，既没有被周围的树木挂挡而倒不下来，又没有“飞棒”伤人。于是，木把们认为这一年可以保平安了。

历史悠悠，木把风俗传承至今，东北伐木虽已实现了机械化，伤亡事故大大减少了，但作为风俗的传统影响，人们还是不砍伐刻了山神庙记号的大树；不坐未烧完的木材上，说那是火神爷的脑袋；早晨起来后也不准说做了什么梦；吃饭端碗时不许把大拇指放在碗沿边上；也不坐被视为山神爷位子的树墩。为什么连树墩也不坐呢？这里面有一个传说。据说清代乾隆皇帝巡边时，在山里迷了路，怎么也走不出去。后来发现一个做木活的老头，请他给带路。老头生在山里，长在山里，七沟八岔，熟门熟道，便带着乾隆皇帝一伙人跨溪过林，绕崖下坡，没多久便出了山。乾隆寻思：这老头对山里的情况这么熟悉，日后若占山为王，岂不会成气候？于是便派人把老头杀掉了。没想到手下回报说："老头的尸体站立不倒。"他过去一看，果然如此，无论用什么办法老头都像个半截树桩子一样直挺挺地不倒。乾隆知道老头死得太冤了，心虚起来。这时，一个机灵的大臣奏道："万岁，这老头带路有功，想是在向你讨封的呢！"乾隆一听，便顺势说："那就封他为山神爷、老把头。这伐木墩就是他的宝座，除了他，谁也不准侵坐。"说起来也真奇，乾隆刚说完，老头的尸首就扑通一下坐在树墩上了。从此以后，敬畏山神的木把们都不坐树墩，以免得罪了山神爷。

南方山区民间也信仰山神，但砍伐崇拜之俗就大相径庭了。

浙江一带旧俗上山砍树，一般都腰插纸马，到达目的地后，将纸马用石块压在树旁，以祭山神，祭祀方法比较简单。在传统的砍树季节开山砍柴时，砍柴人要带三炷香、三张黄纸到砍柴地烧过、拜过，请山神保佑砍时平安，下山轻便。

衢州地方砍毛竹要择吉日，规定"红纱日""寿死日"不准开山门，一般择申日，或午日砍伐，以取申猴的灵活，午马的快速。上山前，要摆开山酒祭山神，用鸡和猪头供祭，祭拜后用鸡血洒在砍刀上和纸上，然后将洒有鸡血的纸捆在毛竹上，表示忌血，最后用刀砍倒一根毛竹，以示开山门。湖州地方上山砍毛竹时，从祭山神开始就不能随便讲话，天天如此，一直到砍完全部毛竹为止。两人在山上呼唤，都只能用“哦……哦……”的声音，互相应答，或用刀柄敲敲毛竹，不能互叫姓名。若是有人说了话，叫了人，出现了刀伤、蛇咬、跌伤等事故，便由此人负责医治，并要请酒。若大家遵守了山规，还出事故，则以为是祭山神不诚，必须重祭。

各地民间在砍伐成片树木时都比较慎重，要用方块肉、鸡或素食祭拜山神，祈求平安顺利。有的地方大批伐树时，要在山上用巨石三块，下放两块，上横放一块，在巨石前祭山神。如果砍伐时期较长，每月初一、十五两天都要用三牲祭山神。砍较大的树时，伐前要用墨汁在树身上定一点，弹三根黑线，以镇压树神不使作祟。有的还要举行祭树神仪式：选最大最粗的树为神，伐木工把工具放在树神下，祭后，开第一斧的人不能说话，向树神三跪三拜，开第一斧后，仍把斧头放在树神下，等树全部伐完后才能取回。而砍伐水口树、坟头树、龙山树则更加慎重，一般要备三牲福礼，虔诚祭拜，有的砍伐前敬树神，除点香烧纸钱外，还要在树的周围撒鸡血和米，请树神退避，以免斧砍神身，并雇一老人先砍三斧。有的以白雄鸡斩头，将鸡血涂于树身，并雇乞丐先砍三斧，祭拜的肉要分给树周围的有关人家。最有趣的是武义、衢州地方砍伐大树前砍木者都不能讲话，把五尺棍放在面前，用斧头垫坐，直到碰到过路人问：“你坐在这儿干什么？”伐木者就指一下自己的工具。问者若说：“那还不动手？！”这时伐木者方可动手伐树。据说这样伐木，树神就不会怪罪伐木者了。

◆ 放木排与敬水神

从古至今，林区的圆木大多由放排工从水路放到木材集散地。于是，每年汛期一到，滔滔江水上，一个个木排犹如一条条蛟龙，穿峡过谷，闯波踏浪，别有一番惊险和神奇的风情。

放木排是一件十分危险的劳作，在滔滔江水之中，有的要过三涧九洞十八滩，有的要过十大围水，一百个险哨，只要稍不注意，或功夫不到家，就会葬身水底。因此，放排工与渔民一样，十分崇敬水神，即龙王。

在东北林区，放木排前先要穿排，穿“木字排”是用锛子把圆木锛成四方形的木荒子，再用俄国斧子掏成眼，用新鲜的桦木作串檩，把圆木串连在一起，小头在前，大头在后。节与节之间用蜡木、榆木火熏烤后拧成的树绕子联结起来。排后有架，安上一支橹和五、六支樟。木头上铺上木板，做上花棚。花棚再用木板隔成三间，一间做饭，锅灶用和了盐水的黄泥砌成；一间睡人；一间供奉山神、水神的牌位。放排之后一路不停歇，直抵目的地。穿“洋字排”则不用砍方子，圆木与圆木之间，排节与排节之间全用树绕子拴缚，具体的排列是：头排节为9根圆木，二排节为11根圆木，三排节为13根圆木，四排节为15根圆木，以此类推。“洋字排”上无花棚，放排之后需打尖休息，沿江一带都建有“排窝子”。两法相比，“洋字排”制作简便，安全灵活，所以不少放排工都喜扎“洋字排”。

放排工的惊险，以在鸭绿江放木排为例来说，从长白山到安东水路一千六百里，有一千多个险哨，一般的哨口有三千多个。有的哨口要通过它，放排工必须闭目屏息，人和木排在水底潜行数分钟后才通得过；有的哨口水花飞旋飞腾，稍不留意即会被旋进无底深涧里而葬身。所以当地有谚语说：“鸭绿江一年三千六百个抵账鬼，大账不够浑江凑。”放排工的歌谣也唱道：

只听咔哧一声响，
木排上了砬子腰，
大锅小锅水上漂。
大水冲散木头，
这回“南海”去不成，
这样的“木把”当够了。

所以凡过险滩恶哨，放排工们都要先放鞭炮、烧纸马，往江里扔整猪和馒头，以祭水神，祈求保佑平安。

南方的放排工风俗又与东北放排工粗犷的风俗迥异，显得更为细腻。拿湖南沅水的放排工来说，扎木排时开始就讲究择日和好兆头。旧俗扎排前，领工邀人结伙，然后选日子下河扎木排。扎木排时，忌洗筷子之类的话，不让女人上木排，更不准女人去排头坐供领工指挥的垒木。他们扎的木排一般由两块大木排相接而成，约有180立方米，俗称“龙虎斗”，又叫“两联排”，前有三棹，后有三棹。棹为杉木，棹片由楠竹篾片组成。一般一个木排有七人，六人扳棹，一人指挥。木排上搭有小棚，供食宿用。搭木棚也有讲究，必须棚口对右方，棚背对左方。过险滩急流时，领工站在排头垒木上，指挥排工扳棹，不叫左右，只喊棚背、棚口。放木排启程之日又有讲究，初五、十四、二十三为月忌日，不可启排。启程那天，如领工早晨出门遇女人倒马桶，遇人解手，遇人洗碗筷，为凶兆，决不启程，要另择日子。若兆头好，决定启程，就要由领工带领放排工在木排上敬一次水神。一般是煮一个猪头，用盆盛好后放在排头垒木上，领工半跪，念完咒语，然后分食猪头。

在沅江放木排到穿石时，由于穿石水缓不险，木排到此，第一次放木排的新排工必须下跪，翻戴帽子，倒穿草鞋，口中念道：

一拜穿石二拜岩，
爹娘养我初次来，

今天喝了穿石水，
一路消灾财又来。

然后由领工递给木瓢，连喝三瓢江水。木排安全抵达目的地后，放排工们必办回头宴，宴席上必备雄鸡，席中排工们将雄鸡头奉献给领工，领工将鸡头吃下后，大伙方可开席，欢宴庆贺，以谢水神。

◆ 采人参与种香菇

林区是个聚宝盆，东北民谣就有“关东三件宝，人参、貂皮、靰鞡草。”人参，俗称“棒槌”，被誉为“百草之王”，是关中三宝中的第一宝。由于人参生长在地险人稀的特殊环境，所以采人参是很不容易的事，于是便产生了许多神秘化的风俗。

采参，俗称“放山”，又叫“挖宝”。放山时间多在谷雨后到白露前这六个月，但最佳季节是农历七月下半月到八月间。这时正是人参成熟之际，鲜红的参籽十分醒目，加上有一种专吃参籽的棒槌鸟引路，所以比较容易采到人参，采参人称之为“红榔头市”。一般当地人，并有一定放山经验的多单独放山，俗谓“单棍撮”。而从关外来放山的山东、山西、河南、河北人多结伙放山，俗谓“拉帮”。

“拉帮”放山，少则三五人，多则七八、上十人，通常有“领棍”“腰棍”“边棍”和“端锅”组成。领棍就是“把头”，是拉帮的组织者和指挥者；边棍是领棍的助手；腰棍是普通放山成员；端锅是“总务主任”，多由初次进山的人担任。挖参工具有传统的俗规，每一个腰棍都要备一根找参的“索拨棍”，其长约五尺，一把粗细，多用铁犁木或黄菠萝木制作，有的还把棍子一头削尖，两头缠上细长的铜丝。领棍有一个用狍皮或鹿皮做成的兜子，俗称“参兜子”，用来装各种工具。为图吉利，每种工具前面都加“快当”二字，有快当斧子、快当刀子、快当剪子、快当绳子、快当钎子。特别是快当绳子必须是红色的，两头各系一个大铜钱；快当钎子是用兽骨磨成的，长短和筷子差不多。放山人的穿戴有一定的讲究，均短褂长裤，扎绑腿、腰带，多数穿猪皮靰鞡。还有的人穿一种称为“绑”的鞋子，其样子与靰鞡差不多，用猪皮或野猪皮带毛用硝水泡后，自己缝制的，钉上耳子，用麻绳绑住，样子虽不好看，但既不怕泥，又不怕水，穿着舒适，走路方便。

放山的人旧俗信仰山神和老把头。进山前一天，拉帮的全体成员由领棍带领，多在村头树根底下用石头搭一个老爷府，即山神庙，写上牌位，点上香，摆上供品，先给山神磕头，并由领队祷告："山神爷老把头在上，我们几个放山的给您磕头了，我们几个没有干过伤天害理的事，都是正经八百的庄稼人。不黑心，不贪财。进山后保证吃得了辛苦，守得住山规。今天求山神爷老把头开恩，指条顺当道，让我们早日'开眼'。等拿到大货，杀全猪来给您老上供。俺当把头的起誓，几个人去几个人回，缺一个人俺也不下山。"说完再磕三个头即毕。相传老把头是早年从山东来采参的孙良，进山后，他的干兄弟迷失了方向失散，孙良为寻找伙伴而饿死，遂成为放山人的保护神。

进山后，就不能随便乱走了，领队在前，腰棍中间，边棍在后，端锅的跟着边棍。一路走一路看兆头。一旦领棍选定山场，便搭棚宿营，俗称"压戗子"。与此同时，还要在戗子的东北方用四块大石头垒成或用木头棒子搭成一个老爷府，搂土为炉，插棍为香，再由领棍领着大伙祭拜祷告一番，祈求山神和老把头保佑。开山找参时，按俗规根据地形从低到高，从近到远，排成一字形横排搜索前进，谓之"压山"。在压山过程中，不管谁发现了人参，看准后要大声呼叫："棒槌！"谓之"喊山"。领棍听到喊山后，即问"什么货？"发现者回答："得了×品叶的大货。"领棍与同伴马上回答："快当！快当！"此谓"接山"。这一喊一接，俗谓人参会被吓住，不会跑掉，以便挖掘。挖参时，先要用两根快当钎子插在距参秧一尺远的地方，再用快当绳子把人参秧缠绕起来，俗谓此可防人参转胎。挖参称为"抬棒槌"，由领棍跪在地上开地盘，细心挖掘，其余人为其扇风，赶蚊子，而喊山的人则可抽烟休息。参挖出后，用红松或桦树皮打包，包内要垫上一层湿润的青苔，以防风干。挖到人参后，回到戗子时先要到老爷府感恩，把人参包供上，领棍带大伙跪下磕头。

采参还有许多禁忌俗规，在压山时，不准随便说话，不准随意停下休息和抽烟。否则，谁说什么东西，领棍就叫你拿什么东西，比如说蛇拿蛇，说蘑菇就要脱掉衣服背蘑菇。过去若有人"起黑票"，偷跑了人参，抓回来后，扒光衣服，绑在树上，让"小咬"叮死。放山人最讲究做梦，如梦见死人、出殡、白胡子老头、穿红衣绿裤的大姑娘、老太太、地子起火等，都认为是吉梦，有时甚至按梦指示的方向去压山。此时，放山人抽烟叫“拿火”，做饭叫“端锅”，都谐“大货”之音，象征采得“大货”人参。

东北的林区有人参、貂皮、靰鞡草三宝，南方的林区则有香菇、木耳、金针草三宝。特别是香菇是南方林区最重要的土特产，浙江龙泉、庆元、景宁三县称在山林里种香菇的人为“菇民”，他们世代相传，形成了一套独特的风俗。

菇民进香菇山，先建造香菇寮。这是用大小均匀的木头叠成，间隙处用泥巴糊实的小木屋，以供居住、烧饭、烤菇、藏菇之用。有趣的是建寮上梁时，两个菇民手拿斧头，边敲边骂道：“死山魈，杀山魈。”原来相传山魈是独脚鬼怪，其专干偷香菇的勾当，故菇民十分痛恨。俗谓建寮时骂它，山魈会逃走。寮房建好后，在门上必须贴上“门对青山有菇树，菇树里外生香菇”的对联。香菇寮内正中要放一张木桌立师傅榜，供吴三公、刘伯温两人。相传宋代之时，庆元县龙岩村有个吴三公。一天，他为一个哭啼的婴儿到深潭边摘桃子，树枝摇动，跌落潭下，得五显神授予制菇术，即发明了种菇。故菇民尊称吴三公为祖师爷，师傅榜用红纸竖写：“西洋祖殿吴三公之位”。而刘伯温则在朱元璋称帝之初，因求雨而吃素，青田县人国师刘伯温进献处州（今丽水）香菇，得到朱元璋的青睐。刘伯温乘机准奏，使龙泉、庆元、景宁三县获香菇专利权，因此菇民又拜刘伯温为师傅之一，师傅榜上又竖写：“青田刘伯温先生之位”。菇民禁忌很多，许多物品讲“黑话”，如“香菇寮”称“香老寮”，“香菇”称“香老”，“老酒”称“黄汤”，“吃饭”称“戽添”，“猪肉”称“歪老”，“稀饭”称“平碗”，“回家”称“落棚”等。

◆ “年年有余”与养鱼

汉族民间过去吃“年夜饭”，少不了烧全鱼这一道菜，以讨“年年有余”的彩头。讲究吃的广州人更有意思，年夜饭时席间的鱼不能吃，须放在米缸上，待过了年后才吃。俗谓“压年”之后，便“年年有余（鱼）”了。正因为人们赋予鱼这样重要的民俗意义，所以汉族民间养鱼之业兴起甚古。据说远古时代的伏羲氏就是汉族渔业的鼻祖，而祭祀盛行的商代，由于把鱼作为祭祀祖宗的供品之一，所以人工养鱼也就逐渐兴起，甲骨文中就有“贞其雨，在圃鱼”的卜辞。春秋战国之时，人工养鱼已十分流行，《孟子·万章上》中就有“有馈生鱼于子产，子产使校人畜之池”的记载；《庄子·大宗师》中也有“鱼相造乎水……相造乎水者，穿池而养给”的说法；越国著名的范蠡还以善养鱼而著称，相传其著的《养鱼经》就总结了养鱼的经验、鱼池的规格、鱼种的选择等，向人们展示了先秦养鱼风俗的全景。

汉族民间养鱼之俗最主要的形式是池塘养鱼，这在江南水乡河网之地尤其盛行。

广州人嗜鱼，又占河网水乡之利，故而在其四周鱼乡像葡萄一样成串成挂。拿顺德的龙江镇来说，这里有143 条河汊，在6.9万亩耕植面积中，鱼塘就占了3.7万亩。龙江的鱼塘，人们俗称为“桑基鱼塘”，这是因为这里的鱼塘一口挨一口，隔开鱼塘的土埂叫塘基，基上栽桑、种蔗、植蕉，把鱼塘、桑园、蔗田和蕉林巧妙地交织在一起，形成了桑茂—蚕壮—鱼肥，反过来鱼肥—泥好—桑茂的良性生态农渔业循环。按俗规，这里的鱼塘，水深2米左右，混养在不同水层生活的草、鲢、鳙、鲮等鱼，谓之“立体养鱼”。这样，投下的蚕粪和各种饲料，首先给上层的草鱼吃了。草鱼的粪和剩余的饲料，被水中的微生物分解后，养殖了藻类和浮游生物，则成了中层的鲢、鳙鱼的佳肴。而鲢、鳙鱼粪及吃剩的鱼食，又成了底层的鲮、鲤、鲫鱼的饲料。由于广州郊区养鱼盛行，所以现在广州人吃鱼可以说是全国最方便的地区了，老百姓无论何时都可以办鱼宴招待客人。广西邕江边的南宁民间素有养鱼之俗，沿江的渔民多设鱼埗，布长密方网，拉取鱼苗，放入塘内养大后贩卖。有鱼塘的则用塘养鱼，一般一年三造，有一鲩养二鳙，三鳙养四鲤，四鲤养九鲮的鱼经之谈。

浙江的杭嘉湖地区也是个鱼米之乡，此地俗称渔区为“荡”，养鱼人被称为“大司”，他们掌管一荡的养鱼技术，长期执业，经验丰富。鱼荡所养之鱼，以鳙、鲢、草、鲤四大家鱼为主，其中又以鳙、鲢鱼两种最多。鱼荡养鱼要放鱼苗，俗称“鱼秧”。人们用纸糊的方形大竹鱼篓到武汉、龙坪、武穴、九江、安庆等地采购长江中捞获的天然鱼苗。长江的苗期大致从立夏到小暑这段时间，过去这一带的渔民清明时摇船出发，去买鱼苗，到芒种前才能回家。鱼苗长到寸许时，先将野鱼苗筛选掉，并对家鱼鱼苗分类，俗称“做鱼秧”。这件工作十分重要，一般都在鱼荡中搭篷布棚进行，由有经验的渔民操作。旧俗做鱼秧要请财神，还要请人用划楫等物搅拨荡水，俗谓越搅越发。有的还要举行祭拜荡头五圣的仪式，俗称“发荡”，即在船头祭供猪头、大鱼、全鸡三牲，焚香点烛，磕头祭拜。祭毕，请亲友在船上吃喝供祭过的酒菜，以示庆贺。也有的中秋节时举行“发荡”仪式。除夕之时，养鱼人还要给塘头五圣端午夜饭，把饭泼在荡内。

过去，人们往往缺乏科学养鱼的知识，而对夏末秋初旺发的鱼病束手无策。当荡里死鱼时，只有举行“祭荡”，按俗规在荡头点香烛，揖拜祈祷。如果此荡淹死过人，则认为是“淹死鬼”在作怪，便要在荡头烧元宝、纸钱，以慰鬼魂，祈求淹死鬼不要作祟。近十多年来，由于人工孵化鱼卵技术的推广，科学养鱼的发展，许多旧俗已趋泯灭。

稻田养鱼是汉族民间曾普遍流行过的一种养鱼风俗。在陕西省勉县曾出土过一件完整的红陶水田模型，上面有一条田埂，将田面分为两块，田面上有用红陶制成的落花、浮萍、鳖鱼等八件小模型，可见早在东汉时期汉族民间就有稻田养鱼的风俗。传承至今，仍是四川、贵州、广西、湖南、江西等部分丘陵山区的一种生产风俗。一般是开春犁田灌水后，就放养鱼苗，肥田多放，瘦田少放。按习惯，秧田、坝田每亩放养一寸长鲤鱼苗40~70尾；冷脚田、高榜田每亩放养一寸长鲤鱼苗50~80尾，或3寸长的鲤鱼种30~50尾。不少地方的农民还自己培养母鲤鱼产卵孵化鱼苗，他们选择一间阴湿、凉爽通风的房屋，在地上铺一层二三寸厚的稻草，将鱼巢散开，薄薄地均匀地铺上一层，上面用杉树叶覆盖，这样重叠铺上四五层，最上面用稻草覆盖。以后经常向上淋水，使鱼巢保持湿润，大约经过两昼夜，即将鱼巢移入孵化池孵化，有的地方为了使母鲤鱼在稻田里过冬，还有在田中筑鱼棚的习惯，他们或用树枝围成圈，或用稻草堆成人字窝，或用木柴搭成围栏，外盖稻草。鱼棚内挖一个水深约一尺的坑。第二年母鱼在稻草上产卵后，再把这些稻草拿回家孵鱼苗。由于稻田养鱼，投资小，收益大，吃鱼方便，一年到头均有鱼吃，所以民间戏称之为“不用喂料的猪”。

十分有人情味的是杭嘉湖地区的渔荡有寄养鱼之俗。放寄养鱼的一般都是与荡主有亲戚朋友关系的鳏寡孤老，在寄养的小家鱼的鳍或尾上做有约定的记号，或剪缺口，或结扎丝线等。寄养尾数俗规为“一二不过三”，数量虽少，但因寄养的是小鱼，捕捞时均长成大鱼了，鳏寡孤老有一两尾寄养鱼作过年鱼，以寓“年年有余”，就十分高兴了。

◆ 捕鱼风俗多奇趣

吃鱼要捕鱼，汉族人多地广，出海入河，进湖下塘，捕鱼风俗千姿百态，相映成趣。

捕鱼数出海捕鱼最为壮观了。你看！黄海渔船的桅杆上都贴有对子，大桅上贴的是“大将军八面威风”，二桅上贴的是“二将军开路先锋”，梢桅上贴的是“三将军顺风相送”，船头的小桅上贴的是“四将军满载而归”，有五根桅的则贴上“五将军五路财神”，舵杆上贴的是“掌兵元帅”，舱梁上贴的是“海洋茂盛”“顺风顺水”，一片喜气洋洋，一派威风凛凛。旧俗春汛首次出远海捕鱼前，要做“满载会”，由船老大穿上长袍马褂，恭恭敬敬地向龙王、关老爷焚香参拜。届时，扯起百脚旗，由童子或香伙先唱书，接着“破膀”，即左手卷起袖子，右手用带环的“法刀”向左臂砍一刀，血若是一点一点起泡，谓之“鱼泡”，寓意捕鱼丰收；如果血流的痕迹不长，谓之“豁梢”，说明鱼货不多；如果血痕岔开，预示不吉，日后可能出岔子，船老大要特别小心。最后，由两个人手拿被称为“大龙把”的火把，从船头到船艄走一遍，以示驱除邪气；童子则抓起茶叶和米走到船边，从头顶向后撒去，并一字一句地高声喊：“满——载——而——归！”若到近海捕鱼，一般不做“满载会”，只须扯旗、亮火。春汛开始取得丰收，大多赶紧出海捕第二趟，这时渔船要披红挂彩，鸣鞭放炮，俗称 “复载”，寓意再来个满载而归。每年第一汛鱼货卖掉后，要买火炮回来放，庆贺开门大吉，俗称“进升港”。

东海渔民出海捕鱼别具一格，他们将渔汛期分为“起水”“头水”“二水”“三水”四水。出海日逢双不逢单。旧俗每次出海前先上香拜菩萨，再以酒菜请菩萨。船老大给娘娘菩萨参拜许愿，祈求“给我抲第一对”，即获得高产量，并许以做戏之愿。有的地方出海前先在龙王堂演戏敬龙王，然后请菩萨下船，渔民沐浴更衣，手捧黄佛袋，上书“天上圣母娘娘”，内装香料，边走边敲13下锣，请到船上后就把佛袋钉在船舱内，有的是供木雕娘娘菩萨或关公爷，再邀亲戚朋友上船吃酒。有的地方每逢转汛后的第一次出海，要烧一锅开水，并放入银元，俗称烧“银汤”，先用来淋浇船眼睛[①]，俗称“开船眼”，次淋船头，再次淋船左右舷、帆、舵、槽等，寓意去邪取正，大吉大利。出海时燃放鞭炮。下网前，烧金箔，用黄糖水洒遍全船，同时向渔民身上洒，以示干净。再用盐掺米酒洒在网上和海面上。若捕鱼不顺利，再向海上洒盐米，点燃稻草把，待冒出青烟时在船四周挥舞，以驱邪赶鬼。若遇狂风恶浪，发生危急时，则向大海抛木柴，求神保平安，并许以大经。若捕上第一条大黄鱼，要先供船上的娘娘菩萨。供毕，船老大吃黄鱼头，其余人分吃鱼身。若捕到鲻鱼，立即将其头斩掉，俗谓鲻鱼是不祥之物。黄鱼丰收要做“鱼戏”，在整个渔汛期捕鱼量最高者，称为“红老大”，受到人们尊敬，并以他的名义出钱请戏班做戏。

最有意思的是舟山渔场的渔船，每条船的后舱都设有一间专供船关菩萨的圣堂舱。若是新船第一天下海，先要用全猪全鸭和馒头长面隆重祭祀船关老爷，然后以福礼酬谢来帮忙推船的人，俗谓“散福”。大对、背对船多供男菩萨，金塘溜网船和构构小对船多供女菩萨。相传男的是关公爷，此地渔民称之为“船关老爷”；女的是宋朝寇承女，称“圣姑娘娘”。还有的传说男菩萨是鲁班师傅，女菩萨是顺风娘娘，意为鲁班是造船的祖师爷，顺风娘娘可保海上平安。

有趣的是在船关老爷旁还有两个小木头神像，一为顺风耳，一为千里眼，以佑出海顺风，汛汛丰收。出海捕鱼，俗称“开洋”，每次开洋都要敬祭船关老爷，谓之“祝福”。同时烧化疏牒，谓之“行文书”。供祭以后，把一杯酒和少许碎肉抛入海中，谓之“酬游魂”，以祈祷渔船出海顺风顺水，一路平安。开洋这一天，船上的人不许吵嘴，不许讲不吉利的话，否则要受处罚。开洋之前还习惯采用点烛、焚香的办法来测试风力和风向。若烛火吹灭，即为风大不可开船；若烛火倾斜而不

---

① 东海渔船都有一对用上好木料制作的船眼睛，钉在船头两侧，以示船有眼可顺利行驶，获得丰收。

灭，即风力在可航之列。开洋之后，船老大即在船舱间点起清香三支，一为辨别风向变化，二为计算航程时间。现在则普遍使用收音机、报话机和时钟来了解气象和掌握时间了。

江河上捕鱼则另有一番风情。

钱塘江的渔民早上开船捕鱼，第一网如果捕到白鳖鱼，则认为运气不好，这天要白辛苦；如果捕到鲤鱼，则认为这天一定“利市”，会网网丰收；若捕到黑鱼，则认为是特大吉兆，俗谓黑鱼头黑，兆“黑心”，这一天一定会捕到一大批鱼；若捕到鱼头上有斑点的鱼，兆捕鱼生意就在近几天；鱼尾上有斑点，兆捕鱼生意在以后；鱼身上有斑点，兆捕鱼生意旺在中旬；如果正月里捕到身上有斑点的鱼，则认为6月份捕鱼要丰收；如果早上开船发现有一条狗在河里游，也认为要交好运；早上开船捕鱼，如果船头下面发现一只老鼠游过，而又捕不到鱼，则认为犯了忌讳，立即收网返航，不再捕鱼。他们忌餐鱼跳上船，俗谓“船头跳金，船尾跳银，跳进船舱，鸭吃砻糠——空喜欢。”所以，捕鱼时凡白餐鱼跳进船舱，就马上拿刀割下鱼头，以血破法。他们还忌黑鱼跳上船头，认为黑鱼又圆又长，像抬棺材的竹竿，不吉利。有趣的是，捕鱼的船上要养鸭，在船艄尾上，用一根绳子一头系住鸭脚，一头系在船后梢，让鸭子在河中游。俗谓养鸭吉利，养在后梢，就是“有尾”，可以“压后梢”，鸭子在后嘎嘎叫，渔民在船头可以放心打鱼。这里的渔民俗信灶王爷是掌管河里的鱼的，每年十二月二十四日，要为渔民开放一次鱼库，让渔民捕到更多的鱼，所以每年这一天，渔民在锅灶前供鱼肉和豆制品等祭品，并将一条活黑鱼供在锅灶前，祭毕，将这条黑鱼放生，看它的游向，俗谓黑鱼的游向以示明年捕鱼的生意所在。但实际上，渔民每一次开船捕鱼，必先把船往东开，据说迎着太阳开吉利，只是开了一程后再根据黑鱼“指示”的方向开。

瓯江上捕“国师鱼”十分奇特。国师鱼是一种长约半寸，背褐色，肚银白的细鳞小鱼。其“国师鱼”的美名相传与明朝开国元勋刘伯温有关。刘伯温少年时在青田石门洞读书，夜夜苦读，感动了洞里一个修炼千年的白猿仙姑。她见刘伯温缺菜下饭，就从山上摘了一把嫩柳叶丢入江中，变成小鱼，让刘伯温捞来佐餐。后来，刘伯温帮朱元璋夺得了天下，被尊为“国师”，这鱼也被誉为“国师鱼”了。这种鱼每年农历五月至七月出现在温溪至石门洞的90里瓯江上，它们成群结队成一尺宽的长龙形逆水而游，可连续两三个小时不断。有趣的是国师鱼有日落而歇，日出而游的习性，即夜间伏在水底不动，日间浮在水面漂浮，凡潮水所到之处，鱼群便随之而来。于是人们利用国师鱼的这个习性，每逢发鱼季节，在几个急水处垒起卵石小坝，开一个缺口，安上布兜或篾篓。当鱼顺着水势上游之时，便乖乖地成了瓮中之物。通常一个篓一天能捕十几斤，碰上发潮日或降雨之前，可以捕到几十斤，以至上百斤！

湖塘捕鱼又是一种风味。

大家熟悉的《洪湖水，浪打浪》这支歌唱道：

洪湖水呀，浪打浪，
洪湖岸边是家乡。
清早船儿去撒网，
晚上回来鱼满舱。

歌声优美动听，形象地描绘了洪湖渔民以打鱼为生的风俗画面。洪湖渔民捕鱼的方法很多，光是网具就有二十多种，最大的一种叫“抬网”，有几百乃至上千平方米大，放入湖中以后不断开动绞车，抬网捕鱼。“迷魂阵”也是洪湖人民常用的一种捕鱼法，他们在湖上打木桩，围网壁，末端设置一个长长的溜子网，这是一种外大里小的双层袋式套网。鱼儿在弯弯曲曲的桩网间游来游去，总是撞网，惊慌之中进入溜子网后就出不来了。还有一种圆网十分方便，渔民站在船头，看准游来的鱼儿，拉网捕鱼，有经验的渔民只要网一出手，总是会有收获的。

洪湖中最令人拍案叫绝的是坐“鸬鹚船”捕鱼。鸬鹚船是用两根木头，横着把左右两条澡盆大小的船联结起来的一种微型船。人坐在船上拉网收鱼，到岸回家时，可利用横木作扁担，挑起小船就走，十分方便。

太湖边有一个太湖乡，这里的渔民曾世代以渔船为家。一般一条七桅渔船，长24～25米，宽约4米，有十多个隔舱，分为放渔网渔具的工具舱，贮藏鲜鱼的大舱，放置食品杂物的物品舱，以及卧室舱和作为厨房的后舱（俗称“火舱”）。除老人和小孩外，船主一家长年住在船上，门楣上按旧俗刻了玉皇、王母、如来、观音八字，以祈诸神保佑平安。渔汛一到，便日夜作业，半月二十天不靠岸。下湖撒第一网时，要在船头把名叫“聚宝盆”的脚炉的灰烬和一把蚕豆撒入网中，以讨满网鱼虾之吉。在船上禁止在船头小便，以为这样会得罪水神，捕不到鱼。过去，太湖的渔民每年要上湖心岛平台上去祭祀禹王庙。传说大禹曾到太湖制服恶龙，把它锁入湖底龙洞，洞口压上了一口大铁锅，不让它出来兴风吐沙搁浅渔船，给太湖渔家造了福。同时，太湖的渔民还崇信“水仙老爷”，相传农历五月的某日为水仙老爷的诞辰，数百艘渔船聚集在胥门万年桥下，成千的渔民到胥门外的水仙庙进香。

杭嘉湖一带鱼荡的捕鱼，小荡取干荡的办法，一般在腊月中下旬干荡，过去多用脚踏龙骨水车车干，然后荡主将家鱼和较大的野鱼捕捞一空，村里的人可捕野鱼。中大荡一般采用人工拖网，要请专事此业的网头船来捕鱼。荡主除付工资外，要拣两条最大的鱼送拖鱼工为酬。这天荡主要请亲友邻居吃鱼汤饭，此俗至今仍盛行。

用水塘养鱼的地方捕鱼时，大多在腊月将塘水车干，手捕踩踩。旧俗车水捕鱼前，家家户户焚香烧纸，祈祷鱼虾满塘，还要祭神，否则认为会一塘蛤蟆不吉利。广州郊区的渔民把捕鱼称为“刮鱼”。原来他们捕鱼时由十几个人身穿橡胶衣鞋，左右两边拉住长网，贴着塘底，从这头围刮到那头，鱼儿在网中乱蹦乱跳，捕鱼人则分类装进木盆，再将木盆挑到江边船舷两边钻了一排排小圆洞的专用运鱼船上，故俗称“刮鱼”。这样捕捛的鱼始终是活鲜鲜的。

而比较大的塘有的地方则用一种极妙的办法捕鱼，即拉大绠。长几十丈的一把粗大的绠绳盘满船头，绠绳上绑着一截截指头粗的铁棍。每隔二尺远绑一根白亮亮的苇秆，与大绠形成丁字形。苇秆顶端用刀劈成碎瓣。用小船拖着大绠绳两端，放入水底，给鱼一种“泰山压顶”之感，而白亮亮的苇秆均匀地露出水面，形成一个弧形，缓缓地行进。弧形后边，几只小船悄悄尾随，渔民紧跟着苇秆，每只船头都摆有一个竹制的大罩。在缓缓的行进中，当大绠绳压在鱼身上时，鱼就拼命挣扎，从而震动绠绳，摇动了苇秆。这时，劈碎的苇秆尖发出“唆唆”的响声，渔民眼疾手快，竹罩一抛，“哗”一声，随即跳进竹罩里，霎时便捉到一条大鱼。这样，闻苇秆声响即抛竹罩捕鱼，十拿九稳。

过去，湖荡水网地区民间还有用鸬鹚捕鱼的风俗。鸬鹚，俗称“鱼鹰”。由于其口腔里面没有牙齿，嘴大，末端稍曲，上嘴端均曲而尖，钳住鱼后如同齿钳钳住一样，鱼绝对逃脱不掉。渔民捉到鸬鹚，将其驯服后，便训练它捕鱼，先用很长的绳子缚在鸬鹚的脚上，绳的另一端缚在岸边，再将其赶下水去捉鱼，等它捉到鱼时，训练的人用嘴发出特别的叫声，将鸬鹚叫回岸来，再用小鱼喂它，吃过再赶到水里。反复训练几个月后，便可用一只小船，让鸬鹚站在船舷上，把船划到一定的地方，把它赶下水去捉鱼。这样又训练一个月后，即可使鸬鹚完全驯化，听渔人指挥，这时可在其头颈上套一个用草茎做成的颈圈，使之只能吞下小鱼，不能吞下大鱼。有了驯化了的大鸬鹚后，小鸬鹚可以跟大鸬鹚学，而不用人费心训练了。一只好的鸬鹚一天大约可捕20斤鱼，自己只吃1斤半，所以江南渔民称之为“渔家宝”。

汉族民间过去有人曾经用一种很神秘的方法捕鱼，连嫡派子孙都不一定传授，仅传给德高者。这就是道士的“萤火聚鱼”法。这种捕鱼方法，就是利用山林园田中的萤火虫的萤光，引诱鱼群聚集，便可大量捕捞。具体的办法是夏天捕捉很多萤火虫，取羊尿泡一只，用硝碱揉擦多次，使之软薄且透明后吹起，再将捕得的萤火虫装入，用细绳扎紧羊尿泡口，绑系在渔网的足底。这样鱼群趋光而聚集羊尿泡处不动，一次便可捕得数斤。捕鱼人自食自用，十分快乐。

◆ 渔俗与船忌

渔民以船为家，靠水吃饭，千百年来传承下来许许多多神奇而有趣的渔俗和船忌。

东海的渔民爱船胜似自己的性命，因为船在人在，船翻人亡，所以他们把船当作木龙，认为每条船都有自己的灵魂。为了寄托他们的这种精神，渔民们便在水舱里安装一个“船灵魂”，俗称“水活灵”。每当一艘新船的骨架搭成后，渔民便用一块小木头，挖个小孔，把铜板、铜钱或银元等物放进去，以此为船的灵魂。俗谓铜或银能镇邪驱灾，如果放进金器当然更好。有的地方还用妇女身上的东西或生活用品，如头发、手帕诸物，缚在铜钱上，一起放入小孔，俗谓女人身上的东西也有辟邪的作用。然后用铜钉或银钉把这块小木块钉在水舱里。至于“船灵魂”放在水舱里的原因，据说水是机灵的象征，作为木龙的船，必行于水，“船灵魂”放在水中就是个活的生命了。

东海渔民渔俗和船忌很有特色，出海前，船上之物只准进，不准出。晚上渔民若误将自己的铺盖或食品递错了船，则不能归还，食物折价给钱，铺盖则返航后再归还。渔民上船后，不穿鞋，不洗脸。无论冬天或夏天都穿单裤，春汛时船老大穿长裤，弟兄伙计穿短裤，据此你一眼就可看出谁是船老大了。船上吃饭有固定的座位，不得随便乱坐。菜碗放在正中，各人只能吃自己一边的菜，不能吃对面或两边的菜。船上不可搁腿坐。坐船板不可以把腿垂下。不可在船头小便，两侧小便以船桅为界。不准用大土箕等不干净的东西装鱼，不准用脚踢黄鱼。船与船之间在海上一般不借东西，若非借不可，则先以柴送给对方，俗称“拨红头”。最有意思的是凡驶船出海，船上不能坐七男一女，据说这与八仙有关呢！事情是这样的：相传有一次八仙要过海上蓬莱仙岛，铁拐李把自己手中的拐杖变成一艘大龙船供大家乘坐。航船中，大伙一时高兴，韩湘子吹起了箫，曹国舅打起了响板，张果老敲起了渔鼓，何仙姑和蓝采和唱起了歌曲，吕洞宾舞起了剑，汉钟离则摇着扇子助兴，一时间热闹非凡。没想到这齐奏的仙乐震动了东海龙宫，惊起了龙王的第七个儿子“花龙太子”。他见何仙姑色艺皆绝，就兴风作浪，把她抱入龙宫。七位大仙一见大事不好，便各自祭起法宝，一齐杀向龙宫，救出了何仙姑。从此以后，花龙太子为了泄此“一箭之仇”，便怀恨在心，每见有七男一女同船出海，便要兴风作浪，肇事寻衅。于是东海渔民便有了出海船上不能坐七男一女的禁忌。此外，东海渔民还有不进产房之俗，妻子生产，渔民便先把衣服拿出，不然认为这衣服不干净不吉利。

东海渔民的救险风俗十分讲究，有人落水，不论什么人，当救不辞，这种抢险救难的良风美俗流传久远，但救的方法却有种种俗规。如遇死人，若是朝天的女尸或伏身的男尸不能捞，要等海浪将尸体翻过身后才能捞。捞尸时用镶边篷布蒙住船眼睛，以辟邪气。捞上尸体俗称“拾了个元宝”。无主尸体运回陆地埋葬，葬地多集中一处，谓之“义地”。渔船在海上如遇触礁或漏水等海损事故，遇难者要先在船头显要处倒插一把扫帚，然后在桅杆顶上挂起破衣，以示遇难求援。若是晚上则点起火把，敲打面盆铁锅呼救。其他船见求救信号后，须全力援救。当救护船只靠拢遇险船只时，先抛缆救人，后带缆拖船。俗规遇险者跳船或跳礁岛时，要先把鞋子、柴片丢过去，然后人才可以跳上去。

黄海渔民的渔俗和船忌则又具有地方色彩。谷雨有如过年，这是黄海渔民独有的风俗。每年谷雨未到，渔民的家家户户便忙着买肉打酒，杀鸡宰鸭。妇女们更是喜气洋洋地蒸红枣大馍。出海捕鱼归来的渔民则把最大最好的鱼抬回家去。此时，若捕到了与“吉庆”相谐的嘉鲒鱼，那就算是交了好运，更给谷雨节添了三分喜气。节日这天，一切风俗如同过年，最有情趣的是，清晨，待丈夫一进屋，妻子便出其不意地把节前用白面蒸成的白兔塞进他的怀里。原来这是当地的一种古俗，“打个兔子腰别住”，以示让丈夫怀揣象征吉祥的白兔，祝福亲人出海平安，捕鱼丰收。然后，盛装的渔民便带着酒菜，到大家相约好的地方（或海港码头，或海边沙滩，或船老大家的炕上）去聚会，先由船老大举杯祭海龙王，然后大伙便开怀痛饮，开口大吃，划拳猜令，一醉方休。奇特的是俗谓谷雨醉酒，一年才能百事如意。因此，渔民这天个个都畅饮醉倒为止，喝不完的酒若灌不下肚子也必须倒掉，不能把剩酒带回家，否则这一年会倒霉的。黄海渔民如此看重谷雨节是有来由的，原来作为农历二十四节气中的谷雨，正是“雨生百谷”之时，对于地处北方的黄海渔民来说，这时冬天游往深海和南方海域避寒的对虾、黄鱼、带鱼、青鱼、加鱼、鲇鱼、鲳鱼……又先后游回黄海、渤海觅食和产卵了。正如当地渔谚所说：“谷雨一到，百鱼上岸。”黄海渔民捕鱼的黄金季节到来了，迎接大渔汛的渔民怎能不高兴呢?

黄海渔民出海也有自己的一套渔俗和船忌。他们对船老大的尊重特别讲究，平时与之见面或相别，都要客气地说声“顺风”或“满载”。坐席时，端菜上桌，要将鱼头对着船老大，寓意船老大能拉住鱼群之头。在渔船上，船老大坐首席；倒酒，要先倒给船老大；发烟，要先从船老大发起；喝酒、吃菜都要等船老大先开始；睡觉，船老大也要睡“上翘”；见了面要主动敬呼“老大”。山东半岛最东端，号称“天尽头”的成山角的船老大俗称“老艄”，多由老渔民担任。这里一只小型渔船一般有五人，“老艄”以下，依次是“大橹”“二橹”“三橹”，最后一位叫“小艄”。“老艄”在船上威信极高，因为在海上作业，险滩四伏的情况下，大家共处于一个生命圈内，“老艄”丰富的经验，精湛的技术，正确无误的指挥，甘愿为保护“小艄”而去拼命的精神，体现了成语“同舟共济”的深邃含义。

黄海渔船上的一些部件和用具，都有特定的以十二生肖为代称的专用名词，如小篷索称鼠尾子，墙垛称老母猪肚子，船槽称马嘴等等。这样做外人听了只觉好奇，而渔民在海上作业时相互称呼，方便明确。凡上船出海的渔民，不可赤脚，最起码也要穿一双蒲鞋。腰间要系用浪麻搓成的罗腰绳或束短围裙。不准敞头，必须戴帽，就是下水把衣服脱光，也要戴帽下水。俗谓不戴帽子的头在水里发亮，很远的怪鱼可以看到，会来吃人。其实渔民的帽子起着“安全帽”的作用。在船上，坐不准两手抱住膝盖，也不准“挂舱”；不可把手别在背后，否则生产会不景气。看到怪鱼、怪兽，不能问“这东西吃人不吃人？”也不能问“会不会掀大浪？”之类不吉利的话。在船上干活，动手必打号子，各有各的节奏和韵律，既协调了动作，又丰富了海上生活，当然遇到风暴丢太平篮子时就不用打号子了。起网抓鱼时，俗规不准伸手抓鱼尾巴，而要抓住鱼头，寓意拉头兜住鱼群。旧俗黄海的渔民崇拜龙王、天后和楚太爷。沿海到处有龙王庙，出海捕鱼乃至小孩生病都要问卜龙王，以求保佑。传说天后是福建莆田的一位少女，能挽救渡海遇难的人，并专治眼疾，故被黄海渔民视为海神。楚太爷相传本是船上的伙头，一年年关，船在千里之外，是他施法，使船一夜之间安全归来，从此敬之为神。此外，每条船上还有“老先生”，犹如“家堂菩萨”，平日由火头端饭上供。修船时，要用舱板或别的东西在海滩上搭个临时“庙堂”，船修好下水时，要把他请上船。相传 “老先生”是船上过去的遇难者，有“老先生”作保护神，船才可人丁安全，捕鱼丰收。

海上渔民的风俗淳淳，江湖上渔民的风俗亦楚楚。富春江的渔船俗规外人脚不洗干净不得上船头，妇女则不准去坐船头。开船时不准讲话，更不准问到哪里去和什么时候到等类话。若鱼从岸边跳舱，忌食，要放生；鱼从江心跳舱，可食。绍兴水乡有一种渔民称之为“泗潭”，俗谓“温笃公”。每季牵荡时，遇到河底巨石或木桩阻网时，温笃公即潜水排除。有趣的是有的温笃公自备小船捕鱼。他们大多在严寒季节，当各种鱼类潜入深潭之时，乘一叶小舟，手持长竹竿，如遇深潭，便饮烧酒数盅，然后赤身泅入潭中，徒手抓鱼，因天冷鱼活动迟缓，故温笃公抓鱼，犹如囊中取物。湖北洪湖渔民下湖捕鱼的规矩也不少，渔民下网，外人不能问“你在撒网呀？”否则认为你在诅咒他有网无鱼，而应说“你在打鱼呀！”以祝福他多打鱼。几条渔船若都用麻罩网[①] 捕鱼，先发现者可优先掷网罩鱼。只有当他罩不住时，别人才可掷网。若违俗规抢先掷网，不仅为渔民耻笑，还得将捕上来的鱼送给人家。洪湖

① 这是一种灯罩式的渔网。

的渔民十分重义气，湖中相遇，不管相识与否，皆亲如兄弟，收船后总是把船挽在一起，猜拳喝酒，唱渔歌为乐。倘若打不着鱼或有别的为难之处，大家都会慷慨相助，或打开鱼舱，将自己捕到的鱼分给有难的渔民。洪湖渔民的保鲜法也很妙，除鱼舱用湖水养鱼外，要是鱼舱放不下，就装入溜子网中，把网口一扎，放进水里，拴于船尾拖回去；或用细绳从鱼嘴里穿过，绑在竹竿上，让船拖着浮竹和活鱼回去。

过去江湖上的渔民也十分迷信，龙王、水神也都是他们崇拜的对象。桐庐江的渔民，每年农历三十日夜晚，要放水灯祭水神。水灯用红、黄、绿、白等色纸，做成元宝形等样子，用熟桐油浸透，底部沾上沙子后晾干，灯内装一灯盏即成。放灯之夜，两船并之，上扎彩条，鸣锣，请和尚念经，并将灯点燃，边行舟边放灯，一般成双放入，往往多达数千盏，举目望去，犹如“金龙嬉水”“黄龙漫游”，令人叹为观止。

无论大海上的渔民，还是江湖上的渔民，都忌说“倒”“翻”“搁”“没有”等词，忌做倒翻的行动。“倒掉”称“卖掉”，“翻个面”叫“转个堂”，“搁”称“放”，“没有”叫“满发”。碗不能倒扣；鱼不能翻身，要从上到下顺着吃；睡觉不准俯卧；筷子不能搁在碗口上；鱼舱卸完了，不能叫“完了”，而要叫“满了”，总之忌不吉之语，要讨彩头以保平安和丰收。

俗话说：“君子爱‘鱼’，取之有道。”不少地方的渔民不仅善于捕鱼，也懂保护鱼资源，过去最有意思的是民间举行“鱼会”。一般在农历三月间的某一天，具体日期要视鱼情而定。届时，尽管满江满河都是鱼，但此时正值春鱼产卵时节，俗规民约此时禁止捕鱼，人们也都自觉地收网，让大大小小的鱼儿，满江游弋，满河追逐，谓之“鱼会”。鱼会的来由，相传与东海龙王的生辰有关。据说三月某日是其生日，天下海河湖沼一切水域的芸芸水族，都得出水向东朝拜。此时，龙王派出许多巡水夜叉游视，既显示了龙王的威风，又保护其水族“臣民”在寿诞期间不受伤害。凡违抗者，均要被夜叉拖下水去溺死喂鱼。于是人们均在此日忌捕，以贺“鱼会”。

◆ 猎俗种种

猎人打猎充满着惊险和野趣，也孕育和传承了种种猎俗。东北长白山的猎人总是组成打猎队集体狩猎。冬天一到，猎人们便忙着推选领队，俗称“把头”。大雪之后，打猎队便带着斧、锯、食物、炊具，背上子弹扛上枪进山打猎了。到达猎场后，均按俗规搭窝棚或“地戗子”。冬季打猎还有人专门负责背猎物回村。有时猎物多了，来不及运走，猎人就用雪把猎物埋起来，以防乌鸦群来啄食。冬季打猎一直要打到积雪一尺多深以后，人和猎犬都跑不动时，才“班师回朝”。有意思的是，猎人下山时，不仅不拆窝棚、地戗子，还按俗规把剩余的柴火、粮食、盐留在里面，以备迷山者使用。初春是长白山打猎的又一个好季节，因为这时积雪的表层白天消融，早晚又被冻成薄冰，蹄小身重的野兽，一踏就陷，不易跑快。而猎犬身轻，能在冰上疾跑不陷；猎人则穿“跑圈”防滑。“跑圈”是用柳木弯成的椭圆形脚具，其长一尺半，宽一尺左右，圈内系了一道道粗绳，奔走于薄冰上也可不陷。这样一比，初春当然是打猎的又一个好季节了，特别是打野猪，往往可以不费一枪一弹，而仅靠猎犬的围咬，或用刀刺，就可以把一群野猪围剿掉。所以，猎人们初春打猎，总是在太阳出来之前进行，上午九点之后，薄冰一化，猎人就撤回窝棚营地了。为了便于拖运猎物，猎人们还要把营地周围的积雪踩实，俗谓“拍道”。当然，长白山的猎人在狩猎时，还遵守保护虎、梅花鹿、麝、猞猁、马鹿、紫貂等珍贵动物的法令。

南方山区有些地方的猎人组织猎人会，推举一人负责，定期开会，商量打猎事宜。开会的伙食，第一年由与会人员摊派，以后，从集体打猎的收入中开支。集体打猎俗称“围山猎”，少则七八人，多则十几人或几十人。一般分为负责搜集野兽的“赶山组”，传达消息的“报号组”，负责打伏击的“猎手组”（有的地方俗称“等唱组”）。不同的狩猎队有自己特定的猎语和联络信号。一般称虎、狼、野猪为“大货”，獐、猫、兔等为“小货”。

南方猎人打猎的猎具除被称为“鸟铳”的猎枪是买的以外，其余的大多数都是自制的，主要有：

搂地炮。与鸟铳相似，但铳管比较短。其多安装在野兽经常出没的地方，野兽一旦碰到触发线，搂地炮就会自动发射。

铁夹子。像老鼠一样的大夹子。无论什么野兽，被它夹住脚是绝对逃不掉的。

炸蛋。其用白硝、雄黄各一半，石灰和瓷瓦三五片，将白纸和皮纸各包一层后，再用油纸包一层，外面裹上肉或猪板油，形似球，大如蛋。以此为食诱，只要野兽用牙一咬，就会被炸死。

弩。其状如箭，是打虎的一种专用猎具。

电瓶灯。这是近几十年发展起来的猎具。用以夜晚诱猎。

南方猎人辨兽的方法也具有与东北不同的风情。野猪喜欢吃笋，春笋被折断，他们可以判定来了野猪；玉米地里丢下了一节节玉米，他们可以断定是猴子来了。夜里，有经验的猎人，可以凭野兽的眼睛颜色和两眼的距离，认出黑暗中的野兽。他们听声音也可辨兽，尤其是在夜里，主要是靠听，走路噼噼叭叭响的是野猪，发出震耳尖叫声的是“嚎春”的狐狸，等等。此外，最重要的就是猎犬报信，有经验的猎人知道，猎犬抬起头走，定有麂子；猎犬嘴巴离地三寸高嗅着走，证明有野兔子；猎犬嘴巴挨着地嗅，笔直走，说明有穿山甲；猎犬在猎人身后乱窜，并发出“坐！坐！”的叫声，表明有虎狼之类的大野兽。

由于猎犬是猎人最得力的伙伴，所以训练猎犬也十分有趣。有的地方先把小猎犬隔离起来，关在一间小房子里。每天天蒙蒙亮放出来，猎人手持猎枪，带着小猎犬在院子附近的树丛中跑几圈，然后用一只竹箩将其罩住，在箩旁点燃干柴，燃烧兽粪，让其烟熏进箩里，把小猎犬熏得“汪汪”直叫，培养其凶、猛、快的性格。几分钟后将小猎犬放出，它就会拼命往山林中乱窜，猎人则做出追赶野兽的样子，跟在后面跑，并呼叫各种打猎的号子。有的地方是把小猎犬带到山上训练，让其闻各种野兽的粪便，猎人自己做出各种打猎的动作，循序渐进，慢慢地训练成熟。有的地方则是由大猎犬带着学打猎。在各种训练中，都不让猎犬偷食，每天喂食定餐，每餐用食具盛着吃，以防猎犬贪吃。

猎物的分配一般都保留着“上山赶肉，见者有份”的原始俗规，有的地方规定野猪被打死以后，在四足未缚之前，凡赶到帮助缚脚、抬兽的人都可分得一份。但“十里不同风，百里不同俗”，具体分配又各有千秋。拿浙江浦江打野兽来说，如果猎手一枪打死野猪，称为“头铳”，可得猪腿两只以及肺、胃、肾、股份肉[①]，再加全猪10%的肉。如果一枪打中未死，仍为“头铳”，但只能得两只腿和股份肉。第二枪打死的猎手称为“贴铳”，可得肺、胃、肾、股份肉，再加全猪10%的肉。赶山的人可分两只腿和股份肉。

① 股份肉指见者有份的部分。

◆ 猎祭与猎忌

狩猎，这种原始性和惊险性浓厚的经济生活，在人们远没有从迷信中解放出来的时代，积淀和传承下来许多崇拜和禁忌之俗。

湖北神农架猎人的旧俗认为打到一只野兽，特别是比较稀有的野兽，都是山神的恩赐。因此出猎的日期要占卜吉日，若按一定的口诀推算是不宜狩猎的日子，就绝不出猎。若是吉日，出猎前，要烧纸钱，供上鸡肉和馒头，并跪拜、祝祷，有趣的是在行祭礼时还要翻跟斗。猎获时，不能随意抬取猎物，必须用木签把它的脚钉在地上，祷告山神，感恩戴德，然后才可抬走。如若不照此办，俗谓下次打猎就会倒运。

湖南山区的猎人认为“梅山猎神”是打猎始祖。无论单人或集体进山打猎，都先要到屋后去祭梅山神，俗称“安梅山”。梅山神庙一般用三块石头或三块瓦片架在猪、牛踩不到的僻静地方，有的则架在三岔路口的大树下。安梅山要用斋粑、豆腐、猪肉和一只三斤以上开了叫的公鸡作祭品，焚香点烛，烧化纸钱，跪拜磕头，并念祈求梅山猎神保佑的“欢乐句”：“一不遭猛兽咬，二不遭毒蛇啄，三不滚岩坎，四不刺撮脚，五要猎物归来。”出猎后，若发现了野兽也要“安梅山”，这时只要心里默念梅山猎神保佑，扯三根茅草，把草尖打个疙瘩，拿个小石头压在路口即可，此法俗称为“封山”。大家迷信这样做了，野兽在山里就会迷路而逃不出去。由于梅山猎神是个女性神，故猎忌规定，出猎上路时，如果第一个遇到的是女人，那就不能出猎，要另择吉日再出猎。猎忌又规定进山后，不能大声说话，更不能讲丑话。

浙江的猎人崇拜山神。新年后第一次进山打猎，要带香、纸缚在毛竹上，以示敬过山神；在山上吃饭前要把饭菜洒点在地，也以示敬山神。行猎时禁忌穿白色衣服，不准抽烟，不准发出声响，不准大声说话。打到大的野兽要祭祀山神和火神。如打死野猪，抬下山，热烫去毛后，将猪头祭拜山神和灶神。然后吃第一枪打死野猪的“头铳”备的酒饭，猪头肉、大小肠按人数均分。若到别村开剥，猪肝送与东家作柴火费。

吉林长白山的猎人以老虎为山神爷。每次出猎，领队的把头必向山神祈祷保佑。猎得第一个野兽时，要取它的心、肝并割下好肉，煮熟了献给山神爷。祭过山神爷后，猎人才可动筷吃饭。长白山的猎人打围忌猎虎。但在猛虎扑人的危急情况下，万不得已把虎打死了，俗谓是“老天爷叫它下山的”。

二、蚕桑畜牧风俗

◆ 育蚕宝宝之俗

称心如意，万年余粮。
蚕花马、蚕花纸，
头蚕势、二蚕势、好得势，
养好蚕宝宝，采得好茧子，
踏得好细丝，卖得好银子。

这是流传在江南蚕乡民间的一首《养蚕歌》。由于蚕儿娇而嫩，饲养时要十分精细，故蚕民俗称为“蚕宝宝”。

“小麦青青大麦黄，家家户户养蚕忙。”5月上旬，大麦泛黄时，蚕农们便要先把搭蚕架的竹竿和养蚕的蚕匾搬到河边洗刷干净。晒干后再喷洒药水消毒。同时，还要把用粗稻草编结而成的蚕网浸入药缸，捞起后曝晒于太阳下。以供养蚕时垫入匾上，既可通风透气，桑叶不霉，蚕宝宝不闹病，又便于清除蚕粪。

养蚕的准备工作做好后，就专等蚕种到来。过去，蚕农从游村串乡的“蚕种客人”手里买到蚕种后，白天放在枕头底下，晚上让女人揾贴胸前睡觉，用体温来孵幼蚕。出壳的幼蚕身上青绿，故蚕农俗称孵蚕为“催青”。现在的蚕种均由蚕种站供应。当蚕农买到自己预定的蚕种时，便小心翼翼地用红纸包好，放入蚕筐提回家。为什么还要红纸包回家呢？原来蚕种经蚕种站在有空调设备的催青室里催青后，幼蚕即将破壳而出，若白天领取，蚕卵被阳光一照，幼蚕便会提前孵出跑出来，用红纸包既可遮蔽光线，又示喜事吉祥。

养育幼蚕要特别精心。这时的天气时冷时热，时晴时雨，故幼蚕室内多在墙角安火炉，以保持蚕室的温度。幼蚕室内的一切用具器物，诸如切桑叶的菜刀、案板，刷拨幼蚕的鹅毛等等，均须严格消毒，摆放在一定的地方。幼蚕破壳而出，要把它吸引到蚕网上去吃蚕叶，俗谓“收蚕”，这对蚕农来说是一个重大的时刻。一般按俗规在小蚕箪上铺一张隔潮的垫蚕纸，放上蚕种，盖上薄薄的网，撒上切碎的桑叶和桃叶，再盖个蚕匾遮光。收蚕为什么要放桃叶呢？此俗之行自有道理。原来，第二天一早掀开盖匾，幼蚕感光后一齐破壳而出，桃香的香味立即就会把幼蚕吸引到蚕网上去吃蚕叶，而不会四散爬走，这就是桃叶的妙用。由于幼蚕形色如蚂蚁，故蚕农俗称幼蚕为“乌蚁”或“乌娘”。对于“收蚕”的旧俗，茅盾先生在《春蚕》中有一段很细致的描述，他写道：

“收蚕的日子到了……老通宝拿出预先买了来的香烛点起来，恭恭敬敬放在灶君神位前，阿四和阿多去到田里采野花。小小宝帮着把灯芯草剪成碎末子，又把采来的野花揉碎。一切都准备齐全，这时……四大娘立刻跳了起来，把‘蚕花’和一对鹅毛插在发髻上，就到 蚕房里。老通宝拿着秤杆，阿四拿了那揉碎的野花片儿和灯芯草碎末。四大娘揭开布子，就从阿四手里拿过那野花碎片和灯芯草末子，撒在‘布子’上，又接过老通宝手里的秤杆来，将布子挽在秤杆上，于是拔下发髻上的鹅毛在布子上轻轻儿拂，野花片，灯芯草末子，连同‘乌娘’，都拂在那‘蚕箪’里了……”

据说，这里所写收蚕的一举一动都有风俗的讲究，如敬灶神是为了求灶神常年保佑；采野花预示蚕花茂盛；用秤杆和灯芯草，寓意并祝愿今年养蚕一切称（秤）心（芯）。

浙江余杭一带，过去在放蚕种之前，还有一个放“蚕猫”之俗，十分有意思。蚕农的每家每户都要买只泥猫放在灶台上；在蚕室的窗上，要用红纸剪猫形窗花贴上。而且把家里养的猫管得特别好。放蚕种时，还要在蚕箪上贴一张木版刻印的蚕猫图。此俗源于驱鼠护蚕，所以蚕农不仅家家养猫，而且还兴起了贴“蚕猫”、买泥猫之俗。有了录音机后，机灵的小伙子用录音机把猫叫的声音录下来晚上拿到蚕房里放，效果更灵。

从催青出蚁到吐丝作茧，蚕要蜕十次皮才变成老茧。每蜕一次，叫一眠，依次称为头眠、二眠、三眠、大眠。蚕到三眠，俗称“出火”，意为蚕茧收成已成定局，蚕农为了感谢蚕神保佑，家家都做一种米粉小汤圆，俗称“茧圆”，以示小庆，并祭蚕神。蚕到大眠，蚕农有过秤、记数之俗，待到茧子结好后再称，如果一斤大眠蚕采一斤茧子，就叫“一分蚕花”；一斤蚕子采八斤茧子，便叫“八分蚕花”，以此类推，若得“十分蚕花”那就很不容易了。所以，蚕农见面相互问好时，常常互祝“蚕花廿四分”，以讨口彩。

大眠以后的蚕昼夜不停地吃桑叶，等到它嘴变尖不吃时，就是快吐丝了。这时，蚕农铺开麻秆编的蚕帘，放上稻草束做成的伞状簇篷，将蚕撒在帘上，让蚕爬上去吐丝作茧。一当蚕变成蛹时，便立即采下蚕茧，装进插了草把以通风透气的箩筐，卖给收购站，并随即送入烘炉烤烤，以免蚕蛹化蛾而毁了茧。

蚕茧丰收后，民间中又流传有“望山头”之俗，又称为“望蚕讯”。茅盾先生在《春蚕》中对望蚕讯的风俗称为“浪山头”，说在蚕儿上山以后，茧子已经收好了，山棚四周的芦帘已经撤去，各家的亲戚都从街上买来软糕、枇杷、蹄子、黄鱼等礼物来探望“山头”，慰问一个月来养蚕的辛劳，祝贺蚕茧丰收。现在，此俗还相当流行，每当收茧时节，蚕乡的乡间小路上挑着枇杷、灰鸭蛋、鱼肉和粽子，串亲访友的人络绎不绝。

望蚕讯的风俗，据说是由父母亲带着礼物去看望新婚之后第一次在婆家养蚕的女儿。蚕讯如何而传承下来的？这里面有一个美丽的传说：很早以前，蚕乡有一个名叫阿三的老头，早年丧妻，只有一子，他看到村里家家养蚕，唯独自己家中没有女人，养不来蚕宝宝，心里十分不是滋味。今年盼明年，明年盼后年，后来总算盼到儿子娶了媳妇。没想到新媳妇在娘家没有养过蚕，这使老头心中十分不快。但新媳妇却说：“阿爹，你别急，我学着养蚕试试看吧！”于是，聪明好学、勤快乖巧的新媳妇，试着养起了蚕，而且在邻居们的指点下，居然使蚕宝宝长得与别人家的一样，阿三老头的心里也踏实了。蚕宝宝上了簇篷后，新媳妇也学人家的样，把蚕房的大小门窗都关严，并用纸把门篷缝也糊得密不透风。刚上簇篷的第三天，新媳妇的亲爹来看女儿，送上礼物后说：“听说女婿家养蚕宝宝，我特意来望讯。”

阿三老头高兴得喜笑颜开，吩咐儿媳妇去做饭，自己上街打酒，准备好好招待亲家公。亲家公趁女儿忙做饭之时，独自来到蚕房，打开边窗看了个仔细，但却没有把窗关回去。直到傍晚，阿三送走亲家，从蚕房前走过，发现边窗大开，怕蚕宝宝吹了一天风会受影响，心中不免有点担心。可是到采茧那天，阿三老头打开蚕房后一看，只见簇篷上一片雪白，蚕茧又大又实，比邻居们的都好。人们都说这准与亲家来望蚕讯有关，于是望蚕讯的风俗便行开了。蚕乡的民谣也唱道：

黄鱼软糕肉，梅子加枇杷，
望侬“山头”高，贺侬蚕花熟。

◆ 蚕花记趣

蚕花，是蚕乡妇女用彩纸或茧子、绸帛做成的，作为头饰的工艺花，同时又是蚕农期望蚕茧丰收心愿的口彩。由于“蚕花”寄托着蚕农的美好的愿望，所以关于蚕花的风俗在蚕乡俯拾皆是。

节日岁时都有关于蚕花的风俗。除夕蚕乡有“点蚕花灯”之俗。吃过年夜饭后，儿童们便兴高采烈地提着马头灯、元宝灯、鳌鱼灯、兔子灯等，在村前屋后，田头地角，来回奔逐嬉戏，嘴里高兴唱着“猫也来，狗也来，搭个蚕花娘子一道来”的儿歌，一直闹到半夜。旧俗，除夕夜，蚕乡每户人家都在家堂土地菩萨神龛里点一盏油灯或一支红烛，一直点到年初一早晨，俗谓“点蚕花火”。大年初一又有“困蚕花”之俗，欢闹了一夜的蚕乡，无论乡间，还是市镇，人们一般都睡觉，寓意焐发蚕花。而有的地方大年初一早晨家中扫地，要从门口向里扫，俗称“扫蚕花地”。

正月十五元宵节，蚕乡的蚕农在闹元宵之际，有的地方旧俗还有“烧田蚕”之俗，即用竹苇和其他草木束成火把，缠些丝绵绵兜，点燃后，敲锣打鼓，舞火流星，放鞭炮，大唱祈求蚕花丰收的赞词，热闹非凡。

清明之时桐乡含山一带有“轧蚕花”之俗。传说蚕花娘娘在清明节化作村姑踏遍含山，留下蚕花喜气，谁来脚踏含山地，谁就会把蚕花喜气带回去，得个“蚕花廿四分”。于是蚕农每年清明都要来轧蚕花，尤其是男女青年，熙熙攘攘，越挤越喜欢。蚕妇们争购彩纸蚕花，插戴在头上，分外妖娆。年长的人身背红布蚕种包，上山绕行一周。这种“轧蚕花”之俗过去还分为头清明、二清明、三清明，从起场到收场，一直要轧闹近十天。而海宁斜桥、周镇一带则有“讨蚕花”之俗。据说宋高宗赵构的妹妹死后葬在这里，其葬地称为“王坟”，人们把她也当作一个蚕神。每年清明前一天蚕农们都划船去王坟讨蚕花。清明这一天蚕农们十几家合伙摇一只船，每家一把梅菜、一升米，船头摆起“缸缸灶”

烧饭吃。并摇船到硖石大悲阁赶庙会。姑娘和年轻的媳妇们买朵用红、黄、绿三色纸糊在竹签上的蚕花插在鬓边，预示今年的“蚕花”一定茂盛。有的地方的蚕农清明这天还呼群约伴到杭州灵隐寺，焚香拜佛，再买一朵绢做的蚕花回去，插在蚕匾边沿，俗信从佛门圣地“讨”来的蚕花驱邪辟魔，定能 “满屋生花”了。高兴之余，晚上全家团聚，每人喝一杯香喷喷的自制“绍兴老酒”，俗谓吃“蚕花酒”。

谷雨到了，当妇女们孵蚕催青时，又有吃“蚕花粥”之俗。蚕农们用糯米、赤豆、红枣、栗子熬成糖粥，人人吃一顿香甜可口的“蚕花粥”，以祈催青顺利。

过端午节了，蚕农们又备好猪头、肋条肉等食品谢蚕花姑娘，俗谓“端午谢蚕花”。水网地带的江南蚕乡有的地方举行划龙船活动，姑娘们兴高采烈地在港滩边上泼蚕花水，以贺蚕花丰收。

有关于蚕花育养小孩的风俗。在蚕乡，小孩一生下来，就与蚕花结了不解之缘，其所穿的担襟衫，裹的抱裙，几乎都是用绵绸做的。俗信如果给未满足岁的男孩子穿上用晚秋蚕缫的五蚕丝做成的绿衣裳，容易抚养成人，长大后便能种桑养蚕，甚至捕鱼捉蟹也是内行。看来育子成人也要托蚕花的福了。

生日寿诞也有关于蚕花的风俗。老人做寿，儿女们给老人穿上绸衣、绸裤和绸布面的鞋子，还兴高采烈地用大红绸扎成彩球，高悬于寿堂。人们用蚕花吐不尽的蚕丝，祝福老人寿年绵绵。

红白喜事更是有关于蚕花的风俗。蚕乡的姑娘嫁办红喜事，在一般人家中，妆奁中总少不了丝棉胎；每一件嫁妆上都要系一绺染成红色的丝棉作装饰。无论什么家境的人家，嫁女儿时，妆奁中少不了与蚕花有关的桑苗、蚕种、淘米箩、火叉和万年青五样东西。以示新娘到夫家去要种桑、养蚕、淘米做饭，而且要像万年青那样常青不衰，永远这样。

办白喜事也离不开蚕花，死者一断气，亲人就在他脸上遮一只丝棉兜，谓之盖邪气。入殓有“扯蚕花”之俗，即由死者的儿子、媳妇、女儿、女婿……一对一对地将事先准备好的丝棉扯下来，一层一层地罩在死者遗体上。向遗体做最后的告别时有“盘蚕花”之俗，由死者的直系亲属带头，手持蜡烛，绕遗体一圈，求死者在天之灵，保佑儿孙蚕花茂盛。“盘蚕花”完毕，各人随即吹灭自己手中的蜡烛，珍藏起来，谓之“蚕花蜡烛”，俗称养蚕时拿到蚕房用可保蚕花茂盛。

此外，蚕农们为了祈求蚕花丰收，有的地方在养蚕前还兴演皮影戏，以请蚕神，俗称“蚕花戏”。有趣的是戏演毕，主家把演戏作银幕，俗称“蚕花纸”的棉纸珍藏起来，待养蚕时拿出来糊在蚕匾上，以求丰收。

蚕花丰收了，人们更是欢天喜地，茧、丝卖掉后，要“谢蚕花”，蚕农们便买肉打酒，杀鸡宰鹅，祭谢蚕花娘娘。祭谢后，全家欢欢喜喜地会餐一次，俗称“蚕花饭”。吃蚕花饭时，家长往往给家里每个人一件礼物，平添了几分节日气氛。

◆ 敬牛和爱牛

牛是汉族的农家之宝，元代农学家王祯在《农书》中就说：“牛为农本”“有功于世”。因此，人们敬牛、爱牛，形成了许多风情异趣的风俗。

除夕先敬牛，这是在江苏南京栖霞山一带的农村至今还盛行的风俗。除夕之夜，农家用五谷饭敬牛，并看牛先吃哪种粮食。据说牛先吃哪种粮食，哪种粮食就丰收，这一年就多种哪种庄稼。此俗的来历有一个动人的传说：相传明代之初，栖霞山上出现了一种怪兽，每逢除夕前后，就出来伤害人畜，涂炭乡民。有一年，有一个叫余俊的青年，决心要治服怪兽，他先选了9头壮牛，涂上9种不同的颜色，成为“九色牛”。又选了81名小伙子，每头牛跟9人，击鼓敲锣，苦练了49天。于是，当除夕来临，怪兽复出之时，锣鼓齐鸣，“九色牛”猛冲过去，吓得怪兽掉头就跑。余俊带领81名小伙子赶着“九色牛”穷追不舍，最后“九色牛”用角把怪兽挑下了长江。于是，除夕之夜，为了欢庆怪兽被除，家家户户做五谷饭，去敬“九色牛”。以后，年年如此，遂成风俗。所不同的是原来意义的敬牛，传承为请牛吃五谷饭以定丰收了。

为了敬牛，不少地方农历四月初八的浴佛节传承为浴牛节。相传远古的时候，人们刀耕火种，甚为艰苦，佛发慈悲，派天牛于四月初八日下凡，以草为食，肩犁耕作，从此留在人间。于是，浙东地区的农民为了感谢天牛，以此日为牛生日，给牛放假一天，将其牵到河边，用毛刷给它擦洗，沐浴全身，然后牵回家待如“上宾”，用乌饭饲牛，灌以黄酒，喂以鸡蛋，让其欢度生辰。

为了敬牛，有的地方母牛产牛仔三日，要为小牛做三朝。做三朝时用大钵麻糍祭牛大王。有趣的是抢麻糍之俗。祭过牛大王后，牧童抢吃麻食，边食边撒，但不能带回家。俗传能帮助牧童看牛的牛大王很喜欢牧童闹腾，牧童越闹腾，牛大王越高兴，也越愿意为牧童看牛。

由于敬牛，农家买牛就如同家中添了一个成员，十分慎重，如同选女婿、娶媳妇一样，要进行精细的挑选。选牛时按俗规除查看牛的膘、骨架、皮毛好坏和后脚要弯之外，特别注重看牛的旋、齿、蹄、奶和花派。

先看牛齿。牛谚说："逢三破二齿，四岁四颗牙，八岁是满牙。"通过看齿即可看出牛龄，又可选择最佳年龄的牛。有经验的农民知道"三岁牯牛十八汉"，长三颗当面下牙的牛是最好的牯牛。

次看牛旋，这一环十分讲究。民间根据旋生长在额头、耳朵、背部、脚部等不同的部位，分为蓑衣旋、落耳旋、打鼓旋、晒谷旋、望山旋、扯皮旋、锁富旋、锁仓旋、空仓旋、叹气旋、丁字旋、穿棕旋、前三眼旋、后三眼旋等，并将旋分为好旋、不好不坏的旋、不好的旋三类。俗规打鼓旋、扯皮旋、空仓旋、叹气旋、前三眼旋、后三眼旋都不是好旋，买这种旋的牛，主人家会遭凶倒运，或扯皮打架；生晒谷旋、丁字旋、望山旋、锁富旋、锁仓旋的是好旋，买这种旋的牛，主人家会兴旺发达，清吉平安；蓑衣旋、落耳旋则是不好也不坏的旋，买这种牛主人家只"平平过"，不好也不坏。有趣的是穿棕旋的好坏要看是公牛还是母牛，若母牛生穿棕旋为不吉利，如牛谚所说："牛婆穿棕，十栏九空"；若公牛，则是大吉，也如牛谚所说："牯牛穿棕，到老英雄。"

再看蹄、奶。牛蹄通常有4个蹄趾，不论公牛、母牛，若一蹄有5个蹄趾，民间认为是灵官牛。母牛通常有4个奶头，若有5个奶头，也是灵官牛。相传灵官菩萨是牛的祖宗，灵官牛则为灵官菩萨所变，被一些地方的农家视为神物，大多怕饲养，并认为谁家饲养了谁家就会不顺。谁家生了灵官牛崽，都千方百计设法卖出去，而谁家买了灵官牛，则等于买进了一场"祸"。所以灵官牛既难卖，更不能杀，因为旧俗民间有"杀头灵官牛，要一人命来抵" 的俗谚。因此，买牛看蹄、奶至关重要。

最后看花派。花派是牛颈脖子下边生的约二指宽，似花环的一条白毛。民间认为花派自始至终成一线是好牛。若花派的一头开叉或两头开叉，牛主家会因口舌招来是非，惹祸倒运，是谓“花派开叉招口舌”，这种牛也不能买。

选好了牛成交后像办喜事一样，卖的人家要给牛角扎红布，俗称“挂红”，寓意买卖牛是桩红喜事。有的在“挂红”时，在红布上绕青线和白线，俗谓“绕长命线”，寓意耕牛体强力壮，长寿不老。然后卖的人家祝福买家“四蹄端正，水草通行”“耕田田兴，耕土土兴”，“牯牛”（公牛）生“将牛”（母牛），三年九头牛。买家则高高兴兴地回敬卖家红包一个。

牛买回家时，又有隆重的进门礼。在湖南湘乡，牛到家时，全家喜气洋洋放爆竹迎接，牛要从正门大大方方地牵进。旧俗牛要一直走到立了神龛的香火堂里，才解下花红线或长命线放在神龛内侧的牛皇大帝神位下，再将俗称“牛袍”，即事先画有牛皇大帝和耕牛的黄纸贴在牛皇大帝神位下，并烧纸钱，焚香祈求保佑。然后在香火堂中央，放一个圆形的竹盘箕，口要向下，牵着牛左右各转三圈。最后，用右手持牛绳，左手拿水壶，用清水淋牛头、牛腰、牛脚和牛尾。边淋边说：

左手淋头，自去自回；
左手淋腰，十个兔子起个膘；
左手淋脚，四脚端正；
左手淋尾，钉铁毛不起。

礼毕，才牵牛进牛栏屋。

敬牛必爱牛，农家对牛的饲养、看护像对待爹娘一样。拿建牛栏来说，旧俗的名堂就很多，建栏前要择朝向；动工要择吉日；破土时泥水匠要口念咒语，左手端碗清水，右手在水面上画符，俗谓“普安神水”。然后用嘴将水喷到将建牛栏的地面，俗谚云：“神水一到，素宁清静”。接着拿开山斧朝地基连捶三下，谓之启动地煞，以保今后耕牛膘肥体壮，主家康泰平安。这时主家用茶盘送来红包作谢。俗规墙垛砌好后不能立即上梁，要用纸钱买一点大米，放在墙垛顶端的砖头上才上梁。上梁时，必须使正梁压在大米上，俗谓“添粮”，据说有此牛才无凶灾。墙垛的正中，要贴一条红纸，以示告庆。这时，泥水匠大讲吉利的话，主家又用茶盘送来红包致谢，俗谓“敬包封码粮”。邻里亲朋燃放鞭炮，主家设的“圆垛酒”也开宴了，搞得十分热火，相比之下，比建人住的房子还讲究“风水”和吉利。其实主要是怕得罪了泥水匠，他们会在牛栏屋的门前念咒埋草绳，使得以后牛不敢进出。

给牛建好了牛栏，饲养时更是精心。热天牧牛要在清晨和黄昏时让牛吃露水草。雨天犁田，要给牛穿牛蓑衣。过冬和春耕下力，要做酒给牛吃，有的每天早上喂以鸡蛋。台湾澎湖列岛饲牛别具一格，因他们与草原上的藏族一样是用牛粪作燃料烧水、煮饭，所以要使牛多拉粪，必须让牛吃饱，而澎湖列岛上青草很少，怎么办呢？当地农民就把岛上盛产的番薯藤和土豆叶喂牛，让牛多拉粪便，多提供“牛柴”，故有诗云：“更从牛后传薪火，曝向斜阳胜采樵。”旧俗有的地方春耕大忙前，还举行“打牛会”，祭祀牛皇大帝，祈求保佑。家境富的单独祭，贫寒人家串合“打会”，以鸡、鱼、肉“三牲”和黄花、南粉、木耳“三斋”供祭。这种“牛会”一般由8人或16人组成，并推选“领首”或“经理”负责会谷的借贷、归还和祭祀等事物。

由于敬牛、爱牛，连出牛栏粪也有俗规。一般出牛栏粪要择吉日。若牛粪积得太多，等不及吉日到来，农家就要到牛栏屋前，右脚跪地，左手掐掌，口里念咒，右手拿锄挖地三下，谓之“掐无期掌”。俗信这样做以后不会因出牛粪而犯“地煞”。有的是在牛栏屋里挂一杆钩子长秤，秤上挂一秤砣，俗谓“秤砣虽小压千斤”，此法也可压邪避煞，保护耕牛安然无恙。有的地方则在牛栏门前挂一牛蓑衣，据说也有避邪作用。

汉族民间敬牛、爱牛之俗传承极为久远，所以一般人是不杀牛的，即使是杀残牛，也多是请老单身汉去杀。牛主一般都回避，围观的人须把手放背后，以免被牛责怪见死不救。旧俗有的地方牛老死后，主家要焚香烧纸钱，悼唁说：“你这一世在凡间受了苦，打发你盘缠钱，下世莫再变牛，变人到诸子贵人家去享清福。”并烧香请神，求玉皇大帝保佑它下世转人身。

最有意思的是江苏淮阴一带的民间敬牛、爱牛，竟创造出了专对牛唱的“牛田歌”，在耕作大忙之时，用“牛田歌”来慰问耕牛。“牛田歌”有声无词，其音宏大而颇有抑扬，似有人高声诵古文。据说“牛田歌”有调节疲劳的作用，使牛悦之。相传牛本是天神之一，投身人间时，自知生活太苦，虽奉玉皇大帝之命，仍不免有所顾虑而徘徊。玉皇大帝告诉它：“你不要怕，人间饲养你的人，会天天为你唱歌的。”牛性喜音乐，听后便慨然下凡。其实唱歌者即执鞭者，牛下凡后才知道上了玉皇大帝的当，但也后悔莫及了。而淮阴地区的农民出于敬牛、爱牛之心，遂创造了“牛田歌”娱牛。当地民间若借牛者不善“牛田歌”，有牛之家是不肯借牛的。

◆ 养猪风俗多讲究

猪是汉族农家民间的“聚宝盆”，人们对建猪栏、买小猪、喂肉猪、饲母猪、养公猪、杀年猪等都有许多风俗方面的讲究。

浙江农村建猪栏特别慎重，旧俗要请风水先生择位避“煞”，择吉日破土动工，招待工匠如同招待“上亲”，俗规给工匠泡茶、递酒、送食和给红封包时，都不能作声。特别是红封包两头不能封口，包要放在猪栏杆上，不能直接交给工匠。工匠收红封包时，也不能做声。据说这样做就可以安栏，猪就肯长。有的地方平好了栏基，请木匠建栏时，点心要在栏里吃，不得推辞，并且要吃完，以示以后饲猪时猪餐餐吃完。要是有的工匠斯文吃不完或者有的工匠讲客气不吃完，主家怕这样以后猪不爱吃食，便只有当场自己把剩下的点心吃光。最有戏剧性的是有的主家的老太婆认为这是犯了禁忌，往往会跑上去一把把点心抢过去，睡在猪栏地上，大口大口地吃，吃完后无论怎么样拉她也不起来。她认为这样做了，以后栏里的猪不仅爱吃食，还会抢食，吃了就睡，睡了又吃，长得最快。为此，工匠建猪栏都非常谨慎，与建牛栏一样，动工前有的地方喷“神水”使“天煞归天，地煞归地”；有的地方是在地基上画 “井”字压“煞”，以保平安。有的地方装猪栏的材料也有讲究，一般要选用枫树木，俗谓装了枫树栏杆，猪就会“风吹夜长”。装栏时，无论何人都不能从栏杆上跨越，都要躬腰往栏杆下钻，否则以后关的猪也会跨栏，此为不吉。猪栏的地面多用三合土来夯实，俗规工匠要用右手来夯，要一坨一坨集中夯，夯一块拍平一块。若东夯一坨西夯一坨，以后猪大便也会东拉一堆西拉一堆。夯涵眼的俗规也富于戏剧性，要求工匠的背要朝涵眼，腰要躬，身子下蹲，做出像猪大小便的姿势，俗信这样做后，今后养的猪都会到涵眼处去大小便，不仅使猪栏干净，出粪方便，而且“财源”也会兴旺。若不遵守这个俗规，以后猪随地大小便，主家将会毫不可惜地把地面挖掉重夯。

猪栏建成后，要在栏门上钉五彩布条，在墙上贴红纸条，俗称“挂红”，以示吉祥。新栏启用前，要撒茶叶米和棉花，以示猪日后像棉花、茶叶米那样讨人爱。有的地方还在栏边放一只吹火筒，期望猪长得快。

建猪栏讲究风俗，买猪仔迎“养育大神”进栏，则更讲究风俗。旧俗出门买猪要择吉日，以图“财源兴旺”。选日子按“猪相图”选，按俗规“耳日”“尾日”为买猪的吉日，俗谓 “耳尾风吹长”；“口日”“舌日”为买猪的凶日，俗谓“口舌必遭亡”。有的地方则以宜作婚庆的“喜日”为买猪的吉日；有的地方则以“双日”为吉，以“单日”为凶。最妙的是，有的地方出门买猪还有观“阴阳”之俗。若出门看见一个妇女当面走过来为好“阴阳”，若妇女手里抱一个小孩，则“阴阳”更好；若碰见一个男人当面走来，就是坏“阴阳”，若男人挑畚箕或扛锄头，则“阴阳”更坏。“阴阳”不好选不到好猪，往往要改日再去买猪。

买猪时要看猪相，最重要的是看猪头和猪尾。猪头要生得细，谓之“尾大头细，家财万富”。若黑猪是头上有一线白毛或白猪头上有一线黑毛的“破头猪”，黑猪白头的“戴孝猪”，头上生“旋”的“盖水淋头猪”都不能买，“破头猪”和“戴孝猪”既不吉利也不好养，“盖水淋头猪”则俗谓“盖水淋头，十人看了九人愁”。猪头上的五官也有讲究，猪嘴要短，下嘴巴比上嘴巴长一点点更好，吃猪食特别干净。最忌“尖嘴猪”，俗谚说：“尖嘴石鞍头，吃潲（猪食）如牛，要它长，磕响头。”这样的猪民间称为“石猪”，光吃食不长肉。猪耳朵要薄，耳根要粗壮、硬朗，耳墩要空爽，耳面要宽大，这种被称为“蝴蝶耳朵”的猪吃食有劲，长得快。耳边、耳尖太厚的“木耳朵”猪长得不快，像豺狗耳朵一样的“细耳猪”不肯长，耳朵又小又尖的“梽木叶耳”的猪是“铁砣猪”，万世不长。猪鼻子的鼻孔要大、空、圆，前大后小成唢呐形的“唢呐鼻子”猪最好。猪尾要细长，尾根大、尾梢长，长到能打得到脚腕，盘起来可向右盘成圈，走起来摆来摆去的猪最好。短尾巴的“羊尾巴猪”，吃食时把尾巴夹进胯里的“夹尾巴猪”都不肯长。白尾巴长在黑猪上的“戴孝猪”不吉利。如果是选母猪，还有讲究猪奶的风俗，若生了15个奶头的猪可育成母猪，俗谓“三奶牛婆九齿牯，猪婆奶子要十五”。若生了13个奶头，靠后裆的最后3个奶头又成“品”字形的“十三奶婆”为最好，但十分难选到，故谚云：“三奶牛婆九齿牯，十三（奶的）猪取灯，但丫分难选到，故谚云：“三奶牛婆九齿牯，十三（奶的）猪婆哪里有？”

旧俗买猪不能买“神猪”。民间根据猪爪、毛、皮、旋、痣与一般猪不同，以及牙齿咬不咬舌，将“神猪”分三爪猪、五爪猪、绣花猪、马蹄猪、黑脚猪、锅脐猪、黑脸猪、白脸猪、花脸猪、盖头猪、三眼猪、铁嘴猪、骑马猪、五显猪、蛇舌猪等等，其中以马蹄猪、三眼猪、蛇舌猪为最恶。由于民间认为“神猪”是天上的菩萨变来的，均视为“倒运猪”或“背时猪”，赔本减价没人要，自己家养又怕遭不吉，故一般人家见生下“神猪”就溺死，以免不测。

买猪成交的风俗十分有趣，卖主绝不把猪送到买主家，忌被人笑说是“嫁女送亲”。但有的买主买得多或体弱年老，需要卖主送回家，则可按俗规请卖主帮忙。卖主将猪送到家后，买主要办酒饭接待，除猪款外，“脚力钱”以红包形式支付，以示办喜事。湖南农民买小猪成交后，卖主常常要说“喂猪娘子不用糠，一盆清水兑米汤”“恭喜风吹夜夜长，猪财年年滚进来”等好话。买主听后连忙道谢说：“难为主家贵言。”等到买主挑起猪笼走到快要看不见的地方，卖主要大呼“落——落落落”，象征性地把猪“招”回来，俗谓此可使卖主家喂猪兴旺。浙江农民买小猪时，卖主要赠少量稻草给买主，谓之“娘家草”，以示小猪同在娘家一样健康成长。回家路上，忌用石块作沉头，以避石头不化，猪养不大。到家后，有的要用吹火筒扛猪篓，以示小猪快长大。旧俗进栏时，要点香祭猪栏神，打开猪栅门，任其入内，不可抓起从栏上面放入。赶猪时，主人要左手拿两个石头，右手端碗茶。左手先把一块石头掷到要它睡觉的干燥处，并说：“这是你睡觉的地方。”再把一块石头掷到涵眼处，再说：“这是你屙屎屙尿的地方。”据说有灵性的猪就会照此指点睡觉、大小便。接着主人连喝三口茶，马上转身走，不能回头看。若是猪赶不进栏，千万不能骂，要耐心地慢慢赶栏。猪买回来后若有客人来或邻居来看，主家要冲糖水给他们喝，客人或邻居要一饮而尽，以讨主人“一盆清水长千斤”之喜。

农谚说：“喂猪有巧，栏干潲饱。”喂肉猪栏要干，猪栏粪要出得勤。不少地方在出栏粪时，要挂一件棕蓑衣，据迷信说法，这样可以避“地煞”。要潲饱，农家多要煮猪潲，并常常采摘带有凉性的野草掺入猪潲，给猪降“火性”。发酵生饲料虽已有推广，但煮猪潲还是许多农家传统的喂猪方法。小猪养了一个月后，要阉猪，主户要烧鸡蛋、面条请阉猪师傅吃。取出睾丸或卵巢后，要叫声“快高快大”，然后扔到屋瓦背上，切忌掉在地上，否则主户会认为这只猪兆头不好，养不大，要卖掉再买。

饲母猪的农户一般都忌杀母猪，人们一般也忌吃母猪肉，认为母猪肉有“毒”，吃了要生病。有的人家在母猪老了后，请阉猪师傅来阉割，待喂壮了再杀，俗谓“猪婆到老一刀阉”。

养公猪的农户过去不少地方多为光棍汉，俗称“赶公猪的”。养母猪户请“猪亲家”时，要烧双份点心，一般是鸡蛋、面条或米粉干，给赶猪的人吃，谓之“凑双”。交配前，要让公猪饱餐一顿。交配后，养母猪的户主要送出门口几百步外，谓之“追公猪”。

防治猪瘟，有经验的农民往往在猪栏里砸石灰，以把邪气砸跑；或到栏里熏蚊烟烂布条，以把瘟毒熏跑。若猪不化食，就把新鲜棕叶、全蔸紫苏放在潲里煮，或把三五个橘子和在潲里煮，再给猪吃。猪发热，喂丝草；肠肚里有虫喂花椒；不长膘喂地萝卜。但旧俗民间还敬“猪栏神”保佑，求“狮王大圣”收瘟，请姜太公显灵。敬“猪栏神”之俗在民间很流行，人们在猪栏里用红纸写“猪栏神之位”，或者漆匠绘其半身像挂在猪栏墙上。每逢过年，或每月逢三，或每月初一、十五，主家都搬一条长板凳到猪栏里，焚香、烧纸、摆供祭祀，以求不生灾发瘟。有的地方则敬“狮王大圣”，俗谓“瘟头鬼”最怕狮王大圣。于是每年正月初一到十五，农家要抢着办酒席放喜炮迎狮子。隆重的地方，养猪人家合办“狮灯会”，于正月十五晚，供三牲，焚香火，在大门外敬送“狮王大圣”上山，把瘟邪病毒都带走。有的地方则请姜太公显灵，相传瘟神最怕姜太公，故养猪人家都要用红纸条写“姜太公在此”，贴在猪栏门上或门框上，瘟神见了就不敢进去。俗谓五月初五午时写的红纸条最好，此时姜太公最肯显灵。

养猪要吃肉，猪壮要宰杀，民间杀猪之俗也讲究风俗。最流行的是杀年猪。杀猪忌说“杀”，称“出栏”。出栏以丑日为宜，忌子日杀猪，以避来日养猪小如鼠，而望其大如牛。出栏时要祭拜“猪栏神”，祝其今世为猪，下世变人。杀年猪时，最忌没有抓稳，猪跑到别人家里去了。因为有的人家俗信“猪来穷”，再好的邻居也要骂个狗血淋头，主家只好“挂红”放炮道歉，才能把猪领回。杀猪进刀时，屠工要讲一句“出世人身”，小孩和妇女不得观看。有的地方要由养猪妇在门口叫“猪归罗！”以示猪不走，年年有猪可杀。主家都希望年猪一刀即死，涌流出来的血鲜红又有泡沫，据说此兆“血财好”，喂猪猪兴。如果杀了一刀，出了血，摔倒地下猪没有死，甚至跑了，要补一刀；或血呈黑红色，泡沫红不红、白不白；或刮猪毛时猪嘴里还冒气和有轻微的叫声，谓之猪在叹气，均为不吉利之兆，主家既担心来年养猪难兴，又担心人丁不旺。杀年猪后，有的地方要把粘有猪血的纸钱压在屋角或猪栏内，以示猪未死。有的地方先将被称为“血食”的生猪血敬天地，再敬“猪栏神”，并用3张纸钱蘸上猪血，贴到“猪栏神”的神位旁边。杀猪煺毛用的开水，要用吹火筒扛，开水倒入猪桶后，把吹火筒的下端浸入汤桶，上端用口吹气，沿桶吹一圈，以示下次养猪快长大。刮毛时，猪头上要留手掌大的一块猪毛，尾巴尖上也要留三寸左右的猪毛，意为有头有尾。然后将全猪放在四尺凳上，先是猪头朝外，主家烧了谢天谢地的香纸后，再将猪头掉头，又点香焚纸，最后刮下头尾留下的猪毛。然后主家将敬神后的猪血煮熟，给左邻右舍每户送一碗，俗称“吃红”，若家家都杀年猪，大家互相“吃红”谓“满堂红”。有的地方是煮猪杂给左邻右舍吃，俗称“送猪福”。屠户不吃猪血，其与主家同吃新鲜猪肉。吃猪肉会餐前，主家还要切一块二斤重的方方正正的肥肉，用红纸涂成红肉皮，插一只筷子端到猪栏里请“猪栏神”先吃才可开餐。

猪壮了还要卖掉，民间卖猪之俗大多是车推肩扛，独浙江临安山区出奇，卖猪时给猪穿上专门编织的猪草鞋，任其长途奔走到收购站。原来此地山高路远，车推肩扛均不方便，故这里农民养猪不关栏内，任其满山跑，练其腿劲，以便卖出时可自行翻山越岭到收购站。

◆ 相马、养马与马王爷

马是汉族民间财富的象征，一匹好马的价值不是几头牛、几只猪可以相比的。由于马在民间长期供乘骑、驾驭、役使，也形成和传承为多种多样的风俗。

伯乐识千里马的故事，在民间是脍炙人口的。其实伯乐只是先秦的一位相马先生，但这也表明汉族民间相马之俗已传承久远。经过长期的传承和变异，民间各地相马之俗各有异趣。有的地方行“相眼法”，俗谓马眼高峻润明，色如紫黄焰，状如覆杯悬铃，眼下有肉睁眼成圆形的为好马。有的地方行“相耳法”，俗谓马耳厚、状小，向前立起，两耳相近的为好马。有的地方行“相鼻法”，俗谓马鼻宽厚、润明，鼻孔大能藏拳的为好马。有的地方行“相唇法”，俗谓马的上唇紧而润厚，下唇宽而方圆的马为好马。有的地方行“相舌法”，俗谓马舌长大润厚，色艳紫红的马为好马。有的地方行“相齿法”，俗谓马的上下齿齐集，上唇齿形如钩，下唇齿状同锯的马为好马。有的地方行“相蹄法”，俗谓马蹄圆的马为好马。好马民间俗称为“吉马”“骏马”。

民间相马，还有远看、近察之俗。有经验的相马人相马时，总是先站在一二丈以外的地方观察马的整体状貌，审视各部位的比例和四肢的形态。然后再近察马体，俗规从马的前面开始，向后逐步地观察马体。20世纪60年代末期，在甘肃武威县东汉古墓中出土的一件“踏飞燕铜奔马”，昂首嘶鸣，尾根翘举，体态矫健，神势若飞，造型奇特而极富魅力。按民间流传的相马俗远看近察，可以发现，这匹铜奔马，头小清秀，颈长弯曲，躯干粗实，四脚细长，举步轻快，姿态俊美，无论用什么样的相马法去相，都是一匹品种极优良的“吉马”。现在青海门源种马场正以“踏飞燕铜奔马”为良马模型，进行选育和繁殖优良品种呢！

少数民族养马多为牧放，汉族民间则多为厩养。厩养对马饲料最讲究，关中农民以谷草为养马的最好饲料，东北一带以豆类为养马的精饲料。厩养马多为槽单养，俗规一匹马一套食具。民间养马，极重水草调和，饲草时注意饲水，盛水的用具一般就放在马头的旁边。并且根据马昼夜能食的特性，晚上也要给马喂食，故养马人是十分辛苦的。但马谚说“马无夜草不肥”，所以养马人也就不辞辛劳了。有的地方还有修剪和梳理马鬃之俗，使马体鬃毛齐顺划一，更显出马的奕奕神采。

马养大后有阉割之俗，有的地方俗规没有阉割过的牡马，只能跟在车后面，不能驾车，也不准鞭打。只有阉割过的马才可以挽车、骑乘。

马养大开始役用又有装蹄之俗。汉族民间长期流行用蹄钉装钉蹄铁的形式，俗谓“装马掌”。装马掌多由铁匠经营，铁匠既打造蹄铁和蹄钉，又装蹄钉蹄铁，故铁匠又是掌工。民间俗称前蹄铁为“方门子”，后蹄铁为“尖门子”。装蹄业均散布在乡村和城郊。近年来，四川出现了一种全新的马蹄，谓之橡胶马掌，不用蹄钉而用一种胶粘剂，使马蹄如同穿上了一双胶鞋一样。

在民间还流传着敬马王爷的风俗。马王爷是豫、晋、冀三省交界的太行山区，方圆二百里地区流传的独具特色的马俗。相传七月十五为马王爷的生日，届时凡有马以及其他大牲口的人家，都要起五更牵着牲口到野草茂盛的山坡沟谷中去放牧，让牲口美美地吃一餐露水草。据说这样牲口可以消灾免病。家家户户捏面蛇，蒸供果，给马王爷烧香点烛磕头，设祭上供，既贺马王爷的生日，又祈马王爷保佑六畜平安。祭拜后，给马以及其他牲口放假一天，并给它们吃掐了顶的面蛇和供果，喝米粥、面汤，添草拌料，麸皮、玉米、黑豆、高粱等精料更是让马吃个够。最有趣的是当晚举行响鞭对赛会，以热烈而密集的鞭炮声来庆祝马王爷的生日。响鞭鞭杆仅一尺长，同手电筒一样粗，鞭子却有一丈多长，全用山榆皮、桑树皮等拧成，根端比鞭杆还粗，越往下越细，鞭梢用麻绳搓成，细长结实。这种奇特的响鞭对赛，比赛双方可以是村与村、街与街，也有姓对姓，人对人，自由组合相邀。晚上，人们背着长鞭，聚集在谷场上，抽鞭作对。这时，只见人们举起鞭杆，往上一甩，鞭子便像游龙一般腾空而起，上下飞舞。有的鞭手突然将鞭杆从右侧刀劈斧剁地往下一甩，“叭”的一声，发出清脆刺耳的响声。顿时，两方人员都挥动手臂，狠抽猛甩，对起鞭来，其势如狂风暴雨，霹雳闪电，又如万马奔腾呼啸，厮杀激战，又如群“龙”乱舞，震得大地颤抖，高山幽谷发出轰鸣的回声，令人叹为观止。如果哪一方的鞭声密集又响亮，压倒了对方的鞭声，就为赢。有意思的是，俗规比赛时可以用鞭炮、爆竹等助威，故在“叭叭”的鞭声中，又夹着“呼呼”的鞭炮声，使赛场上除鞭声阵阵外，还硝烟滚滚，火光闪闪，炮声隆隆，大有翻江倒海、天翻地覆之势。人们在一片喜庆欢乐之中把敬马王爷的活动推向了最高潮。

◆ 南北养羊相异趣

汉族民间养羊南北风俗迥异，相映成趣。

北方汉族养羊以放牧为俗。牧羊人需爱羊如子，要关心羊的寒暖饥渴，故多选老人或心性温顺的人充当。羊谚云“羊息则不食，食不饱则瘦”，故北方牧羊之俗是赶羊要慢慢地赶，使羊群缓慢前进，但不能停留不动，也不能赶快，急则易跑青，羊就吃不饱。所以我们看到的牧羊人总是悠然自得地赶羊，不快不慢，潇洒得很。

说到北方牧羊的潇洒，人们不由得要想到陕北高唱信天游，身穿黑袄、黑裤、黑鞋和光板老羊皮大衣，头扎羊肚子毛巾，手持羊鞭的陕北牧羊人。陕北农家大多有养羊之俗。少则养十几、二十只，多则三四十只。陕北牧羊人有二宝，一宝是光板老羊皮大衣，大多是把自家养的羊宰杀后，剥下皮，送到城镇的制革厂鞣好后，自己缝制成的。牧羊人有了这一件耐磨经穿的大衣，上山牧羊，再冷也不怕了。另一宝是独具风情的羊肚子毛巾，因其像毛茸茸的羊肚子而得名。民谚说：“羊肚子毛巾是个宝，咱庄户人家一年四季离不了。”春秋牧羊，不冷不热，把毛巾往脑门一扎，能遮土挡尘；冬天牧羊，把毛巾往下一拉，就不怕耳朵冻了；夏天牧羊，把毛巾往后脑勺一结，正好遮阳。

南方汉族养羊则以舍羊为俗，最讲究的是饲养湖羊。湖羊是经过漫长的风土驯化，南宋以后在杭嘉湖地区培育成的一种耐湿热、以枯桑叶为食的著名品种，其肉质肥美，羊毛产量不高，但羔皮毛细长弯曲，无底线，皮裘花纹美丽，为皮毛中之珍品。

湖羊以棚饲为主，春夏初秋喂草料，越冬常以枯干的冬桑叶为饲料，俗规将桑叶晒干或风干，然后以稻草捆成团状物备用，俗称“羊叶团”。由于湖羊吃桑叶，故民间又俗称其为“桑叶羊”。现在，因要饲养晚秋蚕，湖羊改吃水草、稻草，故民间又有“水草羊”“稻草羊”之说法。养湖羊还有寄胎之俗，一般是把母羊送到有公羊的人家，除供应若干天的饲料外，还要酬赠些糕饼点心给主家。

饲养湖羊必须把棚门关好，旧俗如果羊越棚闯入别人家的前头屋或厨房，被认为是“白煞星”入门，要遭灾死人的。俗规被闯入的人家可将窜来的羊打死解厄。羊主人不仅不能怪罪，还得讲好话。否则，要对被闯人家今后可能发生的灾祸承担全部责任。

过去，养湖羊的农家还有祭“棚头神”的风俗。小羊进棚，祭棚头神时即在羊棚柱或栅栏上缚上一张“五圣纸马”，故“棚头神”又称“棚头五圣”，这是一种木刻印制的神像，一般用红绿黑三套色，上写有“六畜五圣”字样。祭祀时，用猪脚爪，白煮鸡蛋一大盆，放在筛子内，筛子放在方凳上，在棚头前装香、点烛，主人作揖祭拜，烛尽即收去。有钱的人家过年时要专祭祀棚头神，祭品中加一条鲤鱼和鲫鱼，上贴颠角的小红纸，放在盘内，年初五还要行接“棚头五圣”之礼。有的地方羊犯病，或生长缓慢，祭棚头神时，只要用一只蛋、一条小鱼、一块肉以及酒盅、筷置于米筛内，放在羊棚前的地上祭祀即可。

◆ 老奶奶养鸡实录

汉族农村民间老奶奶养鸡，是一幅古老的风俗画。无论南北，不管东西，走进汉族农村的家家户户，无不饲养十只、八只、十几二十只鸡，而鸡的饲养人则主要是老奶奶。农村一般年迈体弱，不再下田干农活的老奶奶，在家并不当闲人，她们不仅烧火做饭，带孙子孙女，做针线活，还要饲养一群鸡，用母鸡所生之蛋去换取日常生活所必需的油、盐、火柴等用品，故老奶奶养的一窝鸡，素有农家“小金库”之称，如俗谚所说：“摇钱望鸡粮。”

江、浙民间养鸡，常俗称公鸡为“雄鸡”，母鸡为“草鸡”，鸡蛋为“鸡子”。草鸡下蛋，老奶奶要给它另做鸡窝，并有“引窝子”之俗。即在鸡窝内放一蛋，或较完整的蛋壳，或与蛋相似的石头、乒乓球代替，谓之引鸡下蛋，故有的地方又称为“鸡子样”。新草鸡的头生蛋，老奶奶极为宝贵，或放之于灶神神龛前，或给自己疼爱的新媳妇吃，或给出嫁前的女儿吃，以祝早生贵子。若无新媳妇，又无女儿，则给自己最宝贵的小儿子吃，以作滋补。正如俗谚所云：“金鸡子、银鸡子，不及新草鸡头胎子。”

老奶奶养鸡，多在春季开始之时买小鸡来饲养。买小鸡时忌讲要买得多实则买得少，要讲少买多。买小鸡时还有“讨娘家米”之俗，俗谓无论多少，小鸡带来娘家米，才能“宜其家室”，得以长大。故卖小鸡的人都必带一点碎米，分送给买小鸡的老奶奶。

卖小鸡的人用的扁担有风俗讲究，必用两头向上翘的，不能用直的或下翘的扁担。因为旧俗认为直的会使小鸡“直去”，即死去，下翘的会使鸡发瘟病。民间也有送大鸡贺喜事的，凡得大鸡之礼，老奶奶常把它捉住绕桌子脚顺转3次，倒转3次，俗谓这样之后，生疏的鸡易养熟，不会走失。

也有的老奶奶在自己家孵小鸡，旧俗母鸡孵小鸡时，老奶奶要在其旁放一个坛，上放一把刀，插一根棍，谓之能抵挡任何袭击，为老母鸡壮胆。孵鸡娘催醒，有的地方扔入池塘，有的地方把它放在潮湿阴暗的地上，有的地方在鸡尾上缚红纸。有趣的是小鸡孵出后，老奶奶要把出雏蛋壳用纸穿成串，挂到厕所里去。

在农村，由于家家户户的老奶奶把鸡娘当心肝，若失一只，会吃不下睡不着，甚至悲啼不已，故鸡若入邻家菜园，园主不得药毒，若药死别人家的鸡，必遭村民谴责，也如俗谚所云："有栏的猪，没栏的鸡。"

鸡是老奶奶的心肝，鸡蛋便成了老奶奶待客的食品。民间农家有客自远方来，大多煮鸡蛋，或下鸡蛋面当点心待客，或炒鸡蛋给客人下酒。有的地方新女婿上门，老岳母把碎肉塞在鸡蛋里煮熟招待，俗谓请新人吃"肉锭子"。若有亲人出远门，老奶奶要煮上十几二十个茶叶蛋给他带在路上食用。老奶奶也常提着整篮的鸡蛋去探亲、看产妇。在一些地方鸡蛋还是吉利的象征，新春时节，老奶奶常以5个或7个鸡蛋送亲友；新女婿第一次上门，老岳母要送14个鸡蛋，寓意子多福多。

三、工匠百作风俗

◆ 祖师爷与祖师会

汉族民间传统的工匠号称72行，虽然行行都有自己的风俗习惯，但72行却都有一个共同的民俗现象，即对祖师爷的崇拜，主要有：

木匠——鲁班

石匠——鲁班

泥匠——鲁班妻

漆匠——鲁班妻

陶匠——范蠡

铁匠——李老君

酒匠——杜康

纸匠——蔡伦

屠匠——张飞

笔匠——蒙恬

盐匠——葛洪

醋匠——帝予

篾匠——张班

染匠——梅、葛二仙

鞋匠——孙膑

画匠——吴道子

裁缝匠——轩辕帝

梳篦匠——张、鲁二班

理发匠——罗祖

刻字匠——文昌帝

补锅匠——女娲、老君和饿佛

豆腐匠——孙膑、庞涓

厨师匠——詹王

鞭炮匠——火神祝融

所有这些祖师爷的来历，都有一些脍炙人口的传说。鲁班的妻子怎么会成为泥水匠和油漆匠的祖师爷的呢？相传有一年，鲁班领着几个徒弟给人家盖房。房主是个爱美的仔细人，嫌房子不好看去找鲁班要求修饰好看一点，他一进门就喊着说："鲁班师，你给我盖的房子又粗又糙，若不给我修饰好我就不给工钱！"不巧当时鲁班不在家，其妻听后对一个小徒弟说："你用水和稀泥把石头缝糊住，再抹抹干净就行了。"小徒弟刚想走，又站住说："师娘，我怕弄不直。"鲁班妻想了想说："把我的纳鞋底绳儿拿去，吊上线就行啦！"接着她又对另一个徒弟说："你去把他家的木什梁檩再修一下。"这个徒弟说："师娘，怎么修才好看呢？师父不曾教过，你教教我。"鲁班妻说："这有什么难，你用水和点胶泥红土抹到木头上就行啦。"徒弟说："木头不粘水怎么办？"鲁班妻又说："那就把我打裕褙用的浆糊拿去抹上就可以了。"于是两个小徒弟照此干去，把墙抹得又光又平，把梁檩涂得通红通红。房主见了非常满意，重谢了两个小徒弟。鲁班回来知道了这件事十分高兴，就让两个小徒弟正式拜师娘为师。从此就有了泥水匠和油漆匠，鲁班妻也就理所当然地成了他们的祖师爷。

那么，战国的军事家孙膑又怎么成了鞋匠的祖师爷呢？相传孙膑在鬼谷山学成了半仙之体，一日下山，半路遇见被毒蛇咬伤了双脚的樵夫，眼看就要不行了，他果断地一剑把樵夫的双脚砍了下来。樵夫虽昏死过去，但蛇毒攻不到身上便得救了。过了一会儿樵夫醒来，见自己的双脚没有了，不但不谢孙膑的救命之恩反而埋怨说："你这样做还不如让我死了好！"原来，樵夫没有了双脚，如何打柴维持全家老小的生活呢？孙膑一想，可也是呀！救人救到底吧！便横下心把自己的双脚砍了下来，接到樵夫身上。樵夫马上站了起来，对孙膑感恩不尽，孙膑却只要求樵夫把原来自己脚上的鞋子脱下来安在自己的腿上。于是孙膑就站了起来拾起宝剑下山了。糊涂的樵夫由于没有问孙膑的大名和住处，回到家后被老婆孩子直埋怨，樵夫十分难过。这时樵夫的老婆提出："为了报答恩人，我们多做几双鞋子想法送去，以免他鞋磨破了又要受罪。"于是樵夫拿着鞋子到处打听，其实，孙膑下山后就被庞涓坑害了。后来，樵夫找不到孙膑就把鞋子送给人们穿，以此来了却自己的感恩之情。樵夫夫妻俩一直不停地做鞋，送鞋，代代相传。天长日久穿了他家做的鞋的人常送些钱粮给他们。有的人受其影响也帮着为大家做鞋。从此，鞋匠这一行当就兴起来了。后来，鞋匠们知道了孙膑救樵夫的事，就把他敬奉为鞋匠的祖师爷了。

还有一个鲜为人知的詹王又何以会成为厨师匠的祖师的呢？原来詹王是隋文帝的御厨，他本来是渤海湾的渔民，村民们都叫他"詹打鱼"。是他发现了用盐烧菜味道特别鲜，尤其是烧鱼，更是使腥味浓浓的鱼变得香喷喷的。后来他就改行当了厨师，以烧鱼鲜美远近闻名而被召进了宫当了御厨。一天，隋文帝用詹打鱼烧的菜大宴宾客，兴致大发时传詹打鱼上殿，问他："世上的菜，寡人宫里尽有，你说哪个菜最好吃最有味？"詹打鱼回答说："万岁！最好吃最有味的是盐。"隋文帝听后大怒，斥责詹打鱼戏弄于他，而詹打鱼偏不信邪，直言道："小人回答是实话，望万岁三思。"这一顶撞，更惹火了隋文帝，马上下令将詹打鱼推出午门斩了。詹打鱼无辜被杀，御膳房的厨师们十分气愤，决定以后做菜都不放盐。这一来，隋文帝吃菜总是淡而无味，弄得饭也不想吃，便召来厨师问话："你们做的菜为何淡而无味，不好吃？"厨师回答："万岁不是不同意盐是世上最好吃最有味的东西吗，所以小的不敢再在菜里放盐了。"这一说，隋文帝知道错杀了詹打鱼，便封詹打鱼为王以示认错。从此詹王就成了厨师行业的祖师爷。

有了祖师爷，各工匠都有拜祖师爷之俗。

过去，崇拜祖师最盛的时代，不少地方还设有祖师庙，什么鲁班庙、老君庙、药王庙、梅葛庙、孙膑庙、罗祖庙等等。各行各业每逢祖师爷生辰或"修真得道"之日，由行会的首事或理事备鸡、鱼、猪头三牲，酒礼祭祀，大的作坊主也多备三牲酒礼祭。一般鲁班庙农历六月十四、十二月二十日祭祀；老君庙二月十五、七月初一祭祀；药王庙四月二十八祭祀；梅葛庙四月十四、九月初九祭祀；文昌庙二月初三祭祀……

祭祀之日，庙堂香烟缭绕，灯烛煌煌，绕炮、钟鼓、弦管齐鸣。中午时分，在司仪的喝唱中，由首事带领行跪拜大礼。祭毕，行会宴请本行业有声望的人和大作坊主庆贺。而各大作坊主均于当时备酒菜款待工匠，俗称"会酒"。此外，行业议订行规，定工价等事项，均在祖师庙进行。如本行业成员有犯行规，损害行业声誉和利益者，由行会会长召集行业会议议处，被革除会籍者用祖师堂名义张贴革条。

除了拜祖师爷外，各行各业还有办"祖师会"的风俗。过去每年办祖师会时，师兄弟、师徒等工匠聚集在一起，三五人不等，凑些零钱，或在营造公所，或在家中挂起祖师像，吃些家常便饭，说古道今，讲工匠祖师的故事，研究技术，俗谓"讲手艺经"。有的地方将七月初七定为办祖师会的日子，因为七月初七是乞巧日，工匠做活讲究巧气，所以七月初七就成了工匠们的节日。

◆ 拜师与收徒

千百年来，汉族民间工匠的技艺均以拜师和收徒的方式传承着，无论是拜师的一方，还是收徒的一方，都十分注重风俗。

学徒要拜师，俗规先要找“保人”，又称“荐头”。工匠收徒，都要先拜祖师。有些地方拜师时，设香案燃烛焚香，上设祖师牌位，先向祖师行三跪九叩礼，再一跪三叩拜师奉上红包，然后三揖参见众师兄。与此同时，要请行会的人到场做证，书写“师徒契约”。一般规定学徒期三年，没有工钱，遇意外的工伤事故师父不负责任。此时学徒需向行会交纳“入会金”。拜师后，应备酒宴筵请师父、师母，以及师祖、师伯、师叔、师兄等，谓之“进师酒”。

学徒期间，第一、二年多干杂活，扫地、挑水、劈柴、煮饭，甚至给师母打洗脚水，什么杂七杂八的活都得干。学徒吃饭也有禁忌。有些地方徒弟随师父到主人家干活，主人叫吃饭后，徒弟先走一步，坐在最“小”的座位上，第一餐坐在那里，以后每餐都必须坐在那里。盛饭时，筷子要平放桌上，不得交叠放，也不得随手带到灶头。俗话说：“学徒盛饭靠锅边，夹菜靠面前。”猪肉之类的好菜主人劝菜也不能吃，须师父开口后才能吃一片。吃饭只能吃两碗，要吃得快，必须比师父先吃完，吃完饭后立即去干活。逢年过节，徒弟还要向师父敬四色（肉、粉、烟、糖果）或六色（四色外加酒、豆腐）礼。若徒弟半途退学，俗称“回汤豆腐干”，视为不光彩，所以过去学徒学艺很不容易。有一个罗祖与“小青龙”的传说故事，把过去学徒学艺的艰难描述得淋漓尽致。相传有一个小剃头铺的师父带了个小徒弟，本来讲好三年满师，没想到三年内师父根本不教他学剃头，只让他抱小孩、扫地、烧饭。小徒弟很机灵，师父不教，自己就白天用心看，晚上偷偷练。这样，小徒弟跟师父学了三个三年，向师父要求数次都不让他拿剃刀剃头。九年满了，没良心的师父反而说他笨，不是学剃头的料子，把他赶出了门。成了“回汤豆腐干”的小徒弟“无颜见江东父老”，便到一座庙里去安身。进庙后，庙里的一个老和尚见小徒弟伤心忧愁的样子，便问他有什么心思，小徒弟就说出了自己学艺九年被赶出来的遭遇。老和尚说："你且不要伤心，我先看看你会不会剃头。" 老和尚拿过小徒弟的手看了看，便打了三下手心，只见小徒弟的手动也没动一下。于是老和尚说："好！你会剃头了！"小徒弟奇怪地问："难道你打了我三下手心，我就会剃头了吗？" 老和尚说："不是我打会的，是你本来就会了。师父领进门，修行在自身。你师父不教你，我一看你的手就知道你暗里下过苦功夫，苦练了九年，岂还不会？"小徒弟晚上就留宿在庙里，老和尚又指点了他一夜。后来小徒弟回到剃头铺，果然剃得比师父还好。师父感到很奇怪便问："是谁教你的？"小徒弟如实说来，师父心想：怕是祖师爷罗祖教他的吧？再一看剃落在地上的头发正好接成了一条"小青龙"，果然如此。从此，小徒弟便被人们称为"小青龙剃头师"了。

学徒学艺有俗规，满师之时也有风俗讲究。俗规学徒满师要办"满师酒"，祭祀祖师后，宴请诸位常客工匠，至亲好友。学徒先向师父师母行三跪九叩大礼，师兄师弟之间把盏斟酒，互相庆贺。

学徒满师后俗称"半壮"或称"伙计"，其工钱只能拿师父的半数。"半壮"在外做工，或承包业务，不得抢师父的生意，否则叫"捉师父的帽子"，为同行所不允。有些地方学徒满师备礼谢师后，由师父赠送一副工具。

◆ 石匠为大之俗

汉族民间有以石匠为大的风俗，不少地方在建房的酒宴上，无论是木匠、泥水匠，还是泥瓦匠，都要让石匠坐在上首。芸芸百工，何以石匠为大？这就要从石匠以鲁班为祖师爷谈起。

相传鲁班当年曾经在中岳嵩山一带开山凿石，铺路架桥，修庙盖房，当了好多年石匠，也带出了好几批徒弟。后来鲁班成了仙，仍不忘石匠们，常来帮助他们出主意解难题。有一次，皇帝要游览嵩山，下令把所有的石匠集中到嵩山为他铺路、修桥、盖行宫，并规定一定要在他到来之前完工。石匠们拼死拼活地在山上采石头，一连干了七七四十九天，一个个都累得筋疲力尽，但石料还差得很多。怎么办呢？不能按期完工要被杀头，于是大伙儿便准备到鲁班庙祭拜，求祖师爷帮忙。没料到刚走到鲁班庙门口，就见一个放羊的老头儿冻昏在地上。石匠们把老头儿抬进了庙，点起了一堆火让他烤。老头儿醒来后说："谢谢大伙救了我。天要黑了，我走不回去，求大家帮我把羊赶到山下的鸡打鸣村去。"石匠们见老头已没事了，便向鲁班爷拜祭了一番，临走时见老头儿没吃的硬是给他留下了一只羊便赶着羊群下山去了。走着走着奇怪的事情发生了，石匠们竟个个都不知不觉地睡着了。不知过了多久，忽听一声鸡叫，太阳出来了，而赶下山的一群羊都变成了一块块加工好了的石料。这时石匠们才顿悟，原来是鲁班爷显灵，帮助石匠们备好了料。但是就在皇帝快要驾到，石桥也快要修好之时，桥中央却还缺一块石头，其他的石料怎么也凑不上去，石匠们一个个急得冒汗，眼看杀头之祸又要降临，万分危急中大伙又想到了鲁班爷，想到硬留在庙里的一只羊，急需的是否就是那一块石料呢？于是派了几个年轻的石匠跑上山去看，果然庙里静静地躺着一块桥中央所需的石料，石匠把这块石料抬到庙门口顺着山坡一推，奇迹又发生了，那石料竟自己滚了起来，一直滚到石桥上，"啪"的一声扣住了桥中央的缺口。石匠们悬着的心放下了。

从此以后石匠们就更敬重鲁班师了。

工匠一般都只崇拜一个祖师爷，石匠却不同，除了鲁班爷外，还崇拜傅义为祖师。傅义何许人？相传傅义是鲁班爷的大徒弟，他跟鲁班爷学的是石匠活，而木匠、泥水匠分别是鲁班爷的二徒弟、三徒弟。这样一来，共同崇拜鲁班爷的石匠、木匠、泥水匠就成了师兄弟，所以石匠就成了百工中的老大了。

其实，万丈高楼平地起，房基要靠石匠打基础，其他工匠以石匠为大。此外，石匠活与其他工匠的活相比既重又危险，也使其他工匠尊之为大。所以石匠学徒的工资比其他工匠学徒稍高些，但投师契约上则写明：一切工伤事故概不负责。

由于石匠活具有一定的危险性，过去民间讲迷信，在石匠中传承着一些旧俗。湖南攸县一带的石匠打石找石场特别谨慎。他们找到石场后，先暗地里在石岩上用墨斗弹三根线做记号，过两天后，又暗地里一人去看墨线。若黑线清晰如初，主吉，可以动工；若墨线变暗，模糊不清，甚至线条错乱，则主凶，要另找石场。采石放炮前，旧俗要杀猪、羊、鸡来祭祖师爷鲁班，谓之“三斩”。有的地方视石场大小，工程的难易和主家经济情况，或杀猪，或杀羊，或杀鸡。“三斩”时，还要焚香烧纸，把猪、羊、鸡血洒于岩上，谓之“退煞”。旧俗还认为石匠打石还能预兆主家之吉凶，若打石顺利，打石料易成，主吉；打不顺手，甚至石料打成成品时却忽然开裂，或打破，或伤身，则主凶。

浙江的石匠风俗另具特色，杭州市郊的石匠进石场采石前，要用香烛纸马请山神土地，然后才能开采。隆重的地方在开新石场时，要杀一头猪祭山神，以猪头和猪尾去供祭。绍兴一带的石匠迷信石宕中有宕菩萨，掌管一宕安全，每开采一处，都要先祭宕菩萨，祷求平安。在开采中，当石质发生变化，出石率下降时，又要祭岩菩萨。青田一带的石匠以“山田老爷”为石山神祇，认为他主宰着石匠的命运，每月都要在山田老爷神位前点香烛供祭，俗规祭祀的猪肉要一刀切下，不许割取，否则神灵要降祸。温岭一带的石匠供奉雷公，在长屿山上双门洞内供着雷公像，壁上绘有七仙女。农历六月二十四日雷公生日时，石匠们便备猪头祭祀雷公。据说雷公不食烟火，故祭品要冷的。这天，参加祭拜的石匠也要陪雷公吃冷食。

打石要祭祀，造石桥还有一番风俗讲究。俗规先要由村里有名望的人出面祭拜天地，将石匠的工具全部供在桌上，再供三牲、酒菜祭品。祭时，石匠念“万古千年，行人安全”等吉利话，然后动工。桥造成要摆“圆桥酒”庆贺。

在采石过程中，还有许多禁忌：打石时，任何人不准开口讲话，认为开口讲话容易出工伤事故，俗规谁开口讲话出了事故就由谁负责。有的地方则不许大声说话。有些地方还不许女人到石洞中和石洞口上去，俗谓女人去了山神会发怒。放炮后，若有的石头似倒非倒，出了险情，也要请山神土地，祈求保佑。不少地方都忌将碗倒扣，俗谓此兆石矿洞要塌方。讲话的忌讳就更多了，方言不同则俗规各异，青田忌“洞”字，进矿洞叫“进财”；忌“回家”一词，回家俗称“拔草鞋”；忌“洗”字，因为“洗”与“死”谐音，故石匠连锅碗都不洗，一般用布揩净。温岭不能把未开成块的石头石尾说成“石圾”，而要叫“梭”。

石匠中手艺最绝妙的是石雕匠，各种石料在他们手上可以雕成具有艺术特色的石雕制品，有的石雕精品常使人爱不释手。闻名于世的青田石雕匠也有自己带有艺术韵味的风俗，最有情趣的是“舞百鸟灯”之俗。

每年春节、元宵，石雕匠身挂姿态各异、形象逼真的彩绘鸟灯，配以鼓点锣钹，先在本村舞，再到外村舞。到外村舞灯，需先发红帖，外村接到红帖，要备办灯饭，招待舞灯艺人，并送红包。“舞百鸟灯”结束后，将所得红包的钱用来修理危桥险路。

◆ 木匠盖房和造船

我把木匠师傅请，你是鲁班一门生。
昔日鲁班上山岭，终南山上答三问。
求师学艺显聪明，刨子斧头如有神。
五百年树砍一根，十二日夜忙不停。
结巴刨得一溜平，六百方眼般般深。
六百偏眼六百正，三百圆眼似流星。
学艺三年下山岭，墨斗鲁班母亲造，
图墨都是他妇人，故把“班母”“班妻”称。
传下弟子十万人，泥瓦窑石漆门生，
如今传授你先生，你手艺无比伦。

这首在民间流传的莲花落《木匠》，把鲁班到终南山学木匠手艺成为木匠祖师爷的故事简练地描述了出来。其实追根溯源，相传鲁班只是鲁家湾一个姓鲁的老木匠的三儿子。老木匠18岁学艺，做了40年木匠活，从来都不满意自己的技艺，故一辈子也没收过一个徒弟，连自己的儿子都不教。40年来他省吃俭用，积攒了一笔钱，让自己的儿子投师学艺。但是，老大鲁拴和老二鲁宾都好吃懒做，艺没有学成，把钱用得精光。后来老木匠把最后一笔钱给从小勤快好学的鲁班到终南山的一位木匠师傅那里学艺，才造就了后来被木匠尊为祖师的鲁班。

木匠用的工具大多都有俗称，尺叫“鲁班尺”，比一般市尺略短。墨线头上的钩子相传是鲁班的母亲发明的，故叫“班母”；钉在长板凳上固定木料的橛子，传说是鲁班的妻子发明的，故叫“班妻”。由于木匠的工具大多有着神奇的传说，所以民间认为这些工具有避邪的作用。若房子造不好，住进去运气就不好；床铺做好后，夫妻若不和，都认为是得罪了木匠，用了“鲁班法”，往往要请木匠来解除。

请木匠师傅做工，民间有“点工”之俗，即吃主人家的饭，拿主人家的工钱，做一天拿一天的工钱；有“包工”之俗，主人备料不供饭，不计工时，直到完工，按合同付款；有“包工包料”之俗，工料和伙食主人一概不管，只到时验收付款。木匠做工以盖屋和造船最为倚重。

木匠盖房一年忙到头，《民间文学》1980年第5期刊载了一首云南民歌——《鲁班调》，唱道：

正月里，是新春，鲁班师傅请进门，
东看地皮西量地，动土日子选良辰。

二月里，龙抬头，木板瓦片全办就，
鲁班师傅掌墨斗，砍了梁柱逗榫口。

三月里，是清明，鲁班师傅忙不赢，
大小材料他算好，要盖四合五天井。

四月里，杨柳绿，黄道吉日要竖柱，
红红中梁竖上架，撒了包子撒五谷。

五月里，是端阳，低盖房子高打墙，
高打墙壁遮风雨，低盖房子不受寒。

六月里，热腾腾，竖好屋架安大门，
坐南朝北风水好，日头起落照满门。

七月里，秋风凉，鲁班要封山尖墙，
东防日头西防雨，水火不入保平安。

八月里，是中秋，房子盖好要装修，

上装九龙来戏水，下装狮子滚绣球。

九月里，是重阳，正房盖好盖两厢，
东门前盖锁水阁，打下围子万年桩。

十月里，小阳春，六畜兴旺五谷登，
请来双双童男子，跨进大门踩财门。

冬月里，寒霜降，打扫房子搬进房，
东边住的庄稼汉，织麻姑娘住西厢。

腊月里，一年完，杀猪宰羊把酒办，
辛苦一年房盖好，三杯米酒谢鲁班。

造船，尤其是造出海的渔船，颇为讲究风俗。造船既要选上好的木料，还要聘手艺高超的木匠师傅。我国最大的渔场舟山就流传一句渔谚：“上海人打扮囡（小姑娘），舟山人打扮船。”故舟山旧俗造渔船破木开工前要请阴阳先生择良辰吉日，供三牲祭礼，敬天地神祇，然后设“开工酒”，宴请造船的木匠师傅，除向木匠师傅敬酒外，还要送红包。

造船过程中，在安装船的梁头时，要在船上披红挂彩。最有情趣的还是装“船眼睛”。在舟山，一艘新船的船壳造完工后，木匠师傅总要用上等木头精制一对船眼睛，钉在船头的两侧。这道工序还有个美丽的俗称：“定彩”。“定彩”时要举行隆重仪式。先请阴阳先生择定吉日良辰。届时用五色丝线扎在作船眼珠的银钉上，请船主将它嵌钉在船头，然后用簇新的红布条或红纸把它蒙住，俗谓“封眼”。当新船下水时，在鞭炮声和锣鼓声中，举行“启眼”仪式，由船主将封眼的红布揭掉。

新船下了水，“船眼睛”启了眼，木匠师傅们还有一件要紧事不能忽略，那就是在船屁股上画一条大泥鳅。为什么不画令人崇敬的龙，而要画一条不起眼的海泥鳅呢？原来，据传海泥鳅是东海龙王的外孙，被封为鱼皇帝，东海的水族都属它统管，见到它的画像，大鱼均会躲避，渔船也就不会遭大鱼袭击，以此确保安全。

舟山造海渔船有这些趣俗，内地木匠造下江入湖的船也有自己的俗规。湖南长沙近临洞庭湖，滨靠湘江水，木匠造船旧俗先要“开张神佛”，由木匠为首的“主工”师傅，手捧一本《鲁班书》，恭恭敬敬摆放在焚香点烛的香案正中，摆上一桌酒菜。接着主工手执“鲁班尺”，对《鲁班书》作揖三次，口里念着：“开山子（斧头）一响天门开，请得鲁班先师下凡来。”然后船主敬一杯酒给主工师傅，木工们围坐聚餐。餐后即开工造船。新船造好后，要留下封头板不能钉，以行“封头神佛”之祭。祭时仍由主工师傅拜鲁班，船主鸣放鞭炮。然后主工师傅杀公鸡一只，把鸡血滴在封头板和船头上，把鸡抛进船舱。有的还要数鸡临死时的抖动次数，以预测新船航行的顺利与否。一般俗信三次为吉，多于三次则船要碰礁，如不抖动为凶。此时，大都由主工师傅站在舱里，口报吉数，船主则喜笑颜开，连连作揖，并请主工师傅扫舱。扫舱时，俗规口念：“新船起货快，运货快……”若主工师傅不愿扫舱，船主唯恐不吉利，连忙丢个红包进舱，主工师傅就不得不扫。接着主工师傅钉好封头板，船主鸣放鞭炮，摆酒设席，庆贺船造成。船下水之日，船主要淋浴净身，吃斋。烧香点烛，鸣放鞭炮，安放神龙，请诸位神王菩萨上船“护佑”。俗规船下水时，还必须有几个人随船下河，才能免除翻船死人的大难，俗谓“试水”。

造船之俗中湖南汨罗江“偷木造龙舟”之俗堪称一怪。偷即做贼，贼虽遭世人弃，为世人所不容，但贼的手脚麻利灵活却是世人所公认的。因此，当地习俗认为用偷来的木料做成的龙舟才划得快，行得灵活。按俗规，被偷对象必须为官家或大户人家。看准木料后，趁主人没有防备之时，由年轻人迅速扛上木料飞跑，并立即在木料上扎一根三尺三长的红布条。当跑出百米左右，派一人站在原来堆放木料的地方点燃一串鞭炮，以通告主人："偷龙舟木的人来过了。"主人得知信息不能追赶索要。有趣的是偷龙舟木切忌碰上女人，所以盗龙舟木都在深夜进行。直到所需的木料全部偷齐才开工造龙舟。

◆ 铁匠炼剑为重

张打铁，李打铁，
打把剪刀送姐姐。
姐姐留我歇，我不歇，
我要回家去打铁。

这首打铁儿歌，流传久远，脍炙人口。民间的铁匠，有的肩挑或推着小车，沿街串巷，为住户人家修理铁活或焊接铁活。有的则开铁铺打铁，人们常见的打铁铺当街砌一个火炉，手拉风箱，锻烧铁条，然后一人用火剪夹着铁块，另一人用铁锤砸在通红的铁块上，叮哨叮哨，火星四溅，打出锄头、镰刀、菜刀、剪刀等铁工具。不论酷夏严冬，打铁匠总是腰围厚帆布或兽皮围裙，赤膊上阵，汗流浃背。

铁匠使用的工具以风箱最为重要。民间流行的风箱有两种：一种是木风箱，内装有一个可不停地推拉鼓风的大活塞，俗称“鞴”；另一种是用牛皮制成的形似一个口小腹大的口袋的风箱，小巧玲珑，压迫袋腹风就从口出来，俗称为“橐”。

在铁匠行业中，最珍重的是炼剑。这是为什么呢？相传春秋之时，楚王称霸后，要当时最好的铁匠干将、莫邪夫妇给他炼一双鸳鸯尚方宝剑。他们被迫接受了王令，锻炼了三年，终于炼好了一双吹毛利刃、迎风断草的雌雄宝剑。这时，干将对妻子莫邪说：“剑虽已造好，但期限已过，交出宝剑也难免一死，现在你已有孕在身，我留下一把雄剑，若生下男孩，长大后定叫他给我报仇！”果然，楚王拿到一把剑后把干将杀了。这一年莫邪生下一男孩，取名赤娃。一晃十五年，赤娃长大了，莫邪就把其父炼剑被楚王杀害的事以及雄剑所藏之地都告诉了他。为了让赤娃义无反顾地为父报仇，莫邪撞石身亡。赤娃含泪埋葬了母亲便按照母亲所指的路径，走了九九八十一天，用斧子劈开了石门，找到了宝剑，进京城，寻机报仇。没想到一天夜里，楚王梦见一少年口喊“报仇”提着剑来刺他，吓得半死。第二天，命人将他梦中所见少年的样子画出，四处张贴告示，悬赏捉拿。赤娃一看，告示上画的像竟同自己一样，赶忙逃出京城。

话分两头，干将、莫邪死后，魂升九天，拜见了祖师爷太上老君，述说了自己受楚王迫害的遭遇，太上老君大怒，决定下凡为他们报仇。于是，在生产龙泉宝剑的浙江龙朱铁匠，在炼剑学艺前，要在老君庙点香膜拜，祈求保佑。学徒进剑铺后的第一个月，天天早上要在剑炉炉头的祖师神位前敬点香烛，跪拜祖师。进铺初期，只能干些帮锤、拉风箱、挑水等粗活，半年后方始学艺，先铲削剑坯，一年后磨坯。淬火是一道关键性的工序，全凭学徒在操作中体验琢磨，师傅一般不传授。为了炼好剑，各剑铺都立有祖师神位，每月初一、十五两次祭供祈拜。每年端午节的祭祀更隆重，铁匠都携炉到剑池湖畔，先祭拜祖师爷太上老君和炼剑祖师欧冶将军。接着到秦溪山麓挖泥，以作修炉灶之用，并取剑池水于池畔炼、打剑坯。晚上回家时要挑一担剑池水回铺，以备淬火之用。当天，剑匠要另请泥匠修炉，由家人把铺内打扫干净。俗谓端午在剑池畔炼剑可炼得一把削铁如泥，能驱鬼除妖的宝剑。俗规，炼剑之时，若家中妻、嫂生小孩，开头三天不能回家，迷信认为若回家会将秽气带进剑铺而触犯祖师爷。

铁匠以炼剑为重，同时，过去凡与火炉子沾边的工匠都列入铁匠行业。比较特别的数铸锅匠。桐乡旧俗铸锅匠有请“锅神”之奇俗。相传，“锅神”名叫秀妹。古时候，有一个皇帝下旨，要锅坊的一个老铁匠在一个月内铸出一口一丈四尺直径的大鼎锅，不按期完成便要砍头。老铁匠连铸数次都失败了，二十九天过去了，老铁匠正急得没有办法时，他的女儿秀妹送饭来了，秀妹见此情景决心为解父之急而献身，纵身跳入铁炉，大鼎锅终于铸成了。从此铸锅匠行视秀妹为锅神。每年春节之后，锅坊开工之前，都要在炉前摆设一张方桌，供上猪头和果品，祭祀锅神秀妹。

◆ 窑匠行业兄弟多

窑匠这个行业，按其产品的不同，民间又分为瓷窑、陶窑、砖瓦窑、炭窑等行当，故有“窑匠行业兄弟多”之说。各个行当风俗相异，各具风貌。

烧炭行当的由来还有一个十分感人的传说。相传古时有一孝子，其母患眼病，受不了柴火的烟熏，企望有一种无烟的柴就好了。孝子为此进山把树木堆在一起，想先把烟烧掉，然后再拿回家给母亲用。结果木头不是烧成了灰，就是只烧了半边，成不了炭。然而，孝子的孝心却感动了玉皇大帝，派了观音娘娘下凡指点孝子打窑竖装木头烧炭。后来此法在民间逐渐流传开去，从而便有了炭窑匠。

炭窑烧炭，有“判山”“打厂”之俗。即要先察看山上有多少树，可烧多少炭，然后与山主订合同，付“山价”，谓之“判山”。付山价规定“进山交半，烧半交足”。俗规判山只能“判”杂木树。杉树、毛竹、油茶、油桐等经济林不准烧，否则要罚款。接着是进山，选择背风、离水源近的地方，搭棚安家，谓之“打厂”。“打厂”时，梁架比一般的农舍要陡，梁架顶端两根木料交叉成X形，不用人字木，四周用茅草或稻草结成茅扇为墙。这种“厂” 有一个奇怪的名字，称为“观音厂”，炭窑匠中相传这是能降熊伏虎的观音娘娘发明的，打了这种“厂”，虎豹豺狼不敢进来。

打完“厂”后，就要选地打炭窑了。选好地形后，先挖成圆洞，然后在上部筑拱形圆顶，圆顶四周留通烟的“囱眼”三个，通气的“顺子眼”五到七个。据传说这样留眼是天上的七姐妹见烧炭窑没有留眼烧不出炭而指点他们的。窑建好后，进山砍树之前，旧俗要烧香点烛焚纸杀鸡献酒祭祀山神爷、土地菩萨以及过往神灵，祈求保佑平安，俗谓“启符”。树砍回后，竖着装好窑，烧窑前，有的地方要插香祭拜“陈老相公”。传说陈老相公是烧炭出身，红面孔，后来成为炭神，专门保护烧炭人。烧窑俗规一看烟色，二闻烟味。有经验的炭窑工知道：烧窑初始，烟浊，呈浓浓的乳黄色，然后转白，最后由白转青，烟淡如气；而烟味从令人刺鼻，逐步减弱，最后可闻到木炭的气色。炭烧好了，最后是封窑，一般用稀泥封严实，两三天后即可开封出炭。出炭时俗规从底下出起，要轻拿轻放。

砖瓦窑匠要选黄金泥丰富的地方建窑，窑建成后，旧俗立窑土地神的牌位，神龛上用红纸写“乌泥变宝玉，窑门出黄金”的对联，供祭品祭拜。入窑要择吉日，俗称“进财日子”，忌过路妇女进窑铺。一般窑匠都以范蠡为祖师爷，但浙江嘉善一带的砖瓦窑工则以鲁班为祖师爷，每一窑点火之前，要举行祭礼，即在窑门一侧的窑围上，贴上印有鲁班像的纸马，在窑前叠几块土坯当桌，供一个猪头，一只鸡，一条鱼，因三牲一共有六只眼，故俗称“六眼”。点烛焚香后，由领班师傅带领大家叩拜。仪毕马上点火，然后大家将供品吃掉。金华一带，砖瓦窑入窑后，由窑铺集体开支，或窑匠自己出钱会餐，谓之“做窑福”。会餐时喜吃猪头，忌吃猪脚，认为吃了猪脚炭头会多，烧不好窑。在烧窑过程中，如果听到虎吼或遇虎路过，被视为大吉。相传虎为窑神之舅。熄火后，由窑头师傅封窑门，大家讲吉利话。出窑时又要祭祀窑土地神，并请砍柴工开第一块窑门砖，砖瓦质量好，大家笑颜相告；若不好，则说“漏水了”。有的地方每烧一窑，每祭一次，除供祭猪头外，还特备宰了的公鸡一只，活鸡一只。祭祀时窑主和窑匠叩头祈祷说：“土中求财宝，火里取金银。”嘉善地方过去赶庙会时，俗规各行各业要穿戴自己的行业服装，砖瓦窑匠则头戴开花帽，脚穿蒲鞋，几根稻草围腰，一根绳作钱串，串上一百个铜钱，挂在腰间。俗信此可避邪。所以庙会结束后，这些铜钱往往被人讨去，挂在小孩的头颈上。

陶窑之俗以陶都——江苏宜兴为最盛。进入宜兴丁蜀镇，举目望去，这里的一切几乎都用陶器制成，或搭成，或布置成，到处都是出售陶器的商店，到处都在运送陶器，真是“家家做坯，处处皆窑”，如同进入了一个陶器世界。更有趣的是小伙子上门求婚，依俗带上一把上好的紫砂壶，若老人乐呵呵地接受了茶壶，这门亲事便成功了。《人民中国》杂志的记者丘恒兴同志在宜兴采访时，参加了一对陶瓷工人的新婚大礼，只见客厅里摆的均是陶器制品，陶制圆桌、陶制圆凳、陶制茶几，还有那大橱里陈列着的亲友同事制作的奔马、猛虎、花瓶、仕女等等，连洞房里的衣帽架、座钟架、台灯架全是陶制品。若到窑场去参观，马上可发现陶窑与砖瓦窑大不相同。长长的拱形陶窑，长80米，宽2米，下段高2米，上段高3米，状如巨龙，故称之为“龙窑”或“长窑”。龙脊的两侧，每隔一米各有一个烧火的洞孔，叫“龙眼”。搬陶坯装窑时，小件放在下段，大件搁到上段，套叠好后，放在垫脚石上。装窑时大家不能随意讲话，更不能乱开玩笑。旧俗认为违忌会招煞引鬼，触怒窑神，烧窑不吉利，烧出的陶器不是开坼，就是歪嘴瘪肚。封窑后，从龙眼放入木柴烘烧，先下后上，以省木柴、省时间。出窑时，窑匠们个个头戴厚毡帽，身穿厚棉袄，手戴厚手套，脚穿厚厚的竹笋壳鞋，并使鞋底浸水沾泥，以免烧坏鞋子，冒着高温出窑。出了窑即马上装窑，不能等窑凉了再装，一则省柴，二则可避免陶品受裂。陶谚云：“鬼看火，人看灯。”故旧俗有的地方陶窑匠烧窑点火前要烧纸焚香，如果是第一窑，还要杀一只鸡，祭祀窑神，请窑神把火。否则的话鬼来看火，火就烧不旺，窑上甚至还会冒水。遇到这种情况，湖南攸县的陶匠有一个奇俗，他们在深夜作乞丐打扮，穿一身破衣，拿一根棍子，提一只烂竹篮，绕窑一圈，俗信这样可以把鬼赶走。

瓷窑之俗以瓷都——江西景德镇最为鼎盛。进入景德镇后宛如进入瓷器的海洋，也是“家家做坯，处处皆窑”。不过，在景德镇最使你感到奇怪的是每家瓷窑门上都塑着一个漂亮的女神像。那是景德镇瓷窑匠们崇信的瓷仙。为什么有如此令人崇信的瓷仙呢？这里有一个美丽动人的传说。相传古时候有一个皇上十分喜爱景德镇迷人的瓷器，有一天皇帝心想要是有一张盘龙画凤，热天睡上去阴凉，冬天睡着暖和的瓷床就好了。想罢他随即下了一道圣旨给景德镇，命在一年期限内按他的要求将漂亮舒适的龙凤瓷床烧好送进京，过期不交要以抗旨惩处，将景德镇所有瓷窑匠杀绝。这一下可把景德镇的瓷窑匠逼上了悬崖边，于是家家都动手烧瓷床。但是家家做的坯子全都烧一只，裂一只，十个月过去了没有一家烧成，眼看期限将到，景德镇瓷窑匠们个个心急如焚。

话说景德镇上有个烧瓷名匠，他烧出的瓷鸟、瓷花真是活灵活现，栩栩如生。在这危急之时，大家自然而然地想到了他，便纷纷来到老窑匠家恳求他烧一张瓷床以救全镇窑匠性命。老窑匠把大伙带到作坊。原来他所做的几张瓷床坯摆在作坊间，窑旁也放着好多烧坏了的瓷床。大家一见这情景，再也不作声了。但是老窑工却总是茶不思、饭不想，看着瓷床出神，人一天天黄瘦下去。这把老窑工那漂亮的女儿急坏了，父亲没日没夜，不吃不睡如何是好？孝顺的女儿也日夜守着父亲一连几天没有合眼。有一天她坐在窑边不知不觉竟睡着了，睡梦中，有一个白发老头跟她说话："要烧好龙凤瓷床除非你肯献身，当坯子装进窑，你舍身跳进窑里就成。"白发老头刚说完话就不见了，姑娘立即惊醒过来。当父亲将瓷床坯子装进窑，再一次开始烧窑时，她便穿上一套崭新的花衣服，头发梳得油光光的，跑到窑门口大叫了一声："爸爸！"便纵身跳进了窑门。老窑匠大吃一惊，猛地扑到窑门口，只见窑里的火又红又旺，却不见女儿的身影。这一次，龙凤瓷床奇迹般地烧成了。只见那盘在床柱子上的龙直摇头摆尾，嵌在床柱子上的凤会扇动双翅。瓷床运送京城交了皇差，救下了景德镇所有窑匠的性命。窑匠们为了感谢并纪念老窑匠的女儿，便崇敬地立她为瓷仙，每家的窑门上也就塑上了她美丽的神像。

烧瓷也有许多禁忌，旧俗建窑首先要请风水先生择吉地吉日。开工时要在窑地祭窑神，以求烧出好瓷器。建窑时，严禁儿童、孕妇进入窑地，也不允许挑粪桶的人在窑地前经过，以防触犯窑神。窑工吃饭时不能讲话，碗筷不能碰响桌子，也不能把筷放在碗上。有些地方入窑要择逢三、六、九的日期，并要祭祀祖师、山神、土地。讲究的地方祭祀时窑匠要沐浴戒斋，在祖师爷的香案上放置用面捏成的童男童女，在窑门头"祖师榜"前设祭，点香烛跪拜，祈求祖师保佑烧出好瓷。在入窑的整个过程中，严禁秽物经过，防止秽气入窑，影响烧窑。

◆ 纸匠风俗多异趣

纸，是汉族的伟大发明之一，传承在民间的造纸风俗别开生面。湖北松滋一带流传的莲花落唱词《千百转》中有一首《纸匠》词唱道：

纸匠发明传千秋，西汉蔡伦把纸做，
花茹生师一妙手，如今传到你的手，
做遍江湖好锦绣，做个嫦娥寻配偶，
做对狮子抢绣球，做只凤凰落山头，
做条金鱼江中游，做只大船上扬州，
做个帝王摩天楼，一阵狂风万事休。

这首《纸匠》词从纸匠的祖师唱到纸匠所造纸的无穷用途。蔡伦为纸匠的祖师，这是各地纸匠共同的风俗，许多纸匠家堂屋正中除贴有“天地君亲师之位”外，还贴有“蔡伦先师之神位”。俗规纸匠不供奉蔡伦，大伙都会骂他忘祖忘师，造不出好纸。但是，生产民间纸中精品——安徽宣纸的纸匠，却尊“孔丹”为宣纸制作业的始祖。原来，孔丹是东晋时的一个青年纸匠，他师傅去世后，他就用自己造的纸给师傅画了幅像，挂在墙上。可是没有多久，这幅画纸就由白变黄，由黄变黑，并且一片片地剥落下来。孔丹见了，心中很不好受。他下决心，一定要造出一种经久不变的纸来画像。说干就干，他约了几个师兄弟，瞒着纸坊老板暗中干了起来。这样干了半年，不仅没有成功，反而被老板知道后解雇了。但孔丹并不气馁，决定单身一人外出取经。三年中，他从山西走到山东，没有多大的收获；又花了三年，从河南走到河北，还是收获不大，于是他转道江北、江南，此时孔丹已三十出头了。有一天，他来到宣城一带，发现一条山溪边一棵倒在溪面上的树干上，有一层雪白的东西，像一张薄薄的纸覆在上面。他用手一摸，这层东西像棉花一样柔软，又像皮一样牢实。孔丹感到如果用这种东西造纸，一定可以造出自己理想中的纸来。这种东西到底是什么呢？正巧，不远处的茅屋里走出一个白发老奶奶。孔丹忙上前去打听，但老奶奶耳聋听不见，一问三摇手。两人正弄不清楚之时，一个背着竹篓的姑娘从山里走来。孔丹转而问姑娘道："请问大姐，倒在溪面上的那棵大树上，有一层雪白的东西，不知是何物？"没想到姑娘一听，竟满脸通红，什么话也不说羞答答地躲到老奶奶身后去了。而老奶奶则仔仔细细地端详起孔丹来，弄得孔丹丈二和尚摸不着头脑。当老奶奶高兴地舒眉拉了一下身后的姑娘，姑娘才站出来对孔丹说："客官，这地方就我和奶奶相伴。我从小没了父母，16岁那年奶奶想把我嫁到山下的村子里去，我舍不得丢下奶奶，不肯去，奶奶说：'好吧，就依你。不过，等到有一天如果有男人来问这棵溪面上倒伏的檀树，你就非嫁这个人不可'，想不到今天，你……"这时，姑娘不好意思地低下了头。孔丹听后，眼见姑娘品貌端正，又想知道这倒伏在溪面的树干上的东西是什么，让她做自己的帮手，兴许可以早一点造出好纸来。于是孔丹便说："我是个纸匠，为了造一种好纸为师傅画像，走南闯北已十多年，大姐若不嫌我是个纸呆子，我就应允了，只是请先告诉我，这雪白的东西到底是什么？"这时老奶奶十分高兴地告诉孔丹说："她生下来那年，恰巧这棵檀树倒在溪面上，所以给她取了名叫檀姑。这檀树泡在溪水里，日晒雨淋，雨淋日晒，天长日久，树皮脱离树干，就变成现在这个样子了。"孔丹一听，真是踏破铁鞋无觅处，得来全不费功夫啊！当晚，孔丹和檀姑拜过天地结成了夫妻。第二天，他们就采集檀树皮，和燎草一起浸润、晾晒、揉制、蒸煮……终于造出了好纸，因地而名为"宣纸"。从此以后，宣城一带纸坊林立，纸匠们也都尊孔丹为祖师了。

"十里不同风，百里不同俗"，散布在汉族民间各地的纸匠也各有风俗异趣。

素有"麻纸之乡"的山西襄汾邓庄镇，其水井独特，碱重味涩，是用来生产麻纸的"得天独厚"的条件。这里的纸匠把麻绳头、碎纸张碾成浆，然后蒸浆，接着"抄纸"。"抄纸" 是一个关键工序，抄厚了，用料多，不整洁；抄薄了，有窟窿，不美观，纸匠水平可全凭此衡量。按俗规，当蒸好的纸浆搅在一个被俗称为“汗”的水池里后，纸匠站在“汗”边的一个土坑儿内，两手端着一个密竹帘，摇晃着双臂，把纸一张一张从“汗”里抄起，俗谓“水中捞财”。邓庄镇有15个村，村村有纸碾，家家有人会抄纸。每到农闲时，家家户户，男女老少都成了纸匠，这个时候你若走进“麻纸之乡”，只见那大街小巷贴满了麻纸，极目远眺，个个村庄仿佛是一个银装素裹的世界，原来这是造纸的最后一道工序：晒纸。

湖南龙回县滩头镇造“香粉纸”却又是另一番风情。这个地方出产一种呈鸭蛋绿色的石浆泥，将其从岩石夹层中挖出来后，晒干、捣烂，然后放进水池，经过多次掏洗，变成细腻的浆液，再配上颜料刷在一种特制的纸上，晾干后就成了香粉原纸。然后再把原纸加工成火柴盒般宽窄的纸片册，外面用玻璃纸包装，就成了深受女士们青睐的香粉纸。这种纸当你撕下一页往脸上轻轻一擦，油腻被吸附在纸上，而香喷喷的粉末则留在脸上，使人心旷神怡，人称“滩头一绝”。

四川夹江县石窖村造国画纸又独具风韵。这里翠竹满山，泉流清软，人们以嫩竹为原料，可以造出吸水保墨的国画纸。不知从什么时候开始，沿沟十几个村子，几乎家家以造纸为业，人们俗称纸匠为“稽户”。据说造纸有“七十二道手脚”，每年八月，砍下当年生的嫩竹，斩成二尺长的竹筒，再劈开，砸裂，放进石灰池里沤浸。半个月后，捞起洗净，放入用木板箍成，二米高，直径近二米的“璜桶”，明火蒸煮六七天，竹料煮烂了后，一群小伙子站在高凳上，举起杵杆舂捣。这时，用耙子翻捞竹料的人，便领头唱起四川民间到处流行的号子来，旁边的小伙子皆齐声和唱。纸浆捞出后，拿到小溪里，由姑娘们赤脚站在竹编的淘兜里踩、搅。旁边的小伙子用桶舀水，经滤布过滤后，冲进淘兜，以洗去纸料的碱质。纸浆洗好了便送到碓房舂成糊状的“纸花”。然后用竹耙在被称为“醩缸”的长方形大水缸中，把纸花搅拌成乳状的纸浆，这样便可捞纸了。一般是两个醩缸户，双手平抬着四尺长的竹帘子，轻轻在碏缸里捞起一层薄薄的纸浆，前后左右摇晃均匀后，滤去水珠，再轻轻地把竹帘反扣在纸台上，一张上好的国画纸就做成了。夹江的纸乡奉蔡伦为祖师，每年农历八月，当旧竹料用完了，新竹尚未沤烂之际，便举行“蔡侯会”，纸匠家家杀猪宰羊，祭拜祖师，串亲访友，村社唱戏，热热闹闹，痛痛快快地游乐几天。

浙江衢州一带造土纸是民间传统的手工业，也与各地纸乡一样，有的地方几乎家家有槽桶，村村有石碓。旧俗管槽者称为“槽主”，操作者称为“槽工”。毛竹大年，是剖竹丝的年份，俗称“倒山腌料”。上山时由槽主摆“开山酒”，祭请山神。完工时再请“闭山酒”。开槽要选逢四的日子，表示“四季发财”“财通四海”；也有的在七月或中秋节开槽，俗称“起槽响水”。这时槽主又要摆“起槽酒”，酒后由槽主分工。槽工伙食由槽主供给，每十天打一次牙祭，每人半斤猪肉，平时每餐都有豆腐吃。纸料落成后，要分给槽工半斤肉，俗称“落马肉”。休槽时槽主要摆“谢槽酒”。

◆ 织匠、染匠和缝纫匠

自从人学会穿衣服以来，几千年历史的陈陈相因，特别是悠悠岁月“男耕女织”的经济生活，汉族民间从织布、染布到成衣，传承相袭了一套风俗。

先从织匠说起吧！民间流传着一首《织匠歌》唱道：

又把织锦娘娘请，
手机织布她发明，
如今传授你先生。
梭子丢来似流星，
脚头踩来手头运，
犹如哪吒风火轮，
步步高升入青云。
布匹织得有水平，
火车拉来轮船运，
剩下几船运过海，
万国九州闻你名。

织锦娘娘是谁？织匠的织锦娘娘就是汉族民间家喻户晓的织女。杭嘉湖一带的织匠都崇织女为祖师，过去还有神像或画像供奉，小徒弟上门拜师，要先拜祖师，再拜土地菩萨，三拜师傅。嘉兴地区传说织绸的祖师是黄帝的大臣伯余，是他发明了机杼，而织女则被奉为机神。每年七月初七织女生日，九月十六伯余生日之时，织匠们都要到翔云观神殿去祭祀。届时，殿内张灯结彩，供三牲、福果。祭后举行宴会，并请戏班唱戏。杭州地区的织匠相传唐朝宰相杭州人褚遂良的后裔褚载，“得机杼之巧，归杭传里人”，使杭城机坊林立，“机杼之声，比户相闻”，故织匠们在褚家堂（现为忠清巷）建“通圣土地庙”来祭祀他。

不以织女为机神，却以黄帝为机神，把丝织技艺，买卖生意，机坊的兴隆都寄托在机神身上，故从明朝开始，织匠们便建造了机神庙，后来又兴建了两座，遂将涌金门机神庙称为上机神庙，东园巷机神庙为中机神庙，石弄口机神庙为下机神庙。每年春秋两季，织匠们用三牲五畜祭祀。其祭仪特别隆重，要宣读祭文，三跪九叩，机匠若招收徒弟，也在这时行拜机神、拜师礼。晚上，同行聚餐，演敬神戏。别具一格的是机神庙平时供应茶水，作为机坊主聚会、交流行情、交易买卖、切磋技艺的场所。

丝织行业中，南京织匠的“三花会”最富诗情画意。三花会就是谷雨前后到东阳（现南京的龙潭）去看金牡丹；七月七上古陵岗（现南京的北京路底）看海棠花；九月重阳到北极阁看菊花。这三花会俗规的由来是为了敬眼神。原来织匠织绸，全靠眼睛，织花色，就要看活花。拿看金边牡丹来说，还有一个动人的故事呢！相传从前龙潭山脚下很多人做织匠，有一家母子二人，儿子也是个织匠。有一天，他母亲在门口晒东西，跑来一只小鹿，朝她面前一跪，就朝屋里去了。过了一会儿追来一个打猎的，问她可曾看见一只鹿。老人好心救鹿，便说：“朝后山跑去了。”鹿被救后，衔来一根枯枝牡丹给了老人，她随手一插，没多久牡丹就生根发芽，第二年开出了黑瓣金边的金边牡丹。于是儿子便动脑筋把它画下来，织到云锦上去了。众织匠一见都道织得好，便纷纷到他家去看金边牡丹，相袭竟成了织匠的风俗。

在农村，民间自织土布之俗相当盛行。无论在陕西、山西，还是山东、河南，或者是上海、浙江，妇女们手摇纺车，脚踏斜织机的情景，构成了农村田园风光的风俗小景。至今山东鲁西南地区的鄄城县一带，许多姑娘自行设计，用斜织机织出十分漂亮的色织土布，一般用三四种颜色的经线，五六种颜色的纬线织成平纹布，最漂亮的是用五种颜色作经线，十几种颜色作纬线织成提花彩锦，其花纹有大八卦、小八卦、地笠花、手表花、灯笼花，图案各异，不同的姑娘织的花纹都不一样，五彩缤纷，如同宋代的织锦。有的姑娘告诉采访的人说，有的花纹我们称它“迷魂阵”，是因为颜色多，样子复杂，织起来跟走迷魂阵一样。而有的布更难织，织了拆，拆了织，反复了好几次才织成，所以叫它“难死人”了。听起来真风趣。这些织锦式的色织土布是干什么用的呢？原来这里的姑娘出嫁时都要用自己织的色织布做嫁妆，做被面子，难怪他们十几岁便开始学织布，原来当姑娘时精心设计织出来的色织布是爱情的象征呢！

再说染匠吧！

染匠的祖师爷是梅、葛二仙。说起梅仙染布完全出于偶然。梅还是个后生时，一天穿着一身白布衣服过河，不小心滑倒了。幸亏河水很浅，爬上岸时，白布衣让河泥染脏了。于是他脱下衣服，在河里洗，但怎么也洗不干净，白布衣成了黄布衣。没想到回到村里，人人都称赞他这身黄衣服好看，问他是哪儿弄来的。梅后生不好意思说自己滑倒的事，扭身走了。这时他的好朋友葛后生紧追不放，定要问个明白，方知根由。于是用河泥染黄布就传开了。就从那时起有了染布之俗。有一天，梅、葛两人在河里染白布，突然刮起大风，把他们晒在岸边的布吹到不远的草地上，等他们找到布捡回来时，黄布又变成了花布，青一块、蓝一块，怎么洗也洗不掉。两人一寻思，发现是草染成的，便把草弄碎，放进一个小水坑里，并把布放了进去，用棍猛搅，不久，布全变成蓝色的了。这下他们发现了用草染蓝布的秘密，便合伙专门干起染布行当来了。有一天两人已干得很累了，可是还有一池蓼蓝浆没用完，葛师喝了一瓶酒后在池边倒头睡下了。醉梦中将呕吐物吐在池里，梅师怕被人看见，便用木棍将呕吐物搅拌，与过时变成了烂泥的蓼蓝浆混合，没想到，这一搅，烂泥不见了，染浆成了黄褐色。梅师好奇，拿匹白布浸透后拧干，白布被染成了蓝布。葛师酒醒后，梅师把这个情况告诉了他，两人又试了一次，遂发明了用酒糟发酵使蓼蓝沉淀物还原的方法，用以染布。于是，后来的染匠们便尊其二位为祖师爷了。每年农历四月十日和九月初九这两天，染匠们都要到梅葛庙里聚会祭祀，同饮“梅葛酒”，以示祖师保佑，行业兴旺。

除杂色布外，汉族民间的蜡染和绞缬染之俗极富乡土气息。说到蜡染之俗人们以为只有西南少数民族才有，其实汉族民间也盛行蜡染之俗，过去在农村到处可见俗称为“斑斓布”的蓝底白花布，人们多用来做被面、门帘、蚊帐、包袱和围裙布等。笔者在浙江武义县居住的岳父家就曾有一床蓝底白花布被面一直用到20世纪70年代。而岳父家附近就有一家染布店，专门用蜡染法制蓝底白花布。蜡染之法按俗规，先将蜂蜡或虫白蜡熔化后，在白布或绢上描绘出花纹来，一般的染匠用油纸漏板上刮浆印花，然后浸入靛缸，最后用水煮脱蜡。由于蜡有防染的特点，故凡涂有蜡的地方脱蜡后即呈现出白色花纹来。嘉兴地方盛行一种“烤花布”风俗别开生面，这里的染匠用皮纸透雕成各种图案，凤穿牡丹、麒麟送子、狮子滚绣球、鲤鱼跳龙门等等乡土气十足的花纹，然后用黄豆粉、石灰作防染剂，刮印在白坯的绸、绢、葛、麻以及土棉布上，俗称为“烤”，再将布浸入染缸，也可染成蓝底白花布，有的还染成玫红、翠绿等色，更加艳丽，不少姑娘用此作头巾，分外妖娆。

绞缬染之俗是一种打绞结结而染的防染法，现代俗称“扎染”。染匠一般在一块白布上，按预先设计好的图案，像做包纽一样用线结沿图案线条缝引、抽紧，再用线扎成各色各样的小绞，有的动物命名为“鱼子缬”“鹿胎缬”；有的制作方法命名为“撮晕缬”“叠缬”“三套缬”；有以色彩取名“玛瑙缬”“绿丝斑缬”等。最后再浸到染缸里染色即成。这样，那些扎成小绞的地方由于染液渗透不进去，而染不上色，待布干了后，拆除缝线，就可见白色的花纹。特别是由于染液的浸润深浅不同，很自然地形成了从深到浅的色晕，效果特佳，素有“晕趣”之美称。由于这种染法只要家常的缝线就可随意做出各具特色的花纹，所以过去在民间广泛流行。现在仍有染匠用此法染制具有乡土情趣的窗帘、台布、坐垫、床罩、壁挂等。

最后再来说说缝纫匠吧！服装设计师现在十分吃香，做衣服的生意也特别好，但民间的缝纫匠集设计、裁剪和缝纫于一身，故缝纫匠又俗称“裁缝”。缝纫匠的工具是很有趣的，量衣尺称“三元尺”；熨斗形如龙头，缠丝线的棍子头也雕有龙头。相传这几样东西是给皇帝做龙袍时皇帝赏赐的。缝纫匠到顾客家中做衣服，都要把桌子摆在上首，因为缠丝线的棍子要摆在上首，此桌即谓之“龙凤桌”。从前，如有当官的人来，其他行业的人都要站起来，只有裁缝匠可以不站起来。民间的缝纫匠多上门做活，特别是给办喜事的人家做衣服，一般去四人，寓“四季发财”。第一件活要做既长幅又多的棉被、蚊帐，或长袍、长衫，取“长福长寿”之意。做衣服时，要在袖口上接一块布，取“添福（幅）添寿（袖）”之意。第一根线要一针缝到头，取“顺顺溜溜”之意。做办喜事人家的衣服，主人要给红包，结婚之日，还要被请吃喜酒。

过去，还有一种缝纫匠称之为“缝穷婆”。在旧北京多为一些中年妇女或老太太，在离家不远的地方，用块包袱布铺在地上，拿着剪刀、针线和碎布头，为过往的穷人缝补破旧衣服和袜子。急用的立等可取，不急的可第二天来取。她们多在午饭后至晚饭前摆摊缝穷。在旧上海的“缝穷婆”多来自苏北、安徽等地乡间，她们多挎着篮子，在街头为车夫、理发匠、小贩、码头苦力等单身汉缝补衣服。有的“缝穷婆”白天“缝穷”，晚上“拾荒”，把“捡”来的各色碎布，洗净晾干，在缝穷之余，制作一些布娃娃、小动物等民间玩具出售。现在北京、上海早已见不到这一类“缝穷婆”了，但在西安街头，还有些妇女带着针线篮子和她们精心缝制的各种动物或植物形状的针线布包，俗称“针扎”，在街头飞针走线，为大众服务，为现代化的闹市点缀了一丝民间乡土风情。

◆ 茅台酒匠与绍兴酒师

杜康古今都闻名，
熬酒熬糖创始人。
燧人氏赐他火一盆，
鲁班赐他一口甑，
鲁英篾箍箍得紧。
杜康传授于你们，
千坛美酒来做成，
张三买酒去接亲，
李四买酒请客人。
武松当年把酒饮，
景阳冈上打猛虎，
孟州醉打蒋门神。
红漆桌上酒一瓶，
醉倒好多英雄人。

从这首民间流传的《酒匠歌》中可见汉族酒风俗已源远流长。汉族民间酿酒有两大流派，一大流派是酿白酒，另一大流派是酿黄酒。

当今白酒的名酒以茅台酒为冠，讲酒匠风俗则非讲茅台酒匠风俗不可。举世闻名的茅台酒产于贵州仁怀县茅台镇。说起来，其历史并不长，大约在清康熙四十三年（1704 年），一位由陕西凤翔来的盐商在茅台镇杨柳湾安了家。此人好饮酒，为了满足嗜好，特地从家乡带来一名酒匠。这位酒匠参照汾酒和西凤酒的酿造法，采用当地的水源酿酒。酿制成后，商人一品尝发现比过去的酒更加醇美。从此以后，茅台镇的酿酒业日趋兴旺，遂形成了一套独特的酒匠风俗。

茅台酒的原料，以高粱作糟，小麦作曲，成分比例为1∶1。烤酒的季节性很严，每年的重阳节前必须投料，从这时起到烤完酒糟需要十个月半，中间要经过9次蒸馏，7次烤酒，烤时不加一点水，烤完后还要进行勾兑，使酒的主体香突出出来。若你有机会走进茅台酒坊，可以看见酒匠们把经过第一次蒸馏的熟料从甑里挖出来，摊地放凉，掺上一部分被酒匠称为“沙”的碎高粱，洒上水，然后再上甑蒸馏，取出摊凉，拌上高温制成的小麦曲料，再入窑发酵一个月。这一过程酒匠俗称“挞沙”。如此一次一次地循环，每烤一次酒，便把这种不同香型的酒分别勾兑装坛。然后入酒窖存放半年，取出品尝，不合格的还要再次勾兑，直到合格为止，这样一直要在酒窖里存放三年，最后确认为合标准后，再入窖贮放半年，方可装瓶出厂。

由于茅台酒酿制周期长，工艺复杂，稍有不慎便会把酒酿坏，所以酿酒十分讲究酒房的风俗。俗规妇女不得在酒房送饭，以免菜味窜入酒味。酒房忌说“酸”字，以免酒酸变成醋。过去，每当烤出初酒时，酒房主要在酒房贴有“杜康先师神位”的神龛下焚香点烛，祭上一只公鸡，一块猪肉，祈求这一年酿酒顺利。敬毕，供品给工人们吃。每年正月，各家酒厂还要举行“杜康会”，让烤酒工人聚餐、听戏，娱乐几天。

黄酒的名酒则以绍兴为最。讲到绍兴酒，人们不禁会想到鲁迅先生笔下的咸亨酒店了。当人们在曲尺形的大柜台旁，就着兰花豆，津津有味地喝着“绍兴老酒”时，不得不钦佩绍兴酒师的酿酒手艺高。

绍兴酒的历史就比茅台酒久远多了。相传早在春秋时代，勾践出师伐吴，越国父老把美酒献给勾践，勾践受酒后却不自饮，而把它倒在一条小河里，与出师的将士一起分享，留下了“一壶解遗三军醉”的历史传说，绍兴人一直称这条小河为“投醪河”。可见两千多年前就有了绍兴酒，到南北朝时绍兴酒已成为“贡品”了。于今人称黄酒为“国酒”，而绍兴酒则是“国酒”中的精品了。其酒精含量适度，刺激性弱，有特殊的滋补功能，故绍兴有句儿歌唱道：

老酒糯米做，吃了变nio nio。①

① 绍兴土话“猪”读作“nio”。其意思是说经常喝绍兴酒的人身强体壮。

绍兴酒用精白糯米、麦曲和水酿成。其酿造法与茅台酒大相径庭，每年立冬至小雪间，把糯米蒸成干饭，倒在竹簟上，冷却后，用麦曲和酒药拌和，发酵三四天，然后放在酒缸内。这种酒缸是可盛一石八斗米饭的“七石缸”。先焖七天左右，让饭发酵，再每缸加700 斤左右的冷开水，又焖一百天左右，然后开缸。绍兴酒师称开缸为“开耙”，要由俗称“开耙师傅”的酒师高手来决定是否可开缸。过早，酒力不足；过迟，酒要走味。有经验的酒师往往把耳朵贴在缸边仔细地听缸里发酵的声音，便可判断。开缸后，就上榨，把缸内的酒和糟一起灌在一只只袋里压榨。榨完后，留在袋里的为酒糟，榨出来的是酒。

绍兴酒的品种很多，煎酒时放入颜料的呈红褐色，就是“状元红”。在一石八斗米外再加三斗米共二石一斗煮成饭做的酒，因加了三斗米的饭，就成了“加饭酒”。最名贵的“花雕酒”是比“加饭酒”还要多加三斗米的饭酿成的。用开耙后不上榨的白酒代替冷开水做成的 “善酿”，俗称“酒合酒”。用加饭的糟熬成的烧酒代替水，再加工而成的一种甜味酒，就是“香雪酒”。从绍兴酒师不同的酿酒风俗上可知，绍兴酒师以“善酿”最佳，“花雕”次之，“加饭”再次之，“状元红”最次。但最负盛名的却是“加饭酒”。

在绍兴酒乡，农家几乎家家会做黄酒，有不少农家自己用橘子浸泡而制成的“福橘酒”；用花红果浸泡而成的“花红酒”；用桂花浸泡而成的“桂花酒”；用黑枣浸泡而成的“枣子酒”；用荔枝浸泡而成的“荔枝酒”；还有用鲫鱼浸泡而成的“鲫鱼酒”等等，用以自饮，其乐无穷。笔者作为绍兴一带的余姚人，家中也会自酿黄酒。迁到广西后，仍不忘家乡黄酒的醇香美味，特别是黄酒用作料酒在烹饪菜肴中发挥的特有作用与风采。故每年仍设法从家乡弄点酒曲来，做上五六次黄酒以作炒菜的料酒之用，实感其味无穷，自得其乐。

◆ 剃头挑子一头热

民间的剃头匠大多挑一副担子，一头是火盆，上面放着铜脸盆盛着热水，盆上方挂一面镜子；另一头是带小抽屉的小长方凳，小抽屉内放着剃头刀、剪刀、木梳等工具，抽屉下面放有一个小水桶盛水。故有“剃头挑子一头热”的俗语。

据说剃头匠的祖师爷是一个姓罗的道士。有一年雍正皇帝头上生疮，每天梳辫子时很难受，连续杀了几个剃头太监。当时北京白云观祖籍湖南的罗道士很同情太监，便研制出了剃头刀、刮脸刀、取耳、清眼等剃头工具和梳辫子的刷子、拢子、篦子和掏耳朵的“耳挖勺”等，并编排了一套捏、拿、捶、按的面部、头部按摩术。他把这些工具的用法和按摩术传授给宫里的剃头太监，雍正皇帝剃头时不但不再难受，而且头疮也痊愈了。从此，理发行业便称罗道士为“罗祖”，成了剃头匠的祖师爷。为什么剃头匠的祖师爷到清代才出现呢？这是因为汉族在清代以前从没有人剃头理发，清朝下了“剃头令”后，强迫人人剃头，才兴起了剃头这个行业，这样剃头匠的祖师爷当然出世晚了。

剃头行业虽然兴起最晚，但在三百六十行中它却是第一种行业。这是因为皇帝的头也要由剃头匠剃，所以过去剃头匠的挑子一头镜子上有一根杆子，叫“旗杆”，镜下还有一个四方盒，叫“旗杆盒”，据称这里面是放皇上圣旨的。

旧北京的剃头匠风俗最有讲究，名堂特多。拿剃头挑子上的工具来说，铜盆，俗称“海”，据说是清三旗兵役（专职剃头匠）的铜盔；取水的木瓢，俗称“镇海”，据说是旗兵用来饮水的水葫芦；烧水的火罐，据说是军用的火药罐。还有旗杆上的磨刀布，便是由过去挂的“代诏”演变来的。“代诏”，是代替圣旨的意思，早期的剃头匠还是奉清朝皇上的命令给人剃头的，所以挂一条黄绸“代诏”。后来，剃头匠走街串巷，剃头刀不利时磨起来不方便，便常常信手把挂在旗杆上的“代诏” 扯过来擦几下，久而久之，“代诏”也就成了磨刀布了。最有特色的是剃头匠手持的“唤头”。对这个“唤头”，1775年随英国马戛尔尼访华的随行人员回国写的《英使访华录》中记载说：“他们（指剃头匠）手携大铁叉，用手指拨开叉口让它相当剧烈地振动时，就发出一种尖锐的声音，可以传播很可观的距离，从而招徕生意。”电影《城南旧事》中就有这样一个镜头：一个剃头匠肩担剃头挑子，右手拿着一把镊子样的东西，左手拿一根小铁棒在镊子上一刮，发出“商昂、商昂”的响声。

当时的剃头匠有很多行约俗规，一是唤头“三不鸣”，即过庙不鸣，怕惊了庙内的鬼神；过桥不鸣，怕惊了四海龙王；过剃头棚不鸣，怕搅了同行的生意。二是“同行盘道”，剃头匠把“净发须知”当作祖传范道，把学到的手艺当作“师传衣钵”，如果不知“净发须知” 谓之“有师无祖”，要受到同行的排挤。排挤的方式分“文盘”和“武盘”。文盘是两挑相遇，彼此以“祖传范道”进行口试。武盘是两挑相遇，或剃头挑子走到剃头棚前忘记行规鸣响了 “唤头”，对方疑为有意挑战，待误鸣“唤头”的挑子走到自己面前，则将称为“大竹篮”的剃头篮布大围巾，或称为“小竹篮”的小围巾横铺地下，使其不敢前进，因为这两块围巾是祖师爷的两条青龙。这时，他若直闯，或绕“竹篮”而过，或退回去另走他路，对方便可没收他的挑子。如因此发生纠纷，还可将其挑子砸毁，或把他打伤。如果误鸣者懂得行规，这时，他便应该走到“竹篮”前将挑子放下，弯下腰用双手拿着“竹篮”的边沿，撕一寸小口，随撕随唱：“你要青龙拦道。”然后站起来，把自己的小篮巾放在左臂上，把剃头挑子捧起，用左臂担着，踏着蓝布围巾向前走，边走边唱：“我就跨海登山。”走过后，便不停地鸣“唤头”，扬长而去，对方不得阻挡。因为“竹篮”虽代表青龙，但剃头挑子上的铜盆却代表“海”，用臂担着挑子走过，表示“跨海”，寓意跨海降龙，将龙收入海中。

北京的剃头匠虽然资格老，但却没有江苏扬州的剃头匠名气大。从辛亥革命以来，一直到中华人民共和国成立以后的20世纪五六十年代，扬州的剃头匠散布全国各地。扬州的剃头匠分三种：一种有固定铺面，设备较全，不光剃头，还兼挖耳、推拿、捶背、按摩等。第二种是肩担挑子有固定的地点，搭成简易的布棚或席棚，坐以待客。第三种是夹着一个包袱或一小柳藤工具箱，走家串户或定期上门剃头。直到今天，除到处都有的理发厅、店，或发廊、发屋以外，剃头挑子在城乡民间还是相当活跃的。

剃头匠也有自己的行话，剃光头叫“木龙”，理西发叫“西草”，剃平头叫“平草”，洗头叫“盖盆子”，围布叫“大栏”，毛巾叫“小栏”。并用狮、象、麒、麟、猊、虎、豹、鹿、狼、狐十个字代替十个数字，在顾客面前用暗语讲价格。理发匠最高兴剃结婚头和小儿头，前者俗称“新郎头”，后者俗称“满月头”。因为剃这两种头不但有红包，还可吃喜酒。

四、商贾交易风俗

◆ 形形色色的庙会

庙会，又称“庙市”，起源于古代的社祭。据说古代把祭土地神的祀礼、祀期等都叫“社”，如春社、秋社、社日等。有神即有庙，有庙即有祭祀神的佛事，有佛事就有逛庙烧香的人，有逛庙烧香的就有商贩来做买卖，年复一年，便传承形成了庙会集市，所以庙会一般都设在寺庙内或其附近。庙会发展到后来，尽管有的庙已坍塌，香火已绝，但商贾摊贩沿袭旧例，届期前往，便也传承下来，成为没有庙的庙会了。

庙会也因地异俗，传承变异为形形色色的庙会。

安徽休宁县海阳镇的五猖庙会以“游街”为特色。过去休宁的五猖庙会遍布各村。相传朱元璋与陈友谅在皖南打过几年的拉锯战，死了不少士兵。朱元璋当了皇帝后，梦见阵亡的士兵要求抚恤，乃命江南百姓造“尺五小庙”供奉阵亡的士卒。由于香火兴旺，久而久之，便传承形成了五猖神庙会。旧俗农历五月初一是海阳镇的五猖庙会日，俗称“打猖会”。届时，烧香、游玩的四乡百姓云集，沿街店铺、茶楼、酒肆和居民，家家焚香点烛，祈求五猖神主驱鬼祛邪，保佑消凶化吉。而来自江西、浙江以及安徽其他地方的善男信女们，也纷纷背着香袋来赶会，一时间海阳镇东西两街拥挤着南来北往的商贩，摊位一直延伸好几里长。

五猖庙会最富有民间乡土气息的是“游街”。“游街”由“会首”

领头，前面有青、白、黑、黄、红各色彩旗开路，后面跟着的是十景担、茶水担、黑白棍、肃静牌、万民伞，四人抬的大香案，竹编彩色食品篮，纸扎的猪羊牛马以及纸扎的楼堂依次排列跟上，大多造型精巧，惟妙惟肖，琳琅满目，无奇不有。这时，鞭炮齐鸣、锣声喧天、唢呐声声、大鼓咚咚，好不热闹。接着而来的是城郊各村前来助猖的民间剧团，他们妆扮成历史故事、神话传说、戏剧中的各种英雄、美人，千姿百态，争妍斗艳，正是人们所云："万方皆集会，百戏尽前来。"

打猖庙会"游街"队伍的主体是杂耍队。只见紧接戏队伍后面的杂耍艺人个个气宇轩昂，领头的一个汉子，头扎红巾、赤膊，舞动一把三股钢叉，上飞下舞，左旋右转，忽儿横身缠绕，忽儿横空小翻，把钢叉舞得呼呼作响，威风十足。杂耍的或舞剑弄刀，或打拳踢腿，或耍花坛拿鼎，最令人叫绝的是红衣少年耍火流星。只见火流星在身穿红衣套服的少年手中，一会儿疾如闪电，一会儿如金蛇吐信，一会儿似天女散花……忽然，只见他猛地一声呐喊，把火流星飞旋空中，一个鹞子钻天翻，又腾空跃起抓住，落地借势一个十八滚满场飞旋，突然打了个"五猖哨"，扬长而去，见之令人赞不绝口。

于是，在弦乐金鼓，鞭炮噼噼，烛光摇红，香火缭绕之中，披红挂绿的五猖神主的偶像在人们的簇拥之下，被抬进了庙堂。晚上戏场灯火辉煌，戏台顶棚上高悬一面杏黄大旗，两旁排着赤、橙、青、蓝、紫色彩旗，徽班艺人大显身手，赶庙的人们更欢悦了。

河南浚县卫河边牛村的天仓节庙会风情别具。"填仓填仓，小米杂粮汤。"北方农家正月二十日过天仓节，又称"填仓节"。相传远古之时，共工和颛顼两个部落打仗，共工败逃，怒触擎天柱不周山，导致苍天倾圮，大雨不止，洪水滔滔。后幸亏女娲用五彩石补了天，据说补好天时正是正月二十日，故人们称这天为天仓日。牛村临河，历史上常遭水患，所以这里过去举办庙会时，都首先祭祀龙王庙，祈求保佑丰收。后来，修筑了大堤，不知什么时候，龙王庙也拆掉了，但年年依俗举办的庙会，仍然十分盛大、热闹。届时中午十二点，牛、赵、郝、蒋、雷、彭、高、侯、姜、官等村的鼓乐、执旗、礼炮队到齐了，传统的武术、狮舞、高跷、旱船、跑驴等民间舞蹈队也到齐了，各村由两位扮成古典戏曲人物的妞妞绑成的三四米高的“彩阁”也到齐了。这时，会首将手中的杏黄旗一挥，三四十支三眼铳顿时一齐轰鸣，鼓乐随之大作。在上书“文娱圣会”的门旗引导下，各村的文艺队伍顺序出发，进行巡回表演。按俗规，村头、街口插挂着各色旌旗，作为文艺队伍停下来表演的标志，路边的人群密密匝匝，围得水泄不通。人们观看着风趣而惊险的种种表演，或耍枪舞棍，刀光剑影；或与“狮子”搏斗，热烈而惊险；或大头娃娃，天真憨态；或旱船艄公，唱词幽默……逗引得观众发出一阵阵的捧腹大笑。这一年一度的天仓节庙会，吸引着远近十几、二十里村庄的亲友和乡民。有趣的是，来赶庙会的人只要在村口买上几斤油条，用柳枝串了起来，就算是访亲的厚礼了。于是，来赶庙会的亲朋好友多的人家，堂屋、厨房、屋檐都挂满了油条，成了油条的世界。晚上，按俗规向火神爷礼拜时，长达40多米高高地挂在树上的鞭炮，在群狮欢舞之中点响了，噼里啪啦，足足要响40分钟，俗称“万子炮”，此时，红火的天仓节庙会结束了。

与牛村同县的浚县城郊大伾山、浮丘山还有个奶奶庙庙会，这个庙会一年两次，以正月十五和七月十五为会期。届时方圆百里的农民云集在这里祈福、游乐。奶奶庙庙会最引人注目的是玩具摊，森罗万象、五花八门的民间玩具，有布老虎、木雕小人、木制刀枪……独具特色的是泥玩具，什么小红马，脑袋会动的狮子，能吹响的公鸡、小鸟，美不胜收。此地风俗，赶庙会回来，必须给孩子捎些玩具，以示带来了幸福和吉祥。过去，当妇女们赶庙会回来，若听到儿童们大唱“给个泥咕咕（小鸟），回家抱孙孙”时，个个心里都甜丝丝的，因为这是祝福添子的吉祥歌谣啊！于是便高兴地抓起一把泥鸟向唱歌谣的儿童们撒去。这些泥玩具不仅美观、威武，具有浓郁的乡土情趣，小孩子可以玩，大人买回去摆在八仙桌上“镇宅驱邪”，春节时还可以当烛台用，把红蜡烛插在狮背的小孔上，烛光煌煌，给节日增添了欢乐气氛。

苏州玄妙观的庙会集市，由于游客不绝，一年四季都经久不衰。据史书记载，明代天启年间玄妙观前已有露天书场之类。清代，集市尤盛，《清嘉录》记其春节庙会的盛况说：

卖画张者，聚市于三清殿，乡人争买芒神春牛图。观内无市鬻之舍，支布幕为庐，晨集暮散，所鬻多糖果、小吃、琐碎玩具，间及什物而已，而橄榄尤为聚处。杂耍诸戏，来自四方，各献所长，以娱游客之目。

玄妙观庙会最富地方风味特色的是吃食店，诸如小米子糖、庆汤粽、氽鱿鱼、熏鱿鱼、凉粉、藕粉、千张百页、酒酿园子、豆腐花、糖粥、梅花糕、海棠糕、焐酥豆、五香茶叶蛋、鸡鸭血汤等等以色、香味、廉相争于市，随客就食。小吃店旁的几家茶馆，从清早起便坐客满堂，茶客们一面品茶，一面吃点心。卖零食的提篮小贩，川流不息地在茶座之间来回叫卖，成为庙会的一种经营特色。三清殿内却是传统的年画市场，过去大多由桃花坞木刻社供货，每逢春节和春秋香讯，总是门庭若市。此外，过去在玄妙观东侧的牛角浜，是算命、相面、测字的集中地。这些人挂着“赛诸葛”“小神仙”的各式招牌，以“三寸不烂之舌”，自诩“能知过去未来，善断吉凶祸福”。一些痴男怨女、愚夫蠢妇，以及做梦也想发财的商人趋之若鹜。同时同地，也有一些挂着“祖传秘方”招牌的江湖郎中、牙科郎中以及专治跌打损伤的伤科郎中在此行医。于是吃食书画、江湖杂耍、医卜星相，终日熙熙攘攘，游人如潮，构成了一幅玄妙观庙会的风俗画。

杭州的吴山过去庙宇特多，有“吴山七十二庙宇”之说。这里的庙会，一年四季有几个浪潮。大年初一到正月十八，赶庙会的多是杭州本地人，为的是辞旧迎新。二三月间，杭嘉湖一带的香客纷纷到杭城进香，他们先到天竺、玉皇山、净寺进香，最后才到吴山。到此之时，香已进完，香客们就准备买点东西带回去了。于是，吴山脚下清河坊一带的胡庆余堂，孔凤春、多益处、状元楼等店家的生意就特别好。立夏一到，杭州城从事商业和饮食服务业的伙计、店员有“五郎八保上吴山”之俗。此外，遇到吴山庙里的什么菩萨生日，庙会也总要有一番热闹。

绍兴的庙会分陆会和水会两种，陆会之俗与其他地方大同小异，唯水会别具一格。绍兴是水乡泽国，农历五月十六日在偏门外蒋家溇举行的“黄老相公会”就是一个规模较大的水会。蒋家溇紧靠鉴湖，沿岸有几百个村庄。本来绍兴人只信蒋家溇的“黄老相公”能治病驱邪，后来一班财迷想入非非，居然把黄老相公当作财神张老相公看，跑到蒋家溇去许愿求财运。于是蒋家溇的黄殿，便门庭若市，香火盛极一时。水会的迎神队伍及次序虽然与陆会基本相同，但供菩萨的供棚搭在河里，三面临水，一面靠岸。而且由于以船为交通工具，故服饰、表演便具有水乡特色。如“塘报”，陆会菩萨出巡，由一个童子骑在马上，梳着两根直角辫子，手持令旗，一到供菩萨的供棚，便在马上表演技艺。水会则用龙船，报童站在船头，手持令旗，表演各种姿势，一到供棚，便表演“童子拜观音”“鲤鱼跳龙门”等船上或水中的技艺。又如执事仪仗队，用三明瓦画舫改装，至少有八只船。至于“高照”，陆会由一彪形大汉手擎三四丈长的毛竹旗杆，上挂用绸缎刺绣而成的绣有“国泰民安”“五谷丰登”“六畜兴旺”“风调雨顺”的大旗。每过供棚，他便手持旗杆耍各种绝技。水会则由五只船组成，中间一只擎高照大旗，四角有四只护索船，比陆会更为壮观。绍兴的水会较大的还有青甸湖的“湖神会”，白塔洋的“黄鳝将军会”，昂桑湖的“龙王会”，大树港的“康王庙会”，瓜子湖的“娘娘庙会”，等等。

最绝的是河南马丰县马街的说书庙会。每年农历正月十三，马街村外一望无际的麦地上，布帏如林，人声如沸，数以几万计的赶庙会的人既不是去拜神，也不是去卖东西，而是去听书。原来，有二百五十多年历史的马街庙会，传承演变，竟成了全国曲艺界的盛会。届时，艺人们从鄂、川、皖、陕、鲁、冀、辽等地汇集于马街，什么河南坠子、徐州琴书、天津评书、山东琴书、四川清音、凤阳花鼓、南阳大调……什么大鼓书、三夹弦、乱弹、道情…… 都在这里摆下了书场。而只有三千人口的马街，民风淳厚，款待艺人如亲友，分文不收。艺人与老乡亲密无间，总是以拿手好戏酬谢热情的老乡。马街庙会为什么会成为一个书会呢？原来艺人们到此来说书亮书，是为了被人“写书”，即书会后被邀请到各门各户去演出，“写” 价高者为当年书会的“状元”。

◆ 幌子广告风俗古

汉族民间经商做生意挂幌子之俗，用现在的话来说就是做广告。

幌子，又称为“望子”。幌子是个什么样的东西呢？凡看小说《水浒传》，或电视剧《武松》的人都知道，当武松去找蒋门神算账时，到了快活林的丁字路口，便见蒋门神大酒店，檐前立着望竿，上面挂着酒望子，写着四个大字：“河阳风月”。这就是招徕顾客的幌子，告之人们，这里是酒店，想买酒的请进来。看来，起码在宋代汉族民间就有以幌子做广告的风俗了。

据说，店铺挂幌子做广告的风俗是从酒店开始的。起初酒店多挂书有“酒”字的旗幌子，后来却又改用葫芦作酒幌。这个变化民间流传说与张果老有关。相传八仙之一的张果老倒骑着驴，背着个葫芦，到处游览。有一天他化身为一个普通老人，背着葫芦，骑着毛驴来到了一家名日“醉化居”的酒店，被勾起了酒瘾，便将毛驴牵到门前的一棵山楂树下，进门找了个桌子坐下，顺手把自己的葫芦系在桌脚上，问掌柜的“有什么好酒卖？”跑堂的说：“有，有！你老没听说过俺这里的‘醉八仙’吗？”张果老一听酒兴更大了，说：“真能醉八仙吗？醉了如何？不醉又如何？”跑堂的说：“不过是借仙家的名气做买卖罢了！”张果老便要了一壶醉八仙喝了起来。一喝果然是好酒，一盅下肚，醇香满口，天宫里的玉液琼浆，也没这酒的自然清香，回味绵长，便开杯大喝，喝了一壶又一壶，最后也不知道喝了多少壶，直到有八分醉意时，才趔趔歪歪地出了酒店，骑驴而去。没想到老头的酒量把跑堂的吓呆了，竟忘记问老头收酒钱。当他醒悟过来时，老头已无影无踪了。急得团团转的跑堂只好把老头忘记带走的葫芦拿去顶账。掌柜的还好商量，反倒叫跑堂的把这酒葫芦高高地挑起立在大门口，好让老头来认领。但是一晃三个月过去了，老头都没有来认领，掌柜和跑堂的也就淡忘了此事。但是，自从酒葫芦挂出去以后，喝酒的人越来越多，连南来北往的客商也慕名而来品尝，生意红火得不得了。开始掌柜的还纳闷着，何故生意会兴旺起来呢？后来从酒客的谈论中知道：人们看见挂在门外的酒葫芦，认出这是张果老的酒葫芦。一打听知道张果老到这里喝过酒，醉了撇下了酒葫芦。于是一传十，十传百，百传千，四面八方的酒客络绎不绝地都来品尝张果老喝过的“醉八仙”了。掌柜听了又喜又气，便把原来做酒幌的旗子撤了，光留个酒葫芦做酒幌，传承下来也就成了酒店的一个实物广告。

过去，汉族民间做生意以幌子为广告的风俗流传很广，各行各业大多有自己的幌子，如：

酱菜铺，在一木板上镌刻或用漆书写“酱园”或“酱”字为幌子。

药铺，用一块四周为白色，中间一个黑心的木板为幌子。

裁缝铺，在一木板上书写“成衣”两字为幌子。

烟铺，用布或木板制成送烟时的烟包形和烟叶形，上面书写各种烟的名称，如“昌平烟”“关东烟”“云烟”等为幌子。

理发铺，用木板书写“整容”为幌子，后来被从西方国家传入的红、蓝、白三色条纹的玻璃转动圆柱替代。

烟袋铺，用一个木制大烟袋为幌子，长一尺至三尺，有的竖于门旁，有的悬于屋檐下。

接生婆店，用木板两面分别书写“快马轻骑，某氏收洗”为幌子。

鼓铺，用一串鼓为幌子。

麻店，用几缕麻为幌子。

草料店，用冲天竹竿捆一束稻草为幌子。

绒线铺，用各色绒线为幌子。

寿衣铺，用一只大黑靴模型为幌子。

颜料店，用若干木制彩色木棍为幌子。

凡此等等，有的为文字幌，有的为形象幌，有的为实物幌，有的为象征幌，相约成俗，各显其趣。有的店家为了招徕顾客，往往别出心裁地制作幌子。老北京的人都知道，过去在前门外鲜鱼口有一个“黑猴儿帽店”，其门前的幌子是一个木质的黑猴儿。这个奇特的幌子还颇有来历呢！据传说明朝末年，山西人杨小泉在前门外鲜鱼口西口路南，开了个自产自销的小帽店。他在店内养了只黑猴，驯养有素，常帮主人拿取货物，夜晚看家，很受主人的喜爱，也招引了不少顾客，人们称之为“黑猴儿帽店”。后来杨小泉和黑猴儿相继去世，杨小泉的后人为了招揽生意，便请木匠做了个木头猴，外涂黑漆，手捧金元宝，静坐在铺前一个高几上，吸引了不少顾客来观赏和买帽子，于是黑猴儿帽店的生意一直十分兴隆。

幌子还可分等级，在东北旅店的幌子大有讲究，挂笊篱头子幌子的是鸡毛小店，专招徕挑担的小货郎，贫穷的过路人，吃得很简单；挂一个罗圈，下面飘几根布条幌子的是小店，招徕一般过往行人，吃的是大煎饼和豆腐脑；挂梨包幌子的店，比前两种店稍大，专住赶大车和赶牲口的，伙食一般，有喂牲口的站槽和泡料的缸；挂两个罗圈幌子的店，这种店又住大车又住人，伙食也简单，当地俗称“管小饭”；挂五个罗圈儿的大车店，这种店条件较好，有卖草料的，伙食中等，也有便宜的酒菜；挂柳罐斗加一串罗圈（一般五到七个），下系红布条幌子的大车店，这是东北最讲究的旅店，除有大炕外，还有单间，伙食也讲究。现在东北的饭馆也时兴挂罗圈幌子，一般小饭馆挂一个罗圈，大饭馆挂两三个罗圈，有意思的是红布条表示这是汉族饭馆，蓝布条则表示这是清真饭馆。

幌子一般一年四季固定不变地挂在店铺前，但有的店铺则依季节和时令不同而临时挂幌子。如元宵节前，经营元宵的糕点铺，便把元宵幌子用长杆从屋檐下向外挑出，以示本店经营元宵，元宵节后即收起。经营扇子的字画店在夏天将一特制的大折扇挂在店前做幌子，招引人们买扇，立秋后则摘下收起，待来年入夏再用。

由于社会经济的发展，科学技术的进步，以幌子为广告的风俗近几十年来发生了很大的变化，橱窗的布置、霓虹灯的使用等都是幌子的新变异。但是，即使在现代化的浪潮涌来之时，民间仍有不少地方的店铺还保留着用幌子招徕顾客的风俗。笔者1987年暑假到湖南湘西永顺县王村（以拍《芙蓉镇》出名）去考察时，一进入街口，即见一镶边杏黄色的旗帜上，大书一个“酒”字，挑挂在街中间，一种朴实的乡情当即便从心中油然而生。

◆ 卖什么吆喝什么

汉族的商人一向分为坐贾和行商两类，行商过街串巷，沿街叫卖，成了民间流行最早的一种广告形式。《楚辞》中就有姜太公在肆里“鼓刀扬声”的记载，看来姜太公可以被封为汉族叫卖广告的祖师爷了。《东京梦华录》中就记载了北宋开封“小贩夜间顶盘挑架……遍路歌叫”的情景。正如俗话所说：“卖什么吆喝什么。”以叫卖、吆喝做广告，方便易行，一直传承流行于民间。

叫卖吆喝虽然简单，却也有许多讲究。一般来说，叫卖吆喝句句有音韵，有节拍，所以古人即谓之“歌叫”。小商小贩们出口成歌，极尽口头广告之能事。

安徽淮北地区淝水两岸的乡间集镇，每到腊月或春秋古会商贩云集之时，小商小贩们便唱起了叫卖歌。这里唱叫卖歌的形式，一般是二人对唱，以四句为一段落，或干口唱，或打竹板数唱。《民间文学》1988年第2期发表了一首叫卖“八大味”调味香料的长篇叫卖歌，摘其一二如下：

甲：吸过烟来喝罢茶，以前干啥还干啥，
　　小磨推来碾子搅，俺把材料配起来。
乙：“八大味”，九大香，漂江过海大茴香，
　　有肉桂和凉姜，砂仁“豆蔻”都放上。
甲：还有花椒和“草果”，云南的胡椒再配上，
　　要买材料要包全，到家做菜不觉难。
乙：少吸烟来少喝酒，买包材料往家走。
　　大的喜小的夸，老婆子夸你会当家。

这种叫卖歌，四个乐句有不同的音调，但基调大同小异，不同之处随歌词最后落字的字韵而变，叫唱起来清晰好听，成为淮北乡镇集市的

一俗。

广州的叫卖具有南国风韵。过去有叫卖陶圆面的叫卖歌吆喝道：

买一包，三分六，买惯买熟，唔驶[1]找赎。
滚水冲得熟，有鸡茸，唔驶落猪肉。

短短几句，把陶圆面的价钱、质量和食用法都广而告之了，懂广州话的人听起来是很入耳的。还有一种卖柠檬霉姜的小贩叫卖唱道：

老人食过又提神，细蚊仔食过肥腾腾，
咳嗽食过有喉痕，一仙有得卖，
买的阿妈食吓喇！阿妈话你乖。

这种具有广东音乐味的叫卖歌，告诉人们，柠檬霉姜这个东西，老人吃了提精神，小孩吃了胖得很，咳嗽的人吃了可治咳，一个铜板就可买，买点回去给妈吃，妈妈说你乖。听起来顺耳，招徕顾客的效果一年四季都立竿见影。

比较起来，数旧北京小商小贩的吆喝最复杂、讲究，按俗规，除卖掸子的、修脚的、绱鞋的、劁猪的、锔碗的、行医的、剃头的和粘扇子的不能吆喝外（俗称“八不语”），其余的商贩大多有自己的叫卖歌，无论春、夏，还是秋、冬，北京的大小胡同里常常听到，或高亢，或低沉，或悠扬，或顿挫的叫卖吆喝声，老北京人一听就知道是卖什么的。这种抑扬顿挫，生动风趣的吆喝声，成了北京胡同风俗景观之一。

北京的叫卖吆喝声九腔十八调，音乐感极强，高凤山先生在《北京往事谈》[2]中，按春、夏、秋、冬四季详细介绍了各式各样的商摊的叫卖吆喝声，并记了谱，十分传神，看后使我们如亲聆其声。

① 广州话“唔驶”为不用之意。
② 高凤山：《北京往事谈》，北京出版社，1988年版。

正月初一卖活鲤鱼的吆喝声特别豁亮。北京人有初二祭财神之俗，买了鲤鱼去供祭，以兆“鲤鱼跳龙门”之吉，一元复始，大清早听到这么顺畅的叫卖吆喝声，一听就显得痛快、吉利，求发财之吉利的人能不出门来买？

二月初一是“太阳生日”，北京有逛太阳宫庙会的风俗，这天卖太阳糕的人在太阳糕上捏一小红公鸡，叫卖吆喝道：“太阳糕嘞，小鸡的太阳糕啊。”

听到这“小鸡的太阳糕”的吆喝，若再见到捏有小红公鸡的太阳糕糕，让小孩喜欢得流口水，大人岂能不掏钱买？

三月北京人爱吃豌豆黄儿。豌豆黄儿就是把豌豆煮了以后筛去豆皮，加点黄色和糖，和小枣熬成的汤打在一起过淋，把大部分水分过出去，剩下的放在砂锅里，第二天一沉淀，就成了坨儿了。倒出来，上面再放两个整豌豆。卖的人用独轮车推着上街，车上放一块案板，上面铺一块蓝布，洒点水，水灵灵的，再拿刀切成菱形的块儿，叫卖吆喝道：“哎这两大块嘞哎，哎两大块嘞，小枣儿混糖儿的豌豆嘞哎。哎两大块嘞，哎这摩登的手绢呀，你们兜也兜不下嘞哎，两大块嘞哎嗨哎，哎这今年不吃呀，过年见了，这虎不拉打盹儿都掉不架（价）儿嘞哎。”

这么长的叫卖吆喝声真是一首地道的叫卖歌，有趣的是“这虎不拉（伯劳鸟）打盹儿都掉不架（价）儿”这一句是告诉人们，我都大减价了，你还不来买？

六月天卖西瓜的走街串巷地叫卖吆喝道：“管打的，包园儿的西瓜哎。”这是告诉想买瓜的人们注意，我的西瓜包开包熟，是承包园子的瓜，便宜！

旧北京叫卖吆喝声实在太多了，真是“卖什么吆喝什么”，不胜枚举。

◆ 响器唤头招客来

响器唤头也是汉族民间流行的一种广告形式。

在乡间城镇街巷，过去常常可以看到卖针线百货，或卖布的货郎，手拿拨浪鼓，这种拨浪鼓下边有一带半尺长柄的小鼓，鼓的两旁结有根短绳，其上各系一个纽扣大的重物；小鼓上方装有一面小锣，锣架在粗铁丝上，两旁也系小木球，摇起来锣鼓齐鸣，一下子就惊动了街巷中的妇女，纷纷出门买针线或扯布。故民间俗称之为“唤娇娘”或“惊闺”。有趣的是响器唤头又因行业不同而形状、名称也各不相同。

卖香油（即麻油）的响器唤头，是一面直径半尺左右的圆铜片子，用铜锡合金的响铜做成，用木槌槌击其稍微隆起的圆心，发出叮叮的脆响，古时称为“厨房晓”，意为一响厨房里的人便知是卖香油的来了。现在北方农村称之为“牌子”，因为“厨房晓”的形状很像北方放大了的石碾底盘。这种底盘最小也有一米半的直径，故商谚说“卖油的敲碾底——好大牌子”，因而才称之为“牌子”。

卖豆腐的响器唤头叫“梆子”。北方用木制成，长约一尺，厚二三寸，宽有半尺，从一侧凿出深槽，使之中空，敲起来啷啷作响。南方民间的梆子选用一段两头有节的竹筒制成，敲起来啷声更清脆一些。过去有的地方卖肉的也有用梆子当响器唤头之俗。在北京，过去沿街串胡同卖烧饼、油炸糖馃子、麻花、马蹄烧饼、硬面饽饽等早点或午后点的小贩，也用梆子作响器唤头。他们用的梆子比较短小，在中下方装上一短小木柄，打击时，一般是左手持梆子木柄，右手以小棍敲打，发出短脆的梆子声。这种小贩肩挑两个圆箩，装上各色食品，走街串巷，每天按一定的路线和时间，上午和下午各来一次，风雨无阻，十分准时，故不少人家以这种梆子声计时。

行医卖药的过去也走街串巷，他们使用一种叫“串铃”的响器唤头。这种串铃，用铁制成中空的圆圈，比镯子略小，向外的一面，开一条狭长的缝，内装两个小铁珠，插进食指、中指和无名指，再用大拇指轻轻一托，手臂弯到比肩稍高时摇动，摇起来铁球在圆圈内哗啷啷作响，随走随摇，人们听到这种响声，知道是江湖医生行医卖药来了，故民间俗称为“郎中铃”。此俗汉族民间南北一样，只是现在已不多见了。

这些响器唤头在汉族民间无论南北，也无论城乡流行都较广。在北京还有些响器唤头比较特殊，一种是卖扇子人用的扇铃，其装在买卖人臂上挎着的小木柜外侧的几排小木架上，每一排架上装上核桃大小的铜铃，有二三十个，行走时，铜铃发出铃声唤客来买扇子并兼修扇。另一种是卖炭人用的手摇鼓，这是一个直径约七寸，厚一寸半上下，鼓面用羊皮做成，两侧各挂一个小坠，装有一根二尺多长的木柄，手握鼓柄向下摇动，有节奏地发出“嘣、嘣、嘣”的声音，卖炭的小贩多在下午两点左右串胡同唤卖，以供居民做晚饭升火用。还有一种响器唤头叫“冰盏儿”，多为夏天卖酸梅汤、冰镇果汁，冬天卖干鲜果品和冰糖葫芦等杂食品的小贩所用。冰盏儿以生黄铜制成，外面磨光，成碟形碗状，其比小碟略高而形又似碗，共二只。敲打时以手的中指、无名指和小指托住下面的碗底，大拇指及食指夹住上面一碗的边缘，以大拇指和食指的不断挑动敲击下面的碗，发出抑扬顿挫、有节奏的清脆的“嘀嘀、嗒嗒”声。最妙的是有的小贩把上面的铜碗向上抛一二寸高，发出的声音是“嘀嘀嘀嚓嚓、嘀嘀嘀嘀嘀，嘀嘀嚓嚓、嘀嘀嘀嚓嚓，扑”。这最后一声“扑”，是在发出最后的声响时立即用另一只手捂压上碗闷出来的，在清脆的“嘀嘀、嗒嗒”“嘀嘀嘀嚓嚓”声中，突然闷声闷气地“扑”一下，引起过路人的注意，竟也是招徕顾客的一招呢！

◆ 广告杂俗

做生意、卖东西，要做广告，除吆喝叫卖，用幌子之外，民间还有许多风俗，可谓推销货物，各显神通。

请文人作广告诗，古已有之。据说宋代大文学家苏轼在海南儋县（现为儋州）时，曾给一个卖馓子的老妇作了一首《馓子》诗云：

纤手搓来玉色匀，碧油煎出嫩黄深。
夜来春睡知轻重？压扁佳人缠臂金。

该诗惟妙惟肖地道出了油炸馓子的色艳、酥脆和香气。老妇将这首诗精心裱糊后，挂在店堂里，远近闻知，品尝者越来越多，生意就越做越好。

当代乡土小说家刘绍棠就为山西杏花村酒厂写了一首广告诗：

宝泉佳酿天下闻，车似流水人如云。
古今谁家酒最好？众望所归杏花村。
红杏枝头春意闹，清明时节柳色新。
返老还童须一醉，牛背短笛唱乡音。

这首诗在《食品周报》上发表后，起了相当好的广告效果，读后使人们仿佛嗅到了汾酒浓香……

用商标做广告。据查，汉族民间最早的商标广告是山东济南宋代的一家针铺印制的。这家针铺的主人姓刘，专门制造功夫细针。他家门前有一尊石兔，他就别出心裁地以白兔像为自己制作功夫细针的商品标记，便用铜板印制在包装纸上。这一商标设计为正方形，每边长5寸，中央印有白兔的图案，两旁写有“认门前白兔门为记”，上方印有“济南刘家功夫针铺”的店名，图案下方还有一段宣传产品的文字。但直到民国以后，才正式出现了“注册商标”，当时很有名气的“广生行”化妆品公司出品各种化妆品，统一用“双妹”商标。这“双妹”是一对衣着长袖宽裤的少女，亭亭玉立，并肩站立，各自手持一小瓶，好像是花露水，看上去庄重而美丽。有的用风景名胜作商标，如至今仍颇为烟瘾子们青睐的“大前门”香烟，就是一例。

赠送广告画。这种风气，过去以香烟公司最多，在北方有名的“哈德门”香烟的广告画中，突出一只竖着拇指的大手，旁有“还是他好！”四字，简练而意境突出，具有浓郁的广告效果。

试吃、试用。在商品竞争中，这种广告法具有奇效。过去旧上海有名的企业家黄楚九就在大世界游乐场随门票奉送一包“小囡”牌香烟，人们试吃以后，觉得烟味和顺爽口，一时“小囡”牌香烟风靡上海，大有压倒英美烟草公司之势。北京的同仁堂在清朝创业之初，就向来京晋见军机大臣的各省军政要员赠送同仁堂药目和时令药品各一份，结果使同仁堂的药品逐步推销到全国各地。更有趣的是绍兴孟大茂香糕点的老板孟大茂，他亲自带着香糕，乘坐从绍兴到上虞啃唫的船巧做广告。这段船程有70多里，天不亮开船，要到下午三四点钟才到。不少人赶早船，顾不上吃早点或草草吃了一点，到中午时，便饿得受不了了。这时，孟大茂不动声色地拿出一块自己带来的香糕，津津有味地吃了起来。可想而知，此时此地这一块香糕对饥肠辘辘的人来说有多大的诱惑力了，有的人只好暗暗地咽口水。果然，有一个小孩向妈妈吵嚷要吃香糕了，这时孟大茂顺势拿出一块香糕给小孩子吃，母亲虽不好意思，但小孩却狼吞虎咽地吃了起来。于是母亲便问：“先生，这块香糕真香，是哪个店买来的？”于是，孟大茂便大肆宣传孟大茂香糕店的香糕如何香甜、松脆、可口，连掉光了牙的老太太和没有长牙的小孩都可以吃。并说，我就是怕坐船饿肚子，特意到孟大茂香糕店里买了带在路上充饥的。这一番话，得到了旅客们的附和，孟大茂见时机成熟，也大方地向旅客赠送香糕。真是俗话所说，饥不择食，这时旅客们吃这香糕感到特别香。来自四面八方的旅客便自动地帮孟大茂在四乡做广告，使本来不起眼的孟大茂香糕店一下子出了名，后来竟成了贡品，据说连慈禧太后也喜欢吃绍兴香糕了。直到今天，到绍兴旅游的人还少不了买几盒绍兴香糕回家呢！

办慈善事业做广告。还是拿北京同仁堂来说，他们在打磨厂中开粥厂，每天按时舍粥；对附近贫穷户死亡而无力掩埋者，施舍棺材；兴办义学，凡职工子弟均可入学，无力交学费者，可申请免费。这种办慈善福利做宣传广告是经商中的高手。现在一些大的厂家也兴办体育，赞助各种文化活动和发展教育事业，也是一种高层次的，深入人心的广告。

用楹联做广告。楹联又叫“楹帖”，是悬挂或粘贴在壁间、柱子上的联语。汉族民间过去稍有气派一点的店铺都喜欢用楹联做广告。四川内江“仁和堂”药店，就在大门两旁，高挂着一幅斗大的木刻金字楹联：

熟地迎白头益母红娘一见喜
淮山送牵牛国老使君千年健

这副楹联全用中药名成对，构思新奇，形象生动，“益母红娘一见喜”，“国老使君千年健”之词给人遥致祝福，更令病家欣慰，十分符合汉族民间买药者的心理，广告效果甚佳。过去茶馆也十分喜欢用楹联招徕茶客，成都著名的饮涛茶厅，正厅有一副木刻楹联：

良友细谈心，一炉活火兴清饮
市声常列耳，万壑松风响翠涛

饮茶之妙跃然纸上。此外，“生意兴隆通四海，财源茂盛达三江”“财如晓日腾飞起，利似春潮带雨来”的楹联则满天飞了。

用活动物做广告。这种广告法比较奇特，多用于饮食业和中药铺。过去浙江兰溪有家叫“天一堂”的药店，养了许多梅花鹿，专供制“全鹿丸”用。但不知怎的，销路总是打不开，全鹿丸积货越来越多了。后来老板利用学徒兰生误食鹿血馒头“补”死的例子，用木架绑了一头活鹿，派人抬着，五步一停，十步一歇，一路分发讣告，说明兰生是吃鹿血过补而死。于是人们相信“天一堂”的全鹿丸是货真价实了，销路也就打开了。从此以后，不少生产全鹿丸的中药店，都要按时把活鹿披红挂彩地抬着游街以为广告。

◆ 店名拾趣

顺裕兴隆瑞永昌，元亨万利复丰祥。

泰和茂盛同乾德（得），谦吉公仁协鼎光。

聚益中通全信义，久恒大美庆安康。

新春正合生成广，润发洪源厚福长。

这是一首将店铺字号的吉利字汇成的一首七律诗。汉族民间图吉利，希望招财进宝，向有用吉祥字做店名的风俗，以引顾客慕店铺的祥名而来，故店名总在乾、盛、福、利、祥、丰、泰、仁、盖、昌等吉利字眼上翻花样，如有的取一个吉利字，如北京“丰泽园”饭庄，南京的“老万全”酒家，哈尔滨的“老鼎丰”南货店；有的取两个字，像北京的“盛锡福”帽店，南京的“王乾盛”米店，天津的“玉丰泰”绒绢花店；有的取三个字，有北京的“全聚德”烤鸭店，上海等地的“亨得利”钟表店等等。

但有的则一反常态，取一些怪店名来招徕生意，如天津的“狗不理”包子铺，上海的“一定好”广式糕点店，北京的“都一处”饭馆等等。在民间，“都一处”饭馆的得名还有一个传说。据说这个饭馆的掌柜姓诸，两口子都是南方人。他们到北京后为了谋生，便在前门大街开起了饭馆，专做南方菜。由于铺面狭小，地又不平，故有一天一个算命先生来吃饭，不小心绊了个跟头，掌柜的忙向他道歉，算命先生却说：“这里有风水，‘屋内有土龙，遇乾就腾空！’掌柜的！你要发大财啦！”算命先生的话诸掌柜并没有放到心里，每天照样早开店，晚关门，有急需还可随喊随开火做夜饭，对顾客一视同仁，故生意越做越兴隆。因算命先生说这里有“土龙在室”，大家便叫它为“土龙馆”了。有一天，两个商人打扮的客人来吃饭，已经很晚了，还是慢慢地饮酒，掌柜一直热情招待。酒喝得正兴之时，一个年长的说对子让另一个对，他说：“土龙馆三杯五盏，无有东西。”另一个对不上，急得抓耳挠腮，诸掌柜端上酒菜接口说：“有呵有呵！土龙馆无有东西怎么开馆儿？不怕二位见笑，这大清国一统天下，不分南北呀！”那位年长的一听，称赞说：“对得好！‘大清国一统天下，不分南北’凭这我要给你的买卖加点本钱！”掌柜连忙作揖感谢，并问长者尊姓大名，年轻的说：“我们老板姓钱，是京城有名的财主！”于是诸掌柜又拿上酒菜请二位痛饮。临走，应掌柜之请，钱老板给小店取了个名，并用毛笔飞快地写下了“都一处”这个店名，年轻的那位脱口说：“还不快谢恩！”诸掌柜一愣，钱老板说：“见笑见笑！我转了一条街，也没见到像你这么好的馆子，开门早，关门晚，饭菜香，态度好，真是都中第一处呀！”说完两人出门骑马走了。诸掌柜高兴地拿起钱老板题的匾仔细看了起来，这一看不打紧，“都一处”三个大字下面还有“乾隆御笔”四个小字。这时诸掌柜才恍然大悟，原来钱老板就是乾隆皇帝！于是，连夜找来刻字的师傅刻了“都一处”的匾，第二天挂出来就轰动京城了，生意更加兴隆了。

有的取店名，又因地域的不同，往往加上一个方向字，如北京的“东来顺”“西来顺”；吉林市的“东春发”“西春发”等，这种取名之俗，在北方比较流行。

有的店名，由合资人的姓名中各取一字拼合而成，这种店名往往使人费解。有的则因合资人的多少，用其数目字，再加上一两个吉利字为店名，如“双合”为二人合作；“三义” 为三人合作；“四美”为四人合作；五人以上则多以“某记”为名，如“合记”“公记”等。

有的干脆用自己的名字为店名，如苏州“黄天源”糕团店，杭州“毛源昌”眼镜厂，四平的“李连贵”大饼铺等。

此外，有的商店或更换股东，或改换经理，为避免立案的麻烦，往往在原来的字号店名上边加上“某记”二字，某记多取自姓名或堂名中之一字，以表示所有权的转移。

民间取店名，还有一个俗规，即按行业特色归类，如茶坊、酒肆，一般都叫某某“居”，某某“楼”；书坊、菜馆，就用某某“斋”，某某“阁”；药店，爱用某某“堂”；浴池，多用某某“池”，某某“泉”；批发店俗称“栈房”，故有的做批发生意的多用某“栈”或某某“栈”，但有的旅店也爱用某某“客栈”；还有的商店喜欢称某某“号”，有的则尚用某某“行”。近代以来，“公司”又时髦起来，不少大城市时兴用某某“公司”。凡此等等，一眼看去，人们就可知道这个店是什么店了。

◆ 店俗的生意经

开店做生意，民间极讲生意经，流传着层见叠出的店规、店俗。

开店的第一天，民间俗称“开张”，为生意兴隆、财源茂盛，店老板都注重开张之俗。在台湾，开业第一天，亲友们都要赠送店主“开张大吉”“永暖大业”“大振鸿猷”“大展宏图”“万商云集”等句的匾额。这些匾额都是用红绸、黑绒写在或绣在红彩上。店主要把这些礼物都挂在店内的墙壁上，以壮观瞻。此俗大陆的商店过去也十分流行。现在亲友送匾的少了，多为店主自己在门口张贴“开张大吉”“开市大发”“生意兴隆”“招财进宝”的红纸条幅，希望这些红纸条幅能给他们带来吉利和财运。说起“招财进宝”的红条幅还有一个来历：据说最早用此条幅的竟是汉相爷萧何，他在自己的厅堂上挂了一幅“招才进宝”的匾幅。刘邦定天下后，一天到萧何家见到此匾幅便问何意，萧何答道：“富国强兵，最重要的一条是用能人。有才之人是国宝。文才能安国，武才能定邦，这就为‘招才进宝’，不知万岁以为如何？”刘邦听后连声称好！后来此匾被商人知道了，他们也觉得甚有道理，开店做生意，要财源茂盛，也要重用能人，有人才方会有财，故把“才”改成“财”，写成条幅贴在钱桌上或店堂里，以示吉利。于是，“招财进宝”就在民间店俗中传承了下来。

最普通的开张仪式是放爆竹，一则民间本来有放爆竹避鬼驱邪之俗，二则噼里啪啦的爆竹声可以吸引左邻右舍、过路行人的注意，广而告之一家新店诞生了。有的地方俗规放过爆竹后三天不能打扫，让爆竹的纸屑铺满店门路面，既可告之人们此店刚开张，又可免财气被扫走。隆重的开张要行剪彩之仪，过去旧上海的一些大公司开张受西方习俗的影响，请一些电影明星来剪彩，宣传效果特佳。这里还有一个笑话，现在中外颇有名气的上海蓝棠皮鞋店，开张的时候，因缺少资金，只在门口放了一串鞭炮点缀了一下。刚巧当时风靡全国的电影明星白光小姐路过“蓝棠”，被橱窗里的皮鞋样品所吸引，不由自主地停步观看，不料被影迷发现后围观，成百上千的影迷挤在店门口，白光小姐没有办法，只好躲进“蓝棠”，而使许多人误以为白光为“蓝棠”开张剪彩。此后经报纸一宣传，轰动一时，竟使“蓝棠”名声大振，生意越来越兴隆。许多商店开张之日，还有大减价三天之俗，现在称为“优惠”三天，一般为九折，目的是招揽顾客。在杭州市郊过去还有一个趣俗，开张那天，如果顾客用红纸包一点钱去买东西，并讲一些吉利话，讨店主高兴，可以买到高于付出代价几十倍的东西。

大的商店要雇人帮做生意，被雇之人俗称“伙计”。在绍兴，凡经理称“大先生”，协理称“二伙”，襄理称“三伙”。营业员中又有头柜、二柜、三柜之别。他们的坐与立，有俗规。如通常油烛店是头柜坐，要人坐凳上，双手撑柜，俗称“撑腊鸭”；二柜立，要一手叉腰，一手撑柜，形如酒壶，俗称“酒壶样”；三柜比较随便。过去商店的伙计除工资外，饭是吃老板的，平时没有肉吃，有的地方逢年过节才有肉吃，有的地方是每月“逢六”吃肉，俗称 “吃六肉”。此外，商店的学徒一般都用老板的同乡人，规定学徒的衣服不准做口袋，每次下班，要双手把衣服拍几下，才可离开柜台。对于伙计的聘用，各地普遍有“讲生意”之俗。每年的春节，或端午节，或中秋节，由老板决定留用还是辞退。聘用之俗各有千秋，在春节 “讲生意”的，一般都在初五接财神前决定去留，有的商店是老板摆一桌酒宴请伙计，酒席上一定有盘鱼，由老板亲自端上来，鱼头对准谁，谁就被辞退。如果鱼头对准老板自己，就皆大欢喜，一个也不辞退。有的商店是宴后老板按次找职工在账房谈话，有的口头表扬，有的加点工资，有的则送上一张红帖以示辞退。绍兴一带则在岁末祝福拜菩萨时决定去留，凡没有被老板请去拜的即被辞退，待年初二吃晚饭，老板把他找去，亲自泡茶、递烟，说一番“本店生意不好，只好请你委屈一下，另谋高就”的客气话就请他离店了。

老板最敬重的是账房先生，每年春节，老板大多要给账房先生拜年送礼。生意开市时，照例要给账房先生换铺盖，到后来，在一些地方就形成了过年老板要给账房先生送枕头的礼俗。此俗的形成，在民间流传一个富有教育意义的故事。相传元朝的时候有一个财主想做绸缎布匹生意，多方查访，请了一个有名的生意通来当账房。开张以后，生意越做越好，可这个账房的脾气也越来越坏，不仅他算账的时候任何人不得打扰，东家也不能使唤他，而且对睡觉的被褥、枕头特别挑剔，稍不如意就骂伺候他的伙计，于是惹得东家和伙计们都对他不满，后来被东家辞了去种地。这个账房走后，第一年绸缎店的生意就亏了本。第二年，竟快赔光了，这下东家才着急起来，一问伙计，都说新来的账房不懂生意，也不会算账，这怎么会不赔钱呢？这时，东家才想到了老账房的好处，便派人去请他回来。可去的人回来说："他不愿再干了，说当账房出力操心还得罪人。"为了生意，东家只好亲自去请他。来到村里，一直走到地头才找到老账房，没想到老账房变得又黑又胖，头枕土坷垃正睡得香。当老账房醒来知道东家的来意后，连连磕头求苦说："我离柜两年吃得下睡得香，千万别叫我再去钱柜上掉膘送命啦！"东家这才明白算账是一件操心劳神的苦差事，便向老账房赔礼道歉。回去后，派了一辆四轮马车风风光光地把老账房接了回去，特备酒席，当众道歉，并重新添置了老账房需要的被褥枕头，派了自己贴身丫鬟去伺候。这时，老账房见东家抬举自己，也尽心尽力，而自己干了一段体力活也体谅伙计们苦处，脾气也好多了，这样生意就又红火起来。从此以后老板给账房先生送枕头便成风俗传承了下来。

旧俗做生意有不少生意经。一曰放账，即以放账的形式向当地兜揽生意。多半是先向用户放账赊销，到规定的时间付款。此俗过去在宁波一带极盛，往往按区划分账区，每到冬至，商店租一条大方头船，由放账先生挨户登门收款。若以现金交易，九折优待；若欠至年冬，加收货款的百分之十，谓之"滞缴费"。二曰红票，即礼券。不少大商店出售红票，顾客购得馈赠亲友，按喜庆内容书写"花烛百子""百年好合""寿比南山""长命富贵"等吉词。亲友收到红票后，即可到商店兑换自己所需之商品。三曰礼单，不少南货店按人们礼尚往来之俗，设有礼单，如黑枣、花生、桂圆、荔枝，谐音“早生贵子”；蛋糕、桃酥、红烛、长面，谓之“糕桃烛面”，以推销商品。四日送力，派学徒或杂工为顾客送货到家。五日回扣，给商品购买介绍人的一种收入。六日厘金，如有的商店为了推销残次、冷背和滞销商品而给的奖赏。店员做3钱生意，可得一厘至五厘钱的奖金，故称“厘金”。宁波地方的棉布店在冷背布票签上标有红圈，推销一尺得一分。若标有两个红圈，“厘金”可加倍，故俗称为“红圈奖”。

做生意使用隐语暗码的行话过去曾十分流行。按俗规，各行会帮口对买进卖出，批发零售，现金成交，赊购交易，都兴用隐语暗码，里手外行，算价不同，俗称“掌”，或“吃语”。如九位数字，有的以“旦底、抽工、眠川、回回、缺丑、断大、皂底、入开、去丸”为代表；有的以“扁担、筷子、撑脚架、耙头数、抓老子、两头翘、小弯钩、眉毛数、大弯弓”为代表。流行最早的是《论语》章头，即取《论语》每章中的第一个字，以代数字：学是一，为是二，儿是三，黑是四，公是五，雍是六，述是七，太是八，子是九。有的商店店主为了对付顾客，还使用“暗语”，如中药店以《千字文》为暗语；棉布店以“火树银花合，金桥铁锁开”的对联为暗语；酒店用诗句为暗语；南货店则用代号。以南货店为例，老板称欠债的人为“人昔”，其来买东西，老板叫一声“人昔”，账房听到，便把原价加上二三成算账。在书信往来中，还将大写的数字壹、贰……缩简写成“士、欠、乡、长、仨、耳、木、另、王”；有的将元、角、分写成“两、钱、分”。这种行话暗语，中华人民共和国成立后本已绝迹，但随着个体商业的重新兴起，又开始流行了。

商店的歇工和开门过去也有俗规，一般商店都营业至年三十上午，南货、油盐、纸马店要营业到年三十下午。年后，一般于年初五吃一顿生意酒，初六就开门营业。

◆ 接财神与店忌

做生意，要发财，旧俗商店的老板们供奉财神十分虔诚。

旧时，商店里都有一个财神堂，以保佑生意兴隆发财。民间的财神菩萨是一黑面、骑老虎、拿钢鞭的赵公元帅，名叫赵公明。北方民间有的地方以狐狸、刺猬、老鼠、蛇为财神，俗称“黄、白、灰、柳”。民间传说正月初二或七月二十二日是财神菩萨的生日，老板都要敬财神，祭品要供全鱼，图吉祥和利市，年年有余（鱼），北方还用饺子上祭。据说敬过财神的饺子是财神赐给人们的“元宝”，吃了这种饺子可以“财运亨通”。

接财神多从正月初一至初五，敲锣打鼓，各商铺五更开门。供财神菩萨神像，以猪、羊、鸡、鹅、鱼供祭，猪和羊多摆头、尾，中放一刀猪肉和羊肉，以示“全猪全羊”；鸡、鹅、鱼必须成双。点上龙凤烛，俗称“足斤”，或“竹杠烛”，祈求财神保佑，并焚烧财神像，谓之“接财神”，然后全家欢宴。

有趣的是初五日，商店新年开门，设茶点，恭迎第一个顾客登门，俗称其为“财神”，不管营业额大小，均受热情接待，并给予优惠，或对折或馈赠他物。若顾客衣着华丽，成交额大，则认为全年生意兴隆。有的地方有恭迎八位顾客之俗，谓“请八仙”。商店开市若久不见顾客登门，老板便要到财神庙里去点香烛祭拜，或卜筊求签，俗谓“求财神”。若上一年生意清淡或亏本，俗谓财神没有登门赐福，故初五开门后，老板及家人都要去寺庙敬神。最妙的是路遇尼姑或和尚，要悄悄地把僧尼夹在中间而过，认为财神菩萨常依附在僧尼身上，把财神菩萨兜来，俗称“兜财神”。

宁波地方有一种吃“财神酒”之俗。除夕之夜，大老板或董事长在财神堂摆设酒席，宴请各商店经理，故又称“吃岁饭”或“分岁酒”。赴宴的经理随带当年账目清单，俗称为“红单”。席间，老板请当年盈利最多的经理坐首席，并亲自斟酒。酒毕，要吃一小碗油菜汁水年糕汤，寓意来年油水好，赚钱更多。最后，在财神堂吊纸元宝，张贴“一本万利”“宝藏兴焉”“招财进宝”等条幅。

除请财神外，有的商店还供本行业的祖师爷，如药店供药王菩萨，糕饼铺供雷公菩萨，餐馆供詹王菩萨，玉器店供邱长春真人，而且每逢菩萨生日，另有一番祭祀活动。

为了敬财神、接财神，不触犯财神，商店里流传着许多禁忌：伙计不准踩在门槛上，不许坐在柜台上，店堂门口不可打呵欠、伸懒腰、手托门枋等，以免挡住了财神进门，堵塞财路。背朝门外为大忌，以为是对财神的不恭；不能向外扫地，只能向里扫，以为金银财宝可以扫进来。在店堂忌讲“老虎”之词，以免吓跑财神。

各种商店中以中药铺的禁忌最严，逢年初进货，须进“胖大海”和“大连子”，取大发大利之意；学徒进店，先拣“万金枝”“金银花”和“金斗”，取黄金银子之意；或拣“柏子仁”，因“柏子仁”似米粒，以育徒工细心办事之风。平常说话常以药名讨彩头，如“连翘”称“和合”，“贝母”称“元宝贝”，“橘络”称“福禄”，“陈皮”称“头红”，“橘红”称“大红袍”，切药称“老虎尾巴”，药凳称“青龙”。春以“冬木”开刀，冬以“丹皮”收刀。扎药包，要扎得形如金印，正月还须用红线扎结。伙计忌嗅药。送药要说送补药。

第一篇

衣食住行风俗篇

一、服饰风俗

◆ 举国崇尚“中山装”

孙中山，不仅是一位推翻封建帝制、创立民主共和的革命先驱，也是一位倡新风、除陋习、“移风易俗”的先行者。一度举国崇尚的“中山装”，就是他亲自设计，倡导变服的。这在中国的服装史上是一大创举，也是一项影响深远的服饰重大改革。

我国古代汉族，男子束发于顶，身着宽袖袍服。清兵入关，强令男子剃发蓄辫，统一着长袍、马褂。特别是辫子成了民族压迫的标志，被外人贻笑为“豚尾”“半边和尚”，成为外国人侮辱中国人的口头语。1911年辛亥革命前，大批反清崇洋的知识分子，留学日本、欧美回国，开始剪掉辫子，脱下长袍马褂，而蓄起西发，穿起西装。

辛亥革命成功，孙中山在就任临时大总统以后，颁布了一系列政治、经济改革和社会改革的法令、政策。“剪辫”“易服”就是最主要的改革。孙中山下令晓示人民一律剪辫的命令中，号召人民“涤旧染之污，作新国之民”，规定令到之日起，限二十天一律剪除净尽。

剪辫以后接着是如何“易服”，孙中山认为革命党人穿什么服装式样是一个大问题，并就此广泛征求意见与展开讨论。争论中有的主张仍穿长袍马褂，但遭到大部分人的反对。因为，革命既已成功，在服饰上如仍沿袭清政府统治时期流行的瓜皮帽、长袍马褂是不合时代潮流的。孙中山认为长袍马褂既不方便生活，又因剪裁费料而很不经济，也不赞成穿这种服装。于是留洋的革命党人中有人提出干脆穿西服，孙中山听后哈哈大笑说：“这么一来，那就无异是抵制国货了！”

最后，孙中山提出自己的主张。他认为：“礼服在所必更，常服听民自便。”希望能有一种“适于卫生，便于动作，宜于经济，壮于观瞻”的服装式样。于是，孙中山决心自己设制服装。他经过缜密思考，精心设计，并征求意见，终于创制了一套具有我国汉民族特点的简便服装“中山装”。

但是，也有人认为中山装并不是孙中山设计的，它是由上海亨利西服店店主、奉化帮名裁缝王亨利根据日本铁路装样式改制的。那是清朝末年，孙中山经常到南洋、日本等地从事革命活动。一次，有位日本朋友送给他一套日本铁路工人穿的制服“铁路装”。孙中山觉得它的式样比长袍、马褂大方、庄重，穿上它行动方便，又没有那样“洋气”，就高兴地带回国。他带到上海后，请上海滩著名的亨利西服店按照自己的身材重新做了一套。亨利西装店是我国最早的几家西服店之一，店主王亨利又是国内西服业著名奉化帮的前辈。日本友人送的“铁路装”和现在的中山装式样是不同的，当时的铁路装后背有缝，并且中间剪断，口袋虽也是四只，但口袋上都有一只袢裥，贴袋的袋盖也是笔架形的。王亨利为象征辛亥革命的成功，国家统一，就将这服装的后背改为独块的，口袋也做了一些修改。改制成后，孙中山很满意，特地送匾、题字留念。从此以后，这种服装大受欢迎，特别是在青年学生中普遍流行起来。人们为了纪念孙中山，就把这种服装取名为“中山装”或“中山服”。

中山装之所以受国人欢迎，因为它兼具中西装之所长。中山装在直领上加一反领，如同将西装内衬衣的硬领“移植”过来，这样就使上衣兼具了西装上衣、衬衣和硬领的功用，穿起来显得很硬挺。同时，又将便服或一般西装的三个暗袋改为四个明袋，如此“双双”“对对”，颇具均衡、对称之感，很符合中国人的审美观点。又在上下左右四个衣袋上加上软盖，并各订纽扣一枚，既美观又安全，可防袋内物品遗失。下面的两个明袋采用能缩胀自如，颇具弹性的“琴袋”式样，旨在便于放置书本、笔记本等必需品之用。如此一小事，也足以证明一代伟人好学心切，随时不忘读书的美德。孙中山开始设计上衣的纽扣有七个扣子，后来为了方便起见，改成了五个。这就是小反领、四袋、五扣的中山装上衣。

孙中山还参照西装裤的式样亲自设计了中山装裤子：前面开缝，一律用暗扣；左右两侧各置一大暗袋；右前部分设一小暗袋，俗称“表袋”，也可藏放过去用的“挂表”。这种裤子穿起来很方便，裤袋也可放置随身携带的必需品。此外，裤袋的腰部打褶，裤管翻脚也有异于其他服装，成为中山装的特色之一。

孙中山亲自设制了新服装，又亲自带头在各种场合穿着。因为，这种服装优点很多，主要是外形美观、大方，而且实用、方便、省钱；可以使用高级衣料制作，也可以使用一般布料制作；既可以作为礼服，又可以作为日常便服。因此，很受群众的欢迎。后来，经孙中山大力提倡，普遍推广，一时举国崇尚穿“中山装”，蔚为风尚。

中华人民共和国成立以后，随着我国纺织和服装工业的发展，穿中山装更为风行。成为汉族男子最基本的服装之一，不但党和国家领导人穿，而且许多出国访问、考察学习的工程技术人员、留学生也穿，所以，中山装已被世界各国人民公认为是中华人民共和国的“国服”。

◆ 汉族妇女爱“旗袍”

大红的金丝绒帷幕徐徐升起，舞台展现出一座清朝宫殿，皇上在选妃。十几位身着宫廷旗装的少女，齐刷刷排成一字队形，婀娜多姿地走向台口。随着灯光的变换，出现了穿着近代旗袍的“小凤仙”“梅表姐”，最后是“林道静”跳着舞步出场。顿时，全场观众，掌声雷动，啧啧称羡：“旗袍真漂亮！”“国服嘛！”这是1988年春，上海舞剧院一团向上海国际艺术节献礼而排演的大型系列舞蹈“中华二十四朝舞风”，《中华服饰与舞风印象》中的最后一幕。

的确，被当代国际服装界誉为“东方女装”代表的中国旗袍，不仅受到我国汉族妇女的爱戴，而且也受到西方欧美妇女的青睐。

其实，提起旗袍，它还是起源于16世纪中期满族人民的民族服饰，至于这种旗袍是谁设计的，又是怎样得以推广的呢？在满族民间流传着这样一个美丽的故事：

传说，从前在镜泊湖畔有个满族渔家姑娘，从小跟阿妈打鱼，日晒雨淋，脸孔黑里透红，大家叫她“黑妞儿”。黑妞儿长得俊俏，心灵手巧。她觉得穿着古代传下来的肥大衣裙，打鱼不方便，就自己剪裁了一种连衣带裙多扣袢长衫，既省布合体，又方便劳动。有一年，皇上梦见先王告诉他：北国故都有位身骑土龙，头戴平顶卷沿乌盔，手托八角白玉方印，身扎十二锁锦袍的娘娘，可帮他治理天下。因此，八旗姑娘都被召候选，钦差挑来选去，没选中一个。忽然，看到来京城串门的黑妞儿，正身穿多扣长衫，头顶泥盆，手托四方豆腐，站在一垛土墙上看热闹。钦差一见，正是娘娘，就将她招到京都，封为“黑娘娘”。可是，黑娘娘过不惯宫中生活，穿不惯拖脚抹地、又肥又大的“山河地理裙”，就改裁成从前穿的那种连衣带裙的多扣袢长衫。皇上认为她擅自改变宫廷服饰有罪，就赶她出宫，并被一脚踢中后心而死去。关东人民听到黑娘娘死的消息，大哭三天。为纪念她，都穿起她剪裁的那种长袍。后来穿的人多了就叫它为“旗袍”。说也奇怪，凡是穿上旗袍的妇女，都变得十分苗条、秀美，据说那是心灵手巧的黑娘娘，在暗中帮助她们打扮哩。

当然，这仅仅是民间传说而已。不过也说明这种满族的民族服饰旗袍由原始的宽腰身直筒式逐渐形成现代汉族妇女喜爱的线条流畅贴体合身的流线型旗袍，是经历了漫长的演变过程的。最早，旗人穿的旗袍，一般不过脚。只有满族姑娘出嫁时，才穿过脚旗袍，作为出嫁礼服。因为，满族贵族女子和宫廷嫔妃都穿鞋底中间有三寸多高的喇叭形的高跟鞋。所以，她们的旗袍过脚，以便将脚盖住。顺治元年，清世祖入关，迁都北京，旗袍开始在中原地区流行。清政府在统一全国的同时，也统一全国服饰，推行穿旗袍。大约经过近百年时间，才逐步形成了长马甲形式，代替了清初的长旗袍。

以后，随着满汉生活的融合、统一，旗袍亦被汉族妇女所吸收，并不断进行革新。特别随着辛亥革命的风云，旗袍迅速在全国普及。从20世纪20年代末到30年代初，吸收了西方女装盛行的短裙，旗袍也随之变短，身长仅过膝，袖口缩小，滚边变窄。30年代中期，旗袍又渐渐变长直至曳地，两边的衩开得很高，里面衬马甲，腰身变得极窄，以至贴体，更显示出女性的曲线美。40年代，旗袍袍身再度缩短，而袖子则短到直至全部取消，几乎又回到三百年前的长马甲时代，所不同的只是更加轻便适体，变成流线型。近年来，旗袍款式，又有新的改革，出现了后装袖、有肩缝旗袍、暗褶式开衩旗袍、短连袖旗袍、无袖旗袍等等具有现代气息的各种新款式。

汉族妇女为啥喜爱穿旗袍呢？主要是旗袍的造型与妇女的体态相适合，线条简练，优美大方。有人认为旗袍是中国女人独有的福音，可起到彩云托月的作用。太瘦，纤细袅娜，着旗袍，恰如娇花照水；太高，修长挺拔，着旗袍，好像玉树临风；太矮，旗袍简洁流畅，能显出娇小玲珑；太胖，旗袍浑然一体，能勾画出圆润可人。

总之，对妇女来讲，旗袍是老少适穿，四季相宜，雅俗共赏。根据季节的变化和穿着者的不同需要、爱好，可长可短。可以做单旗袍、夹袍旗，也可以做成衬绒短袍、丝棉旗袍。而且旗袍用料节省，做工简便。随着选料不同，可展现出不同的风格。选用小花、素格、细条丝绸制作，可表现出温和、稳重的风格；选用织棉类制作，可当迎宾、赴宴的华贵服装。因此，当中国旗袍在日本、法国等地展销时，很受欢迎。外国妇女不惜千金，争购旗袍。特别是黑丝绒夹金花、镂金花的高档旗袍最为抢手。

旗袍，正以浓郁的民族风格，体现了中华民族传统的服饰美。它不但成为我国女装的代表，同时也公认为“东方传统的女装”的象征。

◆ 奇异装束“惠安女”

封建头，解放脚。

经济衫，浪费裤。

这首十二字民谣，描绘的就是生活在我国东南沿海福建省惠安一带汉族“惠安女”的形象。

来到惠安县，无论在田野里、渔村中，或是街市上，到处可看到鲜艳的花头巾和闪亮的竹斗笠。惠安女身上总离不开这两样东西，即使在拥挤的公共汽车上，她们也不肯轻易拿下竹斗笠，更不要说那神秘的头巾了。惠安女的头巾，并不紧包在头发上，过去是就地取材用很大的鱼骨头，插在头上作装饰，后来大的鱼骨头少了，就改用牛、羊等骨头来代替。现在，却用铜丝与头发编结在一起，扎成两条硬邦邦的发辫，把头巾向两边撑开。从正面望去圆圆的，好像头上有一道光环。下垂的头巾，却把整个脸部裹住，只露出一对圆圆的大眼、一个鼻子和一张嘴巴。有的直遮到下巴下面，有的直遮到下嘴唇。这就是民谣所说惠安女的“封建头”。

“经济衫，浪费裤”，指的是惠安女穿的上衣衫特别短，前后下摆尖尖的，窄窄的袖子刚过肘关节，镶着彩色花边。由于上衣太短，把裤腰和腰带也露了出来。有的还露出了一段纤细白洁的腰身，甚至连肚脐眼也露在外面，才算美。据说到了冬天也这样，别地方妇女用来涂脸的雪花膏，惠安女却专门用来揉肚皮。下身穿的宽脚长裤，裤脚又长又大，走起路来，像裙子似的不停飘动。这一身上面节约、下面浪费的服饰，几百年来，已相延成习，形成特异风俗。所以，民间还有这样几句顺口溜来形容她们：“裤头脱脱，头顶插牛骨，腹肚黑漆漆，肚脐亲象土豆窟。”

至于惠安女，一生不穿鞋子，高跟鞋与她们是无缘的。因为，她们从小生活在渔船上，生成一双天然大足，不是着一双木拖鞋，就是干脆打着赤脚。所以，称她们是“解放脚”。

除了这一身奇异服饰外，惠安女身上还有不少有趣的装饰。年轻的惠安女，头巾里还露出扎头的彩色头带。年纪大的不戴包头巾，却满头插着五彩缤纷的绒花，现在也用塑料丝编成的彩花。惠安女几乎人人嘴里都镶着两颗金牙，说起话来，闪闪发光。两只手腕上都戴着银丝绞成的银镯，现在还流行戴手表。崇武一带惠安女还腰束一条塑料丝编织的、图案精美的腰带，有的还束一条由八根银丝编成的银腰带，重的可达一斤半。这种银腰带都是男方送给女方的订婚聘礼。她们出门常常带着一把彩色的花布伞，经常撑着遮过头部，不让外人一睹她们的风采，手上也常常挽着一只大篮筐。惠安女这一身打扮，相当妩媚，常常成为画家们笔下肖像画的对象。她们这身奇异装束，也不同于闽南地区的妇女，千百年来自成一派。

不过，惠安女的特别服饰，也不是一成不变的，特别是中华人民共和国成立以后，随着时代的进步，生产和生活方式的改变，惠安女的服饰也不断起着变化。她们头上的黄色斗笠，是1958年修建惠安水库后才出现的。她们的头巾早期都为单色，到20世纪六七十年代多为白底绿点或蓝底白点，到20世纪80年代则多为单独的花代替了过去的几何纹，色彩上除绿、蓝、白色外又增加了橘黄色。至于色彩鲜艳、花样美丽的塑料小花和腰带等装饰品，更是近几年才有的。开始用彩色塑料丝编织的几何图案双棱裤带，到最近也发展成为彩色织带。她们穿的所谓“节约衫，浪费裤”服饰也是1951 年土地改革后才改装的。这种“节约衫”（“短袖衫”）是在中华人民共和国成立前的“缀接衫”的基础上，去掉三角形色布和方形黑布的繁杂镶部分，用蓝布制成。胸围和袖管收缩，长袖长至小臂的一半，衣长仅至脐部，臀围呈大弧度的椭圆形，并且长宽增宽，往外弯展至袖笼。这种“短袖衫”既能呈现出美丽的银裤链或塑料丝彩色裤带，又便于她们在海滨或山地劳动，避免衣沿袖口接触水面或泥土污物。她们下身穿的宽裤管黑绸裤，依然保留过去的样式，便于折起裤脚劳动。不过，近年来年轻妇女有的已穿上“喇叭裤”，有的甚至已穿上现在城市里流行的西裤，这也与劳动有关，而且美观。她们的头饰也是在中华人民共和国成立前的样式上加以更新，即把辫子盘结在头顶和两侧，构成三角形。有的则剪一段头发编成辫子单独扎于头顶中央成八字形，以便包上花头巾成棱角，同时露出插在头发的几个红、绿、黄色的塑料梳子。

惠安女这些特别服饰的出现，既有生产劳动上的原因，也符合她们审美的需要。从生产上看，惠安妇女都参加劳动，在海滨掩网，捡海贝；在陆地上耕种、搬运、打石等等，需要头巾、竹笠来防御风沙，短衣短袖更方便劳动。就美观上看，她们的衣饰造型漂亮，色彩协调，突出地反映了衬托着湛蓝的天空海洋以及金黄色的沙滩土地，这些都是惠安女长期生活在优美的自然环境中根据她们自己的审美观点，运用她们的智慧才能所创造的。

◆ 青莲包头藕荷兜

青袱蒙头作野妆，轻移莲步水云乡。
裙翻蛱蝶随风舞，手学蜻蜓点水忙。
紧束暖烟青满地，细分春雨绿成行。
村歌欲和声难调，羞杀扬鞭马上郎。

清代戴九灵的这首《插秧妇》竹枝词，既形象地表现了苏州水乡汉族妇女在稻田插秧时轻盈、洒脱的劳动风姿，又生动地描绘出她们穿戴着一身有浓郁传统的水乡服饰。

苏州是丝绸之乡，素以讲究衣着著称，剪裁文绣都表现出作者的玲珑巧思。现在苏南一带部分农村，服饰依然保持着明清传统习俗，上衣是斜襟短衫，下身是窄腿长裤，一式的月蓝布。外围一条别致的腰兜，脑后梳个圆髻，再系上一方黑包布白结带的头帕。全部装束淡雅、洁净，颇具江南水乡特色。

苏南妇女的服饰也随季节、年龄和礼仪需要而有显著的差别。春秋季大致贴身穿短衫，多用月白布或白布缝制，内着肚兜。穿在外面的称“加衫”，即罩衫，均为大襟。青年妇女的加衫多用花布，中年妇女多用深浅士林布，一般是接衫，用两种花色布拼接缝制。色彩对比鲜明，十分美观。裤子多用蓝地白印花布或白地蓝印花布，裤裆用蓝或黑色士林布拼接，直到裤脚，脚管较小，里面用花布或浅色布贴边。

腰部的装束最具特色，分褶裙、褶腰头和穿腰三个组成部分。褶裙束在加衫外面，一般用两幅布前后叠压做成，两侧多折裥，用丝线绣裥。裙的周边用浅色或花布在正面滚边，背后贴边，可以两面穿着。系褶裙的腰带很长，在腰间绕一周后，至腰部挽结。褶腰头用两种颜色的布分三块拼成，两边用纽扣与穿腰相连接。它是束在裙外面的围裙。穿腰是与褶腰头相连的腰带，上绣各种图案花纹，是苏南妇女服饰中的重要装饰物。

下身小腿裹“卷膀”，上下用带扎紧，似绑腿，脚穿“扳趾头”或“猪拱头”鞋，前者形如木船，故又称船形绣花鞋。后者因两边缝合处向前拱出而得名。鞋面都绣花。

夏季服饰，主要质料不同，以棉布和夏布为主，都穿肚兜，中青年用花布做，以红绒线和银链条将肚兜系在颈上，垂于胸前。气候炎热时在家劳动、休息或纳凉，上身只穿肚兜。

苏南妇女服饰最精致之处，在于包头帕与腰兜。包头帕通常用细洁的黑布，两端用蓝布或白布贴角，镶色滚边，有的角上绣五彩花纹，有海棠、梅花、八结等纹样，十分讲究。腰兜一般也是蓝黑两色，两侧缝有细密的褶裥，腰带上绣有春桃、夏荷、秋菊、冬梅等花样，腰带梢头垂着红绿丝线编织的流苏，艳而不媚，煞是好看。

这种服饰传说由来已久，相传春秋时，吴王夫差打败了越王勾践。越王勾践为了报仇雪耻，一面卧薪尝胆，十年生聚，十年教训；一面用美人计，将美女西施献于吴王夫差。但是，西施到了吴国，怀念家乡，整天紧锁双眉，闷闷不乐。一天，吴王夫差陪同西施到太湖赏荷，看见民女头顶荷叶，腰串荷花，伏在木盆中采莲。西施见状想起故土姐妹采莲情境，嫣然一笑。夫差以为西施是见了民女这种奇异打扮才发笑的。回宫后即命宫女用彩绸，照样做成这种服饰。后来，这种服饰就盛行苏南民间，被称为“青莲包头藕荷兜”，一直流传至今。

其实，苏南妇女这种服饰，既朴素美观，又经济实用，适宜于水乡生产劳动。包头巾包住额头和头部，头发不会披散下来遮挡视野，还能防尘保洁，挡风御寒，遮阳抗晒，有着类似帽子的功能。衣袖窄小，裤脚短小，裤裆肥大，不会拖泥带水，易于保持服装整洁，又可防止杂草、虫类侵入。妇女的上衣较长，把它扎在褶裙里面，再加上腰带，田间弯腰劳动时，腰背部可不受风寒的侵袭，站立时又能增加腰部力量。褶裙的下摆较大，不影响行动，使下身较为暖和。在田野劳动，解大小便时，又可起遮羞作用。卷膀裹住小腿，扎在袜外，可御风寒，防止尘土杂草侵入，保护皮肤。

苏南妇女的特殊服饰，是水乡农村妇女在劳动生产中，长期积累经验，为适应自然环境而精心设计的款式，所以，富有很强的传承性，历经时间考验，不易为时代淘汰。

◆ 明代古装“活化石”

在贵州安顺市的城内街头和市郊农村，活跃着一群群服饰奇特罕见的妇女，她们身穿蓝色或黑色的宽大长袍，胸襟上点缀着宽阔的花边，两边飘荡着一尺二寸宽的大袖，身上拴着围裙，系着绸带，乌黑的头发，脑后梳起圆形发髻，前面戴着包帕，两耳垂挂着闪光的银耳坠，下面天生一双“大脚”，冬天打绑腿，夏天赤脚着草鞋。她们的装束打扮，既与当地一般汉人迥然有异，也与当地苗族、布依族、仡佬族等少数民族明显不同，特别引人注目。但是，她们确实都是汉族。这种独具风采的屯堡妇女服饰现象，在国内实属罕见，曾引起国内外研究民族学的专家学者们的密切关注。

安顺屯堡妇女为啥要穿这种浓妆淡抹的奇异服饰，据考证原来她们至今还保留着明朝古装的遗风。相传屯堡人的先祖都系江苏、安徽籍人，当地汉人收藏的大量的家谱、族谱都有这方面的详尽记载。但是，他们到贵州来的时间和原因却不一。屯堡乡亲父老间有两种不同的传说：

一种传说屯堡人是随建文帝逃难入黔的。那是明朝建文元年七月，朱允炆的叔父燕王朱棣，在北平招兵买马，借口“清君侧”，起兵谋反。到了建文四年三月，燕王朱棣领兵渡过长江，攻入京师南京，宫中大火，建文帝遂出走。朱棣夺了皇位，自称永乐。当时江苏、安徽一带汉民不满朱棣，都拥护建文帝，跟随他一直逃入贵州安顺一带定居了下来。所以，他们至今保持着当时的服饰和风俗习尚。

另一种传说屯堡人是明洪武、永乐年间，因“征南”“填南”，被强迫征调到贵州安顺的汉民。

文献记载：公元1413 年，明朝正式在贵州建立行省，设置“贵州布政使”。为了加强对贵州地区的管理，以“调北征南”“调北填南”的名义，设立“军屯”和“民屯”，调遣大批汉民，或举家内迁，或三丁抽一，分别从赣、苏、皖、鄂、湘各省强迫汉民入贵州，形成贵州历史上规模最大的一次移民。屯堡人就是以明代地方基层组织为称谓的一个移民集团。据民国《平坝县志·民生志》记载："屯堡得，屯军住居之地名也。""迨屯制既废，不复再从军字呼此种人，惟其住居地名未改，于是遂以其住居地名而名之为屯堡人，实则真正之屯堡人即明代屯军之裔嗣也，决非苗夷之类也（屯堡人一名词，初本专以之名住居屯堡者，而凡住居屯堡者，工作农业，妇女皆不缠足，从事耕耘。厥后即不住屯堡，如其妇女不缠足，从事耕耘者，率皆以屯堡人呼之，则屯堡人之意味又不专就住居论矣）。"所以，屯堡设置，贵州各地都有，但至今仍保持着明朝服饰遗风的主要分布在安顺市附近的屯堡人，据统计总人数当在五万人以上。

安顺屯堡人与当地农村其他汉人最大的差异，就在妇女的服饰上。屯堡妇女服饰的特点是"大袖、长袍、二码裙（较短的长袍）"。民国《平坝县志·民生志》记述："屯堡人，男子衣着同汉人。女子穿滚边衣衫，尚青、蓝、红、绿等色，亦有长及足跟者；袄也滚边，腰带宽二寸许，织带青色垂须，绑腿尚红色，绑作螺旋式；袜尚白色，多旧色；鞋尚饰花，袜鞋恒相联缀；屯堡人妇女不着裙，即袜鞋之着时亦少，多着草鞋。"目前，屯堡妇女仍保持上述装束，不过姑娘的头饰、服饰与结婚后妇女的装束，却有明显不同。因为，屯堡人认为结婚象征女子结束姑娘生涯，而开始了妻子与媳妇生活，所以，在头饰、服饰上有明显的变化：

结婚前，屯堡姑娘只需独辫，头上不包头帕；结婚后，头上需绾圆髻，包头帕。

结婚前，姑娘可穿小袖的上衣，或素色的长袍；结婚后，一定要穿大袖长袍，前襟缀花边，这是姑娘与媳妇最明显的服饰区别。成家后，妇女在家都必须穿大袖长袍，否则，要遭家长和社会舆论的谴责和讥嘲。

穿围腰、腰带亦有讲究，姑娘时只能以布围腰，而且打结在前；出嫁后，才能改用丝围腰、腰带，而且打结在后。围腰和腰带是屯堡妇女庄严的装饰物，价值高达百元，而且禁忌别人任意抚摸。

屯堡妇女的特殊服饰，还反映在婚丧礼仪上。男女结婚时，男方要给女方馈赠贵重彩礼，如头饰、手饰、围腰、丝带、衣服，一般需十件以上，其中一定要有一件蓝色长袍，二匹布料。丧礼葬式跟当地其他汉人无异。但是，老妇死后必须穿长袍、着围腰入殓。外家或女儿奔丧也必须穿大袖长袍包头帕，以示隆重。春节期间，屯堡妇女身穿蓝色、黑色长袍，手持彩灯，串寨走村，进行“跳花”活动，以图吉利。屯堡妇女崇尚观音，每年观音诞生日，老年妇女更是成群结伙，身穿大袖长袍，背着黄布香袋，自带干粮，跋山涉水，到贵阳黔灵山、平坝观音山朝拜，持续三天，势如潮涌。

屯堡妇女的服饰，在历史上长期受到歧视。清朝、民国及“文革”中，都多次强令取缔易服，但是都遭到屯堡人的反对，坚持穿明代古装。随着改革开放，屯堡青年男女外出读书、工作和参军的人数增多，同外界的交往也日益密切，在服饰上也有所改进。因为大袖长袍费料费工，冬凉夏热，并不实用。年轻姑娘和媳妇对这种头饰、服饰的感情已逐渐淡漠。她们外出或上车，都另备一套外衣，出村寨即改换时装，回家进村才穿“大袖长袍”，以免家长的责骂。

安顺屯堡妇女的明朝古装犹如历史的“活化石”，它不仅反映了屯堡人缅怀祖先的朴实感情和精神寄托，而且也展示了汉民族发展过程中出现的各种放射异彩、欣欣向荣的民俗文化，为研究汉民族史提供了一份有价值的活史料。

无独有偶，广西富川瑶族自治县被称为“梧州人”的汉族，以及三江侗族自治县被称为“六甲人”的汉族也保留了汉族女装的一些古俗。“梧州人”和“六甲人”女装的共同特点是年轻姑娘喜梳长辫盘头，并插上一支银簪，再用自织花格土布包头。梧州妹俗用紫红与白相间的方格花巾折成三寸来宽围在头上，身穿蓝色大襟衣，黑裤。六甲妹则俗用黑白相间的自织方格巾包头。婚后则都改梳发髻，仍旧围或包头巾。富川有一部分梧州人也用蓝白相间的头巾。有趣的是梧州妹凡一个村的人从头饰开始，到穿的衣服、裤子、鞋子以及袜子均要一式一样，现在流行尼龙袜，她们也要买一式一样的穿，一旦集市之时，她们十几、二十几人一起上街，穿着打扮一式一样，十分引人注目。

◆ 蓝印花布古色香

1988年春季广交会的纺织馆中展出几套南通蓝印花布现代服装，它的古色古香，引起了国内外观众的极大兴趣。

这几套蓝印花布现代服装，是江苏南通工艺美术研究所的设计师运用民间传统蓝印花布的刮浆印花防染工艺，结合现代生活中人们的穿着习惯和使用特点设计而成的。面料的图案纹样蓝白清新，朴素美观；服装款式造型简洁，使用了块面分割和镶嵌结合的手法，具有清新、明快、素雅、大方的特点，适用了当代人的审美需要和使用要求，深受广大妇女们的喜爱。

蓝印花布，不仅富有浓郁的民间地方色彩，而且有着悠远的传承历史。据史料记载，蓝印花布，是在宋元的“药斑布”和明代的“浇花布”民间传承基础上发展起来的。因为，这种蓝印花布，花纹清新，蓝白分明，朴素美观，几百年来一直受到广大农村妇女的喜爱，流传在西南、中南、华东、华北以及东北地区。但是，由于机织布和化工染料的大量进入市场，这种农村集镇自己生产的土布、土染作坊面临危机，相继淘汰。现在，汉族地区只有在江南部分农村里，还保留着自制自用蓝印花布的传统习惯。

江南蓝印花布的图案题材和内容，丰富繁多，有花卉、动物、山水、人物以及几何纹样和书法文字等。民间的刻花艺人，常常将这种种纹样，经过巧妙的构思，联系组合在一幅幅画面之中，并运用象征、谐音、借比等手法，来表达丰富多样的内容和吉祥喜庆的寓意。

以形寓意的图案，常见的有以松树和仙鹤组成的“松鹤延年”，寓意长寿；用石榴、佛手、桃子组成一起的“三多”，意在比喻多子、多福、多寿；将凤凰和牡丹穿插一块的“凤穿牡丹”，象征富贵和美好；还有“狮子滚绣球”，表示吉庆和欢乐；“鲤鱼跳龙门”，隐喻着高升的含意。以音寓意的图案，主要有以五只蝙蝠和寿字组合的“五福捧寿”，以喜鹊登梅构成的“喜上眉梢”，以及用金鱼戏水寓意“金玉满堂”，以三个寿星老人排列组合的“三星高照”。这些图案都取自然形象的谐音，抒发民间对吉祥如意的愿望。

借用民间传说故事来表达某种思想感情。常见的有“刘海戏金蟾”“和合二仙”“八仙过海”“麒麟送子”“麻姑献寿”等等，为汉族广大人民家喻户晓、喜闻乐见的吉祥喜庆内容，深受群众喜爱。

此外，亦有以传统的几何图案来象征吉利。如“百吉”纹样就寓意事事吉祥如意。这些蓝印花布的图案题材，来自汉族民间，为广大农民所熟悉。由于表达了他们对生活的追求和理想的憧憬，反映了他们的审美要求和美学情趣，所以，能在感情上引起他们的共鸣，并为他们所乐于接受。再以其形式和内容的相互关系来看，蓝印花布的民间传统图案所表现出来的朴素清新的艺术美，与在题材内容方面所反映出来的劳动人民质朴、健康的心灵美紧紧地联系在一起，因而使蓝印花布在形式和内容上达到完美的统一。这也是蓝印花布在汉族民间依然存在的主要因素。

清末民初以前，江南的蓝印花布大都用于农村广大汉族妇女的包头方巾，上身小褂，下身裤裙。以后由于纺织品的花样日新，蓝印花布在江南汉族农村，大都用于制作被面、被单、蚊帐、帐沿、枕套、包袱布、门帘布等日常用品，古朴清新、耐洗耐用，深受江南汉族城乡家庭的欢迎和爱好。但是，近年来由于传统蓝印花布印染工艺的革新和发展及社会上复古风气对服饰的影响，蓝印花布也引起了当代城市汉族妇女对服饰花样翻新、趋奇的要求和兴趣。所以，在上海、广州、杭州等大城市的街头也经常可以看到不少汉族年轻妇女身穿这种蓝印花布裁制的紧身旗袍、宽袖蝙蝠衫，招摇过市，引人注目。

◆ 四季头巾放异彩

头巾，亦称围巾。它既富有防风、防沙、保暖的实用功能，又形成为汉族姑娘、小伙子身上点缀装饰的风俗。随着经济不断发展，物质生活的不断提高和丰富，头巾的品种日益繁多，色彩日趋鲜艳。头巾作为服饰的时髦装饰功能，在某种意义上来说，已胜过它的实用价值。

汉族民间为啥要用头巾？而且，在四川、山西、陕西一带都风行戴白头巾？这种风俗是怎样传下来的呢？民间传说最早是四川汉族为诸葛亮戴孝留传下来的。

相传三国时，蜀汉军师诸葛亮，忠心治国，爱戴百姓，给百姓带来不少好处。因此，当他北伐中原，操劳过度，病死军中的消息传回四川，家乡百姓无不悲伤，家家户户都像死了父母一样，给他披麻戴孝。由于当时交通不便，百姓们只能根据各自得到噩耗的一天，自动开始戴孝，有的先戴，有的后戴，先先后后，参差不齐。所以，大家争先恐后戴上了孝，可是谁也不愿意先揭下孝。

四川百姓从心里爱戴和怀念诸葛亮，可是，每天要下地干活，老是将孝帕披在头上也碍手碍足。有的人就想了一个办法，干活时将孝布盘在头上。这样，百姓天天干活，孝布天天盘在头上。一盘二盘，久而久之，便成了习惯。因为头上包了白巾，不仅表示了自己怀念诸葛亮的心意，而且还有实际用处，夏天可防太阳晒，冬天可以防寒保暖，起着帽子的作用。从此，白头巾就一直保留在四川汉族农民的头上，一代一代相传下来。后代的人，渐渐地不知道头上戴白巾是什么意思，只知道戴白巾当帽子是四川民间的传统风俗。

戴白头巾的风俗，不仅流传四川，而且也在山西、陕北一带民间流行。不过，四川戴的是白布，山西、陕北戴的是白毛巾。陕北民间爱称它为“白羊肚毛巾”。

白羊肚毛巾，是陕北汉族农民祖祖辈辈流传下来的一种特有的头饰风俗。穿一身黑袄、黑裤、黑棉鞋，外披一件老羊皮大衣，头扎白羊肚毛巾，这是一身地地道道的陕北纯朴农民的服饰。因为，养羊、放羊是陕北主要的畜牧业，为当地农家解决了衣和食的大问题。他们喝的是羊奶，吃的是羊肉，穿的是老羊皮大衣，睡的是羊皮褥子，盖的是羊毛毯子。羊的全身几乎与陕北农民结了缘。不过，白羊肚毛巾倒不是羊毛做的，而是当地农村姑娘巧手织成的。因为它白松松、毛茸茸像羊肚子，所以叫它为“白羊肚子毛巾”。早年，年轻姑娘谈恋爱时，都要亲手织几条，送给心上的情人，以表示自己纯洁的爱情。有一首陕北“信天游”里就有这样的歌词：

织条白茸茸羊肚子毛巾哎，
送给亲哥哥牧羊的人！

提起白羊肚子毛巾，陕北民间都将它当作农家一宝。因为，当地的庄稼人一年四季都离不开它，都爱一天到晚扎着它去干活、赶路、上坡拦羊。春秋天气，不冷不热，把毛巾往脑门一扎，能遮挡风沙尘土；数九寒天，出门冻耳朵，只消将毛巾往下一拉，可将耳朵包住保暖；夏天，太阳下干活，毛巾往脑后勺轻轻一结，白毛巾正好挡住烈日；天气闷热，再扎毛巾就更热啦，可像新娘子蒙盖头巾那样，往头上一披，既遮阳，又透风；要是烈日照得睁不开眼，只消将毛巾拧成股，往脑门上一扎，就像搭了个遮阳的凉棚。至于收工回家，将毛巾解下来，浑身上下拍打一下，全身就干干净净。相传在陕北游击战争中，白羊肚子毛巾还立过一功，起了掩护自己、迷惑敌人的作用。当牧羊人发现敌情，只要将毛巾往头上一扎，老羊皮袄身上一披，混在羊群中掩护自己，去送情报。

各式各样的头巾装饰，既可与妇女的身材、头型、肤色以及衣服颜色妥善搭配，起到装饰美的作用，而且也可以达到防风沙、保护皮肤的效果。特别在寒冷的北方，风沙飞舞，北京、天津一带妇女，都用浅色尼龙纱巾，包住整个头部，不使风沙侵入，迷住双眼，而自己又可透过纱巾，看清四周景物，骑车行走都十分方便。

◆ 舟山渔民穿笼裤

我国沿海汉族渔民，因各地生活习俗不同，渔民的服饰也各有独特的风俗。江苏渔民爱穿对襟蓝格子土布衫；福建渔民喜穿用栲树皮染成的酱色栲皮衫裤；而浙江舟山渔民却喜欢上身穿大襟布衫加背褡，下身穿宽大的裤子，只要将裤脚一扎，海风一吹，就像两个大灯笼一样地鼓起来，民间就把这种裤叫"笼裤"。

舟山渔民穿笼裤的风俗起于何时？已无可查考。据老渔民传说，最盛之时，是在清末民初。相传从前西山岙有户渔家，老两口生了三个儿子，个个身强力壮。老阿爹带着儿子们下海捕鱼，阿婆勤俭治家，全家人日子过得甜甜蜜蜜。

一年、两年、三年，老大、老二、老三相继娶了媳妇。家里人多了，心却不齐了。阿爹只顾捕鱼，阿婆是个老实人，生怕多嘴惹是非，凡事总忍着三分。只有三媳妇能体谅婆婆辛苦，常常出主意，帮家务。两个嫂嫂见了妒忌，吵着要分家。阿婆埋怨："人多心不齐，这个家难当。"阿爹主张："人多有力量，要让聪明的三媳妇帮助当家。"

老渔民想出了一个办法，要三个儿媳妇在一个月内每人给他做一件御寒的衣服或裤子，条件是保暖、省钱和操作方便。谁做得好，由谁当家。到了期限，三个儿媳把各自做的衣服送给公公。老渔民看了大媳妇、二媳妇做的都很一般，只有最小的儿媳妇做的是条"笼裤"，却别出心裁。老渔民看了啧啧称赞，十分满意，以后就让小儿媳当了家。从此，穿笼裤就在舟山渔民中流传开来。后来，汉族渔村中形成了一条不成文的规矩，新媳妇嫁到婆家后的头一件事，就得为自己的丈夫做一条合身的笼裤，这等于考一考新媳妇的手艺。

笼裤，都是用民间自己纺织土布制成的单裤。颜色一般为深蓝色和玄青色，质地厚实耐穿，经济实惠。特别有的用栲树皮栲成酱黄色的，防碱性能好，不但耐穿实用，而且经得起海水浸泡，不易腐烂。笼裤与一般裤子不同，直筒大裤脚，裤腰宽松，左右开衩，前后叠皱打茧。同时，在裤腰开衩处，缝有四条布带，便于穿时束缚，十分方便。渔民在海上捕捞操作时，特别是北风呼啸的冬天，把棉衣棉背心往裤腰里一塞，四条腰带一束，两只裤脚缚紧，既舒服又暖和，而且裤裆宽大，双腿下蹲上抬都没有阻碍，灵活自如。双手冷了，又可以往裤腰衩口一塞，可挡风御寒，真是一举多得。

笼裤，不但经济实用，而且也讲究美观。心灵手巧的汉族渔家姑娘往往用织渔网的巧手，在笼裤衩口两旁，还用彩线绣上“八仙过海”“龙凤呈祥”等图案和鱼、鸟、花、草等花纹，使笼裤更增添了美丽的风采。

“青浜庙子湖，菩萨穿笼裤。”流传于汉族舟山地区的这句渔谚，说的是舟山不但渔民穿笼裤，奇怪的是连菩萨也穿上笼裤，这是什么缘故呢?

原来从前有对汉族老渔民夫妇，以渔船为家，靠撒网捕鱼度日。因为“捞捕鱼虾有个窍，红山照不如黑山照”，所以，老渔民夫妇常在黑夜下海。

这天夜里，老渔民夫妇为了捕捞鱼群，不知不觉把船摇到外洋里去了。突然，海上狂风卷起乌云，风暴来临。一个浪头，将老渔民的渔船打得裂了缝，又一个浪头，将他的老妻也卷走了。最后一个巨浪，向船顶扑来，将老渔民打得昏了过去。

等到老渔民醒来，已躺在一个荒凉的小岛上。他想到这样风暴的夜晚，渔民们多么渴望火啊。他拾来树枝，点起了火堆。果然，有四五只渔船靠岸来避风。

当渔民们听到老渔民的不幸遭遇，都劝他随他们的船回去。可是，老渔民感到自己已船破妻亡，决心留下来，每夜点火，来照亮渔船。渔民们只好给了他一些衣服、被子、食物，才依依告别。从此，这小岛每夜都有火亮，使不少渔船夜航有了方向，免遭不测。

不知过了多少个日日夜夜。有一个黑夜，岛上的火光突然熄灭啦。渔民们赶去一看，老渔民已经死了，手里还抱着束枯柴。为了纪念他，把他点火的庙子湖岛称为“放火山”，还在岛上特地盖了座小庙，依他的样子塑了个上身穿背单，下身穿笼裤的神像。这样笼裤就穿到菩萨身上去啦。

如今，随着汉族渔村经济的繁荣，生活水平的提高，20世纪80年代的渔民在海上捕捞，已备有雨衣、雨裤和高筒雨靴。年轻一代的渔民，是不再有人穿笼裤了，可是，许多上了年纪的老渔民却仍然喜爱“笼裤”。

◆ 古风古俗话肚兜

敲敲器，器器敲，
搿着脖项搂着腰。

这是流传在陕西临潼一带的一则民间谜语，打一服饰，谜底就是“肚兜”。这则谜语质朴简洁地表述了肚兜系挂的部位，它穿在人身上的形状大体也类似一只青蛙伸展四肢抱住人体的形象。所以，汉族北方又称为“蛤蟆蛙裹肚（儿）”“花兜兜”；南方则称为“肚兜”“肚褡”。

肚兜，制作十分简朴，以布或绸，剪成菱形，然后，再裁成上方下圆，左右稍尖，上面系上带子，可以套在头颈上，左右各缝上两条带子，可以缚在腰间，是一种贴身佩用的服饰。旧俗新生婴儿都以小肚兜作包脐带。女子出嫁时也必备肚兜。平时系用，有护腹、暖腹的作用。至今汉族乡间男女寿终，还有在寿衣内系扎肚兜的风俗。据民俗学家考察，这种挂肚兜的风俗，起源十分古远，因为，这种肚兜系在人身上的形状，十分类似一只青蛙伸展四肢抱住人体，它反映了远古时代女娲蛙图腾保护神，在民间服饰上实用化的遗迹。

所以，简朴的肚兜，不仅在服饰实用上具有一定的价值，而且在民间信仰上，大江南北也各有其不同的作用。

汉族民间流行的肚兜，花样较多。有的绣以大红牡丹，表示孩子长大，富贵荣华；有的绣以鲤鱼跳龙门，祈望孩子长大，光宗耀祖。但是，其中以流传在陕西临潼一带的民间蛤蟆蛙裹肚（儿）在民俗学上最有特色，也最富有代表性。因为，当地民间的裹肚（儿）上都要绣上一只巴掌大的蛤蟆蛙。为啥要绣蛤蟆蛙呢？民间传说，女娲开天辟地，世上尚未有人。女娲抟黄土，创造了人类。女娲传给她后裔的一件服饰，就是形似蛙肢四展的裹肚（儿），既可保护腹部免受风寒，又可遮盖人的羞耻。所以，民间世代流传着蛤蟆蛙裹肚风俗，婴儿从母体呱呱落地，第一件护身服就是穿上蛙图腾裹肚。孩童时代，每逢端午节，舅家要送蛙裹肚（儿）。结婚大礼时，在鼓乐声中，新娘子花轿前充作护轿符又当作嫁妆幌子的是一对高挑起的绣花裹肚（儿）。一件花边嵌底，是赠给女婿娃的礼物；另一件则是绣着大蛤蟆蛙的花裹肚（儿）。老人说那是媳妇娃的开路神，犹如宣告"女娲娘娘在此，百神让道"，以保新婚夫妇大吉大利。骊山民间闹洞房还有一种很别致的"审新娘"风俗。当新媳妇揭开盖头洗好脸以后，姨、婶、嫂、姐们照例围着要看媳妇娃的花裹肚（儿）。因为这是惯例，新娘子则毫不羞涩、落落大方地依礼解衣展示上绣着巴掌大的蛤蟆蛙的花裹肚，仿佛是向女亲们表示：请亲人们放心，我就是女娲娘娘的后代。这一方面对别人来说，"蛤蟆蛙"起了一种标志的作用，另一方面对新娘来说，戴蛤蟆蛙裹肚却是至高无上的护身符。宋人罗泌《路史》后记卷二记载女娲氏"为女妇正姓氏，联昏（婚）因（姻），通行媒以重万民之俪"。难怪汉族骊山民间婚俗中到现在还明显地保留着女娲的影响痕迹。

山东民间给孩童戴的花兜兜，图案很别致，不是翎毛花卉，而是用七色彩线绣了五样虫蛰儿，有蛇、蜈蚣、黄蜂、蝎，当中央是条小龙。为啥要绣上这些五毒？民间流传这样一个动人的传说。

传说很早以前，山东沂河岸上有个小村，有户人家，娘儿俩相依度日。可是村里蛇虫很多，骚扰得孩子日夜不宁。一天，娘到河里去洗兜兜，见河泥上横着一条泥鳅样东西，长相很怪，伸着四条爪，瞪着两只大眼，还抬起头来声声叫娘。她见了又惊又喜，觉得怪可怜，就用兜兜包了回来养在家里。这怪物，不但不咬孩子，还见了蛇虫就咬，就吃。从此，家里的蛇、蜈蚣、黄蜂、蝎子，全都断了种。孩子穿了包过小龙的兜兜，蛇虫也不来叮咬了。一传二传，人们因为它能驱杀毒虫，就将它绣在小孩的花兜兜上。特别在端午节，虫毒滋生之际，人们将这种绣有五毒的花兜兜给孩童穿上，以起到辟邪驱虫的作用。

这种穿五毒兜兜蛤蟆蛙裹肚儿的风俗，随着时代的进步，服饰的改革，现在只有在偏僻的汉族农村尚保留外，一般民间已不再有穿花兜兜的习惯了。不过，这种五毒花兜兜，蛤蟆蛙裹肚儿，以其具有浓郁的民间特色，作为旅游工艺品，深深吸引了国内外游客的喜爱和欢迎。在陕西骊山、秦始皇陵和山东泰山一带的旅游工艺品摊上，琳琅满目，五彩缤纷地张挂着这些五毒花兜兜、蛤蟆蛙裹肚儿，这些民间艺术家的手制工艺品，受到外国游客的围观和赞叹，有的穿上拍一张纪念彩照，有的买几件带回去，作为纪念品收藏，或馈赠亲友。

◆ 儿童服饰多奇趣

儿童是人类的未来，儿童是祖国的花朵，儿童是宗族和家庭的命脉。因此，自古以来汉族民间十分重视爱护儿童，从婴儿的诞生、三朝、满月、百日、周岁，直到少年，不仅有一系列人生礼仪，而且在儿童服饰穿戴上也有各式各样的奇风异俗，以庆贺新生儿的诞生、进入人生、进入社会，并祈求儿童辟邪驱魔、健康生长、长命百岁。

汉族民间相传至今，孩子出生时，贴肉穿的衬衣，都是衩襟的明朝服装，而且袖口和衣襟都不缝边，俗称“毛衫”。小孩为啥要穿这种毛衫呢？民间有这样一个传说：

那是明朝末年，吴三桂引清兵入关。国家民族生死存亡的时候，兵部尚书史可法死守扬州，孤军抗清，不幸城破身亡。手下都督刘肇基与清兵巷战，也身受重伤，本想与夫人一同以身殉国，但想到夫人怀孕在身，就遗书要夫人“生降死不降，母为子不降；国破忠烈在，复仇赖儿郎！”并要求夫人，一定要让孩子出生后，穿大明衣服，永远不忘国仇家恨。清兵夺天下不久，刘肇基夫人产下一子，她牢记丈夫遗言，暗暗给小毛头穿上大明衣服，并且袖口和衣襟都不缝边，意思是此仇不报，痛苦无边，要小辈牢记在心。

这事情传扬开去以后，老百姓为了纪念史可法及其部下抗清爱国的忠贞精神，都学着给自己的孩子也穿“毛衫”，巴望孩子长大后精忠报国。从此，小孩穿毛衫的风俗就一代一代传了下来。汉族民间对上了周岁的小孩子，头颈上都要围一块口围。传说这种风俗还是从北宋末年才开始兴起来的。

那时，朝廷腐败，逼得各地人民纷纷起义，反抗封建统治。浙江淳安出了个能人方腊，高举“法平等”的大旗，领头起义，攻州打县，所向披靡。杀得北宋官兵东奔西逃，打得地方狗官、老财胆战心惊。他们眼看大事不妙，到处乱造谣言，欺骗百姓，说什么义军见人就杀，不逃走就没命。一天，方腊带领起义军，路过一个村子，村里的百姓轻信谣言都逃避到山里去了。方腊队伍进村后，挨家挨户察访，找不到一个大人，只有一个两岁不到的孩子躺在摇篮里，啼哭不休。方腊知道这是父母逃路时来不及带走，而留下来的。就吩咐部下磨米粉，烧米糊，喂给孩子吃。过了两三天，起义军要走了，孩子不好带走，但丢下不管又要饿死。方腊想了个办法，做了个大薄饼，中间挖个孔，套在孩子的头颈上，肚子饿了，就可以用嘴去吃。义军走后，百姓纷纷回村，孩子的父母一路啼哭回来，心想孩子就是不杀死，也一定饿死了。谁知到家一看，孩子头颈上套着一个大薄饼，边笑边吃着呢。这件事很快传开了，老百姓都说义军想得真周到，义军和百姓心连心。

后来，方腊起义军不幸失败。妇女都爱用布做个口围，精心绣上各种花样，套在孩子们头颈上，让孩子永远记住方腊起义军。浙江宁波一带，汉族儿童还都喜爱戴狗头帽。提起给孩子戴狗头帽这风俗，民间还有这样一个传说：

传说，从前宁波有户姓李的人家，父母早亡，留下桂根、桂生兄弟俩。不久，兄弟俩也先后成家，弟弟桂生连得二子，非常开心，但桂生不幸得病而死。哥哥桂根年近六十，尚无一子半女，夫妻俩想把侄子过继来当儿子，谁知遭弟媳妇嘲笑，只好作罢。说也奇怪，桂根六十岁那年，妻子居然怀孕，可眼看临产，偏又要外出收账。临走时，只好给六婶二百两银子，托她好好接生。事被弟媳妇知道，她串通六婶，骗兄嫂说生下怪胎，并将婴儿用荷包裹了丢到荒野里去了。桂根家老黄狗将婴儿衔到狗棚内去喂养。桂根收账回家，得知妻子生了怪胎，又从狗棚里看到孩子，感到蹊跷，就将狗养的孩子当亲生子一样抚养。弟媳妇得知此事，告桂根领养黄狗喂奶的孩子，欺她们孤儿寡妇。开始，县官不明真相，责打了桂根夫妇。后来，老黄狗衔荷包上堂鸣冤，县官感到事有冤屈，传来当事人，六婶供出真相，将弟媳和六婶法办。桂根夫妇欢欢喜喜抱着亲生儿子回家，为了感谢老黄狗，特地请裁缝做了一顶“狗头帽”，给孩子戴。后来，人们觉得这种“狗头帽”戴在小孩子头上，又活泼又可爱，就一传二传，传开了，形成汉族民间给儿童戴“狗头帽”

的风俗。浙江、湖北汉族民间，不仅在端午节要做双虎头鞋给孩子节日穿，平日也有常给孩子穿虎头鞋的传统风俗。

传说，从前楚州金河埠下，有个叫杨大的摆渡人，三十年来靠条破船摆渡为生，娶不起老婆，独自一人生活。一天刮风下雨，杨大为一个老婆婆摆渡，老婆婆送给他一张画儿。画上画着一个姑娘穿着绣虎头鞋。当晚，画上的姑娘走下来与他成了亲。从此，夜夜下来与杨大相会，做了七年夫妻，还生下一子，取名“小宝”。姑娘为他做了双虎头鞋，告诉杨大孩子有难时穿上它可化难呈祥。不料，杨大得宝画的事被知府得知，派人来抢了杨大的画儿。小宝哭着要娘，杨大叫他穿上虎头鞋去找娘，找了七七四十九天，终于在深山老林的小湖边，看见七个仙女在洗浴，最后一个就是他娘。母子相会后，小宝决心要去找回画儿，让娘回来。这天刚好端午，小宝跑到知府衙门去夺回了画儿。知府叫衙役去捉他。忽然，小宝穿的虎头鞋上的老虎跑了下来，一口叼了知府跑到深山里去了。杨大夫妇和小宝一起回到家里团聚过日子。从此，每逢端午，家家户户都爱给孩子做虎头鞋穿，以取吉利、保平安的意思。

◆ 南方女儿爱木屐

玉面耶溪女，青蛾红粉妆。
一双金齿屐，两足白如霜。

唐朝诗人李白写的这首《浣纱石上女》五言诗，描写的就是我国四大美女之一西施的天然艳丽姿色。同时，诗中还反映了我国古代南方汉族女儿赤足着木屐的风俗习尚。

我国南方汉族儿女，自古爱穿木屐。特别是生活在水乡、渔乡的人家，劳动以后，洗好双足，穿上木屐，十分简便。唐朝李白在《越女词》中就说的这种风俗："长干吴儿女，眉目艳星月。屐上足如霜，不着乌头袜。"

关于越女穿木屐，历史还流传有这样一个故事。相传春秋时，吴越相争，越王勾践被吴王夫差打败，成为阶下囚，在灵岩山中忍辱负重拘禁了三年。勾践回到越国，卧薪尝胆，不忘国耻，励精图治。他知道吴王夫差沉湎酒色，由范蠡在若耶溪畔访得美女西施，献给吴王夫差。西施从小爱穿木屐在溪畔石上浣纱，到了吴国，夫差为讨得西施欢心，在灵岩山上造了一座富丽堂皇的馆娃宫，天天与西施逍遥作乐。他为取悦西施，还想入非非，用名贵的梗梓木，在馆娃宫中造了一条"响屧廊"，让西施和宫女们穿了木屐在上面来回走动，听取那木琴般的美妙音响。最后，终于被越国报了仇，夫差自刎而死。对此，宋朝诗人王禹偁曾感慨地写诗说：

廊坏空留响屧名，为因西子绕廊行。
可怜伍相终尸谏，谁记当时曳屧声。

简便的木屐，古代曾风行一时。随着时代的进步，制鞋工业的发展，除两广一带还有保留以外，这种木屐到20世纪60年代已基本上被淘汰，而由轻便、舒适、富有弹性的塑料拖鞋所代替。

二、饮食风俗

◆ 南人食米北人面

“南人食米，北人食面”，这是汉族主食的两大食俗类型。而且，随着人类社会生活的不断进步，南北不同地区、不同主食的加工、制作以及食用，又形成了丰富多彩的各种主食风俗。

最早的原始人是靠采食野果、野草而生活的。只有当人类种植了野生稻谷，有了原始的粮食栽培，古代的食俗才进入了丰富的阶段。在我国陕西西安半坡村文化遗址中，发现了一罐距今六千年前碳化了的粟（黍或稷），证明我国黄河流域的北方远古时期就已食用黄米了。在古文献《书经》的《盘庚》《酒诰》中，以及《诗经》《论语》《孟子》中也都记有吃黄米的习俗，说明黍、稷早在殷周时已成为北方汉人的主食。在浙江余姚河姆渡文化遗址、吴兴钱山漾遗址、上海青浦崧泽遗址等二三十处古文化遗址中，都遗存栽培稻谷的出土。不仅出土古稻谷酶地点多而集中，而且年代久远，距今六千年以上的有三处，其中河姆渡的稻谷已近七千年。十分雄辩地证明南方汉人吃稻米的起源是十分古老的。我国北方产粟、南方产稻，都分别可以说是世界产粟、稻发源地之一。

汉族广泛流传的关于五谷杂粮起源的神话传说，都可以说明古代先民吃粮食传承的悠久历史。传说那是很早很早以前，人们不会种地，吃的野果和树叶，生活很苦。一位天神将这情况报告了玉帝，玉帝同情人间疾苦，下令给人间夏天下米，冬天下面。人间百姓有了米和面，再不发愁没饭吃了。可是，过了一段时间，天神装成乞丐到人间视察，却见每家每户抛米抛粮，浪费严重。人们不仅不肯施舍给他吃，反而将馍馍喂狗，将烙饼垫孩子屁股。天神奏明玉帝，玉帝大怒，立即下令将下米改成下雨，下面改成下雪。人们没粮食吃，饿得奄奄一息，跪向天神求罪。虽然天神绝不饶恕他们，但他觉得黄狗无罪，就留下一粒谷、一粒麦、一粒高粱、一粒粟、一粒豆，叫狗自种自食。狗将五粒种籽种在地里，一夜之间就成熟了。它见人们快饿死，就煮了一锅粥分给大家吃。人们觉得自己是狗的主人，反而让狗养活自己，都不好意思。狗却说：你吃我的饭，我吃你的屎。这五粒种子打下的粮食，就是今天的五谷杂粮。在广东、广西、四川、福建、浙江等地山区还都有"出米岩""出米洞""出米臼"的奇异传说，都从古老的口头传承中证明了我国南方米食风俗的源远流长。北方流传的关于麦种来源的神话传说，又为北方人吃面粉食宿提供了古老的传承线索。

南方人吃米，最早大约是早餐、晚餐，两餐主食制。早餐后，人们外出生产，女的采集，男的狩猎，晚上回来吃晚餐。采取了"日出而作，日入而息"的生产作息制度的食制。以后，随着粮食的丰富，变为一日三餐，至今仍为南方汉族的主要食制。

南方吃米也因地区不同，形成各种饭食、粥食以及米制糕团等等不同食俗。以米饭来说，也有吃黄米饭、蒸谷米饭等不同习俗。浙江湖州人有喜食黄米饭的风俗。他们将白米用枯桑叶、米糠、浮萍掺和一起，置锅内边煮边搅拌，搅匀后用稻草裹扎，做成囤心。然后，灌满白米，上铺麻布，再堆放一层燥砻糠，以吸收米中潮气。待潮气全部吸干，米色就变黄，即成黄米。用来煮饭，松脆不粘，清香爽口。夏天烧粥更佳，适合老年人和病人胃口。俗话说："盐炒蚕豆黄米粥，郎中先生朝伊哭。"黄米还有经久不变质，不易虫蛀的优点。

上海人一向喜食蒸谷米，是将稻谷用蒸笼蒸熟后再晒干，经砻、舂后食用，故也称熟米。胀性好，易保藏。这种蒸谷米传说是吴越相争时，吴国要越国献优良稻种，文种献计，将种稻蒸熟后再送吴国，结果吴国因缺稻种而造成大荒年，越民为余下“蒸谷种”欢欣，加工成米，食以示庆。从此，相沿成习，有了蒸谷米。

在烧煮米饭方法上，也因地区、习惯不同，形成捞饭、蒸饭、煮饭等不同风俗。捞饭，先将米和水煮，待米粒化，即捞起再蒸，等饭好，米汤也形成薄粥。浙东山区喜食捞饭。蒸饭，即米和水放饭盒内蒸成。煮饭，一般家庭都喜用这种方法，将米和水煮干，焖成干饭。

南方的粥食也是传统主食之一。早在两千多年前的春秋战国时期，就有药粥的记载。说明我国祖先，不仅食粥，而且用药粥来防病治病。清代黄云鹤著的《粥谱》一书中，记载了二百多种不同粥谱。直到现在，粥是一年四季不可缺少的主食，而且品种丰富，冬夏有别，风味独特，功效各异。如春食菜粥，夏吃绿豆粥，秋食藕粥，冬吃羊肉粥。此外，还有肉骨头粥、八宝粥，价廉物美，可称粥中佳品。

此外，南方汉族民间还用各种米粉制成各种美味小吃，著名的如嘉兴粽子、宁波汤团、南宁米粉、云南过桥米线等等，都是盛誉远播的民间地方风味小吃。

北方人吃面，主要吃馒头、饺子等面食。关于馒头的起源，据说是三国时诸葛亮救人活命，急中生智创制出来的。相传是诸葛亮七擒孟获，安边固疆以后，为了尊重兄弟民族风俗，有一次，他参加了他们的祭祀活动。众人听到诸葛亮来参加，载歌载舞，格外热闹。突然，巫师们手擎大刀要杀七七四十九个小伙子的人头来作供品祭祀。诸葛亮急中生计，叫他们将活人放了，换上自己用面团包牛羊肉馅精做而成的“面人头”来祭祀，并说：“神灵享受过了，大家吃了能消灾防病。”众人一尝，果然，美味爽口，都说这比人头当供品好。从此，将这种代替蛮族兄弟人头的食品，叫“蛮头”，不但祭祀时吃，平时也食用。诸葛亮觉得吃“蛮头”，不尊重兄弟民族，就改称“馒头”。久而久之，人们将不包馅的叫“馒头”，包馅的叫“包子”。著名的如扬州“五丁包子”。

北方汉族也爱吃饺子。冬至、春节，家家都要包饺子，不仅作为节日美食，而且传说吃了饺子会不冻耳朵。为啥吃了饺子不冻耳朵？民间有这样一个传说：那是东汉时，河南南阳名医张仲景，医术高明。晚年，他从长沙告老还乡，正逢寒冬腊月，他一路看到为生计奔忙的穷人，面黄肌瘦，耳朵都冻烂了。冬至那天，他在南阳关搭起医棚，烧起大锅，布施“祛寒娇耳汤”给穷人治冻疮。他把羊肉、辣椒和一些祛寒温热药烧熟切碎，用面皮包成耳朵样的“娇耳”煮熟。每人给一大碗汤，两只“娇耳”。人们吃了，浑身发暖，两耳发热。从冬至一直布施到年三十，人们的耳朵都被他医好了。从此，人们为了纪念张仲景，每年冬至、春节都要包“娇耳”吃，后人因便于称呼，就叫作“饺子”。天长日久，一传二传，就形成了冬至吃饺子不冻耳朵的风俗。

现在，随着生活的改善，北方汉族吃面食，不仅要求吃饱、吃好，而且要讲究营养，讲究色、香、味、形。一般根据制作技巧的不同，形成三种不同风味的面食：一种是皮面、水面，面团柔软，光滑有劲，主要用于作面条、饺子皮；一种是发面，也称酵面，宜作花卷、开花馍、荷叶卷包子等熟食；一种是酥面，包以各式细沙、鲜肉馅子，制作月饼、糕点一类食品。北方汉族一日三餐的主食面点，虽不像菜肴那样复杂，但它继承着北方民间传统风味的特色，他们以更多、更美的各类面食，来丰富和美化自己的生活。

◆ “齐味万方”话烹饪

一日三餐，炒菜做饭，这是汉族家家户户习以为常的民间食俗，看起来极为容易，谁都会做，其实并不简单。要使自己所做的饭菜色美、味佳，富有营养，学几手烹饪技艺是十分必要的。

烹饪是人类开始吃熟食以后发展起来的一种民间生活技艺，它是技能，又是艺术；它既有实用价值，又有美学价值；它标志着社会物质文明的发达，又体现了社会的一种精神文明。我国的烹饪技艺以汉族为主体，历史源远流长。早在原始社会先民发明火食，这是烹饪的开始。陶器的出现，才有了意义完备的烹饪。夏商周三代我国的烹饪技术已初具规模。秦汉魏晋南北朝，汉族的烹饪已有相当水平。《淮南子》有这样一段记载：“今屠牛而烹其肉，或以为酸，或以为甘，煎熬燎炙，齐味万方，其本一牛之体。”可见，用一条牛体，已能用不同的烹饪技艺做出不同口味的菜肴，而且达到“齐味万方”的水平，这反映了汉代的烹饪技艺已达到相当精湛的境地了。隋唐宋以来，汉族烹饪技术进入了高级阶段。元明清时期，汉族烹饪技艺更加精美，进入完全成熟时期。据明代宋诩记载，明万历年间，民间厨家已有一百多种烹饪术语，如：炙、脯、腊、醢、脍、且、脔、鲭、膊、鲞、鲜、醍醐、绺蒸、馅、酥、乳腐、泔、汁、滓、烹、煮、炮、爆、烘、煎、燔、熟、腌、酿、炖、溲、煨、烙、调和、炒、熏、炊、烂、蒸、炕、焊、焙、熬、酝等等，形成各式各样的民间烹饪风俗。清人袁枚的《随园食单》中有“须知单”，在“先天须知”中，袁枚指出“大抵一席佳肴，司厨之功居其六，买卖之功居其四”。强调了烹饪之重要。

汉族的烹饪技艺，特别是在城乡经济改革开放以后，饮食行业的竞争，四方口味的交流，使民间传统的烹调技艺更达到了推陈出新、百花齐放的新境地。有人说，汉族现有鲁、川、苏、粤、湘、闽、徽、浙八大菜系；也有人说汉族现有十大菜系，除八大菜系外，再加北京、上海。但是，到底汉族民间厨家有多少烹饪技艺？有人说一百多种，也有人说二三百种。其实，就很难统计了。不过在数百种烹饪技艺中，汉族民间家家习以为俗、户户常用为风的，则有以下几种传统烹饪风俗。

炒，是汉族民间家庭常用的炒菜习俗，是用一种热油、旺火，将原料投入锅内，迅速翻炒成熟的方法。这种烹饪方法较为简便，尤适合家庭烹饪丝、片、条、丁等小型菜料。炒菜根据用油量不同，民间又分为煸炒、滑炒、抓炒几种习俗。煸炒，用油较少，主料不挂浆糊，先将炒锅放到旺火上，倒少量油打底，放入主料翻炒，待水分溢出，再放入辅料、调料，继续翻炒至熟，如炒肉丝之类。滑炒，一般先将主料用蛋清、团粉浆好，再用温油滑散，六七成时捞出。再炒辅料，快熟时投入主料，最后勾芡汁，翻炒出锅即成。如炒糖醋排骨等等。抓炒，先将原料切成块、条、丁状，用团粉抓匀，放入漉锅内炸成金黄色，最后用葱、蒜、姜炝锅，投入主料翻炒，再勾入薄芡汁即成。如生爆鳝片之类。

煎，也是汉族家庭常用的一种煎菜习俗，是用少量油煎熟主料的一种常用烹调方法。主料不挂糊，用少量油布锅底，加入主料，用温火煎成金黄色，再用少许调味汁烹饪而成。如煎鱼之类。

烧，是汉族家庭较为讲究的烹饪习俗之一，适用于动植物和干货等原料。一般先将菜料用刀切好，经过油炸或煸炒，再用葱、蒜、姜等调料炝锅，勾芡汁，出锅后淋上葱汁油或花椒油，以增加菜肴的光泽。常见红烧菜肴，即借调味品的颜色，使主料经油炸、煸炒，成为红色、酱红色等。如红烧肉丝、红烧鱼块等。

炸，也是汉族家庭较为讲究的烹饪习俗之一，也是一种用热油锅炸熟原料的方法。这种技法虽然较简单，但要真正掌握其奥妙也并非容易。炸通常用旺火、大油锅，油温可达200～300℃。能使食物表面凝固，结成一层薄膜，内部水分不溢出，从而保持食物的鲜嫩、香酥。炸时先要将原料经过条、片、块、丝、段等刀工处理，而后挂糊“化妆”。炸时火力要旺，尤其炸生原料时，开始油温不可过高，让食物有由外向里传导的充分时间，不致外焦内生。同时，要依原料质地掌握时间，一般生料不可在油锅内停留太长时间，以保持食物水分，不使食物干老，失去鲜嫩。一次炸不熟的原料，要先捞出来，待油温上升后再回锅炸，叫“重油”。炸时先要把原料在调味品中腌过，有的炸熟后再加些椒盐、辣椒、酱汁之类调味品。炸因原料质地和人们口味差别，还可分为：清炸、干炸、软炸、松炸、酥炸、脆炸等炸法。清炸和干炸基本相似，要求外焦、内嫩。清炸只用盐、酱等调料，不用挂糊上浆；软炸用水粉糊或蛋清糊；松炸用蛋泡糊；其他炸法基本上用生料，按质地要求挂糊上浆。如炸响铃用干炸，炸鸡腿用软炸等等。

熘，也是汉族家庭常用的烹饪习俗，是一种先经过油断生或蒸煮断生，而后用调味芡汁熘制的一种方法。分为几步：先将原料切好，用油炸或蒸煮断生待用；另起炒锅，用调味、团粉团勾成芡汁，或浇淋于食物表面，或将食物倒入芡汁搅拌。熘菜按调味品的不同情况，可分为糟熘、糖醋熘等风味。如熘鸡脯、糖醋鲤鱼等。杭州民间家家户户都会烧醋熘鱼这一道西湖名菜。

爆，也是汉族民间家庭常用的烹饪习俗，因火急油烈而得名。一般原料要先经油炸，然后用芡汁或酱汁烹调。方法较为简便，选用脆嫩无骨原料，如里脊、肚腰、鸡脯、虾仁等，经过油炸，再用急火烈油烹炒，最后勾清芡汁或抱芡汁，使芡抱住原料。其名称可按所用调味品，分葱爆、油爆、酱爆等，如葱爆牛肉丝，油爆大河虾，酱爆鸡虾之类。

此外，如炖，是汉族家庭经常做汤料的烹调习俗。因为炖菜的原料不易熟烂，需要长时间烹制，一般需要用慢火。如清炖甲鱼、清炖全鱼之类。

拌，是汉族家庭烹调冷菜的习俗之一。主要适用能直接入口的生熟原料菜肴。它的特点是：操作简便，食用方便，鲜嫩爽口。拌菜时，无论生熟原料，都要用水氽或开水消毒，然后用凉开水洗涤后才能调拌。拌菜的调料以酱油、醋、香油为主，然后根据口味，分别加入蒜末、姜汁、辣椒油、芥末糊、白糖、芝麻酱等不同调味，如江浙常吃的家庭菜：拌豆芽、拌芹菜之类。

汉族民间烹饪菜肴的习俗，根据地区、口味以及食俗的不同，方法千变万化。只有在家庭一日三餐日常生活中勤学苦练，才能使传统的烹饪技艺熟能生巧，运用自如。同时，要勇于创新，汉族不少名菜，都是历代美食家从家厨中创制出来的。

◆ 五味调和百味美

“东盐、南甜、西酸、北辣”，这是一句形容我国汉族世代传承下来的不同调味饮食风俗的谚语。早在《黄帝内经·素问·导法方宜论》（卷四）一书中就说过：“东方之域天地所始生也，鱼盐之地，海滨傍水，其民食鱼而嗜咸。”“西方者，金玉之域，砂石之处，天地之所吸引也。……其民华食而脂肥，故邪不能伤其形体。”“北方者，天地所闭藏之域，其民高陵居，寒风冰冽，其民乐野处而乳食。”“南方者，天地之所长养，阳之所盛也，其地下水土弱，雾露之所聚也，其民嗜酸而食跗。”

这段远古时期的文字表明：四方之民所处地理环境不同，气候不同，物产不同，因而也形成了甘酸苦辛咸不同风味的饮食民俗。所以，自古以来，五味用来烹调，更有许多独到之处。清代文学家、品味家袁枚曾说：“厨之作料，如妇人之衣着、首饰也。虽有天姿，虽善涂抹，而敝衣褴褛，西子亦难以为容。”可见五味在烹调中的奇巧特效。民间的一些烹饪高手，正是巧妙地运用五味调料，才烹调出各种不同风格的佳肴美味，关键就在于他们掌握了五味的种种物理和化学变化。所以，民间有“味是中国烹饪的灵魂”之说。

汉族民间烹饪认为：盐为“百味之主”。相传古代有一位著名的厨师姓詹，无论什么原料，只要一经他的手，都能做出各种各样的美味来。有一天，皇帝问他：“吃什么东西最香？”他回答：“盐最香。”皇帝大怒，说：“谁不知道吃盐，而且怎么会香！”遂将他杀了。杀了之后，皇帝又让别的厨师做菜，想试试无盐到底香不香？叫厨师做菜不要放盐，结果无盐确实不香。这时，皇帝想起詹厨师说的话，一点不错，盐是很香的，不由得后悔起来，哀悼之余，便封他为“厨王”，并为他修了庙，塑了像，作为“厨师菩萨”来供奉。

远古时代，人类祖先只能尝到食物的本味，还不知盐是调味品。只烹不调，饮食是单调的。盐是什么时候才发现的呢？据《淮南子·修务训》说，在伏羲与神农时期，诸侯中有个宿沙氏（《世本》说夙沙、《周书》说质沙氏）始煮海作盐。这个宿沙氏生前同共工一样，势力很大，是“霸天下者”。因为，他发明了盐，死后，人们很尊敬他，立庙祭祀。罗泌在《路史》一书中，甚至考证出：“今安邑东南十里有盐宗庙”就是祭祀宿沙氏的，认为他是发明盐的祖先。

盐的发明，对于人类文明史来说确是一大贡献，是人们日常生活中不可缺少的东西，被认为是五味中的根本。《调疾饮食辨》一书中说得更详尽：“酸甘辛苦，可有可无。盐则日用所不可缺。酸甘辛苦自成味，盐则能滋五味。酸甘辛苦暂食则佳，多食则厌，久食则病，病而不辍，其食则夭。盐则终身食之不厌不病。”

“无盐就无味”“无盐不是味”“若要甜，加点盐”，这些富有经验哲理的俗语，都说明盐在调味中的地位和作用，也是形成我国汉族各大菜系的决定因素。“北盐”中的鲁菜，就有传统的口味偏盐、嗜酱、嗜豉等调味特色，而且，传承的历史也较久远。春秋时，孔子就说过：“不得其酱不食。”说明鲁菜中用于调盐味者，除盐以外，还有酱、豉以及《齐民要术》中说的近似现在“酱油”的“豉汁”，都是鲁菜中使用较早的盐味调味品。鲁菜在烹调中的取“盐味”，也非咸之无法下咽，而是恰到好处。用盐一般都泡成“盐水”而用，这样使菜肴的盐味均匀。用酱要用“飞酱”，也就是先用热油将酱炒到放出香味以后，再进行烹调。经过这样的加工烹饪，比直接用酱味道就鲜美和淡多了。著名汉族鲁菜中的“酱汁”菜、“酱爆”菜、“黄焖”菜，都是用“飞酱”炒制的。此外，用酱腌、豉渍，也是鲁菜中的传统特色，如孔府名馔“秋季酱肉”以及“济南五香豆豉”“临沂八宝豆豉”等等，都是闻名海内外、久盛不衰的齐鲁佳味。

自从有了盐，人类的食物才能保存长久，汉族民间就产生了以盐腌肉、腌鱼、腌菜等腌制习俗。浙江的金华火腿、舟山腌鱼、绍兴霉干菜、萧山萝卜干等，都是以盐腌制的、别有风味的汉族民间传统土特产。

甜，也是一种能独立调味的基本味。我国南方汉族民间就有嗜甜的饮食风俗。《中国菜谱》“江苏专辑”前言中就说：“苏州菜口味趋甜，配色和谐，清新多姿，时令菜应时迭出，烹制的河鲜、湖蚧、蔬菜尤有专长。”

甜味，一般指白糖、红糖、糖精、蜂蜜、红枣、果酱等等，这些都是甜味中的主要调味品。南方民间习惯在烹调中，用甜味增强菜肴的鲜美，调和诸味，并有去腥解臊的作用。但是，在烹调中用糖也不可过多，否则会压低其他调味的作用，破坏菜肴本身的鲜味，还会抑制人们的食欲。因此，在调味中用量适当，做到“甘而不浓”，恰到好处。南方汉族的甜味菜肴，早已著名。元代无锡名画家倪瓒的《云林堂饮食制度集》中，就故有“蜜酿蝤蛑”一道名菜，就是将梭子蟹肉放在蟹壳内，加鸡蛋、油脂和蜜糖等蒸制而成，味道甜而鲜美，称为“无锡名菜”。清无名氏的《调鼎集》中，也记有“樱桃肉”一菜，就是将“肉”切成像樱桃大的小方块，再用黄酒、盐水、丁香、茴香和洋糖同烧，这些都是著名的甜味佳肴。至于江浙一带喜庆寿筵中，还要在宴席中吃“八宝饭”“蛋糕”“莲子白木耳羹”“燕窝羹”等甜食风俗。

江南汉族甜食中，最著称的要数苏式、杭式甜食糕点，制作工艺精美，花色品种繁多，香甜适口，历史悠久。唐白居易、皮日休等诗人在他们的诗中，就常常提到苏州的“粽子”“粔籹”“棚”等。南宋《武林旧事》卷六“糕”中，就收录了当时杭州市场上出售的糖糕、蜜糕、栗糕、麦糕、花糕、糍糕、雪糕、蜜糖糕、乳糕等近二十多个品种，真可谓洋洋大观。清顾铁卿在《清嘉录》《桐桥倚棹录》中也记述了清代苏州掌腰糕、乌米糕、薄荷糕、糖年糕、蜜橙糕等不少甜食名点。

甜食中还有不少用蜜藏、糖藏、腌渍的食品。隋炀帝南下江都，要品尝“东南佳肴”。吴中进贡了许多名食，其中一味叫“糖蟹”，就是在九月蟹肥季节，取活母蟹，以水洗净，腌于冷糖水瓮中而成，用坛子装运到扬州。隋炀帝食后大加赞赏。如今，市场上出售的蜜渍食品，更是丰富多彩，品种繁多。

甜食在民间岁时节令、人生礼仪中也形成特殊风俗。春节汉族有“上灯圆儿落灯糕”俗语，就是在上灯时要吃甜馅汤团，落灯要吃糖年糕，表示一年甜甜蜜蜜，年年高升。清明还有吃细沙团子，端午节吃粽子，中秋节吃月饼，重阳吃栗糕等等，都是世代相传形成的节令甜食风俗。此外，如结婚吃喜糖、做寿吃蛋糕、逢年过节给长辈送莲子糖包等等，都已成为日常生活中的礼仪风俗，表示祝贺新人、老人生活甜甜蜜蜜、幸福快乐。

醋，也是五味之一。我国汉族食醋的风俗也有悠久历史。相传周朝就有醋了。《周礼》且有“醋人”之官。

醋的最早发现，有两种传说。一说，相传为晋刘伶的妻子吴氏所发明。民间传说“杜康造酒醉刘伶”，刘伶是个很会饮酒的人，吴氏怕他嗜酒败事，要节制他饮酒，每当酿酒时，就以盐梅辛辣的东西和在酒内，使其味酸。后人因她最早酿造这种酸的东西，就仿造出醋来。还有一说，是杜康儿子黑塔创制醋。传说杜康发明了酒后，移居镇江，开了家小酒坊。一次，他儿子黑塔看见马喜欢吃酒糟，就特地到江边挑了三担“龙窝”水，倒在酒糟缸里，以作马料。谁知，过了三七二十一天，缸内的水变得香喷喷、酸溜溜、甜滋滋。因为，它是二十一日酉时变的，就称为“醋”。“镇江香醋”也就成了著名的传统土特产。

当然，这只是传说。不过，我国山西人爱吃醋，山西人制醋却是世代传承，历史上赫赫有名的。被称为我国上古历史文件汇编的《尚书》就记载了这样一个故事：殷高祖武丁为聘请一位叫傅说的人出来做他的宰相，曾写信给他说：“若作酒醴，尔惟曲蘖；若作和羹，尔惟盐梅。”意思是说，你的才干是多么卓绝啊！假若是作甜酒，你就是那关键的曲和蘖；假若是作羹汤，你就是那必不可少的盐和醋。

这位傅说，当时就隐居在山西平陆县一处叫“圣人涧”的地方。可见，早在公元前12世纪以前，山西人就有了吃醋的习俗，而且以醋来比喻、赞美人的高超品格和卓越才能。山西人喜欢吃醋，民间有“醋篓子”之称。他们不但食不离醋，而且善酿醋。醋的质量也十分精美，品种繁多。以牌号分，有老陈醋、陈醋、普醋、双醋、特醋、味醋等；以生产工艺分，有熏醋、黄醋、回流醋、封缸醋、淋醋等；以所用主要原料分，有高粱醋、玉米醋、小米醋、柿子醋、果醋、红薯醋等，真是琳琅满目，各具特色。

自从有了醋，因为“酸而有味”，汉族民间烹饪也习惯将醋作为主要调味品之一，使做出来的菜肴，具有去腥解腻，杀菌解毒，增进食欲的作用。《齐民要术》记载了一道古代“酸豚”的名菜，就是将吃乳的小猪，用开水烫去毛，整治净洁，将肉切成片，先以葱花、豉汁炒出香味，加水煮成烂熟，然后放花椒末和醋，味道极为鲜美。

山西汉人嗜醋的原因有种种说法：一说山西汉人喜食而食，尤其晋中、晋北地区，多种粗粮，食之不易消化，醋则促进食欲，帮助消化；一说山西产煤，燃煤时产生煤气，酸醋可解除煤气之患；一说山西水质太硬、杂质太多，人称“苦水”，食醋则可以帮助软化水质。还有其他种种说法，不外乎与山西的地理、气候、自然条件与农业生产有关。

山西汉族民间除食醋习俗外，还有许多生活上用醋的习惯，久之成俗，成为佳话。山西人点煤油灯，将灯芯放在醋里泡一下，晒干后使用，又亮又省油。妇女洗头后，常用加了醋的清水冲洗几下，头发柔软发亮。文人研墨时加上几滴醋，写的字又黑又亮，不易褪色。擦皮鞋时，用醋滴入鞋油擦之，可使皮鞋光亮持久。至于以醋入药，应用更为广泛。

山西素称“醋乡”，制醋、食醋之名早已蜚声中外，所以，无论山西人到外地探亲访友，或是外地人到山西做客旅游，总要带几瓶荣获国家银质奖的“东湖牌”“晋泉牌”老陈醋，作为馈赠亲友的礼品，这已成为山西一项重要的礼仪风俗。

辣，在汉族民间也是一种不可缺少的调味品。

周恩来总理和陈毅副总理生前多次到杭州“楼外楼”吃过饭。当服务员端上一碗红艳艳、香喷喷的霉干菜蒸肉和一碗黄澄澄、辣味扑鼻的麻辣豆腐时，周总理满脸堆笑，举筷一尝，对陈副总理说：“真美，比你那麻辣豆腐怎么样？”陈副总理也尝了一口，说：“人人爱吃家乡菜，味道都不错嘛。”

“人人爱吃家乡菜。”四川人的爱吃辣味，与江浙人的爱好甜味、山西人的爱食酸味一样，自古相延成俗。晋·常璩在《华阳国志》中，就说蜀人“好辛香”。“辛”字，汉语词义中就是辣味。战国末，秦相吕不韦集合门客编写的《吕氏春秋》，也曾将“阳扑之姜”，列为“和之美者”。历代赞美川椒好的书，如《唐本草》《本草衍义》《本草求真》等不下十多种。唐代段成式、宋代范大成、明代李时珍等，这些曾涉足四川的知名人士，莫不在他们的著作中，讴歌四川的辣味佳肴。四十多年前，王力曾写过小品文《辣椒》，也说过：“云贵川半数人喜欢辣椒。”

辣，已成为汉族川菜的主要调味特色，但却调味多样，有“一菜一格，百菜百味”的美誉。川菜的各种麻、辣味型，变化的精微细妙，令人叫绝。如家常味型，源于民间调味法，传统特点是咸鲜微辣；鱼香味型，成甜酸辣兼备；怪味型，妙在一个“怪”字，特点是咸、甜、麻、辣、酸、鲜、香并重，互不压抑，相得益彰；红油味型，特点是咸鲜辣香，辣味比麻辣味轻；麻辣味型，是最典型的川味，麻辣味厚，咸鲜而香；酸辣味型，以川盐、醋、胡椒粉、味精、料酒调制而成；糊辣味型，以川盐、干红辣椒、花椒等调制而成，特点香辣成鲜，风味略甜。此外，还有陈皮味型，椒麻味型，椒盐味型，五香味型等等。这二十多种类型的川菜都与辣味有关，如香辣、麻辣、酸辣、成辣、微辣等等，就各有不同的蒜泥味、陈皮味、鱼香味、家常味、怪味，都有辣椒的功劳。所以，川菜的辣味型多富于变化，不仅为食客所称道，也为行家所赞美。

四川汉人为什么要爱上辣椒、嗜辣呢？主要因为日照时间短、空气湿度大，辣椒有除湿增暖的作用。因此，四川民间家家都有以辣椒为原料，制作豆瓣辣酱、泡辣椒、蜜辣椒等习俗，形成一年四季、一日三餐嗜辣，甚至“无辣不食”的民间特殊风俗。

菜味中还有不少苦味，如杏仁、豆蔻、槟榔、陈皮等。苦味也与辣味一样，是人体不可缺少的营养物质，使用得好，会给菜肴增添鲜美味道，促进饮食平衡，有助于身体健康。

“东盐、南甜、西酸、北辣”，这句汉族饮食谚语，也有一定的时代性和时间性。因为，四方的调味风俗，随着战争离乱，人口流动，食品烹饪也因此而有变异。如战国的分裂到秦的统一中国，南北朝的民族大变迁，五代时各族杂居，南宋、辽、金、元时的人口大流动，清兵的入关等等，都造成了我国汉族地方菜肴风味的多次大交流，川味北上，北食南下，使汉族饮食风俗也起了变化，北宋沈括在《梦溪笔谈》中就说过：“大抵南人嗜盐；北人嗜甘，鱼蟹加糖蜜，盖便于此俗也。”本来南方天热，人多出汗，耗盐量大，多嗜盐；北方天寒，耗热量多，需增多热能，多嗜甘甜，这是一种正常现象。但是，后来的口味发展正相反，变成南人偏甜，北人嗜盐了。

我国汉族烹饪，历史悠久，丰富多彩，各地物产、习俗的差异，更使饮食形成不同风味。常言道：“五味调和百味美。”正如当前民间流传的一首《口味歌》中所说：

安徽甜，河北盐，福建、浙江盐又甜。
宁夏、河南、陕、青、甘，又辣又甜外加盐。
山西醋，山东盐，东北三省盐带酸。
黔赣两湖辣子蒜，又麻又辣数四川。
广东鲜，江苏淡，少数民族不一般。
因人而异多实践，巧调能和百人愿。

◆ 白帮青叶“菜中王”

这是一幅充满浓郁生活气息的国画“大白菜”，画面上三五笔勾出大白菜的白帮，再用泼墨法挥写出绿叶，一棵刚刚拔来、丰硕水灵的大白菜就画成了。白菜的造型上略向左倾，婆娑的绿叶与左下角的两只水红的辣椒相映成趣，使人不禁联想到，在大雪纷飞的日子里，玉米饼就干辣椒炒白菜丝的那令人咽唾的北方汉族农家风味十足的小吃。齐白石老人画了这幅普普通通的“大白菜”画，还通过题款为它呼吁：“牡丹为花之花，荔枝为果之先，独不论白菜为菜之王，何也？”乍一读，感到有些可笑，这普普通通的大白菜怎么能称“菜之王”呢？可仔细想一想，又觉得问得十分有道理，因为在所有的蔬菜中，还没有哪一种能像白菜这样，在那么大的范围内和那么长的时间里，满足着亿万人民的生活需要。

大白菜是汉族民间家家户户、一年四季，特别是冬季的“当家菜”。早在宋代诗人范成大就有诗赞美白菜说：

拨雪挑来塌地菘，味如蜜藕更肥浓。
朱门肉食无风味，只作寻常菜把供。

大白菜，古称“菘”。《埤雅》中记载：“菘性凌冬不凋，四时常见，有松之操，故其字会意，而本草以为交耐霜雪也。”《本草纲目》中说：“菘即今人呼为白菜者，有二种：一种茎圆厚，微青；一种茎扁薄而白，其叶皆淡青白色。”现在经过汉族农家人工长期培育种植的大白菜质量好，产量高，亩产一般都在万斤以上，高的能达到两万多斤。每当深秋初冬，寒凝大地，菜场上的绿色日渐减少，这时，大白菜就开始上市了。它的出现可不是成绺结把，评斤论两，而是筐装车载，占地为场，堆积如山。大白菜正是以这样惊人的数量，才满足了长城内外汉族家庭长达几个月的需要。

汉族民间冬令季节都有爱食大白菜的风俗习惯。大白菜不仅水分多，脆嫩爽口，味道清鲜，而且营养丰富，含有蛋白质、脂肪、碳水化合物以及多种维生素，有“通利肠胃，除胸中烦，止热气咳，利大小便”的功效。因而民间有“百菜不如白菜”的俗谚。

汉族民间食用大白菜的传统方法很多，或炒、或熬、或熘、或拼、或白扒、或红烧、或腌、或酱、或涮、或做泡菜、或晒干菜、或渍酸菜，也可切上两刀做汤，也可剁上几棵与猪肉拌馅，包成薄皮大饺，蘸着腊八醋，吃到口里，香而不腻，鲜灵爽口，这才是最地道的北方水饺哩。

不过大白菜在汉族南北方有几种最传统的大众化食用习俗。杭州、绍兴汉族民间冬令都有腌“盐缸白菜”的风俗，俗称为“冬腌菜”。家家户户买上一二百斤，晒干晾燥。然后将缸洗洁，铺一层大白菜，洒一层盐，用脚踩实，一直一层层踩出水为止。三五天后再压上石块，过一个月即可食用。民间传说属鼠的人踏的盐菜，味道最为鲜美。冬腌菜，叶子可炒了吃，杆子可以煮汤，放点麻油，味鲜香美。杭州民间“冬腌菜”素有“小雪进缸，冬至出缸，春节吃光”的习俗，因为春节一过，漫长的蔬菜淡季过了，各种春菜纷纷上市。

绍兴民间则有食用“霉干菜”的风俗。制干菜一般经过选菜、洗菜、晾菜、堆菜、盐渍、晒干等传统过程。绍兴民间几乎家家都要腌制一批干菜，用整株菜腌制晒成的叫“长吊霉干菜”，切碎后腌制成的叫“短吊霉干菜”。绍兴人特别喜爱吃霉干菜，农家以霉干菜为常备“家肴”，买不起肉的就把霉干菜蒸熟下饭，即民间所谓“乌干菜，白米饭。”霉干菜也可作配料，周恩来总理生前到杭州楼外楼经常吃“霉干菜炖肉”，此菜选用上等鲜美霉干菜，切成寸段，将肉洗净、切块，最好选用带皮五花肉，拌以母子酱油、味精，等肉吸收酱油后，一层肉、一层干菜铺好，放在蒸笼里蒸一小时左右，肉已酥软，干菜也油光乌黑，吃起来干菜清香，肉酥而不腻，鲜而不柴，确系过饭佳肴。鲁迅则喜食用“笋煮干菜汤”。以干菜切碎拌以笋干，煮成笋煮干菜，是上等汤料，盛夏季节，尤为佳品。绍兴霉干菜，现已成为民间风味土产，远销上海、北京以及港澳一带。

以大白菜制成的泡菜，也是北京、四川汉族民间享有独特风味的佳肴小吃。北京、四川地区汉族几乎每家每户都有腌制泡菜习俗；每人每天也几乎都有吃泡菜的习惯。因为，制泡菜十分简便，而且吃起来爽口有味。先将泡菜坛子洗净，并用开水烫过，然后加入煮沸过的冷盐水，配上少许嫩姜、花椒、辣椒、茴香，再将洗净晾干的白菜放进去，最后加入一些烧酒，盖好坛口，经过五六天即可取食。最好加入一些陈泡菜汁，因为其中有大量繁殖好的乳酸杆菌，可使泡菜更易制作成功。有时在泡菜汁表面出现一层白膜，加入一些烧酒，就能除去。如爱吃酸，可适当放入一些老陈醋，即制成酸辣泡菜，味道酸辣、鲜美爽口。有时在酒宴上放上一小碟，吃腻了鱼肉，尝一口泡菜，味道更佳。

白菜是“百蔬之王”，清人王士雄在《随食居饮食谱》中称白菜“荤素咸宜，蔬中美品”。古代汉族曾有人认为：一个人只要有白菜下饭，就能安贫求进。也正如汉族民间俗语说：“常咬菜根香，则百事可做。”对于这些溢美之词，白菜是当之无愧的。

◆ 北地风味“涮羊肉”

北风呼啸，大雪纷飞。围坐在炭火熊熊的火炉前，夹上一片薄薄的羊肉，在滚开的汤里一涮，再蘸一蘸作料，入口不腥不膻，鲜嫩可口，顿使人忘了室外寒冷，暖得浑身添劲。这就是风靡北地的“涮羊肉”，人人喜爱的冬令美味佳肴。

“涮羊肉，何处嫩？要数东来顺。”

每年入秋，北方大大小小饭馆都要增添这道北地风味的“涮羊肉”。但是，却以坐落在北京东风市场的东来顺饭庄的涮羊肉，以历史悠久，选料精美，调料适口，驰名中外。东来顺的涮羊肉，选用内蒙古西乌珠穆沁旗的阉割绵羊，以每只四五十斤重的羊为宜。取磨裆、大三岔、小三岔、黄瓜条、上脑（脊梁骨肉），共约十三斤肉。加工时，将肉内筋子除掉，冰冻后，以细刀工，切成薄片，码放在盘内。涮羊肉用的佐料有芝麻酱、绍兴黄酒、酱豆腐、腌韭菜花、辣椒油、虾油、特制酱油以及葱花、香菜末等，分别盛在小碗内，由顾客根据自己的口味调配成料汁。锅底汤中放有海米、口蘑。另外，备有糖蒜、白菜、粉丝，用以清口。

我国的涮羊肉由来已久。据考证，铜火锅问世已有一千四百年历史。那时，几乎什么肉都可以涮。目前我国见诸文献记载的最早涮羊肉，当数南宋林洪《山家清供》一书。林洪在书内记述了一道名叫“拨霞供”的菜肴，说他过去游武夷山六曲，访止止师，遇雪天得一兔，没有庖人会烹饪。止止师说：山里人只用薄批兔肉片，用酒酱椒料浸渍以后，把风炉安座上，用水少半锅，等到汤沸以后，每人一双筷子，自己夹兔肉投入沸汤摆熟啖之。于是就照此法，吃了一顿涮兔肉。他说，用这个办法，不独易行，而且有团圆热暖之乐趣。过了五六年林洪到杭州，又在他的好友杨泳斋家席上见到此菜。他还为此菜做了一首诗，其中有句云：“浪涌晴江雪，风翻晚照霞。”末句是“醉忆山中味，都忘贵客来。”他说不独兔肉，猪羊肉都可以照此法食之。据此可见，至迟在南宋时宴席上，我国已有吃涮羊肉的风俗了。

不过，民间传说涮羊肉的创始者还是元世祖忽必烈。相传元世祖忽必烈在一次南侵时，连续打了七天败仗，退到一座山谷之中。人缺粮，马缺草。大将军哈密史带领士兵，搜遍山野，三天三夜，捕捉不到一只野物。他急忙令随从日夜兼程，赶回草原，捉来四头肥羊，献给忽必烈。忽必烈大喜，急令营房御厨烧制上来，谁知，等了好久，尚不见羊肉送来。他亲自跑到厨房一看，只见厨师已杀好羊，正在用刀切肉。忽必烈看见鲜红的羊肉，迫不及待地抓了一把往沸腾的开水中一撒，用勺子盛起来，美美地吃了一顿。他越吃越有味，感到从来没有吃过这样鲜美的佳肴。后来，他南侵得胜，做了元朝开国皇帝。一天，他在宫中突然想起当年在山谷中吃过的那顿羊肉，厨师们只得照办。忽必烈吃后，果真觉得味道挺美，问厨师这菜叫什么名字。一位老厨师想起当年忽必烈吃羊肉的情景，回答说：这叫作“涮羊肉”。从此，“涮羊肉”就在北方流传开来。

因为，羊肉鲜嫩易熟，味道鲜美。而且，边涮边吃，别具风味。明、清以来，盛行北方，成为冬令美味佳肴，北京名菜馆还不断改进，发展成为北京风味的“涮羊肉”。清咸丰四年（1854年），前门外正阳楼开业，专以“涮羊肉”闻名。后来，以摆粥摊发家的丁子青，于1914年创办东来顺饭庄，并在正阳楼涮羊肉的基础上，在选料、配料多方面做了改进，使这道适合兄弟民族口味的佳肴，也受到汉族人民的欢迎。东来顺从此压倒了正阳楼。而且，近年来不断扩大，并在原址扩建起三层营业大楼，除接待国内顾客外，也接待海外华侨和国际友人。特别北方早寒，当国内外顾客团团围坐在火炉前，共同品尝这一具有北地风味的佳肴“涮羊肉”时，更增添无限团圆暖乐的情趣。

◆ 天津包子“狗不理”

包子，一种以鲜肉为馅，包以麦粉圆皮的面食，北方人称“包子”，南方人称“馒头”，是风行大江南北的一种汉族民间风味小吃。江南以江苏无锡的小笼包子最负盛名；北方天津的“狗不理”包子，以严格的选料，独特精细的制作和与众不同的风味，名扬四海，成为汉族津门风味小吃“三绝”之首。凡是初到天津的旅客，几乎十有九人会这样打听：“狗不理包子铺在哪里？”接着会慕名地说：“去尝一尝狗不理包子吧！”好像不吃狗不理包子就白来天津一趟似的，狗不理包子竟成为天津市一大地方特色。

也许有人说，包子不过就是包子，狗不理包子究竟有什么与众不同的特色呢？我国有句俗语：“不怕不识货，就怕货比货。”正如天津人所说：“包子有馅，不在褶子上。”狗不理包子好就好在肉馅的严格选料搭配上，不仅肥肉瘦肉搭配齐整，而且春夏秋冬四季根据天气冷热搭配也不同，总使人吃了感到不那么油腻。同时，作料都有定量，一斤馅里还要放上一两五钱香油，一两葱，四两鲜姜。

早先没有味精，还必须掺兑一定数量的肉骨头汤或鸡汤。这样做出来的包子，当然别有一番香味了。老天津评价狗不理包子有三句话：“馅大油多，肥而不腻，清香可口。”

不过，当人们吃得津津有味，满嘴流油的时候，最感兴趣的还是为什么这样鲜美、雪白的包子偏偏要叫狗不理包子？为什么这样富丽堂皇的店铺又要叫狗不理包子铺？因为我国民间长期流传着一句俗语：“肉包子打狗，有去无回。”肉包子本来最合狗的胃口，为什么天津的包子偏偏“狗不理”？要解释这“狗不理”三字，可说来话长。

那是清朝光绪年间，天津城边的侯家后，地处水陆交通要道，南来北往的运河漕运船只、车辆都要停靠这里，因此，使侯家后形成了店铺林立、摊贩接毗的繁华热闹的集镇。当时有个叫高贵友的手艺人，在这里摆了一个专卖包子的小摊。从剁肉馅到包包子，从蒸笼出屉到卖给顾客，都由他一人操劳到底，别无帮手。因为他为人老实，做的包子皮薄馅大，吃来实惠，每天来吃他包子的顾客很多。当时这个小小包子摊，尚无招牌。他的小名叫“狗子”，于是一批熟悉的老顾客，每天都这样称呼他：“喂，狗子！给我来两钱的包子。”狗子连做带卖，实在忙不过来，于是他想出了一个快速卖包子的办法。在摊头上放上一箩粗瓷碗，一把黑筷子。谁来买包子，自取一只碗，放上钱，递给他。他看钱给包子，吃完放下碗筷，就请人走。他埋头做包子、卖包子，始终不发一言，于是老顾客对他开玩笑说：“狗子卖包子，一概不理！”后来传来传去，就传成狗不理包子了。而且，狗不理包子越传越有名，生意越做越兴隆，由小摊贩发展成大摊贩，再由大摊贩发展成包子铺，又由包子铺发展成饭馆，再由一家饭馆发展成三家联营。开始，狗子还挂出高贵友包子铺招牌，后来因为“狗不理”三字叫惯了，不胫而走。有人看见高贵友招牌，还在找“狗不理”包子铺。于是，他顺乎顾客心理，索性挂出了“狗不理”这块金字招牌。

狗不理包子铺买卖越做越兴旺，狗不理包子的名气也越来越大。于是，关于狗不理包子的传说也越来越多，越来越神奇。

有这么一个民间传说，说是当年离侯家后不远有一座兵营。兵营里有个带兵的将官听人家说狗不理包子味道好，就慕名前去一吃。果然，满嘴生油生香，名不虚传。当时，他正为给他的上司，那位身居直隶总督要职、坐镇天津的袁世凯送礼发愁。忽然，灵机一动，何不来个使小钱送大礼，于是他特地定做了一盒狗不理包子送去。那袁世凯一年到头，一日三餐山珍海味早吃腻了，一只狗不理包子，满嘴生香，连声说好。还赞他这手下人很会用心思，是个能办事的人才，真的给他升了官。

再说袁世凯也是个会要小心眼的人。他觉得这狗不理包子名字奇特，味道鲜美，于是，当他到北京去见慈禧太后时，也带了几盒去给老佛爷尝尝这天津的民间风味。慈禧太后的御膳房什么样的包子都做过，她也尝过，可就是和狗不理包子不一个味儿。她吃了两口，非常满意。

当即传下旨意，让天津卫每天为她送狗不理包子，作为贡品。而且，每次当慈禧吃着狗不理包子时，都夸袁世凯，说他做官能了解民情，连狗不理包子都知道，真是个了不起的总督。于是，袁世凯就因奉献了狗不理包子，更加得宠得势了。

狗不理包子成为宫廷“贡品”，从此更名震津门。所以后来有人说，狗不理包子吃了不光是解馋，而且还能升官发财哩。

◆ 宁波汤团"缸鸭狗"

三更四更半夜头，要吃汤团"缸鸭狗"。

一碗下肚勿肯走，二碗三碗发瘾头。

一摸袋袋钱勿够。

这首旧时民间歌谣颂扬的就是饮誉海内外的"江阿狗甜食店"的宁波猪油汤团。

汤团，是用糯米细面，馅以白糖玫瑰，洒水滚成的汉族民间风味小吃。北方又称它为"元宵"，江南则俗称"汤团"。

汤团起于何时？民间传说始于隋朝末年。相传公元610年正月十五，隋炀帝杨广为粉饰太平，炫耀民富国强，下令洛阳城里，搭起一排高台戏棚，调来全国各州府有名戏班，从十五日夜起，连续演戏一个月，以示歌舞升平。每夜华灯高照，弦歌不绝。一时，看灯的、听戏的、做小生意的，人山人海，整个洛阳城沸腾起来。那些开小吃铺的挖空心思，做出各种人们爱吃的夜点，来多赚点钱。有家小吃铺老板别出心裁，把糯米磨成粉，包以糖馅，做成团子，放进水里一煮，吃起来别有滋味，既饱肚子，又暖身子。人们看看新鲜，吃吃有味，便一时风行起来。因为，古时称正月十五为"上元"，夜晚叫"宵"。汤团是"上元""宵夜"吃的，所以又叫作"元宵"。从此，每年灯节元宵夜，家家户户吃元宵。久而久之，吃元宵表示团团圆圆，成为一种喜庆风俗沿袭下来，一直流传到现在。不过，现在吃汤团，除了是春节、元宵的节日食品外，也成为民间一年四季普遍流行的风味小吃。

现在，汤团店、元宵店已遍布大江南北城乡。但是，提起汤团，自然津津有味地想起那色如白玉，形似珍珠，香甜味美的宁波汤团，并且自然而然地联想起那家有一只精致的圆长缸，缸上画的是一只引颈肥鸭和一只雄姿家狗，号称“缸鸭狗”怪招牌的“甜食店”。“缸鸭狗”的宁波汤团之所以能享有这样高的声誉，民间传说还与我国四大民间故事“梁祝”中的梁山伯有一段渊源呢！

宁波民间传说，梁山伯离别了祝英台，没有害相思病而死。他发愤读书，当了鄞县县令。因他为官清正，为民修水利、治虫害，日夜操劳，不幸夭亡。百姓们将他葬在高桥乡，并立庙祭祀，历代以来形成很热闹的庙会香市。“梁山伯庙到一到，夫妇白头同到老”，更成为宁波人到梁山伯庙烧香还愿的口头俗语。有一年三月初一，有一个在宁波城隍庙摆摊卖红枣汤和酒酣团子的人，名叫江阿狗，到“梁山伯庙”去赶庙会。夜晚在睡梦中，梦见梁山伯指点他卖“猪油汤团”，可以发财。后来，江阿狗真的改卖猪油汤团，赚了一笔钱。他感到摆摊头地方太小，便搬到闹市区开明街口开设了一爿三开间门面的“猪油汤团店”。为了扩大影响，江阿狗又去“梁山伯庙”求梦，梁山伯又暗示他做一块招牌，叫他在招牌上面画一只缸、一只鸭和一只狗，也就是江阿狗名字的谐音。当这块招牌一挂，非常引人瞩目，一时传为奇闻。凡是过路的行人都要驻足观望，孩子们则拉着大人的手，好奇地喊：“缸鸭狗！缸鸭狗！”因而，招来了大批顾客。加上江阿狗在汤团的选料及制作上下了一番苦功夫，使“缸鸭狗”的宁波猪油汤团。在色、香、味、形上与众不同，当时就有“宁波汤团甲天下，缸鸭狗汤团甲宁波”之说。

旧社会，“缸鸭狗”汤团出名，生意兴隆，也常常引起风波。一天夜里，戏院刚散戏，“缸鸭狗”店里坐满了顾客，伙计们裹的裹，煮的煮，端的端，忙得不可开交。这时候，来了个警察，要“缸鸭狗”送几十个猪油汤团到局里去宵夜。由于生意太忙，招待不周。谁知这下惹得警长大发雷霆，立即派出几十名警察大打出手，把“缸鸭狗”店里的缸、锅、碗都砸得粉碎。从此，宁波民间又流传了一首民谣：

警察起沙头①，大闹“缸鸭狗”。

① 宁波方言，意即摆威风。

鸭飞狗跳墙，缸底也敲漏，多亏这一打，格外有名头。

从此，“缸鸭狗”宁波猪油汤团一直享有很高声誉。外地来宁波的人，几乎都慕名要到“缸鸭狗”来欣赏一下这块别致的招牌，品尝一下美味的宁波猪油汤团。1981年，一位港商到宁波旅游，品尝了宁波汤团，跷起了大拇指，一下子向宁波对外贸易出口公司签订了55吨“缩冻汤团”。这种汤团，根据外商的要求，在配料上减少脂肪，增加了芝麻、桂花等芳香，使港澳地区的汉族宁波同乡一饱乡味口福。

◆ 女儿酒和女子茶

我国几千年封建旧社会里，“重男轻女”“三从四德”等封建礼教几乎压得妇女抬不起头来，但是，也有像“木兰从军”“梁红玉击鼓抗金”这些“巾帼英雄”为妇女们扬眉吐气，传扬千古。特别在民间这类奇女子的传说故事则更多了，绍兴的“女儿酒”和潮州的“女子茶”，可以说在我国汉族饮食文化中是独树一帜的奇风异俗。

浙江绍兴，自古以来家家都有酿制“女儿酒”的风俗传统。《投荒杂录》中有一段关于女儿酒的记载：“南人有女数岁，即大酿酒。候女将嫁，取供贺客，谓之女酒。”《浪迹续谈》中也记有：绍兴最佳者名女儿酒。相传富家养女，初弥月，即开酿数坛，直至此女出门，即以此酒陪嫁。其坛常以彩绘，故又名“花雕”。可见绍兴女儿酒由来已久。

为啥要取名“女儿酒”呢？民间却有一个风趣的传说。相传从前绍兴有个裁缝，娶妻盼子。后来，妻子怀了孕，裁缝高兴地酿了几坛绍兴酒，准备生了儿子，好好招待亲朋好友，庆贺一番。谁知他妻子生了个女儿，裁缝重男轻女，一气之下，誓不喝酒，并将酿好的几坛酒埋在后园桂花树下。转眼女儿长大成人，生得聪明伶俐，裁缝活儿样样会，还学得一手好绣花。财主人家嫁女都请她去绣制嫁衣。裁缝店生意越来越兴旺，裁缝喜得认为生女比生男强。于是，他拒绝了财主人家的媒礼，将女儿许给自己得意的徒弟“小裁缝”。成亲那天，裁缝摆酒请客，他吃起高兴，忽然想起当初生女儿时，还埋有几坛老酒，就去掘了出来，打开一尝，色浓味醇，酒香特佳，就把这酒叫“女儿酒”。

从此，绍兴民间形成风俗，每逢生育女儿时，家家都要酿酒数坛，埋窖收藏，以待嫁女时，用以款待亲友。以后，生育男孩，也仿此酿酒，需等儿子中了秀才、举人始饮用。不过这种酒，叫“状元红”了。因为盛“女儿酒”和“状元红”的坛子特别考究，都富丽堂皇，浮雕彩绘着“嫦娥奔月”“貂蝉拜月”“昭君出塞”“西施浣纱”等图案，因此，又称为“花雕”。富裕的人家，酿酒较多，嫁女之时，饮下一部分外，余下的当作彩礼，与嫁妆一起送到男家。如果再保存下去，到男家的小姑出嫁，这酒就称为“大花雕”。如果再保存到自己的女儿或侄女出嫁，这酒就称为“太雕”。家酿“女儿酒”中，以“太雕”为最陈、最好。现在，绍兴家酿“女儿酒”的传统风俗，虽已不多。但是，这种“女儿酒”坛子图案装潢，已作为一种绍兴独有的工艺美术珍品，作为上等礼品，名闻海内外，大放异彩。

广东潮汕的工夫茶早已闻名遐迩。然而，在潮汕地区还有一种鲜为人知，却可与工夫茶媲美的，那就是“女子茶”。

传说从前潮汕有一奇女子，见男士们在厅堂楼阁上，三三两两地品茶闲谈，很感兴趣，也想仿效男士们的烹茶宴友。一次，她邀请了几个女友，一起来烹茗品茶，但由于烹煮不得法，却将香茗泡成了苦茶，受到了男士们的讥笑。于是，这女子发誓要创制出一种足可令女子们扬眉吐气的饮茶来。她苦思冥想，终于想出了一种以“油麻茶”为主，配以“潮汕米方”的饮茶方式，称它为“女子茶”。

这种“女子茶”，以“油麻茶”和“米方”组成。这种“油麻茶”，一般选用福建武夷山“铁观音”，潮州凤凰山“凤凰茶”，放入带齿的缶钵内，用番石榴树制的“擂茶槌”，将茶叶擂成粉末，然后加入炒熟的芝麻、花生、黄豆、香菜、蒜子和少量的盐，并冲上开水。饮用时，再加上炒米，便成了香、甜、盐、甘、涩诸味俱全的独具一格的“潮汕油麻茶”了。喝着“油麻茶”，再吃上一块“潮汕米方”，那真是别有一番滋味。

潮汕“女子茶”，平时女士们聚会经常饮用。男士们想尝一尝，女士们就会毫不客气地对他说：“去跟阿婆借个髻来！”潮汕妇女都把头发盘结在后脑勺上，意思是要吃“女子茶”，必须扮成女人。男士们为了能吃到“女子茶”，甚至不怕降低身份，而向她们乞求说：“我已跟阿婆借髻来了。”于是他才享受到一份“女子茶”。

潮汕地区在春节期间，互相走亲戚拜年，家家户户的女主人也都用这种“女子茶”来招待亲朋好友，形成一种节日饮茶的特殊风俗。

◆ 盖碗茶和工夫茶

晚风吹来天气燥呵，东街的茶馆真热闹。
楼上楼下客满座呵，茶房！开水！叫声高。
杯子碟儿叮叮当当叮叮当当叮叮当当响呵，
瓜子壳儿噼里啪啦噼里啪啦满地抛呵。
有的谈天有的吵，
有的苦恼有的笑，
有的谈国事呵，有的就发牢骚。

这首《茶馆小调》是对从前汉族城乡茶馆景象的真实写照。汉族民间特别喜欢嗜茶，饮茶风气很盛。从最早的南北朝茶寮开始，到宋代，以卖茶水为业的茶坊已十分普遍。清代民间饮茶之风更甚，茶店、茶馆遍布大江南北。如今，不论汉族南方、北方，城市一般都有茶馆，而在江南乡村集镇或较大的村庄也普遍设有茶馆。不少茶馆依山临江，据湖之胜，环境宜人，而且供应点心糖果，还有说书弹唱，使茶客们在工余之暇，一杯在手，清香可口，聊聊天，松松筋骨，使精神得到调剂，体力得到恢复。

在全国林立的茶店茶馆中，最为人所称道的要数四川成都的“盖碗茶”和广东潮州的“工夫茶”了。

俗话说：“天下茶馆数中国，中国茶馆数成都。”四川成都汉族茶馆的美名远扬，不仅在于茶馆遍布（据成都茶社业统计，中华人民共和国成立前夕成都有大、小茶馆七百余家），而且还在于饮盖碗茶古色古香的有趣风俗。

成都盖碗茶，从茶具配置到服务格调，都世代传承，别具风味，引人入胜。用铜茶壶、锡茶托、景德镇红花烫金瓷碗泡成的茉莉花茶，色、香、味、形俱配套，啜一口嘴角噙香，清香扑鼻，直透心肺。最奇特的还是可以观赏到一招冲泡茶的绝技。当茶客进来，腰系白围裙的“茶博士”，立即左手摞着茶具，右手从火炉上提起当地人叫作“黑鸡婆”的大铜壶，满脸春风地迎上前来。然后，客气地嘴上招呼着，手脚麻利地“唰唰”几声，便将茶托、茶碗摆好，随手提起大铜壶，一上一下地冲上开水。待水将满，左手忽地一收一翘，将盖儿扣上，壶水滴水不漏。这一手名叫“雪花盖顶”的冲水功夫，干净利索，令人叫绝。据说这还是一般的功夫。好的“掺茶名师”，双手连碗带盖可摞十五套茶具，足有两尺多高，手肘纹丝不动，而行走自如，同时能双手各摞一铜壶掺茶，分洒两碗茶水，做到稳稳当当滴水不漏，堪称中国茶道的一大绝技。

盖碗茶，以古老的三件头一套茶具而著称，据说传自宋代宫廷饮茶用具。茶碗、茶盖，下配托盏，四川俗称“茶船儿”。传说有这样一个故事：唐德宗建中年间，一位四川最高长官叫崔宁的，他的女儿喜欢喝茶，嫌茶杯烫手，就在下面放上一个盘子。但端着盘子喝茶，杯子会乱滚动，就在茶盘里围绕杯底用蜡做上一个围子，再端着盘子喝茶，杯就不至于摆动了。她就命令匠人按照蜡在盘子的样子，另做了一个漆的茶船，用来献茶给她父亲。崔宁又出示宾客，于是人们竞相仿造，慢慢地就形成了现在这样的茶船。至于茶碗盖的用处更大，既能保持茶水温度，又可以通过开闭盖儿，调节茶叶的溶解速度。如口渴急于喝茶，只消用茶盖刮刮茶水，让茶叶上下翻滚，便能立时饮上一口口香喷喷、热腾腾的浓郁的香茶。如要慢慢品尝，可隔着盖儿细细啜茗，免得茶叶入口。而浓如蜜、香沁鼻的茶水则缓缓入口，更令人爽心惬意。盖碗茶的扬名，大概由此而来。

工夫茶是广东潮州汉族人民传统的、特殊的一种饮茶风俗。《潮嘉风月记》载，工夫茶本诸陆羽《茶经》，可知自唐至今，风习依然，成为潮州民间贵客临门的第一道礼仪习俗：饮工夫茶。因此，旅居国外的潮籍华侨，都以“工夫茶”作为追宗认祖、寻根探源的标志。

工夫茶以精致茶具、独特泡工、讲究的饮用程式而著称于世。茶壶以宜兴产的绯绛色小陶壶为上品。茶杯以白瓷上釉、洁白透明为佳。一般一壶三杯，潮州民间俗语：“茶三、酒四、游玩二。”就是认为三人品茗喝茶最适宜。此外，还配有盛茶杯的瓷合，盖可兼作碟。同时，还配有小水壶和小炭炉，一起放置桌上，以便随开随冲，保证茶的色、香、味不变。泡工夫茶的用水，以泉水为佳，井水次之。炉炭也要选用乌橄榄核烧制的炭粒为好，火势旺盛。茶叶一般不用红茶、绿茶，而是用一种半发酵后即烘烤定型的工夫红茶，以福建武夷山的“铁观音”为上品。

工夫茶的冲泡，有一套“高冲低洒、刮沫淋盖、烧杯热罐、澄清滤夕”的世代相传的泡制程式风俗。因此，既符合卫生科学，又有文明礼貌。首先待水烧开后，烫洗茶具，而且，要吃一遍烫洗一遍。然后，放好茶叶，高冲低斟。斟茶时，不能一杯洒满、再洒一杯。而要按杯多少，来回轮斟。潮州民间称它为“关公巡城”。接着，“韩信点兵”，就是将壶内剩茶，一滴滴地均匀地滴到每只茶杯里，以免泡得太久，下次再冲时留下苦涩的味道。

饮用工夫茶时，不能性急。一般先敬宾客尊长。如在座三人以上，其他客人只好等到下一轮再喝。这样泡上三、四轮后，再加茶叶，或重新再泡。所以，一边喝茶，一边谈话，循环重复，一坐半天。工夫茶这名称，说明除了泡制需工夫外，饮茶也实在费工夫。所以，潮州人说，没有“工夫”哪有心喝什么“工夫茶”？

我国汉族民间深得饮茶的真味，不少诗人尽情地夸赞了饮茶的乐趣和妙用。唐代一位颇谙茶事的诗人卢仝，在他的《走笔谢孟谏议寄新茶》诗中，对饮茶的妙处做了淋漓尽致的描述，历来脍炙人口，诗中说：

一碗喉咙润，两碗破孤闷。
三碗搜枯肠，唯有文字五千卷。
四碗发轻汗，平生不平事，尽向毛孔散。
五碗肌骨清，六碗通仙灵。
七碗吃不得也，唯觉两腋习习清风生。

茶饮到了第七碗，便会飘飘然，若腾云驾雾登仙界去了。这真是诗人极尽了对茶叶功能的夸张和饮茶乐趣的神韵。

◆ 一包冰雪吊梨膏

一包冰雪吊梨膏，二用佛手好香料；
三清沫子能消食，四君子能打小虫痨；
上用到五样金花露，下用到六味好香料；
七星炉中生炭火，八卦炉中共煎熬；
究竟梨膏有啥好？十全大补凑功效。

每当夏秋的落日黄昏，在上海、杭州的街头巷尾，“小热昏”说唱艺人站在高凳上，一边“当当当”敲着小锣，一边吊着嘹亮的嗓音，唱起这首嵌十字的梨膏糖赋，以吸引、招徕南来北往的观众，推销这种香甜如蜜，既可当糖吃，又能开胃生津、止咳化痰的梨膏糖。

梨膏糖，历史悠久，是汉族民间传统的药用膏糖，不仅香甜可口，而且有化痰止咳，润喉开胃的功效。所以，上海城隍庙和北京通三益制作的传统梨膏糖，在国内外都享有盛名。

这种梨膏糖，是从梨膏糖浆传承加工而来的。传说为唐初名相魏徵首创。有一年冬，魏徵母亲患了严重的咳喘病，消息传入宫廷，唐太宗李世民派了御医，开了良方，为她治病。老太太却因良药苦口，不肯服用，延误数日，病情加重。正无计可施，魏徵忽然想起母亲平日爱吃梨，便投母所好，买来许多鸭梨，将治咳草药研磨成粉，与梨、冰糖煎制成膏。魏母尝后，十分爱吃，膏还未吃完，咳嗽气喘竟痊愈了。魏徵高兴，又不断在梨膏糖内放入银耳、火腿、虾米等滋补品，魏母吃后，益发神清气爽。

消息传开后，朝廷内外都向魏徵求教这张治疗咳嗽的良方，魏徵也乐于造福他人，就将熬制梨膏糖的方法，一一传授出去，从官家到民间，人们纷纷照方制作，就使梨膏糖在民间广泛得到流传。到了明朝，卖梨膏糖的已跻身京都洛阳桥上民间三百六十行之中，此营生的店家、摊贩也不计其数，而且花色品种也越来越多。清咸丰四年，有人在上海老城隍庙前石狮子旁，开起了上海滩上第一家梨膏糖店，因为价廉物美，一举成名。以后，附近又新开了几家梨膏糖店，都标榜自己为“正宗”“老牌”，展开了激烈的梨膏糖战。而城隍庙梨膏糖终以它的药材上品和制作精细而压倒一切对手，名气越来越响，一直传到海外。开业于清光绪年间的北京前门大街的“通三益”，亦以制售秋梨膏，负名京城。现在北京秋梨膏厂就是继承了通三益的传统制作工艺，保持和发扬了梨膏糖的优良特色，成为止咳健身的佳品，既含有丰富的营养，又具有一定的医疗效果。梨膏糖虽有药料，却无药味，梨香四溢，清爽适口。如“苓贝秋梨膏”具有通气润肺、止咳化痰、安神养心等功效。“燕窝秋梨膏”能滋补身心，促进食欲，消除疲劳。“灵芝秋梨膏”有治疗神经衰弱的功效。

膏滋疗法，我国在汉代的《神农本草经》已有记载。这种独特的疗法，源远流长。梨膏糖是膏滋疗法中制作简便、疗效显著的一种。为充分发挥其医疗作用，保障人民健康，今天更值得推广使用，发扬光大。

◆ 葫芦一串蘸冰糖

冰糖儿多来，
葫芦来！

北风呼啸的北京春节前后，常常可以看到一些小贩，手挎竹篮，或肩扛草把子，上面堆满或插满一串串火红娇艳、晶莹透亮的冰糖葫芦，沿街兜售，吆喝着一声声清脆的叫卖声。这是北京一带独有的春节街头应时小吃，为北京岁时平添了一番别有情趣的节日气氛。清乾隆年间，有一位文人游北京厂甸时，兴趣所致，曾信笔写下称赞冰糖葫芦的诗句：

三尺动摇风欲折，
葫芦一串蘸冰糖。

冰糖葫芦，这一北方著名的小食，究其起源，历史十分久远，并有两种不同传说。

一说，相传源于隋末，宫廷逢春节，每以一枝一果之糖葫芦赏赐功臣，后从宫廷传入民间。

一说，源于南宋。传说那是南宋绍熙年间，宋光宗皇帝最宠爱的黄贵妃有病。她面黄肌瘦，不思饮食，御医用了许多贵重药物，都不见效，皇帝无奈张榜招医，一位江湖郎中揭榜进宫。他为贵妃诊脉后说："只要将棠球子（即山楂）与红糖煎熬，每饭前吃五至十枚，半月后病准会好。"贵妃按此方服后，果然如期病愈。后来这酸脆香甜的山楂传到民间，就成了冰糖葫芦。

明清以后，冰糖葫芦在民间盛行，成为北京岁时街头小吃。当年还受到慈禧太后宠幸，太后十分偏爱吃冰糖葫芦。《北京的街头小吃》记述："糖葫芦是北京的名产，近年他处亦有仿制者，但都不如北京的好。"又说："所谓糖葫芦，其实与'葫芦'毫无关系，而是一串一串的用竹签穿成而又裹满冰糖的果子。如山里红、海棠果、葡萄、山药、核桃仁之类。”《燕京岁时记》也说：“冰糖葫芦，乃用竹签，贯以葡萄、山药豆、海棠果、山里红等，蘸以冰糖，甜脆而凉。”《一岁货声》“冰糖葫芦”条注里记述所用葫芦果子多达十多种。冰糖葫芦，之所以受人喜爱，除了酸甜可口外，主要还有药用价值。明代李时珍《本草纲目》里说：“凡脾弱食物不克化，胸腹酸刺胀闷者，于每食后嚼二三枚绝佳。”李时珍还自述，他的邻居有一小孩，因食积黄肿，腹胀如鼓。有一次，这患儿偶然到山楂树下，边玩边取食山楂果。回家之后，大吐痰水，其病也跟着好。所以，山楂鲜果及其加工制成冰糖葫芦，均有散瘀、散积、化痰、解毒、活血、提神、清胃、醒脑、防暑降温、增进食欲等功效，自古以来倍受医家的重视。

目前，北京、天津各地的冰糖葫芦有两种：一种是大糖葫芦，一种是冰糖葫芦。大糖葫芦也分两种：一种是用大小不等的山里红、以个子大小为序，下大上小，穿在一根二三尺长的荆条上，有的蘸上一层饴糖，多数不蘸，在顶端和中腰插上几面用红绿纸剪的二角旗。另一种是把个大均匀的山里红用线绳穿成一串，把两头结在一起，好像一串珊瑚念珠，一般小孩可挂在颈上，边玩边食。

冰糖葫芦种类更多。除大都用山里红外，还有用荸荠、整段山药、整核桃仁、苹果、梨子、橘子等干鲜果制作。精致的冰糖葫芦是把大山里红中腰用刀割一个口，填上枣泥、豆沙等馅，再用金橘条、瓜子仁等装饰成各种图案花纹。蘸好饴糖的冰糖葫芦，晶莹发亮，酸甜适口，开胃消食，很受欢迎。

北京的冰糖葫芦以东安市场和厂甸一带品种最多，质量也好。春节逛厂甸的人都爱买两串带回去。《京华春梦录》记叙说：“岁朝之游，向集厂甸”“迨兴阑游倦，买步偕返，则必购相生纸花，及大串糖葫芦，插于车旁，疾驶过市，途人见之，咸知为厂甸游归也。”

冰糖葫芦成了北京人岁时逛厂甸的习俗标志，也成为北京人欢度春节的食俗象征。

三、居住风俗

◆ 镇邪“泰山石敢当”

汉族城乡居民聚集的街头巷尾，或房屋墙脚，常常可以看见有一块石刻或砖刻的碑碣，上书“泰山石敢当”五个大字。民间都知道这种碑碣是镇妖驱邪，保护住宅安宁的镇邪之物。

为啥民间要竖这种“泰山石敢当”的碑碣呢？民间流传着很多关于石敢当的传说故事。

有一个流传于汉族山东泰安一带的传说：泰山有个姓石名敢当的人，很勇敢，好打抱不平。一次，泰安有家闺女被妖气缠身，病得很重，闺女父母找石敢当想办法。石敢当准备了十二个童男童女，男的一人一个鼓，女的一人一面锣。还准备了一盆油，点燃后用锅盖住。天黑后，妖怪来了，石敢当踢翻了锅，灯光一亮，十二个童男童女一齐敲锣打鼓，妖怪朝南方跑了。跑到福建又去害人。当石敢当赶到福建，妖怪又逃到东北。石敢当想全国这么大，我一个人跑不过来，反正泰山石头很多，找石匠打上我的家乡和名字——“泰山石敢当”，谁家闹妖，就将它放在谁家墙上，那妖就跑了。以后就传开了，说妖怪怕石敢当。所以，在盖房子、垒墙时，将刻好的“泰山石敢当”垒在墙上，就可以避邪。

其实，考察“泰山石敢当”的源流，这还是一种原始的对山、石信仰崇拜的典型残留风俗呢。根据《急就篇》记载关于“石敢当”的说明，是指上古有许多石氏名人，后世也都是名门望族。“敢当”是“所当无敌”的意思。这里所说的上古石氏姓族，可以说是从石器时代石工巧匠转化而来。上古常以工种名匠人名命名，传之后世，成为石氏姓族。至于“所当无敌”，正是指石本身的神奇威力而言。又据《继古斋从编》记载，“吴氏庐舍，遇衔冲，必设石人，或植片镌‘石敢当’以镇之。”这种“石敢当”已显然从崇石信仰演变成为厌不禳的“镇邪之物”了。关于“石敢当”的最早记载，《墨庄漫录》记述说，北宋庆历年间，有个在福建莆田做官的人，名叫张纬，得到一块石板，上面刻着以下一段文字：“石敢当，镇百鬼，压灾殃，官吏福，百姓康，风声盛，礼乐昌。”上面刻有“大历五年，县令郑押字记”等字样。这如果是史实，说明在770年的唐代就有竖“石敢当”镇邪之风了。也说明这些后世厌胜手段的习俗，其渊源仍是对山、石信仰的原始崇拜形式。

至于“石敢当”之前加上“泰山”字样，这是古代从黄帝封神泰山的传说到历代帝王封禅泰山，推崇泰山至高至尊而来。民间崇拜泰山为五岳之首，称它为“天下第一山”。因此，泰山之石，不同凡石，具有“镇邪”“厌胜”“赐福”等等奇异的神力。汉族民间对“泰山石敢当”的这种信仰风俗，也就这样世代传承，流传千古，给民间带来了所向无敌的战胜邪恶的力量。

◆ 八仙高擎栋梁来

汉族民间建房乃是生活中的大喜事，是关系到家运和子孙兴衰的“百年大计”。因此，整个建造过程，讲究吉利，民间传统习俗要举行“动土”“上梁”“搬家”三次仪式。以“上梁”最为隆重。

上梁，就是上大梁，是建房的高潮，这是新屋即将落成的标志，民间盛行一套喜庆、隆重的上梁仪式。

上梁吉日选定后，这天诸亲好友，都要送礼庆贺，并且有赶来帮工的风俗。礼物一般以与房主关系的亲疏而定。上梁主持人，必须在中堂按辈分大小挂上贺喜的幛轴。礼物陈列桌上。柱子两旁贴“上梁欣逢黄道日，立柱巧遇紫微星”之类对联，横批也多“福星高照”“紫气东来”等吉祥词句。正中设香桌，摆上鲤鱼、猪头、定升糕、兴隆馒头、抛梁元宝等等，有的地方还放两根甘蔗。这些供物，都是讨个兴旺隆盛、步步高升的吉祥利市之物，祝愿主人一家搬入新屋后日子过得像甘蔗一样节节高升，甜甜蜜蜜。时辰一到，主人香烛祭拜后，将事先准备好的镰刀、尺子、镜子、秤杆拴于米筛上，悬挂在中间堂屋的正墙上。苏杭民谚说“鬼怕尺量”，传说化成美女一类的厉鬼，用尺一量便量出原形。镜子也是能照出妖魔鬼怪的宝物。“鬼怕见洞眼”，百眼千洞的米筛，具有驱鬼的法力，还有锋利的剪刀、镰刀，也能令魔鬼望而生畏。总之，有了这些镇邪之物，新屋便可告宁了。

上梁开始，燃放“高升”“百子”鞭炮。随后泥木“作头师傅”，从左到右分别爬上栋柱。边上边唱：

脚踏云梯步步高，
上梯一步高一步，
小姐要上绣花楼，
读得书来识得字，
新造高厅接云霄；

下梯步步后来高。
官官[1]要上读书厅；
三鼎甲里中头名。

泥木“作头师傅”上到柱顶，下面泥木工，人数对称，分立两边，等下边把红绸布用硬楔（三至六枚）钉在正梁上，两头系上作头师傅甩下来的绳子。上面作头师傅互相打过招呼，便喊道：“上啊！大吉大利！”随着大梁缓缓而上，老工匠边上梁边唱起祝颂讨彩的《上梁歌》：

福以天开，文运起发，造起万年华堂。
东边一朵紫云来，西边一朵紫云来，
两朵紫云各架起，八仙高擎栋梁来。

与此同时，鞭炮齐响，作头师傅将正梁敲进榫内后，又从梁上下来，头顶一个木盘，内盛红枣、老菱、定升糕、兴隆馒头、上梁元宝，还有铜钱、镲币，加香烟、纸包糖等。登梯而上，边上边唱：

手扶金梯步步上，芝麻开花节节高；
祝贺主家千年富，儿孙满堂万年安。

下面主家夫妇就在堂屋张开红锦，作头师傅又唱：

一阵风来一阵香，恭喜主家造新房，
快把锦缎来分开，金银财宝一齐来。

一边唱，一边将抛梁元宝往红锦上抛。这种风俗，俗称“接

① 官官：系汉族民间对儿童的爱称。

财宝”。

最后，作头师傅将盘里的铜钱、红枣、定升糕、兴隆馒头、上梁元宝，抛向在堂屋下面等着的“接元宝”的人群，任众人抢，孩子们抢得更欢。边抛、边抢、边唱：

抛梁抛得处处有，四方邻居带喜归；
主家量大福气大，八方美名传佳话。
一只糕来两头翘，两头翘来像元宝；
今朝当家财星照，团团四周掼元宝。

“掼元宝”，是上梁仪式中最热闹的场面。所谓“掼元宝”，指“上梁元宝”，是民间工艺美术中的一种米塑艺术品，系用湿米粉蒸熟和色，捏成一只只元宝形年糕，并将它们叠在一起，顶端插上龙、凤、麒麟等面作塑像，色彩鲜丽，栩栩如生，富有“龙凤呈祥”“麒麟送子”等吉利口彩。抛梁铜钱，俗称为“打鬼钱”，与驱煞、镇邪有关。

上好正梁，接着就是钉椽子，盖瓦片。旧时，不管天晴落雨都得按风水先生选定的日期和时辰上梁。若遇晴天，上梁歌中会有“阳春布德泽，万物生光辉”的美辞；即使天下雨，上梁歌中也会有“风也来，雨也来，正是风调雨顺”的口彩。

这天晚餐，新屋内要摆“上梁酒”。主人除给“作头师傅”上梁红包外，还得按桌向工匠、帮工和贺客们一一道谢，并分送“上梁糕”。现在均改送香烟、糖果。此时，还要向附近邻居分送“上梁糕”。同时，诸亲贺客回去时，主人还必须将他们送来的糕、肉等礼物，分出一半让他们带回去，不能全收。

汉族民间如此重视上梁仪式，是因为作为两面架椽、承载屋顶重负的大梁放得坚固与否，关系到新屋安危和子孙后代祸福。举行隆重的上梁仪式，一来希望木匠泥工加把劲，二来热热闹闹庆贺新屋落成。

◆ 鱼鳞梁上披红布

汉族民间建造新屋，除了世代传承下来有一套上梁仪式外，对作为房屋的正梁，在选料、做工上都十分精致细巧。民间禁忌用槐树作屋梁，因为，“槐”字拆开来是“鬼木”也，用“鬼木”作梁是不祥之兆。一般都选用千年不烂的杉树、杨树。而且，还在屋梁雕刻成鱼鳞状，俗称为“鱼鳞梁”。

汉族的屋梁为啥要雕刻成鱼鳞状，并做成两个鱼头衔在梁上呢？传说是这样的：相传古时候，人是住在山洞里的。遇到山水大发，淹没洞口，便无处安身。盘古可怜人们，派鲁班给人造房子。鲁班开始用篙杆，搭不好房子；又用茅草，也搭不好房子。于是，鲁班到海里向龙王三太子借来龙宫作样子，才造出了一间间房子给人住，人们尊敬他，称他为“鲁班爷”。龙王三太子等了三天七夜，不见鲁班来还龙宫，来到地上讨了几次，鲁班变卦说没有借过龙宫。龙王三太子只好调来鱼兵龟将，想把鲁班打败，把龙宫抢回去。谁知一交手，鲁班法力大，将龙王三太子提了捆在柱子上，又把鱼兵钉在屋梁上，龟将压在柱脚下。天长日久，龙王三太子绑的柱子变成了一条“龙柱”，鱼兵钉的屋梁，变成了“鱼鳞梁”，压在柱脚下的龟，变成了“龟柱石”。人们觉得这样的房子好看，以后，造新房子就雕成龙柱，在屋梁上总要做两个鱼头衔在梁上，还要雕个乌龟驮着柱脚。不过雕龙柱、龟柱脚，做起来费功夫，以后只在皇宫殿宇使用，只有鱼鳞梁，“鱼”谐音“裕”意思，一直世代传承下来。

上梁又为啥要披红布、包红布呢？汉族民间有几种不同的传说。流传在江苏的传说：从前，有个木工和瓦匠，给人盖新房，一时粗心大意，把那正梁料下短了一尺，等到上梁时，两人在上面拉来拉去，上不好梁。这时，有位白胡子老师傅经过看见，问他们为啥上不好梁？两人正没人出气，就叫老师傅来试试看。老师傅心地善良，答允帮他们来上。他先把正梁放下来，当中一锯为二，然后用双手抹了几下，往柱上一搁，不长不短，刚刚好。不过大梁中间破了相，老师傅就把自己身上的红布兜解下来，往梁中间一挂，破相一点看不出来。风把红布一吹，新的大梁格外喜气洋洋。木匠瓦匠都看得呆啦，转眼想找老师傅道谢，老师傅已不见了。他们才知道这是鲁班祖师来点化，叫他们以后做活不能粗心大意。后人为纪念鲁班师傅，凡在上正梁时，总要先挂红布。上梁挂红布的风俗就这样传了下来。

上梁挂红布在北方、浙江杭州还有两种不同的传说，尽管流传地域不同，内容也有变异。但是，究其实质，首先，说明汉民族对盖房上大梁的重视。其次，反映了汉民族自古有崇尚红色的风尚。红，代表正气，有镇邪压魔的作用；红，代表大红大喜，表示大吉大利。

因此，世代传承，相沿成俗。如今城乡民间盖新房时，仍然要给大梁披上一块红布或红绸，这不仅已成为一种美的装饰，而且又能避邪驱妖，为新屋增添大吉大利、喜气洋溢的气氛。

◆ 上梁巧遇紫微星

左联：立柱适逢黄道日

右联：上梁巧遇紫微星

横批：吉星高照

汉族民间建造新屋，在正式上梁之前，先要在直柱和横柱的“铜锣架”上，左右两柱上用大红纸条写上上述两联，横柱上也要用大红横纸条写上上述横批，用吉利祥瑞的联句，来庆贺新屋的立柱上梁，形成大江南北民间建造新屋，选择吉日良辰的又一风俗。

上梁前为啥要贴这种吉祥喜庆的对联？这风俗又是哪朝哪代兴起来的？在我国北方的汉族民间流传着这样的传说故事。

北方民间传说，那是隋朝末年瓦岗寨农民起义的时候。一天，李世民带了徐茂公、程咬金去察看地形，路过一山村，只见村边在建造新房，屋基很阔很宽，根根屋柱又粗又大。李世民走得乏力，口渴难熬，便示意休息片刻。他见新屋中间的铜锣架下摆着泥水木匠饮用的凉茶，就去讨了一碗，坐在正中喝了起来。徐茂公一见屋基这么大，知是一大户，就慢慢地用脚一步步丈量起来。程咬金粗鲁好动，见了一根根粗大屋柱，就用双手一根根抱过去。

正在这时，突然有人高喊一声：“上梁！”只见四面泥水木匠一起上来，抬的抬，拉的拉，给新屋上起大梁来。徐茂公掐指一算，心头大吃一惊，心想：今天明明是个十恶太白黑煞日，是最不吉利的日子，绝对不宜动土上梁，为啥这户东家要拣这样的黑煞日上梁呢？他正双眉紧锁，满腹狐疑，想前去问问屋主，以解疑团。却见一位须发斑白的老员外笑吟吟地走了过来，邀请他们三位进屋去休息吃茶。待进入屋内，徐茂公便急着问老员外贵姓？为啥要拣今天上梁？老员外哈哈大笑说：“老汉姓周，造这新屋是为娶新媳妇。原来请隔村袁天罡先生拣吉日，说要过半月才能上梁，可是时间太迟，赶不上娶媳妇好日子。后来还是我的新媳妇桃花女捎信来，选定今天上梁最好。”李世民也感到惊奇，问：“今天明明是黑煞日，难道你媳妇不知道？”老员外乐呵呵地回答：“知道知道，我媳妇桃花女会算阴阳，会破风水，她叫我们等着，说到时候有三位贵人降临，等到紫微星坐中堂，文曲星把基量，武曲星过来抱四方，这是千载难逢的好时辰，就可以立柱上梁，新屋就百无禁忌，千年牢固。我们等了很久，果然来了你们三位贵人，看来应了桃花女的话啦。”

从此，北方一带汉族建造新屋，虽然选了黄道吉日，也要在新柱新梁上，红火火地贴上“立柱适逢黄道日，上梁巧遇紫微星”的吉祥对联，形成一种喜庆吉祥的风俗。

◆ 筑墙禁忌何其多

汉族民间新建房屋根据传统习俗，都必须在房屋、院场四周筑起高高的围墙，以防御外界侵袭，保障住宅安宁。

墙，起源于何时，尚待考查。但是，在我国古代文献中早就有墙的记载。《书·五子之歌》上有“峻宇雕墙”。《诗·郑风·将仲子》上也有载：“将仲子兮，无逾我墙。”这些记载都说明了古代墙的形状和作用。

我国民间筑墙，以传承材料分，有砖墙、木墙，还有就地取材的泥墙、石墙，溪边以鹅卵石砌墙，卵石圆圆，叠成的墙头，具有自然之美。在筑墙的传承方法上，泥墙必须先以石奠基，然后用木板作框，加泥用夯打实，打一层填一块砖或瓦，一层层筑成高墙，最后，用稻草加泥浆，将墙面涂平，刷上石灰。砖墙、石墙以砖、石为材料，以黏土或水泥为浆，一块块砌上去。木墙，林区木材多，就地取材，多筑木墙。民间传统的墙形式很多。如高墙，可高达数十丈，江南多火灾，以高墙防火，民间俗称“风火墙”。龙鳞墙，将墙筑成弯弯曲曲，形如游龙。花墙，在墙身中镂空，砌上各种花窗，一般花园、公园的围墙都采用花墙，以增加美观。

由于墙具有防火、防盗等作用，所以，汉族民间筑墙都必须请高明的砌墙师傅，而且，在筑墙时还传承着许多神秘而古老的禁忌习俗。

浙江民间造屋筑墙最忌听到哭声，特别是女人朝墙哭。如果那户人家开工筑墙时，听到女人哭，不管当天雇了多少工，要花多少钱，一定要停工，以后另选黄道吉日再开工。如果已筑起了墙，一听到女人哭声，还必须将墙推倒，重新再筑。为啥筑墙时忌女人哭，提起这件事，据老泥水工说与孟姜女哭长城有关。

传说古代秦始皇造万里长城，将孟姜女的丈夫万喜良捉去，以“一人顶万人”作牺牲，筑进长城里。孟姜女在家苦苦等了一个春秋，不见丈夫回来。天气冷了，便亲手纺纱织布，做了寒衣，跋山涉水，千里送去。谁知到了长城，听说万喜良已被筑在长城底下。她对着长城，哭天哭地，哭了三天三夜，感动了大力神，帮她推倒了长城，她滴血验尸，烧寒衣覆尸，识出丈夫万喜良的尸骨。所以，女人的哭声有多么厉害，连万里长城都被哭倒，小户人家的泥墙板壁当然更不必说了。

从此以后，浙江东阳、衢州等地的泥水匠便有了筑墙忌女人哭声这个不成文的规矩。因为怕将墙哭倒，连自己的牌子也砸了。汉族民间古代造屋筑墙时，还有原始的以人或畜作牺牲奠墙基的仪式风俗。

这种以人畜牺牲奠墙基，据考古发现，四五千年前黄河中流的龙山文化遗址中，就发现在墙基层里，屋檐和柱洞之下，都有婴儿的墓葬。这种习俗到了商代还有大量保留。秦始皇筑万里长城时，还要用万人来奠基。后来听了丞相李斯的话，以万喜良“一人顶万人”作牺牲，才筑起了万里长城。后世逐步采用厌胜风俗或牲畜来代替。如清光绪年间，上海拆城建路时，曾挖掘到明嘉靖三十二年刻有“万杞梁”姓氏的厌胜石像。可见明朝还保留着厌胜筑墙的遗风。而牲畜奠墙，直到现代尚有保留。如陕北在窑洞窑壁合拢落成仪式时，即窑洞中央围墙砌入最后一块石头时，还要以兔、鸡、野鸡三种小动物的心脏，嵌入合拢石的小孔之中，以代牲畜牺牲来奠窑洞墙基。

造屋筑墙自古以来是人类生活的百年大计，既要求牢固，又要求安全。所以，筑墙时的种种禁忌和民俗，为我们传达了两个原始信仰的民俗信息。首先，这是原始先民崇尚“万物有灵”的遗风，认为房屋各部分都有神灵保护；其次，要用牺牲或厌胜来酬谢这些神灵，才能避灾让祸，求得安宁。

◆ 汉族住宅守护神

我国汉族民间自古以来信仰守护神，一户人家，小的如门有门神，灶有灶神，井有井神，山有山神，土有土地神。大的如家庙、宗祠以至村落、街坊都各有守护神。这种大大小小守护神的形式，是古代原始先民“万物有灵”观念和“灵魂不灭”观念混合的产物。然后，随着氏族的扩大和分化而不断变异，传承下来。他们被人们视为善神，对他分管守护的地方能起到保护和守卫的作用。

汉族民间建造住宅新房，大都采取上栋下宇式的瓦房，都要在屋脊上塑一尊守护神，有的和善地坐在屋脊中央，有的威武地立在屋脊两旁。因为，这种住宅守护神都塑在屋脊瓦片上，民间俗称他为“瓦将军”。

汉族北方民间传说住宅守护神是姜太公。据说姜太公曾在昆仑山跟元始天尊学道，后来奉师命下山辅助周室。80岁时在渭水河滨被文王姬昌访得，拜为丞相，后又助武王姬发发兵讨纣。他率领许多有道术之士，经过与纣军激烈斗法，完成了兴周大业。最后，姜太公又奉命出榜封神。他在封过诸神之后，嘴里不说心里暗想：好位都分给别人了，自己封那么多神，岂能屈尊于他们之下，起码得在诸神之上。我来了，诸神得让位于我。姜太公想好了以后，就在封神台上宣布：“姜太公在此，诸神退位，我位在诸神之上。”忽然，台下一神问道：“你怎样在诸神之上？”姜太公解释说：“你们的神位在屋的地面上，我的神位在屋脊上，屋顶高于地，我可以监视你们！”

从此，相衔袭用，凡民间盖屋建新房，都要在屋脊瓦背上，塑一尊嘻笑善良的姜太公像，坐在屋脊中央。如不塑像，则在顶上竖一块粉墙，上书“姜太公在此，诸神退位”。认为如此可以除妖镇邪。当然这些都是民间风俗传说，无可考证。但是从神道上来说，也不是毫无道理的，既然诸神都是姜太公所封，那么他的地位当然要在诸神之上了。

南方汉族民间住宅守护神是谁呢？浙江台州地区民间传说是蚩尤。

相传古时候，人类很少，常遭飞禽猛兽伤害。当时，统治南方的蚩尤就教会人们冬天挖地住“窖”，夏天寻木作 “庐”，这就是最早住房的开始。后来，蚩尤为扩大势力，征战北方，被黄帝在涿鹿杀死。南方民间为纪念蚩尤教人结庐居住，就尊他为“屋神”。

从前，台州民间建造新屋时，都要在屋脊上塑一尊形象威猛，骑马挽弓的“蚩尤像”，有的在瓦屋两边屋檐上，一边一尊；还有的在屋脊两边塑两个张牙舞爪的虬龙头，传说“虬龙”就是蚩尤的化身，这样做一是为了厌胜护屋，二是为了纪念这位传说中的教民住屋的英雄人物。

◆ 建筑装饰“八宝图”

汉族居宅建筑的门楣、门窗裙板、堂内挂落以及隔间屏风上，经常可以看到各种“八宝” 图案的浮雕装饰。这种“八宝图”，是明清以来汉族民间常见的对某些事物的吉祥美称，它在古建筑装饰上已约定俗成，形成一种奇特的建筑艺术风俗。

汉族民间居宅建筑上之所以要装饰这类“八宝图”，是因为数字“八”，自古以来具有庄重、稳当的习惯含义。它以“八”代表多，以示富裕；以“八”与“发”谐音，以示兴旺发达；以成双搭对的双数，表示吉利。这种“八宝图”，大致有三种不同的类型，各以八物为代表，以神话、传说为依据，具有一定的喜庆、吉祥含意。

第一类“八宝图”，是以民间常见的和合、玉鱼、鼓板、磬、龙门、灵芝、松、鹤八种吉祥之宝构成。

和合：是古代民间传说中象征男女相爱的神名。《西湖游览志馀》记载：“宋时杭城以腊日祀万回哥哥，其像蓬头笑面，身着绿衣，左手擎鼓，右手执棒，云是和合之神，祀之可使人在万里之外亦能回家，故曰‘万回’。”原为一神，后衍为二神，称和合二仙。其图形为一六角形。既为财富丰厚、取之不竭的象征，又有夫妻恩爱、和好合一的意思。

玉鱼：即双鱼。由来久远，早在新石器时代的彩陶上就出现双鱼纹，以后各代都有双鱼瓶、双鱼壶、双鱼玉肩坠，洞房窗花亦剪贴双鱼。双鱼因谐音，包含“吉庆有余”，代表丰裕昌盛的意思。

鼓板：亦名拍板，是一种打击乐器。一般用檀木制作。唐杜牧诗中有“画中檀板秋拍碎” 句，指的就是鼓板。它能使乐曲有节拍、有板眼，因而被比喻为生活有节奏，有规律，平平安安，无灾祸舛乱的意思。

磬：是一种古老的石制打击器，颜色多为白玉色，又称作“玉磬”。《五经要义》说：“磬，音之清者。”《诗经》中也有“既和且平，依我磬声”之句，它表示了男女老幼相依相安，“既和且平”，合家和睦，共享天伦之乐的意思。

龙门：俗称“鲤鱼跳龙门”。《三秦记》记载：“河津一名龙门。水险不通，鱼鳖之属莫能上，上者为龙也。”表示对仕途和地位的喜庆、高升。

灵芝：常视为仙药。《说文》释“芝”说：“芝，神草也”。传说灵芝为西王母所有，人若得而食之，寿延千岁，心通神明。灵芝正代表古人对年寿和康泰的追求。

松：一种长绿常青树。《列仙传》记载：“偓佺者，槐山采药父也。好食松实，形体生毛，长数寸，两目更方，能飞行，逮走马。以松子遗尧，尧不暇服也。松者，简松也。时人爱服者，皆至二三百岁焉。”松，历代作为宫殿庙堂的守护之神，象征长寿的意思。

鹤：一种长寿禽鸟。《诗·小雅》中有“鹤鸣九皋，声闻于天”之句，不但为历代文人雅士所重视、讴歌，同时，民间也有“松鹤延年”，作为祥瑞之物。

第二类“八宝图”以八仙手中所持器物为图案花纹，又称“暗八仙”“代八仙”。

宝剑：寓终南山吕洞宾得道传说，含行侠好义的意思，也具有辟邪、降魔的作用。

葫芦：寓铁拐李借尸还魂，以杖代龙的传说，含有乐善好施的意思。

鱼鼓：代表倒骑毛驴的张果老。寓不服老、常欢乐的意思。

花篮：代表童贞行道的韩湘子。寓吉庆、欢乐的意思。

横笛：代表吹笛引鹤的蓝采和。寓平安、和谐的意思。

荷花、荷叶：代表得道成仙的何仙姑，“荷”谐音“和”，含有多子多孙，和和谐谐之意。

蒲扇：代表汉钟离，含有文人雅士之风。

阴阳板：即鼓板。代表曹国舅，含生活有节奏、平平安安之意。

第三类“八宝图”，是将佛教法物：轮、螺、伞、盖、花、罐、鱼、长，称为“宝”，又称“八吉祥”。含有因果报应的哲理。

法轮：佛说大法圆转，万劫不息之谓。

法螺：佛说具菩萨果妙音吉祥之谓。

宝伞：佛说张弛自如曲复众生之谓。

宝盖：佛说遍覆三千净一切乐之谓。

莲花：佛说出五浊世无所染着之谓。

金鱼：佛说坚固活泼解脱坏劫之谓。

宝瓶：即宝罐，佛说福智圆满具完无漏之谓。

盘长：佛说环贯彻一切通明之谓。

以上三类“八宝图”，虽然各有神功，但其性相近。二十四种祥瑞之物，其实际含义，可分为四类。其一，如和合、双鱼等，意思是夫妻恩爱，家庭和睦；其二，如鼓板、磬等，意思是子孙兴旺，富足长乐；其三，如龙门，意思是仕途顺利，功名有望；其四，如灵芝、松鹤等，意思是延年益寿，永生不死，飞黄腾达，得道升天。由于上述意义与家庭、人伦、功名、生死相关，因而“八宝”图案装饰，呈现出千变万化、百花齐放，出现在汉族居室建筑上，并且根据住宅主人的思想、信仰的不同，有所选择。信仰佛教的，则多选择佛教法物的“八宝图”；信仰道教的，则多选择八仙器物的“暗八仙”八宝图。而一般人家则多选用民间常用的“八宝图”。所以，“八宝图”以其特征、名称的谐音和借比，构成各种寓意吉祥、欢庆的图案，以满足古代人民美好的意愿和精神生活的需要，成为古建筑装饰上的一大题材，并形成我国汉族官邸与民宅的一种特有的建筑风格。

◆ 北京胡同“四合院”

北京的胡同和四合院，是我国北方城市汉族民居建筑的一种传统布局方式。鸟瞰北京城市，可以看到一条条正东正西，正南正北，横竖笔直的胡同，在胡同与胡同间，相互排比着一座座坐北朝南的四合院，从而构成了北京这座十分方正的城市，也表明了这座文明古城是经过充分规划，依照棋盘形的蓝图而建成的。而这种规划正是汲取历代帝都的建造经验，体现了我国历代建造城市的传承特色。

“胡同”，这两个字原是蒙古语“衖通”的译音。《析津志》载称：“通，本方言。”是1267年元代建大都时沿袭下来的，至今已有七百多年历史。所以，北京胡同是久远历史的产物，它反映了北京历史的面貌，是有丰富内容的。

北京有多少胡同？《析津志》载，当年元大都只有 29 条“衖通”。到了明代，除了大街外，原来384条小巷也叫胡同了。明嘉靖《京师五城坊巷胡同集》记载，内城有胡同900多条，外城300多条。清光绪年间统计，内城有1200多条，外城有600多条。1946年统计，北京共有胡同3065条。

北京许多胡同富有历史意义。作为元、明、清三代帝都的北京，如司礼监胡同、恭俭胡同、织染局胡同、酒醋局胡同、钟鼓司胡同、惜薪司胡同、蜡库胡同、瓷器库胡同等等，都是历代皇城内府太监的监、局、司、库、作的各衙门所在地，显示了当时皇城的范围。从前众多的衙署也遗留下不少胡同地名，如东厂胡同是明代有的锦衣卫所在地，是太监残害忠良的地方。南、北太常胡同是以太常寺而取名。贡院胡同为明清的考场，等等。许多权贵宅第所在地，也成了胡同名字。如李阁老胡同，《长安客话》说即李东阳住宅所在。武定侯胡同为永乐年间功臣郭英的住宅所在。汪家胡同原来居住过清雍正、乾隆时宠臣汪由敦，等等。同时，手艺好的手工业者，买卖公道的商贩，也因居所被人叫熟而慢慢形成了胡同，如刘兰塑胡同、磨刀儿胡同、粉房刘胡同、豆腐陈胡同、砂锅刘胡同等。甚至一般老百姓名字也成了胡同名称，如王老胡同，石老娘胡同、宋姑娘胡同等。据说这类以贫贱者命名的胡同，大大超过权贵者命名的胡同，这是北京胡同值得称道的地方。

四合院，按词意可以推知四面有房屋，当中有院，所以俗称“四合院”。北京四合院历史比胡同早，至迟到汉代，四合院已经逐渐成熟，唐宋时已广泛使用这种居民形式，今天仅能从古画上窥知它的具体型制。从山西芮城永乐宫壁画上，可以看出元代的四合院与现在的相差无几。到明代四合院建筑已臻完整，现在北京的四合院大量是清代建造的。

北京四合院的总体布局风格，都按大街小巷胡同方向兴建，宅门大都开在胡同南北方向，前后大体以占用一个街坊的宽度作为标准，四合院的规模，有大有小。小型四合院，只有一进院子，大型四合院有二进、三进和东西跨院，大的还有花园。不过无论大小，都以中轴线为中心，建造对称房屋。从前到后，有倒座、大门、垂花门、正房、后正房。倒座沿街建筑，不开窗子，五间至六间，左右厢房有三间到五间，垂花门分为外院与内院，外院为一般用人居住，内院为主人居住，院落房屋用廊子连接，两头也可前后通行。后院有北房，左右建耳房。耳房大都作为厨房、仓库等等。厢房多用作书房、餐室。北京四合院大门都开在东南角，这是自宋代以来受“风水”影响而产生的，按照八卦“巽”的方向开门，采取“坎宅巽门”的意义，“巽”为东南，向东南角开门以取吉利。自宋后这习俗相沿成风。

四合院大门前后有影壁，当人们出入住宅时，看不到院内的杂乱景物，而用影壁遮挡，有一种静谧吉祥的感觉。四合院大都为封闭式布局，居住其间与外界隔绝，环境十分安宁，便于防火、防盗，适合我国传统的家庭生活方式。北京的胡同和四合院，是北方汉族居住建筑中的典型精华。特别是四合院，从布局到建筑技术与艺术都堪称代表杰作，充分显示出汉族“前堂后寝”礼制的传统风俗。

◆ 女娲遗风话“窑洞”

窑洞，是我国西北黄土高原上汉族民间传统的民居建筑。

据宁夏文物考古研究所和中国历史博物馆考古部1987年在宁夏南部山区海原县菜园村一年的挖掘，发现了四座距今4000多年的新石器时代营造的窑洞式房屋。古建筑家考证这是现存我国黄土地带窑洞式房屋的直系祖先，有力地说明了4000 多年前汉族原始先民就“挖穴而居”的风俗，一直传承到现代。窑洞式房屋还广泛分布在黄河中上流域的各省、自治区，面积约60万平方公里，居住窑洞的人口达4000多万人。

民间传说窑洞是女娲娘娘创造的。传说天地开辟，没有人类，女娲娘娘捏黄土作人，才有人类繁衍。但是因为受不了狂风暴雨和凶禽猛兽的袭击，死的死，伤的伤。女娲娘娘就叫人挖穴而居，才避免了风雨和野兽的侵袭，而繁衍生存下来。那为啥将这种“挖穴而居”称为“窑洞”呢？河南和陕西民间流传着“子孙窑”和“洞房”两则传说故事。河南淮阳太昊陵显仁殿青石壁上有个“子孙窑”，半米高的石窑，形如赤裸裸的女性生殖器。当地传说古时天坍地陷，只剩下伏羲和女娲兄妹俩，他们结为夫妻。所以，天下男女都是女娲、伏羲的子孙后人。他们称伏羲为“人祖爷爷”，女娲为“人祖奶奶”。每年农历二月初一、十五，妇女们都要到人祖庙焚香礼拜，争摸子孙窑，祈求生儿育女，繁衍后代。陕西临潼传说女娲是古代蛙图腾氏族集团的祖先，因为蛙蟾都居处洞穴，当地人都认为是女娲娘娘的后代，要求得到女娲娘娘的保佑，就将结婚时男人女娃居处之穴称为“洞房”。

因此，从以上两则民间神话传说，说明了窑和洞实在是我国古代原始母系氏族社会男到女室幽会、绵延人种后代风俗的遗孑。

汉族黄土高原传承的窑洞或房屋，根据各地自然环境，基本上可分为土窑、石窑和砖窑三种不同的类型。

土窑较为原始，也是黄土高原分布最广、最普通的窑洞式房屋。土窑根据地势也有两种，一种在自然垂直的断崖上掏挖而成；另一种是在黄土阶地的陡坡上先人工削出一段崖壁，然后向斜下掏挖而成。一般由场院、门道、过洞式门洞和椭圆形居室四部分组成。居室又由居住面、凹弧形同壁和穹隆顶构成。从力学原理来说，石窑、砖窑当然坚固，但是土窑，由于黄土土质的结实而具有黏性，加以西北地区气候干燥，窑洞内又经常烧火做饭，使拱形的土窑形成十分坚固。据说，唐初名将薛平贵，是黄河边的河津人，他当年与妻子王宝钏居住过的土窑，虽然历经1300多年的风风雨雨，至今还完好地保存在地面上，成为一处供人凭吊的旅游胜迹。

不过，土窑年代久了，特别是雨水一多，难免把一些土窑的门面冲坏。西北老乡十分聪明，索性将冲坏的门面削掉，把土窑往土崖里再挖进一层。而有钱人家则在窑顶边沿接出瓦檐，既美观好看，又可保护窑面和窗户不被雨水淋坏。

石窑，大都根据当地圈窑石料的质地、纹理和色泽，分青石挂面窑、红石锤凿窑、沙石粗制窑和半土半石的接圈窑等多种。为了御寒，一般石窑均接山势的自然走向建成坐北朝南的正窑，三间一排，地势宽展可以一溜儿十间。修筑石窑的能工巧匠，凭着他们的气力和那双千锤百炼的巧手，可以将一块块几百斤重的顽石，经他们敲敲打打，凿凿雕雕，可以雕修得方楞四角，还可以根据主人的爱好和石料的颜色，雕凿出各种各式的图案花纹，技艺高超的还可在石窑面上雕凿出孔雀牡丹，金鸡独立等等吉祥图案。如内蒙古清水县城，群山环抱，山坡上布满着一排排、一层层鳞次栉比，错落有致的石式窑洞。入夜灯火通明，整个山城像海港的巨舰，似喧闹的灯市。

砖窑，一般建筑在松软的黄土地带。先用泥土烧制成砖块，然后加固砌成窑门、窗户，甚至拱形窑顶。

西北汉族农家往往视人口多少，习惯挖3至5个窑洞，组成一户。一般窑洞根据土质，长5~7米，宽3~4米，高3~4米；前面一扇往里开的门，窗子直达窑顶，照得窑内亮堂堂。临窗建热炕，锅灶连炕。客人来了，请客上炕，是西北农村待客的常礼。炕又是老乡的卧床，也是妇女做针线、孩子温习功课和接待客人的地方。这种用土坯或石板砌成的空心土炕，连着锅灶，烧饭的烟火，通过炕底的火道，从墙壁直达窑顶的烟囱跑出去。这种传统的取暖方法，既省柴火，又避免污染，使窑内空气可保持清洁。窑洞正面，一般放案桌，上置闹钟、镜子、花瓶、茶具、酒具。壁上挂年画，窗户贴剪纸。炕墙上画花卉图案，称为“炕围画”。

窑洞式房屋优点很多，因此才能世代传承不衰。首先，就地取材，施工方便，造价低廉。而且大部分都依山而筑，不占耕地，不破坏地形、地貌，有利于保护生态平衡。其次，窑顶厚实，保温隔热，住在里面冬暖夏凉，十分舒适。现在，随着物质生活的不断改善，窑洞建筑也逐步改进，窗户开得更大，窑脚升得更高，使窑洞越来越宽敞美观。窑洞的设置也不断现代化。新婚夫妇的窑洞更是五光十色。年轻人不要火炕，改用双人床，安装上暖气片，写字台、大衣橱、床头柜、落地式收录机，以及那最时髦的组合家具，都可以阔绰有余地在窑洞内各就各位，而窑顶上那火树银花般林立的电视天线，正是古老西北黄土高原迈向未来的象征。

◆ 客家民居“围龙屋”

广东梅县地区的高高低低山坡，建有一座座形如围龙的独特的圆形住宅建筑。从低处远望，这种圆形建筑，层层叠叠，犹如盘龙之状。客家人以它形如盘龙，又以自己系中原华夏龙的传人，俗称这种圆形住宅建筑为“围龙屋”。这些明清时期保存下来的“围龙屋”古建筑和设计艺术的特色，不仅说明了汉族客家人历史悠久的文化传统，而且更显示出客家人创业的伟大荣誉和乡土特色。

考据广东客家“围龙屋”的起源，据说起源于战乱年代。先从客家人的得名来说，据史料的记载是与原来当地土著相对而言得来的。历史上，客家先民曾辗转迁徙。秦汉时期就已有汉族先民南迁，到宋代立户籍册时，为区别居民先后居住时间起见，将先到者立为“主”，后到者立为“客”，从此，正式定名为“客家”。据英籍华裔韩素音认为，这也是先到之民对后来南迁者出于“礼貌”的一种表示。客家先民的大迁徙主要有以下三次：第一次是晋末至隋唐。西晋末年，北方爆发了长达100多年的各民族大混战，史称“五胡乱华”。中原人民逃避战乱而离乡背井，辗转南迁至闽赣山区，这是最早的客家。第二次是唐末至宋。唐末政治腐败，藩镇割据，连年战乱，大批中原汉民南迁至闽粤。第三次，宋室南渡，不少皇亲、贵族及商民随军南下，也震动定居闽赣的早期客家再迁粤东北部。因为，客家人都是后来者，平坦地区早被原来汉人和土著畲、瑶、苗、黎族所占，所以只能居住山区，因而有“逢山必有客，无客不住山”的俗谚。

广东客家之所以要建“围龙屋”，相传有两种原因：一因古代中原汉民南迁，不时发生“土”“客”之争，客家先民为应付当时“土”著的攻击，便建筑起这种能聚众集群的房屋，来抵御来犯者。同时，也因为隋唐以来，日本倭寇经常到我国沿海骚扰，明朝更盛。因此，建筑这种围龙屋，前有水沟，四周有土堡，也能防入侵倭寇的骚扰。如明隆庆年间（1567—1572年）都乡佥军事张乾福在广东丰顺县的“建桥围”，就是为抵御倭寇所建。该围占地1578平方米，墙厚30厘米，设东西北三门，围门设有木楼坪。整座围屋结构外圆内方，环围有池塘，民房绕围墙而建，内有3街12巷21幢，祠堂3座，数代人都聚居于此，把防盗、防火、饲养、加工、贮存、晾晒等各种生活设施综合一体，以图达到防御外盗，安居乐业的要求。

广东客家的“围龙屋”，大都是一座座弧形或方形的辅助建筑群的传统形式，像城堡一样将主体住宅包围着的建筑。屋内布局“三堂四廊，十厅九井”。进深三座裔堂，以天井和屏风墙隔成院落。横向是四排住宅和过厅，错落有致。后面由一排排列成半圆形的房屋围成天井，俗称“花头”。屋内有房屋数十间，可以住几代数十口人家。整座“围龙屋”靠山坡而建，前低后高，自成阶梯形，最外围墙筑得很高，窗子开得很小。再加前有池塘，可积水防火、防盗，后山栽有风围树，可护坡防险，使整座“围龙屋”显得壁垒森严。

“围龙屋”的建筑，古代没有水泥、钢筋，而它们围墙有的用三合土夯打制成，有的用糯米糊混石灰和泥土打制而成，也有的下层墙基用双层石砖砌成，上层为土墙。一般抗压强度和抗拉抗剪度，都超过一百斤混凝土。而且，建筑尺度十分精确，地墙、地面、楼面，屋面的平度和标高，误差不超过几毫米。客家人好客爱美，每座房屋的造型、檐梁雕塑，内外装饰和彩绘粉画，都有极高的艺术造诣。如坐落在梅县白宫富良村的一座华侨建的“联芳楼”，俗称华侨“围龙屋”。它长近百米，宽四五十米，四周以建筑物环成“围龙屋”大院。屋的正面有三个凸起的钟楼式大门建筑，上下左右及所有窗户顶上，都装置着各种花鸟、动物浮雕，大大小小不下二百幅，钟楼顶端还有“狮子滚绣球”“双龙戏珠”“雄鹰展翅”“天使临门”等塑像。正楼大门的阳台上，还雕有“郭子仪拜寿”等群像，工艺十分精巧。整座“围龙屋”“十厅九井、三堂四廊”，建有房室一百多间，最后是一排枕头房。设计巧妙，布置得富丽堂皇。

◆ 江南房屋多“腰门”

汉族居住的房屋，一般都只有一道大门，但是，在江南沿海一带房屋，还有在大门外增设一道“腰门”的风俗。

门，原是房屋院墙的出入口，《易·系辞》上说：“重门击柝，以防暴客。”意思是说门有防御住屋安全的作用。民间俗称：一扇曰“户”，两扇曰“门”；又称在堂室内的叫“户”，在住宅区域的叫“门”。所以，汉族民间造屋时，对门的方向、位置的选择，都十分重视。一般都不将大门开在中轴线上，同北京的四合院一样，开在正屋方向的东南角。

汉族造屋建门，还有不少禁忌风俗。《营造门》“门墙诸项”条，记有下列各项禁忌：

凡造屋切忌先造墙围并外门，主难成。凡大门门房扇及两畔墙壁须大小一般。左大主换妻，右大孤寡。大门十柱，小门六柱皆要着地则吉。门扇高于墙壁，主多哭泣；门口水坑，家破伶仃；大树当门，主遭天瘟；墙头冲门，长被人论；交路夹门，人口不存；众路相冲，家无老翁；门被水射，家散人哑；神社对门，当病时瘟；门下水出，财物不聚；门对水口，家招邪鬼；粪屋对门，痈疖长存；水路冲门，悖逆子孙；仓口面门，家退遭瘟；捣石门居，家出离书；门前直屋，家无余谷；门前垂杨，非是吉祥；巽方开门及隙穴开窗之类，主自灾害；东北开门，多招怪异；重重开门，二门莫相对。

以上所述，大部分为迷信，但少数也不无道理！如“粪屋对门，痈疖长存”，是因为不卫生之故。“大树当门”“门着水井”，既不通风，又不安全，当然不能将门开在这些地方。不过，“主招天瘟”“家招邪鬼”，有点过分夸张罢了。

有了大门，为啥又要装一道“腰门”？有的地方称为“矮门”。从外形来看，腰门有的齐胸高，有的一人高。门上大都竖有一根根铁打的三叉戟，防止盗贼进来，对住宅安全又多起了一道保障作用。

提起江南房屋装“腰门”，还有一段英勇抗击倭寇的历史来历呢！

相传明朝嘉靖年间，日本倭寇经常流窜江浙沿海一带，骚扰作乱，烧杀掳掠，害得百姓妻离子散，家破人亡。朝廷派戚继光为抗倭大将军到江浙闽沿海来抗击倭寇，打得倭寇心颤胆怯，闻风而逃。狡猾的倭寇常常避开戚家军，到别处骚扰。戚继光了解情况后，派出官兵，组织沿海城乡青壮年，人人习武练兵，号召他们抗击倭寇，保卫家园。因为倭寇用短柄倭刀，戚继光要每家每户，在大门外增设一道防御工事，家家准备好长篙数支。一旦发现倭寇登陆，便鸣锣报警，各家各户青壮年手执长篙，立于门内，严阵以待。倭寇要进房来，即以长篙迎战，倭刀砍去竹篙，篙头又生竹锋，再砍再生。几经拼搏，倭刀卷口，人也筋疲力尽，而竹篙利戳仍十分锋利，倭寇被刺死、戳伤很多，狼狈逃窜。

从此，倭寇不敢再来侵犯，而大门前所设的防御工事，时间一长，便演变为“腰门”了。因为有了这道腰门，有很多用场。首先，平日里不必紧关大门，有人来敲门，从腰门上就可望见是生人还是熟人，是陌生人可以隔着腰门问清事由，然后请他进来。如是熟人，可以隔着腰门，先打招呼，然后热情开门相迎。

其次，腰门也可防止小偷、盗贼。因为，腰门上装有一根根三叉戟，盗贼不能翻门而入。如若硬撬门进来，还可以紧闭大门，然后求救报警。所以，杭州民间俗称它为“避窃门”，也就是这个意思。

此外，江南一般人家都养狗、养鸡鸭。有了腰门，可以防止饿狗进房偷食，也可防止鸡鸭进屋，拉屎拉尿，弄脏地面。

由于腰门的用处这么多，因此世代相传，相沿成习，在建筑造房时就有了多做一道腰门的风俗。

四、行旅风俗

◆ 羊皮筏子征黄河

在浊浪汹涌、波涛奔腾的黄河上游，常常可以看到三五人乘坐在一种羊皮袋组成的筏子里，随着浪涛一上一下地颠簸，漂流而下的惊险场面。这就是征服黄河天险流传在陕甘宁汉族民间一种传统的摆渡人和运输货物的水上交通工具“羊皮筏子”。

羊皮筏子创始于何时？民间传说那是远古时代，有一次黄河上游洪水暴发，泛滥成灾，冲毁农舍、山林、牲畜。有一个人在汹涌的洪水中挣扎了三天三夜，正在四肢无力，生命垂危之际，突然发现上游漂来一团白色的东西，原来是一只鼓着气的死羊，他一把抱住，终于随浪连同死羊冲到了岸边，才九死一生活下命来。他爬上岸，将羊拖上来一看，原来这是只早已死了的山羊，肚皮里的五脏六腑早已腐烂一空，使死了的羊肚内充满了气体，因此，随着洪水从山林中漂流出来，救了他一命。他就成了首先发现羊皮筏子可以渡河的创始者了。

根据《汉书》记载，早在东汉时，作战的汉军将领看见羌人搂着羊皮袋渡河而得到启示，才命士兵“缝革为船”。公元47年，已作为渡河作战的水上工具。所以，这种羊皮筏子已有2500多年的久远历史，一直流传至今。可以说这种奇特的渡河习俗，是古代黄河两岸汉族劳动人民为征服自然天险，就地取材而创造出来的。而且，制作这种羊皮筏子已形成了一套传承的制作方法和程序。首先，宰羊时要选择肥壮的老羊，先将全身羊毛刮光，再将羊脖子和后胯部割开，完整地将整羊皮蜕剥下来。然后将羊皮套晾干，用食盐和麻油慢慢地将它搓揉，直到柔软有弹性，再刷上防水、防腐的熟桐油。最后，除留下一只前腿孔作为吹气口外，用羊肠线将羊颈脖和另三个腿孔全部扎紧，便成了一只羊皮袋。再将一只只羊皮袋，整齐地排列，绑在纵横交错的柳木架上，便连接成一个长方形的羊皮筏子。使用时，只要用羊皮鼓风袋一只只将羊皮袋鼓满气，扎紧吹气口，便可作为渡河工具。

这种黄河上游的羊皮筏子，有两种不同的用途。一种用来渡人。一般用十多个羊皮袋连成一筏，可乘四五人，由一个艄公跪在前面，用木桨划水面而行。羊皮筏子贴着水面，随着浪头，起伏簸荡，横渡而下。自古以来，黄河上游两岸农家都珍藏着这种世代相传的羊皮筏子，出门需用，背上就行，乘坐渡河，十分安全，因为黄河上游地处西北高原，崇山峻岭，流急滩险，用轻巧灵活的羊皮筏子渡河，碰上滩石，具有弹性，会反弹回来，不会撞破。万一撞破一两个羊皮袋，筏子也不至于沉没。

还有一种羊皮筏子可用来运载货物。这种羊皮筏子需用几百个羊皮袋。如用六百多个羊皮袋联结而成大筏子，一次可载上十几吨羊皮、药材等货物，由六个艄公划桨，顺流而下，一天能漂流二百多公里。

不过，这种羊皮筏子也正如当地民谣所说："下水人乘筏，上水筏乘人。"在奔腾湍急的黄河上游，羊皮筏子只能顺流漂浮而下，而不能逆水上行。因此，每次渡河，艄公都得扛着羊皮筏子往上游走一段路后，才能斜渡回原岸，主要依靠羊皮筏子的浮力和黄河水流时的冲力，才能来回往返摆渡行人。

◆ 绍兴水乡脚划船

正月灯，二月鸢，三月上坟船上看姣姣。

这首流传浙江绍兴的民间歌谣里所说上坟船，就是绍兴风俗中独有的乌篷船，民间俗称“脚划船”。来到碧波荡漾，景色秀美的绍兴水乡，经常可以好奇地看到一叶叶乌篷扁舟，犹如一条条乌鲤鱼在水面上冉冉游动。而驾船的船家，头戴着一顶黑色的乌毡帽，独坐在船尾，背倚一块直竖的木板，左臂腋下夹着一支划桨，劈水稳操方向，两只脚一曲一伸地踏着“摈桨”，同时，在极窄的船沿上放着一碟茴香豆之类的下酒菜，右手握一把小酒壶，呷一口“加饭酒”，左手取一粒茴香豆，向嘴中一丢，嚼得津津有味。就这样悠然自得，“咿呀，咿呀”地踏水行进。这种用脚划船的风俗习惯，是比较罕见的一种风俗奇观。

绍兴水乡这种用脚划船的风俗，如果考查其历史，或者探究其原因，那么可以追溯到春秋时期。当时曾到过越地的齐相管仲在《水地篇》上这样记载：“越之水重浊而洎，故其民愚疾而垢。”因为，古代越民无履，善于赤脚从事劳作，用脚划船，这习俗也可能由此而来。到了东汉时，会稽郡太守马臻兴修水利，总纳会稽山北部36源之水，使之形成一个纵横358里的大湖，这就是举世闻名的鉴湖水。从此，越地成为江河错落，湖泊棋布的水乡泽国，“出门就遇河，抬脚得用船”，方便用脚划船，从此风靡越地，成为水上主要的传统交通工具之一。

当然，这是从历史和地理环境来推测假设的，至于为啥绍兴农民要用脚来划船，民间流传着一则十分风趣的故事。传说古时候，绍兴有个“大店王”（绍兴称大老阔、大财主为“大店王”），家财万贯，生性好游，他常常约二三好友，在乌篷船上摆上丰盛酒菜，还专门雇了一个农民替他划船，从早到晚，到稽山鉴水去游山玩水，吟诗作对，自称风雅。大店王们常常自己喝绍兴老酒喝得醉醺醺，划船的农民却划得饥肠辘辘，双手红肿，还遭到店王们的谩骂，说他偷懒不卖力。一次，这农民划得太吃力了，想放手休息一下，用脚去踩桨。不料被大店王看见，破口大骂，并将他解雇了。这农民一气之下，自己做了一艘乌篷船，还做了一支特别的“揁桨”，练习用脚划船，天长日久，终于练得一身好功夫，双脚一弯一伸，使小小乌篷船，快速如飞。一天，他载了客人游鉴湖，正好碰上以前的大店王。他一气之下就和大店王的手划船比赛起来。谁知他一边喝着绍兴酒，一边嚼着茴香豆，两脚一弯一伸比大店王的手划船划得还要快，气得大店王蹬着双脚喊：“快划，快划！”一个筋斗，将小小乌篷船翻到鉴湖里去啦。大店王也一命呜呼。从此，绍兴农民都学他的样，用脚来划船。一代代相传下来，就形成了绍兴“脚划船”这种奇特的风俗。

绍兴的脚划船在船型分类和构造方面，也有一定的传承习惯。脚划船主要有两大类型：一类是“农用脚划船”，一类是“交通脚划船”。

农用脚划船，俗称“白篷船”，就是没有乌篷的。一般都为农家载运肥料、作物，平时出门购物，或节日上坟、走亲戚串门，都坐这种“白篷船”。鲁迅幼年时，每逢清明、秋后，随母亲“归省”回娘家，都坐这种白篷船。他曾描写说，船儿在“夹着潺潺的船头激水的声音，在左右都是碧绿的麦田地的河流中，飞一般径向赵庄前进”。童年的鲁迅一到安桥头，就和农村的孩子们一起坐这种白篷船去钓虾，看社戏。特别是摘罗汉豆，在船上煮着吃。使鲁迅在《社戏》的结尾还津津回味：“真的，一直到现在，我实在再没有吃到那夜似的好豆。”

交通脚划船，俗称“乌篷船”。比较讲究，船沿通常较高，船舱里铺一层红漆船板，上面再铺草席，海岸有竹木精制的枕头，上面可覆乌篷。全套乌篷，一般有八扇，四扇固定，四扇可以前后移动。浑身漆黑的船篷，是用竹篾为体，细竹竿为拱，中间夹着一层竹箬，既可以遮太阳，又可以挡风雨，坚固耐用，美观朴素。在第二、四道活动的船篷移开后，两边有“舱沿板”固定在船篷上，形成两边的船窗，挂上白色的窗帘，黑白相映，分外雅致。乌篷船的船头上，习俗雕着“螭首”，相传这种形同龙头的神物，是龙的九子之一，善治风浪，能使兴风作浪的水族望而生畏，退而远避，保佑行船安全。这种交通脚划乌篷船除船舱坐卧外，船头、船尾也可以坐人，最多可坐六至八人。如果独雇，即绍兴话“独讨小船坐中舱”，那么或坐或卧，能耳听潺潺水声，眼观蓝天白云，欣赏两岸田园风光，可备极游览之胜。

乌篷船上传承的船具，有以下各种配套成俗：

搁板：即船尾直竖的那块木板，供船家以背相靠，而能用脚划船。

坐板：横放在船尾最窄处，略向后倾，以供船家坐着用脚操作。

主桨：俗称摈桨，长约丈五，前半段为桨翼，用铅丝固扎在浆柄上，后半段的桨柄，呈扁圆形，头部有一块厚实的呈方形的摈柄，是船家脚划时抵住双脚的部件，而桨柄横搁在桨桩凹进的地方，可以划动自如。

桨桩：在船后舱舷上，为一支木桩，抵住桨柄的凹处，不使滑开去，这是主桨活动的枢纽。

划桨：俗称“划节”。它为主桨的一半长，也由桨柄和桨翼组成。所不同的是柄头“握手”较细，用途有二，既可以配合手划，又可以夹在腋下当舵劈水导航，把握方向。这种“划桨手”，可都配置在交通脚划船上，坐在船首，当要加速时，则在船家手脚并用时，与主桨配合。一“主”一“划”，就能加快行速，如碰到急事，船需加速，在船头还可增加一支“扳桨”。由辅助船工驾驶，坐在船头，面向船尾，双脚抵住船板，双手紧握竹柄，用力往后扳，划水力强，熟练的扳手，扳下去时几乎全身卧倒。这种一主一划加一扳的划法，前后呼应，左右逢源，既能起着保护船身稳而不侧的作用，又能飞速推水前进，俗称“沙飞”。

脚划乌篷船，船家裤子屁股部位，往往用数层布密密缝补，越谚所谓：“篼裤新制缝屁股，船民一生无新裤。”

◆ 川江船夫风情曲

脚蹬石头手爬沙，咳咳！
弯腰驼背把船拉！咳咳！
一步一鞭一把泪，咳咳！
恨不能把天地砸！咳咳！

这声声凄凉的川江船夫号子，不知已经唱过了多少世纪，唱出了多少代汉族川江船夫的风情习俗。

川江，是我国汉族第一大河，位于四川的一段，汹涌澎湃的江流在这里像一柄巨斧，开山劈岭，在万山丛中奔腾而下，形成了举世闻名的川江三峡。在这“山塞疑无路，湾回别有天” 的川江天险中，谁能相信早在几千年的洪荒年代川江汉族儿女已能利用简单的水上原始工具，凭借着自己的智慧和力量，在惊涛骇浪中航行？早在春秋时期，川江的航运就有了相当规模，各种船只在江上往来。巴峡称一板之舟为艇。大船多数张帆而行。还有“王舟”“木舟”“桥船”等。西汉杨雄的《蜀王本纪》记载：“蜀王有鹦鹉舟。”以上舟楫，虽无详细描述，但是可以推断，它们的形状、规格，已远远胜过一叶扁舟。随着历史发展，川江航运又有相继的发展。战国时，《战国策·楚策》记载有：“方船集粟”“循江而下”“一日行三百余里，里数虽多，不费汗马之劳。”《华阳国志·蜀志》记载更详，公元前308年，“司马错率巴、蜀众十万，大船舶万艘，米六百万斛，浮江伐楚，取商於之地为黔中郡”。西晋，王浚灭吴时，造大船可容纳二千余人，“以木为城，起楼橹，开四出门”，把大船连接如水城，真可谓古代的“航空母舰”。《隋书·杨素传》中记载：“杨素在永安（今奉节）造大舰”，名曰“五牙”，上有五层，高约百尺，左右前后设置拍竿六支，用以打击敌船。到了近代，帝国主义先后建立轮船公司，进入了洋轮入川的殖民时期，排挤和扼杀了我国幼稚的川航事业。直到1872年，我国最早的“轮船招商局”成立，第一艘自己制造的“黄鹄号”轮船下水，才揭开了我国川江航运史新的一页。

传统航行在川江的船只，除小划子不包括在内，据重庆海关1891年统计有47种之多，这些种类繁多复杂的船只，形成各种专业性队伍，它们根据各自特长，专业定向，或载百货，或装大米，或运川盐，或运木材。而且，船名十分古怪，如叫“南板麻雀尾”“鹅儿子”“乌江子”等等。还逐渐形成了一些行会组织船帮。当时巴蜀一带有“楚帮”“奉节帮”“云万帮”“忠县帮”“重庆帮”“涪陵帮”“湖南帮”“荆州帮”等八十大以乡土为纽带、自然结成的封建组织船帮。各船帮内对于运输价格，装运货种，约定俗成，互不干涉。这些船帮在各大港口都有各自的码头，各大码头，各船帮又都有各自的会首。会首是船帮的头目，他们占山为王，把关如虎，进行讹诈。他们还有一套行话，如称张大哥为“跳河的”，杨大哥为“咩河的”。他们是骑在船工头上的封建主，是地方一霸，如果过码头不弯船送礼，就要大难临头。他们或者开枪，或者派船追赶。任你货物再贱，手头再空，也得请会首头目上船，请客送礼。

川江船夫，大都为四川汉族贫苦劳动人民。传统的分工很简单，除了驾长，就是桡夫。驾长是航行的技术指挥，依照习俗每条船上只有一名。二十吨以上的大船才设有副驾长。驾长在财产上一无所有，受船主雇用，为他卖命。桡夫，俗称纤夫，他们下水扳桡，上水拉纤，全凭出卖劳动力为生。两三吨级的木船上，往往只用桡工一人，船行上水，他们就得从早到晚在江边拉纤。

“穷不习武，富不拉船。”这是旧社会川江船夫流行的一句民间谚语。因为，拉纤不仅劳动力强，而且生活艰苦，生命没保障。急水滩头，纤夫必须把身体几乎平行地面，两手紧抓滩面上的沙石，使尽全身力气，艰难地一步步移动，纤索勒得肩头流血姑且不说，如果这时驾长操作不当，就会“打张”，造成死伤。而且，江边上根本没有什么“纤路”，纤夫们经常要在悬崖边上，乱石堆中，自己找路走，万一大意失脚，就会断送性命。嘉陵江上有个羊角砭岩湾，是老船夫谈虎色变的地方。“羊角三砭，脚杆跳软”，这民间八字谚语道出了船夫的全部辛酸。白龙江峡谷中，江心白浪滔天，江边峭岩壁立，纤夫行走的道上，只有一排在壁陡的岩石上凿出的凹坑，仅能容纳一个脚尖。它的上面还有几个专供五指爬攀的石孔。每到这里，就要由一个艺高胆大的人，递送纤藤，俗称“抓纲”。万一抓纲失误，就会葬身江底，连尸首都捞不起来。

在繁重的川江扳桡、拉纤等等行船劳动中，生活在川江的汉族船夫用他们智慧的音乐天才，创造出丰富的“川江号子”这类民间歌曲。川江号子源远流长。神州大地上，自从有长江，有人类，有木船，就有了“川江号子”。千百年来，川江汉族船夫就在号子的统一号令下，拉着一叶叶小舟，过险滩、闯恶水，开辟了川江的航道。

川江号子，是生活在川江汉族船夫最早的民间音乐艺术，它与劳动节奏紧密配合，形成各种类型的号子。如在木船离岸后，船夫们就喊“么二三号子”：

（领）哎，那个难倒拉哟勒紧，
（合）嗨，啊齐咗，啊齐咗，啊齐咗！

快进滩时，船夫们就唱“见滩号子”，做好闯滩的准备。

当木船进入川江险滩，船夫们又唱起“招架号子”“上滩号子”，到了紧要关头，则唱起“拼命号子”，和激流险滩展开一场触目惊心的搏斗。激昂的号子，紧张的气氛，几乎使人透不过气来：

（领）咳呀咗，咳呀咗，还有几桡！
（合）咳咗！咳咗！咳咗！
（领）咳呀咗，咳呀咗，就过滩啰！
（合）咳咗！咳咗！咳咗！

根据川江的特点和汉族民间行船习俗，过了急流险滩，江水的流速减慢，江面比较平静，船工们经过一场紧张的搏斗，战胜了险滩，这时，便放慢了扳桡的速度，好让浑身的筋骨松弛一下。伴随着这种强度较小的水上劳动，船夫们习惯地唱起了“平水号子”“下滩号子”和“数扳号子”。由于劳动强度不大，劳动节奏缓慢，这类号子表现在民间音乐上的一个突出特点，就是旋律性加强了，节奏性减弱了。它的句幅较长，领腔的旋律富有装饰性，常做大幅度的起伏进行，号子内容上也较丰富多样，有揭露阶级剥削和压迫的，有陈述内心感受和愿望的，有谈古论今的，有叙说故事的，有唱戏文的，有诙谐逗趣的等等。

川江号子是过去生活在川江上汉族船夫的风情曲。

◆ 新船下海多奇俗

在我国漫长的海岸线上，南到广东、广西，北到山东、辽宁，生活着广大汉族渔民。因为他们“靠海吃海”，生产方式和生活方式都与内地汉族有所不同，因此，渔民们自然而然地形成了一套独特的风俗习惯。这些风俗，有的看起来比内地更带有原始信仰色彩，甚至荒唐迷信，但是，它们在传承过程中，却伴随着一篇篇优美动人的民间神话传说，世代口碑相传下来，就形成了种种风俗奇趣。譬如东海、黄海一带渔民在新船扬帆出海捕鱼时，就有许多奇异风俗。

汉族民间建造新房上梁时都有抛馒头、讨米头的风俗，而浙江舟山汉族渔民，每逢新船造好下海时，也要向造船师傅们和群众“抛馒头”，这个风俗是怎样流传下来的呢？据说与造船工匠的祖师鲁班爷有关系。

传说鲁班是造船工匠的鼻祖。有一年，鲁班外出传艺，来到浙江舟山，看到“桃花开，鱼汛到，大海里黄鱼叫、鲻鱼跳”。可是渔民们因为海风大，海浪高，独木舟划不出去捕鱼，穷得连裤子也穿不上。鲁班得知渔民苦衷，决心要为海边人家造一条大捕鱼船。造船喜讯传开，渔民奔走相告，从四面八方赶来帮助造船。这事惊动了东海龙王，他变成一个孩童模样，来看鲁班造船。

这天，刚巧鲁班爷造的第一条新船要下海。海边锣鼓喧天，鞭炮连声，挤满了成千上万看新船下海的人群。龙王挤到鲁班爷身边，好奇地问道：“老师傅，这是造的啥呀？”鲁班爷回答说：“这是大捕鱼船，可以到大海里去捕大鱼的。”龙王听了哈哈大笑说：“大海里风急浪高，这东西经不起风浪吹打，还能捕什么鱼？还是快点收场吧！”鲁班爷看他小小年纪，竟说出如此大话，便喝问道：“你是何人？竟敢狂言惑众。”龙王也露出凶相，告诉鲁班爷，自己就是东海龙王，不准鲁班爷造船闯海，扰乱海域。鲁班爷得知他是龙王，哈哈大笑，对龙王说：“我这条大木船就是要下海，到你的龙宫去捕你的龙子龙孙。”龙王听了大怒，悄悄跑到船舱里撒了一泡尿，然后藏在人群里喊道：“啊呀，船漏水了，船漏水了，这种船还能下海去捕鱼啊？”鲁班爷一看，知道龙王在作祟。他不慌不忙，向人群中招了一招手，只见出来一群乞丐打扮的人，他们钻到船底下，有的握凿子，有的抹船灰，“笃笃笃”嵌起船缝来。不一会儿，船缝被堵得滴水不漏。气得龙王偷偷逃回大海里去。渔民高兴地欢呼起来，把祭祀龙王的馒头，都向那些乞丐打扮的船工抛去。从此，新船下海抛馒头的风俗，就这样一代一代传了下来。

黄海渔民在新船下海前，一定要“开眼”，据说开了眼的船，航行起来风行千里，能看得准海里的鱼群。船眼睛前要挂几片红绿布条，俗称为“揩眼布”。航过黑水洋（黄河故道口以下的洋面）的渔船，其揩眼布能驱除使人打瘟病的恶鬼，而且，也标志着这条渔船经过南征北战，显得十分光彩。

黄海、东海渔场都流传着这样一种独特风俗，就是新渔船打好以后，造船师傅总要用上好木材精制一对“船眼睛”，钉在船头两侧，这道工序俗称为“定彩”。“定彩”仪式很隆重，要请阴阳先生择定吉日良辰，并按金、木、水、火、土五行，用五色丝线扎在作船眼睛的银钉上，由船老大将它嵌钉在船头，然后用红布或红袋把它蒙住，这叫“封眼”。当新船下海入水，在一片爆竹、锣鼓声中，再由船老大亲自将红布或红袋揭开，这就叫“开眼”。最后，这条渔船睁着两只大眼下海捕鱼去了。

渔船为啥要装上船眼睛呢？渔村流传着这样一个美丽而又悲壮的传说故事。相传从前，东海边有个捕鱼人，膝下一女，父女相依为命，捕鱼度日。一天，老渔夫在大海里捕到一条大红鲤鱼。女儿十分喜爱这条红鲤鱼，抱着依偎着它，红鲤鱼好像十分伤心，鱼眼里流出了一滴滴泪水，谁知滴在女儿的眼里，一下子明亮起来，能一眼看透海里的一切鱼群、海礁。女儿高兴极了，就将红鲤鱼放回到海里去了。从此，老渔民捕起鱼来，网无虚撒，汛汛满载。谁知渔霸得知这消息，将他女儿抓去，说她是“海妖”，关在牢里。一次，当老渔夫去探望女儿时，她忍痛挖出自己的双眼，交给父亲带回去，装在渔船头上，使渔船可以顺利行驶，获得丰收。从此，东海的渔船上就有了“船眼睛”。黄海渔民看到东海渔船装上“船眼睛”，鱼汛丰收，也装起了“船眼睛”。直到现在，东海、黄海的渔乡民间还保存着“定彩”“封眼”“开眼”等古老而有趣的风俗。

其实，“船眼睛”只是一种船体外形民间传统习俗的装饰物，根本不可能起到在海上避礁过险、带来平安的作用，也不能为渔民找到鱼群，一本万利。但是，善良的渔民却对这“船眼睛”十分信仰、珍视，寄托着他们无限美好的希望。每当汉族民间渔船动工建造的时候，总要请人拣个“黄道吉日”，把动工的时辰写在红布条上，作为这条渔船的“生辰八字”，嵌钉在船头的第一块木梁上。渔船造好的时候，又要用红布巾将“船眼睛”封盖起来，等到要正式下水出海的时候，再由造船师傅恭恭敬敬地揭去封在“船眼睛”上的大红布巾，叫作“启眼”。然后，焚香燃烛，鸣放爆竹，披红带彩，造船下水。这种习俗，20世纪50年代初还流传在东海、黄海汉族渔民中间。如今，汉族渔民在新船下海时已经采用“剪彩贺喜”的新礼俗代替了过去“焚香启眼”的旧习俗。

◆ 活跃川南的滑竿

上山行，如趁云；

峨眉山，好风光！

……

在川南的峨眉山、青城山旅游，常常可以看到两个轿夫，一前一后地用两根竹竿做的“凉轿”，一边哼着“滑竿号子”，一边快步如飞，上山而去，而男女游客却舒适平稳地躺在轿上，纵目四览名山的山光水色。这种从古代肩辇、轿子传承衍变下来的简便轻巧、适宜在崎岖山路爬山代步的交通工具“凉轿”，四川汉人因它全用滑溜溜的竹子绑扎而成，就爱称它为“滑竿”。

滑竿，是用两根结实、牢固的长竹竿做支架，前后两端各绑一截短竹，作为前后肩架之用。中间将一排竹片，用绳子串起来编成软床，前面再吊一根踏脚的竹片，后面用竹做一个背枕。一副轻巧而简便，抬时两根竹竿张开、不抬时往肩上一背的滑竿就制成了。乘坐者躺在软床上，随着上坡下坡，自由摆动，既平稳舒坦，又可纵目观赏沿途风光。抬滑竿者也比抬轿的轻快。于是，越来越盛行，滑竿取代了凉轿，在四川南部城乡流传开来，成了简便的山区代步工具。

滑竿风俗的产生，还是近代才在四川出现的。20 世纪初，孙中山领导辛亥革命，推翻了清朝皇帝。可是，不久袁世凯又复辟称帝。于是，爱国将领蔡锷在云南揭举讨袁义旗，组织护国军，出兵贵州、四川等地，进行讨袁护国战争。当时，因伤兵太多，担架不足，有人就地砍来竹子，扎成临时担架，以应战地救护和输送伤兵之用。因全用滑溜溜的竹竿绑扎成的，才有了“滑竿”这一俗称。中国工农红军在爬雪山、过草地的万里长征中，也曾用这种“滑竿”抬运伤员，运送物资。从此，滑竿就在四川南部城乡广泛流传。有的山区娶亲时，也用滑竿组成迎亲队伍，用装饰一新的彩篷滑竿去接新娘子，形成了传统娶亲风俗。

抬滑竿也是一种苦职业，不仅要有力气，而且要有技巧：腰杆要挺直，桩子要稳得起，所谓“扎得起腰力”；抬起上路要脚动身不动；换肩要不停步，只须轻轻一抛，于不知不觉中就换过了；前头出左脚，后头就要出右脚；还须同起同落、步子协调、快慢一致，所谓“踩到点子”。因而抬滑竿的一定得找好“连手”，否则，滑竿颠簸不稳，得罪雇主不说，抬起来还又扯又费力，要不到几下，就“送回去（累极）啰”。

抬滑竿还有一定的传统规矩。抬前头的视野宽，路况明，随时要向后面“招路”，也叫“报点子”；抬后头的则须回答，叫“应路”或“应点子”。这报路一报一答，语言通俗精练，风趣押韵，俗称“滑竿号子”，不仅可以消除奔波中的疲劳，且具有较强的感染力。

有时，遇到大胖子坐滑竿。这家伙体重又悭吝，不愿多出钱。当他坐在滑竿上舒服地打起鼾来时，被压得弯腰驼背，喘着粗气的轿夫便一前一后小声地骂道：

耳朵像蒲扇，
尾巴像干掸。
又肥又难看，
毛多饭饱扯噗鼾。

咒骂坐轿的胖子是头大肥猪。

这种约定俗成的顺口溜行话，是世世代代抬滑竿者用血汗凝成的智慧结晶，既协调抬滑竿者行进的步伐，避免路上发生意外，又用顺口押韵的短歌，减轻途中的寂寞和疲劳。特别那些即景生情的风趣幽默的讽刺歌谣，更反映出劳动人民口头创作的智慧，起到鼓舞情绪的作用。难怪有人要以鲁迅“杭育杭育”派文学家的头衔冠以他们为“滑竿诗人”的桂冠了。

◆ 代步当车小毛驴

北方汉族的民间庙会上，常常可以看到一妞一丑在悠扬的大唢呐伴奏下，滑稽诙谐地耍着双人舞。女的扮小媳妇，身前身后摆着纸扎的驴头驴毛，手中抱着娃娃，男的扮成赶驴的小男人，一前一后，表演着上坡下坡、过河淌沟等等八字翻花的动作，既抒情优美，又热情火爆，这就是根据汉族北方的秧歌“王小二赶脚”和“柱子接媳妇”改编创造而在布加勒斯特第四届青年和学生和平联欢节荣获国际舞蹈比赛二等奖的民间小舞蹈“跑驴”。它不仅反映了汉族北方农村民间小媳妇俩双双回娘家的欢乐健康的情趣，而且也反映了北方汉族民间以驴代步、骑驴赶驴的行旅风俗。

驴，是属哺乳纲马科类的民间饲养家畜，它的身体较马小，耳朵长，尾根毛少，尾端似牛尾。因为驴的性情温驯，富忍耐力，与马、牛一样是人类最早驯养的家畜，所以，关中驴是我国著名的大型驴品种之一，汉族北方几乎家家都有养驴的习俗，并爱称它为“小毛驴儿”。除可以用以耕田、拉磨外，还可以乘人、挽车、驮货等。

旧时，北京、天津等北方大城市，都有以驴代步当车，服务于行旅的民间职业和风俗。当年，在北京各个城门外的桥头旁，都聚集着许多牵着小毛驴的驴户，向出城的人争揽生意，民间习惯称他们为“赶脚儿”的或“放驴儿”的。这种“赶脚”的除在香山八达岭等游览区常见之外，在城近郊区的白云观、大钟寺、万寿寺等庙会期间也常常可以见到。按旧时风俗，从农历正月起到清明节，正是北京民间逛庙会、走亲戚、扫墓上坟的季节，没有现代化的交通工具，又为显示阔气，人们无论远近，都要雇个毛驴骑，以省徒步之劳。特别是夫妇同往，因为当年妇人裹小脚儿行动不方便，所以凡出远门走亲戚，非雇毛驴不可。“赶脚”的，也都有自己的行业规矩。如年轻妇女雇毛驴儿，“赶脚”人必须在前面牵着驴走。如果是男人雇毛驴，则把缰绳交给骑毛驴的人，“赶脚”的在后面跟着。如果骑毛驴的人年纪较大，“赶脚”人则手牵缰绳而身子紧挨着毛驴走，以防骑者摔下来。所以，有一套“女前男后老贴身”的民间习惯说法。

北方汉族民间还有专门“放驴儿”的“驴户”，虽然他们与“赶脚儿”的差不多，但主要是靠出租毛驴过活。旧时，凡有客人来到有驴儿的驿站，只要讲好价钱，便可以从驴户那儿租到毛驴儿，自牵缓绳，自己骑毛驴儿走去，无须脚夫跟随，到了一个站头，自然会有人接站，并伸手向骑者讨上站讲好的价钱。在香山、八达岭等风景处，也有许多毛驴出租者，旅游者如怕爬山走路辛苦，可以花上七八毛钱，租上一头小毛驴，以驴代步，观光游览。无论是旅游用毛驴，还是驿站的毛驴儿，都是经过特殊的训练，什么时候歇脚，什么时候住店，旅游中毛驴到什么地方返回，毛驴儿都会自行安排。倘若个别客人想占点便宜或图谋不轨，温顺的毛驴就会大发脾气，又踢又咬，或是停步不前。

北方城市里，运送货物除马车、骡车外，也有驴车。但是，驴小力弱，行走迟慢。有首《京都竹枝词》曾有这样描写：

堪笑驴车惧远行，顺天府去当离京。
问伊何事加餐饭？畜小全凭人力行。

可见驴车运货时赶车人的辛苦。不过北方大部分是山地丘陵、狭窄不平的道路，不适宜驴车，民间也习惯用驴驮，直接用一长条“口袋”驮在驴背上装运一口袋货物，俗叫“一驮儿”。

汉族北方农户对驴十分爱护，民间俗语说：“牲口是庄稼户的半拉家当。”所以农户对驴也像对牛、马一样，当大牲口饲养。吃的一般是粮食作物的秆儿，也饲以各种青草、干草、麸皮等“精料”。拴驴喂料，也有讲究，要“高拴驴马低拴牛”。拌草料要均匀，“有料没料，四角搅到”，以利于增食发膘。冬季驴喜食干一点的草料，夏季，驴子体力消耗大，多加点水，所以俗称“冬呼啦，夏叶嚓”。此外，饲养驴，还有“牲口下了套，莫忘溜溜道”“渴不急饮，饿不急喂”等俗语。北方汉族民间饲养驴比较讲究的人家，平常还喜欢在驴的前囟门上系“红缨”，脖子下挂个小铃铛。有的还给驴挂一环围脖的“操子”，上面系多个小铃铛。这样赶集赶会、结婚迎娶时，骑上小毛驴，红缨飘飘，铃铛声声，喜气洋洋，颇有精神。

◆ 山间铃响马帮来

石榴开花红又红，有女莫嫁赶马人；
吃饭好像饿死鬼，半年一载才回门。

赶马莫走夷方[1]去，夷方路险病痛多；
草地当作绿丝毡，石头当作花枕头。

这是活跃在西南边陲汉族马帮常唱的两首赶马调。前者唱出了马帮生活艰苦和赶马人对家园和亲人的思念，后者唱出了古老的马帮不仅兄弟民族有，汉族在西南山间也有赶马帮这一行旅风俗。

马帮，这一古老的交通运输风俗，自古产生于我国西南山区，一般用几头或十几头驴马结帮驮运盐巴、红糖、布匹、药材、皮张、日用品进行长途贩运贸易，也有来往于城乡间贩卖粮食、木炭、土特产和农产品结伙而行的短途马帮。

从前，云贵川藏山区交通不便，汉族官家、商行的大马帮，多达二三十人，吆喝着七八十匹驴马，除了赶马人外，还有带领马帮的头领，俗称“马哥头”。这种大马帮，都以身体壮大的母骡子带头，俗称公马爱母骡，马群安安稳稳不乱套。这种带头骡子，头戴红缨和圆镜作为装饰，颈下悬挂着两个大铜铃，叮叮当当在前开路。接着是颈下悬挂着十二枚小铜铃的公马群，每匹公马上驮着一袋袋货物。殿后的都是小毛驴，它不时咴咴地引颈高叫。据说这能驱兽辟邪，以保行旅安全。夜宿马店时，毛驴隔两小时叫一次，也成了赶马人的报时钟。

最有趣的是汉族马帮，常常带一只猴子，当作马帮的“瞭望员”和“马大夫”。赶马人都爱称猴子为“避马瘟”。相传这是根据我国古典神话小说《西游记》里的孙悟空而来的。因为，孙悟空大闹东海龙宫

① 夷方：从前指兄弟民族所在地区。

后，被玉皇大帝召到天宫，封为“弼马温”，专门掌管天上神马。

“弼马温”，实际上就是“避马瘟”，汉族马帮养猴，并呼它为“避马瘟”的来源即在于此。其实，这猴子的确有一套孙悟空的本领哩！马帮行进在高山密林的旅途中，猴子骑在头马背上，警惕地注视着前方，如发现险情，立即吱吱地鸣叫报警。因为，从前西南山区，土匪猖獗，经常在深山野岭拦劫马帮。大的马帮除了配备武器，有的商队还跟随保镖。当猴子发现山林有人躲躲闪闪，就吱吱报警，使赶马人可及早准备。马帮得知有情况，有的马哥头就朝天放几枪，以示警告；有的便在头马驮上，插几条青枫树枝做标志，或挂一面上书某某司令部的旗子开路，土匪一瞧这些有来头的或备有武器的马帮，都躲了起来。如果遇到三五成群的山民马帮，瞭望的喽啰一看，立刻发出暗号：“牛吃麦子啰！”隐蔽在山林里的匪徒一听，便呼哨出来抢劫了。

马帮最担心驮马生病。猴子这“马大夫”还会经常闻马匹，要是哪匹马寒初起，或郁结成疾，它就叫唤报主。马帮虽没有兽医，但长期的赶马生涯，也使赶马人积累了一套土办法来治疗马病。如发现马嘴唇发干，舌苔苍白，懒得走动，不吃草料，就知道马受凉发烧。于是将马绑住，掰开马嘴，翻起舌根扎扎针，再抹点盐巴消炎，慢慢便退烧了。若是马躺卧地上，四肢蜷缩，朝天打滚，八成是小肠疼痛，便给马灌上竹烟筒水。要是马腹鼓胀，大便不通，经常回头张望屁股，这是饱食得积，便喂以香油润润肠。猴子也是马病的预防员，当马帮进马店歇息时，猴子先跳了进去，闻闻厩棚，嗅嗅草料糟。倘若有病马在此歇过、吃过，猴子便能嗅出异味，发出怪叫，报告赶马人。马帮就另换马店，或请店老板消毒，以免传染上疾病。西南山区村镇，为便利来往马帮，都设有不少古老的马店。汉族马帮与兄弟民族马帮最大的不同就是汉族马帮一天辛劳，夜间必投宿马店，一来可以好好休息，消除疲劳，二来以防止土匪、盗贼夜间前来抢劫。而兄弟民族马帮都不宿马店，而是选择有好草的山间林地，架起篝火锅庄，进行露宿。这类汉族老马店，有宽敞的两层楼房，楼上是赶马人的客房和店家的卧室，楼下正中的小过厅是歇脚聊天的地方。西边是厨房和堆放驮架、货包的仓库，东边是可歇骡马的大厩棚。也有的形如四合院，左边为厩棚，右边为厨房、仓库，落底为客房和住家。马店主人待马哥头和赶马人十分热情，马帮一进店，店主就帮着卸驮子，安顿住处，倒水敬烟，铡草备料，挑水饮马，然后生火烧饭。夜里，店家照例要守夜，看管马匹和货包。倘有丢失，或让猫叼走了马帮备下的旅途食用的猪肉等，店主得按价赔偿。清晨四五点，马帮就得上路出发。

西南汉族民间马店有个古老规矩，都不收宿费，只收每匹马的马料钱。而且，每年腊月二十八九来住店的马帮，只要"马哥头"说一声，这是今年最后一趟马帮了。店主听了，除了免交草料钱，还得用好菜好饭款待，俗称为"扫店饭"。第二年正月开张，第一个住店的马帮，则要根据当地风俗给店主送上一包米糕，并在马店门口燃放一挂鞭炮，以祝贺今年马店开门大吉，生意兴隆。这样，店家照例不收草料钱，并热情招待，俗称"开店钱"。

汉族民间马帮为保证旅行安全，一路有很多习俗和忌讳。马帮往店吃饭，摆在桌上的饭甑、菜碗都不准挪动，否则，途中将有翻驮的麻烦。吃菜时汤匙不能泡在汤碗里，免得驮包掉进山涧里。运盐的马帮，还忌用"沾水"，以免盐包掉河沾水。此外，如马帮上路时，任何人都不得双手扶住门框，或蹲坐在门槛上，原来"柴门"与"财门"谐音，若是人把生财之门把住了，不说发不了财，还有遭劫破财的预兆。如果有人违俗犯禁，"马哥头"当即会下令："卸下驮子，改日再走！"于是，这多耽误一天的草料钱，都是由犯忌者付出。虽然，这些习俗和忌讳，都属于迷信的陋俗旧习，但是，也间接反映了汉族民间马帮行旅运输途中的艰险、困难，他们不得不将美好的愿望和希冀，寄托于周围语言上和行为上种种吉利的预兆上来。

◆ “木牛流马”独轮车

一行行解放大军，肩背步枪、机枪，排山倒海似的飞奔南下；一支支汉族山东老乡组成的独轮车队，装载着粮食、弹药，浩浩荡荡地紧随而行。这是电影《渡江战役》中一幅幅最生动的战斗场面。“山东小车推出了半个中国！”这是当年陈毅将军对山东古朴独轮车在支援解放战争中立下巨大功劳所写下的十分确切的赞语。

独轮车，以它的简朴方便，自古至今，在大江南北，长城内外，广袤的土地上，形成汉族民间古朴的行旅风俗。这种独轮车，在汉族北方因与排子大车相比较，俗称为“小车”；在西南汉族，因它行驰时“叽咯叽咯”地响个不停，俗称为“鸡公车”；江南汉族因它前头尖，后面两个推把形如羊角，俗称为“羊角车”。独轮车的确制作简便，用几根木头就可制成车架，一般车长四尺，宽三尺。从前车架中间安装一木轮，现在都安胶皮车轮。轮子的上半部高出车板，以降低车身，增加车的平稳性。左右两个把手，下面各安一根支架，以便于装卸货物或中途停歇。推时，将手把上的车带往肩上一搭，以分担双手抬车的重量，然后两手握把，掌握重心，行走起来，十分轻便。如载重时，只要前面增加一人拉车，不管平坦大路，还是山间小路，只要能够行人，独轮车就推得上去。

汉族民间使用独轮车的风俗很广，用途也多。从前，交通不发达，即使北京、天津等大城市里，都得靠这种独轮车卖水、送冰块、推垃圾、运粪便。一直到20世纪50年代才逐渐被淘汰。但是在汉族广大农村、山乡，独轮车的用途至今仍十分广泛。如往田间送肥、运庄稼，可用独轮车。参加集市贸易，独轮车可装上几百斤粮食、蔬菜、土特产。到了集市，独轮车一放，就可以当临时“柜台”，形成一排排粮市、猪市、菜市、果市。节日期间，独轮车可从一边装礼物，一边坐上妇女、儿童，去走亲访友。在偏僻山乡，民间婚嫁喜庆时，可将独轮车系上红绸，还可以用来送嫁妆，接送新娘，前面以唢呐开路，形成一支别具山乡风趣的迎亲队。

这种造福民间的独轮车的创始者是谁呢？据说就是三国时的蜀国丞相诸葛亮，它的前身就是他创制的“木牛流马”。关于诸葛亮发明木牛流马，民间有这样一个传说故事：三国时，蜀汉丞相诸葛亮去讨伐南方叛乱。部落首领孟获，依仗险峻地势，布下象阵，准备决一死战。谁知他派去的探子一连三天都说，汉兵驻守原地，砍削圆木。到第四天中午，孟获正在喝酒吃肉，得知汉兵骑着快马，从江面跑来了，破了象阵，孟获也被俘。诸葛亮替他松绑，孟获显得不服气，要在阵地上一见高低。孟获回去，要百姓将粮食藏好，逼汉兵不战自退。谁知第三天，孟获听说诸葛亮用神牛将粮食运上山来。孟获对诸葛亮的神牛神马，十分钦佩。从此，心悦诚服地与蜀汉和好。

《三国演义》第102回里，对诸葛亮制作的木牛流马也有一段精彩的描写，说它们“宛如活者一般，上山下岭，各尽其便”。而且，将舌头扭转，牛马就不能行动。再扭过来，便又长驱直行，真是奇妙得很。

总之，木牛流马是存在的实物，并非民间传说，也并非小说家杜撰。最早记载见于《三国志·诸葛亮传》和《后主传》等书：“（建安）九年春二月，亮复出军围祁山，如以木牛运。”“十年，亮休士劝农于黄河，作流马木牛毕，教兵讲武。”“十二年春，亮由斜谷出，始以流马运。”但是，由于古代没有留下任何实物与图形，后人无法复制，不知究竟为何物，加上民间传说与《三国演义》的润色，更使木牛流马添上了一层神秘的色彩。多少年来，对木牛流马的解释一直众说纷纭，莫衷一是，概括起来，有以下四种说法：

一、木牛流马是普通的独轮推车，《宋史》《后山丛谭》和《稗史类编》都说：木制独轮小车，汉代称为鹿车，经诸葛亮改进后称为“木牛流马”。到了北宋，沈括的《梦溪笔谈》中才出现了“独轮车”的名称。四川渠县蒲家湾东汉无名阙背后的独轮小车浮雕及同县燕家村东汉沈府君阙背面的独轮小车都再现了“木牛流马”的模样。

二、木牛流马是四轮车、独轮车。高承《事物纪原》卷八说：

“（诸葛亮始造木牛）即今小车之有前辕者，流马即今独推者是，民间谓之江州车子。”成都羊子山二号汉墓出土的“骈车”画像砖，其右下角有人推独轮小车的形象都是确凿的佐证。“木牛流马”的称呼来历，因为独轮车不同牛马，一个人能拉走，为不吃草的牛（木牛），能流转的马（流马）。

三、木牛流马是自动的运输器具。《南史 · 祖冲之传》：“以诸葛亮有木牛流马，乃造一器，不因风水，施机自运，不劳人力。”可知祖冲之是亲眼见过木牛流马的，又因它的启发，创造出一种比它更胜一筹的机械运行工具。

四、是一种具有特殊外形及特殊性能的独轮车。近代学者陈从周、陆敬严经查阅文献根据，结合实地勘察川北广元一带现存古栈道的遗迹、宽度、坡度及承重等数据，提出新观点：木牛有前辕，行进时人或畜在前面拉，后面有人推，有车轮架、车身长近四尺，宽近三尺；流马不是四轮车，与木牛大致相同，但没有前辕，行进时不用人拉，仅靠人推，车身狭长，车形似马。

总之，目前大都认为“木牛流马”是独轮车。这种独轮车，外形和构造因地制宜，略有不同，所以汉族民间各地名称不一，还有称为“手推车”“二把式”的。但究其源流，都是“木牛流马”相沿成习，世代传承下来的一种交通行旅风俗。

◆ 辘辘而行人力车

1937年，我国人民艺术家老舍曾写了一部著名的长篇小说《骆驼祥子》，深刻地揭露了人吃人的中国旧社会，为人们展示了骆驼祥子这个人力车夫辛酸艰苦的一生血泪史和旧社会人力车夫的风情习俗。

人力车，就是汉族民间继牛、马、骡等畜力车辆以后，以人拉、人踩为动力的一种民间交通运输工具。人力车最早是在清同治十三年（1874 年）从隔海的日本进口我国的，当时日本的人力车全部用铁制成，车轮很高大，车把较短，车身上有车篷，全部漆成黑色。当第一辆日本人力车在上海街头辘辘而行时，曾轰动一时。以后，北京、成都、杭州各地也仿制出现。人力车的名称，各地称呼不同，北方人称为“洋车”“东洋车”，因为它首先从日本流传入我国的。南方人称它为“黄包车”，后来上海各车厂仿制后，为了引人注目，将车座一律漆成黄色，因此而得名。三轮车发明较晚，抗日战争期间才在上海出现。黄包车只能坐一人，然后由车夫拉着前进，全靠一双铁脚板；三轮车可坐两人，虽然用脚踏，但是二人的重量，踩起来也是十分吃力的。总之，黄包车和三轮车都是吃的苦力饭。车夫都是无以为生，不得不借此谋生，养家糊口。其中很多是流落城市的外乡农民，他们起早摸黑，风里来雨里去，受尽帝国主义和地主官僚买办的压榨剥削。

人力车夫一般习俗有拉散与拉包月之分。拉散即拉散座，把车停在马路旁或市场、娱乐场附近停人力车处，等候主顾。价钱视路途远近，互相讨价还价，双方同意后，主顾上车，车夫抄起车把拉跑，一直把主顾送到目的地，主顾付钱后，车夫再另找生意。

拉散的按习俗分拉白天与拉晚两种。因为车厂子老板出租一辆人力车，早晚可收两份车租。一般车夫多拉白天。清晨出车，傍晚即收车。拉晚，也称拉夜车的，旧社会多系一般小公务员，挣得薪饷不敷家庭开支，迫不得已，只好晚上再拉一次人力车。从前，北京城里的小公务员碍于面子，多晚上兼拉车，免得被亲友看见，不好意思。拉晚的车夫，多集中在火车站、旅馆、饭店、戏院等处兜揽生意。拉晚车的车夫都十分辛苦，他们除白天工作劳动外，晚上也要熬一夜，特别是寒冬腊月，夜风刺骨，在冰雪路上拉车，为避免滑车，只好一步一步慢跑。到天亮交班回家，往往饥寒交迫，累不可挡。

拉包月是固定给某个雇主拉车，车辆由雇主自备，车上按踏铃。与拉散的不同，拉散的装的摇铃。每天除送主人上下班外，还要拉小姐、太太上街买东西，一早一晚接送少爷上学堂等。不出车还要帮助厨子、老妈搞杂务，挑水买菜等等。按月由主人开工钱。

此外，北京、上海还有“拉牌车”的，即专拉外国人。车夫多系年轻力壮，穿着打扮干净利落，还能英语会话，有时兼任向导，用英语为外国人讲述名胜古迹。他们的人力车，除有中国主管当局发的号牌、号衣外，还有外国主雇机关发的磁牌，才能进入东交民巷。

当日本人力车传入北京后，清朝的宫廷里也大为震惊。消息传到慈禧太后的耳朵里，这位老佛爷也大感兴趣，想开开眼界，坐坐日本人力车。圣旨一下，可忙煞手下太监。他们根据日本人力车仿制了一辆铁皮车，车厢是方形的，比较宽敞，坐垫考究，用黄龙缎子制成。车的两个轱辘是用铁皮做的，没有安装胶皮里外带。车上也用黄绫做起车篷，还精制地绣上如意、玉磬、鼓板等八宝。御用人力车制成后，然后请慈禧太后坐车，由两个年轻太监扮车夫，在颐和园里，一拉一推，转了一圈，这辆慈禧太后坐过的御用铁皮人力车，现在还陈列在颐和园里哩。

到了辛亥革命后，人力车的形状才有了改变，车厢用木头做成半圆形，车轮由铁轮改为胶皮轱辘。这种人力车的成批出现是在1915年，那年袁世凯当选为大总统，在中南海成立了一个车队，共二十人，每两人一部车。出车时候，一个人在前面架把，一个人在后边推车，因为这样既安全稳妥，而且又快又保险。乘坐这种人力车的，都是达官显贵。车夫全身官衣，戴的大沿军帽、军服，不过没有阶级识别。出入中南海必须携带腰牌。进总统府拉车是美差，首先要走人情送礼，得到官府管事人同意后，还要取铺保，经过十天半月的练车，才能顶班出车。每个月工钱，除一个月兵饷外，每接送一趟总长或逢年过节、喜庆大事，还可分得一份赏钱。当然，这是人力车夫中的骄子了。

人力车最盛时期在民国以后，北京、上海等大城市车水马龙，充塞街头。中华人民共和国成立后，才取缔这种把人当牛马的人力车。如今，只有在博物馆里才能见到这种历史上的遗留物了。

◆ 马蹄声声大车行

“驾！”

“啪！嗬！”

赶大车的嘴里一声吆喝，手中长鞭一扬，辕马在主人的术语和鞭示下，扬开四蹄，“得得得”地挽拉着大车，沿着大道飞驰而去。

这种用马挽拉的马车，是北方汉族平原地区主要的交通传承工具，那里的农村家庭无论拉粮运货，进城赶集，走亲访友都有乘坐马车的风俗。甚至婚嫁喜庆，新郎和迎亲乐队也常常坐披红结彩的马车，在一路欢乐的唢呐声中，去迎娶新娘。

相传，车子是四千多年前的轩辕黄帝发明的，一开始用牛拉车。到了夏代，有一位名叫奚仲的人才驯马来拉车。春秋战国时期，披了铠甲的马车，是那时主要的作战工具。1980年在陕西省临潼县（今陕西省西安市临潼区）秦始皇陵附近的陪葬坑里，就出土了大批装饰精美的铜车铜马。但是，当时的兵马俑仍是单辕马车。汉代初年，经过改装的双辕马车才出现，它既牢固，又载重量大，一直沿用至今。

北方汉族地区的马车，一般习惯分为两大类。一类是城市里专供人乘坐的马车，俗称“四轮马车”，最初是从俄国传来的，车轮为四个，前面两个小，后面两个大。车轮用铁制成，外面套了一层硬质胶皮，可防止车辆颠簸。车的架子较高，赶车的坐在前面，扯着马的缰绳，掌握车的方向和速度。乘坐的在赶车人后面，座位有正座和侧座之分。

清末民初，当时城镇里都风行这种马车，而且有大小两种。官府衙门、军阀政客都使用大马车，车有敞篷的和蓝呢篷罩装玻璃的两种，驾辕的多用阿拉伯大洋马，显得威风凛凛。另一种是士绅人家自用小马车。车身比俄国大马车稍小，小巧玲珑，蓝呢子做车篷，车厢前面有上下车的出口，并有车帘。车厢左右有方形小窗，挂有窗帘，可视外边景物。

车厢内有坐垫，可盘腿而坐，最多可乘坐三人，一般专供妇女和小孩乘坐。车轮是装轱辘，速度既快又方便。

清光绪年间，这种马车最为时兴。马路出现后，马车更加发达，而且装饰日趋精美豪华。特别盛夏季节，豪贵及其子女以骏马驾轻车，飞驰为乐，北京民间俗称“跑飞车”或“跑热车”。光绪《都门纪略》载有“女子跑车”竹枝词说：

驰骋香车石道旁，女儿也有意扬扬；
催鞭赶过天桥去，环髻都成堕马妆。

这些阔少驾飞车飞奔的结果，常常会造成老妇小孩“猝不及避者立毙于道旁”的惨事发生。

另一类就是汉族城乡间运载货物的大马车。俗称“大车”“挑子车”，京北汉族也称为“边车”。这种大马车，无帏幔，仅用芦席遮阳挡雨，载人运货，且可远途运行。可乘十余人，载货数千斤。这种大车，车轴和车轮是固定在一起的，车辐条呈双十字形，双十字的横宽条正是车轮的直径，两竖条也支撑着车轮，全为硬木所制。车轴很粗，磨擦处嵌以铁鉴，车轮很重，外面包铁瓦，两侧密钉铁帽，以防磨损，这种大铁车可负重远行。重载的要套马八至十二匹，可分为三节套，首先为辕马，两截稍子各五匹，余者拴帮套，可载重四千斤左右。较轻的载，需套牲口五至八匹，也是三节套，前面三匹，中间三匹，辕马一匹，加个外套叫“外掰”，可载重三千斤左右。轻载三至五匹，二节套加上帮套。车辕里的牲口叫辕马，它是一挂车中主要的牲口，必须经过使役，具有一定经验，上坡擎住辕，下山坐住坡，力大、稳当、灵活、听话。辕马正前方的叫“川套”，左侧的叫“外套”，里侧的叫“里套”。里套是大车的领路牲口，必须眼睛好使，耳朵灵活，赶车的鞭子一响，里套就知走哪。里套最忌讳瞎眼牲口，俗语有“下骡子打里——乱了套”之说。除辕马、川套、里套外，还有套股子拴在车轴头上的帮套。在东北婚俗中，服役婚又俗称为“拉帮套”的，就是指的只从旁帮忙而不负主要责任的意思。

北方汉族赶车的，俗称“赶大车的”，一般都有一套牲口的大车，是财大气粗的个体小资产富有者，俗称他们“车轱辘一转，大米白面”，而且都有丰富的赶车经验。有一套自己专用的术语和鞭示，口中一吆喝，鞭子一比量，牲口就知主人的意图。如果往左走，就喊“唔唔”；如往右，就吆喝“哦哦”；如跨石头门槛，只要鞭杆子一墩马屁股，猛喊一声“呔呔！”辕马就会高抬腿，灵巧地跨过障碍物。如碰到泥洼子和上坡，只要鞭子紧摇，高喊“越！越！”牲口就会刹下腰，四蹄跂开，尽力拉走。

汉族北方农家几乎户户都有饲养两三头驾车牲口的风俗，庄户人视驴马如同命根子，平日细心饲养，春节前后更有一套古老的习俗。腊月二十四日扫房掸尘时，主人先把厩棚打扫干净后，还要给驴马梳理一番。除夕，要在厩棚、马车上贴上“车行千里路，人马保平安”的大红春联，然后，往牲口槽里多添上些精饲料，并说：“过年了，你们也吃好的吧。”春节后，头两趟出车时，主人还得在马厩旁点烛焚香，鸣放鞭炮，祈求马神保佑这一年“车行千里，人马平安”。而且，每次出大车临行前不说不吉利的话，特别忌讳“翻”和“扣”两个字。例如，吃鱼需要翻转时，不说“翻过来”，得说“划过来”，以取吉利。

北方，特别是东北，山高林密，交通不便，运输全靠车拉人挑，大车的发展促使为大车服务的各种车店风俗的产生。那时，顺着公路两侧，三五里地一个店。店分几等，有的是简陋的鸡毛小店，有的是漕饭齐备的驴马大店。不管大店小店，都挂有一种作为标志的“店幌”。人们一看“店幌”就知道什么店了。如挂笊篱头子幌儿的，是专招待走村串户货郎的鸡毛小店；挂一个罗圈，下面飘几根布条幌的小店，专门招待推车挑担的；挂梨包幌的店，专住大车和赶牲口的，但饮食一般；挂两个罗圈幌的店，既住大车又住人，但饭菜简单，欲称“管小饭”的；只有挂五个罗圈或七个罗圈，下系红布条幌儿的，才是最讲究的大车店，店房除了大灶，还有单间。招待十分周到，俗语说："车把子进店，赛过知县。"一般只收栈房钱，不收饭钱，因为这种大车店认为"死店活开，一个去了百个来"，主要为了招徕生意。

马车是旧时汉族北方交通行旅风俗中主要的一种工具，它是当时人类社会和生产、生活方式的产物，也反映了当时历史时期的生产、生活习俗。它虽然受到当时生产方式的制约，可也起到了承上启下的传承作用，为后期的胶皮车、汽车发展奠定了基础。如今马车虽然已在城市成为历史陈迹，但是乘坐马车游览香山、长城，还作为民俗旅游而保存下来。特别马拉大车也在城乡经济改革开放中，作为落后的交通风俗残存着，并为活跃城乡经济起着不小的作用哩。

第二篇

游乐百戏风俗篇

一、燕游玩赏风俗

◆ 钱塘观潮八月中

涛来势转雄，
猎猎驾长风；
雷霆云霓里，
山飞霜雪中。

这首五绝写的是钱江潮的壮丽气势。“八月十八潮，壮观天下无”，钱江大潮来时，“远若素练横江，声如金鼓；近则亘如山岳，奋如雷霆”，刹那间，波涛千顷，万马奔腾，潮峰突起，雪浪排空，真是天下奇观！据说，世界上只有巴西亚马孙河的涌潮才可以与之媲美。

因此，每年农历八月十八，杭嘉湖一带的士儒百姓就要纷纷涌到海宁的盐官、八堡、盐仓等地去观潮，名为“赶观潮节”。这一天，自杭州到海宁盐富的公路上，车水马龙，奔流不息，红男绿女，络绎不绝。正如宋代周密在《武林旧事》中所写：“上下十余里间，珠翠罗绮溢目，车马塞途，饮食百物皆倍常时，而僦赁帐幕，虽席地而不容间也。”《海昌胜迹志》也记载道：“海宁之潮，世共称之……每当中秋大汛，中外人士咸来观瞻。”

钱江观潮，其最佳地段，当在海宁盐官之镇海塔、观潮亭一带。在这里可以看到“一线潮”的雄奇壮丽景象。江潮未来之前，钱塘江平静而又浩瀚。当江潮初起时，在遥远的东方，隐隐传来一阵又一阵似急骤而又细沥的雨声，极目望去，渺渺然显出一条长长的银线。那银线渐长渐粗，化作一条横贯江面的玉带。那骤雨声也渐响渐近，变作瓢泼的暴雨声，并越来越响，像闷雷似的滚动过来。尔后，玉带忽聚忽散，喷珠溅玉，泻雪吐霰，由低而高，由远而近，像亿万条银色带鱼，跳跃翻腾，追逐嬉戏；又像数十里长的天鹅群，排成一线，万头攒动，振翅竞飞。潮头临近，沧海横流，波峰高耸。顷刻，一线白带变成了一道道高高矗立的水墙，呼啸着，迅猛而来。这时，潮声犹如千雷鸣谷，万鼓惊鼙；潮水犹如玉龙腾空，雪山崩摧，飞起冲天的涛峰。刹那间，潮峰从眼前闪过，坦坦然向西飞逝而去。真是“壮观天下无”！人伫其间，难免眼随潮峰动，心逐雪浪飞，五脏六腑被荡涤得干干净净，七块八垒被冲刷得痕迹全消，使人进入“宠辱皆忘”的空灵境界。

钱江观潮之俗，据考始于汉魏六朝，盛于唐宋。宋代著名诗人苏轼在杭州任知府时，曾痴迷于此，有过“寄语重门休上钥，夜留潮向月中看”的吟咏。据《西湖志》载，当时的杭城，“都人仕女倾城出观，”“直到白头看不足”。届时，钱塘江沿江一带，百戏杂陈，各种杂耍、游艺、饮食摊、百货摊以及看台、彩棚等，从庙子头到六和塔绵亘不断。

到了南宋，每年农历八月十八日，朝廷要在钱塘江上检阅水师，遂把这一日定为“观潮节”。江干一带，豪门贵戚搭的彩棚看台，上下绵延二三十里；从庙子头到六和塔，家家楼口挤满了观潮的红男绿女。届时，先是由水师操演阵势，烟炮横飞，箭矢如雨，喊声遏云，鼓点震天。等到炮息烟散，兵船隐匿得无影无踪时，江面上银线一绺，潮峰从远处喧嚣而来。这时，郡守依惯例祭拜“潮神”。接着，几百名披发文身的游泳好手鱼跃入江，向着汹涌澎湃的潮头发起冲刺。这些浪里白条，有的手擎大幅彩旗，有的撑着红绿小伞，有的踏滚木，有的玩水秋千，一个个履涛踩浪，各显神通，俗谓之“弄潮儿”。对此，周密《武林旧事·观潮》载曰：

浙江之潮，天下之伟观也，自既望以至十八日为最盛。方其远出海门，仅如银线，既而渐近，则玉城雪岭，际天而来，大声如雷霆，震撼激射，吞天沃日，势极雄豪。杨诚斋诗云：“海涌银为郭，江横玉系腰”者是也。每岁京尹出浙江亭校阅水军，艨艟数百，分列两岸，既而尽奔腾分合五阵之势，并有乘骑弄旗标枪舞刀于水面者，如履平地。倏尔黄烟四起，人物略不相睹，水爆轰震，声如崩山。烟消波静，则一舸无迹，仅有敌船为火所焚，随波而逝。吴儿善泅者数百，皆披发文身，手持十幅大彩旗，争先鼓勇，溯迎而上，出没于鲸波万仞中，腾身百变，而旗尾略不沾湿，以此夸能。

南宋以后，八月十八日观潮便成为杭州各地的一个佳节，民间还将此日附会为“潮神生日”，而这潮神就是春秋时代的伍子胥。据说当初楚平王听信谗言，杀了伍子胥之父伍奢及父兄伍尚一家，伍子胥死里逃生，投奔吴国，任吴国大夫。后来他领兵破楚都郢城，毁平王之墓，鞭尸雪耻。当时，越国为吴国所败，越王勾践卧薪尝胆，试图复国。伍子胥屡谏吴王要多加提防，吴王不纳，反而赐剑要他自刎。伍子胥临死时，要人把他的双眼取出，挂在国都南门上，以观越国灭吴。吴王大怒，将伍子胥尸体以鸱夷草包裹，投入江中。从此，钱塘江潮水大发，波涛汹涌，怒浪翻滚。人们都说系伍子胥怨魂所化，他已成潮神，魂魄乘素车白马，随江潮来去。八月十八日，是他的生日，故此日钱塘江总要涨大潮。对此，《海宁州志》也载曰：“《吴越春秋》以为子胥、文种怨魂掀潮。”

古代观潮，多以杭州江干一带为佳，由于地理变迁，江流改道，从明代起，海宁盐官成了观潮第一胜地。近百年来，除盐官外，人们也到盐官以东 7 公里的八堡和盐官以西11公里的老盐仓两处观望。在八堡海塘，可以观东、南潮汇合，两潮相撞，一声巨响，山崩地裂潮山顿起，耸出冰峰雪岭，令人惊心动魄。在老盐仓地段，有座一里多长的丁字形挡水大坝，江潮来时，与坝相撞，一声霹雳，潮头如受惊的雪狮，突兀竖起，返身向鱼鳞石塘扑来，霎时掀起银亮暴雨，甩向苍穹，窜上十八层石阶的塘顶，一撞一竖，一扑一窜，其势如脱缰野马，昂首扬鬣；其声似旱地爆雷，摄人心魄，煞是惊险。

九堡、盐官、盐仓这三个观潮点自东向西沿钱塘江一线儿拉开，近年，有许多蛮力较好的小伙子，还时兴起骑车与潮头赛跑的观潮新节目。这样，在九堡领略“两潮相撞”的雄姿后，又能在盐官饱览“一线潮”风光，最后还能在老盐仓欣赏“返头潮”奇景，真是大饱眼福。

◆ 泛舟游湖乐趣多

清明前后，和风拂煦，万物复苏，漫山遍野，姹紫嫣红，景色最宜人。这时，一年一度的春游活动，便次第开始了。

水光潋滟晴方好，山色空蒙雨亦奇。
欲把西湖比西子，淡妆浓抹总相宜。

位处美丽的西子湖边的杭州，春游的主要去向便是西湖。二三个人，划一条小船，悠哉悠哉地在湖面上荡漾，领略湖光山色之妙趣：在晴朗的天气，看那绵延迂回的青嶂倒映于水中，欸乃一声，仿佛群山都在翩翩起舞；蒙蒙细雨中，船儿慢慢地行驶，看洁白的轻纱浮罩湖面，四周的山峦显一抹淡淡的青影，随着雨雾的飘忽，隐隐约约，若有若无。无论晴雨，人们都能享受意想不到的乐趣。

若是三五亲朋同游，人们大多坐“指烟霞以向乡，窥林屿而放泊”的“竹舟”，大家嬉闹着把小舟摇进柳丝垂荫的小港，共同领略“红船撑进绿荫中”的意趣，显得别有情趣。

若是情侣，那么，总是租一只小巧玲珑的“鸳鸯船”，两人配合默契，以脚踏桨，悠悠地游荡，并和声细语地互诉衷肠，共享爱情的欢愉，颇具“比目同游出水澜，鸳鸯交颈宿湖滩”的意境。

经济宽裕的人家，则扶老携幼，花大钱包一艘画舫，过苏堤六桥，观湖中三岛，掠长桥，望断桥，痛痛快快地逛上一大圈。有的还边逛边唱起歌、跳起舞，让歌声飘在柳丝间，把舞姿映在波光中，尽情地抒发内心的欢乐。其情景正如清人许湛明的《西湖竹枝词》所云：

十二桥头游客稀，画船尽向断桥西。
青青柳色迎歌棹，艳艳湖光映舞衣。

西湖的景色是如此地迷人，泛舟游湖是如此地富有情趣。所以，到杭州必看西湖，看西湖必乘游船，早已成为历代相传的习俗。游西湖不坐游船，是会被人讥笑的。

杭州西湖，据考形成于汉代，到隋时基本定型。唐时，经过几代人的治理和建设，已声誉日隆，成为人们游览的好地方。宋以后，春游西湖便成为杭城代代相传的民俗游乐项目。据宋代的《西湖老人繁胜录》载："清明节，公子王孙、富室骄民踏青游赏城西""寒食前后，西湖内画船布满，头尾相接，有若浮桥"。此时，还要进行龙舟竞渡。龙舟遍插彩旗，鸣锣击鼓，竞发湖上，灿若织锦。游人则纷纷云集苏、白两堤观看；或乘坐画船，观于水面，千舟齐集，歌管喧奏，极为热闹。

西湖游船，在唐时还未成风格，式样仍较古朴，船头画有龙头，首尾较高，尚保留海船的遗风。白居易"小航船亦画龙头"的诗句，就是描绘当时湖船的形态。

到了宋代，西湖湖船在造型上才开始向游船变化，船身增大，两旁无舷，在装饰上讲究华丽。南宋，是西湖游湖的鼎盛时代，游船则由简朴渐趋炫丽，雕槛画拱，装饰华侈，并有楼船、槛船、车船、采莲船和瓜皮船之分。

楼船是一种双层游船，装饰华丽，船体宽敞，"坐百客而有余"，并内置箫管弦乐，娈童美女，多供官宦游泛。槛船，使用布帆，装饰较楼船简朴。车船不用桨划，而以脚踏车轮为动力，游速极快。采莲船体积较小，青布为篷，装饰精致，容一二人坐。瓜皮船形似剖成数片的西瓜，船形较小，文人学士最喜乘坐，故古人颇多吟咏。如"小小渡船缺如瓜""瓜皮船子送琵琶""瓜皮船小歌竹枝""瓜皮船划水中央"等。到了明代，西湖游船趋向简朴小巧，重视门窗敞豁，便于倚眺湖景。清时出现了"竹州"以巨竹为筏，筏上结篷屋，船行时，撤去四周青幔，可观眺四方景色。另有"方舟"，由几节活动的方形船体组成，可拆可拼，可宽可狭，极为方便。清末出现了"划子"，每船可容六七人，方便游人租借。

不管楼船、槛船、篷船，抑或竹舟、方舟、车船，西湖游船都有名号，如“浮家泛宅”“烟水楼居”“湖水浪迹”“不系园”“水月楼”等，大都与水有关，富有诗意，颇受游客欢迎。近年来，随着游人的增多及游湖者兴趣的分化，西湖游船在继承传统的基础上，又推出了手划采莲船、脚踏鸳鸯船、机动玻璃钢船等各种类型的游船，与传统的楼船、槛船等画舫组成西湖游船家族，以多方满足不同职业、不同文化层次游客的不同需要。乘船游西湖，是人生的一大快事，西湖游船的娱乐作用是无可替代的。

◆ 八月十七看串月

“月到中秋分外明”。中秋之夜，月亮显得最圆、最亮，月色也最美丽，人们吃月饼、赏明月，享受着天上人间人月同圆的乐趣。而苏州人则在欢度中秋之后，又有一个趣上加趣的民间习俗：“石湖看串月”。

石湖，是太湖的支流，居上方山东麓，离苏州城西南18 里。相传春秋时，范蠡带了西施就是从这里泛舟入太湖的。石湖东面有越来溪，溪上有座越城桥，因当年越王勾践领兵攻吴，从太湖挖通水道，屯兵土城而得名。在越城桥的右边，有座九环洞桥，叫行春桥，这里就是石湖看串月的佳处。

每当八月十七半夜子时，月亮偏西时，清澈的月光，透过了九个环洞，直照在北面的水面上。这时，微波粼粼，在石湖水面上可以看到一串月亮的影子，在波心荡漾，这便是“石湖串月”的奇景。清代诗人蔡云曾经写下这样的诗句：

行春桥畔画桡停，十里秋光红蓼汀。
夜半潮生看串月，几人醉倚望河亭。

游人为了赏此胜景，一过中秋，不仅城里城外，大小船只一租而空，甚至还有人远从无锡、常熟、吴江等地赶来看串月的。这两三天中，石湖里灯船、游船往来如梭，丝竹弦歌声，彻夜不绝。因此历代称之为“石湖汛”。

石湖月的盛况同上方的另一个风俗有着连带关系。相传，农历八月十七是“五通神”的生日，这一天，苏州一带的善男信女们都要到上方山烧香、“借阴债”。明代时，香火极盛，夜间，师娘（巫婆）装神弄鬼，热闹非凡。十八日一早，四乡八里烧香船只涌向石湖，许多船上载着会打拳弄武的高手，敲锣打鼓，随着画舫穿越桥洞，还把钢叉从桥洞这边飞过桥面、越过看热闹游客的头顶，待船到桥洞那边正好接住，以此来显示该村村民们武艺的高强。这时，行春桥上人潮如涌，喝彩声此起彼伏。明代吴门画派文徵明曾为此景作过一幅《泛舟石湖》的诗画卷。直到清朝康熙年间，苏州巡抚汤斌为了防止苏州人利用结社赛会图谋不轨，他亲自拆掉了五通神庙，将神像拖出，抛入石湖之中。从此，迷信的“五圣作祟”煞住了，而八月十七的石湖汛却依然存在，流传至今。

现在，每年八月十七日，夜色清朗，游览专艇纷纷开来。这时，上方山上，楞枷塔下，皓月当空，澄澈万里，湖波山岚，一片清光。又有小船载酒，泛月湖心，传出弦歌之声。到了半夜时刻，人群集行春桥周围，待一轮明月升上中天，透过九个桥洞，神奇地显现在波心之中时，每一个人都会为此千古奇观而发出欢呼和惊叹。

◆ 春风万里飞纸鸢

俗话说："正月灯、二月鸢，三月纸花满天飘。"清明前后，阳气回升，神州万里，东风送暖，正是孩子们放纸鸢的时候。这时，无论在城市的广场，还是在郊外的沙滩；无论在山东的溪头，还是在海边的堤岸，人们抬头望去，湛蓝的晴空里总有几只纸鸢翻飞。它们有的是蝴蝶，有的是雄鹰，有的是仙鹤，有的是蜻蜓，更有那手执金棍的孙悟空、肥头大耳的猪八戒、睁眼怒目的黑钟馗、婀娜多姿的七仙女，一个个造型奇妙，神态逼肖，鼓着风、驾着云，在浩瀚无际的天穹里款款而舞，与飞鸟争高，为蓝天增彩。纸鸢下，系着根长长韵线儿，牵线的孩子们仰着充满稚气的脸，他们的心儿早已随着纸鸢儿飞到蓝天里去了。小小的纸鸢给了他们以无限的欢乐、无限的遐想！

非但孩子，在汉族民间，即使是须发皆白的老汉、青春蓬勃的姑娘、血气方刚的小伙、初作人母的媳妇，都喜欢放纸鸢呢。一到清明节，不仅市镇放，乡间也放；不仅士儒放，百姓也放；不仅孩童放，大人也放，不仅白天放，晚间也放。夜间，人们在风筝下挂起一串串彩色小灯笼，飘上空中，像一颗颗闪烁的明星，煞是好看，人们称之为"神灯"。

夜静弦声响碧空，
官商信任往来风。
依稀似曲才堪听，
又被风吹别调中。

唐代诗人高骈的《风筝诗》，写的就是夜间放飞于星空的带筝纸鸢。放纸鸢，是我国民间普遍欢迎、广为流传的民俗娱乐活动。

纸鸢，又名纸鹞，亦名风筝。传说由春秋时的巧匠公输般发明，他"削竹木以为鹊，成而飞之，三日不下"。这是放飞纸鸢的最早记载，距今已有两千三百多年。汉代时，著名战将韩信曾利用纸鸢作军事测量的工具，据《诚斋杂记》说，汉朝初年韩信与陈豨勾结进行叛乱，“信谋从中起，乃作纸鸢放之，以量未央宫远近，欲穿地隧入宫中也”。

《独异志》记载，南北朝时，梁武帝萧衍住在南京台城，被叛军围困，萧纲将萧衍的求援诏书“缚纸鸢飞空，告急于外”。《新唐书·田悦传》载：田悦叛唐，派兵围困临洺城。城内空将张伾，“急以纸为风鸢，高百余丈，过悦营上”，送信于援军。

放纸鸢作为一种娱乐活动，唐代已有史料记载。路德延《小儿诗五十韵》，叙述唐代各种儿童游戏，其中有竹马、秋千、斗草、放纸鸢等，并有诗曰“折竹装泥燕，添丝放纸鸢”。唐禾《纸鸢赋》说：“代有游童，乐事未工，饰素纸以成鸟，像飞鸢之戾空；野鹄来迁而伴飞，都人相视而指看。”至五代时，李邺在纸鸢头上系上竹笛，升上天后便会在呼呼的春风中连续不断地发出“铮铮琮琮”的古筝奏鸣声，十分悦耳，因此，文人墨客又名之为“风筝”。到了宋代，放纸鸢已不只是儿童的游戏，也成为大人的娱乐。王明清《挥尘后录》载曰：宋徽宗赵佶初即位，爱好玩乐，“禁中放纸鸢，落人间”。

《武林旧事》记，宋孝宗奉宋高宗在西湖上游幸，“乐与民同，凡游观买卖，皆无所禁。至于吹弹、舞拍、投壶、蹴鞠、杂艺、水爆、风筝，不可胜数”。《西湖老人繁胜录》记：南宋临安“街市举放风筝轮车数椽，有极大者，多用朱红，或用黑漆；亦有用小轮车者，多是药线，前后赌赛输赢”。宋人还认识到了放纸鸢的健身作用。《续博物志》说：“今之纸鸢，引丝而上，令小儿张口望视，以泄内热。”放纸鸢要长时间昂首翘望，还要奔跑疾走，举臂牵引，而放时又多在空气新鲜的郊外，确实是既能娱乐又能健身的好游戏。明清时期，放纸鸢活动有了更大的发展，不仅一般人家，就像《红楼梦》中所描写的宝玉、黛玉那样的文弱公子、小姐，也要在大观园里放纸鸢、风筝。

春日放纸鸢由于得到了人们的广泛喜爱，所以自产生以来，代代相传、盛行不衰。有不少地方，曾开设过专门的作坊和店堂，扎制和出售纸鸢。清末，北京、天津、山东潍坊和江苏南通成了我国纸鸢、风筝制作的四大中心。清代《红楼梦》的作者曹雪芹，还写过一本有关风筝的专著《南鹞北鸢考工记》，书中记载了风筝的品种，风筝扎、糊、绘、放的经验及口诀。据说有一年山西闹蝗灾，都城老爷命大家放风筝驱蝗。曹雪芹制作了一个筒形风筝，三尺长、尺半宽，筒口朝下，筒底外边开一小窗，有一细线与窗门相连，筒口竹骨上拴着结实的拉线。这只风筝飞升后，底下的线一拉一动，蝗虫便钻进筒口，进入那小天窗。收回风筝往火上一倒，蝗虫便一个个被烧死。

人们由于喜爱放纸鸢、风筝，古往今来，文人学士吟咏纸鸢、风筝的诗作就更多了，较著名的就有宋代名相寇准的《纸鸢》诗：

碧落秋方静，腾空力尚微。
清风如可托，终共白云飞。

南宋诗人宋伯仁的《纸鸢》诗：

弄假如真舞碧空，吹嘘全在一丝风。
惟惭尺五天将近，犹在儿童掌握中。

明代诗人徐文长的《纸鸢图》诗：

柳条搓线絮搓棉，搓够千寻放纸鸢。
消得春风多少力，带将儿辈上青天。

清代文学家孔尚任的《燕九竹枝词》：

结伴儿童裤褶红，手提线索骂天公。
人人夸尔春来早，欠我风筝五丈风。

这些诗都是以儿童放风筝为题材，抒发各自不同的生活感受，写得十分有趣。

◆ 绿杨荫里秋千闹

长生丝绳紫复碧，袅袅横枝高百尺。
少年儿女重秋千，双手向空如鸟翼。

唐代诗人王建，曾以简洁明快的线条，在他的《秋千词》里描绘过当时仕女寒食节玩秋千的欢愉情景。一千多年后的今天，由矫如飞燕的身影和亮若银铃的笑声交织成的闹秋千场面，依然飘荡在山东各地的白浪河边、绿杨荫里，成为他们欢度春节、花朝、清明、寒食和端午等佳节的必备节目。

山东玩秋千，其形式是多种多样的，最常见的是“荡秋千”。荡秋千的“秋千”，其结构一般是埋竖两柱，上架横梁，构成“秋千架”；横梁上垂系两条粗绳，叫作“秋千绠”；绳的下端拴上一块横板，叫作“踏板”。荡时，玩者或坐、或立、或跪于踏板上，双手握绳，即可前荡后动。玩者立上踏板后，开始先由地上的玩者先推绠向前，努力地使之荡起，名为“送绠”；“送”起之后，待向后荡到最高处时，玩秋千的人身子下蹲，用力蹬起，称为“出”。若两人同玩，则面对面地立于踏板上，一蹲一出，互相配合，使之荡高，称为“对出”；一人出荡，一人坐于踏板上享受，则称为“带”。荡秋千有时还要举行比赛，一般以荡得高者为胜。

山东荡秋千，一般结合春节郊游、花朝赏春、清明踏青等活动而行。这时，冬去春来，百花盛开，自然界到处充满了勃勃的生机，人们沐浴着和煦的春风，三五成群地来到郊外，领略大自然的美好春色。在绿杨成荫、白浪渲腾的小河边，人们早已竖好了门形的秋千架。穿红着绿的姑娘们在赏春之余，总要走到架前，在姐妹们的帮助下，攀绠上板，前蹲后出地荡上几阵，在春风中丢出串串鲜活的笑声，以抒发热爱生活、热爱自然的美好感情，把自己的身影如矫健飞掠的燕子一样融于融融的春色之中。“蹴鞠屡过飞鸟上，秋千竞出垂杨里”，王维《寒食城东即事》诗，给我们所描述的不正是这样的图画吗？据传，山东的妇女们，还流传着这样的说法：清明寒食荡秋千，荡得越高，意味着生活过得越好。所以在这两个节日里，妇女们都你争我抢、兴高采烈地去荡秋千，这里又寄托了她们多么美好的理想！

山东荡秋千，据传为春秋战国时由齐桓公从北方的山戎地区引入。高承《事物纪原》载：秋千本“山戎之戏”，“爱飞轻趫之态，每至寒食为之。自齐桓公北伐山戎，此戏始传入中国”。汉时，宫中已有秋千之戏，高无际《秋千赋》曰：“秋千者，千秋也。汉武帝祈千秋之寿，故后宫多秋千之戏。”南北朝时，荡秋千已普遍流行，宗懔《荆楚岁时记》载：“春时，悬长绳于高木，士女衣彩服坐于其上而推引之，名曰打秋千。”一到了唐代，荡秋千是寒食节的主要活动内容，杜甫《清明二首》诗写道：“十年蹴鞠将雏远，万里秋千习俗同。”说明流传地区十分广阔。宋人诗词中对寒食节妇女荡秋千的描写就更多了。如欧阳修的《越溪春》：“三月十三日寒食，春色遍天涯。越溪阆苑繁华地，傍禁垣珠翠烟霞，红粉墙头，秋千影里，临水人家。”

陆游的诗中也说：“路人梁州似掌平，秋千蹴鞠趁清明”；“蹴鞠墙东一市哗，秋千楼外两旗斜”。山东籍女词人李清照的《点绛唇》则对当时妇女荡秋千的情景与心情做了很细致的描写：“蹴罢秋千，起来慵整纤纤手。露浓花瘦，薄汗轻衣透。见客人来，袜划金钗溜。羞走，倚门回首，却把青梅嗅。”明朝署名“兰陵笑笑生”的小说《金瓶梅》对妇女荡秋千有一段精致的描写：

话说灯节已过，又早清明将至。吴月娘在花园中扎了一架秋千，率众姊妹游戏以消春困。先由月娘与孟玉楼打了一回，下来教李瓶儿与潘金莲打，然后玉萧和蕙莲两个打立秋千。这蕙莲手挽丝绳，身子站得直屡屡的，脚踩定下边画板，也不用人推送，那秋千飞起在半天云里，然后忽地飞将下来，端的好像飞仙一般，甚可人爱。

清代李声振所写的《百戏竹枝词》中，也写道：秋千又名“半仙之戏，无处无之。仕女春图，此为第一，近有二女对舞者”。并有首《秋千架》诗曰：

日影垂杨舞半仙，御风图画两婵娟。
飘红曳绿浑闲事，蹴损湘钩剧可怜。

山东玩秋千，除此以外，还有别种玩法。最常见的有“转秋千”和“磨秋千”。

“转秋千”流传于潍县、海阳、寿光等地，其玩法，《潍县志稿》记载道：清明节期间，“城边白狼河边沙滩上，坎地竖以木柱，上缀横梁，四面绳系画板，谓之‘转秋千’。小家女子多着新衣，围坐画板上。柱下围一木栅，内有人推柱使转，节之以锣，当锣声急时，推走如飞，画板可筛出丈余，看似危险，而小女子则得意自若也。又于秋千柱顶上悬一小旗，并系以钱，则有多数勇健少年猱升而上，作而上，作‘猴儿坐殿’‘鸭鸭浮水’‘童子拜观音’种种把戏，谓之‘打故事’。捷足者得拔旗携钱以归，观者乃夸赞呵好不绝”。《寿光县志》对此也有描写：“或于市町广场竖巨木高数丈，缚车轮以木杪，而垂屈板于周遭，有多至二三十索者，横巨木下，而以人力推转，妇女靓妆，盘旋空中，飞红扬紫，翩若舞蝶……”

“磨秋千”则流行于荣成等地。春节后，人们择一冬季干涸的小沙河，两岸各竖起一柳木桩，两桩间横架一木轴，轴两端装摇把，轴上穿一个大纺轮，轮上有六根小横梁，梁上各垂下两绠，拴系踏板，使 6 名青年女子分别坐踏板上，两桩下十数名壮汉呐喊相应，合力摇动木把，使木轮飞快转动。随木轮之转，乘秋千的 6 名少女上上下下、翻飞不止，乘者、摇者、观者，一齐欢呼，情景很是壮观，气氛极为热烈。这时，正值新春，那轻如飞鸟的身影在春风中就显得格外地矫健了，而那灿烂的笑声则随着那大转轮哗哗地送上云间了，最易给人以超凡脱俗之感，难怪古人要称之为“半仙之戏”。

◆ 曲水流觞古风继

绍兴“千岩竞秀，万壑争流”，自古以来，为帝王、官宦、文人、墨客所向往。会稽是舜禹之邦，古有尧、舜、禹三圣人，越兼其二。历代经过钟繇子、范蠡的经营，再加上王羲之、谢灵运在这里隐居过，司马迁、李太白、杜少陵又到这里游览过，直到今日，秦碑、汉隶、禹穴、兰亭等许多文物遗迹依然存在，故有“会稽儒风之盛，冠于东洲”之说。

近年来每逢夏历三月初三，许多中外著名书法家都从各地赶到绍兴兰亭聚会，泼墨挥毫，咏诗论文，纪念王羲之先生，并进行“曲水流觞”游戏。在兰亭故居，至今还保留着“流觞亭”。亭前有曲水，亭中陈列的一张明永乐十七年仿刻的曲水流觞场面的石刻图，生动地再现了古代这一游戏的真实情景。

说起“曲水流觞”，溯其源，得从三月上巳这一传统习俗谈起。上巳，是指夏历三月的第一个巳日，这是我国民间一个祓除祸灾、祈降吉福的节日。远在秦汉以前的周代，已有水滨祓禊之俗，朝廷中指定专职女巫掌管此事。祓，就是祓除病气，除之使清洁；禊，是修洁、净身。祓禊是通过洗濯身体，达到除去凶病的一种祭仪。每年逢春秋两季，人们都要相约到“东流水上自洁濯”，实际上就是沐浴一番。古人认为，水和火都是至洁之物，可以除疾病和灾难。《诗经·郑风·溱洧》一篇中，就具体记载了春秋的郑国，每逢春天三月桃花水涨的时候，男女都聚集在溱洧两水之上，招魂续魄，秉执兰草、祓除不祥的生动情景。

到了汉时，三月上巳，才确定为节日。每逢该日，官民都去水边洗濯。不仅民间风行，连帝王后妃也去临水除垢，祓除不祥。后来此俗又进一步发展，演变为临水宴席。魏晋以后，才将上巳正式定为夏历三月三日即春禊，作为每年岁时中的重要节令，所有临水祓禊及水滨宴会活动都在这天进行。“曲水流觞”活动，是在上巳节中派生出来的一种风俗。人们在举行祓禊仪式后，就坐在环曲的水渠旁，在上流放置酒杯，任其顺流而下，杯停在谁的面前、谁即取饮，彼此相与为乐，故称为“曲水流觞”。觞，古代盛酒器，即酒杯。通常为木制，小而体轻，底部有托，可浮于水中。另外，也有用陶制的杯，两边有耳，又称“羽觞”，因此重比木杯大，玩时则放置荷叶上，使其浮水而行。这种游戏，自古有之。所谓“同禊曲洛”即周之祓禊、饮于曲洛，那时可能已用流杯泛波；汉也有“引水流觞，递成曲水”之说。后来曲水流觞逐渐成为上巳节活动的一个重要组成部分。

历史上最出名的一次修禊活动，是王羲之在兰亭举行的。他在《兰亭集序》中是这样记载的：“又有清流激湍，映带左右，引以为流觞曲水。列坐其次，虽无丝竹管弦之盛，一觞一咏，亦足以畅叙幽情。”祓禊仪式后，王羲之等人也沿袭古俗，大家在清溪两旁席地而坐，将盛了酒的觞放入溪中，由上游徐徐浮水而下，经过弯弯曲曲的溪流，在石块上磕磕碰碰，觞在谁的面前打转或停下，谁就要即兴赋诗并饮酒，作不出诗的就要罚酒。据史载，在这次游戏中，有 11 人各成诗两篇，有 15 人各成诗一篇，有 16 人未能成诗，各饮酒三觞。也就是在这次活动中，王羲之将大家的诗集起来，用蚕茧纸、鼠须笔挥毫作序，乘兴而书，写下了举世闻名的《兰亭集序》，被后人誉为“天下第一行书”，尊王羲之为“书圣”。因此，后人把《兰亭集序》碑帖，亦称之为《禊帖》。

这次兰亭之会，虽然也有举行修禊的祭祀仪式，但主要通过“曲水流觞”活动，突出了咏诗论文，饮酒赏景，因而大大冲淡了迷信色彩。上巳赋诗之俗，也由此而起。这对后世的影响很大。晋以后，“曲水流觞”这种游戏逐渐传到民间，《荆楚岁时记》记载：“三月三日，士民并出江渚池沼间，为流杯曲水之饮。”到唐代，在黄朝英《靖康湘素杂记》中也有记载。到清时，这种活动才逐渐减少。

可是在绍兴，由“曲水流觞”活动带来的这种咏诗饮酒的雅俗，却一直盛传不衰。从元代诗人杨廉夫在卧龙山“西园”建立的“龙山诗巢”，到明代徐文长和沈青霞等 10 人结社唱和，可谓一脉相承。直到今天，许多当代书法家每逢三月初三还要奔赴兰亭续胜，举行追仿修禊觞咏的兰亭嵝会，“流觞溪畔赋今诗，墨张亭下添新墨”，并再现古代“曲水流觞”这一游戏的真实情景。

◆ 寒冬踢毽老幼娱

杨柳青，放空钟，杨柳活，抽陀螺；
杨柳发，打尜尜，杨柳死，踢毽子。

这首广泛流传于我国北方城乡的儿童歌谣，咏的是孩子们一年四季主要的时令游戏。春天放空钟，夏天抽陀螺，秋天打尜尜，冬天踢毽子，孩子们随着季节的变化轮换着玩，整年欢蹦乱跳有事做，既娱乐，又健身，对他们的健康成长是很有利的。

不过，别以为这些游戏只是孩子们的专利，里面也有连白发苍苍的老人们也很喜欢玩的呢。譬如冬天的踢毽子，就是老幼皆宜的游戏项目。它作为我国民间传统的娱乐风俗，至今尚在北方地区传承不息，尤其是河北承德地区，还把小小的毽子称为“生命的蝴蝶”呢。

在河北承德，每当时令进入杨柳凋零、霜浓雪厚的冬季，男的、女的、老的、少的，便三五成群、兴致勃勃地踢耍起毽子来了。这时，若谁有兴趣到承德各地走走，所见所闻，准是家家毽子舞、处处笑语飞，一派生气勃勃、欢乐融融的升平景象。那稚气盈脸的孩童，有的将裤带抓把抓把、有的辫子一甩一甩，边踢着彩羽扎成的毽子边吟诵自编自传的儿歌：“一二三、三二一，你也踢来我也踢；一二三、三二一，你踢我踢毽儿飞……”那鹤发童颜的老者，有的单踢，边踢边哼着地方小戏；有的对踢，边踢边玩起“拇战”游戏：“哥俩好呀，八仙寿啊……”那豆蔻年华的姑娘们，则三人一班、五人一堆地踢玩“攒花”，“数人更翻踢之”，把几只色彩斑斓的毽子，踢成一群纷飞的彩蝶，令人眼花缭乱，目不暇接；为了玩得痛快，她们干脆脱掉略显臃肿的棉袄，只着色彩鲜艳的绒线衫，精神抖擞地踢着、笑着，常常踢到日落也不知归。其情形，正如清人李声振的《百戏竹枝词》所咏：

青泉万选雉朝飞，闲蹴鸾靴趁短衣。

忘却玉弓相笑谑，撵花日夕未曾归。

那毽子的制作，是既艺术又简便的。它分毽铊和毽羽两部分：毽铊多用铅、锡、铜、铁等金属片制作，圆形，中钻一孔，状如铜钱；毽羽则多取彩色翎毛。将毽羽按一定规则安装在毽铊的小孔上，固定好，便成一只小巧轻捷的彩色毽子。千万别小看这只轻轻巧巧的毽子，若真要玩起来，它的踢法还挺多的呢。据清人阮葵生的《茶余客话》踢毽条说："其中套数，凡百十种。"清朝光绪年间，承德有个年满百岁的老进士，能踢出喜鹊登枝、白鹤亮翅、狮子滚球、金龙挥爪等 108 种花样呢。

旧时，承德各地，几乎家家有毽，人人会踢。一到新年，人们结伴成群，上街献技，一时彩蝶纷飞，似闻春讯，行人见了，无不啧啧称奇。难怪人们要称承德为"踢毽之乡"哟。

毽子，在我国古代又称作箭子、鞬子、毽子或蝶镩，据考，它源出于蹴鞠。宋人高承在他的《事物纪原》中说："今时小儿以铅锡为钱，装以鸡羽，呼为箭子。三五群走踢，有里外廉、拖铪、耸膝、突肚、佛顶肚、剪刀、拐子名称，亦蹴鞠之意也。"而蹴鞠，汉代刘向《别录》说："传言黄帝所作，或日起战国之时。"可见其历史是多么地悠久！

关于踢毽子的记载，现在能见到的最早的书籍，是唐代释道宣的《高僧传》。该书载曰："沙门慧光，年方十二，在天街井栏上反踢蝶镩，一连五百，众人喧竞，异而观之。"其踢技是多么地熟练！可见在隋唐时期，踢毽子已在社会上较为流行。

宋代踢毽进一步风行。《事物纪原》说："今时小儿，三五群走踢"，走踢就是边跑边踢。而且不光用脚、还能用膝、腹、头等要弄毽子。当时踢的人多，南宋的都城临安等地已出现了制作毽子的小作坊，《武林旧事》说，每一这样的作坊"率数十人，各专籍以为衣食之地"。

延至明代，踢毽子已发展成季节性的民俗娱乐活动。明代刘侗的

《帝京景物略》录有当时北京的童谣："杨柳儿活，抽陀螺；杨柳儿青，放空钟；杨柳儿死，踢毽子。"与现在没多大差别。

清代，踢毽娱乐更为普及，并已成为闺中妇女消闲取乐的主要节目。清初词人陈维崧咏妇女踢毽子曰："盈盈态，讶妙逾蹴鞠，巧甚弹棋。"在北方的承德、南方的广州等地，踢毽已成为年节岁时活动中的主要娱乐形式，清人屈大均《广东新语》说：广州每逢元宵，"昼则踢毽五仙观"。富察敦崇的《燕京岁时记》则说，踢毽子"足以活血御寒"，北京人习惯于以此为"天寒时消遣之一法"。在当时的北京、广州等地，还出现了靠踢毽子为生的民间艺人。潘荣陛《帝京岁时纪胜》载曰："都门有专艺踢毽子者，手舞足蹈，不少停息，若首若面，若背若胸，团转相击，随其高下，动合相宜，不到坠落，亦博戏中之绝技矣。"技艺已相当地高超。此类表演，不仅有单人踢，而且还有双人对踢。清人查揆的《燕台口号一百首》记："琉璃厂有踢毽子者，两人互接不坠。"并咏曰：

内外拖枪佛顶珠，一身环绕两人俱。
开场足送双凡石，蹴鞠遗风合问渠。

二、歌舞曲艺风俗

◆ 东海渔乡大奏鼓

“嘣咚咚嘣咚，嘣咚咚嘣咚”，每当春汛时节，浙江东南沿海温岭、玉环一带的海滩上，到处都会响起这震天撼地、动人心魄的鼓声。顺着鼓声望去，则见一群群的渔民，装扮成山鬼和海妖，起劲地踩着这急促的鼓点，夸张而沉重地挥动胳臂，跳起笨拙而粗憨的舞步，作出种种忸怩的情态，尽情地狂欢、狂欢。狂欢之后，他们便收拾渔具，扯起篷帆，到很远很远的地方去“碰海”了。

人们称这种击鼓而舞的民俗舞蹈为“大奏鼓”。

“大奏鼓”的起源是极为原始的，那古朴的木鼓和山鬼、海妖的扮相，当因袭于久远的祭祀海神的习俗，已不知传了多少年、多少代。明末清初尚流行于闽南泉州一带的“跳鼓”习俗，当是它最近的源头。当初，泉州一带的渔民，在元宵节要举行迎神活动，由几位健汉男扮女装，扮演成雷公、雷婆、海神、风伯、雨师等，在滩涂上即兴表演各种舞蹈，并由两人抬着“火镬”，里面放着许多鞭炮，砰砰啪啪地炸着，以此来吓跑邪魔恶鬼，人们边跳边打着咚咚的木鼓，吹着呜呜的铜号，以此来调配舞者的音乐节奏，故名之曰“跳鼓”。后来，据福建《惠阳县志》记载，由于鼠害猖獗，加之民族矛盾和阶级压迫，许多汉人、回民从泉州一带迁移到浙江东南沿海的温岭、玉环等地，以打鱼为主，并与当地人通婚，繁衍下来，形成现在说“闽南话”的渔民群体。他们把原本流行于泉州一带的“跳鼓”习俗也随迁到浙江东南沿海，并在长期的社会生活中，使它融合了浙江渔乡的民间音乐和舞姿特色，而逐步把它发展成现在的“大奏鼓”。比较“跳鼓”习俗和“大奏鼓”舞蹈，两者都以木鼓、唢呐为主要乐器，在音乐节奏上都具有粗犷、明快的特点；两者都有男扮女装的海神、海妖或其他神鬼，舞姿都有夸张、古朴、拙稚的特点。不过，前者的娱神色彩更为浓重，显得庄严、肃穆、神秘，后者则较多地融入了幽默、诙谐的情趣，音乐性也有所加强，娱人的效果更为明显。

“大奏鼓”的舞动场面是颇为有趣的。每年春汛以前，渔民们为了祈求远航平安、碰海丰收，就要热热闹闹地狂欢一阵，跳跳“大奏鼓”，既娱神，又娱人。“大奏鼓”舞蹈常由九或七名渔民扮演，在高亢激越的鼓声和唢呐声中，先由一位身穿大红坎肩、腰系嫩绿绸带，佩着银光闪闪的手镯、脚镯的“海神”出场。他左手高举木鼓，右手执拿木槌，随着鼓声和唢呐声，忽左、忽右、忽前、忽后地跳着、奔着，时而转身大跳，时而弓步亮相，舞姿剽悍英武，颇具阳刚之气。这时，观众渐渐围聚而来，越拥越多。接着，鼓乐声一转，六名或八名男扮女装的“山鬼、海妖”，身穿镶有橘红图案的大襟褂子和灯笼裤，头戴彩球、角簪，耳佩环珰，忸怩上场。他们每人手攥一种乐器，如木鼓、铜钟等，分两组，从两边扭动着向场中心行进。一双双结实的光脚板，在海滩上踏着短促有力的节拍，轻快自如。他们时而单人扭跳，做着鬼脸；时而双人对舞，穿插相嘻。跳得兴起时，就会滑稽地抖动肩膀、晃动脑袋、扭动胯部，以此来引逗观众，让他们发出阵阵海浪般的狂笑，以达到娱乐身心的目的。

那伴奏的木鼓是颇具渔家特色的，桅杆般粗实的鼓围，蒙着棘鲨的皮，嘣嘣咚咚，其声清越，像是叩打海天之门的霹雳，抑或是来自亘古的创世的脚步，从蛮荒走来，走过陆地，走近海滩，走到观众眼前。其中不乏雄壮、不乏豪迈，气派博大雄浑，而又夹杂着那么点苍凉，那么点悲怆，是很能引发人们去遐思的。

“大奏鼓”在民国时期曾风行一时，后来曾有过一段偃旗息鼓的时期。近年来，又枯木逢春，生机勃勃，在温岭、玉环一带盛行起来。

◆ 闽台男女鼓伞舞

农历正月初九，台湾、闽南一带的人们称之为“天公生”。这一天，男女青年总要兴高采烈地跳“大鼓凉伞”舞。

大鼓凉伞，表演时，由男女合舞。男青年若干，戏装打扮，身上挂着一面小鼓，咚咚咚动、咚咚咚动，边打边舞；女青年若干，粉脸黛眉，手执一把花凉伞，舞作替打鼓者遮凉状。两人配合默契，节奏明快，动作爽利，舞姿优美，具有较强的艺术感染力。

大鼓凉伞舞的表演场地，多在街头、场院和海滩等地，有时也在舞台上表演。表演时，男演员把鼓点一敲，观众便闻声而来，大家自觉地围成一圈，踮足而望。场中的男女演员，则成双成对地一人打鼓、一人撑伞，时跳时跃，时舞时蹈，演出“走阵”“助战”“劳军”等情节，舞到高潮处，场外的观众总是情不自禁地合着鼓点，有节奏鼓起掌来，乒乒乒啪、乒乒乒啪，气氛极为热烈。

大鼓凉伞的起源如何，现已无从考查。民间传说是起于明代戚继光抗倭的故事，距今已有数百年的历史。相传，在很久很久以前，闽南人民每逢迎神赛会和喜庆佳节时，常有“打鼓跳鼓”以示庆祝和娱乐的习俗。明朝年间，戚继光率军入闽，剿平倭寇，解人民于倒悬。因此，戚家军深受当地人民的爱戴和崇敬。

当戚继光带着平倭大军胜利归来时，闽南一带的老百姓纷纷杀猪宰羊劳军，并以“打鼓跳鼓”的形式向戚家军表示祝贺和慰问。戚继光看到人们兴致勃勃地在炎阳下打鼓、跳鼓，一个个跳得满头大汗，心里十分感动，就命令手下的战士撑起凉伞，为边打边跳的鼓手们遮阴。随着队伍的走动，鼓手也边走边打，撑伞的战士也不约而同地随着节拍而动。这样，就形成了一人打鼓、一人撑伞，边走边打、边跳边撑的舞蹈场面。雄壮的鼓声、高昂的士气、热烈的笑声，动人心魄。以后，人们为了纪念戚继光抗倭的功绩，就跳起了这种“大鼓凉伞”，先是男人合跳，后来又渐渐地演变为男女合跳，形成现在这种男打大鼓、女舞凉伞的格局。

随着移居台湾的闽南人民日益增多，“大鼓凉伞”也传到台湾。逢年过节，台湾的男女青年们就成双成对地在街头、广场、海滩、草坪等地，兴致勃勃地跳起“大鼓凉伞”，并亲切地称之为“唐山舞”，怀念戚继光和闽南故乡。

近年来，随着人民生活水平的日益提高，富而思文，富而思乐，“大鼓凉伞”舞也应运而兴。闽南的漳州、漳浦、龙海、安华、东山等地，经常有“大鼓凉伞”的民间舞蹈活动，不但在街头、广场、海滩演出，还经常在舞台和电视屏幕上出现，深受人民群众的欢迎和喜爱。

◆ 鼓声点点动人心

铁环振响鼓砰砰，跳舞成群岁渐终。
见说太平都有象，衢歌声与壤歌同。

这首《燕台竹枝词》所描写的是旧时北京的新年打腰鼓习俗。这种曾盛行于北方汉族的民间娱乐习俗，至今仍在陕北各地乡村保留着。

陕北腰鼓，原属陕北秧歌队中的一个主要项目，多于正月初七至元宵节之间举行，它以刚劲饱满的鼓点和粗犷雄浑的阵势在秧歌队中独树一帜，深得民众的喜爱，并在长期的民间传承中，形成各种不同的流派，发展成我国民间文艺百花园中一个不可多得的艺术品种，受到专业文艺工作者的注意和重视，多次被搬上舞台和银幕，收到国家的嘉奖。

陕北腰鼓主要有安塞腰鼓和洛川蹩鼓。

安塞腰鼓历史悠久，格调古朴，主要用于欢度节日和庆祝丰收。演出阵容十分庞大，每队由六十名以上的鼓手组成。有时，几个队连在一起，能拉开一二里的距离。演员的装束，一律以古代将士的便服为主，包头或黄或红、服色素雅淡净，显得干净整洁。安塞腰鼓的场牌显得十分丰富、花样变化多端，常见的阵式和故事有童子拜观音、绵羊抵头和枣核掏心等。过街时用鼓、锣、铙钹、唢呐伴奏，鼓点雄壮有力、气势磅礴、扣人心弦。而演员的表演则显得强健豪放，刚劲饱满。走阵时，或开或合，或散或聚，穿插进行，步法井然，犹如龙腾虎跃，万马奔驰，颇能体现陕北人民憨厚、朴实、开朗、坚强的性格。

安塞腰鼓在当地的覆盖面是很广的。村村户户，当锣鼓声敲响时，连五六岁的孩子也会跟在队伍后边跳跃边比画动作。有些学校还把它当作体育项目而列入课程，可见其在民众中的影响是颇深的。

洛川蹩鼓虽与安塞腰鼓的流传地相距不远，但两者的风格却大不相同，如果说安塞腰鼓是一种集体性舞蹈，那么洛川蹩鼓则更多地带有军事体育的特性。

洛川蹩鼓中的鼓，大小与洗衣盆相当，鼓槌细长，敲击起来分外有力，声音清脆洪亮。演员一律束胸，穿纯白或纯黄底色衣服，裹头用的方巾也一律纯白或纯黄，背插四面小旗，系三角形战裙，全身衣着均用商周青铜器图案装饰，显得古朴典雅。有的还在腰间束一宽板皮带，上系数颗拳头般大的铜铃，更显得威武、强悍。

演出时，蹩鼓绑在演员腰间，高低以能遮住丹田为准。蹩，在当地方言中是蹦跳的意思，所以表演时动作幅度很大，要求演员不仅具有较强壮的体魄，还要有较好的弹跳能力，故非青壮年莫属。蹩鼓表演，以场地走阵为主，布方阵、长蛇阵、八卦阵等，其式变化有序，其势排山倒海，观者不能不为之倾倒。就个体而言，演员随着咚咚的鼓点，臂落脚起，跳腾蹦越，时而如脱缰野马，时而如戏水雏燕，时而如出山猛虎，时而如展翅大鹏，变化多姿、缓急有致，实在令人觑得感慨万千，赞叹难绝。据考，蹩鼓发源于古代将士因作战得胜举行大典时，由军乐队模拟作战实际所行的即兴表演，它的历史自然是十分悠久的，只是到了今天，它已经演变成一种激动人心的民间娱乐活动了。

◆ 潮州壮汉舞英歌

在广东潮州，每逢元宵佳节和迎神赛会，人们便要跳“英歌舞”。108条壮汉身穿古代武侠服装，红裤黄衫，脚踏红毛草鞋，腿扎绑带，身背兵器，手执木槌，面画戏剧脸谱，扮作《水浒》108将，边击鼓打槌，边舞蹈走阵，以此来酬神娱人。

英歌舞，又叫跳英歌、扣英歌，相传起源于水浒故事。当年宋江罹难，被绑赴刑场问斩，梁山好汉和各路义士闻之，纷纷乔装打扮，前去劫法场。他们有的装成耍蛇的，有的装成踩高跷的，有的装成耍棍卖药的，有的装成打鼓卖艺的。后来，人们把它编成舞蹈，四时跳演，以此歌颂英雄好汉，故名“英歌舞”。

潮州英歌舞，完整的班子由108人组成，并按《水浒》中所描写的人物特征，挑选相貌大致相似的壮汉或姑娘，充当舞队中相应的角色。舞队出演时，由红脸红须的“大刀关胜”领头，叫作“头槌”；二槌是黑脸黑须的李逵；三槌是武生打扮的武松；扮演宋江的演员，则胸挂一面皮鼓，走在舞队中间，以清脆激越的鼓点，指挥舞队变换阵势和队形。整支舞队，一半人打手鼓，另一半人打短槌。短槌叫“英歌槌”。舞队边舞边行，行时双手击鼓打槌，打击的程式有如北方的“耍花棍”，先上敲、再左敲、后右敲，然后胯下敲、背后敲，步伐整齐、击姿划一。英歌舞的槌法是十分讲究的，名目繁多，常见的有歌槌、旋槌、北槌、针花春、大比目、大阵犁、猴脚花等，各种槌法穿插击打，真叫人眼花缭乱。高亢的潮州大锣鼓和激越的海螺声，伴随着“咚咔咚咔”的手鼓木槌声，还有“嗨嗨嘿嗨”的吆喝声，组成一曲威武雄壮的阵乐，撼天动地，震人心魄。再加上都英武矫健的舞姿、干脆有力的动作、节奏明快的步法和开合有序的阵势，充分体现了古代义军的英雄气概，令人激动，催人振奋。

旧时，英歌队后面往往还跟有踩高跷的、挑花塔渡的及各种歌舞百戏，浩浩荡荡，非常热闹。这样，就把英歌舞、大锣鼓、涂脚戏等融为一体，既有粗犷、明朗、雄伟的气势，又有轻快、柔和、诙谐的气氛，从各个方面满足人们的审美需要，所以深受群众的欢迎。

在潮州农村，各乡都有英歌班，每班有英歌手16至20名不等，上百名以上完整的班子实在少见，所以，在出演时，各乡村之间经常互借演员。本乡本土的熟人，看了特别亲切，化起妆来也别有一番情趣。每个歌班都有自己的班名，如著名的英歌之乡普宁县涂坑村的英歌班叫“义顺班”各乡英歌又因风格不同，分为南山英歌和南下英歌两类。前者轻快活泼，动作急促，小步跳跃前进，司鼓者也参加舞蹈，反手从背后击鼓；后者大方，动作较为舒展，阔步前进，司鼓者不参加舞蹈，击大鼓于队尾。特别是涂坑英歌，豪壮英武，柔美细腻，司鼓者腰带上别一根长长的竹竿，竹梢上挂一盏灯笼，垂下两条绳子，绳下吊着一面鼓，自打自行，颇具特色。

在潮州人心目中，能参加跳英歌是一件光荣的事，说明他长相俊美、体魄健壮、敏捷机灵，所以很多男孩子从小就要学练英歌。姑娘们则要在看英歌时，物色自己的心上人，数百年来，已成习俗。

英歌舞在潮州地区流行，据传已有三四百年的历史，在明代，据明人张岱的《陶庵梦忆》记载，曾有过装扮《水浒传》中梁山英雄游行求雨的事。当时，人们曾“分头四出，寻黑矮奴，寻稍长大汉，寻头陀，寻胖大和尚，寻茁壮妇人，寻姣长妇人，寻青面，寻歪头，寻赤发，寻美髯，寻黑大，寻赤脸长须……得36人，梁山泊好汉个个呵活，臻臻至至，人马称娖而行，观者兜截遮拦，直欲看杀”。这些“英雄”们虽没有舞“英歌”，却已孕育着“英歌舞”的萌芽，深受观众的喜爱。在潮州民间，还有明末清初农民起义失败后，退却回乡组织“英歌”练武，准备重振义旗的说法。清初我国南部，尤其是东南沿海一带，抗清斗争非常激烈。农民抗清失败后，回到故乡，组织武术性很强的“英歌”，既能掩盖官府耳目，又能练兵习武。

由此推测，明末清初，潮州一带已有“英歌”流行了。

◆ 宁乡舞狮乐无穷

毛羽狻猊碧间金，绣球落处舞嶙峋。
方山寄语休心悸，皮相原来不吼人。

清人李声振的这首《百戏竹枝词》咏的是当时京师的春节舞狮习俗。该诗所描写的狮子的扮相和以绣球引狮、逗狮的舞法，至今仍广泛地保存于民间，其中尤以湖南宁乡较为典型。

“狮子灯笼，快乐无穷”，宁乡人向来以酷爱要狮、精于舞狮而出名于湘中。每年正月初一至二月初二花朝节，宁乡各地城乡普遍盛行要狮子。诙谐有趣的文狮，威武矫健的武狮，提线操纵的线狮，口吐火焰的火狮，用长板凳装饰成的板凳狮，带有铃铎的手提金毛狮等，熙熙攘攘、你挤我挨，宁乡大地，简直成了狮子的世界。令人振奋的打击乐曲《四季青》《长槌子》，质朴生动、抑扬顿挫的《赞狮词》，活泼有力、生动谐趣的《滚球舞》等，使村村户户沉浸在一片神圣、欢快的节日气氛中。

宁乡的文狮“以羊毛饰为狮形，人披之，滚球跳舞”，出动时有乐队伴奏，乐器多为苏锣、小锣、点锣、钹、鼓等，击奏《小开台》，铿锵悦耳。舞前由一人先唱名叫《开门彩》的“赞狮词”，歌词常见的是：

太阳出来万丈高，照见东方洛阳桥。
洛阳桥上栽杨柳，树大根深长得牢。
长得牢来不算牢，人要从师井要掏。
井掏三道出好水，人从三师武艺高。
武艺高来不算高，三国英雄数马超。
马超不算是人伦，神机妙算数孔明。
孔明先生算得准，观看狮灯多少人。

赞罢开场彩，狮子就要按赞词的内容演舞蹈，叫“要故事”。要完一个故事，狮子就温顺地立在原地，做抓痒、梳毛等滑稽动作，乐队敲打一遍锣鼓，赞狮者就唱起了名曰《赞主彩》的“赞狮词”，词曰：

神狮耍得喜盈盈，我有十保送主人；
一保庄稼多茂盛，二保人心得太平，
三保生意财涌进，四保读书中头名，
五保弟兄多和顺，六保老人体康宁，
七保功名是一等，八保做事样样成，
九保百事都如意，十保今年翻大身。

赞罢，再耍一个故事，这样一连耍上三四个故事，狮队才更换场地舞耍。宁乡狮队常耍的故事有《大船撑宝》《肥猪吃食》《狮子滚球》《赵公数钱》《鲁班上梁》《黄龙缠伞柱》等，舞姿直接脱胎于现实生活，模仿的痕迹较明显，造型生动、形象、谐趣，很能逗人喜乐。如表演《大船撑宝》，狮被撑成四角，成长方形船状，并前摇后动、左翻右晃，表示“船”在水上行驶。《赵公数钱》，耍首者骑坐于耍尾者身上，赞狮者将钱置于小锣、捧至狮前，狮则摇首摆尾地以前爪作数钱状，活像一个呆头呆脑的账房先生。《鲁班上梁》，则首尾配合默契，狮子傻乎乎地表演砍树、捎树、量木、弹墨及上梁等动作。《黄龙缠伞柱》，耍头者高举狮头，耍尾者将耍头者抱住立起，缠攀虚拟的“伞柱”，最后，耍头者立在耍尾者的肩上，颤巍巍地，很是惊险。这些虚拟的故事，贯穿着一套传神、滑稽而又惊险、夸张的动作，颇能吸引观者的好奇心，令人百看不厌。

武狮则以表演武术为主，耍时由一人头顶狮首、身披狮被，手执棍棒刀枪，表演武术散打动作，或两人对打、三人对打等。表演时有乐队伴奏，动作刚健、气氛热烈。手提金毛狮，多用樟木雕刻，身披金黄色毛衣脖缀铃铎，由贫苦老者提着，挨家挨户地沿门游耍，边唱《赞狮词》，边摇动狮子，让铃铎发出叮叮当当的乐声，以作节拍。他们身后常常跟着一群看热闹的小孩，很是快活。

不论是文狮，还是武狮，表演时常常造成万人空巷的热闹场面。看得兴起时，人们往往会情不自禁地鸣起炮仗，给舞者喝彩助威，同时也宣泄了自己的种种思想感情，起到娱人身心的作用。尤其是武狮表演，扑、跌、腾、跃，动作粗犷、奔放，刚健有力，观者看到更深也不厌倦，正如清代《成都竹枝词》所云：

巧制狻猊不用灯，布围高挂任纵横。

十番锣鼓真热闹，看到更深更有情。

提到舞狮的来历，人们认为“渊源于古代的‘兽舞’”。南北朝后，狮子已成为舞蹈节目里的角色。唐代诗人李白的《上云乐》把“五色狮子”与“九色凤凰”并举。元稹《西凉伎》云：“狮子摇光毛彩竖，胡腾醉舞筋骨柔。”这五颜六色的狮子，分明是狮子的模型，为舞者的道具，这已跟现在的舞狮很相近了。

然而，对于舞狮习俗的起源，宁乡民间却另有看法。他们认为狮子是瑞兽，舞狮是为了驱邪避恶讨吉祥，故当地有故事说：狮子生于二月初二花朝节，本是百兽之王，在昆仑山修道多年，成了正果，升上九天，但难忘凡间美景，时不时要下来帮助百姓驱瘟疫、保六畜，云游天下。这天，它又偷偷下凡，不想回去时被刚关闭的南天门轧去狮头，身首分离，落入凡间。百姓感其佑民庇畜的恩德，连忙拾起狮首，并用色丝彩帛给它配起狮身，敲锣打鼓地扛着它云游，以示纪念。久而久之，便形成舞狮的习俗，而且定要从正月初二耍起，一直到二月花朝方休。

这个故事形象地说明，耍狮本是为了娱神，在娱神的同时也达到自娱的目的。随着时间的推移，宁乡耍狮的娱人目的越来越明确，其舞姿、音乐、唱词及武术动作等方面的“神性”日益淡化，而更多地讲究谐趣、刺激，满足人们视觉、听觉及心理现象等多种需要，给舞者和观者以更多的愉悦，产生“狮子灯笼、快乐无穷”的深情赞叹！

◆ 青田舞蹈鱼灯红

东风夜放花千树，更吹落、星如雨。

宝马雕车香满路，凤箫声动，玉壶光转，一夜鱼龙舞。

南宋词人辛弃疾曾在他的千古名篇《青玉案·元夕》中，浓墨重彩地描绘过当时都市元夜的繁闹情景：竹树高耸，繁星点点，鼓吹齐鸣，笑语声声，男女老少在这欢快的气氛中，跳起竹马，跑起彩车，耍起彩龙，舞起鱼灯，尽情地戏耍玩乐，享受生命的乐趣。这灯、这马、这龙、这鱼，其中包蕴着人们多少美妙的向往和多么美好的感情！

所以，早在汉时，张灯便成了我国民间传统的娱乐习俗，并得以代代相传。

民间张灯，各地多在元夕举行。但是，在号称“石雕之乡”的浙东青田，却是正月初二“开灯”的。届时，不分城乡，家家挂灯、村村献舞，即使深山古墓，人们也点缀起一二盏红灯，以示“阴阳同乐”。

青田张灯的灯品，也是很有特点的，挂的是鱼灯，提的是鱼灯，舞的还是鱼灯。其灯形大多摹状河鱼而制，常见的有草鱼、鲢鱼、鲫鱼、鲶鱼及河虾、沙蟹、金蟾等。简直成了灯的海洋，鱼的世界。

入夜，各地农家便将一盏盏经过精心构思、扎制、裱糊而成的各式鱼灯，高高地悬吊于门口或檐下，使一处处大村小庄幻化成灯红彩绿的海洋，呈现出浓郁的喜庆气氛。这时，只听得“共！共！共！”三声铳响，几百条壮汉便高擎着融有石雕艺术、寓着美好理想的各式鱼灯，呼啸着，从各条细巷小弄中奔出，受鼓吹的导引，来到村口的场院里，集合，组队，走阵，在锣鼓鞭炮的催动下款款起舞，自娱娱人。这天晚上，各村的男女老少，总是早早地吃罢晚饭，出足伸颈地倚在门口候等，待到响铳声起，大家都不约自来，在场院里汇齐，围成一圈，看群鱼游弋，评舞队走阵，看得兴起时，也会直起嗓子，呐喊助威，以宣泄积聚得太久太多的种种情感和精力。最有趣是那些黄口细伢，一个个骑坐在爷爷、奶奶们的颈上，有的还手提一盏小灯：或虾或鳝、或鱼或蟾，嘻嘻哈哈地你笑我叫，与大人们共享节日的欢快。

人圈中的舞队，则一个个卖力地踩起舞步，在锣鼓唢呐的伴奏下起劲地奔、跳、走、旋，演出“编篱阵”“进门阵”“长蛇阵”“结网阵”等阵法，及“游龙戏珠”“双龙喷水”“春鱼戏水”“夏鱼跃滩”“秋鱼泛白”“冬鱼接龙”等节目，努力地摹状河鱼一年四季的生活规律和游弋习性。然后，长号声起，锣鼓大振，主持者又放起三声响铳：“共！共！共！”顿时，场里场外，喊声如雷，掌语遏云，群情激奋。舞队则在“红珠”的导引下，狂奔乱舞，演出最令人感奋的“鲤鱼跳龙门”。这时，只见几十条款款漫游的“鲤鱼”，突然间急疾而驶，时而腾空、时而潜底，时而直射、时而急翻，状演河鲤迎风搏浪、百折不挠的种种舞姿和气势，艰难地向“龙门”进发。最后，只见那鲜活可爱的河鲤，高昂起头，鼓气一跳，青云直上，跃过龙门。“哗——”场上顿时掌声暴响，“河鲤化龙”了！这惊心动魄的一跳，寄寓着人们多么美好的理想！

鱼灯舞，属集体性舞蹈，舞队由“引珠”和“鱼群”两部分组成，引珠是领舞，鱼群则是群舞，有单珠和双珠之分。单珠，每队的组成人数为奇数，如15、17、19等；双珠，每队的组成人数为偶数，如16、18、20等。舞者一律戏装打扮，扎腰带、裹绑腿，显得刚强有力，精神高昂；舞具都是长柄鱼灯，内燃蜡烛，炫炫灿灿，颇为夺目。舞时，全队鱼灯或左或右、忽上忽下，灯随人移，鱼偕珠游，近观是群鱼游弋，远望则火球翻滚，煞是好看。走阵时，步随鼓点踩，臂依唢呐扬，或开或合、穿插有致，时奔时跃、阵式严谨，颇能娱人心目。闯阵时，鼓点密如雨，鱼驰疾似风，上跃如龙腾，下掠似燕飞，锣声鼓声鞭炮声，声震云天；笑声掌声吆喝声，撼人心魄。整体观之，具有节奏明快、动作粗犷、气氛热烈、格调高昂、场面宏大等特点，深受当地人们的欢迎。舞队每夜演毕后，村里还要给舞者送红包，请舞队吃“鱼灯饭”哩。

青田鱼灯舞，除在春节必演外，每逢迎神赛会抑或为造桥、修路、建凉亭、修庙宇等公益事业筹款集资时，也要献演。据传该县有许多路桥就是以舞鱼灯集资建造的，至今仍传为美谈。

该县如此酷爱鱼灯，酷爱鱼灯舞，大概是跟当地人们的生活环境有关。该县地处浙南瓯江中下游，人们依山傍水而居，溪江河涧中，鱼类繁多，农家养鱼捕鱼、食鱼用鱼，与鱼结有很深的感情。群鱼戏水、鲤鱼跳滩、鱼群接龙等现象，随时可见，难免引起人们的想象和联想。再加河鱼历来被当作吉祥的象征，“年年有鱼（余）”“鲤鱼化龙”等从来就是人们所祈求的人生愿望。这一切，都成了青田鱼灯舞产生、流传和发展的民俗渊源。而青田传统的石雕工艺，不断地刺激着人们的艺术想象，给鱼灯舞以鲜活的艺术素养，从而促使它不断地流传和发展，越传越新，越传越盛。

◆ 皖北盛跳花鼓灯

节日的夜晚，只要天气晴朗，皖北农村的民间艺人们，就要在村口的大树下或打麦场上，载歌载舞地跳起“花鼓灯”。

在融融的月光下，高悬于老树枝丫上的大红宫灯，和堆燃在打麦场四周的高粱秸篝火交相辉映，把整个场子亮成白昼。这一夜，村里的男女老少，早早地吃罢晚饭，便急急地往场子涌。四邻八村的青年男女，也都要赶上十里、八里地来观看，以饱赏这种民俗艺术的甘美。人们坐的坐、站的站，圈围在灯场的四周，屏声息气地等候。孩子们则顾不得许多，一个个或悬骑在树杈上，或高趴在草垛顶，直起嗓子催喊：“一二三、快快上，一二三四五、快跳花鼓舞——”

孩子们喊得正兴，“咚、咚、咚咚咚咚咚”随着一阵急促的鼓点，场上顿时唢呐齐奏，鞭炮轰鸣。穿红着绿的灯队，在鼓吹的引导下，由“伞把子”领头，“鼓架子”伴着“兰花”，踩着舞步，迤逦入场了，边走边唱着《花鼓灯歌》：

叫俺唱歌不费难，舌头打转嘴动弹，
唱到半夜三星落，唱到五更亮了天，
花鼓灯歌没唱完……

那举着青柄花伞的男角就是“伞把子”，他是全队的领唱和领舞，舞场上唱啥、跳啥，全由那小花伞一扬一点地调配呢。那班身着短衣、灯笼裤，头扎白毛巾的男角，总称“鼓架子”：膀圆臂粗、力大脚稳的是“大鼓架子”，长相清秀、手脚麻利的是“小鼓架子”。而那头顶红绸绣球、胸垂彩色飘带、身着大红缎袄、腰缠石榴长裙的女角就是“兰花”了，她们左手舞一方轻软手巾、右手持一把精巧花扇，明眸皓齿，俏丽动人，是灯队的歌舞主角。人们往往以“兰花”的好坏来评价灯队的水平，所以又有把观看灯队表演叫作“看兰花”的。

灯进入灯场，只见“伞把子”把小花伞轻轻一扬，歌声顿时消失，而代之以如雨的鼓点和似雷的锣钹，观众也跟着使劲地鼓掌，鼓声锣声掌声，把灯场的气氛炒得红红火火。就在这热热烈烈的气氛中，灯队开演《大花场》。

《大花场》由《五朵梅》《龙吐须》《九连环》《满天星》等舞段组成，由数对鼓架和兰花集体群舞，以队列的变换和阵势的铺张为主要内容，舞姿纯朴、诙谐，大多摹状生产劳动的各种动作，如“上山步”“簸簸箕”“扁担式”等，舞蹈气氛强悍、粗犷，充分表现了劳动者乐观勇敢的精神，给人以力和美的享受。

接着是《小花场》，常见的舞段有《抢扇子》《抢手巾》《抢板凳》和《舞白纻》等，系三人舞、双人舞或独舞。这些舞段往往带有简单的情节，以表现男女爱情为主要内容，亦庄亦谐、幽默有趣，能不时地激起观众的一阵阵笑声。《舞白纻》由兰花独舞，舞时手持一根白色飘带，以甩、旋、顿、牵等动作，表现劳动少女浣洗白纻时的欢快心情。舞者长相端庄、俏丽动人，舞到激昂处，如彩凤飞腾、宛转低昂；舞到娴静处，挪步迟迟，似推若引。眼神时而凝睇，时而流盼，像云河中明月般的光彩射人，如轻风吹动流波般的仪态万千，显得优美抒情，艳丽无比，正如宋人刘烁在《白纻舞词》中所赞的那样：

仙仙徐动何盈盈，玉腕俱凝若云行。
佳人举袖耀青娥，掺掺擢手映鲜罗。
状似明月泛云河，休如轻风动流波。

《小花场》舞毕，有的地方还要接着舞《大场子》，“伞把子”把小花伞一顿，场上鼓钹大作，唢呐齐吹，场外的观众也纷纷放起鞭炮，鼓起双掌，场里场外遥相呼应。群情亢奋时，“伞把子”导引鼓架、兰花全部上场，纷纷呈演武术性较强的舞段。“大鼓架子”努力地顶人、叠罗汉；“小鼓架子”起劲地滚翻腾跃，打骗腿、翻筋斗；“兰花”则以急如飞星、快若疾风的舞步，躲闪冲挪。表演武术对打，舞场中男女合演，刚柔相济，给人以健美的享受。在旧时，“伞把子”还会趁群情激奋时，巧妙地领唱几首谴责封建统治者的民歌，如《秦王抽兵》等，于是场里场外欢声雷动，歌语排云：

可恨无道秦始皇，北国修筑万里墙。
家里三子抽一个，家里五子抽一双。
一日只发三合米，三日只发九合粮。
煮饭吃来吃不饱，煮粥吃来不浓汤。

充分发泄了人们对当时社会的不满情绪，表现了他们的反抗精神。人们唱啊跳啊，尽情地宣泄、尽情地娱乐，有时可以一直闹到第二天太阳上山，还乐此不疲，真可谓“通宵达旦、游人若狂”了。

皖北花鼓灯的历史是非常悠久的，据民间传说是始于夏代的呢。夏时，淮河两岸人民为了感激禹王治水的恩德，在每年三月二十八日禹王诞辰时，纷纷掌灯于河岸，彻夜歌舞，以资纪念，久之即相沿成俗。现在的三月二十八日，蚌埠西郊涂山仍有禹王庙会，照例有花鼓灯演出。也有的说是始于明代永乐年间，当时每年春节前后，淮河两岸的人民要在河中放水灯，驱散瘟气，祈祝太平，演花鼓灯只是为了娱神，后来慢慢地变成自娱和娱人，并成了人民发泄对社会不满情绪、斥责社会不合理现象的一种重要艺术样式。如有首据传是起源于明代的《花鼓灯歌》是这样唱的：

他不认得我，我不认得他，
也不问疤来也不问麻，
不问聋子共哑巴，他图人家彩礼吗！
我的老妈妈，来把奴家杀！

强烈地控诉了封建买卖婚姻给妇女带来的深沉痛苦。

千百年来，花鼓灯以其强大的生命力，不断地演变发展，至今已遍及皖北淮河两岸的蚌埠、怀远、凤阳、凤台等地区的每个村庄集镇，农民、工匠们都组织有自己的业余灯队，逢年过节、迎神赛会及农闲季节都要演出，并且因地区和风格的不同，形成不同的流派，涌现出各具特长的舞蹈艺人，逐步成为有代表性的汉族民俗歌舞。

◆ 化州年丰跳花棚

在广东化州农村，流传着一种名为“跳棚”的群众性自娱歌舞戏剧活动，它以古朴、粗犷、夸张、明快、轻松、幽默的艺术风格著称于世，深得当地群众及国内外文艺界人士的赞誉和喜爱。

化州跳棚，第一要棚，第二要灯，第三要有面具和道具。有棚、有灯、有歌、有舞，男女老少既是表演者又是观众。

跳棚的“棚”，又叫“花棚”，一般用竹木、茅草搭成，棚面用真花、纸花点缀。花棚大都搭在土地庙、祖庙前的空地里或晒场上，演出时，棚前挂起耀人眼目的主灯，四周的竹梢树枝上也缀满密密匝匝的彩灯，棚地汇成一片灯海，远远望去，姹紫嫣红，煞是好看，烘托出“一堂歌舞一堂星”的热烈气氛。

跳棚开始，主持的村老或道长发出信号，棚地里号角轰起、锣鼓齐鸣，红男绿女成双成对地戴着面具，翩翩起舞，按固定的程序上棚表演。演者观者通过明快滑稽的舞步和生动谐趣的情节，起到自娱、娱人的效果。

跳棚的表演程序，常见的有接神、开棚、稻菽、锄田、钓鱼等15个科，各科的情节大都带有浓重的上古“傩舞”的色彩。

接神科，旨在精神、酬神。其歌曰：“锣鼓齐声入庙堂，观音含笑坐堂上，土地请上雄宝殿，观音土地保平安……”

开棚科，意为联谊迎宾。其歌曰：“花棚开，花棚开，棚门打开随君来。自古田伯爱跳棚，入秋跳棚伴卿卿……”

稻菽科，赞颂男耕女织。其歌曰：“太平年里太平歌，太平山下太平河。天下太平稻丰熟，耕田阿伯快乐多……”

锄田科，颂扬锄播之功。其歌曰：“锄田郎，锄田郎，锄得田里野草光。锄净野草长禾苗，丘丘金谷回粮仓……”

钓鱼科，述说钓翁情趣。其歌曰：“钓鱼郎，钓鱼郎，大河滩头下钓竿。遇上黄鱼过滩水，今晚约妹饮鱼汤……”

这十五科的剧目内容，大都系现实生活场景与奉神驱鬼活动相互穿插，喜剧、笑剧、闹剧、悲剧交替呈现，以正压邪，粗犷诙谐。再配以雕刻精细的观音大士、土地爷爷等民间之神的面具及制作粗陋的阴曹之鬼、牛头马面等民间鬼魅的面具，更显得谐趣横生，令人捧腹。

关于“跳棚”的起源，据考，与古时的“跳傩”有直接的渊源关系。当地的地方志载曰：明清时化州地方“正月朔后，觐光门外沙洲为棚，城乡社会择善歌者着童子傀衣、傀巾，夤夜持铃合歌合舞，奏鼓乐，上下坛场缓步，俗呼‘跳傩’”。“傩”则源自原始社会图腾崇拜的祭祀仪式，以戴木制面具为特征，先有傩舞后有傩戏。可见化州“跳棚”的历史是十分悠久的。延至近代，化州“跳棚”虽还保留了“傩”的色彩，但已集山歌、木偶、歌舞及面具戏于一棚，形成了独特的艺术风格。而且在时间上，除正月外，秋收冬藏后也要进行，八九月反而成了乡民“跳棚”的旺季。这样，就势必更多地加入了庆祝粮熟年丰，歌颂农业劳动的生活内容，使古老的以娱神为主的“跳傩”，演化成丰收后乡民表达喜悦心情的有益的民俗文艺活动。

◆ 茶乡歌舞采茶灯

在江西锦河一带，至今仍流行着一种古老的民俗歌舞样式：采茶灯。

锦河两岸的群山上，布满了翠绿的茶园，每当春来冬尽，新茶吐绿时，各处茶乡的“采茶灯”便要开演了。小小的山村，没有剧院，堂前的场院便是理想的舞台。入夜，只要天气晴朗，场院上高悬起雪亮的汽灯，炽热地照射着黑压压的人群。待那铿锵有力的开场锣鼓响过之后，一阵悠扬的古箫，像月下飞出山涧的清泉，汩汩地淌进人们的心田。这时，一队装扮优雅的少女，手持花篮，踩着轻柔的箫声，缓缓地出现在场院中，一边轻唱着《十二月采茶》，一边柔柔糯糯地起舞，以采茶、揉茶、炒茶、烘茶为序，摹状茶乡生产劳动的各种情景。这时，舞场四周高矮不齐的板凳上，伸颈直腰地坐满已陶醉了的男男女女，双眼凝神贯注着那变幻多姿的舞场，不时地送上几阵笑声和掌声。细伢子们，则像泥鳅般在人群中钻来钻去，学着场中演员的模样，滑腔滑调地唱着：“哥哥你走广东吔，妹妹我来送，哥呀你要给妹……”常常惹得场里场外一片欢笑，人们便沉浸在快乐的海洋之中。

在锦河茶乡，据说每个人都会跳一两段“采茶舞”，唱一两首“采茶歌”。只要你一踏上锦河的土地，就可随处听到那节奏明快、旋律悠扬的“采茶歌”声：

山涧溪水清又清，
清清溪水绕呀么绕茶林，
春天哟，满山新茶满山歌，
姐妹们，个个喜把春茶采，
采呀采呀多采茶呀，
千箩万箩采不尽，
采呀采呀快采茶呀，
千担万担采不完…

“采茶灯”的渊源如何，现在已无从查考了。只知道风光旖旎的锦河两岸，早在宋代时期，就以盛产茶叶驰名。“唐宋八大家”中的苏辙，早年任筠州“盐酒税”时，就写过“采茶户外蒸黄叶”的诗句。相传每当春暖花开的采茶季节，茶农们要举行一种“开茶园”的仪式，人们总要敲锣打鼓、载歌载舞地庆闹一番。那些红褂子、绿裤子、辫梢上系着红绳子的采茶女，一个个背着竹篓，边象征性地采着新茶边唱：

哥在锦河撒渔网，妹在山间采茶忙。
鱼虾新茶长街卖，换来钱粮度时光。

那清脆甜润的音韵，系在春风的游丝上，悠悠然地在锦河两岸飘荡着，飘荡着……飘荡了八百余年。到了清代时，已发展为颇具特色的民俗歌舞样式。对此，清人李调元的《粤东笔记》载曰：岁之正月，饰儿童为彩女，每队12人，手持花篮，篮中燃一宝灯，罩以绛纱，以緪为大圈，缘之踏歌，歌《十二月采茶》。歌词唱道：

二月采茶发芽，姐妹双双去采茶，
大姐采多妹采少，不论多少早回家。
三月采茶是清明，娘在房中绣手巾，
两头绣出茶花朵，中央绣出采茶人。
四月采茶茶叶黄，三角田中使牛忙，
使得牛来茶已老，采得茶来秧又黄。

“采茶灯”歌舞最早就是在欢快的茶园劳动中产生的，当它发展成一种优美完整的歌舞样式后，才更为广泛地流传。清代末年，它一面广泛地流传于江西、福建、浙江的广大茶区，一面又逐渐向戏曲转化，成为风行一时的“采茶戏”。

◆ 陕北人日闹秧歌

正月初七为人日，在陕北延安，人日一过，就开始闹秧歌。这是一年一度村社活动最集中的一段时间。男女老少，一个个喜气洋洋，把锣鼓家什从库房里抬出来，带到村里较高的硷畔上猛敲一顿，招人组织秧歌队。“锣鼓响，脚片痒”，在家里排练过一个冬天的人，谁肯错过这个机会?

秧歌队组织严密，伞头一般充任队长。旧时，闹秧歌的多为男人，如今，女子也可以上场了。现在假如一支秧歌队里没有妇女，那真是不可思议的事。闹秧歌有俗规，不管谁家姑娘，只要上了场，家长就不能叫她回去，否则败了大家的兴，人们就会认为此人“生分”。秧歌队里，不分老少、爷孙、父子、夫妻均可同台演出，与“天”同乐。秧歌队所到之处，均有人负责接风，一杯淡酒洗尘，能激发演员十足的劲头，拿出最好的招数表演。

延安秧歌流派众多，但基本由踢场子、打腰鼓、扳水船、跑竹马等组成。一台秧歌有很多角色，根据不同要求，每人可随便扮演。服装极为简单，随身衣服，腰里扎一根红绸子，女角多一把扇子，头饰多为彩色纸折叠的缨子。但也有少数角色不能改变，如天官、春官等。丑角由性情活泼者扮演，如县官、蛮汉蛮婆。蛮汉蛮婆着白衣，大红裤子，手执笤帚当扇，提一个油葫芦，走路丑态百出，以逗人发笑为能事。另有马牌一双，多由性情暴烈的壮汉扮演，手执拂尘，面目涂黑或红，长须阔嘴，在队前队后扭摆跳跃，防止人群拥挤而冲散队形。队后常有一老乞丐，以一木棍挑一件破羊皮袄，蹒跚而行。

据说，秧歌起源于春秋时期，本有迎神驱邪的意义，现在则已演化为一种吉庆活动。白天，秧歌队主要是转院拜年。每进一家院子，伞头就要根据四周事物，进行即兴创作，编出秧歌祝词。伞头将伞轻轻一摇，锣鼓点落下，嘹亮的歌便随之而起：

走了一院又一院，这是一户庄稼汉，
五谷丰登太平年，大圈子圪堆小囤子满，
哎嗨咿呀嗨，大圈子圪堆小囤子满……

唱罢，锣鼓声又响起，主人则放鞭炮相送，秧歌队转院继续进行。转院拜完年后，还要拜牲口圈、拜庙、拜煤窑等。

傍晚，人们吃过晚饭，场地上点起几堆篝火，点起几个油灯，秧歌队就入场表演。随着锣鼓声的节奏，演员们左回右旋，翩翩起舞。最热闹的要数一个场里有几家秧歌队同时表演，互相斗阵。此时，场上既有粗犷豪放的北派场子，又有细腻轻柔的东路秧歌，还有古朴原始的南路秧歌，真是流派纷争、各呈异姿，令人目不暇接。这种被誉为中国最原始的摇摆舞蹈，优美高雅，演员的全部情绪都靠身段的扭摆来表现，臀部的左扭右摆、带动着脚步左右节奏的移动，进一步、退半步，妙趣无穷。参加斗阵的各派秧歌队，此时情绪特别高涨，他们一队队都努力献出自己的拿手好戏，演员身段的摇摆与臀部的扭动，其幅度往往倍于常时，动作既夸张又和谐、既奔放又轻柔，烈时如野马脱缰，柔时似雏燕戏水，锣鼓咚咚，铙钹锵锵，慢慢地把场地秧歌的斗闹活动推向高潮。此时，不论演者、观者，都已被沉浸于浓重热烈的艺术氛围之中，整个心灵在经受着一次美的洗染。许多观者，在鼓点的催动下，往往会情不自禁地手舞足蹈起来，几近忘乎所以的境界。

场地秧歌要一直斗闹到深夜十一二点钟才慢慢收场，这是多么令人亢奋的情景啊！如果让清人柯煜再世，一定会吟起他的《竹枝词》：

秧歌小队闹春阳，毂击肩摩不暇狂。
人说太平行乐地，更须千步筑球场。

◆ 练功壮威盾牌舞

在浙江、江西、福建一带，民间每逢迎神赛会、元宵节庆，或祠庙竣工、桥道开通等重大喜庆活动时，往往要跳演一种名为“盾牌舞”的民俗舞蹈，以此来娱神驱鬼和娱人祈福。

盾牌舞，多在场地上表演。参舞者多为年轻力壮的汉子，每队16至32人不等，另有旗手一人，乐队若干。舞者一律打绑腿、扎腰带、穿武士服，显得干练威武、精神抖擞。表演开始，先由“先锋号”吹奏：“啊嘀嘀嘀，啊嘀嘀嘀——”紧锣密鼓继之：“匡冬匡冬匡冬……”如此闹腾一番后，号声再起，旗手踩着鼓点上场，前滚翻、后滚翻、前空翻、后空翻、打劈岔、扫堂腿；然后舞旗，先慢舞，再快舞，再越舞越快，越舞越快。当那色彩艳丽的旌旗被舞成一团飞旋的彩雾时，“喳——”的一声，几十名壮汉半数手执长件兵器、半数手执盾牌短刀，吆喝着冲杀上场，再“喳！喳！喳！喳！”连喝四声，全部列队立定。旗手退场，舞队在锣鼓唢呐的伴奏下，边舞边表演走阵、对练、奔袭、对打、凯旋等情节，使整个舞蹈逐渐地推向高潮。

走阵，是“盾牌舞”的必备程式，常见的阵式有：摆城门、摆鸳鸯阵、摆偃月阵、摆方阵及走“八”字。四开门、剪刀股、青蛇溜等，表演时各种阵法穿插进行，几十条壮汉时走时奔、时缓时急，并不时地发几声“喳！喳！”的呼叫，显得威严雄壮、士气高昂。场上的阵势则时闭时启、时聚时散，变化有序，开合有致，充分体现出一种“堂皇之旗、正义之师”的豪迈气概，很能激动观众的情感。

对练，则有集体的列队对练和分散的一对一、三对三的对练。集体和分散，只是上场人数和队形上有所变化，但都要求动作整齐，步调一致。对练表演常见的项目有枪对盾牌、刀对盾牌、棍对盾牌、流星锤对盾牌、叉对盾牌、矛对盾牌、流星枪对盾牌等。这时，场上只见刀光剑影、喳声震天，你杀我挡，煞是热闹。

奔袭表现的是将士列队偷袭敌营时的情景，这时，鼓点轻促、舞步轻捷，场上充满一种紧张、肃穆的气氛，尤其是当几十名壮汉运用“矮子步”走阵时，观众无不静心息气、肃寂无声，完全为那高超的艺术手段所慑服。奔袭时也要走阵，但阵势多以长蛇溜，走“八”字为主，步法短促迅捷，有一溜千里的滑动感。

接着就是对打，其舞姿、阵法、队形和打法与对练时基本相似，只是场面更为热烈刺激。在疾风骤雨般的锣鼓声中，舞者除表演常规的盾牌打法和套路外，还充分地发挥了盾牌的遮、堵、挡、顶等特长，吸取南拳接、滚、腾、扑等技法，几十条壮汉你进我退、你攻我守、时打时接、时腾时扑，剑影刀光，杀声满场。观众如同置身于真实的古战场中一般，有许多好动者，不由得摩拳擦掌，真想进场助上一两拳才能过瘾。

对打完毕，旗手再次上场舞旗，乐队奏起“将军会”和“得胜令”等曲牌。舞队在旌旗的导引下，踏着欢快的舞步上场，先在鼓乐的伴奏下走阵，再以整齐的队列跳集体堂舞，舞时持刀枪者用力震动手柄，使刀枪上的铁环发出“朗朗朗朗”的撞击声；持盾牌者则以刀击牌，击发出阵阵“噼啪噼啪、噼啪噼啪”的脆响，气氛高昂、热烈。最后，舞者通将兵器盾牌高举过头，边舞边喊“喳！喳！喳！喳——”盾牌舞在一声撼天动地的“喳”字声中宣告结束。而观众的情绪则完全被这一声“喳”字所震慑；全场肃静，一刹那后，才爆发出阵阵热烈的掌声和欢呼声。盾牌舞虽结束了，但观众的情绪却很难一下子稳定下来，许多人还迟迟不肯散场呢。

关于盾牌舞的起源，民间相传与民族英雄戚继光有关。相传明朝嘉靖年间，戚继光兴兵抗倭，在南方练兵时，特别注意训练士兵的“武艺”并编了“盾牌舞”让士兵演练。戚继光平定倭寇后，许多士兵就在浙江沿海地区安家落户，并把“盾牌舞”带到了民间。后来，人民为了纪念戚继光，每逢节日就要表演“盾牌舞”，各县之间还要进行“盾牌舞”比赛。久而久之，在迎神赛会、元宵佳节及重大喜庆活动中跳演“盾牌舞”就成了浙闽赣地区的一种习俗，历代相传。

其实，“盾牌舞”的产生应该比明代更为古远。它最早的源头应为汉代以前就出现的“干戚舞”。在浙江海盐出土的古汉墓中，有“干戚舞”画面的古砖，画上的舞者左手拿盾，右手舞斧，成弓箭步。动作与现在“盾牌舞”中的出剑动作十分相似。到了宋代，则有“舞蛮牌”，据宋人孟元老的《东京梦华录》记载，“舞蛮牌”时有变开门、摆偃月簿阵法，有两人出阵对舞作击刺之状的舞法和以枪对牌之类的打法等，已与现在的“盾牌舞”极为相似。所以，“盾牌舞”当是继承远古的“干戚舞”、宋代的“舞蛮牌”，以及历代帝王歌颂武功的“武舞”这一脉传统发展而来的民间“武功舞”。至于人们愿意把它的起源与戚继光抗倭联系起来，一方面说明戚继光可能真的用此舞练过兵，另一方面也表明了人民对民族英雄的深深敬爱之情。

◆ 浙东盛演莲子行

在浙东山区，每逢有佛殿开光、迎神赛会及接龙求雨等重大的民俗仪典，总要出演一种名曰“莲子行”的集体舞蹈。

莲子行是一种边行边唱边舞的民间舞蹈，演出者系清一色的壮年男子，人数多则几百，小则十几，由“舞头”“执碟”“执板”及“七姐妹”组成。舞头手执开口龙头或莲厢，系整个舞蹈的领舞者。执碟和执板分别手执瓷碟和竹板，接一定节律踏步击打，尾随于舞头之后。“七姐妹”人数不等，系整支舞蹈队伍的主体，表演者一律男扮女装，为村姑状：身着黄底紫边的对襟上衣及白底花裤，头扎白色毛巾，脚裹灰色绑腿，肩背大刀宝剑，在瓷碟、竹板的击打声中表演甩刀、击剑、攀山、爬树等舞蹈动作，显得既威武又滑稽。整支队伍以踏步为基本步法，有踏步挥打、踏步出碟、踏步打板与踏步杂手等。队形则时而“八”字，时而直“二”，时而斜“二”，开合有致，变化多端，节奏明快简洁，动作奔放有力，总体上体现出古朴、粗犷的艺术风格。

莲子行除舞以外，还有唱。唱词多为民众所喜闻乐见的历史故事或传说，而尤以歌颂历史人物为多，常见的有李世民、刘玄德、秦琼、岳飞等，有时也掺杂盘古、女娲、大禹等神话传说。唱分领唱、合唱、轮唱等，有高有低、有独有众、有分有合，节奏铿锵有力、变化有序。有时领唱者还可进行即兴创作，随编随唱，更是诙谐风趣，引逗得围观者捧腹大笑，达到娱乐的目的。

关于“莲子行”的起源，民间有两种说法，一说是源于明朝正德年间。当时正是太平盛世，明武宗游江南，遇一对民间女子：红芍药与白牡丹，貌似天仙、漂亮异常，就一见钟情，恋恋不舍，留于客栈，一住就是半年，竟忘了朝廷国事。为此，朝廷大臣、皇亲国戚设法遣御林军扮成村姑农夫，一边表演“莲子行”，一边寻访武宗皇帝，借此找遍江南，终于寻到皇帝，护其平安回宫。而“莲子行”也就流传下来。另一说是起自清代。相传清朝末年，政治腐败，国权丧尽，百姓生活悲惨。

人们不满清政府及洋鬼子的欺凌，忍无可忍，揭竿而起，终于爆发了轰轰烈烈的“义和团”运动，竖起反清灭洋的大旗。浙东农民，为响应“义和团”运动，纷纷起事，并用说唱、卖艺等形式串联民众。“莲子行”也便应运而生。后来，起义军虽被朝廷镇压，但“莲子行”却得以流传，民间每逢节日、庙会，就成群结队，广为演唱，里面还真有点爱国主义的因素呢。

◆ 娇童美女抢姑娘

河北井陉一带，流传着一种名曰“拉花”的自娱性民俗活动。有趣的是，在当地方言中，“拉”即抢的意思；“花”则是指姑娘，“拉花”就是“抢姑娘”。

井陉拉花，常见的是娇童美女戏装打扮，在器乐的伴奏下，成双成对地“扭”出粗犷写意、生动谐趣的种种情节，达到自娱娱人的目的。它糅合了舞蹈的节律、戏剧的身段、杂技的奇险和武术的步式，形成一种综合性的民俗娱乐样式。而就其表演特征看，应属“百戏”的范畴。

作为“拉花之乡”，井陉城乡除农历新年至元宵这期间要大“扭”拉花外，平日的庙会上以及劳作之余，也非要扭上几段不可。

扭的规模可大可小，时间地点随机而变，乡民们只要听到拉花的音乐，就会一个个不由自主地扭起来，直到尽兴方休。

井陉拉花的情节，以“抢”“拉”为主，其动作则体现山区山高路峻行走难的地域特点，或高抬腿，或左右晃，前走后退，时上时下，无一定程式，只要上身突出一个“扭”字便行。扭的部位多在肩膀、胳膊、腰肢和胯部，上下协调，节奏准确，男女配合默契：男角甩臂、吸腿、屈膝、稳落作骑马式，女角则晃身、摆臂、扭肩、滑脚作酥倒科，一个个浑身扭动，贯穿始终。

拉花所伴奏的乐器，以管乐和打击乐为主，有笙、笛、大管、小管、云锣、手鼓、小钹、小堂子等，常见的乐曲有《蜡梅花》《小二番》《万年欢》《雁南飞》等三十多种，大都节奏明快、爽朗活泼、粗犷奔放、古朴诙谐，具有浓重的乡土气息。

说到拉花的起源，当地有这么个传说，早在金、元时代，井陉绵河西岸驻有重兵，这个区域外的出区则有强寇占山为王，兵寇对峙、尔来我往，百姓深受其苦。当地乡民，男为逃兵灾，女为避淫辱，只得双双出走，男女相依为命，扮作娇童美女，四处卖艺为生，久而久之，便形成了拉花。

另一种传说，当时有一班练武习艺的青年，欲为民除害，巧扮作娇童美女，在山寨边打情骂俏，诳强寇抢他们进寨，趁机平了寇乱。乡民为纪念他们的功绩，便学他们的样，男男女女、成双成对地载歌载舞，打情骂俏，以示庆贺，传得久了，便成了习俗。两种传说虽各异其趣，但都体现了当地乡民对苦难历史的记忆。寄寓着希望天下太平、生活安定的良好愿望。同时也告诉我们，拉花的起源有着悠久的历史。

井陉拉花发展到现在，已演化出十多个种类，常见的有文拉、武拉、戏拉、俊拉和丑拉等。文拉花文雅端庄、柔中有刚，武拉花舒展大方、酷似武术，戏拉花脚蹬术跷。戏装打扮，俊拉花扮相俊美、动作优雅，较多地杂有舞蹈、戏剧、武术和杂技的成分，有较高的艺术性。唯有丑拉花，动作简便滑稽、扭者插科打诨、随机应变，显得幽默风趣，最能逗人捧腹，由于它较多地带有原始色彩，也最受乡民的欢迎。

◆ 南粤民乐锣鼓柜

腰鼓声圆若插鼗，
临风低唱月轮高。
玉容无限婆娑影，
不是狂奴兴亦豪。

清人吴长元的《燕兰小谱·花鼓戏诗》写的是我国北方民间的“打花鼓”音乐表演习俗。“打花鼓”，据《东京梦华录》载，是“三数人为一伙，装妇人鬼神，敲锣击鼓巡街市或入家搬演”。与此相似，在广东南部的化州一带，则流行着一种叫“锣鼓柜”的民俗音乐表演形式。逢年过节、或婚嫁庆典等喜庆日子，民间艺人便咚咚锵锵地敲起锣鼓、呜呜嘀嘀地吹起号子，去助兴、去欢娱，以增添欢乐的气氛。

锣鼓柜，又叫八音班或旺堂班，是一种融曲艺、民乐于一体的鼓乐组合演出。吹打弹唱，八音俱全。它的表演不受时间、场地的限制，不需舞台、不需广场、不分城乡，主要是在街市行进中表演，或在乡间村头屋巷行进中表演，有时也可停留在某一场院表演。行进时，锣、鼓放在一个形如长柜的空格里，前后由人肩扛着。击鼓敲锣者，一面跟着走，一面演奏。大小唢呐和铜钟演奏者，跟在柜子旁边。其他管弦乐手，则列队随后而行，十数人组成合奏的队伍。八音班所用的乐器，主要为大、小唢呐，呜呜哇哇，浑厚雄亮。其他伴奏的丝竹弦索，因乐手而异，可多可少。各种乐器，都饰以红绸或锦穗，很是醒目。锣鼓柜也制作得很美，一般用上等木料打制，有的还雕、漆以各种花纹，如龙凤、花鸟等等，柜顶盖着遮阳黄布，穗丝垂挂，十分好看。

有时，锣鼓柜也入屋表演，如拜岁、贺堂等，尤其是每逢元宵佳节，这种拜贺之风最盛。表演时不仅演奏传统鼓乐，还表演粤曲及富有时代气息的曲艺节目。表演者不仅有男演员，也有如花似玉的女演员。没有女演员的班，则由生相清秀的男演员男扮女装。八音表演者，打扮得英姿飒爽，非常威武，或穿古装戏服，或穿时装舞服，显得古朴、大方、浪漫。

锣鼓柜表演班所奏的音乐，一般是梆子二黄、广东小曲，如大小开、大小送子、六国封相等流行古调，有时也吹奏现代歌曲，如行进中吹奏的进行曲，场地表演时吹奏的流行歌曲等，既有传统，又有创新，颇受群众喜爱。

锣鼓柜在广东化州，现有五十余班，其中以化北的平定镇、化南的南盛镇及化州镇、同庄镇等地最为活跃。近代以来，这种民间娱乐形式已遍及广东各地，香港一带也颇为盛行。

◆ 凤阳花鼓行全国

旧时，江南一带，每到冬季，经常可以看到唱“凤阳花鼓”的。一个女人敲鼓、一个女人鸣锣，“咚咚锵、咚咚锵”地奏上一阵后，看看围聚的观众渐渐多起来，就咳咳嗓子，边击锣鸣鼓边演唱起来。歌词唱道：

说凤阳、道凤阳，凤阳本是个好地方，
自从出了个朱皇帝，十年倒有九年荒。
有钱人家卖田地，无钱人家卖儿郎；
奴家没有儿女卖，背起花鼓走他乡。

其曲调婉柔动听，歌词也哀怨感人，听者大都会心情激动起来，生出些爱怜之意，有的甚至还会流几掬同情的眼泪，至于慷慨解囊，掏出钱来救济一番，那就更不在话下了。

据说，唱“凤阳花鼓”的，并非凤阳地方真的闹饥荒而外出卖唱谋食，岁熟年丰时，她们也照唱不误。外出卖唱只是她们的一种职业。不过，凤阳一带民间妇女外出唱花鼓这一职业的形成，据考倒真的跟凤阳籍的明朝开国皇帝朱元璋有关。

明朝初年，大乱甫室，百废待兴，北方尤其衰败。朱元璋为了恢复北方经济，振兴因兵祸衰败的地区，先是下令：“着浙江等处及直隶（今南京）府州市民，见丁出钱，买马往北地当驿站。”此令一下，于是兵部派员到杭州、湖州、严州、衢州、金华、绍兴、宁波、直隶、徽州等地，强令有钱富民出资买马，举家迁往凤阳到郑州一线，担当驿传劳役，称为驿户。以后，朱元璋又几次下令，强迁江浙富户移民北方，其中皇帝老家凤阳一地，就充实了杭、嘉、湖、苏、松五府迁去的富民十四万户。

这些生长于江南鱼米之乡的百姓，一下子到了荒僻州县，哪能适应？他们朝思暮想重返故乡，但朝廷明令禁止“逃归”，所以，只好在冬季借口年荒，装成逃荒的乞丐，男女老幼，成群结队地行乞潜回故乡，扫墓省亲，过了年再凄然离去。年复一年，竟成习俗，并且形成了北方妇女以唱“凤阳花鼓”为谋食的职业。明初诗人贝琼的《己酉清明》诗云：“有酒谁浇千岁魂，子孙尽发濠州往”，说的就是这一史实，并对迁户者的遭遇表示深切的同情。

明末清初，这种本为凤阳一带妇女所专有的职业性“凤阳花鼓”，已被各地的“出会”活动所吸收，逐渐地发展成为年岁节庆及迎神赛会时所出演的歌舞百戏中的一种民俗舞蹈。如江浙地区旧时的庙会活动，据《东阳风俗志》记载，要“将庙中佛像抬出，或另塑小佛像，放于形如亭阁的佛轿中绕街游行。佛轿前香灯引路，乐队开道，继以纸马、神像、旗队。佛轿后，有十字莲花、讨饭莲花、十二花名、七朵花、八洞仙、打花鼓、骆驼班、踩高跷、高抬阁、打霸王鞭、舞铜钿剑、跳大头舞等十数种仪仗，最后由狮子班、罗汉班压阵，队伍浩浩荡荡，热闹壮观”。其中的“打花鼓”，同书载曰：“打花鼓，妇女若干，装扮成‘大脚婆娘’，边走边演‘凤阳花鼓’，俗称之为演‘凤阳婆’。”既然是装扮，“凤阳婆”的角色必然是由当地民间女子饰演，由当地的小脚女人饰演“大脚婆娘”，其中的谐趣是可想而知的。又如北京地区的正月十九白云观“燕九之会”，其仪仗中也有“凤阳花鼓”的演出，对此，清人孔尚任、陈于王、袁启旭等人的《燕九竹枝词》都有吟咏。孔尚任咏曰：

秧歌忽被金吾革，袖手游春真可惜。
留得凤阳旧乞婆，慢锣紧鼓拦游客。

陈于王咏曰：

小儿花鼓凤阳调，士女周遭拍手笑。

又有一班装更奇，十番车上诸年少。

袁启旭咏曰：

秧歌初试内家装，小鼓花腔唱凤阳。
如蚁游人拦不住，纷纷挤过蹴球场。

另外，旧时的北京，还有名为“打连厢”和“十不闲”的歌舞百戏，当与“凤阳花鼓”有一定的渊源关系。清人兰冬生《侧帽余谭》谓：打连厢，“盖一二雏伶，乔扮好女郎，执檀板，且歌且拍”。清人郭尧臣的《江湖杂剧》中收有“打连厢”的唱词，其词曰：

十年倒有九年荒，惭愧人人说凤阳。
板凳一条骑槛坐，大家来听打连相。

清人李声振的《百戏竹枝词》“十不闲”条载曰：“十不闲，凤阳妇人歌也。设一桁，若簃架然，上铙、鼓、钲、锣各一，歌毕，互击之以为节，名打《十不闲》。”并有诗咏曰：

铙鼓钲锣备特悬，凤阳新唱几烟鬟。
问渠若肯勤蚕织，何事夸人十不闲。

清代以后，“凤阳花鼓”已随凤阳妇女的足迹行遍全国各地，并进入东南亚地区，与当地的民俗活动结合，发展成独具特色的民间文娱项目，而受到广大群众的欢迎。

◆ 引吭高歌信天游

哥哥走来妹妹送，眼泪滴在大门道。

山又高来路又远，照不见哥哥照山岭。

百灵子过河沉不了底，三年五载忘不了你。

有朝一日见了哥哥的面，知心的话儿要拉遍。

这是一首妻子送别丈夫时唱的“信天游”。

信天游又叫顺天游，是广泛流传于陕北的一种民歌。顾名思义，它是信口而出的，形式自由活泼，曲调种类繁多，陕北人民十分喜爱唱。老乡们下地干活、上山放羊、进林子砍柴、赶毛驴拉煤，心有所感，便放开喉咙唱起来。它两句为一节，每句字数不固定，一般以七字句为主，上句写景状物，下句抒发情感。其音调高亢，节奏舒展、悠扬起伏，是一种富有高原情调的民歌。

陕北民歌是很丰富的，除了“信天游”，还有四季歌、五更调、揽工调、酒歌、吆号子、探家调等。20世纪40年代，佳县农民李有源编唱的《东方红》，用的就是探家调。由于它表达了人民热爱毛主席、共产党的真挚感情，曲调优美，易于上口。很快就流传开来了。

陕北信天游，情歌数量相当丰富。过去恋爱、婚姻不能自主，青年男女便用歌声来表达对封建婚姻的不满和对爱情的追求。此外，从前陕北农民生活十分困苦，男子成群结队到内蒙古、宁夏给人家揽工，当地叫“走西口”。他们一去经年不归，留在家里的妇女，思念丈夫时，或手摇纺车、边摇边唱，或聚于硷畔、低吟浅唱，抒发她们对远方亲人的眷念之情。她们的歌唱，是陕北民歌中最动人的一部分，例如：

豌豆开花一点红，拿针缝衣想哥哥。

想哥哥想得见不上面，口含冰糖也像黄连苦。

大河没水养不住鱼，妹子离不开哥哥你。

一对百灵子钻天飞，多会儿盼得见上你。

现在，信天游又兴盛起来。

◆ 莲花山上闹花儿

农历六月，我国南方正逢盛夏，骄阳似火，暑热酷人。工余，人们摇起蒲扇，躲到树荫下、巷弄边，避暑纳凉。若要娱乐，大不了三五人凑成一堆，说说笑话猜猜谜，艰难地打发时光。而在这时，西北临夏一带却气候宜人，举世闻名的莲花山花儿会便闹开了：

半天的日头半天的雨，滴流水淌在院里。
端起个饭碗想个你呀，尕妹妹呀清眼泪淌在个碗里。

精壮剽悍的小伙子们扯起脖颈，以高亢激昂的歌喉，向姑娘们表露着自己的心迹。

高山顶上的山丹花，香味儿，长长久久地飘着，
啊哟，香味儿长长久久地飘着。
亲亲热热地说下的话，你把它实实落落地记下。

姑娘们则勇敢地接过歌头，以婉转悠扬的曲调与他们一首又一首地对唱起来，递过去自己火辣辣的恋情。

此伏彼起的歌声把莲花山淹进了欢乐的海洋之中。莲花山，位于甘肃省临潭、临洮、康乐之间，是座海拔3700多米的石山，五尊宛如花瓣的山峰，组成一朵出水芙蓉，千姿百态，俊丽妩妍。自古以来，她吸引了无数的诗人、画家，留下无数赞美的诗画。而最具魅力的，倒是一年一度的“花儿会”，早已风闻全国，震荡五洲，常常能引来成千上万的“采花”人。

“花儿”又称“少年”，多么美妙的名字。它是流传在西北高原的一种民歌，因为对歌时男方总是亲昵地称女方为“花儿”，女方称男方为“少年”，因而得名。它的音乐曲调时而高亢豪放、时而悠扬婉转，

不仅在汉族，而且在这一带的藏族、回族、土族、东乡族、保安族等民族中也广为流行。人们不仅在平时唱，而且在每年春播之后、秋收之前，也举行大大小小的“花儿会”。莲花山花儿会是其中规模最大的一次。届时，各路歌手云集，拦路对歌，登山会歌，常常聚有数万人，热闹非凡。

整个“花儿会”包括拦路、对歌、游山、敬酒、告别等程序，都在优美的歌声中进行。许多男女青年便借此机会表示倾心爱慕之情。

六月初一，各地的歌手们就陆陆续续地向莲花山麓的枳古川会聚。参会的歌手，一般由男女10人左右组成临时的“花会班子”，由一位才思敏捷的“串把式”即兴编词，二三个歌喉嘹亮的歌手轮番领唱，待唱到“花呀莲叶儿”时，所有人都同声应和。每次“花儿会”，这样的班子总有几百个，有时甚至上千个。

六月初二，“花儿会”开始，各路歌手云集，一路上主人设下重重“关卡”阻拦，歌手对歌酬唱，必须一一唱答了主人的问题，才能过关。在唱答中，回答得很好，听众就要以红绫一匹相赠，俗称“挂红”。如果回答不好，或答不上来，那就输了，得自动退场，让别的歌手上场唱答。

歌手们即兴创作的才华是令人赞叹的。他们出口成章，见景生情，上至天文气象、下至山川地理，大至国家、小至家庭，一问一答，颇有情趣。他们唱时，有时激昂，有时抒情，有时唱中有笑，有时笑中有唱，对答如流，妙趣横生。

主人们设卡的方法也是很有意思的，他们用马莲草拧成长绳，放在歌手经过的路上，以拦路对歌。被拦者必须停下来唱上一支歌，才让通行，即使是前来采访的记者、作家、摄影师，也毫不例外。那些打着花伞、摇着彩扇、牵着马莲绳的本地男女歌手，见到远方来客，就会以动听的歌喉相邀：

远方来的歌把式，把你的嗓门试一试；

各地来的好唱家，把你的歌喉亮一下；
马莲绳绳拦着了，欢迎你们把花儿唱开吧！

按习俗规定，如果对不上歌，就得从绳下钻过，要不就得罚糖。初三清早，歌手们就从枳古川出发，攀登莲花山，开始游山对歌。人们三五成群，打着阳伞，摇着彩扇，边走边唱，漫山遍野都撒满了歌声：

莲花山上风光好，苍松翠柏山花俏，
水帘洞伏天冰不消，山腰里云彩拱的桥。

所唱大多是触景生情的“散花”。就这样，歌手们一路：“散花”，从山脚唱到山顶，沿路所见所闻，一草一木，都被他们唱了个遍。若还不尽情，就演唱“整花”。“整花”就是唱历史故事，如《三国》《西游记》《杨家将》等，这些故事在花儿中世代相传，深受群众欢迎。唱得最多的当然还是情歌，从拦路歌开始，到问答歌、相认歌、叙情歌、送礼歌、联欢歌、祝愿歌、离别歌等，大多是歌唱男女爱情的。有时天公不作美，淅淅沥沥地落些雨点，但这丝毫不会破坏歌手们的兴致。他们打着伞，冒着雨，沿着泥泞的山路，引吭高歌，向山上攀去。夜晚，大家就围着篝火，夜以继日地对歌，悠扬动听的歌声此伏彼起，彻夜不息，令人陶醉。

初四清晨，人们才开始下山，伞把上、草帽上都插了一支枇杷叶或松柏枝，姑娘的发辫上还戴了一朵杜鹃花，这是登山归来的标志，是人们引以为自豪的。

下山以后，人们开始向王家门沟进发，沿途30里，边歌边行，与沿路各村庄的拦路者对歌。

初五夜里，王家门沟到处篝火通明，人们三三两两地聚在一起，尽情欢唱：

我俩的心病投了缘法了，唱着唱着缠到一搭了。

有情之人，就这样唱着唱着而成了眷属。

初六早上，人们来到花会的最后一个会场，紫松山下。好客的主人在树口拦起马莲草绳，端出一碗碗美酒，对唱最后一次拦路歌。敬酒以后，双方又摆开阵势，进行对歌。唱够了，喝足了，时间也差不多了，就唱首离别歌：

美酒喝下记心里哩，听见歌声人不见哩，

来年麦黄我招手哩，歌场对歌再相会哩……

这时，日落西山，夜幕降临，人们怀着依依不舍的心情，挥手告别，以歌送行。一年一度的莲花山“花儿会”圆满结束，人们还沉浸在美妙的旋律之中。音乐陶冶了人们的性情，沟通了人们之间的感情，振奋了生活的信心，难怪人们那么喜爱它。正如一首歌儿所唱：

花儿本是心上的话，不唱是由不得自家，

刀子拿来头割下，死不了还是这个唱法。

关于莲花山“花儿会”的来历，当地的传说更是优美动人。相传古代有仙人广成子云游到此，莲花仙女跟随而来，爱上了当地一个劳动青年。她因此犯了天规，被打落凡间，化为一座莲花山。百姓们听说此事，顿生敬慕之心，为莲花仙女修庙立像，以作纪念。当庙宇刚刚建成，人们商议该如何庆贺时，忽闻天上悠悠然传来歌声，莲花山的姐妹峰上出现了一对情人，小伙子手摇彩扇，姑娘手拿莲花，在青山白云间翩翩起舞，那歌儿每一段都拖着“花呀，莲叶儿”的尾声呢。这天正是农历六月初一。于是人们就做出决定：每年六月初一到初六日到莲花山举行“花儿会”，让姑娘小伙唱起“花呀，莲叶儿，”用歌声来纪念那美丽、善良的莲花仙子。

◆ 古县合阳说花花

位于渭北高原的合阳，流行着一种俗称“花花”的民间娱乐活动。无论是风土人情或国事家常，几乎都可以在“花花”中找到痕迹。别具异趣的是，这种被称作“花花”的娱乐活动，只念不唱，是一种地道的“说”的艺术，但又有别于山东快板、北京相声。“花花”长的有几百句，短的则两三句。有的词句工整，像唱词，有的字数不一，似顺口溜。从表演形式来看，大部分“花花”由单人说，但也有二人、三人联说，有时还分开角色，如同演戏一般。

说起“花花”的起源和成因，也许年代久远已难以说清了。但说起“花花”的作者和传播者，她们主要是农村妇女。旧社会，妇女的生活是最苦的，她们像牛马一样承担着沉重的家务劳动，一年到头难得有几个欢乐的日子，所以对过年、“看忙罢”等节日看得格外重。农村文化生活贫乏，农村妇女又大多是“睁眼瞎子”，几年看不上一回戏。漫长的冬夜里，一灯如豆，纺车嗡嗡，用什么来消除寂寞？只有“花花”。受了委屈，无处申诉，用什么形式一吐为快？也只有“花花”。农村妇女需要这种不花钱、不受任何限制又带有娱乐性的艺术形式，“花花”便应运而生。

合阳人说“花花”、演“花花”，“花花”成了他们的生活伴侣。孩子们打记事起所接触的“花花”，往往就是“说花花，道丽丽，老鼠拉你四姨姨……”走进民间艺人的“花花”世界，如同展开一幅渭北高原古朴的风俗画卷，称得上是民俗活动中的《清明上河图》。婚丧、生育、过节、走亲戚，凡属礼仪性或庆典性的民事活动都离不开“花花”，民间艺人更是从中搜集素材，进行创作。比如新郎娶媳妇举行婚礼，新人进了房，按规定的方向在炕角坐好，撒核桃枣的姑姑或嫂嫂来到了，她面带笑容，用好听的声音念着：“一把核桃一把枣，两口子打架可不敢恼。吵了恼了甭计较，转个弯儿可好了。扔个匙匙，过年生个儿子。扔个筷子，生个太子。扔个油花，生个毛娃。扔个木头墩墩，给他爷生个孙孙。棉扫帚、掉一掉，儿女跑一院。棉扫帚、拍一拍，儿女跑一堆。”优美的动作，动听的声调，加上你争我抢的小把戏们的喧闹，更增加了婚礼的喜庆气氛。

通常“花花”的作者同时又是表演者，他们自编自演，自娱自乐。情趣盎然、充满浓郁乡土气息的“花花”，多采用幽默风趣的艺术手法，他们从不板着面孔去叙述自己的喜怒哀乐。即使是不顺心的事，表现在“花花”里也是别有风味，妙趣横生。比如拜年本来是件欢乐的事，“作家们”却话锋一转，不说自己在娘家受到的隆重接待，只说自己在布满冰雪的路上如何跌得一身泥，新衣服弄脏了，非但不恼，却高兴地笑了，从反面衬托出去娘家时急迫而又喜悦的心情，比直说更有味儿。娘见女儿跌了一身泥，拿上拐杖要打女婿，女婿却满面笑容地说：“丈母娘，甭着气，新年打女婿不顺事。过了初五你再打，保险叫你出了气。”常常是念到有趣的地方，念的人先情不自禁地笑出声来，听的人也跟着哄堂大笑。笑声中，忧愁和烦恼丢在一边，说者、听者获得生活的乐趣，得到美的享受和精神上的满足。

三、百戏杂要风俗

◆ 万人空巷看社戏

鲁迅先生在《阿Q正传》中，曾让主人公阿Q唱过两句戏："悔不该，酒醉错杀了郑贤弟"和"我手执钢鞭将你打"。据考，两句都出自绍兴社戏中的《龙虎斗》。

《龙虎斗》是一本写忠奸斗争的大戏，在绍兴社戏中久演不衰，说的是宋太祖赵匡胤的故事。赵因义弟、大将郑子明酒醉说"兄弟要轮流做皇"而杀郑，事后反怨缪军师不阻止而逼走缪，并听信奸相欧阳方的谗言而斩大将呼延寿廷，结果被敌军围困河东达七年，这时才大梦初醒，追悔莫及，唱：

悔不该，酒醉错杀了郑贤弟，
悔不该，酒醒逼走了缪先生，
悔不该，信用奸臣欧阳方，
悔不该，屈斩忠良呼延寿廷！

后来，呼延寿廷之子呼延赞起兵雪耻，杀退外敌又欲杀赵。赵求饶不迭，许以"万里江山对半分"，遭赞拒绝。赞唱道：

不要不要全不要，

只要你昏君命一条，

我手执钢鞭将你打！

……

这本戏在绍兴社戏中演出时很受欢迎，人们百看不厌，几乎是家喻户晓、妇孺皆知，难怪阿Q那样的人也能信口哼上几句。

社戏，是古城绍兴传承已久的民间娱乐活动。“社戏”的“社”，原指土地神。我国古代把土地分为山林、川泽、丘陵、坟衍和原隰，称为“五土”，“社”就是五土的总神。早先，绍兴的每个乡镇村落都有社庙，规定春秋两季要祭社。春祭叫“春社”，为祈求一年六畜兴旺，五谷丰登；秋祭叫“秋社”，欢庆一年风调雨顺，国泰民安。祭社的日子叫“社日”。社日，是绍兴民间的重大节日，一面要设酒肉供神，一面要演大戏来祭社。这样演的戏就叫社戏。明清以降，由于徽班的流入，绍兴民间的戏班越来越多，村镇中倘有发生疫病、暴死和水火兵燹等重大灾变，结婚、寿诞、建桥等重大喜事，也都要演社戏来祈求平安和以致庆贺。社戏也由娱神娱鬼而发展为娱人为主的习俗活动了。

绍兴社戏究竟产生于何时，已不可考。但从宋代诗人陆游《稽山行》中的诗句“空巷看社戏，倒社观戏场”来看，至迟在宋时已颇为流行。明代文人张岱在《陶庵梦忆》卷六中对绍兴社戏曾有过生动的描述：

演武场搭一大台，选徽州旌阳戏子，剽轻精悍，能相扑跌打者三四十人，搬演目连，凡三日三夜。四周女台百什座，戏子献技台上。……戏中套数，如《招五方恶鬼》《刘氏逃棚》等剧，万余人齐声呐喊，熊太守谓是海寇卒至，惊起，差衙官侦问……

真是人山人海，其场面是何等地热闹！

清代以来，绍兴社戏继续发展。鲁迅先生小时候就非常喜欢看社戏，一旦看不上，便“急得要哭”，“东西也少吃”了。后来，他在《社戏》《女吊》《无常》等文章中，对社戏专门做了介绍，称赞是“很好的戏”。沿袭至今，社戏活动在绍兴仍然随处可见，丝毫不减当年“空巷”“倒社”“万人齐声呐喊”的热闹盛况。

绍兴社戏的戏台，十之八九造在土地庙前的小河里，宛然是个“水上剧院”，俗称“水台”，观众可以站在岸上看，也可坐在船上看。临时搭在陆地上的，则叫“草台”，台上蒙一张大白布，用以遮阳挡雨；另用竹簟数张把后台围起来，供演员化妆、更衣和休息。有的舞台则建在庙里；大半为砖木结构，斗拱环持，彩绘浓饰，古意盎然。在这种舞台上演戏，鼓乐声声而无烦嚣之感，别有一种古朴典雅的风味。

社戏所演的大都是地方剧种，如绍剧大班、新昌高腔、绍兴越剧等。绍剧大班表演动作粗犷，唱腔音调激越，剧烈的武打配上铿锵的锣鼓，颇具阳刚之美，特别适宜在野外广场上演出。

社戏的剧目有一定的成规，一般分“彩头戏”“突头戏”和“大戏”三部分。先是开锣“闹头场”，接下来演“彩头戏”。

“彩头戏”绍兴又叫“五场头”。第一“庆寿”，出福、禄、寿三星；第二“跳加官”，出财神；第三“跳魁星”，出主宰文章兴衰的魁星；第四“小赐福”，出天官；第五“掘藏”，俩兄弟掘着“元宝”。这“五场头”主要是表示恭喜发财、加官加爵、讨吉利的意思，也叫“口彩戏”。

演毕“彩头戏”，就是一阵紧锣密鼓，气氛热烈紧张，演出在唱、做、念、打各方面都有硬功夫的“突头戏”，如《龙虎斗》《英烈传》《双龙会》等。彩头戏和突头戏一般都在白天演出。

“大戏”即“正戏”，一般都在傍晚开始，到后半夜才散。但遇祭赛管理痨疫的“神戏”，祭鬼盼庙会，则要演“目连戏”，必须到第二天早晨才散场，观众也一定要看完才能回家。否则会把“鬼”带回去。

目连戏都在傍晚开演。演出前，台上挂满纸扎的“牛头马面”等妖魔鬼怪的面具。演出开始，先吹“目连号头”：哒嘟嘟，哒嘟嘟……其声悲切阴森，凄厉恐怖，听了令人毛骨悚然，胆战心惊。

大戏开演前，先“起殇”，先由王灵官出场，全身盔甲，正座台中。再由鬼王上场，手执召牌、钢叉，带鬼卒，奉王灵官之命去召集鬼魂。这支鬼怪队伍走下舞台，到村庄四周的野坟荒墩里“召鬼”。事先躲在那儿的孩子们，等鬼王一到，群起跟之，绕村一周后，大摇大摆地到戏场看戏。“起殇”，绍兴习俗是请鬼看戏的意思。

“起殇”结束，正剧开始，剧目通常以家庭戏为主，如《龙凤锁》《九美图》《倭袍》等，根据剧情发展，从中插入鬼戏。如演到上吊情节，就出现“男吊”“女吊”。如剧中人物处死，就演“跳无常”，活捉鬼魂等目连戏。过去看目连戏，观众害怕鬼魂也站在自己身旁看戏，所以在身上佩有桃叶、桃枝以示避邪。然而观众神情并不紧张，目连戏之间要穿插许多滑稽可笑的生活小戏，如《王姥姥数鸡》《泥水作打墙》《张蛮打爹》等，时时逗得观众捧腹大笑。村上往往备有目连戏本，有的还将戏目刻在匾上，钉在庙里。演出时，专门有人在台前监督，不许少演一折或前后相反、含混了事。突头戏与大戏比较，较难演，常有几个老人在台下对着本子监听。张岱在《陶庵梦忆》中有过这方面的记载：“一老者坐台下对院本，一字脱落，群起噪之，又开场重做。”等到演完最后一折，观众纷纷扔掉身上佩的桃叶桃枝，打着呵欠，高高兴兴地回家休息了。

社戏，在绍兴农村，还有一种叫“青苗戏”或“秋戏”的，在稻苗已抽齐、封行时演出。这时天气炎热，田水蒸发，稻田易生蝗虫和各种稻病，演“青苗戏”以驱疫辟虫，祈求丰收。演出正剧前，往往要加演《捉蝗虫》一剧，一人扮鸡山大王，与残害稻苗的“蝗虫精”搏斗。啄死“蝗虫精”后，“鸡山大王”在台上宣布：“蝗虫杀死，年成到十三成半。”于是，观众齐声欢呼，群情激昂，然后才高高兴兴地看戏。

山区的社戏还要加演《玄坛打虎》。一人扮作老虎，在台上张牙舞爪。于是伏虎的玄坛菩萨上场，搏斗几个回合，将虎打倒在地，便向观众问：“猛虎收伏，放生还是打死？”台下的山民们便高声大叫：“打死！打死！打死！”群情激愤，呼声如雷，挥拳似林，气氛热烈。

在绍兴乡村，每逢社戏，按习俗要请六亲九眷去看戏。届时，家家户户杀鸡宰鹅款待亲友，欢乐愉快的气氛和乡民们热情好客的亲昵之情，足以令人陶醉。此情此景，正如宋代诗人陆游在《游山西村》所写：

莫笑农家腊酒浑，丰年留客足鸡豚。
山重水复疑无路，柳暗花明又一村。
箫鼓追随春社近，衣冠简朴古风存。
从今若许闲乘月，拄杖无时夜叩门。

◆ 晋地娱人演对戏

在山西各地，旧时曾流行过一种颇为奇特的民俗娱乐活动：演对戏。

对戏，顾名思义，该是一种地方戏剧。然而，就严格意义上说，它又算不得是地道的戏剧。对戏在演出时，自始至终只有念白，没有唱腔。演出虽在固定的舞台上进行，但又不受舞台的限制。有固定的演员，却得靠广大观众共同合演。有一定的剧本，却常常离开剧本胡演一气。从某种角度看，它只是一种民俗游戏。

山西演对戏，大多在迎神赛会、年节喜庆及春秋两季的农闲时节进行，这时，邻近的各大村庄都搭起了临时性的戏台。家家户户置酒备菜，请来亲朋好友，孩子们则穿起了平时难得亮相的新衣新裤，乡村的大街小巷上，处处洋溢着节日的喜庆气氛。值此，“演对戏”活动就要开场了。

“演对戏”，演得最多、也最受当地群众欢迎的，是关公戏，如《过五关》《斩华雄》等。

演出《过五关》时，戏班得事先在台下备好真马、马车等物，并让若干演员到荒野乡郊或邻村戏台旁等候，以应急需。

“对戏”开演，台柱上高高挂出戏牌，告诉观众今日开演的戏名。演员勾好脸谱，着好戏装，乐队便奏起锣鼓唢呐。顿时，台上鼓乐齐鸣，台下人声鼎沸。突然，鼓点急促，人群骚动，红脸赤须、着盔披甲的关羽，手提一把大刀，一抖一抖地步上场来，只见他做了几个幅度较大的武术动作，念了一通道白后，就带着几个兵卒，一下从台上跳落，保护化好装的两位皇嫂乘上早已备好的真马车，牵过真马，骑上，再念一番道白，就策马横鞭，向旷野荒郊奔驰而去。台下的观众，则欢呼着，尾随而行，跟着看热闹。或静心下气地等待着。

这一行人马，穿过郊野，来到邻村的某个戏台，就算是到了某“关”。这时，关羽就跳下马来，跃上戏台，与早已等候在那里的“曹军守将”交战。经过一番精彩激烈的格斗，关羽将对手“斩杀”，又是一番道白后，就跳下戏台，乘骑真马，带上队伍，奔赴下一村的戏台，去过另一个“关”。如此往复五次，即代表关羽过了五关，全剧也就宣告结束。

如果是演《斩华雄》，则关羽与华雄先在台上开打，华雄抵挡不住，就从戏台上跳下，窜到观众人群中。关羽亦尾随而跳下，紧追不舍。这时，观众在一片欢笑声中，自动为他们让出一条通道。华雄则穿过人群，往村子里跑，关羽追赶。两人经过一番穿巷绕弄、过屋跨院的追逐后，再气喘吁吁地跑回戏台，重新交战。在一番紧锣密鼓声中，关羽手起刀落，“斩”了华雄，戏也就收场了。

像《过五关》一类的剧目，大部分情节是离开原先开演的戏台后完成的。那么，原先戏台前的观众，在关羽出走后不是无戏可看了吗？别担心，当本处的关羽骑着马出走后，还会有别处的关羽骑着马到本处来“过关斩将”呢。只要观众有等待的耐性，总归有好戏看的，而且仅看一本戏，就可欣赏许多个“关羽”的不同风采，真是别有情趣。

据说，旧时演《过五关》，因为要穿村过镇，演出时间竟长达十几天，有的甚至要几十天之久。而参加演出的人数，演员加观众也许可达几百甚而千人之众，这场面确实是罕见的。

山西“对戏”，民国时尚颇为流行。土地改革，尤其是农村生产资料合作化后，渐渐消失。近十年来，由于土地承包后，各地农民一年中除了务农，又有许多空闲的时间来组织较大规模的民俗文娱活动，故“演对戏”又被重新提起，恢复演出，古老的“对戏”在古老的土地上开出了一朵朵新鲜的花。

◆ 号啕会上看傩戏

安徽贵池，地处吴头楚尾，千百年来，楚风吴俗尤盛，至今尚有迎社神、演傩戏之俗。傩，源于原始社会图腾崇拜的祭祀仪式，以戴木制面具为特征。

据专家考证，先有傩舞，傩戏则是由傩舞发展而成的戏剧。傩戏大约形成于唐宋，成熟于元明。唐人李倬在《秦中岁时记》中提到，民间傩舞中有傩婆、傩公的称谓，有家庭关系的存在，人物之间可能会构成一些简单的情节。这可视之为傩戏之滥觞。宋人洪迈在《夷坚志》中已把傩的面具称为“戏面具”。《事物纪原·博奕嬉戏部》中则将傩的表演称作戏，“江淮之俗，每作诸戏，必先设嗔拳笑面”，“今南方为此者，必戴面如胡人状，作勇力之势，谓之嗔拳。”此时，傩戏已成雏形。元代，杂剧已经形成。元人杂剧中，有很多神安鬼面的人物是以面具装饰人物的。同时，元代民族矛盾激烈，在驱赶胡人的傩活动中，反侵略的故事内容，已被赋予“傩”的聚戏之中。有了这个基础，明代的民间社火活动中，出现了专门以面具装饰并演出历代故事的戏剧。明人方以智在《通雅》中载曰：“跳队，装面，以前代故事演成。”既是装扮人物，又演出故事，已经是比较成熟的傩戏了。安徽贵池的傩戏，据地方志记载，当产生于此时，距今至少已有四五百年历史。

农历正月十三，是贵池民间约定俗成的迎社神、演傩戏之日。此日，若步入各村祠堂，只见鸡血洒地、烟雾缭绕，善男信女、虔诚叩拜，以祭祀社神。人们身临其境，首先能感受到的是浓郁的宗教色彩。

祠堂中设有舞台。台上，往往有对联分挂两旁，常常写着：

如闻其语如见其人
有威可畏有仪可象

祭神完毕，傩戏的演出便开始。其程序依旧遵循傩舞、傩戏和诵赞的三段体古风。

首先是“迎神下驾”，即面具出箱，俗称“开脸子”。然后正式开台，演出傩舞，其节目有《童子舞伞》《打赤乌》《魁星点斗》等。有老人身着便装，不戴面具，手持唱本，忽而台上对白、忽而幕后领诵，指手画脚，有如导演。演员分生、旦、净、丑，清一色全由男子装扮，借助不同面具，重复着原始、简单的舞姿舞步，不失爽朗明快、粗犷古朴。乐队位于舞台左侧，并无笙管丝竹，仅靠锣鼓伴奏，铿锵有力。

舞毕，即演傩戏，俗称本戏。常见的剧目有《刘文龙》《陈州散粮》《孟姜女》等。曲调有高腔与小调之分。高腔，高亢、激昂；小调，流畅、明快，都具有浓郁的乡土风味和生活气息。

最后演出诵赞。演员戴着各式面具，边舞边道吉言吉语，以求大吉大利。诵白中不时糅进些现代词汇，显得俏皮诙谐，常引得观众捧腹大笑。诵赞时的傩舞节目有《新年斋》《问土地》《舞回回》等，含求神赐福之意。

贵池傩戏的面具大多由上代传下，十分古老珍贵。据说传自明代的面具，尚有三十多块，现已在县里设馆珍藏。殷村与双淡村共组的姚家班社，备有傩戏面具26块，既代表儒、道、佛三教中的圣人、神仙、菩萨，又可扮演剧中的其他角色，不拘一格。其状大都较写实，显得生动逼真。

贵池傩戏开演时，台前往往观众如云，熙熙攘攘，其盛况有如重大节会，所以当地百姓又把演傩戏名之曰“号喻会”。

◆ 黔北喜观花灯戏

黔北遵义一带，广泛流传着一种集歌舞、戏剧、说唱、灯彩于一身的民间文娱样式，当地称之曰："花灯"或"花灯戏"。

花灯戏，常由花灯班主演，演出时间大都在正月初一到元宵期间。一年一度的春节来临之际，黔北各地的花灯班纷纷出台，在"灯头"的主持下，扎制各种灯彩。花灯班的灯，既用于夜间演出时照明，又是灯班的标志，制作十分讲究。大都是竹篾为骨、皮纸为表，再绘上彩图而成。灯内都用红烛或油灯照明。灯班出动时，一片璀璨，似夜空繁星，十分壮观。

灯班的角色，有旦、丑之分。旦角多系男装女扮，头披假发长辫，手挽青丝罗帕，簪花戴环，描眉粉脸，叫作"幺妹"。表演时，旦角以舞为主，有的唱有的不唱。舞时忸怩弄姿，故作含羞媚态，不唱的则由其他灯手代唱。丑角叫"唐二"，多数要唱，且唱且舞，与旦角对舞，手使扇，挤眉弄眼、努嘴伸舌，动作滑稽可笑，以幺妹秀戏逗对象，以逗人为目的。除旦、丑外，尚有灯手若干。

花灯戏的演出程式，世代相传，具有相对稳定性与完整性。灯班每到一地，先是"开灯"，全体演员、乐手在"灯头"带领下，聚成一堆，先行练唱一段礼仪性唱词。然后是"开财门"，说些吉祥喜庆的韵白，以示对主家的祝福恭贺。接着是"盘灯"，主家用规整的韵白设问，要求灯班迅速作答，以试灯班的才能智慧。内容涉及人物故事、风土人情、古典传说，无所不包，颇具知识性、趣味性。盘后，灯班进入主家门内，由"唐二"向主家说吉利话，话中夹杂逗趣之语，以增添欢乐气氛，叫作"报子"。报子后是"说唐二"，由丑角唐二用韵文说一段生动谐趣的故事，让大家开心取笑。其后是"请妹"，唐二与幺妹"生旦对白"，有如说相声，以逗乐为主。接下来是"扫方"，由一灯手扮成神武将军，披挂上阵，手挥桃木大刀，口中念念有词，分东南西北中五方进行砍杀，以驱魔降妖，扫除瘟疫。再是"扫土地财神"，由一人执拂尘、拄拐杖，假装跛脚，扮演风趣滑稽的土地神，以拂尘“扫”地，以除秽气。而后由唐二再次请幺妹上场，唱《梳妆调》，叫“梳妆”。梳妆毕，唐二、幺妹一起“参神”。参神完了，即行“唱灯”。

唱灯是花灯戏中最主要、也是最丰富的精华部分。唐二、幺妹且歌且舞，在“乐台”的伴奏下，说唱《四老四少》《四笑四哭》《四红四黑》等群众喜爱的唱段及演出《梁山伯与祝英台》《三会亲》《槐荫记》等花灯剧，灯班尽力地向主家展示自己的说唱技巧和表演才能，满足主家和围观者的娱乐要求。

唱灯的时间可长可短，选择节目也可因地制宜。每个灯班在演完固定的节目后，还要进行即兴创作，俗称“见子打子”。见子打子的韵白、唱词及情节大都取身边事、说身边物、颂身边人，给人以亲切感，最受观者的欢迎，所以演出时的气氛也最为热烈。唱灯罢，即要“盖魁”，灯手们唱一些与“扫方”相对应的内容作为收场，整个花灯戏演出在热烈的气氛中戛然而止。

黔北花灯，除春节演出外，许多地方在祈子、寿诞、婚嫁、丧葬等人生礼仪，及建房、修谱、祭祀、升迁等重大庆典活动中也要演唱。因此，根据演出时间、意义的不同，又有许多风格迥异的花灯品目。如热烈旺兴的春灯、轻松欢快的寿灯、欢乐喜庆的喜灯、庄重严肃的愿灯、悲伤哀痛的孝灯、排场夸张的扽灯和谐趣随便的耍灯等，真是千姿百态，各具异趣，在不同的季节、不同的场合，给人以不同的享受。

关于黔北花灯的历史，据康熙《平越直隶州志》的记载，至迟在明末清初就已形成。该书载曰：“黎峨风俗，正月十三日前，城市弱男童崽饰为女子装……假为采茶女，以灯作茶筐也。每至一处，辄绕庭而唱，为十二月采茶之歌。”到了清朝中叶，已独具风格，以乖巧伶俐之男子扮演“唐二”“幺妹”的习俗已经形成，道光《遵义府志》载曰：“正月以姣童扮男女，一执扇，一执手帕，边歌边舞唱采茶。”当时吴县人沈诚的《洋川竹枝词》也道：“声声低唤赛兰花，曾记春灯唱采茶。我是吴儿心木石，一回凝听一咨嗟。”作为一个外地人，作者语言不通，习俗不懂，真的犹如泥塑木雕。但观看了花灯后，却不得不有所感慨，可见当时花灯已有一定的艺术水平了。

黔北花灯一经产生，之所以能在广大民间愈传愈盛，久传不衰，至今仍深受各地群众的欢迎，是跟它的丑角艺术分不开的。“唐二本姓罗，前去剃脑壳，四面都剃光，中间留一撮。转家来，大哥说要扯，二哥说要烙。不要扯、不要烙，留给唐二唱丑角……”幽默诙谐的唱词，生动滑稽的表演，最能逗人嬉笑、给人快乐。村民们耕种之余，看上一出，疲劳为之而消，精神为之而振，紧张的心神因此而得到轻松，又是何等地惬意！难怪花灯戏会深受他们的喜爱。

◆ 彻夜立观平安戏

浙江绍兴一带，每逢农历五六月间，必有做“平安戏”之风俗。绍兴古时为越地，越俗重鬼神、好淫祀，此风延传至今，对一年十二个月也产生了吉、凶、祸、福的种种迷信看法，五六月正好是祸、凶之时，所以村村落落要做平安戏，以驱瘟鬼、消秽气、保平安。

绍兴做平安戏，一般以村为单位组织。事先，于五月初间，每乡村由一发起者向各家捐款，叫“斗戏钿”。款既捐到，于是选一日期，在村旁的土地庙前搭台开演。该戏要演一日一夜，日间所演之戏，与平常所演的大体相同，如《白蛇传》《琵琶记》《碧玉簪》等。而夜间的演出，则大异于平时。平时，此地夜间演戏有个定规，先是由大号大锣大鼓“闹头场”，接着用唢呐、管弦、小锣、鼓板等“闹二场”，以便让演员做好出场准备和安定观众情绪。演出正本前，还要先演“五场头”：演《庆寿》，以祝贺延年益寿；演《跳加官》，以祝颂官运亨通；演《跳魁星》，以祝颂登科及弟；演《小赐福》，以祈愿赐予福音；演《调财神》，以恭喜发财。演完这些讨彩戏，接下去还要演热闹的武打折子戏，如《后朱砂》《长坂坡》之类。然后才演正剧。而演平安戏时，则不闹“头场”“二场”，也不演“五场头”。一入夜，演员们便装扮成魔王或小鬼等种种可怕的形象，排着队伍，更辅以锣鼓旗帜，在村中巡行游走，俗称“召丧”。据传系召集一般游魂小鬼前去看戏，以免它们在村中闲得无事而作祟。这时，在召丧队伍的吸引下，村中的男女老少便向土地庙前的戏场云集而去，许多妇女与儿童还头上插满桃枝或缀满桃叶，俗云可避恶鬼。

召丧完毕，戏班才上台演戏，剧目定是《目连救母》，所以演平安戏又叫演“目连戏”。

目连戏本是一出宣扬生死轮回、因果报应的“劝善戏”，说的是目连依仗佛力下地府救母亲的迷信故事。但在绍兴则以消灾弭祸为主要内容，故戏中常插有几折与目连救母故事无关的短折戏，如《哑背疯》

《王婆骂鸡》《僧尼会》等诙趣横生的民间故事剧和《调无常》《调鬼王》《男吊》《女吊》等鬼魂戏。或穿插表演度索、翻桌、蹬坛、跳索、钻圈、蹿火等民间杂耍，弦管齐奏、锣钹伴鸣。既有阴森凄苦的场面，又有热闹欢快的片段，更杂有风趣诙谐的调笑，其气氛随时随事而变换，颇得观众的喜爱。所以，每逢演平安戏时，各家总要遍请亲朋好友前去看戏，叫“请戏客”。

绍兴平安戏中的目连戏，其发源是十分古老的。其故事源于佛教经典，至唐五代时出现的许多“目连变文”，情节已渐趋完整。北宋已有连演七天《目连救母》杂剧的记录，宋孟元老《东京梦华录》载：“构肆乐人，自过七夕，便搬目连救母杂剧，直至十五日止。”据明代剧作家张岱《陶庵梦忆·目连戏》所载：当时绍兴常常“选徽州锦阳戏子，剽轻精悍、能相扑者三四十人，搬演《目连》，凡三刁三夜”。至迟在明时，目连戏已在绍兴相当盛行了。只是到了后来，目连戏娱鬼的特点渐渐淡化了。民国以来绍兴演目连戏只演一夜，自太阳即将下山时开演，至次日太阳出山时止，绍兴人叫作“两头红”，以示吉祥之意。至于观众呢，那当然也随之而通宵达旦地看了，只要戏演得好，既能驱鬼保平安，又能使人娱乐、轻松精神，身体的疲劳是无所谓的。

◆ 古黔逗趣品地戏

贵州安顺地区有一种完全由农民自己表演的民间戏剧——地戏。每逢新春佳节或其他喜庆日子，农民们就以这种简单的戏剧表演来祝愿。演员穿着自制的戏装，头部用黑纱罩住，额头上戴着面具，背上插着靠旗，手里拿着兵器和扇子，在一锣一鼓的伴奏中表演传统武打剧目。

地戏又叫“跳神”，在贵州不少地方都有流传。它起先主要是为了驱邪逐疫，其次是为了娱乐。据说，地戏是明朝年间由屯垦的军队从安徽带到贵州的。饶有趣味的是，在地戏剧目中既不见文戏，也不见儿女恩怨的内容，几乎是清一色的武打戏，如《三国》《杨家将》《隋唐演义》《封神榜》《岳飞》等。

被称为“脸子”的面具，是安顺地戏的重要标志。这种面具用丁木或白杨木制作。艺人们将整根的木头风干，锯成小段，一剖两半，割出毛坯再风化一段时间，然后才可以镂空成各种脸子。安顺地戏脸的赋色与一般戏曲脸谱不同，虽然它也用一定的色彩来表示对人物的褒贬，但没有一定的模式，显得十分自由。红脸、黑脸、蓝脸、绿脸、粉脸、花脸……几乎无一种颜色不可用来上脸。好些脸子都在面部画上花纹，而且所绘的图形一般都是动物或植物之类，颇多趣味。头盔和耳翅的装饰是地戏脸子的精华，头盔一般都以龙凤作为装饰。龙凤图案要求完整无缺。龙的形象变化较多，凤的造型精巧别致，二者统一在和谐的装饰效果之中。一堂戏的脸子一般有几十面，多则百余面。因此，地戏脸子成为贵州民间艺术家大显身手的用武之地。至今有的地方还以刻制地戏脸子为业，并有不少著名的艺人。就以武妆脸子为例，额头饱满，眉弓突出，两目鼓圆，鼻翼怒张，形象十分突出。有一种脸子，两颊刻成两个疙瘩，真是满脸横肉，显然是一个反派角色。据说刻女将有个忌讳，即不能刻上酒窝。因为这种被称之为“小泡脸”的脸子，当地农民不喜欢，说是娇生惯养的娇娘，真是有趣。

观看地戏《岳飞大败金兀术》，令人感到谐趣横生。只见各方人马十几个，每人戴着木制戏脸。有趣的是，这戏脸不是戴在脸上，而是斜立于头额之上，整个头面则蒙以黑纱。角色多有靠旗和翎毛。每次双方各出一将对打，但不像京戏满台翻腾跌扑，多是原地作武打状。别看他们原地对打，正是“引而不发”，叫人心急，加上战鼓咚咚，杀声震天，却也扣人心弦呢！更有趣的是，每人都带折扇一把，轮番打完则站在一旁扇个不停。一为取凉，二为有事可干。斯打喊唱的间歇，双方有时“休战”片刻，检场的递过水杯，只见将军们将面纱一撩，饮个痛快，旧时京戏的检场习俗也与此相似。既扇扇又喝水，无拘无束，真令人感到痛快！

◆ 雁北怪戏耍孩儿

山西雁北地区，民间流行着一种名叫“耍孩儿”的古怪剧种。说它怪，第一是名称怪：耍孩儿，用普通话说就是“孩子们闹着玩”的意思，可见它脱胎于儿童游戏，是个较古老而又原始的剧种；第二是表演形式怪，它且歌且舞，以舞为主，朴实活泼，严格意义上说它还不是戏剧，而是歌舞；第三是唱腔怪，男演员均用后嗓子演唱，这种近似于嗓子嘶哑后发出的声音，显得十分压抑，外地人往往听不惯，而雁北人，尤其是农民，都百听不厌；第四是剧目怪，每个剧目上演时，演员们演着演着就会插进去跳一段舞，跳好了再接着演，演上一段后再插进去舞，这舞段与情节是无关的，但却是包括在正剧中的。如《扇坟》一剧，演着演着，就会跳起《猪八戒背媳妇》来。

《猪八戒背媳妇》是大家都很熟悉的汉族民间舞蹈，由一位妙龄女子扮演两个角色，扮相滑稽、幽默风趣。舞时，舞者上身着女装，扮作媳妇，在腰后装一对卷曲的假腿，算是媳妇的下肢，下半身着男装，扮作猪八戒的下身，腰、胸前装一个猪八戒的头和躯干，作为猪八戒的上半身。舞动起来，只要动作协调，舞者下肢的走动就与猪八戒的头和躯干连成一体，而上半身的晃动又与假媳妇的下肢连成一体，酷似两人在舞蹈。这时，只见那憨厚的八戒，背着漂亮的媳妇，一颠一颠地，走出各种各样的舞步，时而上坡、时而下坡，时而踩水、时而爬阶，有时猪八戒的假头还要张张嘴、甩甩耳，真是谐趣横生，引人入胜，观众百看不厌。

这种舞蹈的流传地区是很广的，湖南、广西、浙江、东北、山西等地都有此舞，只是名字稍异，扮相也有所不同。有的是《老汉背少妻》，有的是《哑巴背疯婆》，有的则是《孝子背老母》，而且大都穿插在其他民间戏剧中演出，如浙江就穿插在《目连救母》中，山西雁北“耍孩儿”戏就插在《扇坟》中，因地而异。这样一穿插，有时显得比较恐怖或压抑的剧目，就变得欢快轻松起来了，对调节戏场气氛和观众心理，是大有帮助的。

雁北地区为啥会有这么一种怪戏，并且非要起这么一个怪名呢？当地流传着两种说法：

汉元帝年间，北方匈奴十分强悍，不断向汉朝进犯，闹得百姓不安、皇帝犯愁。奸臣毛延寿勾结匈奴，让匈奴索要汉元帝的妃子王昭君到北方和亲。汉元帝无奈，王昭君被迫出塞。王昭君一路上心情万分痛苦，车过雁门关后向北而行，她看到塞外深秋的景象，越走越荒凉，人烟越来越稀少，更加思念故乡和亲人，不觉悲痛难忍，便在车中痛哭起来。她一路走，一路哭，直哭得嗓子沙哑，泣不成声。昭君的哭声被沿途百姓听到了，人们为了纪念她，便学着那沙哑悲切的哭声，填上哀婉凄楚的歌词，流传演唱开来。所以耍孩儿也叫“耍喉儿”或“咳咳腔”。不过，它的“串子”唱法还真像妇女的哭声呢！

当地还流传着唐明皇“耍孩儿”逗太子的趣话。相传唐明皇有一太子，自生下来那天起，便有了好哭的毛病。后来一天天长大，这毛病也一天天更加厉害，直闹得终日啼哭不止，搅得人心烦乱，宫娥太监百般无奈。唐明皇为了阻止孩子啼哭，想了各种办法。他下令召集梨园弟子进宫为太子吹拉弹唱，但各种音乐都不能把太子逗乐，他仍然号啕大哭不止。后来来了一位唱曲子的，他天生嗓子不好，唱歌的声音就像嗓子哑了以后发不出声而又憋劲硬唱出来一样，使人听了大不舒服。谁知他扯着嘶哑的嗓子对着太子唱了一段，太子竟然停止了啼闹，而且高兴地又笑又跳，把在场的人全喜坏了！唐明皇和皇后见此大喜，便叫下人天天在宫里学唱这种嗓音和曲调，并亲自给这个新唱法取名叫“耍孩儿”。很快，耍孩儿便流传开来，并一直流传到今天。

至于它且歌且舞，演一段戏插一段舞的表演方式，那是后来在流传中慢慢地产生和发展起来的。

◆ 掌上耍演傀儡戏

小戏开场独脚班，
骨丢谁识巧机关。
一身妙尽丝兼肉，
羞杀濠州十不闲。

这曲题为“独脚班”的百戏竹枝词，写的是一种名为“骨丢丢”的木偶戏。

“骨丢丢”，又名“乌啾啾”，走街串巷的民间艺人，挑着担子，来到某一人众嘈杂的路口，只用一根扁担将一方箱式的舞台支撑起来，四周用幔布围住，艺人立于里边，又是操纵木偶，又是道白念唱，又是敲锣打鼓，手嘴并用，头脚齐动，以精巧灵活的木偶为演员，演出《孙悟空大闹天空》《哪吒闹海》等深受孩子们喜爱的剧目，以吸引少年观众。由于这种木偶戏的演出，从木偶的操纵，到人物的配音、锣鼓的伴奏等，全由一人完成，故民间又称之为“独脚班”。

“骨丢丢”的演出是很受孩子们欢迎的。那用木头制作的小人，居然会舞手动脚地演出孙悟空、猪八戒、哪吒、龙王等戏文，尤其是那些制作精良的木偶，造型生动、形象逼真，居然眼珠会转、嘴巴能动、鼻孔可冒烟，能表演穿衣脱帽、品茗吸烟、挥扇舞棍、耍盘顶坛、夺枪射箭、腾云驾雾等高难度的动作，是很能引起孩子们的好奇心的。所以，当耍演“骨丢丢”的艺人，前囊后笼，挑担鸣锣，穿行在村街院巷时，前前后后，总是拥着一大帮稚声稚气的孩子。而当民间艺人把担子放下，支起舞台，鸣锣衔哨，连耍带唱地闹开时，孩子们就会纷纷云集而来，里三层、外三层地围着观看。当看到精彩处时，就会爆发出阵阵称赞的“啧啧”声，或“好！好！”的喝彩声、欢呼声，一个个显得十分地快活。

我国木偶戏的表演形式是很多的，“骨丢丢”只是其中的一种。根据木偶形体和操纵技术的不同，人们常把木偶戏分作布袋木偶、提线木偶、杖头木偶和铁线木偶。布袋木偶形体较小，头部连在布袋里，外加戏装，艺人以手伸入布袋，操纵木偶动作，“骨丢丢”演出的大都是布袋木偶。提线木偶则甩线操纵木偶动作，杖头木偶以三根木棒进行操纵，铁线木偶是用三根竹管套上铁线操纵木偶的躯干和双手。

木偶的制作，要求符合表演的特点，所以大都造型夸张、个性鲜明、生动传神。制作时，先将木头锯成木坯，划出面部中线，斜削两颊，定出五官，雕刻出各种人物形象的白坯，同时安装上活动的嘴和眼睛。再是裱褙棉纸、涂以过滤的黄土、胶水，然后磨光、修隙补洞、修光，彩绘脸谱、盖蜡，最后上发髻、胡须等。

以前木偶头部用木头镂空雕刻，躯体以竹篾捆扎，四肢用苎麻编织。现在，则大多以硬质塑料雕塑头部，以铁丝布网作胸腔，用泡沫塑料制作四肢活动关节，以油彩定装，使木偶形象轻便易携，并更加生动逼真，提高了表演效果，显出真、妙、神的风韵，给人以清晰、柔和之感。

木偶戏，古代又称“傀儡戏”“窟儡戏”，民间则有“耍狗利子”“耍杆子”“木脑壳戏”和“木头人戏”等称法，在我国有悠久的历史。据考证，木偶的起源是很早的，它由俑演变而来。《列子·汤问篇》中记述，在春秋战国时代有一个叫偃师的人，“谒见周穆王，王荐之曰：若与偕来者何人邪？对曰：臣之所造能倡者。穆王惊视之，趋步俯仰，信人也。巧夫，钳其颐则歌合律，捧其手则舞应节。千变万化，惟意所适”。在《史记·孟尝君列传》中也有“见木偶与土偶人相与语”的记载。这当是我国早期的木偶表演。

木偶真正作戏剧表演，大约是汉以后的事情。唐人杜佑《通典》卷一百四十六载曰：“窟礌子亦曰魁礌子，作偶人以戏，善歌舞，本丧家乐也，汉末始用之于嘉会，北齐后主高纬尤所好。”三国时，马钧制作的木偶纤巧细腻，玲珑剔透，能表演多种技艺，因而马钧也获有“天下之名巧”的美称。到了唐宋时代，木偶的制作更加完美。据唐朝人封演的《封氏见闻记》上说，唐大历年间，有人“刻木为尉迟鄂公、突厥斗将之戏，机关动作，不异于生”。两宋时期，木偶的种类也丰富起来，有杖头木偶、悬丝木偶、药发木偶和水木偶等。据南宋孟元老《东京梦华录》记载，北宋有著名杖头木偶艺人任小三，“每日五更头回小杂剧、差晚看不及矣”。周密《武林旧事》和吴自牧《梦粱录》记载，当时木偶艺人的技艺，已“弄得如其无二，兼之走线者尤佳”。1977年河南济源出土的宋代瓷枕，上有两幅傀儡戏画，一幅为杖头傀儡，画面上一童左手捺地，右手执一杖头傀儡耍弄；另一幅为悬丝傀儡，画面有三童子：一童持棒鸣锣，一童持笛横吹、且歌且舞，一童左手探腰、右手持一悬丝傀儡老翁。这两幅画虽然不是直接表现傀儡的演出场面，却也反映出当时傀儡戏已相当流行，傀儡已出现在儿童的游戏中。

明清以后，傀儡戏的演出已经十分普遍了。明时，傀儡戏的形式已被当时的元宵闹灯活动所吸收，从而在灯会队伍中出现了“傀儡灯”。对此，明代文人瞿佑曾在他的《看灯词》里咏道：

傀儡装成出教坊，
彩旗前引两三行。
郭郎鲍老休相笑，
毕竟舞袖谁短长。

清时，全国各地都可看到挑着担子、走街串巷的傀儡艺人在吆喝卖演。近人蔡省吾的《一岁货声》记述清末的“耍傀儡子”云：

一人挑担鸣锣，前囊后笼，耍时以扁杖支起，前囊上有木雕小台阁，下垂其蓝布帷，人笼皆在其中，笼内取偶人，鸣锣衔哨，连耍带唱，有八大出之名：《香山还愿》《铡美案》《高老庄》《五鬼捉刘氏》《武大郎诈尸》《卖豆腐》《王小儿打老虎》《李翠莲》。

李声振的《百戏竹枝词》则有咏傀儡子诗云：

用尽心机待若何，
几曾草木解声歌。
被人指拨休相笑，
世上而今傀儡多。

◆ 海宁兴演皮影戏

有人曾做过这样的考证：电影最早发端于伟大的中国，其前身就是现在仍流传于民间的“皮影戏”。

皮影戏，古代又称“影戏”，是傀儡戏的一种，以灯光照射兽皮或纸板裁成的人物剪影来表演各种故事。皮影戏，作为一种传统的娱乐形式，最早发端于汉代，据稗官野史所载：

汉武帝因李夫人之死，思之不置。有齐人少翁者，自称有术能致之，帝召之入宫，乃设帐张灯，帝则坐他帐望之，仿佛见李夫人之像。由是之后，即有影戏。

“设帐”，就如同今日电影院里张挂的银幕；“张灯”，实际与现在的电影放映机无本质上的差别。从“皮影戏”到“电影”，时代虽相距一千多年，但渊源有自，两者在形式上倒是一脉相承的。

在电影兴起以前，皮影戏是相当发达的。在浙江海宁一带，几乎村村都有皮影戏的班子，而且演出十分频繁。旧时，海宁蚕乡，为祈求蚕桑丰收，要请皮影戏班要演“蚕花戏”，村中有人违犯规约，查处后，要请皮影戏班要演“禁格戏”；家中有人生病，求神拜佛许心愿，病好后，要请皮影戏班要演“还愿戏”；造屋上梁，要演“上梁戏”；孩子周岁，要演“周岁戏”；男女成亲，要演“暖房戏”；迎神赛会，要演“神佛戏”。诸如此类，不胜其多，真是“大戏三六九，小戏天天有”。若遇春节，更是皮影戏演出的旺季，各村各坊，丝竹悠扬，锣鼓铿锵，高亢激昂的唱腔和声情并茂的喝彩，此伏彼起，连绵不断。大家拥来拥去看热闹，给水乡农民的生活平添了无限的乐趣。

海宁皮影戏的演出场所，大都设在农家的堂屋里，演员也大都是半农半艺。若是哪家、哪村请了皮影戏班，村里顿时便热闹起来，大人小孩便不招自至，从四乡八村汇拢来，把演出场地挤得满满的。艺人来到堂屋，首先支起框架，糊上棉纸，以作银幕。幕后挂起几盏油灯，以作照明。演出如是白天，则要关上大门，放下窗帘，把整个房间遮盖得严严实实，不让透进一丝的光亮。演出时，艺人则躲在幕后，双手并用，用细竹签操纵着人物剪影，演化出各种各样的故事情节。有的还边演边唱边道白，真是有声有色，声色俱佳。通过灯光的照射，观者就可在幕前看到活动的剪影，其效果有如看动画电影。表演的角色，常见的有老翁、老妪、文官、武将、书生、小姐、员外、丫头等，生旦净丑齐全。演出的剧目，大都是神话传说、历史故事。常见的有《闹龙宫》《火焰山》《三打白骨精》《快活林》《闹江州》《武松打虎》等，吹吹打打，十分热闹，颇得观众的欢心。在农闲季节，演出常常要夜以继日，不至三更不休，有的甚至要演到第二天早上，谓之“两头红”。其情景就如清人陈坤《岭南杂事诗钞》中所描写的那样：

怡情不觉五更寒，莫听钟鸣必尽欢。

海宁皮影戏的人物造型，多用羊皮雕刻，单线平涂，面部表情生动，有肌肉感。景片和服饰则吸取了水乡蓝印花和剪纸的风味，装饰性强。其音乐、唱腔，则受昆腔和江南丝竹影响较深，既高亢激昂，又优美抒情。戏班则多为业余，忙时种田，闲时演出，道具也很简单，一根扁担，几个艺人，随时随地可以演耍。它伴随着乡村的生产和生活，深受人们的喜爱。

自电影兴起后，海宁皮影戏班日趋减少，留存下来的则大多改用真丝白绸作银幕，配以电灯照明。火焰熊熊、碧波荡漾、海浪排空、烟雾弥漫、云蒸霞蔚、雷鸣电闪等，都像真的一样。在剧目上，除了演出传统戏外，还大胆地创作演出了童话剧，深得小朋友的欢迎和喜爱。

◆ 引人耐看盘中戏

矮样衣衫窄样巾，心长身短未曾闻。
赚他一笑榆钱赠，也抵侏儒饱十分。

这首题为“焦侥”的百戏竹枝词，咏的是旧北京街头巷尾的“乔矮人”表演。“乔矮人”自称“小人国”，表演时，以矮引人，以小取胜，颇得人们好奇，深受观者欢迎。

殊不知，在北京的街头巷尾、集市庙会上，还有比“乔矮人”更矮更小的袖珍百戏表演，这就是深受广大市民喜爱的“盘中好戏”。

“盘中好戏”，又称“鬃人鬃狮”表演。鬃人鬃狮，其实就是一种泥捏的小傀儡，经过民间艺人的加工，精巧轻盈、造型生动、色泽艳丽，既可陈列观赏，又可操作表演，显得饶有情趣。鬃人的制作，头和底座采用胶泥脱胎，用秫秸做身架，絮裹棉花，外罩彩衣，然后勾画脸谱，描绘服饰。鬃狮，则是用黏土捏塑出头和底足，在头部和双耳用一段钢丝弹簧与身躯连接，贴上彩色的丝绒线为毛，再施以彩绘。

表演时，在一个小巧玲珑的铜盘里，站立着几个神气十足的“古代战将”和几头威风凛凛的“雄狮”，随着轻击铜盘而发出的叮当声，这些战将便挥动刀枪，舞起剑戟，来回转动。有时，它们也会一招一式、有板有眼地演出《八大锤》《三岔口》《闹天宫》等手持兵刃、武打对斗的戏剧情节。这些雄狮，则摇头摆尾、颤耳抖毛，绕圈舞蹈，表演不止，很是耐看。

鬃人鬃狮的舞动，全靠它底座上粘贴的一圈富有弹性的鬃丝。它的设计制作，看起来十分简单，似乎窍门全在这一圈鬃丝上，其实，这鬃丝的粘接、排列，以及整体造型的上下左右比例等，都大有讲究，要求恰如其分，巧妙合理才行。只有这样，鬃人、鬃狮才会重心低稳，能正转反转，在转动中舞蹈、碰撞不致跌倒。鬃人、鬃狮具有独特的民间色彩和情趣，尤其是表演时那拙稚可爱的动作和笨憨滑稽的舞姿，最能逗人快乐，故深受大人小孩的喜爱。旧时，在北京街头巷尾和庙会集市上，“盘中好戏”摊前总是挤满了黑压压的人群，人们在欣赏了它们造型的可爱和表演的奇妙之后，往往要掏钱买上一盘，带回家让全家人一起欣赏，或一个人慢慢地欣赏。作为一种民间娱乐欣赏品，北京鬃人曾在1915年的巴拿马万国博览会上展出，并获得银质奖章。现在，“盘中好戏”仍深受广大群众的欢迎，并已成为他们主要的节日娱乐欣赏品。

说起“盘中好戏”的起源，据考，其中的鬃狮还是受我国民间狮子舞的启发而产生的。狮子舞在我国有悠久的历史，在《汉书·礼乐志》中，即有关于“狮舞”的记载。在广东佛山地区，还有这样的传说：从前，每逢旧历年尾，就有独角怪兽出现，它眼大口阔，吼叫不止，到处践踏庄稼，残害人畜，乡民疑为神物，不敢捕杀。后来有人用竹篾扎成数十个狮头，涂上斑驳的颜色，当怪兽出现时，就突然金鼓齐鸣，群狮舞动，吓跑了怪兽。从此，人们把经过艺术加工的舞狮当作瑞兽，逢年过节和喜庆欢乐的日子里，总要舞狮狂欢。鬃狮，是伴随着舞狮艺术的产生而产生的。唐代诗人白居易曾在他的笔下这样地描述过舞狮的形象——“金镀眼睛银贴齿，奋迅毛衣摆双耳”，鬃狮的样子也是这样。而鬃人，则是由傀儡戏派生出来。傀儡的诞生，据《列子·汤问篇》的记载，至迟当在春秋时期，距今已有三千余年的历史。至于鬃人的戏剧武将人物造型，则是受京剧的影响而产生的，其中有许多人物则是直接从京剧中取材，如《三岔口》《闹天宫》《八大锤》等。

◆ 打趣逗乐杠箱官

在北京、天津及河北等地，每逢元宵佳节、迎神赛会等重大庆典活动要走会时，总要出演一种名叫“杠箱”的民俗百戏，逗乐打趣，亦庄亦谐，很能娱人。李家端《北平风俗类征》引《百本张钞本》有首散曲，描写了“杠箱”的谐趣特色，曰：

杠箱官儿会玩笑，倚仗着引伞儿把身躯照，撤了伞棍摔定了腰，抬杠箱的腿脚儿好，倚疯撒邪把王瓜架儿跳，抓哏凑趣儿去找勺，也怕知根的把状告，他也觉乎脸上诮，二人无非一玩笑。教我练，我可不了，我是脸皮薄不爱玩笑，玩笑急了我愣动刀。

杠箱，在北京表现的是“县太爷出巡”的内容。前面是一堂执事，两面开道锣、一对回避牌、数副龙虎旗。执事后面是一位脸勾豆腐块、戴着断了腿用麻绳捆着的老花镜、身穿百衲蓝衫的师爷。再后是二至四对杠箱，杠箱高约二尺，宽约二尺五，上方用木条隔成小长方格，画上戏曲人物。箱的两端各有用细竹片吊着的半圆铁环，箱上插两面会旗，旗间拉有挂着小铃铛的绳子。每箱由两人抬，所抬的扁担极富弹性，一晃一悠地，箱子就随之上下跳动，走起来彩旗舒卷，铜铃哗铃哗铃，显得轻巧愉快。杠箱的后面，有两位壮汉，抬着一根长竹竿，竿上骑坐着出巡的“县太爷”，俗称“杠官”或“箱官”。这根竹竿就叫“独竿轿”。县太爷头戴桃形软翅纱帽，穿七品红袍、薄底靴子，鼻梁上画有豆腐块，唇上挂着两撇小胡子，丑相打扮。

北京杠箱的表演，主要看抬杠箱的、抬独竿轿的抬功和走功，以及县太爷的骑坐功夫。抬杠箱的有时翻跟斗，有时跳着走。然而杠箱上的铁环和铜铃的响声总是合着节拍，不会有错乱的时候。他们抬着跳着、走着翻着，不时地变化抬的位置和行进队形。最吸引人的是一般观众可以任意向“县太爷”“告状”：不时地提一些千奇百怪的问题，而扮演县太爷的演员，大都知识丰富、思维敏捷、口若悬河，能随时插科打诨，对答如流，妙语迭出，谐趣横生，逗得观众连连捧腹，一路上欢笑之声不绝于耳。所以，在北京的走会中，杠箱是最受欢迎的。

杠箱，天津则称“扛箱会”，扮演的是箱官护送皇室宝物，路上被劫的故事。箱官为丑扮，着袍，戴乌纱帽，以红果或蒸饼为朝珠，大蒜为佛头，一手摇扇，一手拿烟袋，摆摆摇摇、装腔作态。扛箱夫多人，也作丑角打扮。箱同木柜，上面装饰灯笼、会旗、铃铛等物，贯以两丈许长的竹竿，由两个扛箱夫抬着，边走边舞，步伐轻俏快利，扛箱上下颠颤。另有多人在扛箱前手舞棍棒，作劫持状。这时，前边的扛箱夫做跌扑闪躲等动作，不论做何动作，竹竿都不可落在地上，这一角色由众扛箱夫轮流替换，每人都要趁机表演两下拿手好戏，以博得观众的喝彩。同时，箱官也指手画脚，朗朗评断，或者回答观众的问题，一问一答，时出谐语，插科打诨，丑态百出，常常惹得观众哄堂大笑，开心至极。

河北冀中一带有的地方在走会时，扛箱子的与扛箱官的，是分开单独表演的。扛箱官的表演，也是插科打诨，滑稽诙谐，以逗人快乐为能事。只是这称呼，则更是开门见山，干脆叫作“抬杠的”，真是一语双关，意味深长。

◆ 湘北出会做故事

大凡故事总是说的，而流行于湘中、湘北一带出会时的故事，却是做的。每逢过年过节，“做故事”就在汨罗江两岸的民间盛行开了，其热闹壮观的场面，真可与端午节汨罗江上龙舟竞渡的场面相媲美。

所谓“做故事”，就是在一个特制平台的铁架上装置真人，表演传统的戏曲节目，其形式有如别处的“台阁”。它一般在春节、元宵及中秋等喜庆佳节时举办。人们在一张不到一米见方的台面上，根据故事情节的需要，搭起铁架，表演时，演员固定在铁架上，配上各式道具，周围用竹篾、树枝雕刻的吉祥物加以粉饰、装点，以增添喜庆的气氛。更为巧妙的是，铁架的支条尽管纵横伸展，但无论从哪个方向看去，都不会露出点滴的蛛丝马迹，有的支条是偷偷地隐匿在演员的衣裤里面的，有的则被改装成船桨、刀枪等道具，使人感到自然、真切、生动。

由于台面铁架的承受力有限，演员大多由身材娇小的女性或孩童担任。他们装扮成传统戏曲中的人物，以定格的造型表现某一特定的情节，如《桃园结义》《单刀赴会》《断桥会》《铡包勉》《辕门斩子》《打渔杀家》等，一个个扮相雅致，既活泼生动，又拙稚谐趣，使本来情节严肃的剧目，透现出引人捧腹的喜剧色彩，给人以好奇与快乐。

故事会的出会情景是十分壮观的，前面有龙虾、四不像、大头柳翠开道，接着是走故事、低故事、高故事表演，后面由鼓乐队、旌幡队压阵，浩浩荡荡，迤逦而行，那场面犹如一条流光溢彩的河涧在缓缓地流淌，动人心弦的鼓吹和撩得心痒的笑语就是它不息的涛声。整个出会显得古朴庄重，生动谐趣，气氛极为热烈。

四不像的造型为龙头、鹿颈、龟身、野鸡尾，头、颈、尾各由一人擎举，龟身则由十人扛抬，其背上还坐着一位白发长须的“老者”呢，由十几岁的孩童装扮，算是姜子牙，雪白的须发与稚气的脸庞装配在一起，其喜剧效果又是多么地强烈。出会以姜子牙骑四不像的造型开道，大概是寓有驱邪辟恶的意思，除此，就是为了造成先声夺人的艺术效果了。

大头柳翠的形象更与别处不同，你看那大头和尚的面具，大如箩筐、笑容可掬，走路时一扭一忽地，极为滑稽、可爱，观者无不捧腹；那柳翠，则以布蒙头，仅露一双眼睛，似两个黑咕咕的深洞，形状可怖，但这可怖的头上却又顶着一个笑吟吟、活泼泼的小女尼，上下对比，一个明眸皓齿、鲜嫩稚气，一个形如骷髅、阴森可怖，其喜剧效果也是颇为强烈的。大头和柳翠各以一手相携，另一手则执一柄破蒲扇，一扇一摇，很是逗人。

在这支充满笑料的出会队伍中，最引人注目的当推"高故事"了。多层次的戏曲人物造型，有几十位壮汉抬着行走，其高度几乎与街道两旁的房檐平齐，多么浪漫、多么奇特！观者为了一睹小演员的风采，不得不昂首伸颈挺胸，尽力地将腰往后背处弯，使之产生凌空飞来之感。尤其令人赞叹的是，那高架上的人物造型，大多取材于神话传说，神奇的故事配上奇特的造型，更能激发人们的艺术想象：《断桥会》中长袖飘带的白娘娘，高高地立在缀有云彩的"断桥"上，好一个天外飞来的俏仙女！《蒋世龙抢伞》中的蒋世龙，手撑一把圆桌般大的大纸伞，黄瑞兰则高高地站在那伞檐上，其构思又是多么地奇特！《郭子仪上寿》则一个支架又分成三层，密密麻麻地站了13个小演员，有两丈余高呐，谁见了不为之惊叹叫绝！至于其他的《辕门斩子》《韩湘子化斋》《青河桥比剑》《穆桂英挂帅》《屈子行吟》《女娲抚琴》等故事造型，大都取材于群众喜闻乐见的传统戏剧和民间传说，也不知看过多少遍、听过多少次、早已家喻户晓、老幼皆知了，但是它们被一台台地从街道上扛过时，人们还是一次次地惊叹、一次次地激动，真是看不够，也爱不够。如果让诞生于二百多年前的清朝诗人李振声再度置身于其境，一定会用他的浓墨彩笔为湘北的"做故事"习俗重重地记上一笔："作台阁状，中设机械，扮十余岁童，为杂剧，数重，有于掌上见舞人者，甚可观。"并朗朗有声地吟起他的《百戏竹枝词》来：

楼阁层层耸绛宵，半天霓羽奏仙韶。
近来莲底花犹好，掌上分明静婉腰。

然而，古时尽善尽美的《韶》乐，唐代宫廷名舞《霓裳羽衣》、梁代著名舞伎张静婉等的演出，其盛况又怎能与这万人空巷的“做故事”相比呢。

◆ 旦乘丑引行彩车

宝袜貂裘是内装，香车冉冉过垂杨；
共说今年春意早，玉河已见柳丝长。

在柳丝飘绿的玉河边，京门士女，穿红着绿，策宝马、乘香车，在去往观灯的路上冉冉而行，他们边行边品评着新年丰繁的灯彩和早临的春意，把一路的欢声笑语挥洒在黄昏的柳荫里。清人张溥的这首《元夜春词》，给我们所描绘的就是这样一幅画面。

乘车观灯，本是清代北京贵族妇女的娱乐习俗，市井百姓却没有这种福分。然而，在老北京的元宵灯会及庙会集市上，人们模仿乘车习俗而创制的“推彩车”百戏：彩旦打扮的民家少女，端“坐”车中，由老翁搡推、丫鬟牵引、小丑护送，且舞且走，且歌且行，那份情趣，是贵族妇女们无论如何也享受不到的。

推彩车，北京、河北等地叫“小车会”或“云车会”“太平车”，是民间走会时数量最多的会档。据不完全统计，旧时北京市内就有191档，可见流行之盛。它的演出，据《北平指南》所说：“该会以一少妇坐老翁之推车，做种种步调与姿势，少妇且说且唱，为一极有趣味之戏。”

北京的“小车会”，其道具主要是一辆“双轮车”，上支彩绣布质凉棚，四周缀花边瓔珞，四角挂布红绸绣球。车盘以下蒙有黄色绸布，两边各绘出车轮形状，显得形象逼真、富丽堂皇，一辆辆各具特色、争奇斗巧。出演时，上街的角色常是九位：推车的老翁、坐车的小姐、拉车和扶车的三位丫鬟和随行的丑公子、丑老妪、丑盲人、瘸和尚。老翁白须白眉，神态和善；小姐扮相艳丽、手执彩扇；丑公子鼻画白粉、扮相滑稽；丑老妪老态龙钟，手挥羽扇；丑盲人手持明杖，扮相可怜；瘸和尚歪戴僧帽，手舞拂尘。一行人神形各异，对比鲜明，喜剧效果强烈。更有意思的是，坐车的小姐，实际是在“背车”，仔细瞧去，那车是用带子吊挂在她肩上的，车前的一双玉腿，原来还是假的呢，粗粗看去，倒像她在真的坐车一般，而她的真腿真脚，却在车的下面走着舞步呢。这是滑稽中的大滑稽，瞧破彩车的真相，更是被逗得笑倒了。

北京“小车会”的表演，主要是走阵。推车、坐车、拉车、扶车配合默契、动作协调，把走平路时的顺畅、走弯路时的斜倾、走坎坷路时的颠簸、走泥泞路时的滑荡，以及上坡的迟缓、下坡的急速、快行的舒顺、慢走的顿挫等不同的形态，通过演员的步履、身段和舞姿，得以酣畅淋漓的表现。远远看去，那彩车一颠一晃、前翘后压、左摇右荡的，颇具韵律感，真叫人为之而叹、为之而醉。

至于那随车的丑公子，则一“路”无事找事地寻意搭搡，想“调戏”坐车的小姐，而丑妪瘸僧、瞽者则作为护车的使者，努力地与丑公子戏斗，插科打诨，动作有趣，常常引得观众的哄然大笑。

最精彩的要数“小车”过“桥”了。那桥是用两张方桌拼在一起而成，一头放一把椅子，演员推着车上椅、上桌，边上边表演前翘、后颠、左摇、右荡等动作，上桌后，众人在不足两平方米的桌上演出转头、旋阵等情节，大家人接人、步挨步，小心翼翼地舞着，很是惊险、精妙！

河北等地的“小车会”则与北京有所不同，出场的只有3个演员：推车的老汉、坐车的小姐和拉车的丫鬟，另有一班伴唱的，不化妆，清唱河北梆子、京剧、评戏以及其他地方戏。每到一地就唱，有时还请观众点唱，很是热闹。不过，这些“小车会”往往喧宾夺主，小车表演反成次要，清唱倒是成了主角。

在江南，“小车会”则叫“推彩车”或“舞彩车”，往往与“跳竹马”联合出演，组成浩浩荡荡的“马车队”，来回走阵。浙江金华的“马车队”，又叫“舞车马”，演员全部浓妆艳抹，扮成生旦净丑诸戏剧角色。演出时，一马一车为一组，每组生旦净丑各一人，生策马前引，旦乘车居中，净撑伞压阵，丑摇扇接应，生旦净丑，配合默契，时进时退，且歌且舞，给人以美的享受。尤其是“马车队”浩浩荡荡地来到地阔人众之处时，就要走阵，常见的阵法有开四门、走八字、葫芦旋、走方块等。有时则要演出《刘备招亲》《关羽送嫂》《赵匡胤千里送京娘》等节目，此时，演员边唱边演、时嗔时怒，装傻卖俏，插科打诨，以逗人捧腹为能，同时配以仙乐梵音，既热闹活泼，又生动谐趣，颇受观众喜爱。

◆ 高跷彳亍逗人笑

清代文人李调元，曾写过一首《观高跷灯歌》，其歌词为：

正月十四坊市开，神泉高跷南村来。
锣鼓一声庙门出，观者如堵声如雷。
双枝继足履平地，楚黄州人擅北伎。
搬演亦与俳优同，名虽为灯白日至。

说的是当时有位原籍湖北黄州的屠姓艺人，踩跷技艺高超，表演纯熟自如，在四川演踩跷时，观者如堵，深受观众欢迎。

高跷，是我国民间流传广泛的杂技性民俗舞蹈。表演时，舞者扮成各种人物，手持道具，双脚踩木跷，按一定的程式和套路，或行或走，边唱边舞，以奇险的动作和谐趣的情节取悦于人，给人以动的艺术享受。

高跷的表演，不拘形式，花样繁多。一般有文跷和武跷之分。文跷，以扮演戏角为主，如刘备、关羽、张飞、白娘子、小青、许仙、孙悟空、猪八戒、唐僧等，一组组配合默契，演出《桃园三结义》《断桥会》《唐僧取经》等情节。武跷则要表演翻跟头、飞翼子、腾空跳跃等，动作惊险，难度较高。

在北方农村，春节期间，高跷表演与秧歌、舞龙、旱船、竹马等一样，是必不可少的节目。北方的高跷队一般由二三十人组成，走在前面的是抬锣背鼓的乐班，随后是男女舞者。他们身穿古装戏服，手执彩扇、绸巾，足上绑着三尺多高的木跷，边走边扭。他们来到农家门前时，往往会触景生情，即兴编唱民歌：

大鼓一打笑呵呵，六畜齐备真是多，
这边有鸡那边鹅，骡马成群不算少，

高跷踩过添福禄，大车拉的元宝多。

唱完之后，高跷队在院里一会绕圈，一会走“8”字，边扭边跳，时开时合，作“走阵”表演。其中扮演小丑的舞者，忽而跌扑在地，忽而急速跃起，时不时地做一些既惊险又滑稽的动作，逗得观众捧腹大笑，给欢乐的节日增添了浓郁的喜剧色彩。

高跷的历史是非常悠久的，早在两千多年前的战国时代，列御寇的《列子·说符篇》中就有这样的记载：

宋有兰子者……其技以双枝长倍其身，属其胫，并趋并驰，弄七剑迭而跃之，五剑常在其中。

用那么长的双枝，绑在脚胫上，来回疾走奔驰，还手作弄剑表演，技巧相当繁难。随着时间的推移，高踩逐渐发展并日臻完美，到了清代，已成为庙会、佳节中群众喜闻乐见的娱乐节目而得以广泛的流传。

清代高跷，多在街头广场表演，偶尔也在室内表演。有幅清代《高跷》木刻，画面上有四个踩高跷的，分别扮演头陀、丑公子、旦和儿童，正在厅堂起舞，旁有立观的贵族男女和儿童。这可能是民间艺人在作一次“堂会”演出。又据《续阅微草堂笔记》所记：清代湖南风俗，每年五月有“城隍胜会”，民间艺人各显身手，高跷“皆上与楼齐”，游行表演队伍稍有停顿，“即可借人家飞檐为其坐席也”。可见其跷之高、其技之难了。清人李声振的《百戏竹枝词》“扎高脚”条题解曰：“农人扮村公村母，以木柱各二，约二尺，缚踏足下，几于长一身有半矣。所唱亦《秧歌》类。”可见当时的“高跷”已与“秧歌”结合，是在踩着高跷扭秧歌了，故有的地区至今仍称“高跷”为“高跷秧歌”。李声振尚有诗咏高跷云：

村公村母扮村村，展齿双移四柱均。
高脚相看身有半，要知原不是长人。

清代高跷，在表演上也不断地花样翻新，动作日趋繁多。从创始于清朝同治年间的北京朝阳区康家营子弟大秧歌来看，在表演阵式上有大小篱笆、巡回插花、里外罗城、控回门等；在表演技巧上，集体技巧有堆山子、拉骆驼、叠罗汉，个人技巧有抱日、背剑、蝎子爬，等等。表演时的喜剧色彩也更加浓烈，具有较强的娱乐性，对此，无名氏的《百本张钞本》中有段曲子描写道：

大秧歌，登高跷，秃头和尚窜奔跑，丑锣俊鼓把黄瓜架儿绕，樵夫俊，扁担挑，渔翁唱曲儿，依老卖老，傻公子儿生来的彪，老铿子柑中俏，惟有小二哥最难学，遇见会口把门路跳，天一热，家伙一吵，叫错了把儿那怎么好？木把儿的跟斗糟定了糕。教我练，我可不了，我是罗圈腿儿踩不得跷，踩上跷，不让仙鹤。

多么生动、多么有趣！因此，这种亦庄亦谐、亦唱亦跳的民俗舞蹈形式，至今仍在北方农村广为流行，得到广大农民的喜爱和欢迎。

◆ 男舞女唱跑旱船

琉璃厂上好风光，旱地行船小作场。
莫认桃仁同杏核，防他马粪作槟榔。

清人杨米仁的这首《都门竹枝词》，咏的是老北京民间的“跑旱船”游艺活动。这种活动至今在全国各地的节日盛会上随处可见，颇受群众的欢迎。

跑旱船，其船多用竹、木或高粱秸作骨扎制，船体外饰以绸布，布上彩绘有各种戏曲故事或吉祥图案，故事以《白蛇传》中的“游湖借伞”和“水漫金山”为常见，图案则多为“莲鱼戏水”“鲤鱼跳龙门”等。船上扎有一亭阁式船棚，绸布作顶，四边饰有流苏花边。顶上缀一大红绣球，四角各挂一盏莲花灯，可供夜间表演时照明。船棚的四根柱子上，都饰有大红对联，联句多为“风调雨顺升平世，国富民强尧舜天”之类的讨彩话，装饰得十分华丽。表演时，旱船用绸布套系在“乘”船者的肩上，由她的舞步带动旱船前行。

跑旱船的演出，北京地区有独只船、三只船及五只、九只船的区别，表演方式也不尽相同。独只船，船体都比较大，一般每船 “乘”两人，分别扮作采莲的少女和划桨的艄公。两人配合演出逆水行舟、迎风斗浪、顺水转弯及采莲、戏莲等舞蹈动作。假如船体较小的，船上则只“乘”一位扮相秀丽的小姐，一位艄公在船外划桨，另有一个丑公子和一个赶驴的脚夫。四人配合，船在前边快划，驴在岸上紧追。丑公子表演骑驴的动作，舞姿滑稽，艄公和脚夫则互相嬉戏，做翻跟斗、竖蜻蜓、蝎子爬等动作，既诙谐有趣，又热烈火爆，很受欢迎。

三只船，船体一般较小，长四五尺，宽二尺余，乘一人，女妆，大多扮作《白蛇传》中的白娘子，一身缟素，典雅大方。“三只船”设有艄公、丑公子等一干人物。表演时主要以圆场步、悠船步、转船步等多种舞步，表现船员高超的驾驭功夫。三只小船穿插游弋，时而鱼贯而行，时而齐头并进，左拐右转，前进后退，可以舞出几十种画面，恰似三条游于水中的彩条鱼，悠游自如，十分优美。

五只、九只船，船形与“三只船”基本相似，表演技艺、阵法也大同小异。由于船多场面大，队形的穿插变化更为复杂多样，可以表演《白蛇传》《梁红玉抗金》《八仙庆寿》等戏文。表演《白蛇传》时，船外带着一群由小孩扮演的鱼、鳖、虾、蟹等水族，游来弋去，你穿我插，滚翻腾跃，跳卧爬扑，场上气氛极为热烈。当演到白娘子水漫金山寺，法海和尚变成螃蟹在场上爬来爬去时，观众顿时爆发出阵阵欢呼，其声遏云。

北京跑旱船一般都有鼓乐伴奏，有的乐队还配有唢呐、海笛等吹奏乐器。演出时，锣鼓点与船行的节奏密切配合，高潮时唢呐和海笛嘹亮高亢地奏起，响彻云霄，整个表演场地，洋溢着一派欢庆气氛。

四、竞斗博弈风俗

◆ 金华奇观闹斗牛

说起斗牛，海外朋友一定想到西班牙的斗牛，人与牛斗，一方红布挑动了牛性，于是剧斗开场，有时人刺杀了牛，有时人被牛触死或伤，刺激倒是刺激，不过总有些冷酷、残忍。金华斗牛，却是牛与牛斗，可说是“堂堂之阵，正正之旗”，整个过程充满精彩激烈的气氛，其热闹刺激，不在西班牙斗牛之下，却丝毫没有血腥气。

金华斗牛，地区就在浙江中部的金华、武义、浦江、义乌、永康、兰溪等县，其中尤以金华东乡为盛。如曹宅、鞋塘、浬浦、岭下、仙桥等地，十日一斗，除风雪之日或农忙季节外，很少间断。参加角斗的牛，多为未经阉割的雄性黄牛。这种牛体健力壮，性情凶暴，不擅耕作，却善角斗。用于角斗的牛，当地叫“操牛”，平日有专人护养，一般每日要喂大麦四至六斤，佳酿三至五斤，睡处讲究清洁、干燥，其待遇往往数倍于耕牛。若是上等的“操牛”，据清人陈其元的《庸闲斋笔记》所载，还要“卧以青丝帐，食以白米饭，酿最好之酒以饮之。亲朋相访，主人款之，呼酒必曰：‘慎毋以饮牛之酒来！’乍闻者以为敬客之意，殊不知饮牛之酒乃是上上品，客不得而饮之也”。真是待如上宾。临斗前几日，牛主还要给“操牛”改善伙食，饮以陈酒、白糖、鸡蛋，甚至以人参滋补、鸦片提神，以便使“操牛”兴奋耐斗。

挑选“操牛”，一般以颈短、肩胛高大、后腿健壮、角粗而短、尾短而细、外观如雄狮者为佳。平时，牛主常以斗技训教，如架、并、撞、抽、挂、顶、角之类。并根据“操牛”的体格形态和角斗战术，给它起个漂亮动听的名字，如“麒麟挂”“乌龙枪”“千斤撞”“小金刀”“赵子龙”等。“操牛”入场前，牛主还要对它的双角加以修削，使其尖利，并用青麻绳绑扎角的根部，用皮套捆束额部，以资保护。

旧时的斗牛场地，一般选择广阔平坦、四周有浅山隆起的水田。这种斗牛场，多属庙产或由私人捐献，常常是整年作斗牛之用，平时多令其荒芜。即使有人承租种作，一遇庙会赛神、祠堂庆典等重大活动要行斗牛时，则要立即铲除所种的作物，交付使用。开斗前，须将水田犁平，灌一层浅水，以田泥柔软适中又不致陷足为度。水田东西两端，用毛竹扎起两座“龙门”，门上张灯结彩，作为双方“操牛”的出入口。水田四周，打起木桩，拦以绳索，以防观者进入。斗牛之日，四乡八镇的男男女女，纷纷云集而来，里三层外三层地站在四周的浅山上，从高处往下观望。各路摊贩，也闻风来“赶会场”，真是人山人海，把斗牛场围了个水泄不通。

“操牛”入场前，各村要先“迎牛”。牛主尽其所能，将“操牛”精心地装饰一番，以引人注目。这时的“操牛”，额簪金花，角插雉羽，鼻束头牌一面，上书徽名，如“乌龙枪”“赵子龙”之类，远远看去，犹如戴了武士头盔一般。牛背则披挂一块绣满金银花纹的红绸或白绫，绸绫上置一旗架，上插三角彩旗四面，其装束如同戏剧中的武将，显得威武无比。

“共、共、共”三声铳响，迎牛开始。各“操牛”由牛主牵引，按村列队，高照灯前导，清道旗继之，在锣鼓唢呐的伴奏下，缓缓而行。“操牛”队中，各牛前都有一号旗，号旗因牛设色，或书或绣，标出“百战百胜”“八面威风”等字样。若是善战能斗，战绩辉煌的“操牛”，号旗则大书一“帅”字，或“大元帅”三字，以此炫耀。

牛队穿街转巷，沿郊野小路浩浩荡荡地开进斗牛场，绕场一周后，乐手鸣大锣十三响，各牛主则给“操牛”褪去披挂，四散而去，暂作休息。前期斗比的“操牛”则由牛主灌老酒、喂参汤，做斗前准备。

这时，“当——”的一下，场上钟响，四位头缠青纱、赤膊裸足的壮汉步入场门，垂手而立，他们就是被当地称为“拆牛手”的裁判员。预先约定相斗的一对“操牛”，由牛主牵引，由对峙的两座“龙门”缓步入场，摇摇摆摆，大模大样，一副“常胜将军”的派头。两头牛越走越近、越走越近，只待气喘之声相闻时，拆牛手一声令下，牛主立即抽出自家“操牛”的牛绳，急速出场，到“龙门”口燃放炮仗。在一片“碰碰啪啪”的炮仗声中，两牛相遇，始则虎视眈眈、怒目相向，继即你逗我弄，以探虚实。渐渐地，双方警戒之心逐步高升。最后，两牛低头杀尾，驼峰突起，红眼圆凸、牛性勃发，终于你奔我突、你抵我角地斗将起来。

大凡参斗的“操牛”在战术上都是训练有素的。有的步伐稳健，屹立如山，进退有序，以逸待劳；有的勇猛灵活，善捕战机，猝然攻击，出奇制胜。双方在交斗中视其对手，不时地变换战术，如以头首、前腿猛压双方颈部的“挂”；以力推压，迫使对方退缩的“顶”；以角之根部用力出击对方双角的“打”；突然猛冲，以额狠攻对方左右胛的“撞”；互相以颈相抵，甚至将头伸向对方腹部的“并”等，各呈其技。尤其是势均力敌的两牛相斗，你顶我打，你撞我挂，一招一式、变幻莫测，忽攻忽守、起伏跌宕，其角斗之激烈、其场面之精彩，正如清人方元鲲的《观村社斗牛》一诗所云：

尾株掉秃速，肉峰耸碨磊。
额裹首铠坚，角砺霜刃皠。
初交气一鼓，再接勇十倍。
进寸拟肉薄，退尺怚身醢。
力皆九拒能，气肯三战馁。
触槐鉏霓怒，踰隐斐豹绐。
兀立鼎扛获，突击椎奋亥。
转战定勇怯，逐北判功罪。

两牛相斗时，由于脾气性情各异，其结局也就大相径庭。有的招架不住，便落荒而逃，优胜者也就颇具大将风度，就地立定，昂首高鸣，不再“痛打落水狗”了。如若双方实力相当，又都争奇好胜，那么就斗得顽强，互不服输，都屏气塞息地斗将下去，斗个天昏地暗、血肉相飞，尚不罢休。此类情况，若不以人力排拆，就要斗死一方才休。这时，便是“拆牛手”大显身手的时候了。“拆牛手”多由青年农民充任，他们身强力壮，机智勇敢，每当两牛斗得难分难解时，就倏地冲上去，插身于两牛之间，奋力抓住牛鼻，往横的方向，强行将它们分开。其场面也是惊心动魄的。

在斗牛时，观众的情绪是十分活跃的。初斗时，欢呼雀跃，气氛热烈；斗酣时，屏气吞声、心情紧张；等到胜负一分，则欢声雷动，纷纷向斗赢的牛主高声致贺。他们从这种千变万化、惊险奇绝的角斗场面中，既受到感官的刺激，又体味心灵的震撼，从而达到审美和娱乐的作用。

得胜的牛主此时此刻是最快活的人了，他们乐得眉开眼笑，随即由亲朋好友兴高采烈地簇拥着，喜气洋洋地牵着“操牛”，一路燃放炮仗凯旋。到家后，则要高点红烛，大放鞭炮，并立即割肉筛酒，大会宾客，觥筹交错，尽情痛饮，共庆胜利。此时，牛主的举止神态，正如清人陈其元《庸闲斋笔记》所云：

斗胜之家，张筵款客，高朋满座，主人轩眉攘臂。矜其牛之能，曰彼之角如何来，我之角如何往；彼如何攻坚，我如何蹈瑕；我意彼必从是出，而彼竟不料我从此出也。言之津津，几忘乎我之为牛，牛之为我焉。

对于斗胜的“操牛”，当然要论功行赏，又大大滋补一番，以恢复元气。自此，这牛便声誉鹊起，身价倍增。不久即有其他想饲“操牛”的农家，央请“牛媒人”登门“做媒”，双方经讨价还价后，往往以高于此牛本价的价格而成交。成交双方即以“牛亲家”相称，养牛之牧童则成“牛大舅”。“操牛”过付之日，佩银牌，戴风冠，有宫灯提炉开道、旗幡仪仗护送、笙箫鼓乐相随，就连嫁女娶媳，也没有这般隆重。

斗输的牛主，则意兴索然，羞愧满面，垂头丧气而归，甚至杀牛烹食，发誓再寻“操牛”，伺机再斗，大有越王勾践卧薪尝胆、励精图治以复失国之气概。

金华斗牛的来历如何，史志无考。民间相传一说是为了娱神。相传宋代明道年间，有永康籍官吏胡则，为衢婺二州百姓，奏免了身丁钱，民怀其德，立庙祀奉，并定时举行斗牛，以酬谢“胡公大帝”。另一说是为了自娱。金华古时为于越之地，相传越人本有斗牛之俗。古时，人们刚发明了牛耕，对牛的期望甚高。他们为了使家畜体力壮健，则在春耕前、秋收后，举行这种角斗，以促进养护，并自我娱乐。以后，汉族陆续迁入，中经数百年同化，才形成现在这种格局。原本以娱乐为主的金华斗牛，由于牛主为摆阔而大肆铺张，难免劳民伤财，历代官府曾多次明令禁止。然而，旧俗相沿，积习已久，往往禁者自禁，斗者自斗，自宋代明道年间到民国末年的九百多年中，一直长传不息。20世纪50年代后，由于土地、耕牛渐归集体所有，农家大多无力承养“操牛”，斗牛之俗渐泯。

近年来，由于人民生活的日益改善，湮没约40年的斗牛风俗，于农历八月十三当地传统庙会之时，又在金华斗牛场一展风姿，给古婺百姓的生活增添了无穷的乐趣。

◆ 苏州笨鸭趣相斗

在距苏州城东南20公里的角直镇上有一个“斗鸭池”，这是近年来修复开放的一大诱人胜迹，随之，“斗鸭”习俗又在这儿兴盛起来。

鸭子虽性情温顺，却也能振羽相斗。斗鸭和斗鸡、斗鹌鹑一样，曾是古人十分感兴趣的游戏。

斗鸭游戏的历史可以追溯得很远。《三国志》的“陆逊传”中，即有关于当时吴国君王孙策喜欢斗鸭的记载。孙策甚至打算在大堂之前建造一座精巧的斗鸭栏，身为大将的女婿陆逊立即阻止道：“君侯宜勤览经典，用此为何？”

据《南史·王僧达传》记载，有名的文学家王僧达是大书法家王羲之的女婿，又被文帝看中当上了太子舍人的要官。就因为喜欢去街头看平民斗鸭，疏忽了政事而被撤了职。由此可见，当时的斗鸭游戏在民间也蔚然成风。

到了唐代，斗鸭之风更盛。斗鸭在浩繁的唐诗中也多有反映，唐代李邕还写过一篇《斗鸭赋》，其中有一段对斗鸭的精彩描述：“于是乎合合纷泊，崩奔鼓作……或离披以折冲，或奋振以前却，始戮力兮决胜，终赶飞兮袭弱。耸谓惊鸿，回疑返鹊……号噪兮沸乱，倾耳为之无闻，超腾兮往来，澄潭为之渍……”把鸭君水战的情景，反映得十分生动。然而，从古代留下来的有关斗鸭的文字里，隐约可见斗鸭不仅可放在水中进行，似乎还可以像斗鸡一样围圈在平地上开战。

唐代不少文人雅士也热衷于斗鸭。最有名气的当推诗人陆龟蒙。陆龟蒙是苏州人，在苏州、湖北当过官，后来因不满于社会现实，归隐于苏州角直。他在角直驯养了一群骁勇善搏的斗鸭，开了苏州斗鸭习俗之先河，据传近年角直镇上修复开放的“斗鸭池”，最早就是他修建的。

斗鸭，人们利用的是“人为财死，鸟为食亡”的动物本能。当两只斗鸭从不同的方向，呷呷地叫着，大摇大摆地步向池中时，主持者在它们中间放一条小鱼，于是两只斗鸭就扇起双翅，脚踩水面，飞动着去抢，搏斗就开始了。鸭子们伸着长颈，用扁嘴啄来切去，你争我夺，一会儿是你咬住了我的脖颈，一会儿是我啄下了你的羽毛，双方摆出一副不共戴“池”的样子，非斗胜对方不可。最为精彩的要算抢黄鳝了，两只鸭子分别狠狠地咬住了黄鳝的头尾，你吞一分我吞一分，吞到无法再吞时，争夺开始了。一会儿是你把头往后一甩，把我拖着疾游；一会儿是我把头往后一甩，把你拖着疾游，都拖得累了，就相对面地拉。你退三尺，我进三尺；你进三尺，我退三尺，谁也不肯松口。那情形，简直像是两个木匠在拉锯，你拉我扯，我拉你送。一会儿又如两个力士在拔河，你拉过三分，并住；我拉过三分，并住；大家并住，并、并、并，终于有一将败下阵来，吞入喉中的那段只得再吐出，只好垂头丧气地游到一边去了。而胜了的一方，则狼吞虎咽地送进肚中，扎个猛子、浮起，展展翅，呷呷呷地高叫着，一副常胜将军的派头。有的不讲“武德”的斗鸭，吃饱以后，精神更足，还要追划过去“痛打落水狗”呢。于是，双方之间又是一番激烈的格斗，你啄我切，我啄你切，甚至斗到双方头上颈上片羽不留，血污淋漓还不肯罢休。

至于观众，看到那些平素温顺驯良的呆鸭，如此好斗，都惊奇不已，尤其看到它们笨兮兮地啄来切去，虽然精神可嘉，但是战术拙劣，也都不由地讥笑起来，而那“拉锯”和“拔河”却又使他们观兴顿足，禁不住鼓掌呼喊，为呆鸭们助威喝彩了。

斗鸭虽没有斗牛、斗羊那么刺激，却也是谐趣横生，令人开心。

◆ 鱼米之乡看赛马

斜蹴鸾靴上玉鞯，四蹄飞处绣裙翩。
香风一阵来何处，绝妙监军冯小怜。

清代诗人李声振的这道《百戏竹枝词·解妇》，咏的是当时北方民间的女子赛马场面。高大威武的骏马载着飒爽英姿的少女，铁蹄疾驰、绣裙翻飞，一骑骑风驰电掣，奋勇争先，其场面是何等的壮观！“百马攒蹄近相映，欢声四合壮士呼”，无论是策马参赛，还是驻足观看，只要置身于赛场，总不免会精神振奋，情绪激昂的。赛马活动能使人亢奋，给人欢娱，故千百年来，在我国北方地区流传不已，深受广大农民、牧民的欢迎。何止北方，据说在地处江淮平原的江苏如皋，也有一年一度的赛马盛会呢。

江苏如皋，是江淮平原上著名的鱼米之乡，素有“金如皋”之称，人们丰衣足食之余，便想出许多法子来取乐，赛马便是其中之一。

苏北是不产马的，如皋参赛的良驹多来自别处，一马千金，大户人家毫无吝惜。购进好马，首先要雇用马僮照顾马匹，还有重金礼聘著名的骑师驯马。

旧时，训练赛马的步法有三种：第一种是两前蹄做一动作，两后腿再做一动作，叫作“大奔”；第二种是左前蹄与右后腿做一动作，右前蹄与左后腿又做一动作，叫作“小颤”。但“大奔”和“小颤”均非如皋赛马场上的标准步法，就是赢了，也不光彩。合格的步法却是第三种：左前蹄与左后腿做一动作，右前蹄与右后腿又做一动作。这种步法，虽然比“大奔”稍迟缓，可是却比“小颤”的步法美妙动人，人骑上去也最舒适，据说当年皇帝骑的“逍遥马”就是这种步法。

按如皋赛马规定，只有这种公认最合乎标准的步法获得第一名，才算是真正的优胜者。但这种步法违背马的天性，非靠骑师的训练不可。往往有些良驹性情野蛮，训练二三年，临比赛还会功亏一篑。

如皋赛马并没有一定的场所，通常由几个有钱人家轮流主办，时间多在农历二月间，这个时间也是农村最清闲的季节。赛马前十数日，即将村前道路整修平坦，用作跑道。这时邻乡邻镇的小贩也开始沿着路两旁搭盖棚子来做生意。村里的大家小户纷纷邀请亲朋好友来看赛马，整个村子到处是红男绿女，阵阵欢笑。这种热闹的场面在赛前半个多月就开始了，赛完了十多日还不会平静下来。

比赛那天，跑道两旁大清早就挤满了看热闹的人群，有的小伙子还爬上高树观看。比赛前先由本村的二三流马儿在跑道上跑上几趟，以慰观众迫切的期望，约八九点钟的光景，爬在树上的小伙子们首先发出惊人的叫声和热烈的掌声，不用说这一定是别村参赛的马儿赶来了。这时，四面八方尘土飞扬，渐渐从尘土中发现了骑士骏马，由远而近，急驰飞奔，煞是壮观。那些参加角逐的名马相继进场后，在观众的欢呼声中，大家按辔徐行，这时，主办人在众骑师的簇拥下策马前来，向众马手一一拱手为礼，致欢迎之意，并邀至自己家中摆酒接风，筵开百桌，排场盛大。

正午一到，正式比赛即开始，前由一马领先，继而有五六匹马急起直追。跑败的便一去不回，悄悄溜走；跑胜的带着无比的骄傲，循原跑道而返，接受观众的欢呼，然后回到广场稍事休息。接着第二组赛马又开始了，最后总决赛要到日落后才能举行完毕。马跑胜了，不光马主感到光彩，同时全村的观众也有面子。不产马的江苏如皋的“赛马”活动能流传到今，确实是难得的。

◆ 陕北角力人拔牛

在陕北地区，后生们把勇敢强悍作为衡量美的标准。所以，在农村，到处流行着人牛角斗以比力取乐的风俗。据传，在这儿，几乎每位有血气的青年，都是位出色的斗牛士。

陕北斗牛，无一定期。每当黄昏时候，牧归的牛群刚上硷畔，立刻会被一群后生围住。其中的一位把右手拇指和食指猛地一下套进牛鼻孔，把牛拉到众人跟前，村头的斗牛就要开始了。这时，另外的后生打了阵忽哨，过路的村民就停下了脚步，挑水的媳妇就放下了水桶，已经吃饭的男女老少也端着饭碗、一溜小跑，纷纷围上来观看。人群终于越围越多、越围越密。圈子里，抓住牛鼻子的后生踌躇满志，不免有些得意起来，便牵着牛绕场踱步一圈，以示炫耀。接着，一位后生伸出两条粗壮的胳膊，忽地把牛拦腰抱住，“嗨”的一声，身子往后一仰，把一条壮牛抱离地面。这时，全场人一阵哄笑，高声称赞。后生放下牛，憨笑一下就退出圈子。这时，场上人声鼎沸，有人大声地叫着某位后生的名字，希望他能入圈表演。叫得久了，被叫者把背心一脱，跳入圈来，客气了几句，就运气鼓劲，等抓牛鼻的后生把牛牵到面前时，他瞧准机会，忽地伸出双手，将牛腰搂住，猛地将牛抱离地面，拧着身子转了一圈。于是，众人齐声喝彩，欢声如雷似潮，把欢快的气氛推到了极点。

当然，后生们在与牛相“斗”时，也有手艺较差拇指与食指套不住牛鼻、气力小双臂拔不起牛体或虽拔起牛体而在绕场时被挣脱等情况发生，对此，围观者就只得报以善意的嘲笑了。而对于那些既无技艺又缺气力，却把牛皮吹得山响的后生，围观者则要存心逗弄逗弄他们，以获得一阵阵戏笑。

陕北斗牛习俗的起源如何？现已不可查考，民间也无这方面的解释，但有的学者认为，当与我国古代的“搏虎、拔树、背兽、扛鼎”等练力方式有关。

在我国古代，两军对垒，使用的都是刀、枪、叉、戟等冷兵器，其杀伤力的大小，基本决定于人体力量的大小。古代在描写一位英勇的武士时，总是说他“力大无穷”“只手千斤”等，把力量放在首位。在夏、商、周三代的传说中，就有许多大力士，如夏桀“有才力，能伸钩索铁，手搏熊兕”；殷纣“能倒曳九牛，扶梁换柱”；汉初的项羽，“力拔山兮气盖世”，“身长八尺，力能扛鼎”。夏桀的搏虎，殷纣的曳牛和项羽的扛鼎，都是逐步练力的结果。逐步练力，是古代武士练力的常见方式，如现藏于徐州博物馆的一块汉画像石，其中就有双手抱一幼鹿的练力画面。山东峄县北30千米，有一座抱犊崮，传说有一农夫王老者日抱牛犊上崮，犊成大牛，王老者仍能抱牛上崮。抱鹿、抱牛都是在逐步练力。力练成，武士们总要找机会表现一下。汉时，练力的性质已有所改变，由军事而逐步扩大到社会娱乐的表演，这就给武士们提供了用武之地。张衡在《西京赋》中描写长安城的娱乐表演时说，在纷繁的杂技歌舞表演中，有“乌获扛鼎，千斤若羽”，说明拔树、扛鼎、曳牛等已成为社会娱乐项目。

汉代的扛鼎、拔树和曳牛等娱乐表演，倒是和现在陕北地区的“拔牛”娱乐一脉相通的。

◆ 龙舟竞渡缓缓行

说起赛龙舟，人们就会想到竞技夺标。在湖南汨罗江畔，每年端午，人们穿着新装，扶老携幼，先到屈原庙朝拜，抬着龙头祭庙。祭毕，群龙一齐下水，一声炮响，船似箭发，鼓点如雨，鞭炮如雷，划手力挥轻桨，拼命夺标，真是紧张极了、热闹极了。所以，人们往往把它看作是一项竞技性的水上运动。

然而，在地处杭嘉湖平原水网地区的余杭蒋村，龙舟竞渡却不是比速度争先夺标，而是龙舟“集会”。大家随意地划着龙舟，悠哉悠哉，显得十分清闲。两船错落两行，后船不能强行超越，只有前船礼让靠边，并说“请你们过去”后，方可缓缓超越，谦谦然大有君子之风。如果说要比较，倒也有几项比较的内容：比锣鼓声激昂而不乱，比击桨整齐而有力，比踩艄姿态优美，比龙头翘得高，比龙嘴出水量大等等，真是别开生面。

蒋村龙舟分为“满天装”“播天装”“赤膊龙船”三种。“满天装”又称“彩龙船”，长达10米，装着木雕龙头、龙尾。龙首上停一只木雕凤凰、龙尾上栖条木雕蜈蚣。当地人认为凤凰和蜈蚣能监督海中的龙王，使其风调雨顺。船上有宫殿式的华丽建筑，算是“龙宫”。宫前立一古装木俑，手执令旗，人们称为太子。宫两边装饰有许多彩旗：帅字旗、虎道旗、龙道旗等，共39面。旗下插着13面“凉伞”和十八般兵器，既五彩缤纷，又威武森严。在两边的船舷上安有24块鱼板，船头的两块分别画着“姜太公钓鱼”与“和合二仙”。前者寓“姜太公在此，百无禁忌”，表示幸福平安；后者象征和睦亲善。

“播天装”和“赤膊龙船”系普通交通用船，装上龙头、旗帜而成，比“满天装”简朴。有的“赤膊龙船”则干脆“赤膊”，船上只有“龙”，而无旗帜。

蒋村龙舟每船16人，10人执桨、1人掌橹、1人踩艄、4人击鼓打锣敲钹。当锣鼓钹声一起，执桨者就随着锣鼓的节奏划动船桨，龙舟便在涟涟的河滨里缓缓而行，其姿非常优雅。慢慢地游了一阵，鼓点渐渐趋紧，踩艄人就偷偷地踩低船尾，让船头翘得高高的；执桨者也暗使手劲，加快船速。船头越高，船速越快，船身激越的浪也就越大。那激浪从船首龙头下颔的孔洞里涌进，又从镂空的龙嘴里喷出，白花花的一股，煞是好看。人们从岸上远远望去，五颜六色的彩船，就活像一条条游龙在白花花的江河急浪中吞云吐雾、迤逦而行，显得十分逼真、十分壮观。

这时，岸上水中，船头舟尾，所有的人都陶醉在这力与美的享受之中了。

◆ 竞斗取乐话相扑

黑汉勾却白汉颈，白人捉住黑人腰。

如人要辨输赢者，直须墙隤始一交。

这是首收录于宋代《角力记》中的《题墙上相扑画》诗，其画其诗，所描述的都是宋代市井“瓦子”里的相扑表演。那一黑一白的两位蛮汉，你勾我捉，你推我却，角力斗巧，胜负难辨，其场面是颇能吊人口味、引人入胜的。尤其是那黑白分明、对比强烈的人物造型，犹如现代相声艺术中捧逗两角一高一矮、一胖一瘦的配合，很有些喜剧意味，容易逗人发噱，娱人心目。

相扑，在我国古代又有角力、摔胡、角抵等异名，民间则称之为“摔跤”。以摔跤取乐，是我国民间传统的民俗事象，在陕北地区的广大农村，现在尚颇为流行。

陕北农村的后生，向以强悍、勇敢、力大无穷作为衡量美的标准，姑娘们也以此作为择偶的主要条件。所以，在这一地区，摔跤取乐是日常生活中司空见惯的事。农闲时节，或收工以后，几个小伙子碰到一起，三言两语地一撩拨，马上会有一对壮实的汉子跳出来，说“比试比试”。于是，一个“虎抱头”、一个“鹁鸽旋”，一个黑虎掏心、一个泰山压顶，摔绊扭托并用，拦抵拽架互见，你搂我破、你摔我抵，一招一式地闹开了。这时，男女老少便闻声而来，大家围成一圈，边看边为他们鼓掌喝彩。场上人声鼎沸，如同闹市一般。比试的双方则越战越勇，都涨红着脸，把浑身的肌肉栗子样鼓起，一会儿是“据拳舞掌相颉颃，周旋趋避不轻尝”，一会儿是“铁臂铜股互拍张，推排将倾仍不僵”，努力地想法把对方掼倒在地。其场面非常精彩。

最有趣的还要数男女摔跤。陕北男女摔跤，大都是姑娘与后生、媳妇与后生，有时也有老汉与少女、后生与老妪。但有先决条件，即只限于平辈、爷孙辈及无亲缘关系的男女之间进行。常见的是一男对两女、三女，甚至四女，也有一男一女的。摔跤开始，女方自然齐心协力，配合默契，各自或抱腰、或搂腿、或扭头，一个个猛似大虫，狠如夜叉。有的男子未曾上阵，却先怯场，稍不留意，即被缠倒在地。输了的男子，总要受到女性的戏谑：抓胳肢窝、刨脚底心、刮鼻梁骨，或被扒掉鞋子、扔到沟底。此时，男子只好垂头丧气地捡回来。反之，若男子赢了，却不能有些微凌辱的表示，只能叫其中的一个女子给自己点一袋烟，以作酬劳。当然，若是单男对只女，而又输给女方，那么，男方就只好自认倒霉，还要受孩童的谑笑，从此就自觉低人一头了。男女摔跤时，观者自然地围成一圈，啦啦队也分化为男女两大阵营，为各自的同胞呐喊助威，即使是夫妻，这时也只好“吃里扒外”了。

陕北摔跤，不带竞赛的成分，是一种纯粹的娱乐行为，其方式虽然显得原始，但有利于增强人的体力，培养人勇于竞争的性格，同时，又能消除疲劳、放松精神，故至今仍受到民众的欢迎。

◆ 楚河汉界争战乐

琴、棋、书、画历来被汉族称为四大艺术。象棋又是汉族古代文化宝库中光彩夺目的一颗明珠。因为象棋包含有文娱、体育和科学的因素，一盘引人入胜的对局，其魔力不亚于一曲动听的音乐、一幅绝妙的图画。因此，千百年来，象棋一直深受汉族民间的喜爱。

中国象棋大约起源于战国时代，在宋玉的《招魂》篇里就有“菎蔽象棋”的说法。在刘向的《说苑》里，也可以看到“斗象棋而舞郑女”的记载。南北朝时文学家庾信写有《象棋经赋》，北周武帝创制了《象经》。这一切都说明我国象棋的起源和流行的历史是颇为悠久的。

到唐朝，象棋已颇为盛行。不过，唐人都把棋子称为“马”，把下棋叫作“象戏行马”。当时象棋只有“将、马、车、卒”四个兵种。据《续艺经》载：“昔神农以日月星辰为象，唐相牛僧孺用车、马、将、士、卒加炮，代之为棋矣。”从牛僧孺在原来棋子之中加炮这一点看，大约在唐时，象棋已形成了基本格局。经过长期的发展补充，到了宋时，在兵种上又增加了“偏、裨”二将，“偏、裨”的行棋方法相当于现代象棋的“士、象”。至此，象棋才正式定规下来。宋人刘克庄有《象棋》诗云：“屹然两国立，限以大河界。三十二子者，一一俱变态。运炮无虚发，冗卒要精汰。昆阳以象奔，陈涛以车败。匹马郭令来，一士汲黯在。献虏将策勋，得隽众称快。”理学家程颢有诗云：“大都博弈皆戏剧，象戏翻能学用兵。车马当存周战法，偏裨兼备汉官名；中军八面将军重，河外尖斜步卒轻。轻凭纹揪聊自笑，雄为刘项亦闲争！”

现行的象棋，有三十二子，就子数的多寡而言，以“兵”为最多；就其诸子的威力而言，又莫过于“车”；就其众子的重要性来说，又独尊“将”。那么，为什么不叫“兵棋”“车棋”“将棋”，而恰恰用那攻不得越河厮杀、守不能进宫护卫的“象”来作棋名呢？有一种说法，即象棋是一种象征战争厮杀的棋战。在《潜确居类书》中说：“雍门周孟尝云：足下燕居，则斗象棋，亦战国之事也。盖战国用兵，故时人用战争之象为棋势也。”刘向在《说苑》中也认为象棋是因为“用战争之象为棋势”而得名的。

因为象棋是象征战争断杀的棋戏，在古时还被用作学习“用兵布阵”的工具。除程颢《咏象戏》诗中说的“象戏翻能学用兵”外，唐相牛僧孺在《玄悟录·岑顺》中还写过一则有趣的故事，说岑顺夜寤，梦见一场战争，其中用兵布阵诸法，俱和象棋同。

明清两代，象棋得到广泛的发展，产生了不少名手，也出版了许多棋谱著作。如徐兰的《适情雅趣》、朱晋桢的《棋中秘》、王再越的《梅花谱》、张乔栋的《竹香斋象戏谱》等。这些著述为我国象棋的普及奠定了基础。

如今，象棋已普及到广大的民间，遍布于城乡各地的茶馆棋室为喜弈者提供了清静舒适的“断杀”场所，人们从紧张激烈的“争战”中使身心受到特殊的休息和娱乐。象棋已成为民众休闲娱乐的主要工具。

◆ 手谈清娱黑白分

围棋是汉族民间所喜爱的娱乐活动，由于具有竞赛的特点，现在已被列入体育竞赛之中。

围棋的起源是很早的。《世本》载曰：“尧造围棋。”《博物志》载曰：“或曰舜以子商均愚，故作围棋以教之。”尧、舜都是传说中的人物，造围棋之说固不可信，但说明它的起源之早。春秋战国时，围棋已在社会上广泛流行。据《左传》记载：公元前559年，卫国的国君献公被卫国大夫宁殖等人驱逐出国。后来，宁殖的孩子又答应把卫献公迎回来。文子批评道：宁氏要有灾祸了，“弈者举棋不定，不胜其耦，而况置君而弗定乎？”《尹文子》上也说：“譬如弈棋，进退取与，攻劫收放，在我者也。”“举棋不定”“攻劫收放”都是围棋中的术语，而用来譬喻处世的哲理，说明围棋活动在当时社会上已经广泛地开展。

到了汉代，围棋手已开始分等级。桓谭在《新论》上说，围棋手分上、中、下三等。南北朝时棋手按棋艺分九品。邯郸淳《艺经》云：“围棋之品有九。”《南史·柳恽传》记载：“梁武帝好弈，使恽品定棋谱，登格者二百七十八人，第其优劣。”这些史实都说明当时围棋活动之广泛。

唐初设文学馆，馆内有专门的围棋博士。唐玄宗时改置翰林待诏，围棋待诏属于翰林院。这种看重围棋的制度为两宋所继承。明代，民间围棋竞赛之风甚为盛行，棋艺水平得到迅速的提高。正德、嘉靖年间，形成了永嘉、新安和京师三个著名的围棋流派。清代围棋好手辈出，围棋名著刊刻流行。康熙时的范西屏，十二岁就成为国手，战无不胜，威震全国，著有《桃花泉棋谱》。能和范西屏相抗衡的是施定庵，施定庵著有《弈理指归》。他们两人都是海昌（今浙江海宁）人，后人遂称之为“海昌二妙”。

围棋，由于历史悠久、流传广泛，所以在传播过程中又产生了许多有趣的别名，常见的有“手谈”“忘忧”“乌鹭”“方圆”“玄玄”和

“木野孤”等。

手谈，典出《世说新语·巧艺》，古诗称：“纤纤中指夹食指，运筹棋子乃斗智，一局棋罢两相识，此情此谊复谁知。”

忘忧，则以围棋的娱乐功能而取，为善弈者所乐道。宋朝国手李逸民编了本棋谱，就以此命名，曰《忘忧清乐集》。

乌鹭，是指棋子的黑白两色而言的，黑如乌鸦、白如鹭鸶，倒也形象贴切。

方圆，则指棋具而言，棋盘方形，棋子、棋盒圆形。梁武帝《围棋赋》云：“圆奁象天，方局法也。”

玄玄，语出《玄玄棋经》。围棋千古无同局，其间变化无穷无尽，取《老子》“玄之又玄，众妙之门”的意思。

木野狐，是个贬义名，语见《拊掌录》。据说宋人叶清嗜弈，王安石曾作诗责之，但叶不肯罢手，导致功业荒废，当时人就称棋坪为“木野狐”。“木野狐”是指围棋迷惑人，有如狐狸精。

此外，同样取围棋迷惑于人之意的别名尚有“烂柯”，至今仍为喜弈者所乐道。“烂柯”之名语出民间传说，云有人进山采樵，见两老人对弈，心痒，便驻足观看，待一盘杀完，回顾身后，斧柄已成烂泥。原来，“洞中一盘棋，世上数千年”了。

第四篇

四时八节风俗篇

一、春时风俗

◆ 百节年为首

农历正月初一，为农历的岁首，俗称年节，即春节。这是一个除旧布新的节日，汉族民间对新的一年寄托着无限的希望，因此庆贺新岁的来临也就特别的隆重和热闹了。

汉族民间常把春节叫作“年”。什么叫“年”呢？“年”是时间概念，也是计时单位，在原始社会有不同的叫法。据古书记载：唐虞叫作“载”，是万象更新的意思。夏代叫作“岁”，是表示新年一到，春天就来了。商代叫作“祀”，是表示四时已尽，该编入史册的时候了。直到周代才开始叫作“年”。“年”字原是“稔（rěn）”字的初文，是谷熟丰稔的意思。《谷梁传·宣公十六年》中说：“五谷皆熟为有年。”“五谷大熟为大有年。”所谓“有年”就是指农业有收成。“大有年”就是农业大丰收。甲骨文中的“年”字是果实丰收的形象。谷禾都是一年一熟，引申一下，就把“年”作为岁名，“稔”的初文，就变成了“年”。可见，“年”原是预祝丰收喜庆的日子。早在西周的时候，就出现了一年一度的欢庆农业丰收活动。后人承袭周代的习俗，为了庆贺丰收和迎接新的一年的生产，也就在“立春”前后的农历正月初一欢聚在一起“过年”了。

在汉族民间，把过春节称为过年，还有一段古老的动人的传说哩。

相传在商朝的时候，有个以打柴为生的青年叫万年，他聪明好学，看到当时节令混乱，不利农事，很想把节令定准。后来，他受自然现象的启示，设计了测日影、计天时长短的“日晷仪”和用漏水计时的五层漏壶。通过观察，发现每隔365天，白昼的长短就会重复一次，最长的一天是夏至，最短的一天是冬至。

当时的商朝第十四代天子祖乙，对节令失常影响农事也十分忧虑，便召集百官议找原因。节令官阿衡不学无术，又不负责任，他将自己的过失推诿于人们得罪了天神。天子信以为真，诏谕全国，设台祭天。万年闻知，便带着日晷仪和漏水壶去见天子，面陈节令未定准而使时序失常的道理。天子认为有理，便派人随万年在天坛前筑起日晷仪和漏水壶亭，请他继续观察。

阿衡听说万年能把节令定准，并得到天子重视的消息以后，非常忌恨，生怕万年一旦制历成功，自己的失职被揭穿而遭贬。于是，他以重金收买一名刺客暗杀万年，结果只伤了万年的一只胳膊，而刺客却被抓住了。天子获悉这次暗杀万年事件是阿衡所策划的，便将阿衡判刑，并亲自登上日晷台看望万年。万年指着申星说：“现在申星追上了蚕万星，星象复原，子时夜更，旧岁已完，时又始春，请天子定个节名吧！”天子欣然说：“春为岁首，就叫春节吧！”经过长期观察，精心推算，后来万年终于制定了太阳历。当他把太阳历献给天子时，已是满头白发。天子见后深为感动，就把太阳历命名为“万年历”，封万年为日月寿星。人们为了纪念功高德重的万年，就把过春节叫过“年”。时逢年节交替，而春耕又来始，正是农民们休息和欢乐的好时机，所以春节期间的庆祝活动比起其他节日来就更为丰富多彩，更具有浓郁的节日色彩了。

◆ 爆竹声中迎新年

过年火炮响连天，
纸说全红子说千。
就是贫家生计薄，
朝朝也放霸王鞭。

春节，是汉族民间传统的节日中最盛大、最热闹的节日。汉族民间在喜庆的场合里，最不可少的就是爆竹了。而春节放爆竹兼有吉庆和除旧迎新的象征，所以燃放爆竹就自然成了新年开门的第一件要事了。当时间滑过农历十二月三十日半夜十二点的时候，无论是繁华的城市还是僻静的山村，“劈劈啪啪”的爆竹声，此起彼落，竞相欢叫。人们在爆竹声中，迎来了新的一年。

过年为什么要放爆竹呢？汉族民间一则脍炙人口的古老传说，对此做了回答。相传上古的时候，有一种凶恶的怪兽，长着血盆大口，凶残无比，人们叫它“年”，每隔三百六十五天，“年”就要在晚上出来伤害人畜，毁坏田园。因此，人们到这个时候都要熄灯灭火，避难躲灾。一次，“年”来到了一家门口，恰巧这家人穿着红衣，点了一堆竹子取暖。先是小孩不当心，把一个盆子碰落到地上，“当啷”一声，把“年”吓了一跳。紧接着，燃烧的竹子又“啪啪啪”地爆响。“年”因怕响、怕红、怕火而吓得掉头逃窜。这家人取得了胜利，便兴高采烈地相互道喜，隔壁邻舍见“年”被吓跑了，也竞相出来恭贺。

燃烧一把竹子，过上了一个平安的好年，何乐而不为？此后，每逢年末岁首，人们就燃放爆竹来驱邪消灾，祈望五谷丰登，人畜兴旺，谓之“过年”。据汉代《神异经》载，早在两千多年前，人们就为驱逐山魈鬼魅，“燃真竹以取其声”。南朝梁宗懔在《荆楚岁时记》上也说：“正月一日，是三元之一日也，春秋谓之端日，鸡鸣而起，先于庭前爆竹，以避山魈恶鬼。”清代潘荣升《帝京岁时记胜》也载：“除夕之次，夜子初交，门外宝炬争辉，玉珂竞响。……闻爆竹声如击浪轰雷，遍于朝野，彻夜不停。”

今天，经过人们的不断加工、改进，爆竹的品种、样式越来越多，除传统的百子鞭炮、单响、双响花炮外，还有许许多多的花炮、巨型鞭炮，而且每种款式都被冠以形象化的而又富于诗意的名字。如“孔雀开屏”“仙女散花”“双龙戏凤”“飞雪迎春”等等。每逢春节，汉族民间都喜欢燃放烟花爆竹来庆贺，那响亮而频繁的爆竹声，那五颜六色的烟花焰火，把新春佳节的夜晚打扮得绚丽多彩，给人们增添了无穷的乐趣。

◆ 出天方迎喜神

农历正月初一，是新年的第一天，因为这一天是岁之朝、月之朝、日之朝，故古人又称之为“三朝”。在一年岁月更新的时候，谁不希望能碰上如意的事情，有个好的预兆？于是，元旦未明之前，人们在拜祖敬祖之后，视历书当年的吉利方向，燃着灯笼火把，奉香鸣放爆竹，开门出行，面对着吉方跪拜，称为“出天方”或“出方”，以迎喜神。

成都人称“出天方”为“出行”，每年初一这一天，特别喜欢出南门迎喜神。《蜀中新年竹枝词》云：

榾拙烧残岁已终，
千家爆竹闹匆匆。
焚香竞说开门早，
此日迎神应向东。
烧香幸得占头香，
又听旁人话吉祥。
米价平常蚕市好，
今年喜事在江乡。

人人朝着吉方走，走到一座香火旺盛的庙上烧一股香，拜拜菩萨，祈求神明保佑自己这一年里事事顺当。这一风俗一直流传下来，至今，农历元旦成都人游武侯祠仍然是一项热门哩。

上海人则称出天方迎喜神为“兜喜神方”。刘雅农在《上海闲话》里，描述上海人在新年子夜兜喜神方的情形说：“除夕夜半后，沪俗有兜喜神方者。据时宪书所载，如甲戌喜神在东北，则出门即向东北行，谓可遇佳运。远近不拘，绕街一匝而返，十里洋场，素称繁华，纨绔子弟以及富商巨贾往往以兜喜神方为名，挟青楼粲者，乘钢丝马招摇过市，得得蹄声彻夜不绝。”

此外，值得一提的是，从前的妓女们平日是不准穿红裙子的，因为红裙子是正室夫人的章服，可是大年初一这一天却可以破例，于是妓女们在年初一也纷纷穿起红裙子出门逛街，迎喜神出门了。

◆ 春节主男下厨房

古往今来，汉族民间柴米油盐之类的家务事，都是由家庭主妇操持的。然而有趣的是，新年初一这一天却很例外，主妇禁止上灶，由男人下厨代劳。浙江省武义县有句俗语："女的烧饭烧到头，男的一年只烧一餐毛芋头。"这一餐"毛芋头"，就是大年初一早晚吃的、由毛芋、萝卜、青菜、番薯、面条五种菜食煮成的"毛芋羹"。这一餐是一定得由家庭主男来烧的。这是为什么呢?

原来，汉族民间新年第一餐饭是颇有讲究的。有吃甜食以应"一年甜到底"的，有将除夕所剩的饭杂以各种菜肴，谓之"百杂饭"，取和睦有余之意的；有的吃年糕，寓"年年高"；有的吃杂羹，"羹"与"耕"谐音，取年年有耕、耕作顺利、五谷丰登之意。北方人则吃饺子，取"更岁交子"，南方人吃汤圆，寓"团圆"之意。而汉族民间迷信，新年第一餐如果由妇女上灶操持，就要交"倒灶运"，在新的一年里，全家就会人丁不增添，六畜不兴旺，事事不顺心。这还了得？于是，新年初一这一天，就禁止妇女上灶，由主男下厨代劳了。年复一年，就形成了春节主男下厨房的习俗。

其实，如果扬弃其中的迷信成分，春节由男人下厨房是有积极意义的。主妇们一年到头都在灶头劳碌，颇为辛苦，这天让其休息，不正是男人体贴爱护妇女的象征吗?

◆ 龙腾狮跃闹新春

舞龙舞狮，是汉族民间一项传统的体育活动。每当“爆竹一声除旧岁”，传统的舞龙舞狮活动就伴随着送暖的春风和欢乐的鼓声，出现在城镇的街头巷尾，乡村的晒场草坪。条条长“龙”翻腾起舞，头头“雄狮”翻滚跳跃，生动活泼，惟妙惟肖，给新春佳节增添了多少欢乐和热闹的气氛。

舞龙的表演，有“单龙戏珠”与“双龙戏珠”两种，龙头用竹片扎成，糊以彩纸，敷以彩绘，重可二三十斤。龙身则分成十余节，亦以竹篓作身，外敷彩纸，龙鳞以金箔或银箔贴制。舞龙时，一人持龙头，其他人持龙身，还有一人持火球引龙捕捉，称作“龙戏珠”。只见巨龙回翔腾挪，蜿蜒波动，真是势若游龙，引人入胜。观看舞龙者，纷纷以鞭炮朝龙身上抛掷，哔剥之声夹杂着烟火的硝味，把在场的每个人的情绪都带入最高潮。

值得一提的是，龙年（戊辰年，阳历1988年）春节，正月初八之夜，在福建省漳平县新桥镇中学的宽阔操场上，出现了一条独具风采的长达245.6米的巨型花灯彩龙。只见巨龙在绚丽的焰火下，震耳的爆竹声中，忽而曲折盘旋，忽而翻跃腾舞，远远望去，如彩虹飘舞，似银河奔流。上万名观众眼花缭乱，目不暇接，欢叫雀跃，叹为观止。这条巨大的花灯彩龙，是新桥镇西埔村农民自愿集资，靠自己一双巧手制作的。龙头、龙尾各有8米多长，2米多高，由几个老艺人制作；龙身分节扎制，共110节，二至三户负责一节。每节龙身长2米，宽18厘米，高1米。龙身分三层，分别扎上20～30个灯座，中间插上龙烛。灯座旁，装饰着各式各样的彩花。舞龙时，龙头、龙尾各由18人持舞，龙身每节由5人持舞，连同鼓乐队、彩灯队、响铳队以及替换人员，共有近千人参加舞龙队。这条巨龙，比英国的《吉尼斯世界大全》所载的世界最长的龙——新加坡130米的长龙长115.6米；比云南省施甸县保场区农民制作的180米的巨龙，也长65.6米，可谓是目前国内外所知道的最长的龙了。

舞狮的形式多种多样，大致有北方狮子和南方狮子之分。北方舞狮有雌雄之分，还有成狮、崽狮之分。大狮是双人舞，小狮是单人舞。舞时，一人扮武士，手拿绣球引导，并先打拳、踢打，以引诱狮子起舞。舞狮在模仿动作上，有舔毛、擦脚、搔头、洗耳、朝拜、翻滚等。在技巧上有滚绣球、过跳板、上楼台等。

南方舞狮最盛行于广东，故又称广东狮。广东狮由一人舞狮头，一人舞狮尾。舞狮者穿着各种灯笼裤，上身穿密纽扣的唐装灯笼袖衫或背心。舞狮时要使出浑身解数和不同招式。

舞龙舞狮，为新春佳节增添了浓郁的欢乐气氛。官商士庶无不扶老携幼，拥出家门，摩肩接踵争着看热闹。那惟妙惟肖的艺术表演，如山似海的人潮，共同组成了新春佳节最欢乐的画面。

◆ 迎扫财神玩车灯

川南的新春佳节，娱乐活动多姿多彩，别有风情，除了玩龙灯，舞狮子，迎春官之外，新年初一的迎“扫财神”，玩车灯，更是别有地方风味了。

在川南，大年初一这一天，无论在乡村、城镇，都出现“扫财神”。扫财神当然是由人装扮的，头戴一顶财神爷的帽子，脸上戴个财神的假面具，身穿一件做戏的袍子，手拿一把新扫帚，另一个人敲着小锣，去到人家的门口，扫财神先向门里的主人作个揖，再用扫帚在门口象征性地扫进扫出，左扫右扫。那个敲锣的人，便一边打锣，一边念着：“一扫新年如意，二扫清吉平安，三扫人丁兴旺，四扫百病消除，金银财宝扫进去！扫进去！（此时扫财神必须向门里扫）是非口舌扫出来！扫出来！（此时扫财神必须向门外扫）左扫左发财，右扫右发财！扫也发财！不扫也发财！”这时主人便给扫财神的人赏喜钱，于是，扫财神的人又深深地作个揖，到另外一家去了。

川南民间春节玩车车灯也别有一番情趣。车车灯，又名花灯，是正月里最流行的玩艺儿，由一个男人化装成一个女的，站在纸做的花车中，仿效女人的步法，晃来晃去，左右摇摆，前进后退，另外，有两个男人，提着马灯，在花车旁。忽前忽后，边逗边唱，并向这花车里的“车姑娘”做出种种挑逗与调情的动作。旁边的人，敲打锣鼓助兴，更在唱词的适当地方搭腔。当车灯去到人家门口时，要说“四句子”，也叫说“四圆八句”：“走一程，又一程，车灯来到贵府门，主人迎灯点香烛，车车朝贺庆平安。”四句子说了，便开始玩车灯了。但也有些迎灯的人家，在迎灯时，故意在香烛上玩花样，或点烛不点香，或点香不点烛等等，要玩灯的说四句子来解开的。还有的迎灯人家，见着车车灯来了，故意把门关上，和玩灯的人对说四句子，一问一答，颇富趣味：

锣叮当来鼓叮当，

贵府主人把门关。
麻烦门神快通报，
车灯朝拜贵家庄。

门内的主人看到玩花灯的开口了，就脱口而出：

锣沉沉来鼓沉沉，
门外花灯听分明，
你的花灯何处来？
你的花灯几个轮？
锣亦兴、鼓亦兴，
天上梭罗何人种？
地下珊瑚何处生？
何人骑牛往西去？
何人吹散项羽兵？

如果玩灯的对答不上主人的“四句子”，就说道：

锣亦鸣来鼓亦鸣，
贵府主人样样能，
有问无答休见怪，
我们不是读书人。

这样就表示玩灯的人说输了，于是主人便连忙开门，欢迎花灯进门来了。

◆ 牛娘贺新春

新春佳节，当您饱览了川南民间的“迎扫财神”“玩车车灯”的娱乐活动之后，再到桂东南的岑溪农村，您一定会被那乡土气息浓郁的“牛娘贺新春”的民间娱乐习俗所吸引。那装扮得惟妙惟肖的“牛娘”，那抑扬顿挫的鼓点，如吟似唱的音调，风趣诙谐的歌词，一定会令您发笑喝彩，回味无穷。

每年春节至元宵节，岑溪农村的青年男女，就自愿组织起来，身着彩服，头戴锦巾，装扮成“牛娘”，敲锣打鼓，走村串寨，到各家各户恭贺新春去了。牛娘一般由一男两女扮演，男的舞着纸糊牛头，扮作“牛”，是主唱者；女的扮“插田姑娘”，是伴唱者；另有三人敲锣、鼓、钹。因为演唱者是“牛”和“插田姑娘”，故称“牛娘”。牛娘每到一户人家恭贺新春，那家老少便在门前放鞭炮迎接其进屋，并在厅堂上摆出米酒饭菜、水果点心，点香燃烛，敬奉祖宗。在打击乐的伴奏下，牛娘对着正堂演唱，由恭贺新春快乐，唱到祝愿人寿年丰、生活美满，最后就是以桌上摆设物借题发挥演唱，唱得主人心欢颜笑，满面春风。唱完后，主人就给牛娘送红包，赠物品，牛娘作揖答谢，又到另外一户人家去了。

牛娘贺新春，原是一种“唱春牛”的民间传统活动，距今已有两百多年的历史。关于它的来历，岑溪民间还流传一段动人的传说哩。

相传很久很久以前，岑溪遭受了一场百年不遇的大旱，境内最大的黄华河断流，方圆百里禾苗枯死，草本不生，老百姓无计谋生，不得不扶老携幼，背井离乡。这时，黄华河下游有一条粗壮的大母牛，眼看岑溪的百姓一天天的减少，决心沿着干枯的河床往上找水源。它找啊找啊，找了七七四十九天，找到尽头终不能如愿，就仰天长吼三声，一头撞死在大岩石旁。顷刻间，地动地摇，岩石变成了一头石牛，牛脚下泉水喷涌而出，解救了当地灾民。人们为了感谢大母牛的恩情，此后逢年过节便成群结队前往供奉石牛。到了明初，人们为祈求五谷丰登，六畜兴旺，开始有了“唱春牛”的习俗，不久，又发展成“牛娘贺新春”的民间娱乐活动，一直流传至今。

◆ 家家户户抢路头

财神进门来，四季广招财。
旧进千乡贺，时招万里财。

过了年初一，初五便是新年中最重要的日子了，因为俗传正月初五是财神生日，人们一年的财运都是财神爷决定的，因此，在他生日的前一晚，家家户户都忙着置办酒席，鸣放爆竹，迎接财神爷到家里来款待恭维一番。清人顾铁卿在《清嘉录》里，曾引了一首清人蔡云的竹枝词，形象地描写了苏州人正月初五迎接财神的情形：

五日财源五日求，
一年心愿一时酬；
提防别处迎神早，
隔夜匆匆抢路头。

财神只是一个统称，据民间传说，财神共有四个，那就是："正财神"赵云坛；"偏财神"五路财神（或称路头神）；"文财神"财帛星君；"武财神"关云长。一般所谓接财神，是四个全接，不是只接其中的一个。四个财神中，似以"五路财神"最具有传奇色彩而最受崇拜。据民间传说，"五路财神"姓伍，他们一家五个兄弟，原是劫富济贫的大盗，被杀后阴魂不散，常常显灵，凡是穷苦人家去求财的都很灵验，为富不仁的却常常破财。所以正月初五，许多商店开市，一大早就都金锣爆竹、牲醴毕陈，以迎接五路财神。

各地迎财神的礼俗颇有别异。在北京，早在正月初二，人们就倾城而出，到广安门外、一年只开放一天的五路财神庙给财神爷供上牲醴，焚香朝拜，默祈赐财。人们拜完财神回家时，都要到庙会上临时赶做生意的摊子，买上几串"纸元宝"，认为这是从财神爷那儿借到的钱财，因为借的是元宝，所以不惜重金。还有些手艺人用金纸做成驮着“聚宝盆”的金马驹，价格就更高了，买的人迷信“金马驮聚四方财”，因而也就不怕花钱了。

浙江杭州城内吴山，也有财神庙。每年正月初五，倾城往祀，香火鼎盛。庙中还塑有财神像，如福禄寿三星中的“禄星”，头戴袱头，身着锦袍玉带，方面大耳，五绺长须。庙中还有这样一副深寓讽刺，颇有生活气息的对联：

果然冷面寡情，这才是守钱奴，倒得与他几个；
若使扶贫济困，竟成了耗财鬼，休要花我分文。

关于祈求财神爷保佑发财的笑话，《春明丛说》中还有这样一段有趣的记载：

有陈姓者，屡祷于神，经岁无所得，而诚不杀。夜梦五哥语之曰：“求富之诚，遍京国莫子若矣！倘不为子谋，人将疑予无灵，且笑子之愚也。子试于某日赴庙，必遂所欲。”如期而往，徘徊顾盼。至日中，有群妇人入庙，拜毕，坠钗于地。陈曰：“此神之贶我也。”私拾而归，售之，核一年祷祀之费，微有羡焉。

原来，财神爷并非腰缠万贯的百万富翁，他享无功之祈，而又没有金银财宝送给祀拜者，于是便使用了伎俩手段，乘妇人入庙祀拜之机，使其银钗落地，使陈姓拾之以塞其责，这真是对财神爷绝妙的讽刺了。

◆ 正月初五倒五穷

正月初五是牛日，又称破五，这天也是送穷日。

在河北北部、山西雁北等地区，正月初五这一天，家家户户都要在五更天起床。一家大小起床后，掀开炕席，把炕底的尘土打扫得一干二净，然后用簸箕撮出，倒在街上，并且一边倒一边放鞭炮，俗称“倒五穷”。关于这个风俗的来历，民间还流传一个美丽的传说哩。

相传玉皇大帝有七个女儿，自从七仙女下凡和董永结为夫妻后，几个姐妹也有了下凡之心。那六仙女也瞒着父母，悄悄溜下天庭，找了个叫张奎的女婿。这张奎和董永一样，也是个穷出身，很早就死了父母，给有钱人家洗锅刷碗、劈柴、担水、磨面、下地，没一样不干，一年到头没日没夜，连腰都累弯了。自从有了六仙女，小两口你疼我爱，虽说日子过得清苦，却也觉得心宽。

一年腊月二十三，六仙女对张奎说：“你置办点年货，我去娘家看看就来。自从咱俩成亲后，我还没登爹娘门呢。”六仙女上了天庭，见到父皇，父皇问起家中情形，她便一五一十地说了。可玉皇一听，便气上心头，再一看六仙女破衣烂衫，一副寒酸相，更是火冒三丈，责骂道：“天上荣华富贵你不享，偏到凡间受煎熬。看你一身穷土，把清净的天庭都弄脏了，还不快快回去！”六仙女被父亲戗白得面红耳赤，一咬牙便跑出了南天门。可她转念一想：“我这么两手空空地回去，太便宜了嫌贫爱富的父王，我还得找娘去！”于是，她哭哭啼啼去找王母娘娘。

王母娘娘见女儿哭得可怜，十分心疼，忙安慰说：“儿呀，娘有心留你过年，可你父不允许。你缺啥，带点回去吧！”六仙女听了，转哭为笑，毫不客气地拿了白面、点心，又提了仙酒，包了仙桃，高高兴兴回了家。

六仙女回到家后，把东西分给了左邻右舍，自己留下一点过了个欢欢喜喜的好年。眨眼到了正月初四晚上，六仙女为了气父王，便把家里的炕土扫了，全装进簸箕里，插上三炷香，等香烧光正好是五更天。六仙女走到街上，把炕土倒在大门外，又放了三个二踢脚，仰头对天上说："父皇呀，我把穷土倒掉了，你看见了吧！我再也不来求你啦！"说完，小两口回家炒菜炖鱼，红红火火过了个大好年。

此后，便留下了正月初五"倒五穷"的习俗。

◆ 宾阳新春舞炮龙

农历正月十一，为广西宾阳县的“灯酒”节。这一天，宾阳县城的男人们按街划分，聚餐饮酒，舞炮龙贺节，把新春佳节的热烈气氛推向了高潮。

所谓“灯酒”节，就是凡当年新添男孩的人家，出一只阉鸡，也可以自愿多出，其余各户凑份子，按街道划分，大家聚集在一起会餐饮酒，表示庆贺，称为“灯酒”节，又称“灯酒会”。举行“灯酒会”之前，新添男孩的人家，要先在屋内摆桌点烛焚香，进行添丁祭，以告天地家中新添了人口。主祭品是一只阉鸡，另有一块肉、一条鱼以及果品、酒等。凡作祭牲的鸡，屁股上都插上了一根根长长的鸡毛，表示全鸡全福的含义。

灯酒节的高潮就是舞炮龙。这一天，家家户户都把街道打扫得干干净净，好迎接舞炮龙。入夜，只见头戴三角形藤帽，上身赤膊的青壮年男子，手举布龙，列队到土地庙举行开光仪式。举行开光仪式前，要用布把龙眼蒙住，时辰一到，用鸡血滴在龙眼上，揭开红布，即为开光。开光之后，鞭炮齐鸣，舞龙开始，由“龙牌”锣鼓开道，一人手拿火把，肩挎一个竹篓，内装火药，不时抓一把向上一抛，火把往上一举，顿时一团火光冲天而起，煞是好看。龙所到之处，各家各户都要燃放鞭炮，夹道相迎。这时，人们就把事先早已准备好了的、挂在楼上的一串串长长的鞭炮点燃，并把一串串小鞭炮点燃后抛向龙头龙身。一时间万炮齐鸣，只见龙在硝烟和火花中翻腾飞舞，气氛十分热烈。更有趣的是，赤膊的舞龙者，任凭鞭炮爆灼，毫不违避，有的甚至还把鞭炮背在赤裸的身上燃放，不怕烧伤，俗称这样一年都吉利。由于舞龙者每经一家一户门前，主家都尽量燃放炮竹，而龙要待各户鞭炮放完后才能前进，俗谓“炮声不停龙不走”，所以一条龙要舞完一条街的“龙路”，一般需要连续一个昼夜，最盛时连续两个昼夜。据说舞炮龙时，鞭炮把龙身爆灼得越烂越吉利，所以一般人家迎龙时，都要燃放万头鞭炮，多的达十几万、几十万，故“舞炮龙”也叫“火烧龙”，即任凭鞭炮之火把龙烧灼，这在全国舞龙风俗中真可堪称一绝。

宾阳有“龙珠得子”的说法，所谓“龙珠”即龙口中未吐出的“珠”，所以想年内生龙子的人家，便用重金事先订购“龙珠”，常常要花好几百元钱，也心甘情愿——“龙珠得子”嘛。

◆ 岁岁迎春鞭春牛

立春，是二十四节气的第一个节气，每年2月4日前后，太阳到达黄经315° 时开始。立春象征着春天的到来，预示着一年农事活动的开始。“一年之计在于春。”汉族这个古老的农业民族，对春天的到来寄予了厚望。因此，历代王朝每年立春都要举行隆重的迎春大典。宋朝和明朝、清朝，迎春活动都是极为热闹的，不仅在京城，而且全国各地都有。

立春日除举行迎春大典外，还有打春牛、喝春酒、吃春盘的习俗。“打春牛”就是在立春日用泥造土牛以劝农事，使人们重视农业生产，不要错过春耕时机。孟元老撰的《东京梦华录·立春》载：“立春前一日，开封府进春牛入禁中鞭春。”清人富察敦崇在《燕京岁时记》中也说：“立春先一日，顺天府官员至东直门外一里春场迎春，立春日礼部呈进春山宝座，顺天府呈进春牛图，礼毕回署，引春牛而击之，曰打春……以示劝农之意。”

立春迎春、鞭春牛，在汉族民间还有一个古老的传说哩。

相传神农氏出生之前，天下的百姓都是靠吃飞禽走兽来维持生命。后来人类越繁殖越多，飞禽走兽被吃得越来越少，搞得大伙儿时常弄不到吃的。神农氏出生后，看到人们这样痛苦，于是决心尝百草分五谷，教大伙儿耕种土地，开始了农业。前三皇五帝都很重视，到周朝的时候，把务农的事提到朝议上，一面制历，一面责令地方官每年要举行迎春仪式。农为行行之本，春为一岁之首，迎春大典当然要隆重了。立春的前一天，地方官就洗好澡，穿上素服，不坐轿子，不骑马，步行到郊外，聚集乡民，设桌上供，烧烧香，磕磕头，在供桌前做一个土牛，让扮作勾芒神的人举鞭打土牛，把这土牛称作“春牛”，意思是打去春牛的懒惰，迎来一年的丰收。

把土牛当春牛，也不知鞭打了多少年，后来开始打纸牛了。用纸糊条牛，里面装着五谷，就把这条纸牛叫“春牛”。在立春那天，叫“勾芒神”举鞭狠打，牛倒了，纸烂了，五谷四下流，象征打出了一年的五谷丰登。

以后各个朝代，都效仿周朝，每年立春都要举行迎春大典，鞭春牛，表示对农耕的重视。汉代时，文帝、景帝在颁发诏书时还书“朕亲耕为天下先”。这种迎春仪式相沿到清朝末年。

◆ 何处闻灯不看来

农历正月十五，是汉族民间传统的元宵节，又叫灯节。如果说汉族民间四时八节是汉族人民集体创作的一部抒情长诗，那么灯节则是这部长诗中最富诗意，最为动人的篇章了。从正月十三日起到十七日为止五天里，汉族民间家家户户，城市山乡，街头巷尾，都点缀着各式各样美丽的花灯，学校或寺庙等公共场所还举行花灯比赛，小孩子们也纷纷提着灯笼，四处游玩，把新年的娱乐推向了高潮。唐人苏味道的《正月十五夜》诗道：

火树银花合，星桥铁锁开。
暗尘随马去，明月逐人来。
游伎皆秾李，行歌尽落梅。
金吾不禁夜，玉漏莫相催。

大诗人、画家唐寅《元宵》诗更是把元宵灯节的盛况和游人的兴致表述得淋漓尽致：

有灯无月不娱人，
有月无灯不算春。
春到人间人似玉，
灯烧月下月如银。
满街珠翠游村女，
沸地笙歌赛社神。
不展芳尊开口笑，
如何消得此良辰？

元宵花灯，品种繁多，造型奇特，巧夺天工。有五光十色、玲珑剔透的熊猫灯、狮子灯、老虎灯；有多姿多彩、栩栩如生的嫦娥奔月灯、天女散花灯、武松打虎灯、孙悟空大闹天宫灯等等。南宋人周密在《武林旧事》卷二《灯品》一则里，提到当时元宵节形形色色的花灯说：“灯品至多，苏、福为冠，新安晚出，精制绝伦。所谓‘无骨灯’者，其法用绢囊贮粟为胎，因之烧缀，及成去粟，则混然玻璃球也。景物奇巧，前无其比……此外有魫灯，则刻镂金箔玳瑁以饰之。珠子灯则以五色珠为网，下垂流苏，或为龙船、风辇、楼台故事。羊皮灯则镞镂精巧，五色妆染，如影戏之法。罗帛灯之类尤多，或为百花、或细眼、间以红白，号‘万眼罗’者，此种最奇。此外有五色蜡纸、菩提叶，若沙戏影灯马骑人物，旋转如飞。又有深闺巧娃，剪纸而成，尤为精妙。又有以绢灯翦写诗词，时寓讥笑，及画人物，藏头隐语，及旧京诨语，戏弄行人……”这些巧妙的花灯，真让观者目不暇接，流连忘返。难怪产生了观灯时夫妻走散、孩子丢失的趣事。《桯史》中就有这样两则轶闻：宋代时，有一对夫妻元宵同游观灯，在人流中走散。其妻到端门，正好碰上宋徽宗赐酒。她喝完御酒后，乘机将赐酒的金杯偷了一盏，被卫士发现了，扭送到御前盘问，这位妇女急中生智，吟诵了一首《鹧鸪天》词：

月满蓬壶灿烂灯，
与郎携手至端门。
贪看鹤阵笙歌舞，
不觉鸳鸯失却群。
天渐晓，感皇恩，
传宣赐酒饮杯巡。
归家恐被翁姑责，
窃取金杯作证明。

宋徽宗当时正在兴头上，听罢这首词，不仅没有惩办这位妇女，反而还以“金杯赐之”哩。

另一则“孩子丢失”的事是发生在宋神宗年间。当时，京都元宵张灯，热闹非凡，观灯者如潮。礼部侍郎王韶的幼子王寀刚会说话，头戴珠帽，身穿锦衣，让家人扛在肩上观灯。当那潮水般的人流只顾观灯时，王寀被奸人抢走了。王寀马上把头上戴的珠帽揣进怀里，到了东华门附近刚好遇上皇宫内的车马，王寀大呼，奸人骇惧扔下孩子逃走，于是王寀随皇宫车队进入皇宫。宋神宗一问，方知是礼部侍郎王韶之子，感到他聪明可爱，遂赐给压惊钱，送回家，并下令开封府捕贼。这反映了宋代元宵节观灯是空前的盛况。

我们再从《金瓶梅词话》中，欣赏一下明元宵节繁华的景象吧：

山石衬穿龙戏水，云霞映独鹤朝天。金莲灯、玉楼灯，见一片珠玑；荷花灯、芙蓉灯，散千围锦绣；绣球灯，皎皎洁洁；雪花灯，拂拂纷纷；秀才灯，揖让进止，存孔孟之遗风；媳妇灯，容德温柔；效孟姜之节操；和尚灯，月明与柳翠相连；通判灯，钟馗共小妹并坐；师婆灯，挥羽扇，假借邪神；刘海灯，背金蟾，戏吞至宝；骆驼灯、青狮灯，驮无价之奇珍，咆哮吼吼；猿猴灯、白象灯，进连城之秘宝，玩玩耍耍；七手八脚螃蟹灯，倒戏清波；巨口大髯鲇鱼灯，平吞绝藻。银娥斗彩，雪柳争辉。双双随绣带香球，缕缕拂华幡翠穗。村里社鼓，队共喧闹；百戏货郎，庄齐斗巧……

从《金瓶梅词话》对灯市的描写中，我们可以想象，明代的元宵之夜是多么热闹。花灯千姿百态，灯节场面豪华。

◆ 北国冰灯闹元宵

正月十五元宵节，南国已经是草木萌春，花枝待发，而北国依然是一个千里冰封、万里雪飘的世界。正如珠江三角洲人民爱好花卉而每年要举行一次“年宵花市”活动一样，酷爱冰雪艺术的东北寒带松花江人，每年春节至元宵，也要举行隆重的“冰灯游园会”。《黑龙江外记》载：“上元，城中（齐齐哈尔城）张灯五夜，年声彻夜不绝。有镂五六尺冰为寿星灯者。中燃双炬，望之如水晶！”可见，一百多年前的齐齐哈尔城的元宵之夜，人们观赏冰灯的情景是何等热闹。

冰灯，原是我国北方特有的一种民间艺术。据说，过去松花江沿岸的渔民在冬日凿冰捕鱼时，常将水倒入桶中，水未冻结实前将冰坨从桶中取出，凿开顶心，倒出中间未冻的清水，放入灯盏。这样，虽有寒风吹拂，因有冰罩遮护，灯火熠熠不灭，十分便利照明。这就是最原始的冰灯。后来，民间艺人从这里得到启发，充分利用冰雪艺术晶莹透明的特点配以各色灯光，制作千姿百态的冰灯。清初，冰灯从东北传入中原，为中原人民所喜爱。北京当时就有能工巧匠制作冰灯：“结冰为器，裁麦苗为人物，华而不移，朴而不俗，殊可观也。”清人唐顺之的《元夕咏冰灯》诗，对当时元宵之夜的冰灯盛况做了生动的描述：

正怜火树斗春妍，
忽见清辉映夜阑；
出海鲛珠犹带水，
满堂罗袖欲生寒。
烛花不碍空中影，
晕气疑从月里看；
为语东风暂相借，
来宵还得尽余欢。

冰灯的制作分为冷冻和冰雕两种。冷冻，用于制作一般小型的冰灯，做时要先做好模具，然后向模具中注水，送到冰壳拔出，装上光源即成。冰雕，用于制作冰峰、冰兽、冰楼等大型的冰制品，制作时，用天然冰块砌成不同的冰堆，然后用斧、锯、铲等工具加以精雕细制成为各种动物、花卉和建筑，再置以电灯而成。

冰灯作为艺坛新花，是一种奇特的艺术。它综合了雕刻、建筑、绘画、园林、装潢、灯光、音乐等各种艺术门类，最能表现时代精神生活的特点。1988年春节，哈尔滨的冰灯游园会较之以往历届冰灯会又有新的突破。全园共分“盛世龙年”“梦幻红楼”“平湖夜色”“飞龙宝塔”“丽景彩虹”“文坛集锦”等15个景区，1500多件冰景，大到高达22米的冰建筑黄鹤楼，小至一花一木的冰盆景，构思新奇多样，形式变幻多姿，内容丰富多彩。走进二龙戏珠构筑的龙门，您会恍若置身于“龙宫”之中，到处都是晶莹赐透的冰雕和色彩各异的灯光交织而成的一幅幅绮丽多彩的画面。“丝绸之路”的骆驼队伍，仿佛负重跋涉于无边无垠的荒凉沙漠之中，像铺展着一组历史韵画卷。“冰凌奇观”景区那一簇簇的冰凌，有的如一枝枝带雨梨花，竞相怒放，又像串串珠宝，流光溢彩。奇特的“冰上舞场”，乐曲悠扬，舞姿婆娑。依据古典名著《红楼梦》精心制作的“梦幻红楼”景区，散发着浓厚的艺术氛围：小桥流水，亭台楼阁，古意悠悠。尤令众多游人驻足的是那座盖世无双的大型冰建筑——江南盛景黄鹤楼。它拔地而起，伸向天穹，飞檐画壁，气势雄浑，在五光十色的灯光映衬下，更显得金碧辉煌，气象万千。与耸立于武汉蛇山的黄鹤楼有异曲同工之妙。来自南疆北国、异域他乡以及市内的近十万名游人，漫步于这奇妙的世界，尽情观赏着这北国独有的如诗如梦的冰灯奇景。

◆ 灯节话灯谜

一时欢乐一时愁，
想起千般不对头；
如若想得千般到，
自解忧来自解愁。

这首诗就是一个谜语，它的谜底正是“猜谜”。

猜谜，在汉族民间有着悠久的历史。相传，两千多年前，就有了猜谜这种活动，那时候叫“瘐辞”，也就是隐语的意思，民间就俗称为“谜”。三国时，猜谜更为盛行。那时，有个大文学家叫蔡邕，在曹娥碑的后面题了八个字：“黄绢幼妇外孙齑臼”。好多文人学士都猜不出其中是啥意思。曹操有个谋士叫杨修，看后拊掌大笑说：“好，好，绝妙好辞！”原来那八个字暗喻“色丝、少女、女子、受辛”八字所组成的“绝妙好辤（辞）”四字。那时，曹操也爱制谜，一次，他建了一个大园林，监工的官员领他看了以后，他挥笔在门上题了个“活”字，就回宫去了。监工左猜右猜，不解其意。正巧杨修从此经过，他看后微微一笑说嫌其阔也。监工才恍然大悟，忙领人改建了园门。

那么，猜谜怎么演变成灯谜呢？这里面还有一个十分动人的传说哩。

相传，很早的时候，有个姓胡的财主，家财万贯，横行乡里，看人行事，皮笑肉不笑，人们都叫他“笑面虎”。这笑面虎觅了比自己穿得好的人，就像老鼠给猫捋胡子——拼命巴结；见了粗衣烂衫的穷人，则像饿狗啃骨头——恨不得嚼出油来。

一年春节将至，胡家门前来了两个人，前边那人叫李才，衣帽华丽；后面的叫王少，穿着破烂。“笑面虎”一见李才，满脸笑容，恭敬相让。李才说：“要借十两银。”笑面虎忙取来银两，李才接过银两扬长而去。笑面虎还没回过头来，王少忙上前喊道：“老爷，我借点粮。”笑面虎瞟了他一眼，见王少衣着破烂，就恶狠狠地骂道：“你小子，凭什么借老爷的粮？快给我滚！”忙命家丁把王少赶出了大门。

回家路上，王少越想越气，猛然心生一计，要斗斗这个“笑面虎”。

转眼间，春节已过，元宵将临。一各家各户都忙着做花灯，王少也乐呵呵地忙了一天。到了元宵灯节的晚上，各家各门房前都挂了各式各样的花灯。王少也打出一顶花灯来到“笑面虎”门前。只见这样的灯又大又亮，更为特别的是上面还题着一首诗，引得好多人围着观看。笑面虎正在门前观灯，一见此情，也忙挤过来，只见花灯上面写道：

头尖身细白如银，
论秤没有半毫分，
眼睛长到屁股上，
光认衣裳不认人。

笑面虎看罢，气得面红耳赤，暴眼圆睛，哇哇乱叫：“好小子，胆敢来骂老爷！”一边喊着，一边命家丁去抢花灯。王少忙挑起花灯，笑遭：“噢，老爷是犯了猜疑罢。我这四句话是个谜，谜底就是‘针’，你想想是不是。”笑面虎一想，可不哩。只气得干瞪眼，没啥说的，转身狼狈地溜走了。周围前人都乐哈哈地笑了起来。

这件事传开后，一传十，十传百，越传越远。第二年元宵灯节，不少人都将谜语写在花灯上，供观灯的人猜测取乐，所以叫“灯谜”。以后每逢元宵灯节，各地举行，“灯谜活动”，相沿成习，流传至今。

◆ 妇女娱乐迎紫姑

迎紫姑，是妇女们在元宵节中的一项十分有趣而又奇特的娱乐活动。

紫姑即厕神，传说生前是个身份低微的小妾，正月十五被大妇妒害，死于厕中，被玉皇大帝封为厕神。《显异录》里有记载："紫姑，莱阳人，姓何名媚，字丽卿，寿阳李景纳为妾，为大妇曹氏所嫉，正月十五夜，阴杀于厕间。上帝怜之，命为厕神，故世人以其日作其形，于厕间迎祝，以占众事。"据说晋代陶侃如厕，见到紫姑，穿一件单衣，戴平头巾，对陶侃说："三年莫说，贵不可言！"后来陶佩果然发迹，从一个县吏渐升为郡太守，荆州刺史。在讨伐苏峻、祖约叛乱中，累立战功，被封为征西大将军，任荆江二州刺史，督八州军事，威名赫赫。这个传说在民间广为流传，于是，希望交好运的妇女们，便于正月十五日迎接紫姑了。

紫姑是厕神，所以迎紫姑之前，先要把厕所、猪栏等地打扫得干干净净，然后或以扫帚穿上衣服扮为紫姑的，或束草为人，为之穿衫裙手帕，并以纸制假面扮紫姑的。迎时要念咒："子胥（紫姑丈夫之名）不在，曹夫人（即大妇）已行，小姑可出。"以为手中的形象物变重，就是紫姑来了。

妇女们迎紫姑，无非是想问问心事罢了。所以农村妇女迎紫姑，一般都是占农事，江浙一带的养蚕妇女，每年正月十五日的清晨，照例要沐浴焚香，煮好白膏粥，涂在屋梁上面祭祀蚕神，到晚上迎紫姑时，就占蚕桑，问今年养蚕收成如何，等等。城市妇女迎紫姑则占何时得与郎君结缘，何时生个胖娃娃，等等。

迎紫姑要清扫厕所、猪栏，寓工作于娱乐之中，这不失为一种良好的习俗。

◆ 正月十五逛花桥

农历正月十五，是广东吴川梅菉镇的“桥梁节”。这一天，人们忙忙碌碌，在梅菉城与隔海村之间的一座拱桥上张灯结彩，披红挂绿，并用花朵衬托，名画点缀，把拱桥打扮成美丽的“花桥”。入夜，花桥倒影河中，五彩缤纷，宛如长虹饮涧，十分迷人。

趁着“金吾不禁”的元宵之夜，少男少女，三五成群，笑语欢声，同游花桥。老人小孩也都纷纷拥向花桥。顿时，花桥上人山人海，车水马龙，热闹非凡。育龄妇女在逛花桥时，都争相采撷花桥上挂着各种颜色的纸花，据说摘了白花年内就生男孩，摘了红花则生女孩。花桥两头还摆满卖“茨菇”的摊子，说买了茨菇就可生男孩，所以盼望生个胖儿子的少妇们，毫不吝啬破资购买。人们在逛花桥时，还纷纷跑到桥下去洗洗手，说是能把一年的晦气都洗掉，在新的一年里，交上好运气，万事吉祥。

为何梅菉人正月十五兴逛花桥呢？民间有一段脍炙人口的神话传说。

相传很久以前，梅菉镇与隔海村，面临大海，后枕滥江，人们进梅菉城，要坐渡船，靠的是一叶扁舟。每逢刮风下雨，大水漫江，来往十分不便，人们多么盼望江上有一座桥啊！

有一年的元宵节，人们正在闹元宵，突然间，大雨滂沱，江水暴涨，洪水像猛兽一样要把隔海村淹没了。渡船被急流冲走，全村人的生命危在旦夕。突然间，一声霹雳，天空闪出一团火花，忽见天上的一位仙女飘然下凡。仙女把彩带一晃，化作一座美丽的彩桥，横跨在梅江之上，把隔海村与梅菉城连在一起了。灾民们成群结队，从彩桥上撤离隔海村，逃离了险境，当人们全部撤完后，隔海村就被淹没在汪洋大海之中。

为了纪念仙女搭救灾民的恩德，以后每年元宵节，人们就在梅江上架起一座桥梁，并把它装饰打扮一番，叫作“花桥”，供人们游逛玩乐，相沿成俗，一直流传到今天。

◆ 正月十六转黄河

四四方方一座城，
住着三百六十兵，
天天晚上来操点，
个个头上甩红缨。

这是河北石家庄市井陉县民间流传着的一首谜语诗，谜底就是“黄河阵”，它形象地描述了黄河阵的雄伟气势。

“转黄河”，是河北省石家庄市井陉县的南王庄、芦庄、胡家滩等地每年正月十六举行的一项游乐活动。人们从正月十三起，就开始准备“转黄河”的事儿了。在举行“转黄河”之前，主持人先选择一片广阔的平地——打谷场或河滩，由“黄河阵古图”的传人画地为图，插杆为阵。每根杆高约一米，粗约直径两厘米，杆顶安一块圆木板，板周围用彩色纸围成敞口灯笼，板上放一个陶瓷灯碗，注入香油点燃。全阵共有三百六十一根杆，每行十九根，排成十九行，组成一个正方阵。从进阵到出阵，九曲连环，盘桓进退，井井有条而又深奥莫测。进出口处扎一个柏枝牌楼，悬灯结彩，横匾大书“春游黄河”四字，两侧楹柱上粘贴春联。阵中央一根杆粗而高，像一根电线杆，顶上挂一个三角形灯笼，下垂一根电线，串联九个彩色灯泡，俨然如古代军营帐篷前的灯柱。

“转黄河”活动从正月十四日开始，这一晚是“鬼转人不转”。传说阵中央杆下是鬼魂相聚的地方，旧时乡人多迷信，认为可以在高杆下看到自己死去的亲人和祖先，所以有些老太太常在这天晚上到阵中央高杆下去烧纸。

十六日是“转黄河”的高潮，据说谁能从阵内转出，一年可以消灾除病。所以全村男女老少白天黑夜都去转。入夜，杆灯点亮，似群星落地，皓月东升，遥相辉映，真是迷人极了。阵外并排九座铁筒炮，冲天吐火，声响如雷，烟花齐放，锣鼓喧天。人们扶老携幼，鱼贯入阵，但见人影绰约，迷离奇幻，真如进入瑶池仙境，令人神魂飘逸，心海荡波。

为何南王庄一带兴“转黄河”的习俗？它是怎么来的？民间有两种传说。

一说起源于商周时代。相传周朝末年，峨眉山罗浮洞赵公明下山，帮助闻太师伐西岐，被姜子牙手下的燃灯道人打败，又被陆压用“钉头七箭书”的法术射死。赵公明的三姐妹——云霄、琼霄、碧霄闻讯离开三仙岛，来到西岐找燃灯道人报杀兄之仇，摆下了“九曲黄河阵”。许多玉虚门人被拿入阵内，剥去了顶上三花，失了道果，变成了凡夫俗子。后来元始天尊下界，才破了“九曲黄河阵”，灭绝了赵公明的三姐妹，救出了遭劫的玉虚门人，让他们回去各自重新修行，以求返本回元。人们为了纪念玉虚门人绝路逢生的事，也模仿古人摆起“黄河阵”。认为能从阵内转出来，就像被困而得救的玉虚门人一样，解除了患难，得到了平安。

另一种传说是起源于战国时期的“孙庞斗智”。据说庞涓与孙膑同学兵法于鬼谷山的王栩老先生门下，孙膑为人忠厚，虚心好学；庞涓待人不诚，狂妄自大。庞涓十分嫉妒孙膑的才华，处处与孙膑为难。孙膑无可奈何，就摆下了一座“黄河阵”，对庞涓说：“你若是破了我的‘黄河阵’，我就拜你为师；你若是破不了我的阵，以后咱师兄弟之间要和睦相处。”庞涓不知道“黄河阵”的深浅，一心想压倒孙膑，就满口应承，大摇大摆进了黄河阵。没想到进阵之后，正转、倒转、左转、右倒，一直转了七七四十九天，也没法转出来，庞涓被困，没有办法，只好口头认了输。后来人们为了纪念孙膑困庞涓这件事，也都仿效做起“转黄河”的游戏来了。

◆ 正月廿五话填仓

正月二十五，俗称填仓节，这是汉族民间一个象征新年五谷丰登的节日。

在古代，填仓节是一个隆重的节日，每当节日到来，民间亲朋往来，佳肴盛餐，醉饱方归。宋代孟元老在《东京梦华录》中就有这样记载：“正月二十五日，人家市牛羊豕肉，恣飨竟日，客至苦留，必尽而去，名曰填仓。”每年正月二十五日，我国北方民间都要过填仓节。在华北农村，还流传这样一句谚语：“填仓填仓，小米干饭杂面汤。”这一天要吃香喷喷的小米饭，细丝滑韧的杂面汤，庆贺节日。可见北方人民生活的俭朴了。

所谓填仓，意思是填满谷仓。这一天黎明，家家户户都在自己的院子里或打谷场上，用筛过的炊灰，撒出一个个大小不等的粮囤形状，并在里面放一些五谷杂粮，象征五谷丰登。按照民间传说，正月二十五填仓，是为了纪念一位好心的无名氏仓官。

相传在很久很久以前，我国北方遇到连年旱灾，赤地千里，颗粒无收。可是，皇家不管黎民百姓的死活，照样征收皇粮，弄得民间怨声载道，饿殍遍野。看守皇家粮仓的仓官，目睹这一惨景，于心不忍，便毅然打开皇仓，救济灾民。他知道，这样做是触犯了王法，皇帝绝不会饶恕他。于是，他让百姓把粮食运走了以后，就一把火把皇仓烧了，连同自己也活活烧死。这一天正好是农历正月二十五日。后人为了纪念这位放粮救灾民的无名氏仓官，每天这一天，就用细炊灰在院内外打囤填仓，以示对仓官的怀念，也祈盼新年有好收成。这样，填仓节的习俗就世代流传下来。

◆ 二月二龙抬头

“二月二，龙抬头；大仓满，小仓流。”这是我国北方地区广泛流传的农谚，意指每年农历二月二，是龙王露头的日子，这一天要下雨，而且从此以后，雨水会逐渐增多。因此，这天就叫“春龙节”。

在汉族人民的心目中，龙王是天上管下雨的神。明人吴承恩在《西游记》第十回里，就有一则泾河龙王因不按规定降雨而被天帝所斩的故事。

唐太宗时，神课先生袁守诚在长安城里西门街上卖卦，有渔夫张稍每日去袁守诚处买卦，算算当日应该在泾河湾何处撒网抛钩，才会丰收。袁守诚是神算子，因此张稍每天皆满载而归。

泾河中的水族大感恐慌，便上禀泾河龙王设法诛除算命先生袁守诚。龙王便摇身一变，变作一个白衣秀士去袁某处算卦，问明天的天气如何。

袁守诚卜卦之后说：“明日辰时布云，巳时打雷，午时下雨，未时雨足，共得水三尺三寸零四十八点。”龙王笑道：“准的话，我明天送来课金五十两，不准的话我明天来砸你的招牌，不准你再留在长安城中妖言惑众。”说罢，扬长而去。

龙王心想，长安城有雨无雨，该下多少，是他在管，只他知道，算卦的一定是胡说八道，这个赌他是赢定的了。岂料回去后却接到玉皇大帝派金衣力士送来圣旨，要他在明天施雨普济长安城，并且下雨的时辰、数目，与算卦者所说的丝毫无差。龙王吓得目瞪口呆，手下建议他把下雨的时辰改动一下，雨量也比规定的少些，不就赢了那算卦的吗？龙王便晚了一个时辰落雨，并减了三寸八点雨，然后又化成白衣秀士，来势汹汹地来到袁守诚处，要砸他的摊子赶他出长安。袁守诚笑曰：“我不怕，我不怕，倒是你这条泾河龙王触犯天条，难逃‘剐龙台’上的一刀了。”

龙王大惊失色，慌忙跪下向袁守诚求教逃生之法，袁守诚告诉他说，斩首官是朝廷中的魏徵大臣，要他去求告当今皇上唐太宗，请唐太宗在明日午时三刻缠住魏徵，龙王便可逃过一死。

泾河龙王向唐太宗求救，唐太宗第二天中午便留住魏徵，要他陪下棋。不料下到午时三刻，魏徵在棋桌旁打瞌睡，梦中元神出窍仍旧赴天庭斩下了不按规定下雨的泾河龙王。

这个故事说明了人间的雨传说是各地龙王所施降的，而农历二月初二前后是惊蛰，据说，冬至以后，龙进入了冬眠状态，睡了好几个月，到了惊蛰这一天，春雷一声，经过冬眠的龙王惊醒了。所以每到“二月二，龙抬头”这一天，汉族民间各地就到江河水畔祭龙神，盼望龙王兴云布雨，以求五谷丰登。

◆ 二月二炒苞谷

二月二春龙节，我国北方大部分地区家家户户都要爆玉米花，而且一边爆，一边还念着："金豆开花，龙王升天，兴云布雨，五谷丰登。"

二月二为什么要炒苞谷呢？民间有这么个传说。

武则天篡夺唐室江山，改国号为周，自称周武皇帝。天庭玉帝闻讯后大怒，命太白金星传谕四海龙王，三年内不得向人间降雨。

这下可苦了天下老百姓了，从立夏到寒露，长达150多天，滴雨未落，片云不见，只旱得庄稼枯死，河塘干涸。后来连吃水也困难了。眼看人间生路断绝，人们哭干了眼泪，哭哑了嗓子。司管天河的玉龙听着人间的哭声，看着饿死人的惨景，便不顾玉帝的旨意，喝足天河之水，张开巨口行雨。玉帝知道后，勃然大怒，把它打下凡来，压在一座大山下受罪。山上立通碑，上面写道：

玉龙降雨犯天规，
当受人间千秋罪。
要想重登灵霄阁，
除非金豆开花时。

这时候，人们才知道，玉龙原来是为百姓才触犯玉帝的。人们为了拯救玉龙，亟待金豆开花。他们找啊找啊，总是找不到金豆。到了第二年二月初一，街上逢集。一个老婆儿背着一袋苞谷去卖，一下没招呼好，袋口松开，金黄金黄的苞谷籽撒了一地。人们心头一亮：这苞谷籽不就是金豆吗？炒炒不就开花了吗？于是，一传十，十传百，很快传得这一方人都知道了，一齐商量次日家家都炒苞谷籽。

二月二那天，各家各户把炒好的苞谷用簸箕盛装，供到当院，有的还端着送到玉龙身边。玉龙见人们待它这么好，再也忍不住了，便大声喊道："太白老头，金豆开花了，还不快快放我出去！"太白金星人老眼花，看不真切，便一招手收了拂尘。原来，镇压玉龙的那座大山是太白金星的拂尘化的，随着拂尘升起，玉龙长啸一声，腾身跃上云端，用尽平生力气，对着旱得冒烟的大地"哗哗哗"又喷将起来，转眼之间，沟平河满，地得饱墒。

从此以后，民间就形成了习惯，每年二月二，人们还是很早就起来炒苞谷花吃，大人小孩边炒边唱："二月二，龙抬头，大仓满，小仓流。"寄托着人们盼望五谷丰登的美好愿望。

◆ 二月二包粽子

每逢端午节，家家户户包粽子作为节物，这是汉族民间的传统习俗。然而，在安徽省徽州专区的绩溪、歙县等地，传统的包粽子日期却是在农历二月初二。在这里，过了元宵节，农民们就陆续将糯米、粽叶、红枣、赤豆等东西准备妥当，到了二月二就可包粽过节了。

为什么在二月二包粽子呢？民间有这么一个传说。相传很久以前，在古徽州府治下的一些庄子里，连年干旱，瘟疫流行，灾民们无计谋生，不得不扶老携幼，背井离乡，另求生路，徽州地区的人口一天天地减少，出现了赤地千里，哀鸿遍野的凄惨景象。

有一年，古徽州来了一位巫师。他对灾民们说，徽州连年闹灾荒，瘟病流行，是因为有人得罪了土地神，要想消灾免祸，必须在每年二月初二土地公诞辰日设坛祭祀，供品就用土地公爱吃的粽子，这样方能求得土地公造福乡里，施德万民，保佑平安。

乡民们听了巫师的一番话后，觉得有道理，就照此办理了。农历二月初二这一天，家家户户把包好煮熟了的粽子拿到土地公庙去祭祀，祈求土地神保佑一方平安，带给人们年年丰收。那一年祭祀土地公之后，灾情果然减缓下来了，古徽州又恢复了生机。于是，以后每逢二月二这一天，这里的农民就家家包粽子祭土地神了。二月二包粽子的习俗就这样代代流传下来，一直传到今天。

民以食为天。由于民生日用衣食所需，皆取自土地，所以人们对关系着民生衣食的土地公的诞辰是极为重视的。民间有谚云：“土地老爷本姓张，有钱住大屋，没钱顶破缸。”过去，村村都有土地庙，豪华的与关帝庙一样堂皇；简陋的则可用四块石片，一片作顶，三片作墙，或用一只破缸覆在地上，也称土地庙。不但农民按时祭祀土地公祈求丰收，连商人也都视土地公为财神而具馔祭祀如仪呢！

◆ 春暖花开话踏青

阳春三月，春回大地，四野苍葱，绿草如茵，自然界处处呈现一派生机勃勃的景象。值此春光最盛时，“桃花枝映李花枝”，到大自然去游览一番，把自己的身心融于大自然，这真是一件令人神往的痛快之事了。于是，在春暖花开之际，汉族百姓便纷纷到郊外踏青去了。宋人苏辙《踏青》诗云：“江上冰销岸青青，三三五五踏青行。”柳永《木兰花慢·拆桐花烂漫》词，更是绘声绘色，如诗如画地描写了当时节日美景之胜与清明踏青的乐趣：

拆桐花烂漫，乍疏雨、洗清明。正艳杏烧林，湘桃绣野，芳景如屏。倾城。尽寻胜去。骤雕鞍，绀幰出郊垧，风暖繁弦脆管，万家竞奏新声。

盈盈。斗草踏青。人艳冶、递逢迎。向路傍往往，遗簪坠珥，珠翠纵横。欢情。对佳丽地，信金罍罄竭玉山倾。拚却明朝永日，画堂一枕春酲。

你看，桐花烂漫，杏花争艳，桃花如锦绣铺野，踏青男女倾城而出，竟使路旁遗簪坠珥，珠翠纵横。真是芳景如画屏，游人似海潮，好一幅“游春踏青图”呀！

由于各地春天到来的时间不一，因而踏青节也就有先有后。农历二月初二为福建、浙江、四川等地的踏青节。《壶中赘录》云：“蜀之风俗，以二月二为踏青节。”三月初三为陕西一带的踏青节。

《秦中岁时记》云：“上巳赐宴曲江，都人于江头禊饮，践踏青草，谓之踏青履。”杜甫《丽人行》诗也写道：“三月三日天气新，长安水边多丽人。”在北京、东北，由于春天来得迟，一般在清明之后才开始踏青。《帝京景物略》卷二载：“三月清明日，男女扫墓……哭罢，不归也，趋芳树，择园圃，列坐尽醉。……曰踏青。”

春日踏青，正是青年男女谈情说爱的好时节，因此在踏青时，常常发生一些爱情故事，《唐诗纪事》就有记载：唐德宗时，风流才子崔护清明踏青，独游长安南庄，至一村户，见花木丛萃，寂无人声。他因口渴，叩门求杯茶喝。良久，有一女子来到门前，捧杯水让坐。当时，男女授受不亲，礼教约束甚严，一男一女能如此单独相对，已属天赐良机。崔护见那女子姿态楚楚动人，那对美丽的眼睛似有无限深情，便以语相挑，彼此注目良久。崔护临行时，女子送到门外，似有恋恋不舍之意。第三年踏青节，崔护追忆往事，情不可遏，又往探访，唯见门院如故，桃花依旧，然而门上挂了一把锁，空寂无人。崔护不见去年人，惆怅之余，挥笔题诗于门扉道：

去年今日此门中，
人面桃花相映红。
人面不知何处去？
桃花依旧笑春风！

这个故事在关中地区广泛流传，后被人们演义编成戏曲《金琬钗》，成为陕西人民喜闻乐见的传统爱情剧目，今天依旧备受欢迎。

关于踏青风俗的来历，在冀水一带还有一个非常动人的传说哩。

相传很久以前，永年城出过一位妙手回春的老中医，姓卞名敏字慎之，他医治妇女病南北驰名，许多人不远千里，前来取药。卞医生年过四旬，才有个独根苗苗，名叫卞朋。斗转星移，弹指十多年过去了，卞朋已经长成一个俊逸俏美的后生。一天，吃过早餐，卞朋穿戴整齐迈出家门，去城北书院读书。路经春晖小巷，只听头顶有人“呀！”了一声，随即一盆污水泼下，浇了他个劈头盖脸。卞朋抬头，只见雕花窗口，露出半边粉面，向他送来了歉意的一笑，那窈窕的身影，一闪隐进窗后。卞朋近日听书院中学友谈论，最近工部王尚书告老还乡，带回一个绝色女儿，名唤慧娟，年方十八。不想今日自己艳福不浅，撞在眼上。

自此之后，卞朋每每路经楼下，总要在垂柳下绕来走去，渴望再见到慧娟小姐一面。卞朋的痴心情意，聪明的小姐早已心领神会了。怎奈家规森严，楼高墙厚，只能遥遥相望，心心相印。后来，两人眉来眼去的柔情蜜意，被老夫人知道了，老夫人忙命家丁叫来匠人，将后窗个个垒死，又把女儿叫到面前，问个水落石出。从此卞朋和慧娟再也无法相见，两人相思成疾，卧病不起。

卞老医生晚年得子，视若掌上明珠，如今见宝贝儿子一病倒床再也起不得身，急得团团转。怎奈何儿子所害之病，乃是思念王尚书的千金慧娟小姐的“相思病”，卞老医生只好顿足摇头，仰天叹气。

真是无巧不成书。慧娟小姐见不到卞朋，肝肠寸断，一病倒床之后，成了卧床大症，过了春节，四肢酸懒，面黄肌瘦，奄奄一息。这可急坏了王尚书夫妇，忙派人抬轿请卞老医生过府给小姐看病。卞医生大喜，忙坐上轿子，到王尚书府去了。给小姐诊脉之后，卞老医生便开了个药方，并如此这般的吩咐一番。王尚书半信半疑，也只得遵卞老医生的吩咐照办了。小姐的病果然大愈。王尚书高兴非常，宴请卞老医生，并以重金相赠。卞医生笑而不纳，从袖中掏出静封秘笺，递给王尚书说：“小姐再病，不必去请我，启封后便知。”说完拂袖而去。不错，慧娟小姐病愈数日后，又卧床不起，王尚书只得开秘笺一看，不看则已，一看便火冒三丈，忙把夫人叫入内宅，一五一十念给夫人听。原来，卞老医生开的药方，实际上是喊王尚书叫人用轿子把小姐抬到郊外，让小姐亲自去采回他开的草药，借机让其子卞朋与慧娟小姐这对痴情男女在郊外相会。卞医生的秘笺公开了这个秘密。王尚书和夫人密语许久，最后对众人声扬，念卞老医生治病有功，把女儿许配给卞朋。

卞朋和慧娟在郊外相会正好是桃花盛开，百草吐翠的春天。这件事传开后，冀水一带的青年男女，每逢柳绿桃红的时节，便纷纷结伴而行，游春踏青，谈情说爱去了。久而久之，游春踏青遂成风俗，一直流传到今天。

◆ 双蝶节的传说

读书人去剩荒台，
岁岁春风长野苔；
山上桃花红似火，
双双蝴蝶又飞来。

这是一首清代的宜兴竹枝词，它所描绘的，正是一幅当地一年一度“双蝶节”的风情画卷。

每年农历三月初一，是宜兴地区的“双蝶节”。相传这个节日的来历，还与《梁山伯与祝英台》有瓜葛哩。

宜兴民间传说，东晋永和年间，上虞有一富家女子祝英台，小名九娘，才貌双全，长到十八岁，父母要她嫁人，她说：“儿当出外游学，求得贤士再嫁。”因此女扮男装，改称九官。游学路上，与会稽人梁山伯相遇，两人一见如故，作伴同到宜兴善卷洞碧藓岩，见这里山清水秀，花开蝶舞，就筑庵读书。两人同窗三载，诚实笃厚的梁山伯，竟不察觉英台是女子。临别之时，祝英台说家里有芳龄十八的九妹，约梁山伯三个月内前到她家会晤，当告知父母，将九妹许配给她。实则就是英台以身相许。梁山伯自以为家贫，怕到祝英台富家去，终于耽误了日期。英台父母就逼着把她许配给了马家公子。后来，梁山伯考取功名，路过祝家庄，想去拜访祝英台，便向祝家家僮问起昔日的老同学“祝九官”。家童告诉他，祝家只有九娘，没有九官，已许配给马家公子了。梁山伯如梦中初醒，乃悟到祝九官原来是女子！梁山伯懊悔莫及，思念成疾！不久病亡，遗言要葬在清道山下。

第二年，祝英台出嫁马家，路过梁山伯坟墓前，叫轿夫把轿子停下，要到梁山伯墓上祭拜一别。到了墓前，祝英台失声恸哭。突然，狂风大作，巨雷大雨，轰然一声，地裂坟开，祝英台就纵身跳入坟中。顷刻之间，风和日丽，花鸟争春，彩虹万里，只见一对蝴蝶从坟中飞舞而出。传说黄色的大蝴蝶是祝英台，黑色的大蝴蝶是梁山伯。

说也奇怪，从此之后，每年阳春三月，桃李芬芳的时候，宜兴善卷洞碧藓庵附近，常常有一对对彩色大蝶，飞到这里，翩翩起舞，穿花栖草，追逐嬉戏，形影不离。宜兴父老传闻，这些彩蝶就是梁山伯与祝英台精魂所化，他们留恋“同窗共读三长载”的幸福生活，一年一度要飞到这里来旧地重游。于是，宜兴父老乡亲为了纪念这对在封建包办婚姻下“不能同生求同死”，争取婚姻自由的古代青年男女，就把他们同窗求学三载的碧藓庵，改为“英台读书处”，建起了“祝陵”。人们还把三月初一传说祝英台生日这天，称为“双蝶节”。每年到了这一天，当地男女老少都要到善卷洞的祝陵、英台读书处凭吊一番，看看满山烂漫的杜鹃花，看看飞舞花丛中的双双彩蝶，缅怀这一对古代青年对爱情坚贞不移的可贵精神。

◆ 三月三桃花浴

在太行山下有个温塘，塘水往低处流去，形成了一条小溪。由于小溪里水暖，每到农历三月初三，这里的桃花就盛开了，把清清的溪水染得一片桃红。这一天晚上，两岸十里八村的姑娘们，便三五成群到温溪里来洗“桃花浴”。据说姑娘这天到溪里洗桃花浴，不仅会变得漂亮，一年四季不生灾患病，还能交上桃花运哩。要问这个习俗是怎么来的，且听下面一段优美动听的传说。

相传很久以前，有一天，玉皇大帝的七个女儿在天宫里腻了，就跑到外边游玩。她们姐妹七人驾着彩云，游呀游呀，可是游来游去，一直找不到一个好玩的地方。那个最小的七仙女长得最漂亮，也最聪明。她灵机一动，慢慢地拨开云层往下一看，惊喜地叫了起来：“姐姐们，你们看呀！”六位姐姐围拢了来，顺着七仙女指的方向，探头向下边的人间张望。呀！只见四周都是荒山秃岭，黄土白地，却有个地方山清水秀，桃红柳绿十分显眼。那个地方就是现在的温塘。“哎，姐姐们，今夜有多静，咱们何不下去洗洗澡？”

经不住七仙女的撺掇，六个姐姐都同意了。于是七姐妹手拉手，按下云头，飘飘忽忽地飞下到人间，轻轻地落到温溪边，在一片桃花丛里，脱下衣服，慢慢地走下了温溪。在清清的溪水里洗呀洗，就像天鹅戏水，谁也不想上岸。大姐再三催促，一个个才依依不舍地走上岸，穿好衣服梳好妆，乘着清风，飘飘悠悠地飞上天去。

那七位仙女在温溪里洗澡的时候，被岸边洗衣服的一些村姑看见了。等到仙女们走后，她们一个个才从树林里走出来，见仙女们洗澡挺快活的，就也脱下衣服洗起来。说也怪，仙女们洗过澡，这温溪里的水变得滑腻，还带有一股淡淡的香气。这些村姑洗完澡，一个个变得更加漂亮起来了。

打那以后，每到农历三月初三晚上，十里八村的姑娘们便都结伴到这温溪里来洗“桃花浴”。一直到现在，这个习俗也没改。

◆ 禁火寒食祭子推

冬至后一百零五天称寒食节。这是汉族民间一个古老的节日。旧时民间过寒食节，人们都不举火，吃冷食。《荆梦岁时记》载：“冬至后一百五日，谓为寒食，禁火三日。”在唐代，寒食节禁火尤为严格，这一天不但不能燃火烧饭，连灯也不准点。当时官府执行寒食禁火规定甚严，每到此节，用鸡毛翎到各家灶灰中去扫掠，如果毛羽稍有焦卷，就犯罪判刑。一直要挨到第二天清明节晚上，才能重举新火。为了顺应此一习俗，唐代皇家乃有赐新火予近臣之事。所以有关清明举新火的事，屡见于唐诗。诗人韦庄有“内官初赐清明火”，贾岛有“今日清明节，园林胜事遍，暗风吹柳絮，新火起厨烟。”杜甫也有“朝来新火起新烟”之句。

寒食节民间不举火，于是就有了式样繁多、风味各异的冷食作为节物了。据史料记载，最初的寒食由于生活水平低下而显得古朴单调，将小麦或粟干炒后磨面制成干粥，吃时用水调成稀糊状。东晋时，大多煮粳米及麦为酪，捣杏仁浆煮作粥，这时的寒食已经有了对味道的讲究。唐代的寒食则更进一步，北方用蜜调水和面，粘上黑芝麻入锅油炸，叫馓子，又名馓饼，吃起来酥香脆美，十分可口。南方多用米面为主料制作寒食，取名粔籹。至此，寒食已不再是单纯的应节食品，还可作为美味佳肴上桌待客呢。

那么，寒食节的起因是什么呢？按照民间传说是为了纪念春秋时代晋文公的贤臣介子推。

公元前655年，晋献公的儿子重耳，为了躲避后母骊姬的陷害，由介子推等大臣陪同流亡国外十九年。当时，各国都没有礼遇这位落难公子，因而晋文公常常食不果腹。一次，路过卫国时，重耳和他的随从被人追击，慌不择路，逃到一个渺无人烟的地方，又累又饿，饥肠难忍，瘫软在地上走不动了。这时，重耳发现介子推不见了，旁边有的臣子说介子推趁主公危险时逃走了。但重耳却自信介子推不是那种人。果然，过了一会儿，介子推一拐一拐地走过来，双手捧着一碗肉汤。晋文公饥不择食，狼吞虎咽，一下子就把又甜又香的肉汤吃完了。这时，再看介子推，只见他长袍下血迹斑斑。原来，介子推怕重耳饿坏，故意落在后面，暗暗割下大腿上的肉，做了一碗汤。重耳知道此事后，含泪对身边的臣子说："即位之日，定不忘前情，重加封赏。"

公元前636年，重耳在秦穆公的帮助下，回国当了国君，这就是春秋五霸之一的晋文公。晋文公即位后，一一犒赏了当初伴随着他流亡的功臣，唯独少了介子推。很多人为此鸣不平，介子推却十分鄙视那种争功讨赏的人，他不要俸禄，和母亲一起隐居绵山。介子推的这一举动很得世人的钦佩和同情。有一天，有人就在晋文公的官门上挂了一封信提醒晋文公。信上说："有龙矫矫，顷失其所。五蛇从之，周游天下。龙饥无食，一蛇割股。龙反其渊，安其壤土。四蛇入穴，皆有处所，一蛇无穴，号于中野。"晋文公看罢，惊叫道："嗟！是介子推在埋怨我呀！从前经过卫国时，他割下股上的肉让我充饥，怎么封赏功臣竟把他忘了！"遂带领文武百官，亲自到绵山寻找介子推。由于绵山山势巍峨，草木丛生，怪石林立，一两个人藏在山里，就像针落海底，搜来搜去连个影子也没见。这时，有人对晋文公说："介子推是个孝子，如果放火烧山，三面放火，留下一方，他肯定会背着老母出来。"于是，晋文公同意放火烧山。三天三夜的大火，把绵山烧个干净，但却不见介子推出来。殊不知介子推宁死不愿下山受封，和老母亲抱着一株参天枯柳一同烧死了。晋文公大哭一场，把介子推母子移尸安葬，发现介子推脊梁堵着柳树树洞，洞里好像有件什么东西，掏出来一看，原来是一片衣襟，衣襟上用血写成了几行字：

割肉奉君尽丹心，但愿主公常清明。
柳下作鬼终不见，强似伴君做谏臣。
倘若主公心有我，忆我之时常自省。
臣在九泉心无愧，勤政清明复清明。

重耳看罢，把血书藏入袖中，然后把介子推母子分别安葬在那棵烧焦的大柳树下。为了纪念介子推，晋文公下令，为他在绵山上建立祠庙，决定把绵山改名为“介山”，把绵上县改名为“介休县”，把放火烧山那天定为寒食节，每年这天全国禁忌烟火，寒食一日。这就是寒食节的由来。

◆ 清明节扫墓祭祖

尊祖、敬祖，这是中华民族的传统美德。每逢清明节，汉族民间家家户户的孝子贤孙都要到郊外去祭祀祖坟，为墓地除草，替坟墓加土，好好清扫修理一番，以表达慎终追远的情思。

扫墓祭祖习俗，据说早在西周时就得到重视，《周礼·春官·冢人》记载："凡祭墓。为尸。""尸"就是神主，到了战国时期，扫墓之风便开始流行。不过，秦以前祭墓之事，不一定在清明节。清明节扫墓是秦以后的事，到了唐代以后便十分盛行，成为祭祀纪念祖先的节日。唐宋时还规定寒食到清明节，祭扫坟墓三日，当时的"太学"放假三天，"武学"放假一天，以便让师生扫墓和郊游。大诗人白居易《寒食野望吟》就生动形象地描述了当时清明扫墓的凄凉悲惨情景：

乌啼鹊噪昏乔木，清明寒食谁家哭。
风吹旷野纸钱飞，古墓垒垒春草绿。
棠梨花映白杨树，尽是死生别离处。
冥冥重泉哭不闻，萧萧暮雨人归去。

清明时节，中华儿女不光祭祀自己的家祖，对历史上为人民立过功、对人民做过好事的人，对本民族的始祖都要祭拜。每逢清明节，数以万计的龙的传人捧着供品，拥向陕西桥山黄帝陵、轩辕庙，祭祀华夏始祖轩辕黄帝。与往年不同的是，1988年清明节，有成批来自祖国宝岛的台湾籍同胞、久居台湾的大陆籍乡亲，纷纷跨海北上，到陕西黄帝陵拜祭，一偿几十年的夙愿，表达了中华儿女对民族祖先的缅怀与崇敬，对祖国统一的殷切期望。

◆ 清明节与青团子

清明节民间上坟扫墓祭祖。总要带上酒、肉、点心等丰盛的供品。然而，苏州地区，人们上坟却喜欢带清香甜美的糯米青团子，这是什么缘故呢?

相传古代大禹治水，历尽千辛万险为民谋福利。他在外九年，三过家门而不入。大禹死后，人们为了纪念他，纷纷到他坟上去上供，许多精美的供品都是大家亲手给他做的。当时，有位年轻后生提出："大禹一生为民造福，勤劳节俭，我们要让他在九泉下瞑目。今天献上这么多精美的供品，岂不违背他生前的心意?大禹能安息吗?我们还要告诉他，去年稻子丰收，今年麦苗长势喜人，让他也好放心。"人们听了这位后生的一番话，觉得有道理，但又想不出什么东西来代替那些精美的供品。

还是这位年轻的后生想出了个办法，他说："我们何不用自己种的庄稼——糯米和麦叶做成团子上供?让大禹知道去年麦子丰收，今年年景将会更好。这样他也就会含笑于九泉了。"大家同意了这位后生的办法，试做了这种青团子。谁知一尝，又苦又涩，真不爽口。于是又加进少许石灰搅拌，再一尝，果然清除了苦涩味，且清香扑鼻。自此以来，每年在麦叶返青的清明节，人们就做青团子送到大禹墓前，以示不忘他的功劳。

久而久之，这一习俗流传下来。至今，苏州人清明节上坟扫墓，总忘不了带上青团子做祭品哩。

◆ 忠县三月会的传说

过去，每年农历三月初三，四川忠县都要举行“三月会”。这一天，人们抬着一个名叫土主爷爷的神像上街，有仪仗队开道，旌旗招展，锣鼓喧天。跟在后面的有玩龙灯的、舞狮子的，尽情欢乐，十分热闹。全县农村里的人，走几十里地甚至一二百里地，赶来城里看“三月会”。住在城里的居民，家家户户张灯结彩，大人小孩穿新衣服，点烟火、放鞭炮，像过节一般热闹。为什么兴这样一个节日？这里有一个十分悲壮感人的传说。

春秋战国时，忠县县城曾经是巴国的一个重要城邑。驻守这个山城的将军叫巴曼子，他是一个贤明的地方官，十分爱护百姓，人们过着和平安宁的生活。

不幸，有一次巴国突然遭到南面一个邻国的入侵，形势十分危急。巴国不得不向东边强大的邻国楚国请求援救。楚国出兵替巴国赶走敌人后，要巴国给它三个城池作报偿。忠县就是楚王要求割去的三个城池之一。

巴曼子虽然知道楚国一心想称霸，但万万没有料到楚王会提出如此苛刻的条件。城里的百姓，也纷纷来向曼子请求，宁愿将其他财物献出报偿楚国，决不愿归附楚国。

一天，楚国派兵来讨城了，曼子从容不迫地接见了楚国使臣。当使臣逼曼子立字据交城的时候，曼子回答说：“城里的百姓都不愿去楚国，因此城池不能给。我宁愿把我的头颅割下顶替城池作报偿。请使臣带我的头颅去献给楚王。”说完，就取下自己随身佩带的青铜柳叶剑割下自己的头。楚王听使臣禀报后叹息说：“既然巴曼子都这么不怕死，老百姓就更不怕死了，如果三城百姓誓死不从，兴兵讨城也没有用，就放弃三城罢了。”这样，楚国再没有派兵去讨城。

曼子用自己的头颅保住了巴国城邑，保住了百姓和平安乐的生活。人们十分感激他，给他立了一个庙，叫土主庙，三月初三，是他砍头的一天，百姓都抬着他的塑像游行，隆重纪念他。这一天，称作“三月会”。千百年来，代代相传。

二、夏时风俗

◆ 立夏尝新称体重

清明过后一个月就到了立夏，阳历是5月6日前后，太阳到达黄经45° 时开始。立夏同立春一样，是汉族民间古老的节日之一。古代皇帝陛下，在立夏这一天，还率文武群臣到南城郊外去迎夏呢。不过，立夏正是农作物生长茂盛，田间管理日益繁忙的时节，有句农谚云：“立夏三朝遍地锄。”所以民间百姓对夏天的来临，不像迎接春天的到来那么隆重。

立夏就是夏季的开始，春去夏来，天气日渐暖热，万物欣欣向荣，大自然一片绚丽风光，过冬的作物已经成熟收割了，樱桃红透，茶叶香飘，新鲜的园蔬也能采撷登盘了。于是，立夏尝新也便成为各地的习俗了。

苏州有“立夏见三新”的谚语，“三新”为樱桃、青梅、麦子，是用以享祀祖先的。宴饮则有烧酒、酒酿、海蛳、面筋、芥菜、白菜、白笋、咸鸭蛋、馒头等等，蚕豆也在这天尝新。过去，立夏这一天，苏州各家酒店还免费将酒酿、烧酒奉送给来店进食的老主顾，叫作“馈节”。

在浙江省开化县，立夏这一天猪脚为必食之物，道是：“立夏食猪脚，登山不歇脚（不会酸痛）。”竹笋也是既定之菜，人称“接骨笋”，言是：“立夏吃竹笋，爬坡脚不痛。”武义县立夏日则要吃红枣、桂圆煮鸡蛋，吃蚕豆烧肉、竹笋烧肉。有的地方吃蚕豆饭或蚕豆汤，汤里放两个鸡蛋。俗称：吃一粒蚕豆等于吃一个鸡蛋，吃一个鸡蛋等于吃一只鸡。

安徽省徽州地区，立夏日则要吃猪肉、苣叶馃。俗称吃猪肉不掉肉，能使自己在整个炎夏之中始终保持身体强壮；吃苣叶馃夏天不会中暑，不会生疖。立夏节的早晨，对孩子们还另有一份犒赏，儿童们大都能得到一碗香喷喷的鸡蛋、韭菜油炒饭。有趣的是，孩子们吃前必先拨一些喂狗，说是这样孩子才不“赖夏”。

江苏常熟人在立夏时尝新的食物就更为丰盛了，有“九荤十三素”的说法。九荤就是鲥鱼、鲚鱼、咸蛋、海蛳、爊鸡、腌鲜、卤虾、樱桃肉和鲳鳊鱼；十三素是樱桃、梅子、麦蚕（把新麦揉成细条煮熟）、象笋、蚕豆、茅针、豌豆、黄瓜、莴笋、草头、萝卜、玫瑰、松花。其中鲥鱼、鲚鱼和海蛳号称“三海”，樱桃、梅子和松花号称“三树”，蚕豆、象笋和茅针号称“三地”。这些都是主要的应时鲜品。足见常熟人对立夏尝新的食物是多么地讲究。

此外，立夏日还有称人体重的习俗。农村家家户户都有量度重物的大秤，用绳索把秤吊在门前树上，下悬一把竹椅，全家大小分别坐上去称一称，看看有多重，作为夏季前夕的体重记录。苏南一首《海虞风俗竹枝词》道：

时逢立夏出奇谈，
巨秤高悬坐竹篮，
老少不分齐上秤，
纽绳一断最难堪。

你瞧，人坐竹篮，宛如货物上秤；绳断人翻，跌个大屁股坐地，这形象多么滑稽，而这习俗又多么有趣。

◆ 立夏烧吃露天饭

在浙江三墩、临平一带，每年立夏这一天，农家都纷纷扶老携幼，到野外露天挖土搭灶，烧煮饭菜，并于露天饮食，俗称烧吃“露天饭”，以迎接夏天的到来。那时，只见田野上，绿水边，人们三五成群，炊烟袅袅，真别有一番“农家乐”的风情哩。

烧吃露天饭的习俗十分有趣，米是不能从家里带去的，而必须在立夏那天早上，到野外去烧吃露天饭之前，向邻里、亲朋好友挨家挨户去乞讨，被讨者也都一概乐意施舍，户户献出一小盅；蔬菜也不必自备，到野外去之后，进各家菜园里去任意撷取就是了，即便菜地主人看见了，也不相骂，只开一只眼闭一只眼，任你选取。过去，有些地方立夏到野外烧吃露天饭，还有向肉店老板讨肉的习俗哩。据说，老板若不给，来年生意将会淡薄。所以肉店老板也往往显得慷慨大方，乘机收拢人心，在立夏的前一天晚上，就预先将肉切成小块，待立夏那天早上，一块块分给乞讨者，使他们人人高兴而来，满意离去。

为何三墩、临平这一带农家立夏要到野外去烧吃露天饭贺节呢？原来，这里的民间传说“吃了露天饭，热天不疰夏”。不疰夏，意思就是不生疾病。夏天正是农忙时节，农家当然是希望人人身体强壮，好好地熬过炎热的夏天的。所以立夏烧吃露天饭的习俗就代代相传下来了。

◆ 南通立夏兴吃蛋

江苏南通有句古话："立夏吃了蛋，热天不疰夏。"每年立夏，南通一带民间家家户户都要煮鸡蛋、鸭蛋给小孩吃。要问这个习俗的来历，里面还有一段优美的故事传说哩。

南通民间传说，早先天上有个凶恶的瘟神，平时爱睡懒觉，直到每年的立夏节，才苏醒过来，带上一只瘟疫的口袋，溜到下界播疫作祟。凡是被宅染上病的，轻则发热厌食，身疲肢软，重则日见清瘦，一病不起。人们把这病称为"疰夏"。

小孩子抗病力弱，最容易"疰夏"。伢儿有病急熬娘。看到自己本来白白胖胖的儿女，一下子病得面黄肌瘦的，做娘的心疼呀！于是，女人们哭哭啼啼，到女娲娘娘庙烧香磕头，求她消灾降福，保佑后代。

女娲娘娘知道此事后，就去找瘟神说理。娘娘说："今后凡是我的嫡亲孩儿，决不准你去伤害他们。"瘟神知道女娲娘娘法力无边，不敢跟她作对，说："不知娘娘有几个嫡亲孩童在下界？"娘娘一笑，说："我手翻一翻就是一个，你看好了。"说罢，两手翻动如飞，瘟神只看得眼发花，头发胀，叹口气说："娘娘别翻了，小神实在数不过来。"娘娘笑道："这样吧，我立夏这天，命我的嫡亲孩儿在衣襟前挂上一只蛋袋，你认谁记号，千万不得胡来。"

这年立夏那天，瘟神醒来，背起疫袋，又急匆匆来到下界。只见一个个孩童胸前都挂着个小小的网兜，里面放着煮熟的鸡蛋、鸭蛋。瘟神知道是女娲的孩子，哪敢作恶，只好走开。他走呀走呀，从早跑到晚，见到的孩子胸前都有个网兜，不敢动手，最后瘟神筋疲力尽，气呼呼地累死在路上。

瘟神死后，孩子们也就把挂在胸前的蛋吃掉了。为了纪念这一胜利，感谢女娲娘娘的大恩大德，以后每年立夏，家家户户都煮蛋给孩子们吃，立夏吃蛋的风俗就一代一代地传了下来。

◆ 四月八吃乌米饭

在我国浙江、江苏、湖南、湖北、江西、福建、安徽等地，每年农历四月初八，人们都喜欢用乌叶染糯米，或取天南竹叶煮渍泡糯米蒸成乌米饭作为节物。这种乌米饭色泽乌亮，清香扑鼻，别有风味。据说这一天吃了乌米饭，不仅可以免夏季蚊子吮咬之苦，还可治痢疾呢。

那么，古人是怎样发明这种清香可口的乌米饭的呢？民间有许多引人入胜的传说。在杭州近郊，人们传说农历四月初八吃乌米饭，是为了纪念战国时齐国著名军事家孙膑。在浙江宁海一带，人们传说是为了纪念牛的生日；在江西省黎川县樟村一带，人们传说吃乌米饭同北宋名将杨文广有关；而在闽豫皖各省，民间四月八吃乌米饭的传说就更为神奇了，说乌米饭是劈山救母的目连发明的。让我们来欣赏一下这个最富于传奇色彩的动人的传说吧。

汉朝的时候，有个名叫刘向的读书人，上京去赶考，路过华山神庙。神庙里供奉着一位女神，叫华岳三娘。刘向想向神卜问他的功名前途，就举起神案前的签片，往空中一抛，谁知签片不落在地上，却一直飞到屋梁上悬挂起来，刘向好生奇怪。原来，华岳三娘赴王母娘娘蟠桃宴会去了，判官小鬼一时做不了主，便施了这样一个权宜之计。

刘向不知就里，便叫书童掀开神帷，看看神帷里供奉的神祇究竟是什么模样。书童把神帷一掀开，只见神座中央坐着一位美丽非凡的女神，两旁站立着几个体态轻盈的侍女。刘向一见，痴念顿生，便从囊中取出笔砚，磨墨蘸毫，在神帷上题了四句诗——

仙姿玉貌岂寻常，
说甚西施共王嫱；
若非木雕金装像，
不羡蓬莱羡鸳鸯。

题罢诗白，收拾好笔砚，仍带领着书童，登程去了。华岳三娘回来，见神帷上题的诗句，心中恼怒，便操起一把青峰宝剑，赶上前去，要诛杀亵渎神明的狂妄书生。三娘赶上前去见了刘向，竟是一个风度潇洒、仪表非凡的青年，不由地动了爱念。于是便设法在半路留住了这个匆忙赴京赶考的书生。两人一见倾心，参拜天地，吃交杯酒，结成了夫妻。华岳三娘送刘向三件宝物，刘向也回赠沉香一块，并吩咐三娘，将来倘若生个男孩，就取“沉香”为名，便又匆匆赴京赶考了。

转眼王母娘娘寿辰到了，各洞神仙都去庆寿，赴王母的蟠桃盛会。独华岳三娘因有孕在身，不能去赴会，只好装病，不敢出门。她哥哥二郎神在蟠桃盛会上，多饮了几杯，取笑何仙姑“身子急古古”，意思是说何仙姑体胖，像怀孕的妇女。哪知却被羞恼的何仙姑马上讥笑转来，说他妹子嫁了凡人，身粗腹大，不敢来赴会，如若不信，可以自去打听。

二郎神一听这话，怒气冲冲，赶到华山，责问妹子。几句话不投机，兄妹二人便厮杀起来。三娘虽是武艺超群，毕竟是女子，又兼有身孕，自然不是二郎神的对手，渐渐感到力气不支，只得且战且退。二郎神一边追赶，一边念动咒语，忽地蹲坐下来，将身子一伸，变成万丈高的身子，两手把华山轻轻提起，向三娘头上猛压下去，正在败逃不及防备的三娘就被压在华山脚下了。三娘被困处在黑黝黝的山洞中，名叫黑风洞，二郎神紧紧锁上了洞门，并派遣夜叉小鬼前去看守。

在黑风洞中，华岳三娘十月胎满，生下一个儿子，面相端正，额颅丰满，像他的父亲；鼻梁和嘴唇却又有英武坚毅的气概，像三娘本人。三娘怀着无限欢喜的心情，依刘向所嘱，将孩子取名“沉香”（即后来的目连）。待孩子稍大，便将刘向所赠的沉香袋系在他的颈脖上，咬破指头，嘱托山神土地，送去扬州寻认父亲。

沉香长大后，知道了自己的身世，他孝敬母亲，就奔赴华山，入地狱给母亲送饭。但每次送饭到狱门，都被守门的饿鬼抢去吃了。后来，沉香想了一个办法，用乌叶染米，煮成青黑色的乌饭送往，饿鬼便不敢吃了，他母亲才得以饱食。后人以沉香孝思，也相效仿，在四月八这天做乌米饭，先供祖先，然后家人围食。“四月八吃乌饭”的习俗就这样流传下来了。现在宜兴、溧阳及皖南农村，仍盛行此俗。

◆ 四月八赶天狗

农历四月初八，俗称“浴佛节”，而江苏省丹徒宝埝一带则称为“赶狗节”，民间过节的风俗也别有风趣。

四月初八这天傍晚，丹徒宝埝农村，家家户户捏两种狗：一种是拌泥捏泥狗，一种是揉面捏面狗。待晚上月亮出来了，农妇们将泥狗倒下河塘，放一阵鞭炮，然后回家，将面狗蒸了吃，这叫“赶狗节”。这个风俗是怎样形成的呢?

据说古老的时候，大地上出现了成群结队的天狗，这些逆畜不但偷吃农家的食物，还糟蹋田里的庄稼。有一年小麦刚刚发黄，四月初八这天晌午，突然窜来几千条天狗，在麦子上打滚，啃麦穗。不多时，几千亩麦子只剩麦秸了。农夫们眼看到嘴的口粮被天狗吞噬，急得呼天哭地，乱作一团。这时，走来一位白发老人，见此惨景，心中不忍。他根据天狗的习性，想了个办法，吩咐农夫第二天午时，捏泥狗倒下河塘，引诱天狗。农夫们就依照老人所说的做了。果然神奇！一刹那，只听见“扑通、扑通……”成千上万条天狗争先恐后朝河里跳，结果全都淹死在河中。从此，天狗绝迹，出现了家狗，家狗虽然也喜欢在麦地上打滚，但从不糟蹋庄稼。虽然天狗绝迹了，但为了纪念这个胜利，以后每逢四月初八傍晚，宝埝一带的农妇们还是要捏几条泥狗，扔下塘去。为了喜庆麦子的丰收，后来又捏面狗作为节物。“四月八，赶天狗”的风俗就这样在宝埝一带农村流传了下来。

◆ 夏至九九歌

每年阳历六月二十二日前后，太阳到达黄经90°时开始，是汉族民间古老的夏至节。早在汉朝时候，人们就开始过夏至节了。只不过夏至正是农忙时节，不像冬天那样无事可做，所以夏至的礼俗比较简单，江南人做几块豌豆糕贺节。胡朴安在《中华全国风俗志》下篇卷三江苏省里的《仪徵岁时记》里说：“夏至节，人家研豌豆粉，拌蔗霜为糕，馈遗亲戚，杂以桃杏花红各果品，谓食之不疰夏。”而北方人在夏至这天则有吃面过节的习俗，所以北京流行“冬至馄饨夏至面”的谚语。

夏至，表示炎热的夏天已经来临。所以古代帝王将相，在三伏天里，都到避暑宫殿里纳凉去了。南宋人周密在《武林旧事》中，谈到宋代皇宫中纳凉的情形时说：

禁中避暑，多御复古、选德等殿，及翠寒堂纳凉。长松修竹，浓翠蔽日；层峦奇岫，静窈萦深；寒瀑飞空，下注大地可十亩。池中红白菡萏万柄……又置茉莉、素馨、剑兰、麝香藤、朱槿、玉桂，红蕉、阇婆、檐葡等南花数百盆于广庭，鼓以风轮，清芬满殿。御芜两旁，各设金盆数十架，积雪如山。纱厨后先皆悬挂伽兰木，真蜡龙涎等百珠百斤。蔗浆金盌、珍果玉壶，初不知人间有尘暑也……

这样奢华考究的庭园，真是人间仙境了。

那么，炎热的夏季里，民间百姓的生活又怎么样呢？宋人周遵道在《豹隐记谈》里，记述了一首夏至九九歌，描述了夏至开始直到初秋，这九九八十一天里，民间百姓日常生活的情景。歌云：

一九二九，扇子不离手；
三九二十七，吃茶如蜜汁；
四九三十六，争向路头露；

五九四十五，树头秋叶舞；
六九五十四，乘凉不入寺；
七九六十三，夜眠寻被单；
八九七十二，被单添杂被；
九九八十一，家家打炭墼。

夏至后，一九二九的天气开始热了，所以扇子老在手中离不开；三九热得更厉害了，于是喝茶就像喝蜜汁那样可口；四九时连晚上都很热，人们只好睡在屋外；五九以后，天气稍稍转凉，有些树叶开始凋落了；六九时天气开始变了，人们再也不需到高山密林的古寺中避暑了；到了七九八九时，晚上睡觉要盖被子了；九九时，天气变冷，于是家家升火盆了。这首夏至九九歌对民间百姓夏天里生活的形象描述，真可谓是一幅写实生动的“农村风景画”了。

◆ 龙舟竞渡话端阳

农历五月初五，是汉族民间传统的端午节，又称重午节、端阳节。每到这一天，南方水乡都要举行隆重的龙舟竞赛盛会，处处都可以见到“江中竞渡，锣鼓喧天，旌旗招展，划桨如飞”的热烈场面。

古代端阳节的龙舟竞渡，场面是十分壮观的。是时，群龙下水，整装待命。一声炮响，比赛开始，条条长龙犹如箭一般向前划去，两岸欢呼，鞭炮阵阵，真是热闹极了！唐诗人张建封写的《竞渡歌》生动地记叙了这一热烈的场面：

五月五日天晴明，杨花绕江啼晓莺。
使君未出郡斋外，江上早闻齐和声。
使君出时皆有准，马前已被红旗引。
两岸罗衣扑鼻香，银钗照日如霜刃。
鼓声三下红旗开，两龙跃出浮水来。
棹影斡波飞万剑，鼓声劈浪鸣千雷。
鼓声渐急标将近，两龙望标目如瞬。
坡上人呼霹雳惊，竿头彩挂虹霓晕。
前船抢水已得标，后船失势空挥桡！
疮眉血首争不定，输案一明心似烧。
只将输赢分罚赏，两岸十舟互来往。
须臾戏罢各东西，竞脱文身请书上。
吾今细观竞渡儿，何殊当路权相持。
不思得岸各休去，会到推舟折楫时。

你看，龙舟竞渡的场面是何等的惊心动魄，扣人心弦。当三声鼓响，比赛开始，水中群龙，划破碧波，使劲向前冲去，两岸观众，齐声欢呼，呐喊助威。情景如此动人，难怪人们往往倾家出动，争相观看，就连经年深居简出的富家千金，也涂脂抹粉，穿金戴银，去一饱眼福了。

端午节为什么要举行龙舟竞渡呢？民间有种种动人的传说。一种传说是纪念吴国大将伍子胥。伍子胥名员，楚国人，父兄均为楚平王所杀。伍子胥为了报杀父之仇，奔向吴国，助吴伐楚，五战而入楚都郢城。当时楚平王已死，子胥掘墓鞭尸三百，以报杀父兄之仇。吴王阖庐死后，其子夫差继位，吴国士气高昂，百战百胜，大败越国。越王勾践请和，夫差许之，伍子胥建议乘机彻底消灭越国，夫差不听。吴国太宰伯嚭受越国贿赂，谗言陷害子胥，夫差信之，赐伍子胥宝剑自杀，并令取子胥之尸体装入皮袋投进钱塘江，伍子胥尸首随波逐流而不沉没。当地百姓认为这是伍子胥显灵，以后每年五月初五，当钱塘江口江湖翻腾之时，人们就驾舟逐潮，希望能重见伍子胥显灵，相沿成习。

另一种传说是纪念越王勾践。《事物纪原·端阳》记载：“越地传云，竞渡之事起于越王勾践，今龙舟是也。”春秋战国时期，越王勾践与吴国打仗，战败被俘。他在吴国忍辱负重三年，用计骗取吴王夫差的信任，放回越国。勾践为了收复失地，报仇雪耻，卧薪尝胆，于五月初五成立水师，借嬉水竞舟为名，操演水兵，暗练水战，终于在公元前476年灭掉吴国。他的这种坚韧不拔的精神，感动了人们。后人便效仿勾践，于五月初五这天划船竞渡，以示纪念。

再一种传说是纪念东汉救父投江而死的孝女曹娥。曹娥系东汉上虞人，父名吁，溺于江中，数日不见其尸，当时曹娥年方十四，沿江寻找父尸，昼夜哭号不绝，遂于五月初五日投江而入，数日抱父尸而出。乡民以曹娥孝心感动天地，终得父尸，而传为神话，故以此日纪念，划龙舟竞渡。

但流传最广，成为汉族民间家喻户晓的传说是纪念伟大的爱国诗人屈原。屈原名平，是春秋战国时期楚国人，博闻强识，精于文章，明于治乱，任楚国的三闾大夫，为楚怀王所器重。后遭谗言被楚襄王削职流放到湖南长沙。屈原的救国抱负绝望了，便于农历五月初五投汨罗江以死明志。人们哀悼屈原，以后每年五月初五这天就划龙舟冲进波涛汹涌的江中，或者跳入急流，象征打捞屈原遗体的情景。久而久之，就形成了龙舟竞渡的群众性娱乐活动了。

◆ 推龙船送瘟病

龙舟竞渡，凭吊屈原，这是中国南方水乡端阳节盛行的风俗。然而，浙江武义县端午节不盛龙舟竞渡，而行“推龙船，送瘟病”的奇风异俗。这是为什么呢？

民间的传说是这样的。明朝万历年间，永康县出了一名状元，名王崇。一次，王崇得了重病，请医问药无效，病情越来越重。这时，有一深山老道者来到永康，自称能治王崇的病。老道人给王崇诊断后，说王崇之病是因有“五鬼”缠身，这五鬼四个是瞎的，只有一个有一只眼，故叫“独眼五鬼”。老道施展法术，将五鬼一一捉拿，分别装于五个酒坛，抛入江中，此后，王崇的病渐愈。

然而，这五个酒坛顺江而下，漂到与永康相邻的武义县境，被一位好奇的人打捞上岸，启封观物，“独眼五鬼”乘机逃出。于是五鬼为害武义，不是到东作怪，就是在西作难；不是人生瘟病，就是农作物发瘟，而且凡是五鬼住过的出林也都瘟死。一时间武义瘟病四起，苗枯树死，百姓遭殃。

五鬼为害的消息传到了武义城隍那里，城隍忙令判官捉拿住五鬼，关闭在城隍庙中。为了把五鬼送走，城隍决定在端午节用毛竹扎一条龙船送鬼。龙船决定于午时推送，推船的路线起于城西城隍庙，沿街而下，出城东“八素门”，将龙船推于武阳川为止，全程约3千米。龙船分三班人推送，每班七人：船头四人，船身二人，船尾一人。一路上，推龙船的人跑步前进，把龙船推得飞快，抬佛像的人及道士、艺人则跑步追赶。这时街道两旁早已围满了观望的群众，真是人山人海，热闹非凡。观看推龙船的人不论大人或小孩，各自都事先准备了一抓茶叶和大米，当船推到自己面前时，就将茶叶和大米向龙船撒出，以避邪气。各商店门口也有人把守，以防龙船推歪。据说推龙船时，船头朝向某店门口，某店就要晦气。这样，三班人马轮换推船，从城西到城东，六华里路程，呼啸而过。由于推龙船是在端午日进行的，故推龙船又称为“推午船”。

从此，武义有“端午船不推，瘟病要发生”的迷信传说，所以每年端午节，都要举行一次“推龙船，送瘟病”的仪式。武义县城壶山镇以外的一些农民则在端午节前三天到庙里念经，端午日把一只木船推到河里，也谓之“推端午船”。

◆ 乐山“抢鸭”贺端午

每年端午节，四川乐山那宁静的小河便异常地热闹起来了。那黄澄澄的水面上，一双双绚丽多姿的彩船，五彩缤纷的龙舟，劈开道道波浪，往来如梭。桨声、鼓声、水波声、号子声奏出一曲优美的交响乐，响彻沿河两岸，街头巷尾。然而，这里展开的不是一场竞争激烈的龙舟竞渡，而是一场紧张有趣，而又带着古朴风味儿的“抢鸭”活动。

端午那天，乐山沿河两岸，人山人海，万头攒动，人们扶老携幼，从四面八方涌到这里，争睹那别开生面的“端午抢鸭”。几艘汽艇下水了，在河面上兜着圈子，掀起巨浪，从前后左右放出一只只鸭子。这时，早已下水待命的双双龙舟，便破浪追赶，只听得“扑通、扑通”声响，人们纷纷从船上跳入水中，一场激动人心的“围追堵截”群鸭的战斗便在宽阔的水面上展开了。

水面上，被追逐的一只只鸭子，初如惊弓之鸟，盲目乱窜，继而头脑清醒了，也沉着应战。有的像一片树叶贴水漂逃；有的随波逐流，窥测方向；有的扇动翅膀，欲离水飞去。当人一接近时，那些鸭子忽而向东，忽而向西，忽而浮出，忽而沉下，使得拼命追抢的人常常扑空。这时，两岸观众也着急起来了，有失声惊叫的，有搓手叹息的，更有脱口而出者：“真笨，就在眼前……”

经过数小时的“围追堵截”，战斗总算结束了。只见满河的龙船上，挂出了数不清的“战利品”——水鸭，嘎嘎地叫着，扑扑地飞着。人们七嘴八舌地议论着，尽兴而散。

◆ 五月五挂菖蒲

“五月五，挂菖蒲。”每逢端午，汉族民间家家户户大门上，常常挂一把菖蒲，这是为什么呢?

相传古时候，有一位穷秀才，娶了一位长得乖巧玲珑、十分能干的姑娘端英做妻子。一年大旱，田地荒芜，草木皆枯。五月初四那天，端英心想，明日就是端午节了，又是自己的生日，家中一贫如洗，可怎么弄得热闹些呢？突然，她看见房脚边公公种的药草——菖蒲。唉，别的花草都已枯死了，唯独这菖蒲还青翠碧绿，何不挖它几棵来充喜呢？于是，她挖了菖蒲，洗净后挂到了大门上。触景生情，又写了一首诗贴在旁边，诗云：

自嫌薄命嫁穷夫，
明日端午件件无，
莫叫佳节错过去，
聊将清水洗菖蒲。

傍晚，秀才回到家后，看见妻子写的诗，羞愧难当，便返身而去。走了半袋烟工夫，抬头发现田埂上一头黄牛正悠哉悠哉在吃草。秀才看看四周，不见一个行人。他想，目下大旱之年，到哪里去借钱？何不将牛牵去卖掉，弄几个钱，好让妻子高兴高兴。于是，秀才便上去牵了黄牛。哪里想到，没走上三四里路，被牛的主人追了上来，一把扭住，送到知县那里。知县向秀才问罪，秀才无可奈何，只好把妻子如何贤淑，自己如何贫困以及挂菖蒲和作诗的事情，一五一十诉说一遍。知县不信乡下女子竟也能弄墨吟诗，便差人传讯秀才的妻子。端英到了知县堂上，知县问道：“你家大门上的诗是你写的吗？”“大人在上，是民女写的，不知触犯何法？”知县思忖片刻，婉转地说：“妇人不知，写诗没犯法。只因你丈夫怜悯你，去偷人家的牛，被扭送到本县。秀才偷牛，天下耻事，不问此罪，民愤难平，你看如何？”端英听后，泪如泉涌，说道：“知法犯法，理应重判！”知县遭：“言之有理。但本县官怜你区区弱女，丈夫坐牢，家贫如洗，今后怎么度日？你既会作诗，现本县即令你在堂上走三圈的时间内，再作四句，成一首七绝。如成，本县愿资助银子五十两，给你聊度光阴。”

端英听罢，要过笔墨，一气呵成，呈于知县。这四句诗是：

滔滔黄水向东流，
难洗今朝满面羞。
自笑妾身非织女，
郎君何事效牵牛。

知县看罢，哈哈大笑：“你虽非织女，但不相上下。本县如判你丈夫坐牢，你夫妻俩不是牛郎织女了吗？”即刻拿出五十两银子，叫端英夫妇两人快回家。

挂一把菖蒲，竟如此走运，何不仿效讨个吉利？从此，每年端午节，大门上挂菖蒲的人家越来越多，此习俗就流传至今。

当然，这只是民间传说，不足为据。其实，在北方人的心目中，五月是恶月，五月五日是恶日，而传说菖蒲具有避邪驱瘟，逢凶化吉的功效，因此北方人端午节挂菖蒲是为了避邪。清人顾铁卿在《清嘉录》中就说：五月五日，“截蒲为剑，割蓬作鞭，副以桃梗蒜头，悬于床户，皆以却鬼”。

◆ 五月五插艾子

每年端午节，汉族民间都要在门框上插两株艾草，表示驱邪避灾，确保平安的意思。梁人宗懔在《荆梦岁时记》中云：“五月五日，采艾以为人，悬门户上，以禳毒气。”这个风俗从古代流传到今天，里面还有个神话传说哩。

很久很久以前，民间风调雨顺，五谷丰登，家家户户，大囤满小囤流。一天，天上的一位老神仙看到凡间百姓欢声笑语，喜气洋洋，便想下来看看天底下的老百姓是怎样生活的。当他每到一个村子时，在村外摇身一变，变成一个小老头儿，穿得破破烂烂，一手提着打狗棍，一手端着讨饭瓢。

他走进一户人家，一进门，就看见一个妇人正在喂猪，猪食槽子里的猪食，哪里是用皮子和糠煮的，全是白面汤！白面汤里，还有整块儿的烙饼和半拉的馒头。再往屋里一看，锅台灶脑，扔得到处都是饭。老人见状，便说：“大嫂大嫂行行好，给我点儿饭吃吧，我已两天没吃上一口饭了。”那妇人见进门来的是一个衣衫褴褛的要饭佬，把嘴一撇：“快给我滚出去！谁有东西给你吃？你吃了，还不如喂猪呢，喂肥了猪，过年还可以杀肉吃，给你吃管什么用！”老神仙听了，十分气恼，但他强忍着怒火说：“我已经三天没喝一口水了，大嫂既然不给我一点饭吃，那就给我一碗凉水喝吧。”那妇人翻了两下白眼，随手从墙上摘下一把笊篱，讥讽地说：“你如果有本事，就用这把笊篱喝水吧。”这笊篱是用铁丝编的，专门用来捞饺子的，哪里盛得住水？老神仙见妇人故意捉弄他，非常生气。心想，这儿的人太恶道了，就用手指在大门墙上画了几下，然后一股青烟儿不见了。喂猪的妇人大吃一惊，再看墙上，只见墙上写了十个大字：“明日起瘟病，全村人死光。”那妇人才知道刚才来讨饭的，并不是凡人，自己闯了大祸，非常害怕。

第二天清早，老神仙拿着瘟瓶来到这个村子的上空，刚想往下撒瘟药，忽然看见村头小河里，有一位妇人，抱着一个大孩子，领着一个小孩子，慌慌张张地蹚着河水往对岸走。老神仙觉得很奇怪，又变成个小老头，来到河对岸，在妇人身旁说：“我从来没见过妇人过河的时候，抱着大孩子，领着小孩子。”那妇人说：“老人家，您有所不知，这大孩子，是我丈夫前妻病死时丢下的孩子，小孩子是我亲生的儿子。昨天，我们村的一个不知事儿的妇人，惹怒了一位老神仙，说是今天让我们村起瘟病，全村人都死光。我们只好逃走。蹚水着了凉，容易生病，我怎么能抱着亲生儿子过河，让先头的儿子蹚水呢？”

老神仙听了，心里想，这是一位好心人，同是一村人，心眼儿不一样，不能一样对待。就从地上拔了一棵艾子说：“你们回村去吧，把这棵艾子插在你家门框上或窗框上，瘟病就不会染上你家。”说罢用手一指，河上顿时出现一座大桥。那妇人知道遇见了老神仙，接过艾子，谢过老人，带着两个孩子从桥上走过河去。

那妇人过了河，心想：就我一家人避开瘟病怎么行呢？于是就带着两个儿子各拔了一捆艾子，急急忙忙赶回村子，在每家每户的门框上插了艾子，连那个喂猪的心眼不好使的妇人家也给插上了。老神仙撒下的瘟药没处落，就随风飘到大海里去了。那天正是五月初五。

村子里的人都感谢这位善良的老大嫂，从那以后，每到五月初五，家家户户门窗插艾子，这种习俗就一直流传到现在。

◆ 六月六请姑姑

农历六月初六，是汉族民间一个传统节日，俗称“姑姑节”。

“六月六，请姑姑”。每逢六月初六，民间家家户户都要请回已嫁出去的老少姑娘，好好招待一番。在陕北地区，妇女回娘家时，“梳油头，戴翠花，红绸袄子绿背褡”，打扮得整整齐齐，然后骑上小毛驴，丈夫跟在后面，真别有一番“大西北风情”哩。

为何六月六要请姑姑呢？民间有这么一个传说。

相传春秋战国时期，晋国有个宰相叫狐偃。他精明能干，勤理朝政，晋国上自晋文公，下至黎民百姓，对他都十分敬重。每逢六月初六狐偃生日，总有数不清的人给拜寿送礼，恭祝他长寿不老。就这样奉来敬去，狐偃慢慢地骄傲起来。时间一长，人们对他不满了。但狐偃权高势重，人们都敢怒不敢言。

狐偃的女儿亲家是当时的功臣赵衰。他对狐偃的作为很反感，就直言数落了他许多不是。狐偃听不进苦口良言，当众把亲家责怪一番。赵衰年老体弱，经不起面辱，不久便气闷而死。他的儿子恨岳父不讲仁义，决心找机会报仇。翌年，晋国夏粮遭灾，狐偃出京放粮，临走时对家人说，六月初六那天赶回来过生日。狐偃的女婿得知这个消息，不由心中暗喜。他把几个至亲好友请到家里商量，决定六月六大闹寿筵，杀狐偃，报父仇。

人们走后，狐偃女婿回到后堂见妻子。他想起平日夫妻感情深厚，料想无妨，就把他的计划说出了。妻子一听，脸一红一白，愣了半天才说：“我是你家的人，顾不得娘家事啦，你看着适合就那样办吧！”

从这以后，狐偃的女儿整天心惊肉跳，她恨自己父亲不该狂妄自大，对亲家太绝情。但转念想起父亲的许多好处，又觉得杀了太过分，亲生女儿不能见死不救。于是她偷偷跑回娘家，把这事告诉了母亲。母亲大惊，急忙差人连夜给狐偃捎信，又吩咐家将严密防备，守护相府。狐偃的女婿见妻子逃跑了，情知机密败露，吓得浑身发抖，闷在家中等狐偃来收拾自己。

六月初六一早，狐偃女婿刚吃罢早饭，就见门官来禀，狐相爷亲自到府来。狐偃女婿知道此祸躲不过去，硬着头皮出门迎接。谁知狐偃见了女婿，像没事儿一样，翁婿二人并马回相府去了。这年的拜寿宴席，狐偃没有老早就坐到寿堂上等众人叩拜。他恭敬地请女儿女婿坐上席，并对众人说："老夫今年放粮，亲见百姓疾苦，深知我近年来做事有错。今天贤婿设计害我，虽过于狠毒，但事没办成，他是为民除害，为父报仇，老夫决不怪罪。女儿救父危难，尽了大孝，理应受我一拜。并望贤婿看在我面上，不计仇恨，两相和好。"一席话说得满座宾客又惊又喜，女儿女婿一齐离座，跪在父亲、岳父面前叩头请罪。狐偃连忙挽起，这才各归座位，给狐偃拜寿贺喜。

从此以后，狐偃真心改过，翁婿比从前更加亲近。为了永远记取这个教训，狐偃每年六月六都要请回闺女、女婿团聚一番。这件事情在晋国传开后，老百姓个个效仿，也都在六月六接回闺女，应个消气解怨、免灾去难的吉利。年长日久，相沿成俗，流传至今。

◆ 六月六晒红绿

“六月六，晒红绿，不怕虫咬不怕蛀。”人们相信，六月六这天晒衣衣不蛀，晒书书不蠹，因此家家户户翻箱倒柜，把四季穿用的衣服拿出来，挂在绳子上，搭在树枝上，让烈日曝晒，民间叫作“六月六，晒红绿”。这个习俗流传至今，里面也有一个故事哩。

据传，六月六，晒红绿的习俗是武王伐纣时兴下来的。周武王姬发兴兵伐纣，八百诸侯会盟于孟津。武王带领战车300辆，勇士3000人，兵将45000人浩浩荡荡地渡过黄河，向殷纣王的都城朝歌进军。伐纣大军来到朝歌南郊的牧野地方，安营扎寨。武王扎营在龙岗（今扬岗），他的夫人扎营在凤岗（今茹岗），军师姜子牙扎营在龟岗（今畅岗）。队伍还没有安扎停当，天气突然变化，狂风暴雨下个不停，兵将们个个被淋得像落汤鸡。这时正赶上伏天，地面空气潮湿，衣服容易霉烂。

六月六这天，天气晴朗，太阳热辣辣的，武王就命令部队翻晒衣服，一声令下，四万五千大军都把湿衣服拿出来晒。武王夫人的衣服在凤岗上一摆出来，五颜六色一片红红绿绿，分外耀眼。牧野一带的居民看到武王的军队晒衣服，也都把被大雨淋湿的男女老少的衣服拿出来，扯绳子，搭架子，挂的挂，搭的搭，红红绿绿挂满房前屋后。经过太阳曝晒一夏天，衣服就好保管了，避免了霉烂。从那以后，人们总结了经验，经过一段梅雨季节之后，每到六月六这天，家家户户都要晒衣服。“六月六，晒红绿”这个风俗就这样流传下来了。

◆ 六月六吃炒面

在淮安一带，每年六月初六，家家户户都要吃炒面过节。这个风俗是怎么来的?

相传在很久以前，淮安东门外不远便是茫茫大海，滔滔黄河流经淮安东乡在茭陵东边入海。那时每到农历六月初，四海龙王便聚集在黄河入海口上空寻欢作乐，初六这天清早便摆开阵势，比赛行云布雨的本领。他们玩得痛痛快快，可黎民百姓就遭殃了。整个淮安上空乌云密布，闪电像根根火绳在空中跳跃，大雨如瓢泼，黄河大堤很危险。男子汉们都去筑堤，也无济于事。黄河年年倒堤，死于水中的人畜不计其数。人们到处修建龙王庙，烧香磕头，敬供龙王爷，但年复一年，还是没能求得龙王的善心。

当时苏嘴街东边有个被大水冲成的清水塘，塘边有个何家庄，庄上有个姓何的姑娘，她心灵手巧，心肠又好，常常为乡亲们做好事，大家都叫她善姑。

这一年又到了六月初六。二更天，男子汉都到黄河边筑堤去了。天刚麻麻亮，女人们便起床为他们做饭。善姑也在家为爹爹忙着。当时麦子刚收下来，各家各户都只好为男子汉们做些粗饼和馍馍。善姑想，要是能让男子汉们随身携上些方便带、不会馊、又好吃的食物多好啊！眼下家中也只有粗麦面，倒不如把面粉炒熟，用细布袋装上，让他们背在身上，饿了倒一点开水一冲就好吃。随即她就弄了几斤面粉在锅里试着炒起来。炒着、炒着，锅里的面发出了浓郁的香味。这香味飘满了村子上空，直冲九霄云外。炒好一锅，善姑试着和了一碗，倒真是香喷喷的很好吃。她把这法子告诉庄子上的妇女们，大家都学着她的样子炒起来。

话又说到天上。这天，四海龙王刚摆好比赛行云布雨的阵势，却被一股冲天而来的香味迷住了，不禁四下寻找起这香味的出处来。从早晨找到晌午，毫无所获，就一起去天宫禀告玉帝。玉帝掐指一算，便知是何家庄的善姑为父亲做干粮。玉帝也想尝尝这香气冲天的炒面，当下传旨：召善姑上天。

善姑上天后，仍怀念人间。为了清除六月六的大水，为黎民造福，每逢六月初六，她就在天宫御厨里炒炒面，请四海龙王来做客。龙王们吃了这香喷喷的炒面，都高兴地把这一天行云布雨之赛取消了。淮安百姓也就不再受水灾了。

善姑走后，村子里的人们都很想念她，为了纪念她，六月六吃炒面就成了淮安的风俗。

◆ 六月六敬天狗

春去夏来，稻田里沉甸甸的谷穗成熟了。于是，农历六月初六这天，农家妇女们就要到田里摘来新谷，舂成白米，煮成香喷喷的新米饭，吃新贺节。农家第一餐新米饭，都要先用大碗盛一碗满满的白米饭，并夹一块肉放在米饭上面给狗吃，然后全家围坐尝新。为什么六月六吃新要先敬狗呢？民间有一个十分动人的神话传说。

在很古的时候，人间没有稻谷，人们只能靠猎取野兽作为食粮度日。这件事被天上的仙狗知道后，仙狗心想，仙境里每天吃的是白米饭，而凡间百姓却靠打猎为生，太辛苦了，我要为凡人做一件好事，把仙境里的仙稻谷种送给凡人种植，让他们也能尝尝这香喷喷的白米饭。

一天，仙狗像往常一样，守卫在晒仙稻的地方，等神仙们离开之后，仙狗便在仙稻谷里连打了几个滚，全身的毛都沾满了仙稻，连尾巴上都沾满了稻谷。

这时，天已黄昏，夜幕降临。仙狗机智巧妙地逃出了天门，腾云驾雾，奔向凡间。历尽千辛万苦，到来人间后，仙狗摇身一变，化为一个老头，手提包袱，边走边喊："卖稻种，卖稻种啊。"正在这时，一个农夫听说卖稻种，好奇地走了过来，询问了一番，掏钱购买。老头说："你先拿去，按我的办法去试种，今天暂不收钱，等明年收获后，再到你家收钱吧。"农夫听了，深为这位老头的慷慨所感动。刚接过稻种，突然，天空中乌云翻滚，电闪雷鸣，瓢泼似的大雨倾盆而下，老头便在地上痛得打滚，农夫见此情景，吓得一时不知所措。此刻，老头连催农夫赶快离开此地，并叮嘱农夫千万要保住稻种，认真栽好，定会长成稻谷。农夫不肯丢下老头独自离去，硬是扶着老头一起走。老头急了，忙说："我不能走了，我不是凡人，是天上的仙狗，今天为送稻种化身下凡的，如今被玉帝知道了，是要遭雷打火烧的。"

一阵雷鸣电闪之后，风停雨住了，仙狗被雷火烧身，再也不能变了，就脱胎换骨成了一条凡间的狗，永远留在人间。

第二年，农夫按照仙狗的传教，精心种稻，稻子长得特别好，获得了丰收。为了感激仙狗送稻种，六月初六，稻谷熟了，农夫家里第一次吃上了香喷喷的仙稻米饭，农夫便盛了一大碗先敬狗，并向全家人讲述了仙狗送稻种的故事。从此以后，每年六月初六，农家尝新时，都要先敬狗一碗，相沿成俗，一直流传到今天。

◆ 青苗会的故事

从前，在苏北东台、兴化、大丰一带的庄户人家，每年农历六月十六，都要打冷火饼，煮鱼烧肉，拎着菜肴，带上小桌儿，来到秧田边上，插上两根黄元旗子，摆上供品，俗称“做青苗会”。这是为啥?

传说清末的一个夏天，苏北蝗虫成灾，无数的蝗虫遮天盖地飞来，眨眼工夫，就把成片的秧苗吃得精光。庄户人家眼见今年的夏粮将颗粒无收，束手无策，只得望天长叹，哭天号地。可是，官府恶吏，凶似豺狼，还三天两头下来催捐逼税。人们无法生活下去，只得扶老携幼，背井离乡外出逃荒。

这时，东台西乡的张郭庄范家庄附近，有两位身材魁梧、性格倔强的硬汉子，一个叫窦广安，一个叫华九高，他们看乡亲们流落外乡，含辛茹苦，心里十分不忍，就一面请人写呈文送给县老爷，要求下乡察看灾情；一边叫大家把田里的蝗虫捉起来，用麻袋装好、堆到场上，等老爷下来给他看。

农历六月十六这天，太阳晒得犹如火烧，县老爷坐着轿子，带领一帮差役，耀武扬威地下乡收捐纳税来了。县老爷来到一处场上，看见场上堆满了胀鼓鼓的麻袋。心里想，这些刁民真是坏极了，场上这么多粮食，还不肯交捐纳税，便恶狠狠地说：“老实告诉你们，捐税是一个铜钿都不准少，哪个敢少半个边，看我怎样收拾他！”窦广安、华九高见时机已到，对大伙说：“大家把袋口解下来。”乡亲们把各自的麻袋往下一倒，只见无数饿急了的蝗虫，全飞将起来，把县老爷咬得鬼叫，他急忙往轿子里躲，命令打手们把窦广安和华九高活活打死了。

窦广安和华九高死后，东台、兴化、大丰一带的人家，为了纪念他俩，就在每年的农历六月十六这天，带上供品，来到秧田边上，做青苗会，祈求田禾茂盛、五谷丰登，也好叫窦广安和华九高在九泉之下安眠。

◆ 吃冷面的传说

苏北沿江地区，有个“六月十九吃冷面”的风俗。所谓“冷面”，就是把煮熟的小刀面捞出放进冷开水浸泡几分钟，晾干拌上油盐佐料或蛋皮、虾子、韭菜炒制的浇头，吃起来清凉爽口，别有风味。这个风俗是怎么来的呢？

传说很久以前，泰州罗塘镇（今姜埝）有个财主，盘剥的鬼点子可真多。五月麦子登场，他立即收租。佃农租谷一交，已所剩无几。一进六月，锅上无粮，灶下没草，日子难过，不得不向大财主借粮。大财主六月放粮，黄豆场一过，借一还二，农户是哑巴吃黄连，有苦也难言。

为了对付大财主的盘剥，有一年，四乡百姓商量好，一天省一把，不够大家帮，齐心不向大财主借粮。这事很快传遍了周围十里八村，大家都纷纷响应，不向大财主借粮。

转眼五月又到了，新麦一进仓，大财主就天天派家丁往麦上洒水，等农户们来借粮。可是今年一直等到六月十四，还不见有人上门借麦。财主慌了，就派了几个狗腿子下乡观察动静。

狗腿子们一口气奔了三天，走了三十六个村庄，只见家家烟囱还在冒烟。回来一说，财主冷笑：“嗨嗨，顶多三五天，还能没有人上门来？”

一晃五天过去，夹心斗、哭丧秤备齐了。可是，来借粮的人影子也不见一个。这下子可把大财主急坏了，坐着独轮车直往乡下赶。谁知他走到哪里，哪里都能看到人家捧着冷面碗。他到家打开仓门一看，完啦，堆积如山的麦子让水一泡，发了热，合成粑粑饼子，有的还长出了白胡子。财主一气一急，昏倒在地卧床不起了。

大财主病倒一事传开后，周围十里八村的老百姓无不拍手称快，欢呼雀跃。为了纪念这次“罢借”的胜利，从那以后，每年农历六月十九日，家家户户吃冷面，渐渐成为风俗，一直流传到今天。

三、秋时风俗

◆ 七夕家家乞巧忙

七夕年年约女郎，
戏将乞巧试银针；
谁家独见龙梭影，
绣出鸳鸯不度人。

这是一首杭州竹枝词，描写的正是农历七月初七乞巧节，姑娘们向天上织女星乞求智巧的风俗情趣。

“七夕乞巧祈双星。”每年七夕节，各地妇女都要举行各式各样妙趣横生的“乞巧”比赛活动。有的中午时拿一碗水曝晒日中，顷刻之后，水面便产生一层薄膜，投针于碗中，视水底针影，成云成龙者为巧，因为这些影子表示织女赐给她一根灵巧的绣花针，可以织出美丽的图案；如果水底的针影成粗槌，或弯曲不成形者，就表示丢针的妇女是个“拙妇”，因为织女给她的是一根石杵。有的把蜘蛛放在盒子里，次日查看蛛网的形状卜巧，以蛛网圆正细密为祥瑞。还有织彩缕、雕花瓜、穿七孔针等活动。唐诗人祖咏《七夕》诗，把七夕妇女乞巧的情景做了生动的描述：

闺女求天女，更阑意未阑。

玉庭开粉席，罗袖捧金盘。

向日穿针易，临风整线难。

不知谁得巧，明旦试相看。

妇女们为何要在七夕向织女乞巧，织女到底是什么神？汉族民间脍炙人口的牛郎织女七夕相会的感人传说对此做了回答。

相传在很久很久以前，南阳城西有个牛家庄，庄里有个聪明、忠厚、勤劳的小孩叫灵儿，因父母早亡，只好跟随哥嫂过日子，嫂子马氏为人刻毒，常常虐待灵儿。一年秋天，灵儿被分家出来，靠一头老牛自耕自食。此后，灵儿白天放牛，夜里就睡在老牛的身边，庄上的人都叫他为“牛郎”。

一天，天帝女儿织女和诸仙下凡游戏，在玉池里洗澡，老牛突然对灵儿说：“灵儿，仙女们现在正在玉池里洗澡，你去取其中一位的衣裳吧，她便成为你的妻子了。”原来，这头老牛是天上的灰牛大仙，因偷偷地把五谷种子撒于人间，触犯了天规，被玉帝贬下天庭。

听了老牛的嘱咐，灵儿高兴极了，偷偷地跑到玉池边，取走了织女的衣裳，织女便成了他的妻子了，乡亲们获悉牛郎成了家，都纷纷赶来贺喜。织女把从天上带来的天蚕分给众姐妹们，教大家养蚕啦，抽丝啦，织缎啦，不到两年，牛家庄家家户户都学会了养蚕抽丝织绸缎的手艺。

婚后的牛郎织女，男耕女织，生了一男一女，生活十分美满。不料天长日久，玉帝查知此事，派王母娘娘下来押解织女回天庭受审，把这对恩爱夫妻活活拆散。牛郎上天无路，悲愤万分。老牛不忍他们妻离子散，遂触断头上的牛角，变成一只小船，让牛郎挑着儿女登上牛角船，腾云追去。眼看快要追上了，王母娘娘忽然拔下头上金簪，在天空一划，划出了一条波浪滚滚的天河。牛郎与织女无法过河，只有在河东河西遥望相对。汉代一首无名氏的古诗《迢迢牵牛星》对此做了催人泪下的描述：

迢迢牵牛星，皎皎河汉女。
纤纤擢素手，札札弄机杼。
终日不成章，泣涕零如雨。
河汉清且浅，相去复几许。
盈盈一水间，脉脉不得语。

牛郎织女的坚贞爱情，感动了天上的喜鹊，无数喜鹊一时飞来，用身上五彩的羽毛，化成一座跨越天河的彩桥，让牛郎织女奔上彩桥，在天河上相会。王母娘娘无奈，只好允许牛郎和织女在每年七月七日由喜鹊架桥，在天河上会面一次。宋代词人秦观《鹊桥仙》对牛郎织女坚贞的爱情、甜蜜的幽会，做了如诗如画般的描绘：

纤云弄巧，飞星传恨，银汉迢迢暗度。
金风玉露一相逢，便胜却、人间无数。
柔情似水，佳期如梦，忍顾鹊桥归路。
两情若是久长时，又岂在、朝朝暮暮。

牛郎织女忠贞不渝、至死不移的爱情，不知使多少凡人流下了同情的眼泪。因为织女是一位心灵手巧、能织“云锦天衣”的纺织能手，所以每当农历七月初七织女与牛郎在银河鹊桥上相会之夜，民间妇女就陈瓜果于庭中，向织女“乞巧”了。如此相沿成俗，代代相传。

◆ 七月十五敬孤寡

在洪泽湖地区，中元节既是鬼节，又是“敬孤节”。每年农历七月十五，各家各户除了给死去的老人烧纸祭祀外，还争着把村里活着的孤寡老人请到自己家里，用好饭菜招待他们，向他们表示敬意。因此，人们就把这一天叫作“敬孤节”。

关于敬孤节的来历，民间有一段悲壮感人的传说。

相传很久很久以前，洪泽湖上有一水怪，叫巫支岐。这水怪不但在洪泽湖中兴风作浪，而且经常上岸掠走村童，把他们吞食掉，害得百姓叫苦连天。一年，大禹治水路过这里，便带领人们与水怪搏斗，把它捕捉压在龟山脚下。

然而，水怪并没有死，待大禹离开洪泽湖后，它慢慢摇掉身上压的石块，从龟山脚下钻了出来，回到湖上，更加贪婪地吞食村童。人们对它恨之入骨，却又毫无办法。

村里有位孤老，眼看许多小孩无辜被水怪吃掉，心里十分难受，他把全村老人召集起来，对他们说：“为了拯救子孙后代，我们就是自己死了也要把巫支岐除掉！”人们问他有什么办法，他就把计策告诉了大家：由全村老人化装成村童，随身藏毒药，让水怪吃下后把它毒死。随后，孤老悲壮地说：“为了我们的后代，让我们老人献出自己的生命吧！”老人们一致赞成他的办法，没有一个退缩。

商量好了之后，七月十五这一天，全村老人化装成童男童女，来到洪泽湖边玩耍。水怪看见后，跃出水面，一下子把他们掠到水里吞食了。很快，药性发作，水怪疼痛不已，难以忍受，直在湖中打滚翻腾，最后终于被毒药毒死，葬身湖底。

老人们用自己的生命换取了洪泽湖的太平，拯救了无数幼小的生命，得到了人们的尊敬，后人为了纪念这些富有牺牲精神的老人，就把七月十五定为敬孤节。每到这一天，人们不但为先逝的老人烧纸祭祀，而且争着把村里活着的老人请到自己家过节，以实际行动对老人表示特别的敬重，这一习俗至今仍保留着。

◆ 耕地上挂五色纸

每逢农历七月十五这天，山西省忻县一带的农民总要在自己耕种的土地上挂红、黄、蓝、白、绿五色纸。那时，远远望去，田地里一片红红绿绿，煞是好看。这是怎么回事?

据说金朝太和年间，秀容县（今忻县）出现了个大官叫黄罗道。他倚仗权势，欺压百姓，无恶不作。

农历七月十五，正是大秋作物快成熟之时，收成好坏，已见分晓。而就在这天，黄罗道总要带着随从到地里视察，他随身带红、黄、蓝、白、绿五色纸，见哪块田地的庄稼长得好就插上五色纸，凡是挂纸的地便都成了他黄罗道的。此一举，硬把人家辛苦劳动一年的成果攫为己有。就这样，不知有多少人家被他逼得妻离子散，家破人亡。

有一年，七月十五又快要到了，丰收在望的庄稼眼看又要被黄罗道霸占，人们便向年纪尚轻而足智多谋的元好问求助。此时，元好问还在襄神山读书，他哥哥元好古受家乡父老的重托，向弟弟说明来意，元好问立即随哥哥回到家乡。他把对付黄罗道的计策告诉了家乡的老百姓。

一年一度的七月十五又到了，黄罗道还和往年一样，骑着高头大马，前呼后拥，可到地里一看，顿时傻了眼，只见所有的田地里都挂了五色纸。他无可奈何，只好怫然离去。

从此以后，人们为了纪念元好问的功绩，每年七月十五都要在自己耕种的庄稼上挂五色纸。现在，忻县一带仍保留这一风俗。

◆ 七月三十放河灯

过去，每年农历七月三十夜晚，苏北广大地区都有放河灯的民间习俗。所谓河灯，就是用各色彩纸糊成的精巧玲珑的船形物，有的装上半截蜡烛，有的在贝壳里放少许豆油和灯草。人们从七月二十往后就开始做准备了：捞贝壳的捞贝壳，削竹篾的削竹篾，备色纸的备色纸。到了三十这天掌灯时分，由上了年纪的老者驾起轻舟点放，边放边唱："小马啊小马，心细胆子大，杀了老龙王，喜雨洒天下。"于是，河港池塘，像黑色的天幕镶嵌五光十色的星星，有橘红色的，有翠绿色的，有天蓝色的，有鹅黄色的。这些彩灯浮在水面，随着轻轻荡漾的水波徐徐行驶，恰如一支支启程远航的船队，煞是壮观。

其时，岸上挤满了大男小女，姑娘大嫂。河灯缕缕金辉光芒四射，映红了河面，映红了苇丛，映红了人们的笑脸。于是，百里江淮，千村万镇，灯光通天，喜气洋洋。

关于放河灯，泰县流传着这样一段感人的传说：

清朝咸丰年间，有一年，六七个月没下一滴雨，禾苗干枯着了火，大地咧嘴冒青烟，连喝口泥浆水也找不到。人们呼天天不应，叫地地不灵。一天夜半时分，突然霹雳一声，九天落下一把板斧，大得像蒲扇，寒光闪闪的斧刃，五尺长的檀木柄，斧上刻着"斩龙斧"三个朱红大字。提着试试，足足有九十斤重。这时，有个姓马的小伙子自告奋勇地拎起大斧向东奔去找老龙王算账。

这个小马生来有一副"杨木扁担——宁折不弯"的脾性，一旦发火，遇到城墙也能推倒。他一口气跑了三天三夜，饿了抓把焦枯的野草填填肚皮；累了，坐在地上打个盹儿。第四天，小马来到一块大青石跟前，一屁股坐下去。咦，天大旱，地冒烟，哪来的大青菜？绿碧碧，翠生生，嫩汪汪，他不由又惊又喜。说来奇怪，小马伸手拔菜时，只听见"哗啦"一声，青菜已连根带叶攥在手中，根部泉水喷涌，深不见底。

正在小马惊疑之际，突然从泉眼里站起一位身穿黄铠甲，头戴金色桂冠的仙翁——水晶宫金龟军师。他笑嘻嘻地说：“难啦，小伙子。龙王住在水晶宫呢。到水晶宫去要经过七七四十九座火焰山，七七四十九座虎狼山，七七四十九座毒蛇山，每处关隘都有魔王把守，你过不去呀！”

小马不假思索地说：“反正是死，过得去也要过，过不去也要过。”仙翁告诉他说：“如今，老龙王和众妖魔拜了把兄弟，密谋策划在九月初九重阳节举行人脑丹宴会，待草枯禾死，兽死人亡，用人脑炼丹，吃了能延年益寿。”当下，仙翁送小马一口宝刀，骑上刀背就能腾云驾雾，战胜妖怪，冲过关隘，飞过妖山。

小马骑上宝刀，又飞了三天三夜，终于战胜烈火、虎狼、毒蛇，来到了水晶宫。他借着五彩琉璃灯的光辉，溜进了水晶方砖铺地的龙王寝宫，龙王睡得烂熟，鼾声如雷，回音震耳。小马举起大斧，正欲砍将下去，龙王突然“呵”了一声，横手竖脚，伸了个懒腰，又睡死了。小马用尽全力，抡起大斧，瞧住中间那颗长角的头砍去。只听“咔嚓”一声，斧起血飞，长角的头落地，老龙王终于被杀死了。

杀了老龙王，取出行雨旗，小马手执二角杏黄令旗，飞快登上八宝台，只听一声号令：“快下倾盆雨，淹死众妖魔，喜雨降人间，救活众百姓。”霎时，风起云涌，电闪雷鸣，雨如瓢泼。久旱逢甘雨，人人心欢喜，村村喜洋洋，户户耕种忙。这天正是农历七月三十日。

为了纪念舍生忘死、为民除害的小马，从此之后，每年七月三十晚上，苏北地区村村镇镇放起河灯，开展放河灯比赛：一比河灯数量多，二比河灯式样新，三比河灯场面热闹。情景十分壮观。

◆ 中秋赏月到四更

农历八月十五，是汉族民间传统的中秋佳节，也称为“团圆节”。

“十二度圆皆好看，其中圆极是中秋。”正值秋高气爽的季节，中秋之夜，月亮最亮、最圆，月色也最美好。因此，每当夜幕降临，玉兔东升，民间千家万户便在庭院、楼台、地坪摆起月饼、瓜果等礼品供月，待到明月高挂天空，清辉洒满大地，全家老幼便围坐在一块，一边分享供月礼品，一边赏月叙谈，或吟诗作对。《东京梦华录》记载：“中秋夜，贵家结饰台榭，民间争占酒楼玩月。”《新编醉翁谈录》也说：“京师赏月之会，异于他郡。倾城人家子女不以贫富，能自行至十二三，皆以成人之服饰之，登楼或于中庭焚香拜月，各有所期：男则愿早步蟾宫，高攀仙桂。……女则愿貌似嫦娥，圆如皓月。”这些记载，足见古人对拜月、赏月是多么地感兴趣。

中秋赏月，这是汉族民间的传统的习俗，有些地方，像上海青浦一带人家，中秋阖家团聚赏月，一定要赏到四更方散，这是为什么呢?

相传很久以前，青浦泖田有一户杨姓人家，收了一个童养媳，叫姚六姐。她七岁到杨家，婆婆天天逼她起五更摸黄昏，从灶头口忙到马桶脚。夜里还要弹棉纺纱。

有一年八月十五晚上，月色明朗，轻风凉爽。一家人聚在小院里赏月，婆婆对媳妇说：“今夜月色好，你要多纺几斤纱。”说着递过来七斤棉花，姚六姐二话不敢说，忙从屋里搬来纺车摇了起来。

夜深人静，一家人都回屋里睡觉去了，院子里只剩下姚六姐一人，她困得上下眼皮直打架，使劲撑开眼皮，一边哼山歌，一边不停地摇纺车，迷迷糊糊地一个瞌盹，头撞在纺车上。醒来，一看天色，已近四更；再看棉花，还有一大半。姚六姐急得伤心地哭了起来，望着明月自言自语道：“月娘娘，求求你，让夜长一点吧！等我纺完了线你再走。”

这时，“呼”地一阵风从天上吹来，姚六姐抬头一看，一条龙船从月亮里钻出来，飘飘悠悠地向她划来。嫦娥抱着玉兔，坐在船上，用手把棉花一指，说：“好媳妇，不要哭了，你的线不是纺完了吗？”姚六姐一看，果然棉花变成了线，她赶忙起身拜谢。嫦娥又说：“每年中秋的晚上，我划着龙船，给苦难的黎民百姓散点金银。谁看见龙船，就往屋里搬东西，搬啥啥就变成金银。”说罢，驾着龙船，又转回月宫去了。姚六姐高兴地把线和纺车搬进屋里，爬在纺车上睡着了。

鸡啼了，天亮了，婆婆起床后，一看媳妇正爬在纺车上睡觉，不问情由，抄起拐棍劈头盖脸就朝媳妇打来。谁知被纺车挡着，拐杖落在纺车轮上，溅起满屋金星。婆婆愣了，一看，啊呀，纺车成了金纺车，线成了金钱。婆婆知道媳妇是个有福分的人，得到神仙的帮助，再也不敢虐待媳妇了。

这件事很快在青浦一带传开了。人们都想看到这条龙船，交个好运。于是，第二年中秋都纷纷赏月到四更。但谁也没有见到龙船。久而久之，人们把龙船淡忘了，却留下了中秋赏月到四更的习俗。

◆ 家家竞夺状元饼

祖国的宝岛台湾，中秋之夜的娱乐活动多彩多样，中部和东部地区，至今还流行的中秋夺“状元饼”的习俗，便是一种十分有趣的竞技娱乐活动。

状元饼也是月饼，但它又与我们常吃的圆月饼不同，它不是孤单的、独立成数的，而是根据旧式的科举制度的名称，按广式、潮式、苏式和宁式配套而成的大大小小的六十三个月饼，每套包括各一个状元、榜眼、探花饼，八个进士饼，十六个举人饼，三十二个秀才饼，还有贡生、童生和白丁饼若干。状元饼最大，直径达一尺余，像脸盆般大，以下按地位逐次减小，最小的白丁饼，只有一枚硬币般大小。中秋佳节来了，人们就按饼的大小次序，放在桌面上，饼上用红纸标明名称，然后一场夺状元饼的家庭月饼会就开始了，大家轮流掷骰子，按点子的多寡来决定谁能夺取状元饼。获得“状元”者意味着来年必有好运气。不过，这位幸运者，到第二年中秋节，必须送上一套状元饼来，然后他才能有夺彩的资格，这样就能使中秋争状元饼的竞技活动充满着家庭的娱乐，也使六十三个一套的状元饼永远保持下来，形成了年年岁岁的中秋夺“状元饼”的竞技活动。

据说，台湾中秋夺状元饼的习俗，乃沿袭于大陆福建沿海地区，在泉州、漳州和金门诸地，中秋节都有与台湾夺“状元饼”相近的娱乐。虽然饼的数目不同，但也有状元、榜眼、探花等名目。像晋江一带，每逢中秋之夜，人们聚集在一起，取一套大小不一的各色月饼，用红纸贴上“状元”“榜眼”“探花”“三会”等名目，每人用骰子四粒投入碗中，以四点红为最高，竞夺“状元饼”。据传说，这种习俗始盛于清初，原是旧式文人为获取功名讨取彩头的一种做法，与所谓中秋折桂枝图吉利的意义相似，后来流入民间百姓家庭，就形成了中秋夺状元饼的习俗。

◆ 八月中秋吃芋艿

月饼是中秋节的传统节物，人们中秋赏月，是少不了月饼的。然而，在我国东南沿海地区，却流传着八月中秋吃芋艿的习俗。这个风俗的来历，还有一段戚家军抗倭救国的感人故事哩。

民间传说，在明朝年间，倭寇侵犯我国东南沿海，烧杀抢掠，无恶不作，百姓苦难深重，朝廷决定派戚继光带兵抗击倭寇，戚继光到达东南沿海后，认真做了抗倭的准备。他训练了一支精锐的军队，并创造了新的战术，在军事上取得了很大的胜利。这时正值中秋佳节，依山驻扎的戚家军在营地里庆贺胜利和欢度中秋。半夜里，狡猾的倭寇偷袭得逞，并乘势把戚家军团团围困在山上。数天后，军中粮草已断，倭寇妄图把戚家军困死、饿死在山上。戚继光传令加紧防守，待机突围，同时派出部分士兵在山里挖野菜、草根来充饥。士兵们在山里挖到不少野芋艿，由于当时大家不知道它叫什么名字，煮熟试吃后觉得味道很好，又耐饥，就把它拿给戚继光看。戚继光吃了后很高兴，他感慨地说：“由于我的麻痹大意，造成了今天的危险，为了纪念遇难的士兵，我建议给它取名叫‘遇难’。”

当晚，戚家军饱餐一顿美味的“遇难”后，一声炮响，个个奋勇，如天兵天将杀入敌阵。倭寇们在梦中惊醒，仓皇应战，全被歼灭。从此以后，东南沿海人民在欢度中秋佳节时，都要吃糖烧芋艿，意思是在全家团聚时，不要忘掉国家和民族的危难。而“遇难”这个名字也就慢慢改成“芋艿”了。

◆ 八月中秋嬉香龙

在安徽徽州农村，人们对龙十分崇拜，以龙为治水神物。除了春节耍龙灯，端午节龙舟竞渡外，中秋佳节舞香龙也别有风趣，其中歙县洪琴村的舞香龙最具特色。入夜，龙头灯火齐明，龙身插满捧香，星光遍体。灯光、月光、香光交融一片；喊声、笑声、唿哨声一时齐发。在五副锣鼓开路下，五路香龙摇头摆尾，在人群中蜿蜒而行，俗称“五龙闹中秋”，甚是热闹可观。

香龙的制作比较简单，用稻草编扎而成。龙身长约三十丈，身围二尺，每隔七八尺支一柄钢叉，龙背上扎草辫，自颈至尾连成一溜三角，尾分三股，编结三辫，龙头的制作比较精细，将细水竹编连成栅状，两片相叠固定在龙身的前端，再用短棒把它撑开，便形成“血盆大口”，龙嘴里悬挂着斗大圆灯一盏，剪纸作龙舌；龙额正面贴一大红“王”字，一对灯笼饰成龙眼；草编龙须有三四尺长，龙颈披红挂彩，倒也显赫威武。

舞香龙的要求是很高的，在锣鼓点声中，五路香龙要协调一致，步伐整齐，队形和舞姿造型，均有常规。首先是“五龙献月”：五龙依次走圆场，后龙头接前龙尾，顺绕三圈，反绕三圈，盘成圆圈造型，象征亲人团圆。突然一龙昂首斜插进圈中，其余四龙依次紧跟，小跑步，好像钟表紧发条一般，往中心盘旋，逐层增高，中心龙居于最高点，形成一座层次分明的螺旋塔。稍停片刻，只听呼哨一声，撑龙人回身向后，反尾为首，在紧锣密鼓中，小跑反盘，美其阵名曰“五龙盘月”。继之是“五谷丰登”：五龙各自成圆，其一居中，余者居四角，五圆彼此靠拢，象征五个粮囤，同时各自在原地盘旋，一顺一反，重复三次，充分抒发了农民秋收后的喜悦之情。只听又一声呼哨尖叫，阵势猛然出现“金龙追月”：由一龙组成一个小圆，其余的围成一个大圆，前龙头和后龙尾将小圆夹住，小圆就像月亮绕地球一样，既自转又随着大圆圈的龙尾公转，于是，大圆、小圆同时旋转，越转越快，直至小圆公转一圈方息。此时，鼓声如滚雷，锣声如急雨，气氛热烈非凡。

在热烈的掌声、欢呼声和震耳欲聋的鞭炮声中，五路香龙再度走圆场慢步行进，各自构成“梅花瓣”，然后靠拢，美其名曰“花好月圆”，象征人们相亲相爱，美满幸福。人们在狂欢的气氛中度过了一个快活的中秋佳节，又期待着明年的这一迷人的美好时刻。

◆ 摸清不为偷

在淮河北岸、阜阳地区一带，至今还保留有中秋节“摸清不为偷”的习俗。每到八月十五晚上，这一带的青年就借着明亮的月光，到地里去摸别人家的向日葵、毛豆子在地里烧吃。被摸的人家不仅不能生气咒骂，不能说人家为偷，还要表示乐意哩。

这个奇特的风俗是怎么来的？说起来还有一段与红巾军有关的故事呢。

元朝末年，刘福通领导的农民起义队伍“红巾军”，纪律严明，秋毫无犯，所到之地，深受百姓的欢迎。一年中秋节的晚上，红巾军转战南北，又回到距起义地点一百多里的涡河南岸一带驻扎休息，老百姓闻之，都纷纷到野外，请求刘福通传令，让士兵进庄内共度中秋之夜。刘福通考虑万一元兵追来，人马分散吃亏，便谢绝了老百姓的请求。那天夜晚，有个别士兵饥饿，便随地抓些南瓜、向日葵、毛豆子充饥。结果被刘福通知道，便要按军纪处之，老百姓闻听实情，都跪下求情。但刘福通仍是不依。这时，有年迈的老者言道：“刘将军不知，我们这里有个规矩，八月十五的晚上摸清不为偷。”刘福通笑道：“老人家不必言此，我家离这儿不远，有此规矩，我怎能不知不晓。”

老者言道：“将军，自古有‘十里不同风，百里不同俗’之语，我们当地离将军的家乡足有百里之余，再说此规是元兵进了中原之后才有的，百姓无食无饥，庄稼未收，只好夜间到地里摸些庄稼充饥，故此，本地百姓定下摸清不为偷的规矩。今日将军若对犯军纪的士兵定斩不饶，我宁愿替死，让他们多杀元兵。”老者言语未落，众乡亲一齐叫道，愿替身而死。

刘福通见状，泪流满面，上前扶起老者，应允赦免士兵，接受了百姓的请求。从此，这里就流传了中秋节“摸清不为偷”的习俗，至今未改。

◆ 中秋节玩兔儿爷

中秋节的时候，在北京、山东等地，民间有玩兔儿爷的习俗。兔儿爷大的有三尺多高，最小的只有三寸大小，都是粉白的嫩脸，戴着金盔，身披战袍，描绘得十分精致。人们玩兔儿爷的时候，就很自然地想到了“兔子王”的故事。

传说很早的时候，月宫里有能治百病的仙药饼，可是月奶奶势利眼，只把仙药饼送给有钱给她上供的财主们，而不顾无钱买药的穷人们的死活。有一个叫任汉的穷人，他冒险偷进了广寒宫，盗得了仙药饼，在危险时，玉兔牺牲自己，剥了自己的皮，让任汉披上变成了兔子而得以脱险。任汉变的兔子将仙药带到了人间，塞在济南七十二个水泉眼里，救了全城穷人。人们为了纪念玉兔和任汉，就供起了“兔子王”。

“兔子王”“兔儿爷”，都是民间对月宫里神兔的尊称。为了能从表面上辨识出“兔儿爷”是月宫里的神兔，不是人间的凡兔，民间艺人在塑这个神兔时，不是简单地照抄生活中的兔子形象，而是运用各种艺术手法，在“神”字上下功夫。有的着重表现捣仙药的玉兔，就做了两个活动的手（前脚）捧着玉杵，用线一拉，就能一上一下地捣药。有的着重表现兔儿爷的神力，将兔儿爷做成了身披战袍，戴盔挂甲，手持兵器的神将，怒目而视，威风凛凛。有的为了突出兔儿爷的神威，让麒麟、黑虎给它当了坐骑。兔子悠然自得地稳坐在其背上，还架着“二郎腿”，竖得笔直的两个长耳朵，显出不可一世的气概，这与现实生活中，兔子见了老虎就吓得屁滚尿流的形象，形成了强烈的对比，更何况麒麟、黑虎这些神话中的神兽都给兔儿爷作了驯服的坐骑，可见“兔儿爷”的法力无边了。这种浪漫的艺术手法，真令人叫绝。

◆ 中秋奇风异俗趣谈

中秋佳节，汉族民间各地，还有许许多多十分有趣的奇特风俗。

照月得子：传说八月十五中秋夜，久婚不孕的妇女，可于月行中天之际，独坐于庭院中，静沐月光，不久定能得孕。于是，盼望早日生子的妇女，就于中秋之夜，月行中天之时，“照月”求子了。还有一些乡间女子，为早生贵子，也于中秋夜到他人园中偷取冬瓜，其下插一红辣椒，其意是取瓜果之腹大而圆熟，红辣椒则是代表男孩子之生殖器，定生男孩。

中秋唱月：在山东潍坊地区，至今仍保留有中秋唱“月”，以求丰收的习俗。这一天，家家发酵面粉，做成两层中间夹红枣的圆饼，在饼的表面还做些白兔、广寒宫、月桂等塑形，蒸制而成。当晚由家中小儿端着在门口和街上边走边唱：“唱月来，唱月来，来年的日子好过来！”“唱月饼，念月饼，明年是个好年景……”寄托着人们对一年丰收的喜悦，对来年的美好愿望。

走月亮：走月亮是苏州一带的传统习俗。中秋之夜，皓月当空，妇女们打扮得花枝招展，有的成群结队，外出兴游；有的阖家出动，拜访亲友，直到东方发白，月亮消失，人们方尽兴而归。

树中秋：树中秋是广州中秋节的富有情趣的传统习俗。每到中秋佳节，各家各户都用竹条扎灯，灯的形状各式各样，有果品灯、鸟灯、鱼虫灯，也可砌成字灯。到了夜里，就在灯内燃烛，下面再联结许多小灯，用绳系在竹竿上，然后将竹竿插在房屋高处，如平台、屋顶或高树之上。入夜，满城灯火，如繁星点点，和天上明月争辉，俗称“树中秋”。

听香：在闽南及台湾，中秋夜有从无意间听到的声音来预测未来凶吉的习俗，称为“听香”。听香的方法是由听香者在家中所供奉的神像前，点香祷告，表明所欲卜测的事情，如问财运，问子媳，问探丈夫归期等，在请示过出门前行的方向之后，便拈香出门了。凡在路上听到的谈话、歌唱，都可以就卜测所问之事，就地用杯珓问神是否即此答案，不是的话，继续前行，直到得到神所示可的答案为止。

抛帕招亲：“抛帕招亲”是福建南平、尤溪一带极有趣的中秋节活动。中秋节这天，在广场上搭一彩台，布置成月宫，设有玉兔、桂树等。明月当空时，一些待嫁的姑娘扮成“嫦娥”古装登台，先和大家一起唱歌，然后把一些绣有不同花朵的手帕向四面八方抛去，观客纷纷抢拾。如拾得的手帕与“嫦娥”手中的花色相同，就可领赏。如是未婚小伙子爱上这位“嫦娥”，就把手帕还给她，当“嫦娥”默许时，会脱下戒指相赠。

◆ 佳节又重阳

农历九月初九，是汉族民间传统的“重阳节”。《易经》将九定为阳数，因日月重九，两阳相重，故称“重阳”。三国时，魏文帝曹丕在给太傅钟繇的书信《与钟繇九日送菊书》上说：“岁月往来，忽复九月九日。九为阳数，而日月并应，俗嘉其名。”

正如赏月是中秋节的重要活动一样，登高成了重阳节必不可少的活动内容。据说重阳节登高望远，早在战国时已开其端，到了西汉时渐成为一种习俗，且增添了佩茱萸、饮菊花酒等习俗。据《西京杂记》载，汉高祖的宠妃戚夫人有一侍女贾佩兰，在宫中时，每遇“九月九日”，便“佩茱萸，食蓬饵，饮菊花酒”，以求长寿。到东汉时，重阳登高又涂上了一层浪漫的神话色彩。

据梁人吴均《续齐谐记》中所载：东汉时，有个汝南（今河南上蔡西南）人桓景，随道士费长房学道术，游学多年。一天，费长房对桓景说：“九月九日这天，你家必有大难。”桓景闻听大惊，急忙求教回避解救之法。费长房说：“你赶快回家，叫家里人皆佩戴一只装有茱萸的绛色袋子，系于臂上，登高饮菊花酒，便可免难。”桓景听罢，匆忙回家，遵照师傅所嘱，令全家登高。到傍晚回家一看，院中的鸡犬牛羊，全部暴死。费长房闻讯后说：“这是家畜代你全家受了祸。”东汉年间，这个故事传开，从此，每逢农历九月初九，人们为取吉利和避灾消祸，长寿不老，纷纷佩戴茱萸，登高饮菊花酒了。

可是，住在平原的人家，没有山也没有高地，怎么登高避灾呢？后来，有人就想了一个办法，九月九日做糕吃，糕高同音，以吃糕表示登高消灾。

古人制作重阳糕是颇有讲究的。据宋代《东京梦华录》载：“都人重九前一二日，各以粉面蒸糕，更相馈送，上插剪彩小旗，掺订果实，如石榴子、栗黄、银杏、松子肉之类。”有的重阳糕要做成九层高，像座小宝塔，上面还做两只小羊，以符“重阳（羊）”的意思。

重九为何有灾厄？原来，在古人的观念里，一三五七九为阳，二四六八为阴，九为阳数之极，物极必反，故是代表由盈而方，由盛转衰的不吉数字。清人董含在《莼乡赘笔》里说："古人逢九，云是年必有灾殃。"而重九更是大大不吉，必有灾厄降临。所以人们就倾家出游，登高饮菊花酒了。

重阳登高，金风送凉，五谷飘香。文人墨客在饱览秋日江河美景之后，诗兴大发，于是一吐为快，写下了不少脍炙人口、千古传诵的诗篇。晋代诗人陶渊明《九日闲居》诗云：

世短意恒多，斯人乐久生。
日月依辰至，举欲爱其名。
露凄暄风息，气澈天象明。
往燕无遗影，来雁有余声。
酒能祛百虑，菊解制颓龄。
如何蓬庐士，空视时运倾。
尘爵耻虚罍，寒华徒自荣。
敛襟独闲谣，缅焉起深情。
栖迟固多娱，淹溜岂无成。

诗中淋漓尽致地表达了诗人以酒浇虑，以菊自娱，啸傲世俗、蔑视运势、淡泊名利的胸怀和闲吟独酌、纯然无私的情趣。陶公咏菊，白衣送酒的故事，也成了后世文人喜好的典故。

唐代大诗人杜甫的《九日蓝田崔氏庄》诗道：

老去悲秋强自宽，兴来今日尽君欢。
羞将短发还吹帽，笑倩旁人为正冠。
蓝水远从千涧落，玉山高并两峰寒。
明年此会知谁健？醉把茱萸仔细看。

诗人满腹忧情，却以壮语写出，读来倍觉慷慨狂放，凄楚悲凉，真不愧为咏重阳的代表作。

在重阳诗中，最负盛名且脍炙人口的，要首推唐代诗人王维的《九月九日忆山东兄弟》了：

独在异乡为异客，每逢佳节倍思亲。
遥知兄弟登高处，遍插茱萸少一人。

作者在这首诗中，把异乡游子在重阳佳节怀乡思亲之情，抒发得淋漓尽致，具有强烈的艺术感染力，千百年来，为人们所传诵。今天，远离家乡的游子，每逢佳节，都喜欢引用王维的诗句来表达自己思念亲人，渴望节日阖家团聚的心情。

◆ 烧纸祭祖的传说

农历十月初一，是汉族民间的祭祖节。过去，每当这一天，民间家家户户都要上坟烧纸，祭祀祖先。说起祭祖节的来历，民间还流传着蔡莫烧纸的故事哩。

在纸出现以前，我国古代人民把文字刻在龟甲、牛骨、铜、铁、石碑、竹筒或丝帛上，很不便于使用。到了东汉的时候，桂阳人蔡伦用树皮、麻头、破布和旧渔网造出纸来，写字困难的问题得到解决了。

蔡伦发明造纸术之初，人们争着买纸，很能赚钱。这时，蔡伦的嫂子慧娘心想，造纸有利可图，何不让丈夫蔡莫去找蔡伦学造纸？蔡莫到了蔡伦那里学了三个月，就回来开了一个造纸厂。因为蔡莫还没有把造纸技术掌握好，造出来的纸质量不高，卖不出去，堆了满屋。夫妻二人望着纸捆，非常发愁。后来，慧娘想出了一个办法，她在丈夫耳边嘀咕一阵，就让丈夫按照她说的办了。

三更半夜，突然，蔡莫放声哭了起来。邻居们不知道蔡莫家出了啥事，都关心地来看望。蔡莫跟邻人们说，因为他和妻子吵了几句嘴，她就上吊死了。说罢，蔡莫当着众人的面，越哭越痛，滚来滚去，哭得乡亲们也都掉了泪。他哭了一阵，抱来一捆草纸，在棺材面前点燃起来，边烧边诉说着："我跟弟弟学造纸，不用心，没学好，造得纸不像样，没人要，竟把你气得生了病。这草纸气死你，我要把它烧成灰，解解心头恨。"他哭着烧着，烧完了又去抱，抱来又烧。烧着烧着，只听棺材里有响声，紧接着慧娘在棺材里喊了起来："把门开开，我回来了。"这一下，可把人们吓呆了，人们壮着胆子，把棺材盖子揭开。慧娘坐了起来，装腔作势地唱道：

阳间钱能行四海，阴间纸在做买卖。
不是丈夫把纸烧，谁肯放我回家来？

慧娘唱罢，接着说："亲戚邻人别害怕，刚才我是鬼，现在我是人，我到了阴间，阎王就让我推磨受苦，丈夫给我送了钱，小鬼们为了钱，争着帮我推磨，真是有钱能使鬼推磨。三曹官知道我有了钱，也向我要，我把丈夫送给我的钱全部给他，他就暗暗开了地府后门，把我放了回来。"蔡莫听了妻子的话，装着不明白地问："我没有给你送钱啊！"慧娘指着燃烧的纸灰说："那就是你送给我的钱。咱们阳间拿铜当钱，阴间以纸当钱。"在场的人们一听，知道烧纸有这么大的好处，都掏钱向蔡莫买纸，拿着去祖坟上烧了起来。这烧纸的奇妙作用立刻传开了。远近的人们都知死去的亲人手中无钱，在阴间受苦，争来蔡家买纸。不到两天，堆积满屋的草纸，购买一空。慧娘"还阳"的那天，正是农历十月初一，因此，后来的人们都在十月初一祭祖，上坟烧纸，以示对先辈的怀念。

◆ 孟姜女与寒衣节

十月里芙蓉十月一，
家家户户缝寒衣，
人家丈夫把寒衣换，
孟姜女万里寻夫送寒衣……

这支千百年来流传民间的小曲，传颂着孟姜女不畏艰险，万里寻夫送寒衣的感人事迹。它感动了长城内外的乡亲父老，所以北方民间都把农历十月初一孟姜女送寒衣的这天，称为“寒衣节”。

传说秦始皇的时候，江南有位姓孟的员外，无儿无女。有一年，孟员外家里种了一棵葫芦秋，藤蔓长到隔壁姜家，结了一个大葫芦。两家剖开一看，里面藏着个白白胖胖的女娃娃，就给女娃取名孟姜女。孟姜女长到十八岁时，一天，在花园的池塘里打捞落水的扇子，恰巧被逃避徭役、躲在她家的青年范喜良看见了。孟员外明白两个年轻人的心意，就招范喜良为婿，正当两人拜堂成亲之时，却被官府得知，将范喜良抓走，送到北方去修筑万里长城。从此，范喜良一去几年，杳无音讯。

范喜良被抓走后，孟姜女日夜思念着自己心爱的丈夫。一年冬天，她想起远在北方的丈夫，一定是旧衣破烂，无法御寒，便亲自替范喜良做寒衣。寒衣一针一线地缝好了，没有人送去，孟姜女决心背着寒衣，冒着风雪，千里迢迢，亲自将它送去。她历尽千辛万苦，终于来到了万里长城下。

望着眼前蜿蜒起伏的万里长城，孟姜女激动得流出了喜悦的眼泪，毕竟快要见到日夜思念的丈夫啦。然而，她哪里想到，一位修筑长城的老人告诉她，范喜良在一年前的冬天，被活活地累死了，尸骨就埋在万里长城下。孟姜女一听噩耗，犹如五雷轰顶，禁不住放声大哭。她手拍着城墙，叫着丈夫的名字，哭一段，喊一段，哭一阵惨死的丈夫，骂一阵残暴的君皇。她凄凉的哭声，愤怒的控诉声，使天空中的风暴嘶吼，使大海里的怒涛翻滚，一齐向万里长城压了过来。忽然，天崩地裂一声巨响，万里长城倒塌了八百里，露出了一片白花花的尸骨。可是这么多惨死的白骨，哪一具是自己丈夫的呢？那位老人又告诉她，只要把寒衣烧掉，那寒衣灰飞到哪具尸骨上，就能认出自己的亲人。

孟姜女听了，立刻将寒衣点燃烧掉，只见那寒衣灰飘然而起，飞啊飞啊，最后飞到一具尸骨上。孟姜女一声惨叫，扑了过去，终于找到了丈夫的尸骨。

孟姜女万里寻夫送寒衣，哭崩八百里长城的催人泪下的故事，千百年来一直在民间广为流传，妇孺皆知。每年农历十月初一传说孟姜女为丈夫送寒衣的这一天，妇女们都要亲手缝制寒衣，送给远方的亲人。如果亲人已经作古，就用纸剪制寒衣，到坟头上去挂起来，祭祀一番，然后烧给死去的亲人。千百年来，“十月初一烧寒衣”已世代相沿，成为北方民间祭祀亲人的风俗。

四、冬时风俗

◆ 冬至大过年

冬至是农历二十四节气之一，这一天，北半球白昼最短，夜晚最长，气候寒冷，意味着冬天已经到来，故称“冬至”。

在古代，冬至曾是一个隆重的节日。周代时，以十一月为正月，冬至为岁首，所以对冬至节特别重视，官场要举行贺节之仪，谓之“贺冬”，并且放假休息。汉代以后，冬至节已成为汉族民间一个重要的节日。这一天，民间百姓一般都要设酒肴，请邻里，祭祖先，商店、手工业和学塾都要放假一日。南京有谚语说：“冬至大如年，先生不放不给钱；冬至大似节，东家不放不肯歇。”扬州的谚语说：“大冬大似年，家家吃汤圆。先生不放学，学生不把钱。”北宋人孟元老在《东京梦华录》卷十“冬至”条中描写汴京人过冬至节时也说：“十一月冬至，京师最重此节，虽至贫者，一年之间积累假借，至此日更易新衣，备办饮食，飨祀先祖。官放关扑，庆贺往来，一如年节。”南宋人吴自牧在《梦粱录》里也载：“十一月仲冬，正当小雪、大雪气候。大抵杭都风俗，举行典礼，四方则之为师。最是冬至岁节，士庶所重，如馈送节仪，及举杯相庆，祭享宗禋，加于常节……此日宰臣以下，行朝贺礼。士夫庶人，互相为庆。大庙行荐黍之典，朝廷命宰臣执祀于圜丘。官放公私僦金三日，车驾诣攒官朝享。”可见，古人对冬至节是非常重视的。

冬至节民间有许多有趣的习俗，在搓冬节圆时，小孩喜欢用糯米粉捏塑成鸟兽花果的形状，并染成红、黄、绿等色，称为“做鸡母狗仔”。孕妇则以冬至节汤圆来占卜生男生女。其方法有两种，一种是将冬至节汤圆就着火烤，如果汤圆胀而不裂则生男，膨胀而破裂则生女。另一种是将放在筛里的米圆，每次取出两颗，一直取到最后，如果剩下的是一颗，则预兆生男，剩下两颗则生女。还有一些地方，吃圆子时入口必须成双成对，也就是说两粒两粒地吃，吃到最后一匙，如若剩余两粒，已婚人士将会万事如意；剩下一粒，单身未婚者则会凡事吉祥。这种游戏虽然无稽，却使过节平添了一番乐趣。

◆ 冬至九九歌

俗话说："热在三伏，冷在三九。"就是说冬至后的"三九"天气，是一年中最寒冷的了。

冬至，意味着寒冷的冬天已经到来了，并且，天气以九天为一期而转换，于是汉族民间创造了"冬至九九歌"，用"九九"歌来描述气候变化。歌云：

头九、二九，相叫不出手；
三九二十七，篱头吹觱篥；
四九三十六，冬眠如露宿；
五九四十五，穷汉街头舞；
六九五十四，苍蝇抱户柜；
七九六十三，布衲两艰难；
八九七十二，猫狗寻阳地；
九九八十一，犁耙一齐出。

据老农经验，冬至开始的一九天气，如果寒冷的话，则明年九九天气即清明时节，就比较暖和了。反之，如果头九的天气比较暖和，那么第二年的九九天气就会比较寒冷。因而有"头九寒，九九暖，头九暖，九九寒"的说法，这是有一定的科学性的。

也有一些地方，冬至这一天人们爱画一种"九九消寒图"，来一天一天地数过这九九八十一天。九九消寒图有三种，一种是文字的，一种是圆圈的，一种是梅花图。

文字的消寒图是在一张印好的九个双钩字上描红。这九个字通常是"庭前垂柳珍重待春风"，每个字都是九画，合起来正好九九八十一画，每天用红笔描一画，等九个字都描完了，春天便来临了。

画圆圈的消寒图是在一张纸上印了九九八十一个圆圈，写好日期，每天依序在一个圆圈里记下天气好坏。如果是阴天就把上半个圆圈涂黑，晴天就把下半个圆圈涂黑，刮风则涂左半边，下雨则涂右半边，下雪则在当中涂一小圆，故民间有一口诀云：“上阴下晴，左风右雨，雪当中。”

画梅花的消寒图就是画一枝并不染色的素瓣的梅花，一共画出八十一个花瓣儿来代替冬至后的八十一天。冬至后每天用颜色染一个瓣儿，等到九九八十一瓣染完了，也就东风解冻，大地回春了。

◆ 门环上的冬节圆

每年冬至节，江浙、闽南、潮汕一带，家家户户都煮汤圆作为节物，祭神祭祖，取团圆之意。清人顾铁卿在《清嘉录》卷十一里，提到苏州人过冬至节时说："比户磨粉为团，以糖肉果豇豆沙芦菔丝等为馅，为祀先祭灶之品，并以馈贻，名曰'冬至团'……有馅而大者为粉团，冬至夜祭先品也，无馅而小者为粉圆，冬至朝供神品也。"

不仅江浙人吃汤圆贺冬至节，台湾人在冬至节也要吃"圆仔汤"。冬至节前夜，家家户户要做红、白两种米圆，称为"冬节圆"。到了冬至清晨，家家以煮熟的冬节圆三碗或五碗供奉厅堂、井头、灶头等地，并备牲醴祀神。一方面敬神，一方面向祖先报告冬天来临，然后全家吃圆仔汤，这带有团圆及添岁之意。

海峡两岸人民冬至节吃冬节圆的时候，一定要先搓两粒又大又圆的圆仔粘在门环上，为什么这样做呢？且听江浙、闽南民间流传的一个感人的故事。

很久很久以前，冬至这一天，闽南有个地方的一个老乞丐的妻子被冻死。老乞丐无钱掩埋老伴，只好把女儿卖给富人做奴婢。女儿痛不欲生，一时失去了知觉。老乞丐连忙用破碗讨来米汤，一口一口地灌下，女儿渐渐苏醒过来。老乞丐又讨来几粒糯米圆。父女两人都不愿吃，老乞丐安慰女儿说："今日离别，就像这粒糯米圆分成两半，咱们就一人一半把它吃完吧。等待今后有好日子过，咱们团圆时，再吃圆子，好吗？"说着，父女俩噙着眼泪吃完了圆子。老乞丐埋好老伴，才依依不舍地告别女儿，继续上路乞讨。

花开花落，转眼三年过去了，还不见父亲回来。每逢佳节倍思亲。这时，女儿眼看冬节圆，思念父亲的心情更切了。她想，父亲一定会回来的，大概仍是穷困潦倒，不愿会面，那如何是好？她心生一计，向家主说："大家都吃圆子，那门神也应该敬敬他。"家主同意了，她就搓了两粒又大又圆的糯米团粘在门环上。她想：要是父亲回来，看到门环上的圆子，一定不会找错门的。

虽然老乞丐的女儿等了一年又一年，始终不见父亲回来，但她年年冬至节都要搓两颗大圆仔粘在门环上，寄托自己对父亲的思念。她的孝心感动了后人。人们取其团圆、吉利之意，照样做，逐渐形成闽南、潮汕一带的风俗。后来，闽南、潮汕一带的人们到台湾安居，又把这个风俗习惯带过去，而且愈传愈广。

如今，海峡两岸人民向往祖国的统一，憧憬阖家欢聚，在冬至节这一天吃汤圆时，是一定忘不了要搓两粒大汤圆粘在门环上的。

◆ 冬至吃饺子

“吃了冬至饺，耳朵不冻烂。”每逢冬至节，河南民间家家户户都要包饺子吃。据说这个风俗的来历，是为了纪念“医圣”张仲景舍药为穷人治病。

相传东汉末年，河南南阳地区出了个“医圣”叫张仲景。他原在长沙居官，那年告老还乡，正是冬天，寒风刺骨，雪花飘飘。他走到白河岸边，看到那些为生计奔忙的乡亲们，面黄肌瘦，衣不遮体，有好些人的耳朵都冻烂了，他的心里十分难受。

张仲景一到家，登门求医的人络绎不绝。骡马来，轿子请，官宦人家，乡里豪绅，还有那些富得流油的生意人，整日里把张仲景围个不透风。张仲景虽然很忙，可心里总挂记着那些冻烂耳朵的穷乡亲。他叫自己的弟子在南阳东关的一块空地上搭起医棚，盘上大锅，在冬至的那天开了张，给穷人舍药治冻伤。舍的药叫“祛寒娇耳汤”，做法是用羊肉、辣椒和一些祛寒药材放进锅里煮熬，等煮好后把羊肉药物捞出来切碎，用面皮包成耳朵样子的“娇耳”下锅，娇耳熟后，分给来乞药的人们，每人给一大碗汤，两只娇耳。人们吃了娇耳喝了祛寒汤，只觉得浑身发暖，两耳起热。天天如是，舍药一直舍到年三十，人们的耳朵冻伤都医治好了。

张仲景为人们去疾，舍“祛寒娇耳汤”的故事一直在民间流传。人们都说他成了仙，灵魂附在他的医书药方上。人们有了病，照着他的药方配药煎熬下肚就会病除。因此每年冬至这一天，人们就仿照“娇耳”的样子做一种食品，有人把这种食物称为“饺耳”，也有叫“饺子”或“扁食”的。民间传说吃了冬至的饺子不冻耳朵，所以冬至吃饺子的习俗就流传下来了。

◆ 腊八节谈腊八粥

农历十二月初八，是汉族民间的腊八节。每到这一天，家家户户都要熬上一锅香喷喷的腊八粥。用江米、小米、黄米、白米、栗子、莲子、红豇豆、去皮枣泥等熬成的粥，香润甜糯，别有风味。

腊八节吃腊八粥，人们自然会想到它的来历。有一则传说说，远在北宋的时候，八百里伏牛山里，有老两口和一个儿子过日子。两老精心耕耘，勤俭持家，闲月吃稀，忙月吃稠，年年丰衣足食，常常拿出余钱剩米，周济左右邻舍。然而儿子却跟爹妈大不一样，从小就槽上吃食，橛上蹭痒，长大了也是饱吃闷睡不干活。街坊送他外号叫“瞌睡虫”，是个十足的败家子。

不久，瞌睡虫娶亲了，妻子跟他一样，好吃懒做，日头不落睡，日出三竿起，不拿针线，不进灶房，整天扔馍块，泼剩饭，挥霍浪费，人送外号“没底锅”。

过了几年，老两口同时身染重病，卧床不起，相继去世了。小两口坐吃山空，家里积蓄耗尽了。一年腊月初八，小两口没米下锅，身上单衣，命在旦夕。他俩眼盯着地，手扣着墙，忽然发现地缝里有几粒米、麦、杂粮，墙缝里塞几根干菜、玉秸。这可是宝贝呀，一米救三荒，快放到锅里去煮了一锅杂七杂八的米粥，每人分得一碗，端起来刚吃了几口，一阵大风刮来，把年久失修的破房给刮倒了。等邻居们扒开房子一看，小两口已经死了，每人身边放着半碗杂八饭。

从此，每年到了腊八这一天，人们就熬这样一锅粥来让孩子们吃，边吃边讲“瞌睡虫”和“没底锅”饿死这个故事，一传十，十传百，越传越远；父传子，子传孙，世代相传。

倘若腊八节这天，您到安徽去的话，那么当地人一定会给您讲起一个明皇帝喝腊八粥的有趣故事来：

朱元璋小的时候，家中生活非常贫困，父母把他送到财主家放牛。由于财主的刻薄和虐待，他常常挨打受骂，饥肠辘辘。有一次，他牵牛过独木桥，桥板太窄，老水牛脚一滑，跌到桥下的溪水沟绊折了腿。财主气恼极了，把他关在一间房子里，不给他饭吃。三天三夜，粒米未进，他实在饿慌了，东找西找，想弄点吃的，找了半天，只发现一个老鼠洞。朱元璋想找一只老鼠来抵饥，于是就挖了下去。不料一挖开，却发现了一个老鼠的粮仓，里面有大米、豆子、粟米、珍珠米、芋艿、红枣，什么都有，可是每样只有老鼠吃剩的一点点。他就把这些东西拼了起来，煮了一锅粥吃，觉得比吃什么味道都香甜。

后来，朱元璋做了皇帝，大鱼大肉不消说，连山珍海味也吃厌了。一天，忽然想起小时候吃老鼠粮豆煮粥的味道来，就叫太监用杂七杂八的粮食、豆类，烧了一锅糖粥。那天正是腊月初八，所以叫它“腊八粥”。朝廷的文武百官，看皇上吃了这种粥，就学着样来吃。以后民间百姓也跟着吃。吃“腊八粥”，就形成了一种习俗，一直流传到现在。

当然，这只是民间的传说，据史料记载，腊八粥最初是佛教的一种宗教节日食品，在佛教传说中，腊八粥的来历是这样的：佛教创始人释迦牟尼在成佛之前，曾游遍了印度的名川大山，寻长老、访异人、苦修行、寻求人生的究竟。他到了北印度的摩揭陀国，也就是现在印度比哈尔邦的尼连河附近时，由于地处荒僻，人烟稀少，加上酷热难熬，又累又饿，他终于倒下了。这时，一位牧女放牧来到这里，急忙把自己所带的午餐拿出来，并取来甘甜的泉水，用火加热后，一口一口地喂释迦牟尼。牧女的午餐，是几天来家里剩下的各种黏米和糯米粥混合的杂烩饭，里面还有牧女从山上采来的各种野果，这对于多时不见水米的释迦牟尼来说，真如美味甘露。食毕，他霎时元气恢复，精神振奋，在尼连河里洗个澡，然后在菩提树下静坐沉思，于十二月初八成佛。从此以后，每至“腊七”这天，寺院的僧侣都取清新谷果，涤净器皿，终夜经营，待到腊八这天天明时熬成熟粥，用以供奉佛祖。《东京梦华录》卷十中记载：“初八日……诸大寺作浴佛会，并送七宝五味粥与门徒，谓之‘腊八粥’。”《武林旧事》卷三中也说：“腊月八日，则寺院及人家用胡桃、松子、乳蕈、柿、栗之类作粥，谓之‘腊八粥’。”到了清代，腊八节吃腊八粥的习俗就更盛行了。这天，京师各寺院，“寺钟腊鼓响郎当，香积厨中笋蕨香。内史传宣颁果粥，深空一样礼空王。”北京街坊，“家家腊八煮双弓，榛子桃仁染色红。我喜娇儿逢览揆，长叨佛佑荫无穷。”这富于时代气息的诗句，多么形象地描绘了一幅清代北京的腊八风俗图。

关于腊八节吃腊八粥的来历，汉族民间还有种种传说，很难考证谁是谁非。不过，不管腊八粥的起源如何，后人总要感谢腊八粥的发明者，给人们平添了一样香喷喷又营养齐全、容易消化的好吃食品。冬季食用腊八粥有健身防病之功效。南宋人陆游在《食粥》诗中曾把吃粥作为延年益寿之妙法。诗云：“世人个个学长年，不悟长年在目前，我得宛丘平易法，只将食粥致神仙。”如今，腊八粥作为一种调剂口味的传统节日粥品，越来越受人们的欢迎。

◆ 腊月廿三麻糖把嘴粘

腊月二十三，是汉族民间的“祭灶节”。这一天，人们从灶后的墙上，将那张灰尘满面的旧灶王像揭下，再将新买来的一张新灶王像贴在原来的地方。有的人家还在灶王像的两旁贴上一副“上天言好事，下界降吉祥”的对联，另加一副“一家之主”的横批。祭灶时，有的用胶牙糖敬灶王爷，好把灶王爷的牙齿粘住，使他不能乱说话，俗称“粘灶”；有的用酒糟涂抹灶门，这叫“醉司令”，醉得灶王爷不能乱说话；有的用黄羊祭祀，多给灶王供品，使他心满意足。同时，把剪好的纸马和几节喂牲口的谷草连同旧灶王像一起烧掉，嘴里还小声念道：

年年有个二十三，灶王老爷要上天。
有大马，有草料，路途平安顺利到。
供上麻糖把你甜，玉皇面前进好言。

灶王爷得到人们的特殊招待，“吃了人家的嘴短”，当然就不好在玉皇大帝面前讲坏话了。祭灶活动是很有趣的，但更有趣的是关于灶神的身世和来历。对此，汉族民间以极大的兴趣制造种种传说。有的说灶神是黑心贪官，有的说他是恶劣赌棍，还有的说他是玉皇大帝的小女婿，被玉皇大帝打下凡间，玉帝女也得跟着那个“穷烧火”受罪。后经王母娘娘说情，玉皇才动心给“穷烧火”的封个灶王的位子。而最富有生活气息，流传最广的，要首推薄情男子张郎的故事了。

据说在很早很早以前，在一个地方，住着一户姓张的中等人家。他们一家四口，除老夫妇外，还有儿子、儿媳。儿子名叫张郎，娶妻名叫丁香。张老夫妇非常疼爱儿子、儿媳，张郎夫妻也十分恩爱，丁香又很孝顺公婆。因此，一家四口日子过得很是美满。

后来，张郎不愿在家种地了，一心一意要外出做生意。他一去十年，杳无音讯。一天，张郎回来了，这时他已经是一个大富商了。一进门就将一纸休书扔给丁香说："我给你一头老牛，一辆破车，你赶快给我走吧！"

丁香一见休书，像晴天里打个霹雳！她做梦也没想到，自己今日盼明日盼，一直盼了十年才盼回来的丈夫竟然这样对待自己。但她看出张郎变心了，任凭怎么说也没有用，于是就吞下苦涩的眼泪，收拾自己的衣衫，牵着老牛，坐上破车，走了。后来，丁香又嫁给了一个心地善良的打柴郎。

张郎休了丁香，第二年就正式娶了他从外面带回来的一个妓女海棠。人们对张郎的这种行为非常不满，于是有人就编了这样一首歌："张郎、张郎，心地不良，前门休了丁香，后门娶进海棠。无义之人，好景不长。"

也许是事有凑巧吧，张郎果然被人们说中了。他娶了海棠尚不到一年，家中遭了一场大火。财产全部烧光了，海棠也烧死了。张郎虽从烈火中逃出了性命，但两眼已被火烧得差不多失明了。他无以为生，只得出外讨饭。

一天，丁香正在院中剪草喂牛，忽见一个要饭的来到她家门前，她就拿了一只碗，盛了满满一碗面给那要饭的吃。那要饭的狼吞虎咽的只三口两口就把那碗面吃光了，他又对丁香说："大娘大娘行行好，再给一碗吃吧！"丁香一听那要饭的说话口音非常耳熟，心中不免有些怀疑。她上前仔细一看，原来那要饭的不是别人，正是前夫张郎。丁香见了张郎，真是又气又恨。她不由得感叹一声，顺口说道："哎哟哟，我那张郎，见了你前妻，叫开了大娘。"张郎一听惊呆了。他万万没想到，这个给他饭吃的"大娘"，正是他所休弃的丁香。他羞愧难当，无地自容，就一头钻进了锅底下，怎么也不出来，憋死在里面。

张郎死后，据说玉皇大帝因为张郎和自己同姓的缘故（听说玉皇大帝也姓张，人们都称他张玉皇），就糊里糊涂地封他做了一名灶王。又因为张郎死的那天正是农历腊月二十三日，所以人们就定那一天为灶王节。虽然人们很瞧不起这位灶王爷，但又恐怕他在玉皇大帝面前搬弄是非，所以也不敢怎样怠慢他，只得按时节给他上供，腊月二十三要送他“上天言好事”，到了大年三十还要迎接他“下界降吉祥”哩。

◆ 家家户户掸尘埃

“腊月二十四，掸尘扫房子。”每临春节，汉族民间家家户户都忙着清扫房子，人们边掸尘边唱道：“办了三尸神，天下得太平。感谢灶王爷，救了咱百姓……”

相传在很久以前，玉皇大帝为了掌握人间情况，专门派了三尸神常住人间。到了年底，三尸神要回天庭把凡间情况向玉皇大帝汇报。三尸神为了表功，在玉皇大帝面前说：“凡人十分粗野，动辄骂人，连您玉皇大帝都骂。”玉皇大帝听后，勃然大怒，他关照三尸神认真查访，将这些人的姓名写在墙壁上，等到年三十，派天将天兵下凡抓杀。

这件事被灶神爷知道了，他想搭救凡人，于是就想了七七四十九天，最后想出了一个办法，即在腊月二十三日这天晚上上天前，吩咐凡人，要在年三十以前掸尘扫梁，将各处墙壁掸得一尘不染。

到了大年三十这天，天兵天将奉玉帝之命，果真下凡勘查来了。可是民间家家户户早已在腊月二十四日就把屋里屋外，上上下下，掸得干干净净了。不要说墙壁上没有人的名字，连一点蛛丝灰尘都找不到。天兵天将气呼呼地返回天庭，狠告了三尸神一状。玉皇大帝不信，要三尸神下凡查访，也没有找到。回到天庭，玉皇大帝以三尸神“欺上”的罪名，把他打入十八层地狱。

从此，三尸神再也坑害不到凡人了。凡人为了报答灶王爷，每年二十四往后，都要掸尘。后来，掸尘又加上清扫、沐浴等内容。掸尘前，把东西顺放好；掸尘后，洗个澡。这样，在春节期间，亲友拜会，观灯游，就显得干干净净。

◆ 总把新桃换旧符

每逢年终岁尾，汉族民间家家户户都要在大门上贴一对红色的春联，为佳节增添浓郁的气息。北宋政治家、文学家王安石的《元旦》就生动地描绘了当时民间家家户户张贴春联，欢度新春时的喜庆、盛大情景。诗云：

爆竹声声一岁除，春风送暖入屠苏。
千门万户曈曈日，总把新桃换旧符。

诗中所说的“桃符”，就是现在的“春联”，关于春节挂桃符、贴春联的来由，民间还流传一段神话故事哩。

很久很久以前，东海有个风景秀丽的度朔山，山上有棵很大的桃树，根向四周伸开，方圆足有三千里。这棵桃树的东北一头，有一根拱形的枝干，弯弯的树梢挨到地面，就像一扇大门。度朔山上住着各种魔鬼，它们经常经过此门出山来伤害凡人。天帝知道此事后，特派神荼、郁垒两个神将把守此门。如果有恶魔胆敢出来，就将它们抓去喂老虎。魔鬼们知道神荼、郁垒住在桃树洞里，从此不仅不敢出来伤害凡人，甚至见到桃树也害怕。老百姓知道魔鬼怕桃树，就用桃木雕成神荼和郁垒的像，挂在自己的大门上，以示驱灾压邪，保护家人平安之意。这种桃树制成的木条就是“桃符”。

由桃符演变成春联，据说是在五代的时候。五代十国中的蜀国后主孟昶，雅负文名，在964年的除夕，与文人们饮酒赋诗。酒酣令学士辛寅逊在桃板上写两句吉语献岁，他不中意辛学士的作品，就自己提笔写：“新年纳余庆，嘉节号长春。”据说这是我国最早的一副春联。

春联真正普及于民间，而形成为年俗之一，是明代以后的事。据说明太祖朱元璋定都金陵时，有一年的除夕前日，忽然心血来潮，命令公卿士庶，门上一定要贴出春联，表示一番新气象。第二天太祖微服出巡，在城内看看各家的对联，以为娱乐。在巡游了一段路后，他偶然发现有一家没有贴上春联，便遣侍从去查问究竟。原来那家主人是阉猪的，既不识字，也不会写，正忙着工作，尚未请人代笔。明太祖听后，立即叫侍从取来文房四宝，当场挥毫道：

双手劈开生死路，一刀割断是非根。

联意甚是贴切、奇巧、幽默。此后，春联得以推广，从而沿袭成为一种风俗，流传至今。其应用范围也越来越广阔。人们不再拘于过春节作春联，婚丧喜庆时也题联语，其粘挂范围亦不再局限于门口，而是扩大到厅堂、墙间或柱上。这种形式的联语统称为“楹联”或“对联”，成为一种民族文学形式，千百年来为人们喜闻乐见。

◆ 福倒与福到

“迎春接福”，张贴“福”字，是汉族民间的传统习俗。每逢新春佳节，家家户户都要在屋门上、墙壁上张贴大大小小的“福”字。有的还把“福”字倒贴。是不是贴错了？不，这是为了讨“口彩”而有意把它贴倒的，里面还有一段有趣的故事哩。

传说清朝道光年间，永州府某地有一个知县，姓高名大喜，成天吃喝玩乐。不过，他也有一点小小的爱好，就是天天练那毛笔字儿，可他的字儿写得就像鬼画符。

高大喜最迷信什么“彩头”“先兆”了。每天早起，他都要写一个喜字，为的是讨得一天的好兆头。日子久了，他家的前庭、后院、大门里外，甚至连厕所都贴满了他写的那“喜”字儿。

高大喜耳朵里只愿听好话，因而只要他一提笔写字儿，他的左右侍从，大老婆、小老婆都齐声喝彩：“写得好极了！写得好极了！”他听了，自然喜欢得很，肉乎乎的脸上，眉眼儿都笑得挤在一起了。

一年，他的女儿要出嫁了，他想到的头一件事儿，就是要亲手为女儿写个大“喜”字，显示显示自己的好手笔。这回他接连写了三百六十个大“喜”字，都觉得不够满意。一直到了第二天的下午，他才写出一个自己感到满意的斗大“喜”字来，忙叫侍从挂在官府大门口，先让官府的人瞭个够，然后再贴到花轿上去。

不一会，衙门里的人都来观看“喜”字了。碰巧这时来了一个拾狗粪的，看上去年纪不过三十左右。他见许多人围着门口看热闹，便好奇地放下粪箕，挤到前头去，闪了一眼，便连连地摇起头来，鼻子里还哼哼的，然后双手分开众人，大步地走开了。门卫急忙把这事禀告了高大喜。高大喜十分恼怒，叫衙役把那拾狗粪的抓了回来。

“哼，你是哪来的毛贼，竟敢冲着老爷我写的字儿摆起脑壳来了！”高大喜怒责那拾狗粪的道。

“请大人息怒。大人写字，光自己和身边人说好那还不算数哩，要是外面的人都说好了，那才是真格的。不瞒大人说，我家那个八岁的小子写的字儿比这还漂亮呢……”拾狗粪的不慌不忙地说道。

高大喜一听，他眼前这个拾狗粪的竟敢如此口出狂言，急令衙役将他拉下去，先重重地打他四十大板。

只见那拾粪的却神态自若，将双手一摊，说：“大人呀，打不得哩，打不得哩。这一打吗，要是让百姓知道了，大人的名气不就全都败坏了吗？再说嘛，大人若是真不相信，我不妨先写个字儿比试比试如何？若是我输了，由大人定罪好了。不过，若是大人输了呢？

高大喜恶狠狠地说：“哼，我输了嘛，就赏你白银三百两。”

比试的方法是：两人轮次把自己写的“喜”字贴到花轿上去，再抬着花轿在长街上转一圈儿，看谁得到老百姓的喝彩声多。高大喜先把自己的大“喜”字贴到花轿上去了，又亲自坐到花轿上。当花轿慢慢儿穿过五里长街时，只听得抬花轿走的“嘎嘎”声，市民们谁也不吭声。当轮到那拾粪的把“喜”字贴到花轿上去时，只要花轿经过，就有许多看热闹的人，那些大胆的后生跟在花轿前后，边跑边叫着：“好嘞，好嘞，老爷的喜字倒了！老爷的喜字倒了！”

高大喜坐在花轿里，心想：“怪哉！莫非他的喜字真写得这么好？有这么大的灵气？”回到府上，他眼睛往轿上一盯，心眼儿突然开了窍：“哎呀呀，原来那个喜字贴倒了，贴倒了！快快，快把那轿子砸、砸了！”

高大喜又气又羞，那拾粪的走过来笑笑说：“大人莫慌，莫慌咧，刚才各位全都说对了：喜事到了，喜事到了呗。大人呀，好彩头难得咧……”

高大喜是挺相信那个彩头的。他压住了心头的怒火，心里暗暗思忖：唔，唔，我们这地方嘛，“到”“倒”也真容易念混了，要是真格念成“喜字到了”，怕也是老爷的好财气吧。忙叫侍从悄悄地赏给拾狗粪的三百两银子，催他快快走了。

据说，从此以后，湖南祁东、祁阳一带，老百姓要办喜事了，都喜欢把喜字儿倒贴；到了新春佳节，为了讨亲戚朋友来拜年的时候，说句“大伯，您的福到了！”“大妈，您的福到了！”的吉利话，就常常有意将福字倒贴，相沿成习。

◆ 舟山除夕不杀鸡

从前，地处东海之滨的舟山有个奇俗：大年除夕，家家户户杀猪宰羊，烹鹅烤鸭。就是不杀鸡。你知道其中缘由吗?

据传，明朝末年，鲁王兵败逃到了舟山。辅佐鲁王的是舟山芦花岙人张名振。张名振是东海抗清名将，一门五男，个个都是虎将。尤其是张名振，有岳飞之才，文韬武略，十分精通，海上作战，更为骁勇。为此，清兵在东海进剿，屡遭重挫。清兵对张名振恨之入骨。

1651年除夕晚上，清兵趁张名振率兵远出攻打松江之机，突然袭击定海城。守城的安洋将军刘世勋诈降失败，清兵似潮水般涌进城来，逢人便杀，他们相约，一直要杀到鸡叫为止。清兵杀了舟山百姓一万多人，当杀到刘家岳时，忽然听到了芦花雄鸡的叫声，这才停止杀人。由于这一声鸡叫，总算把舟山的最后六户人家六个姓——刘、赵、郭、朱、陈、王——搭救了。舟山六姓也就这样保存下来。

为了感谢鸡的恩德，从此以后，舟山百姓互相约定，大年除夕，不许杀鸡。后来，就成了一种特有的海岛风俗了。

◆ 除夕夜吃甘蔗拥火种

在福建省的政和、周宁一带城乡，至今还保留着大年除夕夜吃甘蔗、拥火种的风俗。每到腊月，人们在备办年货的时候，总忘不了要买几根长甘蔗，以便在除夕晚上吃完团圆饭后，一家人围着暖烘烘的火盆，边取暖谈笑，边吃着那甜丝丝的甘蔗，然后将那蔗渣拥入余火未尽的灶膛。到大年初一早晨，拨开灶膛，但见满灶通红，这就是“拥火种”。据说，这“拥火种”既象征一年生活的甜蜜，又寄托了人们对香火延续，六畜兴旺的美好愿望，所以这个风俗至今流传不衰。

相传，在很早以前，当地有一户姓魏的人家，祖祖辈辈靠耕山种茶为生，传到魏老四手上，家境很富足，三个儿子也都长大成人，娶了媳妇。三个儿子都是老实巴交的庄户人，三个媳妇却都精明能干。大儿子娶的是个茶行老板的丫头，二媳妇的娘家是开豆腐店的，只有三媳妇是个庄户人家的女儿。

魏老四操劳一生，到了花甲之年，觉得心力不足，想把家让儿孙们来理。只是三个儿子都太本分了，让他们理家老汉不放心，因此言里言外，倒有让媳妇来理家的意思。可是三个媳妇，到底让哪一个来理家最合适？老汉心里一时还拿不定主意。不料老汉的灯还没有全挑亮，大媳妇倒先争了起来。大媳妇说：“我从小侍候茶行老板，见过世面，这个家由我来理最合适。”二媳妇却说：“我一出娘胎，见的就是做买卖，由我来理家，必能招财进宝。”只有三媳妇不言不语，毫不介意。魏老汉见此情景，一时也没了主张，只得把这件事暂时放下了。

这年腊月，魏老汉进城办年货，见街上许多卖甘蔗的，忽然有了主意，便连忙掏钱买了六根甘蔗带回家。到了除夕夜晚，一家人吃过团年饭，魏老汉便拿出六根甘蔗来，一个媳妇给两根，对她们说：“大年初一，我们吃饭要赶天光，所以你们各人都把甘蔗拿出拥火种，免得第二天一早起来生火费事。”又说：“从明年起，我就要把家交给你们理，只是你们三个谁来理家呢？我看，谁拥出来的火种最红，就由谁来理家吧！”

三个媳妇各自拿了甘蔗回自己的房间去了。大媳妇想，这拥火种还不容易！于是待更深人静后，便悄悄走进灶间，拨开大灶膛的余火，就把两根甘蔗像平日烧柴一样，整根塞了进去，然后依旧把灶灰拥好，便高兴地去睡了。二媳妇用刀把甘蔗砍作几段，走进灶间，照样拨开了小灶膛的余火，把甘蔗塞了进去，拥好灶灰，也高高兴兴地去睡了。只有三媳妇拿了甘蔗，回到自己房里，便和丈夫对坐在火盆边，高高兴兴地边吃甘蔗边说笑，待把甘蔗吃完后，将蔗渣拥进通红的火盆，顿时，满屋糖香。小两口又说笑了一会，见蔗渣慢慢烧着了，就把火盆拥好，然后上床睡觉。

大年初一，天还未亮，魏老汉便叫媳妇们起来拨火种做饭。先是大媳妇拨开大灶膛一看，只见两根甘蔗依旧好好地躺在那里，一星儿火也没有。二媳妇见了暗暗高兴，赶忙拨开小灶膛，一看，虽然几段甘蔗烧黑了些，可是也没半星儿火气，她的心也一下子凉了。只有三媳妇的火盆一拨开，满盆火通红，热烘烘的，全是火种。魏老汉在一旁见了，立刻有了主意。心想，这三媳妇虽然是个庄户人家女儿，平时又少言细语，倒挺有心计，把家交给她理准没错。于是当场宣布，从这年初一起，便把家让给三媳妇理了。那大媳妇和二媳妇见此情景，嘴上不说，心里也倒暗暗服了输，再也不敢争着理家了。

这事很快传开了，一传十，十传百，远近数百里的姑娘媳妇，人人敬慕三媳妇聪明能干，所以每年除夕，大家都学她的样子，用吃过的甘蔗渣来拥火种，渐渐形成了除夕夜吃甘蔗、拥火种的风俗，至今不改。

◆ 花城逛花市

“花开花落无间断，春来春去不相关。”四季如春的花城广州，每当春节到来之际，一年一度的年宵花市便热闹起来了。花市上人流如潮，那万紫千红的奇花异卉，争芳斗妍，把花城打扮得灿烂如画，春意盎然。

广州，确实是一个名不虚传的大花园。花卉品种之多，是别的城市难以与之相比的。据元朝陈大震编纂的《大德南海志》残本（广州最早旧志）所录，广州地区入籍花卉有90种之多。广东园林学会1981年编的《岭南花卉》所录，广州常见花卉有61种，传说香花26种。其中主要有：珊瑚、茉莉、史君子、芙蓉、金菊、杜鹃、海棠、木棉、牡丹、丁香、水仙等。

为了迎接年宵花市的到来，人们早在春节到来前一个月就着手准备了，郊外到处可以看到树上挂着一串串鲜花。春节前几天，花农便携竹进城搭花棚、彩门。花棚搭好，各种花品预早上棚陈列，以供市民选购。到了花市那天，人流成潮，涌进花市，灯影人喧，好不热闹。花市上有“竟夸天下无双色，独占人间第一春”的牡丹，有“宁可抱香枝头老，不随黄叶舞秋风”的菊花，还有誉满南国的玫瑰、芍药、米兰……“淡妆素裹的，沙漠美人”——仙人掌、仙人球，“凌波仙子”水仙，等等。所有入市居民，无不抢花揽盆，满载而归。

一年一度的广州年宵花市兴于何时？相传于19世纪60年代初形成。原先花农进城卖花，并无定点，随处叫卖。清代有首《羊城竹枝词》云：“茉莉蔷薇夹马缨，摇篮叫卖一声声；双双飞蝶频追逐，跟个卖花人入城。”尔后，随花业扩展，才在城内划出固定地段，专设花市。清朝同治十年（1871年）李福泰修《番禺县志》称：“花市在藩署前，灯光交辉，花香袭人，炎歌夜尤称丽景。”稍后，梁鼎芬修的《番禺续志》也称：“花市在藩署前，岁除尤盛。”文中所指藩署前即为今北京路北段马路，旧称“双底门”。可见，其时花市才移至市中心，除夕花市也初成，但仅此一处。到了19世纪末，一年一度的花市才固定下来。张心泰撰《粤海小识》记：“每岁年暮，广州城内卖吊钟花与水仙花成市，如云如霞，大家小户，售供坐几，以娱岁华。”另一首竹枝词也说：“羊城世界本花花，更买鲜花度年华；除夕案头齐供养，春风送暖到人家。”清末定花市，看来无疑。

中华人民共和国成立后，广州的年宵花市更加热闹非凡了。《春节看花市》就对花市花卉盛况和游客兴致做了生动的描述：

迈街相约看花市，却依骑楼似画廊。
束立盆栽成队列，草株木本斗芬芳。
通宵灯火人如织，一派歌声喜欲狂。
正是今年风景美，千红万紫报春光。

◆ 大年夜压岁钱

除夕之夜，最高兴的要数那些孩子们了。因为这天晚上，他们有一份“压岁钱”可拿。除夕吃过年夜“团圆饭”，孩子们就不受大人的限制，爱玩什么就玩什么。他们最喜欢玩的常常是鞭炮。玩鞭炮有时不免会失火。可即使失火，扑灭后，做爸爸的这时一边向救火的人道谢，一边往往高兴地附和着大家的话说：“好好好，火烧旺地，火烧旺地。”有些孩子知道过年闯点祸没事，有时故意失手打碎一只裂了纹的粗瓷碗，大人照样说些“好好好，岁岁（碎碎）平安，岁岁平安！”一类的话。

三十夜通宵灯火齐明，人们辞岁守岁，尽情娱乐。守岁时，孩子们最念念不忘的是爷爷奶奶、爸爸妈妈什么时候送他们压岁钱。

为什么要“守岁”和放“压岁钱”呢？浙江海盐农村流传着一个故事。

古时，有一种小妖，身黑手白，名叫“祟”，每年在年三十夜出来害人。每当这天夜里小孩睡熟后，它就穿门钻户，用白闪闪的手在入睡的孩子脑袋上摸三摸，孩子一个惊跳，“哇”的一声哭出声来，然后就发烧、讲呓语，从此得了病。过了几天热退病去，可聪明机灵的孩子已变成痴呆疯癫的傻瓜了。人们怕“祟”来害孩子，就点亮灯火，团坐不睡，叫“守祟”。

有一管姓人家，在嘉兴府开酱坊，夫妻俩老年得了一子，日捧夜捂，把孩子养得白白胖胖。到年三十，他们怕“祟”来害孩子，就祭天拜地求神佛，但愿能平安度过年夜。

老两口逗着孩子玩，什么都玩腻了，孩子就要了张红纸包了八枚铜钱，拆了包，包了拆，玩到打瞌睡，把包好的钱往枕边一搁就睡着了。夫妻俩自然不敢合眼，挨着孩子，长夜“守祟”。

到大半夜，一阵巨风，吹开了紧闩的房门，吹熄了灯火。只见漆黑的矮小人伸出雪白的双臂撩开帐子，向孩子的头盖摸去。突然，孩子的枕边迸裂出一道闪光，“祟”像遭到电火般急忙缩回白手，“吱呀，吱呀”尖叫着逃走了。

管氏夫妇将红纸包八枚铜钱吓退“祟”的事向大家一说，从此人们都学着他们那么做，年夜饭后，就用红纸包上八枚铜钱，交给孩子，让他放在枕边。果然，以后“祟”就不敢再来害小孩了。

“祟”为什么害怕红纸包着的铜钱呢？原来，这八枚铜钱是八仙变的，八仙看到“祟”这么无恶不作，残害儿童，就暗中帮助孩子。红纸在八仙的显示下能现“灵光”，把“祟”吓退。于是，人们就把这称为“八仙钱”，因“八仙钱”能镇住万恶的“祟”，所以又叫“压岁钱”。后来，因为“祟”和“岁”谐音，加上日长年久，很多人已不知晓“守祟”的来历，于是“守祟”就变成了“守岁”，“压祟钱”也改称为“压岁钱”啦。

有压岁钱可拿，孩子们当然是兴奋的了。所以吃完年夜饭，他们就齐集正厅，列队向长辈叩拜，高呼爷爷奶奶、爸爸妈妈新年快乐，而后伸手要红包，甚而追讨到爷爷奶奶的卧房，一齐跑到床沿，大嚷特嚷：“压岁钱！压岁钱！”老人家还嫌不够热闹，故意装小气，一讨价还价，小孩围攻摸索，最后把老祖宗的钱袋挖掘出来，大家抢掠一空，呼啸而散，老人家却乐哈哈地说：“这是今年事事顺利的预兆。”一首《成都年景竹枝词》对除夕夜孩子们向长辈行礼辞岁，向长辈讨压岁钱的情景做了生动的描述：

儿童行礼说辞岁，长辈分他压岁钱。
一见簇新原辫子，磕头领去喜连天。

领到了压岁钱，新年初一孩子们就可以拿去买鞭炮放着玩啦，当然是“喜连天”了。

◆ 毛草纸把嘴揩

春节，是汉族民间最盛大、最热闹的节日，民间有“新年头，旧年尾”的俗语，意思是说一年当中最重要的日子就是除夕与春节了。在这辞旧迎新的佳节里，谁不希望新年开始的时候，交个好运，百事顺心？

希望新年有个好预兆的心理愈强，禁忌自然也就愈多，于是就形成了春节里许多禁忌的习俗。比如，新年里不可打碎家具，打碎了是破产的预兆，得赶快说声“岁（碎）岁平安”；不可扫地，扫地会把财运全扫光了；不可吃稀饭，吃稀饭一年当中出远门就要碰上下雨天；女儿嫁出去的更不可回娘家，回来就会吃穷娘家；小孩子不许哭闹、不许说不吉利的话，更不能与人争吵，犯了一年运气都不好；无论有什么病，也不能请医生，请医生会一年到尾都生病，等等。

这些禁忌看来十分可笑，好在只有一两天，所以人们还是奉行不渝的。可是不知天高地厚的孩子们就很难免在新年到来的时候乱说一两句不吉利的话了。于是，大人们费尽心机，想出了在旧岁将除，新年快要到来的大年夜，用“毛草纸揩嘴”的绝招来对付此类不懂事的“童言”了。丰子恺在《缘缘堂随笔》里的《新年怀旧》文中说：

吃过年夜饭，母亲乘孩子们不备，拿出预先准备好的老毛草纸向孩子们嘴上揩抹。其意思是把嘴当作屁股，这一年里即使有不吉利的话出口，也等于放屁，不会影响事实。但孩子们何尝懂得这番苦心？我们只是对这种恶作剧发生兴趣，便模仿母亲，到茅厕间里去拿张草纸来，公然地向同辈，甚至长辈的嘴上去乱擦。被擦者绝不忿怒，只是掩口而笑，或者笑着逃走。于是我们拿起草纸，朝后追赶。不期正在追赶的时候，自己的嘴却被第三者用草纸揩过了。于是满堂哄起热烈的笑声。

◆ 卖懒、爆虼蚤与扔愁帽

忙碌欢乐的除夕之夜，汉族民间各地，还有许许多多别出心裁，妙趣横生，令人忍俊不禁的奇风异俗哩。

卖懒：流行于广东一带。在东莞，除夕夜晚，做父母的煮个熟鸡蛋给他们的孩子。孩子们一手拿了鸡蛋，一手提盏灯笼，到街上去转悠一圈，边走边将鸡蛋破开来吃，同时，嘴里喊道："卖懒去，买勤来，鸡蠢（鸡蛋的别名）喽（除掉）壳随皮（软壳）去，富贵荣华跟尾来！"叫了一通后回家。据说小孩子经过这次"卖懒"，来年读书就会勤快了。

有的地方卖懒，用煮熟连壳的鸭蛋一个，上插燃着的线香一枝，儿童手执鸭蛋，从屋内外出，随走随唱《卖懒歌》。然后将蛋上的线香拔下插于门口土地神的香炉中。回家后，鸭蛋则剖开分给家中老辈，如父母、伯叔父母……勿自食。所唱的《卖懒歌》与上述所引有点不同：

卖懒仔，卖懒儿，卖俾广东王大姨；
男人卖懒勤书卷，女人卖懒绣花枝。
明日做年添一岁，从此勤劳，不似旧时。

爆虼蚤：类乎出卖重伤风一类的厌殃法。做法是：春天来临，大地"轰隆隆"滚过第一声雷声，有的地方的孩子们就赶紧拎起衣襟，蹦蹦地跳着，名叫"跳虼蚤"。这么跳过以后，跳蚤就没有了。类似的习俗，有除夕夜的"爆虼蚤"。孩子们用一束冬青树上的叶子，先放在床前点燃香烛，供奉酒食，并磕头祷拜。然后将冬青叶放在烛火上点燃，让它"毕卜、毕卜"地爆响，一直把它送出大门之外，边送边念："爆虼蚤，爆虼蚤，虼蚤向着隔壁张家李家跑……"这么爆过，据说跳蚤就会没有了。过去卫生条件差，小孩子多穿又脏又破的衣服，常年生跳蚤，所以生出这种"跳虼蚤""爆虼蚤"的花样来。

扔愁帽：虽不是专为孩子们迎新喜、求吉利的习俗，不过孩子们特别喜欢这类风俗活动。除夕夜深人静时，邯郸各家各户的孩子、大人，临睡前，都把自己戴过的旧帽子或旧头巾扔掉，扔掉一年的旧愁，迎来一年的新喜。这种象征扔愁迎喜的习俗是如何来的呢？相传，秦始皇派大将章邯出兵赵国，遭到赵国军民的英勇抵抗。邯郸被攻破后，章邯大肆烧杀掳掠。赵国人为逃避秦军的杀戮，士人摘掉士巾，商人扔掉商帽，背井离乡，逃亡四方。

秦始皇统一天下后，规定了统一的士商之帽，赵国人不忘亡国之耻，每当夜深人静，就纷纷地将规定的士服士帽、商服商帽扔到大街上去。为此，不少人遭到了杀戮。为避免无辜的死亡，就在每年除夕之夜，以新换旧为名，把头上的帽子偷偷扔到大街上，说是驱赶一年的晦气，可将旧愁扔去，新喜迎来。这样，官府自然就无可奈何了。后来，时过境迁也就成了历代相传的惯俗了。如今，扔帽无非是一种有趣的应景习俗，早已没有当年的扔去忧愁的含义了。

此外，在河南，有一种“驱贫接富”的习俗。除夕夜间，民间要把家里的旧衣搁在火上烤一烤，并把尘埃及肮脏物送到十字路口，再跑到富裕人家的地里挖一把土，用篮提回，放在自己家中，然后把门锁好。俗称这是把全年的贫气送走，新年便可以当富翁，不为贫户了。此谓驱贫接富。

在江苏省的扬州，除夕这天晚上，男孩子要爬一爬竹头扶梯，取的是“祝（竹）你今后步步升高”的佳兆。女孩子要在头发上戴一只圆头“如意”，取的是“愿（圆）你嫁给如意郎君”的佳兆。守岁刚毕，人们上床睡觉，家主仰卧床上，枕下放糕，由主妇用一只煮熟了的绘有彩图的鸡蛋（“富贵福寿蛋”）压在他胸膛上滚动抚摩，同时口念祝福之词。这是取“高（糕）枕无忧，但（蛋）放宽心”的佳兆。

◆ 合家守岁夜欢哗

大年三十晚上，人们习惯称为除夕，是旧岁即将除去，新年即将来临之意。在这“一夜连双岁，五更分二年”的夜晚，民间家家户户吃罢团圆饭之后，围坐一堂，不能上床睡觉，谓之“守岁”。

除夕守岁风俗，早在晋代就十分盛行。西晋人周处在《风土记》中说：除夕之夜，“大家终岁不眠，以待天明，称曰‘守岁’”。宋代孟元老在《东京梦华录》中也说：“除夕，禁中爆竹山呼，声闻于外，士庶之家，围炉而坐，达旦不寐，谓之‘守岁’。”不少诗人在“一年月日今宵尽，更岁辰星子夜新”之际，触景生情，写下了许多流传千古的诗句。杜甫的《杜位宅守岁》诗云：

守岁阿戎家，椒盘已颂花。
盍簪喧枥马，列炬散林鸦。
四十明朝过，飞腾暮景斜。
谁能更拘束？烂醉是生涯！

席振起的《守岁》诗也写道：

相邀守岁阿戎家，蜡炬传红映碧纱。
三十六旬都浪过，偏从此夜惜年华。

除夕合家守岁，老人还要给小孩讲一段守岁习俗来历的美丽传说呢。

很久很久以前，老天爷为了使天下的老百姓都能过上好日子，每逢大年三十晚上，就把天门打开，把仓库里的金银财宝撒往人间。到了那个时辰，遍地金灿灿，银闪闪，所有的砖头、瓦块、石头蛋都变成了金银。但是，有一条规矩凡人必须遵守，就是谁都不得贪心，捡到的金银还一定得放在屋内，等到天亮才能开门。

李家庄有兄弟俩，老大叫狗崽，为人尖酸刻薄，爱财如命；老二叫五子，心地善良，勤劳忠诚。一年三十晚上，兄弟俩都坐在屋子里等待天门打开。等啊、等啊，天门老是不开。狗崽想：我得想个办法，等天门一开就能不费力地多弄一些金银。于是，他将一大堆大石头和大石磙、大磨扇都弄到自己门口，准备天门一开就把这些东西搬进屋里。五子却一动不动地坐着，望着蜡烛，耐心地等待。

三更时分，天门打开了。院子里的砖头瓦块，果然都变成了金银。五子把金银放进筐里，搬回屋内，关上房门。狗崽拼出全力，才把预先准备好的东西搬进屋内。他看这满房的金银，像吃了蜜糖似的甜透了心。他想，从今以后，自己就是天下最富有的人了。他急着等待天明，天却老是不明。他忍耐不住了，便开门出去看天，竟忘了“不到天亮不开门”这条规矩。等他回到屋里时，发现所有的金银又都变成了石头、石磙、石磨。他气得痛哭起来。五子呢？天大亮了才去开门。哎呀，一筐子的金银把眼睛都照花了，五子高兴得跳了起来。

后来，老天爷发现像狗崽子那样贪财如命的人越来越多，一生气，就再也不开天门了。不过，人们希望过上富裕的生活，除夕之夜，还是全家团聚一起，点上蜡烛，守岁到天亮，慢慢形成了守岁熬年的风俗。

现在，到了大年三十夜，汉族民间还是沿袭古人守岁的习俗，有的团聚灯前，打扑克，下象棋，搓麻将，讲故事；有的互相登门拜访，畅谈旧岁，展望新年。而更多的人家则是一边吃瓜果点心，一边收看精彩的电视节目。1988年春节，中央电视台春节联欢晚会节目采取了一些新的形式，改变了往年中央一台一家播出的做法，以北京新建彩电中心大演播室为中心会场，同时汇集了广东、四川、黑龙江三省台的晚会的实况：广东是花团锦簇的花会游览；四川是各种风味的小吃摊；黑龙江是由薄一波同志主持的全国各族几百人的“冰上婚礼”，还配上冬泳的场面。晚会的节目丰富多彩，令人喧哗欢笑，把除夕的欢乐推向了高潮。当“夜将寒色去，年共晓光新”时，人们便迎来了新的一年。

第五篇

红白喜事风俗篇

一、婚恋风俗

◆ 信物定情结姻缘

不写情词不写诗，
一方素帕寄心知。
心知接了颠倒着，
横也丝（思）来竖也丝（思），
这般心事有谁知？

这是明代冯梦龙编的民歌集《挂枝儿》中的一首民歌，歌词中所反映的就是汉族民间一种名曰“赠手帕”的信物定情习俗。这种习俗，至今在山东省西北部农村仍颇为流行。

信物定情，自古以来就是汉族民间确定男女爱情关系的一种民俗形式。习俗以为，男女相交，若互相以香罗帕、金戒指、罗汉钱及凤钗、如意等物馈赠，爱情关系就算确定。男女双方互赠信物后，若有一方将信物丢失，对方就会认为你对爱情不忠；将信物退回，则意味着爱情的破裂。

在古代，汉族民间曾流行过一种名曰“如意”的工艺小玩，用竹、玉、骨制成，其形状多为灵芝式云叶，有微微弯曲的长柄相连，雕刻精致，造型优美。由于它有个能表示吉利意思的名字，故常被人们用作定情的信物。在旧时，男女两家议婚将成，男方就会将一柄如意送到女方家中，并巧妙地投置于姑娘的怀中，姑娘收下它，就意味着婚事成了。这如意，便成了两家缔结婚姻关系的凭证。

“赠凤钗”作为男女定情的社交方式，在我国历史上也是颇为流行的。凤钗是古代女子的一种首饰，相传起自秦朝，《中华古今注》曾曰：“秦始皇以金银作凤头，玳瑁为脚，号曰凤钗。”由于凤钗是女子随身佩戴的饰物，所以旧时男女订婚或私恋幽会，女方如果看上了男方，愿意以身相许，往往会从头上拔下凤钗，偷偷相赠，表示自己对爱情的忠贞，同时也希望对方能终生不易其志。在这儿，凤钗便是女方自身的象征。围绕凤钗的得而复失、失而复得演化出感天动地的男女爱情悲喜剧，这是古代文学家们常用的手法。广泛流传于江浙沪地区的曲艺名篇《龙凤金钗》，其故事的发端便是肇始于“赠凤钗”这一古老的习俗。

流行于唐代的信物定情方式“赠红豆”，是颇有一番诗情画意的。红豆又叫“相思豆”“鸳鸯豆”“郎君豆”，朱红色，有的一端黑色或有黑色斑点，原是红豆树、海红豆及相思子等植物结的种子，由于它们常被青年男女们用来作为定情的信物，从此便与中国文学结下了难解之缘。南朝梁武帝在《观闻歌》中有这样的句子：“南有相思木，合影复同心。”至于唐代著名诗人王维的《相思》，至今仍被男女青年们广泛地传唱：“红豆生南国，春来发几枝。愿君多采撷，此物最相思。”“红豆寄情”的习俗在现代青年知识分子中仍然流行较广。

清康熙之后，民间还流传过“赠罗汉钱”的习俗。罗汉钱是康熙皇帝60岁时铸造发行的祝寿“纪念币”，由于它铸造精细，色泽美观，民间相传是熔金罗汉所制，故称“罗汉钱”，男女相爱后，互赠“罗汉钱”以定终身的习俗也便应时而生。

此外，“赠戒指”“赠荷包”等习俗在汉族民间部分地区颇为流行，下面将分篇介绍。

◆ 送个荷包表恋情

小小荷包双呀双线挑，
妹绣呀荷包坠嘛坠郎腰，
小呀小亲哥，等呀等等着，
不等情郎嘛要等哪一个？

这首流传于云南的民间情歌《绣荷包》，一字字、一句句，挑动过多少闺阁少女的思春之心；一针针、一线线，缠绕着多少怀春少女的爱恋之情！思念也好、爱恋也好、嗔怒也好、喜悦也好，痴情女子的种种情愫全被绣于其中了，并随着荷包的传递，统统献给那“等等着”的“小亲哥”了。在这儿，荷包就是女人的心！

旧时我国民间男女相爱、荷包传情的社交风俗，显得多么富有诗意！

荷包，又称花包、香包，原称“佩囊”，即“挂在身上的小口袋”。据传，这种佩囊最早起自满洲八旗军中，用于行军时“储食物”。对此，《清朝野史大观·清宫遗闻》卷二有所记载：“满洲松湘圃相国，尝于扈从时语同列曰：‘君等知荷包、佩粉所由乎？我朝初以马上得天下，荷包所以储食物，为中途充饥之用；佩帉所以代马络带，恐带偶断，则以粉续之。’”后来，这种本是作为军用干粮袋的佩囊，据《清史稿》卷二百十四《后妃列传》的记载，由于高宗孝贤纯皇后富察氏“岁时以鹿羔𣯱毧制为荷包进上，仿先世关外遗制，示不忘本”，便成了清朝皇帝年终时赏赐王公大臣的主要物品。桐西漫士《听雨闲谈》引《啸亭续录》云：“定制，岁暮时诸王公大臣皆有赐予，御前王大臣皆赐‘岁岁平安’，荷包一，灯盏数对及福橘、广柑、辽东鹿尾、猪、鱼诸珍物无算。”由于皇帝的提倡，于是上行下效，赏赐、呈献及佩戴荷包，便成了当时朝廷官员的一种风尚，而且流风所及，直到下层官吏及市井百姓，也无一不珍视“荷包”。荷包，也就成了人们送往迎来中用于馈赠的一种礼品。如《红楼梦》第五十三回“宁府除夕祭宗祠”中曾写道“北府王爷送了对联、荷包来”，贾母给“两府男女、小厮、丫鬟”“散了压岁钱并荷包金银锞等物”；第四十二回写鸳鸯拣点送刘姥姥的东西时，曾说：“这是两个荷包，戴着玩罢。”可见，荷包是被当作馈赠礼品的。此时的荷包，其功用已从“储食物”而发展为用于赏赐、呈献和馈赠的礼品，其样式也从“小口袋”而变化出长方形、圆形、菱形、鸭蛋形、鸡心形、葫芦形等多种，其制作，一般是有里有面，用缎子缝制，表面要绣花，口穿丝绳、可以抽紧拉松，两边系有两根小飘带，底部缀有穗子，十分考究、精美，堪称特殊的刺绣工艺品。

由于荷包从一产生起，其制作者都是妇女。即使是清兵入关前用于“储食物”的“小口袋”，也大多是年轻的妻子给丈夫、未过门的闺女给女婿或者姊妹们给兄弟制作的。这是当时“女红”之精的具体表现，男人们是要拿它向同事、朋友们夸耀的。制作时，她们自然要拿出最好的技巧，慧心独运，并且倾注进全部的感情。所以，荷包的馈赠，除去宫廷、王公大臣及市井百姓的岁时赏赐、投赠外，更多的是用于青年男女之间。当时的女子，都把绣荷包、送荷包作为向自己的心上人表示爱悦、传递私情的主要方式；而男人，也把讨荷包作为求爱的遁词，以此向女子倾诉慕恋之情。至于已婚男女，馈赠荷包则成了他们互寄相思、并互相希望爱情忠贞的象征。男女相爱，荷包传情已成为当时社会普遍流行的一种社交风俗。

因为荷包常常作为青年男女表现爱悦、传递私情的表赠之物，因而不但刺绣精美、制作精工，在花纹上也就特别追求能表现爱慕、思恋的意义，如“并蒂莲”“鸳鸯鸟”“两鲤鱼”“双蝴蝶”等等，都要成双配对；以及“牛郎织女”“和合二仙”“麒麟送子”和“榴开百子”“喜鹊登梅”等表现婚姻喜讯、夫妻和美的传统题材。当时还有一种“对子荷包”，“鸡心”形状，两只完全一样的荷包，一面为平面，一面凸出，且绣有花鸟、龙凤等图案，合在一起，以“葫芦蔓”相缀，即为一个荷包。男女相爱后，姑娘自留一半，送男方一半，以作为确立爱情关系的信物。这种“对子荷包”是最能表达青年男女的爱恋之情的，所以流行也最广最普遍。直到现在，还可以在东北三省及河北、河南、山东、山西、江苏等地的一些农村找到它的影子。至于已婚的夫妻之间，妻子给即将远行的丈夫送“对子荷包”，或给远在他乡的丈夫捎个绣花荷包以寄相思之情的习俗，在如今的北方农村相当流行。那些夫妻分居两地的怀春少妇们，趁夜深人静之际仍就着灯光，一边绣着荷包，一边轻轻地哼着传统的《绣荷包》情歌：

初一到十五哇，
一十五月儿高。
春风摇动杨柳梢呀，
摇动杨柳梢。
丈夫常在外，
月月不回来，
三月里桃花开呀，
捎个信儿来：
哎咳哟，要个荷包戴。

◆ 欲结同心赠戒指

进入20世纪80年代以来，由于人们生活水平的不断提高，社会上佩戴戒指的风俗渐趋普遍。因此，不论在城市还是农村，汉族男女青年相爱欲结秦晋之好时，大都由男方向女方赠送一枚戒指，以作定情之物。戒指，作为心心相印的爱情的象征物，已得到越来越多的青年男女的喜爱，在他们的爱情和婚姻生活中起一定的联结作用。“戒指定情”的习俗已从旧时的官吏士绅的圈子中走出，越来越普遍地流向民间，正如唐代诗人刘禹锡《乌衣巷》所云：“旧时王谢堂前燕，飞入寻常百姓家。”

戒指，又名指环，北方民间称其为“手镏子”，南方称之曰“手子”。在我国古代的一些典籍中，则有“约指”“手记”“代指”等等不同的称法。

我国妇女佩戴戒指的历史，传说至迟出现在殷商的末年。《物源》曰：“纣作翠翘、金钿、指环。”这大概是因为纣王荒淫无道、穷奢极侈，而戒指又向来被视作奢侈之物，所以后人便把戒指的发明权附会到他的名下。故此说不足为信。

有文字可考的历史，妇女佩戴戒指至迟在汉代初年，此时宫廷里已盛行戴“指环”。汉代以后，妇女戴戒指的习俗便得以流传。南朝诗人沈约撰《俗说》记云：“晋哀帝王皇后有一紫磨金指环。”而此俗的大盛，当在唐代。从现在的出土文物中，我们可以见到用翡翠和玛瑙制作的“约指”。到了明代，已出现了“戒指”的叫法。成书于明代的《三余赘笔》曰：“今世俗用金银为环，置于妇人指间，谓之戒指。”

为什么会叫“戒指”呢？“戒”字含有警戒、劝谕的意思，当年宫廷中的嫔妃戴它不仅仅是用以炫耀美丽，而且还是一种“避忌”的标志。《五经要义》曰：“古者，后妃群妾御于君，作当御者，以银环进之，娠则以金环退之。进者著右手，退者著左手，本三代之制，即今戒指也。”《三余赘笔》也曰：“古者后妃群妾以礼进御于君，女史书其日月，授之以环，以进退之。生子曰娠，以金环退之；当御者，以银环进之，著于左手；既御者，著于右手。事无大小，记以成法。则世俗之名戒指者，有自来矣。”唐宋以来的有关笔记小说对此说地更为细微：“妃嫔若不净身和怀孕后，尝将指环戴左手免‘御幸’，若饰于右手，‘亲宠’佳期也。”从这些记载中我们可以看出，我国古代就有戒指，其作用是宫中作帝王“召幸”和嫔妃生育的特殊标志，而“戒指”的得名，也正是表达了当时的这种实用意义。

至于把戒指作为男女定情的信物，典籍上说原是西域的习俗。《晋书·西戎传》载曰：“大宛俗，娶妇先以金同心指环为聘。”这种习俗至迟在唐时已传入我国，并在民间流行开来，在文人士大夫中，以戒指定情的史实时有可见，如唐人冯贽《云溪友议》载曰：“韦皋游江夏，与一青衣玉箫有情，约七年再会，留玉指环。逾八年不至，玉箫绝食而殁。后得一歌姬，真如玉箫，中指肉隐出如玉环。”作为爱情信物的指环，在当事人死后，还能从他人的指上隐出，给负情者以精神上的报复。可见戒指的这一作用，在唐时我国的民俗文化已被认可、吸收和改造，并赋予巫术的力量。唐代以后，这种风俗为我国民间世代相袭，戒指逐渐成为男女相爱、永结同心的信物。

◆ 男女相亲蛋传语

一枚小小的鸡蛋，在名师的手下可以变化出种种不同的吃法，但说起来总没有浙江东阳山区那“相亲蛋”的吃法来得有趣。

在浙江东阳山区农村，旧时男婚女嫁，缔结婚姻前，要先由媒人通言，再择定吉日，男方由媒人陪着去女方家做客相亲。

相亲那日，小伙子进屋后，先由女方家长陪坐喝茶，交谈几句后，女方家长就会借口烧点心躲进厨房，叫出女儿作陪，让姑娘、小伙有个单独交谈的机会。姑娘、小伙交谈了一会，女方家长就要把女儿叫进厨房，问：“蛋咋个烧法？”

这儿所烧的就是“相亲蛋”了。

在东阳民间，向有热情好客之风。有客人上门，坐定用茶后，必要敬上“点心”。“点心”通常烧粉丝，并烧鸡蛋一对藏于碗底，俗称“鸡蛋索粉”。其中鸡蛋的烧法是极有讲究的。一般来客，贴成荷包蛋；小孩，清煮蛋不剥壳；老年人，贴蛋饼；至于来相亲的客人，其蛋的烧法，就要因事而异了。

这时，若女儿对小伙子有意，并愿和他保持关系，就会说：“煮清蛋吧！”按当地习俗，剥壳后的煮清蛋含有“请子团圆”的意思，在点心中放清煮蛋一对，就是“好事成双”了，是应允婚事的代名词；若女儿对小伙子不满意，就会说：“贴荷包蛋！”把小伙子仅当作普通来客给打发了。

“点心”捧上桌后，如何吃？这就得全凭男方的意向了。小伙子用筷把粉丝撬起一看，是清煮蛋一对，就明白姑娘已有心于他。这时他若已对姑娘一见钟情，就不要客气，尽可把一对清煮蛋吃掉，意为凑双；小伙子若还有些举棋不定，想找个机会与姑娘进一步交谈，或得回家听听父母、亲友们的意见后再做决定，那么就要吃它一个，另一个先“寄”着，下次再来吃；小伙子若看不上对方，不想继续保持关系，那么就别去碰它，让它完完整整地留于碗中，意思是：“另找人团圆吧！”小伙子若一看碗底藏的是荷包蛋，那么吃或不吃，怎么吃，都是随便的。不过大多数小伙子是干脆连粉丝也不吃，找个借口，有礼貌地辞别回家了。

东阳山区“男女相亲、鸡蛋传情”的风俗，以普通鸡蛋为媒介，暗递音讯，其方法确实是十分巧妙的。旧时的男女青年，初次相交时，互不知对方性格，有些话确实不便于用语言表达，利用“相亲蛋”的一烧一吃，给男女青年间的表情达意提供了很大的便利，所以此俗得到了广大农村青年男女的欢迎，至今尚流行不衰。只是这里面的具体礼节，显得有些烦琐难记，所以男青年在探亲时，闹出笑话的也不少。还有本来你欢我爱的男女，由于吃错了蛋，而引起对方误解，最终不欢而散的。

在东阳山区，男女青年“定亲”后，“毛脚女婿”第一次到丈人家做客，吃饭时女方家的所有成员都要向他敬鸡蛋一双，这在民间叫作“丈母敬女婿，鸡蛋木勺置”。这时，“毛脚女婿”对所敬的鸡蛋须吃它一个，不可推辞不吃也不可贪多全吃。不吃，则意味着你瞧对方不起，是不礼貌的；全吃，又会被认为你是想一次性吃够，以后不想和丈人家保持来往了，这样大家都会感到不高兴的，弄得不好，你前脚离门，丈人家后脚就把“彩礼”退回了。这在民间又叫“吃蛋吃出蛋”，后一“蛋”字是“滚蛋”的意思。

◆ 男推女搡轧蚕花

在杭嘉湖蚕乡，旧时流行着许多有趣的蚕风桑俗，例如正月初一，人们见面时不是说“恭喜发财”，而说“祝你蚕花廿四分”；清明夜，各家各户祭过祖宗后，要合家老少围坐在一起喝“齐心酒”，吃过后就要齐心养蚕；养蚕开始，村村落落要行“蚕禁”——亲戚邻里停止互访，小孩不准互相串门，官府暂停上门催征，蚕房四周禁止陌生人走来走去，蚕房内不准除蚕娘外的任何生人入内……直到蚕宝宝“上山”，才能开禁，这时亲戚朋友要挑着枇杷、粽子、鸭蛋等互相走访，同祝蚕茧丰收，叫“望蚕讯”，如此等等。这里的每一种习俗，都包含着蚕农们期望蚕茧丰收的美好愿望，说来都是富有情趣的。但是，最奇异、最生动的还当推男女青年“轧来轧去”的“轧蚕花”习俗。

“蚕花”，是蚕乡普遍流行的一种好“口彩”，所表示的是蚕农祈求蚕茧丰收的良好愿望，而不是某种真正的花卉。“轧蚕花”，便是蚕乡的青年男女，在传统庙会活动中，借口祈求蚕茧丰产而互相挤轧交流情感的一种社交活动。

在杭嘉湖各地，农历二月至清明节前的这段时间里，每乡每镇都有融信仰、娱乐、贸易和社交等为一体的传统庙会活动。如桐乡芝村的“龙蚕会”、嘉兴新篁的清明庙会、海宁皇岗的“轧太平”等，都是热闹异常的乡村集会活动。每到此时，平时讲究“男女授受不亲”、被封建礼教禁锢得十分严厉的各乡各镇，禁忌大开。平时难得出门的蚕家年轻女子，无论大姑娘还是小媳妇，都一律在自己的大襟衣衫上别一块由自己手绣的蚕花图案手帕，去逛庙会，在人群中挤来挤去，遇上可心的男子，就你推我搡、打情骂俏，这样闹了一天，到散会后才回家。回家后，如果这块手帕被不相干的男人扯了去，她们就兴高采烈，说是蚕花丰收的预兆；如果这块手帕还纹丝不动地留在衣襟上，她们则垂头丧气，以为不吉利。这块手帕在当地被称为“蚕花绢头”或“利市绢头”。当地习俗，在庙会上扯年轻女子的蚕花绢头是被社会所允许的，不会被认为是轻薄。有的乡村的男子，以手帕扯得越多越光荣，被认为有魅力。这便是“轧蚕花”。

更有甚者，在轧蚕花时，假如是未婚的青年男女，则更要往人堆里去挤轧挤轧。挤轧的男女青年越多，挤得越凶越热闹，则越吉利，预兆今年的蚕花越兴旺，俗谓“越轧蚕花越发”。习俗认为，未婚的蚕家姑娘“轧蚕花”就意味着她是个真正的女人了，也就有资格当蚕娘了。而且，她家今年的蚕花也就一定会兴旺。

据有关民俗学者的考证，这种习俗的起源是非常原始的。据说它是原始人性行为崇拜的残余。《佩文韵府》卷四引《湘山集》云：“园荽即胡荽，世传布种时口亵语，则其生滋盛，故士大夫以侈谈为‘撒园荽’。”清人朱彝尊的《鸳鸯湖棹歌》歌咏嘉兴一带的习俗云：“秋灯无焰剪刀停，冷露浓浓桂树青。怕解罗衣种莺粟，月明如水浸中庭。”词又有注曰：“禾中产莺粟，相传八月十五液，俾女解衣播种，则花倍繁。”这说明，杭嘉湖地区在清时还有此俗的遗存。“轧蚕花”习俗与此相似，多少与原始人的性行为崇拜有关。

另一方面，“轧蚕花”又与上古时期青年男女于二三月间的“桑林之会”习俗有关。上古时期，平时有所禁忌的青年男女，可以在春暖花开的二三月间，到位处水滨的桑林中聚会。正如《周札·地官·媒氏》所云：“仲春之月，令会男女，于是时也，奔者不禁；若无故而不用令者罚之，司男女之无家者而会之。”周代统治者还要用行政命令的方式要没有成家的男女在仲春二月自由相会，以结同心。可见，当时习俗不仅允许，而且还是鼓励的。这种“桑林之会”在秦以后虽被禁止，但在某些偏僻的地区及一些传统的民俗活动中仍有残存。至于杭嘉湖地区二三月庙会中的“轧蚕花”习俗，其中的文化积淀就更明显了。

◆ 陕北集市比姑娘

在陕北农村，至今尚流行着一种名为“比姑娘”的男女社交风俗。

“比姑娘”，本指平时“养于深闺人不识”的大家闺秀或小家碧玉，趁节日、庆典、庙会及集市等群众性大型民俗活动时，经过一番细心打扮，穿红着绿地穿行于街市、店铺等公众场合，公开向社会亮相，猎取市人眼光，吸引异性前去献情求亲的社交风俗。陕北地区纵横数百里，到处都有传统的集市风习。村民们为了赶个整集，远路的人天未亮就要起床做饭，胡乱地划拉几口，老人们就吆喝着毛驴，捎上山货，带着穿红着绿的儿女们，急急地出村，上沟、翻山，往集市赶。

到了集上，许多人并不急于贸易。想给儿子说个媳妇的父亲，会在集市上找一隅，和人秘密商谈。早已有约的小伙子和姑娘，则双双来到约定的地点，谈情说爱，互赠信物。未有心上人的姑娘们，便到各种公众场合去“比”了。所以，在延安各地的集市上，每当集圆人盛的时候，在店铺的台阶上，在街心的屋檐下，或闹市区的土台上，总有许多装扮漂亮的年轻姑娘，勾肩搭背地站在那里，姿态端庄，喜笑颜开，在招引异性的目光。过往的后生呢，自然脚步迟缓，投去几瞥爱恋的目光；有的则干脆驻足不前，把她们一个个细细端详。这就是延安集市上有名的“比姑娘”。

比姑娘是姑娘们公开向社会亮相。因此过往行人，无论男女老幼都可以看，评价哪位姑娘最漂亮。但是，看时绝不得唐突鲁莽，不许嬉笑，否则，羞走姑娘是不礼貌的，会遭到众人的讥笑和责骂。在比姑娘中，后生相中哪位姑娘，姑娘也对后生有意的话，双方便可以用各种方式传递信息。先是上前搭话，然后再深入交谈，逐步了解，加深关系。如果后生的胆子较小，就得求父亲或亲友去提亲说媒。

比姑娘，实际上就是姑娘想让后生们知道：我该出嫁了。因此，姑娘一旦订了婚，就再也不会到集市上参加比赛了。这种大胆的恋爱方式，有利于男女青年的自由交往、相互了解，不失为一种良俗。

◆ 关中男女看屋里

在西安及关中各县农村，近几十年来普遍流行起男女青年相亲“看屋里”的习俗。这是男女对象在“定亲”前的一次重要社交活动。

“看屋里”由相交的男女双方约定日期，届时女方由父母陪同去男家做客，男女对象之间、双方父母之间及女青年与男方父母之间、小伙子与女方父母之间，依次进行交谈，互相就德、才、貌等方面进行试探、观察和了解。假如男女双方及双方父母都感觉满意，就通过媒人，择日定亲。如交谈不称意，就各走各的路。“看屋里”时，双方在礼仪上是颇有讲究的。女方去男家，一般得带点糖果糕点之类。男家则先以烟茶糖果招待。交谈后若略为有意，男家就得留女方吃饭，起先是以“四盘”或“五碗”招待。边吃边谈，随着双方满意程度的增加而招待的规格也逐步升级，渐渐发展到设筵席，甚至三桌、五桌。

吃饱谈够，双方都满意后，男方就要送礼于女方。小伙子给姑娘的礼品一般是一条手绢外加二三十元现金；姑娘则回赠以手绢，知书识文的则回赠以钢笔或书籍。同时，男方父母也得给女方父母送些礼品，常见的是一身衣料外加“四样礼”。“四样礼”即香皂、皂盒、头巾、手帕等四样洗漱用物。若交谈不称意，则互不赠礼。若仅男方称意，痴意赠礼，女方则往往要婉言谢绝，予以挡回。

若女方在行“看屋里”时收了礼，那么双方就要进一步商量“订婚”了。“看屋里”是介于“包办婚姻”向“自由恋爱”发展的一种过渡性男女社交方式。它的起源是古时议婚礼仪中的“相亲”。

◆ 延安男女定亲会

每逢农历四月初八和七月二十三日，陕北延安地区的农村，就要举行“定亲会”。

太阳出山，赶定亲会的便起身赶路。做父母的手牵毛驴、肩背褡裢；姑娘、后生则随其后，或戏谑玩笑，或唱起信天游，兴致勃勃地朝会场涌去。

延安定亲会最大的会场要数黄河边上的白浮屠寺。这里虽是座很普通的小庙，据说定亲会习俗最早便源自这里。俗传很早以前，大夏王赫连勃勃征战中原，来到黄河边上。他的爱女突然在这里病死。为了追悼亡魂，赫连勃勃命人修建了白浮屠寺，把女儿葬在这儿。后来，在一个五色祥云的傍晚，乡人们看见半空的彩云中有位俊秀的仙女朝下招手，一个后生勇敢地攀云而上，结果便双双飘然而去。从此，人们便在这里为自己的子女择偶，以图仙女保佑。久而久之，便成了“定亲会”这一风俗。

当地风俗，男婚女嫁，一般要经媒人撮合。事先，媒人穿梭奔走于男女之间，穿针引线，互相把情况摸得差不多了，便相约来会上聚首、定亲。旧时，定亲的后生、姑娘年龄较小，故相亲、定亲都由大人包办代替。近代以来，情况就不同了。被约的两家人来到会上，席地而坐，男方家把所带的鲜果、鸡蛋、干酪、裹馅等摊满一地，请女方家人一同品尝。大人们边吃边拉家常，他们对相亲一事虽心照不宣，却互不点破，只是海阔天空、天南地北地侃。被相的后生、姑娘则大都举止端庄，谈吐有节，欲给对方以好印象。渐渐，话语多了，便一反拘谨神态，只要双方有意，就找个僻静地方去互吐衷肠。等火候烧到八成，双方家长才会请媒人出面，定亲议约。

婚约议定后，草地上不光摆出瓜果糕饼，还要加摆酒宴，叫定亲酒。这时若有亲朋在会场，是一定要拉来陪客，作证婚人的。定亲酒一般很简单，菜肴也不大讲究。开宴，媒人提起酒瓶先喝一口、再传递给女方家长，然后依次传递，一个个喝得容光焕发。兴致来时，还要吆三喝四地猜拳，或咿里哇啦地唱酒曲。家长们一直要闹腾到红日西垂、暮霭漫起方休，以便腾出足够的时间，让儿女们谈够情话，才踏上归途。

当然，来会上相亲的青年，也不见得都能成功。会上定亲，大都尊重青年男女自身的意见，“金娃配银娃，葫芦配南瓜”，相不中的，只好等下一次会时再来。“待到来年四月八，会上有的是姣娃”“待到七月二十三，会上有的是姣娘”，没相上亲的小伙子，还显得很超脱呢。

延安的定亲会风俗很普遍，几乎各地都有。有的地方还把这种聚会的场所叫作婚姻寺。

◆ 男欢女爱茶结缘

汉族民间有句俗语："吃了哪家的茶，就是哪家的人。"这儿的"吃茶"就是订了姻缘的意思。

关于以茶结缘，明末冯梦龙编的《醒世恒言》中，有一则《陈多寿生死夫妻》的故事，说的是柳氏欺贫爱富，逼女儿退掉陈家的聘礼，另许个富裕之家，女儿不允，说："从没见好人家女子吃两家茶。"清时曹雪芹在《红楼梦》中也写道，王熙凤一次给黛玉送过暹逻茶后，诙谐地与黛玉开玩笑说："你既吃了我们家的茶，怎么还不给我们家做媳妇？"可见，"吃茶"两字在一定的场合中，已经成了订婚的代名词。这与我国古时婚配"以茶为礼"的习俗有关。

过去，汉族民间男婚女嫁，互换过"八字帖"后，若双方父母都觉得满意，就要由男方下定亲的聘礼。而下聘均要"以茶为礼"。宋人吴自牧的《梦粱录》载曰：杭城风俗，丰富人家之聘礼，"以珠翠、首饰、金器、销金裙褶，及缎匹、茶、饼，加以双羊牵送。"清人阮葵生的《茶余客话》卷十九载曰：淮南一带人家，男方下给女方的聘礼，"珍币之下，必衬以茶，更以瓶茶分赠亲友。"清人福格的《听雨丛谈》卷八中也有记载："今婚礼行聘，以茶叶为币，满汉之俗皆然。"因此，民间把下聘叫作"下茶"或"过茶"，把受聘叫作"受茶"或"吃茶"，把订婚前男方送聘礼叫"下小茶"。明人郎瑛在《七修类稿》中云："女子受聘，其礼曰下茶，亦曰吃茶"，说的就是这种风俗。《二刻拍案惊奇》称未订婚的闺女是"没吃茶的女儿"，《海上花列传》有令妹"可曾受茶"之问，《绿野仙踪》中"先择吉过茶"、再定吉完婚之语，以及《金瓶梅》中"干娘若肯去，明日下小茶，我使人来请"之语，如此等等，皆指此意。

为什么汉族民间男女订婚要以茶为礼呢？清人阮葵生《茶余客话》引宋人著作《品茶录》云："凡种茶树必下子，若移植则不复生，故俗聘妇必以茶为礼，义固有取。"明人许次纾《茶疏考本》也云："茶不移本，植必子生。古人结婚，必以茶为礼，取其不移、植子之意也。”

这里寄寓的是人们对婚姻的“矢志不移”和“必定有子”的良好愿望。以茶为礼，即寓有吉祥之意。这种以茶为礼的风俗，至今仍在许多汉族山村中存在着。浙东山区农村，订婚时男方所送的聘礼中必要有谷、黍、豆、麦等五谷和茶，以小袋装之，谓之“五谷茶”。同房时，新郎新娘要同吃一碗以鸡蛋作佐料的茶，叫“子茶”。台湾的婚仪中，新郎的长辈在客厅中依次而坐，新娘由媒人搀着，向长辈逐个敬甜茶。长辈则在喝完甜茶后，在茶碗中放一大红包，以示祝贺。湖南衡阳一带，婚礼时让新郎、新娘面对面交腿而坐，男左女右手放对方肩上，男右女左拇、食指并成一正方形，放茶杯于其中，亲戚朋友轮流品茶于杯，叫作“合合茶”。此外，四川、湖北、陕西的一些地方，在婚后，女方还要派一童男子为新娘送些茶叶、糕点，叫作“送茶”。

送茶作礼、喝茶结缘，这普普通通的茶叶又给少男少女们带来多少美好的想象！

◆ 红媒大人忙说亲

汉族民间俗规无媒不成婚。小伙子若看上了哪位姑娘，首先得请“红媒大人”前往说亲，否则姑娘无论如何是不会与之相好的。就是在文化发达、风气开放的城镇，虽然自由恋爱已风行甚久，亦无不盛行请媒、说媒之俗。

汉族民间媒人古称“冰人”。古俗春秋为嫁娶吉时，而冰天雪地的冬季才是媒人为男女撮合牵线之时，故媒人才有“冰人”之称。媒人，民间多俗称为“媒婆”“媒公”。不少媒人是男家或女家的亲戚朋友，他们为成人之美，而充当“红娘”“月老”。但过去也有以媒为业的，这些职业媒人平常十分留意当婚小伙子、当嫁的姑娘们的各种情况。遇上年龄、门户诸条件相当的，就开始在双方之间游说，一般先由尊称“大媒先生”的男媒到男家游说，尽说女方的好处，说得男家动心。然后择一个既是双日，又是黄道吉日，而且与小伙子生日相合的日子，以男家最有身份的长辈出面，写一张“某某老爷令郎年××岁大吉”的红纸条，要求字成双，排成对，以示婚事成双，俗称之为“媒条”。男媒拿着媒条，与女媒一同前往女方家。此时被尊称为“大媒太太”的女媒，便竭力夸张男方的家业、门庭、学业、品貌怎样的好。若能说得女家应允，也开出一张与男方类似的媒条，由女媒送到男家，这样这桩婚事便算有了眉目。

像这种情况，对女方来说自是男方看上了她而请媒说亲，而男方则自说是女方请媒说亲，实际上却是媒人不请自来为媒。

真正的请媒是男方看上了女方，然后请求媒人为之撮合，习俗又称为“央媒”。也有一种是男女两家均已有意，两家都请媒人为其出面通话，传递礼物的现成媒。不管哪一种请媒都不外乎是请求媒人为其费口舌，奔走效劳，促使婚事联成。所以请媒时必须送酒、肉、糕点，以慰劳媒人奔走游说之功。当媒人到家时都得递烟泡茶，酒食相待。浙江龙游一带有谚云：“成不成，三壶酒。”

一般来说，汉族民间以男方请媒说亲为多，唯有广东东莞兴女家请媒去男家求婚之俗。在东莞，家中若有女孩长至及笄之年，父母必须准备为她找配偶。首先备好女儿的“年辰”，上面写着女儿的姓名、生时日月。格式为：坤造×岁×月××日×时生。字数不仅要成双，尤以十二字为最佳。然后请一媒人拿着年辰去寻找人家。媒人则到门当户对、条件相当、且有年龄相配之子的家中去游说。只要男家收下女子的年辰，婚姻之约就算成立了。

有些地方请媒时还有一条有趣的俗规，即请媒前，先在家中神柜上放三样东西：镜、秤、尺，让媒人一进门便看见这三件具有特殊含义的东西。镜是显示主家心明似镜，以暗示媒人切不可做谎媒；秤与尺是表示主家富有，是用秤称米吃，用尺量布做衣裳的人家，暗示媒人要以本家的条件去衡量对方，称称斤量，量量长短，寓意是要找一个门当户对、才貌般配的配偶。

一般来说，媒做成之后，按规矩都要受到男女双方的重谢，俗谓“谢媒”。此俗汉族民间自古如此，三国时曹植就曾说：“媒氏何所营？玉帛不时安。”

旧时广东汕尾新港疍民谢媒，除两家酒席间恭请媒人坐尊位外，女家还须送媒人花银一对（二元），又在聘金的银两中和每两元抽出20个钱给媒人作为酬谢。男家须以鸡鸭的头、脚、翼各一对，用红绳系成一串，外加若干银元送给媒人作酬谢，同时还要送上红布8尺，挂在媒人家的房门上。

江苏扬州水乡婚俗不论双方对亲事是否称心，在婚前和喜日里都要对媒人倍加尊重，不论家境贫富均得请吃三顿酒：请媒酒、待媒酒、谢媒酒。每次请吃酒前都得按俗规送礼：2斤猪肉，两条鱼，外加成双的茶食。对媒人尊称为“红席大人”。只有在谢媒酒散后，才与媒人无关，俗称：“新娘进了房，媒人撂过墙。”

浙江龙游婚俗，谢媒礼均由男方行使。男家从求媒开始行请媒礼，送酒、送糕点以示酬谢。在联姻过程中行待媒礼，每逢媒人到必酒食款待。婚后，由新郎家将若干酒、肉、糕点，红鸡蛋送到媒人的住宅。有趣的是千万不可忘记同时送上新娘子的鞋子和袜子各一双。

浙江湖州一带，订婚后，男家专门为媒人设盛宴款待，有的称为“谢媒”，也有的称为“待媒”。席间由男家的父亲、娘舅、姑夫及男子本人奉陪。此时，媒人被尊称为“喜太婆”，媒人的丈夫也被盛情邀请赴宴，待若上宾，尊称其为“朱红大臣”。请媒人来赴宴时，俗规由男子的大伯或娘舅去请，并带上3斤鱼、3斤肉，作为请礼，俗谓“请三斤”。

“父母之命，媒妁之言”的婚配，只管双方家长的意愿，不问男女本人对亲事是否称心，所以虽有“嫁鸡随鸡，嫁狗随狗，嫁只畚箕做扫帚”的俗训，但一旦婚后发现上了媒人的当，或实在对对方不满意而痛苦万分之时，怨媒、骂媒便随之出现，有“怨媒歌”为证：

不怨哥，
不怨娘，
只怨媒公、媒婆黑心烂肚肠，
嫁了个癞痢老公恨断肠。

有一首“骂媒歌”更是唱出了对媒人恨之入骨的心情：

不怨爹，
不怨娘，
怨那媒人坏心肠！
媒人肉放锅熬，
媒人骨头当柴烧，
媒人皮当鼓敲。

◆ 相亲之俗多羞答

尽管汉族民间求婚择偶一向比较保守，从说亲到定亲，当事的男女双方是不能见面的，只有到洞房花烛之夜，才能识得庐山真面目。但青春少年总希望能在婚前见一见自己未来的娘子，姑娘闺秀也都渴望能在圆房之前看一看自己未来的夫君，于是便出现了形形色色的相亲之俗。

“相亲”，据说在宋代时俗称“相媳妇”。在正式定亲之前，若男家要求看看姑娘，可派一位女性亲人为代表到女家。若相中即以一个钗子插入冠中，叫作“插钗子”；若相不中，留下随身带去的一两匹彩缎压惊，以示亲事告吹。旧时泉州，男家相女家门风女德，可派其婶娘之类的女性宗亲，到女家观看女子的体格面貌，并设法逗引其谈话，以探察有无口吃、声哑现象。甚至拉女子的手掌看手相，着其掌是否是贯连横纹的断掌，谓之“粗看”。若粗看不中，则婚事告吹。辽宁营口也有此俗，男女两家一经有意，男家即派一人前往看姑娘，当看客来到时，姑娘要为看客装一袋烟，装好即低头回房。看客就在装烟之时观察姑娘，婚事成不成全凭这一眼，判断要迅速，若看中则留下用饭，看不中则寒暄几句后即走，故有诗一首云：

十五娇娃来上头，初闻相看意含羞。
装烟低首归房去，早饭谁知留不留？

除了明相亲外，有的地方还有暗察之俗。在湖南宁乡一带，男子想看姑娘的玉容，往往化装成“买猪”的“买牛”的或“粜谷”的……到女家屋里去；而女方则由其母亲或女亲属扮作“换孵鸡蛋”或以过路人进屋歇脚为由，进入男家暗中考察。其实因媒人已说合过，双方都了解了一些对方的情况，多数能识破对方的来意。所以品貌好的便大大方方地出来接待，而有残疾的，为使婚事成功，往往请标致的朋友冒名顶替，也有的干脆躲避不见，俗称“躲察”。

也有一些地方称相亲为“看场”。女子在家人的陪同下来到男家既看未婚夫的人品，也看男家的摆设，了解男方家底。男方自然设宴备酒招待，若姑娘肯留下吃饭即意示相中了；若坚决不肯吃饭，婚事定告吹无疑了。

西安郊县及关中农村普遍流传定亲前“看屋里”的风俗。由介绍人选好一个日子，女方及其父母一起到男家，与男青年及其父母会面。男女双方，家长双方及男青年与女方父母，女青年与男方家长均要促膝交谈，若晚辈和长辈双方都满意便择日订婚。

相亲议婚时，男方一般都难以启口征询女方同意否，女方更不好意思直接答复。因而便出现了情趣盎然的相亲中吃点心寓意的风俗。

北方人爱吃面，相亲时习俗以面条款待。如果女方母亲烧鸡蛋面条给相亲的小伙子吃，即寓意未来的丈母娘已喜欢上他了。

在广东饶平和福建诏安的界关——汾水关，相亲时以糯米粥款待。若糯米粥很甜，小伙子会越吃越开心，因甜粥寓意着女家对婚事十分满意。粥若有一点甜味但不是很甜，则示意亲事尚待考虑。若粥是淡的，那么就分明意示女方无意联姻。

广西富川相亲俗称“相人”，多选在赶圩日进行，男女双方均由好友陪伴在圩中见面。相中了友人退去，他们双双走进饭店，除了点几个菜下酒或吃饭以外，俗规必须要上两碗汤面，一人一碗，俗谓吃了汤面才算双方有意，故相亲又有一俗称“吃汤面”。浙江东阳吃相亲蛋示意的风俗特别有趣。相亲郎来时，姑娘的父母煮鸡蛋招待。若煮清蛋待之，意为团圆，表示女家喜欢小伙子。而男子若对姑娘中意，则吃两个蛋。好事成双嘛！如心中有意但还须进一步考虑，则吃一个蛋，意示下次再来；若相不中女方，则一个也不吃。

如果女方煮荷包蛋招待相亲客，则表示女方相不中男方，小伙子吃不吃蛋都无所谓，反正婚事已宣布告吹了。

◆ 喜滋滋的定亲礼

乃生女子，载寝之地，
载衣之裼，载弄之瓦，
无菲之仪，唯酒食是仪。

这是《诗经·小雅·斯干》中关于定亲礼后的一段歌谣。八字相合的男女二人，汉族民间就认为是命中注定的好姻缘，婚事就好决定了，这时便要举行喜滋滋的定亲礼仪。

古话说："非纳币不交不亲"，故民间极看重定亲礼。

定亲就是"下定"，俗称"小定"，即送定礼以示男女双方对婚约的认定。由于汉族人多地广，定亲礼也就五花八门、各具一格了。

辽宁营口一带旧俗，称送定亲礼为"放小定"。男家遣媒人送给姑娘耳环一对，金银不拘，趣称为"挂钩"。姑娘戴上这对耳环就等于将终身已定的消息公布于众了。

浙江温州一带定亲俗称"插定"，男方给女方送的定礼，除以鸡、鸭、鹅、鱼及礼饼四包外，最重要的是金或银的戒指一双。因在古代象形文字中圆圈代表永恒，人们用圆环形戒指作联结姻缘的象征。许多人还在戒指上精心地刻上诗句：

爱情栖息在这狭小但完美的圆环之中，
责任蕴含在这柔和但严谨的环抱之内。

因此，以戒指定亲除了借金银的贵重以示隆重外，用时兴观点来说，男人的一半是女人，女人的一半是男人。而单身男女都只能算半个人，因而戒指也意味着结束不完整人的生活，从今后可以双双结合做一个完完整整的人了。男方的定礼送到女方后，女方须回礼，俗称"回盘"。回盘礼是荔枝、红枣、桂圆之类的吉祥果，外加不可缺少的江西瓷碗若干。因温州方言读“碗”为“稳”，意为婚事定后稳当，男家收到后要把碗保藏到结婚那天拿出来使用。

广东东莞地区则俗称下定为“抽手提”，或“落文定”。男家所送的礼品中必须有鸭蛋上百只，最好有200只，其中10只或20只蛋画上人物或花卉，俗称“定亲花鸭蛋”。如果小孩子能得到一只定亲花鸭蛋将感到十分荣幸，认为得到了彩气，会很幸运的。但广东汕尾新港疍民的旧俗，定亲礼却比较复杂，要下三次礼才行。第一次礼“送槟榔”，男方送给女方槟榔4手（每手10叶或20叶），茶杯4只，油麻、茶叶各若干包。第二次礼曰“担茶”，男方担上茶叶、油麻、白米、豆，瓜碧各2包，甜肉包的公鸡饼100个，茶杯4只，外加槟榔四手。第三次礼叫“进茶”，仅送油麻、茶叶各2包即可。女家收下了三次定亲礼才算定好了亲事。

广西凤山的定亲礼则别有风趣，俗称“装香”。这是因为男方到女家定亲时除了带上猪肉、好酒、大米、糠果、米粑等为定亲礼外，还须带上“香”。一到女家首先烧上高香，供奉女家祖宗，拜求祖宗保佑他们俩的婚事美满，感谢祖先赐予他称心如意的姑娘。大新县下雷一带的定亲礼更是趣味横生，定亲之旧由女家炒半碗黄豆，姑娘的父母同媒人一起手抓黄豆同吃，每人吃完一把黄豆便算将一男一女的婚事拍案决定了。以吃黄豆作为双方的山盟海誓。当地有俗语云：“交钱定得万货，粒豆定下新娘”。

湖南桃源一带的定亲生活气息浓郁，姑娘与小伙子定亲，女家既不要金银钱财，也不收酒肉糕点，单要小伙子在订婚之日挑上一担自己亲手制作的稻草纸。这担稻草纸须经女方全家逐张检验、评定，若纸是一色嫩黄，且又薄、又匀、又结实，那么这位手艺精巧的小伙子定博得姑娘及全家老少的欢心。在他回家时，来时装纸的竹篓中定会有一双布鞋，鞋子里还有两块用红纸包得好好的石子，这石子便是定亲的象征，故俗称“定亲石”。“以石定亲”的这个风俗据说是很久以前流传下来的。早先本地一个小山村中住着一对夫妇，他们只有一个女儿名唤兰花，一家人靠做稻草纸为生。生活虽过得清贫，女儿兰花却长得端庄秀丽，而且十分勤劳，学得一手好手艺，揭纸、晒纸、齐纸、捆纸样样精通。俩老看着女儿长大成人心里有说不出的高兴。兰花的揭纸技术特别高明，用一块圆圆的石子，把纸角磨得平整又光滑，揭起来既快又顺手。这块石子兰花取了个名叫“磨纸岩”。当兰花18岁那年，上门求亲的人踏平了她家的门槛。父母见了这情景非常焦虑，这么多勤快的好小伙，选哪个好呢？万一得罪了哪一家也不好意思啊！兰花倒有好主意，她对母亲说：“妈，我们是以做纸营生的，还是用揭纸考试来选婿吧！”消息传出后，后生们纷纷参试，心想都是做纸出身，哪有不会揭纸的呢？考试结果，只有一个名叫春生的后生，手拿一块石子，边磨纸坯边揭，揭得飞快，纸摊得又薄又匀，技艺超群。当即兰花就与春生定了亲。原来春生用的磨纸岩是兰花偷偷私下里赠送的，这揭纸的诀窍也是兰花悄悄传授给他的，他们俩早已偷偷相爱以石定了亲。从此之后，姑娘小伙子纷纷效仿，以石定亲遂成了风俗。

定亲之俗尽管《婚姻法》中并没有规定，但汉族民间俗规却认为这是男女婚姻大事中至关重要的一步，因此至今仍广泛流传着。

二、迎亲风俗

◆ 择吉日定佳期

媳妇回到村中央，新郎来接新姑娘。

先生看得好日子，今日才女配才郎。

这是一首流行于广西来宾、柳州等地的民谣，歌中似赞多亏择日先生择了好日子，才使才女配得才郎。这就是汉族红喜事中择吉日佳期，准备迎娶新娘的风俗写照。

择喜日之俗，据说从周代已开始，那时订婚后的一对男女须专门选择一个好日子成婚，这个日子必须请巫师来择定，然后由双方家长同意。那时习惯选择每年的秋冬季节间的吉日，主要为了不误农作，以便亲戚、邻里都可来帮忙、贺喜、凑热闹。旧俗不少地方将九月九日重阳节作为迎亲的吉日，“九”谐“久”音，又是汉语中最大一个阳数，故“九九”，寓意婚姻最为长久。但更多的人家在腊月中择吉日迎亲，正如俗谚所说：“不管有钱没有钱，娶个媳妇好过年。”再说按迷信的俗规，腊月二十三送走了灶王爷，百无禁忌，所以，这段时间里选吉日迎亲的特别多。到后来，不知从那个朝代开始，民间出现了许多婚嫁的忌月、忌日，择日选婚期的风俗便愈来愈复杂，越来越迷信了。

有的地方忌月不忌日，台湾的婚嫁忌“五、六、七、九月”所谓“六月勿出尾”、意为六月结婚不会圆满，故俗话说：“六月娶半年妻”；而七月是鬼月，俗谓“七月娶鬼妻”“九月狗头重，死妻又死夫”，总之，在这几个月里迎亲是大不吉利的。

有的地方讲究忌日。安徽蚌埠一带迎亲日一定要“双头日子”，寓意“好事成双”。忌“八”，欲谓“八”为“巴巴节节”，很不吉利；又忌三十，因这是一个“尽头日子”，也不吉利。此外，什么“白虎日”“朱雀日”“罗猴日”都是凶日，不能为迎亲吉日。

不少地方择迎亲吉日还有一番讲究。合肥一带要在迎亲前的半年，请算命先生择吉日，俗称“周堂择日”。按俗规要把男女双方以及双方父母的生辰八字一并交于算命先生，合在一起进行推算。所择日子，必须双方都无伤克。一般择两个日期，同月中上半个月一个，下半个月一个，以便避开新娘的经期，俗谓新娘若“骑马”上轿是很晦气的。浙江东阳一带多请风水先生择吉日。日子择好后，要提早数月将日子写于红纸上，由媒人送到女家。按当地俗规送日子时须附钱财，俗称“定头钿”，或“压日礼”。广东东莞一带择佳期前须差女媒将饼糕之类的礼品送到女家，并再次问得姑娘年岁、生辰，然后拿上男女二人的生日时辰，向本地势力最大的神灵——张王爷卜卦择日。

吉日佳期选好，经双方家长同意，那么迎娶日便铁定了。双方即全力投入娶嫁准备工作，按俗规不能改动。但是，由于择日时间比较早，万一届时新郎因故不在家怎么办呢?

过去，浙东海岛上，以渔为业的渔民若新郎出海不能按期赶上吉日良辰，由小姑代兄去拜堂，然后由小姑捧着一只大红公鸡送入洞房。公鸡颈上系一条红布，鸡罩入笼内，每天喂饭，一直陪伴着新娘子，直到新郎回家。而福建泉州一带则有“寄房”之俗。若吉日来临而新郎外出因故未回，婚期照样不能更改，乃按择定吉日将新娘迎娶过门。新郎接新娘下轿一举由公鸡来代替，一般由送嫁娘抱着公鸡到轿前，公鸡代替新郎接新娘下轿，送入洞房，等到新郎回归。当地称这种新娘是“嫁雄鸡的新娘”。

那么，如果后来发现风水先生所择吉日竟是一个不祥之日，那怎么办呢？按俗规也照样不能更改，只能用巧妙的办法来进行解救。

广东的潮阳、饶平等地都有在迎娶的花轿前挂一块“肥猪肉”的习俗。传说那是因为早先择日，择中了“白虎日”“罗猴日”，后来发现此日是凶日，若行迎娶易出大乱，故设法解救而形成的风俗。相传此举是明代江西提学李陵之的主意，他说：“猪肉可食，当‘罗猴’‘白虎’等精怪要在迎亲途中作祟的话，可用以贿赂，使之不进行扰乱，可保新娘平安。”于是后来所有人家迎亲都以猪肉挂在轿前，以防择日有误，用猪肉避煞驱邪，确保迎亲平安。这种迷信习俗沿袭下来，直至现在，有的新郎骑着单车去迎亲，仍把一块肥猪肉吊在载新娘的单车手把上。

◆ 行聘下定万花筒

汉族民间旧俗流行“论财”婚姻，讲究聘礼的厚薄，北宋的司马光在《书仪》中就说过：“将娶妇，先问资装之厚薄；将嫁女，先问聘财之多少。”此俗在民间长期盛行，而又因地域之不同而万象森罗，如万花筒一般五花八门。

迎亲送聘礼俗称“大定”，以与定亲礼相区别。浙江温州一带大定要比小定的礼品多一倍，还须加上一对银手镯和若干衣料。有的大户人家下大定时，所用的猪、羊、鸡、鸭都须双份，还要另外宰猪、羊各一头扮成麒麟状，又有鸡鸭各四只，宰后摆在盆里拼成花样，吃的、穿的、用的置备齐全，用盛物的方柜扛抬，极为排场。

有些地方下定行聘时极力张扬，煞是热闹。浙江丽水一带，旧俗男家聘礼除预先议定聘金、金银首饰、衣料鞋袜外，还要将许多花生染上红绿色，用金纸、红纸裹核桃、桂圆并扎成一对一对，用去壳染色的瓜子拼成瓜子花等彩礼，放在食箩或贡箱内。有趣的是有些人家行“送定人”之俗，“送定人”是用泥制彩绘，高约六七寸着纸衣，用纸板为底座的才子佳人。礼品准备停当后，食箩或贡箱内放置柏枝、万年青，寓意夫妻和睦，白头偕老。此外，花生、瓜子寓意婚后多子多孙，成对的桂圆、核桃意为团圆。于是，抬的、挑的，成一溜长队，一路鸣放鞭炮，张张扬扬地送往女家。

大定不仅聘礼丰厚，而且旧式礼仪考究。广东东莞下大定的礼节就极讲究。送聘礼下大定当地俗称“行茶”，男家送的聘礼须附有柬帖，帖上男写“良缘凤缔”；女家收下后在柬帖上写上“佳偶天成”。帖内有龙凤帖两个，一个写拜名，一个写礼品，写礼品的格式是：

仅　　具

雁仪一封

聘金一封

鱿鱼满盒
粗饼满盒
彩果成筐
锦旦有肩
锦鳞千尾
豚肉满盒
香茗成箱
醴酒成肩
洁粟满盒
万福攸同
奉　　申
纳采之敬

女家受礼后，须具柬帖回礼，其格式是：

随　　具
书仪一封
高冠一品
京布全匹
裤段成端
线袜成双
儒履成对
锦囊全佩
德禽四翼
福糖满盒
珠丸满盒
奉　　申
旋告之敬

像这样丰厚的聘礼，一般百姓家是置办不起的，故民间多根据地方特产，取寓意吉祥之物为聘礼的风俗，极富情趣。

山东曲阜把鸡看成是吉祥的象征。传说远古时鸡的名字叫“吉”，它还是天上专门负责降吉祥给人间的神。有一天，“吉”在天庭闷得慌，悄悄溜到人间，飞到山东曲阜时看见一农家大院里撒了许多白米，“吉”随即降落下地啄食白米，饱尝人间美食，它十分高兴把吉祥降给了曲阜人民。这事很快被天帝发觉，天兵天将奉天帝命令把“吉”缉拿回天庭问罪后被罚下凡。“吉”倒是乐意受罚并选择了曲阜落了户，繁衍生息。曲阜人民认为“吉”就是吉祥的象征，十分喜爱它并给它改了个凡名叫鸡，从此曲阜成了鸡的故乡，鸡也就成为曲阜家家户户都喜爱饲养的家禽。当地的婚俗，在下聘礼之时更是少不了它。按俗规，迎亲下大定时必须送一只大红公鸡，以预示这桩婚姻的吉利，这一只鸡到了女方后绝对不能宰，只能长期饲着或卖掉。

浙江临安昌南一带，行聘时有送肉为吉祥的习俗。有意思的是女方不可将肉全部收下，但又不能将肉斩一块后退回，否则就意味着一刀两断，大为不吉。而是将送来的整块肉的皮全部取下，并连着一块肉退回男家，以示不断。有的聘礼中必须有万年青一株，女方回礼中必有一束“稻根”，以此表示姑娘嫁给男家后至死不变的决心，俗谓“扎根”。

广东饶平一带，男方在吉日里送聘金及聘礼到女方，女家回赠的礼物有一样必不可少，那就是一片割而未断的猪肉，俗称“鸳鸯肉”，以示“誓与男子血肉相连”。潮汕农村下聘有传统的“送心”之俗，在送聘吉日，女家收聘礼后的复聘礼，样样都讲究其含义的吉祥：厚香草头，象征草头结发；腰袋表示千秋万代；雌雄鸡各一只，意为鸳鸯比翼等等。同时回礼时还必须考虑男方长辈，若祖母在堂，须回老妈糕；祖父在堂，必回老公饼。特别注重回礼中的猪肝，猪心，俗谓那是表示夫妻日后“肝胆相照”的象征。按俗规，回礼前要切一片猪心给姑娘吃了，其余的才可送往男家，由小伙子及家人共享，俗谓“全家同心”。此俗至今在农村还流行。

地处太湖之滨的开弦弓村，行聘又别有一番风趣。当地称下大定为“行大盘”，行大盘时，男方送一纱罩方糕到女家。方糕用糯米粉和粳米粉掺和，加糖制成，上印各种红绿花纹，每块约十厘米见方，两厘米厚，十多斤米一纱罩，大约有一百块左右，女方用方糕分赠亲友。亲友收到方糕便等于收到了婚礼的请帖，按俗规一年后的今天准时赴宴。同样女方也回以一纱罩方糕给男家，男家用作同样的用场。当地就用方糕代替请帖，俗规行大盘与结婚之日必相隔一周年，行大盘之日的一年后即完婚之日。

别具一格的是广东东莞一带行聘时，还有供奉“张王爷”神的怪俗。从行聘下大定之日起，男家须供祭“张王爷”神，每日早、午、晚三餐奉祀。有趣的是俗传张王爷耳聋，故奉祀时要鸣锣招呼。供祭一直要持续到完婚之后，才把神位焚烧，俗谓送“张王爷”回天。

◆ 色彩斑斓的嫁妆

嫁妆，最能表现新娘的心地，又能反映女家的境况。各地民间新娘的嫁妆五彩斑斓，各显异趣。

俗话说：从嫁妆看新娘，心灵手巧全在针线上。浙江一带准备出嫁的姑娘有做嫁妆鞋的习俗。从定亲之日起，姑娘就开始为男方全家人每人做一双新布鞋，俗称“上贺鞋”。女家专门请媒婆到男家讨鞋样，量尺寸。上贺鞋规定白底黑帮或白底青帮，以示黑白分明，清清白白。做工要精细，细针密线，展示姑娘手工的精巧。在摆嫁妆时那些婶子，姑娘们最注意欣赏的就是上贺鞋。到时得到她们的一致好评，新娘子的身价即可倍增。广东澄海一带一经定亲，即开始精心地纳鞋底、绣鞋面，绣上精美的图案做成一双双绣花鞋，以表现姑娘勤劳灵巧，聪明能干，俗称“本相鞋”。本相鞋随嫁妆送给男家婆婆、妯娌、小姑、大姑，以示与男家成员和睦相处。这种做嫁妆鞋的风俗，在大多数地方都很流行，并相沿至今。不过现代姑娘已不可能费这样的心思，用这么多的时间去精制细缝了，而是以购买时兴的商品鞋来代替。

有些地方特别兴做新婚被的风俗。广西巴马一带就很注重嫁妆被，俗称“鸳鸯被”。按俗规姑娘须在出嫁前的一个月开始做嫁妆被。做被用自织的土布，自染颜色。到时还要请5至10个命好的老太婆来帮忙缝被子。为此男方须送去8斤油，若干酒，120个糯米粑，一只猪腿，以慰劳缝鸳鸯被的老人们。

广东澄海一带不可缺少的陪嫁物是“草头肚腰”，即肚兜，俗称“齐眉袋”，是待嫁的姑娘亲手用蓝色布料制成的。肚兜2尺大，两端系上红绫带，兜内分两层，里层放连根带叶的“咸草丛”和桂圆枝，石榴枝和仙草枝等的吉祥物。在洞房花烛之夜由伴娘分别将肚兜系在新郎新娘身上，寓意草头结发，举案齐眉。

浙江宁波流传着一句俗语：“若要富，先做裤。”姑娘出嫁，嫁妆中必不可少的是新娘子亲手为婆家长辈缝制的裤子。对新妇来说此举意为尊敬长辈，愿婆家日渐富裕。对长辈来说，以此来检验新媳妇的手巧不巧，看她日后会不会过日子。裤子做得好，新媳妇在男家就有地位，可以当家掌权。做得不好，新媳妇日后连头也抬不起来。而且宁波方言“裤”与“苦”谐音，包含着新婚便要学会苦中过日子，先苦后甜，生活越过越好的意思。按俗规姑娘在做裤子时，针线要缝得飞快，发出“富、富、富”的响声，以讨“富”的吉利。

在汉族民间，嫁妆往往被礼俗看成是女子身价的象征，也是门第的象征。一般嫁妆的厚薄按聘礼的多寡而置，女方家境好的当然在聘金基础上再添一些，所以嫁妆极讲究丰厚。过去富裕人家，一般要请裁缝、木匠、漆匠、篾匠、五金匠、雕花匠等到家专门制作四季衣、各种日用器具什物，办嫁妆之家真是忙得不亦乐乎，俗称“赶上轿”。

讲嫁妆的丰厚，浙江龙游过去有“半堂嫁妆”和“全堂嫁妆”之分。备齐全部生活用品的称“半堂嫁妆”。生活用品连同生产资料、土地、房屋一起陪嫁的方称“全堂嫁妆”。有趣的是有的为了炫耀嫁妆的齐全，连寿材也作陪嫁，意为不用说一辈子够用够吃，连死后下辈子的住处都嫁过去了。有的甚至连吃的水也作为嫁妆陪嫁。相传龙游城郊过去有一姓范人家，早先嫁女于东乡七都，由于当地缺水，娘家特地开凿“鸡鸣堰”一条，哗啦啦的溪水从娘家通过鸡鸣堰流到夫家，故送水陪嫁成为嫁妆丰厚的美谈。按当地俗规，嫁妆以“扛”为单位，二人抬一扛，每一扛嫁妆内都放些花生、红枣、红纸剪成的老寿星，再插上松柏，捆扎物品一律用红绳，以示吉兆祥瑞。

汉族民间陪嫁不但讲究嫁妆的丰厚，要注意突出嫁妆的吉祥。

杭嘉湖一带有用万年青陪嫁的风俗。万年青，顾名思义是四季常青而且生命力极强的植物，它不论种子何地入土扎根极易生长。新娘子亲手选一株茁壮的万年青连根挖起，用红布裹好，随嫁妆到男家以表示新娘愿自己与万年青一样，到了夫家不论遇到什么困难，永不败谢，并表示爱情忠贞，永不变心，新婚后第二天由新郎种入土中，以示夫妻同心，祝福婚姻美满，万年长青。

广西贺州一带，嫁妆中除大件外，小件物品均须九字数，筷子九双，碗九个，茶杯九只，米九升，糍九个，以此祝愿姻缘久长，白头偕老。

浙江海宁蚕乡，嫁妆中除了丝绸衣服、丝绸被面、丝绵胎及其他物件外，必不可少的陪嫁物品是两株桑茵，蚕种、蚕箪、桑筐。人们借“桑”与“双”谐音，以祝福“成双富贵”，并希望新娘带来蚕事兴旺。陪嫁之物何以要用桑蚕？说来这里还有一个发人深省的风俗故事。从前，有一富足之家，其宝贝女儿出嫁，父母为她置办了许多嫁妆，送嫁的队伍浩浩荡荡，人们赞叹不已。不料一个讨饭老太婆见了却连连摇头说：“不见得，没有什么了不起！”姑娘的父亲听了很气，责问她：“你凭什么说这话？”老太婆说：“不瞒你说，当初我父母给我的陪嫁比这多得多啊，大到土地房屋，小到针头线脑，金银首饰，珍珠奇宝样样齐全，可是我什么本事和手艺都没有，坐吃山空，落得了今日的下场。”她这一席话说得姑娘的父母连连点头称是，有理，有理，陪嫁金山银山，总有吃光用光的时候，怎么比得上随身的本事，自己的手艺一生一世也用不完啊！于是蚕乡人们便十分流行陪嫁蚕种、桑苗以及养蚕的工具，以示女儿身怀本领，婚后靠勤劳为生，并遂成风俗。

上海奉贤沿海的盐民中有一种特别的嫁妆——“针线匾”。这是个圆形浅边的竹器，形似中型脸盆，红漆，制作十分精细，十分漂亮。俗规由母亲将剪刀、针、线、尺等放入匾中，匾上贴个大红双喜字。但它不能随嫁妆同行，而是在结婚的第二天由新娘的嫂子专程送到新房，当即举行交匾仪式，嫂子递匾时说：“勤是摇钱树。”新娘接过匾说：“俭是聚宝盆。”然后同饮送匾酒，热闹一番。

在广东及海外客家人中，至今还保留着一种别开生面的“蔬菜嫁妆”之俗。客家女儿出嫁时，父母必郑重其事地把一些谐音吉利的蔬菜，如芹菜、大蒜、香葱、韭菜等，逐样用红绳或红布条捆扎，作为陪嫁，以表示对女儿女婿的美好祝愿。芹菜寓“勤”，希望女儿到男家能吃苦耐劳，勤勤恳恳，勤俭过日子；大蒜寓“算”，祝女儿成家后百事灵通，治家有方，精打细算；香葱寓“聪”，祝愿女儿，女婿早日生个聪明健康，乖巧伶俐的小外孙；韭菜寓“久”，祝愿新婚夫妇相亲相爱，天长地久。更有趣的是客家还有用“长命草”为陪嫁的习俗。一株野草，用红绳扎好，陪嫁到夫家，挂在洞房床头竹篮里，第二天栽于菜园中，以示扎根。

社会的发展，科学的进步，在色彩斑斓的嫁妆中，也吹进了具有时代气息的现代风。据报道，江西金溪县对桥乡有个女青年陈金菊，父亲陈佑喜是种田、养猪行家，成了村里的先富户。金菊准备出嫁时，父亲问她，要什么作为陪嫁，她说：“财物陪嫁，眼前光彩；科技陪嫁，长久致富。”父亲很赞成她的观点。便更经心传教，女儿也勤奋学技术，后来她高高兴兴带上“科技嫁妆”出了嫁。有些地方姑娘的嫁妆中，摆出了用红绸缚着的毕业文凭，以示姑娘的文化水平。现代嫁妆在古老的风俗中放出新的光彩。

◆ 张扬炫耀地发嫁妆

经过“赶上轿”的繁忙，婚期临近，嫁妆的准备就绪。望着一担担，一扛扛，红红绿绿，色彩斑斓的嫁妆，即将当新娘的姑娘心中甜丝丝、喜滋滋的，其父母也脸上放光，喜气洋洋。随着迎亲喜日的来到，当女家收到男家送来的“上轿担”，举办了“嫁囡宴”，宴请了娘家亲友之后，就要“发嫁妆”了。民间俗规嫁妆不能称“送”，以避“送上门的货不值钱”之忌；敝俗谓之“发嫁妆”。

发嫁妆，民间一般的俗规，是在迎亲的时候一起把嫁妆迎过去，有的地方则在迎亲前一天就把嫁妆发往男家。发嫁妆，是展示女家风采的最佳时候，故各地都兴张扬和炫耀，流行着“亮嫁妆”的风俗，有些地方俗称之“摆架子”。

浙江金华、东阳一带，在迎亲日发嫁妆。喜日清晨，女家便把所有的嫁妆一一搬到场院，从木制家具到竹器制品，从生活用品到家用电器，统统用红绸捆扎，上面放上松柏、万年青、红绿纸屑、扎成抬杠，排成队列，然后燃放爆竹，众乡亲闻声赶来围观评议，热闹非凡。吉时一到，媒人带领着男家派来的迎妆队到来，先将男家委托她带来的利市红包送给女家，以支付女家掌厨、烧水、梳新娘头以及打发乞丐的费用，再送上猪心、红烛等礼。这时，女方才燃鞭炮，让嫁妆起程，发往男家。有趣的是媒人要肩扛两根翠竹，谓之“子孙竹”在前领路，一路不停地放着鞭炮，张张扬扬，浩浩荡荡地前往男家。在湖州一带，当女家把嫁妆发到男家后，由男方根据嫁妆的多少，包“行嫁包”给扛嫁妆的人，然后把嫁妆件件摆开，陈列于堂屋中，放鞭炮，招呼亲友、邻里都来观看，俗称“亮嫁妆”。

上海南汇一带，在迎亲日前一天发嫁妆，有“填箱”之俗。按当地俗规，新娘的红绿被须由嫂子缝好，父母把陪嫁给女儿的被头、土布、衣服、头巾等一一递给阿哥、阿嫂，由嫂子打成铺盖放到嫁妆箱中，以示这些东西都是哥嫂同意后陪嫁给女儿的，以免日后家中产生矛盾，谓之“填箱”。然后嫁妆置于堂屋，点上红烛。男家迎嫁妆的人来到后先付女家请各种师傅的开销，而后由阿舅开始发嫁妆。首先发一只子孙桶，发时说：“一眼眼破家牲俪拿仔去（即一点点破东西你拿去吧）。”然后大家才能动手搬嫁妆。有趣的是，当地俗规嫁妆一不能挑，二不能抬，也不能扛，一律用手拿。拿了嫁妆出门后一定要朝东南方向走，半路上嫁妆不能转手又不能停，而且明显很轻的物件也要装出很重的样子；明明不远就到的，却偏偏兜远路走，俗称“兜青龙”，其实是炫炫耀耀，故意“摆架子”。

广东人发嫁妆张扬而慎重，炫耀而烦琐。出嫁前一天，女家就将嫁妆发到男家，做嫁妆的工钱由男家支付，曰“搬嫁妆”。别具一格的是与嫁妆同行备有一份“奁仪录”，上面将所有陪嫁之物一一列录，以示慎重，丝毫也不怕烦琐。男家收到嫁妆，要对照奁仪录件件清点，并必须回一张“敬贮佳奁，禺子婿某某载拜”字样的红柬帖。

北方汉族民间发嫁妆虽然简朴，但也十分张扬炫耀。陕南一带发嫁妆时特别慎重而且风趣。成亲那天，专门派一个不满十岁的小男娃跟在嫁妆箱的后面保驾，俗称“押箱弟”，多由新娘的胞弟或堂弟担当。当迎亲队伍走到新郎家村口时，“押箱弟”站在村口小河边唱道：

小河水呀漫漫淌，
弟在河边看陪箱。
只听村里鞭炮响，
不见姐姐在何方？

这时新娘走出回唱道：

送姐送过几个坡，
送到婆家不算多。
半路有人盘问你，

就说押箱等哥哥。

唱罢新郎要飞快地将押箱弟抱入新房入席。酒席散后，新郎送客人及押箱弟出村口，赠给押箱弟一顶新帽子，以换取嫁妆箱上的钥匙。

此时押箱弟故意不肯把钥匙交出，新郎连忙掏出一块糖递给他，押箱弟边吃糖边喊："吃了姐夫的糖，晚上睡觉不尿床。"喊罢即丢钥匙在地上，欢蹦乱跳地回家去。

讲到"亮嫁妆"之俗，以广西荔浦一带最为奇特。按当地俗规，亮嫁妆在洞房内进行，俗称"开嫁妆箱仪"。仪式在婚宴后，新人敬茶完毕举行，由舅爷（没有舅爷的由伯爷或叔爷代替）主持。准备开箱前，舅爷高唱："左边箱，右边箱，金子银子亮堂堂。"唱毕打开箱子，一边拿出箱内的物品，一边高唱嫁妆名称。拿一件唱一声，每拿出一件东西都随带出一些撒在箱面上的纸钞、硬币，当当落地，满屋飞扬。在围观者的"喔！喔！"声中，洞房里呈现热烈的气氛，显示娘家的富有。舅爷把拿出箱的嫁妆交给一位专门接物的人，在洞房的床上，桌上，地上一一摆开，让众人观看一番，以示体面。箱中除值钱的细软之物，手工绣品、衣料、日用品外，还有几样必不可少的陪嫁物：一小扎火柴，一小包食盐，一小瓶油、醋、酱，以示新娘勤俭能干，治家有方，同时炫耀娘家陪嫁齐全，吃、穿、用样样不愁。

娶媳妇要发嫁妆，招女婿照样也要发嫁妆。陕南一带婚嫁中嫁妆均由女家操办，但在"迎新郎"时，就由男子带着嫁妆到女家。男子"出嫁"时照例按俗摆架子。在起程前将嫁妆摆开放好，请宾客们观赏评论，俗称"摆礼"。在"摆礼"时，双方还要说"四言八句"，新娘说："麻雀虽小，肝胆俱全，穿戴衣帽，样样件件，虽不够如意，却也不失体面，请亲戚朋友，都来观看评点。"新娘说完，新郎母亲接着说："山高水不断，开亲整一年，花红绿叶垫，儿媳操心又花钱，礼物整洁美好，儿子福分不浅，有啥不周不到，请大家多包涵点。"也极尽炫耀之能事。

◆ 新郎新娘打扮忙

新郎、新娘在喜日前夕，就要忙着打扮自己了。汉族民间无论南北都流行着古色古香的沐浴更衣、“上头”“开脸”之俗。

浙江绍兴一带新郎新娘分别在各自家中举行沐浴仪式。仪式均由两位夫妻双全，多子多女的中年夫妻主持。一人手拿砻筛，筛上放些染红的喜果、鸭蛋、下面用大脚盆接着，另一人用热水从砻筛淋到脚盆中，再用毛巾蘸水让新人连续揩三次。接着新郎行“剃头礼”，点红烛，供茶食，理发匠一进门先恭喜道贺，理发前先拔下7根或10根头发扎成花结，准备送往女家，然后才开始理发。理发时口中念念有词：“七子保团圆”“十全如意”，等等。新娘子在娘家沐浴后行“开脸礼”。当地风俗未婚女子称“毛脸”，婚前是第一次开脸，请一老媪用线绞除脸上汗毛，修眉毛，整理鬓角，并拔下新娘的头发7根与新郎的头发混合搓成线，供新娘扎发髻，寓意“结发夫妻”。

而湖州一带的新郎，“上头”别开生面，按俗规请理发师来理发时，新郎两只脚要分别踏在两个盒子上，盒子中放些枣子、花生、红蛋。堂上红烛高照，门外爆竹声声，唢呐乐曲喧天。与此同时，男家在向女家发“上头盘”，即送上轿衣的同时，还要送上“开脸盘”。“开脸盘”共有6个盘，分别盛肉、鱼、鸡、喜果、炮仗红烛、胭脂花粉。女家收到开脸盘后，即由舅母等女性长辈给新娘开脸。滑稽的是有些地方开脸后由喜娘给新娘涂上厚厚的一层水粉，直到眉毛都看不出为止。

广东东莞一带旧俗新郎在婚前夕，择好良辰举行“上头”礼，良辰一到新郎先吃一对白公鸡的耳朵，再穿上长袍褂子，胸前披上一个用红色绢织结的绣球，脚穿红皮高木屐，跪在天神前，由家长给他戴上插着一对纸质金花的礼帽，鼓乐齐奏，祝贺新郎“上头”，煞是热闹。同日新娘在娘家举行“落阁礼”。请一位好命妇人，摘一些柚子叶烧水给新娘沐浴，浴后换新衣，然后用红绿丝线替她绞去面毛，并把原来的辫子改梳成“上轿髻”。沐浴、开脸，梳头完毕，母亲端上煮熟的一只全白羽毛的鸡，俗规鸡头，鸡屁股一定要吃掉，取意“好头好尾”。

有些地方特别讲究新娘的“上头”和“开脸”。在江苏高邮一带，姑娘出嫁前夕先行“上头仪”。是日姑娘沐浴更衣，面对梳妆台端坐，点上红烛，先喝两口茶，俗称“闭口茶”，意为从此已成新娘了，不能多嘴多舌乱讲话，俗规要到夫家吃了开口茶后才能开口。然后请二位福命妇人来替她“上头”。他们先把姑娘的发辫拆开，连同刘海一起梳向脑后盘成发髻，脸搽上胭脂花粉，再用两盘叠成双层的红纱带，从前额箍到脑后，要紧紧地箍上12道，俗谓“十二月太平”，表示教诲新娘学会耐性子。按俗规即使头勒疼了也不能叫痛，一定要忍着。传说只有这样，到了婆家遇着不遂心的事也不会发脾气。开脸要到夫家后的第一天进行，是婆家特请“换新妈”为媳妇开脸。新媳妇早早起床，梳洗完毕便端坐着，换新妈拿起两只事先煮熟染红的鸡蛋，在新媳妇脸上滚几下，用红纱带将额前头发往上抹，再用挑簪把短发向下挑齐，涂上香粉，拨去短发，用双股棉绒绞去脸上的汗毛，把眉毛修成细细弯弯的。

◆ 千娇百媚的新娘服饰

新娘的穿戴十分讲究，可说是一个女人一生中最光彩的时刻。汉族民间旧俗新娘的传统服饰是：头戴凤冠，脸遮红方巾，上身内穿红绢衫，外套绣花红袍，颈套项圈天官锁，胸挂照妖镜，肩披霞帔，肩上挎个子孙袋，手臂缠“定手银”；下身着红裙、红裤、红缎绣花鞋，千娇百媚，一身红色，艳红艳红，喜气洋洋。新娘的这种服饰流传久远，就是在清代，汉族妇女仍穿着这套传统服装结婚而决不着旗装成亲。直到20世纪60年代初期，农村姑娘结婚也穿这一套传统的新娘服饰。如今临近50岁的一些中年妇女谈到结婚，还津津有味地描述她们结婚那时候怎样怎样地穿着新娘衣，如何如何地美。传统的新娘服饰给他们一生中带来仅有一次的千娇百媚的光彩，使之终生难忘，留下美好的回忆。

汉族民间新娘的传统服饰，相传是南宋皇帝封给的。北宋末年，金兵南侵，掳走了帝王公孙，钦宗的儿子康王逃出，直奔江南。但被金兵发觉紧追不舍，康王逃到一山岭上的农舍前，遇见一女子在晒谷，求她相救，女子机智地将他藏在晒谷箩下，自己坐在上面瞒过了金兵，救下了康王。康王千恩万谢，对面前这美丽机智的小女子也十分喜爱，即将身上带着的一方红帕赠给她。告诉了她自己的身份，并说：“明年的今日定来娶你，到时你只须在岭上挥动红帕，我便可认你。”康王到杭州后成了南宋皇帝，如约去迎娶姑娘，却不知姑娘留恋民间自由自在的生活，又舍不得抛下父老乡亲，不愿进宫，但又怕皇命难违，便准备了许多的红帕，叫各方姐妹是日都挥动着红帕，康王无法辨认，只得作罢，但为报救命之恩，康王下了一道圣旨，“浙江女子尽封王！”随行的礼仪官发了愁对他说：“这都封王怎么得了？”康王想了想道：“这有何难？让她们出嫁时都穿戴上凤冠霞帔不就成了！”从此姑娘们当新娘子时都戴凤冠，披霞帔，穿上大红袍，大红裙，同时也没有忘记康王赠送的红方巾往脸上一遮。这一习俗代代相袭，老幼知晓，难怪那些幼儿在嬉戏时，只要在小女孩头上盖一方帕，其他孩童都会拍手欢笑，喊着：

“结婚了！结婚了！”

新娘服饰，以江苏吴县一带最为讲究。按当地俗规，凡新婚女子必须有三套服装在举行婚礼时和婚礼后穿戴。第一套是：棉裤，俗称“帖肉棉袄夹裤”，是男方迎亲时送给新娘穿的。这套衣服除结婚日穿以外，翌日回门时可穿，婚后第一个春节回娘家拜年时可穿，参加母亲50岁以后“念佛开斋堂”仪式时可穿，参加同辈至亲好友的婚礼时可穿。第二套：头上戴珠冠，粉红色绣凤穿牡丹等花纹的花衣，花裙，是与花轿一起租来的，这一套仅在轿上和举行婚礼仪式中穿戴。第三套：是土布衣，靛青色土布包头巾，靛青色土布加衫、蓝地白花印花土布裤，靛青色土布长襦裙，裹小腿的桃红色印花土布卷绑，蓝印花土布袜，绣花板趾头鞋，这一套在婚后劳动时穿。新婚期间的新娘子穿的鞋子也很讲究，同样要备三双。举行婚礼仪式时穿的“玉堂富贵”纹样的鞋一双，上轿时放在“轿前盘”糕上的，俗称“踏糕鞋”一双，上面绣着福寿齐眉纹样，随接新娘的花轿抬到男家；第三双是婚后替换鞋，绣着梅、兰、竹、菊的纹样。

在汉族民间还有一种“催妆衣”的奇俗。所谓“催妆衣”，就是大红棉袄。这种风俗的形成当然与喜事多在冬季举行有关，所以冬天穿上大红棉袄结婚当然暖暖和和，这本不为奇。奇的是江西一些地方的新娘子就是在赤日炎炎的夏天结婚，上轿时也非穿“催妆衣”不可！因为当地风俗，当新娘入门后由叔、伯长辈抱进厅堂。此时亲朋邻舍，不论长幼，皆可持木棒打新娘的背，如果不穿棉衣难以顶住。当地还有一种不可理解的怪俗。即在新娘子的大红新棉袄上加上一件临时向苦力工借来的、污浊不堪的破衣服，不知何因？浙江一带也有新娘上轿必穿棉袄的风俗，略有变通之地，即若在六七月的热天结婚，可以让新娘不穿棉袄而以在上衣口袋中放一团棉花代替，俗谓：“新娘身上无棉，老公不值钱（不爱）。”

汉族民间风俗犹如万花筒，千奇百怪，无奇不有。广西苍梧一带新娘出嫁须穿黑衣、黑裤、黑袜、黑鞋，奇特得令人咋舌。浙江嵊州山区，新娘须穿素服上轿，到了男家才换吉服举行婚礼。江苏靖江一带的新娘出嫁，也是一身朴素的打扮：土青布衣、土青布裙，俗称“掸草衣、掸草裙”，直到现在穿得再时髦、再讲究的姑娘，到结婚时也非得设法做一套土青布衣裙来穿上。此俗的传承很有意义，传说靖江人的祖先是宋朝时从河南跟随岳飞而来的。相传正当岳飞痛击金兵节节胜利之际，秦桧为陷害忠良，奏本诬陷岳飞，皇帝下十二道金牌召岳飞回临安。河南的百姓舍不得岳飞走，可岳飞是个忠臣，圣旨召回不得不回。于是许多百姓干脆跟着岳飞走，一直跟到了靖江。这时岳飞生怕百姓跟随到临安惹下麻烦，就劝他们安住下来，安家立业。岳飞对百姓们说：“这里是金银滩，你们就住下来，传宗接代，婚配吧！”百姓也觉得有理，便住了下来。男女婚配时，由于住草棚，睡稻草，哪来的好衣服穿呢？岳飞便叫女的把身上的草屑掸掸干净，即可拜堂成亲了。从此为了纪念祖先，也纪念岳飞，在靖江就形成了结婚穿“掸草衣，掸革裙”的风俗。

新娘穿新嫁衣也有俗规俗习。在浙江富阳一带，当花轿抬到女家，放在簸箕上面时，新娘才开始化妆换衣，换好小衫裤后，要立在蒸桶上面穿红棉袄和红棉裤。有趣的是头上戴好凤冠，准备穿大红裙时，要拿12个鸡蛋从裤腰里放下去，从裤脚下滚出来，俗传这样可使新娘婚后不论哪个月生孩子都如母鸡下蛋一般，快当，顺利。

福建泉州旧俗新娘在出嫁前的打扮叫“笄礼”。花轿到来时，新娘在送嫁娘的伴引下到厅中梳妆，俗谓“对轿梳妆”。由一被称为“宾”的有福的妇人为她加冠笄，然后由送嫁娘为新娘服背子，“宾”为新娘穿肚裙，肚裙用红布做成，裙内有袋子，袋里放入皂荚、铁采尾、泥孩子、猪肉片等18样东西。

陕北一带旧俗新娘子的打扮很是滑稽。准备上轿的新娘，穿上了红衣、绿裤、花鞋，头上戴了鲜花，千娇百媚，可是俗规要用锅黑把新娘漂亮的脸蛋涂得黑漆漆的，与花枝招展的服装形成了大反差。迷信传说，假若不这样做，在迎娶途中新娘要被鬼怪截去。

江苏扬州的新娘上轿时还要戴一副有色眼镜。不明根由的人感到奇怪，其实此俗源于一种迷信风俗。当地俗规认为新娘子的目光是犯穷的，穿上了婚嫁衣的新娘看到哪里哪里穷，看多远就穷多远，看到媒人媒人穷，看到婆家婆家穷。于是便立了一条俗规：新娘穿好新嫁衣上了轿后，就必须闭上眼睛，一直要到入洞房坐上床后才允许睁开眼。但在繁杂的婚礼过程中新娘实在很难坚持。话来聪明人想出一个办法，用戴墨镜来代替闭眼，果然方便了。

浙江湖州，安吉一带新娘在娘家开脸后，专门烧一缸浴汤给她洗澡。洗好后从里到外全部穿上男家送来的衣服，为此当地有“男家浴缸里捞人”的俗语。旧俗这时新娘还要罩上一件大袖红袍，腰间束一根带子，背上缠一丛万年青，据俗称这样可防止妖怪来抢新娘。

◆ 哭哭啼啼的热热闹闹

结婚是人生中最大的喜事。披红挂绿，张灯结彩，欢声笑语，喜乐喧天。可偏偏在最热闹的吉期将临之际，却传来阵阵哭声，与欢声喜乐形成了鲜明的反调，这就是汉族民间奇特的“哭嫁”之俗。

传说嫁女若不哭，往后多灾多难日子苦。浙江绍兴一带认为不哭嫁，新娘子生孩子只能生个小哑巴。广西永福一带认为新娘不哭嫁，死后无葬身之地。而大多数地方认为哭嫁是为“哭发”，哭得越凶越久，日后越发，不仅娘家发，夫家也发，所以如出嫁不哭嫁的姑娘便要被人指责为没有家教。其实旧俗包办和买卖婚姻流行，对夫婿的底细不了解，姑娘一经出嫁，就得从一而终，“嫁鸡随鸡飞，嫁狗随狗叫”，婚后是吉是凶？是祸是福？不可预料，能不叫人悲愁交加吗？何况与家人离别，又有难断的依依之情，故哭天、哭地、哭祖宗、哭父母养育之恩；哭兄嫂、姐妹手足之情……“哭嫁”便形成了风俗。

新娘何时开始哭嫁？各地不尽相同。广东东莞在喜日将近之际，新娘日夜在床上啼哭，其实是含泪唱着动人的哀歌，俗称“开叹情”。哭中骂起媒人和夫家来，词语无论怎样毒辣，也无人敢指责，媒人也不能因此而生气。

江苏、安徽交界的石臼湖畔，新娘在出嫁前的三天就与其母亲闭门不出，每天早晚母女对哭一场。哭声一天赛过一天响，俗称“哭发”，声音越高越发。边哭边诉，内容很多，哭声中带着民歌小调。听起来凄凄恻恻，看热闹的邻里，帮忙的姐妹乡亲也为之抹泪。哭到出嫁前一天，进入了高潮，女儿换上一身新装坐在床上，母亲坐在床边相对而哭。主要的哭词有：

母亲哭：

一到夫家要敬公婆，贤德媳妇热心窝，

莫对姑子来顶撞，为嫂理应多谦和。

关心丈夫洗浆衫，勤勤快快有人赞，
莫与邻里争长短，和和气气保平安。

女儿哭：
女儿离家难回乡，只望父母都平安，
兄嫂若有不是处，大人大量多原谅。
弟妹在家要听话，多为父母担斤量，
等到年节团圆日，女儿回来看亲娘。

母女离别之情，母亲对女儿的谆谆教导，女儿对父母的孝敬之心，无不哭得淋漓尽致，兼之声泪俱下的表达，确实催人落泪。

广西贺州一带俗称哭嫁为“叹嫁”。按俗规出嫁的新娘“叹嫁”两个晚上。叹（赞）的程序有一定习惯，从叹祖宗、叹父母，再叹邻居，叹亲戚朋友。当新娘叹及已出嫁的妇女时，该妇女就得与她对叹。未出嫁的姑娘在房中陪着叹，村里的小伙子可以在新娘家中听叹。听到叹得精彩，使人满意之处，小伙子放鞭炮庆贺，于是哭上一阵，放一阵鞭炮，嬉闹一番。这种在鞭炮声中又哭又笑又闹的哭嫁场面确实别开生面。

浙江温州的“哭嫁”在迎亲之日进行，有的俗称“哭轿”。这一日大清早新娘便开始哭，新娘的母亲，姐妹，还有六亲女客都陪着她哭。新娘子是逢人便哭，哭诉的内容因人而异，但以诉说离情别恨为多，哭到高潮有人开始劝哭，哭声即戛然而止。

前面讲的都是上轿前的“哭嫁”，有些地方则在上轿时“哭嫁”。浙江嘉兴一带新娘上轿时小声哭泣，而新娘的母亲却须大声哭唱。像这种新娘上轿，母亲哭嫁的风俗在开化一带特别盛行，俗称“送女上轿”，把一个母亲对女儿到婆家后的美好祝愿哭唱得绘声绘色，现摘录一二如下：

“囡呀囡。望你嫁到男方，水涨船高，脚踏楼梯步步高，手托莲花朵朵好。蒂夫蒂妻，公婆欢喜。蒂夫上床，子孙满堂；蒂夫上桌，铜钱满地撒。凤冠上头，金珠上身，蓝纱角带，四季发财，元宝滚进来。”

“送你一张席，做对好夫妻。给你一把花生，婆家满地生根。头上插朵花，生个外甥戴乌纱。上轿换身裳，生个外甥状元郎。上轿换条裤，你到婆家百万富；上轿换条裙，你要做夫人。”

“红鞋一双，我囡吃起白米饭，良田满田畈。我囡八字好，囡婿拿轿接娘嬉。囡命好，买田买到水来头，做屋做出四角楼。给你一把梳，买田又买租；给你一把篦，买田又买地。给你一把尺，有的吃来有得积。给你一把伞，天下都遮牢。给你一只红布袋，一代传一代。头戴凤冠手戴镯，戴得婆家笑呵呵！”

在开化，船民的哭嫁还有新郎的“劝娘”之俗，更是饶有趣味。迎亲之日，当新郎的迎亲船靠近新娘娘家船时，新娘母亲走出船篷，坐在船头高声哭唱，声声诉唱母女离别之情。这时新郎可过去进行劝哭，俗称“劝娘”。俗规劝得丈母娘破涕为笑，才可接走新娘，否则母亲就坐在船头哭个不休，绝对不能让女儿上夫家船。有些嘴拙的新郎劝不得丈母娘发笑，几个小时僵持着也接不到新娘，直急得满头大汗。而机灵乖巧的小伙子，三言两语可使丈母娘破涕为笑，接亲即马到成功。据说有那么一个迎亲郎，他走到丈母娘跟前，装着越剧《祝福》中贺老六那副憨厚的样子，有腔有调地劝道：“妈呀，妈！侬哭也用不着哭，我会待她好咯。”丈母娘听了一高兴，“扑哧”一声笑了出来。

风俗确如田间草丛的野花，千姿百态，各自散发出其特有的芳香。“哭嫁”之俗，不仅哭的时间不同，哭词不同，哭调不同，各具千秋，就是哭的方式也是千奇百怪，既使人泪落，又令人捧腹。

浙江绍兴之俗，新娘上轿后在轿里哭泣，她的母亲却在房内坐在马桶上号啕大哭。新昌、嵊州一带在花轿抬出门时，新娘母亲开始哭嫁，边上楼梯边哭喊。哭嫁词一般都是嘱咐女儿“敬重公婆”“妯娌和睦”

之类的话。这种边上楼梯边哭之俗，大概是出于祝愿女儿婚后，生活如上楼梯一般步步高升吧。

广西富川的哭嫁方式最为奇特，俗称“游哭”。迎亲喜日凌晨，鸡叫头遍，新娘便开始哭嫁。名为哭实为唱，唱中略带伤心调。头遍鸡叫完，先唱“金鸡歌”。唱毕依次哭祖宗、哭父母、哭兄弟姐妹、哭女友伙伴……先从父母的房间哭到灶间，再从灶间哭到堂屋，然后从堂屋哭到家门口，再上街哭，一直哭到村口方休。真是热热闹闹之中的哭哭啼啼。

◆ 上轿过礼迎喜日

俗话说：无礼不成婚。汉族民间旧俗迎亲之前还要送一次礼，俗称“过礼”，或“上轿酒”“上轿担”。

有些地方俗规喜日前一天送过礼。广西柳州一带称送迎亲礼为“过流水利”，迎亲前一日男家须送过礼到女家，以让女方备酒宴请宾客，否则第二天新娘绝对不上轿。当地送过礼一般是：20斤猪肉，雌雄鸡一对，鸭一对，酒四瓶，香烟两条，糖果，食盐，大米各若干。女方收下过礼高高兴兴地办了“上轿酒”，第二天新郎方可顺利地接新娘。

有些地方俗规喜日当天送过礼，四川资中一带旧俗送过礼还相当隆重。新婚吉日一大早，男家派一个亲戚伴着媒人率领郎客抬上抬盒（这种抬盒是大如写字台面的木制或竹制的篮子），装上礼品和礼币以及由蒜苗3根，柏枝一束，镜子一面组成的“三水师”送往女家。这支送过礼的队伍，前面由两个打大锣的人开路，接着是火炮手，再接着是由媒人带领的一支十几岁的少年组成的仪仗队，手执红、黄、绿、蓝各色彩旗，后面依次是：卸了轿杆的花轿，吹鼓手，抬盘的郎客，最后是抬嫁妆的人排成单行，少则二三十人，多则上百人，浩浩荡荡如一条蜿蜒的长龙。一边燃放火炮，一边鸣锣奏乐。到了女家时，更是鼓乐齐鸣，火炮连天，女家主人热情接待，将“三水师”迎进堂屋供在神龛上，把礼品陈列在桌上，摆开酒宴款待众郎客，过礼仪式方告结束。

有的地方俗规送二次过礼。广东汕尾新港的疍民在迎亲日要送二次过礼。喜日上午男家须送俗称为“父母圆”的米粉汤圆、盒装的糕饼、酒、风鹿形状的香2枝。父母圆象征着团圆，盒装糕饼给女方拜祖宗上供，风鹿形的香是吉祥的象征。除风鹿形香以外，其余礼物均各备大小两种，大者由女家收受，小者退回男家。到了晚上再送12斤面，9个利市红包让女家赠送亲属。

有些地方特别讲究体面。客家人旧俗凡中等以上的人家都要送一头染成红色的猪、一只羊、酒瓮染成红色的两瓮老酒、四只鸡、四只鸭，鸭子口衔树叶，背涂红；100或200个鸡蛋，称“一架春”，其中八个写上“长命富贵，百子千孙”8个字，其余鸡蛋全染成红色；一架鲟鱼、墨鱼，以及到女家祭祖用的纸钱、蜡烛，还不能忘了送上10碟菜孝敬女方父母，俗称“父母席”。

有的地方送的过礼别具一格，独具异趣。

广东梅县一带的客家人，除了要送一般需送的礼品外，还要送一公一母两只“兔子”，兔子是用猪肚翻个面，塞入米糠，做上耳朵、眼睛而制成的，形象逼真。女方收下公的一只，回给男家一只母的，俗谓“过了兔子礼即可吐子吐孙”。

浙江武义一带俗称过礼为“送上轿担”，送多少要由女方提出，一般根据办“上轿酒”的席数而定。每席所需多少货都有习惯规定，除鸡、鸭、鱼、肉、豆腐样样具备外，特别有意思的是青菜、萝卜不可缺少，香菇、木耳、金针、海参、海带等山珍海味不可没有，甚至香料，调味品也应准备在内。

广东东莞送过礼，除了乡糖、鹅、酒、龙烛等以外，还要送“舅爷鞋”。一般俗规，只有女方送上贺鞋到男方，唯有东莞奇俗要男方送鞋到女方以孝敬舅爷方允迎亲，无奈，男子只有去买鞋送给女家各位舅爷，故俗称“送轿鞋”。

◆ 别具一格的迎亲花轿

旧俗迎亲一般都用花轿迎娶，“我是花轿抬到夫家的！”这是旧时妇女一辈子都值得骄傲的。俗话说：“破扇子扇扇也有风，破轿子坐坐也威风。”所以喜日子未到，夫家早早就该准备一顶花轿，到时可大摆排场地把新娘子娶回家来。

过去在城市和大点的圩镇一般都设有轿行。花轿与上轿衣一样都可预先订租。早先的花轿都十分考究，那些富户人家的小姐出嫁乘坐的16人抬、8人抬的大花轿之华丽富贵就不用说了，就是一般平民百姓嫁女娶媳的花轿也不马虎。旧时杭州被称为“桥埠”的轿行出租的花轿煞是讲究，文华顶西洋盘，轿四周都围着红绸扎结的各种鸟兽花卉，4个角挂着玻璃连珠灯，下坠着大红彩球。到时轿夫也穿红扎绿，腰系红绸带，与花轿相配。温州的花轿又称“小八角”，因此地花轿很特别，轿子上下都是8个角而得名。轿顶装饰着雕塑的人物，一般是八仙和合，轿的三面镂空雕刻着许多立体的戏剧人物，轿子周围挂满了五彩缤纷的丝带，装饰得花团锦簇，十分绮丽。

四川滑竿式的花轿俗称“彩篷”，十分轻便，适宜山区民间使用，虽然简陋，但被装饰得五彩缤纷的彩篷也显得喜气洋洋，朴实中显娇娆。

湘鄂赣边一带的花轿不仅披红挂绿，还有在花轿的轿门两侧贴对联的风俗。迎亲日男家先出上联贴在轿上，到了女家后由女方出下联贴好，新娘方可上轿。

最有情趣的是一些贫寒人家租不起花轿或山区农村没有花轿出租的，新郎家就自已动手做一顶花轿。

广西巴马就有新郎官亲手制作花轿的风俗。喜期吉日将临，新郎忙得不亦乐乎，砍来山上的青竹，找来一张靠背椅，用竹篾编成轿围，围在椅子边，两边用竹子做两个扶手，绑上两条抬杠，用自织自染的黑色土布围一圈把竹篾遮盖起来。再用一块漂亮的大红花布作轿门，挂上一些红布或红绸条，一顶花轿自制成功了。这种自制的花轿虽不及城里花轿豪华秀丽，却也不失体面，而且这毕竟是新郎亲手为新娘特制的，新娘子乘这顶花轿到夫家还更称心更威风呢！

陕北民间自制花轿别具一格。迎新娘时，人们把一张四方桌翻过来，四脚朝天便是轿柱子，桌面是很理想的轿底。两旁绑上竹竿，竿端绑两条扁担便是轿杠。红布围着桌脚，扎个红轿顶子放在桌脚上，轿底铺上麦秸，垫上棉褥，一顶4人抬的漂亮花轿问世了。怪不得新娘抬到夫家时，一位主事先生会绕着花轿唱着花轿歌：

桌子翻过腿朝天，红布蓝布围几圈，
红顶子，绿带子，桌子圪崂入麦秸，
麦秸上面铺棉毡，棉毡头起坐个女貂蝉。
竹子竿绑两边，四个轿夫抬得欢，
走一岭，转一弯，不觉来到大门前。

◆ 迎亲佳时在黄昏

汉族民间向来以黄昏为迎亲佳时，凡身为姑娘，正当嫁娶，都在黄昏迎亲上轿。唐代孔颖达曾对“婚姻”一词作了这样的解释：“娶妻之礼以昏为期，因名焉”。只因婿于婚时娶妇，妇因婿而来，才有了婚姻一词。

对此，千百年来，在民间流传着一些传说故事。历来实行黄昏时迎亲的山东博山一带，传说很早以前，此地原兴大白天吹吹打打，热热闹闹迎亲的，明朝年间，地方上出了个大恶霸翟三胡子，这是个大色鬼，仗着老子是朝廷大官，便在地方上横行霸道。凡新娘子出嫁之日乘上花轿，必须先抬到他家，等他玩够了再抬往新郎家去。为此百姓恨之入骨，但也无可奈何。后来人们把迎亲改在黄昏后，也不吹不闹，悄悄地把新娘接到夫家，于是瞒过了翟三胡子，保护了新娘子。由此而逐成风俗，一直沿袭至今，当地俗称“夜里偷新娘”。

无独有偶，在河南南阳一带，也流传着这样的故事。相传明太祖朱元璋在南阳府封了一个藩王。到了明末，一个袭位的藩王是个极其残暴的花花太岁，被百姓称为“猪王”。他在南阳府城中心修建一座王府，并在王府内建起一座高达数丈的大假山，每天酒足饭饱之后便在假山上瞭望，只要看见花轿路过，便马上指使爪牙去抢新娘。不知糟蹋了多少姑娘，百姓在他的淫威下敢怒而不敢言。为了避害，便改白天迎亲为黄昏后迎娶。久而久之便约定俗成，成为风俗。

以黄昏为佳期之俗，许多地方都强调天要黑了方行迎娶。山西一带就规定女子出嫁，一定要等到天黑后看不见娘家的烟囱，磨子和碾子，才能上轿动身。许多地方还认为新娘子在早上出娘家门，傍晚入夫家门，以象征早出晚归，辛勤劳动，是新娘婚后勤劳能干的好兆头。

近二三十年来，不少地方已多在下午近黄昏时迎回新娘子，不再强调天黑了。但有的至今还讲究黄昏佳时，若白天迎亲被认为是寡妇再嫁不吉利。据上海《采风报》1987年7月16日报道，福建龙岩地区有个姓戴的青年，由于不懂黄昏佳时迎娶的风俗，险些把结婚喜事办成了离婚悲剧。小戴的未婚妻小李是龙岩地区长汀县人，该县一直保留着“黄昏迎娶”的旧俗。5月4日，小戴按他们选定的结婚日期，租了两辆面包车，从龙岩市奔驰200多公里，一大早就到了未婚妻小李的家门前，兴高采烈地放起了迎亲开门炮，一串鞭炮还没放完，村里乡亲都跑来围着看热闹，一个个都露出莫名其妙的神色。但一看见那些彩礼就知道是来迎亲的了，顿时，嬉笑的、议论的就像开了锅似的。有位大嫂尖着声喊道：“哎哟！今天哪个寡妇改嫁呀！我怎么没听说呀！”有人低着声音说：“莲妹子还没嫁过人，怎么就成寡妇了？”有的索性刻薄地叫着：“谁知她在外头跟男人睡过没有？准是“二锅头”，不然人家怎么白天来迎娶！”……此时此刻屋里传来了女人痛哭之声，是小李她妈哭了：“我的天啦！这是造的什么孽哟！我家妹子清清白白的，为啥把她当寡妇啊！”小李爹火冒三丈冲出门外，怒视小戴吼道：“你小子安的什么心？我少要了你的聘礼，你却把我闺女当“二锅头”！不知好歹的东西，离婚！离婚！”不懂风俗的小戴丈二和尚摸不着头脑，一时如坠云里雾中，迎亲队伍个个都呆若木鸡。后来才弄明白自己违了“黄昏迎娶”之俗规，经再三说明、道歉，方才雨过天晴，化悲为喜。

◆ 千姿百态的迎亲礼

九九归一，从定亲开始，经过长时间的筹备，男家过礼完毕，女家嫁妆备齐，喜日择定，佳时选好，新郎盼望已久的迎亲吉日终于降临，隆重而热闹，风趣而欢腾的迎亲礼开始了。

在迎亲礼中，唱主角的当然是新郎了。新郎，人们俗称“新郎官”，由于风俗的传承和变异不同，新郎官在迎亲时威风凛凛者有之，低声下气者有之，捧为佳宾者有之，“受尽辱骂”者有之，高高兴兴者有之，哭笑不得者有之……真是千姿百态，奇趣盎然。

迎亲时最威风凛凛的数河南太康一带的新郎官。旧俗喜日一大早，新郎像去上朝一般，穿戴整整齐齐，坐上轿子，备好的上轿礼两大盒，称“两架”，一架是“糖供”，一架是酒肉。盒子上缚着一只大公鸡，俗称“公鸡拐母鸡”。由四人抬着跟在新郎官的轿后。轿前专门有一人喝道，吹鼓手吹奏着欢快的喜乐，浩浩荡荡煞是威风。新娘的哥弟在门口迎接，接入客厅，侍候他洗手洗脸，侍候他吸烟、休息，然后陪他上房叩见岳父、岳母及长辈。接着到客厅享用早已为他备好的茶点。用毕茶点，就出大门上轿，径直回家而去，新娘则自会随轿紧跟而来。

迎亲时哈尔滨一带的新郎官算是“低声下气”的了。迎亲当天新郎请来司仪、傧相（由未婚男女各一名担当）、摄影师组成迎亲队坐马车去迎亲，去时人数须单数，使回来加入新娘后成双。带上一块俗称“离娘肉”的肋脊肉、俗称“长寿粉”的粉条两把、大葱两把，用红纸包好。到了女家，新娘的长辈出来迎接并给了喜钱方可下车。新郎进了屋先入新娘房中，此时新娘是背着脸坐在床上，新郎须向新娘“低声下气”地行礼，俗称“背像礼”。礼毕新娘转过身，新郎更要“低声下气”地急忙找到故意藏起来的新娘鞋子给她穿上。然后一对新人双双向父母行告别礼。此时新郎第一次喊女方父母为“爸爸、妈妈”，岳母赏给新郎一个红包，俗称“改嘴钱”。告别礼毕新郎才可把新娘迎走。

广西凤山村洞乡一带的新郎官找到了“起程单”以后，总是高高兴兴地把新娘接回家的。原来当地有一个奇俗。迎亲的喜日明明是在定亲后根据双方“八字”请道公择定了的，可是在迎亲日新郎来到女家后，还要举行找“起程单”的礼仪。按俗规，迎亲队一到，赏给每人一杯“吉利茶”后，就开始叫新郎找“起程单”。“起程单”即写着允许新郎今日起程的红纸条，放在八只碗中一只的下面。俗规新郎可翻三只碗，翻中，高高兴兴接走新娘，若翻不中，须改日再来接亲。新郎高兴而来，倘若找不到“起程单”却败兴而归。聪明的新郎官总是动脑筋“买通”女方有关人员，届时得到暗示；或通情达理的新娘设法解救新郎，所以虽然有找“起程单”之俗，但得到“神”助的新郎总是不误吉日，高高兴兴地把新娘娶回去。

要说“受尽辱骂”，可能要数广西贺州桂岭镇的新郎官了。迎亲日，新郎要在新娘及女方亲友面前显得特别能“忍辱”。新娘则须扮演成一个泼妇。当新郎及迎亲亲友到了新娘家门前，新娘就开始“痛骂”新郎，边哭边骂。字眼要刻薄、语言须毒辣。倘若新娘哭骂无词，马上会有教骂“老师”出来指点，绝不使哭骂中断，这位老师是新娘家专门请来的。一直要骂到“老师”以及女方家长认为可以了才住口。此俗在当地盛行至今，不知起于何时，起于何因，大概是想给新郎来个下马威，在乡亲们面前显示新娘的威风吧！所以，尽管“受尽辱骂”，但新郎官在痛骂声中总是嘻笑而不语，显得特别忍让温顺。有趣的是新娘一迎回男家，新郎及家人按俗规实行“报复”。拜堂之后，男方数人用萝卜蘸上墨汁，把新娘的脸蛋抹成黑花脸，以示“惩罚”，众人开怀捧腹大笑，新娘也绝不会有怨言。

在迎亲中，河北冀中一带的新郎官常常被弄得狼狈不堪。原来这里有一种“盐打新郎”之俗。迎亲日，新郎到女家后，首先要与新娘交换腰间系着的小铜镜和对把葱。往往新郎在腰带上解系时，负责传递小铜镜和对把葱的嫂子就会将一大把盐粒儿“唰！”的一声抛掷在毫不防备的新郎脸上。一颗颗盐粒如小冰雹般突然袭来，打得新郎手足无措，狼狈不堪。人们之所以要用“盐打新郎”，是因为食盐在腌制咸菜时有杀性儿、使菜变软的作用，所以用这一招来杀新郎的大丈夫性儿，寓意新娘过门以后可少受气。“盐打新郎”既体现了人们心理上的满足，又为新婚庆典中热闹的场面增添了喜庆的气氛。

上海松江小昆山一带的新郎官，在迎亲时也是很狼狈的。旧俗新郎官到女家迎娶新娘、步行也好，坐船也好，只要行至快到岳家的路上，便会有许多岳家的近邻亲友纷纷向新郎抛掷东西。有时甚至抛的是小石子、泥块，直打得新郎官新衣污浊，皮肉出血，狼狈不堪。是恨？是怨？非也！此俗欲称“丢新官人”。据说这是对姑娘出嫁的依依不舍情，也是表示向新郎官“致贺”。如此野蛮的致贺实在是令人不敢领受。新郎只得在众人的护卫下冲过防线，许多新郎还用瞒天过海的手段，隐瞒新郎官的身份潜入岳父家。按俗规，新郎一到岳家坐定即不可再丢。

有的地方迎亲，新郎官要被打一顿，谓之“打喜”。湖北松滋一带，无论在村口、街头、田间，只要看见新郎去迎亲，也不管认识不认识，一个小伙子飞奔过去，双手蒙住新郎的头，吆喝一声：“打喜呵！”众人就会一拥而上，男女老少纷纷轻轻拍打新郎头部。新郎笑盈盈，心里甜丝丝地默默地数着挨打的数儿。打喜后，再向众人敬烟，撒糖、鞠躬、道谢，高高兴兴去迎亲。松滋“打喜”之俗的形成还有一个动人的故事。传说在远古时候，有一天忽然天上的太阳不见了，顿时一片漆黑，妖魔鬼怪纷纷出笼，吞噬牛羊。恶水滚滚涌来淹死了不少人，人间一片凄惨景象。这时有一位勇敢的少年下决心去寻找太阳，并发誓找不回太阳终身不娶妻。他花了36年时光，7次下了洞庭，终于在龙王的9层地狱中找到了太阳。大地恢复了生机，百姓得救了。天帝感谢他的诚意，派了一名绝代美女做他的妻子。英雄还在忙于治水，直到迎亲当天才从工地匆匆赶回。此时迎娶吉时已到，蓝莹莹的天空里，天帝催着美女上路，唢呐已奏出凤凰欢舞的仙乐。可是英雄的头上尽是苇根、草屑、泥浆，沐浴已来不及了，怎么办呢？乡亲们一拥而上，千百只手抚摸着英雄的头，拍打着头上的污物。每只手一摸一拍都表示着乡亲们对英雄的尊敬、爱戴和祝贺。从此之后，凡有新郎去迎亲，人们就以这一方式来表达对新郎的祝贺。久而久之，遂形成了“打喜”之俗。

汉族民间迎亲中，要数江苏沿海一些地方渔民的新郎官最开心，最有味了。因为他是在和睦欢快、气氛热烈的“对唱迎亲”中接新娘的。当地俗规，新郎在结婚前一天就要到女方家迎娶。到时须请八大歌手随行。一到女方家门便放炮通告，奉献上迎亲礼。此时新娘家的亲朋已欢聚在堂间，只等新郎的到来。新郎一入堂间，“哩啦哩啦”的俗歌便欢唱开了，曲调缠绵委婉，十分动听。随迎亲而来的八大歌手放开歌喉与他们对唱，一方唱一方合，唱到兴头上分开几台，分头对唱，那场面分外热闹。一唱便是通宵达旦，直到唱出个输赢才肯罢休。赢者称之“洗咯”，主人奖给“龙咳”，即烧熟的鸭、鸡，意为龙胎；输者只能赏喝凉水。等对唱完毕，新娘哼着“哩啦哩啦”歌开始了梳妆打扮，将新郎送来的上轿衣，金银首饰全部穿戴上，手提木制的轻巧摇橹，在迎亲人们的簇拥下随新郎出嫁了。

◆ 迎亲叫门多难开

有些地方汉族民间迎亲流行“开门礼”之俗，新郎若过不了“开门礼”这一关，无论如何是进不了女家大门的。

浙江武义一带城镇乡村，“开门礼”之俗至今仍盛行。新郎和伴郎客吹吹打打来到女家门前，先放三响大炮仗和千挂小鞭炮，称为“开门炮”。新郎在门外叫开门，里边会有人应声：“太早了，新娘还没起床呢”！于是新郎便把事先准备好的红包塞入门里边，一个不行两个，两个不够三个，一直要塞上七八个，甚至几十个之多，名曰：“起床包”“洗脸包”“穿衣包”“下地包”“梳头包”……红包里包的钱多少不在乎，只是寓意新娘并不是自己要出门，而是新郎催她上轿，借以杀新郎的威风。有些地方新郎塞完了准备的红包还是没叫开门，耐不住性子的伴郎客们就开始“冲锋”了，他们采取“火力”进攻，点燃小鞭炮抛入女家门里，鞭炮在屋内噼里啪啦爆响。小鞭炮若还无济于事，就点大鞭炮掷入，逼其开门为止。

行开门礼的风俗不仅南方流行，北方也不例外。哈尔滨、牡丹江一带当今尚还流行着“挤门”的风俗。迎亲队伍来到女家，不可直接进入新娘的房。门边必有一个五六岁的男孩在里边挤着门，阻止来人入内，孩子背后有一个大人在操纵。迎亲人要从门缝里递红包（一个红包2元钱）给小孩，2元、4元小孩都不会开门，一直递到满10元门才打开，谓之“十全十美”。有趣的是，近年来把递红包改成了递逗人的玩具，挤门孩一见递上来的玩具，根本不听操纵者的摆布，接过玩具自个玩去了，门也就打开了。

江苏江宁迎亲中的“开门礼”更为复杂，俗称“双叫门”。迎亲队伍到女家门口，先由媒人上前叫门。女家有人走到门边，但不开门。男方再派出一亲人第二次上前叫门，门里有人开始问话，先盘问新郎的生庚年辰，再问新娘公婆的年龄，还要问新娘姑嫂、小叔的班辈以及男家的许多情况，叫门人必须一一作出准确的回答，盘问清清楚楚，回答丝毫不错，门才会打开。难道新娘家对迎亲的不放心？还怕讹骗来迎亲不成？其寓意正是这样。据传，明朝年间在江宁的汤山其林乡有个大恶霸，是个大色鬼，名叫“活祸害”。他一知道谁家姑娘要出嫁，就设法去骗婚，令狗腿子们假扮迎亲的，女家大门一开，抢着新娘关入花轿就走，不知道害了多少良家闺女。后来人们想出了一个对策，防止“活祸害”抢亲。凡迎亲的到门口必须由媒人叫门才开，这样平安了一阵子。但此计很快被“活祸害”发觉，他买通媒人继续骗抢新娘。后来，百姓们想出了一个妙策，开门必行“双叫门”礼，媒人叫门只起到通报的作用，男女两家亲人在门里门外一问一答清楚后才能将新娘家门叫开。久而久之也就传承为风俗了。

广西三江侗族自治县被称为“六甲”的汉族，迎亲叫门更难，连村口都不让轻易进入。按当地风俗，新郎在迎亲出发前必须准备充足的鞭炮。迎亲队伍一到女方家村口，在路口早已设了障碍的女方亲人，马上闪出燃放鞭炮。此时男方的迎亲队要不甘示弱地应战；燃放强于女方的“炮火”与其对仗，看谁放的时间长，放得响。假若男方炮火熄灭，而女方炮声未止，迎亲队休想进村，必须设法速取鞭炮继续放，直到把女方的炮声压下去，女方才恭请迎亲队伍入村，进家门。

◆ 五花八门的扛新妇

汉族民间迎新娘也俗称“扛新妇”，其形式五花八门，各具奇趣。用花轿扛新妇是民间旧俗最普遍的一种形式。浙江武义一带新娘上轿，由长喇叭和号筒打头阵，吹奏之声一声似哭，一声似笑，甚是逗人。两盏长圆形各标有男家大姓和祠堂名的堂灯紧跟后面，灯后两面红旗飘飘扬扬，由大锣大鼓、唢呐等乐器组成的喜乐队吹奏着喜乐，两个人各背着一枝连叶带根的“子孙竹”，上面还挂着盏小红灯，尾随乐队，花轿吱悠吱悠地跟在子孙竹后面，另有一种气派、风光。

山东一带用花轿扛新妇旧俗还有“小娶”和“大娶”之分。小娶就是抬一顶轿子去迎亲，去时由压轿的乘至女家，迎上新娘子回来。大娶则须抬两顶轿子，新娘乘的一顶叫“花轿”，新郎乘的一顶叫“官轿”，鼓乐喧天，又是另一种气派和风光。

陕北米脂一带不仅非花轿扛新妇不可，而且迎亲队伍中还须有男家嫂子担任“引媳妇”，“引媳妇”也得坐花轿。而且旧俗新娘子从娘家到夫家不能行走半步路，就是途中经过山坡小径，轿子抬不过，新娘也不能下地，要么改乘毛驴行走，要么让人背着走。

民间仍有不少其他扛新妇的趣俗。

同是在浙江，在宁波一带姑娘出嫁撑上一把伞就可步行到夫家了。今天的宁波姑娘还有撑伞走路去结婚的呢！据说很早以前当地也同样流行花轿扛新妇之俗的，相传有个刘姓知府为人清廉、正派，在辛亥革命前夕受到孙中山反封建礼教思想的影响，他决心破除烦琐的旧风俗。当他的女儿准备出嫁时，刘知府召集了当地官员、富商、乡绅来家饮酒，席间知府大人说：“诸位，本府有为难事请大家为我排解。”众从齐声道：“不知大人有何难事？尽管说来。”知府说：“小女将出嫁，本府想按老规矩嫁女，谁知昨晚梦见观音菩萨来我床前，对本府道：‘千百年来民间女子出嫁花轿迎娶，开锣喝道，引得天仙思凡私奔，玉帝王母太怒，下令再有民女如此礼仪出嫁，一律将她变为兽头人身的丑物。’

观音还告知：‘小仙本不管此事，只念你女生得端庄，于心不忍，才告知与你，只要出嫁不坐轿，撑一顶伞遮颜，如常人一般行走过门，灾祸可免。’故本府邀诸位来，想听听大家有何高见。”众人齐道：“既是这样，还是依了菩萨为妙。”没想到知府大人此举一行，下官百姓都纷纷仿效，一时间便蔚然成风。

无独有偶，广西来宾一带迎娶习俗竟与宁波极为相同，虽也张灯结彩，披红挂绿，但新娘上夫家也是步行前往。不过当地俗规要由18个伴娘护送，其中一位伴娘为新娘打伞，新娘子在一把又大又宽的大黑伞的遮挡下行走到夫家。

安徽南部的祁门、黟县等地流行着具有独特情趣的“背新娘”之俗。迎亲吉日，男女双方打扮完毕，按规定的时辰，送嫁的，迎亲的两支队伍赶到预定地点会合，在一片鞭炮声中，欢歌笑语，群情沸腾、热闹非凡。片刻之后，新郎大大方方地将新娘轻轻背起，并脱下她的绣花鞋拎在手上，在迎亲队伍簇拥下踏上归程。按俗规，一路上新郎不能停下歇息，不论多远，得一气背到家。到了男家，在家人亲友的鞭炮声、欢笑声的迎接中落座后，还得由新郎气喘吁吁地将捏得汗水淋淋的绣花鞋替新娘穿上，以示经千辛万苦、不畏艰难背回来的新娘子，一定深得新郎疼爱。

世代生活在水上的船民，其扛新妇之俗则展现出符合其生活特色的特殊方式。

浙江开化金溪江江上的船民，一直流行着“抛新娘”的风俗。打扮漂漂亮亮的新娘子让人抱着，像抛绣球似的抛给新郎家，别开生面。迎亲吉日的午后，新郎撑着披红挂绿的彩船，船头立着一位腰系红绸的男家长辈。娶亲船快接近新妇船时，须缓慢行驶，相隔一步之时两船相平停下，以示夫妻和睦。新妇船的船头同样立着一位腰系宽长红绸带的长者。双方礼毕，抛新娘就开始了。这时鞭炮齐鸣，喜乐高奏，伴嫁娘扶着花枝招展的新娘来到船头，只见女方长者将新娘抱起用力抛出去，众人的目光紧跟着新娘，屏住了呼吸，只听到“唰”的一声新娘子如一簇鲜花稳稳当当落在迎亲船头的长者手中。顿时拍手声、欢呼声、喝彩声响成一片。新郎新娘双双在船头拜谢双方父母，迎亲船才缓缓地离去。杭州市郊的渔户也行“抛新娘”之俗，所不同的是杭州渔民在抛新娘时还要喊几句吉利话，女方船上喊：“千金小姐送上来！”男方船接着喊：“皇孙公子站起来，珍珠凉伞撑起来。”同时女方船上放三次火炮，俗称“招呼炮”“动手炮”“结束炮”。

不少人以为只有少数民族才有抢婚之俗，其实汉族民间一些地方也流行着抢亲之俗。

鲁迅先生笔下的祥林嫂，就是被抢到贺老六家去的，可见浙江绍兴过去曾盛行过抢亲之俗。按当地的旧俗，婚事议定后，媒人设法让新郎偷偷看一次新娘，然后议定日子，男方邀集邻里亲友摇船在女家附近等候，并派人送信到女家。女方父母故意支女儿去河埠头洗衣，洗菜或淘米。新郎见机上前拦腰抱住新娘，其他人一拥而上，把她捆绑上船，女家还故意哭哭啼啼追赶一番。湖州、长兴一带，过去抢亲之俗也屡见不鲜，而且都在公开场合下抢。男家做好抢亲准备，派人时刻跟踪姑娘的行动，若打听到新娘要去看社戏、赶庙会，那就是最好的时机了。媒人领着抢亲队伍，待新娘一出现，新郎冲上去将她抱住，并摸出一把圆头剪刀，把新娘的裤带剪断。新娘惊慌之中抓住裤腰，新郎抱起她就飞跑。新郎的同伴们迅速出来高呼“抢发了！抢发了！”一边喊一边点放鞭炮，往人群中丢红帖子，吹鼓手也吹起了唢呐。

江西旧俗中的抢亲，还有许多不成文的规定。抢亲时间规定在每年的腊月，其他时间抢亲不算好汉；不论何种原因以何种形式抢亲，双方都不许使用任何武器，最多只许用手脚将对方击倒而不许致伤。若能把姑娘从房中抢至大门就算成功了一半，女家极少追赶。过去当地每到腊月闺女不敢出大门，男方准备抢亲须设法弄清女家情况，邀请亲友，多方布置，设法把女家男人调开。若女方父母兄弟喜喝酒则派人请他们去喝酒，若爱打牌的就故意派人请他们去打牌，时机一到，新郎迅速闯入女家闺房，用被单布将新娘蒙起来背上就跑，这种情况一般是姑娘愿意的。若姑娘不愿意的则要邀一帮人一起冲进去，强行抢人突围而逃。

汉族民间抢亲之俗的流行，大多是事出有因的。

一种多为双方家境贫寒，花不起正娶之费用，双方家人及媒婆串通一气瞒着姑娘行抢；二是订婚、议婚中双方意见不合，如男方要娶而女方想拖延，男方用抢亲办法进行完婚；三是订婚后男家破败，女家想赖婚，男方只得纠集亲友实行抢亲。当然也有“郎有心，妹有意”，而只为下不起聘金，办不起体面的嫁妆，又要保面子而行抢亲的。只有广西贺州步头一带的客家人是个例外，按当地风俗，新郎迎亲来到女家后，到一间窗门封闭、漆黑一团的房间门口，新郎必须冲进去把躲在里面的新娘抢出来。按俗规，新娘由一群手持竹篱棍的姑娘保卫着，并不准讲话。新郎进入房间既看不清人，又听不见新娘的声音，护卫的姑娘还用竹篱棍不停地敲打新郎，发出一片“咭咭咭”的竹篱声和“嘻嘻嘻”的笑声。新郎要使出全身本事摸抢，抢着一个匆匆拉出门口，背出堂屋，看清了若不是新娘又放她回去，重新去抢。抢了几回还是没有抢到新娘，出嫁的时辰到了，护卫的姐妹们只好有意识地将新娘推到一定的位置上让新郎抢走。据说抢的时间越长越表示乡亲姐妹们对新娘的情深意厚，舍不得她离开，新娘子也会因此而感到骄傲。新郎虽然抢得很累，心里却很甜，因为新娘的人缘好是他的福气呀！

◆ 依依不舍难上轿

姑娘要出嫁了，花轿已在门外等候，在这大喜的时刻，新娘对娘家依依不舍的离别之情虽然在哭嫁中已表现得淋漓尽致，但在上轿之前才达到了高潮。

汉族民间新娘对娘家的依依不舍之离别情，大多以女儿不愿梳妆上轿表现出来。在广东农村，新娘上轿前进行“安凤”礼。按俗请了一位“正装梳妆大马”，一位“代步梳妆大马”，负责替新娘梳凤髻，戴凤冠。但新娘总是不肯服服帖帖地让她们梳妆，躲在闺房不肯出门，以示舍不得离家。闺房中有一帮姐妹护卫着她，他们把房中所有照明的东西都藏起来，待“梳妆大马”一走进闺房，灯火马上吹熄，“梳妆大马”与姐妹们展开抢夺新娘之争，黑暗中你争我夺，你拉我拖十分激烈，但最后的胜利总是属于“梳妆大马”的，新娘哭着被拖出闺房。“安凤”完毕，新娘由“梳妆大马”和大妗姐搀扶着拜别祖先，对着大门拜天、拜地，向父母众亲拜别后才上轿。众姐妹簇拥着花轿送新娘上路，没走多远轿又停下了，姐妹们给新娘奉上清茶一杯，进行最后话别，俗称“谢轿”。

旧俗结婚仅为合二姓之好，以上事宗庙，下以继后世。故婚后的生子便成为过门后的顶顶重大任务，倘若女子婚后不育则后果将不堪设想。于是依依不舍的离别之情又表现为父母在新娘上轿前为祈求新娘日后幸福，保佑她快生子、多生子。许多地方都以风趣的风俗将这一心情展示于众。

浙江缙云一带准备上轿的新娘，衣服的前襟里准备了许多铜钱。

当新娘出轿时，铜钱如天女散花似的撒落地下，一群小孩欢呼嬉笑着又捡又抢，俗称“鲤鱼撒子”，形象地表达了新娘进夫家可如鲤鱼般地生子育女的愿望。位于湖北西部的神农架地区，新娘在上轿前要由舅舅把她抱放在量谷的斗上，站在斗梁上面，新娘手持一把筷子唰的一声撒落在娘家堂屋地上，才挥泪上轿。“撒筷子”意寓娘家盼望她快快生子。广东饶平一带新娘上轿前须用石榴等十二种植物的花或叶泡水沐浴，浴毕坐在浴盆中吃下两个煮熟的鸡蛋，以祈求女儿婚后生子顺利。

上轿前依依不舍地吃一碗娘家饭，寓意深远，许多地方都很流行，有的俗称“上轿饭”，也有的俗称“离娘饭”，还有的俗称“高头饭”。

在浙江玉环一带，新娘上轿前的一刻，站在门背后，其母亲手端满满一碗饭，饭顶端盖着一大片肉。由母亲一口一口地喂给女儿吃，喂一口饭母亲吩咐一句话，教导女儿今后在夫家门下吃饭，凡事小心谨慎，做个贤惠媳妇……正是母亲又喜又忧讲不清，女儿泪流满面饭难咽。舟山地区的新娘在出嫁的那天，花轿到了门口她还赖在床上不肯起来，迎亲使者前去催促三次方起床。梳妆打扮后吃“上轿饭”，按俗规，新娘要将第一口上轿饭吐到爹娘的床头上，以示女儿不忘爹娘的养育之恩。丽水一带的新娘在将上轿之际先向父母拜别，再向亲戚辞别，然后由兄长抱着她到中堂，站在椅子上，由一人送上来一碗红糖米饭，新娘拿出事先准备好的两块手巾。先含三口糖饭吐入一块手巾中包好，交给母亲放入娘家米缸，再含三口糖饭吐入另一块手巾包好，准备到夫家后放入夫家米缸，俗谓有吃有余。接着有人交给新娘两把筷子，数只碗，新娘将碗筷交臂放在背后，有人接过碗筷放在桌子上后，方可抱新娘上轿。富阳一带上轿饭更为丰富多彩。新娘吃上轿饭由父亲或兄弟喂吃，一大碗饭上面铺满了各式菜点，俗规每样菜都必须吃一点点，俗称“盘托饭”。“饭”与“万”谐音，取意万子万孙；吃肉寓意新娘与新郎肉肉贴贴，和睦相处；吃肉圆寓意合家团圆；青菜则示意一家老少亲亲热热。喂好了盘托饭，在新娘子的嘴里放一颗桂圆，这一颗桂圆一直含着不许吞下也不允吐出，直到轿入夫家方可吞下，然后她的哥哥抱着她去拜灶神。由哥哥抱寓意婚后夫家对她个个都欢喜。

拜完灶神再抱入堂前敬酒，一敬天地，二敬公婆，三敬丈夫；再抱入花轿。安吉一带，新娘上轿前必由娘舅或姑夫抱她到堂屋中间的米筛上站好，俗谓这是向男家表示“我家姑娘是经米筛筛选出来的好姑娘，是百里挑一的”。更有趣的是，当花轿起程时，新娘的父母兄弟姐妹一起上前拖住轿扛不肯放行，按俗上前三步，后退三步才依依不舍地松手放行，俗称“留轿”。花轿一走，姑娘的母亲以最迅速的动作关上大门，并飞快地把放过花轿的大圆匾反过面，盘腿坐在上面号啕大哭。为庆贺女儿出嫁后将得享福而高兴地哭，更多的是为宣泄母女离别之情放声哭。

◆ 上轿风俗拾趣

迎亲队来了，花轿到了，一切的拖延，一切的延宕，新娘子最终还是要上轿了。旧时汉族民间新娘上轿之前，有“搜桥”之俗。有些地方搜轿由新娘的兄弟担当，一手拿着点燃的红烛，一手拿着镜子，照遍轿内四周，俗谓这是驱逐藏在轿内的吊死鬼。浙江绍兴地方的搜轿更讲究些，专门请一男一女二位夫妻双全，儿孙绕膝的长者为“福星”“禄星”执行搜轿。他们先用镜子借着烛光把轿内上下左右前后都照一遍，然后用燃着芸香的老式熨斗在轿里熏一遍，用意也是驱逐可能潜入轿中的妖魔鬼怪。

“搜轿”完毕，新娘上轿大多流行抱上轿的风俗。此俗一则表示新娘不舍得离开娘家，二则俗谓若新娘步行上轿，要带走娘家土，从而将娘家财气带到夫家，败了娘家的“风水”。因而新娘上轿不是哥哥抱上轿就是舅爷抱上轿。据说这一风俗的形成还有一个美丽的传说。相传三国之时，诸葛亮为联吴抗曹，为刘备牵线娶孙权的妹妹孙姣为妻。正巧孙姣患了下身瘙痒病，难于启口，又哭又闹，孙姣母亲以为宝贝女儿得了“思嫁病”即命孙权为妹找个婆家。经鲁肃撮合，孙权同意嫁妹给刘备，孙姣得知后，虽哭闹了一阵，但听人说过刘备是蛮有才气之人，心想嫁给他也不委屈，于是点头应允了。孙姣不仅才貌双全，能文善武，而且还是个有心计的姑娘，她担心自己将门虎女嫁给曾有过妻室的刘备为小怕有失面子，想通过嫁妆来压众而不使人家小看了自己。心下琢磨许久，觉得金银珠宝，丫鬟使女再多也并不稀罕，而刘备至今尚无地盘，向哥哥要下荆州城做嫁妆是再合适不过的了，况且日后自己也就有了安身之处。孙姣提出陪嫁荆州一事后，遭到孙权的反对。可孙姣是主意已定非荆州陪嫁不可，还扬言要在后宫放一把火，要家中烧得一塌糊涂。继而又到母亲面前寻死觅活地哭闹，吴国太缠不过宝贝儿女便点头应允了。孙权得悉慌了神，即召集周瑜等人商议对策。周瑜深思之后说：“若不依，孙姣定会闹出事来，不过大家不必担忧，到时略施小计荆州即可完璧归赵。”说毕他又与孙权耳语了一阵，孙权连连点头称是。孙姣出嫁之日，孙权按计把嫁妆礼单和荆州地图、户口册当着前来迎亲的刘备交给了孙姣，快上轿时孙权一把拉住孙姣放声大哭："小妹啊！你自小哥抱你长大，如今一别再不能疼你了，让哥抱你上轿吧。"孙权这一哭，使孙姣想起了兄妹情也伤心地哭起来了。孙权趁机抱起妹妹送上花轿，在孙姣忘情哭泣中，身上的嫁妆单不慎回到了孙权的手中。婚后发觉方知上了哥哥的当，没有了嫁妆单，荆州作陪嫁也就成了一句空话。事后孙权是矢口否认，最终以借荆州给刘备了结。而老百姓并不了解孙权抱妹上轿的阴谋之计，还当真以为是兄妹情深，难舍难分，都纷纷仿效孙权哥抱妹送上花轿，真所谓美名随风扬，好事人人学，越传越广，遂形成为风俗。

除此以外，民间新娘上轿还有许多趣俗。

浙江温州新娘上轿之俗别有奇趣，男方花轿一到，女家在门口烧火盆，放子炮和双花炮，吹奏鼓乐迎接。花轿迎入大门停放中堂，由一对童男童女陪伴着新娘吃完上轿饭，两位福禄双全、子孙满堂的利市婆婆各拿着米筛、红灯，搀扶着新娘姗姗走出送上花轿。同时喜婆将"鸳鸯瓦"送入轿中。"鸳鸯瓦"是两片瓦和一对泥碗用红绳捆好，扎上翠绿的松柏而成的，寓意新娘出嫁，头顶自己的瓦，脚踏自己的泥，表示娘家把"风水"泽分给女儿带去，此俗与别处生怕新娘带走娘家"风水"的习俗却截然相反。花轿一出门，娘家大门立即关上，意示拒绝女儿回头，叫她在夫家一心一意地过日子。

福建漳州是个花乡，当地姑娘出嫁流行"鲜花迎面"的风俗。新娘准备上轿了，姐妹们送来由12种鲜花扎成的大花束。新娘手持花束，鲜花遮住了半边脸，只露出两只水汪汪的眼睛，"人面桃花"交相辉映，妩媚娇态。这12种鲜花示意12个月，祝愿一年到头新人家庭和睦，月月美满。新娘上了花轿，准备起轿了，旧时客家人还要用酒和茶淋轿扛，轿夫一边把酒洒在轿扛上一边唱道：

茶香、酒香、子孙满堂，

夫荣子贵，五代同堂。

女方感谢轿夫的美言吉词，送上一个红包。轿抬出大门外俗规不能径直前往，要连绕三个圆圈，俗称“望娘弯”，意示新娘对娘家的再一次留恋。无独有偶，水上人家接新娘的船也是如此，新娘上了船，水手用篙子撑船使船在原方位转三圈，苏北一带俗称“转转不想家”，说转了三圈后新娘子转花了眼，认不得回家路，到了婆家后就能一心一意与丈夫共度日月。

台湾的婚俗，新娘离娘家时要藏一柄折扇在衣袖内。花轿行至数步，新娘将扇抛之地下，娘家人连忙拾回。寓意新娘此番嫁人誓不回头。同时希望婚后如意，祈求保佑不被夫家所弃。常言道：“嫁出去的女，泼出去的水。”意思是说女子出嫁后即是夫家的人了，如水泼出去一样是不可收回的。这实在是母亲对女儿的祝愿。旧时妇女地位低下，稍不留意得不到夫家婆婆或丈夫的欢心，便可以任何理由休你回家。这对旧时妇女来说是一个致命的打击。故汉族民间婚俗中多流行“泼轿”之俗，以祝女儿不要回头，婚后如意。

广东潮阳地方，新娘一上轿，父母端着一盆清水用手把水向着花轿泼洒，边泼边念：“钵水泼上轿，新娘变新样。”寄托着家人对新娘的祝福。潮州话“轿”与“样”押韵。直到现在，当地姑娘踩着单车出嫁，母亲同样在她的单车上泼水，也同样念着这句祝福词，浙江一带大多数地方都有泼轿之俗，轿子起程后，母亲随即拿一盆水朝着花轿去的方向泼出去。庆元一带的泼轿风俗最为特别，花轿放置中堂后，要在轿前地上设祭，祭祀轿神，然后特请一位泼轿人，在新娘子准备上轿前进行泼轿，手拿一只酒碗盛着酒，口含着酒喷洒在轿上，边喷边念着泼轿词。

山东也有许多地方至今仍有“泼轿”之俗。临朐一带是在新娘上轿后，由她的弟弟或妹妹送一碗水给她，俗谓“送汤”。而大多数地方都是花轿启程后，新娘的母亲或嫂子，端一瓢水，目光注视远去的花轿将水泼在门外，祝福新娘如泼出的水，再也不会回头了。

◆ 新娘入门多异趣

翘首以待的花轿终于抬到了男家大门口，汉族民间迎亲礼进入了一个新的阶段。在这新娘下轿入门的一瞬间，各地不同的风俗，组成了一幅幅绚丽多姿的风俗景象，异趣纷呈。

火炮接入门，这是广西永福一带新娘入门的风俗。三声鞭炮连天响，男家村里的男女老少喜形于色，一路小跑，把新郎家门口的花轿围得水泄不通。腋窝下挟着大捆鞭炮前来祝贺的人，还络绎不绝。观看新娘的人们把新娘围了个里三层外三层。调皮的小伙子点燃鞭炮使劲往新娘身上扔，新娘被炮声、硝烟熏震得晕头转向，不知该如何回避。多亏机灵的新郎，招呼了一群送亲姐妹挤进入圈。一群花枝招展的姑娘突然出现在放鞭炮的小伙子视线之内，炮声减弱了，机灵的姐妹迅速把新娘抢出人群，引入新郎家的大门。

燎轿入门，这是山东鱼台一带的新娘入门风俗画。花轿一到，在鞭炮声中两位年方及笄的接轿姑娘，一个手端麸子，一个捧着一本书，书中夹着两根葱，迎上轿前立于两旁。此时有一人手拿点燃的稻草火把在轿前烘了一烘，即俗称“燎轿”。然后把上轿时缝上的轿门撕开，接轿姑娘上前一个把书交给新娘，一个往新娘身上撒着麸子，扶着她下了轿，让新娘在轿前准备好的柳木椅子上端坐着，由早已恭候在椅子旁的新娘的族兄或表兄抬着进夫家大门。

跨火入门，这是浙江玉环、温岭等地新娘入门的风俗画。花轿一到男家便把一只火盆放置轿门口，在旺火中撒上一把盐，盐在火中噼啪作响之际，伴娘牵着新娘下轿，跨过火盆，进入大门，俗谓这样可将一切煞气邪气全破除。

跨鞍入门，这是甘肃及北方一些地方新娘入门的风俗画。此俗以甘肃民间最为活泼有趣。花轿到了男家，两个由新郎的亲兄弟扮演的小丑，一个头戴破纸帽，耳挂红辣椒，反穿一件烂皮袄；一个头戴向日葵或西瓜皮帽，身披花床单，脸上都用红、黑墨水和白粉画成大花脸。新娘到了门口，两个小丑前去迎接新娘，嬉皮笑脸地伸出两手向新娘讨见面礼，没有见面礼，休想入门。新娘从容地拿出准备好的见面礼——小巧玲珑的绣花盒子，（里面可放男子外出所必备之物），俗称“绣花名章盒子”，递给小丑一人一个，这时他们才领着新娘入院门。接着在伴娘的陪同下，随着司仪的唱礼：“新人跨马鞍，一世保平安！”新娘新郎双双跨过早已放置在门口的马鞍，进入大门。山东有些地方则在新娘下轿后即跨过放在轿门前的马鞍，才能入门。

挡煞入门，这是湖南宁乡以及江西寻乌一带新娘入门的风俗画。当地旧俗认为花轿都有煞气，故当花轿到男家时，不能放在地下，只能搁置于大方桌子上，然后请两位厨师来“斩草挡煞”。斩草完毕花轿从桌上抬下地，媒人打开轿门锁，由伴娘扶新娘出轿入门，当地有诗云：

接亲接到槽门口，
两个厨子来斩草。
凶神恶煞急归天，
留下人间春意早。

而寻乌一带的挡煞入门又别有一番风情。旧俗男家事先请来一位好命男子，在花轿到后，用剑杀死一只雄鸡，把鸡血洒在大门槛边，并念咒语：“日吉食良，天地开张，陈家儿孙，娶媳归堂。喜！今朝鸾凤和鸣，见他年麟趾呈祥。哒！天煞归天去，地煞归地藏。凡有凶神并恶煞，皆此雄鸡来抵挡。”念完，再由伴娘牵着新娘入门。

铺柴入门，这是苏北建湖蒋营一带新娘入门的风俗。在蒋营水乡，迎亲船一靠岸，新娘从岸边到夫家，不论多远也不能脚踩地下走，而只能走一条用芦柴铺成的路。若路甚远，则芦柴采用传递方式一直铺至新郎家门。芦柴之“柴”音谐“财”，取意吉祥发财，新娘通过“生财”之道将财带入夫家。

“挨打”入门，这是广西荔浦一带新娘入门的风俗。花轿到了门口，男家出来两位福命妇人，撑伞扶新娘，身着婚礼服，手拿尺子，乘新娘入门之机轻打新娘头部三下，俗称“显威”，以暗示新娘婚后尊重丈夫，万事注意分寸，然后新郎在前面走，新娘须踩着新郎的脚印随后跟入喜堂，俗称“踩三步”，意示日后夫唱妇随。

吃甜饭入门，这是江浙一带新娘入门的风俗。在苏州，迎亲队回到了家门，花轿停在门口，新娘新郎及全家上下、亲戚朋友一同吃甜圆子、莲心，以示从今起全家团圆，心连心，生活甜甜蜜蜜，然后新娘入门。在浙江青田，俗谓砂糖饭能使女子定形，故花轿到门口，先由伴娘端一小碗红砂糖拌饭，喂新娘吃一口，方可入门。然后将饭摆在新人床头，到婚后第二天才可端走倒掉，俗称“合同饭”。认为吃了“合同饭”夫妻便可和睦相处，白头偕老。在海盐一带则由婆婆亲手煮一碗糯米甜饭，在新娘下轿时由婆婆喂给新娘吃。据说吃了甜饭，日后婆媳和睦，生活甜美，当地还流传一首吃甜饭的婚歌：

一只郎船摇进浜，两边水草乱横横。
青龙冈上来上岸，敲锣打鼓放炮仗。
轿子抬到大门口，准备踏脚红毡毯。
掌礼师傅来唱礼，阿婆出来喂糖饭。
一碗糖饭菱角尖，又是甜来又是鲜。
唇上粘满饭米屑，伸出舌头只管舔。

这吃甜饭入门之俗的形成，在青田一带还流传着一个美丽的传说故事。古时候有一个后生每天上山砍柴奉养老母。有一天，下着很大的雪，后生照样到山上砍柴，他把带的午饭挂在树杈上。吃饭时发现树杈上的饭竟热气腾腾，像刚蒸过一般。从那以后几天都出现这样的怪事。有天后生留意察看，发现是一只老虎变成一个漂亮的女子给他热的饭。后生的老母叫他在老虎变人的时候，迅速上前将一口砂糖饭塞在她嘴上。第二天后生照着母亲说的去做，结果虎女再也变不回老虎了，他们情投意合结成了夫妇。于是砂糖饭能使女子定形的风俗就流传下来，形成为新娘吃甜饭入门的风俗。

在许多新娘入门的风俗画中，还有风情异趣的风俗小品。如陕西乾县一带，新娘下轿先从地上拣起一双筷子才可入门，以示新娘一到夫家就是夫家人了，日后勤俭持家，料理家务是她的责任，又暗示她“快快生子”；广西来宾一带新娘先从婆婆手中接过新粥瓢入门，以示婆婆把管家的重担交给新媳妇；上海市郊点燃用彩纸围着的竹枝，竹枝在火中噼啪作响时新娘才能入门，以示新媳妇入门带来火旺日子……

欢欢喜喜迎新娘，但有些地方却忌新娘入门踩门槛。湖南湘潭一带俗谓新媳妇踩着堂屋的门槛就是踩了婆婆的威风，若踩了新房的门槛就是踩了丈夫的威风。因此当地花轿一到家门口，堂屋门口两旁即站好了交亲娘子，从两边挟着新娘跨过门槛进门。而有些地方就让新郎的姐夫或妹夫扮演“调皮姑爷”，当新娘到时，调皮姑爷突然从灶屋里冲出来背上新娘径直进入新房，以确保新娘不踩门槛。浙江湖州一带认为堂屋大门的门槛是“公公门槛”，第二道门槛是“婆婆门槛”，新房门槛是“丈夫门槛”。新娘进门踩着哪一道门槛就是踩去了哪个家主的威严，而且还要引起日后双方亲家的争吵。俗规新娘若不慎踩着门槛，被踩的门槛一定要请木匠来换掉，重新做过，并将换下的旧门槛烧掉。此禁忌的形成，相传很久以前，有一庄稼户，四个儿子为父亲办丧事欠下了一笔债。有一天四兄弟正在吃饭，债主忽然出现在门口，一只脚踩住门槛开口讨债。老大抬头一看，心里一紧张，打了个嗝儿一口饭噎在喉咙里半个时辰才咽下去。债主一走老大一病不起。病中老大告诉兄弟：“你们要记住，我是因为债主踩着咱的门槛，噎得喘不上气来才病的，那门槛就是咱的脖子，往后不论谁当家，都要记住这规矩，千万不能让人踩门槛。”说完就咽了气。从那以后人们记住门槛是当家人的脖子，脖子怎么能让人踩呢？所以旧时许多地方都立下了规矩，新娘子入门忌踩门槛。

◆ 喜字高悬话喜堂

俗话说“拜堂成亲”，新郎新娘结婚必须行过拜堂礼方成之为夫妻。拜堂的正厅俗称为喜堂。俗规喜堂正中高悬一个大红“囍”字。

说起这个吉祥的红双喜字，民间流传着一个有趣的故事。话说北宋之时，23岁的王安石进京赶考，巧遇马员外家出对联为女儿联对择婿，那上联是：“玉帝行兵，风枪雨箭，雷旗闪鼓，天作证”。王安石见对联出的妙，连连称好，但因急于赴考未能对上下联。谁知考场上他才华毕露深得主考官的称赞，被宣去面试。正巧面试时考官指着飞龙旗上的一联命他作对，那联是：“龙王设宴，月蚀星灯，山食海酒，地为媒”。王安石马上想起马员外家那一联正好与此联匹配，不假思索地答上了，主考官听了大加赞赏。而当王安石离开试场，路经员外家门时被员外家奴拉住不放，原来那天王安石对上联大加赞许时，正好被家奴看见报知员外，员外即命家奴在门口守候定要请他联对。王安石见过马员外随即取过笔墨纸砚将“龙王设宴，月蚀星灯，山食海酒，地为媒”龙飞凤舞地写下，员外见之大喜。征得小姐应允，当即决定招安石为婿，并定在三日后吉日成亲。正当结婚喜日之时，朝廷报子来报王安石高中状元，皇上亲自召见。喜上加喜，王安石喜不自禁，高兴之余挥笔写下了个斗大的红双喜字，悬挂在堂中。人们看见大红双喜高悬堂中使厅堂增添无限喜色，纷纷啧啧称赞。正如王安石自己所写的诗曰：

巧对联成红双喜，
天媒地证结丝罗，
金榜题名洞房夜，
“小登科”遇“大登科”。

从此以后，结婚悬挂红双喜到处流传开来，遂成为民间喜堂的传统标志。喜堂的装也是多姿多彩，异趣盎然。南方喜欢在喜堂正中挂大红喜帏，喜帏上贴着金色的大双喜字，两旁挂上婚联，堂前的大红八仙桌上大红喜烛。江南一带有些地方兴用大红绸子扎成大红双喜字高挂堂中，再配上红绸裹柱子，红绸围桌子，椅上系红椅披，茶几上系红花绣围，红绸彩灯高挂厅间，烛光闪闪，真是满堂红光，满屋喜气。

在鄂西山区民间用大红纸剪成的大红双喜字和红绸扎的绣球做成“号匾”，按俗规由新郎的舅舅亲手挂在喜堂正中。有趣的是在悬挂时，他一边登梯一边唱颂：“上一步，一举成名天下扬……上八步，八月五谷堆满仓……”把号匾挂好，再步步唱颂走下梯子：“一下天长地久……九下千财万担，十下家业兴旺。”恭立一旁的新郎还必须在舅舅每唱完一段时仰面作一揖。

北方婚俗同样以喜字作为吉祥的象征装点着喜堂，而且在巧手遍布的陕西、山西、山东等地，对结婚红双喜字特别的讲究，一般用高粱红、石榴红的大红纸剪成双喜字，本色中透着神韵。喜堂正中，新房正中的喜字都用整张的纸剪出大型的双喜。在喜堂贴的是龙凤镶边，圈着正中一个状如牡丹的双喜字；在洞房贴的是鲤鱼闹莲图，中间端坐着一个圆若满月的双喜字，寓意含蓄而富有诗意，再加上喜堂中摆的新娘嫁妆，样样式式都贴着与物件相匹配的红喜字，如同在这些陪嫁物上开放着一朵朵千娇百媚的喜字花，把简陋的农家房舍映得喜气洋洋，气氛不凡。

民间俗规，喜堂中除囍字高悬，彩灯高挂，红烛高照外，堂间墙壁上一般还要挂上“福禄寿喜”“三星图”之类的画轴，寓意人们对吉祥以及福、禄、寿的祈求。俗称：“人间福禄寿，天上三吉星。”江南民间还盛传一首小曲：

福星高照把福施，
禄星送子下祥云，
寿星骑鹿送蟠桃，
三星高照喜临门。

另外，喜堂正中必设一张天地桌，许多地方在天地桌上立祖宗的牌位，有些地方则敬上两杯清茶，上端挂一幅和合二仙图，轴下放一对纸写以代表“天地”，桌前放着红绸布裹着的拜垫，正如浙江玉环乡间盛传的婚礼赞歌所唱的：

日生上下本是星，福禄寿喜挂中厅，
红字对子分两旁，祖宗积德挂上方。
大字顶一本是天，八仙红桌摆堂前，
大红喜烛分两边，红焰袅袅透上天。

一个红光透天、喜气洋洋的喜堂展现在新人、宾客的面前。

◆ 喜气洋洋拜天地

鞭炮大作，鼓乐高奏把迎亲礼推向高潮，隆重的拜堂礼仪就在这红光透天，喜气洋洋的喜堂中开始。

苏州旧俗“三请四拜”是汉族民间拜堂礼的一个典型。首先由掌礼三请新郎出堂：

“早占高魁第一名，蛟龙起首耀门庭，蟠桃会上迎仙客，一请新郎接新人。”

“熟读诗文识古今，宗师先生出名门，堂上会得魁星女，郎才女貌结良缘。”

“金銮殿上传金言，金榜题名状元公，金花插上乌纱帽，奉请新人第三请。”

“台升！”

新郎走进喜堂，紧接着掌礼再三请新娘：

“吉日良辰花烛红，今宵日月喜团圆，恭请新人第一请，早早出来拜九天。”

“一片笙歌齐颂奏，蓬莱来了神仙女，恭请新人第二请，双双对对拜天地。”

“孔雀屏开香芙蓉，双双花烛引芙蓉，即请新人下花轿，轻移莲步到堂中。”

“恭请新人第三请，台升！”

三请毕，头盖红巾的新娘在喜娘的搀扶下慢慢步入喜堂。新郎、新娘按男左女右立于堂中。掌礼高声喊令，一对新人跪拜天地和合，对内四拜，对外四拜，夫妻相对四拜。拜毕喜娘拿来一条红绿牵巾，中间打上“同心结”，一人牵一端准备送入洞房。

由于汉族地广人多，风俗异趣甚多，一般的拜堂与苏州风俗大同小异，但有些地方却又风采独具，别开生面。

安徽徽州地方的拜堂礼仪是在高亢、嘹亮的歌声中进行的。鞭炮、喜乐加歌唱，使得拜堂礼呈现出特殊的情趣。新郎家特别雇请歌手，在鼓乐声中歌手手举红烛唱起吉祥的“接房”歌，一边唱出众人的庆贺，一边唱着礼仪的进程。新郎、新娘在人们簇拥下来到喜堂，男左女右齐立天地桌前，随着歌声一拜天地，二拜双亲，三是夫妻对拜。拜毕歌手把手中的红烛换成酒壶、酒杯，唱起“敬酒歌”，边唱边敬酒：一杯敬天，一杯敬地，三杯洒在大门边。接着唱“再敬酒歌”，斟一杯酒敬新郎，斟二杯酒敬新娘。最后高唱“交杯歌”，把两杯酒合并后，重新分敬新郎和新娘，拜堂告吉。

一般地方的习俗都是先拜堂方开酒宴的，扬州一带新郎新娘拜堂要在酒宴后再进行。拜堂的吉时一到，新郎已在堂中等候，新娘在喜娘的搀扶下步入堂中，双双磕头拜堂，一拜天地，二拜高堂，继而夫妻对拜，再向所有在堂亲戚长辈按辈分一一道拜。一般地方拜完堂即送入洞房，唯有扬州，拜了堂新娘被喜娘送入厨房。新娘必须亲手煎一碗豆腐，当地方言“豆腐”与“陡富”谐音，新娘煎豆腐意示夫家会陡然富足。当新娘亲手点燃柴草，用火叉挑着烧时，喜娘在一旁说：“火要空心，火就旺；人要忠心对丈夫好。”火烧旺后，新娘将豆腐劈开下油锅煎。

一般地方拜堂都在厅堂进行，山东的拜堂却在天井中举行。天井中摆一张桌子，上面放一只香炉，一对烛台，点上红喜花烛；正中摆一个斗，斗中贮满高粱，顶上横放一把秤；桌旁置一火炉，炉中烧着炭火。新娘下轿后坐在椅子上由两位族兄或表兄连椅带人抬入天井，新郎紧跟步入天井与新娘以男左女右并立天地桌前，按司仪的唱拜礼，拜天、拜地、拜祖宗、拜父母，最后夫妻对拜。在拜堂的同时有人将数盅水不断地淋在炭火上，发出吱吱哔哔如同庆贺般的声音，火苗蹿得很高，依据当地习俗来说，火旺象征婚后家业兴旺。

有些地方的拜堂还有些奇俗。广西恭城县林家埠一带还流行杀鸡拜堂的异俗，新郎新娘由一对福命夫妇作为迎亲人，带入喜堂。迎亲男子马上拎出一只活蹦乱跳的大红公鸡，一刀宰杀后将鸡血绕堂屋淋一圈，接着喜乐高奏，鞭炮齐鸣，一对新人才开始拜堂。然后众人簇拥着送入洞房。

旧时在滔滔古运河上以船为家的水上人婚礼就谈不上隆重阔气了。他们的拜堂礼仪十分简朴。新郎家向岸上农民临时租一块地，搭个芦苇棚，借一张桌子，供上神位，请赕神先生将神位恭恭敬敬放入正中，一边放一边念念有词，从南海观音念到北方玄武，从如来佛念到九天玄女。然后在供桌上摆几大盘鸡、鱼、肉，新郎接来了新娘就在赕神先生主持下，在芦苇棚中拜天地，然后入洞房船。拜堂礼虽简朴无华，但也不乏喜气洋溢。

三、洞房风俗

◆ 洞房装饰面面观

洞房，这是汉族民间对新郎新娘所居新房的俗称。说起洞房的由来，有一个美丽的传说，相传秦始皇的阿房宫中有一位名叫三姑娘的美女，不甘遭受蹂躏，在一个漆黑之夜，乘守卫不备悄悄逃离阿房宫，直奔东方来到华山，在深山老林中吃野果喝山泉，过着艰难却自由自在的日子。当时许多读书识字的书生为逃避秦始皇焚书坑儒的灾难，纷纷逃往深山。有个叫沈博的书生也避难在华山过着非人的生活。有一天三姑娘和沈博相遇，互相倾吐了自己的不幸遭遇，患难结交，产生了爱情，遂插枝为香，对天盟誓，结成了患难夫妻。有一天他们俩在一块大青石下发现了能容下二人的一个山洞，夫妻俩就在洞中安了家，生活虽甚困苦却自由甜蜜，他们把深山小家取了个形象而有趣的名字叫“洞房”。这个包含辛酸苦难，象征甜美幸福、夫妻恩爱的“洞房”，便一直流传下来，成为新郎新娘结婚新房的代称。

“洞房”意味着夫妇将在这里开始新的生活，为祝愿婚后和睦相处、福寿延年、子孙满堂，汉族民间不仅要把洞房布置装饰得喜气洋洋，还要特别讲究各种摆设能体现出美好的祝福和吉祥的寓意。

江南一带的洞房布置以床为中心，新床装饰得琳琅满目。苏州洞房中的新床上挂着“发禄袋”“瓜瓞绵绵”“必定如意”“吉庆有余”等挂件；床四面系围着艳丽的刺绣大红花床围；绣被叠成条形，一条线地铺在床里壁，绣花枕头高高叠在被上；床中央放红纸包着的甘蔗、如意，寓意生活节节高，称心如意；床前摆一只子孙桶，桶中置有五只煮熟的红鸡蛋，寓意婚后五子登科；床边摆一镜台，梳妆镜箱端放在镜台中央。一张六仙桌置房当中，桌上摆着两副方贡，龙凤花烛高烧，桌上还摆满了食品、糖果。靠墙的大衣橱、裙箱等所有家具挨个摆着，每一样东西上面都贴了个大红双喜字，如朵朵红花怒放在洞房之中。

广东一些地方的洞房则突出房中的一张八仙桌，八仙桌上放着两把酒壶，用红线联结着，表示合和吉利。酒壶中的酒必定是姜酒，取生子之预兆（因当地习俗产妇多吃姜酒）。桌子上摆满了新娘从娘家带来的花生、槟榔、红瓜子、糖果等食物，用以招待宾客。一个柜台置于房上头，上面摆烛台，点着花烛。旁边是一座漂亮的镜台，照得烛火闪闪，增添了洞房的喜色。柜台旁花床、大柜、角柜挨个摆放。花床上自然是花团锦簇，有趣的是床上要放置一对髹上红漆的枕头，暗喻夫妻“如胶似漆”；若用竹制的枕头，则取“同心同德”之意。有些人家还在花床顶上放一条竹扁担，寓意夫妻共同肩负新家庭的生活担子。

山西丁村洞房的布置体现了北方农村婚俗中以炕为中心的洞房特色。房子西边用绿色涂料粉饰一新的炕上，整整齐齐叠得高高的被子，红绿相间花团似锦。长圆形的绣花枕头横放床头，炕壁正中挂着大红绣花缎围，上头还挂着绿缎绣花巾。一盏锡制灯壶高高立在炕头西侧，旁边放着称为“展柜”的摆设柜子，里面摆着茶壶、茶碗、托盘及各种餐具。下面一格放着梳妆镜、插花瓷瓶，展柜上端挂着紫红色绣花喜帏，房正中靠墙摆抽屉桌，东边放大柜、小柜，柜旁壁柜中放置一面大型美人镜，上面红绸扎花，镜前放脸盆架。小柜旁是一个古色古香的挂衣架。整个洞房也是琳琅满目，喜气洋溢。

正如浙江建德古老的仪式歌中所唱：

喜烘烘，闹洋洋，挂灯结彩红满堂。

手拿红烛前头照，携牵彩带入洞房。

左边点起龙凤烛，右边铺起红漆床。
红漆床来红漆床，大红绸被放中央。
床头摆起鸳鸯枕，恩爱夫妻日月长。

洞房装饰，在门窗上也有许多讲究。民间流行在洞房门上挂亮色的门帘，使人未入洞房先见喜色。过去民间一般挂绣花布帘，既美观又挡风，现在青年结婚则喜欢挂珠帘，漂亮而大方。洞房挂门帘之俗数河北承德、隆化一带特别讲究。当地俗规由新娘的弟弟在一对新人进入新房后，才拿出特地从家中带来的门帘挂在洞房门上。门帘多为大红或粉红的布，上面绣着鸳鸯戏水、荷花鲤鱼等喜庆画面，绚丽多彩。新娘弟弟挂好门帘，新郎送给他一个包有双数钱的喜包，意祝新婚成双成对，白头偕老。相传此俗由来已久，传说西汉时期，汉王实行和亲政策与匈奴联姻，认王昭君为义女出嫁匈奴单于。临行汉王为她备下齐全嫁妆一套，王昭君查点了三天才点了一遍，觉得还缺少一条门帘，便奏知汉王道："父王，孩儿听说草原不比咱皇宫，那屋虽有门，可不挂门帘，人在外一眼可见屋里，多有不便，父王何不把宫中门帘送给孩儿，一来遮屋挡门，二来也使我天天看见门帘就如看见了家乡。"汉王觉得有理，随后差人特制门帘，在昭君举行婚礼那天特派专使送到，将漂漂亮亮的门帘挂在洞房门上。从那以后，大舅子挂洞房门帘的风俗便在民间流传了。

对于洞房窗户的装饰以北方农村最富情趣，从古到今北方姑娘都剪窗花来装饰洞房，俗称"喜花"。什么"麒麟送子""和合如意"，还有以《三国演义》《西游记》中人物故事为题材的。窗花贴在窗上，同时也贴在风门上、炕头上，情新红火，开朗亮堂，使洞房更富民间情调。

苏北农村还有一种风趣的"麒麟送子"之俗。按当地风俗新婚之时，洞房的窗子必须用红纸糊得严严实实，等新人进入洞房后，再叫一个惹人喜爱的小男孩，拿一双红筷子将红纸戳破，从纸孔往里看新娘。

新娘在洞房中看见胖胖的，可爱的小脸蛋映在窗上，一对眼珠骨碌碌转，笑眯眯地往里瞧，即象征着“麒麟送子”。窗口边放着一个喜包是特别奖赏小男孩的。这一风俗又是怎样形成的呢？相传早先水母娘娘有只美丽而又骄傲的九头鸟，它听说人间洞房中的新娘子最美丽，总不服气要到人间与新娘比美。有一天九头鸟来到人间，落在一家洞房的窗口，偷偷把头伸进窗内看新娘。谁知新娘发现窗口伸进一个多头怪物时吓得魂不附体昏过去了。人们闻声赶来，七手八脚用棍棒打九头鸟，可怎么也轰不跑它，又打不死它。有个老人想出了一个办法，扎了个火把点着烧它，九头鸟生怕烧坏自己漂亮的羽毛只得悻悻逃走了。后来人们便派专人手拿火把守着洞房窗口，这样做到底很不方便，聪明人想出了红纸糊窗的办法，通红的窗口映着洞房中闪闪烛光，远看如火烧一般，九头鸟远远看见就不敢来了。但民间俗传麒麟在洞房之夜从窗口送子而来的，可窗口糊严了怎么送呢？于是就有了男孩戳洞的习俗，红纸糊窗既可防邪，又不误麒麟送子，此俗乃大合民意，故广为流传不衰。

北方姑娘用剪纸来装饰洞房，精于刺绣的南方姑娘则用刺绣工艺品来装点洞房。

广东潮州姑娘在出嫁前要绣制一批香包，除了送新郎，送给街坊邻里的小孩以外，大部分用来装饰洞房。进入潮州人的新婚洞房，举目望去，只见床上、梁上、柱上、墙上到处挂满精致秀美的香包，玲珑美观，香气袭人。进洞房的人们贺喜之余，都要对新娘的手艺大加评品，为洞房平添了喜庆的气氛。

◆ 婚床之俗多情趣

婚床，是新婚夫妇和合的特殊地方，汉族民间极重视婚床的安放和铺陈。一般俗规是婚前一日，由女方特派夫妻成双、子女满堂的福命夫妻前往新郎家去铺床。男家要备新床、椅桌、被单等，女家则备被头、毯子、帐幔等。衣服等不用之物都要放在箱柜里锁好。但风俗如同一个万花筒，转一个地方，又会生出新的花样。

广东东莞一带，在新郎上头礼后，特雇数名吹奏乐器的“鼓手佬”，在新人的洞房里奏乐，俗称“吹房”。然后由一位多子多孙的“好命公”率领几个夫役把新床安置在洞房中，俗称“安床”。主人分发红包给安床者以致谢。一对新人进入洞房后立在床前，由大妗姐一边铺床，一边唱起《铺床歌》：

挂起一张红锦帐，飞龙飞凤对双双。
红漆枕头花锦被，龙须席衬象牙床。
红锦被，绣奇花，风流帐底乐繁华。
铺锦被，向东头，年少夫妻乐唱酬。
三生有幸成佳偶，琴瑟和谐过百秋。
铺锦被，向南新，团圆福禄寿加增。
年少洞房同合卺，今晚邻鸡莫唱勤。
铺锦被，向归西，麒麟早降显英威。
从此赤绳方足系，他朝夫妇与眉齐。
铺锦被，向北方，今朝织女会牛郎。
夫唱妇随如水样，五子登科金玉满堂。[1]

铺床后大妗姐将果子、红枣、花生、石榴、橘子、莲子等向床中撒去，一边撒一边又唱起了《撒果子歌》。等歌唱完，新郎新娘向床深深

[1] 据《民俗》114期（1933年4月11日）《东莞婚嫁礼俗之记述》缩写。

作一揖，谓之“拜床”。突然四下里钻出几个男孩，爬上床争抢床上的果子，俗称“摸铺床橘”。

铺婚床民间还讲究口彩。浙江嘉兴一带流行专门在“摊被头”时唱的“口彩”：

一摊状元，二摊解元，三摊连中三元，四摊四方平正，五摊五子登科，六摊六六顺，七摊七子保平安，八摊八仙过海，九摊九子九孙，十摊十相齐全。被头叠得高，添个阿官中阁老，被头骨碌圆，添个阿官做状元。

在苏州为了得个生子的预兆，还流行“暖床”的风俗，在婚前数日便邀新郎的亲戚朋友中尚未结婚的男子进行暖床。

在浙江台州一带作兴“照床”之俗。新郎、新娘入洞房的时辰快到了，先由福命妇人给新床铺好被褥，拿一只盛红鸡蛋的木升，插上两支点燃的红烛放在喜床上，让烛光照耀新床。由伴娘伴郎将新郎新娘牵入洞房，边牵边唱：

今夜送洞房，鸳鸯凑成双，明年生贵子，得中状元郎。

在江苏金湖一带的农村中甚至连铺床的稻草都十分的讲究。按当地俗规，铺床必用稻草，称“稂草”。而铺婚床的稻草不能用自家的，一定要“偷”别人家的稻草来铺，并且一定要“偷”被地方上公认为德高望重，福寿双全的人家，这被偷的人家自然是很荣耀的。新娘家要选派没有结过婚的青年成双成对去偷，而且要鸣放鞭炮，敲锣打鼓行偷。偷时面对稻草叙述一遍稻草的生长过程，颂扬稻草的珍贵，然后偷两把稻草就回转。两把取成双之意。偷回稻草后还要祝贺一番，再进行“铺床”。整个偷草过程滑稽、有趣，寓意着祝福新婚夫妻白头到老，世代昌盛。

台湾居民在安好新人的床铺后，举行翻铺仪式，即请一个父母兄弟俱在的男孩在新床上翻跟斗，这时，站在旁边的妇女念道：

翻落铺，生男孩；翻过来，生秀才；翻过去，生进士。

预祝新人早生贵子。安好的新床不能由新郎独睡，也不能空着，可以由新郎的未婚弟弟或堂表弟弟一人伴睡，俗称“压床”。压床者若能于晚上在新床上撒一泡尿，被认为是一种吉利和荣幸的事。

江苏扬州的“还碗撒床”之俗十分有趣，所谓还碗的碗，是男方撑花轿船的人从新娘家的酒席上“拿”来的。这只顺手牵羊拿来的碗在洞房还新娘子时要撒床，即由一小男孩在婚床上撒尿。这个男孩可由新娘自找，也可由还碗者带来。这时撑花轿船人手捧托盘，盘里放着碗和一双红筷子以及红枣之类的干果，用红纸蒙盖，敲锣打鼓入洞房。来撒床的男孩一听到锣鼓声，忙从床上跳下，抢吃碗中的红枣。这时为首捧托盘的便用红筷子捣着碗底（同样含有筷子戳通红纸糊的窗户之意），边捣边唱，众人和“好”：

“筷子筷子，快生贵子。”
“好！”
“筷子一头方一头圆，养儿金榜中状元。”
“好！”
“筷子一头圆一头方，养儿胜过李春芳。”
“好！”

唱和后，为首的两手向左右一伸，筷子给新郎，碗给新娘。接着小男孩子撒床。往往由于事先新娘与还碗人协商好，不再在床上撒，而撒在房里四方的空地上。这时同样有人说词唱和：

“撒床撒到东，养个儿子做国公。”

“好！”

“撒床撒到西，养个儿子穿朝衣。”

“好！”

“撒床撒到南，养个儿子做清官。”

“好！”

“撒床撒到北，养个儿子当都督。”

“好！”

仪式结束，新郎新娘备酒饭相酬。

◆ “长明灯”“长喜灯”与“长命灯”

民间常言“洞房花烛夜”是人生最得意的时刻之一。新婚之夜，洞房中的花烛长明不熄，通宵达旦。

此俗的流传是有来由的，据说从前有一位秀才，新婚之夜趁人们闹房之际，他躲到朋友家攻读诗书去了。新娘等闹房的人走完已是深夜，还不见新郎回房，只得熄灯先睡，虚掩着房门等待夫君。不多时，进来一个男人，一声不响，脱衣上床，新娘以为是新郎也不说什么，两人安安睡下。过后那男人说要上茅房就起床出去了。过了三更新郎才从朋友家回来，新娘睡梦中醒来说：“你上茅房咋这阵子才回？”新郎觉得奇怪问：“有人来过了？”新娘笑道：“你这人真糊涂，刚离开被窝一会儿怎么就忘了？”新郎发现不对头，气急地说：“我去朋友家看书才回，啥时进过被窝了？”新娘子吓得脸红一阵，青一阵，自知坏了大事大哭起来：“这屋没灯我怎么认得是谁呀？”新郎恼羞成怒，一气之下不等天亮即使人将新娘送回娘家，天一亮准备写休书。可没等休书写完，有人来报，新娘在家中撞墙而死，丈人到县衙告了女婿虐待新婚之妻。在堂上秀才如实禀告了事情的真相，县官老爷还是把他放了。事后，一边派人缉拿歹徒，一边亲拟告示，命令新婚之夜，洞房中花烛长明通晓，以便新夫妇相认，新郎不得远离洞房，违者处罚。从此人们遵命，在洞房中点烛长明，流传远久自成习俗，俗称“长明灯”。点长明灯之俗在过去，婚姻不自由的背景下，新郎新娘入洞房后方得以见面，一对红烛照得亮堂堂的，好让一对新人互相认识端详真是太重要了。

有些地方则赋予红烛以吉祥之意。山东一带称洞房中的红烛为“长喜灯”。相传当年诸葛亮与黄氏成亲，洞房之夜，诸葛亮想试考一下黄氏的才智，反被黄氏难住，被黄氏用蜡烛布下的八卦阵中难以出阵。后来还是黄氏心疼他，给他指点方得破阵而出。诸葛亮当即恳求黄氏赐教，小两口忘了新婚之夜，双双切磋阵法兵法直到破晓天明，洞房中的大红喜烛也就亮到天明。后来人们为祝愿新婚夫妇互相学习和睦共老，模仿他们在洞房中点红烛到天明，相沿成习，俗称“长喜灯”。

有些地方又赋予红烛以生命的象征。汉族民间俗信洞房红烛可预测夫妻能否白头偕老。闹房的客人走后，新房中只剩下一对新人，喜娘进入洞房将门关上，让一对新人同时将一对红烛点燃，郑重其事的端放在桌上，然后喜娘再退出。迷信的人认为，如果一对红烛基本上一致燃尽，则寓意夫妻能白头偕老，若是其中一支先燃尽，则预示夫妇中必有一人先死，有左烛先灭新郎先亡，右烛先灭新娘先亡之说；若其中有一支未燃尽而灭，则寓意婚姻要半途中断，即婚后要离异只能是半路夫妻，故俗称“长命灯”。为此许多地方流行“守花烛”之俗，要么新郎新娘通宵不睡守着花烛，要么由喜妈或伴娘时时进房察看，若一烛灭即将另一支也熄灭，然后重新两支一起点燃。

◆ 新郎新娘入洞房趣录

今日门中喜气冲，上有三星照堂中，五色祥云齐汇合，张灯结彩满堂红。

男女宾客笑盈盈，庆贺新人结晋秦，大喝三声天门开，金童玉女下凡来。

汉族民间新郎新娘入洞房之俗向来很讲究。一般俗规拜堂后，用两家各出一条的红绸带结成同心花球式的牵巾，新娘新郎各牵一头，新郎面对新娘倒行将新娘姗姗牵入洞房。但正如俗话所说："共天空，各乡风。"各个地方不同的入洞房风俗，构成了一幅幅极为风趣的风俗彩图。

浙江一带新郎新娘入洞房的风俗特别丰富多彩，有的风行"传袋"之俗，寓意传宗接代。新娘从花轿下来到中堂拜天地，以及送入洞房均在布袋上行走，脚不能沾地。温州、丽水等地用两只红布袋，传递铺垫让新娘步入洞房。湖州一带拜完堂后，司仪拿出一条宽寸许，长六寸的红绿绸带各一条，由新郎打一个结，再由新娘叠打上一个结，司仪一边拉腔喊道："同心结成双，恩爱万年长！"喊毕用一面圆镜给新郎照一照，喊道："福星照明镜，明镜照新人，一照照出状元来！"喊声刚落，乐队吹响洞房喜曲，喜婆在新人脚下铺好麻袋，新郎新娘一前一后踏上麻袋徐徐走向洞房。走过一只麻袋，喜娘一边拾起后面的麻袋铺到前面去，一边铺一边喊"接代啊！传宗接代啊！"与此同时，一群陪新娘来自娘家的姑娘们拿着新娘从娘家带来的盐和泥土撒入新郎家的水缸。男方的一帮中老年妇女亲属齐声高喊"结缘义啊！结缘义啊！"在一片喜乐、欢笑、祝福声中，新郎新娘步入了洞房。绍兴一带"传宗接代入洞房"的风俗更是风趣。当司仪唱赞"请新贵人、新玉人喜结同心""鸣锣升炮入洞房"时，鼓乐高奏，鞭炮齐鸣，喜婆将米袋、酒盅铺放在通往洞房的道上。新郎新娘双双牵着"牵巾"从上面走过，喜婆又将米袋、酒盅拾起越过新郎新娘头顶，再铺下地面让他们继续踏袋跨盅走过，如此往复，一对新人在众人支配下，“传宗接代”缓缓地进入洞房。建德一带入洞房之俗煞是妙趣，拜堂后新郎要神速地抱起新娘，在一片哗然嬉笑声中将新娘飞快地抱入洞房。开化一带的入洞房俗又是另一种风貌，由舅父送新人入洞房，届时新郎要跪在地上，舅父用彩笔为他画彩脸，边画边念着吉利词，念至“子孙满堂”则停笔画毕。接着扶起大花脸新郎，牵着新娘送他们入洞房。

有些地方流行“抢入洞房”之俗。宜昌地区有个特殊的俗规，拜完堂后，新娘新郎中谁先进入洞房就说明谁最能干，婚后就由谁来当家。所以当地流行“抢入洞房”之俗。当司仪高唱“鸣炮奏乐！新郎新娘入洞房”时，未等鼓乐奏起，也等不及鞭炮燃鸣，厅堂中顿时喊声四起：“快！快！”人们个个焦急万分又面带喜悦地喊着，只见新郎新娘在人群中钻呀，跑呀，气喘吁吁奔入洞房，一时间喜堂好像变成了赛跑场。

有些地方洞房的迷信色彩相当浓厚。江苏扬州水乡的婚俗似乎最不放心的是新娘会将魔气、邪气、污气带入洞房，故入洞房还有“冲煞”之俗。在进洞房的道上摆一张“爬爬凳”，凳子上用红带子缚着一把斧头、一束大葱，新娘子头盖红方巾在福奶奶的搀扶下小心翼翼，碎步行走，跨过“爬爬凳”进入洞房。俗谓斧头砍掉了三气，大葱冲走了三气，新娘就会永远光洁，夫妻康宁。

福建泉州旧俗“避邪冲煞入洞房”的仪式比较复杂而特别，按当地的俗规新娘下轿入门与入洞房同时相继进行。当花轿停于男方门前时，送嫁娘急忙备上小火炉，炉上一把青蒿芦刺和一片生猪口并把食盐、白米、铅粒撤在炭火上，将小火炉置于新人进洞房的必经之处。开始“踢轿门”了，由送嫁娘一手捧着米筛，一手握着铅粒和米，引着背向轿门的新郎倒步退至轿前，用一只脚向后使劲倒踢轿门一下，俗谓新郎这一踢将使乾纲振作，婚后不惧内。新郎踢毕，新娘必须使劲还踢一脚，这一踢将使坤道树立，表示新娘要求平等并不甘示弱。踢轿门完毕，送嫁娘牵引着一个经过挑选，属相好（即不属虎，最好是属龙）的男孩走到离开轿门三五步之地面对轿门作一长揖退下。送嫁娘再引一位男家有福的好命妇人，启轿门，手牵新娘出轿。然后由送嫁娘手持米筛遮住新娘头部，一边口中念着四句，一边一手撒着铅粒、米，领着新娘跨过火炉，送入洞房。

汉族民间入洞房都是新郎新娘双双同入的，唯独海南琼崖一带不一样。那里的风俗是新郎早早地手持扇子，高高地立在椅子上，等候在房中迎接新娘进入。当喜娘背着新娘入洞房之际，新郎用扇子打新娘一下，才让她入内，可谓别具一格。

◆ 妙趣横生“揭盖头”

新郎新娘欢天喜地入了洞房，如何入座？旧时民间流行“坐福”之俗。有些地方兴新娘坐在床的侧头，有些地方兴坐床沿中央。苏州一带讲究谁先入座，俗谓“谁先坐下，谁在婚后将受压”，故当地俗规入洞房后两人互让、等候，谁也不愿先坐下。时间磨得太久了，众亲友急不可耐地催促着，呐喊着，新郎只好做出了让步，率先入座，顿时爆发出爽朗欢快的笑声，齐声喝彩喊叫“怕老婆大大元帅！”而后新郎新娘并排端坐在新床上。浙江玉环乡间流传的婚歌唱得好：

洞房花烛好风光，
敬请新妇陪新郎。
新郎新妇并排坐，
欢欢喜喜在洞房。

新娘入了门，众人都翘首盼望能一睹新娘芳容，可是许多地方旧俗新娘直到入了洞房，仍蒙着盖头不露脸面，只等坐福后揭了盖头方显风姿。不要说众宾客急不可待，新郎官也是心急如焚啊！但是这盖头可不是随便可揭的，如何揭盖头各地都有妙趣横生的俗规，因为新娘子的红盖头是有它不凡的来由的。相传很久以前新娘结婚是不蒙红盖头的，传说商朝末年，朝中的文重皇叔勇冠三军，百战不殆，担负着保卫纣王江山的重任，深得人们的敬重。但众大臣们无一不晓他是个怕老婆的大元帅。有一次文重征战北海12年胜利归来，纣王及满朝官员10里长街迎接，设盛宴款待。席间有个大臣开了句玩笑：“老元帅今日凯归，劳苦功高，万岁也来为您庆贺，荣耀啊！只怕回到府上就……”不想此话传入纣王耳中，纣王有所不信特地乔装打扮进入文重府内察看，正见文重跪在夫人面前给她打火点烟，纣王一怒之下，下了一道圣旨：“将我婶娘拿下，大胆女人竟敢屈辱我重臣皇叔，斩！”圣旨下人头落地。纣王见之道；“今后女子出嫁头上都蒙上红布，以吸取教训，好生侍奉丈夫！”从此之后，用红盖头蒙新娘之俗便在民间流传开了。

揭盖头是汉族民间红喜事中最富情趣的一个环节。辽宁等地是新郎手持秤杆挑去红盖头，取意婚后“称心如意”。浙江宁波一带由一位福命妇人用秤杆微叩新娘的头部，再用秤尾自下而上挑去新娘的红盖头，置于床顶搁板上。大概是再一次的暗示新娘，婚后要有分寸地对待丈夫，凡事掂掂斤两，好好服侍丈夫吧！

湖南祁东一带新郎新娘双双坐在床边时，由婆婆手拿用红纸箍着的两把筷子，轻轻地拨掉新娘的盖头，寓意催促新娘“快快生子”。

江苏苏州等地作兴用红绸缚着的甘蔗挑去新娘的盖头，寓意日后生活如甘蔗节节高，越过越甜。

广东东莞一带旧俗，当新娘进入洞房后，新郎用一把折扇在新娘子头上轻轻打三下，然后挑去她头上的红盖头，边揭边唱：“揭头挂，打三下，食我饭，听我话，生仔喊我做爸爸！”

◆ 撒帐求子欢乐多

汉族民间习惯把结婚和生孩子连在一起，特别是上了年纪的人总指望媳妇过门便有“喜”，于是便有“撒帐”之俗。

据《快嘴李翠莲记》中的《撒帐歌》记载，我国明代的婚礼中就已有“撒帐”之俗。那时用五谷撒帐，撒帐人手捧米谷、豆子、果子边撒边念撒帐歌：

撒帐东，帘幕深围烛影红，
佳气郁葱长不散，画堂日日是春风。
撒帐西，锦带流苏四角垂，
揭开便见新娘面，输却仙郎捉带枝。
撒帐南，好合情怀乐且耽，
凉风好月庭户爽，双双绣带佩宜男。
撒帐北，津津一点眉间色，
芙蓉帐暖度春宵，月娥苦邀蟾宫客。

撒帐之俗传承至今，撒的果子虽千变万化、五花八门，但万变不离求子之宗。

云南昆明兴由福寿双全的老人用瓜子、松子、莲子、白果子、枣子五种果子，在新房中，特别是在喜床上播撒，取意“五子登科”。山东乡村新娘子入洞房上了炕头，须脱去外面的红棉袄，顿时从袖子里哗啦啦撒落下许许多多的红枣、栗子、花生和钱币，滚满整个炕面。原来新娘准备上轿之际，母亲已将果子藏入她的红棉袄袖内，让她一上炕即撒下果实，祝福她早生贵子，添丁发财。

甘肃农村时兴婆婆在洞房中用衣服前襟或小簸箕盛红枣、栗子、桂圆，不停地撒在新娘身上，意寓新娘“早生贵子中状元”，而公公要往炕上撒香烟，以取意“香火不断”。

江南水乡盛行由民歌手主持撒帐之俗。歌手手捧满满一淘箩花生果、核桃、桂圆、枣子、芝麻糖块，一边唱着《撒帐歌》，一边撒在喜床四角，再撒给贺喜的客人，同时抛撒洞房四周，撒得满房遍地皆是喜果，既意示喜庆祝贺，又喻示良好的祝愿：枣子寓意“早生贵子”；桂圆寓意“团团圆圆”；花生寓意“隔花而生，一仔一囡”；糖块寓意“生活甜蜜”。他们唱的《撒帐歌》朴实而充满吉祥之意，其中有几句唱道：

撒帐果子交关多，积积足足一淘箩。
撒帐东来报过东，夫妻双双多和睦。
撒帐南来撒过南，人丁兴旺子孙多。
撒帐西来撒过西，蚕花好来心欢喜。
撒帐北来撒过北，省吃俭用好造屋。

在浙江玉环一带，撒帐歌手从新郎的朋友中推选出来，他边撒边唱道：

果子撒撒天，新郎新娘笑吟吟。
果子撒撒地，天赐一对好夫妻。
一手果子撒过东，寿比南山不老松；
二手果子撒过西，百年合好永齐眉；
三手果子撒过南，先生仔来后生囡；
四手果子撒过北，山种稻麦田种谷；
五手果子撒眠床，早生贵子挣钱郎；
六手果子撒桌上，龙凤双喜满堂红；
七手果子撒衣橱，三箱六笼藏明珠；
八手果子撒布帐，帐内一对好鸳鸯；
九手果子撒被架，新郎新妇舞狮子；
十手果子放床头，夫妻到老共白头。

福建晋江一带撒帐俗称“撒缘”。当新娘入洞房之际，总有一位福命大娘在出入之处，飞飞扬扬地撒切得碎碎的青竹叶屑。只一个劲地往新娘、新郎身上撒去，口中还念念有词：“竹心切得缘，夫妻恩爱到百年。”她还将竹叶屑撒在洞房的喜床上，并念道：“竹叶色青青，新娘今年入门，明年抱阿仔。”此俗的兴起据说是因明代皇宫中妃子宫女太多，明皇这个色君常常为在哪宫停息而犹豫，最后索性骑马选宫，马停之地便是他的停息之处。当时宫中有一位名唤玉婵的宫女，入宫一年多来得君王宠爱，心中十分着急，找宫中一老婢商量，老婢为她出了一计，利用君王骑马觅宫之际，用青竹叶引马入玉婵宫。当夜，玉婵在自己宫门帘上挂束竹叶，从宫门沿路一路撒下青竹叶，此日果然引马入宫，从此玉婵成了明王宠妃。此事传到民间，百姓视为青竹叶为结缘吉祥物，从此凡嫁女之家必选派福命大娘为“随嫁姆”，身背青竹叶，到新郎家“撒缘”。

现在一些城市青年结婚也有人沿袭“撒帐”之俗。一般是在新房中由一人主持，一边撒红绿纸屑，散发瓜子、花生、水果糖，一边高声念着撒帐词，他念一句，众宾客齐声应和“喜呀”！热闹非凡：

贵府生辉，喜气盈门。喜呀！
婚姻美满，爱情纯真。喜呀！
白头偕老，相敬如宾。喜呀！
计划生育，牢记在心。喜呀！
生女为凤，生男龙腾。喜呀！
精心培育，早出人才。喜呀！
紫气东来，万里鹏程。喜呀！
洞房花烛，春光似锦。喜呀！

◆ 喜宴之俗多排场

新婚之喜，大宴宾客是汉族民间婚俗中的传统，俗称“喜宴”，赴喜宴谓之“吃喜酒”。

民间喜爱讲究排场，陕北农村有“一家有喜，全村出动”之俗。按俗规迎亲前数日，主婚之家便持大红喜帖，点心礼物到村中长辈、亲朋挚友各家敬请光临，俗称“下书”。并专门在院子里搭喜棚作厨房。喜棚门口贴上“良师煮出美味肴，妙手烹得酒菜香”的对联，墙上贴着大红醒目的“襄事单”，罗列着众人的职务，从总领、迎宾，到酒房、米饭桶、担水、火……各尽其职，有条不紊，把邻里街坊动员上阵，真是一幅“一家办喜，全村生辉”的繁忙火红景象。

喜宴不仅讲排场，还特别讲究席谱的编排和菜名的寓意，有“双喜、四全、婚扣八”之说，即要求肴馔共双成对，逢四扣八，有全鸡、全鸭、全鹅、全鱼，俗谓“要得发，不离八”，全席菜点凑够二十道，谓之“十全十美”。上菜顺序颇为讲究，一花摆，“龙凤呈祥”道明了筵宴目的；四双拼：“烤肉卤肚，炙骨白鸡，蛰皮彩蛋，胗山油虾”，用以烘托喜庆气氛；四只带彩的热炒，激发众宾酒兴；六大菜既把喜宴推向高潮又把众宾客的美好祝愿借菜托出；再上一道甜汤寓意婚后甜甜蜜蜜；最后一道咸汤既合众人口味，又寓意皆大欢喜。整个喜宴通过美味佳肴来表达喜庆和良好的祝福。

有些地方的喜宴名堂繁多，徽州一带在迎亲前两天就开始宴客，先请管事酒；迎亲前夜请送轿酒，迎亲日白天请女眷，晚上请男客；第三天还要请贺礼酒，洗厨酒；三朝满月还须请会亲酒。

不少地方喜宴设有专席。江浙一带喜宴都设新娘专席，俗称“新妇席”，选择未婚的姑娘四人作陪。席间有专门规矩，每上一道菜必须新娘先动筷，同席方可吃菜。宁波一带还有“换汤作揖”的趣俗，新娘面向众宾而坐，每上一道热菜，由送亲嫂陪新娘回洞房中换一套新衣，再回到席位上向众宾施礼说：“众位先生们，姑娘在此换汤作揖。”直到上最后一道热菜时才改说："姑娘在此谢汤作揖。"

俗话说"娘舅为大"，因此舅爷席在喜宴中地位特殊。广西荔浦一带，新婚男女从帽子到鞋袜，自上而下的全身穿戴都要由舅爷置办。新婚当日不论衣物做的如何，新妇新郎是否穿得合体，都得穿上在酒席间向众宾客亮相，以示舅爷的体面。隆重的喜宴上必须为舅爷设专席，称"舅爷席"，有几个舅爷就几个舅爷同席，若仅一个舅爷，那么他一人独占专席。开宴时新郎新娘须先敬舅爷双杯，然后方可敬父母和众宾客。

浙江永嘉、青田交界之地，喜宴间还有一个"衣冠座"，那也是娘舅的特座。俗规娘舅未到不能开宴，若遇意外，娘舅实在赶不上喜宴，便将他的衣冠奉上席位，以示心到，众人方可动筷。此俗颇有来历，相传早时有一青年结婚，他娘舅是个讨饭的，喜期到了还未知娘舅行踪。喜筵已张罗，众宾客候坐，而娘舅未到怎么办呢？新郎灵机一动，搬出娘舅衣冠一套置于头席，高声唱道："娘舅到，开筵！"喜宴不误佳期开席了。酒过半宴，讨饭娘舅匆匆赶到，外甥上前搀扶上了娘舅位。讨饭娘舅一见座位上自己的衣冠，顿时十分感动，难得好外甥不嫌我穷，如此重礼相待，一高兴将自己讨饭积蓄的三百银元包了个大红"娘舅包"，送给外甥以表贺喜。从此孝顺外甥设"衣冠座"，讨饭娘舅包大红包，被传为美谈。从此"娘舅衣冠座"一举相沿成习，至今犹存。这一带"三胞"眷属都以此俗寄托对寄居在中国台湾、港澳以及海外娘舅们的怀念之情。

汉族民族俗规喜宴后贵宾离席，除留下闹房的以外，告别返回时都由新郎官一一送客，唯独苏北宝应有新郎不送客的奇俗。此俗的形成事出有因，相传早先宝应东城，姓戚的一家喜宴后新郎送客至大门外，因雨后路滑，新郎不慎滚落水塘淹死了。害得新娘未揭头巾就守寡，望着鸳鸯枕头空落泪，作下七律一首：

画虎虽成未点斑，百年夫妇一宵难。
欢声未已哀声动，贺客才临吊客参。

孔雀屏前灯隐隐，鸳鸯枕上泪潸潸。
从来不识夫君面，徒留虚名在人间。

不幸的遭遇随着新娘悲痛的诗篇在宝应城流传，为不再制造人间悲剧，新郎宴后不送客也就形成了风俗。

◆ 洞房合卺交杯酒

新娘新郎共饮“交杯酒”，是汉族民间婚俗入洞房后到圆房之前的一个趣俗。交杯，古时俗称“合卺”，始于周代。卺是一种匏瓜，俗称苦葫芦，其味苦不可食。“合卺”是将一只卺破为两半，各盛酒于其间，新娘新郎各饮一卺。卺盛酒因卺味苦而酒亦苦，饮了卺中苦酒意味着婚后夫妻应同甘共苦，患难与共。同时意示夫妇二人如同此卺一样合而为一，紧紧地拴在一起了。又因匏是古代八音乐器之中的一种，它又含有音韵调和之意，故“合卺”又示意新娘新郎婚后应和睦协调，结为琴瑟之好。到了宋代破卺为二的酒具改成为两只木杯，一改为用彩线拴连两杯，新娘新郎同饮之后，掷杯于床下，若两杯一仰一合，意味着男俯女仰，天覆地载，阴阳和谐，而“合卺”也就被改称为“饮交杯酒”，此俗传承变异至今，形成洞房中的种种趣俗。

苏州等地一直流行在撒帐后饮交杯酒，古风犹存。当地用红绳拴连两只木酒杯，斟满两杯酒，新郎新娘各饮半杯，然后交换，一齐饮干，将杯抛于婚床下，视一仰一合为吉利，寓同甘共苦，有福同享。

广西凤山一带在新郎揭了新娘的红盖头后，由喜娘送入两杯酒，先由两人共饮第一杯，俗称“共苦酒”；再共饮第二杯，谓之“共福酒”。意示从今后夫妇同甘共苦，相依相存。

广东的洞房食俗有较大的变异。广东翁源一带流行在洞房中吃“和合蛋”的风俗。一位如意大嫂端着一小碗热姜酒，酒中盛鸡蛋两只，喜气洋洋地催促新郎新娘食蛋。新娘子总是羞羞答答不肯张口，大嫂就念道：“一口咬到黄，两公婆有商有量；一口咬到白，两公婆商恰恰。”新娘在大嫂的祝福声中只好张大嘴一口咬下大半个鸡蛋，众宾客立时欢呼叫好。俗谓洞房中食了和合蛋日后夫妇定能和睦相爱，若不食则意为不和之象征。故这洞房和合蛋是非吃不可的。在潮汕一带则兴吃“结房圆”之俗。“结房圆”是用糯米粉做的汤圆或桂圆肉烧的糖水。新郎新娘入洞房后，伴娘一边看他们吃结房圆一边念道：

夫妻同饮福圆汤，同心同腹同肝肠；
夫妻食到二百岁，双双谐老坐福堂。

新娘新郎各吃两粒汤圆后互换碗盏，再吃两粒，俗称“交杯换盏”，以示亲密和合，这时伴娘再念道：

交杯换盏团团圆，夫妻恩爱乐相随；
老君送来麒麟子，明年生得状元儿。

北方人喜食饺子，不论逢年过节均以饺子为美食，洞房之中照样视饺子为吉祥食品，饮交杯酒变异为吃饺子。陕北农村有婆婆请新媳妇吃饺子的风俗，饺子虽经蒸煮却故意煮得半生不熟，当新娘吃第一只饺子时婆婆故意问道：“生吗？”新娘照实答道：“生的。”此时婆婆笑得脸上像绽开了的菊花，似乎朦胧之中看见一个白白胖胖的小孙子，此俗当地称为“儿女扁食”。

饮交杯酒之俗在浙江变异得五花八门。浙江许多地方流行喝“和气汤”的风俗。新娘新郎入洞房后，端上一大碗桂圆汤，新郎先喝一口，接着新娘喝一口，然后所有的家人，来宾按老幼为序各喝一口，意为大家和和气气。浙江沿海一带的渔民盛行新娘在洞房中喝甜茶的风俗，新娘由伴姑陪伴入洞房刚坐下，婆婆就端来一碗桂圆甜茶。当地俗规，新娘接过甜茶喝三口，既不能少喝亦不得多喝，俗谓喝三口甜茶能讨个吉利。平湖一带农村有在洞房吃“小夜饭”的风俗，“小夜饭”是在新娘出嫁时母亲为她准备好的。用两只碗盛好饭上面放两根咸菜，再将两碗饭反扣合在一起，放入嫁妆箱内带到夫家，入洞房后由男家长辈从箱中取出奉给新娘新郎食用。欢欢喜喜的洞房之中吃着冷饭咸菜条，虽没有和合蛋营养丰富，也没有桂圆汤的香甜，可它有着深刻的含意和不平凡的来历。相传当年朱元璋在兵荒马乱中与马姑娘结为秦晋之好，新婚之夜吃的是咸菜条就麦糊粥。后来朱元璋当了皇帝，马姑娘做了娘娘，享不尽荣华富贵，吃不完山珍海味，可是他们却始终不忘当年打天下的艰辛苦楚，在女儿出嫁时特地在嫁妆中放入两碗冷饭、几条咸菜，令她在洞房之中与婿同享，以不忘父母当年创业的艰难。从此以后，不仅皇族代代相沿，民间百姓也为之感动极力效仿，以鼓励新人吃苦耐劳，勤俭持家，和睦相处。不想好风良俗流传千古，相沿成习，竟还传承到海外，至今许多侨胞还风行此俗呢！

四、回门风俗

◆ 祭祖与拜公婆

汉族民间婚姻旧俗之奇，在于“合八字”只是婚礼程序上的一步，直到圆房以后，仍未能正式承认新娘已是夫家的人，必须要在圆房之后的第二天，祭拜了男家祖宗之后，才算正式成为夫家成员，从而取得拜公婆的资格。难怪唐代大诗人杜甫在《新婚别》中写道：

结发为妻子，席不暖君床。
暮婚晨告别，无乃太匆忙？
君行虽不远，守边赴河阳，
妾身未分明，何以拜姑嫜？

因此，民间婚俗婚后最重要的是先祭拜祖宗，再拜公婆及众亲戚。福建泉州一带旧俗圆房后第二天清晨，新娘在新郎陪同下穿戴华丽服饰，在喜乐声中出洞房。上厅堂拜叩祖先，俗称“庙见”或“启公”。然后在送嫁娘的引导下拜见公婆、亲戚。有趣的是受拜者各先以背相对，待送嫁娘一一呼请，新娘上前行拜礼时方转过身来。拜见毕新妇给公婆及众亲一一奉敬茶和糖，新媳妇送给公公一个荷包，公公回礼给媳妇衣彩；将金或银的花针插在婆婆头发上，婆婆回媳妇以戒子。众亲属则在接过茶后放几块洋钱回赠于茶盘即可，俗称“茶礼”。

浙江温州一带旧俗圆房后第二天新郎一出房门便先向父母及家中长辈跪拜，若有前来道喜的亲友，见一个拜一个。新娘仍珠冠蟒服在洞房中，请婆婆入洞房，把嫁妆箱的钥匙交给她。婆婆打开一只箱子取出5包娘家米，摆在祭堂上，再摆上一些祭品，并请来道士上告六神，告知神灵家中增加了人口。然后摆上香炉，奏起鼓乐，上香、拜读祭文，意思是将娶了媳妇一事告诉祖宗。读完祭文新郎新娘双双跪拜谒见祖宗。最后举行“拜家堂”，先敬天地酒，后拜公婆，再拜各位亲戚。然后面南而立，接受晚辈的拜礼。新娘自上轿后未能在公开场合开口说过话，只有到了跪拜公婆时方允许开口称呼，俗称“开金口”。

安徽合肥一带比较简单，于婚后次日天明，新娘穿戴上华丽的婚服前往婆婆房中参拜，奉上茶汤，正是“洞房昨夜停红烛，待晓堂前拜公婆”。

◆ 婚后俗规禁忌

汉族民间男尊女卑影响深久，家人希望家庭和睦，发子旺孙，既寄希望于刚过门的新娘，又担心她带来不吉利，故形成一些俗规禁忌来束缚新媳妇的行动，以讨吉利。

广东雷州半岛一带新娘过门后吃第一顿饭，有只准吃半碗的俗规，即盛一碗饭只能吃半碗，留下半碗以象征日后勤俭持家，使家中丰足有余。若在第一顿饭时将一碗饭吃光，就将名誉大损，被满村上下议论。

山东济南一带则有新娘婚后“三日不食夫家食”之俗。婚后第二天娘家即送面条到婿家给女儿食用，谓之“抬头面”。俗谓新娘过了门吃过“抬头面”才能在夫家抬起头来做人。

此后娘家还须送面条一至二斤、肉馅饼数板、一罐稀饭，管够新娘的三日伙食。陕西乾县一带也兴娘家“送饭”之俗，一般都送挂面。在新娘夫家煮，第一碗挂面给新娘吃，第二碗由新娘先吃一口再转让给新郎吃，意示婚后新媳妇不能仅管自己吃饱，还要与丈夫同甘共苦，“我有你就有”，和睦相处，当地俗称送“和气饭”。

在苏北农村流行婚后第三天，新娘的父亲、亲戚，邻居结伴到新娘夫家探望的风俗。探望时吃一餐便饭，以检验新娘是否能干，是否善于理家持家。此餐的饭菜规定新娘亲手做，若来客个个觉得饭食味美，菜炒的可口，吃完后对新娘大加称赞，父亲及众亲邻才高高兴兴地放心离去。相传古时这一带有位姑娘叫月娥，幼年丧母，父亲视之为掌上明珠，从来不让她干活，到了18岁后依然什么也不会干，连煮饭烧菜也一窍不通。虽然人品还不错，秀气又漂亮，但几度说亲，人家一听说她连饭菜也不会做都摇头而去。为此她父亲伤心至极，后悔不已。好心的邻居知道后想出了一个妙法，让她的亲戚近邻轮流领着月娥到家中吃一顿饭，同时叫她亲眼看着人家做饭烧菜，不时还让她亲手试一试，不久月娥就学会了灶间的活计。消息传开，媒人纷至沓来，月娥找到了婆家并成了亲。她的父亲，亲邻不大放心，便在她婚后第三天特地集众一道前往她婆家，去品尝月娥做的饭菜。新媳妇要经探望检验才被公认为合格的媳妇。这一风俗从此流传到今，俗谓婚后三天“吃新妇饭”。

广东饶平一带新娘在婚后第四天一大早必须先到附近公用水井去打水。打水前往水井里放入从娘家带来的一小撮红糖，一小撮泥土。放入红糖寓意与本地人甜蜜相处，邻里乡亲也会甜滋滋地夸奖新娘；放入泥土寓意新娘将长久在此居住而成为这儿的人了，饮了此水就不会“水土不服”。

此外，有些地方对新娘婚后还有一些禁忌。旧时浙江富阳俗规新娘过门后三日内不能喝茶。因“茶”与“查”谐音，谓新娘喝了茶日后查查考考的定不会吉利。一月之内新娘忌出家门，认为出了门若踏着“九空地”，新娘便要在九年之后方能生育。

◆ 新娘下厨趣录

三日入厨下，洗手做羹汤，
未谙姑食性，先遗小姑尝。

唐代诗人王建的这首新娘下厨诗，成了汉族民间新娘婚后下厨风俗的写照，可见此俗流传久远。但是乡风不一，新娘下厨之俗各有异趣。

有的地方俗规婚后第二日新娘下厨。

广东东莞一带圆房第二天即迫不及待地让新娘子下厨表演，虽只是象征性地让她做菜做饭，但俗谓入了厨房，新娘就是男家的人了。是日清晨，新娘即在伴娘的陪同下来到厨房，拿着菜刀将菜板上早已准备好的鲤鱼切一刀，再切一小束葱，切一点韭菜。新娘一边表演着切菜，伴娘在旁边唱着动听的《下厨歌》。潮阳一带俗规，新娘婚后第二天早早就得起床下厨，用夫家的米，娘家带来的糖，做一锅甜米饭，在煮饭时还要“偷偷”地在米汤中掺入一口自己的唾液。待公婆、丈夫、姑叔起床后，一一端上请全家人吃甜饭，俗谓全家上下都吃了掺有新娘唾液的甜饭，日后才会融洽相和，和睦相处。

扬州一带婚后第二天新郎按俗规前往岳母家“瞧客”。趁着新郎离家之际婆婆对新媳妇进行灶间功夫考核。新娘子围上红布带子青色短围裙，利利索索来到灶前，先烧火，烧火的草是人家早已备好的，草中藏着廿响鞭炮，新娘一点儿也不知道，一点火劈里啪啦爆响，火星儿、灰烬迸满新娘一身，迎来满厨笑声，俗谓这寓意灶火兴旺，吃不完的陈粮，烧不尽的陈草。烧完三把火即有人接替，新娘净手上灶台，倒油、滑锅，刀切豆腐，煎起豆腐来。一边煎还要一边唱：“豆腐，陡富，金银满库”。新娘子豆腐煎得好，在一旁检验的福奶奶就唱起赞歌：

豆腐劈得光，块块都见方，
里头白如玉，外面似金黄。

唱完一句顿一下，众人合上一声“好！”。

有的地方俗规婚后第三日新娘下厨。

苏北里下河一带，新娘第三天下厨，上锅台前定要朝水缸里抓一把糖。相传很古很古的时候，有个新媳妇碰上了个恶婆婆，恶婆婆想趁媳妇刚过门之际给她来个下马威，好让她日后乖乖地顺从。在新娘下厨上动了一番脑子，她事先在厨房水缸中放入好多盐，到了婚后第三天对媳妇说：“想要富，煎豆腐，你上锅台亮亮手艺吧！”媳妇也知道婆婆不好相处，又想起一首歌谣：“公说牙疼，郎嫌烂，婆怪腌心，姑嫌淡；一锅能煮几样菜？做媳妇如上滚刀山”。新娘虽仔仔细细地烹调，但终因不知水缸里的水是盐水，煮的菜咸得无法入口。恶婆婆尝了尝菜即大骂出口：“没家教的，烧个汤打死卖盐的。”并将菜连碗朝媳妇脸上砸去。媳妇不知根源，流泪到半夜也无人劝慰，竟一气之下悬梁自尽了。新媳妇是个善良的姑娘，她总担心别的姑娘也像自己一样婚后受屈，死后专门给将出嫁的姑娘托梦，让她们下厨时别忘了往水缸里放几把糖，冲冲咸气。久而久之，代代相传，新娘下厨朝水缸里抓糖就成了一种风俗。现在新娘朝水缸里抓糖则有了日后生活能甜蜜如糖的新含义。

泉州一带新娘第三日下厨俗称“落灶脚”，也是一种象征性的表演。落灶脚时新娘要穿上裙袄，戴上风冠，媒人引路，送嫁姑陪同。亲属女性纷纷同往观看，小姑小叔现场导演，煞是热闹风趣。首先拜见灶君，再拜井神，摸一下笊篱，然后抓一把米去喂鸡，送嫁姑一旁“咯咯咯！”代新娘叫几声呼鸡声；搅几下洗米水，送嫁姑一旁“羸羸羸！”叫几声呼猪声，以示新娘喂了鸡，喂了猪，最后还要摸一摸箸笼。但是箸笼已被小姑小叔高高地悬在梁上，新娘踮脚尖伸长手还是够不着，可俗规没有亲手碰到是过不了关的，“导演”则指挥新郎搬来凳子，站在上面抱着新娘让她摸着箸笼，大家在下面哄堂大笑。

有些地方则兴婚后第四天新娘下厨之俗。

浙江温州一带，婚后第四天清晨新娘方入厨表演。家人早已在菜板上准备好了一大方松糕，新娘入厨后拿着菜刀对着松糕作一下切的姿势即可，然后举起吹火筒对着灶口象征性地吹一下即算过了下厨关，成为男家的当家人了。

多数地方的新娘下厨都是象征性的表演，有些地方则要新娘真刀实枪地干，河南北部一带就有新娘婚后三天“试刀”之俗。第一次入厨就必须做出一顿合全家口味的切面，俗称“喜面”。试刀即在切面上试试刀功，和面须显出三光手艺，手光、盆光、面光。擀面须匀、薄，切面须刀落案板沙沙作响，一气切成为上者。又细又长的面条下锅煮仍有一番讲究。既然叫喜面自然有一番吉祥寓意，头锅面先敬公公、婆婆，两老吃了面福如东海，寿比南山；二锅面敬兄嫂，希望日后妯娌和睦，互帮互爱；三锅面煮好先奉一碗新郎，愿情长如面丝；然后自己端起一碗，意味着日后勤俭持家，细水长流，正如当地的歌谣所唱：

新媳妇会做饭，
切的面条真好看，
下在锅里团团转，
盛到碗中莲花瓣。

而南京、湖州等地为祝福新人婚后生活美满，富贵有余，取“鱼”与“余”谐音，新婚后下厨要烧一只吉祥菜——一条完整的全鱼，即讨个吉利，还意示新娘与新郎日后和睦，有头有尾。

新娘下厨，也牵着娘家人的心，许多地方为此还有“兄弟望朝”之俗。即在姐妹出嫁后的第二三天，新娘家派兄弟前往探望。在浙江的嘉善俗称“通灶囱”，相传先前曾有一位新娘，在下厨烧饭时，夫家姑娘妯娌为捉弄新娘将烟囱堵死。新娘不知情，致使烧饭时烟漫灶间，火烧不起，饭菜难煮，受到公婆的指责。恰逢危难之时娘家兄弟前来探望，发现了蹊跷，爬上屋背用长竹竿通烟囱，结果烟道通畅，使姐姐煮好了香喷喷的饭菜，闯过了下厨关。从那后凡家有闺女出嫁，到时定派其兄弟去探望，以保驾女儿在夫家免受欺负，顺利过好下厨关。

◆ 回门会亲喜开颜

新娘新郎双双祭过祖宗，拜过公婆，古老的婚俗礼仪接近了尾声，在回门会亲中，结成亲家的人们个个都喜开了颜。

回门俗称“三朝回门”，而实际上乡风有别，习俗各异，有婚后第二天回门的，也有第三天、第五天、第九天、第十天回门的。但无论何时回门，均在回门礼中进行第一次婚后双方家人隆重的会晤，俗称“会亲”。

江苏宝应一带旧俗回门会亲隆重而彬彬有礼。新女婿到岳家得到岳家的盛情款待，女方亲属随女婿返会男家亲，同样受到婿家热情接待。双方都在每一道门上张灯结彩，由平辈到门前迎送，燃放鞭炮。进入厅堂，地铺红毡，双方亲友在毡上互行跪拜礼。礼毕，献上“小三道茶”，以桂圆、红枣、莲子泡制。主人请客人就坐茶几旁举碗齐眉，客人作揖答谢。“小三道茶”毕，继而敬上“大三道茶”，即茶点、包饺、汤圆，宾主围桌享用。正餐主人设盛宴招待，席间双方谦让，酒毕敬上清茶、水果，双方寒暄交谈，然后揖别，主人送客上路，双方亲家在彬彬礼节中会亲结束。

广西那坡一带的回门会亲隆重而温文尔雅。新婚后第三天回门，一对新人在小姑子的陪同下挑上一只大鸡，一壶酒，带上一大把谷穗作为见面礼来到岳家。此时岳家已是亲朋会集等候。众人相迎，在堂中一一行见面礼，摆上酒宴共餐。酒毕新娘家指定若干人组成一支队伍，当日随女儿、女婿前往男家做客，俗称“老客会亲”。婿家在大门口设桌子一张，摆小菜三样，热酒一壶恭候：亲家公、亲家母立门外迎候。老客们一到，斟上热酒先敬新娘的爹、妈各一杯，再一一斟敬各位老客，众人接酒一饮而尽，入堂间就坐。主人奉茶递烟忙得不可开交，双方道礼笑谈，会亲气氛热烈而融洽。然后入席开宴，宴席分男席、女席各一桌。两家的男主人为男席之主，两家女主人为女席之主。新郎新娘没有席位，按俗在两席间斟酒、劝菜、送汤、打饭，殷勤待客。席间双方亲家都各表联成姻缘的欢欣，谦称自己的孩子不如对方能干，敬请亲家多多教诲，同时又大赞此番结缘乃天赐良缘，祝福日后儿女幸福，两家共同兴荣。俗规，老客们在婿家就宿一晚，翌日晨婿家又设酒宴送行，酒足饭饱后，撤下碗碟，重新摆上八只碗，每只碗都斟上半碗酒。老客们各在碗中放入一元钱。新娘将每只碗端起，呷一滴酒，收起一元钱，然后将碗里的酒倒入备好的一只酒罐中封存。此酒俗称“衣碌酒”，意为是娘家专门留给女儿享用的。当新娘一边收酒收钱之际，其母亲在一旁对女教诲：要孝敬公婆、敬重丈夫、姑娌和睦……然后依依不舍地离去。女婿送老客们到村口，互相道别时每个老客都送给女婿一个红包，以示对他的疼爱。

温州一带的回门会亲隆重而雍容大雅。女婿一到岳家即在摆满礼品的中堂携新娘对长辈、平辈一一拜谒。然后由岳家派专人领着新郎拜遍所有房族，俗谓“认亲”。认亲毕请来亲戚会聚一堂设宴畅怀，还雇请戏班在堂前演戏，整个会亲场面煞是隆重热闹。温州的平阳一带新郎还须带上许多粽子，用以分馈女家亲戚，俗称“分回花粽”。

宁波一带的回门会亲隆重而雅致。回门前须由男方发轿请来阿舅，新郎向阿舅敬茶，并设宴尊请阿舅，然后新娘新郎乘轿回娘家，随带“望娘盘”一担为礼。晚餐娘家盛宴款待，酒毕即返回。当回门轿返回夫家门口时，新娘要“过仙桥”“跳龙门”，进入新房。轿子一到夫家已有一帮人在门口迎候，搬来二三十条长板凳从轿门一直接到新房门口，俗称“仙桥”。一帮宾客嬉笑欢闹催促新娘上桥，在新郎的搀扶下新娘摇摇晃晃走上仙桥。当走到最后一条板凳时，有人在“桥头”叠上一条长凳并递上一只油包，令新娘口衔油包走完桥头跳入新房，俗称“鲤鱼跳龙门”，自然是既有一番美意，又掀起最后一个欢笑的浪花。此外，辽宁本溪一带新娘须在婚后九天才回门，俗称“回九”，也有第十天才回门的，又称“九九十成”。而山西南部一带，在婚后第二天回门时，当女婿的还真有点紧张呢，当地习俗回门时一定要让女儿向父母汇报新婚之夜的情况。倘若汇报的情况不能令两老称心，丈母娘要拉下脸不招待女婿。这还不用说，丈母娘按规定有权留下女儿，让女婿孤单一人返回，严重者则更麻烦。若汇报情况使岳父岳母满意开怀，就设宴款待女婿，酒后爽爽快快地送小夫妻返回，小两口双双从娘家回来按俗可尽情欢乐九天，寓意“长久和好”。九天后娘家接女儿回去，一住就是十天半月，以示让新郎与新娘分开几天，使新婚之中不致过分劳累。十天半月后新郎方可前往岳家接回妻子。

◆ 新郎回门的酸甜苦辣

一般新女婿上门都能得到岳母家的盛情款待，俗话说女婿胜过半子，丈人见了喜上眉梢，丈母娘见之从心里往外笑，能不好生招待吗？但偏偏有些地方的风俗，在回门礼中要给新女婿以难堪，当新女婿的在回门时能尝到什么样的滋味？是酸？是甜？是苦？还是辣？那就得看当地的风俗了。

在陕西乾县一带，新女婿回门时岳父母招待他的必定是一碗“酸汤挂面”。酸汤挂面端上来是油花花的，闻起来是香喷喷的，不知情的新郎端碗就屹，必定窘态百出，引得哄堂大笑。原来挂面全用细丝线捆扎着，一口吞不下，越连越多。弄得欲吞不得，欲吐不行，口含着面丝顿时辣味呛喉，酸味钻心，咸得难以下咽，咸辣酸味一起攻心，其苦难言。嫂子、小姨子在一旁捧腹抹泪笑弯了腰，弄得新郎官哭笑不得，狼狈不堪。其实这就是小姨子、大嫂子们出的主意，为了杀杀新郎的威风，以警告他日后不许欺侮新娘，不然我们将都是她的帮手，同时也使这新婚礼节的最后一浪掀得高高的，亲友在欢笑中亲亲热热地相识。

在陕南一带女婿回门岳家，丈人丈母是笑脸相迎，盛宴款待，未及中午就摆酒上菜，合家痛饮。酒过三巡，菜过五味，上来一道特别招待新女婿的点心——一块大骨头。俗规新郎必须不畏艰难地将骨头上的肉全部啃干净。若不愿啃或啃的不干净，新郎将被人笑话。出于无奈新郎只有不怕露丑相，双手捧着大骨头，使出全部嘴上功夫，耐心地啃吃着骨头肉，任凭亲友在一旁哄堂嬉戏。午后丈母娘亲手包饺子招待女儿女婿，第一碗饺子首先敬请新郎，但往往新郎总先让给新娘吃，谁知新娘刚咬了一口，张大了的嘴收不拢了，一旁看热闹的人顿时发出满堂嬉笑。原来这一碗全是辣椒面做馅的辣饺子。新娘怎经得起众人嬉闹，急忙把饺子推到新郎面前，这下可好，正中了丈母娘的下怀，此举本是丈母娘考验女婿是否能为妻子解难，忍辱负重保护妻子的一种形式。聪明的女婿马上就会意了，咬着牙把一碗辣饺子全部吃掉，直吃得全身冒汗，以博得妻子的欢心，丈母娘的放心，众亲友的开心。若有哪个笨蛋新郎不能领会丈母娘的良苦用意，不肯吃了这碗辣饺子，必定惹得众人耻笑，丈母娘为此愁云满面，忧心忡忡，新娘子会伤心得掉泪。

在枣阳北部一带流行的回门习俗还真有些奇特呢！当新郎来到岳家，岳父岳母见了是满脸喜色，女婿长、女婿短的叫得新郎甜丝丝的，丈母娘忙里忙外张罗好酒好菜，高高兴兴地宴请新郎。酒足饭饱，促膝谈心，待若亲生儿子。但是当新郎告辞迈步启程还未出门口，忽然一帮人蜂拥而上，如抢劫一般将新郎团团围住，不容分说七手八脚，按手的按手，按脚的按脚，用黑墨往新郎脸上乱涂乱画，一下子把漂漂亮亮的新郎官画成了一个大黑脸，活脱脱的一个“黑老包”。众人这才罢休。哈哈大笑扬长而去。有趣的是新女婿切不可在岳家将黑脸洗去，而必须回到自家见过父母才可擦洗干净。真不可想象刚刚还热乎乎的，怎么一下子就翻脸恶作剧起来了？原来这就是当地回门“黑糊脸”的风俗，为的是暗暗教导新女婿日后学着点老包，公正廉明，为人正直，通情达理。

相传早年枣北的唐梓乡有个进士名唐高魁，膝下有一宝贝独生女，如花似玉。女儿18岁嫁给了邻村田秀才。18年朝夕相处的女儿忽然离开了老人，老两口越想越不放心，高魁问夫人：“你说咱女婿会欺负俺闺女吗？往后俺们的后事女婿会来料理吗？”夫人叹一口气说道：“是啊！咱们女婿相貌不赖、学问也不错，若能通达公正、明性善处就好了。”唐高魁苦思苦想终于想出了一条妙计，决定在三朝回门时用“糊黑脸”的办法，好好教育女婿。当田秀才糊了个大黑脸回到家中，老父气得直跺脚，痛骂亲家欺侮了儿子。田秀才却笑眯眯劝慰老父：父亲不必生气，都因你媳是唐家独生女儿，岳父的掌上明珠，出门放心不下，当面又不好多教训于我，故派人糊我黑脸教我学老包，通情达理，公正廉明。我愿学老包不负岳丈一番苦心。你若为此生气，别人要笑咱愚蠢哩！”田老大人听了儿子一番话，顿时气消，连连称赞儿子有见识、聪明。此后田秀才果然不负丈人所望，成了远近闻名的好女婿。唐进士教婿之方也渐渐传开，家家习之，形成为别开生面的趣俗。

五、治丧风俗

◆ 寿衣与寿材

老人们都说阎罗王手中捏着一本生死簿，上面注载着世人生死年月时辰。人的寿命前世就已定好，寿辰一到阎罗王即派小鬼来领你去另一个世界报到。汉族民间习惯于将求生的欲望与人生的客观规律之不可抗拒性，用迷信的遐想勾画出一个与人世不同的另一个世界——“阴间”。而且尽可能按自己的想象，把今生今世所追求的生活和向往延续到阴间去。

汉族民间老人都习惯自己生前为自己备下死后的穿戴、住宿，这样他们方可在死时安心闭上眼睛，充满着对阴间的幻想而安详地离去。但民间又传说着这样一个故事，早先有一个人，生时省吃俭用攒下一笔银子，想带到阴间使用，以免下辈子受穷。到了快断气的时候，他把银子包得好好的紧紧捏在手中，谁知当他来到阴间发现自己捏在手中的银子没有了，马上到判官前喊冤，恳求判官放他回人间取得银子再来。判官应允他立刻还阳，当他尸体还魂，在众亲友的惊吓之余，将死而复生之事述说一通又紧紧捏着银子闭上了眼睛，断了气。但他再一次来到阴间又发现自己还是两手空空，一贫如洗，这时他才知道人乃是赤条条空空而来，赤条条空空而去也。

民间流传着这样的传说也说明人人都明白携带阳间之物到阴间是不可能的。但明白归明白，总抵不过人们对生活的祈求、向往和求得心理上的平衡的需要，还是产生了许许多多的丧事风俗，为之解脱，以满足自己的美好遐想。

首先要考虑到穿戴，今生穿得暖下世可不能光身受冻啊！故汉族民间风俗认为生前做好下世所需的衣服俗称“寿衣”，穿在身拜过菩萨，那么这些衣物便可确定是你的了，寿终时穿上它你便到阴间。

民间俗规对寿衣的料子、颜色、式样以及做工时辰都有种种讲究。

早先用机器纺织的布及从外国进口的布料称为“洋布”，寿衣是赴阴间所穿，故忌用“洋布”，而兴用土布、丝绸等料子。但又不能用缎子，“缎”谐“断”也，断子绝孙那不是太不吉利了吗？故忌用缎子为衣料。至于衣料的颜色，为不使在阴间黑乎乎的忌用黑色料子，其他颜色均可使用，但必须备有一套红色的衣裤，江南一带的风俗兴用大红细布做一套内衣。俗谓人死后到了阴间“剥衣亭”剥起衣裳来，剥到了红色，以为是剥出了血，就不会再剥了。浙江武义的风俗，寿衣绝不可用羊皮以及毛料，以至现在连全毛衣料或毛线之类都不能给死者穿戴。俗谓穿上带毛的衣料来世便不可重新投胎为人，而要变身为牛、马、羊、狗等全身长毛的畜生了。寿衣的式样可根据本人生前爱好，但有一条俗规，即衣袖要特别长，要长过本人手指将手完全遮盖住，俗谓死者手露在外面，会使儿孙生活困苦以致讨饭。

做寿衣的时间必须选择闰月，并要择吉日。给做寿衣的师傅吃鸡蛋茶，送红包为工钱。但有些人意外死亡，未及备下寿衣而需临时赶制，就要给师傅开“双工钱”。

除了寿衣外，对从头到脚的穿戴均有考究。浙江一带习俗女人死头戴一顶深色帽，帽前必订一颗珍珠，以让她在阴间得以光明。死人入棺时所睡的枕头都要绣上太阳和公鸡，脚上穿的鞋子绣上荷花，正如民谣所唱：

头枕日头知日夜，
公鸡啼鸣知晨晓；

脚踏莲花步步高，
多积阴德盼还阳。

江苏吴县胜浦的前戴村对老人的寿鞋又别有一番讲究。鞋底和鞋帮都要绣上“扶梯纹”，鞋面前头绣上“仙桥荷花”，拱桥形象逼真架在鞋头，桥面上还绣上人物，桥下绣着栩栩如生的荷叶、荷花，连着荷花下方还生着白白嫩嫩的莲藕，俗谓死者穿上这样的绣花鞋可通过仙桥进入“仙境”。

人生时都追求居住的舒适，自然也希望死后住得体面一些。死者所睡之棺俗称“棺材”，“棺”谐音“官”，“材”谐音“财”，取升官发财吉祥之意，也有的称“寿材”“大屋”。故民间认为棺材乃吉利之物，俗谓人若梦中见棺材意寓着鸿运来临，大吉大利。难怪今日柳州生产大大小小、玲珑剔透的工艺棺材那样受人青睐，不仅外宾及旅游者争相购买，有些游客还在售棺摊头怀抱棺材拍上一张照片，喜滋滋地既做留念，又寓意好运降临。

汉族民间自古迄今对棺材很有讲究，古代棺材的豪华朴素之分根据死者的身份地位而定，不同的时代又出现过不同形状的棺材，不同的条件又有过不同质地的棺料。历史上曾有过方形、圆形、弧形、船形、罐形、床形等形状的棺材，后来一般都用长方形的棺。棺的用料有陶、木、石、金、铜等种类，在春秋战国时期曾盛行厚葬之风，故随之出现图案奇特，色泽艳丽的木质棺，也出现了坚硬负重、永不腐烂的石棺，还出现千古不朽的铜棺，甚至有了奢侈豪华的金棺、银棺。据考古报道，在镇江北固山曾发掘出稀世珍有的金棺银椁，银椁用锦袱数重包裹置放于石函中。以纯金捶揲而成的金棺，上面还刻着飘逸轻浮的云朵，还有抚托慧日的图像和穿云奋飞的仙鹤，区区棺身，颇为壮观。民间百姓虽谈不上享用金棺铜棺的豪华棺具，而多采用易取的木材为棺料，但对木材的要求很高，江浙一带均兴取杉木为料，并要取年份长，树身笔直之杉树，既为使棺材不易腐烂，又寓意棺材的主人能长寿。

做寿材也有一番俗规。做寿材既然为民间所认为是一桩喜事，其隆重礼仪不亚于庆贺人的寿辰生日。

淮安一带旧时做寿材的习俗就很是考究。当地也与各地一样选闰月，择吉日动工打寿材，到时亲友纷纷前来贺喜，送上糕桃、红烛、炮仗为贺礼，寿材主人的女儿们除了糕桃烛炮等礼外还送上男女不倒翁像一对，俗称“扳不倒”，以示贺老父长寿延年，同时送来万年青一盆、吉祥草一盒、一对金花、大红绉布一丈四尺。当寿材打好后将扳不倒、万年青、吉祥草摆入寿材内，盖上棺盖后插金花在寿材前，大红布披在盖面，取意长寿万年、吉祥如意，也使打寿材之喜更显得喜气洋洋。贺客在大门外燃放鞭炮后进门向老人道喜，还真有一派喜庆场面。

做寿材的木工自然也在一派喜庆气氛中受到渲染，感到荣幸而特别卖力。同时他也能得到主人的厚待，俗规木匠一早吃顿面条，称“长寿面”，中午好酒好肉招待。打完寿材送给喜钱、糕桃，而打寿材的工钱俗规由已嫁女儿付给，以示女儿对父母的孝敬。一女一人出，数女分摊出；若无女或女儿未嫁由侄女或干女儿出；若女儿们经济拮据实在难为，也应由老人将钱交于她们，再由她们付给木匠。

做寿材的过程中还流传着“讨寿”习俗。一般规定请人做寿材所剩木头、木脑及材皮、刨花归木工所有，但主人可向木匠请求要些木头回来给小孩做小板凳或小马桶之类的家什，寓意给孩子留下一些福、寿，谓之“讨寿”。

许多地方都认为寿材做好搁在一个适当的地方就不能再移动。俗称若搬动寿材会对主人带来不吉利，并认为寿材搁得越久越好，寿材干燥，来世身体好，疾病少，浙江绍兴俗谓寿材不干燥，死者来世要患湿症。给寿材上漆也要早漆为好，若殓后方漆，俗称死者在阴间要摸暗弄堂。寿材一般地方都兴漆成黑颜色，材头材尾两块为大红色，男材材头用金粉写一个“寿”字，女材写一个“福”字。但有的地方兴用红漆棺材，据说用红漆棺材还有个有趣的传说呢！过去在人才辈出的印江境内的杨家坡，出了个满腹文采的曹姓秀才，大比之年曹秀才进京投考得中状元，一天皇上设宴召见他，席间皇上见他谈吐不凡，仪表堂堂，问起他的家境，曹状元随口答曰："启禀皇上，舍下千柱落脚，万马归槽，七十人煮饭，八十人挑水，白日千人叩首，夜里万盏明灯，三只盐船下河，如有一只不到，就要打淡！"状元轻松道毕，皇上听罢暗暗吃惊。心想："到底是何方贵族？家业如此宏隆，竟八方归心，供养着千军万马，如今眼前的状元郎又才华盖世，功成名就，倘若日后谋朝夺位岂不后患无穷？"顿起杀意，趁席间谈话借故发怒，扣上欺君图谋之罪，立即推出午门问斩。为斩草除根还暗派钦差率领御林精兵万余，待命前往状元家剿灭"叛逆"。当钦差一路明察暗访来到杨家坡，只见放眼四周青山秀水，鸟语花香，地方倒是一块好地方，却只见半山坳中一弯平地，坳中有一个小寨，并不像有大户人家的迹象。动问路人，乡民却指着山坳一幢孤单小土屋说："那便是曹秀才的家。"钦差满腹疑云顺着行人不绝的石级路一步步爬上山坳。出现在眼前的是一间破土房，顶上盖有几层灰中带黑的黄茅草，土屋四围高高矮矮夹满高粱秆，苞谷秆，只见屋檐下蚂蚁成群，来来往往，钦差已明白三分，状元说的"千柱落脚，万马归槽"，莫非就是眼前这景象了。进了屋只见四壁空空荡荡，一位白发苍苍的老汉连连给客人请坐。灶前坐着瞎老太婆正在吹火煮饭，钦差见之忙问老汉："老者可姓曹？""正是。""家中几口？""三口，除老伴还有个儿子进京赶考去了。"钦差还问："老人家今年高寿？""空长八十。""老妈妈呢？""七十出头。""那你家可有盐船？""穷人哪来盐船，还不是养着三只鸭子，靠鸭蛋换盐巴吃，若一只不下蛋就要打淡啊！"一切都明白了，钦差望着门口，只见山路上一步一躬登上山、下山去的过路人，深明这便是"白日千人叩首""夜里万盏明灯"，不必说定指那满天星斗了。钦差们暗暗为状元叫屈，告别老人便匆匆回京禀报。当皇上听完禀报后深知错斩栋梁，担心自己滥杀无辜召致臣民不满，下了一道御令，将为他自己备下的朱棺赐予曹状元，大行丧礼，发送回乡安葬，令地方官府常年奉养其老双亲，并赐金银，两老归天之日也用红棺材安葬。此事后来在民间广为流传，并以红漆棺材埋葬为荣，相沿成俗。

“棺材”顾名思义有“官”，有“财”，而被人们视之为荣耀吉祥之物，难怪闽南一带有个习俗，当做好的或是买的棺材抬回家中时，到了村口要先绕村一周，然后停放，以示荣耀。浙江富阳一带当棺材抬入家门时，亲属须穿上素服跪地迎接，并由女戚哭唱吉利话：

官也来，
财也来，
财丁两旺一齐来，
前头还是后头高，
手捏甘蔗节节高，
脚踏步梯步步高。

◆ 风水宝地做寿坟

汉族民间旧俗十分重视坟地的选择，许多人都喜欢健在时择好安葬的地方，并做好“坟圹”，俗称“寿圹”。做“寿圹”先得请风水先生看风水择宝地，俗谓葬地风水，死后能保佑子孙发迹，万事吉利。故有的地方若死了家人后家中发生什么不幸，就要怪坟地没有选好而要掘坟再葬。福建泉州人旧俗若死后方择坟造墓的，必须进行“停柩”待地，请风水先生四出寻找宝地。许多地方过去富人家有的花高价聘请风水先生历时数十年寻找风水地盘；也有请风水先生长住在家专门为他家人相地看风水的。浙江台州一带风水先生择坟一般要求后龙端正两手抱紧（左虎右龙），前面要有明圹。若前方是田地，一定要使田畦横向坟圹，正中要正对一个高山尖。浦江一带由儿子为父母选吉穴做坟圹，在刨坟前，将一只白公鸡用酒灌醉，然后放它走，鸡在哪儿停，认为那儿就是吉利之地，“鸡”“吉”谐音。福建泉州一带择山环水抱、地脉郁结之处，点穴而葬。

为什么汉族民间这样重视坟地风水？难道真有能保佑家庭兴旺、子孙发迹的宝地吗？原来民间流传着这样一个神乎其神的故事。相传安徽有个叫做杨公的仙师，盛传很会相地看风水，有一日他看中一穴龙脉是个贵不可言的好坟地，那龙脉呈海牛形。杨公将父亲的骸骨用布包裹着想把它葬入这穴海牛形龙脉口中，谁知那龙脉竟逃跑而去，杨公紧追不舍，龙脉逃到海边竟入了海底。杨公不会泅水在岸边干着急，正巧牛童朱元璋牧牛来到海边，杨公知朱元璋水性极好，求他将布包放入海底的牛石口中。朱元璋偏要问明原由，知是风水宝地就提出他也拿其父的骸骨来一并合葬方肯下海，杨公无奈，只好同意了。朱元璋跑回去挖起父亲骸骨，匆匆就近摘了几张青菜叶包裹之后，急急忙忙回到海边，挟着两包骸骨潜入海底，果然见海底卧有一石牛，他刚想将两包一并放入牛口，谁知那石牛一张口将青菜包吞进即合拢嘴再也不开口了。朱元璋没办法，只好将杨公那一包骸骨挂在牛角上，浮出水面以实告之杨公。杨公听之很不高兴，呼龙诅咒："左角将相，右角将相，肚内葬的出和尚。"朱元璋早闻杨公有呼山喝水之本领，马上对他说："你这样说太欺负人，我即下水将你那骸骨取回。"杨公只得改呼道："左角将相，右角将相，肚内葬的出帝王。朱家天子杨家将，换王不换将。"后来朱元璋果然做了皇帝，杨公也做了将相。这个故事在民间广为流传，成为人们相信风水的一个根据，直到现在民间仍有人十分相信风水龙脉，哪家子孙发迹，喜事临门，家业兴旺，都说是他家的祖坟风水好。

择好风水宝地后，有的先做好寿圹，也有待人死后再做坟的，但俗规对坟的大小、式样都有规定。台州风俗坟分大、中、小三种，长宽是一样，只是高有区别，大坟高3尺3寸，中坟高2尺8寸，小坟高2尺4寸。坟的前后左右及顶盖用石板或砖，坟底忌用石板，必须让棺材直接与土接触，习俗认为棺材腐烂的越快，子孙越发迹得早。浙江许多地方近几十年来兴"建坑"，即人还健在便在择好的地方筑一空坟，坟壁用砖砌成，上顶用弧形水泥弓做顶，坟门立一大石碑，碑两边用砖垒好不封死，到落葬时只须打开坟门，将棺材推进去就可以，很是方便而深受老人的欢迎。夫妻进行合埋的墓，两坟圹紧贴中间一层砖隔开，坟门做两个，到用时互不相干。

人尚未过世做好的寿坟，有的地方称之为"生坟"，须与别的坟有所区别，墓碑上的字，死人坟用黑漆涂黑，而生坟用红漆填红，此俗大多数地方都一样。广西来宾一带，坟圹还有成人坟与未成人坟的区别。俗话说："36岁保本寿"。故36岁前死的称"毛头鬼"，意味尚未成人，其坟只能做成长方形的，而死于36岁后坟圹方可做成圆形。

有的地方做寿坟还要在坟内放东西。台州一带做坟要携带纸钱香烛食物去请山神土地，俗称"买山""点穴"，坟内须放置宝砖、宝瓶、五色线、铜钿、寿烛等。宁波一带寿圹内须放两块"寿砖"，两把茶壶，两瓶"寿油"，墓碑上只要将"寿域"二字用红漆涂红即可。

◆ 开路送魂话送终

家中倘有人临将亡故，亲属不论在何方都得设法赶到，最好能在他咽下最后一口气前赶到，这是汉族民间古老而又持久的风俗了，俗称“奔丧”。俗谓死者的子女若不能临终前赶回见上最后一面便被认为不孝；儿孙们列于老人床前聆听他最后的遗嘱，看着他最后断气，被称为是老人最大的福气。若子女中有一人未到，俗称“月亮缺只角”而引为憾事。所以直到现在许多地方习惯，若老人的长子或长孙在外一时难以赶到，就想方设法给垂死者“吊命”。常听说“某某临终时，因家中某某未回一直断不了气。断了气后双目不瞑。”又说：“某某眼看就要死了，一口气稀嗬稀嗬，是在等他的某人回来，只等某亲人一到，喊他一声，那口气就顺顺坦坦地落了下去，死也就瞑目了。”这就是亲人和死者最终一次的告别，目送他终了人生，谓之“送终”。送终民间俗信是送死者的灵魂到另一个世界去，那么另一个世界怎么去法呢？在那里又是怎样的生活呢？人们自然希望自己的亲人在阴间也能生活得美好些，故从这里便开始借着种种风俗来寄托对亲人的哀思和祝福，并为死者往后的衣食住行做好安排。

人们总担心死者的灵魂离开躯体后是否能顺利找到赴阴的路。那茫茫然的阴间在哪儿？死者初次去报到能懂得路吗？于是就有了“开路”送终之俗。过去，贵阳丧俗中人一断气，马上请些道士来为他“开路”送终。丧家在自家院子中用许多椅子堆成两堆，一匹白布连着两堆椅子，看上去很像一座白色的桥，道士向桥磕头后，立于桥下，一边转，一边口中念念有词，忽而又转向四方，家人则在旁边烧着纸钱。原来这就是道士为死者求情，求那些在阴间守路的路神，放死者灵魂通过，亲人烧纸是让死者带上钱去“上税”或“进行贿赂”。最后道士须带孝子、小辈对“桥”叩头。俗谓这样死者灵魂赴黄泉的路已开好，他也就上路了。于是道士离去，家人回家立即将家门上的门神用白纸封好，意为封住门神双眼，让死鬼自由出入。

还有一些地方的送终方法则不同。广西昌平一带的送终，在死者断气后，亲人用竹竿捅破屋顶打开一只天窗，俗称“通天洞”，然后鸣放三响爆竹，一来以报丧，二来让死者灵魂由通天洞直升天堂。而凤山一带在死者断气之际杀一只鸡，俗谓“开路鸡”，为死者灵魂引路开道。浙江富阳一带，人死后亲人给他烧上两双草鞋，分赠引死者灵魂上路的活无常和死无常穿，并拿上香烛到土地庙、城隍庙中点燃为灵魂照明引路。

山东的送终习俗具有特别浓郁的乡土气息，看过电影《红高粱》的人们一定不会忘记吧，当“我奶奶”送饭途中被日本鬼子的子弹打中身亡时，作为亲生儿子的“我”严肃、认真、悲愤、忧伤地为母亲号哭高喊：

娘！娘！
上西南，
宽宽的马路，
足足的盘缠。
娘！娘！
上西南，
溜溜的骏马，
长长的宝船……

那脆生生，撕心裂肺，感人肺腑的童音久久萦绕在上空，回荡在人们心中。这就是山东丧俗中孝子为刚死的父母高呼上西南的送终之俗。当大人弥留之际，亲人即为其换衣，一断气孝子披散头发立于院中心，呼唤一声尊亲，念一段上西南词，死者的灵魂随着孝子的心声指引奔赴他该去的地方，此俗淋漓尽致地表达了亲人为死者下世生活的祝福。

除给死者开路之外，还有给死者“送灵魂”之俗。浙江绍兴一带，在老人临死断气前，要为他洗手、洗脚、揩脸，并拿一套他平时爱穿的整洁衣服给他换上，同时在病床前焚烧佛经，一人口里念道：“管好自己，要管好自己”，意为给他带上的钱不要给野鬼抢了去。然后将佛经的灰用红纸包上两包，塞在临死者的手中告诉他：“这是路费，你捏住。”接着将他的头换一个方位，让他在下世投胎时落地快些。死者一断气，马上在房内点烛焚香，每个亲人执香三支哭着送他的灵魂离开人世，同时由一人在天井烧纸轿一顶，纸轿夫两个，纸挑夫两个，让他们抬着死者的灵魂赴阴间。孝子还须身着素服、散发，由一人撑伞持银锭，陪着他哭往土地庙，到土地神前为死者注销户籍，“松绑”。当地俗谓死者灵魂是被绑在柱子上的，所以孝子背靠柱子，双手向后倒抱三下，亲人可“松绑”。讲到绍兴，人们便会自然联想到那独特的景致：小桥流水，乌篷船构成它别具一格的乡土风貌。绍兴多小河，当地称“河港”，那一条条水清澈底，细流淙淙的河港，给了绍兴人民多少欢乐，也给绍兴人留下了深深的悲伤。以致到如今绍兴丧俗中还留下了父母去世，女儿“叫河港”的风俗。当父或母一咽气，亲生女儿就沿着本村河港，悲哭嚎叫，那哭叫声撕心裂肺，催人泪下，既发泄失去亲人的悲痛心情，也寓意女儿美好朴素的祈望，同时也送亲人的灵魂上西天。“叫河港”的风俗在绍兴不仅代代相传，而且素来俗规很严。叫河港者必须是亲生女儿，连媳妇也不能代替。传说东汉时期本地有一女名叫曹娥，她13岁那年，有一日，父亲摇着乌篷船去参加迎神赛会，不幸失足入水溺死，曹娥悲痛欲绝，沿着河港号哭了七天七夜，遂投河身亡，死后竟背负父亲的尸体泛起在江面。曹娥孝女以死寻父，绍兴人民为之感动，为她立了庙宇，受到世代人们的敬重，女儿为父母死哭叫河港也就成为风俗流传了下来。

福建惠安渔村早有女不从夫居的婚姻陋习盛传于世间，还有那惠安女帽围不露脸面，衣不遮肚脐，裤脚大过裙的奇特美丽的服饰扬名四海，但这里隆重而优雅的送终风俗还鲜为人知。当老人弥留之际，亲人即将他抬入祠堂，安放在厅间临时铺设的灵床上。当地习惯年过50谢世者即谓之寿终正寝，方可在祠堂送终举哀发丧。届时，亲友、邻里、村民闻讯赶来共同守候着行将过世的人。村中的乐师在厅堂的一侧演奏起音调清雅、悠悠动听的南音，幽雅古朴、缠绵悱恻的乐曲犹如一支“送魂曲”，在祠堂中萦萦缭绕。一位中年妇女手执檀板，在乐声中边拍边唱。这就是当地特有的南音演唱为死者送终的风俗。老人在熟悉舒心的音乐声中慢慢地告别了阴间，告别了人生，踏上极乐世界之路，死者的亲属为这种隆重的送终场面感到无限的欣慰和宽慰。

开路、送灵魂之中，许多地方还有种种奇风异俗。

浙江许多地方在送终时都有焚烧死者下世所携带之物品的规矩，其中尤以“烧草鞋”之俗最为普遍。相传这一习俗的产生还有个辛酸而又动人的故事呢。很古很古的过去，太白山下有一位勤劳贫穷的放牛哥，人称八牛，终日为财主放牛仅换得一日半饱。尽管他一生勤劳，到了年老体弱之际还是被狠心的财主赶出了门。穷乡亲见之愤愤不平却又无可奈何，只好帮助八牛盖了间茅屋安身。八牛含辛茹苦打柴度日，终因体弱无力，一病不起。乡亲们送来汤、粥救济他，送稻草给他御寒，八牛睡在暖暖的稻草上，顿时心中一亮，心想，自己终年赤脚，一双脚被山刺扎得血淋淋，冻得满脚冻疮，为何不用稻草做鞋取暖呢？从此八牛左绕右缠，拆了又结，散了重编，整整花了七七四十九天，终于编成了形如鞋子的草鞋，不仅自己穿上，还编了几双分给无鞋穿的穷乡亲。八牛学会编草鞋的事传到了财主耳朵，财主假惺惺讨好八牛，叫八牛为他编草鞋挣钱，八牛看穿财主的诡计，坚决不从。财主大怒，将八牛痛打了一顿，病中的八牛又气又痛奄奄一息。乡亲们纷纷赶来看望他，八牛挣扎撑起身子教穷乡亲们编织草鞋，免得双脚受冻。大家含着眼泪学，谁知才教到编完鞋底，八牛便咽下了最后一口气。大伙为他送终，就将自己编的草鞋焚烧送他路上穿，以表乡亲们的一片真情。从那以后，人死送终都烧草鞋，遂成风俗。

在浙江武义送终还有包“死人粽”之俗。亲人断了气，生命已步入终点，家人即将他死前垫身盖的稻草和脏衣服以及送给他的雨伞、钱袋（俗称“插袋”）、灯笼、香烛统统送出家门口百步以外的空旷地中焚烧。亲属边送边哭，边烧边哭，等火烧尽，由女儿或媳妇双膝跪地于灰堆旁，为死者包“灰粽”，并要一人撑伞，俗谓“死人粽不能露天包”，一人包粽，其他人在旁哭。灰粽的包法与平常真粽略有区别，外面用竹箬，烧下的灰当米，一个粽以一颗小石子放入中间表示配料，包法与米粽相反的方向，包好后五只一扎，二扎绑成一串，俗谓“一帚”，用小棒挑着粽子，一路哭叫拿回家放在死人胸前。那条挑粽小棒是给死者灵魂在路上防坏人用的，灰粽是让死者带在阴间路上防恶狗用的。真可谓用心良苦，处处想得周到。这一风俗在武义自古流传，60年代以后才废弃，笔者孩童时所见此俗之景，至今仍历历在目。

◆ 报丧风俗各异

人历尽沧桑，走完了漫长的人生之路，告别亲友奔赴阴间黄泉，是一生中最后一件大事。俗规人断气后，须尽快将这亲人的悲痛大事，死者的终生大事报告所有亲友、乡亲、知己知晓，俗称“报丧”。即使已知消息的亲友家，也要照例前往报丧不误。根据地方之不同，报丧之俗各具异趣。

广西宁明北宁村，俗规鸣三响火炮表示报丧，俗称“报丧炮”，然后派人讣告亲友。象州一带死人之家用白纸扎成旗帜立于门前作为报丧信号。天等县一带报丧者到亲友家门不得径自入内，须在门口喊屋内人拿一铲火灰撒在门外后，方可入门报丧。巴马一带报丧俗规很严，丧家死男人必由房族侄子到亲戚家报丧，死的是女人必由儿子、女儿给外婆家报丧。前往报丧的孝男孝女须头上裹白布、戴斗笠，手持一条白布巾，跪在娘舅或外婆家人面前哭报丧事。哭报毕急速回转，当外婆家派人来赴丧走到村头，孝男孝女须跪于村边路口哭迎，哭诉中哭丧亲之痛楚，哭谢赴丧亲人一路辛劳，并递上每人一条白布，俗称“孝巾”。

黑龙江一带则以门外悬纸帛以报丧。纸条数以死者年龄不同来决定，一岁一条，另加表示天和地的两条。并以死者性别不同决定悬纸帛位置，死男悬门左侧，死女悬门右侧，人们一看见门口纸条便可知这家死了人，死者是男或女，死者寿数，也一目了然。

浙江一带习俗派家中合适的亲人去报丧。报丧人必备雨伞一把，倒挟于腋下，谓之“倒挟报死伞”，俗谓死者的灵魂会躲在伞内跟着去的，到了亲友家门将雨伞头朝下，柄朝上竖放在门外边。家人见状必知来者之意，忙备氽蛋一碗请来者进屋食用，俗称“报生不空手，报死无空口。”许多地方俗谓吃点心是为报丧者解晦气。吃罢告知“某某去了”“走了”，于某日某时入殓，即告辞。一般得死讯后家主须掷碎一只碗以解晦气。随即准备礼品香烛前往赴丧。亲友在外工作的一般拍电报报丧或以焦头信通报，即烧去一只信封角，以示凶信。潮州一带报丧又略有区别，前往报丧的人不仅挟雨伞，前后还须提上一盏灯笼，并发讣告，俗称“报条”报丧。接到报条时必须弃之地下，不得放桌子上，同时放声号哭。若一时哭不起来要马上拿一只碗摔破在地，以避不吉。长兴一带流行给报丧者送白布的风俗。儿子、媳妇送九筷长的白布，出嫁的女儿送七筷长的白布，侄儿侄女送五筷长白布，过房女儿送三筷长白布。报丧者送白布时要急速离开，快步行走，否则要受人谴责，现多骑自行车报丧送白布了。武义一带报丧者必事先把“茶叶拌米”包好带上，到亲友门口时，把“茶叶米”撒进门里，不必开口家人便知来者是报丧使者，即请入内坐定，备点心招待，若不想吃东西就是白开水也非喝上一口不可，以体现“报死不空口”之习俗。

嘉兴地区俗规报丧人脚穿草鞋，腰系白布带前往。到了门口不可直接入门，在门外报告丧事。亲友家人捧出一碗茶饭或蛋汤递于报丧者手中，报丧人须在门外边食毕方可入门叙事。

旧时泉州骂那些行色匆匆，急急赶路者为“报死”，因为当地报丧习俗规定报丧者必须来去急速，足不入人家大门只在门外高声喊叫，报以丧事，报毕讨一口水漱口而回，以表示祓除不祥。

山东中部一带报丧很特别，丧家死者亲属子女须在办丧管家的带领下，在鼓手班奏乐陪行下在整个村庄串行一周，逢人便跪倒磕头，向所有村中乡亲参拜，告示家遇不幸，乞村民父老眷顾垂怜。

◆ 买水沐浴赴黄泉

落地沐浴，清清爽爽做人；死后沐浴，利利索索赴黄泉。汉族民间有人死后亲属按各地不同的风俗为死者买水沐浴，使他按亲人们的美好想象舒舒服服地赴黄泉，去阴间。

民间俗信，若不替死者买水沐浴，死者灵魂在阴间将没有饮用之水，也不可涉水过河。据此在浙江绍兴还有这样一个传说，相传在明朝末年，当清兵入关后，绍兴人本着“生投死不降”意愿，男子生前仅慑于清王朝的淫威而剃发拖辫，死后一律束发于顶，绝不梳辫。用以沐尸之水也决不用清室之水，而破费向龙王爷购买，以示抗清，从此形成买水沐浴之俗。

买水沐浴之俗各地是同中有异，各呈其趣。以浙江来说，武义、台州等地，是由死者的女儿或媳妇去买水，一路重孝啼哭来到水边或池塘、小河边，抛一枚或数枚铜钱下水，然后取水回府。台州俗规须在井台焚香后可取水回府。杭州、富阳一带规定由孝子穿上死者的外衣去买水，富阳要派一人专门给孝子撑雨伞，拎香烛、银锭、元宝，来到河埠头，焚烧银锭元宝后，用碗舀一碗水即回。回家的路上一路撒下烧纸板剪成的纸钱。

一般地方沐浴，都是意思一下而已，未必真正大动干戈给死人洗澡。作为一种风俗礼仪的沐浴是由抬棺者或利市人象征性用手指蘸上一点水，给死者从脸到脚撒些水珠就算洗好了。宁波一带规定孝子替父尸沐浴，媳妇替婆婆浴尸。龙游习俗沐尸还有规矩，规定前身抹三下，后背抹四下。俗称“前三后四”，而杭州习俗买水不能用碗盏盛之，而是用水桶取回，然后将水烧热，过热水于竹筛盛于盆中，给尸体沐浴，实属真浴。更有甚者为海南琼山，当地习惯，人将咽气处于奄奄一息间，家人就得给他洗身，全身上下要洗得干干净净，穿上清洁的衣服，置于神案前。当地认为死者净身赴黄泉才没有遗憾，并可保佑家人日后易于谋生。

一般地方都用清水或热水沐浴，唯有广西苍梧要以大柚叶煮水浴尸。而浙江天台在给尸体沐浴后，还须给尸体用烧酒擦一遍。

沐尸后，还有一些善后俗规。东阳一带在沐浴后要由利市人将孝子取水时撑用的雨伞用脚踩碎，扔于阴处以镇邪。广西柳州白露乡小村俗规浴尸之水不可立即倒掉，要放好等到出殡后倒之方可，否则将认为不吉利，俗谓老天爷要刮风下雨发脾气的。资源县延东乡给尸体沐浴后的水，每个儿女媳妇都得用手蘸水，用舌头舔一舔，表示对死者的慰藉和孝敬。而浙江富阳就更为奇特了，俗规浴尸之水众亲人须各喝一日，方表孝意，寓意亲热。不过这是旧俗，这种不讲卫生的陋习早已废止。

◆ 穿寿衣与盖脸纸

汉族民间风俗，人死后沐浴毕随即给穿上寿衣，有些地方俗称“归老衣”。这一生中最后的一次打扮，旧俗衣着要体现本人生前的身份，同时本人生时及亲人也都希望穿戴整齐些、体面些，到了阴间也不失身份，不致遭受阴间小鬼的欺负。若说起某某连死都没穿上好衣服，这便是一个人最最可怜的终身憾事。有些人哪怕生前很穷也省吃俭用做下寿衣，一来为今世体面，二来为下世争得脸面。故对穿寿衣之俗十分讲究。

有些地方有专门从事穿寿衣、停尸、入殓职业的“土工”，丧家可请“土工”来穿寿衣。浙江湖州请“土工”穿寿衣，寿衣所穿数量以衣领按条数计算，数字必须逢单。旧俗男死者按古时员外的打扮，俗称“门上新客人”；女死者为夫人的打扮着红裙红衫，俗称“门上新娘子”。穿毕即“转床”于门板上，头朝东，脚朝西，用一条黄色长绸将尸与门板缚住，脸上盖上一块白布。

有的地方俗规由孝子穿寿衣，闽南一带即行此俗。若孝子年幼，可请亲属中的长者替之。孝子站在凳子上，当着老天爷的面用无砣秤一件件过秤，称一件报一件穿一件。旧俗男者戴风兜，以等级不同决定风兜的颜色，秀才红色，非秀才的一般读书人蓝色，不识字者戴黑色，现在都兴戴老人帽。

有的地方穿寿衣的程序颇有讲究，有的须先将寿衣给孝子披一下，俗谓“暖衣”，接着用一杆无砣秤，钩起衣服，众人齐喊“千斤万两！”然后开始穿戴。俗规寿衣的衣服要比裤子多两件，一般都是上七下五，或上九下七。清朝年间，不少地方俗规死人的衣帽鞋，头发的发式都用明代的式样，谓之“生为清朝人，死为明朝鬼。”有的地方在为死者梳头时，亲人用毛纸在下面接着掉下来的头发，俗称“接发”，寓意死人会保佑后代兴旺发达。梳头毕即折断梳子弃之。有的地方在男者归老鞋的鞋面前端缝上一颗珍珠，以给老者照阴间的路；女死者的鞋底绣莲花，寓意脚踏莲花上西天。旧俗穿好寿衣要将“含口银”放入死者口中，两手各捏小小银元宝，胸前再须挂一块银牌，银牌刻着死者的姓名、生前之功名、出生的年月时辰。穿戴完毕即抬上“灵床”，并把孝堂布置起来。

给死者穿戴毕，民间还有盖脸纸之俗。盖脸纸一定要亲人到齐后才盖，虽有些地方盖白布，有些地方盖利市，但含义大致一样，一来防止死者数屋椽子对家后不利；二来是为了遮丑。传说盖脸纸习俗还是由两千多年前的吴王夫差所作。

相传吴王夫差自打败越国后便狂妄不可一世，从此后偏信奸臣，排斥忠良，纵情于酒色，过着穷奢极欲的生活，不顾当时国力空虚，盲目地做着争霸中原的梦。当时夫差的忠臣伍子胥见之十分焦虑，极力劝阻夫差不可妄为。后来越王派文种向吴王借贷粮食，伍子胥当即谏劝而夫差拒之不理，伍子胥十分气愤说：“君王拒纳劝谏，不出三年，吴国必将成为废墟！”奸臣伯嚭趁机在夫差面前进谗言，昏庸的吴王竟杀了伍子胥。伍子胥被杀，越王大喜，越国此时已大大强盛，勾践率兵攻打吴国，伯嚭见吴国无力取胜，降于越国。夫差求和不允，后来被越国追至穷途末路，方后悔以前不该不听伍子胥劝谏，错杀了忠良，落得今日下场。绝望之中，他伏剑自刎，临死前告诉侍人：“我死后无脸去见伍子胥，请将我脸蒙上遮羞布吧！”这一故事在民间流传甚广，死后盖遮羞布为百姓所传承形成丧俗中不可缺少的一举。

◆ 点亮明灯照冥路

死者穿戴整齐安睡于厅堂，厅堂上挂起了“孝帘布”白幡，中间挂着死者的遗像，点燃白蜡烛、安息香，香烟袅袅，弥漫整个厅堂。有趣的是浙江玉环乡间的香火须供在“子孙饭”上，满满一碗子孙饭上面放一枚生鸡蛋，竖插一条竹筷，筷上扎一团棉花，香火置于饭上，取义“香火连绵”。此时千万不可忘记在死者的脚后点燃一盏菜油灯。这可是汉族丧俗中非常重要的一个习俗。有的地方俗称为“脚头灯”，有的地方俗称为“照冥路”，有的地方俗称为“长命灯”。

汉族民间很重视这一风俗，但为什么要点这盏灯呢？流传甚广的《白蛇传》故事，说许仙由于受法海的挑拨，蒙受欺骗，端午之日逼迫娘子饮下了雄黄酒，白娘子现出原形，许仙惊吓致死。一往情深的白娘子苏醒后立志救许仙还阳，决定只身冒险赴昆仑山盗取灵芝仙草。临行前在许仙的脚后点上了脚头灯，命小青时刻守护，并叮嘱：“只要灯不灭，许仙尚有救。”小青遵姐嘱伫立看守，当白娘子在昆仑山上与鹤童大动干戈之时，只见那脚头灯忽明忽暗，大有熄灭之危险，急得小青提心吊胆，多亏南极仙翁怜白娘娘救夫心善成全于她，白娘娘方可在脚头灯未熄之前取得灵芝仙草，赶回家中救活了许仙。虽然点长命灯这一风俗代代相沿，却从来没有一个死者因点了长命灯而还阳的，但它毕竟寄托着亲人们的美好愿望，何况尚有如此美丽的神话故事在先呢！

除此说之外，许多地方俗谓脚头灯是为死者照冥路用的，死后点上至出殡时方可熄灭。民间还传说此灯是由死者拎着走路，若灯熄灭一次就使死者在阴间跌一跤。为了亲人的灵魂少受痛苦，顺顺利利赴阴间，活着的人必须好好看守冥路灯，不要让它灭了。

有些地方若死者有出嫁的女儿，还有一个“点七星灯”的风俗。把死者原先睡的床拆掉，原地摆一石磨，磨上放一装满砻糠的斗，糠上置一米升，在升上点燃一盏七根灯芯的油灯，第二夜开始每晚减一根灯芯至头七，谓之“七星灯”。

六、入殓风俗

◆ 入殓“归大屋”之俗

收尸入棺为“入殓”，又称“入柩”“落材”，汉族民间俗称“归大屋”。此俗意味着死者与世隔绝，与亲人最后一别，故十分隆重。不仅鸣锣放炮，众亲友涕泪哭别，而且对入殓时辰，在场人员以及程序都有严格的规定，切不可有丝毫马虎。

在泉州一直流行“开斗书”的习俗，即开具死者生死时日，请僧道为他推算入殓的吉利时辰，并算出与死者相克的属相，到时公布于众，以便属相相克者在入殓时回避，俗规即使最亲的亲人，如孝子孝女，若属相与父不和者同样得回避。入殓时，孕妇绝对不可近棺，也不可看见入殓情景。

在浙江玉环一带，死人之家必在门口张贴“黄榜”，上面标明按死者生辰八字，请僧道择定入殓时辰的同时，也标明入殓时需避讳的生肖。棺底铺以草灰或石灰等物以渗尸汁，灰上放些木炭，木炭上竖放三根竹竿表示床栅；把死者生前的草席置于上面剪一角草席留下，以示“留丁留财”。此时铜锣敲响，亲属跪地痛哭惜别，由孝子或抬棺者抬着尸体放入棺材。此地渔民还有“头顶瓦片脚踩土”的风俗，即入棺后在尸体头下塞一片瓦，脚下放一抔土，表示死者上有瓦下有土，祝福他下世不再吃海水饭了。从这一风俗中不难看出渔民上无片瓦下无寸土的辛酸生活，他们到临死还抱着极大的幻想，希望来世能得到一点立足之地。

在浙江东阳，旧俗入殓前须行“敲七”之俗。丧家请“山人”（男巫）来为死者敲七，长孙手捧“魂幡”，魂幡是用红纸剪成的诸路神佛像，背衬白纸，上端画虎头八卦，用竹枝挑着。山人时而仗剑作法，时而挥帚舞动，不时击钹歌唱，口中呼号念咒，作着驱邪促妖，追荐亡灵的仪式。长孙手持魂幡一直立于其旁，每当铜锣敲响一次，长孙则长拜一下。敲七毕，即由长子捧头，女儿捧脚，将死者抬入棺中，所有亲人止哭立于一旁静观，以与死者最后一别。此时禁忌哭声，更禁忌泪落尸身，否则要大不吉利。尸体入棺放好立即锣声大作，哭声顿起。哭丧妇在此时可大显身手，场景既热闹又悲切。然后给棺材中放殉葬品，盖上“重被”。一切就绪，“材脚”手提铜锣，一边鸣锣，一边奔跑出村，俗谓急步跑，急打锣，可“驱魂”出走。

在广西全州一带，尚有亲人衣角入棺的风俗，在死者入棺后，各亲人均剪下自己衣服的一只衣角放入棺中，以示让死者知道世间尚有多少亲人。

入殓之时，各地还有一些奇俗完全相反，如有的地方当尸体入棺放稳后，必须十分慎重地以死者鼻子为中心悬吊一枚穿线铜钱，不能让铜钱有丝毫的偏差，否则死者在天之灵对子女有偏心，会使后代有兴衰之别，长子在此时须站在高凳上擎蜡烛照着。有的地方则由一亲人手持铜勺，勺内点一支蜡烛，从脚照到头，照毕丢掉蜡烛。立时哭声大震，哭过一阵后，再止泪扶棺检视惜别，谓之“照材”。而有的地方恰恰相反，入殓后盖棺盖时切不可点灯，俗谓灯光若把活人身影照入棺内，盖棺时将身影盖入，此人定要死，谓之“忌灯”。“照材”与“忌灯”相异成趣。

有些地方还有一些怪俗，如浙江龙游一带，入殓时亲人须用屏纸擦面后投入棺中，意为除去晦气，让死者一人独担，把好运留给家人。此时还有个“押落者”高声喊着：“千斤担，万斤担，你一人挑！”长兴一带在盖棺后，把被子、帐子放入棺盖上，家中亲人以棺材当桌吃一顿

"材头饭"。

汉族民间入殓时还有陪葬之俗，放置陪葬物品之时煞是严肃、慎重。一般俗规除放入死者生前的喜爱之物外，特别讲究给死者的被子，俗称"重被""子孙被""大被"等。多用红绿彩色绸作被面，白色纱布为被里缝制而成，大小约一尺五见方，现在也有用毛巾代替的。放入棺时须按先后次序，长子被先放，然后按亲疏、辈分逐件放入，放一床被由押殓者一旁喊一声："××大被一床！"越多越体面，多子多福，发子旺孙嘛！由此之故，不少吊唁者亦以丝绸被面相赠，故有的丧家办一次丧事竟可收到几十、上百床绸被面！与此同时切不可忘了让死者带上小棒一条为自卫武器，打阴间恶狗之用。有的还要让死者带上三斗三升泥土，意味死者生前的吃穿用住均从土里长出来，现又入土去。所有的入棺陪葬，必成单数，并细列成殓单一份。浙江绍兴有读殓单之俗，由一人逐一读着殓单，由材脚一人一旁回答"有"。殓单前面必有几句话："天上星和月，地上水共山，山水永远在，人生几迁翻，离别红人，投入泥府，逢山开路，遇水架桥，浙江省绍兴府××县××乡……"最后几句必是："谁人书，东海鱼；谁人读，南山鹿；鱼归东海，鹿上南山。"客家人丧俗中同样也行读殓单之俗。殓单中将死者所穿戴的从头至脚一一列入外，手中拿的以及陪葬入棺务必件件报清，末了写上："四正方圆，所装物件共计多少件、多少项、付与亡者某公或某母一位受领执照，倘有强梁争夺者，奏上十殿阎君天子面前，差出雄兵猛将，抛刀寸斩，不得停留！东王公作记见，西母娘作证明。天运×年×月×日化奉。"在读完殓单后必须说上两句话；"此篾（厚）为子孙传后之后，裤系子孙做富贵的富，此担竿凡子孙有灾祸一切化为担开。"

笔者的家乡浙江武义入殓后有个特殊的风俗，俗称"折刺窝"。入殓后的每天早晨，天未亮之前，都要由一位妇女至灵柩前放声哭喊，声如唱山歌一般，优美动听且略带悲伤，所谓为死者指点上路方向。一声开腔划破长空："××啊，天亮了，起来上路了，高山山鸡啼，家里公鸡鸣，田里大小青蛙呱呱叫。小路不要去，前往大路走。过桥进庙要跪拜，黑夜走路点红灯，遇到坏人用棒打，看见野狗丢粽子，见了小鬼多化钱，拜见阎王多好言，在世未有幸福日，下世向阎王讨个好……”尾音长长，腔调优美，重要之处还一再重复，如谆谆教导，又如耐心指点，更有如悲似泣的倾诉。晨间哭声随着清风，在空中缭绕，飘荡……

俗话说“盖棺定论”，死人一入棺生前好好坏坏即成定局，自由世人评品，广西全州一带就有唱祭歌之俗来品评死者。入殓后，晚上全村人几乎集聚丧家为其守灵，丧家请来道公道婆唱祭歌，唱老人漫漫一生的经历琐事，唱出小辈们对待他的态度，是敬是爱，是亲还是疏，是孝还是逆……让众乡亲邻里公开评论，大家无拘无束，气氛非同一般。无疑这一良风美俗对村风民气有着重大的影响。

人们都向往美好的生活，穷苦人都指望有朝一日摆脱贫困，富足有余，即使在办丧事中，伤心之余也总不忘求死后的灵魂多多保佑活着的人发财致富，故一些地方旧俗在入殓后要行“扫富”之俗。不论是公或婆死后入殓，儿媳妇便用簸箕盛上麸子，将麸子撒在棺材头上，然后将麸子自上而下扫回簸箕中，倒入自家粮囤里。“麸”与“富”谐音，扫麸也就是“扫富”，把富扫入家中就意寓着先灵会保佑儿孙生活富裕了。

◆ 供木主尽孝心

相传以前有一户穷人住在一座大山脚下，家中仅有体弱多病，憔悴不堪的老母和一个五大三粗、性情粗暴的儿子，老母依靠儿子每日上山打柴为生。虽然老母待儿十分疼爱，可儿子见母亲病恹恹很不顺眼，稍不顺心便打骂母亲，为此老母十分伤心，几次寻死被邻居救下。有一日，儿子一早又准备上山砍柴，临走时咋咋呼呼地对母亲说："老勿死的，我今到东山砍柴，中饭早点送来。"母亲听了伤心地落泪，自己含辛茹苦拉扯大的儿子竟一口一个老勿死。一边哭一边还是淘米备饭。

儿子在东山砍柴，砍的累了坐在一株大乌柏下休息，只听得树上叽喳叽喳鸟儿叫得很欢，他抬头看，原来是一只老喜鹊，几只小喜鹊见了老喜鹊嘴上叼的虫儿高兴地拍着翅膀张着黄色的大嘴叫得可欢了。老喜鹊像是不知疲倦似的一会儿飞去，一会儿飞来，不停地叼虫喂给小喜鹊吃。"啪！"突然掉下一团东西正落在他面前，他一看原来正是那只老喜鹊，只见它翅膀啪嗒啪嗒扇着，嘴里还紧叼着一条虫儿丝毫不放，头朝上一挺一挺地挣扎着，可怜极了。他见了手捧着老喜鹊，爬上柏子树把它放入窠中。只见老喜鹊拼命地将嘴边的虫儿放进一只小喜鹊的嘴里，惨叫一声，头一垂死了。小喜鹊们扑到老喜鹊身边，叽喳叽喳叫着，声音凄凉极了。没想到这个粗鲁无情的大汉见了也为之伤心，并由此想起了自己的老母亲哺育自己的恩情，想想自己平日里待老母如此不孝，深感后悔。

正在这时，他的老母拎着饭篮一步一颤上山而来，儿子看见老母走路艰难的样子，便三步并作两步飞跑下山接老母，竟连手中的柴杠也忘了放下。谁知母亲见儿子手中挥柴杠直冲下山，心中不禁吃了一惊，这畜生今天手拿柴杠恶狠狠赶下山来，定又说我送饭迟了要打我，一气之下，一头朝路边的一株乌柏树撞去。等儿子赶到，老母亲已倒在血泊中一命呜呼了。儿子本想从此后孝顺老母，赎回以往不孝之罪，谁知连忏悔的哭声母亲也未能听见。儿子后悔之余，挥刀砍下乌柏树，叫来木匠师傅做了一个“木主”，在上面刻上老母亲的姓氏供奉在家中，每日三餐供茶供饭以此赎罪，也为了教育后代敬重老人、尊重祖辈。

这个故事后来在民间广泛流传，长辈死后供上木主神位，以尽子孙孝心，也就渐渐成了汉族民间的一种丧俗。

供木主以尽孝心，各地风俗亦有异趣。

福建泉州一带不仅十分重视供木主风俗，而且对木主的制作极为讲究。当地风俗认为木主的料以柏木为上等，柏为长年青翠，木质又坚硬，寓意着小辈对祖先的敬意。木主还分为素色和雕金环龙二种，素色又以中间木纹形为山峰，峰多又正的为贵。填写神主的字数有一定的规律，以“兴、旺、衰、微”四字为商，字数除四余一为兴，余二为旺，合于兴旺为佳，否则认为犯忌。木主是内外两个套格，做工极精致，内写名讳生卒年月日时，外写上朝代、官爵、名谥或×代大父（大母）。内字合于兴，外也合于兴，内外两兴合一旺。

海南岛上供木主的习俗自古流行，也称“立神主位”，可任选出殡前、百日、超亡之一日举行，俗规夫妻双亡方可立神主位。当地喜用檀香木制木主，同样分内外二格，书写格式亦有规矩，并规定书写时神主的“主”字上一点，“祀”字上的一点都不写，以后点时须为此举行隆重的点主仪式，俗称“点主”。旧俗点主时，丧家须请族中最有身份的绅士来点主，绅士持朱砂调鸡蛋白置于小盒，用新笔一支，孝子在庭前跪地，双手捧神主牌放肩背上，由绅士用朱砂将暂缺之二点点上，以完成神主之位。一边点一点念：“一点福，二点禄，三点子孙万万福。”点毕折笔抛于庭中。

旧时贵阳点主习俗很兴盛，其隆重者非一般人家所能为之，只有名流大官人家才能做到的。丧家须用八抬大轿迎抬点主者，点主者身穿大礼服、马褂，头戴顶子，来到家门口由吹鼓手奏欢迎曲，孝子跪在门口请他入内。点主人走一步，孝子跪行一步，直至送入大厅用茶。良辰一到，由孝子跪接，一人专为点主者打着大红伞，由一叫礼者唱叫，请入太师椅上坐下，椅旁有一方桌，铺着红毯，笔架、笔筒、朱碟均已备齐，孝子将灵牌跪着捧出，奏乐，叩首后将灵牌呈上方桌，一人将孝子中指用针刺破，叫礼者唱“取血！”点主人用新笔在孝子中指上取血。叫礼者唱“点！”点主者恭恭敬敬地将“王”“祀”二字上加上一点，速将笔向座后抛去。在一帮小孩哄抢点主笔时（俗谓抢到点主笔将来可大吉），点主者在孝子的跪送下走了，隆重的点主仪式才结束，丧家往往送上一桌丰盛的酒席到点主者家以酬谢。

浙江宁波在出丧前夕举行点主仪式。当地称点主者为“主师”，孝子身穿素服，围白毡条于内，红毡条于外，跪迎主师入灵堂，请上坐，赞礼先生高唱“主师升堂！”主师持灵主牌起面向灵堂，孝子跪拜四拜，主师连念死者称衔三遍，用朱砂在“王”字上点上一点，然后用墨改黑，并在牌位上饰以红绸“魂帛”。而温州一带由孝子亲手点主，并在坟头举行。当棺柩下葬毕，孝子跪在坟头把木主内外函分排左右，用朱笔先内后外，再用墨笔先外后内将木主的“王”字点成“主”字，然后脱去凶服换上吉服，肩挂红彩回家。家中女眷穿吉服焚香跪接，锣鼓、鞭炮齐鸣，乐声大作，将木主供奉堂上，全家人一一跪拜。杭州点主则比较简单，出殡后，将灵堂拆出，招幡、挽联焚化，后由孝子将手指戳破用血点“王”成主，并请神主牌入家庙供奉，或挂在大厅上的神祖堂内即可。

◆ 披麻戴孝话丧服

汉族民间丧俗自古流传着披麻戴孝的丧服风俗，虽各地略有区别，但八九不离十，终不离“披麻戴孝”。

为此，民间还流传着一个动人的起源故事呢！相传南宋年间，秦桧奸贼诬陷岳飞蓄意谋反，下十二道金牌召其回京。由于岳飞宁折不屈，忍受百般折磨而不屈招，秦桧为害死岳飞指使走狗万俟卨和罗汝楫变着法儿折磨岳飞，他们先将岳飞浑身上下打得皮开肉绽，再用麻皮缠绕在岳飞血肉模糊的身上，过些日子提审过堂，岳飞照样忍痛不招，便将其身上的麻皮层层剥下。由于麻皮已与血肉长在一起，剥麻皮就如剥人皮一般，痛得岳飞死去活来，最后秦桧无法使他屈招承认谋反，便在风波亭暗暗用麻绳勒死了岳飞。

岳飞被害的真相传到民间，百姓面对奸臣满朝的朝廷，颠倒黑白的世道恨得咬牙切齿而又不敢直言，为了揭穿秦桧谋害忠良的罪行，悼念民族英雄岳飞，人们在死人出殡时就身披麻衣，并把麻皮拧成麻绳搭在脖子上，将岳飞披麻受酷刑公之于世，将秦桧用麻绳勒死岳飞揭于光天化日之下。这样岳飞被害的事实传遍全国，人人皆知，此后披麻戴孝的丧服习俗也就传承为习了。

虽然现在戴孝大多以戴黑纱取而代之，但在农村特别是山区，脖子上套麻绳，辫子上缚白麻还是常见的。许多地方披麻戴孝的丧服习俗直到20世纪60年代初还十分流行。不少地方一直按老规矩将孝服严分五等，儿女为父戴孝或妻为夫丧戴孝都用最粗的麻布做孝衣，不缝边，并服三年，俗曰“斩衰”。若夫为妻服丧，孙为祖父母服丧用粗麻布制衣，缝边，服制一年，俗日“齐衰”。下按亲疏不等，设“大功”“小功”“缌麻”。但多数地方渐渐转化为仅在出葬时披麻戴孝，葬后子女只须头颈挂麻绳脚上穿白鞋即可。

还有一些地方的丧服别具一格。

贵阳的丧服，孝子穿黄背心，着白衣，穿草鞋，戴纸冠。

浙江武义一带规定孝子身穿麻皮，脚穿草鞋，头戴孝子帽，帽檐挂上几串棉花球串，腰间扎稻草绳。媳妇、女儿头上都扎一块白布称“头白”、脚上穿黑鞋，鞋头用白麻布缝上一块，所有的家属成员脖上都套麻丝拧的麻绳。

宁波的丧服特别考究，其丧帽分圆顶、方顶两种，圆顶帽为嫡亲所戴，方顶帽为远亲所戴。孝子头戴圆顶帽，上套以麻布，帽下缀着带籽棉花五朵，俗称“长长帽”，身穿麻衣，脚踏蒲鞋，腰束草绳，也有头戴三梁草冠的。而孝孙的帽檐上必别上一块圆形红布，以表示孝中有吉。孝女孝媳都身披状如披风的孝兜，一般的女戚头戴白包头即可。

绍兴素来规矩繁多，单女人头上便有三种规定：媳妇为公婆戴孝应把头发梳成“8”形，在小圈的中央露出一小束头发，发圈上均扎麻绳，俗称“矫健发”。若为父母或叔伯兄弟姐妹戴孝，女子的头发虽同样梳成“8”形，只用白麻绳线扎之，俗称“兰大头”。凡“五七”后的女人发髻一律平常梳理，稀疏地扎上几条白麻绳，俗称“平头”。

泉州至今尚有专门出租孝服的行业，可见孝服习俗在泉州的盛行非同一般。当地不同身份的人戴孝有十分考究的规定：在没为死者做功德前所有亲属头冠白巾，俗称“头白”，身穿白布孝服。做了功德后要在孝衣外加上麻服，孝子必须穿草鞋，腰缠麻带，百日不剃头。女属在布鞋上加缝一块白布或青布即可，儿媳在鞋后跟加一块红布。

◆ 虔虔诚诚唁亡魂

州同候选死光辉，孝幔鲜明到桌围；
执事有单门有簿，冬冬冬鼓客更衣。

汉族丧俗礼仪中最排场最讲究的莫过于开吊仪式了。死者生前友好远亲近邻纷纷赶来与死者辞别，致哀尽意，祝亲友的亡灵在天安乐。今日城市中的丧吊虽然已由“追悼会”代之，却也不乏风俗中悲切隆重气氛，况且农村不少地方至今仍行吊唁丧礼，吊唁均在灵堂举行，香烟缭绕弥漫堂间，遗像挂于正中，棺材停放堂中，孝幔、孝联、孝幡把灵堂装点的一片素洁。旧时贵州一带还在遗像旁制立两个纸人，一男士头戴博士帽，穿背心，手拿烟袋名金童；一女士梳着辫子名玉女，作为死者带往阴间的仆人。所有来吊唁者素装前往，整个气氛就是素雅悲切，使人未进门先闻香烛气，一入门就觉得鼻子酸。

但是风俗这个民间生活方式的万花筒，在不同的地方常常叠化出不同的斑斓世界。在浙江嘉兴一带，丧家要在大门口设一报丧鼓，吊唁的人一进门击鼓二下，亲属闻鼓声即号哭迎接。来吊唁的人向死者遗像行礼哀悼，无不垂泪哭之。湖州一带兴在灵案西侧摆上一个铜磬，由一位亲丁专门负责敲击，隔一会敲一记，俗谓铜磬响一声，黄泉路上就光亮一闪，亡魂可借以照明前行，故又不可连连敲之，否则死者亡魂匆匆踉跄。灵堂上箫笛奏着哀乐，女眷们悲泣哭声，洋溢整个灵堂。孝子孝媳自始至终披麻戴孝跪于灵案西侧陪祭。来吊唁者均立吊位在哀乐声中向死者跪拜。俗称“先死为大”，故除了长辈不下跪，即使平辈也得跪拜。武义一带吊唁俗称“拜祭”，一般亲友所送祭礼是香、烛、鞭炮、纸钱、利市，而女婿家和娘家亲属除了香纸外必须备猪头、鹅为祭礼，当送祭礼前来吊唁的人到来时，由媳妇哭迎，并在灵前哭报来吊丧者姓氏所送的礼物，有些还哭唱出来者生前与死者的友好关系，嘱咐亡魂应保佑他如何如何等等。煮熟的猪头、鹅两样为一副，到时一副副供奉灵前，然后从上辈到小辈按顺序拜祭。死者的子孙全体跪于灵前，拜吊痛哭。而宁波一带的吊唁礼仪则别具一格，而且祭品也别有一番风趣。灵前摆上由火腿制成的琵琶琴，用熟猪心作头，熟猪肺和猪肝作身制成的姜太公，饰着彩带的白鲞，用熟猪肚制成的白象，煮熟的鸡制作成的凤凰，悲悲切切的灵案上如一台小小的食品工艺博览，自然是家眷对亡魂的一番心意和良好的祝愿。吊唁开始，爆竹齐鸣，礼仪程序颇有讲究，吊祭者均着素服，以亲疏尊卑为序，一家一堂，本家先祭，外客后祭，一律跪拜行礼。长者列前，晚辈子后，专设一赞礼生手持焚香一束，立于东首唱赞。另设一赞礼生立于西首。东赞礼高唱："一上香！"即递香给案前长者，由长者双手接香，高举额前，向灵位作揖后递予西首赞礼生插于香炉。然后依次"二上香！""三上香！"上香毕，唱："拜！"全体祭拜者齐刷刷跪于膝前蒲团之上，拱手于额，随躬身之势双手下置左右，额角俯触蒲团。赞礼唱"伸！"拜者即起，垂手肃立。继之再复行再拜、再伸，三拜、三伸。礼毕，唱："退！"祭拜者退两侧换班行拜。在来宾礼祭时，孝子孝孙须匍匐案旁，叩头答礼。整个祭拜礼仪在爆竹声中结束，端庄、隆重、悲切、深情。

在福建泉州，祭拜吊唁又称为"拜鸟"，丧家特请亲友值日招待吊唁者和陪拜。灵前所备的拜垫为二层，上红下白，以红色为尊重拜客，但吊客至灵前跪拜时为尊重丧家，须掀起红垫一角露出白色。吊客初拜，陪者不拜意为恭辞，吊客再拜时，陪者亦拜，拜毕陪者高喊"谢拜"，孝子闻声出帏免冠谢客，吊客祭拜毕应不辞而别。而水仙花的故乡漳州不愧为花的故里，在乡中老人过世时照例以花为礼，祝贺老人寿终正寝，亲友村民会不约而同地怀抱鲜花去吊唁死者灵魂，当地习俗认为勤劳一生的老人死后有鲜花吊唁是最好的告慰。吊唁完毕人们可将灵柩周围的鲜花编成一个个大花环随出殡送至墓地，以告慰亡灵。死者能在鲜花的簇拥下，在芳香扑鼻的花儿伴送下奔赴黄泉确属别有一番素雅华贵，确也少有世人能享此富贵雅俗。

在湖北长阳县乡村，视60岁以上老人寿终正寝为大喜，丧家要感到荣耀，把白喜事办得热热闹闹，让亡灵安安乐乐“升天”而去。在出殡的前日，丧家入殓毕在灵案上摆上灵牌，供上倒头饭，点起长明灯，灵案西侧架起一面皮鼓，一到傍晚在门前燃起熊熊篝火，由村中高寿体壮的击鼓长者擂响了丧鼓，远近乡村的乡亲、友人，不论路途艰难，也不论关系亲疏，哪怕是死者的冤家也不例外，“人死百仇消”嘛！乡亲们打着手电，点着火把陆续奔赴丧家来“跳丧”。人们来到丧家，向着灵柩鞠躬致哀，安慰孝子后便随着鼓点跳起了“跳丧舞”。两人一组，舞动双臂，胯部左右扭摆，整个身子上下颤动，舞步刚劲有力，粗犷豪放，随着舞步和鼓点咯咯声，传来气质豪爽的歌声，原来当地俗称“叫丧”，击鼓者边擂鼓边领唱，众乡亲边舞边合每一段的最后一句，形成专门为死者一人演出的独特民间歌舞盛会。

半夜听到打丧鼓，
举起火把就出门，
不怕艰险往前奔，
一不怕山高路又远，二不怕河深难过渡，
三不怕虎狼来拦路……

一人唱众人合，载歌载舞，道出了乡亲们对死者的一片深情厚意，还用歌声和舞步演唱死者勤劳的一生，有时还用《三国演义》等历史故事唱一些人生趣事。当东方微亮，晨光初露时，跳了一夜跳丧舞的人们停止了舞步，止住歌喉，人们相信死者的灵魂已在热烈的舞蹈歌声中上了西天。乡亲们为自己已为老人尽心尽意感到十分满足、自豪，纷纷帮着丧家封棺、缠柩、备鞭炮、备鼓乐、准备出丧。

在山东鲁中一带农村，吊唁仪礼十分繁杂，煞是隆重热闹。开吊日丧家邀请鼓乐班在大门外的鼓乐棚中唱戏奏乐《二进宫》《捉放曹》《打渔杀家》等等曲目，优雅乐声飘荡数里之地，颇有一番喜庆之气氛。丧家主人忙着上供宴请亡灵，院子内的灵棚中设一张桌子，铺上白祭布，用高粱秸、花纸扎成旗罗伞，插在祭桌两侧，将亡灵牌位立于祭桌上头，若死者配偶已先亡故，须将他的灵魂也请来一同赴筵。由子女在管家带领下到村头摆菜、奠酒、烧纸钱，每人手持一支香高呼已亡父或母的灵魂归家赴筵，连喊数次后擎香归。插香于灵棚筵席牌位旁的香炉内，以示亡灵已随香回家入席了。再去灵房请死者之魂，然后管乐开始奏响《哭皇天》调，死者亲孙子开始端菜上桌，每上一道菜击鼓一通以示祝贺。先上四碗荤菜，再上两盘糖果，然后摆酒上桌，上两箩馒头，众子女手持哀仗叩头后侍立两侧，意为陪伴父母进餐。悲悲切切的哭皇天调中鼓声咚咚咚，鸣炮一响示灵筵开始，管家立于灵桌两侧高声唱道：

白发苍苍似银条，
古树临崖怕风摇，
家有黄金注百斗，
难买生死路一条。

又击一通，鸣炮一响，管家接唱：

来世如做客，
转眼两鬓霜，
寿终归天去，
再也不还乡。

唱声刚落，鼓声又响，鞭炮又鸣，管家两次高唱：

拖百步百步钱！
荣华富贵万万年！

唱毕乐止，此时戏班唱上一曲豫调：

清明时节雨纷纷，
路上行人欲断魂，
借问酒家何处有，
牧童遥指杏花村。

灵筵毕吊客们也陆续来到，各路吊客均将祭礼交于里柜登记，到灵柩前匍匐哭几声，以示报到吊唁和对死者的哀悼，守灵男女一旁陪哭，管家上前拎肩即可止哭退位。

这鲁中地区吊唁也称“拜祭”，并根据祭礼的不同分称为不同的祭礼。赠送挽联为祭礼的称“帐子祭”，用六尺布（白、蓝、青三色均可）上贴用白纸写的四字一句的挽词，做成“帐子”，挂在灵棚周围，帐子上的挽词必须根据祭拜人与死者不同的关系来写，婿挽岳父一般用“泰山其颓”“风港顿尽”；徒弟挽师父用“泰山北斗”“德艺谁传”；挽女性则可用“驾赴瑶池”等等。假如前来吊唁者从家中备好食物为祭品前来祭拜的称为“食祭”。食品盛于食盒内，两个抬夫抬着随吊客同来，还随带一名厨师，到了丧家先交里柜登记，由里柜安排厨师上菜拜祭。也有参加拜祭人准备好瓜果糖类为祭品来拜祭的称“果祭”，与食祭一样在里柜安排下将果糖一一摆于灵前，进行拜祭。还有将现钱交于里柜，提出祭品之要求，由里柜让厨房制作祭品上供，则俗称为“包祭”。不论是帐子祭、果祭、食祭，还是包祭，其祭拜时均由管家一旁行令按礼节进行祭礼。祭礼分三部曲进行，首先行拜礼，管家喝令：“××村的客，拜祭了！”随之喇叭长啸一声，祭客整容至灵桌前正前方五步远处立正，双手捧拳，面视牌位深施一躬，后退半步，半向后转，向陪灵人作一揖，死者的外甥祭拜应向舅们叩头，舅舅叩头还礼后向左转向管家施一礼，管家还礼后祭客后退一步拜礼毕。紧接着行二部曲“请香”，祭客恭敬接过管家从香炉中拔出的一支香捧于手中，如作揖一般向灵牌端庄、虔诚地深施一礼，再将香交还管家插回香炉，祭客后退一步，请香毕。第三部曲为“奠酒”，祭客左腿向前一步，双手撩起孝袍，右腿跪在垫子上，两手把孝袍向身后一甩，左腿后抽，双膝跪立，两手恭敬地从管家手中接过酒杯，右手端杯，左手轻轻拢护，姿态端庄缓缓将杯中之酒洒于灵桌之前，连奠三杯。三部曲完毕，喇叭长啸，鞭炮齐鸣，乐声大起，祭客以自己不同的拜祭礼式随意向灵牌行灵祭拜，有“平地一声雷”“懒四叩”“五雁朝天”“七星落地”“八仙请寿”，还有什么“十二臣”“大拜二十四拜”等等，各尽其孝，各表己意，隆重的吊唁仪礼方告完成。

◆ 盖棺封材“天响雷”

一般地方的风俗，入棺、放殓物、读殓单等入殓礼仪完毕便盏棺封材了，而有些地方一定要等到出葬前夕，在死者离开家门的最后一刻，才将他与世真正隔绝，进行封材礼仪。

封材也就是用长长的棺材钉将棺与盖订合、封死，并用生漆等将缝隙塞涂使其密不透风。钉入棺，民间称其为“进材”，取其谐音为之“进财”。故有的地方在封材时不仅规定众亲属不许哭泣，而且全体亲属须肃立于棺旁。在订棺者敲钉入棺之时，亲属一旁高声齐呼：“进！进！进！”俗谓这样死者即可在阴间保佑家眷日后发达，家中不断进财兴旺。

江苏盐城一带给过世老人封材必须由其舅家人来钉钉入棺，娘舅为大嘛！俗谓因为家中最有威望的人来封棺入材，家中方可大发。

浙江武义的封材是最为独特热闹的，当地俗谓棺材钉又粗又大，钉下去死人会感到疼的，还有那震耳欲聋的敲钉声死者听了以为是打他而会感到害怕，所以封材时死者的媳妇、女儿均须手拿草纸立于棺材两旁侍候，抬棺夫开始敲钉，大喝一声“封材了！”女眷们放开喉咙号啕大哭起来，并随着锤子敲击材钉的声音不停地用手中的草纸轻擦棺壁，边擦边哭喊：“某人你不要怕，安心入睡吧!”“这是天响雷，不是封材。”不断擦棺，不止哭喊，直到材封完毕，哭声戛然而止。俗信这样死者才既不感到痛苦，也不会觉得害怕。此举实为丧俗中一奇。

七、丧葬风俗

◆ 棺材出门礼仪多

“出丧”，将丧礼推向最高潮，白喜事的隆重，死者亲眷的哀伤，死尸奔赴阴间，亲友与灵魂的永别，犹如万花筒一般地呈现在人们眼前。

汉族民间出丧最忌雨天，俗话：“雨打棺材背，农家运要退。”“雨打棺材背，子孙日日退。”故出丧日总是要择日先生择过日子，若遇艳阳高照，自然认为是福好运通；若是雪花飘飘，亦认为老天贺白喜，运气俱佳；只有雨天才是最麻烦的，只好等雨停之时速速起棺，以免遭雨打材背也就是了。

棺材出门之际，或许是亲人对死者的心情复杂不可言喻的一刹那，人们确也无法以语言来表达此时此刻的心绪，只有通过各地的不同风俗来尽意而为了。

贵阳一带出丧前有“绕棺”之俗，由一和尚或道士在前唱着引路，奏着哀乐，所有家人手执一炷香跟着和尚绕棺而行，不论绕几圈，但须绕半个钟头，绕毕有人哭唱丧歌，代孝子孝女唱离别父或母的痛苦惜别之情，感激其养育之恩。鞭炮一阵响，出丧时辰到，抬棺材脚齐声喝道：“出门了!”按俗规送丧者根据自己的身份按序列成出丧队。起杠之际有些地方流行“留财”之俗，孝子拉住材绳，拉一下，材脚即齐呼：“留财!”并后退三步，连“留财”三次方启行，以示不舍死者永离家门，并以“留材”谐音“留财”讨个口彩。

浙江一带有的地方在起杠前的一刻，孝子、媳妇要手拉着手，围着棺材顺着走三圈，又倒着走三圈，俗谓“圆材”。紧接着请阴阳先生对着棺材背盛着清水的碗念咒，念毕用斧头击碎水碗，俗称“敲水碗”，亲人顺着碗碎声齐声痛哭，俗谓死者虽死多日，却是朦胧梦中，只有听到水碗破碎方知自己已死，亲人的哭声送他出门上路赴阴间。有的地方有“醮杠”习俗，一般棺出门口，孝子向棺跪戳三杯酒，由抬棺材脚接过，一一泼于棺杠上。隆重的由为首的一名抬棺材脚主持“醮杠”，其立于棺柩旁，拿汤盘一个，盘中一壶酒、一只酒盅、六色拼盘菜一盘，孝眷围棺号哭中高呼“醮杠！”哭声骤止，下跪，醮杠人口念醮杠词，一边念一边将酒洒在杠头、杠腰、杠尾，洒毕起杠上路。有的地方在棺材出门时，专门由一人手持一盘白米撒在棺材上，俗称“念盘”，此时孝子上前捧下白米收藏起来，谓之“收财花米”。有的地方抬杠之际，身穿重孝的孝子孝孙，须即刻在大门两旁，每边5至7人，用头顶着一条长长的白布，让棺材从白布上抬过去，俗称“搭桥”。俗谓这座是金银桥，死者通过金银桥可上天堂，棺材过了桥，跪孝者起列于送丧行列出丧。有的地方棺材一出门即将大门紧闭，压上磨盘或石臼，门外烧上一大堆火，请道士到每个房间进行“赶煞”，以赶走死人煞气，赶走家中晦气；关门压磨以防死鬼回府；烧火堆为迎接送葬人回家跨火堆入门免灾消难。

湖北神农架称出丧为“抬岗”，出丧时棺材前须坐一位死者的子女，手持镜子举手脸前，照着前方，一直到坟地，俗意此番家中抬出两个“死人”，以后不会再遇丧事了。据说镜子遮面是可使鬼眼眩惑而看不清坐着的是个活人，而信以为真是抬了两个死人出丧，从而往后就不再降死难给这一家了。

江苏泰州正北方的桑家湾出丧之际还有个有趣的“转庄”之俗。当地大多用船载棺材出丧，载棺船在离村前须绕庄一周，让死者向乡亲做最后的告别，据说这一风俗的产生有个有趣的故事呢！相传清末年间桑家湾有名的大户胡家娶了个聪明美丽的媳妇，公公是喜不胜喜，称赞不已。新媳妇自过门后严守妇道，从不随便跨出门槛半步，因此庄上百姓很少有人见过她的面。凡见过她的又都十分夸她美貌若仙，心巧似神，弄得乡里乡亲都想见她一面以饱眼福。谁知是天有不测风云，还是红颜薄命，这新媳妇过门第二年竟不幸亡故了。庄上的乡亲无不为之痛惜，都来悼念她，胡家人十分感谢乡亲盛情，在出丧之日棺材上了丧船后，先绕庄一周方启程，让媳妇最后看看乡亲们以示永别，乡亲们也都前来送行向她告别。从此后“转庄”一举便在此地流传下来成为风俗。

出丧时，棺材究竟是棺头在前还是棺尾在前，各地风俗都有区别，并都有其不同的理由及含义，仅在闽粤分水关就呈现截然不同的两种风俗。

广东潮汕一带送葬时是棺材头在后，死者面朝前，俗谓他已走完了人生道路到归宿终点了，让他面朝大路，在吹打鼓乐声中亲人送别，直奔阴间。而福建闽南一带却是棺材头在前，死者面朝里出门上路，以示让死者在最后离别中眼望家门，以尽不忍离去之意，棺后由死者女婿手执野刺，提防死鬼返回。

虽说行丧若庆喜，办丧俗称为白喜事，但是白喜事毕竟是素事，平心而论谁愿家遇丧事呢？只不过天意难违罢了。为了显示喜气，有的地方在出丧之际必将红纸放在梯子上，并在梯前摆一盆万年青，意为家中红光普照，万年长青步步高，从此不再遇丧事了。

◆ 送丧拳拳孝子心

送葬堪称汉族民间丧俗之壮举，送丧队伍素而壮观，悲且热闹，虽不及迎亲队红火，也不乏气派；虽不像红喜事喜气洋洋，却“仙气”弥漫。且不谈过去达官显贵之丧队的排场，就是民间一般百姓的出丧队也尽可能地考究，按规列队，按俗行走，一步一风俗，一举一俗规。

浙江武义一带丧队前由两人各拿一捆稻草燃烟引路，由一人脚穿马靴，身背高3米、青面红发、头戴金刚圈、身穿铠甲，手执兵器的纸佛，以示驱赶鬼魂。孝子披麻戴孝，一手提火篮，篮内香火袅袅，一手拄孝子棍，随后一人背魂幡，一人手提放许多条形利市的篮子，一边走一边分发，弃于路边、街口、桥头，谓之“买路钱”，有些地方也谓之“标路标”，让死者灵魂沿路至墓地，往后认路回家享祭。接着大铜锣二面鸣锣开道，规定击七下一组，三缓四急。锣后有魂桥一顶，内置纸家具一套，生活用品齐全，为死者阴间所需。魂轿后灵轿一顶，遗像居中，像后“金山”“银山”各一座，紧接着灵柩跟后，棺旁孝子、孝婿“扶材”。棺后送丧人按亲疏列队随行，媳妇女儿均有二人扶着痛哭流涕，一路哭送。有些地方丧队后有鼓乐队压阵，一路哀乐送行，丧队中专设二人管放鞭炮。

送葬之时，拳拳孝子心的表现亦各呈奇趣。浙江磐安一带，孝子手捧神主，肩背魂幡，面向棺材后退引路，以示孝心。武义一带凡遇过田坎或上险坡的时候，孝子、孝婿须伏地负柩。余姚一带出丧途中灵柩过桥，孝子须在桥上钻棺材底，让棺材从身上抬过，意示尊重桥神，俗称“不压棺材杠”。广西柳州一带，孝子送丧引路，要三步一回头、五步一跪拜。宁明一带俗规灵柩要从身上过而出门，送丧途中孝子必须伏地负柩两次，以示孝意，并为报答父母养育之恩。湖南湘东一带自古至今沿袭孝子“拜路”习俗，出丧途中孝子身穿黑服，肩披披风式麻布袋，一路三步一跪，五步一拜，心意真诚，虔诚端庄，面带哭像，一副拳拳孝心。

据说此俗形成有一个动人的故事。在遥远的古代，湘东居住着一位年迈的老妇，早年丧偶，膝下有两个儿子。老婆婆含辛茹苦总算把两个儿子拉扯大都成了家，实指望靠儿养老，谁知两个儿子都是不孝之子，平日老母亲的衣食无人问津，兄弟俩还总在老人面前耍嘴皮夸海口说什么："娘！等你过了世。我们一定让你睡楠木棺材，为你做七七四十九天道场，热闹一番，也不枉你为人一世……"老婆婆听了心里十分气恼，心想："这不明明想我快点死吗？活着不管吃穿，死了还不是破席一张？"转而又想两个儿子虽长大成人立了家业，但都如此忤逆不道，总得设法教训教训他们，也尽到做娘的责任。有一天老婆婆把儿子叫到跟前对他俩说："儿啊，你们都说我死后要尽孝，我想那道场，楠木棺花钱太多就不必啦，我死后只要破席一张卷卷埋掉就算了。不过今日为娘有个要求，求你们从今后天天看看屋后那槐树上的乌鸦如何生活，再看看林子里的猫头鹰怎样过日子，直看到我闭上眼睛为止好吗？"儿子听说死后不用花钱、草理丧事很中下怀，一口答应了。转而又想，母亲今日如何提出这奇怪的要求，那猫头鹰、乌鸦有什么看头？出于好奇心，兄弟俩还真的天天注意观看起乌鸦与猫头鹰来了。看了一段时间，兄弟俩果真看出点名堂来了，那老乌鸦、大猫头鹰整日都在寻食喂着自己的孩子，不辞艰辛从不偷懒。小乌鸦长大了，老乌鸦飞不动了，小乌鸦开始接替妈妈寻食劳作，衔来吃的喂养老乌鸦。那小猫头鹰可不同，长大后竟然将老不中用的老猫头鹰分而食之，后来小猫头鹰老了又被他们的孩子吃掉，一代吃一代多残忍啊！兄弟俩看到这时想起娘为啥要求他俩看乌鸦、猫头鹰过日子，心里感到十分内疚，自己这样下去不就和猫头鹰一样吗？连乌鸦也不如啊！兄弟俩暗暗决心从此一改旧错，真正开始孝顺老母亲。谁知老婆婆福分太浅，儿子悔过自新，立志孝敬之际，她却咽气过世了。兄弟俩是捶胸顿足，后悔莫及啊！为了表示他俩的孝敬之意，兄弟俩商量着把丧事办得体体面面的，出丧那天他们还特意模仿乌鸦穿了一身黑衣服，披上色如猫头鹰的一件麻衣，以示记母亲的生前教诲，出丧路上兄弟俩是三步一跪，五步一拜，拳拳孝子心，切切尽孝意，乡民村妇无不为之感动。从那以后，湘东一带的孝子都学他们的样子披麻戴孝，拜路送葬了。

◆ 哭丧棒录趣

民间送丧不论南方、北方，孝子在出丧队列中都居显要的角色，只要稍加注意便可发现各地竟都有雷同的风俗，即孝子在出丧队列中总是手持一条“哭丧棒”，南方有些地方称“孝子棍”，有些地方叫“孝丧棒”，而北方一般都称为“哭丧棒”。

哭丧棒一般都用一条木棒裹上白纸做成，浙江富阳一带用竹棒做孝子棒，竹棒内还要放红枣、米、茶叶，外面用白纸包扎。河南一带孝子孝女个个都手拿哭丧棒送葬。一般人认为孝子持哭丧棒送葬是表示自己悲痛得支持不住，而借棒来支撑的意思，却不知用哭丧棒的岳飞却是出于救驾保国的忠良之心。相传宋朝末年，皇帝昏庸，朝廷腐败，金兀术猛攻猛打妄图吞并大宋江山，宋徽宗失败被掳，气死在金邦，康王赵构跑到杭州当了皇帝，金国也不稀罕老皇帝的死尸，提出运灵归宋，赵构皇帝生怕金国还灵有诈，下圣旨让岳飞率军保驾接皇灵。岳飞接圣旨后深思熟虑，他深知金兀术一贯言而无信，灭宋心切，归还帝灵其中定然有诈，弄不好赵王再俘，文武百官上当受骗，大宋江山必有危险。于是他召集众将商议定出良计，接皇灵当日，岳家将士个个白衣素帽，哀伤、凄切跪地接灵，个个手中持一条缠满白纸条的棍子，白纸条在寒风中瑟瑟抖动，一派凄惨景象。金兀术一见披麻戴孝的接灵队伍心中大喜，令金兵将士先擒拿岳飞和赵构，再杀众兵众将。当金兵人马冲近岳飞眼前，只见岳飞将手中棍棒一举，霎时间“唰唰”撕开白纸，千军万马亮出刀枪，勇猛呐喊杀向金兵。金兵一心想着捉拿岳飞和赵构邀功领赏，没有想到接灵队伍一下子会亮出刀枪，顿时乱了阵势，毫无招架之力，岳家将出其不意直杀的金兵横尸遍野，金兀术丢盔弃甲只身逃命。宋皇见岳家将既接回帝灵，又杀败金兵，心中很高兴，问岳飞：“方才将士手中是何法宝？”岳飞急忙跪地呈上缠满白纸德宝剑：“启禀皇上，臣拿的是迎接圣灵的‘哭丧棒’。”“哭丧棒”杀金兵的故事在民间广为传开，人们敬佩岳飞的忠孝双全，也敬仰岳家军含悲愤雪国耻的精神，在死了亲人出丧时都仿照岳飞接皇灵用白纸糊个“哭丧棒”，由孝子拿着护灵送葬。没想到此俗流传甚广，沿袭至今。

◆ 落圹入穴拜坟堂

鼓乐阵阵，鞭炮三响，供品陈列坟坑前，奠酒焚香，烧化纸银，灵柩尚未上山，坟前已热闹开了，原来这是拜请先故的列祖列宗之灵，准备迎接新鬼入居。这是山东鲁中一带的祭坟地风俗，俗称“祭林”。可见汉族民间治丧，活人为死人的未来样样设想周全，事事安排周到。

下葬俗称“入穴”，有的地方还称为“入新居”，礼仪是细琐、繁多，俗趣浓郁，有些在现代人看来是十分可笑的。

譬如凭人的直观和想象，若睡在泥土坑中一定很冷，也不舒服，但怎样才能使死去的亲人在新居睡得暖和和舒适呢？于是便有了“暖圹”之俗。此俗自古有之，据考古学家研究推测，距今几千年的良渚文化墓葬中已有暖圹的痕迹，他们根据上海福泉山挖掘出的一座良渚文化墓的出土文物推测，当时埋葬时先划定安放死者的葬地，在葬地两端铺放玉璧，然后放火燃烧，等火将灭还未灭时就把死者放在上面。直到现在暖圹习俗在汉族丧俗中处处可见。安徽大别山一带棺材坑挖好后，马上在坑中烧火，俗称“暖窝”。认为经“暖窝”的棺材坑，死人睡在里面就温暖和舒适了。浙江各地均有用芝麻秆烧新圹的“暖圹”风俗。一般早已做好的坟圹，启葬前将坟圹石板搬开，把准备好的大麦秆、芝麻秆均匀地摊在坟圹底，上面放上纸钱、“十二生肖经四包”“八佛”，然后点火焚烧，大麦秆、芝麻秆一经烧着劈劈啪啪爆响。俗谓这是象征日后子孙家兴旺发达的好兆头，越响越好。等火烧完后由孝子跳进圹中将火星踩灭。坟圹暖了，子孙发达也有希望了，真是一把火二得利啊！

当灵柩抬入葬地时都要鸣炮，俗称为死者赴阴间壮胆，紧接着下葬入穴便在一系列风俗规范下小心翼翼地进行。

广西天等一带孝女送葬须肩扛铁锹先一步到坟地，在坑边烧一堆火，然后孝子孝女均跪在坟坑边哭着等候灵柩到来，入穴时辰一到，孝男手持剑绕坟坑走三圈，为坟坑除煞，然后下葬。而杭州一带棺材一到坟地，家人将灵柩团团围起转上三圈，每人手抓一把土撒在棺盖上，俗称“盘丧”。入穴时辰一到，随丧队一同上山的道士即面对坟坑口中念念有词，为死者“喝丧”。“喝丧”毕方可入葬。

棺材入坑一般一人指挥喊令，众抬脚用力均衡，小心抬放，须放棺端正不偏不倚，俗谓棺材入穴稍有偏差，以后子孙定会有兴衰之别，因为死者保佑后代不公平。若事先已建好坑的坟，只须墓碑起开，并排放入两根竹杠，将棺材放置竹杠上，稍抬竹杠一头让其滑入即可。棺材四平八稳安放坑中后，众亲属须手抓泥土掷于棺背，此为“添土”之俗，以示亲人亲手埋葬，添土时必以孝子领先、其余随后。有的地方放棺入穴前要“拜坟堂”，所有亲人对坟坑拜之，棺入穴放定后，众送丧者皆互拉手为坟圈地，插香于坟旁。有的地方棺材入土时孝子要迅速地将七颗石子掷入坟坑，并大喊三声：“某某啊！金山银山倒了，快闭上眼睛啊！”棺放好，众亲友相继于墓地跪拜，也谓之“拜坟堂”，然后手拉手在坟边转三圈，俗称“围山”。有些地方还要在棺旁放些米饭，意为死者阴间之粮，有的则在棺脚填放馒头，取馒头发之意，意为日后子孙发达。在棺材后尾放一只宝瓶内盛饭菜，意为死者备有饭菜，在阴间不愁吃。

一切就绪便可填土做坟了。新坟做成后，南方有的地方还有“印坟”之俗，由孝子肩背布袋，左手执一个谷仓囤印，从左方登上坟背，在坟背的土上重重按上一印，从右方上来，谓之“传代印坟”，即此坟“风水”好，必对后代有利。有的地方在坟顶上栽万年青，根部埋入鸡蛋、铁钉，还必须有顺治年间的铜钱一枚，寓意代代其传，人丁兴旺，万事顺利。一边栽，一边还唱着葬仪歌：“吉祥万年两分开，又发丁来又发财……”

有些地方还流行为死者争地盘的风俗，生怕死人在阴间为葬身之地打官司。广西凤山要请魔公在新坟地前念咒向山神求情，烧纸钱买坟地，并用纸写成契约烧给死者。浙江东阳则用鸡血染米，在坟地周围撒上一圈，俗谓撒了鸡血米的方圆地盘就属死者所有，他鬼不加干涉。这些风俗虽然表现了孝男孝女们的孝心，但都带着浓郁的迷信色彩。

◆ 葬后“领红”欲求发

整个丧俗中活人替死人着想的也够周详、够齐全的了。盖棺定论，闭墓安亲，安葬大事完毕后，就该活着的人思忖思忖了，以解解晦气，振振精神嘛！于是汉族民间有许多送葬归后，以求兴旺发达，鸿运将至的风俗。

一为“领红”求发，即送葬时“白”去，回来时“红”归。一般是丧家子女在坟地脱去重孝，肩上斜背一块红布，手提桂子灯笼回家。其他亲友每人发一小段红绳吊在衣襟上。现在则兴去时每人一朵小白花，回来每人一朵小红花。俗谓领红归，日后鸿运将至。

二为“以火避煞”求发，即从墓地引回炭火，置于家中，以示日后火红兴旺。

三为以“风水树”求发，即从墓地附近砍二株松树，俗称“风水树”回家，扎上红彩立于正门左右，俗谓可保门庭兴旺。

四为“收山”求发，即葬后，送丧的全班人马回家后又抬着灵屋，挑着“金箱”去墓地收山。在墓前行拜礼，焚烧灵屋“金箱”，然后刷刷跪地虔诚聆听风水先生立于坟顶“喝山”。“喝山”毕向下抛撒五谷，众送丧亲友，个个拉起衣襟兜抛撒下来的五谷，俗谓这些五谷即祖上的好意，谁接得多，将来谁家钱财田产就多。有趣的是收山结束后孝子各选道路竞走回家，俗谓谁此番先到家，谁就先发，走得快发得快，没想到“竞走”运动竟在丧俗中发挥了作用。有的地方则是由媳妇比赛谁先到家。故一宣布丧礼结束，身为媳妇的即争相夺路飞跑回家，俗谓谁先到，谁家的后代就发。为了求发，民间各地还有一个怪俗，即送葬的人不能从原路而归，必须另选道路返回。福建泉州旧俗还有不能一路直接到家的风俗，而必须在途中进一佛庙烧香。俗谓葬归身后很可能有鬼尾随，而鬼不敢进佛庙，故人进过佛庙即使有尾随之鬼也可甩掉了，若直接回到家，有鬼跟来则不得发。

此外，吊丧送葬的客人若离别丧家回去不应打招呼，以不辞而别为佳，若告之再别要晦气沾身。有些地方客人家离丧家较远，不能当日回去须在丧家留宿的，也须告假出丧家，然后再悄悄回转宿夜。

◆ 葬归要吃白喜酒

汉族民间风俗确实五彩缤纷，就是葬后归来亦有食趣种种。一般俗规，送葬归来后共进一餐，同时也宴请前来吊丧送葬的亲友。由于汉族民间丧俗自古办丧戒荤，故历来出丧归来都是吃素菜素宴，大多地方都称为“吃豆腐饭”，也有的叫“吃白喜酒”。尽管后来人们已改变了吃素席的习惯，席间也有荤菜上桌，直到现在吃起大鱼大肉，仍照样称送葬归来这一餐宴席为“吃豆腐饭”，据说这一习惯的产生来自豆腐祖师乐毅。

相传古时候勤劳孝顺的乐毅为使上了年岁的父母能吃上不用咬嚼的豆制品，几经创试终于成功地发明了豆腐。豆腐不仅得到广大乡亲百姓的喜爱，更使乐毅的孝敬之心如愿以偿。他的父母一直常吃豆腐活得很长寿。在他父母过世送葬归来时，乐毅就把家中所有黄豆都做成豆腐，办了豆腐酒席招待四乡八邻，祝愿大家都长寿健康。人们共同进食了“长寿豆腐”后觉得很开心，也觉得光彩，好像沾了乐毅父母的长寿之光。从那以后凡老人过世都学乐毅用豆腐、酒席招待送葬的亲友，葬归“吃豆腐饭”遂成风俗，流传至今。

除“吃豆腐饭”外，有些地方还有一些食趣。浙江武义一带有喝“长寿汤”，吃“长寿豆”之俗。俗规70岁以上的老人寿终，出丧日丧家备下一大桶肉骨头汤，谓之“长寿汤”；一大盆煮得烂烂的黄灿灿的大豆，谓之“长寿豆”，送丧回来的人喝一小碗长寿汤，随意吃一些长寿豆，寓意“添福添寿”，并且把长寿豆分给邻里左右的小孩吃。小孩喜滋滋地吃着又香又糯的长寿豆，大人都感到很高兴，俗谓吃了长寿豆长得快，日后又长寿。

浙江浦江一带为70岁以上老人送葬后要做一些饭分赠邻里，俗谓“分长寿饭”，凡得长寿饭的人家都很感激丧家给他家送来“长寿”。

福建泉州一带送葬归来的人喝红糖汤，吃万年欢喜糕。

◆ “七七”与“做七”

汉族民间由于受佛经人生有六道流转的影响，俗谓在人死生之间，有“中阴身”寻求生缘，以七日为一期，至第七个七日终，必生一处，谓之“七七”。故民间办完丧事后，还有“做七”之俗，即人死后隔七天祭祀一次，请和尚念经超度，至七七四十九天止。旧俗“做七”之俗颇盛，富裕人家还请道士或和尚念经做七，设供，烧香，烧纸钱，最穷的也须到坟上烧纸，俗谓“做七”。有些做“头七”“五七”，有些仅做“头七”，有些做“头七”“三七”“五七”“七七”，也有些地方七个都做，各地风俗不一，“做七”也各显其异。

“做七”最为讲究的是七个“七”都做。旧时浙江富阳每个“七”都煞有其事地隆重举行。“头七”买回纸做的灵屋一个，谓之“灵座”，放入死者牌位，由一妇人对之哭讲好话。家人戴孝穿白鞋。午后三至四时供上饭菜、碗筷，菜仅供一碗，俗谓“头七”若吃得太好，以后吃不好死者要被差人打。俗传死者亡魂回家享祭总是由阴间差人陪同而来的，“头七”一个差人跟随，故上供时供上两个食位，死者位上放一双筷，而差人位上只放一只筷子，为的是让差人吃得慢些好使死者吃得饱一点。同时给死者烧纸钱给他带上花，烧完死者的纸钱，还要烧些给差人，求他对死者好些。“二七”照样供烧纸，只不过因为二七有两个差人陪同，所以增加一盅酒、一碗饭、一支筷，上供的菜是两碗了，一次要比一次招待的好，时间略提前些。别忘了给新来的差人也烧上一堆纸钱。“三七”“四七”只须比前一次按序提前些时间，增加一个菜就行了。“五七”是特别重要的，俗说这一日是死者上望乡台，故头遍鸡啼家人就起来，素衣丧帽穿戴整齐，恭候灵座前焚香点烛开始“做七”，日值午时上菜五碗拜七，照例烧纸钱送行。当地有句俗话“六七不吃家乡饭”，故六七这天由已出嫁的女儿备好菜饭，香纸烛做七，倘若无女儿者请亲戚来做，自家绝对不能做七的。七七似乎不那么要紧，但因是最后一次，以后不再这样请亡魂、宴鬼差了，故还是照样行事让他们最后享受一番。

富阳“七七”都做，贵州则只兴做“头七”，当地俗称“头七”为“回秧”。俗谓死者今日潜回家中，并有牛头马面跟随，鸡脚鬼用铁链拉着回来。家人在灵前设好酒宴，灵前地上铺上细沙，天黑前便全部避到别家关好门。次日清晨开门查看沙上有无足迹，酒菜是否有动，有些人自欺欺人绘声绘色地说灵前细沙上留下了鸡脚印，膝盖印，饭菜已有动过等等，意为死者确实回来过了。

海南岛上则兴做“头七”和“五七”。“头七”家中设灵位，供神主，用米粿、饭供奉，出嫁之女须一路哭号着从夫家回娘家，所有亲人都向灵位拜哭，以长幼为序在灵前奠酒三杯，并在灵前地上铺上一层细沙，以便次日检验死者是否已回来。若发现沙面无足迹，则认为亡魂流离在外忘记了回家，属不祥之兆；若沙面留下了脚印要细看是啥印，若是动物脚印便说死者来生转世为畜生，若细沙上发现人迹则谓之大好事，说明死者来世可投人胎。“五七”除设供拜祭外，主要焚烧冥衣、纸钱给亡魂。祭毕撤去灵位。当地死人之家俗称“暗房室”，属污秽之家，一过了“五七”便可解除了。独特的是海南还有一个“百日登龛”仪式。旧俗迷信认为，人死百日方可登上祖先龛。是日请道士主持礼仪，在大厅右方设死者灵位，厅正中摆一香火炉，香火炉与灵位用一块蓝布敷着，布上撒白米。道士念着咒，手拿灵位纸牌，牌上写“凳一登亡过显考（妣）某某一位神魂”，慢慢将纸牌移至香炉前，引火焚之，把灰放入香炉，谓之亡魂已登祖先龛了。至此丧事告毕。

过去，杭州宁波一带重做“头七”“三七”“五七”。此地风俗“头七”须在第六日做，俗称“敲头六儿”。届时请来和尚吹吹打打，拜十五忏，挂功德画，还须张挂榜文，煞是隆重。“三七”还请和尚念还受生经，晚上放焰口。俗谓人死至“五七”方知自己已死，才想起应回家探望亲友，故“五七”的前一日晚就在门口设望乡台，望乡台用门板搭设，上面摆一张桌子，一把椅子，椅子上披上死者生前所穿的衣衫，上撑一把雨伞。

现在凡兴“做七”之俗的人家，一般在自己家里设家祭为之，以寄托哀思。

第六篇

生养益寿风俗篇

一、求子风俗

◆ 话说送子观音

说起观音，中国人最为熟悉。她的本名叫观世音，有说只因唐朝有个皇帝叫李世民，为避讳“世”字，菩萨也得改名，就成了观音。观音号“大慈大悲救苦救难”菩萨。她本是男性，自唐代以降，就一变而成女性。据说佛教认为佛、菩萨都无死无生、也无性别，他们在世人的面前可以根据不同的需要，显现各种化身。观音能化32种现身，其中能现女身只有4种。大约世人心目中以慈眉善目、心肠软热的美艳女子的形象，更符合其慈爱的美德，这样，观音就都成为女的了。

观音的来历说来话长，这里没有必要赘述。在画匠刻工手下，观音有众多的种类，像千手千眼观音、披发观音、白衣观音，有的手持净瓶、杨枝，有的脚踏波涛，有的端坐于莲花之上。观音救苦救难，拯人于物质困苦与精神迷惘之中。而她却有两种特殊的责任，一是管理大海，一是帮助人类生育。这后者自然为妇女们最为关心的事，因此，那些捧持小儿端坐的送子观音更为妇女们所崇奉。

观音为生育之神，经书有说：“若有女人欲求男，礼拜供养观世音菩萨，便生福德智慧之男。设欲求女，便生端正有相之女。”又说：“晋孙道德益世人也，奉道祭酒，年过五十未有子息。居近精舍。景平中沙门谓德必有儿，当至心礼诵观世音经，此可冀也。德遂罢不事道，单心投诚归观世音。少日之中而有梦应，妇即有孕，遂以产男也。”

江南各省，多崇信观音。李圣华在《观世音菩萨之研究》（刊《民俗》第38期）中记载：

广州俗例以二月二十四日为送子观音诞日。各乡男女集于一处，此会名曰生菜会。“生菜”与“生仔”，其音相同。赴会者多购生菜归，以为生子之兆。此会设一小池，预先放下许多蚬与螺，赴会者探手水中，摸得螺者生子，得蚬者生女。此种迷信之来源或可溯之于唐文宗之奇遇。文宗好食蚝，一日发现一巨蚝，坚实难破，用法破之，既破则于蚝中得一小观音像。帝讶甚，后经哲人启迪，乃诚心事观音，下令广建寺院，观音之崇拜由此大兴。观音既可在蚝中则可在螺中。观音送子，则得螺即可得子。

向送子观音求子，有特殊的做法，一种是想生儿子的妇女，在年初绣一双小鞋放在观音像前，如果年中不孕可以去取回，如果真的得子，自然这双鞋就放在佛桌上了。另一种，祈子者去偷佛座下放着的观音穿的绣鞋，这种绣鞋想来不会是观音脚上穿的鞋，而是求子者送的。《中华全国风俗志》下篇卷三记江苏黄渡镇妇女之求子：

青浦黄渡镇妇女之无子者，必往镇东祖师堂之送子观音前，烧香告祷，并暗中将送子观音之绣花鞋，偷去一只，云即能生子。惟生子以后，须寄与送子观音为干儿子也。

既然是送子观音送的子，出生以后拜她为干娘当然顺理成章，何况有佛庇护，儿子就进了人生保险公司，包能吉祥安康，何乐而不呢！

◆ 碧霞元君与子孙娘娘

碧霞元君又叫泰山娘娘，她的来历众说纷纭。由于神鬼本无凭不必过于认真去追究她的籍贯和履历。但有一点是可以肯定的，碧霞元君的产生与古代山川崇拜和神仙家、道家思想影响有关，认为名山上必有仙人玉女在。泰山顶早有玉女祠，外加传说泰山有子有女，文人们就又编造种种仙话。泰山玉女封为碧霞元君始于明代。当时，南方的天妃，即闽、广、台湾一带崇拜的妈祖等也有这一称号。

碧霞原来是主管妇女及小孩的，后来逐渐变成全知全能兼管一切的女神，成了黄河流域最有权威的女神。北方各省又亲昵地称她为“娘娘”，各地多建有“娘娘庙”。凡妇女祈子，祈求生产平安，祈求儿女好养长寿都去求她。她的本宫在泰山，因为求子者舍得花本钱，施舍大方，官府看了眼红，明代每年到了香火季节，就在庙里设宫收香税，着实收刮了不少钱物。除收税外，善男信女还喜舍各种奉献的物品，其中有用金银打造的“娃娃”。这类“娃娃”都是向她求子喜得麟儿的女士们献上还愿的。

每年四月八日，北平高粱桥碧霞元君庙，俗传是神降日，倾城的妇女都前往乞灵，祈求生子。南顶碧霞元君庙，左右有牌坊二，左曰“广生长养”，右曰“群育滋蕃”，为乾隆御书。

《民间新年神像图画展览会》（北京中法汉学研究所，1942年版）说：

传说以泰山娘娘为东岳大帝之女，此神乃司使妇女多子，并为保护儿童之神。泰山娘娘之供奉极为普遍，山东尤其。

送子（娘娘）原为泰山娘娘（及观音）称号之，其女侍之一曾代抱一婴儿，因此人乃以此称号与之，彼乃渐变为被人单独供奉之对象。

由此看来，北方人后来多将泰山娘娘与子孙娘娘相混淆，由来于此。

北平崇文门外南药王庙娘娘庙里供奉九位娘娘，她们是：

天仙圣母永佑碧霞君
眼光圣母惠照明目君
子孙圣母育德广嗣君
斑疹圣母保佑和慈君
乳母圣母哺婴养幼君
催生圣母顺度保幼君
痘疹圣母立毓隐形君
送生圣母锡庆保产君
引蒙圣母通颖导幼君

从这些全衔，可以看出从子孙娘娘推衍出来的各种“元君”“娘娘”，将妇女生产、儿童保育有关的各项事情都执掌分明，想得周全，令人叹服。北平朝阳门外东岳庙娘娘庙也塑了九位娘娘。

在妙峰山灵感宫，正殿称娘娘殿，除供灵威无加的碧霞元君外，也尚有子孙圣母广嗣元君（又称子孙娘娘），斑疹圣母保佑和慈元君，送生圣母锡庆保产元君等女神。

据黄仲琴《说子孙娘娘》一文载：

肇祖案：云南府城东岳庙内有子孙圣殿，正中供女神，次列女神十人，又次列男神八人。在广东东莞县城隍庙后殿内有十二奶娘神像，疑与漳州的子孙娘娘相同。漳州的神数亦十二。在福州东岳庙亦有十二女神的子孙娘娘。

何以北方塑九位娘娘，而南方子孙娘娘却要塑12位，我们不必去推究，只是从中知道人们都认为冥冥之中有一位司生产的女神——子孙娘娘，这是南北所共同的。

◆ 佑人生子的金花夫人

“金花夫人”也叫“金花娘娘”，又名“金花小娘”，是广东人民所崇信的一位“祈嗣有应”的女神。祭祀“金花夫人”有金花庙，各地以往年年要举行金花会。

金花夫人是怎么样一个人呢？《广东新语》说：

广州多有金花夫人祠，夫人名金花，少为女巫，不嫁，善能调媚鬼神。其后溺死湖中，数日不坏，有异香。即有一黄沉女像容貌绝类夫人者浮出，人以为水仙，取祠之，因名其地曰仙湖。祈子往往有验。妇女有谣云：“祈子金花，多得白花，三年两朵，离离成果。”

《中华全国风俗志》下篇卷七记载了另一说法：

或曰神本处女，有巡按夫人方娩，数日不下，几殆，梦神告曰：“请金花女至则产矣。”密访得之，甫至署，果诞子，由此无感婚神者，神羞之，遂投湖死，粤人肖像以祀呼“金花小娘”。后以能佑人生子，不当在处女之列，故改称“夫人”云。神诞为四月十七日，画舫笙歌，祷赛极盛云。

好在普通百姓是很少过问神的来历的，只知道金花夫人是保人家生儿子或多添儿子的就行。何以“祈子金花，多得白花，三年两朵，离离成果”呢？对此，屈大均的《广东新语》卷六花王父母条有说：

越人祈子，必于花王父母，有祝辞云：“白花男，红花女。”故婚夕亲戚往送花，盖取诗华如桃李之义。诗以桃李物兴男女二人，故“夭桃”言女也，“标梅”言男也，女桃而男梅也。

这是以女桃（花红）男梅（花白）所做的解说。而另有一说，认为据说是俗传幽冥之中有一座“百花桥”，桥头有白花红花，白花轮回人世为男子，红花轮回人世为女子，这自然是极可笑的无稽之谈。

“白花男，红花女”的习俗，不独在金花夫人、花王父母像前祈子如此，有的地方到东岳庙注胎娘娘像前祈祷取花也是这样。这大约一般的妇女相信有了“花”，必能结“子”的缘故吧。向注胎娘娘祈祷取花的做法是：不孕妇女备小三牲（三碗荤菜），香烛纸钱，由一老妪相伴前往东岳庙，在注胎娘娘像前祭毕，祷告事由，然后求签定夺是否需要取花。如果神示要取花，少妇即跪下拉起衣襟作接的样子，老妇即把注胎娘娘头上插的或神座前别人来还愿的花，拿来放在她的衣襟兜里，说：“此去可以给你多生子。”一少妇则答：“生了后再来拜注胎妈做干母。”然后将花插在头上回家。所取的花是红的，象征生女孩，若白的则象征生男孩。如果真的怀了孕，生产后几个月要去还花。

由于祈子与花有那么多的瓜葛，所以金花夫人庙里配祀的19位女神里，竟有“白花夫人曹氏”“红花夫人叶氏”“转花夫人谢氏”“濑花夫人林氏”“栽花夫人杜氏”“送花夫人蒋氏”。这些夫人自然都有所管。此外还有什么“保痘”“梳洗”“教食”“养育”“保胎”“教饮”等等夫人的名字，你不得不为当时人们的丰富想象力而惊叹！

大约由金花夫人衍化出花公花母。潮州每条巷或数条巷，即有土地庙，号地上宫。庙内祀土地公婆外，附祀子孙娘娘，俗名花公妈，亦叫花府相公。黄仲琴《说子孙娘娘》（刊《民俗》31期）记：

每年古历正月十四日，在市内许厝地方，由好事者，收买粪土堆积如山。雇塑匠塑成弥勒坐像一尊，袒腹笑口，高近一丈。旁塑花公妈像，均饰以彩绘，搭篷厂护之。至十五日元宵，即供以花果，香烟缭绕，灯烛辉煌。妇人来拜祝者，拥挤殊甚；拜后，以手摸佛肚。俗云：拜花公妈、摸弥勒佛肚，定可得子。十六日，号重元宵，依旧供奉。十七日，将各像毁去。

◆ 男神张仙也送子

似乎保育的神祇都是女性，因生产是女人的事，女神自然更为关心女人的喜忧。不过也不尽然，在中国的大地上居然有一位男仙也对生育感兴趣，他就是张仙。

在民间，张仙少有专门的塑像和雕像，而多绘于纸上，供于内室。这类画像在北方是正中绘有一位巾帻绣袍的美丈夫，手执金弓、银弹，弯弓作欲射的姿态。在画像左上角是云端里的一只天狗，而围绕在张仙的身边有五个男孩，有的还画有一只麒麟，取五子登科麒麟送子之意。在南方的广州，张仙画像多贴在床沿前的一张供桌的上方，形状也是弯弓射天狗，下面画有五个男孩，也取送子之意。画像上方写有横额，为“添丁发财”，左右有一联：“天赐麟儿凭司马；花生贵子赖仙官。”或写：“多福多寿多男子；曰富曰贵曰康宁。”中悬一盏琉璃灯，每于晚上点燃，名叫“添丁灯”。

江苏有的地方，旧时对婚后多年不育而望子心切的夫妻，有一些好心的亲友，会请一画师画一幅《张仙送子图》送去，名“送张仙”。在护送张仙时，要转过三桥六庙（土地庙）。凡是通过一座桥、一座庙时，得事先派人在前面打探，看是否有人在暗地里短劫的迹象。倘有，必另辟蹊径。背张仙图像的要挑选一个清秀英俊的十来岁的男孩，意思是将来所生孩子如他一般。送张仙的行列中，还得选择一个会说“四句的”，即会讲喜庆生子的吉利话的。

张仙送到主家房里当即挂上，待生孩子时才转挂到堂屋里。那时，主家夫妇必须重新举行结婚时所做的全部仪式，如拜天地、饮交杯酒、吃富贵饭……有趣的是，在磕头时，女主人要选一件有洞的外衣穿上，送张仙的人乘她礼拜给她把洞撕开，名叫开“福门”。除此，还要办酒招待亲友。

送张仙以后，假如碰巧生下子女，大多数替男孩取名叫大张子，替女孩取名叫“张莲子”“张女子”等等，以示纪念。孩子到了周岁，还得酬神谢客，更有一番热闹。

民间为什么要祀张仙以求嗣呢？张仙之说始于宋以后，但说法各异。明代郎瑛《七修类稿》说：

近世无子者多祀张仙以望嗣，然不知其故也。蜀主孟昶美丰仪，喜猎善弹弓。乾德三年蜀亡，掖庭花蕊夫人随辇入宋宫。夫人心尝忆昶，悒悒不敢言，因自画昶像以祀，复佯言于众曰：祀此神者多有子。一日，宋祖见而问之，夫人亦托前言；诘其姓，遂假张仙。蜀人历言其成仙后之神处，故宫中多因奉于求子者，遂蔓延民间。

此为孟昶说。另有说“张仙乃苏老泉所梦仙挟二弹，以为诞子之兆，因奉之，果得轼、辙二子。”其他还有张仙就是四川青城山成道的张远霄的说法。这些我们不必多去考证。不过张仙张弓挟弹，何以成为祈子之神，倒是值得一究的。明胡应麟《庄岳委谈》以为“以张弓为张仙，挟弹为诞子”，从“弹”与“诞”两字同音的角度作了附会。其实，我国古代就流传生男则于门上悬挂弓矢做标识的习俗（至今，北方仍有这类风俗），而古代“求子之神”“祈子之祭”的高禖，求子时则“授以弓矢，示服猛得男像也”。可见，以前求子必用弓矢，这种习俗流传到民间，就虚拟了一个神像，画上涨弓挟弹的形状。至于取了个张仙的名字，大约与道家的附会有关，要知道，道家对张姓有特别的感情。

◆ “麒麟送子”趣俗

民间除了“送子张仙”“送子观音”以外，以为能给人间祈求子嗣者带来吉祥如意的还有“麒麟送子”。在我国传统的民间装饰艺术中心，各种表现“麒麟送子”主题的年画、剪纸、泥偶，深得群众的喜爱。在年节，江南还有举行“麒麟送子”的活动。通常看到的《麒麟送子》，主题突出，生动有趣。画面正中为一头龙首、狮尾，鹿身、身披鳞甲、马蹄细腿的麒麟，背上有的驮着一个年轻妇女，手中抱个胖娃娃，以示送子；有的背上骑个童子，怀抱莲蓬和笙，谐音“莲（连）笙（生）贵子”；画面往往还绘有跟随送行的送子女子，背景祥云缭绕，“天宫”隐约展现，以示“天赐贵子”。有趣的是北京《麒麟送子》剪纸，在半鳞半毛的麒麟背上，坐着一只大肥猪，怀抱数只猪娃娃，构思奇特，别具一格，神态令人捧腹，招人喜爱。陕西的泥偶《麒麟送子》已有长达300多年的历史，几乎家家户户都会制作，每年三月十五日的周公庙会上，祈子者争相购买，极受欢迎。除此之外，枕头上绣花图案、被面上的印花图、床架的雕花板上也都可见“麒麟送子”。

春节，除喜欢买《麒麟送子》的年画张贴以外，还有一种送纸扎麒麟的习俗。这种麒麟的独特处是下巴上挂有许多胡须。好事者抬着纸扎麒麟串家走户，上门演唱。这时，凡未育的妇女或才过门的小媳妇，往往被一些大嫂们连拖带拽地将她们推到麒麟面前拽胡子。据说还蛮灵验，拽一根就能生一子，拉下两根还能生个双胞胎呢！在戏耍麒麟时，旁边的人就唱“早生贵子早得福”之类的吉利话。

《中华全国风俗志》下篇卷六载湖南长沙习俗，有以龙灯围绕妇人为麒麟送子者：

妇女围龙可受胎，痴心求子亦奇哉。真龙不及纸龙好，能作麒麟送子来。妇人多年不生育者，每于龙灯到家时，加送封仪，以龙身围绕妇人一次，又将龙身缩短，上骑一小孩，在堂前行绕一周，谓之麒麟送子。

为什么民间会如此崇信这种习俗呢？江南一带有这样一个传说：古代有一位画师，年老尚无子嗣。画师痴心于画麒麟，屋里到处挂着他所画的各种姿态神情的麒麟。有天晚上，他突然看到一匹金光闪耀的麒麟。背上驮着个小孩向他走来，画师高兴得迎了上去……觉醒来，方知是梦。第二年，他老伴果然喜得“老来子”。孩子聪颖过人，六岁即能赋诗作画，人们称这孩子为“麟麟童”。于是，“麒麟送子”这一习俗就在民间广泛流传开来了。

上面这则传说只是人民群众的一种附会传说。考取源流，“麒麟送子”另有来历。一种可能来自孔子感麟而生的记载传说。《拾遗记》讲到孔子的故事：“孔子未生时，有麟吐书于阙里人家……”以后吐书生孔子而又演变为送子。再，《论衡》说：“麒麟，兽之圣也。”“兽”与“寿”谐音，因此，麒麟寓意福寿。而《礼记·乡饮酒义》说：“产万物者，圣也。”作为“圣兽”的麒麟既能“产万物”，而“圣”又与“生”同音谐意，因而，人们也就视它为能送子。古时，嫁女多在春天。麒麟有擎茸报春的本领，给人们送来春天，带来子孙的繁衍，这样，“麒麟送滋”就被人们深信不疑。由于“滋”“孳”“子”互通，在流传的过程中，为使含意更为鲜明，就逐渐改称“麒麟送子”了。

世上本无麒麟这样的奇兽，“麒麟送子”自然也就是一种迷信而已。如今，“麒麟送子”作为艺术形象仍然受群众所喜爱，无可非议，但如果真的还期望麒麟给你送来胖小子，那就愚得可怜了。奇怪的是安徽凤阳县内的皇陵（明朝开国皇帝朱元璋父母的陵墓），墓前那对石麒麟至今还在受煎熬，那一尺多粗的左脚脖子被人刮得快断了。

原来是“麒麟送子，男左女右”的迷信在作祟。无论清晨、黄昏或烈日下，远近祈子的媳妇、婆婆们，甚至姑娘、男人们，都赶来跪在石麒麟下烧香叩头，顶礼膜拜，说是从左脚脖子上刮下些石粉末兑水喝，便可得个小子。这种愚昧的笑话何时能在中国的大地上断绝呢？！

◆ 送灯抢灯为“添丁”

各地求子习俗中，有一种是送灯、请灯、抢灯。为什么求子与灯发生了联系呢？这又是汉字谐音带来的奇趣。“灯”与“丁”同音，送灯也就意味着送子，“添丁进口”是人们所冀求的。

《中华全国风俗志》记载江苏淮安送灯风俗：

旧历元宵节后，二月二日以前，此十数日间有所谓送子者焉。此事亦系出于亲友之所为。盖凡年老无子，或成婚多年而无所育者，亲友知其盼子心切，成乐送之。然所送者非人，乃一纸糊之小红灯耳。间有用砖代者，此砖须取自东门外之麒麟桥堍，否则无效，盖取麒麟送子意也。其手续由送者选择一吉日，备柬通知受者之家，临时约集十余人，锣鼓喧腾，乐声大作，持灯或砖送往，受者则远迓于门外，以所送之灯或砖悬于望子者之床中，并以酒筵款待送者，聊答盛意。如得子，尤须谢以重礼，在送者亦受之无愧，一若非吾一送，则此子即不可能得也。

也有去土地祠请灯的，这须有一个孩子（叫灯宝子）坐着轿子同去。请来的灯，用红帛绕着，挂在轿门上，众人敲锣打鼓迎回。为防路上有人拦截抢灯，还得准备打手护持。迎回家挂灯于床帐之前，然后先用粉圆请客，接着还要设宴招待。如果因此而添丁，自然还得送灯到土地庙谢神。

正月初八灯节这天，不少地方凡有闺女出阁的，娘家要送各式灯到女婿家，一般不可少的是明角麒麟送子灯，撂开见籽灯和一种紫色的灯，前两种取其象形或绘象，后一种取“紫”与“子”谐音，所以又叫作“子灯”，都是象征送子、多子、添子。

在兴化，新年所送的灯又称“孩儿灯”。这种灯不是用纸糊制，而是用泥制成，民间以为这灯为送子观音迎来，送到不能生育的人家，就能生子，因此殷切盼望有子的人家，一听听说有人给他们送孩儿灯，就感激得很，必备酒食相款待。送来的灯要供于堂前。迷信认为这孩儿灯一定得手脚齐全完好，如有残缺损伤，将来出生的儿子也要遭残疾。

在苏北里下河地区，送“灯”在正月十三上灯时节。所谓送灯，实际不是灯，往往是些用红纸裹好的衬子（存子的谐音，是箍桶匠用来上箍的工具）、钵子、渔网等物。这些都是由全福之人（家中子孙齐全的长者）事前到箍桶匠等人家“偷”来的。

送灯时，衬子或钵子等用红纸包好，置托盘内，由全福之人捧上前引，众乡亲随后，敲锣打鼓来到被送的人家，将托盘供于正堂老爷柜上。这时红烛高照，炮仗鼓乐舞鸣，小夫妻双双行过礼，再由全福之人将灯放置媳妇床上。

有趣的是送“灯”仪式结束后，主人端上汤圆酬谢，每碗4只，每人碗旁只放一根筷子，其余的筷子放在桌子中央。吃者要想获得另一根筷子，须说两句喜庆的话。这喜话还得以筷子为题，是对今后出生孩子的祝愿之辞。一人说完，同桌人齐声喊“好”，方能拿第二根筷子吃汤圆。这种争说喜话犹如即兴命题赛诗会。一般有说：“一根筷子长又圆，养个儿郎会种田”“一根筷子一头方，养个儿郎开油坊”之类。时代不同，时势有异，喜话也随之变化。如解放战争时期，有人会说：“一根筷子长又轻，养儿参加新四军（或八路军）。”土地改革时，有的会说“一根筷子圆又细，养个儿郎分田地”“一根筷子命不苦，养个儿郎斗地主”等等。

同桌人说的喜话不允许重复。碰上木讷不善辞令的人或小孩说错了话，或戏谑逗乐者故意说反话时，主家的长辈就出来带舵。如抗日战争时期，有人故意说了句：“一根筷子长又长，养个儿郎当保长。”主人立即说：“这个保长真稀罕，身在曹营心在汉。”说得满屋人齐声叫好。

倘送“灯”后主家真的添了丁，自然得“还灯”。还法是当时收的是钵子，就要买一套大小不同的五只钵子；如当时收的是衬子，就得买一套箍桶工具送到当时被“偷”去的人家，以表谢意。由送“灯”而生的孩子乳名往往取什么“存子”“网子”“灯钵子”之类。送灯习俗流行颇广，除江苏不少地方兴送各种“灯”之外，在广东各地更是花样翻新，有请灯、开灯、庆灯、游灯等等的名堂。

过去广州民间一到灯节时，士女向东行祈子，以百宝灯供神，夜里则祈灯取彩头。同时还流行元宵节到庙里去“请灯”。庙里事先挂有种类繁多的灯，上写种种吉祥的好名目，按名目分等级标价。谁要请灯，告之庙里司祝，司祝便在你所喜欢的那盏灯上贴上“某宅敬请”的字样。待元宵节过后三天，庙祝邀人同挑花灯的人，把灯一一送往请灯的人家，这样请灯的人家即可望得子添丁。

广东海丰，在正月十三那天，神庙里或宗祠里，都挂起许多花灯，打锣敲鼓，热闹非凡，这叫“开灯”。即使普通人家也要准备许多茶菜，邀请亲戚邻居一同来吃喝，这叫“庆灯”，又叫“喝灯茶”。尤其是去年生了男孩的人家元宵一定要具备牲醴，祀神祭祖，设宴欢叙，这叫“灯酒”。也有一族族众联合举行，动用公产来办“灯酒”，地点集中在祠堂里举行的，这也是庆祝“添丁进口”的活动。

广东翁源之俗，妇人新年回娘家要在元宵前返夫家，参加“庆灯”又叫“庆丁”。大家先备好猪肉、豆腐和莲子，给妇人吃饱，同时准备一种用竹片做骨子，彩色纸张糊制的花灯。灯的正中，点一盏油灯。这种灯要鸣锣放炮，用红绳把它吊在宗祠大厅的梁上，叫“闹灯”，说灯愈闹，则丁愈发。

以往潮州元宵晚上则有游灯。众人打鼓敲锣，抬着神像出游，每人手提一灯，跟着神像一路游行到各姓的宗祠里，然后大放焰火。待游完转回神庙，再各姓人家用三牲果饼酬谢神明。潮州有两句俗谚：“有游灯，家里生千丁，无游灯，家里要绝种。”由此可见，游灯与添丁的干系在民众看来是何等的相关。

除了上述送灯、请灯、开灯、庆灯、游灯外，以前在江苏金湖一带，还风行一种更为奇特的抢灯风俗。自除夕到正月初二，土地庙门前都挂有两串共13只灯笼，叫点天灯。初二名为土地爷生日，又是百花诞辰日。这天，久婚不育的夫妻，就请人去抢土地庙上的灯笼，叫“抢头灯”。每年只抢第一盏，抢者如看到头灯已被人捷足先登抢去了，就只能推迟到第二年再抢。

抢灯笼要有6人或13人，抢到了头灯送给了不育夫妇房中，就算送来“龙子”，主人自然要置酒食相待。如果侥幸真的生了儿女，还要以红蛋酬谢抢红灯的人。孩子出生一年后，做父母的要去土地庙还灯，以谢土地。

现在不少带有封建迷信和宗族观念的送灯、庆灯、抢灯习俗已逐步消失，但有的地方仍有全福之人送灯的风俗。不过这类风俗已向趁机热闹一番的娱乐性质转化，成为邻里乡亲相互关心的一种表现形式了。

◆ 拴娃娃与泥泥狗

民间流行的祈子风俗，不少是一种求育巫术，带有宗教神秘色彩，拴娃娃和泥泥狗就是这类风俗之一。

拴娃娃，主要风行于北方。

纪文达的《阅微草堂笔记》曾写道，“当时妇女恨无子，每令尼媪以彩丝系神庙泥娃归，置于卧室内，各命以乳名，日饲果饵，与哺子无异。”北方民间甚至有个传说，说有户人家，主妇锁上门去走亲戚，中午未回，邻居突然听到她屋里有小孩哭声，可是她夫妇没有儿女，哪来娃娃的哭声呢？原来是她拴来的泥娃娃清早忘了喂养，饿得哭了。你看，从寺庙里抱来的泥娃娃不但象征着得子，还居然能活起来成为真娃娃。

这类抱泥孩的习俗，安徽叫“偷子”。《寿春岁时记》云：

三月十五日烧四顶山香，山在八公山东北，离城厢约七里余，山上有庙宇数十间，塑女神曰碧霞元君，俗呼为泰山奶奶。奶奶殿侧有一殿，亦塑一女神，俗称送子娘娘。庙祝多买泥孩置佛座上，供人抱取，使香火道人守之，凡见抱取泥娃者必向之索钱，谓之喜钱。抱泥娃者，谓之偷 子。若偷子之人果以神助者得子，则须买泥孩为之披红挂彩，鼓乐送之原处，谓之还子。

淮阳地区已婚未育的妇女，为了祈求生育，在人祖庙上选购几件泥娃娃，象征伏羲、女娲捏的泥人，也象征自己要生的子女，供在人祖奶奶像前，除烧香祈求之外，还绕人祖奶奶转一圈。这人祖庙上的“拴娃娃”与北方的“拴娃娃”、安徽的“偷子”抱泥娃都属求育巫术的表现。

就是淮阳人祖庙会，有一种风俗，大量销售“泥泥狗”。“泥泥狗”为用当地黄土合制成的各种玩具，造型有人祖、泥娃娃、飞禽走兽等。凡祭祖进香的人都争相选购以作求育巫术时“拴娃娃”用或给小孩玩。

淮阳传说，人祖陵原来不大，后来朝香者从家乡带一把黄土添在人祖陵上，借助人祖的神力，以黄土易人，生儿育女，人祖陵也就逐渐高了起来。后来，人们感到携带黄土不便，就有人以黄土捏人、又捏禽兽之类，发展成“泥泥狗”。巫术认为泥人代表人，泥娃娃就是子女，泥牛马羊代表家畜。“泥泥狗”有大有小，有公有母，还有的是双头、联体动物，这都是为祈求繁衍。可见，“泥泥狗”最初是祭祖的产物，与生育巫术有直接关系。

如上所述人祖庙上的“拴娃娃”，西安临潼人祖庙会期间也有类似习俗，即不育妇女上山求神，必怀藏一两个布娃娃，这样才能在人祖的保佑下孕育新生命。

◆ 求儿盼女竞投石

在河北龙门峡小溪河东侧，有一块很大很大的石头，叫“立儿石”。石面上方有长2尺、高1尺、深1寸的石孔。离立儿石15丈以外的崖壁上有一座石刻的如来佛像。每逢正月十五，龙门峡一带远近的新婚夫妇，都要成群结队来到立儿石前，向石孔里投上3块石子，这是为啥？

传说，天上的王母娘娘在天宫中生活，样样事儿都很称心，就是有一件事儿总觉得不顺心。她虽然生了7个美貌似玉的女儿，可就是没个儿子。为了这事，王母娘娘愁得茶饭不思，彻夜难眠。有一天，她出宫游逛散心，忽然想起了如来佛，何不找他帮忙，传授一下生儿子之道？于是，她急匆匆找到如来佛，说明来意。如来佛心想：你已有7个女儿，还不满足，现在又想要儿子了，这不乱了天规？但又一想，王母娘娘亲自上门来求我，怎好拂了她的面子？忽然，如来佛灵机一动，有了：我略施小计，让她自己去投石碰运气，岂不两全其美？他便对王母娘娘说：“王母，龙门峡山涧激流的小溪河边，有一块立儿石，你捡三块石子，去那里试试看吧。如果你三块石子全都投中，那就会有儿有女，儿女双全；如果有两块投中，那就只生男儿不生女；要是投中一块，那就只能生女而不生男；如果一块也投不中，便是无儿无女的‘绝户’命了。”

王母娘娘求子心切，她三步并作两步，向立儿石方向奔去。如来佛旋即用手指那么一点，龙门峡小溪河东侧兀立起一块几千斤重的大石头，石壁上方凹下去一个很浅很浅的长方石孔。王母娘娘站在立儿石下面，踮起脚跟，按如来佛的说法，向石孔投起石子来。她连投三块，结果只中了一块。王母娘娘顿时心灰意冷，她站在龙门峡最高处的望儿岭上，仰天哀叹道：“看来我命中注定只能有女儿了。”说完，怏怏不乐地回宫去了。

从此以后，每年农历正月十五，龙门峡一带的新婚夫妇，生儿育女心切，就双双来到立儿石前，投石求子，天长日久，也就形成了一种风俗习惯，一直流传到现在。当然，现在的年轻夫妇已不再相信投石得子的迷信了，只是把它当作一项娱乐活动保留下来。

◆ 求子就找吉祥哥

在浙江丽水求育习俗中，还有偷取夫人娘娘前泥塑小男孩生殖器上的粉末，用纸包回冲水服用，认为可怀孕生男孩的习俗。

这类习俗在福建不少地方也流行。

长汀县近郊风景区的朝斗岩，在三雄宝殿后面有一岩穴，洞中有一尊“雨漏佛”。佛旁站有一尊石雕的裸体男童神，名为“吉祥哥”。不少信女登山进香，有的母女在拜过观音、弥勒后，便来到“吉祥哥”前，虔诚地顶礼膜拜。拜毕，女儿站在一旁面颊飞上红云，母亲就只得代为祈祷，口念：“吉祥哥，吉祥哥，聪明伶俐福气多；请你勿在厅中坐，保佑偓（我）女生个靓阿哥。”边念还边伸手刮下一些石粉末，像包珍珠宝贝般，用红纸裹着带回冲茶给女儿饮服，据说从此会生育。

在闽西山乡的一些寺庙中，“吉祥哥”大多用木头雕刻，身高尺余，身穿红色花衣，着开裆裤。有趣的是这些“吉祥哥”胸前挂一香袋（钱包），久婚不育的妇女在敬香时，须先塞一个红包于这位小哥的钱包里，大概是请他“疏通关节”吧。那些盼子心切的少妇，为了求子，也顾不得怕羞，大声祷念，触摸“吉祥哥”后，才欢欣雀跃地回家去。

这类习俗是古代对生殖器崇拜的一种遗风。这种遗风更可以从上杭不孕妇女对“摸子石”的崇信中得到证明。

上杭的紫金山上有一座麒麟殿，殿前的天井边竖有一块“摸子石”，高约80厘米，直径约20厘米，呈圆柱形。当地的不孕妇女也把它视为吉祥物。每当暮色苍茫的时刻，殿内显得肃穆朦胧，更呈神秘色彩，这时，常会有一两个少妇，悄悄地来到“摸子石”边求子。据说，这样一来，久未怀孕的妇女来年就会生上一个白胖的娃娃。这种求子方式，显然是古代“石祖”（男性生殖器）崇拜的遗风了。

如今，不孕的原因，只要到医院去即可查清，然后对症下药，然而有的乡民却仍然对“吉祥哥”兴趣不减，石穴石凸前的香火也始终不绝。

◆ 风趣的窃瓜“送子”

不少地方民间流行饶有风趣的“送子”活动，《中华全国风俗志》下篇卷六记载湖南衡阳窃瓜风俗：

中秋晚，衡城有送瓜一事。凡席丰履厚之家，娶妇数年不育者，则亲友举行送瓜。先数日，于菜园中窃冬瓜一个，须令园主不知，以彩色绘成面目，衣服裹于其上若人形。举年长命好者抱之，鸣金放炮，送至其家。年长者置冬瓜于床，以被覆之，口中念曰：种瓜得瓜，种豆得豆。受瓜者设盛筵款待之，若喜事然。妇得瓜后，即剖食之，俗传此事最验云。

凡是村里结了婚暂时未生儿育女的人家，只要他们的人缘好，村里都会有人主动地给他们“送子”。

“送子”风俗流传悠久。“送子”时间一般选在中秋夜晚。该夜，趁主人在禾场上赏月时，他们的要好的邻居就会秘密地进行“送子”活动。参加这类活动的人，一定是已有儿女的人。他们先选中村里最恶的一户人家的瓜园，从园中偷得一只大冬瓜，然后在冬瓜上用毛笔画上娃娃的面目，再用一节五寸长的小竹管，插入冬瓜的腹内，外面露出一寸长的管子，顺着竹管往冬瓜腹内灌水，直到灌满冬瓜为止。这一切准备好后，就偷偷潜入被送子的主人房中，将冬瓜娃娃朝天藏入被窝之中，待主人赏月结束入房睡觉时，用手拉被，冬瓜娃娃一个翻身，水便顺着竹管流了出来，如同小孩尿床一般。对这种恶作剧，主人不但不恼，反觉高兴，还要对邻居的关心和爱护表示感谢。

丢了冬瓜的主人，次日一清早就会出来骂园，据说，骂得越凶，将来生的娃娃越健旺。而得“娃娃”的人家对这类骂声不但不会有丝毫的难过之情，反倒高兴异常。被“送子”的主人，第二年倘若真的生了儿女，便要儿女拜那些送子的人为“干爷”“干妈”，邵阳一带称之为

“亲爷”“亲妈”。这类偷瓜、送瓜以象征“送子”的活动，在其他地方也流行。《中华全国风俗志》载：

贵州中秋节有一种特别之风俗，为各省所无者，即偷瓜送子是也。偷瓜于晚上行之，偷之时故意使被偷之人知道，以惹其怒骂，而且骂得愈厉害愈妙。将瓜偷来之后，穿上衣服绘上眉目，装成小儿形状，用竹舆抬送，有锣鼓随之，送至无子人家，受瓜之人须请送瓜之人食一顿月饼，然后将瓜放在床上，伴睡一夜，次日清晨将瓜煮而食之，以为自此可怀孕也。

安徽歙县一带，中秋节，好事者叫小儿稚童偷了人家的倭瓜，偷偷放进新婚人家的房中，藏在被里。或者用连娘带子的子母芋，泥水淋漓，放入被里，弄得床褥污秽，以示送子。为了这天能进行这类活动，还特地放禁偷盗蔬菜瓜果一天呢！《歙县记俗诗》有云：

送子中秋记美谈，瓜丁芋子总宜男。
无辜最惜红绫被，带水拖泥那可堪。

偷瓜“送子”的风俗是怎样产生的呢？这与民间以瓜象征子有关。成语“瓜瓞绵绵”“瓜熟蒂落”“种瓜得瓜”都与生育有关。

二、生育风俗

◆ 孕妇忌嘴何其多

姑娘结婚后，做母亲的和做公婆的最关心女儿和媳妇何时“有喜”。一旦怀了孕，他们就会喜上眉梢，心头乐滋滋的，这是因为不愁无后代了。为了安全、可靠、理想地生个漂亮孩子，母亲和婆婆总要千叮万嘱女儿（媳妇）这不能吃那不能食。妊娠期的忌嘴禁食有的是人们长期生活经验的总结，有的是根据医学而来，像孕妇吃了某种食品不易消化或患了病，就列为禁忌，但不少出于附会，纯属无稽之谈，不过从中却也反映了人们一种优生的意愿。

孕妇忌吃兔肉（或说兔嘴子肉），若吃了，产下的孩子会长个三瓣嘴，即兔唇。这一说法流传范围极广，流传年代也颇为久远。西晋人张华的《博物志》中就有记载“妊娠者不可啖兔肉，又不可见兔，令儿缺唇。”甚至古代像《产宝》（唐代昝殷著）、《卫生家宝产科备要》（宋代朱瑞章著）这类妇产科的专著里都写有“母食兔肉胎儿发生兔唇”字样。这是否科学，可惜至今研究者尚未能定论。

各地其他孕妇忌嘴的习俗极多，现择其要者记录如下：

不能吃狗肉，吃了狗肉的话，将来孩子爱咬人，吃奶时也爱咬奶头。

不能吃驴肉，吃了，将来孩子“驴性”，不听话。

要忌吃公鸡，这样生下的孩子夜里才不啼哭。

忌吃螃蟹，这样生下的孩子才不咂泡沫流口水，又说吃螃蟹令胎横难产。而台湾民俗则以为吃了蟹，生出来的孩子会有像蟹那样别人的手腿。

忌吃河蚌肉，生下孩子才不滋舌头。

忌吃猪头肉，这样生下的孩子才不生疮生疖子。

忌食生姜，以防生下婴儿有六指。

妊娠食鳖会令子项颈过短。

忌食鸭子，认为吃了鸭子，孩子要生摇头病。

◆ 妊娠期的禁视

妇女妊娠期除有种种的忌嘴禁食之外，还有各类禁视的规矩，即规定不少物品和事物不能看，否则要生怪胎或难产。

孕妇不能看产妇分娩，不然自己将来要难产。这条禁忌颇有点科学根据，因孕妇看到正在分娩的产妇的痛苦表情，听到产妇的叫喊声，容易造成一种精神压力，到自己分娩时可能会神经紧张，以致引起难产。

江西叫小孩缺唇为缺子，民间以为小孩缺唇是他的娘怀孕时，看了人家挖沟的关系，所以禁止孕妇看挖沟一类的事情，以免影响胎儿的雏形。台湾民间孕妇忌见月蚀，以为见了月蚀所生子女身体不全，也是出于同类心理。

各地孕妇禁视的习俗还有不少，如：

孕妇不能看蛇，看了蛇，产下的婴儿要伸舌头。忌见猴、虎等不常见的动物和丑陋的人，怕受惊吓，冲犯胎神。

忌看傀儡戏，不然将生无骨的孩子。浙江丽水一带至今还有孕妇忌看电影、电视和看花脸戏的习俗。忌看戏中花脸，是为将来生出的小孩不会面花。孕妇不能进入新房看新娘，因为她是“双身人”“四眼相”，看了新房，新娘日后不是克夫守寡，就是丧子绝后。这说的是“四眼人”（这作孕妇的代号何其形象）不洁，会冲克人。可是在鄂西北，流行“四眼人”动动眼睛、动动手还能治些小症候，不管灵不灵，街坊邻居一定要登门相请。特别是那些同辈的男子汉或小伙子，眼里落进点灰尘，要请四眼人用嘴吹吹；胳膊拧了，要请四眼人摇摇；头痛感冒的要请四眼人摸摸……这种习尚可谓奇特。

◆ 孕期的保健与其他讳忌

对孕妇的诸多避讳与禁忌，不能一律视之为无稽之谈。上述禁食、禁视有的就与孕期保健有关。而像孕后夫妇分床的习俗，则完全符合科学道理。

《胎产护生篇》“产前十忌”记载：孕后“第一最忌共夫寝……善堕胎者更慎之……”《达生篇》云：“得孕后即宜绝欲，若再扰子宫，其胎或一月、三、五月必堕。”张曜孙提出：“怀孕之后首忌交合。……动而漏下，半产、难产，生子多疾而夭……”民间生育习俗中有的就很注意这点。

上海郊区，流行有女儿孕后，娘家送分床铺的习俗。妇女婚后第一次怀孕，孕妇的娘家闻讯后，一般在孕妇怀孕三个月左右，送一张单人床到女婿家，称为“送分床铺”。显然，送铺暗指夫妇从此以后该分铺而居，以利孕妇的健康和胎儿的发育；何况，此举也为婴儿降生后准备了床位，可谓一举两得的美事。“送分床铺”之俗限于女儿第一次怀孕，以后就不再也不必重复了。

我国医学对妇女孕期还有怡情养性、实行胎教的规定。《妇人良方大全》曰：“自妊娠之后，则须行坐端严，性情温和，常处静室，多听美言，令人讲读诗书，陈礼，说乐，耳不闻非言，目不视恶事。”《正俗方》云：“怀孕妇人性宜宽厚，神全气和，不唯安胎，生子必温厚，古所谓胎教也。”现代医学证明，要求孕妇孕期行坐端正，怡情养性，多听美言，乃至令人诵读诗书，陈以礼乐的习俗是合乎科学的良风美俗。

不过，在旧社会，民间对孕妇流产、难产及生残缺儿和怪胎难以做出完全科学的解释，这就捏造附会出种种迷信说法以警示一般村妇，这样，除禁食、禁视之外，在行动举止方面也出现极多的清规戒律。这里，对孕妇行动举止上的避讳与禁忌，再略作记述。

海南琼崖的禁忌习俗有：不可在孕妇房中的任何一处（如墙、门、床板、器具）钉钉等物，犯之，将来生出的孩子四肢不全；不可置刀于灶上，因孩子投胎时，须经灶君菩萨的允许。怀孕后，置刀于灶，那就是对灶君不满，灶神会将原答允送子的主意打消，因此产下的孩子多死婴或造成流产；孕妇不可进入邻村，不得已，先备祭品祭祀该村之土地神，不然，该村的殇鬼妖魔会附上身，将难产；孕妇忌入未过五七的死人家中，违者，亡魂会令其难产。浙江各地流行的孕妇禁忌有：不能跨越绳索，认为绳索像胎儿脐带，跨后要缠身难产；不能满屁股坐板凳，否则胎位后坠形成难产；不能抱别人的孩子，说是抱过的孩子要生病，俗称“替胎”。

普宁习俗，孕妇不应到神庙去，俗以为神灵是至高无上的，洁白无私，福佑下民，理应虔诚尊敬。而受胎是亵渎的结晶，倘到神灵之前，是大不敬的事。孕妇不宜攀登果树，仰高取物和荷负重物。俗说经孕妇攀登的果树第二年不结果；吊在屋梁上或其他较高的东西，孕妇染手，以后就常为猫鼠所窃。这种禁忌无非是怕孕妇嗜酸，到处攀高觅食而带来流产等的不测。

其他，各地民间有孕妇床头挂有他项物件，将生孩子必骈指（四川）；家有孕妇而补窗，将生盲孩（湖南湘潭）；孕妇床头置刀剑，所生子多缺唇；新夫妇交拜时，堂屋侧置秤，生子驼背（四川），等等。做孕妇的言行举止真是要慎之又慎，防之又防。

◆ 催生助产的临水夫人

中国封建社会对子嗣看得特别重，“有子万事足”的老观念根深蒂固。所以，在民间专司生育的神祇也就特别地多。

在浙、闽、广一带都崇信临水夫人，相信她能催生、保产、护幼。临水夫人，又称临水陈夫人、顺懿夫人、大奶夫人，也有叫临水奶，临水陈太后。

民间关于陈夫人的身世，或说唐时人，或说五代时人，其事迹及父兄名字各种书籍所载有出入，但姓名都作陈进（或作靖）姑。细辨其事迹，大约是一位女巫，死后为人们所神化。明清时流行于福建地区。

彭润章《同治丽水县志》载：

妇女敬事夫人，即所称顺懿夫人、护国马夫人也。顺懿庙在太平坊鹤鸣井者，香火尤甚。凡求子者，必赴庙度祷。儿生，自洗儿及弥月、周岁，必设位于家，供香火，招瞽者唱夫人遗事，曰唱夫人。每岁上元前二日，司事择妇人福寿者数人，为夫人沐浴更新衣。次日平明升座，各官行礼，士女焚香膜拜，络绎不绝……

又据廖毓文著《台湾神话》说：

该志（建宁府志）又说该地妇女都很崇信该庙主神陈夫人，生产之时都要供奉夫人的画像，等到平安生下婴儿，在洗儿之日，才向画像拜谢，把它焚化，可见就是这样，昔时的人才把陈夫人看做专司“生育”的神，而称她为“注生娘娘”；所谓“注生”，是执掌“生育”的事。

海山的顺懿夫人庙，有的附在城隍庙的东室。遇有妇女生产时，民间在房中必奉祀夫人，祈求她保佑生产平安。俗称夫人为“临水奶”“临水陈太后”“临水陈夫人”。

若据《台湾神话》所说，似乎临水夫人就是注生娘娘，但有的地方则认为注生娘娘是“子孙娘娘”的俗称。现在台湾奉祀“注生娘娘”，配祀十二婆祖，福建、广东也多祀十二婆祖。许丙丁的《小封神》里有十二婆祖的名氏，她们分别管注生、注胎、监生、抱送送、守胎、转生、护产、注男女、送子、安胎、养生、抱子。职责分得何等细，有的已很难看出有什么区别了。

◆ 催生礼与催生娘娘

孕妇临产的那个月叫达月，到了达月，娘家必送礼物以示催生。

催生礼一般有衣、食两项。衣有凡婴儿出生后所需用的衣服、鞋帽、包被、涎兜以至尿布都送上；食有鸡蛋、红糖、长面、桂圆、核桃等等。因催生礼品丰盛，往往须用担挑上，有的地方干脆就叫“催生担”。

催生礼随民风乡情不同，各地自有特色。

江苏高邮是有名的麻鸭之乡，不少礼俗都离不开一个“鸭”字。当地送催生礼多送开裆鸭。女儿出嫁，十月怀胎。女儿怀孕时，娘家常送些生果子，一是女儿想吃酸的，二是让女儿时刻记住一个“生”。催生礼送上膘肥不生蛋的佯生鸭，表示女儿生养顺利，别有一番风味。

浙江温州，女儿临产时，母亲要送肉给女儿。肉约一寸足方，切得端正，不偏不倚，烧熟送去，当地叫“快便肉”，以为产妇吃了，临产快便。

杭州清末民初时，孕妇产期将届，娘家要送催生礼。送的有喜蛋、桂圆及襁褓。有趣的是预产期将到的那个月的初一，派人将上面各种物品送往男家时，要携带去一具笙，吹着进门，以“笙”，谐“生”，以“吹笙”表示催生之意。也有同时用红漆筷子十双，或用竹筷用洋红染之，一并送往，取快生快养之意。

以上说的“催生”，无非是孕妇的亲娘借此将婴儿出世后需用的东西送过来，并寄托希望让女儿快生、顺产之意。

倘产妇碰到难产，像广东东莞一带，做婆婆的就请男巫到家来为媳妇解六甲。届时用鸭蛋12枚，向天焚化元宝、冥镪，求神明庇佑其孕妇及胎儿快生快出，也叫“催生”。这种借巫术以催生完全是迷信，曾经葬送掉许多孕妇的生命。

民间迷信认为有催生娘娘在冥冥之中保护产妇。对催生娘娘的来历，还有个故事呢！从前，有个年轻媳妇名叫桂英，在头胎生产时因难产死了。死后就成了产妇鬼。桂英虽为鬼仍留恋人间生活，极想还阳重返人间。一个老鬼卒知道她的心事，给她出了个主意："每到天黑你就出去，看哪家妇人生娃儿，只要不让她生出来，你就可以取替身超生。"桂英听了老鬼卒的话，就想照他说的办法做。但她每次见到孕妇难产时的痛苦样子，怜悯和同情心总是油然而生，不忍下手，不仅不去害人，反而千方百计设法解除产妇的痛苦，使孩子能够顺利地降生。后来，阎罗天子知道了，认为她为阳世做了不少善事，救了很多人命，就晋封她为"催生娘娘"。过去，有的城隍庙里还塑有她的像呢！

◆ 祭床公床母的习俗

汉族民间信仰各种神祇，冥冥之中的神无所不在，小到一家一户的供睡眠的床也有神。宋代以来，不论宫廷或民间都相信有床公床母。这一对神的职责是保佑房帏，凡夫妇安寝、妇女生育、儿童康健，他们都管。

婚礼中，不少地方婚前“安床”后，当夜要拜过床母，因床母是守护生儿的床神。行婚礼时，明清人就有同拜床公床母的节目。这自然是希望床公床母保佑新婚夫妻生活和谐，姻缘美满。床公床母的神位更多的是设于产妇房中，孕妇临产时，须祭过床公床母，企望他们保佑母子平安。

江苏靖江至今仍流传临产时由婆婆在媳妇房内敬床公床婆菩萨的习俗。拜法是，设案桌，供纸马，点香烛，然后叩头作揖，请床公床婆保佑媳妇快开“产门”，顺胎生养。有的地方是孩子出生后再祭，如北京旧俗，小孩生后第三天，即“洗三”的日子，用缸炉、蛋糕来祭。

床母是照护小孩之神，她还庇护小儿的成长。漳州人每逢初一、十五日，在床上罗列饭菜敬她，称之“婆者母”。潮州则叫“公婆母”，生了小孩的母亲要设“公婆母”神位（以插着焚香的粗瓷碗作象征）。供奉跪拜时，在床上将这只碗置放于装满草灰的调形竹器里，碗前供两副筷子，摆上鸡、鸭、肉、蛋等，碗的旁边点着她出嫁时作“嫁妆”带来的豆油锡灯，母亲抱小儿朝之跪拜。拜毕，将“公婆母”（碗）放于床下（作为公婆母的住地）。小孩拜公婆母须到15岁“出花园”（一种成年礼）才结束。杭州等地也有小儿夜啼不止，随时祭床公床母的习俗。

宋杨循吉诗有：“买糖迎灶君，酌水杞床公”句，可见祭床公床母的习俗已有很长的历史。《清嘉录》载：

荐茶酒糕果于寝室，以祀涞神，云祈终岁安寝。俗呼床神为床公、床婆。杨循吉《除夜杂咏》云："酌水祀床公。"盖今俗犹以酒祀床母，而以茶祀床公，谓母嗜酒，公癖茶，谓之"男茶女酒"。而魏岍《钱塘县志》亦载除夕用茶酒果饼祀床神，以祈安寝。杭俗祭床神以上元后一日，品用煎饼。

这段记载颇有意思，竟将床公床婆的嗜癖也考察出来了。床公床母是何许人也？有说这是周文王夫妇，因为相传文王有100个儿子。大名鼎鼎的周文王竟屈尊为床公，岂不冤枉！

◆ 在娘家生产须付“买地钱”

汉族风俗，临产的孕妇，必令其速速回到夫家。若实在无法赶回夫家，娘家或亲友家就要叫稳婆扶至荒郊野地，架铺简单的床让她住下，在那里生产。河南有的地方，妇人在甲家受孕，不能在乙家生产，若外来租户不知道其内情，一旦迁移，而原屋已赁出，乙屋不许住，又临盆在即，就只能到附近庙中或养生堂诞育，待到满月后，方能进屋。不过，孕妇如果是在自己娘家生产，有一变通方法，那就是先由女婿向岳父家付一笔租赁金，立一纸赁契，就可通融。这种习俗，在江苏沭阳一带农村里，必须办理手续，有一番讲究，叫“买地钱”。

首先，在新生儿落地前，要在屋内地面上画一个大圈子，放一张床或席子在圈内，以备生产之用。其次，新生儿落地后，婴儿的父亲必须立即掏钱付给孩子的舅舅或娘家其他亲人。如果婴儿爸爸一时不在，即由产妇在婴儿坠地之前，预先交付钱款。

为什么女儿在自己娘家做产竟要交钱呢？因为这钱叫作“买地钱”，临时买下圈内弹丸之地以供生产。据说“买地钱”的习俗自宋朝起流传下来。倘若不交钱买下这一小块地面，出生婴儿的舅舅下辈子孙就不繁衍，甚至娶妻不会生育。因为每家主管生育的“人丁神”是不喜欢外人在他管辖区内生育的，而划了圈子的地面出卖了，自然该区域就不属他管辖了。还有一种说法是，新生儿的父母若忘了这件事，做舅舅的要主动索钱，如不索要，他的姐姐（妹妹）将来家庭不和睦，甚至会被姐夫（妹夫）休掉（离婚）。

交付“买地钱”须以双数，不可单数，取同喜、同发财、同样人丁兴旺之意。这种交“买地钱”的习俗虽然属于迷信，但也反映了亲戚两家共同美好的愿望。

黑龙江一面坡分娩风俗，产妇也忌在娘家生孩子，这是怕“脏了娘家坑头草，日子过不好”，也许认为妇女生产时不洁净。倘不得已在别人家分娩，要在生产结束后，由产家为主人家买红布用来铺坑、盖锅盖，以去邪气，讨吉利，因为红色在民众意识中象征着吉利、喜庆。

由上可见，南北各地做法虽有差异，而其产生这类产俗的根源——认为“妇女生产不洁”的传统观念是一致的。

◆ 生男产女的预兆与月房标记

妇女怀孕后，将生个儿子还是女儿，这是为家人和孕妇的亲生娘所关心的大事，民间流行一些生男还是生女的征兆预示说法。孩子出生后，月房（产房）也有所生或男或女做标记的有趣方法。

浙江各地对生男生女的预兆有如下各种说法：孕妇预产期来到的当月初一，第一个叩门进入孕妇家的是男客，则生男；是女客则生女。

娘家来人送礼催生时，认为母亲进门见女儿站着，便是生男之兆；若坐着，便是生女之征。也有送礼人入门时如果碰到的第一人面孔朝屋内认为生男孩，面孔朝屋外认为生女孩。

绍兴习俗，孕妇“落月”，母亲给女儿送礼，其中必定是熟鸭和活鸡。所送活鸡一定得有雄有雌，只数不限，但必须单数。送到女婿家后，立即打开鸡笼，看第一只跑出来的是公鸡还是母鸡，以为由此可以推定生男还是生女。

这类稀奇古怪的说法各地都有，纯属无稽之谈，今天看来，只能令人一笑而已。不过像湖北一带说的孕妇爱吃酸预示生男，爱吃辣预示生女或许有点科学依据吧！产妇分娩后要坐月，其月房是要有标记的，以防止外人进入。在黑龙江一带，生了男孩人们称之为“大喜”，生了女孩则称之为“小喜”，喜之有大小，自然标记也就有区别。生男孩，产房外要挂上弓箭，弓是用柳条之类做的小弓，再做上三支小箭用红布缠上，然后将箭绑在弓上。生女孩则须在门前挂条红布。这类风俗在南方个别地方也有。

生男孩在月房门上挂弓箭的习俗，看来与满族分娩习俗中所挂“公子箭”为月房标志相似，或者是满族分娩习俗中的一种变异和遗留。弓箭在满族习俗中享有重要地位。满族悬挂“公子箭”是生男孩的标志。所谓“公子箭”是用麻“纰”儿编成的小笤帚，外面上红布条，挂于院子大门口的门梁上。倘若生的是女孩，挂的只是红布条儿。现在，不论汉族、满族，这种标记都已简化成挂红布条，只作为生儿养女和产房防范的信号而已了。

广东东莞习俗，月房标记必挂生姜于门上，生男孩挂在门楣左边，生女孩挂在右边，取“男左女右”的古意。若是双生（当地叫“生仔仔”），那就两边都挂生。

晋南一带，流行“漱草”和“挂旗”风俗。

所谓“漱草”，起先是用谷草扎了个像窗户样的东西悬挂在门上。后来为节省钉子，用带根的谷草一束，分作10把，交叉扎住，成为一扇有格的窗户，然后携草登梯上门楣，手抓泥团，用力向草应固定之处掷去，使泥将草贴墙粘定。同时，再在草上窗格的正中间钉上瓷碗一只、木勺一个和竹筷子一双。这既是一种生了男孩后的标记，更是对孩子长大后寒窗苦读，金榜题名的希望和祝愿。10把谷草所扎的窗格，象征10年寒窗，巴望孩子10年寒窗后应试及第，步入官场。草上那些碗、杓、筷子，象征地说明：通过10年寒窗苦读而中举为官，自然吃喝不愁了。

据说，“漱草”始于唐末的晋南闻喜地方，与闻喜的裴氏家族官员众多有关。裴家是名门望族，各代为官，千年不衰；文臣武将，层出不穷。在唐时，裴家仅宰相就出过17人。只因裴家官员辈出，引起人们的极大称慕。唐末时，有家得了一子，因望子成龙心切，就用谷草扎了个像窗户样的东西挂于门上，寄希望孩子长大后，也能同裴家子弟那样寒窗苦读，封侯为相。这一做法，迎合了不少人的心意，一时仿效成风，遂演变成传统习俗。自然，“漱草”只是人们的一种冀求心理反应。在闻喜裴家祖居的10里荷香之冬泽湖畔，并不风行“漱草”习俗，却出过裴度等60个宰相。正如一首民谣所指出的：“他处漱草出相少，此地相多不漱草。进士需要学而优，岂管漱草不漱草!”

“挂旗”，其起始是小孩满月时，产妇娘家人前来在大门上用青竹两根系上红绸，照《诗经》所说“乃生男子，载弄之璋”之意，在红绸上书写“弄璋之喜”4个大字，以示道贺。意在希望外甥长大后，具有竹子那样正直而立、四季常青的品格。此举始于明初，与朱元璋子朱棣的老师叶翁有关。叶翁原籍浙江金华，他随军北上路经闻喜，爱闻喜山川秀丽、人杰地灵，故年老辞职后在闻喜定居下来。上述做法就是他为庆贺闺女得子以表道贺所为。不想，此举为当地人所仿效，以至演变成“挂旗”，并且由闻喜而邻县，形成了一种沿袭的民俗而流传下来。后来，旗上所挂物品别有变异，有的挂个小镜子，祝孩子长大后，心明如镜，聪慧过人；有的挂书本和蒜瓣，寓孩子日后著书立说，能写会算；有的在旗上挂着红枣和桂圆，希望孩子成人后早日蟾宫折桂，独占鳌头；有的在旗上挂着胡桃、荔枝之类，是愿孩子长大后，像参天大树那样，根深叶茂，硕果累累；还有的挂着钱币，巴望孩子将来高官厚禄，家财万贯；更有的干脆将这些物品悉数挂上。红绸上的大字，或许小百姓嫌“弄璋之喜”过于文绉绉，就写上“国家栋梁”“建国英才”或“中流砥柱”之类的祝愿之词。那竹子也逐渐失去原义，仅作旗杆而已了。

◆ 月子里何以要送饼

孕妇生小孩、坐月子，娘家都要送些礼物以表祝贺。所送物品各地有异，富有民俗的味，大都包含某种寓意。

在江苏的北部大丰境内，娘家人送月子礼兴送烧饼，同时配上红糖、馓子等。所送烧饼数量上还颇有讲究，必须是101个，或是140个。因有这样的风俗习惯，当地烧饼行业特别兴旺，烧饼走俏，做烧饼的师傅也就格外吃香。

烧饼是一种极通常的面食，何以成为月子礼的特殊礼品？并且为什么一定得送101个，或140个呢？这原来与汉族传统的望子成龙心理有关。当地烧饼的“饼”字与金匾题名的“匾”字是谐音，送饼寓意送匾，巴望外孙或外甥日后能功成名就，金榜题名，光宗耀祖，脸上光彩。送上101个或140个烧饼，意味着姑娘所生的细伢子长大以后，无论人才或品貌，在四乡八邻中都称得上是百里挑一的上等人。还因为百四与“百世”是谐音，意味着自己的姑娘生的孩子将来飞黄腾达，百世流芳。汉族的同意谐音字的功能真是奇妙无比，种种风俗都与它结下不解之缘。

尽管以送烧饼寓含望子成龙的意思，实在有点儿异想天开，不过，那种当父母的期望晚辈能成才，能出人头地，成为世世代代人们传颂的伟人，这种美好的憧憬和向往，却是无可非议的人之常情。

◆　“月房”的禁忌和“坐月子”的讲究

产妇分娩后，就进入了“坐月子”。“坐月子”是北方人的叫法，台湾叫“坐月内”，湖北叫“月母子”。产妇坐月的房间叫月房，也有叫“暗房”的。月房要有标记，上面已说过是以挂红布条为记号的。

月房与产房一样，有种种禁忌。像月房的东西不能外借，怕将产妇的奶“带走”；正在闹眼病的人也不能进去，否则眼病会越发；一般外人要回避，而孕妇更加不能踏入。北方人认为外人，特别是孕妇进月房容易把产妇的奶“带走”，使新生儿缺奶吃。倘若孕妇一旦把产妇的奶“带走”了，那产家是绝不能含糊的，必须让她把奶“送回来”。“还奶”的具体做法是：由被认为是把奶带走的人做一大碗面汤之类食物送给产妇喝，进院时要喊着产妇的名字：“喂，××，给你还奶来了。”这时屋里的产妇要应声：“哎，奶回来了！”待接过面汤后，产妇要背着人，脸朝墙把面汤全部吃尽喝光。除外人和孕妇进入月房要带走奶水的说法外，还认为进入月房要晦气，不是破财就是生病，特别是男孩子进月房，将会资质平平，将来读书不灵敏。

不过，有些地方的月房产妇家还是对外“开放”的。在江苏不少地方，新生儿落地不久，第一个到产妇家的人（也有说第一个进产房的人），叫“踩生”人（也称“踏生”“材生”人）。生男孩，最好由女的踩生；生女孩，最好让男的踩生，以为吉利。产妇家要留踩生的人随便吃些点心煮蛋，然后另定日子正式请踩生人吃一餐酒肉饭。饭后，踩生人要看看婴儿，对婴儿说些“长命富贵”“金玉满堂”之类的吉祥话。据说，小孩长大后的性格和脾气，甚至品质会同踩生人相似和相同。如踩生的是个女的，性情文静，那么孩子长大就文静。踩生的脾气倔强，那么待孩子稍大，脾气果然有点倔强，他父母就会讲，是某某踩的生，脾气还真的像他。起先踩生是自然的，带有偶然性，谁先进产妇家或产房谁就是踩生的。但人们不想让自己的孩子被性格古怪、品行不端的人踩生，后来就发展成各自按照自己的设想，选择最能够带有符合自己心愿的性格、品貌的人来充当自己孩子的踩生人，并约好踩生的时间，在此之前，任何人都不得随意进入产房。这种习俗反映了人们总希望自己的孩子将来能成个品貌端庄、性格开朗、有出息的人。

产妇“坐月子”期间，为防止产妇与婴儿受风，也是为避邪驱疫，一定要“塞门闭户”。产妇头上要包上头巾，要忌生冷，不可洗头洗澡，不可以穿针、缝纫刺绣，不能外出和操持家务。民间谚语说：“生儿好比爬血山，满月才算过鬼关。”如果保养不好，就会留下病根，一生痛苦。汉族民间重视产妇月里保养，规定要到婴儿满月时才能解除“戒严”。这是可取的有一定科学性的习俗。

产妇经过长时间的痛苦磨难，须补充生产时失血的亏损，要有充足的奶水哺育婴儿，也须有补养的食物吃。各地因出产不同、条件各异、民俗习惯有别，产妇所吃的补养食品也就有区别。北京兴小米粥、白煮鸡蛋、清炖鸡、七星肘子、鲫鱼、芝麻盐、核桃仁、槽糕、缸炉、黑糖，以为猪肘子、猪蹄、鲫鱼下奶，流行较普遍。台湾习俗讲究吃鸡酒、麻油鸡、油饭。

黑龙江有的地方，产妇吃头顿饭时要将鸡蛋剥皮扎上七个眼儿，意思是产妇吃了这带眼的鸡蛋，生出奶来喂养婴儿，婴儿长大以后“心眼多”，头脑灵活。还有头顿饭最好用葫芦瓢装，意思是这样孩子的尿脬（膀胱）大，能装尿，省得成个“尿炕精”。产后第三天要吃面条、鸡汤、鱼类食物，为的是补体强身。产后第七天要吃饺子，意思是给产妇“捏骨缝”。

这大约取的是象形，因产妇生产中“开”了骨缝，生完了须将骨缝“合上”，而捏饺子时捏紧边也就象征着握上了骨缝。在平时的饮食上，则要尽量吃小米而不吃大米，这又有一种说法，以为谷类作物长于旱地属暖米；稻类作物长于水田属阴米，而人们的心理是喜阳不喜阴的。其实，真正原因大约是小米比大米更富于营养之故。

清水先生在《翁源生产风俗》一文（《民俗》第38期）中讲到翁源的“月婆”饮食，产妇不准吃猪、鱼、牛、羊等腥荤，说与婴孩的健康有碍，只准吃菜干、豆腐、黄豆、乌豆等素菜。饭，用尽水米饭，即用铜罐之类炖煲而成。不过，鸡煲姜酒，蛋煲姜酒是须常吃的，俗以姜酒为唯一的滋补品。这种习惯，在江南较多区域都类似。

◆ 报生的艺术

一旦婴儿呱呱落地，女婿第一件事就是给丈母娘去报生（也叫报喜）。生女还是产男，刚做了爸爸的似乎有点儿不好说，于是，民间就创造了一些妙法，让丈母娘去意会。

报生拎鸡不但江浙流行，湖北等地也兴。生的是个女孩就提只母鸡去见岳母，相反，生的是儿子，就拎只公鸡去见岳母。娘家人见报生的来了，只须一瞅带来的鸡即知姑娘是生个啥，不用张口相问，不过鄂西北与浙江一带相反，生男要带母鸡，生女要带公鸡。报生所带礼物，其他可以收下，唯这只标志生男产女的鸡不能收下，一定要另配上一只异性的鸡连同原来带来的让报喜者提转回去，这是预祝新降之人将来成双成对。有的地方报生送鸡，连鸡所放的地方也有讲究，若生男，女婿带的雄鸡要放在岳父家中堂的左边，自己也坐在左边；生女则相反，这是循“男左女右”的惯例。

过去杭州报生，在送往岳父母的报生礼物中，若生男，用红纸包笔一支，若生女则附花手帕一条，娘家一见也就知情。而金华地区又有另外花样，女婿向岳母家报生，有提盛酒的锡壶一把，生子系红头绳于壶嘴或挂上用红头绳扎的两个桂圆，壶嘴里插上香柏和万年青；生女的话，只要红头绳扎在壶把上即可，其他无别的装饰。在丽水地区，这把报生的锡壶叫报生壶，内装黄酒，壶嘴上插柏树叶，以“柏树”谐“百岁”取吉利。生男婴，报生壶嘴还要塞贴红纸，生女则没有。以锡壶象征生男育女，不知何因。在衢州一带，除生男带公鸡一只去配母鸡回，生女带母鸡去配公鸡归之外，同时有以伞暗示生男生女的，生男将所带的伞置放堂内桌上，生女则放大门背后，有重男轻女的意思。

江苏靖江，小孩落地，女婿亲自给岳父母“报喜”则要送红蛋。如生男孩，红蛋是三、五、七、九单数；如生女孩是双数。岳父母只要看到女婿拿出的红蛋是逢单还是逢双，就知道是生的外孙子还是外孙女了。

◆ 衣胞处置迷信多

小孩的衣胞，也就是胎盘，如何处置，民间也有种种讲究，是不能随便扔掉或给人吃掉的。习俗认为衣胞与婴儿的命运相连，如果被人拿去配药吃掉，婴儿就会遭遇不幸。

北方农村，埋衣胞要选择地点，为希望孩子将来能有出息。要得个“高官厚禄”，就将衣胞埋在山坡、高岗上，以为这样可以“站得高，看得远”。有的希望孩子将来能壮实些，见识广，就把衣胞埋在大门口，这样可以“眼观六路，耳听八方”。一般的人家只期望孩子将来能承继家业，传宗接代，那就埋在房门槛和屋门槛即可，意思是孩子将来会成为一个“顶门扛”，挑起大梁来。埋时也有讲究，必须将胎衣开口朝上，认为能装住奶，若把开口朝下，那样孩子就要吐奶，不便抚养。

有的地方，将衣胞用竹篮盛之，挂在野外树上，让乌鸦禽鸟来吃，认为小孩命得天助，易养成人。

江苏靖江一带，衣胞要由小孩父亲亲自放入小坛子里，撒满石灰，封好，安放在床底下。等到小孩满周岁后，再于床下挖个塘，将坛子窖在地下。这样，小孩长大就不会忘记衣胞之地，即使到外地做官，告退时也不忘根本，回到本乡本土。此俗至今在某些地方仍然流传。旧时，浙江也有类似习俗，将胎盘装入泥钵，藏于床下，谓之“寿铸”，要待其长大成人才暗暗去之。也有将衣胞埋在路口的，迷信认为让胎盘在路口给千人踩，万人踏，表示希望孩子今后无病无灾。东海之滨的舟山地区，胎盘要用草木灰腌制在小瓮中，叫“胞瓶”，放在床底下，意为不离膝下。待人死后将瓶放入棺木之中带去。也有将“胞瓶”掷于海中，意思是以四海为家。

与衣胞相连的脐带，处置也有讲究。浙江青田一带，洗生婆为婴儿洗浴，断肚脐带，把剪下的一节脐带用一块红布包扎好，挂在房门里边的横档上，其意是留着带弟妹。

◆ “同龄树”与“落地林”

生儿育女，对家庭来说是一大喜事，值得庆贺。在种种祝贺的习俗中，流传于浙江余杭的种植“同龄树”和丽水山区的造“落地林”的乡风，可谓之淳风美俗。

每当生下一个孩子，余杭一带乡风就要在院头地角种植一棵枇杷树，称为种“同龄树”。此树种植后要加以精心培育管理，力求茁壮成长，认为如遇夭折或毁坏，预兆着孩子命运不吉。这样，这类同龄树都种一棵活一棵，棵棵枝繁叶茂，果实累累。这树既是得子的有意义的纪念，也能为家庭带来实惠的经济收入。由于此俗世代相传，使历朝盛产枇杷的余杭，枇杷繁衍更快，闻名于浙沪地区。解放初年种植的“同龄树”，如今孩子已年近四十，树高近屋檐，满枝硕果早已收取二三十年了。

贺生造林的习俗在丽水山区自古就有流传，当地叫造“落地林”。“落地林”名称取得美，以树喻人，落地生根，根深叶茂。俗话说：“十八年树木成材，十八年后生成人。”待儿女男婚女嫁时还可用这片树木的木材制作妆奁器具呢，故生男孩所造的“落地林”又叫造“新郎林”。此俗《汉族民间经济风俗》中已有记述，在此不赘。

这种种“同龄树”、造“落地林”的生育风俗值得提倡和推广。《光明日报》在一篇文章中写道：“生了孩子，父母合栽的纪念树，可以称作‘同龄树’，取与孩子同龄树之义。在培育孩子的同时，也培育这棵小树，让小树伴随孩子一起成长。从小培养孩子爱护树木的感情。若干年后，树成林了，人也成才了，或者树已成材，人并未成才，去看看这棵树，也许会对人起到某种潜移默化的教育、启示作用。”

种“同龄树”、造“落地林”如果说给人一种新的启迪，那么“女儿酒”的习俗，可谓有趣，给人带来喜庆的浓醇。“女儿酒”是旧时绍兴姑娘出嫁时的嫁妆之一，它虽与婚俗有关，但这种酒是女儿出生时即酿就埋藏起来的，故也是女儿出生的一种纪念。类以酿制“女儿酒”的习俗，在四川泸州民间也盛行。当地在女儿小时，父母就给她酿一坛酒，待出嫁时用来待客，故称“女酒”。

◆ “打喜”“吃喜”与其他

中国人重男轻女的思想根深蒂固，这一方面是受我国封建家族观念的影响，另一方面是对天地阴阳观念的迷信。历来称生男为“弄璋”，璋为玉器，生了男孩，以璋供他玩，希望儿子将来有玉一样的品德，以示尊贵。生女称“弄瓦”，瓦为纺锤，给幼女玩弄瓦，她将来能任女工，以示卑顺。生了男孩，“设弧（木弓）于门左”，左为天道所尊；生了女孩，“设弧（佩巾）于门右”，右为地道所尊，同时也有男主外、女主内的含意。汉族民间重生男，生了儿子，七庆八贺，热闹非常；生了女儿，则一切都从简了。

在鄂西北，家里添了儿子，邻里亲朋对产妇的父母和公婆就要嬉闹打趣，以示祝贺。他们会将红墨水或红印油之类往产妇的亲娘或公婆脸上抹，即使抹得像个关老爷或雷神爷，弄脏了衣裤都不兴发脾气，因为这种逗乐是一种庆贺的表示。这项仪程，当地叫“打喜”。如果是生了女儿，这种逗乐的兴致就不大有了。

京都竹枝词有言：“弄璋吃喜（生儿，亲友必索酒食曰吃喜）更非宜，弥月方才送礼仪。寄语劬劳贤妇道，囊空且莫乱生儿。”弄璋吃喜是普遍的风俗，只是各地做法不同而已。

浙江武义有些乡村，凡上年生了“头生子”的，次年正月十四日要置办“大男酒”。酒席备四碟豆腐菜，酒大量供应，凡本村外村及过路行人，不论男女老幼，都可随到随饮。这样的“大男酒”，不管你家境如何，都得办，真是叫人有“囊空且莫乱生儿”之叹。

广东翁源新的庆丁，也是庆祝生子的意思。庆丁，要吊灯。花灯用竹作骨骼，以色纸糊，更佩以纸条和宫殿人物。内安油灯一盏，已经生了儿子的，要预先买好灯，于正月十三或十四（也有择吉日的）用红绳吊挂在祖祠的梁上，挂时择时辰，敲锣鸣炮，这叫“闹灯”，意“丁”是越闹越多，愈闹愈盛的。当然除这盏灯外还要另买不少的灯送到别的神坛社庙和观音棚去。光这笔开支就颇为可观。

庆丁要办酒席，由新生子的主家送办。“闹灯”后，大家聚饮，开始举杯时，照例说一些“恭喜，多生贵子！”“添丁！添丁！”等吉利话。

现在，人们重男轻女的观念渐趋淡薄，但生了儿子大庆特庆的还是不少。

◆ 生子话蛋俗

生了小孩（特别是男孩），就给乡亲邻里馈送红蛋，这一风俗至今在民间仍广为流传。

生子何以馈蛋？苏北泰州一带流传有这么一则民间故事：从前有个于姓地主，虽占有良田千亩，拥有家产万贯，但为人极其吝啬。这一年于家媳妇产下一男孩，就叫跑腿的到佃户门上叫各家出钱备礼送喜。佃户们只得忍气吞声送了礼。于老板受礼后，为了表示自己知书识礼，就给每户送了一只红纸包作为回礼。大家打开一看，原来是只红枣儿。于是，人们便凑了四句顺口溜：

于府得子喜又喜，
送来红枣酬邻里。
可惜枣儿小又少，
你看财主多小气。

过了几年，于家又得一子，佃户们又不得不送礼。不料，这次于老板送来的红包大得多了，打开一看，却原来是两只红萝卜。于是，又有一首顺口溜传了开来：

于府又庆得子喜，
送来萝卜酬邻里。
虽说萝卜辣又辣，
难同富人心肠比。

凑巧在这年，于府有个叫李二的长工，是个放鸭出身的汉子，在50岁那年，老婆生了个胖小子。佃户们为祝福李二，不约而同地给他送了一点薄礼。李二为表谢意，就在孩子“喜三”时，给每户送了5只染得红彤彤的大鸡蛋。穷兄弟们接到红蛋后，都从内心感到高兴。于是，又有人编了首顺口溜：

李家得子庆大喜，
送来红蛋酬邻里。
圆圆鸭蛋红又大，
阔人财主岂能比！

从此，这个生小孩给亲戚朋友送红蛋的风俗便在苏北一些地方流传开了。

这自然只是传说故事而已，还难以从民俗学的角度说明民间庆贺生子，何以从“催生礼”一直到小孩长大上学，都与鸡蛋结下不解之缘。

生子馈蛋等一系列风俗产生的来由，或许是因鸡蛋又称“鸡子”，取其得“子”的谐音；鸡产蛋多，寓有“多子”的含意；又因蛋的形状圆滚滚，可附会谐称“状元”之故吧！当然，广大农村的村民都自家养鸡，以蛋作礼物馈赠比较自然方便。

凡女儿怀孕几个月，做妈妈的便差人携送鸡蛋去给她吃。到临月时，妈妈又送一回鸡蛋，这都叫“催生”，意谓催促其平安生下。

生了孩子，特别是男孩，家里添丁进口，为了喜庆家庭增添人丁，祈求孩子安宁成长，要向亲友邻里报喜讯，各地大都盛行分送煮熟染红的鸡蛋，俗称为“喜蛋”。有的地方生男孩送单数，生女孩送双数。

小孩满月，外婆要给小外孙送满月蛋，表满月志喜。

小孩生日，一般由父母煮一双鸡蛋，以表庆贺。

小孩初上学时，父母往往也煮一双鸡蛋给孩子吃，还要嘱咐孩子把蛋放在书页上滚几滚，以祝读书滚瓜烂熟。

生子中的蛋俗，在潮州人更有其特殊的表现。

亲朋一旦听到人家生子，第12天，必馈以鸡蛋。生子之家，则用薯粉做成小粒的甜粉圆子汤按户报之。如果未馈送人家鸡蛋，而忽有人送圆，那么得赶快馈蛋补礼，不然就有失礼节了。

潮州人对生男孩子，要举办一种颇为奇特而隆重的“办鸡蛋”仪式。凡外孙或外甥出生一月或一年以至五年期内，必须举办一次“办鸡蛋”的仪式。仪式须择定日子，外婆家送小孩衣物和金银饰器作为外孙或外甥的礼物，而其中心礼物则是鸡蛋。做法是将数十枚鸡蛋（要偶数）装在一只缸罐里，和其他物品一同送去。生孩子之家，必须煮甜糯米饭以待，“鸡蛋”到，即全数收下，而以糯米饭放原罐中作回礼。外婆家用回礼的糯米饭按户馈送邻舍。

三、养育风俗

◆ 婴儿开喉尝五味

婴儿出生一般三天后开始喂奶，叫“开口奶”“放食”“开喉”。婴儿开奶前，要喝黄连甘草汤，这是流行在江苏一带的习俗。

婴儿落地，洗净包好后，第一件事就是喝黄连甘草两味中药汤，次序还不能颠倒。这是为什么呢?

据说孩子出生后，将来的身体、生活极难预料。先喝黄连苦药，说明一生下来各方面都苦，但时间极短暂；后喝甜甘草汤，表示今后一辈子在各方面都甜，讨个吉利，叫先苦后甜。

在浙江不少地方，婴儿到三朝开奶，开奶前，要依次让其尝醋、盐、黄连、勾藤和糖，称尝“五味”。醋酸、盐咸、黄连苦、勾藤比喻人生道路多荆棘，意味着尝遍人生辛、酸、苦、辣，最后方能达到幸福，知道甜的可贵，祝愿孩子“吃得苦，养得大”，“先苦后甜”。这一类习俗倒有点诗意，含有哲理的意蕴。其实尝黄连等做法也合乎科学，黄连是一种健胃药，并有抗菌消炎的作用，甘草则有镇咳祛痰解毒的作用。有些地方婴儿开喉，就用川连汤、制军、大黄汤等清凉解毒药喂十来天，以解除婴儿的胎毒。

除尝“五味”外，有的地方还把肥肉、状元糕、鱼、糖等分别制成汤，加上酒，用手指蘸汤涂婴儿嘴巴，边涂边念：“吃了肉，长得胖；吃了糕，长得高；吃了酒，福禄寿；吃了糖和鱼，往后生活甜蜜又富裕。”借机向婴儿祝福。

在苏北民间还流行初生婴儿喝黑墨水的风俗。开奶时，母亲先挤出一小勺奶水，滴上几滴黑墨水，拌和一起喂婴孩。这时，亲友们便兴高采烈地议论：婴孩喝墨水，长大断文识字，满腹文才哩！这种喝墨水的风俗据说与我国晋朝大书法家王羲之有关。相传，一次王羲之在潜心练书法，时过中午，妻子送上热腾腾的糯米糍粑，外加一碟白糖，可刻苦钻研学问的王羲之，拿起糍粑竟误将墨水当白糖蘸了便吃，弄得满嘴黑乎乎还不知道。这个故事一传开，民间就认为，喝墨水有学问，婴儿降生下来，首先让他喝点墨水。这一风俗也就相沿传至今天。

婴儿刚产下两三天，产妇一般还未有奶水，所以“开口奶”还有讲究。第一口奶须向别家妇女讨来，生女婴的要向生男孩的人家讨奶，生男婴的要向生女孩的人家讨奶，所讨的奶水还要忌两小孩同姓的呢！

说完尝五味的风俗，再说婴儿刚降生时的两种奇特的习俗：

穿旧衣。孕妇分娩前，她的婆婆和未来婴儿的外婆就穿针引线，为将降生的小宝贝赶制新衣，可是，当婴儿呱呱落地后，却给穿其他人家小孩的旧衣服。如果生的是小子，还用其父亲的土布旧裤包起来。这是为什么呢？上海崇明有句俗话：“小来着线，大了穿绢。”裤与苦同意，婴儿自幼穿旧破布，养成艰苦朴素的习惯，长大经得起艰辛，寓意深长。

蹲狗窝。民间有这样的趣俗，婴儿降生洗好穿上衣服后，不是急于抱到母亲身边，而是先将他抱进事先预备好的一只狗窝里躺一会儿。为什么婴儿刚来到人世要让其先蹲狗窝呢？意思是将婴儿作小狗，蹲了狗窝，就会如同小狗般易于照料。还有一层意思是借此劝告其父母，对待自己的心肝宝贝，不必过分溺爱和不要娇生惯养，不然长大了不易成才。

◆ 婴儿要喝三黄汤

苏北农村至今仍有初生下的婴儿要喝三黄汤、穿虎头鞋的习俗。关于这种习俗还有个富有情趣的传说。从前，有对猎户夫妇，生育了几胎儿女，都未满周岁便染顽疾而夭折，好不悲伤。一回，猎嫂又得一个白胖胖的千金，正当全家沉浸在欢乐之中时，婴儿不幸又患上“锁口子”，危在旦夕。猎哥心急如焚，无法可施，心里烦躁，竟责怪妻子不会抚养孩子，猎嫂委屈得饭也不吃，只知道流眼泪。

第二天，猎哥上山打猎，没精打采，心烦意乱，到太阳搁在山岗上时只猎获一只野兔。他蹒跚地走回村里，却见村口围了不少人。他走近一看，原来是个身着重孝的寡妇，手里搀着肉头肉脑的孙子，藕节般的手臂，苹果似的小脸，脚上穿着双虎头鞋，背后插着标记出卖的茅蒿扎编的草圈。人们问她为何要将小儿出卖，她老泪纵横地诉说道：“嗯！天老爷真不公平，枯叶不落落青叶，儿子媳妇都下了世，留下孙子，叫我孤寡老妇怎样养育得了？没奈何只好出卖，给他寻条活路。”猎哥一听，暗地在琢磨：自己家连生几个女儿，都留不住，这孩子结实可爱，何不买下？老妇人见他有意要孩子，就说情愿将孙子送给他，不取分文。猎哥自然欣喜万分，便热情地将老妇人引到家里。猎嫂既高兴又愁悲，高兴的是得了孩子，愁悲的是女儿病危，小命难保。老妇人听了猎嫂的诉说，边百般安慰，边从衣兜里掏出黄澄澄的药丹，说这是除毒的三黄，包能治愈千金的小疾。夫妻俩赶紧将药丹婴儿灌下，过不多久女婴竟睁开了小眼，哇哇地哭吵起来，乐得他俩连忙办宴感谢老妇救命之恩，并留下老人住宿。

第二天，当猎哥推门请老妇人用早餐时，却不见了人，连她的小孙子也不在了，只留下一双虎头鞋和一纸帛书，上写：

婴儿系母体上肉，三黄煎汤解胎毒，
虎头鞋子赤足穿，狼虫魃魆不敢簇。

下面署有“南海普救大士”的字样。猎哥一思忖，恍然醒悟，老妇人原来是观音菩萨，那孩子不就是她膝前的红孩儿吗！

如今，你到普陀山或其他寺庙里去看，观音菩萨前的红孩儿塑像总是赤着一双脚的，据说他穿的虎头鞋当年留在猎哥家里了。这自然纯系附会。不过，这两种习俗现在在一些地方有流传。

◆ 奶羊乳婴多情趣

人们通常只知道乳婴除母奶外，还兼用牛奶粉或鲜牛奶，可是，在黑龙江省境内，以往却广泛地流行过奶羊乳婴的特殊风俗。

在旧社会，迫于生计，妇女要参加各种生产劳动，他们含辛茹苦辛勤劳作，往往连生了孩子也难得有空隙喂养婴儿。何况，由于缺乏营养食品的调养，又常常缺少奶水，这样，渐渐地就开始用嫩山羊代乳母乳婴。

经过一段时间的训驯，山羊就能习熟婴儿，谙通人性。山羊伏在火炕之上，婴儿偃卧于侧吸吮羊奶。等婴儿吃饱了奶水，吐出奶头，母羊就会自动下火炕。日子一久，只要听到婴儿啼哭，在屋地上的山羊就会产生条件反射，急急忙忙地蹿到炕上，伏在婴儿的面前，让婴儿吃奶了。如果婴儿不知饥饿啼哭，不去吸奶，山羊还会久卧不动，静静等候。

因山羊通乎人性，平时羊的饮用注意卫生，它的蜷卧之处也保持洁净，人们对使用山羊乳是放心的。

据黑龙江史书记载，山羊曾经乳奶过无数先代的婴儿。现在，随着生活条件的改变，这种习俗在黑龙江省早已湮灭了。

◆ “三朝庆典”话洗儿

婴儿出生三天，称为“三朝”，要举行一些仪式。古时对三朝颇为重视，如南宋时，这天要举行“落脐灸囟”的礼仪，祝贺婴儿从此脱离了孕育期的残余，正式进入了人生的另一阶段——婴儿期。过三朝的做法有的含有迷信成分，有的手续过繁，现多泯灭，但有些习俗却不失科学道理。

清末民国初年时，杭州风俗，三朝要烧太君纸。据传，太君娘娘为宋真州兵马都监陆圭之女，杭州在吴山上有庙，叫“太君送子殿”。大约是要感谢太君送子之意。

三朝的主要仪礼之一是洗儿，因一般都在生下三天时给婴儿洗澡，故俗称洗三。据说，这样可以洗去婴儿从“前世”带来的污垢，使之今生平安吉利。

洗儿用温水，也有用桃树根、李树根、梅树根各二两，用水煎煮，去渣浴儿，这样能去不祥，终生无疮疥。也有用艾虎汤的，即用端午艾一斤、虎头骨一枚，以水三斤煮汤沐浴，能辟恶气。还有用姜葱等煎汤的，葱取聪明之意；姜，或许因为与“强”音近，取孩子强壮之义。普宁洗三，要托人到野外采集12种不同的花和草，煮水洗用，倘实在采不到，那么，春草、末草及其他几样重要的是不可少的。

洗儿的盆中须放喜蛋及金银饰物等，洗毕，取蛋在婴儿额头或身上抚擦一遍，说是可以免生疥疮。用金银饰物，据说可以镇惊。浙江丽水一带习俗，洗毕，对女婴要用秤锤在她的臀部按摩，认为长大后会坐家顶宅，并以针线放在手中，长大后会精于女红。若是男孩，就把笔、算盘等放在婴儿手中捏一捏，说是长大能精通算理，善于翰墨。

这里我们以北京昔日“洗三”为例，作一具体记述。

生下来三天的“洗三”，老北京人把它视作人生两件大事之一（另一件是死去三天时的“接三”），所以不论贫富都把它当成大事儿。

“洗三”仪式在接生婆、北京叫“收生姥姥”的主持下进行。先在产房外厅正面供上碧霞元君、催生娘娘、送子娘娘、豆疹娘娘、眼光娘娘等13位神像。香炉里盛满小米，供插香用。一对蜡烛台上插小红烛，下压着黄钱、千张、元宝等全份敬神钱粮。产妇卧室的炕头上供着“床公床母”像，用三碗桂花缸炉（一种点心）或油糕之类的供品。上香叩首毕，将盛有以槐枝、艾叶熬成汤的铜盆摆上炕，收生姥姥抱了婴儿就开始“洗三”。本家依尊卑长幼带头往盆里添一小勺清水，再放一些钱，谓之“添盆”。如添的是金银锞子、硬币就放在铜盆里，如添的是银票纸币则放在茶盘中，此外还可以添些桂圆、荔枝、红枣、栗子之类的喜果。亲朋也得随喜，碰到是富贵脸的还真有往盆里放金银锞子、首饰的。清末民初则多放银元、铜钱。添盆时，收生姥姥有一套固定的祝词，见你添清水，她说“长流水，聪明伶俐”；看你添喜果，她就讲“早儿立子（“枣”谐“早”音，“栗”谐“立”音），连生贵子（“桂”与“贵”谐音）；桂元桂元，连中三元”。

“添盆”完，姥姥拿棒槌往盆里一搅，念道：“一搅两搅连三搅，哥哥领着弟弟跑。七十儿、八十儿，歪毛，淘气儿，唏里呼噜都来啦。”然后开始给婴儿洗澡。不管多冷天，孩子受凉一哭，名为“响盆”。一边洗，一边念叨祝词，什么“先洗头，做王侯；后洗腰，一辈更比一辈高；洗洗蛋，做知县；洗洗沟，做知州。”随后，点着艾叶球儿，用生姜片作托，放在婴儿脑门上，象征性地灸一灸，再给婴儿梳头打扮一下，说什么“三梳子，两篦子，长大戴个红顶子，左描眉，右打鬓，寻个媳妇（女婿）准回村；刷刷牙，漱漱口，跟人说话免丢丑”。用鸡蛋往婴儿脸上滚滚，说什么“鸡蛋滚脸，一生无险”。洗完，把孩子捆好用葱往身上轻轻打三下，说：“一打聪明（“聪”与“葱”谐音），二打伶俐。”随后把葱扔到房上。拿起秤锤儿比画一下，说：“秤锤儿虽小压千斤。”再拿起锁头三比画，说：“长大啦，头紧、脚紧、手紧。”把婴儿托在茶盘里，把本家事先准备好的金银锞子或首饰往孩儿身上一掖，说：“左掖金，右掖银，花不了，赏下人。”还要把几朵纸制红石榴花往烘笼儿里一筛，说：“栀子花、茉莉花、桃、杏、玫瑰、晚香玉，花瘢豆疹没有啦……”

至此由老婆婆把娘娘码儿、敬神钱粮连同香根一起请下，送至院中焚化。收生姥姥用铜筷子夹着把“床公、床母”像焚烧，说：“床公床母本姓李，大人孩子交给你，多送男少送女。”把灰用红纸一包，压在炕席底下，就是叫床公床母永远保佑大人孩子平平安安这才向本家讨赏要钱，有的将“添盆”的金银锞子、首饰、铜子儿、围盆布、小米、鸡蛋、喜果，撤下的供品——桂花缸炉、油糕……全部兜了去。

“三朝”一般还要给孩子命乳名，所取乳名用红纸写了贴在土地神龛的旁边，上书“命名大吉”，四角写“长命富贵”。

如今，妇女们生育多到医院，既文明，又卫生，这种三朝洗儿的繁缛仪式自然就消除了，但在农村有的还有残留。

◆ 满月剃头趣事多

婴儿出生一月叫“满月”，也叫“出月”“弥月”，这又须来一番庆贺，各地花样层出不穷，而满月剃头是大家共同的风俗。

这天，小孩的外婆和七姨八姑乃至亲朋好友照例来送礼物相贺，所送物品各地不同，少不了有衣物、食品甚或坐车、摇篮。衣物以帽为考究，上缀银饰，如寿星、兽头及金玉满堂、长命富贵等字样。是日，设祭享神祀祖，举办丰盛酒筵宴请亲友，叫“满月酒”，并向四邻八舍分送肉丝炒面或当地时兴的食品。

北方人喜吃面食，过满月，主人邀请亲友共同祝贺，叫“做满月吃面”，不论酒筵何等丰盛，最后一定要让客人们吃面条。吃喜面要多加葱花，以“葱”谐“聪”，祝新生儿顺利成长，聪慧天成。

满月剃头很有讲究。剃头所用的汤，有的地方要由祖辈来烧。烧时，汤中放鸡蛋、鸭蛋，这是专门用来酬谢剃头师傅的。剃时，桌上要点燃“状元红”蜡烛，桌面上铺红毡，上摆桃、面等。请来的理发师到家中时，一进门就得边走边说：“一进大门步步宽，脚上踩着紫金砖，紫金砖上生莲子，莲子上面落凤凰，凤凰不落无宝地，状元一定出在你府上。”给婴儿剃头时，剃得不干净不要紧，但决不能把头皮剃破。剃时，小孩一般由祖父抱着，有的则由有福气的亲友抱着剃头。往往在剃胎发前，事先挖好一扎葱、一扎芸，备好一把斧，俗称千年斧。这时抱孩子的祖父或有福之人脚下要踩着用红彩（红布或红纸）包的葱、芸、斧。待到落胎头剃好，葱和芸马上由婴儿父亲去栽种。葱与聪、芸和运、斧与富同音，脚踩葱芸斧，意味婴儿自幼踏在富贵、高运、聪明的福地上，长大必然聪明伶俐运道好。此外，葱和芸生命力十分旺盛，栽于泥土中，便能生根、开花，四季常青，预兆婴儿茁壮成长。

剃落胎头，并不是将胎发全部剃光，不少地方要将顶囟门一寸足方的胎发留着，叫“孝顺发”“孝顺毛”“百岁毛”。其实起初大约留着是为保护囟门的。因所留这块胎发呈瓦片形状，故也有称剃“瓦片头”

的。浙江长兴一带却有留胎发的习惯。生下男婴，如果上面兄姐已夭亡，就把胎发留着，直至成辫，俗叫“小辫子”，据说用小辫子吊住，鬼邪抢不去，可保孩子平安长大。这小辫子要等到成人后方可剪去呢！

最有意思的是剃下的胎发如何处理，有一套讲究。胎发不能随便丢弃。杭州习俗，胎发要挂堂屋高处，说这样小孩长大了有胆量。有的用红布包裹，悬挂保生娘娘的神座旁边，取保长生之意。在嘉兴一带则保留“头发圆”的古俗。该地剃满月头，先用手指蘸绿茶水轻轻在婴儿额头和头发上揉擦，一边喃喃念着：“茶叶清白，××头皮清白。”然后剃发，将胎发收集好。而后在家养的狗身上拔下一小绺毛，一边说：“××大起来乖，和小狗一样胆大，一样灵巧。”再在猫身上拔下一小绺毛，一边说：“××大起来乖，和小猫一样听话，一样活泼。”将三种毛发混合一起，喷上一口茶水，放在手心里仔细地搓，搓圆了后，拿一枚针穿上大红丝线，先串上一个枣子，再把发团串上，最后串上一个桂圆，做成一个“头发圆”，挂在床檐正中。一个孩子满月了做一个胎发团挂在床上，生几个挂几个，迷信认为可以镇邪；而其实倒不如说是满月纪念品，以后孩子长大了“飞”走了，做娘的只要看到这胎发团，犹如见到人，胎发团挂在床上，儿女如同永远在娘身边，受娘保护。据说，胎发团还是止血的好药，应急时可用。

剃了头，做母亲的将孩子穿戴披挂一新，抱盛装婴儿向亲友致谢并接受祝贺。按理亲友该讲一些恭维的话，可在浙江宁波一带，亲友见到婴儿，习惯却说：“介（“很”之意）难看，介难看。”俗以为这么说孩子日后会越长越好看。给亲友“展览”完后，还要抱婴儿外出走街串巷串门户，叫兜喜神圈。走时一人持雨伞遮之，且须过一座桥，俗称如此这般孩子将来自然胆大。

过满月剃头，至今仍然时兴；办满月酒，宴请送礼亲友之俗也仍然有。

◆ 周岁试儿要抓周

婴儿出生养育到一周岁，要举行一定的礼仪以示庆祝，古代有“晬盘”的仪式，民间叫“抓周”和“试儿”，如今已基本湮灭。

晬，原是婴儿一周岁之称，叫“周晬”，后来，又通用于婴儿满百日之称，叫“百晬”。所谓“晬盘”即指婴儿满周岁或百日时，家里人用一只盘子，放着弓箭、珍宝、玩器、针线、文房书籍等物件，让婴儿自由抓取，以先拿什么为征兆，来预测他未来的一生和前途，因是测试性的，故也叫试晬。

《红楼梦》第二回，通过别人之口介绍了贾宝玉周岁时，贾正为他举行“晬盘”仪式的情景：

……那年周岁时，政老爷试他（宝玉）将来的志向，便将世上所有的东西摆了无数叫他抓。谁知他一概不取，伸手只把些脂粉钗环抓来玩弄，那政老爷便不喜欢，说将来不过酒色之徒，因此不甚爱惜……

抓周习俗流传较广，特别是江南。《中华全国风俗志》载安徽寿春风俗：

婴孩周年之日，置食物农工器（系小模型）及小铜刀、铜剑、纸笔等物于案上，使其随意攫取，谓之抓周，俗意以为观其攫取何物，可知其将来志之所向也。

在浙江，小孩周岁要办酒请客（女孩就不一定办），收礼物和贺仪。上午要行试盘仪式。小儿穿上外婆送来的新衣，戴虎头帽、银项圈、百岁锁（长命锁）、手镯、脚镯等。厅堂中间放一张八仙桌，桌上放一只盘，盘中有书本、毛笔、小斧头、小锄头、食品水果等物。母亲抱着孩子扑在桌面上，看孩子喜欢拿什么东西，如果拿书，外婆会讨彩头："长大准会考中头名状元！"拿别的，也有口彩，叫"周岁试盘"。

江西各地也通行抓周习俗。小儿周岁，遍请亲友筵宴相庆外，必备书籍珠算刀剪等物，置案令小孩自取一种。如果取得的是书，家人就欢声雷动，以为孩子将来定能专心学问，其余珠算财为商，刀剪则为工。清代时，还将朝珠一种放入杂物中，如小孩抓到它，家人更为高兴，宾客必众词相贺说，某孩长大能做官，于是，当父母的喜形于色，满脸生辉。

再看南国风情。海南省琼崖地区称小儿周岁为"对岁"，是日亲友近邻来贺，胜于过满月。外祖父家要为小孩特备笔、墨、砚、纸、算盘及其他玩具和银元一块置筛中，家中请道士为之奉神，其时，将置满物件的筛敬献神前，使婴儿伸手拾取筛中任何一物，从所择捡之物测定婴孩异日的志趣，择文具者为喜读书，择算盘、银元者则近于商。

抓周习俗历史悠久，早在南北朝时就在民间流行，那时叫"试儿"。颜之推在《颜氏家训·风操》一章中，曾经详细介绍了当时江南的"试儿"风俗：当新生儿满一周岁时，父母就给孩子沐浴，上新衣，打扮一新。以后把弓矢纸笔（女孩用刀尺针线）以及各珍宝、食品、玩物等放置在孩子面前，"观其发意所取，以验贪廉愚智。"可见，这种风俗已延续一千多年。

抓周风俗带有占卜性，是古人相信命运，求助鬼神、祖宗来暗示和预卜孩子的性情爱好、命运贵贱的一种愚昧做法，今天已基本被摒除。

◆　“养活孩子吊起来”

东北有一则民谚云：

关东山，有三怪：
窗户纸，糊在外；
老公公穿儿媳鞋；
养活孩子吊起来！

关东山是指山海关以东的地区，这里居住着满汉两个民族，在共同开发关东山的过程中，不少风俗也相互融合。所谓“养活孩子吊起来”，是指当地满汉民族育婴的一种传统方法。满族在渔猎时代需要妇女和男人一起骑马射猎，或赶着大群的牛羊放牧，到处为家，住的是帐篷或临时棚厦，生了孩子放在地下，只怕狼叼蛇咬不安全。聪明的妈妈就从山上采来树条，编成摇篮，吊在树上，这样小宝宝生活得既舒适又安全。后来，进入定居耕种时代，住上了永久性的家屋，就把孩子的摇篮挂在房梁上。这一风俗流传已久远。清初吴振臣写道，摇篮“其制以筛板圈做两头，每头两孔，以长皮条穿孔内，外用彩画，并悬响铃之类，内垫薄板。悬于梁上，离地三四尺。用带缚定小儿，使之不得动，哭则乳之，不已则摇之，口念巴不力”。这种形式的摇车，在农村中至今仍保留着。

满族的这种独特的育婴方法，汉族人学了过来，改用薄木板做成摇车，还涂上各种花纹图案或写上不同的吉祥如意的题字。汉族人民有为出嫁女儿置嫁妆的习俗，但摇车不作嫁妆，而要等女儿有了喜怀了孕，做外婆（姥姥）的才赶制摇车，待一接到外孙出生的消息，就马上把摇车送去，并立即挂起来。妇女们自然对摇车的花纹图案、题字、样式会来一番品评，做外婆的听到声声夸奖，那美滋滋的享受就别提了。

“养活孩子吊起来”的习俗，其实不仅关东山有，其他地方也有。

海南就有将襁褓之子“置筐悬树，就而乳之”的风俗。

关于育婴的方法，汉族传统有给新生儿裹“蜡烛包”的。这种方法就是把孩子的双髋双膝伸直，外面裹一块布，然后用带子捆扎好。传统观念以为不这样包会使孩子发生罗圈腿。其实这是不合乎科学的，这样做会影响婴儿的活动及肺活量。民间习惯给孩子穿开裆裤，这种习俗也不合乎卫生要求，尤其是女孩坐地上易引起尿道感染，跌倒时易碰伤，冬天则不保暖。

◆ 寄名与认寄父寄母

小儿出生后，倘多灾多难，娇贵难养，或请算命先生为之算命，推定命硬多关口和要冲克父母，那就须寄名寺庙或认寄父寄母。这类寄名和寄子的风俗几乎流传于民间各地。

华北地区，儿童寄名寺庙俗称“跳墙和尚”。胡朴安编的《中华全国风俗志》载有天津小儿跳墙的风俗：

大凡缺少子嗣之人家，忽然生下一个男孩，自然爱如珍宝，但是一方面却时时惶恐，或是多病或是夭殇，因此为父母者往往带领小儿到庙中焚香祷告，求和尚给小儿起一名，俗称寄僧名，其意谓自此以后，此孩便算出家。寄僧名之孩，往往作僧人装束，直至十三岁跳墙还俗之时，方能更换。跳墙事先必须择一吉日，买簸箕一个、毛帚一把，预备老铜钱八枚，及期父母带领小儿又向神像焚香祷祝，一面使小儿持簸箕及毛帚拂拭香案，洒扫地下，事毕即令理发匠为小儿留发，随后便使小儿立于板凳之上，左右手各执老钱四枚，旁观主人喊声“赶和尚”，小儿便将手中所持之钱向后撒去，跳下板凳，并不回头，直跑回家中，此即所谓跳墙还俗也。

该书又载吴县的这类奇俗，做法是：

……其亲乃至庙烧香，用红布制一袋置小儿年庚于其中，俗名过寄袋，一悬佛橱上，自是以后，每旧历年终寺僧备饭菜，送小儿家中，名曰年夜饭，其亲必给僧以钱，凡送三年始毕，当过寄时僧为小儿取名，譬如神佛姓金即取名金生、金寿等类，携小儿来庙拈香，呼神如寄爷，及至成年完婚后，乃将红布取回，名曰拔袋。

从《金瓶梅》《 红楼梦》等小说描写的情况看，儿童在寺院寄名的风气明清以来相当流行。

与寄名有些类似的，广东曲江地区则有“借名”的习俗。曲江的北面有两座大山：狮子山与象山，两山相接处有石门，当地人叫它为双石门，又称石公。有小儿不安守难养的，择黄道吉日，备香糕果品素斋纸钱等，到双石门借名。所借的名字必嵌有石字，先用朱砂请道士书名（如双石成、石天宝之类），至双石门，拈香祈祷后，将朱砂所书的名字贴于石门上，然后沿途呼唤所取之名回家，俗以为这样能使小儿强壮、容易长大。待小孩成年嫁娶时，至双石门设祭，称为还名。又有向他姓人家借名或偷名的。如向王家借名，其名即兼该家姓字。至于偷名的做法是，先打听好某家人丁兴旺，再请人向该家偷得一只饭碗和一双筷子，如果偷时被那户人家发觉，则不利，须更换到另一家去偷。偷名者返回时，小儿的母亲抱小儿子门前相迎，称为接名。偷名人呼名，儿母即代儿应之。习俗认为这样可保小儿无灾无病。

认寄父寄母，即认义父义母，俗称拜过房爷、过房娘，北方叫认干爹、干妈。这种寄子的原因，大多出于算命先生推算小儿八字不能永年，命薄，宜出寄于属某肖之人，方能解免；或子女八字冲克父母，须出寄以远之。所认寄父寄母要择多子多女或家境贫寒人家，甚至寄于乞丐等的，也有寄予神鬼、树、石的。现分别略记述如下。

承寄干儿干女之风，杭州颇盛。承寄的方法，由出寄人的父母，备具王母寿星神马，并素菜十碗，带领小孩前往受寄的人家斋供。外加糕、桃、烛、面、鞋袜等，献给干父母，又备盛筵一席并香楮等，前往祭干父母之祖先。干父母对于受寄子女，一要代为取名，从己姓，列予自己子女，之排行；二为送见面礼；三是用金银锁片等物，置于所取名字的纸上送去，名为压帖；四为衣帽鞋袜等，其中必有包袱、领巾、兜肚，谐音“包领大”。承寄之后，干儿女逢年过节都要送礼，三年为满。

以往北京人习俗，认为认干爹、干妈，对方会对自己的亲生子女不利，所以一般要择至亲好友作自己小孩的干爹、干妈。认干爹、干妈是喜事，要择吉日举行仪式，备酒席，送礼物。礼物以给干爹的帽子、干妈的鞋子、衣料为好。干爹妈回送干儿子的东西一定要有饭碗、筷子和一个长命锁，有的到护国寺、白塔寺去买木碗，以免瓷碗被小孩打碎，带来不吉利。

北方孩子认干爹干妈时，干妈要穿上一条特别肥大的红裤子，坐在炕头上，由旁人抱着孩子由裤裆里钻出来。这样干儿子就与亲生孩子一样了。干爹干妈还要为干儿子起乳名、带上长命锁，以后干儿子要用干亲所赠碗筷吃饭，那意思是说，吃他家的饭，是他家的孩子了，和亲生父母不搭界了，从此借干爹妈的福气，必定健康长命了。

可笑的是，清朝末年，杭州流行寄子于鬼神的习俗。往往喜神不寄，却寄于武林门外马塍庙之无常鬼，呼为胡阿爹、胡干爹。考之史籍，不见无常姓胡，大约是乡民以“无”“胡”音近而讹误的原因。寄法，做新白布长衫一件，另用烧饼、烧酒、香烛、银锭供而焚之。该庙和尚代为取名，用红纸一条，上书寄名符宝某字样，持归贴之大门之外，每年七月，其父母还须抱了小孩前往拜胡阿爹生日，到16岁而止。

民间寄名还有拜樟树、石头为娘的。除上所述以外，值得一提的尚有贵州盘县小孩的撞名。《中华全国风俗志》载：

盘县初生小孩，除寄拜干父母外，有一种撞名之风俗。倘有时小孩有疾，以箸占卜，许以撞名，于是择黄道吉日，在路之畔，陈列果品，焚香烧钱，而后静伺行人。第一经过其畔之人，便以为孩子之干父母，享以果品，以求认继。而其人无论如何，不能推却，只得承认为干父母，并为小孩易姓己之姓，并另改一名。又须以钱物给与小孩，以当贽见。如彼此相邻近，以后便作亲戚之往来。若相住太远或贫富相悬太大，成礼以后，便即完结也。

拜乞妇为干娘的风气在江西一些地方流行。碰到小孩有疾病，或祈祷菩萨，或请法师禳解，如果无效，最后要寻挽一个女丐，由人抱小孩拜之，亲生父母则口称："拜干娘，拜干娘，自今以后，与讨饭的干娘一样。"连呼不已。丐妇就高声以"贱头贱脑"答之。倘幸孩儿痊愈，丐妇就将其讨来的饭，每天来喂小儿一次，该家须给饭二三碗以为报酬。

汉族民间那么热衷于寄名，认义父母，拜干爹干娘，大约视名与命相关联，寄名就是寄命，寄命于神鬼和他人，以保自己子女易长易大。

带有迷信色彩的承寄鬼神、树石之类的陋习现已消失，但民间承寄之风在某些地方仍存在。

◆ 刻脸压灾的来历

在河南、湖北一带农村，有一种奇特的风俗，婴儿在百日之内要找唱戏的艺人给刻个戏剧脸儿，说这能避邪压灾，母子健康。这个习俗的来历同不少习俗一样，也有个说法。

从前有个员外叫张三义，家有良田千顷、家产万贯，就是缺少个儿子。当他过罢五十大寿那年，老夫人忽然有了喜，第二年竟生了个胖小子。老年得子分外溺爱，老汉怕夫人侍奉不了孩子，就特地寻了个奶妈照料。他怕生人惊吓着孩子，就禁止丫鬟、仆女进房；怕孩子受风着凉，把个窗户也关得不透风儿。哪想到，孩子不上两月，面黄肌瘦，老爱啼哭。员外一听到哭声就心疼得不得了，专拿奶妈出气，弄得奶妈有苦难言。

这天，村里唱大戏，家里来了一大帮客人。张员外发话说："今天若闻少爷哭一声，罚二十板子。"哪知这娃偏又哭个没完。奶妈无法只好抱起小孩往后门外暂避。一出家门小家伙竟止住了哭声，奶妈就抱着他向戏场走去。

来到后台，小孩见了那红红绿绿的戏装，立即活跃了起来，一个唱小丑的逗了他一下，还嘎嘎地笑个不停。晚上，员外见孩子与往日大不一样，就打闻原因，奶妈只好如实相告，员外听了又惊又喜，就叫奶妈抱着孩子天天去看戏。

唱小丑的艺人见老嫂子天天抱个小孩到后台来看化妆，就问她莫非也想学唱戏？奶妈连忙向他讲明了原因。"小丑"一听，想想小孩闷在屋里如坐牢笼，看不到花花世界，哪能不厌烦而啼哭呢？想到这里，他说服了奶妈，给孩子刻了个"赵匡胤"脸谱，让奶妈抱着孩子在村里溜达。乡邻见了好奇，都围上来看稀奇，还不断有人逗弄孩子玩，小家伙被逗得手舞足蹈，嘎嘎大笑，笑得手脸沁出了汗水。就这样，小孩不哭了，快活了，能吃了，养壮了，百病也没了。员外为了报答那位艺人，送去了红包和礼物。从此，一传十、十传百，很快传到四邻八乡，大家都说这孩子的灾星是"太祖爷"赶跑的。从此，这刻脸压灾也就成了乡风流传了下来。

◆ 百家锁和百家衣

有些小孩体弱多病，担心难以养育。为了小孩易养易大，保延寿命，民间流行有各种保育的方法。戴百家锁、穿百家衣、吃百家饭、兜百家米就是其中迷信的保育手段之一。

百家锁，是小儿的家人派人走家串户，如同僧道化缘一般向各户乞讨一文钱，然后用这积凑起来的钱打一把锁给孩子戴上，借这百家的福寿，以保孩子的寿命。北京称为“化百家锁”。凑制百家锁的风俗，在全国流行很广。江西一带的做法是：先用白米七粒，红茶七叶，用红纸包好，约两三百包，散给亲友。收回时，对方须送钱数百文或数十文。小孩父母将收集来的钱，购一银锁，正面镌“百家宝锁”，反面镌“长命富贵”，系于小孩颈上。又有一种简易的方法是，用一百或二三百文钱与一乞丐对换成小钱，取其从百家讨来的意思，然后将换来的钱购买锁。锁或镀金，或纯金，佩于小孩胸前。

为保小儿的安全，黑龙江一面坡一带，婴儿生出后，产家要向街坊邻居讨要七家的大钱，即带方孔的古铜币，和七家不同颜色的彩线。将大钱用七股舍一的线一孔连一孔地穿成连环形，缀上饰穗，用长线将其挂在婴儿项上，叫作“长命锁”，一直要挂到六七岁时，因这时孩子已经能“站住”，即保活了。

给小孩穿“百家衣”的习俗，各地流行也颇广。所谓“百家衣”就是用各种颜色的碎布拼制成衣服给小儿穿，由于社会上的乞儿多穿这种百结鹑衣，小儿穿了“百家衣”就可像卑微的乞丐一样容易养育。古代官宦富贵人家或中等人家，多在孩子启蒙前，先向一百户人家各索讨一块布（后发展为由一百家各送一小块锦缎）拼制成“百家衣”。每一块布直径为7厘米，呈八角形，颜色各异，并且都绣上花鸟虫鱼或人物。这大约是正宗的“百家衣”了。

除此，浙江丽水一带还有“兜百家米”的习俗。倘若小孩多病，难以养育，父母须择取吉日到夫人庙去烧香礼拜，许下讨饭愿。许愿后，往各家兜米，每讨一家就用红头绳打个结。待讨足百家米后，卖掉其中若干，为小儿添制银项圈，或银脚镯、银手镯，剩下的百家米磨粉蒸成千层糕，切成小块，在村口或道旁分散给众人，叫作“还讨饭愿”。与此相似的是安徽有吃“百家饭”的习俗，也是家中小孩体弱多病，就用大红布袋向外姓人家讨些粮米，煮饭给小孩吃。这类做法寓有小儿吃了百家饭，贱而易养之意。

◆ 青田的“散乞儿愿”

为了承继“香火”，传宗接代，民间极重视对男丁的养育。浙江青田县，倘家中男孩太娇贵，多病难养，做父母的不放心，从前有到“孤老院”去许愿请求神祇保佑的。

孤老院是讨饭人（叫花子）所居住的场所，据说院内供奉明世宗朝官拜太子太师之位的严嵩，为什么要供奉这位大奸臣呢？严嵩因陷害忠良，被皇帝降旨贬入孤老院，后来的讨饭人，因看他做过皇帝的老师，就把他尊奉为讨饭人的祖师。

许过愿以后，就择一吉日，做父母的必须亲手提挈盂，到邻居及亲戚那里去讨米，一家一盏（象征讨饭），必须讨满一百户人家，意思是“长命百岁”。

讨足百家米后，再选一个吉日（大约在八九月间）去还愿。头一天把讨来的米加上自家的米用水浸泡一天，送到水碓里将米碾成米粉，再将米粉用温水掺匀，做成糗糍条入锅煮熟，然后把熟糗糍条用捣臼捣匀，请一位妇女来将糗糍馃捏成风炉、炒菜锅、酒壶、酒杯、盘、鸡、肉、鱼等各种厨房要用的器皿及祭品模样，然后炒好的菜肴如猪肉、鸡、鱼、金针、木耳等放在捏好的锅和盘里到天将黑时，便把这些东西抬到屋外冷清之地，地上铺草席，将祭具祭品等摆好，开始祭神，待香烛点燃不久，就会有很多的乞儿及邻近的小孩闻风而来，稍待片刻，他们就开始抢夺祭品，抢的越光越好，那样才算是还愿的好兆头。

在祭神还愿的同时，家中还必须炒好许多糗糍条及很多菜，一桌桌摆好，任由大家来吃，吃的人越多越好。最后还得备办一桌或数桌稍好的菜，请邻居好友来吃。到第二天把剩余的糗糍条分送给以前他讨过米的人家，表示谢意，这才算还清这个愿。

◆ 小孩镇魂避邪物

民间迷信认为，小孩的魂魄是比较脆弱的，极易受到损害，特别是容易被神鬼之类冲着。为防止孩子“落魄”，保其易养易长，往往取一些被认为有镇魂避邪的物件作为装饰。除上面已讲到的百家锁和百家衣之外，各地尚有一些独特的物品。

戴耳环和戴脚箍较为普遍。贵州的小孩，多在耳根穿一小孔，用金、银、铜类金属作成耳环模样的东西给他戴上，名叫“破相”。不到长大成人是不取掉的，亦有的长久带着，永不取下。陆安时兴给小儿戴脚箍，形同手镯，把它当作一种神秘的刑具用。脚箍多用银铜或铁打制，上刻神名或长命富贵等字样，以为有了这种神的刑具锁缚着，小孩就能长寿，不至早亡。其他如孩子脖上带项圈、银链小锁，像《红楼梦》里宝玉戴的那块通灵宝玉，宝钗挂的那把金锁，湘云佩的那只金麒麟，也都是镇魂驱凶、避邪祈祥之物。

浙江习俗，婴儿第一次去外婆家（取双满月时），须在鼻尖上抹点锅底灰，身上挂一本旧皇历，以避邪祟，俗称“乌鼻头管望外婆”。到了外婆家，外婆给婴儿挂上由红绿线搓成的长命线，示祝长命富贵。

在广东陆安，小孩脖颈上挂用一条红绳和一条线穿上的两个铜钱，作为避邪物。这种“铜钱”须问“榕树公”“榕树婆”（犹以神庙两旁种植的为好）求来，以铸造的哪个朝代的皇帝在位时间长些、皇帝的寿命也长些的为佳。还有流行带上从神那里求来的香火便可避免魔鬼的侵害的习俗。所谓香火，就是插在香炉上的香燃烧后所剩余的下面一截。这种香火，须到神庙求得。将求来的一对“香火”折断，用四方小块的色布包裹成小包袱状缝好，串上红绳，就可供小孩带于身上。一般在小孩外出或害了病时是一定要带上的。

我们再来看看北方黑龙江一些地方的风俗。像一面坡镇，被认为有镇魔作用，作为护身符以避邪祟的物件主要有：取一块在雷雨天被雷电击倒的大树上的雷击木，用线绳穿起，给小孩戴在手腕上或挂在脖颈上，有震慑作用，因为雷公已经把鬼妖邪祟驱走。高龄老人寿终，取其死者身上覆盖的尸布或死者亲属佩戴的孝帽布、黑纱布、白腰带布之类，缝制成一个圆形布箍（如同手表带的样子），在它的上面打上线结，死者有多大年纪就打多少个结（穿一针打一结），然后给孩童戴在手腕上，直到破损不能再戴为止，迷信以为可以避邪。外人借死者的灵威震慑鬼妖邪祟，对死者来说也是一种积德的表现，死者家属是不会有异议的。

上述种种所谓镇魂避邪物，都是迷信愚昧的产物。如今科学昌明，大多数人已不信这一套，加上小孩身上的这些古怪枷锁也多已弃除。但愚昧和封建迷信思想是个顽症，在个别地方仍有流传。

◆ 小儿保健巫术种种

在孩子的保育上，民间流传着很多带有巫术性质的习俗，有的念歌诀，有的贴字条，有的向神祷祝，五花八门。除在其他文中提到过的一些做法外，这里再记述一二。

广东大埔乡人，每当遇到小儿夜间不能安眠，他的父母亲就会用“喊太阳”来治疗。手法是于太阳初出时或将下山时，备好香纸等。向太阳焚烧祷祝，说些“家有小儿，夜不安眠，恳求太阳保佑，一觉睡到大天亮”等话。祷祝毕，将纸灰携回家，抹于小儿额头上，多余的就放置床头。这样，小儿就可保证安眠。

至于小孩在晚间时常惊醒啼哭，禳解的做法是在红纸上写上一首歌谣，遍贴于凉亭及各处行人过往之地。歌谣的文句各地大同小异，有：

天皇皇，地皇皇，我家有个夜哭郎，过往君子念三遍，一觉睡到大天亮。

也有：

天黄，地绿，小儿夜哭；君子念过，睡到日出！

这一习俗几乎流传整个中华。

南方有的母亲唱的儿歌，属“诀术歌”，是做妈妈的用它来为儿女禳灾祈福之词。如：

拍拍胸，三年不伤风。
拍拍背，十年不生瘰。
摩摩头，保养脑子想理由。
摩摩头，摩摩光，有尿有屎对娘讲。

摩摩背，摩摩胸，宽宏气度像英雄。

摩摩后，摩摩前，读史诵经学圣贤。

在小儿保育中，厌殃法用的也很普遍。所谓厌殃法是欲把已来的祸患转之为幸福。上述小儿夜哭的禳解法其实也属此类。当孩子双眼红肿害火眼时，用红纸剪成人形贴在门槛内边，认为可以容易痊愈。还有用红纸写上“出卖火种火眼”的纸条贴在街上，据说眼就会转让给别人。小儿患了重伤风，只要用一张小红纸条写上“出卖重伤风”五字，贴于厕所或车站等众人麇集常见之处，哪一个不当心的见了，据说重伤风就会传给他。还有小儿身上发“风丹”，即过敏性的风湿疹子，竟以为秉烛焚香向厕所叩头，所谓“拜茅厕姑姑”，也就能好。这些奇特的做法，令今人听了喷饭。孩子有病应该请医生诊治，搞迷信只会延误时间，甚至造成孩子死亡，现代人切不可如此！

◆ 孩子与月亮

北京旧日风俗，幼儿见了新月，叫“月牙儿”，要拜它，叫“拜笃笃祝”，拜时口里念：“月，月，月，拜三拜，休教儿生疥。”说拜了能避免生疥疮。小儿夜晚遗溺的，即向天上参星叩首，能免夜尿。叩时念：“参儿君儿，可怜溺床人儿。”

南方各地流传着月光不能用手指的迷信。说孩子夜里用手指未圆的月，那么耳根要溃烂——月亮光光割耳朵。

江西一带以为月亮里有月神，你如果用手指它，它便以为是一种侮辱，到夜晚便偷偷地在梦中把你的耳朵割去。如果你怕它割去耳朵的话，就要抱着至诚的心意向它唱道：

月亮爷爷，莫怪。你拿耳朵还我，我拿刀子还你。

福建漳州唱的是：

月娘刀钝，婴儿刀利，月娘莫割，婴儿无事。

龙岩则唱：

月光光，拜月娘。月娘高，千万不可指，指了月亮不欢喜，吊到半天高。我的小妹妹，半夜静到咱房里，把我妹妹耳朵割了去。

旧时，小孩患耳疾时，一定要拜月姊才会好。浙江东阳县有唱月亮婆婆，我拜拜你。你耳朵还给我，我刀还给你。

重庆的习俗是，孩子用手指了月亮，耳朵要被月亮割一条裂纹。如果那样，每夜月出时，不要让人看见，对着月亮作一揖，慢慢就会好了。

汉族民间相传，以为月蚀是天狗吃月亮，月亮被天狗咬了或吃了，必须敲锣打铜脸盆，把天狗赶跑。这种时候，孩子们总是又叫又闹拚命地敲打铜盆或破铁罐之类的器物，把月亮婆婆从天狗的口中“救”出来。

◆ 绘刺“蛙”图案的“裹肚（儿）”

小孩出生满了月或周岁，外婆或姑姑、姨姨给送庆贺礼时，少不了有肚兜。肚兜贴身系在小儿腰肚子上，起保护肚脐免受风寒的作用。南方风俗，小儿从满月起带肚兜，一般到五六岁就不用了，而北方有的到了结婚，新郎新娘还得带个大红肚兜，在陕西骊山一带，裹肚（儿）的穿戴更绝，从幼儿满月开始系用，不但结婚时双方也都穿裹肚（儿），到了老死入殓，最贴身的衣物，也是裹肚（儿）。

裹肚（儿）基本上为菱形，上方下圆，左右稍尖，正面绘刺上以蛙为中心的图案，也有加刺绣别的图案或“五毒”（蝎子、蜈蚣等）的，但以绘制蛙图案为正宗。用带子系在脖项和腰间以护脐与护肚。系戴起来颇像一只青蛙伸展四肢抱住人体的样子，也像一个小孙孙抱往爸爸脖项和腰身的形象，引人喜爱。

裹肚（儿）在幼儿满月时开始系用（在此以前是用布包裹），能起保护婴儿肚脐免受风寒。此后，孩子在12岁前，每年五月“端午节”，舅家要给外甥送裹肚（儿），这种习俗一直相沿至今。过了12岁，裹肚（儿）则是自家备制使用。

为什么骊山风俗裹肚（儿）要以绘制“蛙”的图案为最标准呢？说来有考究。原来蛙图腾为女娲氏部族集团的标志，用五彩线绣出蛙的半浮雕图像，是当地风俗的老传统。人们从幼儿出生、婚配、老死都系用着，意在以“蛙”为标志，能在生前死后——“阴阳两界”互认族氏，这也寄托着对人类的先祖女娲这位“骊山老母”的追念和对本部族的亲近之情。

缝制肚兜或围兜各地民风不同。黑龙江有些地方给孩子做的兜兜上缝上一个心形红布，布上铰七个眼儿，意思是将来孩子比一般人的心眼儿多，因为过去认为皇帝是“七孔玲珑心”。这样做寄托着父母希望孩子出人头地、有所作为的愿望。

◆ 舅舅给外甥送羊风俗

邯郸市郊县的农村和冀南一些县，还有豫北辉县一带，至今还残留着一种风俗习惯：每年农历六七月间，外祖父或舅舅都要给小外孙、甥男女送羊，原来送的是真活羊，后来逐渐改用白面蒸成的“馒头羊”代替。

送羊，一般由外祖父选，不过舅舅也可代替。小外孙，甥男和甥女一降到人间就得开始送羊，年年要送，一直送到孩子长到12岁时才停止。不仅长子、长女要送，下面接着生下的弟妹也得送。有的地方，只要舅舅健在，不管外甥年纪多大，都要坚持送羊。所送的羊，一般是一个孩子一对，同时还伴随送些馒头，有些地方还配以用白面做的桃、石榴、青蛙等。送的面羊小的一只半斤或一斤，大的有五六斤至十来斤。

送羊还讲究一定的规矩和禁忌。如：所送的羊，必须让外孙、甥男女吃掉，别人不能染指。如果外孙、甥男女原就长时间住在外祖父家里，到送羊时，要提前几天将他们送回自己家中，然后才将羊送去。外孙、甥男女规定不准跟随送羊的外祖父或舅舅一齐回自己的家。认为“随羊走，妨舅舅；随羊来，妨奶奶”。对舅舅、奶奶有冲犯。这种迷信禁忌现在人们已相当淡薄。

送羊的习俗为什么要在六、七月呢？这是因为在旧社会穷人只有等到麦收以后才能有点白面。而且，这段时间正是农村停镰挂锄的时候，夏播、夏锄已忙过去，秋收尚未到来，可说是中原较为清闲的时节，自然是走亲访友送羊的最合适时间。

何以会流传送羊的风俗呢？在河北，据说与冀南的一个民间神话故事有关。传说沉香打败了他的舅舅杨二郎，用神斧劈开华山，救出他的母亲以后，便要去斩杨二郎的头，为母亲报仇雪恨。三圣母苦苦相劝，沉香为他母亲善良的心所感动，只得停下，说：“看在母亲的面上，暂且留他一条性命，不过有一条，他每年必须给我送一对活羊。我年年要剥他杨二郎的皮，吃他杨二郎的肉。”（杨与羊谐音，用羊象征杨二郎。）杨二郎惧怕沉香的神斧，只得答应每年给沉香送一对活羊。显然，这是神话传说。

◆ 话说开蒙

儿童长到虚龄六七岁时，要上学读书，旧时学童就读之所叫书院，也叫私塾、书馆、学塾、蒙馆等。京师的蒙馆外面有招牌，大书一个“学”字，旁边还写着“秋爽择日来学”的字样。《燕都杂咏》：“训课童蒙早，春风义塾开。夕阳催散学，总角抱书回。”注云：“城内外设义学，训课童蒙。”

儿童刚上蒙馆，须举行开蒙礼仪。

浙江温州习俗叫开蒙为发蒙，须择吉日举行。中堂上摆列外婆家送的发菜、生汤圆、蜻干、猪肝、花蛤、小鲤鱼等十味，装十魁碗，叫十魁，由老学生来伴新学生共食。然后由新学生在红毡毯上跪拜蒙师，蒙师则手把手教新学生，执笔填写用红字印成的上大人习字纸一张。写毕，又将所写的字密密加圈。新学生拜谢蒙师出堂，有的插银花一对，骑马向长辈亲友拜客，长辈给他拜见礼。外婆家所送礼物有状元片、糕干、福寿糕等，分发给同窗书友吃；另有果盘面和一封红封包，由蒙师收去；纸做的魁星和状元交学生领回。然后设筵款待蒙师。

在湖州一带，学童初上学，家长或亲友提两盏上书“状元及第”的灯笼，带一块红毡毯，一对红烛，四样礼物：糯米圆子（中嵌一粒莲心，四周用灯草染色镶成花纹）、粽子、酥糖、猪蹄。在农村稍为简单，须备两盒雪糕，上印“状元及第”“读圣贤书”等字样。猪蹄和酥糖要奉赠老师，其余大部分分给同学。有的还用枣子拌点盐分发同窗，以示结缘（“盐”谐“缘”音）。

学馆正中挂一轴中堂画，如“鹤麟同春”“威震山谷（虎）”“雄鹰展翅”等。学童家长点燃红烛，让学童在红毡毯上唱喏下跪，行拜师礼仪。应家长之请，老师给学童取一书名（也有家中事先取好的）。

《琼崖民俗志》（《民俗》1937年复刊号第一卷第一期）记载琼崖的“开蒙”习俗，取好“派名”（大约同于学名）后：

再延请族中长老或有地位之人，为孩子开蒙。即设文昌神位，由此长老为书。一条云：“奉祖名为×××”贴于中堂，令孩子握笔使书所命之派名，并教读《四书》或《三字经》数句。又，先畜鲤鱼两尾于小盆中，开蒙试笔时，令孩子用手向盆中捉鱼，捞获后仍置盆中，候礼成，令人将鲤鱼放生江河或沼池中，意即谓此儿亦将与鲤鱼同跳跃于龙门矣。

开蒙时畜活鲤鱼的风俗，杭州也类似。

杭州习俗，小儿六七岁时，请一有学问的人，教学童《三字经》或《诗经》数句，并教他识字四个，再执学童之手描红写一张，名之“破蒙”。破蒙之先，堂上点红烛，令孩子向上拜，名叫拜孔夫子，再拜先生。左右桌脚旁，一边是放一木盆，里面用水养着鲤鱼；一边系一只白毛雄鸡。鲤鱼，寓鲤鱼跳龙门；白鸡，寓白凤吐文章，都是象征孩子将来有出息。鱼同鸡用完后均须放生。破蒙时外婆家须送糕粽各一盘，以糕粽谐“高中”，希望将来应试高中。

这种开蒙习俗，随民国以后学校兴起，已逐渐废弃或改变。如今有的地方孩子入学，风俗正趋铺张。父母要为之办“读书酒”，亲戚送礼。礼品从书簿笔墨等文具用品，发展到衣帽、鞋袜、伞具等生活用品。

◆ 上海郊区的一种成丁礼——庆号

男子一到成年，要举行冠礼，表示从此正式成为社会的一员。冠礼在我国周秦汉时代极为重视，有一套隆重烦琐的仪式，但后来逐渐泯灭，至今被废弃已一千多年。不过，从古代冠礼传承衍变而来的类似成丁礼的习俗，在我国有的地方尚有存留，上海郊区有的县流行的“庆号”，其实就是古代冠礼的传承。

《青浦县志》有这样的记述：“古人冠而后字，斯礼久废。今泖滨农家，弱冠后为酒食，召乡党食之，谓之庆号，尚有古意。”青浦县泖河一带，中华人民共和国成立前经济文化处于停滞落后状态，青壮年都外出谋生。孩子出生后，父亲大多不在家中，加上原先流行的风俗，孩子都不经过正式命名，随便以阿猫、阿狗之类的乳名相呼，一旦成长到17至20岁，有生儿女的能力，该成家立业之时，就要举行庆号的仪式，以示成人。

庆号，当地又叫取大名。仪式相当隆重。每年约田禾未熟，活计较少的八月，村中青年自行约定，人数十几到二十几不等为一批，推选一位较有见识、老成持重又家境较好的青年为主持人。庆号分字辈，以不同字辈人分批举行，由家中自行商定。参加庆号者，所改的大名由家人商讨而定，或请先生命名，或由算命先生推算过八字庚辰后，视五行亏缺而定名补阙。

庆号仪式一般为：大家分股出钱，合资由主持人专请戏班来演戏以示庆贺，并延请厨师办席，宴请亲朋好友。演戏时，趁观者云集之时，主持人登台宣布全部庆号兄弟的大名。演毕，亲友与来宾欢聚一堂，开怀畅饮，大家以吉庆词语表示祝贺。然后，在主持人带领下，庆号兄弟一路敲锣鸣钲，齐放炮仗，结队往村中东南西北及各热闹场所张贴大红号单。

20世纪60年代中期以后，庆号改称“改名”，仪式与过去基本相同，只是宴会改为茶话会，请戏班子演戏改为放电影，改名青年在广播中宣布所易之名。

一旦“庆号”或“改号”仪式一完，这些年轻人便是成人了，他们可以参加各种成人的活动，可以成家立业，生儿育女。不庆号者被讥为“鼻涕虫”，被歧视，不得结婚。

庆号的来源，当地流传是源于三国时刘备、关羽、张飞的桃园三结义。泖滨的庆号，就是学习刘关张的结义流传下来的，他们视同字庆号青年为同胞手足，结为侠义兄弟。但分析庆号的性质，源于桃园三结义之说显然是一种附会，它其实是古代冠礼的变衍。冠礼为成人之礼，庆号也是成人之礼，性质完全相同。冠礼隆重而严肃，庆号礼仪也同样隆重而严肃，庆号时，亲戚朋友、父母兄弟要对该青年加以劝谕、勉其加名，对于名字的取定也要全家商榷，请先生择取。古代冠礼是“幼名冠字者，名以名。质生若无名，不可分别，故始生三月而加名，故云幼名也。冠字者，人年二十有为人父之道，朋友等类不可复呼其名，故冠而加字”（《礼记·檀弓上》孔颖达疏）。庆号也相类似，意在取一个新名字，表示新生活的开始，以后便不能再呼其乳名，否则当罚。

◆ 广东的成年礼“出花园”

“出花园”是一种成年礼民俗，它主要流传于广东境内山区农村。

“出花园”习俗，喻生命为鲜花，其全部仪式、唱词，模拟植物的生长过程，通过精选良种，勤耕勤灌，尽心护理使之娇艳盛开，以象征新生一代吉祥如意，健康成长。

这种成年礼，在时间观念上，包含了由婴儿至少年时代的整个初、早期阶段。其全过程，依据孩童的生长岁序，相应分为“种花”“入花”“出花”三个阶段，具有浓烈的宗教色彩，仪式由当地职业宗教师——喃么佬主持，举行日期由他按孩童生辰，照历书择吉行事。

仪式在儿童卧室内举行，放在深夜。举行时只需亲生父母在场，孩童可睡可醒。卧室中设祭台，烧香燃烛，供祭品（鸡、肉、酒、粽），喃么佬或席地而坐，击皮鼓、敲铜锣，念诵经卷；或手舞足蹈，在屋内跳跃。

“种花”是出花园的第一阶段，包括“求真子”（即求真花）和“栽花”两个程序，多于婴儿周岁时举行。是夜，喃么佬在婴孩房内搭祭台，奠上纸糊的屋宅、草编的小人，以及用红、白纸绘剪的孩童全身像，另取盛满水的木盆一只，盆沿平行搁放二根细杆，盆内放二只酒盅，盅内各放一张纸孩童头像，然后用象征神权的“令牌”，在水中来回搅拌，使酒盅飘浮不停，然后用大红绸布盖盆面。搅拌时喃么佬唱“真花歌”。歌毕，揭红布，视盆内二只酒盅位置，如果一只停留在横杆（二根横杆象征一座“接种桥”）中央，另一只却停在盆沿，则示“接种”成功。停留于中央的纸孩为“真子”（真花），而边沿的为“虚花”（野鬼），这需捡出清除。祭奠毕，把象征“虚花”的小孩剪像以及纸糊房宅烧毁，所扎的小草人，则要送村外埋葬。

上述“求真子”是一种追叙礼仪，隐喻男女阴阳交合，喜得贵子的过程。

“栽花”仪式，须取细竹竿数枝，上贴红色或白色纸花，另用红纸剪成红瓶形状，将粘有纸花的细竹竿插入“花瓶”内，男插白，女插红，可独枝，可复枝，以四枝为宜（表示儿女成双），然后将“花瓶”按东、南、西、北、中五个方位，贴于内室或厅房的墙壁四沿上部。这一切有祝愿婴儿在祖灵、神灵的庇护下，在最佳环境中成长的意思。

第二阶段为“入花”，由“壅花”（又称“塔土”）与“淋花”组成，多于孩童七周岁时举行一次，而质弱多病难养的孩童，则可每年或隔年重做。“壅花”仪式，主要由喃么佬把纸剪的花瓶与竹签纸花贴在墙上，念经完毕，即用搅成稠状的糯粉，紧贴纸花根部，象征“培土”“壅花”。“淋花”意为浇花，由喃么佬做象征性的动作，喝一口米酒，往“花瓶”上喷酒，重复数遍，并唱道：

未淋之时花萧条，
淋下之时花叶青。
淋过枝枝并香茂，
千年根深万年青。

“出花”是男女到15周岁时最后履行的一次仪式，其步骤与“入花”类同，只是仪式多安排在白天，还略备酒肴，款待亲朋近邻，互相道贺年轻人的成长。“出花”仪礼标志着男女青年开始步入成人社会，倘谁未举行，要婚前补办，否则不能成婚。

当地民众认为只有履行过“出花园”仪式，才能受到祖宗庇荫，人生顺遂，前程似锦。

由于“出花园”仪式，带有严重的宿命观念，以为“天命”安排了一切，不能违抗，只须祈求，毋须奋斗，这无疑是一种影响到年轻一代的健康成长的迷信，必须予以淘汰。

四、益寿风俗志

◆ 司长寿之神——寿星

在弥漫着宗教氛围的古代，人们认为人的生老病死都有神灵管，而主人间寿夭之神是寿星。

所谓寿，就是寿命。寿星，古有二义，一指天空的某一区域，约指二十八宿中东方角、亢二宿。因其位于列宿之首，故名寿，这一概念仅用于天文学。一指属于西宫的南极老人星。《史记·天官书》：“（西宫）狼比地有大星，曰南极老人。老人见，治安；不见，兵起。”《正义》：“老人一星，在弧南，一曰南极，为人主占寿命延长之应。见，国运长，故谓之寿昌，天下安宁；不见，人主忧也。”可见，秦汉时代立祠奉祀的南极老人星，当初的职责是掌管国家命运的长短的，以后才逐渐转化为主管人间的寿命。近代所奉寿星的形象，都是一个白发长须的老翁，拄一根弯弯曲曲的长拐杖，高脑门，头特别长，一副乐哈哈的面孔，叫人可爱又可敬。

寿星形象源于何人？有的说是彭祖，有的说是张抟。众说纷纭。《通俗篇》说：“世俗画寿星像，头每甚长。据《南史·夷貊传》，毗骞王身长丈二，头长三尺，自古不死，号长颈王。画家意或因乎此。然则所画乃毗骞王，非寿星矣。”反正寿星形象无非是画家据某些原型想象出来的艺术创造。

寿星的头为什么那么长而前额隆起，民间有两个传说。传说之一，说寿星在昆仑学道，拜元始天尊为师。学成后师父用一聚宝匣打他的头，竟如一道祥光钻入了他头里，从此他的头不但大，前额还长出一个大奔儿头来。师父还赐他一根能降伏龙虎的拐杖。他得道以后就成了福禄寿俱全的南极仙翁。老寿星修炼成以后，还收下金鹿白鹤为徒弟，出四方。所到之处，对善良的人们教给一不贪婪受财，二不好强生气，三不嗜食贪睡，四不心邪懒惰等作为长寿之道，得以延年益寿。

另一民间传说，说寿星怀胎9年，尚未诞生。他的母亲为此十分着急。问他："儿啊，你为何不出世？"寿星在娘胎里回答说："如果家门口石狮双眼出血，我就出生。"不料，这事被隔壁的一个屠夫知道了，他就用猪血涂在石狮的双眼上。寿星的母亲看到了，就告诉了寿星。寿星急忙从母亲腋下钻了出来。由于怀胎年份未足，他的头就变长了。因为一般凡人都十月怀胎，而他却是要十年怀胎的。

寿星的那根长拐杖，据《后汉书·礼仪志》记载，东汉仲秋之月祀老人星于国都南郊老人庙，同时举行敬老活动，对70岁以上老人赐以9尺长的鸠头王杖，看来，最早还是源于此俗。

把人们想象出来的一个白发老翁像供奉起来，作为神灵，焚香燃烛，顶礼叩拜，求赐延寿，自然可笑可叹。但如今人们喜欢在中堂挂一幅《寿星图》，已只是冀望延年益寿、晚年幸福的一种象征了。

在民间，还有以"麻姑"为妇女长寿的代表。世俗每逢为妇女祝寿时，常写出"麻姑献寿"字样，或绘出麻姑的形象，手捧蟠桃，以为祝寿的吉利。"麻姑献寿"的迷信，盛于近世，麻姑为何时之何人，传说纷纭，至今难以确述。

◆ 做寿“庆九不庆十”

汉族民间重生日，从婴儿周岁“抓周”开始，年年要过生日。生日分大小，每年一次为小生日，一般吃面和蛋，叫“寿面”“生日面”。逢十为大生日，也叫“整生日”，如10岁、20岁，要大宴宾朋。到50岁，过生日开始叫作“寿”，要庆贺。但又有一些特殊的规矩，其中庆“九”不庆“十”，在江南颇为流行。

所谓“庆九不庆十”，就是做寿不逢十，要提前一年逢九做，50岁的寿辰在49岁的生日做，60寿辰在59岁的生日做，以此类推。

为什么要“庆九不庆十”呢？有说与《三国演义》六十九回里的“赵颜借寿”故事有关。赵颜寿期本该只19岁，神卜管辂占卜后，为他出谋借寿，主生的南斗星君在赵颜的生死簿上“十九”之前加了个“九”字。竟让他活到了99岁。类似这样的传说各地不少，只是人名、故事略加改变而已，这里不妨引述一则。

相传八仙中的张果老，一天倒骑毛驴来到花果山，路遇一砍柴的后生，仔细一瞧为之惊讶，对他说：“小伙子，别砍柴了，你的寿数已尽，是明天午时三刻，快回去准备吧。”这个砍柴的后生名王儿，起初一听以为老头在骂他，当得知老者是张果老时就双膝跪地求大仙救命，数说家有年迈老母，无人侍奉，如何是好？张果老被说得软了心，就如此这般设下一计，叫王儿去办。

第二天，张果老邀集众仙及十殿阎罗，去花果山水帘洞孙悟空处打秋风，讨一顿酒喝。众仙踏着祥云，来到花果山上空，顿觉酒香扑鼻，拨开云雾一看，只见半山腰摆着一桌丰盛的酒席，并无一人。众仙颇为纳闷，张果老道：“莫非是孙猴算到我们要来，特在山腰设宴？”众仙本为喝酒而来，早已垂涎欲滴，于是按下云头，围桌畅饮。酒至半酣，张果老将手在空中摆了三摆。此时，躲在树丛中的王儿便走了出来，说道：“诸位，我这桌酒席是摆给天神和阎王爷吃了好为我添寿的，你们将它吃了，这便如何是好？”众仙面面相觑一时无言以对。张果老故意说道："你这小子，年纪轻轻，求的什么寿？"接着叫阎罗取出生死簿来。

十殿阎罗打开生死簿一查，果然写明王儿只有19年阳寿，恰好今日午时三刻寿终。众仙大惊。张果老叫阎罗相帮改一改，阎罗怕违犯天条不答应。众仙一起劝说，言吃了人家求寿酒，无功不受禄，该破一次例，有责任大家承担。无奈，阎王只得在十九前面加了个九字。于是，王儿就活到了99岁。

这则神话人情味十足，真是吃了人家嘴短，神仙也难逃过。

贺寿除"庆九不庆十"习俗之外，民间尚有"男不做三，女不做四"的说法。为何平时年年要过生日，唯独男的30岁生日和女的40岁生日不做，不庆贺呢？这是祖辈相传，难以作出确切的解说。有的认为男到三十，刚到"而立"之年，年纪尚轻，无须做寿；而女的上了三十已经"老"了，所以要做，但到四十，真的老了，又怕人家说老，所以不做。另一种说法，"三"和"散"，"四"和"死"谐音，不吉利，不做是回避。那么，女做三十，男做四十就不怕"散"和"死"吗？这又有解说。在旧社会妇女没有地位，就怕"散"，做了"三"就不怕"散"了；男人做了"四"，就破了法，该死的也不会死了。反正都能自圆其说，无非是图团圆、长寿。

民间还有一种迷信的说法，说人生有三大难关，其中66岁是第三难关，浙江各地以往到这年庆寿，要吃66块肉。肉系用精肉切成丁块，用酱油蒸熟，于寿辰前一天由女儿（或侄女）烧制。寿辰之日，敬天一块，敬地一块，其余64块送给父或母吃，认为吃了可以长寿。

以上种种规矩，有的地方至今照传不误，但大都不讲这一套了，不过送礼做寿仍然盛行。

◆ 敬老与做寿

汉族民间的传统美德之一是尊老、敬老。古时民风淳朴，把“寿星”出现视为盛事，崇为“人瑞”，并报朝廷奖赐、表彰。早在东汉就有敬老活动。《后汉书·礼仪志》载：

仲秋之月，年始七十者，授之以王杖，哺之糜粥。八十、九十，礼有加赐。王杖长九尺，端以鸠鸟为饰。鸠者，不噎之鸟也，欲老人不噎。是月也，祀老人星于国都南郊老人庙。

后世敬老传统历代相传，甚至建立一定的制度，如清制中就有规定：“凡寿民寿妇，年登百岁者，由本省督抚题请恩赏，奏旨纥匾、建坊，以昭人瑞。”

这样，各地方长官自然都注意调查掌握百岁老人，并注册上报。如清乾隆二十六年，广东南海县民杨能启，年100岁，其妻黄氏年101岁；四十五年安徽亳州民陈洪如年106岁，妻王氏101岁……均上报朝廷，“亦蒙特旨旌表”。康熙和乾隆皇帝曾先后四次举行过“千叟宴”，进京赴宴的老人，最多的一次竟达5000多人。乾隆出巡南方，湖南140岁老人汤云程前往接驾，其随同曾孙皆白发飘萧之翁。乾隆欣喜，先后赐匾额两块。一云：“花甲重周”（六十年为花甲，双花甲即一百二十岁）；一云“古稀再庆”（七十岁为古稀，再庆指一百四十岁）。

中华人民共和国成立后，党和政府都非常关心寿星的生活，每逢重阳节，各地都开展各种形式的敬老活动，自1988年起，还定旧历九月九日为“中国老人节”。敬老活动更加深入和普遍。

说到敬老就叫人联想到做寿。汉族民间做寿之风甚盛。一般由做寿者先发大红寿帖，通知亲友做寿日期。亲友们要送贺礼，如金字寿烛、寿桃、寿面、寿酒、寿幛、寿轴、寿联等。寿桃为寿礼不可少之物，没有真桃则以米面制成，有的地方要依年龄送，如60岁送60个。有种寿桃每个重四斤，扁桃则每对四斤。送时，叠在寿桃架上，五六尺高，用鼓吹旌旗伴送。寿联多“福如东海，寿比南山”一类祝词，寿轴多为“松鹤图”“百寿图”“福禄寿三星图。”

寿诞前一日为“暖寿”，是日，宅内悬灯结彩，高挂寿轴、寿联，下设香案，上燃寿烛，旁列子女及亲朋之寿礼，大约是来一次彩排。

寿诞日，先由儿孙祭祀神和祖先，然后寿公寿婆于寿堂上接受来客和儿孙拜祝，客拜，子孙答拜。寿星要分送拜寿者每人一个红纸包，谓之“百岁包”。贺毕，摆设面碟，邀请吃面。吃面时，每人要从自己碗里先挑出数根，加到寿星碗里，谓之“添寿”。进长寿面时，乐师唱奏《八仙庆寿》和其他拜寿戏里的曲牌。当然，还少不了大摆寿宴，请众客畅饮。旧时，有的富家还临时雇戏班在家中搭台演寿戏。

各地做寿名堂各异，如上海郊区风俗，老人逢“九”是难关，逢凶化吉不可怠慢。如给老人送一顿“生日饭”，除了馄饨、圆子外，至少要有三样菜：与岁数相同数目的红烧肉，成双的荷包蛋也不可少，认为荷包蛋爽滑，吃了可以“滑过难关”；另外，还要有一碗“柳叶鱼”，俗称“白水窜条”，以为这种鱼如柳叶，窄长灵活，吃了可以“穿网而过”，化险为夷。

现在做寿，渐趋简便，有的农村里寿星喜欢请电影放映队来放场电影给大家看，以示庆贺共乐，比较文明。

◆ 寿席“重”九

汉族民间视“九”为吉数，这是因为“九”在汉语中是最大的数，极数。九月九重阳节，现在被定为老人节，就是取其“重”九，至高无上也。

在民间举办寿席时，菜点的总数要取九或是九的倍数；菜点的命名多用“三仙”“六合”“九子”等吉祥语词，借以比喻老人高寿，祝愿老人长寿。寿筵上的不少菜名均暗切三、六、九的。如三鲜（仙）猴头、挂炉（六）烤鸭、韭（九）黄鸡丝、罗汉（十八）大会、重阳（九九）寿糕等。“三”和“六”，都与“九”相关，三加六得九，三乘六得十八，而十八又是九的倍数。

除了重视古数，寿席的花碟也大多借用民间故事或神话传说来命名，借以烘托喜气氛围。如“双龙抱柱”“瑶池赴会”“麻姑献寿”“八仙过海”“鹿鹤同春”“寿星罗汉”“福如东海”“寿比南山”等。在寿堂上摆台时还须摆上寿桃（多为蟠桃，也有用鸡蛋糕做桃子形）、寿面（中间用红纸包扎）、佛手、金瓜、白果、凤梨、福饼、大枣等造型面点和水果。高垒起来的寿桃、寿面，上面往往盖一用红纸剪成的花加以装饰。蟠桃、佛手等都是长寿的记号。民间视桃含有多种意思，所以诞辰宴客，称为桃樽；送人寿礼，称为桃仪；还有送寿用的馒头，称为寿桃。早在《汉武帝内传》里就有一则传说：

七月七日，西王母降，命侍女索桃果。以玉盘盛仙桃七颗，大如鸭卵，形圆青色，以呈王母。母以四颗与帝，三颗自食。桃味甘美，口有盈味，帝食辄收其核。王母问帝，帝曰：“欲种之。”母曰：“此桃三千年一生实，中夏地薄，种之不生。”乃止。

这样一来，桃更加成为长寿的象征了。

寿席一般用于老人。老人大多是50大寿、60大寿、70大寿、80大寿乃至百岁大寿时，由子孙设宴庆贺。

◆ 仙鹤神龟同庆寿

有一则民间故事叫《徐文长寿礼哄堂》。说的是明代文学家、书画家徐文长的岳母大人六十寿庆，众朋亲戚友挑着、扛着、捧着五光十色的贺寿礼品前往庆贺。可是大名鼎鼎的徐文长却既无挑的也没抬的，夫妻俩只带上了文房四宝——笔、墨、砚、纸。到了岳母家，大家见他两手空空，都投以轻蔑的目光。只见徐文长来到厅堂，展纸碾墨、泼墨挥毫，画了一幅上有展翅翱翔的白鹤和下有一只活灵活现的大乌龟的画。当画好乌龟时，宾客和岳父母都瞠目结舌，有口难开，十分尴尬。这时，徐文长蘸了蘸墨，挥笔在画的右上方题了八个大字：

仙鹤神龟同庆寿星

到此，众宾客才恍然醒悟过来，惊呼："奇才妙手。"接着，徐文长又写了一幅甚为奇特有趣的贺联：

这个女人不是人　本是神仙下凡尘
养个儿子是个贼　偷得蟠桃献母亲

顿时，寿堂上欢声雷动，大家一致认为，今天所有的寿礼，以徐文长的寿礼最为珍贵，最能为寿堂增光添彩，最能博得寿婆的欢心。大家马上将画挂在寿堂中央，把寿联悬于《龟鹤图》的两旁。

这则故事说到民间贺寿，除挂《寿星图》以外，也挂《龟鹤图》，以龟、鹤喻长寿。

说起龟，我国古时把它作为寿徽，长寿的吉祥动物。传说龟能活千万年。《述异记》："龟千年生毛，龟寿五千年，谓之神龟，万年曰灵龟。"南方老人爱用龟支床足，甚至老人死，移床，龟尚生不死。后来有用"龟床"指隐者的卧具，也用"龟床"和"龟龙寿"来作祝寿之词。龟虽不一定能千年不死，但至少能活到百岁以上，将它作为高寿的象征是当之无愧的。延年益寿的药品至今仍有“龟龄丹”“龟龄膏”，而“龟鹤延年”“龟鹤遐龄”之类的祝寿之词也仍为人所用。不过自明代以来，龟的声誉一落千丈，成了百姓的忌物。因为民间把它比作了妻子不贞的丈夫，与可恶的“忘八”（喻“无耻”，即缺了“孝悌忠信礼义廉耻”这八项中的最末一项）联系了起来。其实龟是无辜的。正因为明代龟的声名已不佳，才会出现上面传说中当徐文长画了只龟时，众人愕然的场面。

鹤被道家注进了一点仙气，且形象俊美，何况“鹤寿千年，以极其游”（《淮南子·说林训》），“鹤寿千年也未神”（王建《闲说》诗），它的年寿确也较长，所以“鹤寿”被用来作祝寿之词，《松鹤图》也多上寿堂的墙壁。

说到龟鹤，顺便说一说仙鹿。在寿星图中往往有一只鹿。在古代许多神话传说里，鹿被说成长生的仙兽。《抱朴子》：“鹿寿千年，满五百岁则色白。”正因其有长寿之说，古人常将它与寿桃和老寿星联系在一起。《本草纲目》说：“鹿乃仙兽，纯阳多寿，能通肾脉，又食良草，故其角肉，食之有益无损。”鹿茸固然是治一切虚损的大补之物，鹿肉也有延年益寿的功效呢！

◆ “贺饭”以示“脱壳”

有些动物像蝉、蚕之类，蜕去一层皮壳，就能继续生长增大。人是不能脱壳的，这大家都明白。可在江苏北部大丰境内广大农村却普遍流传一种习俗，为祝贺岳父母健康长寿，送一种饭让他们吃了，象征老人家“脱壳”，长生不老。

凡是每逢农历闰月时，女婿和女儿就要忙着备办糯米饭孝敬岳父母和父母。倘岳父母都健在时，须烧上二斤糯米饭，一人一斤，烧好饭后盛于两只大海碗中，上面再放上一只或三只熟鸡蛋，或者再放点白糖。女婿偕同妻子带上两大碗“贺饭”，另备香烛和爆竹等礼物，双双来到岳父母家。先将贺饭敬过菩萨，烧过香纸，然后请丈人丈母把饭吃了。两位大人吃完饭就站在大门边，脸朝外背朝内，取立正的姿势，把蛋壳剥掉。剥下的蛋壳由头上朝后一扔，最好是扔到家神的柜上，这叫作岳父母“脱壳”。这一程式完成后，岳父母要把四元钱赠送给女婿和女儿，各得两元，作为回礼。

以剥去蛋壳象征“脱壳”，以为能健康长寿，很是奇特有趣。

◆ 经验总结的《长寿歌》

古往今来，用诗歌形式传播养生之道，颇受群众欢迎，因为它简明扼要，易记易懂。养生歌诀，宋、明人编得特别多，像《孙真人卫生歌》，写得很齐全，只因全歌太长，难于记忆，影响了流传。

用诗歌讲养生要诀的，最早见于史籍的要推《三叟长寿歌》，它是三国时魏明帝散骑常侍应璩所撰。歌如下：

昔有行路人，陌上见三叟，
年各百余岁，相互除苗莠。
住车问三叟，何以得此寿？
上叟前致辞，内中妪貌丑。
中叟前致辞，量腹节所受。
下叟前致辞，夜卧不复首。
要哉三叟言，所以能长久。

歌诀短小精悍，读来上口。所讲三诀，一为节制房事，二为注意饮食，三为不蒙头睡觉。应该说，这里所谈的三条长寿之道，仅是当时诸多养生经验中的一小部分而已，但它符合生理科学，也不难实行，所以是可贵的。

隋唐间大医学家孙思邈曾将自己长寿的经验编成几段歌诀。他活了101岁，百岁时还著书立说，写下了不朽的医著《备急千金要方》《千金翼方》。他的“长寿歌”如下：

清晨一盘粥，夜饭莫敦足。
撞动景阳钟，叩齿三十六。
大寒与大热，切莫贪色欲。
坐卧莫当风，频于暖处浴。

食饱行百步，常以手摩腹。
再三防夜醉，第一戒神嗔。
安神宜悦乐，惜气保和纯。
寿夭体论命，修行在各人。

歌诀大意是：早宜吃粥，夜饭宜少；晨起叩齿咽津；大冷大热不同房；勤洗澡；不要当风坐卧；饭后宜稍活动，并按摩腹部以助消化；精神要保持开朗乐观，不可动怒生气；要爱惜精、气、神。一个人的寿命长短，不是命中注定的，而决定于自己是否善于调养。这养生之道至今还有可取之处。

近人徐薇原编、李威周改编的《十叟长寿歌》，以十位老人的形式，从环境、起居、饮食、活动、情绪五个方面，向人们传授了长寿之道，可说是历代劳动人民养生练健、延年益寿宝贵经验的总结，群众喜爱，流传广泛。《十叟长寿歌》全诗如下：

昔有行路人，海滨逢十叟，
年皆百岁余，精神加倍有。
诚心前拜求，何以得高寿？
一叟捻须曰：我不缅旨酒。
二叟笑莞尔：饭后百步走。
三叟颌首频：淡泊甘蔬糗。
四叟拄木杖：安步当车久。
五变整衣袖：服劳自动手。
六叟运阴阳：太极日月走。
七叟摩巨鼻：空气通窗牖。
八叟抚短须：早起亦早休。
九叟摸赤颊：沐日令颜黝。
十叟轩双眉：坦坦无忧愁。

善哉十叟词：妙诀一一剖。
若能尊以行，定卜登上寿。

歌中“不缅旨酒”指不要染酒成瘾，狂醉滥饮，“淡泊甘蔬糗”即饮食要清淡，多吃蔬菜和五谷杂粮，这两条说的是饮食。劳动是防止过早衰老的重要手段之一。长寿歌中提出的“服劳自动手”，指自我服务性的劳动一定要自己动手。劳动固然重要，锻炼更不可缺少。歌中介绍了两种适宜于老人锻炼的项目：一是散步（“饭后百步走”，“安步当车久”）；一是打太极拳（“太极日月走”）。“沐日令颜黝”，说的是晒太阳对人体健康的好处；“空气通窗牖”，讲经常开窗换气，以便吐故纳新；而“早起亦早休”，要求人们遵守作息制度，保证人体内“生物钟”的准确运行，从而有利于健康。“坦坦无忧愁”，心襟开阔，积极乐观，这样，自然会延年益寿。

长春师范学院体育系教师张志孝作有一首《寿星五字歌》，专讲体育保健卫生对长寿的好处，编写得极为通俗晓畅，不妨转抄如下。

头发常梳洗，脸面多揉擦。
目要望远视，耳朵常抻挖。
舌需常舔碍，牙齿多叩打。
生津宜常咽，有浊排除它。
胸部要展扩，脊背常挠抓。
腹部多按摩，谷道常提拉。
四肢多摆动，甩手一百下。
常洗冷水浴，睡前烫脚丫。
遇事不发愁，赛过活菩萨。

另外，一些顺口溜式的健康益寿经验总结也颇有价值，顺便抄录一首《健康十少十多》：

一少肉多菜，二少盐多醋；
三少糖多果，四少食多啮；
五少衣多动，六少言多行；
七少欲多施，八少忧多怡；
九少车多步，十少愤多欢。

说的虽大同小异，但角度、概括方法有别，易记忆，对推广长寿之道养生之法很有好处。

◆ 长寿谚语多有益

谚语是人民群众在社会实践中的经验、教训和取得的知识的总结，内容极为广泛。汉族人民在长期的生活实践中，积累了丰富的有关养生和长寿的经验，通过谚语得以流传，成了人们的宝贵财富。

运动好比灵芝草，何必苦把仙方找。
人怕不动，脑怕不用。
练练力出，缩缩病出。
早起做早操，一天精神好。
一日舞几舞，活到九十五。
不靠医，不靠药，天天劳动最见效。

这几条谚语道出了“生命在于运动”“动则不衰，用则不退”的真理。勤劳动，多运动，乃是健康长寿的益师良友。

吃饭先喝汤，永远没灾殃。
吃得慌、咽得急，伤了胃、伤了肠。
人愿长寿安，要减夜来餐。
晚上少吃一口，肚里舒服一宿。
青菜可口，疾病逃走。
朝食三片姜，犹如人参汤。
五谷杂粮壮身体。
饱不洗身，饥不洗澡。

“饭后百步走，活到九十九。”“饭后三百步，不用进药铺。”这是有关饮食和食后卫生方面的谚语，对老人的养生益寿都极有重要参考价值。除此之外，饮茶是汉族的习俗之一，饮茶也与养生有密切的关系。谚语有云："壶中日月，养性延年。""苦茶久饮，可以益思。""药为百病之药，茶为万病之药。""饭后茶消食，午茶长精神。空腹茶心慌，晚茶难入寐。烫茶伤五内，温茶保年岁。"

笑口常开，青春常在；遇事不恼，长生不老。

笑一笑，十年少。

起得早，睡得好；七分饱，常跑跑；

多笑笑，莫烦恼；天天忙，永不老。

这是说的精神因素对长寿的重要。研究证明，笑可以帮助消化，增加循环，有益于肺脏；能够发汗，消除神经系统紧张感；放松肌肉，还可以振奋一切器官的功能。对大量长寿老人的调查表明，长寿者大多数是胸怀坦荡，处事泰然，开朗乐观的。

千金难买老来瘦。不求虚胖，但求实壮。

裤带越长，寿命越短。

这两条谚语，说的是肥胖会影响寿命，具有一定的科学道理。

"三分吃药，七分养。药补不如食补。"恰当地评价了药物的作用，强调了保养的重要。同时对药补和食补的关系做了科学的说明。

汉族有关长寿养生的谚语很丰富，应广泛地搜集。

◆ 太极日月走，延年抗衰老

民间流传的《十叟长寿歌》说："六叟运阴阳，太极日月走。"太极指的是太极拳。太极拳为汉族民间传统的延年抗衰老的体育项目之一，为广大中老年人所喜爱。

太极拳轻松柔和，平稳舒展，先后贯穿，密切衔接，连贯均匀绵绵不断，以腰为轴，灵活自然，上下相连，协调完整，练后令人全身轻松，精神愉快。

太极拳抗衰老的奥秘在于：能延缓肌力衰退，保证敏捷灵活。肌肉工作能力的降低，关节、韧带、骨质的疏松及变形，是衰老和导致老年性体形畸形的重要标志和原因。练拳时以腰为轴，全身上下，肌肉关节、四肢百骸，都可得到活动，自然能起减少或防止关节、韧带、骨质退行性的改变、硬化、钙化，并延缓老年人驼背、关节活动不灵活等早衰现象的发生。练拳是要求精神集中，意念专一，因而加强了对神经系统的训练，提高它的主导作用和调节功能，对防治老人性格变态、老年性痴呆，消除焦虑、忧郁、孤独均有良好的作用。练太极拳还是改善肺功能的妙药，强心降压的良方，奇妙的"消化剂"，调节代谢的法宝……正如有的寿星所言："练拳求寿，良师益友。循环旺盛，通筋活络。体质增强，病魔尽除。日月坚持，青春长流。"

太极拳的种类很多，流行最广的是二十四式简化太极拳和八十八式老架子太极拳，这叫杨氏太极拳。除此，社会上流行的还有陈氏、吴氏、孙氏、武氏等太极拳。练习应从简化太极拳入手，按练习要求做到：全身放松，气沉丹田，意到身随，动作轻灵，思想安定，意念集中，重心稳定，虚实分清，头向上顶，颈肌放松，含胸拔背，腰松臀垂，松肩坠肘，灵活自如。以足为根，躯体平衡。以此作为抗老健身的人们，每天利用早晨（或晚上）锻炼，每次20至30分钟。

打拳以清早为适宜。场地宜选环境安静，空气新鲜，地面平坦、宽敞的公园或广场。

◆ 老年保健与静功

气功是汉族民间具有五千年历史的独特强身法。传统的气功包括动、静两部分。太极拳就属动功的一种。静功是指通过控制思想（调心）、调整呼吸（调息）、放松肌肉（调身），来达到祛病延年，防老抗衰的一种自我控制、自我调节的方法。

传说活了八百多岁的彭祖就爱好“导引”，就是“导气令和，引体令柔”的中国古代的健身术。它把呼吸运动（气功）和体操运动（动功）有机地结合起来，对祛病强身很有功效。

汉族民间中医学认为人有三宝：精、气、神，三者之间虽各有殊，但又是一个分不开的整体。精充、气足、神全，乃是健康长寿的保证，相反则是衰老多病的根由。人到老年会出现各种疾病，实际上都与老年时期精、气、神不足有关；而注意保养精、气、神，则是防老抗衰的重要环节。保养精、气、神的方法很多，坚持做静功，就是其中的一种。由于不同功法其作用及效应有所差别，故在练功时，可根据自己的需要选择相应的功法，练功姿势也须量力而行，可坐、可卧或站桩。

简易气功并不难学。练功者取站、坐或卧的姿势后，两眼轻闭，舌抵上腭，面部放松，注意呼吸，吸气时深而缓，直达小腹，呼气时慢而长。在呼气时，用意念想象心窝部向腹部塌陷，在呼气末了，用意念使全身放松，这一切都要自然，特别是呼吸不能憋气，大约10分钟，可觉手指发热唾液增加，肠胃蠕动。坐式气功，有口诀一首：“两腿盘膝坐在床，二目微闭不乱想；用鼻调息五十次，意守丹田切莫忘。”

练功可增进食欲，改善睡眠，降低血压，防治高血压、冠心病、神经衰弱、胃肠疾病、妇女病以及糖尿病等。有病治病，无病强身，尤其适宜老年人延年益寿。

第七篇

社会交际风俗篇

一、家居礼仪风俗

◆ 绍兴尊老勤请安

在文化名城绍兴，民间向有敬老爱老的良好风尚。逢年过节，一大早小辈们就要相约向长辈和老人拜年问安，恭祝节日愉快、身体健康；小辈们每次出门旅行，都要在先一日晚上或当天早晨向长辈和老人一一辞行，聆听教诲，并致歉说：“这些天就不能来看你了”；兄弟姐妹或亲戚朋友会面和通信，必要先问对方父母长辈的安，再言及它事；小辈们出门旅行回家，一定会给长辈和老人带上一份礼物，并须于当天晚上或第二天一大早上门看望问候；走亲访友，不忘给对方的长辈和老人带上一份松软可口的礼俗食品，并定要亲自送交当面问安，如此等等，当地人名之曰“向长辈请安。”

请安，其实是我国民间传统的家居礼仪。请安即问好的意思，-般由卑幼者向尊长者问候。常见的有早请安、晚请安、送别与回归时的请安等。有的地方平辈间亦要行此礼。据近人徐珂《清稗类钞》云：“请安之礼始于辽，历金元皆然，明代犹未尽革，后则非独满蒙二族有之，汉族亦有行此礼者，而尤盛于北方。”可见，请安习俗的起源是很早的，而且还是民族大融合的产物。

清朝，是请安习俗最为流行的时期。按照当时的家庭礼仪，做晚辈的每天早晚都要到长辈房中请安问好；平时经过长辈住的地方，也要进去请个安；至于远别与回归的请安更不用说。有时亲友相见、尊卑相遇，也要请安致礼。而且请安时还要行打千、碰安、作揖、道万福或跪拜磕头等礼节，行礼的层次，按辈分而分尊卑，十分讲究。

打千与碰安，原是清时旗人的礼节。打千，系左腿抢前一步，屈右腿半跪，右手半握拳下伸，是仆人见主人、仆人回事的常用礼；碰安则是两手平放膝上，弯膝碰一碰身躯，是流行于旗人尊亲之间的常用礼。后来这两种礼节被推行于汉族官吏中，旋即渐渐地渗向民间。作揖、道万福是汉族礼节。作揖系双手合抱于前，自上而下，并伴以屈身，是汉族传统的见面礼节；道万福则双手手指相扣，放至左腰侧，弯腿屈身以示敬意，是古代女子与人见面时所行之敬礼。跪拜磕头是我国流行了数千年的大礼，分一跪一叩首、一跪三叩首和三跪九叩首，在正规、庄重的场面才行之。清时请安，用得最多的是打千和碰安，后者多为妇女行之，因行礼时需双膝同时屈之，故又称“请双安”。对此，曹雪芹的《红楼梦》中多有提及，如第九回写贾政问跟宝玉的是谁，“只听见外面答应了一声，早进来三四个大汉，打千儿问安”。再如第三十一回写湘云到来，“果见史湘云带领众多丫鬟媳妇走进院来，宝钗黛玉等忙迎至阶下相见。青年姐妹，经月不见，一旦相逢，自然是亲密的。一时进入房中，请安问好，都见过了”。前者行的是打千礼，而后者则该是“请双安”了。还有第二十四回贾赦生病，宝玉奉贾母之命去看望请安，故也有代表贾母看望的意思，原文曰：

见了贾赦，……先述了贾母问的话，然后自己请了安，贾赦先站起来回了贾母问的话，便唤人来：“带进哥儿去太太屋里坐着。”

宝玉退出来，至后面，到上房，邢夫人见了，先站起来请过贾母的安，宝玉方请安。

从这段文字中我们可以看出清时的请安、行礼是非常讲究尊卑长幼等层次的。清代的这种礼数，普遍流行到社会上，也影响到后世。据有关志书的记载，这种好礼的家风直到20世纪30年代尚颇为流行。只是后来的“请安”中已少了些打千、碰安之类的繁文缛节，单留下“请安问好”的问候了。

绍兴等地的“向长辈请安”习俗，就是这种“请安问好”在新的历史条件下发展和演化的结果。

◆ 行花烛贺暖房

在浙江台州地区，夫妻结婚后满60年时，儿孙们也要给他们举行一次“重行花烛”的民俗活动，以示祝贺。

“重行花烛”，就是夫妻结婚满60年那天，儿子、女婿及孙儿、外甥们为他们再举行一次“婚礼”，以示两老恩爱和睦、福满寿长。

“重行花烛”的仪式是非常讲究的，其程序及内容与新婚的婚礼没什么差别，只是比新婚要隆重得多。这一天，家屋的门柱及窗楹上贴起鲜红的对联，檐下吊起大红的纱灯，披红挂绿、张灯结彩，渲染出喜庆吉祥的气氛。正屋当中端端正正地摆两把八仙高椅，名曰“尊席”，尊席左右各搭五个烛台，台上点起亮亮的大红金烛，烛光后，各放一把八仙矮椅，名曰“十全命之席”。老夫老妻则脸带喜色。红光满面地被儿孙们装扮起来：老太婆头戴凤冠、身穿花衫、穿绣鞋绣裤；老头儿则身穿长衫、胸披彩带、戴礼帽插宫花，与初婚的新郎新娘没多少差别。吉时一到，身披盛装的老太婆坐着花轿从“娘家”起身，在鼓乐、鞭炮的伴送下到达“夫家”。这时，儿子、女婿迎上前去，把老“新娘”从轿中接出，搀扶着步入正屋，和老“新郎”拜堂成亲。拜堂仪式由家族中辈分最低的男性主持，一般是孙子、外甥或曾孙。老夫老妻在奶声奶气的吆喝声中，一拜天地、二拜祖宗及夫妻对拜后，再由儿子、女婿搀着，坐上“尊席”。此时鼓乐齐鸣、鞭炮大震，十位夫妻俱健、儿女婿媳及孙子孙女齐全而又年过花甲的老太婆，头戴包头额、身穿花衫袄，以“十全命”的身份，作为“伴娘”，进入“十全命之席”就座。接着，儿子、媳妇率着孙子、孙媳及孙女、孙婿，女儿、女婿率着甥儿、甥媳及甥女、甥婿等子孙后代，上堂叩拜；老夫老妻则高坐在八仙交椅上，笑着受拜。子孙们拜毕，则由三亲九眷、四邻八友上堂献礼祝贺，老两口则起立受贺，并点头示谢。叩拜、祝贺时，堂上鼓乐交作、鞭炮齐鸣，气氛极为热烈、庄重。

拜贺完毕，宾客入席喝“暖房酒”，老夫老妻则被孙儿、孙婿搀着，送入“洞房”。暖房酒静席面的菜肴点心，也是极有讲究的。常见的是每桌放两干果、两鲜果、四甜羹、四咸盘、四点心、八热荤和八冷荤等32种果肴佳品。宾客们吃罢“暖房酒”就要“闹洞房”。闹洞房又称“闹暖房”。因考虑到老夫老妻的身体关系，闹暖房没有初婚婚礼时那么热烈，大家只是围着老夫老妻讲些吉利话、讨讨吉利果，也就罢了。闹罢暖房，“重行花烛”仪式基本结束。不过家境富裕的人家，第二天还要设宴摆酒，请左邻右舍、同宗同族喝“福”气酒。届时，被请的人得带上些贺联、贺幛或鸡蛋、水果等礼品，以示祝贺。贺联多写“甲子重开花烛两喜，春秋六秩福寿双长”之类的讨彩话；鸡蛋则必须满十双数，如二十、四十等；水果则多为干果，如桂圆、荔枝、红枣之类，以讨吉利。

旧时，能“重行花烛”的人，必须是夫妻原配，儿女婿媳和孙、孙女、外甥、外甥女齐全，叫“十全命”。现在则没讲究得那么严格，只要是原配夫妻，结婚满60年，儿女有能力支付“婚礼”的费用，就要“重行花烛”。近年来，有的还要在喝罢“暖房酒”后，放一场电影，请全村男女老少都来看，让大家分享喜庆的欢乐。

◆ 数代同堂礼节多

在数代同堂的传统家庭中，诸家庭成员在处世行事方面，一举一动都要讲究礼节。

祖孙之间，作为孙辈的家庭成员，向有“居家事祖”和在外“寄平安信”的习俗。“居家事祖”，要求孙辈们必须在每天早上起床后，洗漱完毕，就衣着整齐地约同到祖辈的住处去请安；吃饭时，要按祖辈的胃口供上食物，祖辈不动筷，大家不得就餐；晚上就寝时，孙辈必须先把祖辈安置好，才能回自己卧室；平常闲居无事时，要常服侍在祖辈身旁；在祖辈面前，祖辈不让坐、不得坐下，不叫退、不得离开；受到祖辈的呵斥，不论是非曲直，孙辈不得辩解。对于非直系的祖辈，如同住一家或一村，两天不见，见后要拜两拜；五天以上不见，见后要拜四拜；每逢正月初一和冬至，孙辈去贺节时要拜六拜。孙辈在外供职或营生，得经常给祖辈寄送书信、请安问礼。书信的封皮之外还要再加一个封套，叫“重封”，以示敬重，封套上须写“平安家书”四字，可使收信者一见信封就能安心。

父子之间则要讲究“孝”和“慈”。儿子、媳妇每天起床后，洗漱完毕得先去祖父母处请安，然后再向父母请安；饮食时，父子不得坐在同一席位上，做儿子的更不能占坐主位；不管遇到什么事，只要父亲在家，儿子不得擅自做主；儿子出门得先告诉父母，回来后也要先面见父母；父母生日，子女得一天供三次酒果祝寿；父母有病，儿子、媳妇要亲自调药，伺候父母起卧便溺，无故不得离开身边；父母活着的时候，儿子不能为了朋友去卖命；父母发怒，鞭打儿子至流血，儿子不得有怨言。

婆媳之间，婆婆可以支使媳妇，媳妇不得争辩和抗拒；家务杂事媳妇得听从婆婆的主张，不得表现出自己的主见；媳妇得到别人的馈赠，应首先献给婆婆，如婆婆收下，媳妇应该感到高兴，如不收退回，媳妇应再三辞谢后才接受。

夫妻之间，妻子要听从丈夫的召唤，勤持家务、养育儿女；家居时切忌过分地亲昵，不得经常打情骂俏、说话随便；丈夫生病，妻子要尽心竭力地伺候；与丈夫发生争吵，不管有理无理，妻子要忍声克制；丈夫做了坏事，妻子不能一味迁就，要耐心劝诫，使之改恶从善。

如此等等，有许多习俗带有很大的封建性。辛亥革命后，随着社会上民主意识的增强，家庭礼节中除了尊老扶幼、勤持家务等优良传统得以继承发扬外，其他习俗皆不相传。现代家庭中所讲究的则是男女平等，夫妻共同分担家务，民主理财，民主持家。

◆ 媳妇有怨搬门宗

在汉族民间传统型家庭中，媳妇的地位往往是最低的。她在公公、叔伯面前，是“外姓人”。在讲究“同姓一家亲，是亲三分向”的旧社会中，她这“外姓人”是不可能与他们“平起平坐”、分庭抗礼的。在婆婆面前，她只有唯命是听，始终处于“屈从”的地位，即使挨了打，也不得有丝毫怨愤的表现，这就是《礼记》所要求的“如事姑舅、如事父母”。在丈夫面前，她的使命就是服从，做他温顺的奴隶，即使与丈夫发生争吵，不管有理无理，她必须忍声吞气，因为《仪礼》要求她“既嫁从夫”。

处于如此低微地位中的媳妇，遇有必须争取、必须申辩的事情，唯一的办法便是诉诸娘家，请娘家人出面，与公公、婆婆交涉，以维持自身的利益。这就是被民间称为“搬门宗”的社交习俗。

搬门宗，一般所搬的都是娘家兄弟。因为在娘家诸人中，父辈出面往往觉得“有失身份”，尤其是许多家务杂事引起的婆媳、姑嫂或夫妻纠纷，谁是谁非，很难作出判断，这时若由娘家父辈出面调停，很容易被对方说“没家教”“有其父必有其女”而羞得无地自容。所以，很自然地由在家早已主事的兄弟，尤其是长兄出面之成习，家家媳妇皆以娘家长兄为代言人，夫家以至社会也就渐渐承认“娘舅”的这一地位。所以媳妇在受到虐待、欺侮，到无法忍受时，常常会反抗性地说：“你当我娘家没有人了吗？”别人则会回敬道：“有胆量你去搬门宗好了！”如果媳妇娘家真的没有人，那就真的是哭诉无门了。

然而，传统型家庭十分讲究“家丑不可外扬”，“搬门宗”难免会使“家丑”公开化，弄得不好，反会扩大事态、激化矛盾，在以后的生活中，媳妇的处境将会更加窘迫。所以，在一般情况下，媳妇是不会轻易去“搬门宗”的；而娘家也不会轻易地放“娘舅”来辨别是非曲直的。常见的情况是，若家庭中发生了什么矛盾，媳妇一气之下就逃回娘家“搬门宗”，而娘家父母则多方劝解，让她住上十天半月，消了气后，再带信让女婿来将她接回，这样，婆家娘家皆大欢喜。

若遇婆家、娘家诸人均好意气用事、不明事理，且行色蛮横、出口伤人，“搬门宗”时是很容易“搬”出是非的，有的还会引发婆家、娘家两个宗族的社会纠纷而发生大规模的械斗。这种事情在旧社会时有发生，现在已基本绝迹了。

◆ 置酒分家舅作主

俗话说："树大开丫，儿大分家。"在汉族民间，虽不乏"四代同堂""五代同堂"的传统大家庭，但一般农家，凡兄弟多的，只要等幼弟娶妻成家后，就要各立门户、独自生活，俗谓之"分家"。

"分家"，就是各兄弟平分父母的田地产业，同时也以契约的形式规定父母的权益和保障他们晚年生活的具体措施。

分家前，先要议"分家约"。"分家约"，有的地区也叫"分家书""分家契"。上面略陈分家之缘由，下面略陈分家之办法：开具所分田地、房产的座址、四邻、面积和主要农具、家具及钱财、物品的名称、数量；明确各兄弟所得的份额；规定分家后父母的权益和赡养方法与措施，等等。

在广大农村，议分家约时，是一定要请娘舅到场主持的。这一天，娘舅作为主持者，有着至高无上的权威，若遇兄弟间有争执不下的事时，只要娘舅作出公断，兄弟就不得再有异议。在分配一些细小的家当时，如碗盏、筷子等，各兄弟按份平分后，其余数无法再平均分配时，娘舅就会当众摔碎或折断，以示公平。分家时除娘舅外，还要请房族中的长辈到场，作"公证人"；请学校的先生或懂文墨的人到场，代写"分家约"。浙江各地的农村，议"分家约"时是忌妯娌到场的，浙江有民谚曰："兄弟分家好商量，妯娌插嘴乱了场。"意思是妯娌间难免斤斤计较，许多事难以商量通。

"分家约"议定后，就要选择吉日，举行分家仪式。杭嘉湖一带的分家仪式，一般是办"分家酒"。

吉日那天，娘舅、叔伯等血亲，姑父、岳父等姻亲，及堂叔伯、堂兄弟等族亲都要送礼祝贺。岳父母则要给自己的女婿送一对"分家竹"。"分家竹"系一对碗口般粗的毛竹，上留枝叶，下带根须，用红带子绑在一起。同时还要送一套餐具及炊具。家境富裕的一般要送细瓷金边的碗碟，尤以景德镇产的为贵；家境贫寒的也要送10至12只蓝边大碗和汤碗。

分家仪式开始前，众人先将“分家竹”解去红带，在枝丫上挂起“膳火”和一串铜钱，分立于所分得的屋檐前。“膳火”系一盏用丝绵兜裹的竹筒油灯，寓有灯火长旺、膳食常丰之意；铜钱必须是顺治年间铸造的，6枚或12枚，用红头绳穿起，寓有路路通顺、招财进宝的意思。正堂要贴分家主的“马幛”，供案披起红绸，上供酒菜、香烛。吉时一到，分家的众兄弟先向“马幛”顶礼膜拜，颂念分家主之恩，后由众贺客膜拜。拜毕，则燃放爆竹。然后，众兄弟由娘舅带领，在族中诸长辈的监督下，在“分家约”上签字画押。众兄弟签画毕，则由娘舅及族中公证者签押作证。至此，财产分割始告完毕。此后，诸兄弟便各立门户，独自撑家。众人则在一片声中，分长幼尊卑陆续入席喝“分家酒”。席上以娘舅为尊，必坐于上首。喜宴开始，众人得先向娘舅敬酒，谢他主持之功。三巡，主人则要催请众人划拳行令，增加气氛，俗谓吵得越凶、越热闹越好。

喝过“分家酒”，诸兄弟若对财产分割尚有异议，也不得再提，否则，必被亲戚及族人所谴责。俗谚曰：“喝过分家酒，撑家靠自手。”

杭嘉湖农村的分家，最讲究“公平”二字。所以，旧时分家必挑农历二月和八月。“春分、秋分，日夜不差分”，而春分、秋分这两个节气大都在农历二月和八月，俗谓“二、八月，两中平”，所以“分家酒”大都在这两个月置办，以示公平。

◆ 杭城流行认干亲

林语堂先生在小说《红牡丹》中曾有过这一段描写：

孟嘉最痛心的是，他已经想出一条合法成亲的妙计，只要牡丹还爱他，改姓就成了。一房没有子嗣，收养另一房的儿子，这是常情。“传香火”是一件大事。表亲过继，例如牡丹过继给她舅舅苏瑞甫，她就可以改姓了。苏大妈是他的阿姨，牡丹变成了苏家人。一般来说，除了传香火，没有人过继，从来没有人为了堂兄妹成亲而这么做法。

这段文字是在说，孟嘉和堂妹牡丹相爱，但碍于同姓而不能结婚，于是便想到杭州民间“承寄子女”的风俗，想以此来给牡丹改姓，以便跨越“同姓不结亲”的习俗障碍，与牡丹共结百年之好。

承寄到别人的名下，认别人为父母，便由此而与对方结成“亲眷”关系，这是一种社交习俗。承寄的原因，据近人钟毓龙编著的《说杭州》一书所载，大致有以下三种：一是两家交情深密，更以儿女承寄，结成干亲家，就多了一重亲谊，这完全是出于社交方面的考虑。再是因子女的“八字”不能养大，须出寄给属某肖的人，才能禳解；或子女的“八字”与生身父母相冲相克，须出寄给别人，以求回避。第三是对方没有子嗣，亲友则将自己的子女承寄到他们的名下，以便“传香火”或“开门户”。

承寄时，要举行一定的仪式。出寄和受寄两家的父母，事先商定承寄的日期，届时，生身父母带领出寄的子女，提箩携筐，上门去拜见寄父、寄母，行承寄仪式。仪式一般有祭祖先、拜寄父母及取名字、送见面礼、压贴、送“包领大”等程序。祭祖先即祭祀寄父母家的祖先，祭礼一般要用王母、寿星、神马等神像和糖糕、酒肴、香烛等，祭礼得由生身父母从自己家带来。祭毕，即要拜见寄父母，出寄的子女称寄父母为干父、干母，或亲爷、亲姆。拜见时生身父母得给寄父母送些糖糕、面条、水果、鱼、肉及鞋袜、衣料等礼物。拜见过后，寄父母要设酒席款待众位来客，席上寄父母要给所受寄的子女“取名字”，名字从寄父之姓，并列入寄父母子女的排行中。取过名字，寄父母得给受寄的子女送“见面礼”，礼品多用红绸包裹，内装鸡蛋、长生果等。然后是“压帖”，即用金银锁片或“长寿铜钿”等物，放在写有新取姓名的帖子上，由寄父母亲手递给受寄的子女。其帖多为红色，中间竖式写着新取的姓名，四角各写一字，凑成“长命富贵”“郭福彭年”之类的讨彩话。该帖由寄子女带回生父母家，贴于家堂土地神的神龛边。最后是由寄父母取出个包袱，内装棉包、领巾、肚兜三样物品，叫“包领大”，由生父母带回，以讨吉利之彩。

承寄之后，寄子女逢年过节要给寄父母送节礼。过年时，寄父母要请寄子女去吃“年夜饭”，给寄子女分“压岁钱”；寄子女则给寄父母送“年饭”并“岁烛”一对。这样连续吃过三年“年夜饭”，第三年就要“做满年”，双方互相馈赠的礼品比往时更加丰厚。就保持承寄关系，若无重大变故，双方的亲戚关系可以保持至母亡故。有的则在寄父母亡故后，干兄弟或干姐妹间还会往来如亲戚。

至于寄父母没有子嗣的，寄子女还要给他们养老送终，寄子女则有权继承他们的遗产，并代立门户，传接香火。不过，他们之间确定承继关系时，却要另行一套“过继”的仪式。

◆ 亲属称谓分谦敬

在汉族民间社交场合，人们在称自己或对方的亲属时，常要用敬称和谦称，这已经成了一种风俗，如对“父亲”这个称谓，称对方的父亲时，要用敬称，说：“令尊”；称自己的父亲时，则要用谦称，说：“家父”。

一般来说，民间在称呼对方的亲属时，常用“令”字来表示尊重、礼貌。如称对方的父母为“令尊”“令堂”，称对方的兄弟姐妹为“令兄”“令姊”“令弟”“令妹”，称对方的儿女为“令郎”“令嫒”，称对方的孙子、外甥、侄儿为“令孙”“令甥”“令侄”，称对方的妻子则为“尊夫人”。

在称呼自己的亲属时，则要用“家”“舍”“小”等字来表示谦恭。“家”，是用来称比自己辈分高或年长的亲属的，如称自己的祖父为“家祖”，称自己的父亲为“家父”或“家严”，称自己的母亲为“家母”“家慈”，称自己的兄、嫂、姐为“家兄”“家嫂”“家姐”以及“家岳”“家叔”等。“舍”，本来是用作谦称自己的家舍的，如“寒舍”“敝舍”“舍间”和“舍下”等，同时又用来谦称比自己卑幼的亲属，如“舍弟”“舍妹”“舍侄”和“舍亲”等，但在人们的语言习惯中却无“舍儿”“舍女”的说法。对自己儿女的谦称，则常用“小”字来表示，如“小儿”“小女”；旧时则也“犬”字，如“犬儿”“犬女”。对自己妻子的谦称，常见的则有“贱内”“拙荆”“拙室”等。

对于已故的亲属，民间习惯用“先”或“亡”来表示，其中含有怀念哀悼的感情。“先”，常用于对自己长者的称呼，如称自己已离世的父亲为“先父”“先人”“先严”或“先考”，称自己已离世的母亲为“先母”“先慈”或“先妣”，对祖父则称“先祖”、叔父称“先叔”、岳父称“先岳”等。“亡”则一般用于自己的同辈或卑幼者，如“亡弟”“亡妹”“亡妻”“亡儿”等。

此外，对对方本人的敬称，常见的有“阁下”“足下”“公”“卿”“君”“先生”及“您”等；对自己的谦称则有“仆”“不才”“小生”“晚生”“小可”“奴”和“愚”等，不同的场合，选用不同的谦辞。

现在，在民间的口语中，对此类敬称和谦称，已不像旧时那么讲究，但在社交公文中，却是依然如故、屡见不鲜。

二、亲友交际风俗

◆ 亲戚往来送节令

在汉族民间，亲戚间的往来习俗极为繁杂，大略可分庆吊往来、互走节令、平时串门和特殊聚会等数种。

亲戚间往来走动，一般都要带上点礼物，礼物的贵贱、多少也不很讲究，只要“不空手”就行了。但什么场面送什么礼，什么节令带什么物，民间却有约定俗成的规矩，一般不可随意变更。在山东，亲戚间“按时把节”的往来，俗谓“送节令”，常见的有如下几种：

正月初一，同村的亲戚互相登门拜年，送干果礼品，并互相设席请酒，叫“吃年茶”。正月初二，农家男孩由家长率领，带上干果糕点，往姑姑、姨姨家拜年，叫“拜姑姨”。正日初三，青年夫妇双双往岳家拜年，其所带礼品多为名贵干果或名酒补药等，俗谓“走丈人家”，婚后十余年间，年年皆然，直至夫妇年龄渐长，必须在家主事，脱不得身时，才由其儿女代替去“拜外祖”。

二月初二，新出嫁的女儿要带上用青布缝制的囊袋，内装百果五谷回娘家小住，俗称“送二月二”。

三月初三，一般是出嫁的女儿在此日前回娘家小住，到了此日即携百果糕饼等礼俗食品回婆家，分赠邻里乡亲，俗谓之“送三月三”。

五月初五端午节，女儿女婿要给岳家送许多粽子；已经订婚的男女，男家要给女家送衣料、服装、粽子及酒肴，俗称之曰“送端午”，女家则要以粽子及酒肴相答谢，让“毛脚女婿”挑回，以分赠邻里乡亲。

六月初六，出家的女儿要给父母亲；外甥、外甥女要给外祖父、母送用新麦炒熟、磨细做成的“炒面”。

七月初七，已订婚的男女，男家要向女家送瓜果、麦面、油料、蜜糖和相当数量的酒与酒肴，俗称给女家送“乞巧费”；女家则要以麦饼擀烤“巧饼”相答谢，俗谓之“送巧”。

八月十五中秋节，已订婚的男女，男家要给女家送西瓜、月饼等应时物，俗谓“圆月”。九月初九重阳节，娘家要上婆家“迎女”，去时一般要带枣糕、花糕、黄酒等礼俗食品。

若是新嫁女，则得给女儿带上一套新衣。

十月初一，农家家家都要上坟，亲戚之间互相以香纸相馈送。

山东规矩，亲戚往来尚有许多禁忌，如新媳妇在正月十五以前不可以在娘家住；临清一带，新媳妇在正月初七、初八、初九这三日和十一至十五这五日中，不准走娘家，俗谓“七不走，八不挪，九走死婆婆，十一拐弯至十五，拐弯死老天”。正月十六则是公认的走娘家的吉日，又称“走百病”，家家媳妇都走，但在娘家又不能住到二月二，说是怕“蹬了娘家的囤子底”。

山东民间的“送节令”习俗，现在尚颇为流行。

◆ 二月初二带闺女

在苏北、鲁南一带的民间，流传着这么一条谚语："二月二、龙抬头，家家户户带活猴。""带活猴"，就是带闺女，说的是每年农历的二月初二，农家有把已出嫁的女儿接回娘家小住的风俗，山东邹县叫"接女诉怨愁"。

为什么要把带闺女叫作"带活猴"呢？据说，在暇时，妙龄少妇在回娘家的路上，常会遭受轻薄恶少的纠缠，有的甚至被他抢走，惨遭蹂躏。鉴于此，有人便故意把自己装扮得不伦不类、奇丑无比，有如杂耍的猴子一般，以避恶少的纠缠，则称之为"活猴"。

那么，为什么农家要在二月初二日带闺女回娘家呢？因为按照当地的习俗，在正月里，初婚的少年夫妇一定要住在自己的喜房里，即使要外出走走亲戚也不准在外地过夜，叫作"正月不空房"。这样必须等到二月，初嫁的闺女才可以回娘家去住上十天半月，说说知心话。同时，在当地的民间习俗中，向来把逢双的日子视为黄道吉日，农家女儿出嫁和回门都要讲究个"成双成对"，而农历二月初二刚好是新年后第一个月，日均是"成双成对"的佳日，所以在这一日带闺女是最为吉利的了。此外，农历二月时，虽然冬闲已尽，但春耕大忙尚未完全开始，加之春暖阳耀，气候宜人，正是闺女走娘家的好时候。

过了二月初二这个关节，苏北、鲁南民间的带闺女回娘家习俗一直要到六月初六才能一行了。

与此相反，鲁西郓城一带，却忌妇女在二月二回娘家，说是"二月二踩了娘家的仓，不死公爹就死婆婆娘"。在这儿，初嫁的闺女多在二月初一日携带糕点礼品回娘家做客，二月初二日一早必须带上回赠的礼品归婆家过节，民间称之为"送二月二"。

◆ 庆吊往来不空手

在汉族民间，婚娶、寿诞和丧葬是人生最重要的礼仪活动，此时，亲友庆吊往来也最为集中，各种社交习俗也表现得最为突出。

汉族农家，不论贫富，每遇婚丧寿诞等“红白喜事”，总是要设酒筵遍请亲邻好友的，所以农家大多视之为“行事业”。亲戚之间，遇有“红喜”，总要相庆贺；遇有“白喜”，还要去祭吊。庆吊时带的贺礼和祭品，一地有一地的风俗，但就某一特定的区域来说，是有一定的规禁的。

山东农村亲戚间有喜必贺。亲戚结婚，得“贺婚礼”，有事前送衣服、饰物者，其中尤以被面、衣料、大镜子等最为常见；有届时送“喜仪”者，通常是送钱，用红纸包裹，忌送单数。有的地方，亲戚则把鱼、肉、馒头、海带、粉条等食物放置盆中，送给婚主家备用，俗称“送饭”。结婚之日，主家得用红柬遍邀亲邻好友参加婚礼，并大办宴席，名为“吃喜酒”。

亲戚做产，得“贺生育”，外婆得备鸡蛋、蒸饼及婴儿用的小被、小褥、衣裤等，盛于新篓子中，蒙上红布，由产妇的兄弟携着登门相贺，名为“送米”或“对道”。其他亲戚则多携鸡蛋、粉条等礼俗食品登门致贺，名为“看欢喜”。

亲戚中有人“满十整寿”，得“祝寿”。家境富裕的大户人家，每逢“满十整寿”，就要大宴宾客，亲戚则得以寿面、寿酒、寿幛及面塑的寿桃相送，以示祝贺。

其他如亲戚子弟升学、迁职、参军及建房、乔迁等，农家大都要登门致贺，所送之礼则随人而异，最常见的是“喜仪”。

山东农家若遇丧事，则一定要报知亲戚，亲戚闻讯，必往吊祭。吊祭时送的祭礼，大多是香烛纸锞之类。到葬日，有的地方还要用祭品、祭幛、挽联等，在路旁设祭，俗叫“路祭”。旧时，路祭颇为流行，而且崇尚奢靡，据《邹平县志》记载，路祭对“墓阅棚极，以多为贵，祭棚内列围屏，并设红氍古玩，藉以香儿盘碗，承以花架。古玩非金玉之大而且美者不用，香儿非金漆螺钿花梨紫檀之属则不用，灯非羊角玻璃纱绣则不用，檐彩非哆啰呢绣花垂缨者则不用。一切陈设，或数十里，或一二百里，宛转借索”。如此铺张奢华的“路祭”者，大都为死者的女儿、女婿，他们往往是为了借此给娘家“撑门面”。有的地方则要送丧主钱，用白纸包裹，俗称之为“赙”“赙仪”“人情”等。此外，还有给丧家妇女送钱的，名为“来发”或“收头钱”；给丧家男女孝帽上加戴黑帽，丧服外加披蓝布，名为“盖服”，据说可以“避凶趋吉”。丧家则要在出殡后设宴招待诸吊唁之宾客，名为“吃丧家饭”，“丧家饭”一般不供大鱼大肉，而供素菜，尤以豆腐为主，故民间又称之为“吃豆腐饭”。

20世纪50年代以后，由于政府提倡“喜事新办、丧事简办”，农家婚娶、寿诞和丧葬等大多办得俭朴、简单。20世纪80年代后，由于农家在经济上渐趋富裕，“红白喜事”越办越奢华、繁复，社交面也渐次扩大，亲邻好友送礼也讲究互相攀比，“喜仪”之钱越包越多，“祭礼”之物越送越贵，许多人已近不堪重负之边缘，社会上又有了要求“喜事简办”“送礼重情”的呼声。

◆ 亲友相帮行门户

在陕北农村，农家若遇红、白喜事，独家独户的无力承担时，就要“行门户”。

“行门户”，顾名思义，就是行走于各亲戚朋友之间，以设宴请客为名，求亲友以送礼的形式在经济上予以资助。待亲友办喜事时，再把礼钱奉还。

对于陕北人来说，“行门户”是一种十分重要的礼节。某家有红、白喜事，被请者一定要以礼相送。如遇红喜事，被请者所带的礼品，贺寿的要为老人做个寿桃，送嫁的要为新娘扯块花布，娶亲的则得给小伙子包几块礼钱。如遇白喜事，被请者一般不用送什么礼品，只要带一把香、几张纸便行；若亲缘关系较密切的，则要送些蒸馍。考虑到人情礼节，被请者得应邀上门祝贺，而且要更衣整装，以示庄重、礼貌。被请者若遇要事缠身，也得找个体已者把礼品捎去，“礼到情到”，算是给了主人面子。

陕北“行门户”时，是一定要摆宴席的。宴席中的礼节更有讲究。每个桌前要有一个陪席，俗称“站席口”。

“站席日”一般由主人族亲中的平辈男人负责代替主家招待客人，随时要菜、敬酒、添饭。开席时，站席口者要为大家斟满酒，劝大家举杯同饮，而他自己则借故不喝。待酒到半酣，或席面上有些冷落时，他举着酒杯来努力地劝酒，逗引大家猜拳、行令、唱酒曲。陕北农村，摆宴设席就讲究个热闹红火。所以，许多酒席都是不醉不散。只有席上有人当场醉倒了，主人才算是尽了礼数，虽然行过“门户”，欠了人家的人情，也算心里踏实了。

酒席散后，主人还要给送过礼的人家捎些礼俗食品，如蒸馍等。若条件便利，主人还要端着盘子，挨家挨户地送“礼饭”“礼菜”以示感谢。

其实，“行门户”是一种“一人有事，众人相帮”的群众性互助活动。这种活动在汉族的其他地区也是颇为流行的，不过其名称，有的叫“邀份子”，有的叫“请份子”或“凑份子”。据考证，它至迟在明朝时已经出现。那时的普通人家、寒门小户，平时日用开支，开门“柴米油盐酱醋茶”七件事，已感十分拮据。遇有喜庆事，就更感办不起了。于是一家办事，大家凑钱、凑物，俗曰“折干”或“干礼”。这样各人出“一份”，帮一家一人办喜庆大事，谓之“出份子”。

明朝末年，这种习俗活动渐被文士官吏阶层所接受，而且演变为有权势的人变相敲诈下层的一种手段。他们借办喜事为名，娶亲、聘女、过节、祝寿、贺生等，向下属遍发请柬，拉人送钱，谓之“邀份子”“凑份子”，被请的下属，有的畏于权势，不敢不送；有的碍于情面，不能不送。而借名办喜事者，趁机可以捞一笔钱。对此，明朝周宾所著的《识小编》中，曾有所记载：

都会，具柬遍召同年、寅好、乡亲，假馆设席，延宾至，具货金，主人受贺，演戏终日，谓之“请分子”。每分多至八金以上，少至一金以下，每会可数百金，一除费计赢若干，以为主人所得。

到了清时，这种“凑份子”“送份子”的风俗，在社会上十分流行。《红楼梦》第四十三回《闲取乐偶攒金庆寿》所写的种风俗。这次“凑份子”是为凤姐过生日的，主意先由贾母出的。

贾母笑道：“我想着，咱们也学那小家子，大家凑个子，多少尽着这钱去办，你说好不好？”

大家听了贾母的这个提议，虽然心里有不同的反映，但还是一齐答应了：

众人谁不凑这趣儿呢？再也有和凤姐好，情愿这样的；也有怕凤姐儿，巴不得奉承她的。况且都是拿得出来的，所以一闻此言，都当然应诺。

结果这次为凤姐过生日，共凑份子一百五十两有零。

不过，这种“凑份子”和民间的“凑份子”“行门户”比，已有了质的差别。

◆ 亲友远行送顺风

在汉族民间，每逢有人因学艺、求学、参军或外出谋生等要离家远行时，亲戚、朋友及邻里乡亲等都要带上一份礼物，去为他送行，文人称之为“赠别”，民间名之曰“送行礼”。

在山东农村，送行时习惯于“送元宝”。有亲友远行，亲邻要煮十个鸡蛋相送。这时的鸡蛋，俗名曰“元宝”，取“万事圆顺”的意思；“十”为整数，取“十全十美”的吉利。同为送鸡蛋，在岭南地区都只送八个，因为在粤语中，“八”发音如“发”，讨的是“发财”的口彩。

在江南，有的地区流行的是“送团圆”。即临别之际，亲人捧上汤圆一碗，力劝远行者吃之，取团圆之意，说是“吃了汤圆好团圆”。不过，送汤圆的大多是直系亲属，如父母、妻子及兄弟姐妹等。其他亲戚朋友及邻里乡亲，则要送其他的圆形礼俗食品，如蒸米团、鸡蛋等。

在浙江青田，送行却叫“送顺风”。

青田素称“石雕之乡”，近百年来，光以雕艺为业、出洋谋生的华侨就数以万计。所以在青田城乡，侨属遍布，每逢有乡入出国，邻里乡亲为了表达对侨胞的良好祝愿，纷纷以钱物相赠，民间谓之曰“送顺风”。

青田“送顺风”，不在于钱之多寡、物之贵贱，而在于情谊。送顺风时所送的钱，无论多少，一概谦称为“点心钱”，意思是给出国远行者路上买点心吃。若要送物，得讲究“讨彩发兴”。生活拮据的农家，大多送皮蛋、糕点等，叫作送“路菜”“路点”；家境稍微宽裕的农家，则送鸡鸭、猪脚、团鱼等，一律要用红头绳缚脚，叫作“发红头”，家境富裕的，则要送些较名贵的土特产或民俗工艺品，如处州白莲、庆元笋干、龙泉香菇和青田石雕、龙泉宝剑等。但忌送鸡蛋、鸭蛋，因为鸡鸭蛋外表光光秃秃的，有“穷光蛋”之嫌。若是挚友亲朋，则要为出国远行者摆“送行酒”，祝愿“出门顺风、立地兴旺”。出国者启程前，家属要给他送上一碗红枣莲子汤，红枣暗喻“红得早”，恭祝生意早早红火发达；莲子暗喻“莲花结子”，恭祝开花结果、前程美好。若是夫妻，则更含有“并蒂连心”的意思。

出国者上车时，送行者还要给他塞上两大把柑橘。在当地方言中，“柑”谐音“根”，提醒对方不要忘了祖宗根基；“橘”谐音“吉”，祝贺行者大吉大利、一路顺风。这时，若遇有偶发性的晦气事，“送顺风”者要随机应变地凑说讨彩话，以求逢凶化吉。如出门时遇天下雨，要说“赚钱生水”；行者不慎手脚碰破出血，要说“开门见红”；行者不慎绊了一跤，要说“捡元宝”等。

青田“送顺风”虽然在礼节上过分讲究，但人情味也浓，且有提醒侨胞不忘根基等内容，所以颇受当地侨属的喜爱和欢迎，至今尚流行不衰。

◆ 远客来访重迎送

“有朋自远方来，不亦乐乎！”孔夫子的这句传世名言，道出了汉族民间好客的风尚。在汉族民间，无论是初交新知，还是世交旧友，只要是远方来客，主人往往要举行隆重的迎送仪式，表示友好和敬重。

旧时远客来访，主人若事先得知其到家的确切日期，一般都要于先一日洒扫庭院、清扫路道、整理房中摆设、换洗被褥杂物，讲究干干净净迎嘉宾。

客人到达之日，主人要换上整洁的衣服，到村外路口去迎候，民间称为“接客”。近年来则多要到车站、码头去迎接，叫作“接站”。

客人到达，宾主握手、寒暄，行过见面礼节后，主人要接过客人的行李大包，口说“请、请”，并伸手示意让客人先走。若客人系新来乍到，路道不熟，那么主人就得在前面引路，并且要说“那我就先走了”，以示歉意，民间叫作“前行示敬”。

客人到家，暇时还有“拥彗迎宾”的礼仪。彗就是扫帚，客人来到，家中仆人要双手拿着扫帚躬身在门前迎接，意思是说，家中已经打扫干净，欢迎贵客光临。若是贵宾新到，主家还会安排数人提前于门外迎候，引颈而望，待客人将入大门，就燃放鞭炮，以示敬意。

客人入室，主人让座、敬烟、请茶，略作交谈后，主妇会捧上点心，供客人解饥。稍作休息后，主人便要设酒席相请，名曰“接风”或“洗尘”。主客若是旧友重逢，席间难免把酒话旧，开怀畅饮。“相逢且莫推辞醉”，在“接风”酒席上，主客若是新逢初识，也会在主人的殷勤相劝下“一杯生、二杯熟、三杯成故交”，由此而结下深厚友谊的。

远客欲行，主人得行送别之礼。在汉代，人们送别，往往折柳相赠，因柳谐音“留”，表示人虽分别，友情却如那依依的杨柳、绵绵的丝条长留心中，长存不断；同时也表示希望离人如柳树的“随处皆生”。这一风习至唐代更为盛行，以后，人们便用“折柳”作为送别的代称。

同时还有饯行的习俗。饯行，就是主人治酒造饭、设席相送。据《诗经·大雅·韩奕》记载：“韩侯出祖，出宿于屠。显父饯之，清酒百壶。其肴维何，炰鳖鲜鱼。其蔌维何，维笋及蒲。”由于饯行时必须治酒，所以又叫“饮饯”。晋代陶渊明的《咏荆轲》诗中写道：“饮饯易水上，四座列群英。”以酒饯别，在唐代简直达到了最高潮。亲友间平日的友情、离别的情丝、美好的回忆、真诚的祝愿，统统在饯行的美酒中得以化解和寄托。唐代诗人王维的《送元二使安西》唱的就是这种以酒饯行时珍重友情、依依惜别的深情厚谊。诗曰：

渭城朝雨浥轻尘，客舍青青柳色新。
劝君更尽一杯酒，西出阳关无故人！

唐代以后，这种以酒饯别的风气，仍旧广泛地流行着，至今仍然盛行。客人上路，主人往往得送他一程，或至村口，或至岭头，俗称“送客”。送客时，在唐代，汉族民间还有“踏歌”相送的习俗，对此，唐代诗人李白的《赠汪伦》曾作过专门的描写：

李白乘舟将欲行，
忽闻岸上踏歌声。
桃花潭水深千尺，
不及汪伦送我情。

◆ 朋友相交壶为礼

在安徽黄山茶乡，亲友往来总要以礼物相送，而最常见，又被视作最珍贵的礼物，莫过于茶壶。这茶壶不管产于佛山或钦州，也不管是青瓷还是紫砂，只要是来自外地，就越远越珍贵。这里讲究的就是“千里送鸿毛，礼轻情谊重”的意思。更为有趣的是，有一种供孩童玩要的套壶，大的如鸡蛋，小的只有蚕茧般大小，稚拙可爱，用于送人，是最受人们欢迎的。这种在交往中以壶为礼的风俗，黄山茶乡的茶农们称之为“以壶还壶”。

黄山茶乡“以壶还壶”习俗的形成，据有关民俗学者的考证，当与该地民间“敬壶供壶”的文化传统有关。据传早在明朝天启年间，当时的歙县知县听说黄山云雾茶在冲泡时，其热气能幻化成一幅美女采茶图，于是就带了茶叶上京，献茶讨宠。谁知皇帝在金殿面试时，却未能幻化出图案。皇帝大怒，立时斩了知县。同时，还传旨给徽州府，斩杀黄山茶农。徽州知府熊启元，不愿滥杀无辜，微服出访，从一老茶农口里讨得能使茶气幻化出图案的秘法：茶必谷雨生、水须山泉水、柴用栗树炭、壶用紫砂壶，就带着这四样东西进京面君。一试，果然有美丽图案幻出。龙心大悦，撤了前旨，使茶乡百姓免了一场大灾难。从此，在黄山茶乡，茶壶就被当作“救命壶”，视为神灵，每家每户都在正堂的香案上供起茶壶，除日常玩赏外，还四时膜拜。这样，茶壶的身价自然就提高了，亲朋往来中以此为礼互相赠送也就成了风俗。

不过，关于“以壶还壶”这一风俗的由来，当地百姓却有别样的说法，其发端则是在清代。

清时，金陵名妓董小宛游黄山，与黄山名僧雪庄相遇，两人品茗赏景、论画谈艺，甚为相得。董小宛离开黄山时，雪庄送了她一把壶。董小宛悟性甚高，体味出雪庄“一片冰心在玉壶”的寓意，就将这把紫砂壶看得十分珍贵，小心珍藏，不时把玩。后来，董小宛二游黄山，特地去造访雪庄，送一套状如鸽蛋的特制紫砂壶给雪庄。雪庄见这套紫砂壶小巧玲珑、拙稚可爱，也就爱之不已，视为家珍。他们一来一往，以壶作礼，在黄山一时传为佳话。文人学士竞相效之，遂成习俗。后来雪庄老了，黄山有个茶农主动为他担水劈柴，十年如一日。这年，这个茶农生了个孩子，做满月时，雪庄就把董氏送的这套紫砂壶转送给这个茶农。从此，“以壶作礼”“以壶还壶”的习俗就随着这套精制紫砂壶传到了民间。至今，黄山茶乡还流传着这么一首歌谣：

黄山茶乡故事多，
董妃雪庄贵相知。
交友重义不重财，
一片情谊寄砂壶。

不管这故事的历史真实性如何，它却明确地告诉我们，黄山茶乡“以壶作礼”“以壶还壶”的交际习俗是黄山茶民“交友重义不重财”这一社交原则的生动体现。

◆ 情笃谊厚结同年

读过小说《三国演义》的人，都会知道刘备、关羽、张飞“桃园三结义”的故事，在旧时，他们那种“不愿同年、同月、同日、同时生，只愿同年、同月、同日、同时死”的“情谊”，颇得社会各界的称颂。明清时，“结义”之风特别盛行，从市井间的劳动群众，到社会上层的文人官吏之间，都时兴这一套。对此，我国文学名著《红楼梦》就有所反映。如《红楼梦》第九回写宝玉与秦钟的亲热情况时说：宝玉“又向秦钟悄说：‘咱们两个人，一样的年纪，况又同窗，以后不必论叔侄，只论兄弟朋友就是了。’先是秦钟不敢，宝玉不从，只叫他‘兄弟’。”这里虽未举行“结义”的仪式，但已有了欲“结义”的意思。又如第六十六回写薛蟠与柳湘莲结拜道：“薛蟠道：‘天下竟有这样的奇事……遇见一伙强盗，已将东西劫去。不柳二弟从那边来了，方把贼人赶散，夺回货物，还救了我们的性命。我谢他又不受，所以我们结拜了生死兄弟，如今一路进京。从此后，我们是亲兄弟一般……然后给他寻一所房子，寻一门好亲事，大家过起来。’”这里特别表明“结拜了生死兄弟”“亲兄弟一般”“大家过起来”等字眼，可见是正式“结义”了的。

其实，这种“结义”之风，在我国许多地区，至今尚颇为流行，只是在不同的地区、不同的阶层中，有着不同的称法。北方叫“拜把子”，南方叫“结同年”，文雅的“结金兰”，通俗的叫“结拜兄弟”，此外还有“打老庚”“结庚亲”“打同年”“结拜”“换帖”等说法。

旧时的“结拜”，最普遍的说法是“换帖”。异姓朋友，结拜换帖后，便成“盟兄盟弟”或“契兄契弟”。在“结义”时，双方要交换一份书面的文契。用红纸折成信封大小数折，封面写《金兰谱》或《兰谱》。里面写结拜人某某、某某等二人、三人或更多，因交情笃实，友谊深厚，愿意结拜为异姓兄弟；并写明姓名、籍贯、年岁、八字（即出生之年、月、日、时的干支），以及父、祖、曾祖等三代的姓名和出身、官职等，结拜的年、月、日，结拜人签名盖章或按指纹。在祭祀完各人的祖先后，互相交换此帖，然后便以兄、弟相称。不但二人往来如同胞，双方家人也便如至亲一般，称呼也如家人。谓之干亲。

“结拜”“换帖”的仪式是较文雅的，一般流行于文人官吏之间，又称“义结金兰”。而普通百姓间的“拜把子”或“结同年”，一般不用“换帖”的方式。常见的是结拜双方经过平时的相互了解，情趣相投，又通过生产、工作中的相互帮助，建立了一定的感情之后，由一方提出“结拜”的要求，对方也同意，即以头巾、衣物等互相馈赠，或备置酒宴以为仪，互通年庚、八字，便结为“同年”，以兄弟相称。也有在平时相互了解的基础上，借助某一偶然的机会，如双方共同参加某一红白喜事及其他社交场合，共同饮宴，一言既合，举杯结义，有难同当，有福同享，而结为“同年”。“结同年”一般不论地区、姓氏、宗族、年龄，只要情谊相投，便可互相结拜。至于“同年”的称法，则是取自“但愿同年、同月、同日、同时死”这一情笃谊厚的誓言。

民间“同年”关系一经确定，双方亲属都有裙带关系，“同年”互称对方的父母为庚爹庚妈、同爹同妈或义爹义妈，称对方的兄弟姐妹为义哥、义弟、义姐、义妹或表哥、表弟、表姐、表妹等。双方不但有亲属的权利与义务，而且在村族、家庭中也起有特殊的作用。“同年”结定后，双方平时来往密切，节日交往频繁，互相帮助解决生活、生产中的困难。有的“同年”，庚亲关系可以坚持几十年，结拜的老人早已过世，后代依然往来不绝，情重如山。“同年”间遇有特殊情况，一定要通知对方。对方得知消息，无论有何特殊情况，都要尽力相帮，有钱出钱、有物出物、有力出力、有计出计，否则就会被人认为是“酒肉朋友”，不仁不义，为社会所不屑。若遇建房、定亲等重大事情及婚嫁、寿诞、丧葬等红白喜事，也要和“同年”商量，对方不论有无，都要以礼物相赠。“同年”所赠的礼物，不管价值高低，主家总认为是最珍贵的。“同年”送的贺联、寿幛，或挽联、花圈，常被置于上首，尊居同辈亲戚之上；有些话连亲生父母或同胞兄弟都不说，却会对“同年”说。所以，有些家庭、邻里纠纷，本村本族解决不了的，“同年”一出面倒能释然而解。

在贵州、广西的部分地区，“结同年”还有集体进行的，村与村、族与族间互相修好、往来不断，逢年过节还会以花灯队、歌舞队互相拜访，以示祝贺；每逢修路筑坝等重大工程，则以钱财人力，互相支援。

据考，“结同年”“结金兰”习俗的起源是相当古老的。据《太平御览》卷四〇七《行吴录》云：“张温英才浥玮，拜中郎将，聘蜀与诸葛亮结金兰之好焉。”“结金兰”的习俗至迟在三国时已经了。又据唐代冯贽《云仙杂记》的记载：“戴宏正每得密友一人，则书于簿简，焚香告祖考，号为金兰簿。”说明在唐时“结金兰”已经比较地讲究礼仪形式。至于“金兰”一词的出典，则是来自《易经》，《易·系辞》云：“二人同心，其利断金；同心之言，其臭如兰。”其发源，是更为古老了。

◆ 端锅相向劝挚友

安徽歙县古时徽州，这一带汉族民间，每逢有挚友亲朋上门，好把菜放到锅里，连锅一道端上桌子招待，以示隆重，叫作吃“端锅菜”。据当地老辈人说，这个“端锅菜”还包含着这样一层劝诫意义：规劝亲朋好友为官做人应事事处处以国以民为重，切莫以一己之好恶待人，更莫见利忘义，见钱眼开。

这一习俗起源于何时？史籍无考。不过民间倒有这样一个传说：从前徽州有个姓毕的尚书，在山东任主考时，发现一姓马的秀才文才极好，只是视其所写之“马”字四点连写成横，有些傲气，便欲罢不取。毕妻许氏贤惠通达，借为夫洗尘之际，将菜肴全倒于一锅，连锅端上，并说：“朝廷重视人才，像马秀才这样出类拔萃盼属必有赏识之主。今你以己之好恶不取他，难免结下芥蒂。他日他若得志，你总食禄难保。所以为妻不妨连锅端出，劝你趁早痛饮几盅。”

一席话说得毕尚书猛然醒悟，一改初衷，取了马某。后来，毕尚书遭谗遇祸，全仗马某设计化解，既救了合家性命，又保全了清廉的名声。回首往事，毕某更觉妻之通达，告老还乡后，逢年过节，便要烧“端锅菜”，以示不忘妻子“端锅相劝”之德。久而久之，乡人竞相仿效，遂成风俗。传之后来，徽州人除逢年过节外，连宴请亲朋好友时，也以请吃“端锅菜”为贵了。

然而，相同的“端锅菜”，在闽浙赣交界的山区农村，其规劝的意义却与安徽歙县完全不同。在这一带，山民们素来热情好客，每逢亲朋好友上门，主人总要尽其所能、倾其所有，予以热情招待。但是，有时也会遇到一些比较“刮皮”的亲友，一住数日，甚至长住不走，把主人的“客气”当作自己的“福气”，使主人左右为难；想继续招待么，自己已没有这个能力；想不招待么，客人又没有要走的意思；开口逐客么，又碍于情面。该怎么办？这时，主妇就会烧一个“端锅菜”招待客人，意在告诉客人：你再住下去，我只得卖锅买菜了。这时，只要是知趣的客人，不用主人开口，吃完饭就会脸带羞意地告辞了。所以，这一带的“端锅菜”，其实是一个“送客菜”或“逐客菜”。

说起来这一风俗的来源，当地还流传着这样的故事；古时，某人邀朋友到家做客，可是主人家仅有夫妻俩够吃一餐的米了，主妇把米全烧了招待这个客人。谁知这客人饭量颇大，一碗又一碗，把烧的饭吃得差不多了，还未饱，还想吃，弄得主人十分尴尬。这时，聪明的主妇想了个主意，把锅连饭一起端到桌上，说：“我把饭连锅端上来，盛时方便些。”客人见锅中饭已不多，便知趣地说“吃饱了、吃饱了”，就放下饭碗不吃了。这事一传开，人们便纷纷效法，“端锅送客”也就成了一种风俗。

不过，20世纪80年代以后，随着山区人民生活水平的提高，这种“端锅送客”的习俗已渐趋泯灭。

◆ 交友称谓古今谈

在汉族民间，结交朋友的方式多种多样，交情深浅程度也不尽相同，故在称谓上也就有种种的差异了。

金兰之好：即以同胞兄弟相待的好朋友。旧时朋友相契，结为兄弟，互换赠帖以为凭记，称之为金兰谱，省称兰谱，其意取自《周易·系辞》“二人同心，其利断金；同心之言，其臭如兰”。这种友谊被人们认为是深厚、真挚、美好、珍贵的友谊。

莫逆之交：“莫逆”，意指心意相通、无所违逆、友谊深厚，即情意十分投和的好朋友。《庄子·大宗师》中说：有三个人“相视而笑，莫逆于心，遂相与为友”。《北史·黎景熙传》曰：“虽穷居独处，不以饥寒易操，与范阳卢道源为莫逆交。”

刎颈之交：指同生死、同患难的朋友。语出《史记·廉颇蔺相如列传》：“卒相与欢，为刎颈之交。”

忘形之交：指不拘身份、形迹的知心朋友。《新唐书·孟郊传》曰：“少隐嵩山，性介，少谐合。韩愈一见，为忘形交。”

忘年之交：指年岁差别大或辈分悬殊结成的朋友。《南史·何逊传》载：“弱冠，州举秀才，南乡范云见其对策，大相称赞，因待忘年交。”

竹马之交：李白《长干行》曰：“郎骑竹马来，绕床弄青梅。”竹马之交指自幼相交的朋友。

总角之交：亦指从小结识的好朋友。我国古代，小孩束发为髻，叫作“总角”。

布衣之交：旧时指贫贱之交。《史记·廉颇蔺相如列传》以“臣以为布衣之交尚不欺，况大国乎？”之句，也指不以势位骄人、平等相处的友谊。

八拜之交：八拜是古代世交子弟见长辈的礼节。后世称异姓结为兄弟的人为“八拜之交”。

市道之交：指重利而忘义之交。《史记·廉颇蔺相如列传》有“夫天下以市道交，君有势，我则从君，君无势，则去”之句。

酒肉之交：以吃吃喝喝为方式结交的朋友，多贬义。

点头之交：指交情不深，仅见见面、点点头的朋友，亦称“一面之交”。

金石之交：是说友谊坚固不摧，如同金石一般。

患难之交：指身处逆境时结交的知心朋友。

知交：指朋友之间达到了“知己”的程度。

至交：指友情达到了最深的程度。

石友：情谊坚贞的朋友。

死友：交情深笃，至死不相负的朋友。

挚友：志同道合的朋友。

素友：真诚淳朴的朋友。

诤友：开诚相见、直言规过的朋友。

畏友：“道义相抵、过失相规，畏友也。”

密友：“缓急可共、生死可托，密友也。”

昵友：“甘言如饴、游戏征逐，昵友也。”

贼友：“利则相攘、患则相倾，贼友也。”

三、行社交风俗

◆ 结伴郊游文酒会

文人学士结伴郊游、把酒论艺的社交方式，在汉族民间的发源是很古老的。究竟始于何时？现在尚难断言。晋代人在战国时魏王墓中发掘出一批先秦时的竹简书籍，其中有一部《穆天子传》，记载了周穆王游到西王母国时、西王母瑶池设宴款待穆天子的故事。这是我国文献中关于野宴盛况的最早描写，当是野餐聚会习俗之滥觞。起自周代，历经汉唐，直至明清时还一年两度的“乡饮酒”及“鹿鸣宴”，虽系由地方官员主办，仿周制、行周礼，意在“令州县长官亲率长幼，依礼行之，庶乎时识廉耻，人知礼节”，宣物礼教，但也不失为一种文人聚会，具有“把酒论艺”的社交意义，可以看作是一种官办的“文酒会”。

至于魏晋时代的“曲水流觞”，一些文人骚客在上巳日约请友人到山水秀美的野外去饮酒赋诗，还别出心裁地把盛有美酒的羽觞放在曲曲弯弯的小溪里，任其漂流，流到谁前面，谁就得一饮而尽，由于王羲之在《兰亭集序》中有过描写，早在中国文学史上留下一段佳话。从曹植的《平乐宴》、张华的《园林宴》，到苏颋的《文酒宴》、李白的《春夜宴桃李园序》、欧阳修的《山馐野蔌宴》，所写的都是“每至觞酌流行，丝竹并奏，酒酣耳热，仰而赋诗……忽然不自知乐也”的“文酒会”，给后人留下许多以诗酒会友的趣闻佳话。

古时还有种“蝴蝶会”的社交形式，其制是每人各带一壶酒、两碟菜，大家凑在一起，观景赋诗，饮酒论文。所谓“蝴蝶”者，系指酒壶与菜碟也。“蝴蝶会”实际是“文酒会”的谐称。“蝴蝶会”壶置中央、碟搁两边，再配以银盏、玉箸，谐音摹形，真似彩蝶翩跹于绿茵，自有一番雅趣。而且文人所带之酒菜，多为慈母或娇妻亲手调理的祖传名馔，互相品尝，评定高下，又兼有交流烹艺之作用，可以激发诗兴，舒展情怀，富有浪漫情调。

文酒会的馐馔，大都精致雅洁，注意突出聚会之主题。明人张岱为文友们准备的菜品是：清蒸河蟹、腊鸭、醉蚶、鸭汁白菜和岳杭笋；酒是玉壶冰；再杂以橘、栗、菱等果品，香丽清鲜，切中重阳登高、观菊品蟹这一主题。

清代，“文酒会”又有发展。《扬州画舫录》说：

扬州诗文之会，以马氏小玲珑山馆、程氏筱园及郑氏休因为最盛。至会期，于园中各设一案，土置笔二墨一、端砚一、水注一、笔纸四、诗韵一、茶壶一、碗一、果盒茶食各一。诗成即发刻，三日内尚可改易重刻，出日遍送城中矣。每会酒肴俱极精美。

这种场合要“立竿见影”，滥竽充数者是绝不敢与文人们为伍的。再如朱竹姹等发起的“示中文酒之会”，赴会者“每人出五十钱，一蔬一肉，而烛必盈把，每携笔砚，吟咏达旦”。还有在城的京官们也喜欢文酒过从，“预订每遇大雪，不相招邀，各集南下洼之陶然亭，后至者值酒资”。

到了近代，据记载，1926年上海文艺界曾举行过三次文酒会。

第一次名曰“消寒会”，由当时南国社的田汉为主要发起人，于会前在报纸上发表启事曰：

本埠文艺界用人，发起艺术界消寒会，定于本月28日下午，假斜桥徐家汇10号新少年影片公司举行聚餐，藉联情谊，公宴画家、大鼓家、京戏家、昆剧家、电影家……并有剑舞、京戏、昆曲、大鼓等余兴。

当时，与会的有田汉、郭沫若、郑振铎等文艺界人士60余人，济济一堂，欢谈畅饮，聚会“直至下午12时，始尽欢而散”。

消寒会后，田汉又发起了一次“梅花会”，郭沫若、郁达夫、叶圣陶、郑振铎、丰子恺、蔡元培、徐悲鸿等150多人参加聚会。徐悲鸿在会上陈列了大量刚从国外带回的油画和素描，受到与会者的很高评价。蔡元培是这次聚会的“特请之客”，在会上以梅花为题发表了即兴演说，博得满堂喝彩。

之后，田汉又发起了“文酒会”，酒会的请柬由田汉亲拟：

敬启者：上海文艺同人，自消寒、梅花两会以来，久无盛大文酒大会。今者江南春尽，梅雨连绵，不有盛会，难消积闷；况同时有俄国青年小说家皮涅克氏漂流至此，当筵对酒，共话人生，亦未尝非夏夜之一乐。爰定于本礼拜六（7月10日）下午2时起，藉南国舞厅，举行茶话与聚餐两会，会费两元（女宾免收）。

此约。

这次文酒会的规模比前两次更大，文学研究会、创造社、晨光艺术会等文艺团体，神州、民新、国光等电影公司以及东南、上海、暨南等大学都有人参加。南国电影剧社还将酒会的盛况拍成纪录影片。

这三次聚会，有酒、有食、有演说、有节目，取各自掏钱支付费用、自由组合、畅饮欢娱等形式，既是传统文酒会的路数，又有明显的国外文人沙龙的特点。消寒、梅花、文酒三次聚会，在中国现代文学史上留下了一段不可多得的佳话，很得后人的赞赏。

可见，在汉族知识分子中，“以文会友、饮酒论艺”的优良传统，是源远流长的。

◆ 民间自娱组花会

北京民间，每有结婚嫁娶、寿诞满月、开张利市等，就要请几档花会来庆贺助兴。即使是含殓丧葬，也有请几档花会来送殡致哀的。花会，旧称“走会”或“过会”，清时的《燕京岁时记》云：

过会者，乃京师游手，扮作开路、中幡、杠箱官儿、五虎棍、跨鼓、花钹、高跷、秧歌、什不闲，耍坛子、耍狮子之类。

可见花会是一种民间传统的群众文艺组织。民间花会的组织，是相当严密的，并有相当严格的会规。会规口传心授，会中人的一举一动都受其约束并认真遵守。每会有一会首，名曰“把头”或“大督管”，在会中可以主宰一切。把头一般由比较有钱的人担任，因为成立一档会，得置办服装道具、乐器、车马，得请教师训练演员，其经费都得由把头负担。花会外出演出叫“走会”，走会时花会要严格遵守“箱笼自带、茶水不扰、分文不取、毫厘不要”的会规。而参加表演者大多为劳苦的劳动者，故走会时的食宿交通等费也多由把头负担。有的把头为了走会，闹得倾家荡产，所以他只是“耗财买脸”。每一档会的把头要请两个人当自己的助手，名曰“前引”。前引一般熟悉会规，能说会道，负责各方面的交际事务。走会时，把头一般不随会参加表演，会里诸事俱由前引负责。

走会时，每一档会前都有一对“门旗”，上绣会名。两门旗之间有“拨旗”，拨旗由把头或前引持拿，用它指挥全会的行动。旗后是挑箱笼的，名曰“钱粮把”，这些人在会中很受尊重。一是因箱笼中盛的是供佛用的香烛、黄纸等，很神圣。二是因他们“上磨肩膀、下磨脚掌、不要不练”，是无名英雄，又最辛苦。另外，每一档会前后各有一至二人手持会旗，照料本会人员，前面的叫“前辕门把守”，后面的叫“后辕门把守”。

花会的演员行话叫“要手”，大都是一般的劳动者。所有参加花会活动的人，不论平时学练还是正式走会，都是义务，不取报酬。

花会的走会形式，有“局会”和“香道会”之分。

局会一年四季都有，如某商店开市，想热闹一下，可以下请帖请几档来表演。各会接到请帖都不会推却，要按时到达。这种有人邀请才去表演的会叫“局会”。局会时若有几档会同时表演，按会规要先排好顺序，叫“排档子”。排档子按“幡鼓齐动十三档”的顺序排，即开路、五虎棍、秧歌、中幡、狮子会、双石头、石锁、杠子、花坛会、杠箱、天平会、吵子会、挎鼓会。同样的会，谁离表演地点远就让谁排在前边。如果受过皇封的会，无论远近都排在最前边。顺序排好后，总督管一声令下，各档就开始走会。同一次局会，别的会种可以同时请若干档，只有杠子会只能有一档，叫“天下独一梁”。即使同时来了几档杠子会，按会规也只能由其中历史最久的那档出名表演。

香道会不用邀请，各档在佛、道二教的重要节日时主动去“进香朝拜”。按会规，花会进香朝拜时不能抄近路走小道，更不能快遽行走超越前边的会。若两档会在途中相遇，都要停锣息鼓，挑箱笼的要下肩，把扁担托在小臂上，互道辛苦，然后朝香回来的会要让去朝香的会先走；如果两档会是同个方向，那就谁在先谁先走。

花会根据历史长短，有“老会”和“圣会”之分。历史悠久，会龄在二三十年以上的叫“老会”，会旗可以用黄色；新成立的会只能叫“圣会”，会旗还没有资格用黄色，而只得用其他颜色。花会新成立，要先教练演员，练得差不多了，服装道具也置备齐全了，想出去走会，得先举行贺会仪式，届时得下请帖，请有关各种会的把头、前引到场，摆设香案，上香参驾，然后大摆筵席，酒足饭饱之后，来宾中同会种的人帮助新会的演员化妆着装，当众表演一番，大家认可了，才能正式出去走会。圣会经过若干年，想改成老会，也得下请帖摆酒席，把有关会的把头、前引请来，经大家允许后，才能换旗易帜称老会。

花会的会种，根据会规，有会规以里和会规以外之分，行话叫“井字里”和“井字外”。“井字里”的会种有十三种，行话叫“幡鼓齐动十三档”。这十三档为什么算是会规以里？据老辈人说，因为这十三档会表演时所用的道具和器械，是由娘娘庙里的一些摆设和器物发展变化而来的，所以算是“真宗”的会档。“井字外”的会种，常见的有小车会、旱船会、龙灯会、竹马会、跑驴会、太平鼓、霸王鞭、背王八、十二相等。

中华人民共和国成立以后，北京民间花会组织大多变为以村为单位，其经费也大多由村级组织集体支付，故旧时的一些会规、行规，已经失传。

◆ 农家处事遵村规

旧时汉族农村，为了调整和改善人与人之间的关系，保障村民正常的生产和生活秩序，并约束人们间的各种交往能合乎道德、礼法和习俗的规范，往往每一乡村都有一定的规约，叫“村规”。

村规，又叫“村规约”“乡规民约”，是村民进行自我教育与管理的一种风俗。旧时的村规，一般都没有白纸黑字的条文，大多系代代相传、约定俗成。村规的内容很多，各村也不一样，常见的有禁斗殴、禁赌博、禁偷盗、禁淫乱、禁忤逆、禁酗酒、禁吸毒等。某些山区农村，为保护公产林木，便规定何时禁放牧、何时禁拾草、何时禁采药等，统称为“封山”，开禁则为“开山”；许多平原水乡地区则有“水禁”，规定哪段河浜禁洗涤，哪段河浜禁行船，哪片池塘禁钓鱼，哪片池塘禁养菱等；此外，蚕桑地区有“蚕禁”，养牧地区有“屠禁”，违禁者则要受一定数量的经济处罚和特定形式的习俗处罚。如浙江东阳山区，若有人入“封山区”偷伐薪柴，村规规定要罚偷者用“缸甑炊饭、豆腐桶盛肉”，遍请村中老少，同时要“放爆仗、鸣锣”，晓谕村人“引以为戒”。此外尚要罚其尽相当时期的“看山”义务，直至他抓获下一个犯禁者为止。

有的地方的村规，还对人们的交际生活作出严格规定，如男女不可同塘洗脚，叔嫂不可同屋设铺，同村男女不可婚配或女子不可外嫁他村等。还有对村风作出具体规禁的，如山东蓬莱、黄县一带的沿海村庄，因男子大都外出经商，村中仅留老幼、妇女守户，为了树落安全，也为了避嫌，所以村规规定：家家都要养成白日闭户的习惯，有客上门，必须先“啪啪”敲门，主人闻声后须先高喊：“谁呀？”客人须大声回答：“某人。”然后才可开门。主人开门而出又须与客人高声寒暄，如此之后，才可礼让进门。若客人不叫门即入，习俗以为一是失礼，二是会被怀疑与女主人有某种瓜葛。

山东农村的村规还涉及“调解”和“护村”，对此也有具体的规定。

村调解，俗称“说合事”“讲和事”。村民分家或家庭纠纷、邻里纠纷都由村里有威望的人出面调解。调解以后，双方不得再以此事翻弄老账，否则，要受村规制裁。

护村，即保护村落利益，常见的有“打更”“救火”等。打更，其方法是用一大木梆子，按一夜五更时刻，巡村打梆子，其目的一是报更点，二是防火、防盗、防淫乱、报平安。旧时农村大多建有“更楼”，村规规定“打更”由村中的成年男子轮流值夜。“救火”，许多村落都备有手摇的“灭火水龙”，平时要定时检查、保养，以备不测；“水龙”的购费及检修、保养费由村民共同分摊。若有火警，村中男女老少皆须全力以赴，奋勇灭火，村规对此往往有“救火不记仇”“不得袖手观望”等规定，违之，必受处罚。另外，村规往往还含有对失火者的处罚措施，其内容大都为“不得接受村中的救济”和“逐出村外居住”等。有的地方则规定对失火者要“煨火堆”，即投入火场活活烧死，显得很残忍。此外，护村的内容还包括“护山”“护青”“护塘”等，规定由村民轮流看护，并伴有一定的规约，违犯者往往受到较重的经济处罚。

各地村民，对“乡规民约”是相当遵守的，“县官不如现管”，许多地区往往还出现这种情况：有人敢犯国法，却不敢触犯村规。

◆ 梨园社交多规矩

旧时的戏班子，走南闯北，吃的是江湖饭，在社会交际方面，形成了许多不成文的规矩。以越剧的前身、浙江嵊县的“小歌班”为例，就有：“小花脸为大”“塌班连坐”“打铺不插心”“拜老先生”和“厚待同行”等。

小花脸为大：越剧艺人也如其他剧种一样，以唐明皇为自己的行业祖师。据传，当初唐明皇曾扮演过小花脸的戏，因此，后世演小花脸的都沾了光，在戏班内部，以演小花脸的为大，他的地位总是高人一等。

旧时越剧戏班的戏具，分别装在几只大木箱里，俗称“三担”：头担装盛盔头和唐明皇木雕像；二担装盛服装行头；三担装盛帽笼和靴箱。戏班规矩，演员在演出的间隙，若要靠、坐着箱子略作休息，旦角演员只能坐三担的箱子；生角演员只能坐二担、三担的箱子；大花脸除了二担、三担外，还可坐拨台时装在头担内的小巾箱；只有小花脸，是任何箱子都可以随便坐的。

戏班转移到新的台基，打地铺时，除班主、父优先外，也是让小花脸在先。戏班到了新的台基，演员要先到台上走一走，熟悉一下舞台情况，叫“踏台”。“踏台”时习俗规定由小花脸走在前面。

戏班一到新台基，唐明皇的木雕箱就被供在衣包箱的上面，头夜演出化好妆后，大家都要先朝拜唐明皇，祈求演出顺利。这时，也要由小花脸率领，小花脸跪拜后，众人才依次跪拜。

塌班连坐：越剧戏班要求演员在演出时要集中精力，通力合作，不能出丝毫的纰漏。出纰漏俗称“塌班”，接班规，“塌班”时，除主要责任者要挨打受罚外，其他有关的人员都要“连坐”受罚。如果扮演家人或皂隶的塌班，要先打扮演主人或官员的，理由是他没有招呼好，或者双方同时受罚；如果有人忘戴假胡上场，就要罚值台师傅和这位演员各点一支蜡烛，到唐明皇前赔礼认错；如果有人忘戴头髻上场，则连管服装的“大衣师傅”也要一同罚点蜡烛；在演出武打场面时，有一人失误，则当时在台上的演员要统统挨打，叫打“满堂红”。

据有关越剧老艺人说，“塌班连坐”的俗规主要为了强调演职员的集体观念，使演出时能前台、后场，幕前、幕后互相照应，假使万一有人偶然失误，其他人则要努力想法补救，防止“塌班”。

打铺不插心：戏班转移到新台基，打地铺时，除班主和师傅优先照顾外，其他人则以丑、净、生、旦的顺序依次铺过去，中间不准跳过去打“抽心铺”和插进去打“插心铺”。据传，这主要是为了防止演员结小团体，互相发生矛盾。在居地，男女演员壁垒分明，男演员不准入女寝室，女演员不准进男寝室。

拜老先生：戏班中过去病死或夭亡在外的艺人，艺人们称之为“老先生”。为了表示对已故艺人的尊重和怀念，戏班往往要给他立一个牌位，正中写着“某某某先生之神位”，旁边写着“某县某地人氏”。以后每换一个台基，就要拜它一拜，开饭前要备点酒菜去祭一祭。这对于死者是一种尊重，对于生者则是一种安慰。

厚待同行：戏班在外地演出，如有艺友到厢房间来拜唐明皇，一般要点一对“三拜烛”。若来者只点三支清香，就说明他在生活上遇到了困难，他来拜唐明皇的真正目的是请求帮助。对此，戏班应该鼎力相助，留下他招待膳宿外，走时必须送他盘费。据传，这里还有这样的隐语：来拜者宿夜时，如果鞋头朝床里，那就是告诉戏班第二天他不走；如果鞋头朝床外，那就告诉戏班第二天他要走了，戏班就须连夜为他筹措盘费。当然，来拜者是否真的是同行，戏班要对他进行一番考察。考察的方法常见的是请来拜者讲清师公、师父和他本人在何处学戏，俗叫“还三代”；有时也盘考“金艺堂”“相金堂”等越剧老班子的历史。若来拜者答不上来，就证明他是假冒。因为旧时的越剧艺人，在科班时，师父是必定要把这些知识详细传授的。

◆ 拜师学戏点眉心

在越剧的发源地浙江嵊县一带，人多地少，旧时生活贫困，普通农家为了寻找生活出路，多把子女送去学戏，形成乡风。越剧最初叫“小歌班”，学戏人进了“小歌班”，首先得行“拜师”仪式。

“小歌班”的“拜师”仪式，一般分三个程序进行：

先是“拜祖师”。越剧的祖师，也像其他剧种一样，是唐明皇。所以，“拜祖师”又称“拜唐明皇”。科班有句俗语：“拜过唐明皇，演戏胆就壮，心里勿会慌。”

拜时，先将唐明皇的木雕小像置供于正堂，八仙桌上点起香烛、供起三牲福礼。众学员由教戏师父领着，按次序向唐明皇三跪九叩，大礼参拜。常见的参拜次序为：先是小花脸、二花脸、三花脸、大花脸，再是小生、正生、老生，后是小旦、正旦、老旦。为什么要由小花脸先拜？据传当初唐明皇曾在梨园中演过了小花脸，所以后世演小花脸的角色就大沾其光，在生、旦、净、丑诸角中被尊为最大，拜时也就得让其为先了。拜唐明皇时，每个学员还要捡点香灰在酒碗内，并稍微喝它几口。据传，这样喝过后，记性会更好，嗓子也不容易哑。

接下来是“拜师父”。“一日为师，终身如父”，“拜师父”是整个拜师仪式中最为主要的节目。这时，师父坐在太师椅上，神情严肃而慈祥。小花脸头顶一块七八寸长、寸把阔、二三分厚的木头“教方”带领众学员按次序一一跪拜。拜毕，师父将“教方”拿去，摆到唐明皇像边。接着，就对学员训话，语言多为“今天起大家就是唐明皇的弟子了。同行三分义，各人之间要和好。要认真学戏，如有违犯班规，都要跪到唐明皇面前挨罚受打”之类。训话完毕，师父用一支新的狼毫笔，从酒盅中蘸起银朱，给每个学员的两眉间点一红红的圆点，俗称“点眉心”。据说，点过眉心后，学员的“聪明窍”就开了，思想集中，就不怕难为情了。在越剧界，艺人把“点眉心”的师父称为“开堂师父”，终身不变。以后若再转到别处，另拜他人门下学戏，后拜的师父只能称

“过堂师父”。

最后是“写关书”。关书就是合同。内容规定了学员的学徒期限、学戏期间的义务、待遇及违犯班规的处罚措施等。以旧时嵊县著名的越剧班子“群芳舞台”的“关书”为例（班主为甲方，学员为乙方）：

一、乙方必须学满三年，不得擅自离开，否则，一切损失由乙方父母负责。

二、甲方负责乙方膳食、棉被、衣着（各发棉袄、棉、裤一套；上下半年单衣两套）。学戏期间第一年发给乙方零用钱十元，第二年廿元，第三年卅元。其余的所有收入全部归甲方。

三、生死各凭天命，班内概不负责。

四、乙方如犯班规，打骂时父母不得干涉。

写过关书，学员算真正拜在唐明皇门下，就要正式开始学艺了。

学习三个月后，学员就要试着上舞台演出，俗称“串红台”。这天，师父要把值台师傅、衣饰师傅以及后场的鼓手、琴师等一一介绍学员，并讲解有关舞台常识。接着教化妆技术，并先给小花脸化妆，后一一示范。化妆完毕，师父又领学员拜唐明皇，祈求保佑“串红台”成功。

“串红台”后，学员就要边演边学，并由近到远地去外地演出。

待到三年期满，才能出师。这时，学员在艺术上已基本上学成，大部分人已可以自撑市面，出外闯荡了。但不管如何，“开堂师父”是终生不会忘记的。

◆ 江湖认友阐条子

看过京剧《智取威虎山》的人，都该记得这么个情节：解放军侦察排长杨子荣，打虎上山、深入敌巢，在路上初遇匪徒时，交手的第一个回合，便是被盘问“是空子还是溜子”。这在江湖上叫“阐条子”。“条子”是隐语的意思，“阐条子”就是对隐语。对得上的是朋友，以礼貌相待；对不上的，那就另当别论。

旧时闯江湖的，大都加入某种帮会组织。在旧中国，主要的帮会组织有洪帮、青帮和汉流。帮会大多是地下组织，所以他们都有一套帮会专用的隐语。如把说话叫作“阐条子”，行礼叫作“丢歪子”。入会的人叫作“溜子”，没入会的人叫作“空子”，开除出会叫作“搁皮”，帮会证章叫作“花花”，内部处死叫作“毛了”，招了口供叫作“拉稀”，报仇叫作“拿梁子”，打死了人叫作“丢翻”，抢劫财物叫作“打启发”或“看财喜”，去联系码头叫作“拿上服”，宣传和通知事情叫作“打响井”。其他如吃饭叫“造粉子”，筷子叫“橡杆”，肉叫“片子”，鱼叫“摆尾子”，酒叫“纠头子”，鞋叫“船帮子”，马叫“短耳子”等。这种隐语一方面作秘密联络的暗号，另一方面也加强其帮会组织内部的向心力。洪帮、青帮和汉流的隐语、暗语基本相同，但也有些小的差别。同属一个帮会，由于地区不同，其隐语也有差别。

在江湖上，凡能熟练地说出一套隐语并能掌握各种仪式的，在帮会中就有一定地位，别人也相应地会看重他。另外，帮会还将此作为对陌生人的考问盘查，行话就称作“有宝献宝、无宝受考”。所谓宝是指入会凭证，洪帮的凭证叫“宝”“票布”或“白鸽票”，汉流的凭证叫“公片宝札”，而考就是考稳语与仪式。这是帮会防止其他势力渗入的一种简易办法。盘考时若对得上，则视为同道，礼遇有加；若对不上，轻则要察你来龙去脉，重则会被视作密探而处死。所以，对于江湖人来说，学些隐语，能阐阐“条子”是比较重要的。

辛亥革命后，洪帮、青帮和汉流等帮会组织日趋公开化，帮会隐语也就逐渐地传向社会，有的则逐步被改造成流行于某些特定社会阶层的“黑话”或某些特殊行业的“行话”。前者如流行于盲人中的“盲佬语”，后者如流行于江湖艺人中的“春点”。

盲佬语，又称“燕子语”“麻雀语”。相传为盲人所发明，以“反切法”构成。如天叫“帖贱”、地叫“气去”、人叫“喷痕”；春夏秋冬分别叫“囫囵”“哈嘎”“仇周”“哼敦”；上下左右分别“搁杠”“阿嘎”“阔惰”“逗透”等，流传于盲人中。在禳星礼斗、算命看相的间隙里，盲人互相以这种稳语交谈。这种“黑话”，局外人听起来有如鸟叫，故称“燕子语”“麻雀语”，能起很好的保密作用。对此，当代学者容肇祖在北大《歌谣周刊》第52号《反切的秘密语》一文中，曾有记载：“广东通行一种反切的秘密语。这种语，在广州名为‘燕子语’，在东莞县名为‘盲佬语’。‘盲佬语’俗里相传以为当初由瞎子发明。”顾颉刚先生为容文所加的按语也说：“这种秘密语苏州也有。确是‘盲佬’特多。我们家里有时唤几个盲佬来，禳星礼斗，在他们休息的时候，他们自己俦里讲起话来，总是这一种。”

“春点”是江湖艺人的“行话”，是旧社会各同行同业之间打交道的时候互相使用的一种暗语，以保守业务及其内部的秘密。据老艺人介绍，在旧社会，一些过州闯县的艺人在登门拜访或投靠码头时，若能说出一口流畅的江湖术语，就可以被当作“自己人”看待，给予某些方便和优待，这是一种风俗。

“春点”的特点是行业性较强，其语生动形象，如在魔术艺人中流行的“春点”，扇子叫“摇风”、伞叫“开花子”、帽子叫“顶天”、鸡蛋叫“滚子”、灯叫“亮子”、旗子叫“摆风”、火柴叫“崩星子”、头叫“瓢把子”、鸡叫“尖嘴”、鸭叫“扁哨”、兔叫“月哨”、鸽叫“云哨”、乐队叫“声点”、道白叫“千条”、观众叫“埝子”、剧场叫“药眼”、外行叫“空子”等。

利用“春点”交谈是旧时江湖艺人中普遍流行的一种风俗，艺人学艺前，总是先要学“春点”。若不会“春点”，即使他技艺多高超，同行还是认他为“空子”。而江湖艺人对于“春点”是不会轻易传授的，只有开过堂、行过“拜师”仪式的徒弟，师父才会传授。

这种“认友阐条子、交谈说春点”的社交习俗，在河南、湖北、山西一带闯江湖的民间艺人中，至今仍颇为流行。

四、社会交际风俗

◆ 江浙民间重尊师

江浙一带，向来文化发达、教育隆盛，民间尊师重教，蔚然成风。

旧时，江浙民间讲究耕读传家，敬重诗文。家境富裕的子弟无不从师就学，努力进取举业；普通农家，虽然艰于谋生，也要送儿子入馆攻读。以便学些文字能写个信、记个账的，学生求学的处所，除官办的学官外，民间有书院、义塾、学堂、蒙馆、私塾等。绝大多数村落都设有蒙馆。蒙馆，意为启蒙之馆。蒙馆教师大多延请秀才、或落第秀才担任。馆舍大多利用宗祠和厅堂，有的地区则由村民集资建造。蒙馆的杂务开支一般取自宗族田产山林的经营收入。部分村落和宗族设有专门的“学堂田”和“学堂山”。蒙馆教师在平时只管埋头教书，馆中的杂事差务由村中的校董会负责。

该地区旧俗，对教师不分年纪大小、功名高低、家道贫富和学识深浅，一律都称之“先生”。蒙馆聘请先生，一般在春节前后进行，所聘者大多由校董会负责物色，或经别人推荐、由校董会考核确定。确定聘用，就要由村里出面发放聘书，俗称“送馆书”。对学识丰富、资历较深，且在当地有些声望的先生，校董会要派出专人徒步去请，俗称“请馆”。

春节过后，校董会就要定出开学日期，俗称之“开馆”。开馆前村里要派人去请先生“上馆”。请时一般要去三人。两人抬着轿子接先生，一人帮先生挑书箱箬笼等行李铺盖。先生接到村里，东家要设酒席为他“接风”，酒席上村里的头面人物和校董会成员都要向先生敬酒，以示尊重。

到了开馆日期，各家长就送学生入馆。入馆时有的地区还要订“关书”。这时，家长必须置办酒席，请村里士绅相陪，教、学双方以契约的形式规定学习期限、教学范围、教师薪俸。日常膳食及双方的权利义务等，并特别标明师道尊严。订罢“关书”，先生就要正式上馆。这日，父辈领着孩子，并以挈桶、礼盒等装着鸡蛋、糖糕等到馆里“拜先生”。一拜孔子神位，祈求开蒙学有所进；二拜先生，拜式多为跪拜，以示其诚。拜毕，先生可挨人各收鸡蛋一个，糖糕少许，然后挥笔录下学生姓名，算正式接受为弟子。

学生修业期间，家长得轮流给先生供膳食，俗称“轮膳”。轮饭日，家长们不管家境豪富贫寒，均应尽力置办酒菜，以上宾礼待之。若遇端午、中秋、重阳等节日，家长们还要设酒席宴请先生，以表尊敬之意。其间若村中每有喜宴，主人都要请先生出席，而且推先生坐于上首。先生赴宴，俗定不用送礼，只要带上自书的联幛就可。舟山各地渔乡，视先生更是上宾。百姓们每遇人生大事，还要请先生作主。如解决纷争要请先生主持公道，兄弟分家要请先生代写契约，婴儿出生要请先生论辈取名，男婚女嫁要请先生代拟婚书，逢年过节要请先生书写对联，书信往来要请先生代拟代读。因此，先生在各海岛渔村中威信极高，倘若有人触犯了先生的尊严，定会受到全岛人的谴责。

学年期满，俗称“散馆”。散馆日，村中要由校董会设竣宴，为先生饯行，席上仍要请来家长及村中的头面人物作陪。各位家长则要视各自经济情况，备一份厚礼，用盒担送给先生，表示对先生辛勤教学的酬谢。先生散馆回家，村中仍要派人用轿抬送，一直送到先生家的村口。

学生假如学业有成。求得功名或荣任大官，村里则要给先生送金匾，表示“师恩难忘”；家长则要给先生送上一份厚礼，逢年过节还要专程登门拜候。舟山等地则尤重启蒙之师，俗称之为“开笔先生”。学生对开笔先生是“一日为师、终身如父”，开笔先生若无子息，学生还要为之养老送终呢。

至于日常相遇，家长、学生总是先向先生打招呼；狭路相逢，家长、学生得主动退避，让先生先过；先生若有事相求，家长、学总是鼎力相助，宁可舍己助师。如此等等，不一而足。

现在，江浙一带的尊师之风犹久盛不衰，只是自学校兴起后，一些“开馆”“上馆”“拜先生”等繁文缛节已早就失传了。

◆ 舟山渔民礼让多

浙江舟山地处海岛，舟山人不管农民还是渔民，一出门就要乘船，在海上行船特别讲究礼让。

舟山人行船的礼让规矩是：两船对面相遇，大船让小船，顺风船让逆风船；同是逆风行船，橹前船让橹后船；晚上行船或抛锚停泊，各船要点亮桅灯，谨防船只碰撞受损；渔船下网，航行的船让出坐港船的网地，后下网的让先下网的，停泊着的船又总是让放网作业的；船只停泊抛锚，要标出锚位浮子，以防伤着他船。

海岛人过渡或远行，若赶不上固定的航船或渡船，只要顺路，以请求渔船或运货船给予“搭便船”。遇有“搭便船”的旅客，船一般不能拒绝，否则要被别人笑话“小气”。旧时，这种搭便船的客，乘了船不但不用付船钱，如果是远路航行，还可享受船上的免费伙食。所以，一趟“便船”搭下来，旅客和船家往往就此结成朋友，结下友谊，四时八节，往来不绝。

舟山渔民向来“在家靠父母，在外靠朋友”，在渔村，不分男女老少，都热情好客，乐于交友。在一些交通偏僻的小岛，凡上门求宿的异乡客人或避风难胞，一般都会受到主人一宿两餐的礼遇。临别，客人也用不着客气，只要打个招呼，自走便是，根本用不着付宿费饭钱；若有人自觉不妥，非要留钱，主人反而会不高兴地说：“你是否嫌我穷，怕我招待不起呀？”有些偏僻小岛，渔民生活虽然很苦，终年以番薯干作主粮，但是有客上门时，总要给客人吃用纱布袋装适量米、放在番薯干汤里煮成的“吊饭”，而自己则吃番薯干汤。有些小岛人口不多，居在同一个岙口，往往是“一家有客，全岙接待”，借被搭铺，不分你我。

舟山群岛的这些良风益俗，世代相传，至今依然。

◆ 吃茶讲和解纷争

在江南水乡，旧时流行一种叫“吃讲茶”的习俗。即老百姓之间因种种原因发生了纠葛，双方坚持抗衡，又觉得不值得上衙门去“打官司”。就事先请好裁决人，双双来到茶馆，把知情者都请来，边喝茶边进行民间的评理、判断，达到化解矛盾的目的。此俗在绍兴一带曾非常盛行。

绍兴的“吃讲茶”常在茶店举行。绍兴的茶店，临街处摆有两张与众不同的“马鞍桌”。这桌子一般茶客是不会去坐的，只有乡间街坊上有声望、有背景且办事较公道的人才有资格去坐，他们在“吃讲茶”中自然而然地成了调解员，当地百姓称之为“店王”。绍兴人“吃讲茶”的规矩大抵是这样的：发生争执的双方，约定时间，邀请“某店王”和事情的知情者到茶店去，“茶博士”不管生张熟李、认识与否，给每一位到场的茶客都冲泡一碗茶，给“某店王”特泡一壶。然后先由争执双方各自向所有的茶客陈述纠纷的前因后果，并提出自己的处理意见。接着由众茶客发表意见，大家互相争论、评判，弄清是非曲直。最后由坐在“马鞍桌”上的“某店王”据理裁决，茶客们附议：“某店王说了算哉！”于是被裁决为理亏的一方得负责付清这次“吃讲茶”的全部茶资，并向另一方赔礼道歉，纠纷也就得到处理。有时纷争的双方说不定还会握手言和呢。

同样的习俗，在安徽黄山茶乡，却叫“吃茶讲壶”。乡亲邻里的，平日里因些许的生活小事而结下疙瘩，在调停人的牵引下，双方带上茶壶，坐于一处，喝喝茶，讲讲理，气消理顺，也就握手言和了。“吃茶讲壶”实际是“吃茶讲理、品壶言和”的意思。

关于“吃茶讲壶”习俗的由来，史籍无考，但在黄山茶乡的老百姓中却流传着这么一个故事：

元末，朱元璋起兵反抗朝廷，进军徽州路上，遇程、鲍两姓闹械斗，双方到朱营辩曲直。朱元璋接受军师刘伯温的建议，要程、鲍两姓的头面人物进营喝茶，并叫部下捧来各式各样的茶壶一百多把。朱元璋边喝茶边假装外行地向程、鲍两姓的头面人物说："这方形的是佛山壶，这扁形的是宜兴壶，这鸭蛋形的是景德镇产。"程、鲍两姓人见朱元璋不懂壶艺，就争着辩说、介绍，回答十分热烈，紧张的气氛顿时得以缓和。这时，朱元璋呵呵大笑说："你们黄山这地方山是名山，茶是名茶，壶是名壶。什么佛山宜兴、方形扁形的，你们不要再争来争去的，反正都是壶，是壶就好，是壶就好！"程、鲍两姓的头面人物一听，顿时悟出点什么，都态度软了下来，各自讲了许多自己的不是。朱元璋趁机说："茶也喝了，理也讲了，壶也品了，我看还是和了吧。"程、鲍两姓也就依照朱元璋的旨意，握手言和了。

从此，程、鲍两姓"吃茶讲壶"的故事流传开了，"吃茶讲理、品壶言和"的习俗也就沿袭了下来。

不管这故事的真实性如何，利用汉语的谐音现象来化解民间的纷争，我们不能不赞叹故事及习俗创造者的诙谐与机巧。

◆ 争斗服输白旗舞

在许多描写战争题材的影片中，我们常常可以看到这样的镜头：两军对垒，经过一番激烈的斗智、斗力，最后决出胜败，败的一方若愿意放下武器、彻底投降，则要举出白旗，无力地摇动，以求对方的宽恕。

在浙闽赣交界的山区，某些村落、宗族，因与别村、别族发生山林、水利及其他纠纷，旧俗辩理争吵之余，往往会引发械斗。双方若力量相差悬殊，弱的一方为保全村落宗族的生命财产，有时会甘受屈辱，暂时服输。这时，服输的一方要在队中打起白旗，在宗祠前悬起白幌，以示其诚。

在日常生活中，青年男女相交恋爱，互通信函。这时，若某方觉得已无深入交谈的必要而想中止这种恋爱关系，就往往会给对方寄一笺白纸，上面不着一字，表示已无话可说，并以此来宣告双方间恋爱的失败。

如此等等。在我国的社交礼仪中，白色总是与失败、痛苦和屈辱、悲哀等联系在一起的，这是一种在社会上被普遍公认、积久而成的风俗。这种风俗在我国是自古就有的，其发源可以一直追溯到上古的夏朝。

据《礼记·檀弓》记载，“夏后氏尚黑”，就是说在夏朝时，不论官方还是民间，人们都是崇尚黑色的。他们祭祀的太庙是黑色的，叫作“玄堂”；祭祀时的各种器具也都要“黑染其外”；祭拜时，地上要铺起荼黑色的柏枝，一切都是黑色。在这种以黑为贵、以黑为荣的文化背景中，人们若要以颜色为中介来表达某种悲哀、痛苦的情感时，只有远离黑色，而选择与之相对立的白色了。所以，人死了，要穿白色的丧服；战败了，要打白色的旌旗，白色便成了屈辱、臣服的标志。自此以后，这便成了一种习俗而得以代代相传。到了秦汉之际，以白色为屈辱、臣服的标志这一礼仪形成，便正式出现在一些重大的社交场合中。《史记·高祖本纪》载曰：

汉元年十月，沛公兵遂先诸将至霸上、秦王子婴素车白马，系颈以组，封皇帝玺符节，降轵道旁。

即是说，刘邦率兵入秦，秦王子婴穿着白色的衣服，骑一匹白马，领子上挂着一条白带子，表示投降。秦朝也是崇尚黑色的，他们以黑色作为国家昌盛的标志。秦兵所打的旌旗都是黑色，如今战败了，只能用与黑相反的白颜色作为投降的标志。以此来表示屈辱和哀痛，其习俗是与夏朝一脉相传的。

◆ 屋主房客讲体恤

在被人誉为“上有天堂、下有苏杭”的杭州，不仅风景秀丽，而且民风朴茂。旧时民间租屋、典屋、买屋，屋主与房客、产主与典生、卖主与买主之间，向来讲究互相体恤，有“租三典四卖半年”之俗，即租者三月出屋、典者四月出屋、卖者半年出屋，给暂时无房的一方留出寻屋、搬迁的时间；而且在这段时间里屋主不得收取对方的房租，否则，定受社会舆论的谴责。

杭州空屋出租，门口要贴出招租条，欲租者看过房屋，只要合意，即遣人作中，订立租约。租约要载明房屋间数、租用时间及租金数目等。杭州房租有押租、月租、红租和小租等名目。押租数目由屋主定，起租日缴清，退租时归还，其用意一是为防房屋各构件的装拆或损毁，二是防房客拖欠房租。月租由双方议定，按月收缴，清代以阴历计时，遇闰月例须减半；红租是附加租金，常见的是一次性多收一月房租，意在弥补屋主空房时的损失；小租是给屋主仆人的赏钱。租约生效、租赁关系确定，房客就得按时向屋主交纳租金，无故不得拖欠。房客无故拖欠，屋主可以逼他搬迁，俗曰“追租出屋”；力逼无效，屋主可以将瓦撤去，使其雨淋日晒，俗曰“落瓦”。房客系穷极而拖欠，屋主令其搬迁时，得贴给一定的搬迁费。房客并无拖欠之事，屋主在租期未满或租期虽满但房客未找定新屋时令其搬迁，得免收三个月的租金，退回三月租金或免费再续住三月，俗叫“租屋三月出”。但是，被“追租出屋”和自愿退租的房客则不得按此俗规。

杭州典屋必须立契，名曰典契。典的价值约当此屋实际价值的半数左右。典契上要订明典的期限，期满则听凭产生以原价赎回；期满不回赎者，双方再行协议；期满过久仍不回赎者，由典主再给钱若干以作卖绝，或另写卖契、提粮过户；所典房屋间数、四邻及装拆、修理情况；与该屋有关的文书契票名称、件数等内容。写典契时，产主和典主双方都要找中人及写契人，有的还要将契纸送里官厅验证、纳税盖印，以防日后发生纠葛。杭州风俗规定，无论出典与回赎，住户的“出屋”期限均为四个月，俗叫“典屋四月出”。

买屋，对于杭州人来说，是一生中的“大事业”，所以买屋者事先必须对该屋的来龙去脉探个明白，若稍有不明之处，就宁可不买，俗谚“有钱不买懊恼产”就是指此。买卖时，双方要找原中、见中等中人，多达十余名，其姓名都要一一列于契纸。杭州的屋契，同一次买卖，也要分三纸签写：一曰“杜绝卖契”，属正契，契上所列的屋价常是原价的半数以上；一曰“杜绝找契”，属补契，契上写原价余数的半数以上；一曰“截贴找契”，属再补契，契上写除去前面两契的剩余数。这样，三契相合则等于原价，旨在表明买主在正价之外，已一补再补，仁至义尽，卖主不可再议了。杭州房屋买卖中“一价三契”的原因，据老辈人说，是由于旧时的房屋买卖，虽在契上写明永不反悔、永斩纠葛、永不找贴等字样，但许多卖主还是一而再、再而三地借故纠缠，向买主索钱不已，引起许多不必要的麻烦。而“一价三契”，则能比较有效地对这种纠缠起防范作用。

买卖双方签过契约，银钱交割清楚，房屋的产权也就由卖方过给买方了，但房屋使用权的交割，却还有半年的期限。在此期限内，买主是不能强迫卖主出户的，俗称“卖屋半年出”。

◆ 陕北农民搭平和

陕北延安乡下的农民最爱搭平和。

搭平和，就是大家平均出钱聚餐或买东西。在延安，每当农闲或者天阴下雨的日子。农民们闲着没事，便要三五成群地汇到一块儿打扑克牌、下象棋或海阔天空闲聊谈“山海经”。这时，只要有人提议，大家搭一回平和，就立刻会招来一片赞同声。于是，马上会有人愿尽义务，去买羊、杀羊、煮羊肉。羊肉煮熟后，只要进屋的人坐着不走，拿出份子钱，就可以就着锅，用手抓着羊肉吃，搭起“平和”来。

搭平和时，吃肉是没有什么讲究的，也不用称斤论两地分配。大家原本就是共同凑钱取乐，绝无多吃少吃的怨言。这时谁若提出吃少了、吃亏了之类的话，就会被大家骂为“生葫芦”，意思是不开窍，而且会被人永远瞧不起。同时，也没有挑肥拣瘦的现象，大家互敬互让，把肉吃完，情谊就永远留在心底了。吃了一只，谁还说没吃够，那大家就会再出份子钱买一只，吃了一只又一只，直到搭平和的每个人都吃饱吃够为止。所以，有俗话说搭平和时是“百人吃百羊”。有的时候人们搭平和，可以从傍晚吃起，直吃到第二天鸡啼，真有点原始人狩猎归来聚火而餐的样子。

据当地老百姓说，搭平和还是穷人斗争财主的结果哩。缺吃少喝的穷人，偶尔也要揩揩财主的油，就去偷他一二只羊，然后杀了煮着吃。一人吃不了，又怕势单力孤斗财主不过，就去找穷哥们帮忙，有福共享，有祸同担，财主就是知道了，也奈何不得众人，不便发作了。以后，这便衍变成一种民间风俗。人们利用搭平和的机会，增进人与人之间的关系，邻里乡亲的能和睦相处，平等相待，互相关照。

除此以外，在延安乡下，每遇以下两种情况时，也要搭平和。一是村里要办什么大事情，需要大家齐心合力去完成。这时，搭平和就成了议事场合。大家边吃边议，吃完议定，说干就干，谁也不会中途溜走。否则，人们就会认为他不讲义气，不能共甘共苦，下次搭平和就没他的份了。一是村里某人与某人闹了意见，结有疙瘩，这时，村里的好心人就会主动站出来，邀请争吵的双方和大家一道搭一回平和。大家边吃边为他们辩清是非曲直，解开心里疙瘩，使他们消除前嫌、重归于好。这情景，又与江南地区的“吃讲茶”有些相似了。

其实，这种“搭平和”的社交习俗，至迟在明代时已经在民间广为流行了。对此，我们可以从明代的一些活本及笔记小说中找到许多它的踪迹。例如明人凌濛初所编印的《二刻拍案惊奇》卷三十九：

有个纱王三，乃是王织纱第三个儿子，平日与众道士相好。常打平火。

同书卷五：

而今幸得无事，弟兄们且打平颗吃酒压惊。

《金瓶梅》第七十七回也有提及：

西门庆家中这些大官儿，常在他屋里坐的，搭平伙儿吃酒。

“搭平和”“搭平伙”“打平伙”“打平颗”等，只是同一语词的不同写法，都是指大家平均出钱聚餐的社交习俗。

由于“搭平和”习俗所体现的是有饭同吃、有福同享的原始共产主义思想，所以很得各地农民的欢迎。在陕北延安农村，该俗至今仍颇为流行呢。

◆ 互通姓名换名片

20世纪80年代以来，在民间的许多社交场合里，逐渐流行起互换名片的社交方式：即初次见面的人们，一面互相寒暄，一面互换名片。名片上一般都印有主人的工作单位、姓名、职务、通信地址和电话号码等。这样就可省却了见面时互问姓名、籍贯的许多繁文缛节，而且互换的双方各自看过对方的名片后，就珍藏在自己的名片簿内，下次如有什么需要与对方联系，就马上可以在名片上准确无误地找到对方的地址和电话号码。互换名片，作为一种优雅而又实用的社交方式，正越来越受到人们的欢迎。

在社交过程中使用名片的习俗，在我国是发源较早的。早在汉代司马迁的《史记·郦生陆贾列传》里就有这样的记载。沛公刘邦引兵过陈留，郦食其"踵军门上谒"，求见沛公，沛公不见，使"使者出谢，……郦生嗔目按剑叱使者……，使者惧而失谒，跪拾谒，还走，复入报曰：'客，天下壮士也，叱臣，臣恐，至失谒。'"这里所提到的"谒"，即后世所说的"名帖"或"名片"。可见，早在秦汉之际，人们在拜访谒见时，就已经用名帖来通报姓名了。但那时还没有纸，所以当时的名帖是用竹木削成的，上书自己的姓名，叫作"谒"。到了东汉时，则称之曰"刺"了。如《后汉书·文苑列传》载曰："建安初，（祢衡）来游许下，始达颍川，乃阴怀一刺，既而无所之适，至于刺字漫灭"。

汉以后，由于造纸术的发明，开始用纸作名帖了，故又相继称之曰"名纸""名帖"等。唐宋时，又流行用一种叫"门状"的名帖，其式"繁于名纸"，它的前身本来是一种下属见上司时所呈递的公状，状纸呈上后，必须由上司于"状后刺引，方许见"。到了唐武宗时，李德裕为相，位高权盛，一些趋奉巴结之徒在踵门拜谒时，嫌"旧刺礼轻"，便用这种公状施用于李氏私宅，谓上门状。此后，私人之间的拜访谒见，便开始通用这种门状。

到了明清两代，名帖又演化成“手本”，一般以绵纸六页折成，外加底壳，下官见上官时所投的手本，用青色底壳；门生初见座师，则以红绫为底壳，以示敬重。

名帖本用以通姓名，然而到了一些阿谀之徒手里，却往往成了他奉迎讨好权贵的工具。如明代有拜谒严嵩者，以红绫为名帖，赤金丝为字；又有拜谒张居正者，以织锦为名帖，大红绒为字。明代历史传奇剧《精忠旗》曾写到奸党何铸、罗汝楫、万俟卨一起上门拜谒秦桧，所投的名帖一个写“晚生何铸”，一个写“门下晚学生罗汝楫”，一个写“门下沐恩走犬万俟卨”，结果何铸自叹道：“约定一样写官衔晚生，如何又加‘门下晚学’‘沐恩走犬’字样？这样我又不济了。”活画出这几个趋炎附势之徒的丑恶嘴脸。

不过，无论是汉时“削竹以书姓名”的“谒”“刺”，还是后来“写名于纸上”的“名帖”，其作用都是人们在登门拜访求见时用以通姓名的，与现代的“名片”基本相同，但前者的流行范围仅囿于统治者官吏上层。民间百姓一般是不投“名帖”的。直到民国以后，“名帖”才流传到民间，成为人们进行社交活动时互相介绍自己的民俗方式：名片。有的甚至在逢年过节给亲友投赠礼物时，也附一名片，以示恭敬；在写信给长辈或上级时，信尾不署名，另附名片一纸，随信同寄，也算是谦恭的意思。进入20世纪80年代以后，人们在社交场合互换名片更是成了一种约定俗成的风气。并且在名片的纸质、款式等方面，渐渐地由“实用”而趋向“实用”与“审美”的统一，出现了许多“艺术化”的名片和珍藏名片的“艺术家”。

◆ 老客聚首上馆子

阿谁名赠小扬州，无赖风光泥此游；
烟月一城长抱水，笙歌四季不知愁。
几多大贾营华第，尽有闲人聚酒楼，
靡丽日增贫日甚，狂澜来见肯回头。

清人梅成栋的这首《题〈津门百咏〉》对清代乾嘉时期天津都市的社会风尚作了形象的刻画。其中“尽有闲人聚酒楼”一句，写的就是天津人请“老客儿”“上馆子”的交际风俗。

天津人“上馆子”主要的不是单纯为了吃喝，而是联络感情。首先是商人为了笼络来津采买的“老客儿”，经常在饭庄宴请他们，边吃边洽谈生意。有的大商号往往在一些高级饭庄有固定雅座，洽谈批发生意的客商来店，先由店内同人陪去用饭，旨酒佳肴招待一番。吃的都是肥美、精致的名菜，春夏是对虾、海蟹、黄花鱼、比目鱼，秋是紫蟹，冬是银鱼、铁雀等。

其次是亲朋酬喝。某人为了某事，需要亲友帮忙；或者朋友间多日不见，想找个机会碰碰面，则由某人具柬请客，约定于某月某日某时在某饭庄“上馆子”，饭账即由某人会钞。还有一种临时动议，或途中邂逅邀入饭庄的，饭后临行时群起而抢付饭钱，吵吵嚷嚷一大阵，谁发誓赌咒最凶，表达的态度坚决，堂倌就收谁的钱。因为在这种场合不抢付饭钱，就会被人耻笑为穷鬼，不够光彩。当然，这次别人请了你，你下次就得寻找机会回请别人，天津人讲究个“礼尚往来”，揩了人家的便宜，心中总觉得不好受。财力好、喜交游的人甚至当场订下日期还席，所请当然还是原班人马。亲朋相聚上馆子，还讲究个“无酒不成席”，而有酒必定要划拳。划拳时嗓音要洪亮，透出精神，否则最易招致大家捉弄，输拳喝酒，甚至大醉出丑，留为众人话柄，几年抬不起头来。

还有许多“哥儿们义气”的，“义结金兰”后也要“上馆子”挥霍一番。在觥筹交错中，互许“同生死、共患难”的诺言，从此，自命侠义，家庭父老可以置于不顾，为朋友却可两肋插刀。如果是纨绔子弟“秩子”和流氓黑社会的“混混儿”聚首，“上馆子”就成了他们暗地勾结、互相利用的一种手段。他们上一次馆子，就意味着又策划了一起罪恶事件。

中华人民共和国成立后，“上馆子”的习俗早已趋向式微，只是“上馆子”中的“添菜”习俗却流传至今。旧时风尚，在饭庄上遇到相识之人在另桌吃饭，必先客套一番，然后点一两个对方未曾点的好菜让堂倌送去，并说明是某某给点的菜。这样做既能显示出自己好结交的热情，又给朋友增添了光彩，进一步密切了已有的关系，还可能结识新朋友，一举数得。这时，对方往往也会给他添菜，并亲自来谢。两桌互相添菜，饭庄增加了生意，堂倌又多得小费，所以，堂倌对客人间的关系特别留意，遇有相识者同在而不同桌，他就代为通报，促成客人添菜。添菜之俗至今仍在天津流行。二三人在饭馆小酌，遇有熟人进来，如系一人，先在者必要邀之入席共餐；如系多人，先在者就不便相让。这时，往往是后来者在自己点菜的同时，为先在的朋友桌添菜，先在者也要添菜答谢。这样互相添菜添酒，添来添去，以致酩酊大醉。此种习俗在青年工人中最为流行。

◆ 亲朋相聚设酒筵

汉族素有重礼好客的传统。在民间，每有婚嫁、寿诞及丧祭等红白喜事，亲戚朋友总要往来庆吊，相聚话旧。这时，主人为表谢意，得摆酒相请。难怪在吴越方言中，贺喜与吊丧被称作“喝喜酒”“吃斋饭”。可见酒筵在民间社交中的地位有多么重要。

说起酒筵，它大约萌芽于尧舜时代，距今约有四千多年的历史。经过夏、商、周三代的孕育，到春秋战国，已初具规模了。探其始因，则与祭祀礼俗密切相关。

我国的祭祀活动出现很早，东北地区曾发现过五千年前的祭坛。古代最隆重的祭品是牛羊豕组成的“太牢”，其次是羊和豕组成的“少牢”。至于盛放祭品的礼器，则有豆、登、笾、盘等。每逢大祀，还要遍集宾朋，击鼓奏乐。祭仪完毕，宾主们将祭品吃掉，名之为“纳福”。从纳福的形式看，祭品转化为菜肴，礼器转化为餐具，已具有酒筵的聚餐式、规格化和社交等特征了。

在祭神敬祖的同时，古人也尚忠重礼。在国事方面，据《周礼》记载，先秦有敬事鬼神的“吉礼”，丧葬凶荒的“凶礼”，朝聘过从的“宾礼”，征讨不服的“军礼”和婚嫁喜庆的“嘉礼”等。至于民间，男子成年要行“冠礼”，女子成年要行“笄礼”，添丁要行“洗礼”，花甲要行“寿礼”等。行礼时必奏乐摆宴，接待致爱亲朋，这些礼俗也逐步变作酒筵。

先秦时的居所，大都坐北朝南，前面是行礼的“堂”，后面是住人的“室”。两侧是堆放杂物的“房”，夏、商、周三代还秉承石器时代的穴居遗风，把芦苇竹篾编成的筵席铺在地上供人跪坐。筵与席的区别是：筵大于席，筵粗席细，筵铺地上，席铺筵上。古时没有桌椅，吃饭只能是跪坐在“席”上，面鼎而食。那时的酒筵受这种条件的制约，一般是一人一席一至二鼎，只有大奴隶主才能够“陈馈八簋”“食前方丈”。这种宴客情况，先秦古籍和《史记》中均有记载。

到了汉代，西域的坐具——马托子传入中原，在其启发下，人们才制成了桌椅，将人从跪坐中解放出来。从此，筵席失去铺陈作用，便充当酒筵的专用名词。《清稗类钞》曰：“古人席地而坐，食品成，置之筵间，后人因有筵席之称。”这便是席次、席面、席位、席菜等称谓的来龙去脉。

直到明清时代，出现了八仙桌和圆桌后，酒筵的面貌又为之一变，席位的尊卑主次更有所讲究，酒筵的社会交际功能更趋明显，初步形成现代筵宴的格局。

◆ 筵席座位讲尊卑

在江南地区，设宴待客多用八仙桌。一张八仙桌，面朝南、或面对大门的座位，叫“上只角”；面朝上只角、背朝大门的座位，叫“下只角”。

春节时，到江南地区去做客。主人殷勤招待，摆上酒肴后，说：“请入席。”这时，作为客人，要懂得避让，把上只角的座位让给最尊贵的人，年幼者理应坐下只角。倘若不顾上只角、下只角，一屁股坐下，二郎腿翘翘，悠哉悠哉。一定会招来风言风语：“这人没家教，不懂礼数……”

我国是一个古老而文明的礼仪之邦，人们在送往迎来的重要社交活动中，总是非常注重礼节。孔子《论语》曰：“非礼不动，非礼不听，非礼不视，非礼不言。”《周礼·礼器》曰：“礼有大有小，有显有微，大者不可损，小者不可盖，显者不可掩，微者不可大也。”筵席，作为我国民间一种传统的社交活动，当然是有着许多约定俗成的礼节的，譬如座位，“朝廷序爵，乡党序齿”，向来讲究个尊卑大小，不懂得这个礼，难免被人说“没家教”。

我国民间，筵席种类极多。四时八节、婚丧喜庆、往来应酬、乡党聚会，总要设宴相请，如古城绍兴，光筵席的名目常见的就有三四十种，生孩子要吃“满月酒”“周岁酒”；结婚要吃“定亲酒”“结亲酒”；造新房要吃“上梁酒”“进屋酒”；学艺要吃“拜师酒”“满师酒”；祝寿要吃“寿酒”；丧葬要吃“福酒”；其他则有“分家酒”“开业酒”“升学酒”“重阳酒”“冬至酒”“接风酒”“饯行酒”等等，不胜枚举。各类不同的筵席，因主客盼不同，其座位尊卑也是不同的。

八仙桌，上下左右有八个座位，以“上只角”的两个座位为尊，上只角两个位子中又以左面的为尊，俗称“东一位”。如果筵席规模较大，同时要摆好几桌，则以离大门最远的那桌为尊，两桌并列，又以左边的那桌为最尊，俗称为“首席”。

在结婚的筵席中，我国民间向有“娘舅为大”的风俗。所以在各地的婚宴上，新娘的兄弟总是被请到首席的“东一位”上就座，其次是“男媒”。同时，还要把一些辈分高、或有资历的人请到首席上作陪，俗称“陪大舅”，既表示了对这些贵客的尊重，又显示了男方的势力和人缘。其余各桌则按辈分、声望、年龄的高低大小以次入座，辈分高、年纪大、有声望的人往往被推到上只角。

若是祝寿的筵席，“东一位”就非“老寿星”莫属了。因为寿宴总是儿孙小辈为长者举办的，这也是小辈人对长者表示尊敬的一点心意，毫无疑问，主位应由老寿星坐。不过，在老寿星旁边其座位却不是按辈分、年纪的大小长幼安排的，恰恰相反，是由小到大，由幼到长安排的。若老寿星是夫妻双全，则夫妻俩坐于上只角，其余各位依次为曾孙、孙、儿，以示子孙兴旺、老小同堂、福气好。

丧葬的筵席，江浙一带叫“吃豆腐饭”。在许多乡村，村子里的人死了，全村男女老少都要来吊祭、帮忙，在丧事办完后，主人要请大家吃一顿以豆腐为主的素饭。如果死者是村里的长辈、年岁又高，那么，这丧事就是“喜”，叫“白喜”；死者则被称作“有福之人”，吃豆腐饭就成了分享他的福气，又叫“吃福”。“吃福”时，首席的“东一位”必缀空着，表示已故者和大家一道吃最后一餐饭。若死者不是长者，“东一位”则由年岁最大、辈分最高的“福气人”去坐。

至于一般的节日家宴，上只角及旁边的位子，总是让家中的长者及年龄幼小的孙子、孙女们坐，其次才是儿子、媳妇。这样的坐法，既体现了对长辈的尊重，也体现了对小辈的关怀。其他的各种筵席，若是庆贺的，主位应留给出力最多、功劳最大的客人。如“拜师酒”“满师酒”的主位由师父坐；“升学酒”的主位由启蒙老师坐；“上梁酒”“进屋酒”的主位由手艺工匠中的“把场师傅”坐；“满月酒”“周岁酒”的主位由小孩的外公、外婆坐；“吃猪福”的主位由屠工师傅坐，等等。若是往来应酬的，主位应留给主要客人坐。如“接风酒”，所接到的客人应坐于“东一位”；“饯行酒”，“东一位”就非临行者莫属了。其他则按辈分高低、年岁大小以次入座。

在江浙一带的各种筵席中，客人与客人之间，是十分讲究礼让的，在排座次时，这一带的礼让习俗是“内亲让外亲、亲戚让朋友、朋友让老师”。即诸亲戚中，族亲、血亲要礼让姻亲；三亲九眷要礼让主人的同事、同学及同年等朋友。亲戚、朋友应礼让主人的老师和师父。此外，还有个“旧客让新客、近客让远客”的讲究。意思是主人旧有的亲眷、朋友要礼让主人新结的亲眷、朋友，本乡本土的朋友，要礼让来自外地的朋友。民间有句俗语：“远方来贵客”，说的是凡从外县、外省来的远方客人，不论亲疏、不分长幼、不管职业，也不论地位，总是最尊贵的，而且是越远越尊贵。

◆ 社会交往订契约

我国民间，每遇买卖房屋、山林、田产，或分家、改嫁、拜师及承继、领养等变更产权和人身隶属关系时，都得写契约。写契约是人们在社会交往中，将互相商定的事加以记载，以作事后检查信用的凭证的一种传统方式。

民间写契约一般要求“四人”到齐：当事双方和“中人”“代笔”。江浙一带农村，“中人”有原中和见中之分。原中即指对双方所商之事从头到脚都参与其中，对事情的细枝末节都了解得较为详细的“牵线人”，如买卖中的经纪人、改嫁中的媒人、拜师中的介绍人等。原中对所写契约的各项内容除起见证作用外，还要为契约的执行进行督促和担保。见中即指写契约时临时请来的见证人，见中除对契约起见证作用外，不承担其他义务。旧时农村，见中大多请村中的头面人物担任，他们一般在村中威信较高，说话较“灵”。“代笔”则多请学校的老师担任。若属买卖关系，有时也可不找“代笔”，由卖主自己书写，而买主则不能书写。没有中人的契约，习俗认为是无效的，叫“无中不成纸”，没有代笔则不这样。在江浙农村，若写的是买卖契约，请中人和代笔是须付一定数量的酬金的，酬金俗定为“田三地四屋加元”，即田契的酬金是总售额的百分之三、地契为百分之四、屋契约百分之十。酬金由买主另外付给，中人和代笔七三或六四分成。其他关系的契约则不给中人和代笔酬金，若遇比较客气的农家，则给他们发个“红包”，俗称“利市包”。

契约议定后，受主，即买卖的买主、领养的养父母、改嫁的新夫、拜师的学徒等，得设置酒宴招待所有参与议事和写契约的人，俗称“摆契酒”。“契酒”喝毕，先由代笔宣读契约全文，大家听后无异议，再是当事双方和中人、代笔等签字或画押。没有画押的契约是无效的，所以民间有个说法，叫“千年文书好个押”。

写契约的习俗，其起源是很早的。据考证，远古时的人类还没有文字，人们就以结绳或刻木来记载某些借贷关系起契约的作用。其方法是：取竹筒一段，用刀刻纹标志记数；刻完后，将这段竹筒一剖为二，彼此各执一片，以此为凭信。文字出现后，随之也出现了文字契约。古时，我国的契约称为“券”，按契刻或书写的材料，分为竹券、木券、铁券、布券和纸券等。多是由双方用文字将议定的事记录下来后，把券分为两半，各执一半为凭信；若有争议，则验合契券，以此来判断是非曲直。那时，签订契约是不找“中人”见证的，而是由某一“神明”作“中”，如“天”“雷”“火”等神。

因此，古人签订契约时，往往要举行祭祀天地鬼神的仪式，签约后还要“对天盟誓”，说是谁负约谁就要“天打五雷轰”“水淹火烧”等。后来，随着科学文化的逐渐发达，人们头脑中鬼神观念也渐趋淡漠，签订契约时用以作证的“神明”也渐渐地由现实社会中的人来担任了。签约后若一方负约，也由原先的“天打五雷轰”而变成由社会加之以经济制裁和舆论谴责，契约的约束性更强了。

随着社会交往的日趋频繁，契约的适用性也日益广泛。现在，我国民间的契约已发展成约文、条据和合同等类型，根据适用对象的不同，又有了诸如公约、协议、规约、借据、收据、租约、卖契等不同的名称。

◆ 民间画押作凭据

民间订契立约，向来讲究“画押为凭”。画押，就是在文书契约上签名、盖印或画某种特定记号，并以此作为本人对契约表示承认、愿意负责的凭据。画押作为一种社交活动中常见的民俗事象，其起源是较为古老的。

以签名为“押”的方式，大约起自西汉，后经六朝，在唐时已非常盛行。宋·黄伯恩《东观余论·记与刘无言论书》载曰：

唐太宗“令群臣上奏，任用真草；唯名不得草。后人遂以草名为花押，韦陟五朵云是也。”

以草书签名为押，主要是为防止别人模仿假冒，此俗至今仍在流行。

以盖印为“押”的方式，则比“签名”来得更早些。据《周礼·司市》载曰：“凡通货贿，以玺节出入之。”货贿，指货物通行。玺，就是印章；玺节则是古时经商所使用的符节。可见当时已有以印章为凭证的习俗。到了唐宋时代，以印为押的方式便出现在民间的社会交往方面。宋时，还出现了以草体书写、难于仿造的无边框印章“花押印”，并逐渐代替了以草书为体的签名。元代则改为有框印章，上刻楷书姓氏下镌八思巴文，俗称“元戳”，作为“画押”专用的印章。到了近代，则出现了篆体、隶体或楷体的“私章”，作为社会交往的信用凭证。为了防止仿造，许多“私章”往往要在姓氏及名字的不经意处增减笔画，以区别真伪。乡民百姓未备印章的，签押时往往用手印代替印章。因手指上的纹样有“箩”“箕”之称，故民间又称盖手印为“盖箩印”，一般都用右手食指蘸上印油后，在别人给自己代写的姓名上按印一下。盖箩印时，也有人用大拇指，以示庄重。

此外，由于旧时乡村中很少有人识字断文，故大多未备有印章，也不会签名，所以在签押时只好画一个特定的记号，常见的记号有“十”字、圆圈等。记号大都画在由别人代写的自己姓名的下方。

没有画押的契约，民间向来认为是无效的，俗称“千年文书好个押”。

◆ 与人结誓重盟誓

《水浒全传》第十五回“吴学究说三阮撞筹，公孙胜应七星聚义”中，说到晁盖、吴用、刘唐、阮氏三兄弟等六人，聚义东溪村欲取生辰纲时，有这样一段描写：

六人却从庄外入来，到得后堂，分宾主坐定。吴用把前话说了。晁盖大喜，便叫庄客宰杀猪羊，安排烧纸。……当晚且吃了些饭，说了半夜话。次日天晓，去后堂前面，列了金钱纸马，摆了夜来煮的猪羊、烧纸。三阮见晁盖如此。志诚，排列香花灯烛面前，个个说誓道：“梁中书在北京害民，诈得钱物，却把去东京与蔡太师庆生辰，此一等正是不义之财。我等六人中，但有私意者，天地诛灭，神明鉴察。”六人都说誓了，烧化纸钱。

这就是广泛流行于我国民间的“结誓”场面。

我国农村的广大农民，尤其是山区的山民，素来性情爽直耿介，讲义气，守信用，与人结交最重许诺。在许多地区的方言中，还将许诺称之为“割过舌头”，是绝对不会再变卦的，真是“一诺千金”。他们在许诺时，为了表白自己守信重义的心迹，博取对方的信任，往往要按习俗作“起誓”之礼。

起誓，又称结誓、发誓、盟誓，常见的形式有指天、指神为誓，赌咒为誓，断物为誓，击掌为誓和拉钩为誓等。

指天为誓，是民间最常见的起誓方式。起誓时，誓者往往一手指天、一脚跄地，神色庄重地念念有词曰：

上天作证，我某人向来说话算数，若有违初言，愿遭天打五雷轰！

指天为誓实际上是以天体崇拜为先决条件。起誓者视上天为有意志灵物，是世间万事万物的主宰，能扶弱抑强，去非存是，主持公道，并且常常以特定的方式对毁约背盟、贪赃枉法等不义行为实施惩治。如晋人干宝《搜神记》所载“东海孝妇”故事中的“三年不雨”，和元代关汉卿杂剧《窦娥冤》中的“六月飞雪”等。《水浒全传》中“智取生辰纲”前晁盖等人的“结誓”，就是指天、指神为誓。

赌咒为誓通常在辩白或许诺时进行，誓者唯恐对方不相信，而对天对神起誓，说明如违背诺言或说话掺假，则愿受神明的惩罚。惩罚方式常见的有“割舌头”“变牛变马”“横死”等。近年民间最流行的誓言：“骗你是小狗”，也属赌咒为誓的范畴。至于男欢女爱，欲结同心，双方为表白自己的心迹而发誓赌咒的习俗，则是自古及今都颇为流行的。流传于汉代的乐府民歌《上邪》，就是当时这种“赌咒语”的实录，其歌曰：

上邪，
我欲与君相知，长命无绝衰，
山无陵，江水为竭，
冬雷震震夏雨雪，
天地合，乃敢与君绝。

宋代词人陆游的《钗头凤》，也提到了该俗，《钗头凤》词的下半阙曰：

春如旧，人空瘦，泪痕红浥鲛绡透。
桃花落，闲池阁。
山盟虽在，锦书难托。
莫！莫！莫！

词中所指的“山盟”，即是陆游与表妹唐婉定情时的“山盟海誓”。

当代仍流传于民间口头的情歌中，有许多就是这种“山盟海誓”的赌咒语。如采录于广西的《恋情恋到死》：

恋情恋到雷公死，
分离要等泰山崩；
江水流断由它断，
天无日头还要跟。

采录于浙江的《生死难丢开》：

情歌恋妹难丢开，
生要同路死同埋；
生在人间共饭碗，
死在阴间共门牌。

断物为誓的起誓方式，在古代是十分流行的。在我国古代，人们在结交或缔约时，常要取箭、筷、棍、桌等物，一折为二或去一角，并曰：“有负心者，形同此物！”以此来表示忠贞守信。见的断物方式有斫桌、折箭、折棍、折筷、断发、断指等。斫桌誓的场面可见之于宋人司马光主编的《资治通鉴》的“赤壁之战”段文字：

孙权“因拔刀斫前奏案，曰：‘诸将安敢复有言当迎操者，与此案同’。乃罢会。”

宋人岳珂的《桯史·二将失律》则对折箭为誓的习俗有所记载。

断发为誓，则多见于男女定情时的“山盟海誓”中，男女双方为表心迹，同断发一束，互相交结以作信物，意为“相守共白头”。因此，民间又称原配夫妻为“结发夫妻”。现在的乡民百姓与人结交，则多行折筷之仪，结交的双方换过年贴，许过诺，起过誓，再将筷子一折为二以示忠贞守信，从此，庆吊往来亲如兄弟。

现在民间最为流行的起誓方式，要数击掌为誓了。结交双方，一方提出某种要求，另一方作出相应的承诺后，双方同时伸出右手，轻轻一击，曰：“说话算数”“决不食言”，即告起誓完毕。这种起誓方式较为简便，且不带迷信色彩，故在中下层知识分子及基层干部中也比较流行。

至于儿童，最常见的起誓方式是“拉钩”。结交双方各伸出右手的食指或中指，弯曲如钩，相扣而拉，边拉边誓。若为交换玩具，则誓曰：“拉钩上吊，上下一百年不许再要！”意为不得后悔要回原物。若是相约保守某种秘密，拉钩时则说：“拉钩拉钩，谁说出去是小狗！”旧时的儿童认为，拉过勾再后悔背诺，则要被恶鬼割去舌头或耳朵。这种习俗现在还很流行。

五、交际礼节风俗

◆ 主客相见先行礼

汉族是个热情好客、崇尚礼仪的民族，人们相见为了表示敬意，总要行礼，曰“见面礼”；即使是书信往来，因“见字如晤面”，也要以文字转述出自己所要行的“见面礼”。

行礼的方式，在不同的历史时期、不同的社交场合和不同的交往对象之中是有所不同的。在古代，常见的见面礼节有稽首、顿首、空首、拱手、作揖和鞠躬等，女子则有手拜和道万福。到了近代，则又有了握手和拥抱。

稽首，是一种以下对上的大礼，一般用于大臣对国君。其行礼方式是，施礼者跪拜在地上，叩头至地面，并作较长时间的停留，以表示恭敬。贾公彦注疏《周礼》说：

稽首，拜中最重，臣拜君之拜。

《尚书·舜典传》也说：

稽首，首至地，臣事君之礼。

《左传·僖公三十三年》记“殽之战”曰：

孟明稽首曰："君之惠，不以累臣衅鼓，使归就戮于秦，寡君之以为戮，死且不朽！"

这里是企图偷袭别国而遭失败，反被晋国所俘的秦将，在向晋国国君谢罪，所以要用稽首之礼。

顿首，其行礼方式是跪拜在地上，引头至地，只作短暂的接触，就立即举起。由于顿首时头触地面的时间较短，所以在古代的拜礼中是较轻的一种，适用于地位相等或平辈间交往时的施拜。

空首，则是跪在地上，两手拱至地，然后引首至手的一种跪拜礼。因为跪拜时头并没有真正碰到地面，故曰空首。这是一种以上对下的拜礼，一般多见于国君签拜臣下。

稽首、顿首和空首，都属于跪拜礼，上古时曾颇为流行，如《周礼·春官》就有记载曰：

辨九拜，一曰稽首，二曰顿首、三曰空首……

后来，稽首和顿首则被写信所吸收，成了一种书面的敬语。旧时写信，若写给长辈，一般在开头就用"某某稽首"；若写给平辈，则在开头就用"某某顿首"。有的则以"某某稽首"和"某某顿首"作具结。在古代的书信中，"某某稽首"或"某某顿首"的意思，大体相当于现代的问候语"某某向您问好、致敬"，表示礼貌。南朝梁代丘迟的《与陈伯之书》则在开头和结尾处都用了"顿首"这一敬语，其开头曰：

迟顿首，陈将军足下无恙，幸甚、幸甚。

结尾处又曰：

"丘迟顿首"。

此外，在汉代还非常流行一种名为“长跪”的拜礼。长跪，就是耸身而跪。古人席地而坐，两膝着地，臀部紧靠后跟；伸腰及股而两膝柱地为跪；挺直腰板以示敬意和庄重，则为长跪，《史记·留侯世家》中记曰：“因长跪履之。”

手拜，则是古代女子的一种跪拜礼。跪下以后，两手先点地再抬起拱合，同时低头至手，以示恭敬。据《礼记·少仪》记载：

妇人吉事，虽有君赐，肃拜；为尸坐，则不手拜、肃拜。

古代的相见礼节中，除了跪拜礼外，还有拱手、作揖和鞠躬等。

拱手，即双手合抱，举在胸前作拱状。拱手礼初始的发源大概是模仿带手枷的奴隶，意思是愿意做对方的奴仆，听便驱使，以示恭敬和谦卑。《论语·微子》中曾提到：“子路拱而立之。”

后世，因为行拱手礼时，常常伴之以屈身，所以又称此礼为“作揖”。拱手高举，自上而下，则称“长揖”。《史记·高祖本纪》记载：“郦生不拜，长揖。”

鞠躬，其行礼方式为：双脚并拢，两手下垂于大腿两侧，弯曲上身，以表敬意。《敦煌变文集·庐山远公话》中记载：“来至山神殿前，鞠躬唱喏。”可见鞠躬之礼早在古代就已流行。辛亥革命以后，孙中山先生宣布取消跪拜之礼，而代之以鞠躬，该礼便在社交场合中得以广泛盛行。现在，仍在某些重大礼仪活动中施行。

道万福，是古代女子除“手拜”外的一种见面礼节。行礼时，双手手指相加，放在左腰侧，弯腰屈身，同时伴以口道“万福”，以示敬意。该礼在宋代已经盛行，直到清代依然流行不衰，是我国古代诸多见面礼节中较常见的一种。清代翟灏在《通俗篇·祝诵》中说：

王广津宫词：“新睡起来思旧梦，见人忘却道胜常。”胜常，犹今妇人言万福也。盖万福之言，宋时已经盛行。

到了现代，人们相见时的礼节，最流行的要算握手了。握手，通常是双方伸出右手相握。紧紧相握，屡屡不止者，表示双方情谊深厚；轻轻一握，则表示交情一般。握手的礼节，据传起自原始社会，那时，人们常手拿石块、棍棒为武器，以此防身。如果遇到陌生人，彼此没有恶意，就放下武器，伸开手掌，让对方抚摸手心，表示手中没有武器。这种摸手的习惯沿袭下来，经过千百年的演变，就成了现在表示友好的相见礼节。

握手，在社交场合中，还有许多讲究：男士与女子握手，应让女子先伸手，轻握片刻即可，否则便为失礼；与长辈握手，得等长辈先伸手；与平辈握手，则不论谁先伸手都可以；握手前若戴着手套，则必须脱下手套后方可伸手相握，否则是很不礼貌的，如此等等。

如果是几十年不见的老朋友邂逅，仅靠握手尚不能尽兴尽致地表达欣喜、激动之情，此时，人们就会选择“拥抱”之礼。

拥抱，是近代以来从西方传入我国的一种相见之礼，在外交界、知识界用得较多，而在一般的劳动群众，尤其是在农村则是较少见到的。不过，近年来，随着对外经济、文化交流的日益发展，拥抱之礼在普通劳动群众中使用频率也日趋增多。

◆ 客来敬茶叙情谊

著名文学家林语堂先生在《吾土吾民》一书中曾谈到：

中国人最爱品茶；在家中喝茶；上茶馆喝茶；开会时喝茶；打架讲理喝茶；早饭前喝茶，午饭后也要喝茶。有清茶一盅，便可随遇而安。

这段话生动地描述了我国民众嗜茶之盛况。饮茶几乎成了我们汉族的“国饮”，尤其与人生礼仪、社会交际等民俗文化有着不可分割的联系，成为其中的主要内容。

“客来敬茶，以茶为礼”是汉族民间的传统风尚，在广大民间，素有以茶待客的良风益俗。如果你到人间天堂杭州做客，主人会敬你一杯清汤绿叶、香浓味酽的龙井茶；如果你到福建老乡家串门，主人会端出专用茶具，请你品尝武夷铁观音或小盅工夫茶；如果你到首都北京访友，主人会请你喝滋味浓郁的大碗茶；如果你出差华北东北，主人就会用香气浓郁的花茶招待你。以茶敬客，茶香情浓，促膝畅叙，意趣高雅。香茗一杯，既反映了宾主间的和谐欢愉、情投意合，又能起到交流感情、增进友谊的作用。

客来敬茶、以茶为礼的习俗，在我国由来已久，最早可以追溯到周朝。据《尚书·酒诰》记述，商纣是个暴君，酗酒误事，朝政腐败，民皆恨之。周武王兴兵伐纣，执政后重整朝纲，并严令禁止饮酒，代之以茶。此后，以茶代酒、以茶为礼的风气便渐趋兴盛。在三国时，以茶代酒已成了朝廷的一种礼仪。据《吴志·韦曜传》记载：

吴主孙皓每餐宴无不竟日坐席，无能否，率以七限，虽不尽入口，皆浇灌取尽。曜素饮酒不过二升，皓初见礼异，常为裁减，或密赐茶荈以当酒。

孙皓以茶当酒，厚爱大将，在历史上已传为美谈。到了晋时，以茶为礼，客来敬茶，已成为一种时尚。晋人的《中兴书》中有一个故事：

吴兴太守陆纳，奉公节俭，每宴仅设茶果招待。一天他的好友谢安来访，陆意以茶果相待，其侄陆俶怪其不又不敢多讲，暗地里准备了一桌酒菜，客至，即令仆人摆上丰盛酒食。纳先不语，待谢走后，狠狠地责骂侄儿说：你既不能光耀门楣，为何还玷污我一向清操绝俗的德行？并责之以二十大板。

这故事既反映了陆纳的高尚情操，同时也宣传了当时以茶敬客的好风尚。这种风俗以后一直得以发扬光大。

宋代诗人杜来在《寒夜》一首诗中说：

寒夜客来茶当酒，
竹炉炭沸火初红。

还有郑清之诗曰：

一杯春露暂留客，
两腋清风几欲仙。

到了清代，更是“上自朝廷燕宴，下至接见宾客，皆先之以茶，品在酒醴之上”。

敬茶，作为汉族民间送往迎来中的一种主要礼节，一举一动都要讲究一个“礼”字。宋代人在居丧时，以茶待客，不能用茶托。宋人周密在《齐东野语》卷十九“有丧不举茶托”条中，专门记载了这种礼俗，并推测该俗形成的原因是“托必有朱，故有所嫌而然”，就是说那时的茶托是朱红色的漆器，居丧忌红色，所以不能用。今人敬茶，冲泡时讲究“浅茶满酒”，即不可斟得太满；奉茶时不能单手握杯把送与客人，而要双手捧送；客人未走，不能当着他的面倒去残茶，民间习俗向来讲究“客来敬茶，客去倒茶”，假若有人当着客人的面倒茶，那简直等于是下逐客令了。

◆ 苏杭待客敬香茶

在苏杭一带，流传着这么一个故事：

有一年，苏东坡进某寺院游玩，住持僧不认识他，只当他为普通的游客，招呼道："坐!"同时吩咐小僧"茶!"两人交谈了几句，住持僧知对方有些来历，就改口道："请坐！"吩咐小僧："敬茶!"继续交谈，当住持僧知道来者就是一代文豪苏东坡时，慌忙改曰："请上坐!"吩咐："敬香茶！"

在故事中，住持僧前倨后恭的态度变化，是通过他不断提高接待规格的做法来表现的。因为在苏杭一带，招待一般客人是"敬茶"，只有贵客临门时，才会待之以"敬香茶"。

"香茶"，是苏杭一带一种特制的茶饮，以精制绿茶为主，配上各种佐料冲泡而成，讲究色、香、味、形、声，醇香浓郁，风味独特。

苏杭香茶的佐料，因地而异，各处自有特色。苏州震泽至湖州南浔一带，其佐料由晒干的胡萝卜条、青豆粒、柑皮丝，配以熟芝麻及新鲜的黑豆腐干调制而成。客人来时，取绿茶少许、佐料适量用开水冲泡。泡上片刻，杯盖一掀开，一股沁人心脾的香气就扑鼻而来。这时细视杯中，舒展自如的茶叶碧绿、微胖滑圆的青豆煞青、状若游丝的橘皮淡黄、涨得发亮的胡萝卜条微红，再衬以星星点点的黑、白两色芝麻，真是五彩缤纷，令人赏心悦目。若逢喜庆佳节，佐料更为讲究，这时，烧熟的青竹笋代替了胡萝卜条，再加上些糖桂花，贵客来时，泡上一杯，细细地品评，真是视之有色、闻之有香、品之有味、啜之有声，慢啜细饮，更是一种美的享受。当冲泡到第二三回时，香气越喝越浓，回味无穷，令人百喝不厌，欲罢不能。

湖州、德清一带的香茶，其佐料要经过腌制，用来冲泡的沸水一定要取瓦罐为器、竹片为薪，文火烧煮。这种茶汤，其味微咸，风味独具，喝了最能使人兴奋提神。

靠近太湖的各乡镇，佐料则是熏豆。取秋分后、白露前的毛豆为原料，煮熟，剥去豆衣，晾干，拌以香料，用文火焙烘，使之脱水、咬去略有韧性则成。制成的熏豆，色泽碧绿，质地柔韧，农家以瓦罐藏之备用。客人来时，放少许绿茶，再加二三十粒熏豆，用开水冲泡。这种茶汤，绿中带黄，嫩茶的清香和熏豆的鲜味浑然一体，饮之能开胃、清心。

杭州城里的香茶，其佐料大都用糖菊花、糖木樨等，也有用梅花的，叫“暗香茶”，大概是取宋代诗人林和靖的诗意：

疏影横斜水清浅，
暗香浮动月黄昏。

这种“暗香茶”的制法，据清人顾仲的《养小录》记载，是这样的：

腊月早梅，清晨摘半开花朵，连蒂入瓷瓶，每一两，用炒盐一两洒入，勿用水抄杯，箬叶厚纸密封。入夏取开，先置蜜少许入盏内，加花三四朵，滚水注入，花开如生，充茶，香甚可爱。

还有一种“柏叶茶”，据同书记载：

采嫩柏叶，线缚悬大瓮中，用纸糊，经月取用。如未甚干，更闭至干。取为末，藏锡瓶，点汤，翠而香，夜话饮之，几仙人矣。

某寺住持僧欲敬苏东坡的“香茶”，大概就是“暗香茶”或“柏叶茶”之类。

在苏杭地区喝“香茶”，千万要注意，当主人双手捧上时，客人也得双手去接，切忌单手。喝时，切不可先吃去佐料再慢慢地品茶，免得主人一而再、再而三地给你添加佐料。喝完茶汤，欲起身告辞时，得把佐料吃掉，剩在杯内或吐掉、倒掉都是不礼貌的，主人见了必定会生气。假如你是在湖州、德清做客，主人敬你喝“咸香茶”时，那是连茶叶也要与佐料一起吃掉的，只有这样，主人心里才会高兴。

◆ 置酒待客礼俗多

渭城朝雨浥轻尘，
客舍青青柳色新。
劝君更尽一杯酒，
西出阳关无故人！

唐代诗人王维的这首《送元二使安西》，可谓最深刻、最全面最真挚地反映了中国古人送别挚友时的情谊。从这首诗中，我们也可以看到，以酒待客是我国民间一种主要的社交礼节。

《周礼》云：

以饮食之礼亲宗族兄弟……以宾射之礼亲故旧朋友，以飨燕之礼亲四方之宾客。

《诗经·鹿鸣》云：

我有旨酒，以燕乐嘉宾之心。

岑参《白雪歌送武判官归京》云：

中军置酒饮归客。

民间俗语云：

无酒不成席。

这一切，都说明，自古以来，汉族民间就有以酒待客的社交风俗。

“无酒不成礼仪”，无礼仪也无从饮酒，当饮酒作为一种社交礼仪时，它是有着许多讲究的。

“七分茶八分酒”，这是一种流行很广的风俗。也就是说，给客人沏茶只能沏七分满，而斟酒则只能斟到八成。常说的“满上满上”，一般都是指八成满而言。这也是暗示饮者不可贪杯过量，有十分的酒量，只能饮个八分就该适可而止。这样，既不伤身体，又不至于失礼出丑。

不过，“满上满上”，在江浙地区则是真“满”。这儿流行的风俗是“浅茶满酒”。江浙农家待客，茶沏得浅，一般每杯过半即止，喝了不够则可再冲；而酒，则非斟到稍稍高出杯口不可。江浙民间也有称酒为“福水”的，斟得满满的，其意无非是讨个“满进满出”的口彩。在江浙农家做客，主人斟酒是十分殷勤的，只要杯中的酒稍稍浅了一丝，就会马上补满，主人认为酒杯空着或欠满，不仅是失礼，而且还不吉利。所以，酒量有限的客人，大多任凭酒杯满满地放着，只是等宴席将要结束，主人收起酒壶、提议“同干”时，才去喝上几口。否则，你要么失礼，要么醉倒。

“无三不成礼”，这又是较为流行的一种劝酒风俗。主人劝酒对总会说，第一杯是敬酒，第二杯是好事成双，第三杯就是“无三不成礼”了。据考证，这种风俗的形成，当和祭祀有关。我国民间祭祀时，要向天神、地祇、人鬼各敬酒一杯，缺一不可，这就是原初的“无三不成礼”。后来，人们逐渐地将它运用到饮酒待客中来，所谓的酒过三巡，也就是这个意思。当然，人的酒量有大有小，所以有的地区又讲究“酒随意”，对于酒量不大的客人，主人在劝酒时并非硬性要求你每杯都喝光，只要每次都能呷上一口，也就算是“嘴到礼到”了。

“碰过杯则必须干光”，这又是一俗。在酒宴上，通常所说的干杯，大都是象征性的，而主客的酒杯相碰之后，许多地区的习俗都要求必须一气喝光，并且要互亮杯底相照，叫作“照杯”。照杯时若还有酒滴出，那是还要“罚酒三杯”的。对于照杯，山区是十分讲究的。它的意思在于喝光则象征对朋友能全心全意，喝一半则是半心半意了，不喝就会被认为是瞧不起他了。所以，在喜欢碰杯、照杯的地区，酒量有限的客人最好是“安分守已”，不要轻易地去找人碰杯。

“饮够为止”的习俗在民间的流行也是十分普遍的。对此，早在三国时代，诸葛亮就在《诫子书》中说过这样一段话：

夫酒之设，合礼致情。适体归怯，礼终而退，此和之至也。主意未殚，宾有余豪，可以至醉，无致于礼。

喝酒可以尽兴，但不可过量。醉了，失去了控制，那就不雅观了。这才是最大的失礼。

此外，在浙江地区的酒宴中，对斟酒的次序是十分讲究的。民间一般是按席位的尊卑，由上往下斟，最后才轮到自己，否则，就会有人生气。斟完后，酒壶应放在自己席位的右首，并且切忌壶嘴对着他人。因放在左首则会妨碍邻座的用菜，壶嘴对着他人则意味着有所“冲撞”，两者都是对他人的不尊重。在浙江温州，在席宴上，喝酒后是不给饭吃的。因为“酒”和“久”，“饭”和“犯”谐音。若喝完酒再请客人吃饭，就意味着是“久后犯上”，这在民间是十分忌讳的。

◆ 岭南敬客嚼槟榔

忆昔南游日，初尝面发红。
药囊知有用，茗碗讵能同。
蠲疾收殊效，修真录异功。
三彭如不逝，糜烂七非中。

宋代理学家朱熹游历岭南时，所到之处主人皆敬之槟榔，以此代茶。但朱熹不习惯于此，认为槟榔吃多会伤身体，以此待客总不如“客来敬茶”来得自然、清新和雅致，归来后就写下这首名为《槟榔诗》的五绝，虽对槟榔的药用功能倍加赞赏，但对“代茶”却很不以为然。

其实，以槟榔代茶飨客，是岭南一带的传统风俗。在岭南做客，主人让座后，总要先拿出一碟槟榔果，请你慢慢地咀嚼，以示客气。

槟榔，原产南洋各国，至迟在魏晋南北朝时已传入我国。南朝梁人陶弘景的《名医别录》载曰：

槟榔生南海，出交州者形小味甘，广州以南者，形大味涩。

其果春生夏熟，肉色纯白、仁似鸡心。

早在晋时，槟榔就已成了岭南人迎宾待客的佳果，并逐渐成为他们社交生活中礼仪的象征。晋人嵇含在《南方草木状》中云：

槟榔……出林邑，彼人以为贵，婚族客必先进，若邂逅不设，用相嫌恨。

宋人周去非，《岭外代答》卷六曰：

自福建下四川与广东西路，皆食槟榔者。客至不设茶，唯以槟榔为礼。

明时《正德琼台志》也记载此事曰：

亲宾来往，非槟榔不为礼。

明代诗人董传策则有《访客啜槟榔》诗曰：

急脚蛮奴髻半斜，
客来提植手双叉。
槟榔擘出斑斓片，
灰白蒌青当献茶。

据有关学者考证，这也是人们呼之为“槟榔”的主要缘由。“槟榔”其实就是“宾榔”，在古代是贵客的别称。

到了清代，这种以槟榔代茶献客的风俗，还传进了北京，并且还有过一段兴旺的时期。曾几何时，槟榔被京城人们广泛地用于社交生活中，不单豪门贵戚、官宦人家，连一般的行业人家、市井百姓，也要以槟榔代茶作礼。由于人们普遍地吃槟榔、敬槟榔、送槟榔，当时北京的槟榔需要量大增，因此还出现了专门卖槟榔的店铺。对此，清人张子秋曾有《续都门竹枝词》中曰：

槟榔名号聚都门，
口袋盛来紧系身。
打子平金花样红，
逢人先敬宿砂仁。

除此，还有“挎大元宝篮，摇八楞鼗鼓”，走街串巷，沿门叫卖的槟榔小贩。可见风气之盛。

旧时，在我国南方，槟榔还往往被作为男女定情的信物。当男子向女子求爱时。便用礼品盒装上槟榔果托人送到女子家中。女家父母若是当面开盒，并拣出一枚，便是应允的表示。因此岭南一带女子定亲，也有称为“吃槟榔”的。清时，这种男女定情以槟榔为信物的习俗，也传进了北京。对此，曹雪芹在《红楼梦》第六十四回中曾有提及：

贾琏又不敢造次动手动脚的，因见二姐儿手里拿着一条拴着荷包的绢子摆弄，便搭讪着，往腰里摸了摸，说道：“槟榔荷包忘记带了来，妹妹有槟榔，赏我一口吃。”二姐道：“槟榔倒有，只是我的槟榔从来不给人吃。”

从中我们可以看出，清时的北京，槟榔一直与男女爱情有关联，甚至与男女调情、打情骂俏也有联系。发端于清代的民歌《采槟榔》，直到现在，还是著名的情歌，在民间传唱不息呢。

直到清末，这种“以槟榔代茶”的敬客风俗，和“以槟榔作礼”的定情风俗，在北京的一些大家庭里以及一些饭馆里还有遗存。那时，每有宴会，店家要在客人饭后“敬”一小碟槟榔、砂仁、豆蔻之类的东西，以示客气，其状有如时下的敬茶。进入民国以后，该俗在北京就不见流行了。

然而，在南方。却是依然久传不衰的。现在，在台湾、广东、广西、福建、海南、云南等地，不仅迎宾客要敬槟榔，并称之为“敬客果”；而且在婚礼中，仍有“放槟榔”和“献槟榔”等习俗。男女定亲时，男方一定要在聘礼中放两串槟榔，以示郑重，叫“放槟榔”；洞房时，新郎、新娘喝过交杯酒，新郎要摸出一枚槟榔，与新娘同吃，叫“献槟榔”。据说，这种习俗的意义在于：槟榔既是长春之树、长春之果送给情妹，表示对爱情的忠贞；同时，槟榔又是民俗礼品，耐得吃越嚼越有味，新郎、新娘同吃，则象征着夫妻生活永远幸福，越过越甜、越过越欢、越过越美好！

◆ 以蛋为礼通情谊

鸡蛋，在汉族民间的送往迎来中，常被用来馈赠亲友，以起交流感情、增进友谊的作用。它作为一种礼俗食品，在馈送、烧制及食用等方面，形成了许多特殊的风俗，有的还是饶有意趣的。

立夏吃蛋的习俗，是由来已久的。俗语说："立夏不吃蛋，热天要疰夏。"殊不知，在浙东山区，立夏蛋却是用童便煮的，俗称"精尿蛋"，吃了能滋补身体。立夏前后，农家若遇客人上门，有时也以"精尿蛋"待客，在这里是主人客气的表示。在浙东宁波，立夏蛋要用陈茶叶煮，叫"茶叶蛋"，除自家食用外，邻里尚要互相馈赠。俗传茶叶蛋除滋补身体外，还能禳解秽气，属吉祥礼品。

在民间，蛋有许多的用途和吃法。但最常见的却是"生日蛋"。小孩过生日那天，做母亲的总要煮两个鸡蛋，剥壳后吃之，谓能"快长快大"。若是满十的生日，则亲戚还要送12个鸡蛋以示祝贺。在这儿，鸡蛋象征的是"平等"和"齐全"；12个，代表一年中的12个月份。意味着一年四季、日日平安。在江浙一带，小孩10岁生日的鸡蛋，得由外婆馈送，20岁由姐妹馈送，30岁、40岁由岳母馈送，50岁以上就得由女儿馈送了。

新春佳节，若到南方沿海一带做客，主人是一定会请你吃蛋的，在浙江南部，待客的鸡蛋是打碎后放在黄酒中煮的，煮熟后再放点红糖，其味香醇浓郁，叫"蛋花酒"，表示主人情谊浓厚。在浙江中部，待客的鸡蛋则是清煮，剥壳后放在小碗内，加一点酱油，蘸着吃，叫"木蛋"。"木蛋"通常是一对，表示"两厢修好"。在杭州，则在宴席上酒过三巡后，敬上一道汤，叫"太平燕"。汤中有数个已煮熟、剥壳的鸡蛋，一人吃一个，象征友好、太平，叫"太平蛋"。春节时，在浙江的金华等地，已分家另住的公公、婆婆，还得给新过门的媳妇烧"鸳鸯蛋"，祝愿儿子、儿媳新婚愉快、夫妻和睦。"鸳鸯蛋"的做法是：将鸡蛋煮熟剥壳后，切开，挖去蛋黄，而代之以肉丝为主、并调入面粉的馅子，合拢，用面粉包好，再放进油锅里炸熟。新女婿上丈人家拜年，丈母娘则全用放糖的蛋汤招待，以祝愿“新婚甜蜜”。

在许多地区，新母鸡所生的第一只蛋，总是要给新媳妇吃的，“金鸡子（蛋），银鸡子（蛋），不及新母鸡头一子（蛋）”，俗传新媳妇吃后能“早生贵子”。有些地区还用鸡蛋来作赔礼。如果是不小心将脏水泼溅到别人身上，或者是小孩打架伤了对方的皮肉，肇事者或家长则往往要给对方送两只或四只鸡蛋，以示赔礼。俗传鸡蛋能辟秽驱邪，受害者吃过所赔之鸡蛋，也就消去怨怼，释然无事了。近年来，江南地区农家，又时兴起一种风俗，即每有小孩上学，在开学的第一天，家长要给他煮两只鸡蛋，并让他用一根筷子戳着吃。此俗的奥妙在于一根筷子和两只鸡蛋正好组成“100”的象形，预示着孩子入学后定能刻苦攻读，积极上进，门门功课都能考“100”分。

如此等等，在民间交际中，真是“一蛋见百俗”了。一只普通的鸡蛋，为什么能够充任民俗礼品，在社交中起如此大的作用呢？据有关民俗学者的研究，这与古人的鸡图腾崇拜有关。古代的殷商、东夷及吴越等民族，曾以燕子、乌鸦、公鸡等鸟类动物为图腾。《诗经·玄鸟》曰：

天命玄鸟，降而生商。

《史记·殷本纪》曰：

殷契，母曰简狄，有娀氏之女，为帝喾次妃，三人行浴，见玄鸟堕其卵，简狄取吞之，因孕生契。

《史记·越世家》曰：

越王勾践，“长颈鸟喙”。

《吴越备史》曰：

有罗平鸟，主越人祸福，敬则福，慢则祸。于是民间悉图其形以祷之。

至今尚流传于浙东民间口头的神话《盘古开天》，则说人类的始祖盘古，是从鸡蛋里孕育而成的，故后世图画盘古形状，大多是鸡首人身。

既然古人认为人类是鸡卵中孵出，鸡卵也就自然地成了古人的崇拜物，从而被赋予招子、辟邪、讨彩等神异功能，延至后世，便成了象征吉祥的民俗礼晶，而被广泛地用于各种社交活动中。

◆ 曲阜待客鸡带头

莫笑农家腊酒浑，丰年留客足鸡豚。
山重水复疑无路，柳暗花明又一村。
箫鼓追随春社近，衣冠简朴古风存。
从今若许闲乘月，拄杖无时夜叩门。

从宋代著名诗人陆游的这首《游山西村》中，我们可以看出，在汉族民间，早在宋时，就有“杀鸡待客”的良风益俗。此俗至今尚在广东、湖南、江苏、浙江、四川、安徽、山东等地普遍流行，只是在具体的“待法”上，各地有着不同的讲究。

广东客家地区，有贵客临门时，一定要招待吃“盐焗鸡”，吃时要把鸡头、鸡翅、鸡尾等，拼成原鸡形状，端端正正地摆上餐桌，鸡头则要对准坐在上首的贵客。席间，主人殷勤地劝，客人放手地夹，但无论如何，主客都不会去动鸡头、鸡翅和鸡尾。因为按当地的习俗，这些东西得留到下一餐时，给主人家里的长辈们去享用，以示尊重老者。至于席面上鸡头的朝向，当地还有个讲究，说是对准谁，谁就会交好运。

在湖南，则要用鸡尾敬贵客。在西南地区，则用鸡心敬奉席上的长者，表示孝心。在江浙一带，则以鸡腿和鸡翅敬奉贵客，习俗以为，贵客自远方来，吃了鸡腿和鸡翅，就可消除疲劳，腿脚轻松，健步如飞。若是在饯行时吃之，那就寓有“路途平安、一路顺风”的祝愿了。在这种场合，客人是推托不得、非吃不可的。

在山东曲阜，则更有讲究，贵客上门，宴席上是绝对少不了鸡的，叫作“无鸡不成席”。也许是受孔儒重男轻女思想的影响，这只用以待客的鸡必须是公鸡，忌用母鸡。而且这只公鸡的毛色必须是红的，忌用白色、黑色和杂色。开宴时还讲究“万事吉带头”，宴席上的第一道菜总是非鸡莫属。只有上过鸡后，其他的菜肴才能依次而上。更为讲究的是，不管这只鸡的烧法是清蒸、红烧、熏烤，还是油氽，鸡头必须完整无损地摆在碗盆的中央，绝不能分开或斩碎。开宴时，坐在首位的贵客伸筷将鸡头夹起后，众人才能开筷吃鸡，否则，谁也不得伸筷。

与“万事鸡带头”相对应，曲阜人请客时，宴席上的最末一道菜，必须是糖水梨。这样，首尾呼应，取其谐音便讨了“吉利”的口彩。由于季节的限制，在缺梨的日子里，聪明的主人也会补上一道红烧鱼，这样，既可讨“吉利”的口彩，又包含了“吉庆有余”的心愿。所以，到曲阜做客的人，只要看到梨或鲤鱼上桌，便知宴席将结束。众客品尝过后，就会自觉地“离”坐，和主人打过招呼，高高兴兴地“离”去。

山东曲阜民间为什么会有“无鸡不成席”“万事鸡带头”这样一种待客习俗呢？在当地的老百姓中流传着这样一则传说：

远古时候，鸡是种飞禽，名叫“吉”，和凤凰同族，披戴有凤冠、彩羽、金翎，很得天帝的青睐。天帝让它专司降祥于人间，并名之为“吉祥之鸟”。有一年，它不顾天庭禁令，私临曲阜境内，偷降吉祥于此。事情败露后，它被天帝贬到曲阜落户。厚道的曲阜人依旧把它当作吉祥的象征，精心喂养，让它在曲阜繁衍生息，并取“吉”之谐音，而名之曰“鸡”。久而久之，鸡便成了家家户户都饲养的家禽；同时，也被当作象征吉祥的礼俗食品，在民间的喜庆往来中，用来招待客人，便形成了曲阜各地“无鸡不成席”“万事鸡带头”的敬客习俗。

◆ 做客吃鱼讲三忌

在浙江，不论山区还是平原，不管农村还是渔乡，素有热情好客的良好风尚，每有客人上门，主家总要买鱼斩肉、置酒相请。

然而，在浙江做客，吃鱼啖肉还有颇多的讲究，如浙东沿海渔区的“全鱼忌翻”，杭嘉湖水乡的“有头有尾”以及浙中山区的“顿顿有余”等。客人若忘了“入乡问俗”，无意中触犯了当地的禁忌，弄得不好，主人是会不高兴的。

“全鱼忌翻”是广泛流行于浙东沿海及舟山群岛广大农舍、渔家中的一种禁忌风俗。在浙东沿海各县及舟山群岛，居民大多从事捕捞及运输等海上作业，至于乘船往来的人就更多，在他们中，向有忌说“翻”字的禁忌风俗，凡遇有“翻”意的话语，当地人都有“调”“转”“倍”等字代替。如“翻个身”叫“调个身”，“翻晒”叫“转晒”，“翻本”叫“倍本”，“翻了一番”叫“倍了一倍”。与此相应，在这些地区，招待客人时的红烧、清蒸或熏烤全鱼，吃时也忌“翻”。为什么呢？因为渔船、渡船出海，人们最希望的是快速顺风、一路平安。这一带的渔船、渡船，其船形大都打成游鱼形状，船头雕起鱼眼、船尾，描出鱼摆，其用意就在乎祈求入海的舟船能如水中的游鱼般自在快乐平安。在当地人们的心目中，鱼是船灵魂，船是鱼化身。“翻”鱼就是翻船，最不吉利的。所以，不仅在日常言语中忌说“翻”字，在请客吃鱼时就更忌作“翻”的动作了，客人在这儿吃鱼时，正确的吃法是：先吃掉上半片，再由座中作陪的主人用筷挑起鱼脊刺，众人伸筷将下半片鱼肉挖出，然后再慢慢地品尝。到这些地区做客的客人，吃鱼时特别要小心，假如你在无意中触犯了禁忌，主人会不高兴的。主人即使原定在当天出海捕捞或乘船出远门，也会因你犯忌而改变计划，推迟出海乘船的日期，而且一推就是十天、半月。

“有头有尾”的吃鱼习俗，流行于杭嘉湖平原。这儿沟渠纵横，河滨密布，是全国著名的鱼米之乡。在这一带，招待客人时，虽然也有炒鱼块、炒鱼片、烩鱼丸等，但“全鱼”还是不可少的。这“全鱼”讲究的是“有头有尾”。招待的若是朋友，意味着宾主之间的友谊“有头有尾”；招待的若是恋人，意味着男女之间的爱情“有头有尾”；招待的若是长辈，意味着老人的福气和寿缘“有头有尾”，如此等等。有时鱼很大，盆儿盛不下时，主人会把鱼的中段割掉一块，但上桌上仍然是“有头有尾”的“全鱼”。在这些地区做客，客人在吃“全鱼”时要注意，只能吃掉鱼身部分的肉，鱼头和鱼尾要完好地保留着，最好连中间段的鱼脊刺也不要弄断，这样，鱼还是“有头有尾”的。假如你不知这儿的风俗，吃罢鱼身后再去挟鱼头和鱼尾啃，甚至把鱼脊刺也啃啜一番，把鱼盆儿刮得一干二净，那么主人的心中是颇为不快的。一是会以为你嫌他菜肴置办得不够丰盛，二是这鱼被吃得“无头无尾”，显得很不吉利。

“顿顿有鱼”的吃鱼风俗则流行于浙江中部的山区农村。在沿海和水乡地区视为平常菜肴的鱼，在这儿却成了稀罕之物；再说在方言中，鱼又谐音“余”。因此，鱼在这些地区就成了一种礼俗菜肴。普通农家，只有在逢年过节和贵客临门时，才会去买条鱼来烧。在待客的宴席上，鱼总是做成冷盆最早摆出来的。作为客人，万万不可在主人动筷前就急不可待地去吃鱼。因为在这一带，鱼冷盆大多只是摆摆样子，为的是讨个“日日有余”“顿顿有余”的吉利。客人若想吃鱼，只有等主人开口说：“该来的客都来过了，这鱼就拆了吃吧”，便用筷子把它拆碎后，才能一饱口福。否则，破了“日日有余”“顿顿有余”的吉利愿望，主人心中是不愉快的，至少会认为你缺少教养，不懂规矩。

不过，随着人们生活水平的提高和科学文化知识的普及，浙江各地的“全鱼忌翻”“有头有尾”和“顿顿有余”等习俗，已渐趋消失。现在，只有在某些偏僻山村、海岛的老年人中才能找到它们的影子。

◆ 姑苏社交花人礼

平波如镜漾畦烟，
正是山塘薄暮天，
竞把花篮簪茉莉，
隔船抛与卖花钱。

清代苏州女诗人席惠文的《虎丘竹枝词》，极其形象生动地描绘了当时苏州虎丘花市的繁荣景象。虎丘的“花”不仅早与虎丘齐名，还给苏州人的生活和交际带来了无限的风姿和情趣。

“白茉莉，白是白，香是香，三分铜钱卖一串，戴勒胸口添标致，戴勒头上更俏相！阿要买茉莉花……”每天一早，卖花姑娘便提着茉莉花篮成群入市，沿街叫卖。这时，若有人亲戚朋友要结婚、父母长辈要祝寿，或欲去看望情妹妹，就会叫住花娘，买上个花篮或一束鲜花，以作赠礼。

苏州人若有朋友结婚，通常要送一个花篮。花篮，用铅丝扎成镂空的篮架，用花叶或细枝将铅丝缠掩，然后插上各种色彩鲜艳的鲜花，如茉莉、珠兰、白兰、玫瑰、山茶、小红花、康乃馨等。插花的方式是极有讲究的。有的将花插成龙、凤形状，称“龙凤呈祥”花篮；有的将花插成蝴蝶，称“粉蝶采花”花篮；有的将花插成鸳鸯形状，称“鸳鸯戏水”花篮。送花篮，含有祝愿新人幸福美满、白头偕老的意义。如果结婚者是姐妹，则要给新娘送花球。花球是给新娘、新郎和男女傧相簪戴的。花球一般用茉莉花或代代花串在细铜丝上，弯成圆形作，外圈，中间嵌一朵鲜艳的山茶花，红白辉映、艳丽醒目，再用碧绿的芦松杉草或文竹做球须，取“红花虽美，得靠绿叶扶持”之意。也有送花束的。花束又称捧花，供新郎、新娘在婚礼过程中捧于手上。花束要求花色鲜艳，搭配协调。花束还可插于花瓶中，以供观赏或者供客人间互相馈赠。

若是有长辈祝寿，儿女们则要给祝寿者送“盘花”。“盘花”用花盘装置，一般用百日花、万年青、玉堂春等花卉，以讨吉利。“盘花”

的盘底通常要放些面条，称长寿面。送“盘花”一般要凑双，拜寿时成双成对地供于正堂的八仙桌上。若是年轻人过生日，朋友们则要以花束相馈送，以示祝贺。

若遇葬礼，亲朋就要送个花圈。苏州的花圈大多要用鲜花制扎，常用的花卉是柏枝、茉莉花、代代花及白色的山茶花、月季花等。鲜花制扎的花圈要一直送到墓地，一般不做焚化，只让其自然枯萎。

苏州的妇女十分喜花戴花，俗称“鬓边香”。花种随季节、气候的变化而更换，只要花色鲜艳、花形漂亮、花名吉利就行。一般是春天簪玫瑰、木香；夏天戴茉莉、珠兰；秋天插凤仙、橘花；冬天戴山茶、蜡梅。其中尤以玫瑰、茉莉和珠兰最受欢迎。所以，苏州的青年男女处朋友，男的总要时不时地给姑娘送些鲜花，把她打扮得漂漂亮亮的。这里，名贵的鲜花就是小伙子给姑娘的最好的见面礼了。旧时，苏州的优伶、歌妓和船娘等，最喜打扮，不可一日无花，外地的客商欲和她们相交。总是要讨好地给她们送些鲜花。

可以说，苏州人在亲朋往来的社交活动中，几乎是“无花不成礼”了。

据有关学者的考证，苏州人种花、爱花、以花入礼的习俗至少在宋时已经形成。宋人龚明之《中吴纪闻》“朱氏盛衰”条云：苏州人朱勔“因赂中贵人以花石得幸，时时进奉不绝，谓之‘花纲’”。可见当时朱勔是靠以花为礼进行贿赂而发迹的。朱勔自己也正如有首谑词所说，“做园子，得数载，栽培的那花木，就那堪爱”，是种过花的。《中吴纪闻》又载曰：当时苏州文人“以牡丹为贵客，梅为清客，菊为寿客，瑞番为佳客，丁香为索客，兰为幽客，莲为净客，酴醿为雅客，桂为仙客，蔷薇为野客，茉莉为远客，芍药为近客”。也可见他们爱花之深。明清以来，苏州虎丘更以盛产花露出名，人们在日常生活中也以花入茶、以花入酒、以花入馔、以花为食，与花的关系更为密切。尤其是民间在虎丘山旁造了“花神庙”，并于每年农历二只十二日祭祀花神生日，以此，种花、祀花的习俗便得以代代相传，历久不衰，花在当地民俗中作为一种珍贵礼品，而互相馈赠也就毫不奇怪了。

◆ 江南做客讲筷礼

在我国广大地区，每每逢年过节、红白喜事，或有亲朋好友来访时，总要设宴置酒，主客双方在觥筹交错之际，交流了感情，增进了友谊。中国的筵席实在是一种重要的社交活动，所以，客人一入席，就将自己置身于众目睽睽之中，一投足、一抬手都要有许多的讲究，万万不可造次，否则，便会被别人说没教养、缺礼数。即使是用筷，也有许多有趣的礼俗。

江南人在宴席上用筷的礼数最多。客人入座后，切不可急急地动筷。只有等主人先握筷，向大家比画一下，以筷邀宾客说“诸位不用客气，大家请！请！”之后，客人方可动筷，若客人先动筷是失礼的。若遇重大的宴席，每道菜上来后，须等坐于上首的长辈先动筷，并象征性地挟上一筷后，其他人才能用筷。用餐时，若有人不慎落筷于地，得自嘲性地说一句“筷落地，吃不及”，这样主人才会高兴。因为这自嘲性的话语既破了忌讳、讨了口彩，又巧妙地夸赞了主人菜肴的丰盛：菜肴太多，客人来不及吃，忙乱得筷儿落地了。餐毕，先毕的客人要用筷向全桌未餐毕者示意性地指划一下，并说：“各位请慢吃！”然后把筷儿架放在自己的空碗上，以表示“人不陪席筷陪席”。直到在座者最后一人餐毕落筷，大家才能将筷儿从碗口上取下，放于桌上，再离座话别。

无论是节日宴、喜宴或待客宴，“碗口筷”总是大忌的。“碗口筷”，即把筷儿平放在碗口上。这种“人不陪席筷陪席”的礼节，如果运用的时机不当，说不定会闹得主客失和呢。主人在宴请亲朋好友时，若一开席就放了“碗口筷”，那就等于在下逐客令，因为那是民间祭祀游魂野鬼时的礼式，用于待客，就是在奚落客人来讨饭吃了。如果客人在餐毕离座后没把筷子从碗口取下、放于桌上，则是表示还没有吃饱，对主人是大不敬的。但是，最忌“碗口筷”的，还要数海上的渔民，若在船上吃饭，饭毕把筷儿平放在碗口上，那就意味着：桅杆横倒船要翻。

此外，“长短筷”也是行不得的。“长短筷”即所使用的筷儿一长一短。作为主人，在摆筷儿时，千万注意，筷儿不能一长一短。因为，民间风俗认为，这是在诅咒客人夫妇或他的父母不能“双双同到老”，而是“一长一短”，一个先死。反之，如果客人这样做，则是在诅咒主人了。因此，主人在摆筷之前，总要把一簇筷子先放在桌面上垛垛平，然后再选出长短一样的筷儿，依次分发。与此相仿民间在用膳时，还忌用“杂色筷”，即两根筷儿的颜色、式样或用料不一样。杂色筷意味着家庭不和睦，经常闹别扭，主客双方都是大忌的。

在筷的用法上，“截筷”和“泪筷”都是为人所不屑的。“截筷”有两种，一种是好客的主人把菜挟给客人时，客人用筷在空中把主人夹过来的菜接走；一种是两人同时出筷，同伸向一个菜盘的同一块菜肴，筷儿相截打架。“截筷”是极不礼貌的筷法，甚至会被认为是好馋贪吃。“泪筷”即挟带汤的菜肴，一路滴滴答答地掉个不停。这样的用筷必然要被人讥之为不讲卫生、没有教养。

除此而外，江南民间还有“筷礼八忌”的说法，具体内容如下：

一忌迷筷：举筷不定，东戳西夹；
二忌翻筷：以筷翻挖，菜底拣食；
三忌刺筷：夹菜不住，改之以刺；
四忌涮筷：以筷搅汤，左右捞物；
五忌舐筷：放筷于口，吮吸舐舔；
六忌剔筷；以筷作签，入嘴剔牙；
七忌响筷：以筷敲盆，叮当作响；
八忌插筷：筷如双柱，直插碗中。

在家宴或社交筵席中，谁若犯其一忌，就会被别人视作没家教不文明。尤其是“插筷”，俗又称“供筷”，即在用饭前把一双筷子直插于饭中或菜中，是最犯忌的。因为在江南地区，只有给死人上供时，才有这样的插法。如果你去做客时使用了“插筷”，就是对主人的一种亵渎，将会引起极大的不快，甚至发生不必要的口角。

◆ 饮酒敬茶叩指谢

在我国广东、福建、海南、香港等地宴会上，当主人给大家斟酒倒茶时，客人总是要把拇指、食指和中指捏在一块，轻轻地在桌子边上点几下，以示感谢，民间称之为“叩指礼”。

“叩指礼”究竟因何而起，起自何时？史传无载，而在民间却有这样说法：乾隆皇帝微服出访江南时，和太监一起饮酒，并让太监坐在身旁。按宫廷之礼，奴才见主子都得三跪九叩，太监有此恩宠，非得高喊“谢主隆恩”不可了。可现在是微服出访，不敢暴露身份，于是，聪明的太监就想出个办法，用三个指头在桌子边上轻轻地叩了九下，以此象征三跪九叩了。后来，慢慢流传到民间，就成了人们的约定俗成、共同仿效的一种风俗。只是流传久了，人们在“叩指”时，早已没有“三跪九叩”的讲究了，叩的次数已比较随便了。

这种以指击桌的“叩指礼”，在江浙沪地区，是在敬客喝茶时才运用的。常见的是，主客之间，主人倒茶时，客人常常会屈起手指不停地在桌子上叩击以示感谢。关于江浙沪饮茶时“叩指为礼”习俗的起源，民间相传也起自乾隆皇帝游江南的故事。说是乾隆下江南路经松江时，微服而行，在茶馆里歇脚。茶房端出茶碗，提起铜茶壶，在数步外给他们冲茶，茶水准确、均匀地冲入茶碗，滴水不洒出碗外，技法高超。乾隆看得惊奇，就要接过铜茶壶，朝随身太监的茶碗里冲。太监受宠若惊，又怕暴露了身份，急中生智、屈起手指，击桌为礼，以示叩谢。这方法传入民间，便沿为风俗，世代相传。

不过，据有关民俗学者的考证，这种饮酒敬茶时的“叩指礼”，实在是由古时宴席上的“击节而歌”演化而来，属“歌之以谢”习俗的遗存。

汉族是个喜爱音乐、能歌善舞的民族。早在周时，在宴会就有以乐佐饮的习惯，《周礼·天宫》中的“以乐侑食”是这方面的最早记载。同时，《诗经·唐风》中也有这方面的诗句：“子有酒食，何不鼓瑟。”唐时，更是形成了每每斟一遍酒就要唱一遍歌的习俗，这时，歌者听者大多要以指叩桌、击拍助兴，正如诗人李颀《听安万善吹觱篥歌》所说：“美酒一杯声一曲。”到宋时，据《研北杂志》记载，官僚们更是“每醉，歌乐府，执红牙以节曲”，一副狂欢劲。明清以降，宴会上每斟一遍酒，众人就要唱一遍歌的风俗渐渐地消失了，但是其中的“以指叩桌”却被保存下来，并被逐渐地演化为“叩指礼”。

第八篇

信仰禁忌风俗篇

一、崇拜风俗

◆ 至高天神张玉皇

天上有玉帝，地下有皇帝。玉皇上帝，俗称天公，是汉族民间信仰中至高无上的天神。俗传玉皇上帝统管上天下界，阴曹阳间，手握人与万物生成、保育、赏罚的大权，凡人的生死富贵，人间的灾难祸福都由他来决定。因此，汉族民间百姓过去对他无不顶礼膜拜了。

玉皇上帝作为民间的最高天神，据说是在殷、周的时候开始出现。那时候，人们把天、天帝视为一物，故在先秦文献中把玉帝称为天、皇天、皇天上帝、皇天上皇，这都是指天帝这个最高天神。汉代以后，关于天帝的信仰已在汉族民间广泛流行，并使之人格化了。唐代文人骚客如李白、杜甫、韩愈、柳宗元就常在诗词中吟咏玉皇上帝，描绘其壮丽天宫、随侍群神。而明人吴承恩在《西游记》中，对天宫的描绘就更加绘声绘色了。请看第四回“官封弼马心何足，名注齐天意未宁”，太白金星把美猴王孙悟空引进南天门时，悟空领略到天宫的富丽堂皇：

初登上界，乍入天堂。金光万道滚红霓，瑞气千条喷紫雾。只见那南天门，碧沉沉，琉璃造就；明幌幌，宝玉妆成。两边摆数十员镇天元帅，一员员顶梁靠柱，持铣拥旄；四下列十数个金甲神人，一个个执戟悬鞭，持刀仗剑。外厢犹可，入内惊人：里壁厢有几根大柱，柱上缠绕着金鳞耀日赤须龙；又有几座长桥，桥上盘旋着彩羽凌空丹顶凤。明霞幌幌映天光，碧雾蒙蒙遮斗口。这天上有三十三座天宫，乃遣云宫、毗沙宫、五明宫、太阳宫、化乐宫……一宫宫脊吞金稳兽；又有七十二重宝殿，乃朝会殿、凌虚殿、宝光殿、天王殿、灵官殿……一殿殿柱列玉麒麟。寿星台上，有千千年不卸的名花；炼药炉边，有万万载常青的瑞草。又至那朝圣楼前，绛纱衣星辰灿烂，芙蓉冠金壁辉煌。玉簪珠履，紫绶金章。金钟撞动，三曹神表进丹墀；天鼓鸣时，万圣朝王参玉帝。又至那灵霄宝殿，金钉攒玉户，彩凤舞朱门。复道回廊，处处玲珑剔透；三檐四簇，层层龙凤翱翔。上面有个紫巍巍，明幌幌，圆丢丢，亮灼灼，大金葫芦顶；下面有天妃悬掌扇，玉女捧仙巾。恶狠狠掌朝的天将，气昂昂护驾的仙卿。正中间，琉璃盘内，放许多重重迭迭太乙丹；玛瑙瓶中，插几枝弯弯曲曲珊瑚树。正是天宫异物般般有，世上如他件件无。金阙银銮并紫府，琪花瑶草暨琼葩。朝王玉兔坛边过，参圣金乌着底飞。

你看，玉皇上帝的天宫是何等的富丽堂皇，难怪乎连作者本人也要感慨道："天宫异物般般有，世上如他件件无。"

那么，玉皇是何许人也？关于这个天地间最高神的身份，汉族民间的传说真是太引人入胜了。让我们来欣赏《酉阳杂俎》中关于张玉皇的一则传说吧：

天翁姓张名坚，字刺渴，渔阳人。少不羁，无所拘忌。尝张罗，得一白雀，爱而养之。梦天刘翁责怒，每欲杀之，白雀辄以报坚，坚设诸方待之，终莫能害。天翁遂下观之，坚盛设宾主，乃窃骑天翁车，乘白龙，振策登天，天翁乘余龙追之，不及。坚既到玄宫，易百官，杜塞北门，封白雀为上卿侯，改白雀之胤不产于下土。刘翁失治，徘徊五岳作灾，坚患之，以刘翁为泰山太守，主生死之籍。

《酉阳杂俎》中的天翁，就是流传于汉族民间的天帝的形象。你看，这种传说是多么富于浪漫色彩。在这里，我们看到的最高天神玉帝，不仅具有人的性情和人的弱点，而且还可以由人来取代呢。所以在汉族民间百姓心目中，玉皇上帝的宝座并不是自始至终都由一尊神爷霸坐，而是像民间传说的古代之尧、舜、禹之禅让故事那样，由天上诸长老民主选举产生，德者居上。所以有的地方传说从第一代玉皇大天尊黄老到现在的第十八代玉皇大天尊关圣帝君，已经先后有18位德高望重的天神戴上了玉皇大天尊之皇衔了呢。不过，在汉族民间流传最广、影响最大的还是那位姓张的玉皇。

有趣的是，玉皇上帝尽管统掌诸天、诸地，管辖八部三曹，是鬼神世界的真正皇帝。然而，这位至高无上的天皇却并非法力无边，就连守卫在他身旁的镇天元帅，也没有一人具备无边的法力。所以当美猴王孙悟空大闹天宫，逼迫玉皇大帝让出宝座时，天兵天将们便乱作一团，毫无魔法可施。要不是西方佛老如来出面，施展法术，把孙大圣压在“五行山”下，那么玉皇大帝的宝座可能真的要被神通广大，功夫超群的孙大圣篡夺了呢。

由此可见，汉族民间关于玉皇上帝的传说，不过是人间阶级分化在宗教世界中的反映。只有人间社会出现了帝王将相，宗教世界才会出现至尊无上的最高神——玉皇上帝和天兵天将。因此可以说，所谓的最高天神玉皇上帝，只不过是人间专制帝王映射到天上的影子罢了。

◆ 日月星辰皆有灵

太阳公公，月亮娘娘，雷公电母，风伯雨师……天体中物质，无不是汉族民间崇拜的对象。汉族民间赋予这些天体物质以人的感情意识，把它们当作神明加以崇拜和祭祀。

太阳，普照大地，施恩万物，它每天在天空中东出西入，其光芒万丈，耀眼炫目，寒冷时给人送来温暖，又能使万物生长，但有时却又使人苦于炎热的照射，造成河中失水、土地旱裂、植物干枯、人畜受害。太阳的这一自然特性对以农为本的汉民族的社会生活直接产生巨大的影响。所以汉族民间对太阳由感恩和惧怕而产生崇拜，疑为神明，尊称为太阳公公。

据传说，早在尧舜时代，汉族先民就把太阳当作神灵来崇拜了。《山海经》中就有了“羲和生十日”的记载：“东南海之外，甘水之间，有羲和之国，有女子名曰羲和，方日浴于甘渊。羲和者，帝俊之妻，生十日。”稍后的古籍《淮南子》中也有古时存在着十个太阳和尧时十日并出害苦人的记载：“逮至尧之时，十日并出，焦禾稼杀草木，而民无所食。尧乃使羿……上射十日而下杀猰貐。”而且在《淮南子》中就已经把太阳神加以拟人化：“日出于旸谷，浴于咸池，拂于扶桑，是谓晨明。登于扶桑，爰始将行”，行程经过曲阿、曾泉、桑野、衡阳、昆吾、鸟次、悲谷、女纪、渊虞、连石等地，“至于悲泉，爰止其女，爰息其马，是谓县车……日入于虞渊之汜瞎于蒙谷之浦，行九州七舍，有五亿万七千三百九里”。这里所描写的太阳使用马车在太空行走，而且还配备了女御者，反映了汉族先民当时的社会条件，他们是在中原地区广阔的陆地上生活，所以把天空想象得和陆地一样，因而给太阳神配备了马车和女御者。

正因为汉族民间崇拜太阳神，所以早在殷商时代就有了祭日的礼仪。《仪礼·觐礼》中描写的祭祀情形是：“天子乘龙载大旗出，像日月升，龙降龙出，拜日于东门之外，反祀方明，礼日于南门外。”后来，

“玉帝”最高天神在汉族民间出现之后，日神崇拜才开始衰落，但由于太阳对人们的生产生活仍然发生巨大影响，所以汉族民间还是把太阳当作神明来崇拜，并把旧历三月十九日定为太阳星君的诞生日加以祭拜。

月亮，具有在黑夜中带给人们以光明的自然属性，而且其柔和的光照给人以一种静美感，所以在汉族民间受到人们的普遍崇拜。特别是妇女，由于嫦娥奔月的神话传说在汉族民间广为流传，脍炙人口，而且传说中的月宫是一个清虚幽雅之处，那里有白兔捣药，吴刚伐桂，嫦娥曼舞，是神仙之地，因此妇女们对月神十分崇拜，认为月精嫦娥有使人保持青春美丽的神性，每当八月十五中秋佳节，当皎洁的明月高挂天空，妇女们便在庭院里设案拜嫦娥供瓜果。在台湾，有些妇女还迷信将祭过嫦娥的柚子皮剥下来擦脸就能使自己长得又嫩又白，因此她们的祭月供品中，一定少不了柚子哩。

有趣的是，汉族民间赋予太阳月亮人格化，把二者当作一对夫妻来崇拜和祭祀，分别尊称为“太阳公公”“太阴娘娘”。民间传说，太阳公公姓孙名开，字子真；太阴娘娘姓唐名未，字天贤。上古的时候，天地消闭，太阳公公和太阴娘娘相混在一起，而双双避隐咸池，幽居而不忍相分离，以致日月不照，昼夜不分，星辰无位，不成天象，造成天下万民无所依赖。因而由“地皇氏”面请“世尊”派“毗多崩婆那”，专程赴咸池念八字的真言，而将他们俩强制分开，各按方位升提，分昼夜，判三辰。从此日月既见分明，而万物欣欣向荣，百姓得有所依赖了。民间还传说，太阳公公是一个天生的丑男子，因此不愿世人看他的面孔，谁要看他就用针刺谁的眼睛，所以人们用眼睛直视太阳公就会头昏目眩。而太阴娘娘则是一位绝世美人，所以非常欢迎人家观赏她的天姿国色，因而也就不用什么手段表示反对了。

雷神，由于其威力极大，发生轰隆之声巨响，霹雳闪耀天空，落地时森林起火，人畜毙命，令人感到十分恐怖，因此雷神在汉族民间被想象为左手引连鼓，右手推椎的男性之神，令人望而生畏。不过，汉族民间并没有把雷神当作恶神对待，相反认为雷神是玉帝的侍卫神和行刑神，触犯天规者，雷神就要去执行击杀的任务，因而在汉族民间百姓心目中，雷神是伸张人间正义、对恶人执行刑罚的善神。

既然汉族民间把雷神当作人格化的男性神，谓之“雷公”，因此就理所当然地要给他配个妻子了。那么谁来当雷公的夫人呢？当然是与雷公最有密切关系的神才合适。于是，人们根据先闪电后打雷这一自然现象，就把闪电当作雷神的配偶，欲称“雷公电母”。

雨神是有关气象的许多神灵之中，最受汉族民间重视，崇拜最盛行的神灵。由于雨情对社会生产和人们的生活产生重要的影响，特别是对于古代农业，其收成的丰歉，雨神常起决定性的作用，因此雨神自然成为最受汉族民间崇拜的气象神灵，俗尊称为“雨师”。人们不仅在天旱影响农作物生长的时候祈求雨师降甘雨，在细雨连绵或大雨不停，给人行动不便，甚至造成洪水使人命、财产受到损失时，也向雨神求晴。因此，当阴阳家们编造出专管降雨的龙王爷，龙能生水和龙能下雨的迷信在汉族民间盛行之后，在汉族民间村村寨寨几乎都可以看到龙王庙，龙王便成为人们求雨和避免洪水灾害的祈求对象，祭龙求雨的习俗至今在汉族民间依然十分流行。

与雨的自然属性一样，由于风的自然力会给人们的社会生产和生活带来损害或某些好处，如炎热盛夏，微风迎面吹来，使人顿感凉快舒服；而刮大风时，又会吹倒房屋，刮毁庄稼，而人力又无法左右它，于是汉族民间对风神也十分崇拜，并根据风力的大小以及风的形体看不见、也摸不着的自然特性，想象出不同神格和神性的风神，有的属于凶神、恶神，有的则属于善神。

布满大空的星辰，也是汉族民间崇拜的对象，汉族民间有“庶民唯星”的迷信，认为天上的每一颗星代表地上的每一个人。《史记·天官书》中就说：“天文有五官。官者，星官也。星座有尊卑，若人之官曹列位，故曰天官。”而且认为，星辰的变化，预示着人间的祸福。于是便对星辰崇拜起来。例如汉族民间相信，南斗星和北斗星是分别掌管人间生与死的星辰，在汉族民间就广泛流传这样一个故事：

相传有一个具有推算过去和预见未来能力的神算子名叫管辂，一次，他看到名叫颜超的青年有早死相，不由得自言自语说：真可怜。青年听见后，一个劲地追问自己为何早死。管辂说明原因后，青年十分惊恐，便回家带着父亲一起来请教延年益寿的办法。管辂出于怜悯之心，告诉他们："你们先准备一樽清酒，一斤干鹿肉。收完小麦的干田南面有一棵桑树，卯日那天，桑树下必有两个人下棋，你带上清酒和鹿肉去两人旁边侍候，杯里斟满酒，连同鹿肉悄悄放在地上。两人定会喝酒吃肉，酒喝干了再斟，直到全部喝完为止。那时，两人会发现你在旁边，并说三道四，但你决不可还嘴，默默地听着就是了，会有结果的。"

父子两人非常高兴，接管辂的指点，把酒和干鹿肉准备停当。卯日那天，去那里一看，果然见桑树下有两人在下棋。青年按管辂所说，把酒斟满，和鹿肉一起放在地上。两人酒也喝了，肉也吃了。这时坐在北侧的那位突然发现了青年，于是大声喝问："为何在这里妨碍我们下棋？"青年一言不发，忙不迭点头行礼。坐在南侧的那位说，"如今酒已喝光了，没别的法子呀！算了算了。"可北侧的那位不肯罢休。南侧的那位一面劝解，一面拿出记载寿命的册子来，把写有青年寿十九岁的数字打了一个颠倒，改成九十岁，对青年说："我把你的寿命延至九十岁。"青年听罢大喜，飞跑回去。管辂见到青年后告诉他，北侧那位男子是北斗星，南侧那位是南斗星，南斗管人间的生，北斗管人间的死。

这个故事在汉族民间广为流传。汉族民间还传说，人犯了罪过，上元天官大帝、中元地官大帝、下元水官大帝都要报告北斗，北斗收到报告后，命令地狱王将犯人永远锁在地狱，不得脱离苦海。因此民间百姓对北斗十分敬畏，视之为司命神，有什么要求都要拜请北斗。

◆ 有趣的土地爷演变史

俗语云："人非土不立，非谷不食。"土地，广大无边，负物、生财为人所取用，是人们赖以生存的物质基础，这就促使人们感谢它；但有时它又像是在发怒，不愿负载，把地上的东西震倒、震毁，使人害怕它。所以汉族民间自古以来便崇拜土地，尊称土地为"后土"或称为"土地公"，建立庙宇，按时祭拜，以表其内心崇敬报功的心意。

汉族民间对土地神的崇拜，经历了一个从对土地的自然属性及对社会生活的影响力的崇拜到对土地神的管理土地权威的崇拜的漫长过程。开始，人们把土地当作自然神，崇拜土地的自然性质及其作用，并向土地直接献祭，礼拜。《白虎通义》载："地载万物者，释地所以得神之由也。"《礼记·郊特牲》也说："社，所以神地之道也。地载万物，天垂象，取财于地，取法于天，是以尊天而亲地也。故教民美报焉。"从这些史书记载中，我们可以看到，古代汉族先民崇拜土地的原因，是因为人们看到土地广大无边，负载万物，生财为人所取用，人们要依赖它才能生存，所以才要"亲地"，即崇敬土地，才要"美报"，即酬劳其功，进行献祭。

殷商的时候，土地崇拜就开始由自然崇拜转化为崇拜拟人化的土地神了。如殷时就有将土地神分为东西南北四个方面进行祭祀的现象。而到了周代，管理东西南北的土地神，变成了五位之神，完全摆脱了土地的自然外壳，并且将传说中的人物或历史人物封奉为各方土地的主管神。《淮南子·时则训》说："东方之极……太皞句芒之所司者，万二千里""南方之极……赤帝祝融之所司者，万二千里""中央之极……黄帝后土之所司者，万二千里""西方之极……少皞蓐收之所司者，万二千里""北方之极……颛顼玄冥之所司者，万二千里"。这五位之神，本质上已不是土地自然神了，而是五个地区的土地掌管神。

随着西周分封制的建立，土地神还出现了等级分划。当时人们把土地神称社神或社主，有时也把祭祀土地神的地方叫社。《礼记·祭法》

中就记载着各阶层立社之事："王为群姓立社曰大社。诸侯为百姓立社曰国社。诸侯自为立社曰侯社。大夫以下成群立社曰置社。"《礼记·郊特牲》中也说："天子之社，祭畿内之地祇也。诸侯之社，祭一国之地祇也。州社，祭一州地之祇也。大夫以下，成群立社，亦各视其所居之地，以为神之所生而祭之者也。"由此可见，早在西周的时候，由土地自然崇拜发展起来的社神崇拜，由于统治阶级的大力推广，在汉族民间已有广泛的基础，而且地神崇拜也带有了地方性，并也和王侯大夫分成等级一样，也存在着大小社神。

春秋战国以后，土地崇拜又有所发展，这时的土地神已经不单是掌管有关土地事务的神灵，而变成了国、州、郡、县、乡、里各级的社会保护神了，所以人们在农业方面的事务要求助于社神，免除灾祸要举行社祭，打仗出征或胜利归来也要举行社祭，甚至连天子践位，分封诸侯，互相誓约，有重要的事，都要祭社。这就说明，这时人们崇拜的已经不是土地的自然属性，而是异己的社会力量，是人们把某些异己的社会力量集中于社神身上而加以崇拜了。

从秦始皇统一中国以后一直到明清时期，由于统一的封建专制主义中央集权社会的建立，中间层次（诸侯、大夫）的社神随着它所依附的阶层的消亡而消亡，盛行起来的是国家祭祀的后土神和各乡里村社祭祀的较小地区的社神。这一历史时期，由于传统的土地崇拜观念在汉族民间得到普遍的信仰，因而关于土地爷的传说也就相当多，其人格化现象也就更加明显。有的布衫草履，如农夫状；有的苍髯赤面，似武夫形；有的家室齐全，老稚满堂。并且常有某人死后受天帝任命为某地土地神的传说，而且土地神也与阳世的官吏一样，需要更代轮换。如黄斐默在《集说诠真》中摘录了《琅琊代醉编》中的一则有关土地神的故事：

今之土地祠，几遍城乡镇市，其中塑像，或如鹤发鸡皮之老叟，或如苍髯赤面之武夫。问其所塑为准，有答以不知为何许人者，有答以已故之正人某者，姓张姓李，或老或壮，言人人殊，但俱称土地公公，或祈年丰，或祷时雨，供香烛、焚褚帛；纷纷膜拜，必敬必成。

《古令图书集成》所引的《驹阴冗记》中也有这样一则关于土地多嫁庙神生子的有趣故事：

中丞车桥顾公璘，正德间知台州府，有土地祠设夫人像。公曰："土地岂有夫人！"命撤去之。郡人告曰："府前庙神缺夫人，请移土地夫人配之。"公令卜于神，许，遂移夫人像入庙。时为语曰："土地夫人嫁庙神，庙神欢喜土地嗔。"既期年，郡人曰："夫人入配一年，当有子。"复卜于神，神许，遂设太子像。

《夷坚支志》癸卷四"画眉山土地"条中也有关于杨某死后被任命鞠替郑某为画眉山土地神的记载：

侯官县市井小民杨文昌，以造扇为业，为人朴实安分。每售扇皆有定价，虽村人及过往收市，未尝妄有增加。稍积余钱，则专用养母，自奉甚薄，闾井颇推重之。一日出街，欻闪仆于地，若气厥。少顷复苏，语路人曰："适间逢黄衣人，持文碟在手。外题云：'拜呈交代。'接而视之，云：'杨文昌可作画眉山土地，替郑大良。'我应之曰：'喏。'逐豁然而寤，此必不佳，吾甚以为优。"有与之喜者，掖以还家。明日，刘母与妻子，沐浴而逝。时庆元元年春也。岁晚，客至闽，杨之子因其来买扇，从客话及前事。客言："画眉山者，正在西川嘉州。郡人尽谈今年二月内，多梦新土地上任。今比之昔时，顿觉灵显，一邦奉事甚谨。"杨子乃知父为神云。福州医李翼说亲睹其事。

需要说明的是，在唐代，由于城市的迅速发展，唐王朝崇奉城市的守护神城王爷，城市中以供奉城隍为主，于是在城里土地神的辖区缩小，成为城隍的下属神，即后来所谓的"当坊土地"。但由于比起身着官服，仪表威严的城隍神像来，土地神像则是右手拿手杖，左手执元宝的老人福像，为广大民间百姓十分信赖，颇为亲近，所以土地崇拜在汉族民间仍然十分盛行。可以说凡有人烟处，都敬土地，有些地方还为土地老爷配了一位夫人，在土地庙中合并祭祀他们两口子。人们凡有不幸、灾难、苦恼，都要前往土地庙烧香祭拜，祈求保佑。

从汉族民间对土地的祭拜的演变过程，我们清楚地看到，汉族民间完全是根据人世的机关制度、伦理道德来塑造土地神像的。所以才给土地神配了夫人，把土地神看作是与阳世的官吏一样，需要更代轮换，而当城市迅速发展，城市里崇拜城隍爷的时候，土地爷又变成城隍爷的下属神，这在土地崇拜的这一演变发展过程中，不能不说是一个十分有趣的现象。

◆ 漫话城隍爷

中华人民共和国成立前，上至京都，下至府县，甚至一些村镇，都建有城隍庙，汉族民间信奉城隍神十分广泛。那么，城隍爷是个什么呢？它又是怎样来的呢？

城隍神就是城市的保护神。原来，在古代汉族民间，称有水的城堑为池，无水的城堑为隍。城隍大概就是由此衍化而来，因而城隍神也就很自然成为城市的守护神了。不过，正式称城市的守护神为城隍神而且得到广泛信奉的，那是在南北朝以后的事，这里面还有一个十分离奇有趣的故事哩。

南北朝时，中国的大江南北有两个比较强大的封建王朝相峙着，北方的叫北齐，南方的叫南梁，谁也统一不了谁。有一次齐大将慕容俨奉清河王商岳的命令，镇守长江边上的郢城（在今河南信阳南）。慕容俨刚刚进城，南梁大将侯瑱和任约率领的水陆大军就兵临城下，把郢城团团围住了。

南梁军队攻了好多次，都没能攻进城去。后来梁军见齐军常通过城外的河道运送粮草，于是就在上游的鹦鹉洲上撒了许多水草，水草繁殖极快，长得密密麻麻，不久就把郢城往上游去的航道给堵塞了，北齐大将慕容俨和北齐朝廷的联系也就切断了，粮草、援兵都不能再运进来，郢城成了一座孤城。这一下，城里的守兵、居民都慌张起来了。慕容俨听说城里有一座城隍庙，当地人对城隍神非常迷信，他为了安定人心，就带着大家向城隍神祷告，乞求保佑全城。说来也巧，当下就刮起了狂风，河水波涛汹涌，一阵阵巨浪把上游的水草都冲跑了。梁军见水草阻塞河道的办法失败了，就用铁链横锁江面，阻挡过往船只。偏偏在这个季节，长江一带的暴雨特别多，梁军连着布下的好几条铁链，也都没能锁住咆哮的长江。这么一来，被围在城里的北齐军民都以为真是城隍神显灵保佑他们，士气顿时高涨起来。机灵的慕容俨乘机鼓动，于是全城的士兵个个勇不可当，以一当十，跟随主将开城出击。南梁军队围了好久，总攻不进郢城，士气已低落了，更想不到被围的敌军人数虽少，却一个个如狼赛虎，猛扑上来。南梁军终于被击退了。从此以后，“城隍神”在人们的心目中的威信就高多了，而且城隍庙的修建也就从南方扩展到北方。到了唐朝的时候，由于商业越来越发达，城市越来越多，越来越大，各地的城隍庙也就越来越多了。

城隍神原本是各城池的保护神，可是佛教在中国广泛传播后，佛教宣扬的鬼魂生活的阴间和阳间一样，由各级衙门和官吏管着的迷信也置根入人们的头脑中，所以到了唐朝以后，城隍爷不仅守御城池，保障治安，而且还当上了阴间地方长官了。当时就流传着这么一个故事：洪州（今江西省南昌市）有个管军事的小官儿，名叫王简易。他得了一种怪病，就是肚子里长了个肿块，在里边乱窜，撞击他的五脏六腑。他卧床好几个月，不能动。一天晚上，那肿块突然向他的心脏撞击，他痛得大叫一声，就昏死过去了。他的鬼魂来到阴间，见到一个使者，自称名叫丁郢，是奉城隍的命令，来抓王简易的。王简易跟着丁郢，走了十来里路，来到一座城隍庙。在门口遇上一个人，对他说：“你怎么上这儿来了？你为人不错，现在还不该死呀！”王简易见了城隍爷，也说自己不该现在死。城隍爷查阅了生死簿，发现果然抓早了，王简易还该有五年的寿命，就派人送他回到人间了。这样，城隍爷也就被民间百姓看作是阴间的地方长官了。

由于城隍爷除了城市保护神的身份，还成了人们心目中管理全体鬼魂的阴间长官，人们对自己所创造出来的“神”也就越来越尊敬，越来越崇拜了。所以，人们为了纪念历史上的英雄人物和刚直不阿的名臣，也往往把他们立为本地的城隍神，希望他们的英灵能像生前那样保护当地的人民，打击邪恶势力。例如宋代名将文天祥和明代刚直不阿的监察御史周新，就分别被杭州人民供奉为“都城隍”和“府城隍”。

有意思的是，明太祖朱元璋登基之初，为了从精神上完全控制人民群众，极力利用民间信仰来巩固自己的统治，作为城市守护神、阴间地方长官的城隍爷自然就不会被忽视了。他对礼臣说：“城隍神历代所祀，宜新封爵。”于是大行封赏，除了六个王爵外，所有的府城隍皆封公，州城隍皆封侯，县城隍皆封伯。至洪武三年，他整顿祀典，取消诸神的爵称，城隍也都按其行政建制称某府某州某县城隍之神，同时他又下令所有的府、州、县都要建造城隍庙，规格和本地官府一样，各级官员赴任时，都要向城隍神宣誓就职，从而借助人们对当地城隍神的信仰来强化各级地方官的地位及其行政权力。结果，城隍庙的修建就扩展到全国了。可是他没有想到，效果正好相反，官府越是提倡，民间越是反感。在百姓的心目中，城隍神逐渐从地方保护神变成了封建官僚的化身。所以在明、清的民间传说和文学作品中，城隍神常被作为封建地方官吏的象征，因其贪污、残暴、腐败无能而受到抨击和嘲笑。《集说诠真》所引的《新齐谐》就记载这样一个故事：

康熙年间，陇西城隍庙中的城隍塑像是黑面而长髯，相貌威严，但到乾隆年间，忽然改塑像为美少年。有人盘问庙中和尚其中的缘故，和尚回答：“听长老所传言，雍正七年，有个姓谢的少年书生跟着他的老师住在城隍庙里读书。一天晚上，老师出门了，谢生就自己在院子里赏月吟诗。忽然有个人鬼头鬼脑地走进庙来。于是，谢生躲到神像后面观察，只听那人祷告说：‘城隍老爷啊!您若保佑我今晚偷东西成功，我明天一定向您进贡猪头三牲。’谢生听了暗暗好笑，一个小偷怎么敢求神灵保佑呢？今晚上这小子不倒霉才怪呢！没想到小偷竟真的偷成了，第二天果然到庙里来还愿。谢生十分气愤，就写了篇文章责骂城隍神。那城隍神得知此事，恼羞成怒，就托梦给谢生的老师，说将要降祸来惩治谢生。老师被吓坏了，把谢生骂了一顿，并把那篇稿子搜出来烧了。没想到城隍神当天夜里又给谢生的老师托了一梦说：‘我来申诉你弟子不敬神明，将降祸来惩治他，原不过吓吓他罢了。你竟将他的文稿烧化，被行路神上奏东岳大帝，结果东岳大帝一面给我革职查办，一面将城隍之位奏明玉皇上帝，即将让你的弟子补缺。’说完哭哭啼啼走了。三天后，谢生果真归西了。庙中和尚闻知此事，都说是新城隍到任，于是就把原来的城隍神像撤了，还让塑像者按照谢生的相貌，重新雕了神像供在庙里。”

从城隍神像的更换，我们可以看出，不同的时代，不同的地区，汉族民间对城隍神有着完全不同的理解和传说。这就说明，所谓阴间的机构、制度、各种鬼神，都是人们按照自己的愿望和想象塑造出来的，鬼神世界根本就不存在。

◆ 山神守山河神管河

像崇拜城隍后土一样，山川崇拜在汉族民间信仰中也占有极其重要的地位。《礼记·祭法》说："山林川谷丘陵，能出云，为风雨，见怪物，皆曰神。"这大概是因为雄伟的高山峻岭常有云雾缭绕，使人感到神秘、恐惧，古人遂以为山岳也有降雨的神力吧。而河海则既能滋润万物，又可泛滥成灾，于是汉族民间对山川所代表的自然力顶礼膜拜，并产生出神化的观念。

由于各地山岳河川都分别具有突出的个性，所以在汉族民间信仰中，山岳、河川、湖海之神是多元化的，每山每水，几乎都有自己的神，其中以五岳四渎最为典型，最受崇拜。

五岳指东岳泰山、南岳衡山、西岳华山、北岳恒山、中岳嵩山。俗传东岳掌管人类的高低贵贱和生死期限；南岳掌管星辰、龙鱼等水中生物；西岳掌管金、银、铜等金属的熔铸和鸟类；北岳掌管河川、老虎等动物及蛇、虫类；中岳掌管沼泽、河谷、沟渠、山林树木。由于汉族民间迷信东方主气，气生万物，所以五岳中最受崇拜的是东岳泰山，自战国至汉代，泰山始终是君主告成于天的封禅圣地，"峻极于天"，向来被古人视为与天相通的登仙之途。所以《搜神记》说，泰山是群山之母，五岳之中心，天地神灵之府。但在汉族民间，一般百姓则视东岳大帝为玉皇上帝之孙，主召人魂魄，是阎罗王的上司，所以东岳大帝的宇庙遍及全国各地。

四渎指江、河、淮、济。江即长江，为中国第一大河。但因在中国古代，黄河流域为汉民族先民的经济文化中心，所以在汉族民间，江神地位逊于河神。长江奔泻万里，其初并无统一的江神，所以出现一些地方性的江神。如蜀地以奇相为江神，楚地以湘江夫人为江神，吴越或有以伍子胥为江神者。这些江神虽然都不是原始形态的自然神，而是人格化以后的产物。汉代建立五岳四渎制度以后，出现了象征性的统一神，唐以后又封广源公、广源王为江神，于是唐宋以后祀江神皆为长江统一神。但汉族民间各地仍然保留了对传统的地方性江神的信仰。

河即黄河，由于黄河流域是古代汉族先民的经济文化中心，因此河神成为古代汉族民间最有影响、最受崇拜的河流神，俗称河伯，赋予他人格化。《楚辞·九歌》中就有叙述河伯恋爱的情节，而《史记》所记载的河伯娶妻的故事更是脍炙人口，家喻户晓。《史记·滑稽列传》载："魏文侯时，西门豹为邺令。豹往到邺，会长者，问之民所疾苦。长老曰：'苦为河伯娶妇，以故贫。'豹问其故，对曰：'邺三老、廷掾常岁赋敛百姓，收取其钱得数百万，用其二三十万为河伯娶妇，与祝巫共分其余钱持归。当其时，巫行视小家女子好者云是当为河伯妇，即聘取。……民人俗语曰，即不为河伯娶妇，水来漂没，溺其民人云。'"由于当时人们都相信巫师的一派胡言，迷信不为河伯娶妇，河伯发怒会发大水淹没人民，所以尽管祭河伯的经费来自百姓，使百姓生活更为贫困，但每当祭河伯时，都"以人民往观之者三二千人"。西门豹为阻止这一迷信弊端，去观察为河伯娶妇的祭礼时，借口所选河妇不美，投大巫妪及其三个弟子入河报信，使"邺吏民大惊恐，从是以后，不敢复言为河伯娶妇"。《史记·六国年表》还载，河伯娶妻之祭，是上自国君，下至地方，均有所行。这就说明早在战国时期，汉族民间对河伯就十分崇拜了。

淮即淮河，济即济水。淮、济二渎虽然在秦汉以来已列入国家祀典，唐时封公，五代、宋时封王，但这两位河神的影响不如江神和河伯那样广泛，因此没能像江神和河伯那样受到汉族民间普遍崇拜，而是带有明显的地方性。

◆ 迷信鬼魂崇拜阎王

汉族民间过去不仅崇拜天上的玉皇，也崇拜阴间的阎王。人们认为，人死后灵魂可以离开人体而存在，具备超人的能力，能对人的行为进行监视和赏罚。于是对鬼魂既恐惧又崇拜，并想象出阴间如同阳间一样，有官府，有审判官，人们死后先到阴阳界交簿厅报到，然后由阴差将亡魂押到冥府，接受阴间主宰神阎魔王的审判。

在汉族民间传说中，阴间的阎魔王共有十个，主管十殿地狱，故称十殿阎王。第一殿是秦广王，专司人间夭寿生死，统管幽冥吉凶，并负责保护生前有善行的灵魂，派遣护卫兵送他们渡金桥，以便准备前往西方净土。秦广王旧历二月初一诞生，形象是豹眼狮鼻，络腮长须，头戴方冠，右手持笏于胸前。

第二殿是楚江王，司掌活大地狱。凡在阳间伤人肢体，奸盗杀生者入此狱。阎王旧历三月初一诞生，短脸阔口，头戴冠，身着长袍，左手捧笏。

第三殿是宋帝王，司掌黑绳地狱。凡在阳闻忤逆尊长，教唆兴讼者，被推入此狱。阎王旧历二月初八日诞生，横眉瞪眼，双手于胸前捧笏。

第四殿是五官王，司掌合大地狱，凡世人抗粮赖租，交易欺诈者入此狱。阎王旧历二月十八日诞生，形象是皱眉瞪眼，连耳长鬓，头戴方冠，身穿长袍，左手在膝前握一个念珠，右手持笏放在膝间。

第五殿是阎罗王，先前本居第一殿，由于同情屈死者灵魂，常常放他们回阳世报怨，被降职到第五殿。阎王正月初八日诞生，是十王之中在汉族民间最为人所知的魔王。形象是白净面孔，头戴冕旒，两侧重香袋护耳，身穿荷叶翻领宽袖长袍，双足着靴，双手在胸前捧笏，正襟危坐。

第六殿是变成王，司掌大叫地狱和枉死城。凡世人怨天尤人，对北溺便涕泣者，被推入此狱。阎王旧历三月初八日诞生，竖眉张口，头顶战盔，身着铠甲，束腰勒带，足踏革靴，双手于胸前拱揖。

第七殿是泰山王，司掌热恼地狱。凡阳世取骸合药，离人至戚者，发入此狱。阎王旧历三月二十七日诞生，形象是扁鼻凹脸，头戴方冠，双手于怀中持笏。

第八殿是都市王，司掌大热恼大地狱。凡在世不孝，使父母翁姑愁闷烦恼者，被投入此狱。阎王旧历四月初一诞生，白净面皮，双手捧笏。

第九殿是平等王，司掌丰都城铁网阿鼻地狱。凡阳世杀人放火斩绞正法者，解到本殿，处以极刑，然后交到第十殿。平等王是老者形象，连鬓长髯，头戴方冠，身着长袍，双手握于袖中，怀中抱着笏板。

第十殿是转轮王，专司各殿解到的鬼魂，分别善恶，核定等级，然后发往四大部洲投生。男女寿夭，富贵贫贱，逐名详细开列，每日汇知第一殿注册。阎王旧历四月十七日诞生，面有短须，双手捧笏。

十殿阎王本是唐代末年出现的民间俗说，但后来佛教、道教都加以接受，并在寺庙中塑像供奉，因而十殿王掌管阴曹鬼魂的传说神乎奇神，广为流传。

那么，十殿阎魔王又以什么为凭据，对亡魂进行审判，或送进地狱受刑，或送往西方极乐世界呢？这就要以城隍爷的奏章为根据了。

按照汉族民间百姓的迷信观念，现世的阳间，虽然有地方官统治社会，但无论如何贤明的官吏，也无法洞察人间的一切心理秘密，所以也就很难完全察出人们所犯的罪行。因此一些狡猾的歹徒，就成了官吏的疏忽于查察而脱罪的幸免者。但是他们却难以逃脱冥冥之中的因果报应。这就是玉皇上帝手下的司法官城隍爷，他全权统治阴间与阳间两界，派遣部下诸神到各地巡视，专门察访人民的善恶行为。一旦察出作恶的人，就对他们进行“阴罚”，或让他们生病，或让他们贫穷，甚至夺去他们的生命，同时也负责赏善的任务。当城隍爷判处恶人死刑时，就抓住死囚的灵魂，附带一封公函“搜查书”，上呈到速报司，再由速报司转奏阎王爷，阎王爷就根据奏章，对亡魂进行审判了。所以旧时汉族民间的城隍庙中也多有十王殿。

由于阎魔王掌管阴间地狱，而人一旦死亡之后，他的灵魂就会离开阳间进入阴曹，继续过和人间完全相同的生活，这就需要随身携带随葬品，因而汉族民间在丧葬礼上就表现得十分讲究，于是就产生了各种葬法和丧葬礼仪了。

首先是招魂。汉族民间认为，人死后魂魄就离开人间到阴间生活，而死而复生的事又是常有的，这本来并没有什么可大惊小怪，但汉族民间百姓却迷信死而复苏者是死辰未到，阎魔王不愿收下他，于是派小鬼把他遣返阳间。这样一来，某人死后就要举行招魂仪式来试探，目的就是看此人是不是真正死了，魂魄是不是真正要离开人间了。《礼记·曲礼下》载："崩，曰天王崩。复，曰天子复矣。"孔颖达解释说："王者死如从天坠下，故曰崩也。""复，招魂复魄也。……使人升屋北面，招呼死者之魂，令还复身中，故曰复也。……男子呼名，妇人呼字，令魂知其名字而还。"

招魂之后就是哭丧礼。哭丧本是人们因亲人死亡后心感悲伤的自然表露，而在丧仪上的含意则是以哭声方式通知近邻及村内亲人，并向将离去的鬼魂表示惜别。哭诉的内容是赞颂死者生前的才能、功德，以及家族失去依靠的苦哀，祝愿死者在阴间过上幸福生活，并祈求他在冥冥之中不忘保佑家人，等等。在哭丧过程中，出葬前的准备工作也在同时进行。首先是给尸体洗澡、换衣、穿戴、整容、择送葬吉日吉时。其次就是物资准备，除准备棺材之外，还要准备死者阴间生活用品。因此，需要准备什么物品，则因时代而异，因死者的社会地位而异了。从葬礼仪式和隆重方面，我们可以从古书记载和出土文物中见到。《墨子·节葬》描写重葬的浪费时说："今王公大人之为葬埋……必大棺、中棺、革鞅三杂，一璧玉既具，戈剑鼎鼓，壶滥、文绣、素练、大鞅、衣衾万领、舆马、女乐皆具。曰必捶土余道，垅堆仿山陵。此为掇民之事，糜民之财，不可胜计也。"由此可见，早在春秋战国之前，王公贵族们为了实现其死后仍能过舒适生活的幻想，从宫室到日常用品，能搬的都尽可能搬到阴间去；这就造成了随葬品的大量增加，甚至还出现了杀殉陪葬之风，其目的就是为了死者的阴间生活仍然有仆人侍候。因此，到了秦始皇得天下时，以俑代人殉葬之风虽已相当盛行，但是秦始皇死后，除了用大批陶俑、铜俑以外，还是搞了杀殉陪葬。秦始皇陵之大，所用的陪葬俑之多，在我国是空前绝后的。连陪葬墓在内，占地东西、南北各7500米。还筑有内外城，内城方形，周长2525米；外城长方形，周长6294米。其夯土为墓的丘垅，现在尚保存着高76米，底465米×515米的小山丘。陪葬俑有800个高1.78米至1.87米、手执武器、每人配备一马的兵马俑，还有埋葬珍禽异兽的瓦棺葬17座，跽坐葬14座，此外，还有铜质车马俑。埋葬被杀殉葬者有外城东的17座陪葬墓，陵墓西侧还有70座殉葬。陵东还有排列整齐的马厩坑93处，埋的全是真马。秦始皇陵陵区很大，还没有完全发掘清理完毕，单是已经发现的这些陪葬情况，就足够说明统治者对阴间生活是多么费心，为此浪费的人力和财力是多么惊人。上行下效，所以千百年来，葬礼在汉族民间愈演愈隆重。直至今天，厚葬风俗在汉族民间仍然盛行，只要看一看浙江温州一些人不惜花费几万，甚至十几万人民币建造祖宗坟墓之风就可见一斑了。

由此可知，汉族民间百姓对鬼魂崇拜是十分虔诚的。所以自古以来，汉族人民就把断子绝孙当作最大的不孝了。究其原因，就是因为人们相信，一个断绝后嗣的人，就会变成无人祭吊的孤魂，而不得不在阴间过乞丐的生活。在福建和台湾就有这样一句名谚：“要生着苏杭二州，要死着福建泉州。”这是因为苏州和杭州这两个地方对于出生有着盛大的贺典，所以要生最好生在苏杭二州；而福建泉州对人的死亡要举行隆重的丧礼，所以对虔诚信奉鬼魂的汉族民间百姓来说，要死最好莫过于死在福建泉州了。

◆ 生为人杰死成鬼雄

“阳世为人杰，阴曹成鬼雄。”这是汉族民间对鬼魂品性的评定。

汉族民间认为，鬼魂的品性，是以其在世时的品行和遭遇来确定的。在世时，有益于人者，死后一般也就成为对人做好事的善鬼；在世时有恶迹者，死后也就会变成害人的恶鬼。基于此种观点，那些古代传说中的神化人物以及历史上的英雄人物，都成为汉族民间崇拜的对象和祭祀的神祇。

女娲，是汉族民间传说中的炼石补天和抟黄土造人者，是被民间广泛信仰的古神之一。相传盘古开辟天地之初，地球上没有人类，女娲于是抟黄土作人，人类才得以繁殖。又传说，远古的时候，共工氏与祝融打仗，为祝融所败，共工氏的头碰到不周山，天的柱子被折断，地也缺了个大洞，女娲于是修炼五色石来补天，斩断龟足以作天的支柱，杀黑龙以济冀州，积芦灰以止淫水，于是地平坦，天也不倒下来，恢复以前的模样。女娲也就因抟黄土造人和炼石补天之功而受到汉族民间广泛的崇拜。

神农，传说是农业的发明者，教民务农之神。他首创木制的耒、耜等翻土农具，并教人如何耕种，他还亲自尝百草，发现了许多可以治病的草药，因而被尊敬为农神，列入神祇受到汉族民间广泛的信仰和崇拜。

黄帝，是汉族民间的始祖神。传说黄帝“生而神灵，弱而能言，幼而徇齐，长而敦敏，成而聪明”。当时，神农氏衰弱，诸侯相互侵伐，百姓饱受战乱之苦，于是黄帝习用干戈，与炎帝战于阪泉之野，三战而打败炎帝，后又擒杀蚩尤予涿鹿之野，复兴了汉民族部族联盟的首领地位，因而被汉族民间百姓当作始祖来崇拜。现在陕西省黄陵县有黄帝陵，并建有黄帝庙，庙中中大殿供奉着“轩辕黄帝之位”。每年的清明节，人们便纷纷前往黄帝陵扫墓祭拜，以表达对民族祖先的崇敬之意。

夏禹，是古代治水之神。相传帝尧之时，洪水滔天，尧便启用禹的父亲鲧治水。但鲧治水九年仍无功效，洪水依旧泛滥成灾。到舜摄政的时候，舜到各地巡察，发现鲧治水无方，于是赐鲧于羽山以死。后来，舜又启用鲧的儿子禹续鲧之业。禹接受了父亲筑堤防水的失败教训，重视了水向下流的性质，主要采用疏导的方法去治水，按照地势的高下，把汗漫的洪水分别引入了一定的水道。使百姓脱离了严重的水害，得以在平地上安居下来。他还带领大家开沟渠，有利于农业生产。在他治水的13年间，曾三过家门而不入，无论风里雨里，都在劳动，手脚上都起满了茧子。民间还传说，为了开通水路，禹把神物应龙调来协助；为了开辟一条施工困难的山路，他自己化身为熊，做了人所不能完成的工作。他的这些卓越的贡献，受到了人们尊敬，被称为“大禹”，尊为社神。后来，人们又把大禹治水的故事加以神化，于是，禹就被奉为祖宗神、社神、治水神。因此，全国不少地方都建有禹王庙，其中较古者如山西省河津龙门附近的禹王庙。禹王庙表明古人确信禹开凿龙门疏导黄河为真事。浙江省绍兴东门外还有禹陵，陵旁有禹王庙，庙宇雄伟，内有禹碑、禹像。

孔子，名丘，字仲尼，春秋时期鲁国人，儒家学派的创人。他创立私人讲学，与贵族的官学对立，把文化知识向更多的人开放。传说孔子先后共有学生3000人，其中优秀的72人。他经常带着一些得意门生，周游列国，受到各国当权人物的接待和客气的咨询。他提倡孝道，强调仁义道德，主张学而优则仕。由于孔子创立的儒学受到历代统治阶级的推崇，因而孔子本人也就受到汉族民间广泛的崇拜，特别是读书人，把孔子奉为“至圣先师”加以崇拜，所以过去学校里都供奉有孔子的牌位，而汉族民间修建的孔子庙也遍及各地，仅台湾省以孔子为主神祭拜的寺庙，就有20多座，其中的台南孔子庙，是台湾省首屈一指的大文庙。此庙按古制建筑，在大成殿前有露台，左右有东庑和西庑，东庑之北是礼器库，西庑之北是乐器库，大成殿之后有崇圣祠，大成殿的正面有棂星门，其东是名宦祠，其西是节孝祠，而文昌阁和明伦堂则别成一廓，再东还有其他泮池、礼门、义路等，一切典制无不具备。大成殿正中央供有“至圣先师孔子神位”的灵牌，左侧供“宗圣曾子神位”，“亚圣孟子神位”两个灵牌，右侧供“复圣颜子神位”，“述圣思子神位”两个灵牌，此外左右两，庑还配祀有十哲七十二子的先贤先儒神位，后庑则供奉着孔子的父母灵位。每年春秋仲月上丁之日，都要举行释奠之礼，以祭祀至圣先师孔夫子。

关羽，字云长，三国时人，他与刘备、张飞在桃园结义，誓词是：“不求同年同月同日生，只愿年同月同日死。”从此，“桃园三结义”乃传为千古美谈。后来，刘、关、张三兄弟果然创下了不朽功业，建立了蜀国。关羽战死后，刘备念他的丰功伟绩，就为他建庙祭祀，称为“武庙”。由于关羽在世时，为人讲义气、重交情，据史载，建安五年，他和刘备的家眷被曹操俘虏，曹操极为钦佩他的忠勇精神，就赠送给他许多金银财宝，百般劝他归顺北魏，但关羽却不忘与刘、张的桃园结义，因而他始终不肯归顺曹操，最后曹操不得不把他放回西蜀。而过去汉族民间又很流行“结拜兄弟”的社交活动，结拜时都必须到关羽庙前宣誓，借以表示崇尚义气千古的古风，所以关羽受到了汉族民间的普遍崇拜，人们尊其为“关圣帝君”（又称“伏魔大帝”）。旧时关帝庙（又称武庙、关圣庙等）在民间林立，据《京师乾隆地图》所记，仅北京当时就有关帝庙和以礼关帝为主的庙宇116座。在台湾，关公还另享有“伽蓝爷”“恩主爷”“恩主公”的尊号，据马书田在《华夏诸神》中统计，目前台湾有160余座关帝庙，而且还在建造规模宏伟的新庙，据说新竹县后山普天宫新塑的关公神像连台座高达十四五丈！每年阴历五月十二日关帝生辰日，港台各大关帝庙皆举行盛大祭典，祈望关帝降恩降福。同时，汉民间又传说，关羽生前精于理财之道，尤其长于会计业务，并发明了至今还通行的簿记法。这种簿记法是一种简便实用的记账法，所以关羽又与赵公明一起被后世称为财神或财神爷被商人们顶礼膜拜。此俗旧时极为盛行，每年春节从正月初一至初五，各商铺都要举行接财神的礼仪。接财神一般在五更开门，供财神像，以猪、羊、鸡、鹅、鱼供祭，猪和羊多摆头、尾，中间放一刀肉，以示“全猪全羊”；

鸡、鹅、鱼必须成双。点上龙凤烛，俗称“足印”，或“竹杠烛”，祈求财神保佑，并焚烧财神像，谓之“接财神”。中华人民共和国成立后此俗本已绝迹，但自20世纪80年代以来，由于个体经济的重新崛起，外资，尤其是港资的引入，崇拜关公财神的风俗在一些地方复起，据《南风窗》杂志报道，广州东山的龟岗大马路、越秀的广大路，西濠的二马路，荔湾的清平路，海珠的同福路等饮食街个体户们十之六七供有关公塑像，有趣的是敬奉关帝财神的已不是传统的香、烛，而是现代化的电香、电烛了。

岳飞，字鹏举，宋代相州汤阴（今河南汤阴县）人。相传他出生的时候，有一大鸟若鹄飞鸣宅上，于是父母就给他起名“飞”。他生下来还未满月，黄河决口，洪水暴淹汤阴，其父正外出不在家，其母姚氏情急生智，急抱岳飞坐于大瓮中，随波漂泊他乡，始得幸免一死。岳飞少年时颇负气节，事母至孝，虽家贫但能力学不倦，尤好《左氏春秋》《孙吴兵法》。天生的神力使他弱冠时就能挽弓三百石，弩八石，颇受父母的喜爱。他20岁时，父亲就去世了。当时，朝廷腐败，金兵大举侵犯南宋，他以勇敢战士应募，为十队长。年23岁时，其母在其背上刺上“精忠报国”四字，尉为佳谈。在31岁时，因率部屡败金兵，收复不少失地，宋高宗手书“精忠岳飞”四字，制旗以赐之。年38岁大破金兵于河南开封西南的朱仙镇，军声所到之处，金兵闻风丧胆，不战而降，因而在百姓中流传着“撼山易，撼岳家军难”的佳话。正指日渡河，直捣金国都黄龙府，以振宋室，为雪靖康年间宋徽宗、宋钦宗、后妃、皇族及大臣3000多人被金所俘之耻时，无奈当朝奸相秦桧力主求和，竟在一日之内降了十二道金牌，日行四百里之军械文书，令迅速班师南下，岳飞愤惋泣下，挥笔写了下《满江红》这首抒怀述志、千古流传的伟大诗篇：

怒发冲冠，凭栏处，潇潇雨歇。抬望眼，仰天长啸，壮怀激烈。三十功名尘与土，八千里路云和月。莫等闲，白了少年头，空悲切！

靖康耻，犹未雪；臣子恨，何时灭？驾长车，踏破贺兰山缺。壮志饥餐胡虏肉，笑谈渴饮匈奴血。待从头，收拾旧山河，朝天阙！

岳飞班师回朝后，被奸相秦桧以“莫须有”之罪，捕入狱牢，翌年遇害，屈死风波亭，时年仅39岁。岳飞的精忠报国，为后世景仰，所以后人便在其家乡汤阴县南面修建岳飞墓，而杭州西湖也有岳王墓，并有铁铸秦桧夫妇之跪像于岳王墓的两旁，期使天下人唾弃痛骂。到了明太祖朱元璋建立明朝的时候，汉族民间便流行奉祀岳飞。清代时，因岳飞为宋代抗金名将，而清于东北建国之初，国号为后金，以岳飞曾打败其祖先而不加宣扬。民间也传说杭州西湖的岳王墓树梢向南，是岳飞不愿受清封之象征。孙中山建立民国后，于1914年11月20日颁布总统令，创立了关岳庙制度，准以关羽、岳飞合祀，称为“关岳庙”，亦称武庙。第二年，民国政府内务部又颁布各地方关岳庙祭礼办法，规定大殿正位左奉关圣，右奉岳王，从祀有张飞，赵云等历代名将24人。从此，汉族民间供奉岳飞的香火更盛。

汉族民间崇拜的著名历史人物很多，如与大禹同时代的后稷，传说他从小就会整治庄稼，种的菽禾麻麦瓜果都长得茂盛，因而被后人当作农神和社神加以崇拜和祭祀。宋代名臣包拯，生前刚直不阿，官位再高的人在他面前也不敢傲慢无礼，犯罪者更对他惧怕三分。他在世时。人称“活阎魔”，人们对他十分敬畏和信赖。他死后，人们就把他当作阴间的阎魔或城隍爷加以崇拜。这是与汉族民间迷信鬼魂，希望死后到了地狱，能得到公正裁判的心理愿望密切相关的。总之，生前为人杰者，死后一般都被汉族民间百姓当作鬼雄加以崇拜和祭祀。

◆ 万物皆有灵

在古希腊神话中，俄林波斯圣山上的神祇群，常常因众多和完备而使世人惊叹。其实，汉族民间神祇数量之多，涉及面之广，远远胜过了俄林波斯圣山的壮观。上溯元始天尊、太上老君、玉皇上帝、九天玄女，旁及雷公电母、风伯雨师、魁星文昌、赵公真武，直到城隍后土、地藏阎魔，还有六丁六甲、四值功曹之类。此外，床有床公，厕有紫姑，门有门神，灶有灶君，甚至小到一花一草，一石一木都有神灵寄附。这种万物有灵的迷信，充分地反映了神的观念在汉族民间确实已到了浸入细微的地步。

床公床婆，是汉族民间对床神的尊称。床神即是住在卧室，看守床铺之神。汉族民间认为，从婴儿诞生之日起，一直到16岁，都有一个称为“床公”或“床婆”的床神住在寝室里保佑儿童。所以在婴儿出世后的第三天，就要上供祭拜床神，以后每当孩子生病或有其他异状时，也都要烧香祭拜床神。所以清人顾铁卿在《清嘉录》中说：“荐茶酒糕果于寝室，以礼床神，云祈终岁安寝。俗呼床神为床公、床婆。……杭俗祭床神以上元后一日，品用煎饼。”这种信仰实际上是自然崇拜之遗物，唯已把床公床婆人格化。在台湾地区，关于人格化了的床母的由来，还有一段很富有现代罗曼蒂克的故事哩。

相传古时有个叫郭华的书生，在去参加秀才的考试途中，一天他住在苏州的一家旅馆，当他晚上出去买扇子时，竟和卖扇姑娘一见钟情，而且当夜两人就以身相许定终身，不料这位书生却因“上马风”之病而暴死。卖扇姑娘既可怜郭华的惨死，又怕亲戚邻居知道，于是就把他的尸体埋在自己床下。后来这位卖扇姑娘怀了孕，十个月之后生下一子。她为了安抚郭华的灵魂，就经常用酒菜在床上焚香祭拜。人们看到后就问她是什么理由，她回答说是拜床母可以使孩子长得快，从此便留下了拜床母的习俗。

厕神紫姑之信仰，早在南北朝时已有，唐宋时盛行。据《显异录》

载："紫姑，莱阳人，姓何名媚，字丽卿。寿阳李景纳为妾，为大妇曹氏所嫉，正月十五夜，阴杀于厕中。上帝怜之，命为厕神。故世人以其日作其形，于厕间迎祝，以占众事。"紫姑名为厕神，却不主厕事，而成了先知先觉的菩萨。但从民间奉祀方法来看，或以箕帚，或草木或筷子等，着衣簪花，请神降附，占卜诸事，这种信仰方式，实际上是灵物崇拜的遗风。

门神即是看守大门，不让恶鬼侵扰住宅之神。门神的信仰很早，《礼记》曲礼篇上便有"春祀户祭"的记载，当时的"五祀"之中，也包括了门神在内。这是一种泛灵信仰的表现，以为万事万物都有灵寄附，需要对之膜拜而祈福禳灾。汉朝以后，门神的性质有了变化，人们在门扉上绘神像以驱鬼，门神不再只是抽象的、无名的神了。据清人恽敬《大云山房杂记》考证，最早的人格化门神是古代的勇士成庆。西汉广川王生病时，便要画工在殿门上画短衣大裤、手执长剑的成庆像以驱邪逐鬼。后来也有人画刺杀秦王的荆轲像。到了南北朝时褥政为神荼、郁垒二神。据梁人宗懔的《荆楚岁时记》所载，东海边上有座度朔山，山上桃木低枝，蟠曲三千里。东北方有鬼门，为万鬼出入之处；神荼郁垒便据门而守，凡遇恶鬼凶鬼时，便以苇索绑了拿去喂虎，因为鬼怕神荼郁垒，民间便在门扉上画二位大神以驱邪了。

到了唐朝时，门神又换成了唐太宗手下的两位大将秦叔宝、尉迟恭。他们变成门神的故事很有趣。在明人吴承恩《西游记》第十回"二将军官门镇鬼，唐太宗地府还魂"里，有一段神话说，泾河龙王因为和卜算如神的袁守成打赌，而故意差了行雨时辰和落雨数量，因此罪犯天条，被唐太宗的大臣魏徵所斩。泾河龙王褰前曾向唐太宗求救，唐太宗一口答应，便邀请魏徵来下棋。不料到了午时三刻，魏徵忽然在棋桌上睡着了；唐太宗以为泾河龙王可以借此得救，谁知魏徵却在梦中斩下了龙头。从此泾河龙王便向唐太宗索命，闹得唐太宗坐卧不安，幸亏有大将秦叔宝和尉迟恭毛遂自荐，金身披挂，把守富门，才镇压住邪祟。后来唐太宗觉得日夜叫秦、尉迟两位大将把守宫门，太辛苦他们了，便要画工把二人之像绘在门上，以代真人守卫。这就是秦叔宝、尉迟恭成为门神的经过。到了晚唐五代时，由于钟馗捉鬼的故事在汉族民间广为流传，以后历代皇帝在过年时，也往往令画工画钟馗像颁赐大臣，带回家张挂，从此汉族民间的门神便有了神荼、郁垒、秦叔宝、尉迟恭、钟馗等。

灶君即灶神，唐朝以来汉族民间又称之为灶王，是汉族民间信仰最普遍的神灵。上自天子，下至庶民，家家户户都要供奉。灶神的起源无疑是很早的。在远古，汉族民间每家一共有五位家堂神：门神、井神、厕神、中溜神和灶神，负责其家人之安全和幸福，不准闲神野鬼来骚扰，称为“五祀”，这是古代“泛灵信仰”的遗痕。早在《礼记》一书中，灶神就被列入国家祀典的五礼之一，受到天子和庶民的供奉。从《史记》《汉书》《后汉书》等史书记载来看汉时期无论在宫廷还是在民间，灶神信仰都是相当流行的。至今，灶神仍然和门神一样，受到汉族民间百姓普遍信仰，每年腊月二十三日，民间都要举行送灶神上天的祭典，只是现在民间所信仰的灶神已经人格化罢了。

在近代汉族民间，还流行以小石碑立于桥道要冲，上刻或书“石敢当”以禁压不祥之风俗，这种风俗实际上也是古代灵物崇拜的遗风。因为古代汉族民国以为石头也有灵性，并赋予辟邪镇鬼之神力，埋于宅下。吴兆宜注《荆楚岁时记》云：“十月喜日掘宅角，各埋大石，为镇宅。”《淮南万毕术》也说：“丸石于宅四隅，则鬼无能殃也。”可见，古人是迷信石头具有辟邪镇鬼之神力的。所以那些坚韧的大石头，往往成为汉族民间崇拜的对象，近代民间在石碑上刻“石敢当”句，以壮其声威，立于桥道要冲，以辟邪镇鬼就是这个道理。

此外，在汉族民间，花草树木也都被视为灵物。《山海经》中就说：“有草焉，名曰薰草，麻叶而方茎，赤华而黑实，臭如蘼芜，佩之可以已疠。”“有木焉，圆叶而白柎，赤华丽理黑，其实如枳，食之宜子孙。”这种认为在身上佩上某种草木就可以不得疠疫，或吃了就会影响子孙后代，实际上是认为那种植物具有某种神力。《搜神记》甚至还有树神能化身成人的记载："庐江龙舒县陆亭，流水边有一大树，高数十丈，常有黄鸟数千枚巢其上。时久旱，长老共相谓曰：'彼树常有黄气，或有神灵，可以祈雨。'因以酒脯往。亭中有寡妇李宪者，夜起，室中忽见一妇人，著绣衣，自称曰：'我树神黄祖也，能兴云雨。以汝性洁，佐雨为生。'"这就把树神加以人格化了。

总之，汉族民间迷信万物皆有灵，不仅代表巨大自然力的风雨雷电等自然现象，伟大庄严的山岳河海等自然实体，即使小如一花一草，一石一木，也都附有神灵，所以往往是一块小石、一根树枝等微小物体，也都受到汉族民间的迷信和崇拜。

◆ 盼吉祥　拜“四灵”

动物崇拜是汉族民间自然崇拜中的一个重要组成部分，也是最先发达的部分。由于动物与人们的生产生活关系密切，人们需要驯养它们，捕食它们，这是维持人们生存所必须的物质条件。同时又不希望受到它们的报复和伤害，于是汉族民间就把动物神化，并把它们当作神灵来崇拜了。

汉族民间对动物的顶礼膜拜，在《山海经》中有非常集中的反映。《山海经》的作者把很多神灵，不管是历史传说中的人物或各地区的神灵，都描写成奇特的动物或与动物有关。例如《南山经》中出现的神灵，全都与鸟、龙有关系，“其神状皆鸟身而龙首”或“龙身而鸟首”或“龙身而人面”。《西山经》中出现的神灵都与马、牛、羊、虎、豹有联系，神灵的形状是“人面马身”或“人面牛身”或“羊身人面”，连后来被俗间广泛崇拜的西王母也被描写为“其状如人，豹尾虎齿而善啸”。《北山经》中所提到的神灵都与蛇、马、彘（猪）有关系，其神“人面蛇身”或“马身而人面”或“彘身”。《东山经》中出现的神灵是“人身而龙首”或“兽身人面”或“人身而羊角”。《中山经》中的神灵则具有多种动物的形态，如“人面而鸟身”或“其状如人而虎尾”或“人面而兽身”或“鸟身而人面”或“马身而龙首”或“龙身而人面”或“彘身而人首”或“鸟身而龙首”。《山海经》的这些记载，表明古代汉族民间曾盛行过动物崇拜。

在汉族民间的动物崇拜中，尤以“麟凤龟龙”四灵为典型。这四种动物是古代汉族人民运用浪漫主义手法创造出来的四种神奇的动物，是汉民族文化发展的一个重要特征，几千年来，这四种动物一直被汉族民间信奉为吉祥之物加以崇拜。

“麟”，又称“麒麟”，是古代汉族人民发挥充分的想象力创造出来的一种走兽。它的模样儿不固定，有的古书说它是獐子的身，牛的尾，头上还有个角；有的说它是獐的身，羊的头，头上自然也有角；还有的说它是獐子的身，狼的头，头上无角。看来有一点共同的，那还是“麟”十分像獐子。獐，古书中写成“麕”或“麇”，皆从鹿，“麒麟”二字也从鹿，可以这么推测，所谓“麟”，大概就是鹿的神化吧！由于“麟”是神化了的鹿，所以就必然附有其他动物的某些特征。东晋及南朝帝王的陵墓前几乎都有石麒麟，有的双角，有的一角，头大而颈略细，肩上甚至还有翼，下巴甚至还有胡须，脚有爪，真可谓七拼八凑。

麟是走兽中的头目，《大戴礼》中说：“毛虫三百六十，而麟为之长。”既是头目，按古人的想象，它必又是既仁且义的长者，所以《说文》说它“仁兽也”，《礼记》中又说它可镇住众兽。它的出现，往往可以预测吉凶。《毛诗义疏》说它“王者至仁则出”，相反，若“麒麟斗”，则“日月蚀”。日月蚀在古代汉族民间看来是件十分可怕的事情。

由于毛麒麟有灵性，所以六朝时期曾用它作为皇帝墓前的石神兽。又由于它是仁义之兽，所以古人把它作为贤者的代称。汉初萧何就曾在子安未央富建造麒麟阁，作为接待、选拔贤人的地方。大诗文杜甫就曾写过“今代麒麟阁，何人第一功”的诗句。后来，人们又把麒麟看成是纯粹的吉祥物儿。《红楼梦》第三十一回就写过史湘霹与贾宝玉佩戴金麒麟一事。在这儿，金麒麟又成了一件工艺品了。

“凤”，又称“凤凰”。与麒麟一样，它是古代汉族民间想象出来的一种神奇的动物。汉族民间说它是鸟中之王，说“凤飞则群鸟从以万数也。”凤的模样儿比较明确，《帝王世纪》说它“鸡头燕喙，龟颈龙形，麒麟鱼尾，其状如鹤，体备五色”，总之，华丽无比。

凤非常圣洁，“非梧桐不栖，非竹实不食”“食生虫，不履生草……其饮食也，必自歌舞，音如箫笙”，真是世间的尤物。所以《山海经》中说：“是鸟（凤）自歌自舞，现则天下大安宁。”传说周成王时，天下清平，凤凰来舞，成王欣喜异常，操琴作歌道：“凤凰翔兮予紫庭，余何德兮以感灵。”

由于凤是一种非常圣洁、非常高贵的神鸟，所以千百年来，帝王总是把它与自己联系在一起。帝王乘坐的车子叫“凤辇”，帝王的诏书称为“凤诏”，皇宫中的楼阁称作“凤楼”，皇后的礼冠称为“凤冠”。当然，“凤”作为一种吉祥动物，也普遍用于汉族民间，古代汉族民间妇女的一种头饰就叫“凤钗”，明代一般女子结婚时所用的彩冠也叫“凤冠”。古代的一些妇女用品如铜镜，也往往用“凤”作为装饰图案，最典型的是宋代的双凤镜，镜背双凤展翅，翩翩起舞，情态极为和谐自然。

“龟”是“四灵”中唯一实在的动物，龟之所以被汉族民间神化，或许在于它体积小却有很强的生命力这一点上。《史记·龟策列传》载：“南方老人用龟支床足，行二十余岁，老人死，移床，龟尚不死，龟能行气导引。”古代汉族民间或许根据龟能长寿这一点而引申出其经历长、阅历多，故为能预知未来的灵性，但是这种迷信可能说服力不强，所以就求助于其他神灵的帮助，而把灵龟变成了神与人的媒介，或说它来自天上。《龟策列传》载：“元王曰：‘龟甚神灵，降于上天。’”所以古书中赞叹龟寿的言语相当多，《洪范》五行说“龟之言久也，千岁而灵，此禽兽而知凶吉者也。”《逸礼》中也说“龟三千岁，上游于卷耳之上，老者先知，故君子举事必考之。”就是说，龟是先知，君子做事情必须请教它。怎样请教呢？方法就是“占卜”。占卜是上古时期人推测凶吉的一种迷信方法，具体做法是，先在龟的甲壳或兽的肩胛骨上钻、凿，再用火灼，于是龟甲（或兽骨）上便出现了弯弯曲曲的裂纹。古人便根据这些裂纹断定行事的凶吉。

龟以长寿著称，所以古代文人墨客往往用龟寿来比喻高龄。晋代郭璞《游仙诗》中就有“借问蜉蝣辈，宁知龟鹤年”的诗句（“鹤”在古代也被看作是长寿的动物）。龟还被古人用来表示力量。唐代就规定五品以上官员的坟墓的墓碑用龟趺作基。

“龙”是中国古代最神奇的动物，也是“四灵”中最虚幻的神物。《说文解字》说龙是“鳞虫之长，能幽能明，能小能大，能长能短，春分而登天，秋分而潜渊。”《易·乾卦》也说：“飞龙在天”“或跃在渊”“见龙在田”。《淮南子》和《山海经》也都说龙能腾云驾雾、

呼风唤雨，简直是超自然的神灵。龙的种类也繁多，有鳞的叫“蛟龙”，有翅的叫“应龙”，有角的叫“虬龙”，无角的叫“螭龙”，未飞上天的叫“蟠龙”。又传黄金千岁生“黄龙”，青金千岁生“青龙”，赤金千岁生“赤龙”，白金千岁生“白龙”。由此可见，龙既无定行，又无定称。当然，也有些古书杜撰出龙的形状，大概是鳞、翼、须、角、爪俱全而长数丈的怪模样。这怪模样使其威严、凶猛、虚幻、超自然的神态给人以强烈印象，而恰恰是这种印象最合封建帝王的口味。所以龙作为一种想象的动物，其地位被抬得那样高，完全是封建帝王的精神需要。在中国封建社会，龙几乎一直是皇帝的象征。皇帝未即位称“龙潜”，即位称“龙飞”，皇帝的子孙称“龙种”，皇帝的容貌称“龙颜”，皇帝的朝服称“龙袍”。皇帝死去，称“龙驭宾天”。明清之际的皇宫几乎到处是龙，或雕或镶，千姿百态。

当然，龙在汉族民间也被看成是神物，据《春秋繁露》记载，早在汉代，汉族民间就有了舞龙灯的习俗；每年的端午节，人们还要举行龙舟竞渡，纪念伟大的爱国诗人屈原。到了现在，龙便成为中华民族的象征了。

◆ 百工技艺　各拜一神

随着社会生产力的发展，社会分工和社会生活领域的扩大，人与人的关系日趋复杂了。于是，人们就像以前受自然界这种异己力量的支配一样，又受到自己所创造的经济关系、自己所生产的生产资料的支配，受到阶级、国家等社会关系的支配。对人们来说，这些具有社会属性的力量同样是一种难于理解而又无法抗拒的异己力量。所以，当人们通过自己的努力，仍然感到自己得不到保障时，作为最后的手段，人们便设想存在超越人力的绝对者——神。除了依赖神力之外，别无他法，这就促使人们去寻找和创造能够保佑自己行业利益的保护神了。结果，在汉族民间便诞生了与人们的生活、职业密切相关的众多行业神。

汉族是个古老的农业民族，有着漫长的农业社会历史，因此农神即神农自然成了汉族民间最广泛崇拜的对象。据传说，神农首创木制的耒、耜等耕具，教人们从事农业和交换物品的方法，由此而被列入神祇受到汉族民间广泛信仰和崇拜。《易·系辞传》载："包牺氏没，神农氏作，斫木为耜。揉木为耒，寒耨之利，以教天下。……日中为市，致天下之民……聚天下之货，交易而退，各得其所。"据史书记载，早在西周初年，上起天子下至黎民百姓就把神农当作农业之神加以崇拜和祭祀了。在神农之下，还有畜神冉伯牛、牧神苏轼，猎神后羿等等，这些神祇差不多都在农神的系列中占有一席之地而受到汉族民间的崇拜。

手工业由于自身的特点，因而所崇拜的神祇就更加复杂。其中主要部分大多与劳动创造有关；也有因忠于职守，贡献卓著而列入神祇的。如造车业把奚仲作为祖师，就与奚仲发明轮车有关；木匠拜鲁班为祖师，就与鲁班发明锯、刨、钻、凿等术作工具有关；养蚕业拜嫘祖为祖师，则与嫘祖发明养蚕造丝传说有关；制炉业崇拜老君，恐怕也是看上老君那个三昧真火的丹炉；而河工们崇拜大禹，酿酒业崇拜仪狄、杜康；制豆腐的崇拜淮南王刘安。这都是和他们的开先河之功或贡献卓著分不开的。

有趣的是，有的行业中因觅不出突出的人物，于是就出现了不少牵强附会、硬拉而成的神祇。例如，制酱业的皆祀姜子牙为神，究其根源，竟同儿戏。原来，“酱者，百味之将帅，酱领百味而行”，而姜子牙又有“不善将兵而善将将”之称，于是那班酱“博士”们遂以酱为将，硬把姜子牙由善将将作贱成了善将酱了。姜子牙也就身不由己地做成了酱缸中的神道而受到制酱者的尊崇了。更不可思议的是，制靴业奉孙膑为本行神祇。据史载，孙膑曾被庞涓处以膑刑拿掉了膝盖骨，甭说靴子难以驻足，就是裤腿也成了多余。但后人还是在《左传》中看到“屦贱踊贵”的成语，知道春秋时各国膑刑多，造成了不少残肢者，继而促进了造假肢业的兴起，因此胡猜，上好的靴子是否从假肢的点缀物那里发展开来的？或许是因为此缘故，于是制靴业就把孙膑奉为祖师吧？

商贾所崇拜的财神很多，有赵公明、五路财神、比干、关羽、土地神，等等。其中以赵公明最为著名。赵公明是明代小说《封神演义》中峨眉山仙人，因助纣抗周而亡身，后被姜子牙封为正一龙虎玄坛真君，下辖招宝天尊，纳珍天尊，招财使者，利市仙官，俨然是一尊财神爷。于是，商贾们就把他当作财神加以崇拜了。

士在“士农工商”四民中人数最少，但却位居榜首，这或许是受至圣先师孔夫子的名言“万般皆下品，唯有读书高”的影响。士有文士和武士之分，文士崇拜的对象是文星帝君和至圣先师孔夫子。文星帝君是位于北斗魁星附近的文昌六星的神格化，在汉族民间极有影响，被视为主宰人世功名利禄之神，命书就说：“文星入命，聪明过人。”故文人学士多虔诚信奉。武士们所尊崇的是太公吕尚。

除士农工商四民之外，医、卜、星、相业也是很特殊的社会部门，它们同样有自己崇拜的祖师。医学神系的最高祖师是神农，这主要是来源于神农尝百草发现药材的传说。神农之后有扁鹊、张仲景、华佗、孙思邈等。秦汉以后，医巫分野大明，贵医贱巫的观念逐渐形成，于是巫业也独有自己的祖师，这就是堪舆术的青鸟公，占星术的桑道茂，骨相术的陈抟，扶乩术的紫姑以及占卦术的周文王。

到了元代，社会等级的划分趋于细化，生出了一僧二道三官四吏五皂六隶七娼八优九儒十丐的说法，于是神祇的系列也就随之细化，出现了许多新的补充。僧奉如来；道祀老君；官奉文昌帝君；吏奉萧何、曹参；皂隶即长随差役一类，所奉者三郎；娼即妓妇，则供奉管仲，这是因为《战国策》记载，管仲执政于齐国时，设“宫中七市，女闾三百”，这女闾就是最早的妓院。这样在妓女们的眼中，管仲也就成了妓院的创始人了。所以妓女们对管仲的崇拜十分虔诚，胡朴安在《中华全国风俗志》中曾传引过一段记述南京妓女祭祀管仲和作会的文字：“……会时，诸妓极意修饰，陈设鲜妍，要求平日所欢者，为之设宴张乐，谓之面子。妓女名愈噪者，酒宴愈多。六月十一日之会尤盛，灯红酒绿，丝竹嗷嘈，是时秦淮河一带，两岸则窗开水阁，鬓影云香，河中则画舫灯船，往来梭织；五陵年少，意气自豪，一夜之间，所耗不止中人产焉。”作会供奉管仲场面如此盛大，的确令人咋舌。

优是古代以乐舞戏谑为业的艺人的统称，他们尊崇唐明皇，这是因为唐明皇当年曾在长安创梨园，专事训练宫廷歌舞艺人，后人称戏班为梨园，就是出典于此。儒就是读书人，崇拜孔夫子；丐就是叫花子，专门祠奉吕洞宾、李铁拐。总之，社会分工越细，神祇的系列也就随之细化，百工技艺，各拜一神的现象也就越明显。

◆ 神往仙境　崇拜神仙

王子去求仙，丹成入九天，
洞中方七日，世上几千年。

神仙世界，在过去是一个令汉族民间百姓神往的“世外桃源”。在那里，虽然也像鬼神世界那样有高低之分，但却没有统属关系。得道成仙者，不食人间烟火，长生不老，“登高不栗，入水不濡，入火不热”，他们无拘无束，悠游名山，尽享清福，这种生活环境，真是不亚于西方极乐世界了。难怪乎神仙家学派在战国出现之后，便引起了统治阶级的极大兴趣，他们在尽享人间荣华富贵之余，又想追求长生不老的神仙境界，就连秦始皇、汉武帝这样雄才大略的封建帝王也十分虔诚迷信神仙，四处访求不老之药。唐代大诗人李白在《古风》一诗中，曾对雄才大略、声威显赫的秦始皇，在扫灭六国、一统天下之后，劳民伤财，妄求仙药之事进行无情讥刺：

秦王扫六合，虎视何雄哉！
挥剑决浮去，诸侯尽西来。
明断自天启，大略驾群才。
收兵铸金人，函谷正东开。
铭功会稽岭，骋望琅琊台，
刑徒七十万，起土骊山隈。
尚采不死药，茫然使心哀。
连弩射海鱼，长鲸正崔嵬。
额鼻象五岳，扬波喷云雷，
鬐鬣蔽青天，何由睹蓬莱！
徐市载秦女，楼船几时回？
但见三泉下，金棺葬寒灰。

虽然秦皇、汉武的求仙闹剧，最后都以失败而收场。但是，由于他们的影响，秦汉时期神仙迷信活动大为盛行，各种辟谷服食、炼丹作金、招神弄鬼的方术都得到发展。到了东汉中叶，当道教创立并在汉族民间传播之后，作为道教重要的理论内容的神仙思想，也就迅速流行于民间。所以，原先主要存在于方士口中，文人笔下，帝王脑中的神仙，也就渐渐成为汉族民间故事的主角了。

在汉族民间的传说中，东王公和西王母分别是男仙和女仙的首领。东王公又称木公、东华帝君，与西王母共为道教之尊神。据说他生于碧海之上，理予东方，凡上天下地三界十方，男子登仙得道者，都由他统领，所以《列仙全传》中说：东王公“尝以丁卯日登台观望转劫学道得仙之品。品有九，一曰九天真皇，二曰三天真皇，三曰太上真人，四曰飞天真人，五曰灵仙，六曰真人，七曰灵人，八曰人仙，九曰仙人。凡品仙升天之日，先拜木公，后谒金母，受事既毕，方得升九天，入三清，礼太上而观之始”。《仙传拾遗》也说：“木公亦云东王父，亦云东王公，盖青阳之元气，百物之先也，冠三维之冠，服九色云霞之服，亦号玉皇君。居于云房之间，以紫云为盖，青云为城，仙童侍立，玉女散香，真僚仙官，巨亿万计，各有所职，皆禀其命而朝奉翼卫。故男女得道者，名籍所隶焉。”

西王母这位汉族民间信仰中的女仙领袖，在《山海经》中原是一个“其状如人，豹尾虎齿而善啸，蓬发、戴胜”的面貌丑陋的女神罢了，那么，她又在什么时候，如何变成“年三十许，修短得中，天姿掩蔼，容貌绝世”的女仙首领的呢？这就要从西王母掌管不死之药的传说说起了。

将西王母列入道教的神仙之一来崇拜，那是东汉以后的事，但西汉以前的古籍所记载的西王母传说，已为这种转化做了准备。如《淮南子·览冥训》中说：“羿请不死之药于西王母，姮娥窃以奔月。”这里把西王母说成是长生不老之药的所有者，而这种题材向来是神仙家的方士们津津乐道的。西汉颇重视神仙家，帝王追求不老术，掌管不老之药的西王母自然地位就提高了。东汉以来，鉴于西王母在民间的影响，新起的以神仙思想为重要理论内容，以长生不老为主要目的的道教，自然就将其网罗门下了。这样一来，西王母也就自然成了道士们所崇拜的神仙了。所以东汉时，人们就把西王母正式当作道教的神仙崇拜了。《搜神记》卷六载，“哀帝建平四年夏，京师郡国民，聚会里巷阡陌，设张博具歌舞，祠西王母。又传书曰：‘母告百姓，佩此书者不死。不信我言，视门枢下，当有白发。’至秋乃止。”所谓“佩此书”，实际上就是佩戴道教的神符。以后，道士文人相继推波助澜，西王母竟成为元始天尊之女，群仙之领袖，年许三十之丽质天仙。又以东王公与之相匹。在这种情形下，《山海经》中记载的“西王母其状如人，豹尾虎齿而善啸、蓬发、戴胜”的古代神话，颇有碍其形象，于是好事者就百般开解，谓“蓬发戴胜，豹尾虎齿善啸”者，乃王母之使，金方白虎之神，非王母之真形。而且还说，黄帝与蚩尤在涿鹿之野展开一场激战时，起初，蚩尤祭起覆盖四方百里的大雾，三天不见消散，黄帝的士兵辨不清方向，陷入一片混乱，被蚩尤打得大败。当黄帝被蚩尤逼得走投无路时，西王母派遣九天玄女下凡相助，黄帝才消灭了蚩尤，统一天下。这就表明西王母有很高的法力。所以在道教经典、神怪小说、民间故事中，西王母都是一位重要的女神。西王母主办蟠桃会，会上用三千年结一次果的仙桃宴请诸神仙的神话，至今在汉族民间仍广为流传，家喻户晓，在北京东便门内还建有蟠桃宫的娘娘庙呢。

在神仙界中，白日升天的张天师也在汉族民间有广泛的影响，受到普遍的崇拜。所谓张天师，就是东汉五斗米道的创始人张陵。后来道教教徒称之为张道陵。东汉出现的早期道教本有两支：一为琅琊人于吉所创的太平道，后张角兄弟曾利用来组织黄巾起义，起义失败后，太平道也瓦解了；一为丰县人张陵所创的，以后历代相传，成为道教正宗的五斗米道。据说张陵早年入太学攻读儒学，到了晚年，他发觉儒学无益于长生不老，又改学长生法，掌握了炼金丹的方法。由于家贫，无钱买炼丹药材，他便同弟子们一起去了四川的鹤鸣山，在那里他一面苦著道书，一面用自己掌握的咒术为人治病，从而获得数万道徒，于是他便制定规则，令信徒交纳米、柴等物。后来他炼成金丹，服用后于汉永寿二年功成道著，乃于九月九日将诸品秘篆、斩邪二剑、玉册玉印授其子衡，而自与夫人孙氏登云台峰，白日升天，年一百二十三岁。由于张陵是道教的创始人，又是相传为白日升天的仙人，在道教中占有极高的地位，因而在民间倍受尊崇，被尊称为天师，其子子孙孙皆相继嗣位天师，世世代代都名正言顺地成为全国道教领袖，而他们死后又都被道教徒封为仙人。所以张陵在汉族民间受到广泛的崇拜。

此外，在汉族民间有较大影响的神仙还有三茅君、麻姑、许旌阳、王灵官、八仙等等。当然，在这些神仙当中，最为人们所熟悉的要首推八仙了。无论男女老少，对八仙的故事，尤其是八仙过海的故事津津乐道，许多戏曲、小说也以之为题材。

◆ 海峡两岸共拜妈祖

妈祖，又称天妃、天后、天上圣母等，是海峡两岸共同祭拜的神祇。尤其是福建和台湾，对妈祖的信仰十分虔诚，把她当作航海保护神加以崇拜。在福建，由于传说是妈祖的诞生地，所以妈祖庙到处都有，其中湄州岛和泉州都拥有妈祖庙中最大的庙宇。而据有关方面统计，台湾省的妈祖庙共有500多所，每年信徒们到妈祖庙进香的数以万计，而进香、供品的耗资每年最少也要几千万元以上。由此可见，台湾人对妈祖是顶礼膜拜的了。

为什么妈祖会受海峡两岸人民如此虔诚的崇拜呢？这就要从妈祖的传说说起了。

关于妈祖的由来，在福建和台湾，有这样一个神奇的传说。相传五代闽王时，东南沿海一带，海妖兴风，水怪作浪，许多无辜生灵死于海滩，百姓叫苦连天，居在贤良港的都巡官林惟懿的妻子王氏，和百姓一道天天焚香拜佛，终于感动了大慈大悲的观世音菩萨。

一天夜里，王氏正在厅堂焚香，突然连打哈欠，一下子倒在太师椅上，呼呼熟睡了。梦中，她仿佛觉得彩云满空，观音菩萨脚踏莲花款款而至。她手托仙盘，慈祥地说："你家行善积德，今赐胎丸一粒，服后当得慈济之身。"说完，便飘忽而去，王氏慌忙下跪，不禁跌下椅来。醒来之后，觉得腹中疼痛。过了两三个月，王氏便恶心呕吐，觉得自己似有身孕了。

宋太祖建隆元年三月二十三日，王氏腹震，疼痛难当。突然，一道红光闪入室内，房中光芒四射，香气缭绕，左邻右舍，前来观看，只听得四周隆隆作响，似春雷滚动，就在这时，王氏生下一个女婴。这女婴生下后，不啼不哭，默默无声，直至满月。于是，王氏给她取了一个名字，叫作"默娘"。

默娘自幼聪明颖悟，8岁时入私塾读书，平日经常祭拜诸佛。13岁时，来了一个道士，一眼就看出默娘禀赋特异，于是就授以玄微的妙理，默娘都能一一心领神会。16岁时，她窥视附近的井，得一对神仙铜符，从此就灵通自在，或驱邪，或救世，经常显灵，人们称她为“神姑”或“通圣灵女”。东南沿海一带，由于得到默娘庇护，渔民扬帆出海，不再担忧海怪作祟，满载而归，安居乐业。到了宋太宗雍熙四年九月九日，默娘28岁，这天是重阳登高之日，天蓝水净，默娘早早起身，和几个姐妹告别，自己一个人驾起小舟，渡海到贤良港中的湄州岛，登上岛中的最高峰，站在高处巨石上，举目观澜；是时正是旭日东升，万顷大洋，海天相接，阳光照在水面上，像一条通往天堂的金色大道。默娘闭目养神，突然闻到一阵浓郁的香气，她睁开眼睛看见一朵彩云，从头顶飘至脚旁，她踏上彩云，身体便飞升起来。由于升天以后，常常托梦显灵，降福于民，贤良港乡人便在她升天的地方，立祠造像来纪念她。后来有一个叫三宝的商人，载着一船贵重货物，经贤良港运往国外。临出发时，船锚好像被什么东西吸住似的，怎么也拔不起来。三宝大惊，便爬上湄岛，来到祠里烧香，回到船上，船锚果然拔起来了。从此一路顺风去到南洋，在菲律宾、马来西亚等国家经商三年，获巨利安全回航。三宝特地到湄岛捐赠巨资，建造庙宇，称之为“妈祖庙”。

其实，默娘升天成仙以及成仙后托梦显灵，降福于民，只不过是一种神话传说而已。然而，由于自古以来，台湾海峡就不好航行，经常发生海难事件。再加上过去沿海一带海盗出没无常，给航海者造成极大威胁，为了从精神上寻求安慰，因此海峡两岸人民出海时，就对妈祖焚香膜拜，祈求海上平安，积习成俗，久而久之，人们就自然而然把妈祖视为海上保护神来崇拜了。据说15世纪前半期，受明成祖、宣宗之命，前后七次率领庞大舰队下西洋的郑和，在船上也供奉了妈祖神像，郑和在呈送皇帝的奏折中说，航海中常常受到妈祖的保护。自此妈祖信仰传遍各地，每当航海遇有狂风巨浪，人们就立即向船上供奉的妈祖祈祷，请求制止风暴。如果在海啸中得救，人们便深信那是妈祖显灵了。下面一个故事就是人们迷信妈祖的极好例证。

1756年6月，正式承认琉球王即位的清使——册封使一行乘船到达久米岛的真谢海面时，遭遇狂风巨浪翻船。观察到这一海难的村长迅速指挥村民乘小舟出海救助。救援的村民同狂风巨浪进行了殊死的搏斗，打救落海者，终将册封使及全体乘员救上海岸，清朝皇帝的敕书及下赐琉球王的赐品也一件不漏地打捞上岸，谁都明白，册封使等一行安全得救，是村民们舍生忘死搭救的结果，因为落水者是被一个个抱上岸的。尽管如此，册封使向朝廷上奏时却说，全体得救是妈祖显灵的结果。为了感谢神灵保佑，同时为了能永远进行祭祀，以谢妈祖神德，人们提出修建一座妈祖庙，于是筹集了若干建筑费，琉球王又拿出私产补助不足的部分。1759年动工修建，竣工时从福建购入妈祖像供奉于新庙。这座庙保留至今，就是现在依旧存在于久米岛仲里村真谢的妈祖庙。

汉族民间如此虔诚信奉妈祖，因此每到农历三月二十三日，传说是妈祖的诞生日，各地供奉妈祖的寺庙，都要举行盛大的祭典。福建莆田的湄州妈祖庙，每年前往进香的信徒多达数10万人。而台湾北港的妈祖庙，由于民间盛传该庙的妈祖经常“显灵”，有求必应，所以每年从正月到三月这段时间，来自台湾的进香团络绎不绝，进香人数竟超过百万!所烧的金纸最少也有二千万元以上。由此可知台湾妈祖庙香火之盛了。

香港居民对妈祖信奉也十分虔诚，不仅视妈祖为海神，还视其为赐福运之神，信奉者多不胜数。每年农历三月二十三日，不仅有数以万计的人前往各处庙宇进香膜拜妈祖，更有民间盛典大加庆祝。如元朗就是香港庆祝妈祖诞辰活动最为隆重的地区。20世纪自60年代初开始，这个地区一年一度举办妈祖会景巡游。巡游以“花炮会”组织为单位，各自出会，包括金龙、醒狮、麒麟、潮州锣鼓等，多姿多彩，热闹非凡。

二、祭祀风俗

◆ 诚惶诚恐祭天神

汉族民间百姓在历史的发展中造出了大量的神，又引进了许多外来之神，相信通过祭神活动，就可以向冥冥中的存在表达愿望与虔诚。因此，从神诞的那一天起，祭神活动也就随之而生，且祭神活动常年不断。神州赤县，从元旦到除夕，常常处处香烟缭绕，正月初一弥勒佛诞日；正月初五财神诞辰；正月初九玉皇诞辰；二月二日土地神生辰；二月初八日祠山张大帝诞辰；二月十二日城隍诞辰；二月十九日观音菩萨生辰；二月二十一日普贤菩萨诞日；三月初二日北极佐圣真君诞日；三月二十八日东岳齐天圣帝诞日；四月初四日文殊菩萨诞日；四月初八日释迦牟尼佛诞日；四月十四日吕洞宾诞日，俗称神仙生日；六月初六日天贶节；六月十九日观音菩萨得道日；六月三十日雷神诞辰；七月十三日大势至菩萨诞日；七月十五日中元节；七月三十日地藏菩萨成道日；八月初三日灶君生日；九月十九日观音菩萨涅槃日；九月三十日药佛师诞日；十一月十七日阿弥陀佛诞日；十二月二十三日灶神上天。每逢神的诞辰，善男信女们或奠献花果，或诵经上寿，诚恐诚惶地膜礼拜神，请求神的指示，迎接神的降临。本篇，我们先来介绍汉族民间祭祀天神的活动。

汉族敬仰天神，认为天神是人类的主宰者，凡人的生死富贵，皆由上天注定，因而对天神，尤其是对最高天神玉皇上帝特别的礼遇和敬畏，于是就产生了祭祀天神的各种祭仪来。

民间传说，正月初九是玉皇上帝的诞生日，俗称“天公生”。因为玉皇上帝是天地间至高无上之尊神，手握人类与万物生成、保育、赏罚的大权，同时也是一位极具威严的主神，因此这一天民间百姓便要举行盛大的祭典。在福建、台湾，从当天的午夜零时起，到当天凌晨四点钟止，都是举行祭典的时间，家家户户都要从正厅的中央天井，吊一个香炉，特别称之为“天公炉”，还要在正厅前面，用两张桌子搭起高祭坛，上面供有五牲，两侧各用红线拴上两节甘蔗。全家人都要跪在正厅内，烧称为“大寿”的金纸，每个人都要很庄严的行三拜九叩礼。此外凡是有不满16岁男童的家庭，就要制作和男童年岁相同的“灯座”来烧，以表达对天公的谢意，因为天公赐给了这个家庭男孩。富贵人家有的还招请“吹班”，在家门前大奏吉祥乐，以戏娱神，以图吉利。

在云南的昆明市，正月初九玉皇诞生祭祀更是热闹非凡。这一天，人们照例要作“玉皇会”。玉皇会在“玉皇阁”举行，正殿上供奉玉皇大帝、马天君、王天君、赵天君、邓天君、协离天王、怨莫天王、太白金星等。左右厢房供雷公电母，风伯雨师。时届正月初九，城内外居民各持香烛供品，蜂拥而来。做小生意的，摆摊设点陈列杂货于庙门之外，供香客选购。阁中的道士则在前一天即将庙宇收拾干净。香客来临，众道士分左右列于殿上，各执笛、箫、唢呐、木鱼等法器，应节而敲，雅音齐奏，声韵绕梁。供桌上陈列着斋饭、蒸糕、核桃、红枣、荔枝、黄果、橘子、佛手、香园等应时果品，众道士聚精会神地念《皇念》。而殿门外则戏台高搭，演唱《哪吒闹海》《蟠桃盛会》等戏文。四面八方善男信女如潮涌来，敬香看戏，十分热闹。

此外，昆明汉族还有一种“上天章”的祭祀玉皇上帝的宗教活动。所谓上天章，就是一种恳求玉皇大帝恩免人间浩劫，消除生灵灾难的大型祭祀活动。常在风雨失调、年成不佳、瘟疫四起，灾祸濒临的时候举行。给玉皇上帝上天章，祈求风调雨顺、家道昌隆、国泰民安。

上天章十分有趣，方法既可若干家联合搞，财力充裕的亦可独家独户搞。无论哪种搞法，都要首先请人写好“天章”一道。其次要扎好一对与真人马大小相似的纸人纸马。第三要备好丰盛物供品，并且摆好道场，邀请和尚道士念经。诸事办妥后，才在黄道吉日那天夜里子时（12点左右）正式上章。

上章是申奏天庭的呈文，是由玉皇大帝的左右丞相文昌君和王天君转交玉皇大帝裁定。上章之夜，道场中搭祭台一座，台高丈余，用两三层八仙桌搭成。桌面上用生米撒成一只金鹿和一只白马图形。从鹿和马的口中吐成七个相连的圆圈，每个圆圈里点神灯一盏，称为“七星灯”，又叫“鹿马灯”。念经的和尚道士七八人或十数人不等，各执木鱼、铜铃、小鼓、镜钹等法器分列两旁。还要一个修持好的道士或受过戒的和尚端坐高台之上。纸人纸马立于供桌侧畔。接着便将丰盛的供品献上。供品分三大类：一类是时鲜果品，如应时出产的鲜梨子、苹果、石榴、花红、枇杷、枣子、香蕉、橘子、香园、佛手、荔枝、黄果、柿子、板栗、核桃等。二类是糕饼，如沙糕、荞饼、蜜饯、冰糖、酥糕、蒸糕、回饼等。三是蔬菜，如用香油制作的炸米干片、花生米、乳扇、红薯干片、洋芋片、豆腐干，以及用红曲、面筋、红薯、豆腐皮做的素“鸡”、素“鱼”、素“香肠”、素“火腿”、素“蒸肉”等36样。抬供品的人事先要沐浴更衣，口蒙黄布，以免呼出之气玷污了供品。供品摆好之后，上章主持人即面佛磕头拈香，上章大众肃穆磕头，三跪九叩。和尚道士念经完毕，即将纸人纸马烧化。顿时火光冲天，烟气腾空，“天官”即手捧“天章”直达天宫，面呈玉帝左右丞相，转奏玉皇大帝。供品撤下众人分食。

玉皇上帝是天界的最高统治者，在他下面还有相当于各部大臣的诸神。如文昌帝君掌管学务，关圣帝君掌管商务，巧圣先师掌管工务，神农大帝掌管农务，城隍爷掌管法务和警务。此外还有其他各种神，如雷公电母，风伯雨师等，也都分别执掌有神职。这些天神为了完成神职，都各自拥有属神，如城隍爷就拥有很多从神，此等神分别临视下界人类行为善恶，每年农历腊月二十四日返回天界向玉皇上帝朝贺述职，报告一年来下界人间行为的善恶，因此这一天汉族民间都要举行盛大的“送神”祭典。俗云“送神早，接神迟”，所以这一天一大早，民间家家户户就开始送神的行事，上供、烧金、鸣炮，在黄纸即印上马和轿的画，更制作所谓的“神马”焚烧，作为诸神上天述职的交通工具。

玉皇上帝听完下界诸神的述职汇报之后，就于腊月二十五日这天率领诸神圣驾凡尘，巡察人间善恶，以决定世间人明年的祸福。因此这天民间百姓便纷纷一大早就设香案迎之，称为“接玉皇”。在这天里，各人紧守工作岗位，不敢为非，连争吵相骂的事也尽量避免。所以明人刘侗在《帝京景物略》卷二“春场”一则中说：“廿五日，五更焚香纸，接玉皇，曰玉皇下查人间也。意此日，无妇妪詈声。”

下界诸神在腊月二十四日上天述职，到了第二年的正月初四又返回下界来继续监督人间，因此这天汉族民间家家户户都忙于接神了。从这天下午四点起，家家户户都要供上牲醴、果品、酒菜等，并且焚香、点烛、烧金以及放爆竹等祭拜。同时还要烧全副武装的“神马”“甲马”和“天兵”，这些神马和天兵多半都是印刷好的图画，目的是派这些神马天兵上天去迎接诸神还驾下界。

汉族民间祭祀三官的礼仪也比较隆重。所谓三官，就是上元赐福天官紫微大帝、中元赦罪地官清虚大帝、下元解厄水官洞阴大帝。三官的地位仅次于玉皇上帝，统御万灵，主掌降福消灾、赦罪解厄，他们是奉玉皇上帝之命，来到下界管理民众的。正月十五、七月十五和十月十五各为三官大帝的诞辰，所以民间都要举行祭典。

正月十五日为天官大帝的诞生日，这天天官大帝下凡人间赐福，以表昊天覆民之德，所以在这天家家户户都在厅堂上悬挂“天官赐福神”轴图，而入夜时，小孩们便提着各式各样花灯去游街，以迎接赐福神的降临，男人们则聚会在家祠里饮宴，歌颂些迎福词，如“恭喜添丁大发财”，而妇女们则到三官庙去拈香求神保庇，而后到隔壁邻居偷听人语，以探取更多的福兆。就连叫花子也在这天扮成天官赐福神，沿街挨家道贺，并边舞边弹唱祝福词，以乞得福钱。

七月十五日是地官大帝的诞生日，届时，地官来到凡间，考核人们的善恶，因此，这天家家户户都从中午开始，在神佛和祖先的神位前上供、焚香、烧金、鸣炮祭拜，祈求地官大帝免罪降福。

十月十五日是水官大帝的诞生日，这天，水官大帝也要亲临人间，解厄消灾，所以这天家家户户也都准备牲醴、金纸、香烛，到三官庙祀拜水官大帝，以祈消灾免祸，百厄化解。

◆ 太阳公公与太阴娘娘的祭礼

汉族民间传说，农历三月十九日，是太阳公公的生日，因此这一天要举行诞生祭。家家户户于日出后，向东方，供拜牲醴、烧金，鸣炮、上香、跪地向天祭拜。台湾的汉族人家祭拜太阳公公尤为隆重，各户以麦粉制九只猪、十六只羊以及鸡、鸭、鱼、猪肉、羊肉及蔬菜、茶果等来祭太阳公公。现在的台南市三界坛三界公庙内仍然奉祀太阳君。

太阳公公的祭礼在汉族民间由来已久。早在远古的时候，汉族先民就崇拜太阳神，并在每天的日出、日落之时举行礼拜仪式。到了殷商时，人们还举行郊祭来祭祀日神。西周以后，由于周朝统治者创立了称为“天”或“天帝”的最高神，所以日神崇拜便开始衰落，但由于太阳是决定季节变化的主体，一年四季的季节是由太阳直接决定的，因此祭拜日神的宗教仪式还是保留着，只是没有以前那样频繁，而是在立春、春分、立夏、夏至、立秋、秋分、立冬、冬至等节气进行祭祀。《礼记·月令》说：“立春之日，天子亲帅三公、九卿、诸侯、大夫、以迎春于东郊。”“立夏之日，天子亲帅三公、九卿、大夫，以迎夏于南郊。”“立秋之日，天子亲帅三公、九卿、诸侯、大夫，以迎秋于西郊。”“立冬之日，天子亲帅三公、九卿、大夫，以迎冬于北郊。”由此可见，西周的时候，太阳神的祭礼还是十分隆重的。

到了唐代的时候，据说在唐中叶以前，春天的节日只有正月初九、正月晦（三十日）和三月上巳。正月有个节庆，二月却没有，因此唐德宗时，大臣李泌便上书请废正月晦，而立二月朔（初一）为中和节，百官进农书，以示务本。德宗十分赞同，便下令以正月初九、二月朔和三月上巳合称为“三令节”。所以清初人汪启淑在《水曹清暇录》里，谈到中和节的掌故习俗时就说：“二月初一，俗称为‘中和节’云，起于唐李泌，市中货太阳羔，以祀太阳星君。”晚清人让廉在《春明岁时琐记》里就说得更详尽了：“二月朔日，唐后为中和节，今废而不举。相传为太阳真君生辰，太阳宫等处修崇醮事。人家向日焚香叩拜，供夹糖糕，如糕干状，上签面作小鸡，或戮鸡形于糕上，谓之‘太阳糕’，亦有持斋诵太阳经者。”富察敦崇在《燕京岁时记》里也说：“二月初一，市人以米面团成小饼，五枚一层，上贯以寸馀小鸡，谓之‘太阳糕’，都人祭日者买而供之，三五具不等。”这说明，唐中叶以后，汉族民间曾把二月初一作为太阳公公的生辰举行祭拜礼仪。这一习俗至今在一些汉族地区仍然保留着。

过去，在三月十九日俗传太阳公公生辰这一天，不仅民间百姓祭拜，学校的师生也要祭拜。学校的教师们从前一天就要斋戒沐浴，并且通令学生在这天要穿新衣服，由教师率领列队向太阳公公念《太阳经》，经文如下：

太阳明明诸光佛，四大神州镇乾坤。
太阳日出满天红，晓夜行来不住停。
行得快来催人老，行得慢来不留存。
天上无我无昼夜，地下无我少收成。
家家门前都走过，倒惹众生叫小名。
恼了日神归天去，饿死黎民苦众生。
个个神明有人敬，哪个敬我太阳神。
太阳三月十九生，家家念佛敬香灯。
有人传我太阳经，合家老少免灾星。
无人传我太阳经，眼前就是地狱门。
佛说明明诸光佛，传与善男信女们。
每日早晨念七遍，永世不走地狱门。
临终之时生净土，九元七祖尽超升。
有福念我太阳经，世代儿孙福禄深。

念经完毕，师生一起向天祭拜。

此外，汉族民间在发生日食时，还要举行求日祭礼。汉族民间认为，日食是日神遭到天狗袭击引起的，天狗吞食太阳引起了日食，这就要设法赶走天狗。因此过去每当发生日食时，汉族民间就到处击响锣鼓、盆器等以赶走食日的天狗。这种救日祭礼，早在春秋战国时就在民间流行。孔颖达《尚书主义》疏曰："日有食之，礼有救日之法，于是瞽人乐官进瞽而击之，啬夫驰骋而取币以礼天神，庶人奔走供救日食之百役。"《谷梁传》也说：庄公二十五年，"天子救日，置五麾，陈五兵，五鼓。诸侯置三麾、三鼓、三兵。大夫夹门，士击柝，言充其阳也"。这种救日祭礼的习俗一直延续到现代还有很大影响。

三月十九是太阳公公的生日，八月十五中秋节则是"太阴娘娘"月亮的圣诞日。这天，民间家家户户都在户外园院设"香案"（祭祀时摆在门口的方形供桌），摆上供品，祭拜太阴娘娘。

各地的祭月习俗不同，有些地方祭月时，只是遥向空中拜月；有些地方则在祭拜一位凤冠霞帔的木雕神像，但大多数地方则张挂木刻版印的"月光神杩"，在月亮升起时，先朝月出的方向把月光神杩贴好，设下供案，把一些应时瓜果陈列好，再加上清茶、月饼、糖果等物。摆好祭品，等月亮高挂空中，便点香烧纸，恭祀太阴娘娘来享用。拜完后，把月光神杩焚毁，撤供，全家人在团圆的气氛中，一边享用祭品，一边赏月。

别有趣味的是云南昆明汉族吃斋念佛之家的祭月风俗。过去，昆明汉族城乡居民信佛者甚多，每到正月初六这天，吃斋念佛之人或在自己家中，或到附近神庙中做"太阴会"，祭祀太阴娘娘。祭法通常用糖煮饵块、绿豆糕、沙糕、蜜饯等糕点和香园、佛手、橘子、黄果、甘蔗等果品以及糯米斋饭、油炸豆腐、荞丝鸟花、藕片等菜蔬列桌于院中。待明月初升，即点香三柱，烧黄钱三叠，取天长地久之意，对月亮磕头三个。会念经的跪念《太阴经》云：

混沌初开即有我，我是天上月光神。
两月智派非日月，日管阳来我管阴。
阴阳配合重建顺，昼夜轮流照乾坤。
上照三十六天界，下照地狱十八门。

家家门前都走过，哪座山林不去行？
五湖四海都走过，万因九洲全流行。
一更一点初出土，天地日和星又明。
家家户户说白话，哪个念我月光神？
二更二点睡沉沉，吾在天上不住停。
时时刻刻不敢慢，昼夜轮流不差分。
三更三点冷阴阴，风露霜寒透衣襟。
寒风冷气都不避，一心只为我生灵。
四更鼓来转西沉，二十八宿转鱼星。
三千世界成行冷，孤影孤山孤稀稀。
鼓转五更天欲明，虎驾耳山日光临。
太阳出来我才转，一夜千劳百苦心。
诸佛众圣有人敬，哪个敬我月光神？
三伏焰曲如炉海，万物草木似火焚。
不是我生甘露水，万物草木难发生。
万物结成高大有，是我天上月光神。
鬼神渺渺有人敬，月光明明少人亲。
太阴正月初六生，善男信女要诚心。
一柱清香一盏灯，福禄寿绵永康宁。
若人不敬月光神，黄病瘟灾到来临。
善男敬我月光神，金榜提名做贵人，
善女敬我月光神，金色台前转男身。
宦官敬我月光神，掌握禄位得高升。
世人敬我月光神，消灾延寿福禄生。
六十四句真妙经，一十二月紧念存。
每日早晚念数遍，消灾消难福自生。

念毕此经，复对太阴娘娘磕三个头，烧元宝黄钱，撤供自食。

◆ 祭土地求年丰

“土地老爷本姓张，有钱住大屋，没钱顶破缸。”这句民谣是汉族民间土地庙的真实写照。在汉族民间，奉祀土地老爷的大小祠庙相当多，可以说邻里街巷，山头溪旁，到处都有。豪华的土地公庙可以和关帝庙、妈祖庙看齐；简陋的，甚至可以用石片四块，一片作顶，三片作墙，或用一只破缸覆在地上，也称为土地庙。

土地公就是古代的社神。在远古的时候，人们感谢土地负载万物，直接崇拜土地的自然属性，因而祭祀土地的方法也是将祭品直接撒在地上或灌注于地。但由于土地广大无边，不可遍祭，所以后来人们就立社祭之。应劭在《风俗通义·祀典》中就说：“社者，土地之主。土地广博，不可遍敬，故封土为社而祀之，报功也。”由于历代统治者推崇土地崇拜，从国王到诸侯、士大夫都立社祭祀，因而汉族民间土地庙祠林立，有不少人家甚至在住宅里立祠祭拜土地。

正是由于汉族是一个古老的农业民族，而民生日用衣食所需，皆取自土地，所以土地公也就成为一年之中被祭祀得最多的神祇。过去，汉族民间每月的初二及十六都要祭拜土地，俗称“做牙”。“牙”是“迓”的讹写，是迎接的意思，人们希望借着祭祀土地公而迎接福祇。二月初二的牙礼称为“头牙”，十二月十六日之牙礼，称为“尾牙”。二月初二的头牙，凡供奉有土地神的各土地公庙，这天都要张灯结彩，供牲醴，点香烛，举行祭典膜拜。有的地方民间百姓则以纸钱，俗称“土地公金”系于竹枝上，插立田间，以奉献土地神，祈求土地公带给人们一年的丰收。而一般则在家里备牲醴，烧土地公金，燃放爆竹，为土地公老人庆寿，拜毕，家人团食，俗谓“吃头牙”。这种祭祀土地公的习俗，在台湾的汉族地区也十分流行。《台湾通志》载：“土地公之信仰，即土地之神，源于古代之社神。台民祀土地神，极为普遍，无论里社、陌路阡头，皆有小庙，俗称‘土地公庙’。土地公为县以下乡里之神，蚩蚩者氓，奉之为护土神，以其造福乡里，施福万民，尊称‘福德正神’。”

在四川，过去祭土地神最热闹的是办土地会。每逢土地会日，川内街坊、井边、庙前顿时热闹起来。各街之土地祠庙，则由帮会头目募集香钱，将祠庙整修一番，贴上新对联，如“比户可封，伏神威而保百姓；聚炉相望，藉福泽以惠四方”等等，还为土地神像穿新衣、挂彩，并招演灯影戏或木偶戏以酬神，还要办会酒若干席，众人大吃一顿。此时土地庙前香烟缭绕，烛火辉煌，与平时冷落情景大不一样。街巷办会则多在井边或街巷转角处，于方桌上设土地公堂，堂上配有“肃静”“回避”牌及纸剪衙役之类。方桌腿两边贴上对联，吊一对灯笼，再将土地神从庙中请来，供在桌子上方，燃上香烛，献上供果等祭品，也请人唱戏，闹至深夜方罢。民国名人章士钊先生1943年漫游泸县时，正值泸县办土地会，满街灯火辉煌，演戏娱神，他感触颇深，作《鹧鸪天·土地会》一词：

丈八官街足碍人，笼灯围鼓致纷纭。相惊却问缘何事？道是今宵庆社神。

崖畔屋，水边村，黄鸡白酒四时春。专城漫说芙蓉主，未抵泸州土地尊。

有趣的是，在汉族民间，农民把土地公当作土地的守护神，而商人则又视之为财神而顶礼膜拜。过去，每月的初二和十六，商家必定祭祀土地公，祈祷生意兴隆。特别是二月初二的头牙和十二月十六的尾牙，祭典尤为盛大，连佣工、顾客都要请到。吴瀛涛在《台湾民俗》中就说：“商户，‘做头牙，尤盛’，店主盛宴店员。头牙，特制食料‘润饼’；系以润饼皮，内卷包豆菜、红萝卜、笋丝、蒜头、虎苔等各色杂菜，或豆干丝、肉丝、花生粉末、蛋燥（煎蛋片）等多项食品，即系春饼（春卷），不炸油者，老幼均极可口，为一营养特殊食品。”可见，不仅大陆的汉族商人，就是台湾的汉族商人也都极为重视二月初二土地公诞辰的祭典。商人们之所以把土地公当作财神爷加以崇拜和祭祀，究其原因，是因为习俗雕塑或绘画土地公像，大多数是右手拿着手杖，而左手又执着元宝的老人福像。可见，土地公不仅执掌土地行政，还兼理财务，难怪商人们祭祀土地公那样隆重了。

那么，土地公是何许人也？关于土地公的由来，古书上有不同的说法。有的说是共工之子，后土，如《礼记·祭法》说："共工氏之霸九州也，其子日后土，能平九州，故祀为社。"有的说是共工之子，句龙，如《左传》昭公二十九年："共工氏有子曰句龙，为后土；后土为社。"有的说是夏禹。《淮南子·汜论训》："禹劳天下，而死为社。"也有的说社是颛顼之子，犁。《礼记·月令》注："后土亦颛顼之子，曰犁，兼为土官。"有的说是后稷。《礼记·祭义》："建国之神位，右社稷而左宗庙。"而汉族民间关于土地神的传说就更多，也更有浓厚的民俗趣味了。且听汉族民间关于"土地老爷本姓张"的一则传说：

周朝的时候，有一个叫张明德的人为某上大夫的家仆，上大夫之幼女在乡思念其父心切，张仆人于是就背着幼女赴其父亲的住所会晤父亲。因为路途遥远，半路天降大雪，张仆人立即脱衣保护幼女，而他自己却被冻死了。张仆人死后，空中突然现出"南天门大仙福德神"八个大字，此事一经传开，当时百姓异口同赞，一致认为"南天门大仙福德神"为上天赐张仆人之封号。而那位上大夫亦感念张仆人恩德，乃建庙供人祀之。到了周武王时赠号"后土"，转称"土地公"。这个故事后来流传汉族民间，所以俗称土地老爷本姓张，有钱住大屋，无钱顶破缸。

对土地爷的崇拜祭祀在汉族民间流传了几千年后，曾随着社会主义改造的进行而基本上匿迹了。但是，20世纪80年代以后却又悄然兴起，不用说在农村又兴建起了大大小小的土地庙，就是在一些城市里对土地爷的崇拜祭祀也热闹了起来，据《黄金时代》杂志《羊城·港商·土地爷》一文报道，在改革的大潮涌入广州之时，随着港商投资办厂的发展，对土地爷的崇拜祭祀也被带入了广州，如在三元里一位港商开办的针织厂门口的土地庙就十分醒目，它耸立在红花绿叶中央，头"戴"黄澄澄的琉璃瓦，身"披"马赛克外套，深蓝色的香盆里香烟缭绕。

◆ 城隍出游　万人空巷

在汉族民间百姓的心目中，城隍不仅是城市的保护神，而且还是管理全体鬼魂的阴间长官。因此，旧时城隍庙遍及各地，都有都城隍，府有府城隍，县有县城隍。且城隍庙于城镇寺庙中规模较大，庙宇深邃，森然可怕。一般庙宇门前都有一对石狮子，门两侧有副对联，如“皇天无亲，唯德是辅；鬼神有眼，作恶难逃”之类。庙内多有几重大殿，两侧塑有判官、牛头马面、鸡足神、无常鬼、十殿阎王等像。正殿置城隍神像，泥塑彩绘，匾书“善恶昭彰”。前往城隍庙祭拜的人络绎不绝，城隍庙里一年四季香火不断。

旧时汉族民间各地祭拜城隍爷的活动各式各样。在四川，过去每年都要举行一次规模盛大的城隍庙会。各地庙会日期不一，但一般都安排在城隍寿日，由帮会出面组织，邀请戏班为城隍大演神戏，昼夜不绝，如此长达十余日。庙会期间，城隍庙人群爆满，摆摊设铺的，求神许愿的、跑江湖的、测字算命的、赌博的，熙熙攘攘，人声如雷。

城隍出驾，是城隍庙会活动的高潮。成都的城隍出驾，尤为热闹。出驾前一日，以四轮车载一巨瓦盆，盆内燃柏枝，后跟数人，以扇煽动使香烟四扬，沿城隍神将要经过的街道走一遭，谓先拔除不洁。凡随驾之人都要到庙里进香，有的整夜虔伺于庙内。

出驾那天，将庙内城隍木像穿上衮冕，用八人大轿抬起，沿街出巡。成都、华阳两县城隍神先抬到成都府城隍庙，然后三神同出，前呼后拥，长延数街。有衙役若干人，挥舞长鞭，沿街吆喝：“把头上包的帕子揭啰！”俗称“清道”。队列最前面的为旗、锣、伞、扇，两两对出，与官府仪仗大体相似。接着便是扮地狱变相者，如龇牙咧嘴的牛头马面鬼卒；手执阴阳伞，头戴写有“正在拿你”高帽的无常鬼；手持铁锁链、吊着长舌的鸡足神。每种各有二三十人。又有“阴五昌、阳五昌”，每起必五人，其头上皆扎有一尺多高的纸钱，满脸红绿相间，目光灼灼，手持铁叉，状若捕人，给人以阴惨恐怖之感。更令人心惊的是扮演罪犯的人，前面由一人扮成鬼役，以铁链系罪犯，拖着走。罪犯则作遭受惨刑的样子，如身上插刀，或铁叉贯腹，不过这当然是假的了。真的也有，即“挂灯”，此灯为银皮做成的灯盏，里面放有菜油，灯盏有曲柄尖利带钩，可挂在肉里。扮演罪犯的人赤裸上身，两手撑着红漆小杖，头束青纱，自额头到胸乳、两肘、背际，共挂7至10余盏燃灯。这样的人多是为了许愿还愿，消灾免难。

随后跟着的是富贵人家的儿童，扮成神仙英雄，乘骏马，锦鞍玉辔，两侧由仆人扶持，称为“顶马”，有数十起。再后便是城隍神轿，每神轿前，必有一彪形大汉，扮作判官，手执生死簿，背负长约两米的大算盘。每轿皆由八人抬，抬轿者都着浅蓝色绸质短装。城隍神像则彩衣着身、神气活现地接受众人跪拜。整个队伍沿街游行时，鼓乐吹奏，鞭炮齐鸣，浩浩荡荡，气派非凡。

每逢此时，人们倾城聚观，万人空巷。城隍爷所经之处，各家门前多设有香案，神到则焚香顶礼膜拜。

◆ 潮州游神称一绝

在汉族民间，人们祭拜鬼神的活动各式各样，名目繁多，过去广东潮州的游神活动，可谓独具特色。

在潮州，人们最为信仰的神明是“安济圣王”，即潮州的保护神。因此，“安济圣王”出游时，就显得格外隆重、庄严、肃穆。

“安济圣王”出游的时间，一般多在元月23日或24日。出游前，首先要“洗安路”。由一小队人马，前头是马头锣，后面是扛安路牌“肃静”“回避”，沿着安济圣王将要出游的路线行进，意在扫清路障，驱除妖邪。行进时，边敲锣边大声宣布圣王出游日期，闻者奔走相告，家喻户晓。人们纷纷缝制新衣服，大扫除，准备五牲，蒸做甜保、红桃、发保，并购买香烛、鞭炮、元宝等祭品。

经过近20天的准备，并以一连三个晚上的游花灯，游神的序幕才正式拉开。到了第四天，即游神前一天晚上十点钟，“青龙古庙”门口便鸣放三声震天动地的礼炮，每隔半小时一响，此时，各社的绅士分别把“安济圣王”“大夫人”“二夫人”抬进三乘镂刻祥禽、瑞兽、花卉的金漆木雕敞篷神轿上。三门礼炮响过，游神主持人便在庙中举行肃穆的“拜起马”仪式，在鞭炮锣鼓齐鸣、人们欢声雷动中，每乘轿由4个彪形大汉托起冲出庙门，风驰电掣呼啸而过，奔出狭窄的青龙宫巷，直上大街，开始了连续达五十多个小时的游神活动。

走在游神队伍最前面的是扛马头锣、16对绫罗绸缎描金绣银的五彩大标、安路牌“肃静”“回避”，拿着八宝法器的人，接着由一绅士着长衫马褂双手捧着小香案，再接着是24对焚烧檀香木锡香炉，这才连接着“安济圣王”的第一乘轿，“大夫人”“二夫人”的第二、三乘轿。跟在后面的是潮州城各社十三班潮州大锣鼓。此时，观看游神的群众早已把大街小巷挤得水泄不通，巷中的家家户户早已在门口设祭坛，用大红纸书写“恭迎圣驾”四字贴于正中。焚香、摆馃品、置五牲、挂鞭炮。有钱商号，所挂鞭炮可以从两三层楼高的阳台直垂地面，长数丈，宽数尺，厚数寸。等到“圣驾”至坛前，家长、财主率家人、伙计，人人穿上节日盛装，一面燃放鞭炮，一面烧香、火化元宝，跪拜、祈祷。鞭炮硝烟之浓，对面不见人，历数小时而不散。就这样圣王游完了全城的大街小巷，直至第三天凌晨，才复归庙中。

在潮州名目繁多的游神活动中，最有趣的要数卧石乡的游“三山国王”了。相传，“三山国王”为潮州的福神，卧石人每年正月初九便由乡中族长把庙中的“大王爷”等六尊木雕髹金偶像分别抬到六个临时搭起的敞篷里，初十全乡家家户户在坛前摆开五牲等祭品，焚香烧烛火化元宝，虔诚膜拜。可是，到了十一日，气氛就完全不一样了。每个敞棚推举年轻力壮的小伙子，把王爷和他们的夫人送回庙里，但再不是用轿抬回去，而是有人把大王爷夹在腋下，有人把二王爷扛在肩上，大家互相追逐，让王爷们、夫人们互相顶牛、碰撞。有的地方游行末了，则把偶像集中在几个旷埕上，轮流抱起“大王爷”摔地，俗称“舂老爷”；有的地方，索性用草绳子套住偶像的脖子在地上“五马分尸”，俗称“绞老爷”。俗谓神像越弄得头破“血流”，臂断腿折，村民越兴旺。

由此可见，对于自己创造的鬼神，人们既可以把它们当作万能主宰者加以顶礼膜拜，也可视之为玩偶，任舂任绞，这与水能载舟，亦可覆舟的道理颇有相通之处。

◆ 慎终追远祭拜祖宗

慎终追远，百善孝为先，这是汉族人民的传统道德。俗云：“不孝有三，无后为大。”可见汉族民间把孝子贤孙、传宗接代放在何等重要的地位。

汉族民间之所以如此看重传宗接代，推崇孝道，这是与他们虔诚信奉灵魂崇拜和祖先崇拜密切相关的。汉族民间迷信，人的生与死都是命中注定的，而现世中的机关制度、文化道德等社会状态以及人们的日常生活方式在阴间也照样存在。人一旦死亡后，灵魂就离开人体进入阴间，继续过和人间完全一样的生活。因而就认为，一个断绝后嗣的人，就会变成无人祭吊的孤魂，而不得不在阴间过乞丐生活。基于此种道理，就必须有孝子贤孙为祖灵准备居住的“灵厝”（纸造房屋），并且焚烧“冥币”（银纸）和“库钱”等等，以及供上很多充作食粮的供物，使祖灵能在阴间过舒适的生活。于是，为了能永久维持祖坟烟火不绝，就要不断地繁衍子孙，万一不幸后嗣断绝时，也要收个养子以延续后嗣，或设祭祀公业、祖庙、祠堂等共同祭祖，这就产生了各种祭祖仪式了。

过去，汉族民间几乎各家各户都在正厅供奉祖宗的牌位，朝夕烧香礼拜，特别是逢年过节，杀鸡宰鸭，首先就要把牲醴酒浆、纸马香帛拿到祖先牌位前虔诚供奉。而春节的祭祖尤为讲究。春节是汉民族农历新年岁月的更始，所以这一天又称为岁之朝、月之朝、日之朝。春节里的第一件事就是要祭奠祖先。所以过去每到春节子夜，汉族民间家家户户都把祖宗牌位依次摆列正厅，然后供上一切供品，长幼依序上香跪拜。有些思亲至切的人家，还全家矮凳侧坐在祖灵旁，陪守通宵达旦而不辍。

清明扫墓祭祖，是汉族民间最为普遍的祭祖习俗。据说扫墓祭祖习俗早在西周时就得到重视，只不过那时的祭墓不一定在清明节。到了唐代，由于朝廷规定寒食节到清明节，祭扫祖坟三日，当时的“太学”清明节放假三天，“武学”放假一天，以便让师生回家扫墓，这样清明节便成为上坟扫墓祭祖的祭祀节日了。所以过去每逢清明节，汉族民间百姓便纷纷带上祭品，到祖先坟地，把坟上的杂草砍尽，坟堆土少棺材露出的地方再用土填盖起来，而后把水果三牲糕点排列好，把坟头的小酒杯添满，再上香致意，并燃纸钱给死者在阴间里花用。明人刘侗在《帝京景物略》卷二“春场”中，描写北京城里的人们清明扫墓情景时说：“三月清明日，男女扫墓，担提尊榼，轿马后挂楮钱，粲粲然满道也。拜者、酹者、哭者、为墓除草添土者，焚楮锭次，以纸钱置坟头。望中无纸钱，则孤坟矣。”唐代大诗人白居易，在《寒食野生吟》中就更生动形象地描述了当时清明民间扫墓的凄凉悲伤的情景了：

马啼鹊噪昏乔木，清明寒食谁家哭。
风吹旷野纸钱飞，古墓垒垒春草绿。
棠犁花映白杨树，尽是死生别离处。
冥冥重泉哭不闻，萧萧暮雨人归去。

为了保证祭祖，过去汉族民间还联合同宗同族之人建立家庙，组成祖公会或实行祭祖公业制来祭祀祖先。所谓祖公会就是以祭祀祖先为目的所组织的团体，因而会员全是同姓或同宗。成立之初，会员纷纷捐款，购买田地房屋作为会产，并设管理人以其收益充为祭祖的费用。祭祖公业性质与祖公会也很类似，以筹祭祀祖先的经费为创立目的。普遍是当继承父祖遗产时，先从其中抽出一部分作为公业，不过也有不少是子孙从自己的财产中自动捐出土地或金钱，为充作祭祀祖先的公业设定。更有的是为亲属或他人灵魂而祭祀时，由一人或数人所捐的财产而成为祭祀公业。这些财产乃是祭祀公业团体的公产，只有在履行祭祀祖先义务时才能动用。所以每当一年的降祭之日，集合全族之人，举行盛大的祭典时，其费用皆由祭祀公业负担。

中元节俗称为鬼节，也是汉族民间祭祀老祖宗的日子。俗传阴间地府每到七月初一就开始放假，允许鬼魂回去探亲访友，到七月三十日假满鬼魂才返回阴府。所以汉族民间各家各户在七月十二日黄昏开始接祖。过去，在云南昆明，城乡居民鬼节接祖和送祖的祭礼是十分隆重的。接祖时，家长要端着浆水饭，拿着六七寸长的黄麦秧和黄白纸钱到门外。先给门神敬三炷香，烧三张黄钱祝告说："请把门将军，护家校尉给本氏门中三代宗亲先灵进来。"接着烧白钱若干张于地，祝告本境土地神灵务必让老祖宗入境受祭。然后祈告："本氏门中三代宗亲先灵请进来了。骑马的开马钱，坐轿的开轿钱，走路的开路钱，请进来啰。"并把"浆水饭"泼在地上，给护送祖灵的阴差吃，好打发他们上路。老祖宗进入黄麦秧里，端回家供在桌上。接着供饭三碗，筷三双，若干样荤菜于桌上请老祖宗受用。并点香灯一盏，给老祖宗照明取暖，供酒三盅、茶三杯，好让祖宗痛饮饱食。供片刻，全家长幼依次磕头。家长祈祷："上辈祖宗，请保佑孙男孙女聪明伶俐，家道平安。这点东西不成意思，勉强请请，不要见怪。"烧白钱三叠，每样菜都夹少许放入一碗之中，倒在地上。酒也泼数滴，便撤供而食。

十三、十四日两天，每餐都如法祭祀。此外还要准备好送祖的"冥包"。"冥包"系用封套装入银锞。十五日晚饭后送祖，将冥包、麦芽、浆水饭等端到门外，用灶灰在地上画三个圆圈，烧包于圈内，口中祝告："本氏门中三代宗亲，请来领受啰，今年怠慢，明年早请，放放心心，请回去啰……"烧完泼浆饭水于地。这时送祖祭便告完毕。

◆ 道士忙普度　佛徒盂兰盆

“普度”是普遍超度孤魂野鬼的意思。原是道家在中元节举行的一种宗教仪式。由于汉族民间相传七月初一是“开鬼门关”，七月三十日是“关鬼门关”，在这一个月里，幽冥界的所有孤魂恶鬼，都来到阳间徘徊找东西吃，因此自道教在东汉创立，并流行民间之后，旧时各个地方都纷纷在这个月里举行“普度”的祭仪，以“普遍超度孤魂”。

汉族民间的普度分为私普和公普。所谓私普，也就是私人进行的普度，日期大体都按传统风俗来决定。从七月初一到三十日之间，大家共同商议，甲村是这一天，乙村是那一天，分别规定好各自的祭日。在私普那天，家家户户都在指定的日子，各自做好饭菜，招待来自阴间的饿鬼。从当天下午四时起，要在房前供上三牲与其他食品，焚香烧银纸超度孤魂。由于民间还传说，如果供品不够丰盛，饿鬼不够吃，或吃得不满意，那么饿鬼就要作祟，或让人生病，或危害所养的家禽家畜。因此，家家在准备祭品时都尽量把饭菜做得丰盛，反正夜晚撤供时，供品还是要进自己家人或亲朋好友的嘴巴，所以民间百姓也就不吝于一时了。

公普，就是以所信仰的寺庙为中心举行的祭典，一切费用由大家共同乐捐，公普的主祭人通常由当地的富豪或庙中主事者来担任。在举行公普的前夕，要在庙前立起一根高达数丈、顶端吊一盏灯笼的“灯篙”（北方叫灯笼竿）。民间相传，只要把这盏灯笼点着之后，那些在七月初一因“开鬼门关”而从阴间到阳间来的饿鬼，就会以这盏灯笼为目标，前往寺庙接受盛筵款待。

立起灯篙后，就要搭建祭坛，在祭坛正面和左右两壁挂佛像画轴。场地准备好之后，开始奏钟鼓之乐，表示祭典开始，再依照发关、请神、安灶君、请孤魂、拜忏、七献、小施等顺序，由僧侣们进行仪式。庙前除了祭坛外，还另外搭建“孤棚”。孤棚是先用四根大圆柱子，在两公尺高处架起十五六坪大小的棚子，附近各家便竞相来排列三牲、五牲、粿饭和各种山珍海味，上面还插着写有“普醴阴光”“庆赞中元”“敬奉阴光”等字样的三角小旗和线香。供物很快地就摆满了孤棚，孤魂饿鬼就可以饱食一餐了。

那么，水中的孤魂饿鬼又如何通知呢？有办法。那就是用“放水灯”来通知他们普度。水灯是用竹条与纸糊成盒子状、尖顶的“纸厝”，在纸厝门上写着“水灯首”或“水灯头”。厝内贴红纸写“庆赞中元”或“普度阴公”字样，并在里面插一对蜡烛与几根香。整个纸厝是安置在黄麻编成的筏或并排的圆木上，借其浮力漂流于水上。通常在放水灯时，河边都放了桌子，上面供有三牲菜饭、银纸巾衣等，由僧道念招魂之偈，引导水中孤魂上岸。水鬼看到了水灯，便分别上岸来享受盛宴了。但水鬼若觉得吃不够，第二天还可以相偕到庙前享用公普的祭品呢。

汉族民间放水灯的仪式既可在白天举行，也可以在晚上举行。要是在晚上举行，那点点灯火在河面上漂流着，还真的挺阴森的。

如果说中元普度是汉族土生土长的宗教——道教所奉行而在民间广为流行的一种超度孤魂野鬼的祭祀仪式的话，那么“盂兰盆会”则是信奉佛教的汉族地区，在中元节这天举行的超度历代宗亲的佛教仪式了。

“盂兰盆”是梵语音译，意为“救倒悬”。《佛说盂兰盆经》中说：佛祖十大弟子之一的目连，很孝顺母亲，他的母亲在死后被罚入地狱受倒悬之苦。目连来到地狱，用钵盛饭喂其母，但食未入口已化为灰火。目连将此事向佛祖诉说，佛告诉他，必须在每年七月十五日以百味五果，置入盆中，供养十万鬼灵，超度众饿鬼，其母才能得到济度，于是目连依佛祖之意行事，其母乃得到饱食。这就是盂兰盆会的缘起。

由于汉民族是一个非常重视孝道的民族，因此当孝子目连入地狱救母的“目连经”传入中国以后，中元节祭祖和普度的行为便受到了“目连经”的影响。据说早在南北朝时期，盂兰盆会就开始在汉族民间流行了。义楚在《释氏六贴》中说：“《宏明》：梁武每于七月十五日普寺送盆供养，以车日送，继目连等。”南朝梁人宗懔在《荆楚岁时记》里也说：“七月十五日，僧尼道俗悉营盆供诸佛。”自此以后，成为风俗，历代帝王以及民间百姓无不举行，以报祖德。唐道世在《法苑珠林》卷六十二《祭祠篇》中说："国家大寺，如长安西明、慈恩等等，每年送盆献供种种杂物及舆盆音乐人等，并有送盆官人，来者非一。"宋人孟元老在《东京梦华录》里也说："七月十五日，中元节，先数日市井……印卖尊胜目连经，又以竹斫成三脚，高三五尺，上织灯窝之状，谓之盂兰盆……构肆乐人自过七夕，便般（搬）演目连救母杂剧，直至十五日……"可见南北朝之后，随着佛教在中国的日益盛行，盂兰盆会在汉族民间已成为一个普遍的习俗了，民间这天在举行盂兰盆会时，还要搬演目连救母杂剧，印卖《目连经》，以传扬孝道伦理。由此我们可看到汉族民间信仰独特的兼收并蓄的吸收能力了。

◆ 家家户户祭灶王

灶神，汉族民间又称灶君、灶王、灶王爷、灶君菩萨等等。在鬼神的品秩中，灶君不过是一位无名小卒，地位并不高，然而却是玉皇上帝派到人间监督善恶之神，《敬灶全书》就说：灶王“受一家香火，保一家康泰。察一家善恶，奏一家功过”。被举告者，大错则减寿三百天，小错也要折寿一百日。世人谁敢不巴结讨好呢？于是，就形成了汉族民间家家户户祭灶王的风俗。宋代诗人范成大在《祭灶词》中，就以诙谐的语言，把宋代汉族民间百姓祭灶风俗描绘得非常生动：

古传腊月二十四，灶君朝天欲言事。
云车风马小留连，家有杯盘丰典祀。
猪头烂熟双鱼鲜，豆沙甘松粉饵圆。
男儿酌献女儿避，酹酒烧钱灶君喜。
婢子斗争君莫闻，猫犬触秽君莫嗔。
送君醉饱登天门，杓长杓短勿复云，
乞取利市归来兮。

汉族民间很早就有对灶神的信仰，且传说最初的灶神是一位女性，《庄子》说她“着赤衣，状如美女”。后来的道书则把灶神说成是昆仑山上的一位老母，叫作“种火老母元君”，她手下有五方五帝灶君、曾灶祖灶、灶子灶孙、运火将军、进火神母等三十六神。她专门管理人间住所，记下每家人的善恶，夜半上天奏天庭，汉族民间百姓称之为灶神奶奶。

男灶神的出现，大约是在汉代。汉代的时候，灶神颇受人们敬重，祭品的规格与社稷神同等，充当灶王爷的人也大都是一些头面人物。如《淮南子》说：“黄帝作灶，死为灶神。”又说：“炎帝于火，死而为灶。”《五经异义》则认为“火正祝融为灶神”。人们让极受敬仰的黄帝、炎帝或火神祝融来充当灶神，并认为灶王的神职是掌管人们的饮食，因此祭灶时祭品丰盛，毕恭毕敬。

以后，汉族民间有关灶神的传说越来越多，出现了不同姓名的一些灶王爷，其中流传较广的是张单、张子郭。俗传他是一个专门搜集一家一户“违法犯纪”阴私，然后回天庭向玉皇大帝打小报告的家伙。人们对这种卑鄙的行径，虽然恨得要死，但也怕得要命。虽讨厌他但还得讨好他。因此形成了腊月二十三日俗传灶君上天言事时的祭灶习俗。

腊月二十三日这天，汉族民间不论贫富，户户都在家里设坛送灶君。奏疏、寿桃、灯芯、纸马纸鹤，是必备的供品。“奏疏”是一封托灶王爷呈交玉皇大帝的感谢信，末尾特别签署了弟子合家的名字。“寿桃”即在一小块红纸上，用麦生、白糖拌和刻成一颗缀有叶子的大寿桃，意在祝愿玉皇大帝万寿无疆。纸马纸鹤是印在纸上的，一匹备妥雕鞍金蹬的高头骏马，一只展翅欲飞的仙鹤，这是司命帝君和他亲属的坐骑。几扎素洁的灯芯是作日夜兼程点灯之用。由于人们担心灶王爷在玉皇上帝面前说自己家的短处，于是就绞尽脑汁，在祭灶时想出各种办法来对付灶王爷。有的用胶牙糖敬他，好把灶王爷的牙齿粘住，使他在玉帝面前不能乱说话，俗称“粘灶”；有的用酒糟涂抹灶门，这叫“醉司令”，醉得灶王爷连话也无法说：有的用黄羊祭祀，多给灶王爷供品，使他心满意足，在玉皇上帝面前多多美言几句。正如汉族民间的《祭灶》民谣所说：

年年有个二十三，灶王老爷要上天。
有大马，有草料，路途平安顺利到。
供上糖果把你甜，玉皇面前进好言。

灶王爷的“假期”一共有十天。到了正月初五这天又要下界来履行他察人善恶的神职。因此到了正月初四，汉族民间又家家户户把屋子里里外外打扫得干干净净，并在灶前点香案等神。初五一早，家主及家人就要沐浴，换上盛装，在香案前跪接灶君“放假”归来，俗称“迎灶”。

三、巫术风俗

◆ 装神弄鬼话巫术

在汉族民间，过去常常可以看见一些巫婆或神汉装神弄鬼，他们妄称神灵附体、降身，浑身抖动，如醉如痴。人们迷信鬼神的灵魂进入了他们体内，其言行由鬼神控制，成了鬼神的代言人，能为人们招魂，求雨，驱鬼，驱邪，求福，扶乩，择日，释梦，放阴，占卜，进行诸如此类的巫术活动，以预知未来事物、人事动向；祈求神灵保佑生产丰收、人丁兴旺，驱赶、诅咒为害百姓的恶鬼，为人们消灾灭祸，请神驱鬼治病；为死人送葬；借助神的力量判断人间是非等。

巫婆、神汉何以能装神弄鬼？就是他们有一些特殊本领，即现在人们俗称的"特异功能"，如过火、吞火、吐火、刺身、破头、踩铁板、上刀山、困钉床等。据吴瀛涛《台湾民俗》记载，台湾汉族过去在际会寺庙新祀神像举行祭典，童乩就乘人们兴高采烈时应运而生，即表示自己已受神的宣托，而为显示灵验，则在公众面前进行各项令人心惊肉跳的表演。《台湾民俗》中记载的童乩裸身赤足过火的仪式也令观者咋舌："其情形是道士童乩一在庙内，一在庙外祈祷，继而向火祷拜。火则叠高木炭使之炎炎燃上。悬插令旗的辇轿则由童乩二人前后抬扛，且跳且舞，圈走庙宇内外多次，鸣锣声随后，而随道士的信号，钟鼓频鸣，抬辇轿的童乩继续冲入熊熊的火焰中。经过一番轰轰烈烈的过火后，辇轿即折回庙内，把神像安放原处，仪式至此结束。"

其实，上述种种巫术的作法，并不是什么“特异功能”，更不是什么鬼的力量，据宋兆麟在《巫与巫术》中揭露，其大多是巫师利用一定的科学方法保护自己的结果。以过火来说，一是速度要快，使脚与火炭接触的时间不超过三十分之一秒，在这种情况下人是不会被烧伤的；二是在脚底下沾一层盐巴，而盐是一种冷却剂，能够解除脚部烧伤的危险；有时在踏火前往火上撒盐，使火星四溅，看上去火势很旺，实际上炭温降低，可免烧伤。由此可见，过火法术是巫师利用了降温、隔热的物理方法来蒙骗人的。至于吞火，则是利用了火在口中因缺氧而熄灭的原理，看似危险实则无险；吐火则口内含有一定数量的硫黄，往嘴边点燃的蜡烛或松明上吹硫黄粉而成；上刀山则采取了种种保护措施，或用手劲作引体向上攀缘而上，或喷鸡血在刀刃上使之变钝，或垫草纸等等，有的还运用了气功的功夫，从而给自己的巫术作法披上了一层神秘的外衣，达到神化自己，迷惑百姓的目的。

巫术虽然是一些装神弄鬼的把戏，但巫教在人类思想发展史上却是一个原始意识发展的重要阶段，尤其是中国的汉族，从未形成过一个统一的宗教，多神崇拜和祖先崇拜长期在民间盛行，致使巫术在汉族民间也广泛流传，成为汉族民间信仰的一个重要方面。中华人民共和国成立后，随着社会的进步，科学的普及，巫术活动的市场已越来越少，但并未绝迹，有些始终在民间久盛不衰，有些则经过曲折，于20世纪80年代以来在一些地方又兴起。

◆ 征兆迷信种种

征兆是汉族民间流行最广的一种巫术。它通过体兆、物兆、天兆、梦光等，按照约定俗成的解释来预测吉凶福祸。

一、体兆迷信

人体各部分器官的异常状态被民间视为预兆。如眼皮跳动，汉族民间普遍认为“眼皮跳，客来到”是吉兆；有的则认为“左眼跳，福来到；右眼跳，祸来到”，或“左眼跳财，右眼跳灾”。

二、物兆迷信

汉族民间还迷信动物、植物及其他事物也都能预示征兆。

山东汉族俗信猫头鹰在谁家周围叫，就预兆这家要死人，有“夜猫子进宅，无事不来”的谚语。听见乌鸦在头顶上叫，是凶兆，如果鸟类再落到身上则更不吉利。听见喜鹊叫为吉兆，有“喜鹊叫，来报喜，不是来财就是来亲戚”“朝报喜，夜报财，不晌不夜有客来”的谚语。但有的地方却俗信喜鹊上午叫有喜，下午和晚上叫不吉利。早晨麻雀乱吵吵地在屋前叫，预示这天要吵架，家宅不安。早晨出门遇见兔子顺路跑，预示本人一天不吉利。出门遇见猪也不吉利。母鸡学公鸡叫，有人俗信不吉利，要把鸡杀掉；也有人说吉利，主家庭兴旺①。

浙江宁波一带的汉族俗信出门头上鸦噪、夜间鸦鸣必有灾，须吐一口唾沫，并说：“不吉声消。”出门遇花轿或僧尼不吉利。路中被盲人所触主凶。出门遇红沙遮日主凶，有“出门遇红沙，到老不归家”的俗谚。夜闻犬嗥如哭或九头鸟叫，大凶。看见两头蛇，大凶；看见家蛇，不吉，要以手撒茶叶米，口念“顺顺溜溜，快回笼去”解魇。猫上屋拜月，将患邪病，要拾石掷猫。老鼠搬窝主凶。地面冒水，俗称“出龙”，主灾。而出门鹊噪，谓喜鹊报喜；出门遇棺材，谓有官有财。红下巴燕子来居，

① 参阅《山东民俗》山东友谊出版社 1988 年版，第 392 页。

主吉；白下巴燕子来居，平常。红烛上结花，将有喜事，俗谓“昨夜开灯花，今日财帛临我家”。灶火爆响、蜘蛛掉下、筷笼取筷偶落一根、杯筷偶然多置等谓有客到。梳子落地，将有宾客来临。①湖州一带的汉族俗信鸡飞上屋，主火灾，须杀鸡洒血禳解。雌鸡打鸣，主人要立即把它抓住，猛砍一刀，首身分离，并喷鸡血于地，以避凶趋吉。狗上屋，兆地震，亦说全村将有大祸，因此一律吃素七天，此间还要禁伤生。蛇缠梁上，不慎跌下，俗称“脱脚”，主凶。听到猫头鹰叫，以为是数人的眉毛，而眉毛代表寿命，预示近日要死人。鸟屎落在身上，据说除了乞丐，其他的人都要死的。因此，要立即由母亲代替子女或由子女代替父母装扮成乞丐，挨家挨户讨满“百家饭”以消灾。②

台湾汉族的物兆分得很细，不同时间碰到的物兆主凶、吉不同，列举狗吠等例如下：③

狗吠征兆

子时：妇人稍后会来，会与人争斗
丑时：有喜事、无别事
寅时：会得财、大吉
卯时：会得财、大吉
辰时：会得财、吉
巳时：希望会实现
午时：有酒食
未时：妻有外心、凶
申时：有忧事
酉时：加官进禄、吉

① 参阅《浙江风俗简志》，浙江人民出版社 1986 年版，第 171-172 页。
② 参阅《浙江风俗简志》，第 404-405 页。
③ 参阅《台漳风俗志》，第 634-636 页。

戌时：有口舌、有火灾
亥时：会得官位、有诉讼

釜鸣征兆

炊事时：釜或锅自然发出响声，亦有事前兆
子时：平安、大吉
丑时：家中富贵、大吉
寅时：有凶怪事
卯时：有祸、大凶
辰时：田蚕好、有大利
巳时：会得财、临身大吉
午时：会得官位、大吉
未时：有凶祸、不吉
申时：有远行、吉
酉时：有远行、人归大吉
戌时：有酒食
亥时：得官位又有利益、得财大吉

此外，汉族民间普遍俗信嘉禾生、朱草现、昙花开，二树连理，铁树开花等为吉兆。

三、天兆

天体的运行，如日月之出没，天地之阴晴，若出现异常现象，如发生的日蚀月蚀，流星扫空，地震成灾等，汉族民间则认为是一种征兆，俗称“天兆”。

汉族民间俗信日蚀时，天地昏暗，是天狗吃太阳，家家户户要燃点香烛、鸣放爆竹，敲锣打鼓（有的要敲脸盆），驱赶天狗，以防吞食太阳，天地覆合，过暗无天日的日子。月蚀时，认为是野月吃家月，也要鸣锣放炮。彗星，民间俗称“扫帚星”，夏夜看见，认为次日必有晦气。喜见流星消逝天空，预兆次日有财兆，可以拾到钱财。也有的认为天上掉下一颗星，地上就死一个人。电闪雷鸣，击毁房屋树木，打死人，认为是雷公雷婆惩罚有罪的人。旋风吹过，主凶，表示有神灵经该处，不能说话，以免吹歪了嘴。雨后有虹，认为是龙吸水，有“东虹雾露西虹雨，南虹发河水，北虹割萝卜”之说，特别是北方出虹极为罕见，人们俗信一旦兆虹出现，即预示着要有刀兵之灾。下雪有“瑞雪兆丰年”之说，又有“冬雪是宝，春雪是草”之说。发生地震，认为是驮大地的鳌鱼在翻身，是国家危亡的预兆。

四、梦兆

由于过去人们认为梦是人与鬼神经常联系的形式之一，所以汉族民间千百年来梦兆流行，周代时甚至设有梦兆之官。《周礼·春官》说：“占梦，掌其岁时，观天地之会，辨阴阳之气，以日月星辰占六梦之吉凶，一日正梦、二日噩梦、三日思梦、四日淫梦、五日喜梦、六日惧梦。”

汉族民间对梦兆的迷信有：

梦见天及日月星辰征兆有——天门开有贵人推荐，天光照身除却疾病，天晴雨止除却百忧，天明妇人生贵子，日月落有父母没之忧，天门红有兵乱，日月相会妻有孕，身披霹雳主人富贵，风吹衣服主人生病，雷声惊人迁新居，行路逢雨有酒食等。

梦地及山石树木的征兆有——地裂主人生病大凶，修田平地大吉昌，磐石安稳无忧虑，手弄小石生贵子，树木凋零主人凶，爬上大树名利显扬，爬到树上忽折有死伤，往高山有喜事，枯木再发子孙昌隆，庭前有竹木喜加喜，兰花生庭前主人添孙，粪土堆积钱财多等。

梦身体面目牙发的征兆有——绳索系身长命吉，身上流汗主人凶，露体无衣主大利，女人披头有私情，头生两角与人斗争，白头发主人长寿大吉，脸上生黑疮主人凶，洗脚洗手除旧患，牙齿脱落父母凶等。

梦冠带衣服鞋袜的征兆有——自己戴帽大吉，换新衣冠禄位至，女人着冠带生贵子，染衣服大吉，被油污衣有受恩，裁衣服穿大吉，穿黄衣大吉，穿青衣有神助，穿蓝衣妻有忧虑，众人穿红衣大吉利，妻穿夫衣生贵子，与人共衣妻有私情，鞋破子孙妻病，穿麻鞋百事合等。

梦刀剑旗钟鼓的征兆有——举旌旗有贵人相助，见旗大吉，拔刀外出大吉，与人相砍大吉庆，被砍流血有酒食，刀落水中妻亡，遗失刀剑主人发财，床头有刀大吉利，剪刀剪物主得财，钟磬有声远人来，见鼓不鸣凶必至等。

梦宫殿屋宇的征兆有——入宫城大吉，高楼饮酒富贵至，建高楼万事安稳，堂上有棺身安乐，屋宇塌下长寿吉，风吹屋动主人迁移，迁入他人新宅大吉，迁入破屋主得美妻，家境贫苦大吉利，与妇人争屋主人吉，屋梁忽断主人大凶，军人入宅主大吉，屋中生草失家财，入仓库中大吉昌等。

梦门户井灶厨厕的征兆有——门户忽开大吉，门户高大主富贵，新开门户大富贵，门户闭塞事不通，石做门户主人长寿，水井损坏家运衰微，井水溢出主人得财，躲入井中主人有刑狱事，家住井中长子凶，灶下燃火有名声，屋内有二灶事不成，上厕在粪中大吉等。

梦船车旅行的征兆有——船飞行主人大富贵，船在浅岸有是非，乘船见舵主安稳，身卧船中主有凶事，执火上船主大吉，车轮破坏夫妻离别，车不动所求遂，四马拖车吉反凶，看丧车有灾祸，白马拖车主人大吉等。

梦饮食酒肉果物的征兆有——人请饮酒主长命，与贵人对饮大吉，见死人用餐主有病，食生肉凶熟肉吉，堂上吃羊肉大吉，食瓜子主人生贵子，食栗主有分离，食茄子妻有凶事等。

梦冢墓棺材的征兆有——坟墓高大吉利，冢墓上面有云气即吉，冢墓生树吉折凶，棺入宅禄位至，棺殓死人主得财，开棺与死人说话凶等。

凡此等等，不胜枚举。有趣的是，有些地方解梦的办法奇特，如果梦见自己被野兽吃掉或被汽车撞死，醒来之后，先把梦中的经过告诉别人，第二天一早再拿一张红纸条，用毛笔写上四句逢凶化吉的咒语：

一梦大不祥，醒来化吉昌；
大事化小事，小事化平安。

并偷偷把这张红纸条贴到人人能看得见的大街或厕所里去。梦兆虽然千奇百怪，但汉族民间仍俗信吉梦不用空喜，噩梦不用悲伤，自己实在无法解脱，也不闷在心里，说出来可以消除积郁。

◆ 求雨巫术一览

龙女何处来？来时乘风雨。
祠堂青林下，宛宛如相语。
蜀人竟祈恩，捧酒仍击鼓。

这是唐朝诗人岑参到成都任嘉州刺吏后，见当地人在龙女祠前击鼓，捧酒求雨而作的《龙女祠》诗。求雨巫术在古代对于以农为本的汉族来说确实是十分重要的一种迷信活动。《诗经·大雅·云汉》中早就有“旱魃为虐，如炎如梦”的记载。当时人们认为天旱是旱魃作怪，它是雨伯的敌人，当雨伯要下雨时，旱魃乘其不备而把雨伯吃掉，必须将其捉住并驱赶出境才能得雨。直到20世纪30年代，福建漳州求雨仍有杀旱魃的巫术活动。如遇天旱，当地百姓便筑戏台，上摆用纸糊的旱魃偶像，由地方官上去向天祈祷，向旱魃劝诫，然后拔出小刀，将其砍成两段，大呼：“旱魃杀了，雨也来了！”①

崇拜多神的汉族，求雨巫术也因地而异，演出了一幕又一幕形形色色的求雨巫剧。汉族自古崇信龙王与雨有关，天旱之时求雨，或抬龙游街，或请龙王下凡，或耍水龙，浙江武义一带旧俗求雨独具一格，谓之“取龙”。遇天旱之年，为求老天下雨，组织到龙潭（有水的地方）取龙。取龙前先把附近各个龙潭的名称写好放进坛里，再用筷子夹，夹着哪个龙潭就到哪个龙潭去取龙，谓之“刮潭”。取龙时要请道士，全村每户一人全部穿白衣，不准戴箬帽，但可以拿扇，并由两人抬着装“龙”的酒坛，另抬一丛晒死的连泥作物，到龙潭后，先由道士念咒，并将装有符的信封放进龙潭，使之下沉，称之向海龙王报信。过了一会，装有符的器物浮上来，说明是海龙王有回音。然后从潭中捞点鱼、

① 欧阳飞云：《漳州祈雨的风俗》，《中央时报》1937 年 6 月 3 日《民风》周刊第 35 期。

虾之类的动物，或在龙潭附近抓一条蛇当作龙的化身放进酒坛，若没有蛇，或抓一只青蛙，或在回来路上抓一条蛇，或事先抓好一条蛇备用。回来以后马上进行游龙，由道士把蛇抓在手里让村民看，村里人要向道士泼水。下了雨后，还要用同样的方法把“龙”送回龙潭。

有的地方干脆抬龙王神像求雨，正如俗谚所说：“有酒有肉敬城隍，天干才来找龙王。”久旱时崇信龙王的人们将龙王神像从龙王庙里抬出，粉饰一新，换上新衣，并请道士做法事，烧符箓，恭敬龙王起架出巡，八人大轿抬着龙王游街时，人们前呼后拥，锣鼓喧天，还派专人给龙王扇扇子。轿后求雨的村民们头戴柳圈，手敬香火，口念：“玉皇大天尊，权从高上定，早降甘霖雨，普救众生灵。”抬龙游完街后，将龙王神像放回龙王庙，此后村民们天天给龙王上香，直到下雨。

台湾、福建一带则设坛求雨。雨坛设在露天，把寺庙里的关帝、神农、土地爷等神像全部抬出，并把他们平常穿的衣冠全部脱去，暴露于烈日之下，一则以示众神与民同苦，二则叫神也不能忍受暴晒而自动去奏请玉皇大帝下雨。雨坛的一角还要放置贴了符灵盛满水的新水壶，旁立数尺长的青竹，竹尖上吊悬纸做的“商羊”①及葬仪用的纸幡和麻布衫。祭祀后，3日内下雨则行谢坛，若3日内不下雨，就要到神面前上疏，另定日期、方向，再奉迎众神到河边去求雨。

广东潮汕一带求雨既不求龙王，又不求关帝，也不求玉皇大帝，而是求“风雨圣者”。“风雨圣者”何许神也？是一个光脚板、戴竹笠、系绣花红腰兜的孩童。相传“风雨圣者”是潮州毗邻揭阳县登岗乡人，原是一个父母双亡，由兄嫂抚养大的农家孩子。从小他就有一些“特异功能”，有一年天大旱，他进城籴米路过开元寺门口见知县正领着富豪乡绅们求雨，便跺脚大骂说：“你们这帮狗官、猪官能求什么雨！”知县一听大为光火，反问道：“你说老爷求不得雨，难道你求得？”他答道：“求得。”“求不得该当何罪？”“求不得雨，愿受罚烧死！”于是知县一面叫人砌起柴笼，一面限时让他求雨。围观的人们只见他满不

① 传说中的黑色单脚鸟。

在乎地跳上案台，悠哉悠哉地跷着二郎腿，将竹笠盖在脸上躺在案台上。眼看时刻已到，天空仍无下雨的迹象，当人们正为他担心时，只见他一骨碌爬起来，把竹笠朝天一挥，俄顷乌云骤集，雷鸣电闪，下起了倾盆大雨。在大家惊喜忙乱之间，他怕知县还要捉他，便跳下案台跑了。其实知县是要对他封赏，急忙派差役去追赶，他见有人追来，便一头钻进了路旁的一株樟树。于是知县令人把这株樟树砍下来，塑成孩子的模样，并封他为“风雨圣者”，从此以后潮汕民间求雨便请“风雨圣者”了。凡遇天旱，人们便把“风雨圣者”抬进城，供奉在潮州开元寺大院子临时搭起的竹棚子里。众僧人日夜诵经供奉，祈雨者焚香祷祝，请“风雨圣者”施法降雨。若三天之内降雨，便唱戏谢恩。若三天内没有下雨，便举行第二个仪式，即当晚人们集体向玉皇大帝陈情，主事者捧香案领头，僧人握法杖，执法器护卫于后，千余人的队伍向北进发，边诵经，边三步一跪，许多人的头都磕破了，但没有一个人退出或掉队，一直到真武宫玉皇大帝陈述旱情，祈求赐雨。见了玉皇大帝后仍不下雨，人们便要拆除给“风雨圣者”搭的棚子，摘掉他头上的竹笠，让其暴晒，逼他下雨。若再不下雨，便把红灯笼换成白灯笼，人们禁屠、禁酒，戒荤吃素，借以求得天公的怜悯而下雨。

山东汉族民间求雨的巫术色彩甚浓。郓城一带以“扫佛”求雨，由寡妇和老汉到佛爷庙去进行，俗谓“两车前边八条腿（两匹马），十个寡妇九个女（坐在车上），四个老汉紧相随。”扫佛时要一边打扫，一边祈祷：

扫扫佛爷头，雨下遍地流；
扫扫佛爷膀，雨下遍地淌；
扫扫佛爷脚，雨下无处看；
扫扫佛爷身，雨下一人深。

接着再扫庙宇，寡妇和老汉一起唱道：“扫的扫，拥的拥，不过三天雨满坑。”还有一种由妇女哭井、哭坑的求雨更是别有风趣。开始时，“孤儿打水孤女提，两个小孩浇碾脐”，接着把水提到井、坑。与此同时，鳏老捣毁乌鸦窝，待乌鸦飞起时，其便向头顶簸箕的老寡妇头上浇水如雨。这时，老寡妇开始号啕大哭，边哭边唱：“不哭儿，不哭女，俺哭老天不下雨。”哭了一会后，由另一妇女劝道：“不用哭，不用叫，大雨眼下就来到。”[1]

四川的招狗求雨可谓求雨巫术中的一奇。据《四川民俗大观》记载：求雨时，以绳系狗头，拴在桌上，由两人或四人抬走；或用竹、纸扎糊一个亭子，给狗戴帽穿衣，放入亭中。然后抬狗游街，犬吠声声，观者无不以为荒唐可笑。相传此俗源于“笑狗天不晴”的俗谚。

① 参阅《山东民俗》，山东友谊书社 1988 年版，第 379-380 页。

◆ 驱鬼辟邪巫术一瞥

驱鬼辟邪是汉族民间最有活力的巫术之一。其虽然是迷信，但却是人们对鬼及一切邪气所施行的攻击性的巫术。它张扬了人的力量而独具民俗意义。

汉族民间旧俗在生产、建房、治病、丧葬中曾经常使用驱鬼巫术。《荆楚岁时记》引《风俗通》中就说："度索山上有桃，树下简阅百鬼无道理妄为人祸害者，缚以苇索，执以饲虎。"可见汉族民间用桃枝驱鬼打鬼由来已久。于是举凡桃木制成的东西均有驱鬼辟邪的功能，有桃木作的弓，俗称"桃弓"，用以除去灾恶。有桃木制成的印，俗称"桃印"，其长6寸，方3寸，五色，书文如法，挂在门口，俗信能止恶气。有桃木制成的木偶，俗称"桃人"，从汉代起便有人常于除夕将其立于门侧以御凶辟邪。以后这些大多变异为桃符，即将二桃板悬于门上，上书神荼、郁垒二神名，或画二神像，俗称门神，借为驱鬼辟邪，流行南北。

民间驱鬼旧俗最盛的就是请神作法，跳神禳灾，俗称"跳神"，东北亦称"下大神"，南方多称"跳端公"。

据《四川民俗大观》记载，旧时人们遇上重病缠身，小孩关煞，家宅不靖，便请端公来跳神驱鬼。跳神前，主人家先与端公说明跳神的事由，并将受术人的生辰八字告诉端公，算出跳神吉日，商定法事内容，拟出主人家应准备的香烛纸帛及鸡肉、粮食等酬物。届时，端公便来跳神作法。

跳端公有小跳和大跳两种。小跳由一两个端公做法事，一人扮成"五郎神"，一人扮仙妹。作法时先在主人家的堂屋或门前空地上摆一张桌子，供五郎神像，燃香点烛，桌前挂有耳帐子，两侧各挂一张门帘，右边坐着打奏锣鼓、钹、胡琴等乐器的乐人。扮五郎神的端公头戴四楞帽，身着道袍，手执扫尘，在一阵锣鼓响后于门帘后唱起"马门腔"："不要慌，不要忙，郎君还在穿衣裳。"然后掀帘出场，唱道自家身世，说是秦始皇时范三被抽丁去筑长城受不了折磨，逃到孟家庄上，后被官府捉拿打死，与哭倒长城而死去的孟姜女结为兄妹，俱成神仙，成为五郎神和仙妹（又称桃花夫人）。今受下界祈求，邀仙妹同往为人消灾。此时由扮仙妹的端公出场，接着便做烧胎、延送、招魂、问卜等法事。

大跳一般从早到深夜，比小跳的时间长，规模大。届时由掌坛师率众位端公前往主人家大布神坛，焚香点蜡，于鼓乐声中齐唱："天上锣鼓响沉沉……"大跳便开始了。先由掌坛师奉表口诵："今有××省××道××府××县××里××街××户户主信士×人，为×事请弟子代奏天庭。"然后由主人焚表，扮土地神的端公接表，交扮值日神将的端公呈与玉帝，掌坛师则敲云锣念咒催促。接下来便是招魂、延送、问卦、求药、朝斗、劝茅、请娘娘等，从早忙到傍晚。晚饭后，才做"正法事"，此时鼓乐声声，烛火荧荧，扮土地的端公杀鸡享神，感谢天庭得表后派灵宫下凡消灾。再由扮仙姐的端公演娱神戏，做请神、数花、打保符等法事。三更鼓起，法事达到高潮，即"发五猖"（亦称"获梅山"）。事前掌坛法师打招呼：法事将抓死替生，睡着的大人小孩都要喊醒。此时端公合唱，锣鼓声急，由一端公扮成五猖郎，凶神恶煞，手持燃着的纸卷，满地打滚乱窜，厉声喊道："拿魂来啊!"观者无不惊心。掌坛师则用豆来将五猖郎打出病房，念咒道"太上老君急急如律令"，将鬼收住，至此大跳告成。

山东有些地方跳神驱鬼称为"开锁子"。相传旧俗临朐、沂水一带民间信仰武圣老母、青梁老母和泰山老母，俗信一些孩子是老母娘娘跟前的男仆女婢们私逃下凡投的胎，锁官娘娘要四处搜寻，把他们的魂灵锁回去惩罚。于是谁家的孩子得了病，便认为是锁官所为而请巫师跳神驱鬼。

除请巫师跳神驱鬼外，民间亦有自己驱鬼的，常见的方式主要有：

戴项圈：幼儿出生，父母恐其灵魂被邪鬼摄去，便在其手脚及颈上，戴银镯项圈，家贫者则以铜制品代替，也有的戴牛头绳。此俗至今在农村民间仍兴。

认树娘：孩童体弱多病而难养，民间多迷信有邪鬼缠身，须有义父义母保护方可，故多认村中古松为爹，古樟为娘。逢年过节要给“树娘”设祭送礼，春节要贴写有“长命富贵”“金玉满堂”一类的斗方，有的干脆贴一张红纸，以驱鬼护子。

点天灯：旧俗村民久病不愈，其亲属向神佛许愿，最虔诚者为点天灯，即许愿者以灯芯缚于头部，包以蜡烛油，跪于神佛前点燃天灯，让蜡油烫燎肌肤，以此感动神佛，帮助驱鬼。

驱半日鬼：旧俗患打摆子的病人，清早要突然从床上跳起，赤脚直奔野外，解下事先缚于腰间的草绳，缚之树上，急急转身跑步回家，路上不得回头观看，俗信此可把使人患打摆子病的“半日鬼”缚于树上，病可好转。

排端：旧俗有人突然患小病，家人便依窗对天焚香作拜，然后燃几张方纸，边烧边送出门口，或送到村外，俗称“排鬼”。有的地方是家人备祭礼送至野外祭野鬼，祈求野鬼不要再缠身病者，俗谓“端鬼”。

排夜佛：旧俗久病不愈迷信是鬼怪缠身，便先把羹饭放米筛上端到病床前放置地板上，驱鬼者点上香火，然后对着病床先说好话，再念咒语，越念越凶，越念越怒，最后把大米撒于床上，用桃枝向床上乱抽乱打，由另外的人端着米筛送至村边的三岔口而归，有的还把草轿、草船在路上焚烧。端出后，在家的人须立即把门关上，谓之“排夜佛”，迷信的人俗信此法可驱妖逐鬼。

除跳神驱鬼外，汉族民间辟邪的方式更是五花八门。

笔者在各地考察风俗时，发现至今许多人家大门上还悬挂圆镜和八卦辟邪。原来圆镜俗称“白虎镜”，又称“照妖镜”，人们俗信悬挂白虎镜可辟邪，家中会平安无事。有的地方亦把白虎镜安放在窗上。八卦，又称“太极”，民间相传太极有动和静的两种活力，由此生出阴阳两气，再分金木水火土五行，五行精气凝成人类。而人类运用五行与外物接触时会生出善恶，才由圣人立中正仁义之道。由于天与人本来是同一体，无论恶魔鬼神都不能侵犯太极。故民间俗信在门上、店头、或梁上悬挂太极图可辟邪。

狮头兽牌辟邪，这种兽牌是一幅狮子咬剑图，常是门户向直路，或对着屋角时驱邪用。还有一种虎头兽牌，悬挂在门上驱邪，在台湾的一些地方较流行。

麒麟、凤凰辟邪，即书写“麒麟到此”或“凤凰到此”的纸张贴在一定的地方，俗信普遍禽兽不敢接近他们，而可防农作物被禽兽糟蹋。

石将军辟邪，即在坟墓两侧放置石人像以及石马、石狮等，以永远守护辟邪。

石敢当辟邪，即将高4.8尺，宽1.2尺，入土0.8尺的刻有“泰山石敢当”的石牌建在巷道冲口或门前，俗信可驱魔辟邪。

爆竹辟邪，祭礼、庆贺。节日以及丧葬时燃放爆竹，以爆竹声驱邪，时至今日，此俗久盛不衰。

瓦将军辟邪，即在屋顶安放瓦制的将军坐像，俗信可辟邪以保家中平安。

姜太公辟邪，就是用黄纸“姜太公在此”（如下图），贴在一定的地方即可祛灾辟邪。

雄鸡辟邪，即在新娘下轿，入门之时，有人用雄鸡割出血来押煞辟邪；也有的人在送葬时在棺材上绑一只雄鸡制煞辟邪。

念生肖辟邪，孩子食伤肚病，由母亲用小酒杯装满米，用布包紧，以杯口对着孩子的肚子轻轻地擦几下，同时嘴里念：“老鼠归老鼠，猪归猪，鸡归鸡，龙归龙……”将十二生肖念完，最后说：“孩子，它们都帮你吃，你一下子就不痛了。”也有的地方由母亲拿扫把，对着孩子的肚子连“扫”几下，一边数：“一、二、三、四、五、六、七去！”数到“七”字马上将扫帚丢到屋门外说：“七去，出去吧!”接着关上门，俗谓此法可将孩子身上的秽气“扫”去。

◆ 求福转运巫术述略

汉族民间百姓历来讲究福气、运气，人人都希望自己福气好、运气好，于是，在那充满迷信的旧时代，求福转运巫术也就应运而生，在民间传播着。

除夕之夜，汉族民间千家万户都要将红纸书写的“福”字倒贴在门上，意寓“福到”，这就是最简便易行的求福巫术之一。旧俗还以“苍颉”“帝上”“钟鼎”“万古”“太极”等为“福”字，用红纸书写后贴在墙壁、家具上以招福迎祥。

除“福”字外，“寿”字也是人们常用的求福巫术之一，俗谓“南极寿”“白乐天”“长吉”“梅福”等均为“寿”字，亦用大红纸书写贴在家具上和板壁上可招福至寿。

民间用字求福的还有将“招财进宝”“黄金万两”“福禄寿”连成变体文（如图），贴在门扉及橱柜等家具上以求福。或写“福星高照”“对我生财”“天官赐福”，悬挂在门柱、墙壁、屋后或檐上以求福。或在农历四月初公书写“一善”二字，辰时贴在壁上，俗信此法可使百恶化为百福。

有些地方俗用绘有神像的红纸5张贴在门楣上，俗称“福禄全寿”，意取富贵荣华，合家平安。有的地方把麦穗和木炭（木炭两头要用红纸包扎）绑在一起悬在门上，人们俗信麦穗象征五谷丰登，木炭象征永远繁荣，以此求福。南方有些产甘蔗的地方，春节时将连根带叶的两支红皮甘蔗放在门旁，意取甘蔗有根（头）、有尾、有节（节气），又红又甜，寓意吉祥求福。

但是，有些人在生病或遭到天灾人祸时，为求福转运，旧俗常请道士做道场。

道场一般在祖堂或祠堂大殿设坛进行。房屋正面挂上太上老君、元始天尊、灵宝大法师画像，两旁挂十殿王像，中设经堂（亦称“神堂”）。再将桌子摆成品字或八字形为神案，桌上摆上《道德经》《南华经》《太乙救苦经》等经书，中供张天师小塑像，桌前挂太极图，并将锣鼓铙钹、唢呐等乐器放在神案四周，地上放好跪拜用的棕蒲团，门前悬挂黄纸，上书存之榜文。道士们则准备好引磬、招魂铃铛、令牌、木鱼、朝王简、玉如意等法器。开始之前，道场主人宴请宾客及道士们吃“封斋”饭，宾客照例送来香蜡、纸帛、火炮、钱纸等礼品，大家大吃一顿后即戒荤吃素。

开坛之后，由道场主事率领众道士早晚做法事，其余时间由众道士轮流敲木鱼念经，昼夜不绝，换班时还要敲锣打鼓唱道歌。

◆ 生肖与人生旅途

“生肖”，在汉族民间亦称“属相”，是以十二地支与十二种动物相配组成的，其意思就是人所生年类似某种动物的属相。

据传说，早在黄帝时，汉族的祖先便开始用十天干：甲乙丙丁戊己庚辛壬癸；十二地支：子丑寅卯辰巳午未申酉戌亥相配的六十干支，也称六十甲子，来记载年的顺序，叫作干支年法。后来，人们又用十二种动物名称给十二地支加上特定的标志，即：子鼠、丑牛、寅虎、卯兔、辰龙、巳蛇、午马、未羊、申猴、酉鸡、戌狗、亥猪，开始的目的不外是通过生动的形象思维来增强联想，便于推算年月时光，并且把十二种动物分别与之相配的各年，叫作鼠年、牛年、虎年、兔年、龙年、蛇年、马年、羊年、猴年、鸡年、狗年、猪年。大约到了春秋战国时期，汉族民间便有了“人生于某年肖某动物”的说法，也就是鼠年出生的人就肖鼠，牛年出生的人就肖牛，虎年出生的就肖虎……这样一来，就把十二种动物，称为“十二生肖”，又叫作“十二属相”，生肖观念从此便在汉族民间流传起来了。

那么，何以子年出生的人就肖鼠，丑年出生的人就肖牛呢？汉族民间流传这样一个虽然十分牵强却饶有风趣的传说：相传佛祖离开人世之前，要地球上所有的动物都到他身边来为他送行，可是却只有十二种动物前来与他辞行。第一个到来的是老鼠，接着是牛、虎、兔、龙、蛇、马、羊、猴、鸡、狗、猪。于是，佛祖便按照这些动物到来的顺序，分别用它们的名称封以不同的年号作为对他们的恩赐。这就是汉族民间关于十二属相的由来了。民间迷信认为，每个人的生辰年月都是由属相中的某种动物支配着，对人的一生有着重要的影响，就像民间传说的那样，“这是深藏在人们内心的牲灵”。因此，生肖观念在汉族民间出现之后，随着算命术的盛行，生肖也就成为其重要的部分，在汉族民间流传不衰了。时至今日，汉族民间还有人迷信生肖对每个人的一生都有着潜在的影响。

在为期六十年的甲子期中，每一种动物符又都同自然界中的五行相对应。这五行是：木，支配于木星；火，支配于火星；土，支配于土星；金，支配于金星；水，支配于水星。五行是相生相克的，即木生火，火生土，土生金，金生水，水生木；木克土，土克水，水克火，火克金，金克木。汉族民间迷信认为，五行中的每一种要素都是相互制约的，对人的一生会发生重要的影响，人们可以利用不同的五行要素来进行协调，使自己所从事的工作能顺心如意。例如，如果一个人的生辰年月中，大部分为水，那么人们就迷信地附会他会在经营与水、木相关的买卖中获得成功，他还会在与人发生关系的公共关系事务等类工作中见成效，因为人体内主要结构成分是水，但他不能胜任与土相关的工作，原因是土能克水。如果支配一个人生命的五行为金，那么人们就迷信地附会他可以在木料经营、造纸、家具制作及建筑业方面开辟自己的广阔天地。如果一人的生辰表中，大部分为火，那么人们就迷信地附会他会在与木联系的行为及金属行业中得意，但他若从事与水有关的职业，必定会在经营中被水“淹没”。

汉族民间不仅迷信五行对人一生所从事的工作的顺利与曲折有重要影响，而且对一个人的性格也同样有着重要影响。人们迷信地附会出生于金年的人做事强硬、刚毅的态度与金的特性是分不开的，他们做某事时受毫不犹豫的强烈情感所驱使，竭力促成自己所做事情的成功，在困难、打击或连续的失败面前决不将自己的未竟事业半途而废。他们内心所具有的这种坚韧不拔的性格，在很大程度上是受到金的影响。但是他们也往往把自己的观点过分地强加于人，并且表现出在不可行的环境下没有理由的固执，这种好钻牛角尖的态度又常常给他们带来麻烦。

人们迷信地附会出生于水年的人，会比一般人更善交际，他们头脑敏捷，能够预先推测事情的发展前景，懂得如何克制自己，他们同水一样，总以沉默、忍耐的态度来搬开自己面前的一块块绊脚石，从而不费多少力气就间接达到自己的目的。然而，由于水的流动性强，所以他们的性格也是多变的，这种性格对他们最不利的是过分的中庸，这样，他们自己实现目标的能力无形中被削弱了。

人们迷信地附会出生在带有吉祥象征的木这年的人，往往以他们较高的伦理道德准则而受到人们的尊重。他们兴趣广泛，又有合作精神，能以大局为重。他们这种性格与木的特性是分不开的。他们的主要弱点就是贪多嚼不烂，常因自己的精力分布太广而不能顾及每一件事，所以办事往往会出现虎头蛇尾的现象。

人们迷信地附会出生于火年的人，具有火一般的特性，激进活跃，喜欢冒险；有火一般的热情，但往往无法控制自己火一般的脾气，他们的愿望得不到满足时，变得毫无耐心，也不替别人着想。结果他们越想依靠自己的威力与强制性达到目标，就越遇到麻烦与危险。

人们迷信地附会土年出生的人做事讲求效果，责任心强，喜欢洞察事物细节，因此他们做事也许比较迟缓，但他们的行动往往有较高的成功率。他们的缺点就是缺乏想象力，思想比较保守。

如同西方星占学中“支配出生时辰的符号决定人的命运升迁及个性的形成”之说一样，汉族民间对于阴历中的动物符对人的影响的迷信也是十分强烈的。在阴历中，昼始于子夜11时。每日24小时分别由2小时为1更的12更所组成。每种动物代表1更。即：

夜间11点至凌晨1点——由鼠支配

凌晨1点至凌晨3点——由牛支配

凌晨3点至清晨5点——由虎支配

清晨5点至清晨7点——由兔支配

清晨7点至上午9点——由龙支配

上午9点至上午11点——由蛇支配

上午11点至下午1点——由马支配

下午1点至下午3点——由羊支配

下午3点至下午5点——由猴支配

下午5点至晚上7点——由鸡支配

晚上7点至晚上9点——由狗支配

晚上9点至夜间11点——由猪支配

因此，在汉族民间的迷信看来，即使生肖相同的人，由于出生的时辰不同，因而性格、命运也就会因人而异。例如，两个肖鼠的人，一个出生于由虎支配的凌晨3点至5点这段时间内的，会是一个活泼开朗的人。另一个出生于上午9点至11点这段冷血动物蛇支配的时间内的，性格会是矜持、内向。他们婚配的适合对象以及个人命运，也会因此而有所不同。同样的道理，生肖相同的人，由于出生月份、日期不同，俗谓性格、命运都各不相同。

此外，汉族民间还把十二生肖分为阴阳两类。鼠、虎、龙、马、猴、狗属阳性，牛、兔、蛇、羊、鸡、猪属阴性。人们迷信地认为，生辰在阳年的人，性格孤僻，注重自我，容易冲动，不喜欢听从命令，他们只有活跃积极地做事对才会有效率，而处于被动时，则少有建树。生辰在阴年的人爱思考而沉默寡言，他们不常展露笑容，而且衣着保守，但他们又总是置身予集体或公共事务的组织中，对发生于团体的事最感兴趣，他们处在冷静、谨慎的状态时，才是处理事物的最佳时间。

总之，汉族民间对生肖的迷信是深入人心的，旧传统习惯人们不仅在选择职业时要看自己的生肖，寻找配偶时更少不了要看对方的生肖与自己的生肖是否能婚配得了。因此，对生肖的迷信伴随着一个人的一生。

四、禁忌风俗

◆ 对服饰的禁忌

一个民族的服饰，是民族风俗习惯的一个最为直观的方面，是民族文化艺术的一个重要组成部分。在服饰方面，不同的民族文化圈有着不同的禁忌规约，这些禁忌一般都以某种信仰为根据。汉族民间关于服饰的禁忌主要表现于服饰的颜色、款式、穿戴及放置等几方面。

汉族对颜色的区分好恶从来就不着重于审美角度，而是赋予其以明确的象征意义。汉族以黄、紫色为贵色，而以白、黑色等为凶色。《礼记·曲礼》云："为人子者，父母存，冠衣不纯素。"父母在时子女忌穿白衣，忌戴白帽，这是因为丧服是纯素的，《礼记·郊特牲》云："素服，以送终也。"现在民间，举办丧事，都戴黑纱，或穿白色孝服，佩戴白纸花等。在魏晋南北朝以及隋唐时代，忌素服的习俗曾一度中断。那时从皇帝到民间，平时都有穿白衣戴白帽的。只是在喜庆之日，如婚年寿节才忌白尚红。大约到了宋朝，厌白尚彩的风习又普遍流行于民间了。据《宋史·舆服志》云："凉衫其制如紫衫，亦曰白衫。乾道初礼部侍郎王曮奏：'窃见近日士大夫皆服凉衫，甚非美观。而以交际居官，临民纯素，可憎有似凶服……'于是禁服白衫……自后凉衫只用为凶服矣。"又据《清稗类钞》云："臣工召对，引见，皆服天青褂、蓝袍，杂色袍悉在禁止之列，羊皮亦不得服，恶其色白，近丧服也。"宋朝以后，民间服饰忌白和以白色为凶色就成为官方制度确定下来了。

民间还有男子不戴绿头巾、绿帽子的习俗。元、明、清时只有妓、优伶等“贱业”中人才以绿色为服色。据《中国娼妓史》云：“后代（元以后）人以龟头为绿色，遂目着绿头巾为龟头。乐户妻女大半为妓，故又叫开设妓院以妻女卖淫的人为龟，或叫乌龟。又以官妓皆籍隶教坊，后人又呼妻女卖淫的人为戴绿头巾，或叫戴绿帽子。”明代也有此说，并且从制度上加以规定，如郎瑛《七类修稿》云：“吴人称人妻有淫者为‘绿头巾’，今乐人，朝制以碧绿之巾裹头……”又何孟春《馀冬序录》云：“教坊司伶人制，常服绿色巾，以别士庶之服。”可见，明代乐人、伶人必得“常服”绿头巾。清代亦如此，《清稗类钞》云：“嘉庆时，优伶皆用青色倭缎、漳绒等绿衣边，以为美饰，如古深衣。”贱人着贱色，视为职业服，不察其辱，反以为美；而通常人则忌讳穿着青衣、绿衣，唯恐自己与贱业、贱民同路，沾上“不洁”“污秽”之习气。

西北地区的汉族在穿衣方面禁忌短小，上衣一般都要过膝，裤脚达到脚面。这可能是生活地区风沙大、气候冷而形成的穿衣禁忌习俗。大部分汉民在服饰款式方面有“男不露脐、女不露皮”的禁忌原则，主要是出于“身体发肤，受之父母，不敢毁伤”的孝道观念。山东一带禁忌衣服的下摆有毛边，说那为丧服的样式，恐不吉利；又忌讳衣服的扣子为双数，俗说“四六不成材”，以为扣子双数会影响到穿衣人的事业成功。民间做寿衣时，款式方面也有禁忌，如衣服的袖子要长，须将手完全遮住；忌讳袖短露手，否则，据说将来儿孙会衣不遮体，要讨饭的。

在穿戴上，旧时汉族忌反穿衣，因为丧礼中接舅家时的桌布反结，同时，寿衣给死者穿之前由孝男反穿，之后才脱下正穿在死者身上。河南沁阳一带有“反穿罗裙，另嫁男人”的说法。孀妇改嫁时才反穿罗裙，若平时女人反穿罗裙，自然是不吉祥的，所以忌讳。旧时，有人死后反戴帽子的习俗。据熊伯龙《无何集》云：“毋反悬冠，为似死人服。”可见反悬冠也是凶相，所以禁忌之。忌衣服晾干后未折好就直接穿着，否则，人会变成“竹篙鬼”。忌把衣服穿在身上缝补或钉扣子，否则被误认为是小偷。浙江南方农村，男人忌穿女人的鞋，穿了女人的鞋会被鬼戏笑，走路伤脚趾头；忌用拾到的帽子，戴了有坏运。

汉族民间不仅在服饰的颜色、款式、穿戴上有许多禁忌，就连衣服的置放也有禁忌。旧时民间忌讳将妇女和小孩的衣物在夜间凉置在室外，恐冲犯到夜游神煞。小孩的衣服还忌搭在高处，俗称三尺以上有神仙，恐伤害着小儿。忌在竹竿尾晾挂衣服，因这与丧事所举旗幡相似。放衣服时忌男衣放在女衣之下，恐坏男人福气。结婚时忌新娘鞋子放在男鞋之上，恐日后女压男。

当然，随着时代的发展，汉族民间在服饰方面也发生了巨大的变化，不管是从颜色上或者是从款式上看，旧时的禁忌已被如今的时髦冲刷得荡然无存。

◆ 对饮食的禁忌

汉族民间有句古话，叫作“民以食为天”，反映了汉族重视饮食的习尚。但饮食历来都不是单纯的生理需要，也与精神需要联系在一起。人们赋予饮食种种文化内涵，饮食禁忌即为其中的一部分。饮食禁忌主要表现在饮食方式和饮食对象两个方面。

在饮食方式上，古时汉族有不许用手抓着吃的忌讳。《礼记·曲礼上》云：“共饭不泽手。”这是说，与人同桌吃饭时，不能直接用手抓食物。吃饭时忌让饭粒掉落在地上，如不慎掉落，要拾起放在自己近前的“饭布”上。否则，脚踩到饭，将会遭雷劈。这些禁忌符合饮食卫生与文明要求，至今被人们遵守着。

更多的饮食方式禁忌是出于迷信的影响。旧时汉族忌吃饭时抛撒米粒或吃完饭后碗底有残饭，否则要遭雷击；如果小孩吃不完饭，将来便会要娶麻脸妻子或嫁给麻脸丈夫。忌吃饭时说“捧饭”，因为只有在人死后做七时，祭灵请亡灵吃饭时才称“捧饭”。平时说“捧饭来吃”，“来捧饭吃”，则与祭亡灵有联系。忌用一支筷子扒饭，因为只有丧俗中出棺时，棺上放五碗或七碗白饭，中央插一根筷子。俗谓鬼单筷吃饭，故忌。忌吃饭时看镜子，认为会口吃。在别人家吃饭，忌把碗转来转去，因为“转”与“赚”音谐，主人家忌由此而“赚他人饭碗”。这些吃相禁忌在民间得到广泛传播，一家人共桌吃饭时，大人们便会向儿女们传授这些禁忌并督促他们履行。尽管这些禁忌表面被迷信化了，但一般说来都是出于卫生、节约、礼仪方面的考虑。

食具方面的禁忌也很多，如忌讳吃饭前用筷敲空碗，俗以为“穷气”，因为旧时乞丐要饭时才这样敲的。拿碗的手势一般是五指自然捧着碗，忌讳用手掌平托碗底，又忌用手攥着碗边，这也是“丐帮”之相。不许倒扣碗于桌上，不许把筷子一端搭在装着饭的碗上，以为不吉利。因为生病的人服汤药后才将碗扣于桌上，表示不再生病服药；叫亡人鬼魂吃饭时，才把筷子一端搭在饭碗上。同时，也不能把筷子插在盛好的饭上，这也是供鬼神时的做法。山东一带又忌把筷子横担在碗上，说这是供奉死人的放法。相传明代以前有把筷子担在碗上的习俗，后来明太祖斥为恶模样，因而后来遂成为一种禁忌。有些讲究的人家，酒杯碗筷的放置多有规矩，叫作“杯不出栏，筷不出缘”。若是杯子两边，一边放一只筷子，便以为不吉利，因为“快（筷）分开了”。另外，每双筷子应一般齐，不可一长一短，令人想起“三长两短”等不吉语，故以为不祥。这类禁忌不仅于人无损，反而会养成人们文明的饮食习惯，使人人在饭桌上具有礼貌、高雅的品格。这与现代精神文明建设的要求是大体一致的。

饮食对象的禁忌即对食物的禁忌。相对其他民族而言，汉民族在饮食上的自我限制或禁忌是很少的。在吃的方面，称得上是彻底开放的样板。除了有毒的、食后会死人的外，天上飞的，水中游的，地上长的，“海陆空”，能吃者尽吃，这也是汉族饮食习俗的一个特点。不过，尽管饮食对象禁忌不多，但并非没有，一些古老的信仰观念对饮食仍有着很大的影响力。

民间有忌食不洁或神圣之物的禁忌。有的因恐怕心理而忌吃某一些动植物。动植物多有自己的属性，如熊、豹子的凶猛，老母鸡的皮肉的粗糙，食之，俗信动植物的这一类属性会传染给食者。“吃了熊心豹子胆”，人就会变得同熊和豹子一样凶猛无情；而吃了老母鸡，人的皮肤也会变得疙里疙瘩的粗糙起来。尤其不能吃处于异常状态的动物，如瘟鸡、瘟鸭等，唯恐食之会导致某种不吉利的变异。

有些动植物会引发人们恐惧的联想，亦忌食之。如福建某地的渔民，以巨鱼为主食，但他们忌食掉在地上的巨鱼，以免上山有摔死的危险。山东人不让小孩吃未成熟的枣子，怕生疖子，要吃则先掐去其头。这些所禁食物本身并非“邪物”“污物”，它们只是引起了人们某种联想，使之与一些不幸之事连在一起，才成为人们的口忌之物。

有的食物禁忌是由对动物的喜好而引起的。譬如，汉族有些地区有禁食牛肉的习俗。对于农耕民族来说，牛是必不可少的劳动工具，有时显得比人本身还重要。因其有助于人，终年劳苦，又通人性，所以不忍杀食。食者，良心受谴责，便想到会遭到鬼神的报应。过去，苏州人不食牛肉，牛死后常将其抛入苏州河里。《白蛇传》里有一情节，话说许仙被老师处罚，只好将白蛇送到学堂门口的苏州河里。在苏州河里天长日久，吃不上东西，饥饿难挨。正巧当时有条耕牛死了，而苏州有不食牛肉的习俗，就将死牛抛入河里。白蛇见了，拼命啃吃，最后还钻进牛头里，把河水搅得翻翻滚滚。人们还以为真龙出现，急忙摆案祈祷。宋代人洪迈在《夷坚志》中也多次记载了这种禁食牛肉的传闻。如“食牛梦戒”一篇，说泰州一人因酷嗜牛肉而梦被拘斥，从此戒食。汉族民间至今还有不食马肉的习俗，认为马也与牛一样，有功于人，所以不忍心杀食之。南昌、瓯江一带百姓忌食鼋、鳖肉，据《清稗类钞》云：“南昌人畏鼋与鳖，呼之为老爷。南康府近有老爷庙，所祀为鼋老爷。相传明太祖与陈友谅战时，曾救御舟出险。赣人祀之甚虔，且相戒不食鼋鳖，恐犯老爷之怒也。”认为鼋是有功之物，是它在唐僧取经时帮助唐僧师徒渡过了八百里通天河，又驮回了经书。所以人们敬之如神，禁忌杀食。

有些食物禁忌只是针对一部分人的，如江南一带祭祀灶神的糖果，禁忌幼女吃食，大人则无忌。有的地区在一定时间里忌食某种食物，如南京一带过去以正月初二为米娘娘生日，河南泌阳以正月初三为谷子生日，各忌食米饭一天。

饮食禁忌远不止上述内容，在饮酒、饮茶及节日饮食等等方面皆有不少禁忌。中国人历来注重饮食，并将饮食与人的身心健康联系起来。饮食禁忌习俗，正是从主观愿望出发，对人自身的护卫和保养。当然，它们或多或少都含有迷信的成分。不管怎样说，饮食禁忌是我国丰富发达的饮食文化的一部分，反映了民族的、宗教的信仰及习惯，不能一概否定。

◆ 对居住的禁忌

汉族作为一个传统农业民族，不仅注重房屋的居住功用，而且将住房与“家”的兴衰命运紧密相连。每一个家族、家庭都希望自己能够发展壮大，光宗耀祖。为达到这一目的，人们便在住宅的建造上大作文章，设法选择有“风水”龙脉、神灵保佑的区域建房，而一些建房的地点、方位及房屋陈设，由于不符合“风水”“相宅”观念就被列为禁忌。

选择地址，俗谓“相地”，就是对客观事物环境的取舍，可谓建筑的前提。在汉族民间农耕生产对气候条件和自然环境有着强烈的依赖。渐渐地，便赋予自然高度的精神象征意义，认为自然环境的优劣会直接导致人命运的吉凶祸福。因此，在建筑上，选择好的地基就显得十分重要。

宅基地的选择有许多禁忌。《阳宅十书》云：“南来大路直冲门，速避直行过路人，急取大石宜改镇，免教后人哭声顿。”“东西有道直冲怀，定主风病疾伤灾，从来多用医不可，儿孙难免哭声来。”“宅前有水后有丘，十人遇此九人忧，家财初有终耗尽，牛羊倒死祸无休。”这些禁忌在民间建宅业广为遵守。如在江苏扬州江都，盖房“主要避讳两种地方，一是大路直冲着房子的地方，当地人叫‘路箭’；二是有河道直冲着房子的地方，当地叫‘水箭’。箭能射杀人，在这种地方盖房子，易遇到意外之祸，是不吉利的，所以一定要避开。”（《扬州采风录》）又据明朝《营造门》说，凡宅宜居宫观仙居侧近处，主益寿延龄，人安物阜。不宜居当冲口处，不宜居塔冢、寺庙、祠社、炉冶及故军营战地，不宜居草木不生处，不宜居正当流水处，不宜居山有冲射处，不宜居大城门口及狱门、百川口去处。这是明代人建房宅选地基的要领，是以求神佑、避鬼祟、躲战乱，图清静、多生殖、恐讼争等等为准则的，这些都迎合了民间的普遍心态，百姓会争相仿效。

选址除了以上的禁忌外，还有一个大的禁忌便是“太岁”。《论衡·难岁》对此有记述："移徙法曰：'徙抵太岁凶，负太岁亦凶。'抵太岁名曰岁下，负太岁名曰岁破，故皆凶也。假令太岁在子，天下之人毕不得南北徙，起宅嫁娶亦皆避之。"其实，早在《荀子·儒效》中就有关于"太岁"的记载："武王之诛纣也，行之日，以兵忌东南而迎太岁。"但太岁到底是什么？历来众说纷纭。总的看与岁星（即木星）关系密切。当时的堪舆家（占卜建筑吉凶之人）以为太岁为对应于天上岁星的地上凶神，可以根据岁星的位置推测地上太岁所在的方位，如在太岁方位兴工动土，便会掘到蠕动的球样的土块，建、徙宅者应当避忌，否则遭灾。这种土块就是民间常说的太岁土，无怪有谚云："太岁头上不能动土。"尽管王充极力驳斥此种"俗说"，汉代以后仍有关于太岁土主凶的记载。《酉阳杂俎·续集》卷之载："莱州即墨县有百姓五丰兄弟三人，丰不信方位所忌，尝于太岁上掘坑，见一肉块，大如斗，蠕蠕而动，遂填，其肉随填而出，丰惧弃之。经宿，长塞于庭。丰兄弟奴婢数日内悉暴卒，唯一女存焉。"太岁土实为一种白膜菌，只因当时无力解释才附会出太岁凶神的臆说。

选定住宅地基之后，再由风水地师以其对外在环境、天时的观察、诠释来决定整栋屋宇的朝向。若屋主人未请地师，则由大木师傅定向。风水中称这种决定住屋朝向的方法为"向法"。

定方位要顺势，忌逆势，根据自然地形、地貌、水流方向、气候特征等决定"大向"，即大致朝向。一般规则是坐北朝向的"负阴抱阳"格局。一些特殊的村落则因禁忌、避煞、自然条件的限制及礼制上对方位的要求而朝东或西。方位上的禁忌不是很严，最忌的是地势上南高北低，看上去极不顺眼，俗说："前（南）高后（北）低，主寡妇孤儿，门户必败。后（北）高前（南）低，主多牛马。"实际这是顺乎自然，人们都是把房院建在山南水北的阳处，而不会建在山北水南背阴地里，出门就蹬山爬坡也是很不方便的。主房建毕，要在四周增建房屋亦有禁忌。《论衡·四讳》曰："俗有大讳四：一曰讳西益宅，西益宅谓之不详。"所谓西益宅就是宅地向西边扩大。对此，《风俗通》亦以为是，并进一步解释曰："宅不西益，俗说西者为上，上益者妨家长也。原其所以，有《礼记》曰：南向北向，西者为上。"这是说南北向的房屋，西边为尊长的住处，不能添建房屋。

随着住宅朝向的确定，门窗的方位也被确定。门是内外空间分隔的标志，是迈入室内的第一关口，中国人历来重视各种门的处理，"风水"更是对其投以深切的关注："宅之吉凶全在大门……宅之受气于门，如人之受气于口也，故大门名曰气口，而便门则名穿宫。""地理作法……全藉门风路气，以上接天气，下收地气，层层引进以定吉凶。"（《相宅经纂》卷一、二）民间一般立门于南、东南及东三方，俗谓"三吉方"，又以东南为最佳，俗称青龙门。对照传统民居的大门位置，多与此说相合。古代门向的禁忌与住家的姓氏相关。《论衡·诘术篇》云："《图宅术》曰：'商家门不宜南向，徵家门不宜北向。'"及《无何集》云"角家门不宜西向，宫家门不宜东向"等，便是这种古俗信仰的例子，这一迷信近代已不习见。

门向禁忌更多的是涉及门外的环境。在浙江金华，"旧时正门如果正对别家屋栋、墙角、山头、岩石等，认为是大不吉利的，必须祈求虎神相隔"（黄子奇《金华虎俗》）。俗信以为，凡人家门前有西池，为哭字头，不祥；西边有池，为白虎开口，不吉，皆须忌之。天津旧时盖房，忌讳自己的屋门正对着别家的门、窗和山墙，说是"窗户对着门，不打官司就死人""门对门，尽死人"。尤以门小者更遭其害，俗谓之"大口吃小口"。若不能避，需于各自门内垒影壁墙，以挡避邪物侵袭。门口正冲小巷及邻家房前兽头也不行，俗以为不吉，要设法破解。门还忌正冲房檐滴水，俗说："房檐滴水滴门帮，一年之内死一双；房檐滴水滴门口，不伤大口伤小口。"

总之，这一类关于门的开向、方位的禁忌多是为了避免"气冲"。为了达到这一目的，民间有一简便的方法便是在门边置屏墙一堵，或直或曲。另一方面又要保持"气畅"，因而屏墙多是不封闭的，如入口处的影壁等，使得内部空间还呈现与室外相融合流通的意向。

汉族民间在讲求自然地形之吉的同时，也十分重视相邻建筑在位置及向度上的相互关系。总的要求是合乎情理，忌背合，即忌与众人的屋向相反。“风水”称与众向相反的建筑为“众抵煞”，有“烦恼皆因强出头”的说法。对于屋前空地（称作地台），不能两边低而自己独高，只可人高而己略低，过低又不可，这正是中国“中庸”“平均”思想在建筑上的表现。

在大门前忌种大树，在树种选择上，“风水”认为：“东种桃柳（益马），西种栀榆，南种梅枣（益牛），北种柰杏”。又“中门有槐，富贵三世，宅后有榆百鬼不近”，“门庭前喜种双枣，四畔有竹木青翠则进财”（《相宅经纂》卷四）。河南开封一带流传一种“宅忌”民谣：“前不栽桑，后不栽柳，门前不栽鬼拍手。”桑与丧字谐音；“柳”指父母死后，送殡多用柳枝作“哀杖”“招魂幡”；“鬼拍手”是指杨树，多植于基地，其叶迎风作响，似人拍手。民间还有“屋后不栽槐”的说法。据说古时有尊槐之风习，槐于古代是吉祥、长寿和官职的象征，因而民间禁忌植槐于屋后。河南一带禁忌在院内种植楝树，以为楝子为苦豆，兆主人食苦果。南方沿海一带忌在房屋周围种芭蕉、香蕉，俗信易聚鬼，或令妇女得血疾。《无河集》说：“有指草木言者：如宅东有杏主败；宅西有李主淫；槐主富贵；芭蕉，招祸之类是也。”这些禁忌，貌似无稽，若考察这些不同树种的生长特性，可知其中颇有科学道理。譬如槐树喜光不耐阴，故宜种于住宅南面。榆树速生，枝叶繁茂，种于宅后有利于防风、御寒。特别有意味的是榆树具有极强的吸附毒气、烟尘的性能，种于宅后能够净化空气保护环境，故有“百鬼不近”的说法。

房子建好后，要考虑室内的陈设和使用，这方面也有禁忌。在天津，立柜不能对着床。河北一带，有糊窗禁忌。据《定县社会概况调查》说，秋后农家糊窗，如果在十月初一以前糊好，必须在窗上一角留一小孔，等过了十月初一这一天后再补上。据说酆都城到七月十五日把鬼放出来，散在各处，等到十月初一再收回去。如果十月初一前糊窗不留孔，就会把鬼糊在屋里了。据《台湾风俗志》说，瘟疫鬼的居所，依日时不同，常在室内各处，如中庭、东西壁下，床上、床边下、灶前、堂前等等，如果不知瘟疫鬼何时正在何处，乱动乱撞室内东西，便会受其祟患，染上疾病的。汉族民间十分重视建灶。河南一带旧时忌讳大门（锅门）朝东、西、南三向。大门朝东西，犯了“烧东西”的忌讳；朝南也不可，只有朝北方好。俗说：“向南烧，燎太阳；向北烧，无祸残。”又说“扭南烧北，金银大堆。”其实，朝北立灶，是按照风势的特点确定的，并非虚妄。

居住禁忌除了上述的以外，还包括许多内容。譬如对于迁居，汉民族就颇为忌讳。民间有，“人搬穷，火搬熄”“人搬三道空，火搬三道熄”之说。这是由农耕文化的特点决定的，农耕民族主张“安居乐业”，迁徙是家业衰败的表现。万一不得不迁，也不能在六、腊月进行，民间有“六腊月不搬家”之说。浙江一带，又忌正月、九月迁屋，以为这两月迁屋不吉。迁居时，汉族认为“搬家先搬灶”，灶王爷与家谱要先迁移到新居处，其后才能搬别的东西。居住禁忌在农村现在仍有流行。

◆ 对行旅的禁忌

出门远行，也是人们日常生活中常遇到的。旧时交通不便，在外困难诸多，最怕碰上不测的灾祸。因此，汉族民间素来有慎出行的惯习。

外出行旅，第一件重要的事情是选择一个出行的吉日，尤当注意的是，逢“七”的日子不可启程，宁可延期；逢“八”的日子不可到家，宁可在旅途中多逗留一天两天，俗谓“七不出门，八不归家”。十三日忌出远门，因为“十三”与“失散”谐音。正月十三与以后的每月递前二日为杨公忌或杨忌，百事禁忌，迷信的人不出门。忌黑道日出门，每月的初五、十五、二十五都不能出远门，更不能在外住宿。山东有些地方忌双日出门，说“要待走，三六九”。假如已经选定了一个启行的吉日，但临时忽然发生了不良的兆头，如，小孩跌了跤，大哭不止，失手打碎茶杯之类，则至少须延期一日，不然，很不吉利。前面提到的杨公忌，是专门避忌出行的日子，据《无何集》云：“世俗多畏杨公忌，谓不宜出行，皆未悉其原委，故为所惑耳。今按其说，乃是‘室火猪日’。其术元旦起角宿，依二十八宿顺数，值室即为杨公忌。”按这样排列下来，杨公忌应当为：正月十三、二月十一、三月初九、四月初七、五月初五、六月初三、七月初一、二十九、八月二十七、九月二十五、十月二十五、十一月二十一、十二月十九。相隔均为二十八天。这些日子都是禁忌出门离家的。至于杨公何许人也，考之不详。

出门在外吃饭，有许多禁忌，如不要先喝汤，不要端着碗喝汤，要用匙，不要泼了汤；不要失落了筷子，不要打破了碗。又“出门千里，不吃枸杞”。枸杞为补肾强壮药。这条禁忌谚语含蓄地告诫男子出门要注意控制自己，忌拈花惹草，寻花问柳。“落店”睡觉时，不要仆着鞋子睡觉，不然，会沉迷不醒。不要起床的时候站在床上，而且无论什么时候，不要站在或坐在人家的门槛上，主人家不高兴这样。

在山路上行走时，若有人叫自己的名字，不能答应，也不能回头看，俗以为这可能是鬼魅在试探。若答应了，灵魂便为鬼魅所逮，人将遭不测。行路时，还忌讳遇上殡葬的，俗以为不吉利；或将衣帽脱下，扑打数次，以为破解，谓之“散晦气”。在山里，旅行者最忌遇见瘴气。远看着山头有烟似的、雾似的东西蒸蒸而上，这是瘴气发生了。抽叶烟是一个避瘴气的法子，还有其他有强烈气味的东西，也可避瘴气。

农耕民族多有一种恋“家”的心理积淀，出行即意味着暂时离开自己的家宅，离开自己的安全归宿地，会有一种安全失落感。而这种失落感又是因对外地陌生的恐惧感引起的。如今，交通事业日益发达，现代化的交通工具已将原有的民间有关行旅的禁忌习俗抛弃得无影无踪。

◆ 对人名的禁忌

人名禁忌亦即通常所说的“避讳”。避讳，是汉族特有的一种文化现象。“讳”，是指帝王、“圣人”、长官及长辈的名字。人们说话作文不能乱用乱写，平时用到与这类人物的名字时，没有“长”字，用“脩”字代替。司马迁写《史记》，因其父名“谈”，所以把“赵谈”改为“赵同”，把“李谈”改为“李同”。

到了唐宋，避讳之禁令逐渐严格了，为“尊祖敬宗”和维护家天下的权威，唐代要求对七世以内的已死君主必须避讳。所以唐人因避唐高祖的祖父李虎之讳，把成语“画虎不成反类狗”改为“画龙不成反类狗”，把“不入虎穴，焉得虎子”改为“不入兽穴，焉得兽子”，简直不知所谓。宋代又规定，七世以上的君主之字，也要避讳。神话传说中的“嫦娥”，原名“姮娥”，在宋孝宗赵昚淳熙版《文选·月赋》李善注中，始改作“常娥”。这是因宋人避真宗赵恒讳，改“姮”为“常”。杨延昭是大家熟悉的杨家将中的人物。他本名延期，因避赵匡胤始祖玄期之讳，易名延昭。

清朝是中国北方少数民族入主中原的朝代，入关之初，避讳之俗并不严格。比如顺治皇帝本名爱新觉罗·福临，按讳法本应避“福临”二字。可是当时顺治皇帝下诏，宣布凡遇自己的名字及福临二字时可不避讳，并在诏书中解释说，不可因他一人，而使天下所有人无福。可是乾隆以后，统治者又给全国人民套上了避讳的枷锁，甚至达到登峰造极、不顾祖训的程度。乾隆于十三年八月，在北京月坛参加祭祀之后，回宫途经西四牌楼，偶见一户居民门楣上书写“五福临门”四字，心中愤然，第二天便颁诏责问，并把这家门楣上的四字除去。为此还特诏示全国，规定民间门额不许再题此四字，违者治罪，若为官者革职。

直到辛亥革命推翻最后一个封建王朝，宗法制度崩溃，延续了两千多年的避讳制度才随之宣告结束。但避讳之遗俗并未消尽，如今，子女仍然禁忌直呼长辈之名，更不能叫长辈的乳名，与长辈名字相同或同音的字也有所避讳。尤其忌讳的是，晚辈的名字绝对不能与长辈的名字相同，或有谐音字、同音字。否则，认为是“欺祖”行为。晚辈称呼长辈时，一般应以辈分称谓代替名字称谓，又叫爷爷、奶奶、姥姥，爸爸、妈妈等等。这类称谓可明示辈分关系，也含有尊敬的意思。

人名禁忌大都与礼俗有关，主要是为了维系封建的尊卑、上下秩序及人际的不平等关系。如果溯其根源，大概起始于原始的巫术观念。原始先民以为人名属人体的一部分，若默念仇人的名字，或书写某人的姓名，就可实施黑（凶）巫术，将其人置于死地。为了自己不被别人加害，就禁止别人直呼自己的名字，大家如此，便有了避讳。最初的避讳是在上层社会及权威人士之间实行，后来流行于民间，影响到平民百姓，成为一种民间习俗。

有趣的是，在汉族民间，不仅对活人的名字有禁忌，对死人也不例外。《礼记·曲礼上》就说：亲人死后要哭丧，以示惜别。“卒哭乃讳”，哭丧之后，死者已被当成鬼了，就不能再称呼他的名字。《礼记·檀弓》载有事例：一个叫子蒲的人死了，有人呼出了死者的名字，孔子的弟子子皋便讥讽这个人粗野不达礼。我国西藏一些汉族，由于受到西藏僜人习俗影响，绝对禁止向死者家属提到刚逝的死者名字，否则会认为是极大的侮辱。

◆ 对年龄的禁忌

年龄表示生命的长短，因此计算年龄的数目也就与生命有了瓜葛。有些数目因各种原因，被历史赋予了凶祸的含义，汉族民间在叙说年龄时即避免使用它们，以防危及生命。

例如，山东男人忌说自己41岁，四十一妨妻，要跳过去多说一岁。扬州人做寿，有所谓男不做“三”，女不做“四”之说，指年龄的“三十”和“四十”。一层意思是“三十”和“四十”年岁不大，不应该做寿；另一层意思是“三”和“散”“四”和“死”谐音，认为不吉利。据李家瑞《北平风俗类征·语言》引《朔纪》云：“燕人讳言四十五，人或问之，不曰‘去年四十四岁’，则曰‘明年四十六岁’，不知何所谓也。”又据《汴梁琐记》载：“汴地民间流传：老包（拯）奉命往陈州放粮，中途遇盗，乔装忘八（江湖中下九流妓女的鳖脚），逃出险地，幸免于难。其时正值45岁，民间认定45这一岁，必属厄运，因而忌言45岁，多改称44岁或46岁以避之。”可见忌言四十五岁，实际上是与遇险、当王八等凶祸不吉之事相关的。

忌六十六。民间以为66岁是老年人的一个“坎儿”，俗谚云：“年纪六十六，阎王要吃肉。”东北一带老人66岁生日时，要由后辈给他包66个饺子（一般都尽量做得小些），如果能一次吃完，就预示这个“坎儿”能够平平安安地过去。河南一带，老人66岁生日时，闺女要送一块肉来，大概是为的还上阎王的债。客观上却是解了老人的馋，还了女儿的愿。有的地方，还要把肉切成66块，让老人吃下去，据说如此一来，就能顺利度过这一关了。

岁数又忌言七十三、八十四，据说与孔孟二圣的终年有关。传说孔子（丘）卒年73岁，孟轲卒年84岁，因此人们以为这两个岁数是人生的一大关口，谓之“损头年”。连圣人都难以通过，一般人更不用提，所以都很忌讳。开封“老婆言”云：“七十三、八十四，阎王不请自己去。”如能过七十三，便可活到八十四了。现在中原一带仍有以七十二或七十四避七十三者；同样84岁这一关，亦以此法而避之，期望长寿百岁。

岁数还忌称言“百岁”。百岁常常用来指寿限之极，如“百年和好”“百年之计”“百年之后”等都是暗指寿限之极的，所以若要问到某人的岁数时，是忌讳说百岁的。真正是100岁整，也要只说是99岁，否则，不吉。山东泰安一带说100岁是头驴，临清一带说100岁是只老刺猬。

关于岁数的禁忌，各地还有一些特别的说法。浙江湖州，凡年老寿终，恰遇81岁，不能说出这一数字。俗曰九九八十一，财数算尽，后代有穷败之意。台湾忌讳岁数逢九，以为9岁、19岁、29岁……99岁等为厄关，恐有病灾伤亡祸事发生。这是因为，在古人的观念里，一三五七九为阳，二四六八为阴；九为阳数之极，物极必反，故是代表由盈而亏，由盛转衰的不吉数字。清人董含在《莼乡赘笔》里就说：“古人逢九，云是年必有灾殃。”所以汉族民间忌讳岁数逢九。

◆ 对交往的禁忌

交往禁忌是指为人处事、待人接物方面的禁忌，也属日常禁忌部分。汉族民间禁忌在这方面起到一定的规范作用。人与人之间的种种微妙关系，特别是亲戚、朋友之间，法律往往是鞭长莫及、无能为力的，在一定程度上是由禁忌来限制调节的。

汉族素以好客闻名，在接客待客方面有不少禁忌。古俗有上朔不会客的习俗。《风俗通义》云："堪舆书云'上朔会客必斗争'。"年纪大的人，忌留住宿，恐有不测，俗语云："七十不留宿，八十不留坐"；"七十不留饭，八十不留宿"即为此意。在人际交往中还忌与和尚、道士、尼姑等来往，俗话说："前门不进尼姑，后门不进和尚。""会交朋友，交些铁匠、木匠；不会交朋友，交些道士、和尚。"其中既有避嫌的意思，也有恐招来祸端的担忧。

待客方面，以尊重客人为基本原则，给客人倒茶水时，壶嘴不要对着人家，因为"壶嘴"谐"虎嘴"音。递烟、酒、茶都要双手、忌单手；要主动给客人点烟，点烟时忌用一根火柴连点三支烟。酒以敬客多次为荣，忌自饮不敬客。客人进门的第一顿饭忌吃水饺，因为水饺是送行的食品，俗称"滚蛋包"，意味着客人不受欢迎。要主动给客人盛饭，盛饭时忌勺子往外翻，一说这是犯人牢食的舀法；一说是为的避免财水外流。宴客席间主人始终陪坐，忌讳提前离席。吃饭未完忌讳将空碗空碟收走，忌讳抹桌扫地，俗以为这是"驱客"之举。宴客时禁忌子女上桌共餐，尤忌媳妇、女儿，否则，以为待客不诚、不敬。待客一般菜忌单数，喜用双数，取意"好事成双"。

到别人家做客的禁忌以尊重主人为原则。走进主人家，客人要主动向主人打招呼。汉族普遍的习俗是客人应当向主妇打招呼，否则，以为无礼貌，轻视主人。山东、河北一带，在别人家做客吃饭时，忌把鱼翻过来，谓之"客不翻鱼"；饭桌上忌说蒜和醋，因为蒜的方言与"散"同音，吃醋有嫉妒的意思。湖北长阳一带，进人家门时要高喊，"送恭贺”，忌不声不响。浙江西南地区，到别人家串门，忌入两房，即生意人的“账房”和女人的“绣房”。外人入账房赶走财神，进绣房会带入恶煞。忌手提药包或香烛的人来串门，说这些人有鬼跟在身后，会把鬼带进门来。

交往中人们常常互相馈赠礼物，有些礼物含有一定的象征意义，所以赠物中也存在一些禁忌。如忌以手巾送人，俗语有“送巾，断根”“送巾，离根”，且在丧俗中有以送手巾前来吊唁者，以示与死者“断绝”往来。忌以扇赠人，俗语有“送扇，无相见”之说。且因扇子用过即失。忌以刀剪送人，以免有要伤害对方之嫌。忌以甜粿送人，民间过年时家家必蒸甜粿，只有丧家守孝才不蒸，如果以此送人，则意味别人家有丧。给病人送的物品用单数，不用双数，特别忌用四个，因为“四”与“死”谐音，一般给死人献祭用四个。在香港给人送礼，特别是给商人老板送礼，切忌送茉莉、梅花。因为茉莉与“没利”谐音，梅花的梅与“霉”同音；去探望病人，切莫带去剑兰，因“剑兰”与“见难”相谐，这正犯了病家的大忌。一般给病人送水果要送苹果、橘子、桃、栗，这都含有平安吉利，逃离病魔的寓意，而切忌送梨，因“梨”与“离”同音。忌下午去看望病人，下午属阴，看过反会加重病情。

上述这些家庭成员之外的人际交往禁忌，实为人与人之间相处的道德规范。因为皆以约束自己、尊重别人为准则，所以有利于融洽交往气氛，对调节人际关系，使之友善和睦相处，起着积极的作用。

◆ 对行为的禁忌

行为禁忌，汉族民间通常管它叫“妈妈经”，老北京人称之为“妈妈论儿”。往昔妈妈们目不识丁，胸无点墨，然而她们却自有一套口耳相传，奉行唯谨的禁忌。

在泛灵论观念的支配下，汉族民间以为时时有禁忌，事事有禁忌，稍有不慎，便会给自己或家人带来灾难。譬如，汉族旧时忌拔白发，认为拔一根会长出许多根，而白发与老有联系，青年人特别忌反常地出现许多白头发。忌拔脚毛，认为“一根脚毛管三个鬼”，腿上无毛则管不住鬼，人也特别怕鬼。

对大小便也有禁忌，忌向火中、木柴、或烧过的炭末谷灰小便。

因火中有火种，认为犯忌会使生殖器和膀胱感染肿疼。忌小便后不洗手，否则指甲芽裂开。忌在坟地大小便，否则被鬼作弄病死。俗说坟地为乱葬岗，是鬼魂栖息之地，若在此大小便，会冒犯鬼魂。小便又忌冲灶口，或者尿在烧锅的柴火上，也是恐怕会亵渎灶神。忌大便后用有字的纸揩擦屁股，否则会招致眼瞎。浙江一带忌看别人解小便，看了有晦气。这类“排泄”时的禁忌目的在于教育人们讲究卫生，不要污染环境。

扫地是每天需做的事情，也有禁忌。忌将两把扫帚放在一起，恐败家。忌打扫时将两张椅子对叠，因丧俗中常将椅脚翻上。忌用竹扫把扫客厅，一般只用来扫庭院，也因丧家才用竹扫把在客厅中“除秽”。

每人每天都要睡眠休息，其间也有不少规矩。在室内禁忌烘着火埋头大睡，俗说，“房里无人莫烘火，烘火犹恐埋头睡。”俗又忌睡觉时头朝窗户，忌讳头枕窗台、门限。《淮南子·汜论训》云：“枕户橉商卧者，鬼神跖其首。”《风俗通义》也说：“俗说卧枕户砌，鬼陷（蹈之误）其头，令人病颠。”吉林一带，旧时睡卧忌头近窗，足向人。据《中华全国风俗志·吉林》云：“凡卧，头临炕边脚抵窗，无论男女尊卑皆并头。如足向人，则谓之不敬。唯妾则横卧其主脚后，否则贱如奴隶亦忌之。”这些禁忌虽有神鬼之语，但却源于对伤风感冒等病的预防，当然也是一种生活经验。

日常行为禁忌作为高悬在家族及家庭之上的严重危险手段，与信仰者的命运紧紧相连，人们一旦获得禁忌信息，便会以严肃态度，积极参与禁忌传承。不过，由于日常行为禁忌太多太烦琐，人们不可能一一恪守；而有些又是人们不愿恪守的，于是，人们往往在获取了禁忌信息的同时，也设计了一套避忌与破忌的办法。

“灯下不讲鬼，灯下不谈贼。”这是旧时北京的禁忌，理由是说鬼招鬼，说邪招邪，可是人们偏偏好听鬼故事，于是人们又发明了辟邪之方，说鬼时把《皇历时宪书》放在桌上，就可以放言无忌了。至于灯下说贼也有禳除之术，说的时候把茶杯倒扣放在桌上，也可以使梁上君子不敢光临。山西新绛县一带，禁忌外甥在舅家剃头。

非要剃头，把外甥引到大门外边的官道上，就不算在舅父家了，这就谓之破忌。再如小孩的扣子掉了，就得脱下来缝。如果穿在身上缝扣子，小孩就会变成哑巴。为了破忌，可以让小孩嘴里咬一根线头，这样虽然穿衣服缝，也不会变哑巴了。忌讳小儿夜啼，迷信的人认为是不祥之兆。不请医生看，也不找原因，不使人知，讳莫如深，自己写一张帖子，贴在大路边的墙头上（不具名），“天皇皇，地皇皇，我家有个夜哭郎。行路君子念三遍，一觉睡到大天亮。”但最根本的“破忌”是科学。随着科学思想深入人心，迷信鬼神观念逐渐消淡，禁忌也就越来越无市场。

日常行为方面的禁忌事项，难以枚举。这些禁忌无一不与生活紧密相连，带有强烈的生活属性，甚至可以说本身就是生活的一种惯制形式，一种民俗化的生活准则，一种民众祈吉祛凶心态的行为外化。因此，我们很难用迷信与科学、先进与落后等是非标准来评判它们，而应将它们纳入汉民族的整体民俗文化之中来加以考察。

◆ 对语言的禁忌

语言是一种社会交际工具，人们利用它交流思想，传递信息，达到彼此之间的了解。但语言并不简单的只是一个工具，而是一种文化现象。在汉族民间，在语言交际过程中，便刻意追求有关死亡及一切不幸之事的语言表现形式，于是汉语里便出现形形色色表示祸害的词汇。这便是所谓的语言禁忌。

语言禁忌，是很富有地方方言或社会方言特色的语言风俗现象。禁忌的原则，大体是出于吉凶、礼教、功利、荣辱等的诸种考虑，其具体内容有以下几方面。

凶语即不吉利的词语，在日常生活中，人们是忌讳听到凶语的，唯恐这些字眼会招致凶祸的真正来临。然而在人际交往中，经常要表达不祥的内容，这便需改用另一些褒义或中性词语代替，这种变通的表述方法有以下几种。

一是用反义语来替换不吉的词语，谓“讨口彩”，此法在禁忌语中极普遍。戏院里的太平门，原意为万一发生了火灾好让观众逃走，说“太平”乃失火事故之反义。吴地习俗，行船忌说“住”，“箸”与“住”同音，故改称“筷儿”，取“快”音，现普通话及广州话的“筷子”，即由此而来。广州人把“气死我”叫作“激生我”，“笑死我”叫作“笑生我”；“杠”和“降”同音，故把“竹杠”称为“竹升”，“空”与“凶”音谐，便把“空”说成“吉”，“空屋出租”成了“吉屋出租”。吴语区忌“药”字。药为治病之物，言之恐一直缠身，于己不利，便将“吃中药”改说成“吃茶”。旧时江西流行谓喝药为喝好茶；称一种消积食、祛风寒的中药为“午时茶”，一般饮用的茶水叫作“茶叶茶”。广东的客家人忌说开药方，而改言“开丹底”。

二是用有关或相近的事物名称来代替。浙江一带，小孩肥胖，忌说“壮”，因本地猪肥叫壮，要以“个头好”“补胚好”代胖的意思。人有病，最忌说“生病”，要说“不新鲜”“懒意”“着力过了”等。人死了，其家人忌说“死”，要说“老了”“好了”“过辈了”等。小孩夭亡，也忌说“死”，要说“逃出去了”“转去了”。婴儿出生，忌说“生了”，因生有陌生、生疏之意，要说“领了”。许多地方忌“虎”，遇“虎”时改用“猫”代称。如温州把“老虎”改叫“大猫”；长沙将“腐正街”改为“猫正街”，“腐乳”称作“猫乳”，因“腐”和“虎”音似。北方人干脆称“老虎”为“大虫”，小说《水浒》里即如此。此忌讳心理发展至顶点，竟连姓氏也不免其扰，姓虎的自念作“猫”。江苏及浙江杭嘉湖地区的蚕农，忌说“温”字，养蚕怕瘟，于是“温度表”要说成“寒暑表”；忌说“亮”字，因“亮蛋”为蚕病，“天亮了”则说成“天开眼了”；“酱油”要说“颜色”，因“酱”音似“僵”，忌僵蛋；“笋”要改说“萝卜”，因“笋”音似“伸”，忌蚕僵死伸直。

三是用比喻来代替不吉的词语。“崩”“崩殂”“驾崩”及“山陵崩”等是用来指帝王之死的词语。“崩”之本义为山陵倒塌，把这个词转用到帝王之死上来，显然是在向人们喻示帝王是江山的顶梁巨柱，他们一经死去，便如同山崩地裂，大地陆沉，仿佛整个世界都要随之毁灭，因此帝王君王之死绝不可等闲视之。再如湖南临湘早上忌说“龙”字，因“灯笼”的“笼”与“龙”音同，故而把“灯笼”比喻为“亮壳里”。上海郊县恋人通常忌言“梨”“伞”，而将它们比喻为“圆果”“竖笠”，是避讳“离散”的意思。现代汉语里，士兵打仗受伤叫“挂彩”，南方则叫“带花”，皆为受伤后扎了绷带的比喻。

四是用假托文辞来代替。如古代汉语称帝王之死为“晏驾”，意即他不出朝，只因他的本驾出来晚了。佛教僧尼之死为“圆寂”，意即他们完全沉浸于念经中去了。称有封邑的人臣之死为“捐馆舍”，是说他不在，只因他抛却了自家馆舍到别处去了。士大夫的死被称为“弃堂帐”意即他放弃了自己的职业，到别处谋生去了。

对凶祸词语的忌讳跟人的思想意识有关。中华人民共和国成立后，人民群众的科学知识日益丰富，封建迷信思想逐步破除，这方面的禁忌语越来越少。温州旧时称“老虎”为“大猫”，但后来的“老虎钳”“台虎钳”“老虎灶”等均不再忌“虎”，并且“老虎”“大猫”已并用。上海郊县原称“伞”为“竖笠”，今天很少有人知道其为何物了。对于现在仍流行的禁忌语，我们不必刻意去加以更换。语言乃约定俗成，有些已通行而又不碍思想交流的词语，诸如“筷子”之类，倘若一定要加以“正名”，反而令人难以接受。

在所有的凶语中，除死亡及疾病的字眼最为令人恐惧、忌讳外，还有就是些破财词语。因为财运的好坏直接关系到人们的命运，生活的贫富，所以民间很看重此事，时时处处惦念着发财，也时时处处谨防着破财。

春节期间，各家各户要祭财神。若有卖财神画像的童子挨门喊：“送财神爷来了。”一般人家，都赶紧出来，到门口回话：“好好，来，我们家请一张。”如不想买的，也不能说“不要”，更不能撵送财神，只说“已有了”。有人来送柴（财神）时，忌回答“不要”，若不想买，可回答“已有”。春节为一年之首，民间以为得罪财神，神仙便整年都不临门。期间，如果小孩说了冒犯财神的话，大人即说“童言无忌”，以解除不祥。

广州人好经商，忌说“舌”，因和“蚀本”的“蚀”同音，故把“舌”叫作“脷”，“猪舌”叫“猪脷”，取其“利”字音。在南昌，猪舌叫招财，温州叫猪口赚，意义更明确。广东人，特别忌讳“输”字，避说：“通书”（黄历）而说“通胜”，因“书”与“输”同音；有一种中秋夜所卖的木鱼书，被叫卖者呼为“月光赢”，原因亦如此。又因广东方言“丝”与“输”的读音相同，一所以把“丝瓜”改称“胜瓜”。还因“干”有“干枯”之意，所以便把“干”改言“润”，取时时润色之意，显得有油水，为发财的象征。于是“猪肝”被说成了“猪润”，“鸡肝”被说成“鸡润”，“豆腐干”被说成“豆润”等，不一而足。江浙一带，逢年过节，要书写“招财进宝”“和气生财”等字样，贴在门首。因“财”字偏旁“贝”字与“背运”的“背”谐音，唯恐因此而“失财”“败财”，所以就把“财”的偏旁“贝”字有意写成“见”字，以表时时处处发财、见财的心愿。河南驻马店一带有一座山名叫确山，“确”在当地方言中含“坑”“骗”“糟糕”的意思，因此，生意人都忌讳称其为确山，而改称为“顺山”，以求发财顺利。

做生意皆有冒险性，生意人最怕倒闭破产。旧社会人们生活动荡不安，货源及销路皆无保障，使他们不得不将自己的命运寄托于财神的护佑，因而这一类有关财运衰败的语言禁忌很多。它们有一共同点，即不仅避开了不吉的词语，而且改凶为吉，力求通过语言上的变通、调整而在现实生活中得到一个最为吉祥的理想效果。

在汉族民间，通常认为涉及性行为及性器官的词语是一种亵渎语，说出来有伤大雅，有教养的人都羞于启齿。在不得不说到性器官时，要用“下部”“阴部”等来代替。说到性行为时，也要用“办事”“房事”“同床”“夫妻生活”等素雅词语代替，甚至连容易引起生殖部位联想的“拉屎”，也在忌讳之列，人们在日常生活中改称“大便”“大解”“解手”“上厕所”，文言叫“如厕”等等。还有妇女之月经，人们也不喜欢直说。现在妇女把这叫作“例假”——这个词倒记录了社会生活的新变化，因为中华人民共和国成立后我们的工厂实行劳动保护，妇女遇到月经来潮时，如有需要，允许请几天假，工资照发，所以称为“例假”。

汉族广大地区都禁忌以龟相称。龟俗称“王八”，若骂人为“龟儿子”“王八”“乌龟”，必引起对方恼怒而拳脚相加。乌龟者，老婆有外遇也。这对中国男子来说是莫大的耻辱。龟，在以前是与龙、凤、麟合称为“四灵”的神物，人多视为祥瑞，不但不讳龟，反而喜用“龟”字取名，象征长寿。如唐朝音乐家李龟年及文学家陆龟蒙等等。到了唐代，因当时乐户妓院里的人，头上都戴着绿头巾，而龟头也呈绿色，所以民间皆戏称乐户妓家之人为“龟”；而但凡妓院乐户之家的妻女皆为歌妓，因而后人就把放纵自己妻子卖淫者，称为“乌龟”。从此，“龟”便是男子最忌讳的字眼。元人陶宗仪在《辍耕录》里记载了一首当时戏谑破落子弟的诗，内有“宅眷多为掌月兔，舍人总作缩头龟”等语。民间俗谓兔望月而孕，比喻妇女未婚野合而有妊，因而“兔崽子”意同私生子。诗内的“缩头龟”，显然也含有明知老婆有外遇，而惧内的贬义。实际上，不但非正常的性行为会形成某种语言上的禁忌，就是正常的性关系也需要语言方面的避忌。例如，“避孕”字眼就不能随意说出，而应叫计划生育，西方叫“节制生育”（Birth Control）或“家庭计划”（Family Planning）等等。

除了以上与性器官、性行为有关的一些语言禁忌外，还有一些其他方面的带有羞辱性质的语言禁忌。例如通常人们都忌讳别人将自己和畜生相提并论，有生理上的缺陷的人，也讳忌被人当面嘲笑。因此生理上的缺陷的表述，人们尽量用委婉语词。比如“耳朵聋”改说“耳朵背”，或者说“耳朵有点不好”“耳朵有点不便”，古人则说“重听”。一般来说，凡属对人不尊重、不礼貌的亵渎话语一般都是有所忌讳的。

◆ 对服药的禁忌

生病服药本是倒霉的事，病人将康复的希望寄托于服药上，为了使服药产生良好的效果，汉族民间病人在服中药时，要从语言、行为上给以避讳。

喝药时忌讳说喝药，而把“喝药”改说成喝茶。例如，在江西一带把喝药叫“喝好茶”。在湖北长阳一带叫喝药为“喝细茶”。这是从语言上对不吉祥的事进行圆避，以减轻病人的心理负担。

人们都希望药到病除，常用禁忌的方法来保持药效。浙江西南一带，药品不能放灶上，会犯了灶神，药力失效。药渣忌存放，要立即倒掉，认为药渣倒得快，病也好得快。药方单子不许反折，必须正折。旧时江苏南京一带认为，如果反折药方，就是说药与病反，不得功效。熬好的汤药不能拿过门槛。湖南一带认为，若将药拿过门槛，药被门神嗅过，药力便无效或相反，可能使病体不愈或病情加重。河南一带吃完了中药，忌讳药渣乱倒，俗有“药渣倒高不倒底”之说，又有忌讳倒在垃圾堆和厕所内的。如倒放不妥，就会影响病人康复。汉族普遍以为药渣最好是倒在马路上。煎过的药渣倒在门外，让千人踏、万人踩，这是驱病出门，托人消灾。

◆ 对性生活的禁忌

过去在汉族民间，婚后性生活也有许多禁忌。《礼记·月令》云："是月也（三月），日夜分，雷乃发声。……有不戒其容止者，生子不备，必有凶灾。"这是说在三月份打雷时要忌性交。这大概是我们最早的关于性禁忌的记载。唐代孙思邈的《千方金》，对性禁忌有更详细的阐述："男女交媾之际，更有避忌，切须慎之，若使犯之，天地夺其寿，鬼神殃其身，又恐生子不肖不寿之类。"谨守戒条，可以长生。所忌之要备述于后。

"天地震动，卒风暴雨，雷电交作，晦朔弦望，月煞日破，大寒大暑，日月薄蚀，神佛生辰，庚申甲子，本命之日，三元八节，五月五日，名山大川，神祠灶庙，僧宇道观，圣贤像前，井灶前后，火光闹烘。以上时地禁忌须慎之，不可交合，犯之者令大人则寿夭，小则生病，或若生男，令其丑貌怪相，形体不全，灾疾夭寿。诸所禁忌敷奏于前，复有五月十八日是天地牝年之日，阴阳交合，世人须避，慎不可行房，犯之重则夺命，轻则减寿，若于此时受胎孕，子母难保。"

归纳起来，这些婚后性方面的禁忌为三类：一是在大自然发生异常现象时不可行房，如暴风骤雨，电闪雷鸣，昏天黑地，日、月蚀之际，均不可行房。在这些令人恐惧的自然环境中行房，心理上确会紧张不安，无情调可言，自然有碍后代。二是光天化日，人多聚集的杂乱之地，如名山大川，井灶边，火光前等地要禁忌性行为。"光天化日"做见不得人的羞事，会遭到众人的谴责。要是不巧碰上了认为是最晦气的事，照现代医学观点，也有一个可能，就是"户外活动"易受"风寒"，年纪轻身子尚可禁得住，俟其年老，则将欲振乏力了。三是时日的避忌，如在神佛诞辰、庚申甲子、本命之日等特别预示吉凶的日子里禁忌性行为，这是没有科学道理的。

除了上述特定的日子、地点之外，小孩有病，也要忌房事。譬如，在《红楼梦》第二十一回就有这么一段对白："凤姐听了登时忙将起来，一面打扫房屋，供奉痘疹娘娘，一面传与家人忌煎炒等物，一面命平儿打点铺盖衣服与贾琏'隔房'……"《红楼梦》的作者曹雪芹，可能无意间已留下了当时的"房事禁忌"——出"痘疹"时，不能同房共寝，否则痘疹难愈，小孩可能会变成大麻子。

在台湾，有俗谚"二更更，三暝暝，四数钱，五烧香，六拜年。"意思是，20岁时每更可交合一次；30岁时一晚上可交合一次；40岁时就要像一五一十数钱那样，每五夜交合一次；50岁时就要像初一、十五烧香那样，每半月一次；到了60岁像一年一度的拜年那样，一年只能交合一次了。这是关于房事次数的禁忌，有一定的养生道理。中国有一通行的禁忌：姑娘不能在月经期间举行婚礼，民间说是"骑马（带月经）拜堂，家败人亡"。这是符合妇女卫生科学的。如果在女方经期结婚，或则不利新婚性生活，或则易于导致妇科疾病。

过去父母为子女完婚，最大的心愿，就是传宗接代、生男育女。房事一直是中国人视为神秘禁区的事情，闺房之乐，隐而不宣。旧时也无此方面的科学书籍予以教化。性生活是和繁衍后代联系在一起的，为防止性生活不慎而给夫妻及后代带来损害，民间便流行着种种性生活的禁忌。因此，其中有些是这方面的经验总结，不可一概否定。

◆ 对妇女的禁忌

中华人民共和国成立以前，由于封建的三纲五常伦理道德的影响，在汉族民间，妇女受到种种禁忌的限制。以节日期间而言，旧时北京地区农历正月初一至初五忌妇女串门和走亲戚，俗称正月忌门。以为此间有妇女串门不祥。旧时热河一带，年初五以前，妇女“如贸然前往，必被痛恶。盖彼间以妇女为不祥物”。在天津，据刘炎臣《天津年俗》说：除夕这天，摆好供品后，一般旧式家庭，就临时处于戒严状态，禁止亲戚邻居的妇女进入。因是旧俗相袭，一般自家的妇女们到了这天，也就不再到别家串门了。我国西南地区汉族，妇女在过年的头几天，也不得步出大门。在祭祀鬼神或逢年节祭龙时，都严禁妇女参加。汉族有农历十二月二十三日夜祭祀灶君的习俗，谚语云：“男不拜月，女不祭灶。”《帝京景物略》云：“灶，老妇之祭，今男子祭，禁不令妇见之。祀余糖果，禁幼女不得令啖。”可知禁忌妇女主祭灶神之严格。

在平时，妇女的行动也不自由，惠西成、石子编《中国民俗大观》一书，记录了河北安次妇女的禁忌：没有订婚的姑娘，不能走在用畚箕的人前面，说是怕把媒人扇跑了。没结婚的姑娘，不能看新妇理妆，怕冲了美神，使新郎看见新妇就生气，以至于夫妇不和。女人不能磨刀，磨了的刀便从此也磨不锋利；又说姑娘磨刀，嫁“千磨头”（固执的意思）丈夫。姑娘不用黑碗吃饭，怕嫁个黑丈夫；不用长短不齐的筷子，怕嫁个矮丈夫；不坐有孔的器物，怕患痔疾；不枕包袱睡觉，怕得病。妇女的枕头不要接补，怕重婚；不用横丝布做衣服，怕性情横野，又说怕遭难产；踞坐起来，膝盖不能与额头接触，怕早寡。结婚的那一天不可穿红鞋，否则丈夫见了就气得眼红。最好穿蓝鞋，可以拦婆婆的嘴。姑娘不吃一盘馒头顶上的那个，吃了会受气，等等。

◆ 对农事的禁忌

汉族是一个农业民族，其民间在农业上的禁忌不仅数量多，而且有其特色，那就是反映了农夫们改造自然的愿望而又缺乏自信的困境。他们试图通过“停止生产”等“自罚”的方式来博得农业神的恩赐；表明了在一个不发达的封闭的农业系统里，禁忌是征服自然过程中所必须作出的妥协和让步，也是人与自然连接的一条脆弱的纽带。

农事的范围很广，这里只介绍粮农的禁忌。农业生产力低下，人们主要是“靠天吃饭”，顺从自然，一方面得不误农时，另一方面要定期祭祀，以求助神灵的护佑。祭祀期间，不得从事农事活动，否则，神灵以为祭祀者不专心和少虔诚。春节是祭祀拜神活动最频繁的时期，因而其间许多民族都有禁忌生产劳动的惯例。汉族农历正月初一至十五为“过年”，忌耕作，以为耕作冲犯神灵，一年百事不顺。汉族及一些以农耕为主的民族，都敬奉雷神，有闻雷辍耕的习俗。忌雷期间，不能犁田、耕地、播种，如果违犯，以为雨水不宜，庄稼歉收。忌雷主要是针对每年头次雷声而言。这种忌雷的生产民俗形成的原因，可能一是由于敬畏雷神，俗以为雷声表明天神又开始光顾下界，大地又将生机勃勃。农夫必须若干天禁止耕作，以示迎接雷神的庄重。二是以每年第一次响雷为信息标志，确定春耕春种的起始时间。因为头几次春雷常在正月下旬，二月上中旬，这时尚属早春，寒潮未止，所以禁忌过早翻地下种，以免春苗受到寒冻。

湖南、贵州部分地区的汉族有“戊月忌动土”的习俗广为流传。戊为天干的第五位，古代以天干（甲、乙、丙……）地支（子、丑、寅……）循环相配，以表示年月的次序。干支再与五行（金木水火土）对应，则可推算出戊属土。每月有三个戊日，四月十六、十月十八两日为“大戊日”，全年大小戊日共三十八天，均不事耕作。汉族在立春后禁五戊，禁戊前一天，各村鸣锣通知戊日不准动土。俗谓这日动土会触怒土神，使农作物遭灾。忌“戊”习俗的辐射面很广，可能与道教有关。道教特别禁忌戊日，有“戊不烧香”之说。传说汉武帝曾向西王母询问人世何以会有这么多虫蝗、水旱之灾时，王母说道：“世人皆迷而不知‘禁忌’，四时之内有六戊日，翻地锄田，会惊动土神，冒犯五阴五阳，春六戊冒犯日、月、星辰，秋六戊冒犯五岳四渎，冬六戊会冲犯社稷后土，以致风雨不调，五谷少收，民多饥谨之灾。”（闵智亭《道教仙话》）这种忌日的形成一方面是由于对大自然灵力的崇拜和迷信，对自然灾害的畏惧，人们宁愿以不劳作的自行“惩罚”来博得大自然灵力的同情；一方面寄托着人们对丰收的祈望，又让人们在生产过程中的各个阶段，都有一两天的休息时间，客观上松弛了人们劳动中的紧张情绪。

农事中除了以停止生产的方式防止灾祸发生以外，在生产过程中也需忌某些言行。例如，在浙江西南广大乡村，刈谷时，忌女人坐稻桶歇力，说是亵渎五谷神，来年要欠收；忌用镰刀敲稻桶，说是惊动五谷神，罚你刈谷时割破手指。田间劳动喝生水，忌立即入口，要先吐一口唾沫在水中，见唾沫未化散的，表示鬼未投过毒，此水可以喝；如唾沫在水中化散开，说明鬼已在水中放了毒，喝了会肚疼、生病。去山间田里劳动，忌路上唱山歌，忌吹口哨，忌呼同伴姓名，说是被鬼听到，会有祸事。粮食收到场上，忌讳别人打听亩产多少斤，忌讳别人估计总产量是多少，也不能说“粮食快收完了吧”之类的话。俗以为这是不吉利的。

农事禁忌多出现在生产的农忙阶段，既表明了农民们对生产规律的认识和把握，也提醒人们在这些“关键”时期要有良好的劳动态度和精神。然而，农事禁忌又无一不是迷信思想的产物，有碍于积极地、科学地去解决生产中所遇到的问题。随着生产力的提高和科学知识的普及，这些禁忌将会失去其“警示”功能，而无约束力。

◆ 对节气的禁忌

汉族民间节气风俗涂上了鲜明的农业文化色彩，节气本身就反映了农业社会的生活规律。二十四节气是季节和气候的转折点，期间有不少禁忌。人们唯恐自己的言行和天气不合惯例，违背了禁忌，而使一年农事不顺。

立春乃一年农事之始，故有于这天占卜丰歉的习俗。俗以为立春宜晴不宜阴。晴则兆丰，阴则兆灾。河南一带民谣云："立春清明又和暖，农人鼓腹皆翘天，倘若风阴与昏暗，五谷不登人不安。"又有"晴则诸事吉，阴乃万事愁"的说法。山东莱阳立春忌挑水和掏灰，如果挑了水，一年当中精神不振光打瞌睡，掏了灰，一年的好运就被掏跑了。郓城则忌小孩在家过节，要让他们"躲春"，到邻家去过节。

清明忌讳天阴、下雨及刮风。俗以为清明不明，即为荒年之兆。清明有风、主旱。清明夜落雨，对麦子不利，谚语云："麦子不怕四季水，只怕清明一夜雨。"浙江一带的谚语则是："清明日又清又明，种田人足有收成。"当地清明日忌全天休息，下午要下田，在田间地头插杨柳枝和杜鹃花，可免病虫、鸟兽侵害农作物，有谚云："清明半天就落田。"汉族民间有清明日戴柳、插柳的习俗。清明不戴柳已成为禁忌。谚云："清明不带柳，死后变黄狗。"湖北一带认为清明带（戴）柳是与祭祖有关，不戴柳是不祭祖。所以世人咒骂不戴柳者"死了变猪狗"，言其不孝，猪狗不如。

立夏日忌吃米饭之类散碎状的食品，要吃用米、面粉煮的糊，叫"立夏糊"。吃了立夏糊，田塍糊得牢。男人不吃立夏糊，下田无力气。说是这天北方女人刮"朝南风"，会把男人力气刮跑。此俗浙江一些地区流行。

夏至是农事很重要的节气。俗以为夏至天气变坏会对农作物造成很大影响。因此农家在夏至里忌讳很多。《清嘉录》云："夏至日为交时……居人慎起居，禁诅咒、戒剃头，多所忌讳……"据说这些禁忌都是害怕会引起老天爷下雨。夏至日最忌有雷雨。俗谚云：“夏至有雷，六月旱，夏至逢雨，三伏热。”

立秋这天，有的地方视为大节。在云南宣威农家，禁人在田间行走，否则秋收不佳，并要请人在红纸条上写出“今日立秋，百病俱休”八字贴于壁上。河南、江苏及湖北一带，立秋日忌雷、雨、风，俗谚云：“（立秋日）一雷波万顷”，“雷打秋，晚禾折半收”，“秋甲子忌雨，雨则多涝”，“秋前北风秋后雨，秋后北风干透底”等。山东莱西一带，禁忌立秋日洗澡，否则，以为身上会长秋狗子（即痱子）；黄县一带则以为立秋日洗澡，秋后要拉肚子。

冬至为一年间最冷的日子，汉族民间有冬至日吃饺子的风俗，俗称“安耳朵”。河南一带忌冬至不吃饺子，认为如此则会冻掉耳朵，也于农事不利。俗谚云：“冬至不过冬（指不食饺子），扬场没正风。”浙江一带冬至日要吃赤豆粥或红米饭以驱鬼，忌吃白米饭。这是最古老的民俗，据说是驱赶神话中共工氏的一个最会做恶事的儿子。冬至还忌无雨，湖北一带俗谚云：“立冬无雨看冬至，冬至无雨一冬晴”，意主旱也。冬至日忌出嫁女人夜宿娘家，认为否则将克死夫家家长。俗谚有“娘家住个冬，夫家去个公”之训诫。

◆ 对手工业的禁忌

汉族民间手工业的禁忌因各行业不同而各显特殊性。

矿工禁忌。在所有行业中，采矿是最危险的行业之一，一进入井下，矿工就有较重的危险感和恐怖感。因此，矿工在井上、井下时，忌说“死”“憋死”“砸死”之类的话。辽宁本溪、南票一带的矿工还忌人叫他“老师傅”。他们不认为这是尊称，以为你说他老了，不能干活了，所以他不愿听。一般矿工都禁讳别人打他的帽子（安全帽），不许把帽子扔到地上。因为帽子是保护头部的，也就是头的象征。头是忌人敲打或玩摸的，更不能掉在地上。矿井里有动物是吉祥的象征。矿工禁忌任何人在井下打死任何动物，矿井中出现了老鼠、黄鼠狼、蛇等动物都不许打。因为井下有动物生存，就向矿工们报告了安全的信息。因此，这个禁忌具有一定科学道理。

屠夫的禁忌是逢亥日不杀猪。在宰杀牲畜时，要一刀杀死，忌杀两刀。否则，为不祥之兆，预示来年养猪不顺，人丁不旺。刺穿猪喉后，扔刀于地时，刀尖忌朝主人家的大门，否则该家将有凶事。开膛时，不能把猪挂在正对神位的地方，以免得罪神灵。屠户不吃猪血，但可吃新鲜猪肉。杀猪后要先割一块一二斤重的方块肉，供献“养育大神”，然后才能自己吃。否则，来年主家养猪不顺当。

石匠禁忌。石匠凿得最多的莫过于水磨。旧时水磨房供奉老君，河神及财神，每年正月初二、三日都要点灯、烧香，上供，祈求神灵保平安，多磨粮。因为所供奉的老君骑的是青牛，所以石匠在刻凿水磨时，凡人是不能手持鞭子在一旁观看的，否则，会惊跑了老君的坐骑，水磨无法完工。石匠打钻眼忌打空锤，否则不吉；凿石料时忌言语，否则石料凿不成；如果采的是厕所用的石板“茅厕梁”，忌说出“茅厕梁”等有关话语，恐因此冲撞了山神，于采石不利。石匠为人刻完碑石之后，在立碑之日的早晨，忌说不吉利的话；在开始把碑竖稳的那个时刻，更要忌人胡言乱语。

汉族古代把裁衣看作神圣之事，汉王充《论衡·讥日》云：“九锡之礼，一曰车马，二曰裁衣，作车不求良辰，裁衣独求吉日。”可见，在中古时期，就有“裁衣求吉”的民俗观。古代对哪些日子不能裁衣有明确规定，据敦煌文献载：春三月中的申日不裁衣，夏三月中的酉日裁衣凶，秋裁衣大忌，血忌日不裁衣，凡八月六日、十六日、廿二日不裁衣，凶。以十月十日裁衣，大忌，晦三月裁衣，被虎食，大凶。

古代以为不宜见血的日子为血忌日，不准裁衣，何为血忌日，现难以考明，血忌日似与下面的禁条有关。

“以十月十日裁衣，大忌。”这是因为这天为唐代皇帝文宗李昂的生日，此日动剪裁衣便认为是不忠举动，象征着“动刀”谋反，故裁衣便列入禁忌。其次也可见，君王生日这天必为“血忌”日，这天动刀杀牲畜，便预示要开杀戒，是对王朝的不忠之举，放血忌日不得裁衣。

“凡八月六日、十六旧、廿二日不裁衣，凶。”八月六日不动剪刀裁衣，是因为这天为南北朝武帝萧衍的生日。（《南史·梁元帝萧绎传》）八月十六日为观音显圣，故不得动剪刀裁衣。佛经云：八月十六日南无清净宝扬惠德观世音菩萨示现。八月二十二日由于神仙下凡亦不得动剪。《道书》云，八月二十二昭灵李真人降于方丈台。

裁衣有禁忌，缝衣也不例外，民间至今还兴“正月不动针”的习俗。俗谚云：

初一不忌针，当年国库空；
初二不忌针，天下百姓穷；
初三不忌针，三孤三寡兴；
初四不忌针，朝中轶事生；
初五不忌针，五月五雷轰……

从初一到三十，都有犯禁的劫数。相传此俗起于北宋末年，为张天师解救刺绣宫娥而倡导的。

可见帝诞、佛降、仙人下凡之日均为裁缝的休息日，加上正月及其他每月固定的忌日，不少于现在的星期天。

手工业的门类很多，各部门都有自己的禁忌。这些禁忌和各行业的生产内容及形式结合在一起，共同构成了行业特征。行业中人并不以为禁忌是迷信，而视其为应该恪守的法则，这些禁忌随着技艺一道，一代一代流传下来。由于手工业是一种“流动”行业，多为小生产的状态之下，同行业中人很少能常聚一处，使得他们行业自身的习俗很少系统性和凝固性；其禁忌习俗也多附合于当地的其他习俗，迎合了汉族民间普遍的心理要求。

◆ 对经商的禁忌

经商经常会面临赔本的危险，所以旧时汉族民间商界就形成了一些旨在避凶趋吉的禁忌习俗。商业中人希望能通过实施这些禁忌获得财运亨通。尽管有的商贾并不迷信，但为了心安，也奉若圭臬。

商业交易主要有行商和坐商两种。行商，俗称“行贩”，亦叫“游动行贩”。商人以坐商居多，尤以店铺商为最，多以行业聚集。这两种经商者过去都有其禁忌。

挑担出门经商的人，忌“月忌日”（初三、十四、二十三）出行，出门忌见乌鸦，更忌遇见尼姑、和尚。行商的扁担忌别人从上面跨过，尤忌女人跨过。有的地方遇见赶马外出做生意的人，忌说涉及豺狼虎豹等字句，否则外出不吉。商人赶街忌讳说不吉利的话，不能踩别人的脚后跟。否则，总落人后，晦气，赚不得钱。

坐商禁忌更多。店主忌早上第一个客人不成交而去，恐带来一天的倒运。在店堂，忌伸懒腰，打呵欠，踏地袱，坐门槛，敲击账桌，手把门枋，背脊朝外，玩弄算盘和反搁算盘等等，俗以为这些举动皆是对财神菩萨不恭的表现，对经商不利。扫店堂，忌往外扫，须往里扫，意即扫进金银财宝。见地上铜板忌拾，钱币忌往外数，要往里数，宁波方言“数”与“输”谐音。

买卖过程中也讲究禁忌。卖猪头要说卖“利市”；顾客买结婚用品，若失手敲碎，要说“先开花，后结子”；卖乌贼，要吆喝墨鱼；卖棺材忌问谁死了，并称棺为“长寿席”；卖药忌嗅，以为嗅过的药失效，递给买主时应说“送补药”。药店、棺材店的经营者，送客时忌讳说“再来坐”“欢迎再来”之类的话。否则，顾客以为是在诅咒人家“再得病”“再死人”，就事与愿违了。

商行种类不一，禁忌有差异。卖布匹的忌敲量具；卖酒的忌摇晃酒瓶，否则，说酒喝下要头晕。酒馆店，娘舅在席上忌毛蟹（河蟹）上桌，因宁波等地贬称娘舅为毛蟹；女婿在桌上忌上甲鱼。药店年初进货，须进胖大海和大连子，取大发大利之义。在江苏南京的荣社饭铺，三人一桌，如空一位不坐，谓之“关门座”，为铺主最忌。香港酒家食业的伙计最忌首名顾客选“炒饭”，因“炒”在广东话中是解雇的意思。开炉闻“炒”音，被认为不吉。店员不准在店内看书，虽工余亦不例外。老板但图一本万利，岂有“输”掉老本？所以忌讳。

◆ 对戏业的禁忌

汉族民间一些传统的地方剧种，旧时保持了浓厚的神秘气氛，充满了神祇信仰和迷信禁忌。由于表演的内容和剧种不同，戏业禁忌呈现出明显的地方色彩。

在浙江西南山区，演戏是鬼神祭礼的一种仪礼。群众看戏，忌男女混杂，台下男女分座，女座在两廊之下，廊梁上拴挂一藤鞭，如男人闯入廊下，或有戏侮妇女之事，任何人可取藤鞭打犯禁的人。演出时，将当时戏金用袋分装挂于台口，台戏金12元，则用12只小袋每袋放上1元，联成一长串。推村中年老观众数人监台，如发现艺人演出不认真，出差错事故，监场的当场剪去一袋以示惩罚，寓代神执行之意，艺人不得违禁抗拒。最忌事后争执，触犯神怒要遭祸。演戏忌演过月戏，即戏期从这月到下月，故安排演出必于月底结束。演过月戏的戏班和村子会不太平。

在日常生活中，艺人也有禁忌。山区本地戏班的艺人，都是山民子弟，演出也在山乡，在山路上走时，忌丢石子玩，忌脚踢石子，说会丢掉生意。艺人走路打伞时，忌将伞旋转，说会使生意不安定；忌在后台走棋，说是一盘棋越走越乱越分散，会使戏班散伙。吃饭时，旦角艺人忌先动筷子；艺人后台忌坐椅凳，以戏箱代之；旦角忌坐盔帽箱，小丑可坐任何箱，其他行当除装祖师牌位箱之外，也可任意坐。坐箱忌一屁股搭两只箱，说这会引起班内不和，事故多。忌男艺人妻子进入后台，万一发生此事，要在后台烧稻草解灾，说是艺人扮演神佛仙道和古人（鬼），女人来冲犯了鬼神，扮演者在台上会受伤或死亡。

绍兴目连戏是一种笼罩着神秘恐怖气氛的宗教戏剧形式，演员多以鬼的面目出现。演员时常担心表演时，会有真的鬼灵出现在台上，观众则时常怀疑自己座席的旁侧，正坐着不少鬼灵的身影，它们正与观众们一齐欣赏看戏。因此，目连戏演出气氛十分紧张和严肃，经常伴有很多禁忌，其目的是防止在演戏或看戏时受到鬼灵的袭击或侵害。绍兴民间认为，只要在演戏或观戏时遵从了这些禁忌，就不会触犯鬼神的利益，这样也就有效地保护了自己。演员是扮演鬼神的成员，他们与鬼神最为接近，也最容易受到鬼神的袭击与侵害，因此演员在演出目连戏时的禁忌甚多。例如，在戏开演之前几天，演员每天都要沐浴焚香，还要禁房事，忌吃荤。扮演男吊、女吊的演员都有一条长舌拖于口外，这条口舌不可随便画上，一般都要等到戏开场之后，台上吹起目连嗐头，这时才进行画舌，此举称为“封嘴口”，因为画上舌头之后，扮演男吊和女吊的演员就不能再随便讲话了，必须坐在后台等着上场，要是这时开了口，就被认为是不吉利的。如果一时忘记了这一禁忌，在演戏结束后必须烧纸进行忏悔。演员画舌后不能开口的习俗，反映了民间古老的鬼神禁忌观念，这种观念以为画了舌后的演员就成了真鬼灵，倘若开口，此时鬼灵还未脱身，就会使演员受到危险。扮演男吊和女吊的演员，不能站在露天，不能见太阳，即使是在野外广场上演戏，也要蒙上一张篷布。这大概是演员装扮成鬼灵后，亦即进了阴间，不能再见阳光。

观众虽然不像演员那样直接以鬼神的身份出现在台上，但是他们认为自己在看戏时，也会经常遇见鬼神，所以也得非常的小心谨慎。例如戏未演完，观众就不能回家，特别是不能邀人回家，因为人们认为如果看戏的中途回家，或者叫别人一同回去，这样鬼就会跟到家里，只有等鬼王扫了台后，台上的鬼魅已被除尽，这时回家就不用担心有鬼跟着了。

戏台道具在演一般戏时是不具有什么神性或魔力的，但是到了演目连戏时，戏台与道具就常常与戏中的鬼神力量结合在一起，这时就不能把它们视同一般之物了，故演出目连戏的道具也有不少的戒规与禁忌。舞台上使用的具器，如鞭、杆、刀、棍、枪等等都禁忌随便乱动，上场前要给这些兵器行礼，名曰“祭刀”“祭叉”“祭砌末”等。否则，台上要出事故。不遵从这些禁忌的人就不能吃唱戏这碗饭，要受到责罚。可见此类禁忌之严厉。

绍兴目连戏及其他古老的地方戏种，演出时所流行的各种戒规和禁忌，不但形式众多，而且意义复杂，有的为了敬神，有的为了驱鬼，有的为了免灾，有的为了祈福，但是所有的这些禁忌，主要的目的是“消极地防御”鬼神的侵害，它们不像巫术那样对鬼神采取积极的控制办法，而是企图通过防范和回避与鬼神发生冲突而采取的消极措施。

◆ 对祖灵的禁忌

祖灵，在汉族民间被视为本族本家的保护神，但对祖灵也有畏惧心理，唯恐触怒了祖灵，祖先会降灾给后代，以示惩罚。因而由祖灵信仰产生出一些禁忌。

祖灵禁忌主要表现在祭祀仪式中。汉族祭祀祖先时禁忌不洁净的人参加，亦即禁忌有月经的女人、孕妇、产妇、婴儿，穿孝服者、受刑罚者参与其事。祭祀祖灵时，人们不能交谈、咳嗽，不能随意行动、抓痒，不能随意随处大小便，便后不能不洗手。祭祖期间，男女不得幽会、禁忌房事、忌食荤腥等。俗以为违反这些规定的人会怠慢、亵渎神明祖灵。

祭祀祖先要准时，要在忌日、时节里拜飨祭祖。俗以为不能推迟日时，如果移前数日举行，是可以的，但禁忌推迟三日后举行。否则，祖上等了三日，不见有吃喝的供祭，便会对儿孙们失望的，不免叹冷气而去。这口冷气，是“穷气”。家，便可能就要被这口冷气叹穷了的。东北一带，春节有接外出的祖灵回家团聚的习俗，也是一种祭祀活动。大年三十夜，吃饺子前，人们把大门敞开，院内摆上桌子，供上饺子、香烛。孩子们打着灯笼，挑起鞭炮。正当二十四点时，点燃鞭炮和蜡烛，祖灵被迎进家门，与家人同乐。接祖灵一定要准时。俗以为接早了会接到“长门神”“讨吃鬼”，接得迟晚了祖灵会找不到自己的家门。可见祭祀仪式是很讲究时刻的准确无误的。

对祭祖灵的祭品也有禁忌。一般说来，凡是人们自己食用的肉类、水果、酒、油等，都会献祭给祖灵。那些人们自己不食用的，也多数是禁忌献供祖灵的。汉族一些地区，禁食牛肉、狗肉，以为它们可以耕田、看门，是有功于人的，所以不忍心食之。既然人都不吃，就更不能做供品了。否则，将构成不敬之罪。南方沿海一带，祀祖灵禁忌把鱼打鳞去鳃，剪头去尾。俗以为，这样就不是“全鱼”了，恐祖灵怪罪祭者不是“全心全意”。祭祀之物以“带皮”“带鳞”为尚，即猪肉、鸡肉等一律要“带皮”的。鲤鱼、鲫鱼等都要“带鳞”的。而那些无皮无鳞的如鳗鱼、鳝鱼等禁忌用作祭品。人们祭祖是为祈福的，从这一心理出发，祭神的供品多有求吉避凶的讲究。比如湖北一带，新谷登场，祭天地先祖，用鱼不用鸡，即是为取譬“有余（鱼）无饥（鸡）”之意。我国南方有的地方称茄子为“吊杀鬼”，称吊死者为“生茄子病死的”。所以禁忌用茄子祭祀，唯恐不吉利，惹恼了祖灵。江苏一带，清明、七月半祭祖时，祭品用荤素均可，但禁用带“豆”字的菜作祭品。如绿豆芽，蚕豆瓣等。因“豆”与“斗”谐音，恐以此祭祖，会招致后代子孙争斗不休的厄运。豆类食品中，唯有豆腐常用来做供菜。因“腐”与“富”“福”谐音，是财星高照的征兆，所以不忌。

祖灵禁忌中最为人们重视的是对祭器的禁忌。汉族大部分地区家堂祖先牌位都忌乱摸乱动，否则，便认为是对祖先神灵的侮辱。非但人不能随便乱触摸，就连灰尘落在上边，也是很忌讳的。光绪《祥符县志》云：“当除之夕也，洒扫庭阶，陈设供奉，入更后，启外门鞠躬迎神以入，奉爵位以安神位，献岁三日，不敢洒扫，虑尘神几筵也。”汉族民间祭祀时未洗手禁忌接触神案上的香炉、烛台、花瓶、杯盏等祭器，否则，祭祀的灵验就会被破坏。祭祀时还禁忌跨越所用的一切器具，否则，就像在祖灵面前拉屎、撒尿、吐唾沫、辱骂一样，是对神灵的侮辱、亵渎。这些祖灵禁忌一方面表示人们对祖先的悼念之情，一方面又抒发着祈福求护的心愿，祖灵崇拜是鬼魂崇拜的一种形式，实质就是崇拜祖先的鬼魂，不过这种鬼魂与崇拜者之间有血缘关系。

◆ 对动物的禁忌

汉族民间对动物禁忌的方式，或禁食其肉，或禁见其形，或禁闻其声，或禁说其名，或禁杀其体，或忌被其咬。

对蛇有诸多禁忌。蛇为居住在长江中下游地区的汉民族的主要图腾。该地区民间至今仍敬事家蛇（生活于住宅内的一种无毒蛇），流行忌呼蛇名的习俗。蛇在江苏宜兴叫“蛮家”“苍龙”；在浙江杭嘉湖称“大仙”“天龙”；在安徽当涂称“家龙”；在江西清江称“祖宗蛇”；湖南常德一带称“老溜”。这些皆为尊称，显然是图腾崇拜的遗留。

见蛇有时是不吉利的。宜兴人认为在米囤上及床上发现家蛇为吉，在檐、梁上发现为凶，有“男怕跌蛇，女怕跌鼠”之说。浙江人也忌见蛇跌落在地。清江人见蛇蜕皮和蛇出洞为不吉利。当涂人认为家蛇出现为凶兆，会有家主死亡或其他意外祸事发生，更忌家主看见；家中其他人（包括小孩）见蛇，不可告知家主，应守口如瓶。犯忌之后，逢凶化吉、戒除晦气之法，江苏、浙江及安徽是点燃香烛，用豆腐、鱼肉、米、酒及茶叶等食物来祭供；江西清江则将其送至远处，并点三支香“送行”。对家蛇绝不可打杀，宜兴俗谓“打蛇勿死蛇讨命”，清江俗谓“打蛇埋蛇，当作朝华”，意为见到被打死的蛇，应该埋葬，这样做好比拜了华庙里的菩萨（“华”为当地有名的寺庙）。

远古社会的蛇图腾崇拜，演化到今天，缩小为仅仅对家蛇的崇拜，这大概是出于家蛇无毒，不伤人的缘故。

老鼠也是一种“家居”动物。对家蛇的禁忌，是出于一种敬奉心理，对鼠的禁忌，则是出于畏惧感。汉族民间以为，老鼠居于地穴中，夜间活动，能与鬼神相通，满身沾染了阴间的鬼气。老鼠咬了谁的东西，鬼气便传到他的身上，大难即将临头。《三国志·邓哀传》记载了这样一则故事：曹操的马鞍被老鼠咬了，负责仓库的人很害怕。曹冲想了一个办法替这人解困。他用刀子把自己的衣服穿了个洞，似被鼠咬过一样，并假装悲哀。曹操问他何以如此，他说，俗信衣服被鼠咬了，衣服主人是不吉利的。其实，曹冲用刀子破己衣，作鼠咬之样，一来是为负责仓库的人解脱罪责，二来是替曹操承受厄运，此属模拟巫术。

江苏崇明地区对鼠有三种忌讳：一为老鼠数钱。鼠在深夜时，吱吱作响声，好像数钱。迷信妇女以为听到此声，家中将出祸事，因之日夜担忧，恐大祸降临，必俟数日后，不见灾祸，才能放心。二为老鼠落空。老鼠出外寻食时，或失足跌落，见之以为不吉，不是生疾病，便有其他祸灾，必设法禳解。禳解之法，须见者亲往乡间，沿户乞讨白米，谓之“百家米”，回家以之煮饭，食之便可祛除灾难。三为老鼠咬东西。鼠咬物乃其天性，迷信妇女，以为说了老鼠坏话，为鼠所闻，故东西被咬坏，乃禁止家人怒骂老鼠，甚至或乎“老鼠伯伯”以媚之。崇明人俗信鼠能掐会算，善知吉凶，故不敢得罪，甚至还要设法取悦于它。

狗，与人们日常生活关系密切，汉族民间以为狗能通神，所以对狗有种种禁忌。比如狗上房是暗示盗贼即将光临。狗夜哭则俗信有死丧之灾。狗有时前足离地，身子直立，俗称“狗作揖”，见之不吉，必遭横祸。狗吠似哭，其家必有灾祸，灾祸的内痞各地说法不一：浙江余姚、湖南一带以为狗哭兆示将有死丧事发生；安徽一带则说狗哭为兆示水灾；浙江湖州一带又说是兆示火灾；还有一些地方当作是被盗、争讼的前兆。其实，狗哭是狗夜时凄凉长嚎的声音，如猫“叫春”一般，其声与平日里的吠声大不相同。俗误以为是狗看见了鬼，受惊吓才这样叫的，所以联想到将要死人、有火灾、水灾等祸事发生。

狗的另一生理现象是褪毛。俗以为先从腿上和先从头上褪都是不吉利的。俗谓：“狗褪毛，先净腿，发大水；先褪腰，油饼火烧吃一遭；先褪腚，主人幸；先褪头，主人愁。”有的地方以为先褪腰也不好，俗语说：“狗落腰，家家憔；狗落肚，家家富；狗落头，家家愁。”从这两条俗语看，狗先褪肚毛为大吉，先从头上及腿上褪毛则被民间视为异常现象而普遍有所忌讳。

还有一些动物的叫声是忌讳闻见的。乌鸦的叫声在汉族许多地方被认为是凶兆。湖南、安徽人认为听见乌鸦叫，会发生口角；南京人清晨听乌鸦叫，过去要默诵“乾元亨利贞”五字真言七遍，以祛不祥。尤其是白顶乌鸦，有类似丧服之嫌，更是忌讳。假若乌鸦屎落在头上，就更加觉得是倒霉透顶的事，一般人们要破口大骂几句，如“该死的乌鸦”“破嘴乌鸦”等，并将其轰走。浙江各地也忌门前乌鸦叫，主有凶事，有“乌鸦当头叫，不被打也被吊”的俗语。碰到乌鸦叫要禳解，对乌鸦吐口水，掼鼻涕，同时念咒语，如“上有天，下有地，不怕乌鸦放个屁”“老鸦白头顶，叫叫勿要紧，老鸦白头毛，叫叫粘勿牢”。

猫头鹰夜鸣亦为忌讳。湖南人认为“猫头鹰夜鸣，村中必死人”；河北人听见它的声音时，如手中端着碗，就要将碗摔破，以祛除灾祸。忌闻猫头鹰夜鸣的俗信，在我国周朝、汉代就有了。《说苑》说，齐景公对枭鸟（猫头鹰）夜鸣，“恶之甚”。《汉书·霍光传》云：“枭数鸣殿前树上，大怪之。”清代则传说，“枭乃天毒所产，见闻者必罹殃祸，急向枭连唾十三口可禳”（参见熊伯龙《无何集》）。可见，此项禁忌历史悠久。

还有一些鸟的叫声也不吉利。鬼车鸟，又称九头鸟，俗谓闻此鸟叫者为凶。舟山一带传说听到九头鸟叫时，附近就有野鬼游魂。旧时安徽一带，早起听到沙和尚（一种喜食肉类的鸟名）的叫声，俗以为必遭病殃。夜间听鹳子叫，俗以为有水灾。汉族旧时还忌闻伯劳鸟鸣，有人说：“伯劳以五月而应阴气之动，其声鵙鵙然，故俗憎之。”（《无何集》）

以上诸飞禽，俗以办凶鸟，闻其声自然不祥，可牛在农耕民族颇受敬重，其叫声有时也被视为不祥。安徽寿春人早晨听见牛鸣，以为有人欺侮；湖北长阳则有句俗谚：“夜里听牛鸣，灾祸要降临。”驴子亦为良畜，安徽一带，却忌讳夜间听见驴子叫，俗以为这是将有灾病的征兆。浙江一些地方忌前半夜家养的公鸡叫，主家室不平安，要急取冷水泼到鸡身上禳解。牛、驴、鸡夜鸣为不正常的现象，会引起人们产生不吉的联想，故而为人忌讳。

浙江南部山民住屋内忌外来的猫和猪，只有狗来是吉祥。有“狗来富，猪来穷，猫来带麻布（死人）”的俗语。狗来会饲以饮食，猪来则赶打出门，猫来是大忌，要将其捉住，在猫腿上系一小红布条才放走，如捉不到，要赶猫上树上屋才吉。又忌见到地上死猫，如看到了要将死猫扔上树。传说猫在如来佛前捕杀老鼠，犯了杀戒，被刺死无葬身之地，让猫死在地，违了佛祖旨意会不祥。还忌路上遇到鳖，见了“拉路鳖”有晦气。忌路上遇见蛇交配，也有晦气。如果碰到鳖或蛇交配，要立即解开衣扣，可以制邪，驱除“晦气”。

禁忌的动物还有：马、羊、骡、鱼、虾、蟹、虎、狐、蛙等等，这里不再一一介绍。对这些常见的动物，人们的潜意识中有一种认同感，这一认同感承袭于原始的图腾崇拜。尽管后来图腾观念淡漠了，人们仍将自己的生命与动物交感地联系在一起，动物的“异常”的现象会被认为是自己某种“异常”现象发生的兆示。这便是动物禁忌产生的思想基础。而动物的有规律的正常现象，就不会激发人们的畏惧心理，也就构不成禁忌。动物禁忌还表明，在人类没有完全消除鬼神等超自然观念之前，人们就无法摆脱动物的精神上的“纠缠”，还得通过种种禁忌来调节与它们的关系，来表示人类对它们的敬畏。

◆ 对植物的禁忌

汉族民间认为植物同动物一样是有灵魂的。先秦时就有一种司木之神，名曰“句芒”，为古代的树神。“夸父逐日”弃杖化为“邓林”，也是桃林有灵的记载。对被神化的植物，从古至今，以敬祭活动表示崇拜者不多，主要以敬畏的形式表示崇拜，其内容便为禁忌折伤或砍伐。《礼记·月令》记载，孟春之月，禁止伐一切树木；季春之月，“毋伐桑柘”；孟夏之月，“毋伐大树”。很明显，这些禁伐并不是出于防止偷盗或其他目的，完全是出于迷信，认为树木有神灵，违反禁忌会触怒树神而受到报复。西南汉族一些地区仍有“祭龙树”“祭龙林”的习俗，人们不仅不能砍伐龙树，而且平时也不能走近龙林；不能在龙林里放牧；龙林里的树、花草、土石都不能随便乱动，否则，便认为是冒犯了树神，会招致不幸。这类禁忌皆为原始植物崇拜的孑遗。

植物禁忌与动物禁忌不同，动物禁忌主要是由动物本身的“反常”行为引起的，而植物无外在的行为举动，唯一能激发人们联想的就是植物的年轮及枯死。因此，植物的禁忌主要依赖于它们生长的环境。被禁忌的植物，更多的为古老的，或庙旁、村后、坟茔的树木以及被人们崇拜的或视作有某种象征意义的植物。

过去南方农村的村寨口，多有一棵高大的古树，俗以为树上住着本村的守护神。路经树底，需肃静，不能说污秽之语，不可撒尿，不能有任何猥亵性的举动，以免有冒犯神灵之嫌。村寨周围的其他古树也严禁砍伐。汉族以为任何事物，一旦年代久远就会“成精”的。所以常以为老槐树、老樟树、老榆树、老柳树中有精灵鬼魅，所以绝对不能砍伐。传说山东长岛在伐一棵古槐时，锯得树木流血，而且还祸及周围人丧命。海阳等地也有古银杏树流血的传说。古籍也有类似记载。干宝《搜神记》卷六：“建安二十五年正月，魏武在洛阳起建始殿，伐濯龙树而血出。又掘徙梨，根伤而血出。魏武恶之，遂寝疾，是月崩。”这又给植物附加了人的机能，认为树木与人一样，为血肉之躯，是有知觉有意识的，绝不能待之以不仁。

不仅高大古老的树木禁忌砍伐，矮小的丛草也不能随意取用。旧时中原一带，民间俗以为草丛中是鬼的藏身之所，因此忌讳割坟上草。河南、湖北一带忌讳烧用铺床草。因为死人身下铺的草才烧掉，故以为不吉。葱有象征男阳的意义，故民间忌讳结婚办喜事时用葱。否则，俗以为会衰耗元气。台湾一带，忌烧香蕉叶，据说香蕉结实很多，如果滥加烧化会绝嗣的，至少是子嗣不会繁荣。

由于相信草木与鬼神有着某种密切关系，所以汉代以来便流传着一种习俗，即在坟地植树以安慰死者的魂魄。至于种植何种树，则有所禁忌。汉族一些地区不许在坟前栽棕树，因“棕”与“终”音似，以为违禁，就会使墓主家族断子绝孙。墓地要栽种生命力强、四季常青的桂、柏之类。人们相信，坟地树木的荣枯，反映着亡灵魂魄的安否，同时也象征着死者家族子孙繁盛，后继有人。

受植物有灵观念的影响，伐木被视为危险的职业，稍有不慎，就会遭到树神的报复。林场工人在山上伐木时，如果斧头掉头了，绝对不能说“掉头”，要说“出山”了。此为化凶为吉的双关语，一是说斧柄从斧头中出来了；二是说伐木的人能平安出山。当大树被砍断或锯断后还没倒时，最忌人跑动，否则，被树神听见了脚步声，树便朝人跑的方向倒去，会砸伤人。此禁忌可能产生于伐木工人的经验中。汉族自古伐木以时，孟子曰：“斧斤以时入山林。”《礼记》云：“孟春之月，禁止伐木，仲春之月，毋焚山林。”可见，伐木之禁忌，由来已久。

使用树木也有禁忌。汉族有榆木不做棺的俗禁，一说是因榆木材质坚硬，条理不顺，有“榆木疙瘩不开窍”的俗语流传，恐下辈小孩不知理，不聪明。故棺木多以纹路顺直的杉木为主，亦有利劈刨。另一说是由于榆叶、榆皮可食，易遭虫蛀，所以民间一般不用此做棺寿材。福建渔民忌用白桦造屋及做木排之舵，忌用雷电击断的树木制造家具，这些禁忌，是含有科学道理的。

对植物的禁忌远没有动物禁忌丰富，说明人类对植物的信仰次于动物信仰，这与人类古代采集生活的单纯特点有关。人类生产水平发展到一定程度，不论是在农耕民族还是在游牧民族，采集仅仅为生活的点缀，变得无足轻重。这样，植物的神秘感变得淡漠起来，植物禁忌也就稀少。而且，植物往往要依托所植的场所方能获得禁忌意义，如人们不能任意砍伐庙堂边、墓地的树木等等。至于古而成精的说法，那并不局限于植物，所有的与人类日常生活关系密切的生物皆如此。

◆ 对天象的禁忌

汉族民间对天象的信仰包括日、月、星辰、云雾、风雨、雷电等，有信仰便有禁忌。然而，这类禁忌习俗传袭下来的甚少，多在古籍上有反映。

祭日是汉族的一种古老习俗。我国古代有迎送太阳的仪式，早在《卜辞》中就有记载，《尚书·尧典》有“宾日”于东，“饯日”于西的记录。据《中华全国风俗志》说，河北宁津一带也有接太阳的风俗：“每年六月十八日晚，各村寺庙中，锣鼓喧天，颇为热闹。村庄老年妇女，集成一会，于是晚住庙中，念经诵佛，直至天将明之时。排列供案，燃烛焚香，向东致祭，至太阳出来始止。若值天晴，清晨放出阳光，大家欢喜，倘是天阴，便云不吉，异常懊丧也。”此俗与远古的“宾日”仪式一脉相承。人们最初未知天体运动规律，恐太阳落山后不再出来，所以要祭祀，要“接太阳”，并且忌讳接时天阴。如今各地日蚀禁忌也体现了这一观念。据《风俗通义》云：“日有蚀之，天子不举乐。”日食为不祥之兆，此时不可举乐，而应敲响器以驱食日之天狗，直至太阳复原为止，《左传》说，日蚀发生时，国君不能待在正殿，更不能于此时宴乐。国人都必须奔走祷告，击鼓献币，太史代表大臣自责。此外，中国马家窑文化遗址的骨骸都是头朝太阳升起的东方，这很可能是对太阳的禁忌在葬俗上的表现。

月的禁忌同日的禁忌一样古老，且因月的自然变化比日多得多，所以人类关于月的禁忌更为频繁。

在江西南昌及浙江杭州等地，皓月当空的夜晚，妇女们总要告诫小孩不要用手指月亮。这是因为月亮里有位月神，小孩如果手指它，它便以为是一种侮辱，到夜深人静便悄悄地割去该小孩的耳朵。小孩犯忌后恐它割耳的话，必得誓以至诚地向它唱道：“月光爷爷，莫怪，你拿耳朵还给我，我拿刀子还给你。”这一不能手指月亮的禁忌，表面上是因为月牙像一把弯刀，当月亮遭小孩侮辱时，就会割下小孩的耳朵，其实，这是远古的月神崇拜的遗存。

另外还有月蚀、晦日的禁忌。《白虎通》上说，每当月蚀，诸侯、大夫、士人的妻子要敲击镜子、棍棒。更有甚者，号啕大哭，凄惨一片。现在汉民族民间仍保持着月蚀敲盆救月赶天狗的习俗。因晦日每月发生一次，因而晦日的禁忌很多。如《左传·成公十六年》：“……郑阵而不整，蛮军而不阵，阵不违晦……以犯天忌，我必克之。”又如《齐东野语》：“凡妇人阴道、晦明是其所忌。故古之君人者，不以月晦及望御于内。晦者阴天，望者争明，故人君尤甚之。”晦日非但不可用兵，夫妇同房也是禁忌的。现在汉族民间有些地方仍忌于此日婚嫁和举行娱乐活动。北方山民在晦日停止出猎、捕鱼。

天象禁忌中，关于星的禁忌最多。许多星宿在汉族民间都有另外一个民俗化的名字，如摩羯又叫克星；彗星又叫妖星，或扫帚星；流星又叫亡星等。伴随这些民俗化的名字，产生了大量的星禁忌。

古代汉族忌见流星、彗星，以为它们一出现，人间就有灾祸。民间以为天上的星星是和地上的人丁相对应的，所谓“天上一颗星，地上一口丁”。天上有一颗星星陨落，地上便有一人死亡。若陨落的是颗亮星，就以为将有大将、名人死亡，甚至兆示皇帝驾崩，国家有难等等。浙江一带看见天上流星，忌用手指点，说这是“星宿逃难”，要朝天吐一口唾沫，再念声“阿弥陀佛”，才不会有祸。豫东一带也有以吐唾液来祓除不祥的说法。星占的迷信形成后，人们的衣、食、住、行、婚丧、嫁娶等都与星相联系起来，吉星高照，自然万事可行，若凶星临头，则必须设法忌避祸害。《占经》有云：“彗星东出，有寇兵、旱。”《淮南子》云：“虹霓、彗星者，天之忌也。”民间盛传彗星出现是战乱、灾荒之兆。

天象禁忌中，虹、风雨、雷电等的禁忌不少。如我国最早的诗歌总集《诗经》中，有关于禁忌指虹的民歌诗句。《鄘风·蝃蝀》写道：“蝃蝀在东，莫之敢指”，说的是出现在东边天空的彩虹，人们不敢用手指它。南方或北方出现的彩虹，民间还以为是灾难的象征，深以为忌。河南有俗谚云："东虹呼雷西虹雨，南虹出来卖儿女，北虹出来大杀大砍。"又云："东虹风、西虹雨，南虹北虹涨大水。"古人对彩虹的突然出现及瞬间消失不能理解，颇感神秘，因而对其产生了敬畏心理。

雷电在自然界中具有不可思议的巨大威力。自古以来，汉族民间对雷电存在着不解和恐惧心理。尤其在不该有雷电的时期里，有雷鸣电闪，人们更以为是将有灾祸的预兆。河南方城一带，有俗语云："正月打雷土谷堆，二月打雷粪谷堆，三月打雷麦谷堆。"土谷堆，即为疫病将临，坟头激增之意。十月已进初冬，也不该再响雷了，故而民间亦有忌十月响雷的俗语。如河北一带云，"十月雷，阎王不得闲"，"十月雷，人死用耙堆"。意指十月内有雷电，主来年灾疫。江苏一带，也有"十月雷，人尸拌来堆"的说法，其意相同。

浙江一带忌行路时遇到旋风，俗叫"鬼头风"，有鬼来侵害，要吐口水，或解小便禳解，鬼不敢近身。

对天象的禁忌，往往是人类受客观环境制约后，所做出的旨在维持心理平衡的反应，其基础是民间的"泛灵"观。

◆ 对生梨苹果的禁忌

在江浙一带，若有人欲出门远行，如外出经商、入城求学、调动工作等，亲邻好友往往要带上些礼品去送行。送行的礼品是极为讲究讨彩禁忌的。若是送人启程，带上一小袋苹果和橘子是比较合适的，对方一般是会喜欢的。这不仅因为这几种水果可供路途解饥止渴，而且它们还暗寓有“平安”“吉利”的意思。同是水果，送行时却忌送生梨，因为在江浙方言中，“生梨”音如“生离”，生离之后便是死别，让人难以接受。

倘若有人生病住院，亲邻好友免不了要去探望，这时若能带些青枣和生梨去，病人也许会感到高兴。因为枣谐音“早”，梨谐音“离”，枣、梨合送就意味着在祝愿他“早离”病房。早日康复，是讨彩话。假如有人送袋苹果去，容易引起病人的不快。因为在江浙方言中，“苹”还与“病”谐音，送苹果正好犯了忌讳。

江浙地区的男女青年，在热心人的介绍下互相认识，谈了几次，若双方都觉得有些意思，并有进一步交往的意愿，这时男方不妨争取主动，见面时给对方带点香蕉去，对方见了肯定会感到高兴的，因为香蕉谐音“相交”，这无疑是个好兆头。如果男方不谙世情，见面时带的是生梨，那么这种关系也许会就此告终了。

至于夫妻之间忌讳以梨相送、分梨而吃的习俗，那是十分古老的了，据有关学者的考证，早在明时，江浙地区就有“男女不同凳、夫妻不分梨”的谚语在广大民间流传了。可见这种习俗的起源历史，至少已有五百余年。

后　记

《汉族风俗志》能得以出版，全仰仗于刘大伟先生的慧眼。

自2012年6月在银川图书博览会上认识了刘大伟先生后，我的汉民族研究就入了刘先生的法眼。在他的鼓励下我用五年的时间完成了九卷本《汉民族史记》的研究和撰写。而由于某些特别的原因，《汉民族史记》与作为出版家的刘先生失之交臂，这使我们两人都深感遗憾。

有缘分就有机会。

2017年11月21日，刘先生到武汉开会，22日上午，我们有机会相会于光谷金盾大酒店。畅谈之后，刘先生听闻我的《汉族民间风俗》可以补充、修订为《汉族风俗志》，欣然决定在云南美术出版社出版《汉族风俗志》。

这确实是一件使人振奋的事。

想当年，广西教育出版社出版的《汉族民间风俗丛书》8册，总计136余万字；中央民族大学出版社出版的《汉族民间风俗》也有80余万字。现在《汉族风俗志》压缩了部分文字。此时此刻，我坐在武汉金银潭奥园5楼的寓所书房里，面向小区的花园，看着金黄的树木，渐渐枯黄的草坪，穿着羽绒衣的人们……想到冬至已过，元旦将至，2017年即将成为历史，触景生情，使我不由自主地想起了1988年4月在“山水甲天下”的桂林召开《汉族民间风俗丛书》编写会议的情况。那一次穿着衬衫去桂林开会，没想到风云突变，天气突然变冷，不得不在桂林买衣服穿。那一次会，除广西的徐桂兰、胡敏外，还有周耀明、陈顺宣、莫高不远千里从浙江杭州和金华赶来开会。我的这些朋友从1984年参加《浙江风俗简志》的编写相识以来，大家都对民俗产生了浓厚的兴趣，这次能聚在美丽的桂林，讨论汉族民间风俗的编写问题，都兴致极高，气氛热烈。

在讨论中，大家一致认为汉族作为世界上人口最多的一个民族，不仅历史悠久，民间风俗也异常丰富多彩。但自从20世纪初民俗学在中国传播以来，虽然有许多关于汉族民间风俗的考察报告和文章发表，但基本上处于分散的碎片状态。如果要对汉族民间风俗有一个整体的、系统的认识，那就很有必要对汉族民间风俗做全面的审视。大家是认真实干的。从1989年到1994年，历经5年，我们终于完成了《汉族民间风俗丛书》的编撰，给汉民族研究添加了一块砖。

《汉族民间风俗丛书》出版后，在民俗学界引起广泛的好评，《民俗研究》等刊物发表了民俗学家吕洪年教授、民俗学博士万建中教授等的评论文章。尤其是中国民俗学泰斗钟敬文老先生读了丛书后给予了很高的评价，他老人家说："汉族广大，风俗博而杂，用文字的排列组合将大江南北的风土人情跃然纸上，实属不易。但是汉族风俗的基本内涵和形态大致，且有一致性或同一性。沿此思路，丛书中每本书的条目之遴选，都以民俗事象是否具有代表意义为标准，对那些仅流行于一隅，播布及影响面狭小的风俗事象，则大多弃而不录。如徐杰舜先生自己编著的《汉族民间经济风俗》，分'农林渔猎''蚕桑畜牧''工匠百作'及'商贾交易'四篇，面涉经济领域的各部门，而纳入各'篇'内的风俗事象，又都是为一定民众群体，甚至是整个汉族所比较普遍施行的。因此，拥有这本书，既可尽览汉族经贸风俗的整体面貌，又有比较准确地把握不同行为不同时空生产与贸易的最为显著的特征。丛书中每册的辐射面各不相同，面内的风俗形态皆大多描摹得清晰而又生动，八块辐射面拼合为一，便构成为绚丽多彩的诱人的汉族风俗全景。"泰斗之言，无疑是对我们极大的鼓励。

但是，由于这一套丛书分两辑出版，各册印数相差悬殊，印刷质量又欠佳，有的图片还印错了，加上两辑的出版时间相隔4年，人们很难购齐。俗话说，世上总有慧眼识珠之人，中央民族大学出版社了解了这个情况后，在丁文楼社长和郑玉琴编审的支持下，决定出版一个总本。于是，我们从整体上对全书的结构做了调整，将136万字压缩为80万字，并将钟敬文先生所写的《一套值得推荐的风俗丛书》作为序言，这样才又有了一本1998年版的《汉族民间风俗》。

此时此刻，面对季节的变换，时空的交替，回想汉族风俗志研究的历程，《汉族风俗志》的出版，必将对正如火如荼进行的非物质文化遗产保护工作起到添砖加瓦的作用，故而在衷心感谢刘大伟先生的同时，还要感谢全国成千上万的民俗学者和民俗工作者，是他们蜜蜂般地从“田野”里采集了许许多多“花粉”，在《民俗》《风俗》《民俗画刊》《民俗研究》等有关杂志上发表了许许多多的采风文章，出版了《浙江风俗简志》《山东民俗》《四川民俗大观》《中国民间诸神》《华夏诸神》《台湾民俗》《青海民俗》《中国风俗大观》《广东民俗大观》等有关风俗的著作。如果没有他们的辛勤劳动，我们的《汉族风俗志》是难以问世的。本书的作者虽然只署了几个人的名字，但实际上它的作者却是难以计数的。

本书的编写分工如下：前言徐杰舜，第一篇徐杰舜，第二篇莫高，第三篇周耀明，四篇胡敏，第五篇徐桂兰，第六篇陈顺宣，第七篇周耀明，第八篇胡敏、万建中、徐杰舜。由徐杰舜统稿并定稿。

至此，从1988年开始编写《汉族民间风俗丛书》到《汉族民间风俗》，再到《汉族风俗志》的出版，历时33年，我们的汉族风俗研究完成了三级跳。而在这期间，莫高和周耀明两位先生已作古，此书的出版亦可告慰他们的在天之灵！

徐杰舜

2021 年 4 月 22 日

于武汉金银潭寓中